国家出版基金项目　“十三五”国家重点出版物出版规划项目

犯罪心理画像——行为证据分析入门

（原书第四版）

（上）

［美］布伦特·特维　著

王　睿　向　瑶
席小琮　向可钰　译

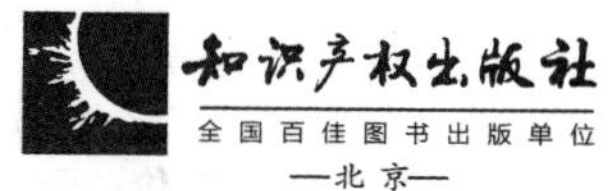

注意

本书涉及领域的知识和实践标准在不断变化。新的研究和经验拓展我们的理解,因此须对研究方法、专业实践或医疗方法作出调整。从业者和研究人员必须始终依靠自身经验和知识来评估和使用本书中提到的所有信息、方法、化合物或本书中描述的实验。在使用这些信息或方法时,他们应注意自身和他人的安全,包括注意他们负有专业责任的当事人的安全。在法律允许的最大范围内,爱思唯尔、译文的原文作者、原文编辑及原文内容提供者均不对因产品责任、疏忽或其他人身或财产伤害及/或损失承担责任,亦不对由于使用或操作文中提到的方法、产品、说明或思想而导致的人身或财产伤害及/或损失承担责任。

图书在版编目(CIP)数据

犯罪心理画像:行为证据分析入门:原书第四版:上、下/(美)布伦特·特维(Brent E. Turvey)著;王睿等译. —北京:知识产权出版社,2021.10
(社会治理丛书/但彦铮,胡尔贵主编. 第二辑)
书名原文:Criminal Profiling: an introduction to behavioral evidence analysis
ISBN 978 -7 -5130 -7696 -8

Ⅰ.①犯… Ⅱ.①布… ②王… Ⅲ.①犯罪心理学 Ⅳ.①D917.2

中国版本图书馆 CIP 数据核字(2021)第 191262 号

责任编辑: 常玉轩　　**责任校对:** 王　岩
封面设计: 陶建胜　　**责任印制:** 刘译文

犯罪心理画像——行为证据分析入门(原书第四版)(上)(下)

[美] 布伦特·特维 著
王　睿　向　瑶
席小琼　向可钰　译

出版发行: 知识产权出版社有限责任公司
网　　址: http://www.ipph.cn
社　　址: 北京市海淀区气象路 50 号院
邮　　编: 100081
责编电话: 010 -82000860 转 8572
责编邮箱: changyuxuan08@163.com
发行电话: 010 -82000860 转 8101/8102
发行传真: 010 -82000893/82005070/82000270
印　　刷: 三河市国英印务有限公司
经　　销: 各大网上书店、新华书店及相关专业书店
开　　本: 720mm×1000mm　1/16
总 印 张: 62
版　　次: 2021 年 10 月第 1 版
印　　次: 2021 年 10 月第 1 次印刷
总 字 数: 950 千字
总 定 价: 286.00 元(上、下册)
ISBN 978 -7 -5130 -7696 -8
版权登记号: 01 -2021 -6050

译者序

历经寒冬，也跨过酷暑，本书终将在2021年的下半年付梓。回顾此书的翻译过程，苦乐皆有之。翻译历来就非易事，有时甚至可谓一件苦差事。译者的专业素养、文字功夫皆要因自己的译文接受读者的审判；加之本书所涉案例极为丰富，专业知识广博，稍有不慎便有疏漏，每每思及此处，我们就如芒在背，如坐针毡。但即便内心惴惴不安，在看到此书时，我们还是选择接下重任，原因无他，盖欲为国内势头正好的犯罪心理学研究略尽绵薄之力。

本书作者布伦特·E. 特维（Brent E. Turvey）在犯罪心理画像领域成就颇丰，除了过硬的理论知识，特维还有丰富的实践经验。对有志从事此行业的新人而言，这类“经验”尤为可贵。本书即为特维多年研究和实践经验之硕果，共含25章，其中详尽介绍了犯罪心理画像之前世今生、其基本的可选方法、特殊犯罪类型的画像要点等，内容深入浅出，结构清晰明了，将犯罪心理画像的发展和实践置于真实可查的社会历史背景之中，思载千里，意驰八方，可助于读者全面认识犯罪心理画像的特性和重点难点。尤为珍贵的是，本书内含详细的真实案例介绍和分析，能为相关专业学生提供实例指导，亦可为身居书斋的读者打开想象之门。

近年来，我国犯罪心理学研究如火如荼，社会对犯罪心理的关注也日益提高。国内犯罪心理学研究恰如雨后春笋，破土而出并蓬勃而上。在此背景下，引入国外优秀犯罪心理学著作，了解国外研究现状，无疑是必要且大有裨益的。此外，随着网络媒体的普及，一些曾经不为人知的案件开始引起人们的注意。这些案件中，有不少怪异诡谲，其中部分嫌疑人具备极强的反侦察意识。在这种情况下，怎么理解嫌疑人的心理？如何根据现场物证进行侦察？怎样排除万难追踪犯罪嫌疑人？诸如此类的问题在特维这本书中或可寻得一些答案。本书英文原稿 *Criminal Profiling: An Introduction to Behavioral Evidence Analysis*，就其译介而言，国内已有中国人民公安大学的李玫瑾教授于 2004 年主持翻译的《犯罪心理画像——行为证据分析入门》一书，可谓珠玉在前。但本书为原作者修订后的第四版，无论内容还是结构均有不小变动，故而将之译出以飨国内读者，应是十分有意义的工作。

在翻译过程中，面对浩如烟海的专业术语和心理学、犯罪学概念知识，译者如临深渊、如履薄冰，常深感力有不逮，有时甚至会为译好某一术语耽搁数日。翻译本身就是一个学习的过程，也是深入了解原作者及原著的过程。此历程犹如秋日登高，须经沿途风霜；虽有凌顶之志，亦知其不可骤得。故而如蜗牛步行，我们缓缓攀登，终于抵达。在此书即将与读者见面之际，译者内心之惶恐并未因翻译工作结束而减轻。一则因为有关犯罪心理学及犯罪心理画像之研究方兴未艾、尚在征途，译者希望此书能为其发展稍有助力；二则因为本书内容丰富，翻译中必然有错漏之处，对此，还望读者多予谅解，并欢迎与我们联系，批评指正。

是为后记。

译者

公元 2021 年 9 月 25 日

第四版前言

犯罪心理画像：科学方法论和行为科学教育之迫切性

犯罪心理画像乃法医学下一个分支（Turvey，Petherick，and Ferguson，2010）。因此，它是犯罪学的一个学科，根植于行为科学和法医学。故而，若想发展心理画像技能，那么学生必须正确地、完整地学习科学方法论，接受行为科学方面的教育。

笼统而言，犯罪心理画像分析要对犯罪人生理、习惯、情感、心理，甚至是职业特征进行推论。然而，犯罪心理画像分析的方法多种多样，而它们在基本理论、逻辑和洞察力的合理性上各不相同。有的方法是抽象的、一般的，对性状进行预测；有的方法则是具体的、明确的，对状态加以描述。有的方法依靠犯罪群体的统计数据；有的则仅依靠经验；还有的则依靠对具体案件的行为证据进行审查。

世界各地、各机构的分析人员采用多种心理画像方法，这引发了专业上的混乱。心理画像人员往往在法医学和行为科学方面所受教育不足，因此，他们对于自己的角色、自己在刑事司法系统当中的位置都不甚明了；刑事司法领域内的其他专业人士也面临着相同的问题，并同样为此感到困惑，这就引发了层出不穷的质疑甚至是敌视；媒体把心理画像人员描述为能够进行预测的超级警探，进一步夸大了误解；而普通大众亦将心理画像人员视为是专业的、有特异功能的“灵媒”。这种专业凝聚力的匮乏使一些无知的误解得以存在，而太多不称职的、未接受过相关教育的心理画像人员却从中获益。

在21世纪，若是想把犯罪心理画像人员重视起来，将他们当作刑事司法系统内有实质性贡献的专业人员，那么，有的领域就必须做出改革。而教育则首当其冲。

方法论

一个人声称用什么样的犯罪心理画像方法，就决定了他必须接受那种方法所必需的教育。对这种方法论的界定必须明确无误、清晰无虞。如果一名心理画像人员对自己用于检查并得出结论的方法并不清楚，也无法加以解释，那么很难认为由此得出的结论具有专业性、可靠性，甚至可以说不能接受此类结论。

专业的犯罪心理画像人员面临的是事实和证据，而不是假设和情感上的言过其实。他们的目的是进行教育，而不是倡议。因此，一名心理画像人员选择的方法就应该是客观的，要根植于科学方法的原则。要在专业的道路上坚持下去，了解事物是什么、事物究竟意味着什么就至关重要，不能一直像个无邪的少年一样天真。

一个具有坚实科学基础的犯罪心理画像方法背后应该有一本或多本教科书，这些教科书所涉细节丰富，从关键术语的定义到相关理论、到所涉行为检查的本质、再到可能提出的结论的局限性。虽然这看起来小事一桩，但对任何犯罪心理画像方法而言，要实现这一点都实非易事。大部分画像方法都以不完善的准备工作、研究粗浅的文本或回忆录为依托，缺乏明确的定义或实践标准。许多作者毫无学术背景，或者除了说自己“有多年经验”，无法解释自己的结论是怎么来的。其他人则用艰深难懂的术语包装自己，迷惑读者，让他们以为自己采用了科学的方法，而事实却恰好相反。

最好的犯罪心理画像教材将现实世界的案例经验、相关的行为和法医学学术研究和科学方法融为一体，它们能对犯罪调查和行为证据有所洞见。它们提供工具、设定限制，而且不会让读者以为犯罪心理画像是少数人专属的领域。这种排他性，无论是来自执法机构的心理画像人员还是来自学术派的心理画像人员，都旨在削弱“外界”审查。而一名真正的专业人员不仅会邀请专业人士来进行审查，而且，为了方便审查，他们还会阐明自己所使用的方法与手段。

如果画像人员用自己的启发式方法，没有明确一致的术语、定义和实践标准，就会显示出职业精神和问责机制的欠缺，也表明科学教育和培训的缺失。这并不可取，因为正确与科学（例如，客观性、科学方法和透明性）也是职业化的关键。

技能鉴定与发展

有了明确的、可辨别的心理画像方法，需要哪些知识、技能和能力才能胜任这一工作就会凸显。然后，这个信息就可以被用来确定培养这些技能和能力所需的教育、培训课程以及经验。这一信息还有助于开发专业能力测试，以评估是否已经达到并保持了一个基本的知识门槛。

无论所用方法为何，一般来说，具备以下知识、技能和能力对每一名犯罪心理画像人员都裨益甚丰：

1. 对刑事司法系统的总体了解；
2. 熟悉各种刑事调查方法；
3. 对科学方法的了解；
4. 对科学逻辑的了解；
5. 了解法医科学及各种物证收集和检验的方法；
6. 了解被害人、罪行和犯罪人；
7. 与研究和审查被害人、罪行及犯罪人相关的人类社会学知识；
8. 与研究和审查被害人、罪行及犯罪人相关的人类心理学知识；
9. 与研究和审查被害人、罪行及犯罪人相关的心理疾病知识；
10. 与研究和审查被害人、罪行及犯罪人相关的毒品和酒精知识；
11. 人体解剖学和生理学知识；
12. 对所有环境及典型情况中的人类性行为的了解；
13. 能胜任研究的技能和能力；
14. 良好的专业写作能力和技巧；
15. 在合理的逻辑和推理基础上进行有效论证的技巧和能力；
16. 具备撰写符合司法标准的报告的技巧和能力；

17. 能提供有效的法庭证词；
18. 有能力出差；
19. 能检查与暴力、性画面、诡异怪诞相关的证据而不被个人感受所压垮；
20. 能按时完成任务；
21. 能辨别偏见并竭力保持客观；
22. 能守口如瓶，严守机密信息；
23. 尽管职业上的不诚实和不道德的做法有短期回报，但仍能保持诚实和道德的能力。

教 育

正规的学院或大学教育中，往往不缺少坚实的理论知识及其实际应用。成功完成一个学位表明你有能力进行长期的学习，并且能够坚持到底。这是向别人展示自己的敬业精神和个人毅力的证据。因此，正规教育不足不是什么好事。然而，低质量的学院或大学教育层出不穷，却可能会让情况雪上加霜，在未经与犯罪、犯罪人和受害人的实际经验磨炼时，尤其如此。

毫无疑问，犯罪心理画像涉及行为科学在犯罪学中的应用。鉴于这种基本的应用知识的交叉，如果一个人未曾接受过至少一种行为科学的正规教育（如心理学、社会学、犯罪学、社会工作），就很难说他能成为一名合格的行为分析人员。太多的犯罪心理画像人员没有通过这种基本的试金石式的检验，但他们仍在业内服务，就好像这种基础无关紧要似的。

再次强调，如果没有受过正式的行为科学教育，就没有资格进行任何形式的行为证据检验。

一名犯罪心理画像人员最终要接受什么样的教育，应该由其打算使用的方法来决定。若有意采取统计分析的方法，就必须接受涉及数学和统计学的正规教育。若有意从事科学实践，那么以理解和运用科学方法为特征的教育则为必需。若想检查和重建犯罪现场的行为，就必须学习法医学。正规教育提供了必要的理论基础，使他们最终的实习和工作经验具有意义。

经　验

对知识、技能和能力的发展而言，经验至关重要。正确的、错误的、被纠正的经历，犯罪心理画像人员都应当具备。借此，他们能学会如何认识自己的错误，如何进行自我纠正，以及如何表达科学的谦卑。经验来源于正式的实习、指导、在职培训，当然还有日常生活。

然而，所累积的经验必须相互关联，并且，若想它们有任何价值，就必须以外部知识和牢固的理论为支撑。这就是为什么必须将正规教育放在首位的原因。例如，警务人员经常置身现场，负责犯罪现场的安保工作。但这并不意味着他们具备调查犯罪的相关知识和经验，除非他们正在履行的是侦探的职责。现场安保经验并不能教他们成为优秀的调查人员。而另一方面，在凶杀案中，侦探们经常观摩尸检工作。但这也并不意味着他们有资格进行尸检，因为他们不具备与法医病理学家相同的教育、培训和背景。作为尸检工作的旁观者，他们的工作与法医不同，每个人都受过教育和培训，都能从经验中汲取不同的信息。

此外，还有数量与质量的问题。现代法医学之父保罗·L. 柯克（Paul L. Kirk）博士（1902—1970）指出（1974，p. 16）：“经验的多少并不重要，重要的是从中学到了什么。”如果一个人没有从经验中吸取教训，还一次又一次重蹈覆辙，那么这个经验就毫无意义。有的人可能工作了 20 年，但也可能只是将同一年的错误重复 20 次。

关于经验，另一个担忧则是它常被用做一面盾牌，以论证结论的合理性和可靠性。这实际上是一种被称为“诉诸权威”的逻辑谬误。有些所谓的专业人士，只会依据自己或他人的权威或专业知识做出结论，在这种情况下，他们的逻辑和推理就没有坚实的基础。曾在加州大学伯克利分校任法医学教授的犯罪学家约翰·桑顿博士（Dr. John Thornton）警告说（1997，p. 17）：

> 对真相而言，经验既非累赘，亦非敌人，相反，它像一个有价

值的商品。但人们不应该将它当成逃避合理科学审查（这种审查通常针对各类科学证据）的工具。阻挠合理科学审查的做法缺乏专业性和科学性，法庭最好对这一类证据不予采纳。经验应该为专家提供事件发生的时间、方式、原因、人物和事件五大素材，而非减少其责任感，相反，经验是让专家以更负责任的态度、用科学事实为观点辩护。

因此，诉诸权威在专业或科学实践中毫无立锥之地。

行为证据分析

为了准确、有效地执行本教材所提出的与行为证据分析有关的检查和分类方法，需接受以下教育和培训：

1. 行为科学（心理学、社会学、犯罪学、社会工作）的学士学位：它有助于人们了解人类行为，学习相关行为理论，还能接触到科学方法。刑事司法的学位与犯罪学的学位不同，就前者而言，大部分都只能为你在执法部门或管教部门就职做点准备。
2. 本科学期论文。许多学士课程都设有学期论文研究课题。尽可能研究与犯罪心理画像以及相关专业有关的主题并撰写论文。
3. 法医学或行为科学硕士学位：几乎任何人都能拿到学士学位，所以硕士学位就表明你对自己的职业生涯有专业水平的承诺。学生在选择研究生课程时，应向那些既在自己感兴趣的领域发表过论文，又从事实践工作的人学习。没有实际经验的专业学者不会是个好老师，他们也无法帮学生找到好的实习机会。
4. 硕士学期论文。许多硕士课程都设有学期论文研究课题。尽可能研究与犯罪心理画像以及相关专业有关的主题并撰写论文。
5. 硕士学位论文。毫无疑问，任何硕士水平的学位论文都应该研究某种形式上与犯罪心理画像相关的主题，特别是学生自己感兴趣的专业与主题。其前提则是，此时学生已经明确了自己感兴趣的专业领域。
6. 硕士期间的实习。找一份能直接让你与刑事司法系统及其工作人员接触的实习工作。教养院、公共辩护人办公室、法医或验尸官办公室，或者是执法机构等都可以考虑。为了最大限度地增进了解，建议多次实习。即便拿不到学分，也应该去实习。如果你的学院或大学课程无法提供良好的实习机会，那么你就选错课了。

有了这类正规教育背景，学生们就为进一步学习做好了充分准备，最终能在任何他们决定从事的职业（在刑事司法系统或相关领域内）中运用行为证据分析方法。记住，这是一种技能，而不是一份工作。这一技能在调查员、律师助理、律师、社会工作者、法医鉴定人员或是精神健康专家的职业生涯中都能得到应用。

参考文献

Kirk, P., 1974. Crime Investigation, second edition. John Wiley & Sons, New York, NY.

Thornton, J. I., 1997. The General Assumptions and Rationale of Forensic Identification. In: Faigman, D., Kaye, D., Saks, M., et al. (Eds.), Modern Scientific Evidence: The Law and Science of Expert Testimony, vol. 2. West, St. Paul, MN.

Turvey, B., Petherick, W., Ferguson, C., 2010. Forensic Criminology. Elsevier Science, San Diego, CA.

第三版前言

基于信仰的心理画像的持久性

第一步是承认我们面临一个问题。

信仰往往足以让我们在私事上做出决定。在遇到个人危机或困难的时候，信仰可以给予我们需要的希望和力量。信仰有助于建立关系、给予灵感、提供个人指导。但个人信仰不能与实际的证明或实际的证据相混淆。[①] 因此，在对他人造成沉重负担和后果的专业领域中，例如刑事司法系统中，不应强加个人信仰和信念。

许多人都有超验的或现象学的信念体系，赋予其生活以意义和承载。个人信念体系在很小的年纪就可以生根发芽，有时它是我们文化或民族认同的一部分。赋予我们个人认同感和目的感的实质土壤不消除，它们几乎不可能被清除。因此，大多数人不会舍弃根深蒂固的个人信念，他们担心这可能导致其精神损失或死亡。这就是问题所在。

个人信念本质上并没有错。每个人都以自己的方式找到意义和目的，这是理所当然的。我们都有自己的人生旅程，这是十分私人化的。然而，信仰和理性是有区别的。读者将在接下来的内容中了解到，本书作者并不认为个人信仰和信念是个问题，除非它们妨碍了客观的法庭侦查和调查。

让我们说得清楚些：信仰和现象学决不能影响对事实的客观调查。其中包括宗教信仰、精神信念、形而上学、超常现象和超自然现象。这

① 一个恰当的比喻是，信仰类似于根据别人的说法相信苹果的味道；证明则类似于自己真的吃过苹果。

些都是个人私事，应该保持私人性。

在基于信仰的推理中，论证的前提和结论是个人信念问题，因此被认为是无可非议的。那些质疑这种信念前提的人，无论是宗教性的还是其他教条主义的，都会被贴上异端的标签，或者更糟。在信仰和个人信念中，几乎没有批判性思维的空间，也没有怀疑的余地。因此，信仰的本质与知识建构背道而驰。①

刑事侦查和法庭调查是为刑事司法系统服务的专业工作。未基于可验证的实际证据得出的任何结论，都不被刑事侦查或法庭调查的机构支持。原因应该是显而易见的。当我们依靠基于信仰的推理来支持某个结论时，更容易受到偏见影响，而且没有办法知晓对错。要使某个结论可靠有效，我们的方法必须能够经受独立审查，且结论本身必须是可证伪的。也就是说，必须有每个人都能体验到的实践证明，若我们的推理存在偏差或有误，必须有可确认的机制反驳我们的结论。

正如我们将了解到的，犯罪心理画像人员通常会同时担任刑事侦查人员和法庭调查人员。刑事侦查人员的任务是通过确定特定案件的客观事实和证据而服务于刑事司法系统。随后，法庭调查人员的任务是客观地解释这些事实和证据。这些任务责任重大，不能掉以轻心。当我们为个人需求和信念服务时，客观性可能会被玷污、方法会被扭曲、结论会有偏差。情绪可以冲击最合理的判断，教条可以掩盖最明显的证据。正如詹姆斯（James）和诺德比（Nordby）（2003，p. 4）所解释的：

> 当情绪战胜理性时，狂热的法庭科学家可能会有意或无意地否认实质正义。结果被曲解，或者更糟的是，被篡改。这种缺陷只能通过科学调查的结果呈现，否则很难辨认出。

如果我们同意这一点——我们必须保持客观性——我们就会同意，个人信仰和信念不应参与刑事侦查或法庭调查的冷酷无情的执行中。

---

① 有组织的宗教只是信仰或信念的一种形式，这一点如何强调都不为过。还有一些“宗教”或信念体系是围绕着有神赐超凡能力的人、流行方法论和受欢迎的机构而组织起来的。当学生或专业人员不能或不曾质疑且不加求证地对某个人、某种方法或某个机构给予盲目的忠诚时，他们就会踩着同样的理由——信仰和信念高于理性。

基于信仰的推理在刑事司法系统中，特别是在犯罪心理画像领域，是否真的是一个问题？可悲的是，在提倡更加客观、科学的刑事侦查方法的第一本教科书①于 1894 年出版一个多世纪后，答案是肯定的。尽管一再试图教育从业人员，但在整个刑事侦查和法庭调查领域，仍然不乏基于信仰的动机、基于信仰的方法以及对检查人员神授能力或附属机构的信仰超过实际知识和效力的情况。情况常常如此，无知和自我是罪魁祸首。

在讨论这些因素对具体的犯罪心理画像的影响之前，我们需要先讨论三个相关的、一般性的问题：宗教、大众媒体和灵媒。

为上帝工作

感谢上帝的自我陶醉。

——FBI 心理画像人员罗伊·黑泽尔伍德（Roy Hazelwood）（退休）（Ramsland，2005）

那些不认可政教分离的人，那些认为个人有责任提供保护或有责任根据宗教或道德真理行事的人，那些在实施时过于狂热的人，可能认为摆脱实际事实行事是可以接受的。这被称为“对信念后果的诉求”，这可能是对某个谬论合理化的说法，即接受某个特定主张是真还是假，取决于其结果对该主张的真实性有影响，或者对现在或将来会有影响。如果这一点只是为自我服务或仅只是一个错误，则后果可能极可怕。

侦查人员和法庭调查人员是各种司法系统的助手。因此，他们必须为人类的各种法律服务。他们必须服务于客观性，而不是激情；他们必须服务于事实和证据，而不是信念或迷信。若他们不能以这种方式服务，那么他们就根本不适合服务。

必须承认的是，并非所有人都同意这一观点。有些人认为这项工作

① 由奥地利传奇法学家约翰（汉斯）·巴普蒂斯特·古斯塔夫·格罗斯博士（Dr. Johann (Hans) Baptist Gustav Gross）（1924）撰写的 *Handbuch fur Untersuchungsrichter als System der Kriminalistik*（《刑事侦查：法官、警察和律师的实用教科书》）（*Criminal Investigation: A Practical Textbook for Magistrates, Police Officers and Lawyers*）。

是道德或宗教的感召。根据自称《凶杀案侦查人员的圣经》（*Homicide Investigator's Bible*）的一书，凶杀案侦查是服务于“《圣经·出埃及记》第20章第五条诫命”的一部分，其中“耶和华说……你不可杀人。”该书在序言中还总结道：“我们为上帝工作。”① 这是为个人信仰和信念服务的绝妙宣言。

然而，在凶杀案侦查领域，或为西方世界司法系统服务的任何工作中，这一宣言不仅仅是不合时宜的。为什么呢？因为声称现代法律在某种程度上是为《圣经》和“十诫”服务的，会把非常复杂的现实过于简单化。有必要进一步做出解释。

为了在侦查和法庭工作中理性地讨论“十诫”，我们也许应该从正确理解它们开始。第五条诫命是“当孝敬父母，使你的日子在耶和华你神所赐你的地上得以长久”（*NIV Study Bible*，*Exodus* 20：12；p. 116）。不是格伯斯（2006）所描述的“你不可杀人”。无论援引哪个版本的圣经，这种编号方式都是准确的。

第六条诫命最准确的翻译是“你不得实施谋杀”（*NIV Study Bible*，*Exodus* 20：13）。《凶杀案侦查人员的圣经》所引用的译本选自钦定英文《圣经》（*King James Bible*），神学学者们知道这个版本充斥着有意或无意的翻译错误（通常又参见Ehrman，2005；Norton，2005）。第六条诫命尤其如此。在钦定英文《圣经》中是这样写的：“你不可杀人”（*King James Bible*，Exodus 20：13）。问题是，希伯来语原文中出现的动词实际上没有被译为“杀”。《托拉》（*Torah*）禁令中使用的动词是“ratsah”，最准确的翻译是“谋杀”——在《圣经》其他章节中用来描述因愤怒杀人、杀害弱者或在实施抢劫等犯罪时杀人。对希伯来语原文和随后的希腊语文本的误译，无论其动机如何，都在这一问题上引起了大量混乱。

谋杀是犯罪。无论是对侦查人员、心理画像人员、法官，还是神学家来说，这一点都是无可争议的。然而，虽然《圣经》中的禁令和刑罚很笼统，但人类的法律却有丰富的细节。在大多数西方国家，谋杀有不同程度，有从轻处罚因素，也有加重处罚因素。差异如此之大，以至于

① 摘自《实用凶杀案侦查的誓言》的序言，格伯斯（Geberth，1996）。

同样的事实在不同法院、不同州或不同国家会有非常不同的刑罚，这取决于对这些事实的解释方式。这可能包括从非预谋杀人或过失杀人的几年监禁，到预谋杀人的死刑。然而，在《圣经》中，对谋杀或任何违背上帝意旨的其他非杀人故意犯罪（即偶像崇拜、通奸、不正当性行为、咒骂或攻击你的父亲或母亲、未能放倒一头将要撞伤人类的公牛、成为女巫、欺负寡妇或孤儿等）只有一种终极刑罚：那些被认定有罪的人将被石头砸死、被钉在棍子上、被剑杀死或被活活烧死。①

这可能是承认我们法律制度和法庭的起源是教会作为正义仲裁人的绝好起点，事实上在大多数国家也如此。这是因为大多数罪行，特别是人际关系性质的罪行，被认为是对上帝犯下的罪行——所以教会承担了将侵害人绳之以法的责任。②

由于潜在的滥用和情绪影响（就法律和法官而言，尽管也存在明显的例外），在大多数西方法律管辖区，情况不再如此，尤其是在承认存在或应当存在政教分离的地方。例如，在美国，这种情感永远是我们宪法的一部分。“第一修正案”的开头是：“国会不得制定关于下列事项的法律：确立国教或禁止信教自由……”这一点在 1801 年得到了检验，当时丹伯里浸信会（Danbury Baptists Association）（代表康涅狄格州的宗教少数派）写信给当时的总统托马斯·杰斐逊，控诉康涅狄格州的立法机关将其宗教自由只是视为可随意撤销的特权，而非永恒不变的权利。杰斐逊以现在众所周知的一封信做出回应，确认宗教信仰是个人的，与国家的意志和权威分开。因此，那些为国家服务的人不能以其特定信仰偏好影响立法（以及引申到执法）。杰斐逊写道（1802）：

> 我和你一样相信宗教仅仅是人和其上帝之间的事情，他不需要为其信仰或崇拜向其他任何人解释，政府的合法权利只涉及行动而非观点，我怀着崇高的敬意深思全体美国人民的行为，其行为宣告

---

① 实际上，《圣经》中意外杀人和预谋杀人是有区别的，但没有我们在西方刑罚制度中看到的那种丰富变化。此外，故意和非故意似乎是由理性人决定的（参见 *NIV Study Bible*：*Exodus* 21－23）。

② 更重要的是，目前的陪审制度也有其宗教基础，因此，被告若能找到 12 个品行良好的人愿意证明其无罪，那么该被告肯定是无辜的，因为这些证人肯定不会在上帝面前撒谎。

立法机关不应制定关于确立国教或禁止信教自由的法律，从而在教会和国家之间建立了隔离墙。

美国最高法院在雷诺兹诉美国案（Reynolds v. United States, 98 U. S. 145）（1878）中首次援引了这一学说，其语言直接摘自杰斐逊的信。乔治·雷诺兹（George Reynolds）是耶稣基督后期圣徒教会（Church of Jesus Christ of Latter Day Saints）的成员，辩称自己有多次结婚的宗教义务，因此被控重婚罪是不适当的。最高法院不同意其观点，犹他地区最高法院维持了对其最终定罪。

因此，与《凶杀案侦查人员的圣经》的信条相去甚远，在现实中，美国和类似法律体系中的侦查人员和法庭调查人员并不为上帝工作。他们不代表第五、第六条或其他任何诫命进行侦查工作，或力图执行《圣经》中的或其他宗教中的刑罚；他们不为保护基于个人或大众对宗教文本中文字的解读的宗教信仰体系而工作；他们不侦查违背上帝的犯罪；他们也不力图将嫌疑人钉死、用石头砸死，或在火刑柱上烧死。①

或者至少他们不应该如此。

多配偶主义者沃伦·斯蒂德·杰夫斯（Warren Steed Jeffs）出庭。在本书写作之时，他作为安排和执行“童养媳”婚姻的共犯，正在等待被控强奸的审判。

① 我们说的是大部分西方国家，主要是因为穆斯林世界的许多人认为政教分离是对其信仰的侵犯。

考虑一下50岁的多配偶主义者沃伦·S. 杰夫斯（Warren S. Jeffs）的案例，他是耶稣基督后期圣徒原教旨主义教会（Fundamentalist Church of Jesus Christ of Latter Day Saints）的教主。在本文写作之时，他被关在犹他州飓风镇的炼狱监狱（Purgatory Correctional Facility）。他作为安排和执行“童养媳”婚姻的共犯，面临着被控强奸的审判。据犹他州司法部长办公室所说（Murphy，2005）：

> 杰夫斯被指控在2002年安排一名28岁男子和一名16岁女孩结婚。一名不知姓名的被告也被控对未成年人实行性侵犯和性行为等三项重罪。莫哈维县检察官办公室最近还收到了对另外两名男子的大陪审团起诉书，他们被指控参加了与未成年人的包办婚姻。
>
> “州、地方和联邦当局将继续联合调查对虐待儿童、家庭暴力和封闭社区的欺诈行为的指控”，舒特莱夫（Shurtleff）说，“这些努力应该告诉人们，没有人可以凌驾于法律之上，我们将坚决起诉打着宗教的幌子使任何人受害的罪行。”

根据法庭记录，这种类型的“童养媳”婚姻可能是杰夫斯所在教会的惯常做法，由杰夫斯主婚。温斯洛（Winslow，2006）解释了这种情况：

> 赫利戴尔与科罗拉多的警察局长弗雷德·巴洛（Fred Barlow）宣誓效忠原教旨主义LDS教会领袖沃伦·杰夫斯。
>
> 他在亚利桑那州和平官员标准和培训委员会（Arizona Peace Officer Standards and Training Board）的侦查人员获得的一封信中写道：“我没有担任（原文如此）神职，我就什么都不是。”这封信是《德撒律早报》（*Deseret Morning News*）根据《政府记录访问管理法》（*Government Records Access Management Act*）（GRAMA）提出请求后交给该报的。
>
> 这封信写于2005年10月，当时杰夫斯仍是逃犯，信的开头是“亲爱的沃伦叔叔”。巴洛在信中说，犹他州赫利戴尔和亚利桑那州科罗拉多市这两个多配偶制边境城镇的所有警察都忠于杰夫斯，并在他的领导下工作。

他告诉了杰夫斯关于亚利桑那州司法部长办公室和亚利桑那州和平官员标准和培训委员会一系列调查的最新进展，杰夫斯此后被捕。

巴洛写道："我不知道我们到底面临着什么，但我知道，我和所有其他警官都希望与你和神职站在一起。"

亚利桑那州和平官员标准和培训委员会的官员正在调查巴洛和警队的另外两名成员，他们对杰夫斯十分忠诚，拒绝回答调查人员关于耶稣基督后期圣徒原教旨主义教会领袖的问题。

弗雷德·巴洛同警官普勒斯顿·巴洛（Preston Barlow）和米卡·巴洛（Mica Barlow）一起面临多项渎职指控。

亚利桑那州和平官员标准和培训委员会经理鲍勃·福里（Bob Forry）说："2005 年 10 月，市警察局长弗雷德·巴洛向一名联邦逃犯寻求指示，并承认了该逃犯对科罗拉多市警察局长办公室的运转先前所做的指示。"

他补充说，这些警官拒绝回答调查人员的问题。关于其警察资格的行政听证已定于二月在菲尼克斯举行。所有执法人员都宣誓维护其各自所在州的法律。

福里说："这些警官在其宗教信仰和身为警察的职责之间确实存在矛盾。"

犹他州和平官员标准和培训委员会周三投票决定开始调查整个赫利戴尔/科罗拉多警察局长办公室的行动。犹他州司法部部长马克·舒特莱夫（Mark Shurtleff）周五表示，这封信让他想迅速采取行动，暂停边境城镇的警察权。

巴洛在信中说，他一直祈祷杰夫斯在潜逃中能得到保护。

"我爱你，我承认你是我的神职首领，"他写道，"我知道你有权控制我生活的所有方面（原文如此）。渴望收到你的来信。"

这封信的署名是："你的仆人弗雷德·巴洛·杰夫斯。"

沃伦·杰夫斯的兄弟塞斯（Seth）于 2005 年 10 月在科罗拉多州普韦布洛外被捕后，亚利桑那州和平官员标准和培训委员会的官员拿到了这封信。

> 《德撒律早报》得到了从普韦布洛县行政司法官办公室送回的搜查令，上面显示一些文件被带到了当时还是逃犯的沃伦·杰夫斯那里。
>
> 被扣押的物品包括：一个装有许多收信姓名写着“沃伦·杰夫斯”、“先知”、“沃伦·杰夫斯叔叔”和其他名字的信封的大箱子；一个装有各种文件的银行箱，名称为“2005 年 1 月至 2005 年 6 月的周六工作项目”；信用卡；14 张礼品卡，每张价值 500 美元；家用录像带，内存卡，CD，一台索尼数字录音机，录音带，电脑软盘，一台笔记本电脑，一台掌上电脑，七部手机，一个印有杰夫斯照片的捐款罐、上面标有“给先知的钱”；以及超过 135000 美元的现金。
>
> 塞斯·杰夫斯后来承认了窝藏逃犯的联邦指控，并被判处缓刑。

很难想象，在这种情况下，教会教义和州法之间的利益冲突有比这更加明显的。然而，整个警察机关不仅未能履行其保护和服务的誓言，还承认因其信仰帮助一个逃犯。其结果是，强迫的“童养媳”婚姻模式、法定强奸罪以及从很小的时候就对女性实施制度上的控制，这可以追溯到几代人之前——所有这些都得到了当地执法机关的许可。更不用说为保护其领袖以及对外界隐瞒其罪行而实施的更多违法行为。

这只是近期宗教或文化信仰不当影响法律及其执行的例子之一，历史上还有很多类似的例子。

调查人员必须努力证实可核实的案件事实，从而帮助保护公民的权利和财产。保护所有公民，不仅仅是那些与其有相同宗教信仰的人，也不仅仅是那些赞同其对宗教文本的主观解释的人。那些有类似信仰的人也不能免受法制的约束。调查、犯罪心理画像、政治和宗教的混杂有一段悲惨的历史，本书将进一步探究。

在个人信仰和信念方面，由于持续存在奇幻思维，事情变得更糟。

奇幻思维的世界

我从来没有听说过哪个（来自灵媒的）信息有助于案件处理。

——加里·L. 普兰克（Gary L. Plank），

内布拉斯加州警察局犯罪心理画像人员（Hammel，2003）

令人担忧的是，那些凭借信仰和基于信仰的推理来指导其侦查和调查的人，更容易相信现象学并将有限的资源浪费在上面。我们难道不是处在一个科学和理性的现代时期？再想想吧。正如桑斯坦（Sunstein，2005）所解释的，人们并不总是那么挑剔、那么谨慎，或者那么聪明。事实上，许多人在智力这方面十分懒惰，只在其直接认知范围内及其邻近寻求解释和理由。

> 众所周知，个人并非总能很好地处理信息。他们使用启发式思维，致使自己犯下可预测的错误；他们也受可辨认的偏见影响，从而引起错误。越来越多的文献探讨了这些启发法和偏见的作用以及其与法律和政策的关系。例如，大多数人都遵循代表性启发，根据这种启发法，对可能性的判断会受到相似性评估（A“看起来像”B的程度）的影响。代表性启发有助于解释保罗·罗津（Paul Rozin）和卡罗尔·内梅罗夫（Carol Nemeroff）所说的“交感奇幻思维”，相信一些物体具有感染性，相信这一点决定了其影响。代表性启发往往运作良好，但也可能引起严重失误。
>
> 人们也会犯错，因为他们使用可得性启发来回答有关可能性的难题。当人们使用这种启发法时，他们根据头脑中是否容易想到例子来回答一件事情是否可能发生。

因此，人们的推理方式存在两个大问题：奇幻思维和可得性启发。在认知心理学的文献中，奇幻思维经常被描述为孩童般的信念，认为只要许愿或相信某件事情，它就会变成事实，或者认为尽管没有任何直接证据，但看到两件事情在一起就证明它们具有因果关系。当个人根据其记忆，而不是完整的或真实的信息进行判断时，可得性启发就发挥作用了。我们倾向于使用可得性启发来判断事件发生的频率或可能性。

当奇幻思维和可得性启发相结合的时候，由此产生的信念几乎是不可攻破的。这方面最好的例子莫过于电影和电视的影响。大众媒体提供虚假或扭曲的例子来填充我们的记忆，使元认知失调的情况不断加剧，公众倾向于相信这些例子，因为他们愿意相信，或者因为他们不知道更好的例子。①

媒体的力量

像福克斯的《千年》（*Millennium*）（1996—1999）、NBC 的《心理画像人员》（*Profiler*）（1996—2000）和 NBC 的《通灵的人》（*Medium*）（2005 年至今，根据自称是通灵的人和灵媒心理画像人员的艾莉森·杜布瓦［Allison DuBois］的虚构生活制作而成）这样的虚构节目，再加上类似法院电视台（Court TV）现下热播的《心灵侦探》（*Psychic Detectives*）和《幽灵证据》（*Haunting Evidence*）（卡拉·巴伦［Carla Baron］扮演"灵媒"心理画像人员）等所谓的纪录片节目，使通灵现象不仅显得主流，而且作为侦查资源十分有效。②

由于各种原因，有些人仍争辩说，现代电视和电影观众在很大程度上能够区分事实和虚构，人们不会只是因为它在他们面前，有良好的灯光、引人注目的图像和感人的配乐，就不加鉴别地接受和相信他们在屏幕上看到的东西。当然，他们认为，公众对超自然现象的信仰和信念不仅仅是对流行文化的反应。

然而，相反证据是压倒性的。任何时代的大众媒体都不仅是传播事实和传播已经经过适当审查信息的机制，还是宣传、媒体关系和"编

---

① 元认知失调：相信自己能够认识到自己在思考、推理和学习方面的错误，尽管缺乏证据或压倒性的相反证据。例子：尽管明显知识匮乏，但相信自己知识渊博；尽管人类境况如此，但相信自己不会出错；尽管经常陷入逻辑谬误，但相信自己的推理合乎逻辑；尽管持续存在观察者效应，但相信自己完全客观。

② 这种情况因为联合脱口秀主持人的推波助澜更加严重，如 CNN 的拉里·金（Larry King）等，他们经常邀请灵媒在其各自的节目中发言，只是为了获得收视率，从而使灵媒进一步合法化。

造”的有效工具。在过去，征服者会摧毁图书馆，以消除其手下败将的文化——并按照自己的看法改写历史，且未受质疑。例如，《圣经》经过编辑、编校、重编、重译，并注入编造的故事和意象，服务于几个世纪以来的各种议程（参见 Ehrman，2005）。印刷媒体中的社论漫画用于传播与政要品格及其政策相关的真假信息。长期以来，私人和政府都利用广播、报纸、电影和电视来进行宣传和控制信息等。方法多种多样，从公然创作宣传材料、影响电影制作、对不同事实内容的各种话题意见发表社论、偏见报道，一直到封锁新闻。为什么？可得性启发和奇幻思维。人们相信其所读、所见、所闻，当这些东西摆在他们面前的时候——他们非常希望相信自己的感受。给这一切以诱人的包装，就会在一秒钟、一分钟、一小时或一生中改天换地。

应当举一些现代的例子。

1973 年，当威廉·彼得·布拉蒂（William Peter Blatty）的书《驱魔人》（*The Exorcist*）以故事片呈现时，由于观众对邪灵和恶魔附体生出恐惧，天主教会信徒的数量激增。时至今日，甚至由于受这部电影影响，仍有受过教育的人全心全意地相信恶魔附体。影片上映后，天主教会一直大力支持。事实上，纽约大主教管区的驱魔师詹姆斯·利巴神父（Fr. James Lebar）清楚地表达了天主教会对这部影片以及如《驱魔》（*The Exorcism of Emily Rose*）（2005）等类似影片的立场：

> 我愿意接受这类采访的原因之一是，这样做可以让人们注意到这种现象，不管是天主教徒还是非天主教徒，他们会被告知：魔鬼存在；他试图给人们带来麻烦；如果他给人们带来麻烦甚至附体到其身上，可以通过驱魔得到帮助。

换句话说，如果电影有其寓意且制作精良，就可以成为非常有效的媒体手段。

1977 年，《拿撒勒的耶稣》（*Jesus of Nazareth*）以迷你剧的形式在电视上播出，促使改变信仰的人数再次激增。这部剧基本上是根据《马太福音》（*Book of Matthew*）中叙述的耶稣基督的生平所制作的。NBC 分两期播出该剧，每期三小时——分别于棕榈主日和复活节播出。此后，这部影片被带到世界各个角落，第三世界国家的传教士仍在向人们传播。在编写本书的这一年，这部剧又在几个网络电视台上播放，作为圣诞传统的一部分。据说受这部影片启发而改变信仰的人达数千万。

人们可能倾向于认为，几十年前的西方观众可能更容易受媒体影响，甚至可能比今天的观众更没有鉴别力。然而，这种说法根本站不住脚。

1988 年，尼科斯·卡赞扎基斯（Nikos Kazantzakis）的《基督最后的诱惑》（*The Last Temptation of Christ*）的电影版上映了。电影描绘了耶稣基督在十字架上，临死之前，受抹大拉的马利亚（Mary Magdalene）诱惑，想同其一起过上正常生活，而不是由于为人类赎罪而死。导演马丁·斯科塞斯（Martin Scorsese）称这是一部虚构的作品，探索耶稣基督作为正常人可能是什么样子。将耶稣基督视为普通人的观点对一些基督教徒来说是无法容忍的，这部电影一上映就遭到了世界各地宗教团体的强烈谴责，还对同意放映该片的影院以炸弹威胁。[①] 那些人反对这部电影的前提是，他们显然认为这部电影能够玷污耶稣基督的形象，而这一形象是教会几个世纪以来辛辛苦苦树立起来的。

2005 年，丹·布朗（Dan Brown）的《达·芬奇密码》（*The Da Vinci Code*）的电影版上映了。这部虚构的作品将耶稣基督描绘成凡人，实际上与抹大拉的马利亚结婚，并认为存在来自这一结合的血脉，从他们的孩子身上可以追溯至今。对某些基督教徒来说，这比《基督最后的诱惑》更糟糕。基于各种耐人寻味甚至令人信服的证据（有些是真实的，有些是高度戏剧化的），这本书和这部电影提出的问题给有组织的宗教带来了极大恐惧，以至于这部电影被全世界的某些城市甚至某些国家所禁止。

与《基督最后的诱惑》一样，教会中的许多人担心如果人们读了这本书或看了这部电影，就会相信这是真实的（BBC，2005）：

> 热那亚大主教塔尔奇西奥·贝尔托内（Tarcisio Bertone）枢机

① 作者清晰地回忆起在俄勒冈州波特兰去看这部电影的情景，武装警卫对所有观影者进行检查。

主教打破了教会对这本有争议的书的官方沉默。

关于教会压制耶稣与抹大拉的马利亚有一个孩子这一“真相”的故事说服了许多崇拜者。

但这位枢机主教的发言人否认了关于罗马教廷要求这位神职人员对该书进行反击的报道。

卡洛·阿科劳（Carlo Arcolao）告诉英国广播公司新闻网，对该书发表公开声明是枢机主教自己的决定。

阿科劳先生证实，枢机主教告诉一家意大利报纸：“如此多的人相信这些谎言，这让我既震惊又担忧。”

大主教告诉《意大利日报》（*Il Giornale*）：“这本书到处都是。非常现实的风险是，许多人读了它之后会相信其中的寓言是真的。”

该书的出版商兰登书屋（Random House）未予置评。

丹·布朗的《达·芬奇密码》（*The Da Vinci Code*）一书在全世界畅销，目前仍在畅销书排行榜上。

两个密码破译者试图找寻圣杯背后的真相，这一阴谋论和惊悚片风格激发了数百万人的想象力。

其核心主张是，圣杯实际上是耶稣和抹大拉的马利亚的血脉——教会应当掩盖了这一点，还隐瞒了基督教中的女性的作用。

布朗此前曾说过：“所有艺术、建筑、秘密仪式、秘密社团，所有这些都是历史事实。”

这里令人感兴趣的是，所谓的忠实精英人物不断显露出信仰缺失。如果皈依是实质性的，且皈依者确实是忠实的，那么电影和电视就不会构成威胁。应当没有必要禁止书籍、电影或思想。但公众认知并非如此——信仰通常不是取决于批判性思维，也不是深思熟虑和悉心钻研。教条主义的拥护者明白这一点，他们也明白，不仅需要精心设计寓意，还要精心设计人们对其的认知。这是对可得性启发的直接理解和运用。

这里公众的奇幻思维实际上是这样的：如果它出现在银幕上，那就一定是真实的；或许反过来说，直到它出现在银幕上，它才是真实的。

但可以肯定的是，尽管电影和电视十分具有影响力，但对专业侦查人员的影响与对无知公众的影响不一样。专业人士当然可以区分电视上创造的幻想世界和涉及真人真事的刑事侦查现实。当然，专业人士接受过培训，不至于相信他们在电视上看到的东西。

接下来说一说在福克斯电视网上播出的广受欢迎的电视节目《24 小时》（该剧于“9·11 事件”发生之后的几个月推出，本书写作前播到了第六季）。笔者拥有每一季的盒装 DVD，是该剧的忠实粉丝。该剧记录了虚构的美国反恐小组（Counter Terrorism Unit，CTU）的外勤特工杰克·鲍尔（Jack Bauer）的生活和事业。每一季 24 集，故事线在一天之内实时推进。杰克·鲍尔在紧迫的时间限制下，努力揭露并阻挠国内外针对美国的各种连环恐怖阴谋，这一点创造了戏剧性和紧张感。坦率地说，虚构的杰克·鲍尔既极端又残忍。他对嫌疑人施以酷刑，有罪无罪都一视同仁，在保护美国的利益、安全或其公民的生命时会杀死任何必要的人。这是一部很棒的电视节目，但也只是电视节目。或者至少，它应当如此。

两件事情毫无疑问证明了军校学生和专业人士都在观看虚构的电视剧《24 小时》，而且正在把剧中描述的酷刑直接带到前线。

第一件事，2005 年光荣退伍的前美国陆军专家托尼·劳根瑞尼斯（Tony Lagouranis）承认，2004 年至 2005 年他在伊拉克服役期间，他和所在部队的其他成员在审讯犯人时试图模仿虚构节目中人物所提倡的审讯方法及审讯者的举止。以下引用了贝内特（Bennett，2007）的采访内容：

《新闻周刊》：你在伊拉克时，像《24 小时》这样的节目有多常见？

> 托尼·劳根瑞尼斯：伊拉克到处都有电视，所以人们一直在看电影和电视节目。我不知道是否就是《24 小时》，因为我那时还没有看过，但我记得，我总是在说类似的审讯场景太常见了。它们似乎都有一个共同的主题，审讯者将确立对被拘留者的权力，然后设立一种威胁，让被拘留者崩溃——可能威胁施以酷刑，也可能实施酷刑。

《新闻周刊》：士兵会模仿这种做法？

> 托尼·劳根瑞尼斯：他们会。我们被告知《日内瓦公约》（*Geneva Conventions*）不再适用，审讯者没有来自军方的指导。因此，

我们的训练已经过时了，我们被鼓励要有创造性。我们开始在电视节目和电影中寻找审讯方法。可以说，我在自己身上也看到了这一点。我会采用电视节目或电影中审讯者的姿态，我也认为，确立这种简单的权力安排、确立对被拘留者的绝对权力，会迫使他崩溃。

《新闻周刊》：士兵实际上在模仿电视节目中的哪些酷刑？

托尼·劳根瑞尼斯：模拟处决和模拟电刑、施压姿势、隔离、低温拘禁。威胁要处死被拘留者的家庭成员或强奸其妻子，诸如此类。

《新闻周刊》：在学习如何审讯时，你经历了什么样的训练？

托尼·劳根瑞尼斯：我们有课堂训练，会有幻灯片演示审讯应该是什么，但随后我们会在审讯室与教官扮演的角色待上一分钟，然后我们会进行审讯。评判标准主要是我们的提问形式，提问是否有逻辑地从一个问题转移到另一个问题。这真的与让囚犯崩溃无关，与胁迫或指责也无关，而在伊拉克，这几乎是你所做的一切。因此，我们真的没有为我们在伊拉克的任务接受过任何训练。

《新闻周刊》：这就是电视节目开始起作用的地方？

托尼·劳根瑞尼斯：我们可以使用训练中所学的方法，但我们被鼓励使用更极端的手段。我们没有接受过更极端手段的训练，所以人们开始从电视节目中学习。

《新闻周刊》：看这些节目，认为一切都会进展顺利，这肯定很容易——杰克·鲍尔似乎总能得到他想要的。这有多实际呢？

托尼·劳根瑞尼斯：《24小时》将杰克·鲍尔描绘成不遵守法律行事、我行我素的人，但为了拯救洛杉矶免受核弹轰炸，他正在做必要的事情。实际上这一寓意是，在某种情况下，每个人都会打破规则。但这并不像他们做的看起来那么容易。关键是，他的行为并不是获取情报的有效技术，他的成功率也根本不真实。另外，根据美国法律和国际法，他使用的手段完全不合法。

这场闹剧承认，在缺乏充分教育和训练的情况下，经验不足的审讯官依靠虚构的电视节目来指导现实生活中的审讯策略。

第二件事，《24 小时》效应现在已经渗透到纽约西点军校（West Point Academy）的军校生层面。情况十分糟糕，以至于在 2007 年初，美国西点军校学术委员会主任帕特里克·芬尼根（Patrick Finnegan）准将参观了《24 小时》的拍摄现场，强烈要求其制片人减少酷刑场景的拍摄。他还邀请制片人以及扮演杰克·鲍尔的演员基弗·萨瑟兰（Kiefer Sutherland）参观西点军校，并就使用酷刑从嫌疑人那里打探情报的弊端进行演讲。据报道，萨瑟兰先生已经接受了这一邀请。正如世界娱乐新闻网（Wenn）（2007）所说：

> 帕特里克·芬尼根准将参观了《24 小时》的拍摄现场，强烈要求剧组减少酷刑场景的拍摄。他告诉该剧的制片人："我希望他们停止。他们应该做一期酷刑适得其反的节目。（军校生）看了之后说：'如果酷刑是错误的，那么《24 小时》呢？'""令人不安的是，尽管酷刑可能会让杰克·鲍尔焦虑，但这总是爱国之举。"

说得更清楚些，准将要求这位现实生活中的演员在西点军校发表演讲，解释他只是在电视节目中扮演虚构的角色；解释杰克·鲍尔不是真实的；解释从酷刑中获得可靠情报不是常态；解释酷刑本身不仅是错误的，而且是非法的。芬尼根准将明白电视节目对军校生的影响，正试图遏制这一无知浪潮。这无异于承认这些军校生无法分辨电视节目和现实的区别。

控制甚至操纵媒体已经成为宗教、政治、名声和一切事物的重要组成部分。正如我们将在本书中了解到的，其中包括刑事司法系统以及犯罪心理画像领域。

对通灵现象的信仰

关于灵媒及其实用性的问题，在四十年前实际上就有了答案。早在 1979 年，洛杉矶警察局的行为科学部门（Behavioral Science Services,

BSS）（目前负责规划、开发、实施和管理该部门的心理服务项目）公布了一项关于警方调查中使用灵媒的功效的研究。研究发现，灵媒经常给出无法证实的见解，当提供具体细节时，其表现并不比碰运气好（甚至更糟）。BSS 最终得出结论，灵媒在协助调查方面不实用（Reiser et al.，1979）。

与科学依据相反，24 小时循环报道新闻的大众媒体，已经让全球充满了虚构和非虚构的关于灵媒帮助破案的描述和想象。用《时代周刊》专栏作家利昂·贾洛夫（Leon Jaroff，2004）的话说：

> 他们无处不在，在破旧的店面里经营，出现在全国性的电视节目中，让小报维持业务，与天真的警察部门合作，甚至参与国防部高级研究计划局（Defense Advanced Research Projects Agency，DARPA）的荒谬研究。他们是灵媒，一个由神秘主义者、骗子、恶作剧者和圆滑的行骗高手组成的混合体，他们已经成功地迷惑相当一部分公众，使其相信他们有超自然力量。

由于通灵能力与刑事侦查有交集，对科学方法和批判性思维的拥护者来说，《凶杀案侦查人员的圣经》错误地诱导人们对通灵能力的信仰。这本被广泛使用的书用了五页篇幅来描述所谓的灵媒问题，最后倡导警察使用灵媒。这本书首先以一种不可能用科学事实来证明、支持甚至辩护的方式来定义通灵能力——换句话说，完全基于信仰（Geberth，1996，p. 666；2006，p. 718）：

> 灵媒可以帮助人们学会控制大脑中通常未使用的部位，以便看到、感受到普通人无法体验的东西。

这个大胆的主张假定通灵现象涉及大脑的特殊区域，且所谓的灵媒确实能感觉到其他人感觉不到的东西——这些都未经证实。接下来，该书建议使用灵媒作为“侦查助手”，尽管实际中它经常出错，而且没有什么侦查用途（1996，p. 666；2006，p. 718）：

> 值得注意的是，信息不一定准确，在某些情况下对侦查可能毫无价值。然而，这不应该阻碍当局使用灵媒，特别是在信息有限的

凶杀案中。使用灵媒可以看作额外的侦查辅助手段。

> 因其提供了不准确的或没有价值的信息，没有任何站得住脚的理由支持任何所谓的“侦查助手”。然而，这恰恰是所提供的建议。

不幸的是，媒体对通灵现象的持续关注，以及提供训练的少数警察对灵媒的支持，使那些自称灵媒的人获得了不应得的可靠和有效的看法。这主要是通过未经证实或无法证实的推荐而实现的。①

推荐十分有趣，但它们更多的是与媒体关系和广告相关联，而不是分析逻辑和科学方法。换句话说，推荐与可靠性和有效性问题无关——但在缺乏实际证据的情况下，它们对于销售产品、想法或服务十分必要。而且，在回想起来的时候，它们会影响可得性启发。

这种一厢情愿且奇幻的思维（灵媒是真实的；有些人，特别是灵媒和心理画像人员，有超自然能力）对经验不足和无知的侦查人员颇具诱惑力，他们往往不顾一切地在大案子上尝试任何东西，因为他们没有获得足够的训练来了解更多。接受这种和任何其他形式的奇幻思维有额外的好处，那就是不需要拥有实际侦查技能。跟进灵媒提供的线索和相信超自然现象相比真正全力以赴办案，所花费的能力和努力要少。

看看以下这些警方近期使用灵媒的案例。这些例子表明，许多侦查人员不仅对这个问题愚昧无知，而且对刑事侦查技术也必然一无所知。鉴于通灵能力的存在从未被证实，而证据应当相对容易找到，这证明了信仰和信念比批判性思维和分析逻辑更具有持久性。②

---

① 推荐是指某人亲自为某一产品、想法或人担保：这一产品有效；这一想法合理；或这个人素质高，不会撒谎。问题是，推荐往往是为了政治或经济利益。因此，许多消费者上当受骗，买到假冒伪劣产品。

② 再想想每年有数百名所谓的灵媒因欺诈和偷盗被捕，他们通常通过算命和洗钱骗局从受害人那里骗取钱财。牢记雷瑟（Reiser）等人（1979）揭穿重大案件中通灵效用的研究。

例子：伊丽莎白·斯玛特（Elizabeth Smart）的案例

伊丽莎白·斯玛特的绑架者、多配偶主义者布莱恩·大卫·米切尔（Brian David Mitchell）的两副面孔。在盐湖城的法庭上，某天他为法官唱歌，第二天又对她大喊大叫。

伊丽莎白·斯玛特（Elizabeth A. Smart）是犹他州盐湖城一名14岁的女孩，于2002年6月5日从其卧室被绑架。9个月后的2003年3月12日，警方在离她家几英里远的犹他州的桑迪发现她还活着。49岁的布莱恩·大卫·米切尔是个流浪汉，自称是先知，自称“以马内利”，绑架了这个女孩。米切尔于2001年11月曾在斯玛特家做过一些工作。在女孩失踪的那9个月里，警方没有把重点放在那些可以进入女孩家的明显的嫌疑人身上、找到他们并进行讯问，而是花了大量时间响应灵媒的建议和“异象”。正如《警察、考古学家……》（2002）一文中所报道的那样：

> 上周，两个盐湖城的侦探——按照一群灵媒的要求——冒险进入了一个存放着古代美洲印第安人遗骸的地窖，这让数月以来寻找伊丽莎白·斯马特的工作出现了奇怪的转折。
>
> 总部位于西雅图的PSI科技公司（PSI Tech）的职员声称，该公司的十几名成员通过使用他们称之为“技术遥视”（Technical Remote

Viewing）的特殊通灵程序确定了伊丽莎白的尸体位置。

该公司称，14 位“有远见卓识者”都独立地指向犹他州大约 10 年前建造的一个混凝土墓穴。这个地下墓室位于盐湖城移民峡谷（Emigration Canyon）谷口的遗产公园（This Is the Place State Heritage Park）内，里面有75 具美洲印第安人遗骸，其中许多是由犹他州周围的建筑项目挖掘出来的。

但是，该州考古学家凯文·琼斯（Kevin Jones）说，对墓室进行搜查后，没有发现6 月 5 日在卧室被劫走的 14 岁女孩的踪迹。

劳累过度的侦探不顾一切地试图破解这个令人困惑的案件，忙于自称灵媒者给出的数千条线索，侦查人员8 月 28 日在蜘蛛网和陈腐的空气中进行的无果搜索就是一个例子。

盐湖城警察局长里克·丁斯（Rick Dinse）说：“许多（通灵情报提供者）都是善意的，但这些情报肯定会占用侦查的人力。”

尽管如此，他说，如果线索是具体的，侦查人员将检验每一个“通灵异象”。

谈到通灵者分享其信仰时，丁斯说：“我不鼓励但也不劝阻。”事实上，丁斯说，警察仍然可能招募一名灵媒来协助办案。

请注意，受《凶杀案侦查人员的圣经》所鼓励，警察局长拒绝在斯玛特案件中停止使用灵媒，尽管之前每次都是错的。

例子：澳大利亚总理约翰·霍华德（John Howard）的案例

2006 年 4 月，一名资深澳大利亚联邦警察被停职，他因为一则关于暗杀总理约翰·霍华德的威胁而咨询了一名灵媒——伊丽莎白·沃克，新南威尔士州一名出生在苏格兰的灵媒。据达夫（Duff）、库所克斯（Koutsoukis）和沙纳汉（Shanahan）（2006）报道：

澳大利亚工党（Australian Labor Party，ALP）的国土安全部发言人阿奇·贝维斯（Arch Bevis）说，如果澳大利亚联邦警察（AFP）咨询和请教“有透视能力的人”，他将会非常担心。

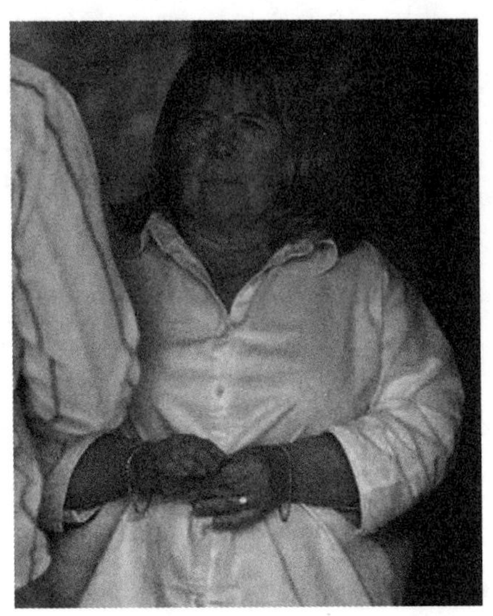

伊丽莎白·沃克（Elizabeth Walker）是澳大利亚新南威尔士州一名“灵媒”，出生在苏格兰。

他说：“我想，这个家伙大概看了太多美国侦探节目。”

贝维斯先生说，在2002年至2005年期间，AFP的保安员增加了一倍，但除了滑稽的一面，这件事还揭示了缺乏充分训练的严重问题。他说：“这确实让人怀疑……对新兵的审查是否彻底，以及警察是否接受过充分训练。”

澳大利亚怀疑论协会（Australian Skeptics）的巴里·威廉姆斯（Barry Williams）说，如果他是约翰·霍华德，他“会非常担心”。他说：“我知道安全和情报搜集有时是非常艰巨的工作。”

“但是，如果你的批判能力完好无损，却在这样的事情上向灵媒寻求帮助，那么我认为你应该另找一份工作。”

这有助于证明执法界在灵媒问题上存在分歧。一些人相信灵媒并希望使用他们；另一些人则认为侦查中使用灵媒是无能和无知的表现。然而，由于社会上充斥着关于灵媒帮助警察的媒体报道，因而存在使用灵媒的压力。在面对可能是压倒性的诉求、特别是来自受害人家庭的压力时，需要强大的警察机构和更强大的领导者采取强硬态度反对使用灵媒。

例子：肖恩·霍恩贝克（Shawn Hornbeck）的案例

11 岁的肖恩·霍恩贝克与母亲团聚了。此前，他曾被“灵媒”西尔维娅·布朗（Sylvia Brown）宣告死亡。

根据联邦调查局失踪人口小组（FBI Missing Person）的报告，11 岁的肖恩·D. 霍恩贝克（Shawn D. Hornbeck）于 2002 年 10 月 6 日星期日下午 1 点左右骑着自行车离开了位于密苏里州里奇伍德的家。他要去朋友家，但始终未到。肖恩的家人最终报告其失踪，当地执法部门展开了调查。

2003 年 2 月，《蒙特尔·威廉姆斯秀》（*The Montel Williams Show*）播出了一段与灵媒西尔维娅·布朗的对话。据波义耳（Boyle，2007）所说：

> 西尔维娅·布朗告诉肖恩·霍恩贝克的家人，这个密苏里州男孩失踪后不久就死了——据说，后来她提出以每半小时 700 美元的价格帮助找出其尸体。
>
> 2003 年 2 月，肖恩失踪四个月后，这位受各大电视节目欢迎的“灵媒者”出现在《蒙特尔·威廉姆斯秀》中，并告诉帕姆·埃克斯（Pam Akers）和克雷格·埃克斯（Craig Akers），她相信他们的儿子“已经离开了我们”。

> 她还说，在离密苏里州里奇伍德家20英里的林区可以找到他的尸体，就在两块锯齿状巨石附近。

布朗关于肖恩死亡的“异象”让搜索队更改了工作方向，引来了几十个公众的电话，他们认为自己住在符合布朗描述的树林附近。

肖恩的家人还说，这位灵媒随后试图兑现那笔钱，但布朗极力否认这一点。

肖恩·霍恩贝克于2007年1月被发现还活着。15岁的霍恩贝克被发现与41岁、300磅重的比萨店经理迈克尔·德夫林（Michael Devlin）和13岁的本·奥恩比（Ben Ownby）住在离他家仅几英里远的地方。霍恩贝克被发现是因为警方正在积极寻找奥恩比，奥恩比于四天前从家中被绑架。一名证人提供的线索让当局找到了被控犯下这两起绑架案的德夫林。

这些是警戒性的事件，旨在教育严肃的侦查和法庭专业人士，通灵现象的事实如下：

1. 任何自称灵媒的人要么是精神病患者，要么是故意欺诈，要么是在不知不觉中精通“冷读术”；
2. 任何自称灵媒的人如果知晓只有侵害人才能知道的关于案件的真实信息，那这个人就是别的人——嫌疑人或证人；
3. 任何支持在刑事侦查中使用灵媒的专业人士都严重缺乏训练，对其侦查能力应持最大程度的怀疑。

心理画像人员和灵媒：特殊能力？

灵媒和通灵能力与合法的犯罪心理画像人员有什么关系？不幸的是，比人们想象的关系要大。多年来有太多的心理画像人员反复提出，心理画像能力是一种特殊的、近乎通灵的直觉，并非每个人都有，因而将通灵能力与犯罪心理画像相混淆的问题日益严重。他们认为这种能力是天生的，除了那些属于某个特定团体或组织的人，其他人不可能被教会。这种心理画像人员也倾向于支持使用灵媒，这一点应该不令人惊讶。

许多心理画像人员已经开始喜欢这种意见，即他们属于拥有特殊知识和占卜能力的知识分子精英。这是许多心理画像人员在追求名声的过程中积极塑造的形象。甚至可以说，有些人就是因为这种形象而被吸引到心理画像行业的。当灵媒冒充心理画像人员、当心理画像人员为灵媒宣传、当心理画像人员自称拥有近乎通灵的能力时，这就更成问题了。

通过特殊能力来获得名声，其影响是将心理画像的某些领域定义为神职而非职业——这是不够博识或能力不足的心理画像人员所需要的，以便维持其可被信任的光环和人们所认为的无误。认为心理画像类似于特殊能力或通灵能力这一信念有助于保护欺诈者免受合法审查。通过援引灵媒的光环，他们就可以不去回答关于其如何得出通常十分笼统且不准确结论的这一棘手问题。事实上，这应该是一个危险信号，表明他们缺乏训练，或者更糟糕的是，彻头彻尾无知。

请看以下案例：

罗伯特·雷斯勒（Robert Ressler），FBI 心理画像人员（退休）

1992 年，退休的 FBI 心理画像人员罗伯特·雷斯勒出版了他的回忆录《FBI 心理分析术》（*Whoever Fights Monsters*）（Ressler and Schachtman，1992）。[①] 在书中，他公开讨论了其对通灵能力的信仰，并承认在个人和职业生活中都曾向所谓的灵媒诺琳·雷尼尔（Noreen Renier）咨询（pp. 238 – 239）。据普罗旺斯（Provence，2005）所说：

> 前 FBI 特工罗伯特·雷斯勒在 20 世纪 80 年代初邀请（灵媒诺琳·雷尼尔）到匡提科的美国联邦调查局国家学院（FBI Academy）演讲。
>
> “我和她一起办过几个案子，”雷斯勒说，他现在是弗雷德里克斯堡的顾问。“她与我合作——而不是 FBI，因为 FBI 从不容忍与灵

① 仅仅这个标题（国内引进版译名）就表明，犯罪分子是“怪物”，而非普通人，暗示那些与其搏斗的人必须拥有对抗怪物的特殊能力。它具有市场吸引力，但并未立足于现实。

媒合作。”

他提到雷尼尔帮助找到了一架载有FBI员工的坠落飞机，并说她在1981年预言罗纳德·里根（Ronald Reagan）总统会被枪杀。

雷斯勒估计他已经向雷尼尔介绍了“几十个”执法人员。他说，虽然他不赞成灵媒侦探工作，但也不反对。他说：“它可能有用。它可以发现额外线索。它可以破案。”

他将雷尼尔的工作与自己作为犯罪心理画像人员的工作相比较：“有时会有结果，有时没有。”

至于雷尼尔的通灵能力，“我不认为有任何问题，”他说：“她已经在杜克大学（Duke University）接受了测试。”

雷斯勒指出，法院电视台对人进行审查时非常仔细。他声称：“法院电视台支持她就证明她是合法的。”

请注意，雷斯勒指出她在杜克大学接受了测试，以及法院电视台支持她，作为灵媒的能力证明。不幸的是，这种推理方式经不起推敲。灵媒自己联系杜克大学，通过接受“心理评估和大脑模式监测”进行“测验”。结果并不是其通灵能力的证明（Boyajian，2001）。此外，上电视并不是职业资格证书或能力的背书，这充其量是认可某个人的观点或个性能够卖出市场份额，仅此而已。

约翰·道格拉斯（John Douglas），FBI心理画像人员（退休）

1995年，FBI心理画像人员约翰·道格拉斯写了他的回忆录《心理神探》（*Mindhunter*）（Douglas and Olshaker，1995）。[①] 像之前的雷斯勒一样，他公开认可这一概念：不仅一些灵媒是合法的，而且犯罪心理画像中可能会有通灵的成分。他进一步指出，犯罪心理画像并非完全可传授的。他对自己得出结论的方法描述如下（p. 151）：

---

① 这个标题清楚表明他有探入犯罪分子内心的特殊能力，并暗示了道格拉斯所调侃的“心理成分”。

> 我试图完全按照（罪犯）的方式思考。我不知道这到底是如何发生的，就像多年来向我咨询的汤姆·哈里斯（Tom Harris）等小说家能准确说出其人物是如何鲜活起来的那样。如果这其中有通灵的成分，我也不会回避，尽管我更多地将其归入创造性思维的范畴。
>
> 灵媒有时会对刑事侦查有所帮助。我见过它起作用。他们中的一些人有能力潜意识地关注现场的特定微妙细节，并从中得出合乎逻辑的结论，就像我试图训练我的人所要做到的那样。

请记住，道格拉斯承认他不知道自己是如何得出结论的，并提及托马斯·哈里斯（Thomas Harris）的名字使其合法化。实质上，他把自己所做的事情比作通灵直觉和小说创作。这些并非有根据的方法的标志，更谈不上客观性和可靠性。

米基·皮斯托瑞斯博士（Dr. Micki Pistorious），侦查心理学家

当FBI心理画像人员提倡使用灵媒，“欣然接受（心理画像）涉及通灵力量这一可能性”（Risinger，2002），为灵媒开始自称心理画像人员打开了大门，反之亦然。媒体欣然接受这一点，FBI心理画像人员也没有提出明显的反对意见。事实上，不断有证据表明他们公开支持这种联系。

最明显的一个例子来自南非的米基·皮斯托瑞斯博士。她在利物浦大学（University of Liverpool）师从大卫·坎特博士（Dr. David Canter），毕业时获得了侦查心理学博士学位。[①] 她曾是一名记者，于2000年突然退休之前，曾作为“侦查心理学家”在南非警察署（South African Police Service）工作了六年。据约翰逊（Johnson，1997）所说：

> （1994年），皮斯托瑞斯在比勒陀利亚大学（Pretoria Universi-

① 这个课程不是心理学课程，也不是侦查学课程。利物浦大学将侦查心理学定义为：“将心理学原理应用于犯罪分析、侦查及诉讼的所有方面”这将在后文中进行探讨。

ty）取得心理学硕士学位后，直接加入了（警察）署。直到最近，这位前南非广播公司（South African Broadcasting Corporation，SABC）记者还是该国警方在寻找连环杀手时唯一可以求助的人。

需要指出的是，比勒陀利亚大学是宗教色彩浓厚的学习机构。皮斯托瑞斯博士就读的心理学系对心理学的定义不为任何科学界所接受：

> 心理学是在人与自身、人与同伴、人与环境以及人与造物主的关系中就人类行为的所有方面进行的科学研究。

更令人不安的是，皮斯托瑞斯博士多次声称自己有过在“量子水平”上解读犯罪现场、然后在头脑中找寻凶手的通灵体验。她自己的话最能解释其方法（Phirippides，2002）：

> （这里）通常有一阵风，一阵平和的风，我只是吸收犯罪现场的能量流动，因为那是那个人实施其幻想的地方。有时一段时间后，同一天，有时是一个晚上，有时是一个星期，这种感觉会被转化。
>
> 深渊是我脑海中一个非常黑暗的地方，在这里我设法在精神层面上找到这些杀手。在某个阶段会变得十分糟糕，在一个星期天下午，我会感觉手上有黏稠的血液，会感觉到凶手在用手挖肠子，之后我们会对照我的这种感觉找到犯罪现场。
>
> “通灵”这个词对我来说很困难。我不能预测未来，我不能拿着失踪者的衣服告诉你他们在哪里。这有点超出常理了。一开始，我被诱导到这里面，但没有意识到这是如何发生的，这让我很困扰，所以我开始阅读有关书籍，我在量子物理，在能量振动中找到了答案。
>
> 当我坐在犯罪现场，无论尸体是否被移走，我都会接收到能量振动，然后过一段时间，这被转化为一种模式……然后我就会有这种感觉。这不像视觉画面，我不能告诉你凶手长什么样子，但我会有这种感觉和幻想。
>
> 连环杀手实施犯罪的方式象征着其个人痛苦。侦查心理学家的工作就是要破译特定杀手的幻想。

显然，皮斯托瑞斯博士认为她有某些超自然的体验。有些人可能认为这是幻觉。有些人可能认为这是一厢情愿的想法或针对受众或市场的表演。无论如何，她的“体验”都无法检验，她的心理画像和方法也未经外部验证或审查。

虽然“通灵”这个词对皮斯托瑞斯博士来说可能很困难，但使灵媒合法化显然不是。1995 年，她为开普敦的灵媒吉普赛·尼扬（Gypsy Niyan）写了一封证明书，作为证实她与警方合作的凭证。2003 年，尼扬与当地警方的会面被拒绝，以协助处理一系列未解决的道德败坏事件，因而她向记者出示了该证明书。媒体公开了其不满，以及其由通灵得来的嫌疑人心理画像（Williams, 2003）：

> 吉普赛·尼扬说：“我初步的感觉是，其肤色中等偏深，也不是金发。面色黝黑，身形健壮，看起来像外国人。他可能是南非公民，但拥有外国血统。如果他要逃跑，他有办法去国外。”
>
> 尼扬认为其动机不仅是钱——敲诈勒索者向匹克恩培公司（Pick'n Pay）索要 50 万兰特——还有“某种报复心理”。
>
> 尼扬出示了由顶级心理画像人员米基·皮斯托瑞斯签署的证明书。这封注明日期为 1995 年的证明书上说尼扬“以非官方身份协助南非警方调查开普敦的车站勒杀者连环杀人案，以及德班的抛尸河中勒杀者连环杀人案”。皮斯托瑞斯还写道：“在所有这些案件中，（尼扬）对犯罪现场的描述都特别准确。”

该案至今尚在悬着。

尽管皮斯托瑞斯博士由于“创伤后压力”于 2000 年退休（Phirippides, 2002），但显然仍在继续同南非警方商讨，他们也继续向灵媒咨询：

> 警局副局长马吕斯·维瑟（Marius Visser）在调查胡安妮塔·马布拉（Juanita Mabula）的谋杀案及另外两名女性的死亡案期间，一直在与被视为南非连环杀人案专家的南非心理学家米基·皮斯托瑞斯博士联系，以便获得调查三名年轻女性死亡案件的指导。
>
> 维瑟昨天说，同时他还会见了所谓的南非灵媒苏·杜·兰特（Sue du Randt），她主动提出用其所谓的超自然能力来协助调查。

然而，她的参与也未让调查取得成果。

据退休的FBI心理画像人员罗伯特·雷斯勒所说，1994年时米基·皮斯托瑞斯还是利物浦大学大卫·坎特博士的博士生，是南非警察署的一名志愿者，正是他参与了她的调查才使得她在1995年被允许成立侦查心理学小组（Ressler and Schachtman，1998；p. 213）。雷斯勒经常在书中和采访中吹捧她是“世界上最好的犯罪心理画像人员之一”（Phirippides，2002）。鉴于皮斯托瑞斯博士对其心理学能力有绝对的信心，且对此不加掩饰，这一点意义重大。

克林特·范·赞特（Clint Van Zandt），FBI心理画像人员（退休）

2001年，退休的FBI心理画像人员和人质谈判专家克林特·范·赞特上了CNN的《拉里·金直播》（*Larry King Live*），参加了一期名为“灵媒是认真的吗?”的节目。他的回答与其他公开讨论过这个问题的FBI心理画像人员一致（King，2001）：

> （作为）FBI特工，你知道，必须要思想开放，我不会说我是怀疑论者。拉里，如果有人能协助破案，我就会听。
>
> 当我在韦科，与大卫·考雷什（David Koresh）打交道时，一个灵媒送来一封信，上面写着：如果你对大卫·考雷什说这个词——我想是别西卜（Beelzebub），他就会出现。我读了这封信，拿了一张三乘五吋的卡片，把这个词写在卡片上，然后把卡片放到与大卫·考雷什通电话的谈判专家面前。
>
> 谈判专家说：“我应该用这个做什么?”我说：“把这个词用到句子里。”他说：“我不知道怎么做。”我说：“造句。”于是我们这样做了，也用了这个词。
>
> 拉里，我很希望大卫·考雷什和他身后那些小孩子一起走出来，但这并没有发生。在某些情况下，我们也曾尝试过，但都没有发生。

> 但是，如果你用尽了执法调查手段、用尽了心理画像方法，如果受害人的家人或警方说“我想试试灵媒”，我会说，任何会有所帮助的东西，任何可以帮助受害人家庭的做法，我都不会阻拦。

与格伯斯、道格拉斯、雷斯勒和皮斯托瑞斯一样，退休的 FBI 心理画像人员克林特·范·赞特认为灵媒可能是真实存在的，并认为应该花费一些调查资源来迁就他们。尽管其经验表明灵媒的实际价值微乎其微，但这种信念仍然存在。[①]

问　题

媒体影响了公众的心理——通过影响可得性启发使奇幻思维得以延续。一部分公众痴迷超自然现象，并且相信超自然现象——这通常是其个人宗教信仰的附属物。媒体通过迎合灵媒、心理画像人员、通灵心理画像人员和暗示自己有特殊能力或可能有点通灵能力的心理画像人员欣然接受了这个市场。因为媒体影响着人们的信仰，灵媒和类似灵媒的心理画像人员现在处于持续的反馈循环中：公众相信——媒体提供——公众更加相信——媒体提供更多。

显然，还有很多专业的刑事心理画像人员和刑事侦查人员不了解刑事心理画像解读是如何形成的——他们的或其他人的。[②] 太多人用特殊能力这种说法来弥补其无知，因为这与个人信仰体系有交集，让工作变得轻松，最重要的是，有人相信。他们正在训练其他人以同样的方式思

---

① 这也引出了一个非常重要的问题：FBI 人质谈判专家在与全副武装、根深蒂固的宗教派别进行现场人质谈判时，为什么要读灵媒的信？这样的信竟然被认真对待，说明现场谈判专家严重缺乏训练，用范·赞特自己的话说，什么都尝试无非是因为他们不知道还能做什么。

② 前纽约市警察局警察理查德·“博”·迪特尔（Richard“Bo”Dietl）在媒体上露面时通常自称刑事心理画像人员，2007 年 1 月 17 日他在接受福克斯新闻频道《与尼克·卡武托走进真实世界》（The Real World with Nick Cavuto）的采访时说：“你不看《24 小时》？他们就在那里。恐怖组织就在那里。”迪特尔先生引用虚构的电视节目《24 小时》作为证据，证明来自中东的恐怖组织正在美国境内活动，证明在“9·11 事件”后对所有穆斯林（即任何戴穆斯林头巾的人）进行种族心理画像是合理、有用且必要的。这是一个可得性启发的例子，揭示了一个自称犯罪心理画像专家的人对某一主题缺乏实际知识。这也是一个例子，说明一些心理画像人员相信电视上看到的东西，以及《24 小时》效应具有普遍性。

考——通过公开采访、回忆录和范例。

犯罪心理画像不同于通灵，也不是拥有特殊的、与生俱来的能力的结果。认为这是针对大众市场（公众）的持续性表演，这种看法极大地损害了该领域的可信度，还造成了无数侦查时间和资源的浪费。

当侦查人员和法庭调查人员相信调查结果是由特殊能力或天意激发的，我们就不会质疑他们，也不会接受他人的质疑。这为批判性思维、分析逻辑和科学方法所不容，而后者对于基于现实的犯罪心理画像至关重要，更不用说实际工作中得出的有意义结果。

解决办法

第一步是承认我们面临一个问题。任何一种基于信仰的推理，虽然在个人生活中往往很重要，但在客观的事实调查或随后的法庭调查中却没有立足之地。这种推理会助长偏见，且无法证伪。就这方面来说，存在一个问题，即某些心理画像人员认可奇幻思维，特定公众群体也接受，媒体使之延续以获取利益。

从短期来看，合法的心理画像领域必须公开将其与任何一种基于信仰的推理分离开。这意味着在心理画像解读方面停止渲染宗教和通灵的影响。这意味着拒绝以任何方式、形式或形态的大众媒体那样支持奇幻思维。这也意味着我们要采纳包含科学方法、分析逻辑和批判性思维的方法。换句话说，这意味着我们需要展示我们的工作，采纳经得起检验的方法。没有道理不这样做。

由于错位的信仰根植于对特定心理画像人物和方法的崇拜，再加上无知以及因害怕被贴上对“信仰”有害的标签而不愿意质疑任何事物，这一切均造成问题。教育是解决基于信仰的心理画像问题的唯一长久之计。

本书第三版的目的是使基于证据的犯罪心理画像在完全接受科学方法以及其在解释行为证据方面所能带来的所有影响方面更进一步。我们将讨论直觉在逻辑和理性中扮演的角色；我们将学习如何理性地、演绎地解释行为证据。我们将学习原则和实践标准。我们将鉴定真正有效的方法及其方式、真正无效的方法及其原因，我们不会服从任何特定的心理画像信仰或名人。犯罪心理画像不是神职——而是可以被教授和学习的技能。作为一门法庭学科，只有遇到认真的、具有批判倾向的学生，它才有可能变得更加可靠、更加实用。

致　谢

在《犯罪心理画像》第四版中，本学科的思想、理论和方法都有巨大改变。其核心原则仍旧不变，但审查和分类机制却有所改善，且有望表述得更为明晰。我们接触的案件、合作的专业人员越多，遇到的可能性就越多，也就有更多的理论和方法能通过实践得以塑造。

然而，本版改进必须要感谢我的学生，包括我在俄克拉荷马城市大学（Oklahoma City University）和邦德大学（Bond University）所教过的学生；还有通过行为画像协会（Academy of Behavioral Profiling）和法医解决方案（Forensic Solutions）所认识的学生；以及自从 2008 年以来我受邀在各学院和警察机构举办的研讨会和讲座的学生。这些学生当中，有些是这个学科的新手，有些则已经是刑事司法系统（执法机构及其他部门）的专业办案人员，他们提出了源源不断的问题、评论和批评。每个案例都有新的假设；而每一种假设又都有新的怀疑；每一次怀疑又有新的启示。他们向我提出了严峻的考验：一种苏格拉底式的教学，其中有探究、辩论、质疑，并且充满活力。对此我深表感谢。

尽管我在案件处理、出庭作证以及与美国和世界各地的警察和律师的合作中收获颇丰，但只有学生将我教学中的错误坦然相告时，我才有可能将这些知识传授给他们。我永远是我这些学生的学生，而且经常觉得我从他们身上获得的远比他们想象的要多。本书第四版就是献给他们的，希望他们能意识到自己对本版书籍的发展和成功所做的贡献。

作者简介

詹生·昂

詹生·昂（JANSEN ANG）是新加坡内政部内政群英学院（Home Team Academy）的行为科学项目（Behavioral Sciences Program）的一名成员。

伊奥根·凯西，文学硕士

伊奥根·凯西（EOGHAN CASEY）是 Stroz Friedberg 有限责任公司的培训总监，该公司在数字取证、电子侦察和网络犯罪反应方面被全美公认处于领先水平。他就最佳实践和技术工具开设了业内领先的课程，这些都源于他积极的案件记录以及他对复杂侦察的管理经验，还有他在保存、搜集以及分析相关数字证据等方面的经验。他撰写的教科书被广泛使用，其著作包括《数字证据和计算机犯罪》（*Digital Evidence and Computer Crime*）（第 2 版）、《计算机犯罪调查手册》（*Handbook of Computer Crime Investigation*）和《儿童剥削与色情》（*Child Exploitation and Pornography*），他还是期刊《数字调查》（*Digital Investigation*）的总编辑。可通过电子邮箱 ecasey@ strozllc. com 与伊奥根联系。

杰弗瑞·秦

杰弗瑞·秦（JEFFERY CHIN）是新加坡内政部内政群英学院（Home Team Academy）的行为科学项目（Behavioral Sciences Program）的一名成员。

W. 杰瑞·奇热姆，理科学士

自1960年以来，威廉·杰瑞·奇热姆（W. JERRY CHISUM）就是一名犯罪学家。他在加州大学伯克利分校师从保罗·柯克（Paul Kirk），并取得化学学士学位。后来，他曾在圣贝纳迪诺（San Bernardino）工作，随后在贝克斯菲尔德（Bakersfield）建立了克恩郡实验室（Kern County Laboratory）。其职业生涯的大部分时间都在从事实验室管理和行政工作。他曾三次担任加州犯罪学家协会主席，也曾任美国犯罪实验室主任学会（American Society of Crime Lab Directors）主席。在加利福尼亚司法部工作了30年之后，他于1998年10月退休，后作为私人顾问工作至今。他是行为画像协会的创始成员之一，现任该协会副主席。他是《犯罪重建》（*Crime Reconstruction*）（2006）的作者之一，这本书也由爱思唯尔科学公司（Elsevier Science）出版。可以通过以下网址与他取得联系：www. profiling. org。

克雷格·M. 库尔利，法学博士

克雷格·M. 库尔利（CRAIG M. COOLEY）是纽约"无辜者项目"①的专职律师，他在西北大学法学院（Northwestern University School of Law）获法学博士学位（2004），在纽黑文大学（University of New Haven）取得了法医学硕士学位（2000）。硕士研究生期间，他曾在萨克拉门托郡公设辩护人办公室（Sacramento County Public Defenders Office）做调查实习生，并担任加州司法局司法服务部（Justice's Bureau of Forensic Services）的研究助理。在加入"无辜者项目"之前，库尔利先生在内华达州（Nevada）的拉斯维加斯（Las Vegas）担任助理联邦辩护人（2005—2007），彼时他（及其所在单位—极刑人身保护小组②）代表内华达州的死囚在联邦和州判决后的诉讼中出庭。库尔利先生的研究和著

---

① 即Innocence Project，一个非营利组织，总部位于纽约，旨在利用基因鉴定方法为被错判有罪的人沉冤昭雪。（译者注）

② 即Capital Habeas Unit，其成员代表因严重谋杀罪被判死刑的人员出庭辩护。（译者注）

述散见于《乔治·梅森大学民权法期刊》(*George Mason University Civil Rights Law Journal*)、《新英格兰法律评论》(*New England Law Review*)、《印第安纳大学法律评论》(*Indiana University Law Journal*)、《斯坦福法律与政策评论》(*Stanford Law and Policy Review*)、《俄克拉荷马城市大学法律评论》(*Oklahoma City University Law Review*)和《南伊利诺伊大学法学杂志》(*Southern Illinois University Law Journal*)等。

朱迪·弗里曼,犯罪学硕士

朱迪·弗里曼(JODI FREEMAN)拥有加拿大西安大略大学(University of Western Ontario)健康科学荣誉学士学位,健康科学与犯罪学双学位。她最近在澳大利亚邦德大学(Bond University)获犯罪学硕士学位。硕士期间,朱迪在布伦特·特维的指导下独立完成了行为证据分析方面的研究。2010 年,朱迪在法医解决方案公司(Forensic Solutions)完成了犯罪现场分析的实习。实习期间,她继续协助研究、个案工作和研讨会工作。若要联系朱迪,可发送邮件至 jodi. freeman@ rogers. com。

马吉德·卡德尔

马吉德·卡德尔(MAJEED KHADER)是新加坡内政部内政群英学院(Home Team Academy)的行为科学项目(Behavioral Sciences Program)的一名成员。

迈克尔·麦格拉,医学博士

迈克尔·麦格拉(MICHAEL MCGRATH)是经委员会认证的法医精神病学家,在纽约州拥有执照。他是纽约罗切斯特大学(University of Rochester)医学和牙科学学院(School of Medicine andDentistry)精神病学系临床副教授,也是纽约州罗切斯特市统一卫生系统(Unity Health-System)行为健康部(Department of Behavioral Health)医疗主任兼主席。

麦格拉博士从事行政、临床、研究和教学活动。其专长领域包括法医精神病学和犯罪心理画像，曾在三个大洲进行过演讲，是行为画像协会的创始成员之一。若想联系麦格拉博士，可发送邮件至 mmcgrath@profiling. org。

尤尼斯·谭

尤尼斯·谭（EUNICE TAN）是新加坡内政部内政群英学院（Home Team Academy）的行为科学项目（Behavioral Sciences Program）的一名成员。

安吉拉·N. 托里斯，哲学博士

安吉拉·N. 托里斯（ANGELA N. TORRES）在加州大学伯克利分校主修心理学，后又在得克萨斯州亨茨维尔的萨姆·休斯敦州立大学（Sarm Houston State University）完成临床心理学博士学位，并以法医学为研究重点。课程完成之后，她在明尼苏达州的罗切斯特联邦医学中心（Federal Medical Center）做一名博士实习生。现在她是弗吉尼亚州彼得斯堡（Petersburg）中央医院（Central State Hospital）的法医心理学博士后研究员。其关注领域包括：性犯罪者的风险评估、性别/性/文化问题、诈病和一般法医评估。

布伦特·E. 特维，理科硕士

大学的最初几年，布伦特·E. 特维（BRENT E. TURVEY）读的是医学预科，明确自己的兴趣之后，他就改变了专业。他获得了波特兰州立大学（Portland State University）心理学理科学士学位，主攻法医心理学，另外还获得了历史专业的理科学士学位。后来，特维又在位于康涅狄格州西黑文（West Haven）的纽黑文大学（University of New Haven）学习，取得法医学硕士学位。

自 1996 年毕业后，布伦特作为一名法医科学家和犯罪心理画像人员，为美国、澳大利亚、中国、加拿大、巴巴多斯和韩国的许多机构、律师和警察部门就一系列强奸、谋杀和系列/多起强奸/死亡案件提供过咨询。他也被法院认定为犯罪心理画像、法医学、被害人研究及犯罪再现等领域的专家。

2002 年 8 月，他应中国人民公安大学（简称 CPPSU，位于北京）之邀，给北京、武汉、杭州和上海警察局的刑警们讲学。2005 年，他再次被邀请到中国，在中国人民公安大学给北京和西安的警察讲学，那是在将本书的第二版译成中文为该校所用之后。2007 年，他受邀在新加坡内政群英（警察）学院举办的首届行为科学大会上演讲，并为其行为科学部门进行培训。

他是《犯罪心理画像：行为证据分析入门》（1999，2002，2008）的作者，也是《强奸案调查手册》（*Rape Investigation Handbook*）（2004）和《犯罪再现》（*Crime Reconstruction*）（2006）的合著者，这几本书都由爱思唯尔科学公司（ElsevierScience）出版。目前，他也是法医解决方案公司及 LLC 的合伙人、法医科学家、犯罪心理画像人员和讲师，同时担任俄克拉荷马城市大学（Oklahoma City University）犯罪学的兼职教授，可通过电子邮箱 mailto：bturvey@ forensic - science. com 与其取得联系。

目　录

第1编　犯罪心理画像简介

第2编　法医被害人研究

第3编　犯罪现场分析

第 4 编　侵害人特征

第 5 编　职业化议题

第1编

犯罪心理画像简介

第 1 章　犯罪心理画像简史

布伦特·E. 特维（Brent E. Turvey）

关于智慧：不需时，我们须认真收集打磨；急需时，我们已无暇他顾。

——汉斯·葛罗斯（Hans Gross）《犯罪心理学》（*Criminal Psychology*）

在开始研究基于证据的犯罪心理画像方法及其基本原理之前，我们必须首先了解其历史。这样我们或许才能知道自己如何发展到今天这样的地步。这是历史的责任，让我们有机会回顾过去，评估进步与不足，标记我们的成长和我们的思考深度，它能让我们知道自己过去如何，将来又怎样。

历史是对过往事件的记录和研究，是一门波澜不惊却让人心生敬畏的学科。当我们已然忘却那些披荆斩棘的开拓者时，历史会提醒我们，知识和智慧来自何处。历史告诉我们在战争和幻想中我们失去了什么，尽管征服与战胜的偏执意识想让我们对之前的一切一无所知。历史会整理，会记录，会铭刻。它会耐心地等待心存好奇的人去发现它。

由此我们可以推断，学习历史的目的并不是记住枯燥的事实，以便日后显得很有知识。研究历史是要回过头去看看原来发生了什么，以便如实地来衡量我们当前的处境，并且能够了解我们为何处于现在的处境。对历史的研究要挖掘超越文化和制度化教条的东西，因为你已知的东西和被告知的东西不一定就是事实。

历史研究属于具有批判性思维的人，他们不会礼貌且盲目地接受所谓的权威人士传递给他们的信息。历史研究属于那些宁愿自己去了解事物及其之间关系的人，属于那些懂得追寻、分辨信息之宝贵价值的人，属于那些不愿被人牵着鼻子被知识奴役的人。这是一个大胆而危险的旅程，但它可以指引、激励并点燃我们的终身研究。

有人认为，只有当一个事件或一系列事件发生若干年之后，人们关于该主题记录下来的史料才准确合适。人们认为这样有助于历史学家保持公正和客观，或许只有这样，才能让他们摆脱因阿谀奉承而不得不歪曲历史的压力。这可能就是真相。即便是对历史最不带感情的记录也不可能绝对客观，因为即使付出了巨大努力，人们也不可能将信使和信息截然分开。历史学家爱德华·切尼（Edward Cheney）曾提出一个警告，值得我们深思（Cheney，1988）：

> 读者查阅到的任何资料都是经由历史学家改编过的。事物的认识均经由个体化视角来审视……读者的视角往往受历史学家的摆布……以往的冲突都被那些年代的记录者按自己的视角记载并永远流传下来。因此历史的真相往往被歪曲了。

当看到任何有关犯罪心理画像的资料①或历史故事时，我们都会回想起上面的话。尽管竭尽全力保持客观，但历史的观点却总是通过作者的角度并用作者的语言呈现出来。当犯罪心理画像领域深入发展时，就必须关注并审视多学科、多部门在其中的地位及贡献。本书尽管不敢妄称全面，但也为犯罪心理画像提供了一个理解基础和有益视角。读者应当借助这些历史叙事，将其作为了解犯罪心理画像的第一步，并逐步拓宽视野，更加深入、完整地理解犯罪心理画像的历史和起源。

对实施犯罪的行为人进行特征推断的过程就被称为“犯罪心理画像”。进行犯罪心理画像的专业人士有很多，包括侦查人员、行为学家、社会科学家以及法庭专家。他们参与未被侦破的刑事案件，努力提供侦

---

① 即使我们已经有了关于其历史的第一本出版物（Turvey，2002），有关犯罪心理画像的历史书籍仍然非常少，即便有所涉及也不过是有关联邦调查局参与办案的一些东西或是关于希特勒的心理画像（实际上是心理评估，并非心理画像）。简短的媒体报道仍然是犯罪心理画像最常见的模式，在提及某个特定的罪犯画像者、犯罪人格或犯罪心理画像技术的文章中，往往只会在开头的一两段谈到犯罪心理画像。

查线索，以便确认嫌疑人身份。从这个方面看来，包括基于信念、归纳（统计的/经验的）及演绎（逻辑的/理性的）的犯罪心理画像技术均被视为有助于识别罪犯、缩小犯罪嫌疑人范围、串并案以及在某些悬案中提供侦查线索的方法。① 正如我们将要看到的一样，犯罪心理画像方法的各种外在表现都有深远的司法传统②。

犯罪心理画像也被称为“行为侧写”“行为画像”“犯罪现场画像”“犯罪人格画像”“作案人画像”“心理画像”“犯罪侦查分析”，以及最近的一种叫法“侦查心理学”，这些称谓不如犯罪心理画像常用。由于心理画像专家人数众多、方法各异，每个人所受的实际教育水平也不同，因而在各个心理画像组织之间，甚至是在某些组织内部，仍然普遍存在术语定义或使用不一致、不协调的问题。这些称谓经常前后不一，互相混用。在我们看来，我们将使用普遍的称谓——“犯罪心理画像”。

正如我们将要了解到的，犯罪心理画像与政治、宗教和社会偏见之间关系密切，但不易把握，以至于它们每一个几乎都可以互换表达。从历史上来看，为宗教势力或各级政府工作的调查人员，都会利用心理画像来妖魔化某一个特定群体。结果就是导致人们互不理解，发生大量的流血事件。

我们不能忽视犯罪心理画像的这部分历史。我们必须去研究，必须吸取教训以避免成为其受害者。

血祭诽谤

这不仅仅是一个谋杀和杀人祭神的行为。取出身体里的血液，用于祭祀或是宗教目的——这听起来有些可怕，不过虽然这种想法令人生

---

① 参见格罗斯（Gross，1924）、狄普（Depue）等人（1995）以及科克（Kirk，1974）、库雷和特维（Cooley and Turvey，2002）、佩瑟里克（Petherick，2002）和特维（Turvey，1999）对犯罪心理画像的使用及其功效的讨论。明确地识别罪犯是犯罪心理画像的一种更危险的应用方式，因为人们怀疑它容易被偏见主导从而被滥用，这一观点将贯穿全书。

② 桑顿（Thornton，1997）解释道：“法庭”一词来自拉丁语“forensus”，意思是“论坛”。在古代罗马，论坛是举行政府辩论的地方，但同时也是进行审判的地方，它就是法庭。因此法庭科学指的是一门运用自然和物理科学来解决法律冲突的学问。

厌，但它也同样令人着迷。

——耶路撒冷大学罗伯特·维斯特里奇（Robert Wistrich）教授［莱文森（Levinson），2004］

最早有记录的犯罪心理画像案例是一个丑化犹太人的例子，其中就包含了一个原始形式的心理画像（图1.1）。其源头见于反犹太学者阿皮翁（Apion）公元38年写给罗马皇帝卡利古拉（Caligula）的一份报告中。阿皮翁觉得亚历山大（他曾经在那里求学）的犹太人享有太多的特权和优待。据弗拉维奥斯·约瑟夫斯（Flavius Josephus）著述中记载（此人反阿皮翁，大约生活在公元90年前后），阿皮翁曾向卡利古拉谎

图1.1　15世纪版画，犹太人杀害孩童特伦特的西蒙（Simon of Trent）。所谓的“谋杀”是中世纪血祭诽谤来源中的一个。犹太人衣服上缝了补丁，身上的钱袋也可以让人辨认出他们。
发现于哈特曼·谢德尔（Hartmann Schedel）的《纽伦堡纪事》，1493年由安东·科贝格（Anton Koberger）印刷。

报称，犹太人经常在逾越节上杀戮并分食希腊人，并将此作为逾越节仪式的一部分。被堕落的犹太人谋杀并用作宗教仪式的这种想法在公元 12 世纪站稳了脚跟，这可能是因为当时欧洲反犹太主义的盛行，也可能是因为僧侣有愿望将被屠杀的孩子用作祭祀。正如莱文森（Levinson，2004）讨论的：

> 这种反犹太主义的荒诞说法被称为血诬/血祭诽谤，起源于中世纪的英格兰。1144 年的一个皮革商名叫威廉（William），其学徒在诺里奇（Norwich）失踪了。检查尸体的僧侣们声称，这个男孩的尸体被发现的时候，他的头被荆棘桂冠刺穿了。
>
> 几年后，一个叫托马斯（Thomas）的僧人开始收集关于威廉死亡的证据。他的主要目的是想证实这个男孩是神的殉难者，借以吸引朝圣者来到大教堂。他指责诺里奇的犹太人杀害了这个男孩。
>
> 东安格里亚大学（University of East Anglia）的维克多·摩根（Victor Morgan）博士说："托马斯行为所造成的不可预见的结果就是创造了血祭诽谤，该传说在当时就有生命力。"

血祭诽谤，或对仪式杀戮的虚假指控，是一种早期产生并延续至今的犯罪心理画像的形式，它包含一些预先确定的犯罪相关特征，便于推断，它指向特定的嫌疑人群体即犹太人。从本书引用的现有文献中可以看到，这种画像一般包括以下一个或多个元素：

- 一个年轻男性基督徒失踪；
- 附近有犹太人社区；
- 孩子是在逾越节当天或逾越节前失踪；
- 孩子身体可能有伤，看上去好像经历过某种仪式；
- 孩子身体可能大量失血，或者至少看起来是这样。

人们据上推测，可能是犹太人社区为逾越节仪式实施了绑架、酷刑和谋杀，这种恐惧经由已经存在的反犹太情绪煽动，大行其道。顾名思义，这种指控是诽谤性的——故意谎报并具有煽动性。因此，血祭诽谤不仅是最初应用犯罪心理画像的一种形式，也是最早记录在案的虚假报告之一。

不幸的是，血祭诽谤案件已经尾随我们来到了20世纪，而且只要反犹言论的价值一息尚存，它的阴影就挥之不去。莱文森（2004）记录了几个世纪以来血祭诽谤的发展历程及原因：

> 指控称犹太人会放干儿童的血液，将之用于仪式，这令人匪夷所思。因为犹太教对血有很强的禁忌。事实上，犹太洁食法规定应将血液从肉体中去除。但这个观念似乎在中世纪的想象世界中并不罕见……
>
> 过去的几个世纪里，血祭诽谤遍及英国和欧洲大陆，其指控数以百计，它们都基于臆想而非证据。1255年在林肯、1475年在意大利特伦托都有臭名昭著的血祭诽谤案例。许多犹太人被处决，还有一些则被寻求报复的暴徒杀害。
>
> 19世纪末和20世纪初期，东欧出现了一系列指控——彼时的社会受困于经济转型和政治动荡的局面——1913年的贝里斯案成为其高潮。

1911年孟德尔·贝里斯（Mendel Beilis）（图1.2）被基辅秘密警察逮捕，并被指控以宗教仪式谋杀一个基督教男孩而被带上法庭受审。他被判入狱两年，而检察官一直隐藏无罪证据以期立案。1913年贝里斯最终被判无罪——某种意义上的无罪。正如穆拉夫解释道（Murav，2000）：

图1.2　孟德尔·贝里斯，他在基辅城外一家砖厂工作。

> 1911年3月，基辅一个13岁男孩安德列·尤辛斯基（Andrei Iushchinskii）的尸体于一个洞穴中被发现。苏联学者亚历山大·塔格（Alexander Tager）参阅了直到1917年才解密的档案，他表示，尤辛斯基是被以维拉·切布利雅克（Vera Cheberiak）为首的一伙盗贼杀害。因为这个黑帮认为尤辛斯基打算向警察告发他们。尤辛斯

基和切布利雅克的儿子是好朋友。孟德尔·贝里斯被捕的同一年，维拉·切布利雅克被捕，后者同年 7 月又被释放。贝里斯被人指认是“长着黑胡子的人”，目击者声称他们看到他和尤辛斯基在一起。他是一个砖厂的小职员，而尤辛斯基的尸体就是在砖厂区域发现的。贝里斯于 1913 年受审。起诉书指控他“出于宗教狂热，为了某种仪式”而实施了谋杀。检方向陪审团提出了两个问题。第一个问题表明罪犯以某种方式谋杀了受害者，以便尽可能多地收集受害者的血液。这个问题的措辞暗示，收集血液是此次谋杀的最终目的。这个问题的内容为：是否可以证明，尤辛斯基受过伤害并且此次伤害造成的失血量可达“五杯血”；随后他又遭受二次伤害而死，且死时“血几乎已经流尽”。第二个问题是贝里斯是否有罪。主要由农民组成的陪审团对第一个问题给出了肯定答案，但却判贝里斯无罪。陪审团的观点认为仪式谋杀存在可能性。

据穆拉夫（2000）所说，政府借用天主教神父的专家证言来巩固仪式行为和犹太人动机方面的案例，其中包括他们所谓的“血祭教义”。

可悲的是，在新世纪，宗教极端主义和中东冲突不曾断绝，在这种背景下，对犹太人群体的血祭诽谤仍在继续。①

女巫及中世纪异端裁判所

你不必让女巫存活下去。②

——钦定版《圣经》(*King James Bible*)，出埃及记 22：18

女巫的存在与否是天主教信条中的基本问题，这种信念根深蒂固以至于持相反意见被认为是异端邪说。

——《女巫之锤》(*Malleus Maleficarum*)

---

① 直到最近，联合国人权委员会才承认血祭诽谤为反犹主义的一种形式。

② 在《新国际版研读本圣经》(*NIV Study Bible*)（出埃及记 22：18；119 页），同一节的内容是，“不要让女巫（sorceress）存活。”

最早出版的给犯罪心理画像学科和实践提供明确指导的书籍中，有一本就是《女巫之锤》(*The Malleus Maleficarum*)。两位多明我会修道士、托钵修士传道会神学教授亨利·克莱默（Henry Kramer）和詹姆斯·斯普兰格（James Sprenger）约在1486年发表这本著作。它用拉丁语写成，旨在为相关异端裁判所法官（即这两位作者）提供基本原理和指导，协助确定女巫身份并审判、处罚女巫。

《女巫之锤》出版之后，天主教会对这本书实行了全面制裁，因为他们畏惧异教徒、无信仰者和对穆斯林实行东征未果的十字军（他们曾试图占领圣地但失败了）的存在，认为这些人的存在会削弱自己的影响力。《女巫之锤》一书中有一份教皇英诺森八世（Pope Innocent Ⅷ）（图1.3）的诏书（bull），该诏书写于两年前，也就是1484年12月9日[①]。

图1.3　英诺森八世（1432—1492）原名乔瓦尼·巴蒂斯塔·西博（Giovanni Battista Cibo）。1484年成为教皇。自1488年以来的几次失败后，英诺森八世成功发起第四次十字军东征，以夺回耶路撒冷王国为目标入侵圣地。伊斯兰将领萨拉丁（Saladin）是逊尼派穆斯林，也是埃及的苏丹，在1187年取得军事胜利后就主张了对耶路撒冷的所有权。第四次十字军东征以惨败告终：军队在威尼斯把钱花光了，根本就没有到达圣地。这些破产的十字军最终沦落为威尼斯人的雇佣兵。他们袭击基督教和穆斯林的一些城市，包括君士坦丁堡在内。英诺森八世见此怒不可遏，他开除了整个十字军以及威尼斯这个城市的教籍。他因为极其失败的远征、不善管理财务以及对女巫和其他异教徒的穷追不舍而被人们记住。这些事件很可能都是彼此相关的。

---

① “bull”是正式的盖有教皇印章或印玺的文件。

教皇英诺森八世的这份诏书是教会的官方文件，它解释了异端裁判所的权力和司法管辖区。诏书有效委任克莱默（Kramer）和斯普兰格（Sprenger）为全权执法者，直接按照英诺森八世、天主教会——更具体地说按照上帝——的要求工作。任何妨碍他们的人都是挑衅神的旨意，因此都是异教徒。

在《女巫之锤》写完之后的很长一段时间，天主教教会都认为女巫和其他异教徒与魔鬼相互勾结，甚至狂热地要摧毁上帝和天主教会，执意统治西方文明（图 1.4）。

图 1.4　阿尔芬斯·约瑟夫 – 玛丽·奥古斯都·蒙塔古·萨默斯（Alphonsus Joseph – Mary Augustus Montague Summers）（1880—1948），是天主教牧师，女巫的虔诚信徒和“吸血鬼学家，”大约 1928 年，是他第一个把《女巫之锤》翻译成英文。他出版的作品包括《恶魔学与巫术》（*Demonology and Witchcraft*）（1926）、《吸血鬼：其亲族》（*The Vampire：His Kith and Kin*）（1928）和《欧洲的吸血鬼》（*The Vampire in Europe*）（1929）。

根据《女巫之锤》的描述，人们能借助特定情景和能力、特点来鉴别女巫及其他犯罪分子，这就有赖于两个作者的经验加上他们对《圣经》的解释（Krarner and Sprenger，1971）。女巫主要被描述为这样的女人：

- 有斑、疤痕或胎记，有时长在生殖器上，有时审判者肉眼看不见①；
- 独居；

① 这就是女巫标记，或者魔鬼标记。

- 养宠物（大家熟知的动物形态的恶魔）；
- 有精神疾病的症状（听觉或视觉上出现幻觉等）；
- 种植药材；
- 没有孩子。

两位作者用各种案例贯穿全书，但是仔细研读后就可以发现，这些案例不过是厌恶女性的寓言。比如，下面这个案例似乎就暗示着女性可能会因与其遇见的正直男性争吵而承担后果（pp. 136 – 137）：

> 在巴塞尔（Basel）教区的阿尔萨斯和洛林（Alsace and Lorraine）地区，一个正直的劳动者与一个粗暴的妇人说话时言语粗鄙，于是这个妇人便愤怒地威胁说自己不久将会报仇。该工人对此不以为然；但就在当天晚上，他发现脖子上长了一个脓包，他轻轻擦了擦，又发现整个脸和脖子都肿了起来，自己患上了可怕的麻风病。他立刻向朋友们寻求建议，将这个女人的威胁悉数告知，还说自己以性命担保，坚信这是那个女巫施了巫术的后果。总之，这个女人被带走、受审，最后认罪。但当法官问她此举的确切原因为何、她又是如何做到的时候，她回答说："那个人对我恶言相向，我很生气，回到家里，我的魔宠问我为何心情不好。我告诉它事情的经过并求它为我报仇。它问我要怎么做，我说，希望那个人的脸一直肿着。然后它就出去了，把那个人折磨得比我要求的还要惨，因为我本不希望他感染那么痛的麻风病。"之后这个女人因此被烧死了。

《女巫之锤》中对女巫、魔鬼和凶手的具体描述都在诠释异端裁判所法官完全以信仰为基础的心理画像方法和推理。其中一些例子如下：

- 女巫有能力使男人阳痿、不能进行性交（p. 4）：

> 有些作家谈到了男性阳痿、被施了巫术，称这种由巫术引起的阻碍使男性无法进行性交；由此他们的婚姻合同无效，在这种情况下婚姻生活就变得不可能了。

- 女巫使用咒语、图像和符咒（p. 13）：

> 女巫会使用某些图像和其他奇怪的护身符，通常她们会将之放置

在门楣下，或者放牧牛羊的牧场上，甚至是人群聚集的地方；借此她们可以在受害者身上施加法术，而据说这些受害者一般都丧命了。

- 女巫不能生育（p. 23）：

> 生孩子是生命体的行为，但魔鬼无法用附体的身躯延续生命；因为生命只能发自灵魂深处，而繁殖是有生命的生理器官的行为。因此被附体的身体是不能繁殖的。
>
> 但也有可能说，这些魔鬼附在一个身体里面，并不是为了给那具身体赋予生命，他们可能是通过这一手段保存人类精液，并将之传给另一个人。

关于谋杀，《女巫之锤》解释说，如果谋杀犯就在附近，那么尸体的伤口中会流出血来。[①] 此外，当尸体在场的话，活着的人会惊恐万状——即使他并不知道尸体在场（p. 13）：

> 凶手在场的话，血液会从受害者尸体的伤口中流出。因此，即使已经没有了任何精神力量，身体也能产生奇妙的效果。所以如果生者经过一个被谋杀的人的尸体附近，虽然他可能并不知道尸体在那里，他往往也会惊恐万状。

伯尔（Burr，1896）解释了审判时以《女巫之锤》为指导辨别女巫的典型理由，这种指导给无辜者带来了不可避免的困境（p. 31）：

> 盖亚[②]的生活要么乌烟瘴气，要么得体优渥。如果是前者，那么人们会说，针对她的证据很有说服力；因为从恶意到恶行的推定是站得住脚的。然而，如果是后者，这同样也是证据。因为这样，人们会说，难道女巫不会掩饰自己，试图显得特别体面吗？……
>
> 于是盖亚被硬拖进监狱去了。而如今这个进退两难的境地又给她带来了新的不利证据：要么她惊恐连连，又或者她害怕但不露痕

---

① 有理由认为，这篇文章可能催生了南非的米基·皮斯托利斯（Micki Pistorius）博士对死者的观点，这在本文的绪论部分曾提到过。她是利物浦大学侦查心理学毕业生，师从大卫·坎特（David Canter）博士。她认为可以从心理层面辨别暴力犯罪现场和杀人犯。

② 盖亚（Gaia）是罗马法律中称呼女性罪犯的名字，就像在不同的法医学背景中使用无名氏约翰或珍妮来称呼不明身份的男性和女性一样。

迹。如果她确实显得害怕（因为听说真正痛苦的拷问通常会用在这类案子上），那么这本身就是一个证明；人们会说，她害怕是因为良心在谴责她。如果她不露怯意（她相信自己是无辜的），那这也是一个证明；人们会说，女巫最大的特点就是假装自己很无辜，毫不畏惧的样子。

此外，无论是借助证人证言还是法律顾问，任何人都不得为女巫辩护。她们的罪行一早就被假定好了，而这个法律程序的最终结果也已经预先注定了（p. 32）：

> 这些审判中，没人能拥有辩护律师或任何公平的辩护方式；因为舆论坚称这类案件属于例外；而且凡是冒险为被告辩护的人都会被怀疑犯罪——所有胆敢在这些案件中提出异议、敦促法官的人也都一样；因为他们立马就会被视为女巫的保护人。于是所有的嘴都闭上了，所有的笔都磨钝了，免得它们要说些什么或者写些什么。

克莱默和斯普兰格（1971）给异端和巫术规定了明确且残酷的刑罚——这有力地震慑了任何对上帝或天主教会的明目张胆的质疑。被控人经常饱受折磨，并且无论认罪与否，他们最终都被处死（pp. 5 –6）。

关于女巫及其能力是否存在还有些更荒诞的说法，这引起了一些怀疑；对此，从一段简短的摘录就可以看出作者对其方法和手段进行合理辩护的本事（Kramer and Sprenger，1971，p. 89）：

> 我们祈祷上帝，希望读者不要在每例案件中都寻找证据，因为只要找出证人所见所闻的例证或是有可靠证人提供的证词就足够了。

这段话的意思十分明确，它告诉《女巫之锤》的读者，此书的内容仅基于两位作者的专家意见和可信度；对于这些内容，读者应该全盘接受，无须再做调查。① 他们的方法以信仰为基础，其结论不可更改，其

① 这种形式的推理在当今的画像技术和法庭科学领域依旧存在。某些主张和观点在只有专家意见支持的基础上就被草草认定为事实，并没有实质性基础和解释。桑顿（Thornton，1997，15 –17 页）曾发出警告，认为应反对这种做法。他讲道：“丰富的经验并不应该让专家免责，相反，在对一些可争论的科学现象做出判断时，他们将肩负更重大的责任。”在后续章节我们将对此进行详细阐述。

权威神圣不可侵犯。遗憾的是，当时许多人轻信手册，照章办理，没有去寻找证据——或许是因为恐惧，又或许是因为无知，或者两者兼而有之，他们没有质疑异端裁判所法官的逻辑。因此，在中世纪异端裁判存续期间，一个人仅仅因为被指控就可能被判为女巫或异教徒，然后被异端裁判所法官审判、拷问，最终被处以火刑。

中世纪异端裁判所法官用以证实女巫和其他异教徒身份的分析方法以信仰为基础，这激起了非理性恐惧；这种方法毫无逻辑，受个人意志和政治动机驱使并且为神性所约束。这些分析方法被滥用的时机也恰到好处。然而，“滥用”正是关键所在。写《女巫之锤》的时候，天主教会正全方位反对它眼中对其权威和合法性有直接威胁的一切——这已经持续了几个世纪了。野蛮人、异教徒、犹太人和穆斯林似乎内外夹击，向其发起挑战，而任何质疑其最高权威的人都被贴上这样的标签。

《女巫之锤》赋予异端裁判所法官神圣的权利，让其处置一群特定的异教徒和野蛮人，关于心灵、思想和财富的斗争无处不在。通过滥用权力和操控信仰，激发大众对天主教会的恐惧和顺从，这就是他们的意图——敬畏上帝、完全屈从于天主教会等。讽刺的是，通过煽动异端裁判所，天主教会恰恰变成了自己口中最不屑的样子。其结果是，据信英国有 3 万名、德国有 10 万名有女巫嫌疑的人被处死。

或许，这是警醒我们的好时机，提醒我们以信仰为基石的分析方法的滥用并非始于女巫，也并非止步于此。天主教堂中世纪异端裁判所于 1184 年首次出现［当时称为“宗教裁判所”（Episcopal Inquisition）］，几个世纪之后《女巫之锤》才出版，法庭的开设是对法国南方日益猖獗的异教徒做出反应。[①] 中世纪异端裁判所关注的是任何对天主教会神圣权威有威胁的团体或宗教，其影响力绵延几个世纪。法庭由天主教会任命和管理，它与西班牙异端裁判所不同，后者由西班牙政府管理。

---

① 宗教裁判所针对的异教徒就是卡特里派（the Cathars），也被称为阿尔比派（the Albigensians）。这个教派所信奉的“基督教”以伪经文和波斯（伊朗）先知玛尼（Mani）的著作为基石。玛尼以救世主、耶稣基督的使徒的形象示众。对此，天主教无比激烈地表示反对。

西班牙异端裁判所（1478—1834）

没有人会想去西班牙异端裁判所！

——西班牙红衣主教希梅内斯（Ximinez），

《飞行马戏团》（*Flying Circus*）①

西班牙宗教法庭最初由天主教会设立，用以协助西班牙政府识别“改宗者”（conversos），主要包括穆斯林［摩尔人（Moors）］和犹太人［马兰诺人（marranos）］；这些人假装皈依基督教，但暗中仍然继续信奉改宗前的宗教。为了加深天主教徒对其异端邻居的了解，分析他们的宗教行为是一个可行方式。

出于上下文需要，有必要介绍一些历史和地理背景。请耐心留意一下日期，要想明确谁是盟友，谁是奴隶，时间持续到何时以及为何如此的时候，这些日期非常重要。②

711 年，穆斯林军队从非洲大举入侵西班牙，征服了当时主要是罗马天主教徒的西哥特人。伊比利亚半岛的犹太人被西哥特人奴役近一个世纪，这些犹太人随后得到了解放，还可以形成自己的社区。在接下来的750 年里，西班牙主要为穆斯林所控制，只在北方还留存有一些小的基督教王国。在此期间，或许科尔多瓦（Córdoba）成为当时世界上最伟大的文化中心。它建立了一个图书馆，其馆藏数以万计；建造了清真寺、公共浴池、花园、庭院，修建了沟渠；其人口迅速增长，拥有超过五十万人口。西班牙的其他王国经历了类似的文化和知识增长。最后，许多犹太人从东方移居到西班牙以享受宗教自由，这促进了知识与文化的历史交流。

然而，1031 年，科尔多瓦王国分裂成了几个较小的穆斯林王国；一些阿拉伯贵族家庭开始有了不同意见，而在西班牙北部的基督教王国发起了收复失地运动——这是一个漫长的收复西班牙的过程。对犹太人来

① 《飞行马戏团》第二季第二集；1970 年 9 月 22 日 BBC 首播。

② 细心的同学会发现，要想更好地理解基于信仰的画像方法的历史背景，这些事件有举足轻重的地位；同时它们对于了解现代中东冲突也有重要意义。

说，这是灾难的开始——尤其是在大量犹太人已经从东方或英国、法国移民至此的背景下。①

在这样的背景下，1469 年卡斯提利亚的伊莎贝拉（Isabel of Castilia）和阿拉贡的费迪南（Ferdinand of Aragon）成婚，这场婚礼统一了西班牙（结合了西班牙北部两个最大的基督教家庭）——在西班牙的统治下，穆斯林失去了所剩无几的领土。国王费迪南和王后伊莎贝拉致力于将西班牙重新基督教化，又或者说是（在他们看来就是）净化西班牙。穆斯林军队蠢蠢欲动，双方的距离只有 16 英里（见图 1.5），国王和王后担心自己人中会有叛徒为穆斯林军队打开大门，于是开始行动。在他们看来，犹太人对西班牙的纯洁和天主教的统治是一个威胁，毫不可信。

图 1.5　伊比利亚半岛距非洲海岸只有 16 英里，现在主要由西班牙和葡萄牙、安道尔以及占地虽小却不可忽视的英国领土直布罗陀组成。

1478 年，教皇西克斯图斯四世（Sixtus IV）（英诺森八世的前任）勉强授权成立西班牙异端裁判所，将其管辖权全权授予国王费迪南和王后伊莎贝拉掌管下的世俗政府。不到两年，异端裁判所便呈燎原之势。1487 年，英诺森八世委任托马斯·德·托尔克马达（Thomas de Torque-

① 1290 年，英国的所有犹太人被驱逐出境，大部分移民至西班牙。1306 年，法国境内的所有犹太人都被驱逐出境，大部分移居至西班牙的巴塞罗那和托莱多。

mada）为西班牙第一位大法官，他是多米尼加神父（Dominican priest），也是伊莎贝拉女王的御前牧师。他管理下的西班牙异端裁判所，以残酷无情和对所有被告施以酷刑著称（Longhurst，1962，pp. 91 – 92）。

1492 年，西班牙政府下令驱逐境内所有犹太人。[①] 根据专门为其办公室写的题为《塔木德的责难和驳论》（*Censure and Confutation of the Talmud*）一书，托尔克马达办公室给出了犹太人的行为概况，借此协助天主教徒了解他们的邻居。

借助该书，托尔克马达将犹太教本身的做法（无论有没有准确描述）变成一种特殊的犯罪心理画像，可用作针对被指控为“秘密犹太化行动”的行为证据（Longhurst，1962，p. 101）。

托尔克马达的走马上任是西班牙异端裁判所的开始，但这远不是结束。异端裁判所运作期间，世界范围内丧命于此的人，数量从几万到一百万，甚至更多。真正的数字不得而知。

女巫和清教徒（1688—1692）：安·格罗佛夫人和塞勒姆女巫审判

卷入中世纪和西班牙异端裁判所的是一些天主教徒，这些人坚决认为犹太人以及持不同信仰的人亵渎神明，亟须根除。讽刺的是，塞勒姆女巫审判涉及的宗教改革者现在通常被称为“清教徒”。这些清教徒坚信英国教会无法改革，他们坚决认为天主教徒才是亵渎神明的人。从 17 世纪开始，许多清教徒从英国逃到北美，如是，他们便能远离教会和英国国王以践行他们特有的宗教极端主义。但情况并不仅仅如此，正如莫里亚蒂（2001）解释道：

> 早期新英格兰人、虔诚的清教徒和无宗教信仰的人都有着“魔幻思想”，并坚信“无形世界”的存在，这是他们信仰体系的一部分。“民间人士”相信“魔咒”、巫师木偶和魔法药剂的使用，同样，知识分子也普遍认为“看不见的手”会激发自然事件。

① 同年，克里斯托弗·哥伦布发现了“新世界”，并称其属于上帝和伊莎贝拉女王。

更明确地说，清教徒们坚信只有被选定的少数人能升入天堂，而上帝早已做出了选择，此外，具有超自然能力的魔鬼则潜藏在每一个邪恶行为的背后，如影随形。

安・格罗佛夫人

1689 年，波士顿旧北教堂（Cold North Chcrch）的清教徒牧师科顿・马瑟（Cotton Mather），撰写了《难忘的天意：关于巫术和附身》（*Memorable Providences, Relating to Witchcrafts and Possessions*），这本书如今臭名昭著[①]。与现代真实犯罪小说或回忆录一样，耸人听闻、令人震惊是这本书的风格，它记述了一个名叫约翰・古德温（John Goodwin）的共济会会员的故事。1688 年，据称，古德温先生的孩子们被恶魔附体，其原因就出在一个女巫身上——她是古德温家的爱尔兰寡妇管家，安・格罗佛［也作安・格罗佛夫人（Goodwife[②]Ann Glover），又名古蒂・格罗佛（Goody Glover）］（见图 1.6）。这本书以第一人称写就，马瑟将自己描述为一个不情愿、谦逊但又擅长与女巫、魔鬼、恶魔做斗争的专家。

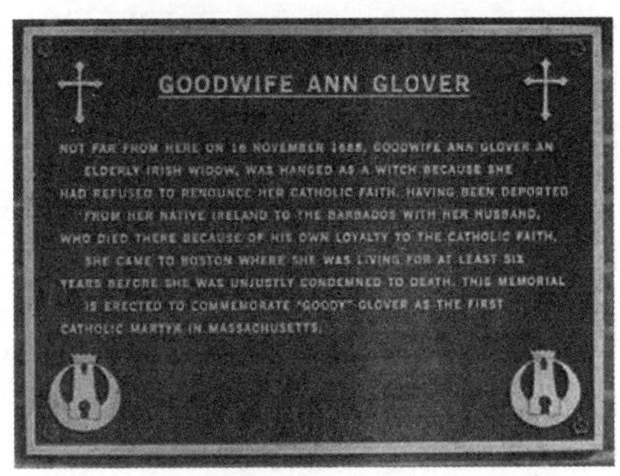

图 1.6　1688 年 11 月 16 日，安・格罗佛夫人因女巫身份在马萨诸塞州的波士顿被处以绞刑。如今，这块标语牌还挂在波士顿北区以她的名字——古蒂・格罗佛——命名的酒馆的砖墙上。

---

① 据莫里亚蒂（Moriarty，2001）所述："1689 年科顿・马瑟广为传播的《难忘的天意》一书出版，有些学者认为这可能是塞勒姆女巫审判的成因。"

② "Goodwife" 是对已婚女性的尊称，跟现代 "Mrs." 的用法相似。

据马瑟记载，约翰·古德温的大女儿，13 岁的玛莎（Martha），曾就安·格罗佛偷亚麻织品（洗衣房的衣服和其他物品）一事与后者当面对质。玛莎和她的几个兄弟姐妹随后相继患上严重疾病，得了“惊愕症”。孩子们的症状不断恶化，几个星期内他们看了不少医生，其中也包括这个家庭的朋友，托马斯·奥克斯（Thomas Oakes）医生。给孩子们检查之后，奥克斯医生勇敢地排除了所有自然因素，宣称“只有万恶的巫术才有可能是这些疾病的源头”。其症状，即所谓的巫术效果，也就是最近有人称为的“巫术综合征”（Moriarty，2001）包括如下内容（Mather，1689）：

> 有时他们会失聪，有时会失声，有时会失明，而通常则是数症并发。有时他们的舌头会缩到喉咙处；有时又会伸出来，到下巴的位置，长度惊人。他们的嘴张得太大，以至于下巴都脱臼了；不一会儿他们又可以啪的一声合上下巴，就像个有力的弹簧锁。他们的肩胛骨、肘部、手腕和其他几个关节也会有同样的症状。有时他们又会僵直地躺着，像头和脚两头被捆住向后拉扯似的，是的，向后拉；以至于他们肚子上的皮肤就像要裂开了一样。他们被刀划到或是受到拳击而无法忍受时会发出最可怜的哭喊。他们的脖子会被折断，颈骨似乎就要与身体分离了；但是它突然又会变得僵硬无比，好像头都没法摇晃了。是的，他们的头几乎能转到后面；任何时候，如果有人生硬地阻碍了他们进行中的危险动作，他们便会极其大声地咆哮。① ……这些可怕的后果进一步证实了这些巫术；我曾挨着他们当中的一个祷告，那孩子说她很想听我的祷告，但她却完全丧失了听力，直到祷告结束也没能听见。

奥克斯医生和马瑟的逻辑推断很快速，但也漏洞百出，他们的逻辑有着强烈的循环和后此谬误的特征。② 这种逻辑大概是这样的：是管家

---

① 这些特定症状几乎被 1692 年塞勒姆案中指控女巫的人照搬使用，下一节将继续对此讨论。上述症状还成了电影《驱魔人》（*The Exorcist*）（1973）中的一个著名场景。如今这种标志性的扭头和凶恶的咆哮极大地助长了恶魔附身的久久传说。

② 循环论证就是指将结论为真作为争论的前提；“后此谬误（post hoc ergo propter hoc）”是拉丁语“在此之后，因而由此造成”。后续章节将会对这些逻辑谬误进行讨论。

导致了这些病症，因为在管家和大女儿对质之后这些症状才出现；而管家显然就是女巫，因为这些病症是由巫术引起的典型症状；这些病症显然是巫术的典型，因为这个妇人明显是个女巫。

据马瑟记载，有事实证明“洗衣妇”安·格罗佛至少在以下方面符合女巫的特征（格罗佛一被捕，马瑟就得以对她进行分析并做出了这个心理画像）：她“长相丑陋”；与孩子们有相同的病症；人们问她是否相信上帝，其回答有渎神之意（她是爱尔兰天主教徒，所以任何符合该信仰的回答对清教徒牧师来说都是亵渎神明的）；她无法准确地背诵主祷文；在其被监禁之后，孩子们的症状已经消退，但在他们见到格罗佛的一个女性亲戚时，这些病症又死灰复燃。马瑟也确保对其身体进行了检查以查验她身上有无女巫印记（图 1.7）。

图 1.7　T. H. 马特森（T. H. Matteson）1853 年的作品《检验女巫》（*Examination of a Witch*）。描绘为了寻找“魔鬼的标记”而进行的法医检验。

马瑟进一步指出，当局搜查安·格罗佛的家时，发现了与巫术仪式相符的罪证：

人们受令搜查这个老妇人的住处。其中搜出的一些东西被呈交给法庭，包括几张小像、几个用破布做成的玩偶或者布娃娃，里面填充了些山羊毛以及其他类似的东西。看到这些物品，这个恶毒的妇人承认，她折磨自己仇家的方式就是用唾液沾湿手指，然后划那些小像。

马瑟的研究和推论与早期关于这个主题的著作相呼应，尤其是埃塞克斯郡（Essex）芬奇菲尔德（Finchingfield）的牧师威廉·帕金斯（William Perkins）在其1613年的著作《该死的巫术艺术》（*A Discourse of the Dammed Art of Witchcraft; so Farre*）中描绘的女巫形象。帕金斯提出了下列女巫画像特征，认为这比一些司法管辖区拿到的一些不重要的证据更为可靠。但他随后也解释说，被指控使用巫术本身就已经是相当可靠的事实证明了。以下内容来自帕金斯的书（Perkins，1613，pp. 44－47）：

- 她们有魔鬼的标记；
- 她们谎话连篇，或者前言不搭后语；
- 她们有魔宠——动物形态的恶魔。

在审判中，安·格罗佛只说其母语——爱尔兰语。这也导致了人们不明白其证词的确切内容。随后，马瑟便顺势将她拒绝放弃天主教信仰的做法解释为承认巫术。此后不久，她被定罪并判处死刑。1688年11月16日，在波士顿，安·格罗佛因其女巫身份而被处以绞刑。

三百年后的1988年11月16日，波士顿市议会正式承认安·格罗佛遭受了不公正待遇。他们宣布那天为“古蒂·格罗佛日”，谴责人们对她的逮捕、审判和行刑。

马瑟的犯罪实录——《难忘的天意：关于巫术和附身》是一本畅销书，在整个新英格兰境内广为流传。孩子被女巫任意摆布的这个“案例研究”也成为研究和确定女巫特征以及塞勒姆巫术证据的原型。

塞勒姆女巫审判

随着波士顿的安·格罗佛女巫审判，还有马瑟讲述自己亲身经历的煽情回忆录的出版，1692年6月到9月发生在塞勒姆的系列事件看起来就再自然不过了。

塞勒姆事件始于 1689 年。塞勒姆村聘请了波士顿的萨谬尔·帕里斯（Samuel Parris）为该村牧师，一切就此拉开序幕。帕里斯与他的妻子、儿子、两个女儿和一个奴隶一起搬到塞勒姆村，他的奴隶叫蒂图巴（Tituba），早年曾跟他一起在巴巴多斯（Barbados），也是他从波士顿带过去的。最后，塞勒姆村对他的“执政”能力不满意，就不再给他支付薪水。1691 年 10 月，社区没有增加税收，以支付他的工资和过冬所需的柴火。更糟的是，一些人发誓要把他从社区中赶出去。结果，帕里斯开始信口雌黄，称村里隐藏着一个针对教会和他本人的阴谋。他很自然地将此归因于恶魔对这个社区的控制。

1692 年 1 月 20 日，9 岁的伊丽莎白·帕里斯（Elizabeth Parris）和 11 岁的阿比盖尔·威廉姆斯（Abigail Williams）（伊丽莎白的表妹）开始出现跟波士顿古德温家孩子一样的症状，这二者之间仅隔四年。后来，塞勒姆村的其他年轻女孩也开始有类似的症状。人们早已怀疑是巫术作祟，此时，威廉·格里格斯（William Griggs）医生二月中旬到村里为所有患病的女孩做检查。他没有发现身体上的毛病，由此认为这些病症是由超自然因素引起的。随后，指控便开始了。

到塞勒姆女巫审判结束前，已有 20 人被处决（14 名女性和 6 名男性），至少有 5 人命丧狱中，150 多人被监禁。大部分被处决的人都是被绞死的，但有一人实际上是被石头压死的。在每一个案例中，针对被告的证据都包括这样的结论：他们都吻合特定的人物形象——女巫。正如莫里亚蒂（Moriorty，2001）所解释的：

> 基于犯罪嫌疑人的可观察到的行为或身体特征而得出关于实施犯罪活动的结论。与犯罪行为联系起来的时候，画像证据似乎并不具有综合证据那样明确的因果关系。然而，相关的画像证据基于这样一个假设：被告之行为与犯罪行为有意义上的联系。因此，画像行为或特征如果并非由巫术引起，那至少也暗示了巫术的存在。
>
> 就画像证据来说，相信女巫行为异常、有可识别的特征这两点有着重要意义。有证言说被告会有一些令人费解的行为（如有着惊人的力量），这些都支持对巫术行为定罪。巫术专家还准许进行某些行为测试，例如“触摸测试”和“主祷文背诵测试”。法官也裁

定某些奇怪的身体特征（通常被称为“女巫的标志”）是有意义的。专家指出这些行为、生理现象，连同生理症状均与巫术一致。此类证据在此处被统一称为“巫术画像证据”。

值得一提的是，清教徒不无骄傲地认为其方法公平合理。他们尽可能雇用了最好的法官、专家，采用最完善的文本。遗憾的是，“尽管［清教徒］宣称他们注重公平性和确定性，但被告仍旧因虚假证据被定罪，而这些证据在很大程度上源于对无形世界的强烈信念。”（Moriarty，2001）。

塞勒姆女巫审判是犯罪心理画像史上一个令人痛心疾首的污点。这不只是因为当时的人们打着正义的幌子所行的腌臜事，更是因为当时的法医专家犯了一些逻辑和推理上的错误，而这些错误至今仍在重复出现。在后面几章，这一点将更显而易见。有意向的学生可查阅本章节所提供的有关塞勒姆女巫审判的参考文献，以便更全面地吸取教训。

此外，与其他早期犯罪心理画像案例一样，偏见和无知促成了萨勒姆女巫审判，而伪权威书籍的出版又曾经使这些因素合理化。其结果就是大众伪理性归因（pseudo－rational attribution）本地化。[①]

在犯罪心理画像中，大众伪理性归因的运作方式如下：人们发现某种社会异常（无论是异端、道德败坏或是经济凋敝）；随后出现相应的解释，错误地将异常归咎于某特殊群体（不论这个群体是真实存在的还是只是想象出来的）；然后是遵循刻意的描述和规定做出分析和处罚，这一步在书面法、宗教教义，又或是两者的共同庇护下进行。“女巫狩猎”是大众伪理性归因的后果，但这仅仅是许多可能的伪理性归因的效应之一。[②] 希望在现代，我们可以吸取这些教训，至少避免此类错误。

---

① 在犯罪心理画像当中，这是指一种虚假的演绎，其定义如下：特征、条件、现象或因果关系之所以存在是因为有一个神圣或权威的信息源（通常是书面的）可供追溯；而实际上这些所谓的信息源本是对偏见或某种不同信念做出的回应，并非可靠证据和理由。它是伪理性的，因为它通过引用不容置疑的权威进行推论——由此便可不必提供可检验的证据。

② 在犯罪心理画像当中，伪理性归因的效应指的是任何伪理性归因的各种后果，包括虚假的指控、女巫狩猎和冤假错案，如非法逮捕、定罪和行刑。

现代犯罪心理画像师：多学科的历史视角

鉴于复杂的历史情况，现代犯罪心理画像立足于犯罪和犯罪行为研究（犯罪学）、心理健康和疾病研究（心理学和精神病学），以及物证检验技术（刑事技术科学）。在众多的形式中，犯罪心理画像总是能为犯罪侦查和审判提供犯罪嫌疑人的特征描述。但是，这些特征描述中所包含的推理过程并不总是连贯一致的。其范围涵盖数据分析、犯罪嫌疑人行为判断及基于个人信念和经验的主观判断。下面我们来一一阐述。

追寻起源：犯罪学家

要全面了解犯罪心理画像就要先了解犯罪行为的由来和犯罪行为的划分。犯罪行为及其分类都属于犯罪学范畴，这一学科主要研究罪行、罪犯以及犯罪行为。它涉及有关犯罪行为的真实信息记录，并建立理论来解释此类行为。文献资料表明，与其他人相比，大体上有两种类型的犯罪学家对犯罪心理画像相关理论更为熟悉：其一是研究犯罪人的生理特征，借此推测犯罪人性格特征的犯罪学家；其二则是关注犯罪侦查实践的犯罪学家。

犯罪人的生理特征

意大利著名医师恺撒·龙勃罗梭（Cesare Lombroso）（1835—1909）是公认的最早对犯罪分子进行正式分类以实现统计比较的犯罪学家之一。[①] 1876 年，龙勃罗梭出版了他的专著《犯罪人论》（*the Crimion Man*）。他认为，通过对种族、年龄、性别、身体条件、教育背景及地域环境等方面有共同点的犯罪人进行比较，可以更好地理解犯罪行为的起因和动

---

① 珍·莫里斯·埃利斯（Jean Morris Ellis）写了一本热销书叫作《面相分析》（*Character Analysis*）（Ellis，1929）。在这本书中，她认为欧洲的解剖学家弗兰西斯·约瑟夫·高尔博士（Francis Joseph Gall）（1758—1828）的研究成果为当代的面相分析（又称“颅相学”）和犯罪学理论奠定了基础。有些人认为，高尔是第一位犯罪学家（Dickman et al.，1977）。

机，由此实现对犯罪行为的预测。

龙勃罗梭对383例在押的意大利犯罪人进行了研究。他关于犯罪行为起因的进化论和人类学的理论认为（根据他的研究），社会上共有三种类型的犯罪人（Bernard and Vold，1986，pp. 37 –38）。

> 天生犯罪人：天生犯罪人是退化的、原始的犯罪人，其生理上具有进化不足的返祖现象。
>
> 精神病犯罪人：这些犯罪人具有精神上或生理上的疾病或缺陷。
>
> 有犯罪倾向的犯罪人：大部分犯罪人并不具有明显的特征。他们并无可明显识别的精神障碍，但是精神上和情绪上的某些缺陷往往使他们在一定的情形下倾向于实施犯罪行为。这种犯罪人的分类跟病态人格的诊断形成对比，病态人格的诊断是后来从精神病领域发展起来的。

根据龙勃罗梭的犯罪人类学理论，天生犯罪人有18种生理特征，其中至少有5种是肉眼可见的。他所说的18种特征包括（Bernard and Vold，1986，pp 50—51）：

1. 头部大小和形状与同一种族和同一居住地的正常人不一样；
2. 面部不对称；
3. 有较大的下颌和颧骨；
4. 眼睛奇特并有残障；
5. 耳朵的大小奇异，有的非常小，有的像黑猩猩一样外张；
6. 鼻子歪，鼻孔向上或扁平（多为盗贼）或像鹰鼻或鼻子顶部肿胀（多为杀人犯），或是鼻尖如峰，鼻孔肿胀；
7. 嘴唇肥厚、肿胀、突出；
8. 脸颊上有眼袋，像有些动物一样；
9. 上颚就像一个大的、居于中心的山脊，周围是一系列的洞穴并且有些像爬行动物身上长的瘤，颚还是裂开的；
10. 不正常的牙齿；
11. 下颚退化或超长或像猿类的下颚一样短粗；

12. 皱纹多且出现得早；

13. 头发异常，具有异性发质的特点；

14. 胸腔有缺陷，如肋骨过多或过少，或者多乳头；

15. 骨盆异性化；

16. 手臂过长；

17. 手指、脚趾异数；

18. 两脑半球不平衡（头盖骨不对称）。

龙勃罗梭的犯罪起源论深受达尔文进化论的影响，该理论主张犯罪人代表了人类的返祖现象。当然，这并不是说没有犯罪的人进化程度更高，并与猿的差距更远。根据龙勃罗梭的研究，他能识别与犯罪行为密切相关的生理特征。这一观点类似于“该隐的标记”（mark of Cain），通过这个《圣经》中的标记，所有的邪恶都能得以认定和分类，最后被驱逐出伊甸园。

继龙勃罗梭之后，许多犯罪学家也进行了类似尝试，力图根据智力、种族、遗传、贫富和其他生理或环境因素对犯罪人或潜在犯罪人加以分类或识别。这其中也包括了身体类型理论专家。

1914 年，美国性格分析学家杰拉尔德·福斯布罗克（Gerald Fosbroke）出版了其《通过面相分析解读性格》（*Character Reading through Analysis of the Features*）。书中他提出了以下观点（Fosbroke，1938，p. xx）：

> 随着我们身体和心智的成长，我们的性格特征也日趋成熟。在性格成型期间，我们的面貌也在逐步演变。只要看者留心，这些面貌或多或少都隐藏着有关我们性格特征的信息。

我们的面相是由我们自身确定的。大自然不会制造矛盾或撒谎。我们是什么样的人已经从我们的生理上反映出来了。

福斯布罗克自诩其专著建立在 30 年的观察和研究的基础之上（Fosbroke，1938，p. xx）。福斯布罗克认为，通过观察个体面部的生理特征，就可以推断出此人的性格特点。

其时被广泛参考的作品还有德国犯罪学家埃利池·沃尔芬（Erich Wulffen）博士（撒克逊司法部缓刑和假释部主任及监狱管理部的负责

人）的著作《女性性犯罪》（*Woman as a Sexual Criminal*）（1935）。他致力于女性犯罪行为研究，其研究内容不仅仅是书名所暗示的性犯罪，书中还探讨了女性犯罪人的社会、心理、生理和道德因素。沃尔芬博士认为女性犯罪特征和犯罪动机各异，并以事例论证自己的观点。例如，其中一个案例就是"弑夫之妻"：

> 此类案件大同小异，其模式也都如出一辙……丈夫可能比较凶残，虐待自己的妻子，还有酗酒的毛病；或是用其他方式虚度光阴，却对自己的妻子不闻不问等。……（她）对婚姻心灰意冷；感到失落，遭受冷遇；她的性需求只能在婚姻关系之外得到满足；此后便有一个爱她的男人出现，而这个男人在谋杀案中则成为帮凶。女人鲜有胆量冒险单独去实施犯罪。……在犯罪细节方面，她往往很有想法。最初对丈夫仅存的偏爱或冷漠很容易就转变为厌恶或仇恨……凶手会认为，杀死丈夫就能摆脱男人的征服，由此便产生了强烈的杀人动机……当一个男人成为她在案件中的教唆犯或帮凶时，这位女性杀手就显得信心十足、充满勇气，并且毫无顾忌。

沃尔芬博士在文中其他部分继续论述称（为了与标题保持一致），大多数女性犯罪都与特殊的女性性欲、女性性骚动或女性性行为异常等情况有关。

德国犯罪学家恩斯特·克雷斯奇曼尔（Ernst Kretschmer）在犯罪预测领域做了深入研究。他指出体格类型、性格类型和犯罪可能性之间存在高度相关性。1955 年，通过对 4414 起案例的初步研究，克雷斯奇曼尔提出犯罪人中大致存在着四种体格类型（Bernard and Vold，1986，pp. 57 –58）：

> 瘦长或虚弱型：这些人个高，瘦。主要做些小偷小摸和诈骗的事。
>
> 运动型：这些人肌肉很发达。主要与暴力型犯罪相关。
>
> 矮胖型：这些人个矮，肥胖。这类人一般倾向于实施诈骗，有时也会实施暴力犯罪。
>
> 混合型：这些人是多种体型的混合。其常见罪行主要包括有悖行为准则和道德的犯罪，也包括暴力犯罪。

克雷斯奇曼尔的理论令人疑窦丛生，因为他的这项研究从未被公之于众，其推论和描述的含混程度令人难以置信。此外，他也并未与非犯罪人进行专门的比较分析。总之，克雷斯奇曼尔不愿将其研究成果提交给同行进行评审，而其研究方法也明显不够科学。因此，许多人认为其研究得出的理论仅仅是未经证实的一种推论而已，称不上是科学。在许多关于生物学和犯罪环境起源的犯罪学研究中，历来都有这样一个假设：如果能正确破解犯罪人的共同特征，就能对犯罪行为进行预测，也能推断出犯罪行为发生的可能性高低，甚至能制止犯罪行为的发生。这种假设在如今仍旧存在。当然，与某一类型的犯罪人在任何方面有相似点并不意味着此人即为犯罪人。“犯罪人”一词应仅用于法律事实，而不构成归纳推论的概率基础。[①]

此外，尽管从现代知识的角度来说，龙勃罗梭和克雷斯奇曼尔的具体理论似乎有些荒谬，但科学界却一直没有放弃龙勃罗梭的三种犯罪人类型的划分方式。现代犯罪学家和现代科学界的法医学家、精神病学家以及心理学家仍在继续寻找“该隐的标记”。如今可供使用的工具包括：CAT 扫描、酶切技术（cutter enzymes）和启发式人格调查。与龙勃罗梭的理论一样，现代研究将脑部异常、基因或性格类型与犯罪倾向相联系的做法也同样广受非议：科学团体都不自觉地通过科学依据遏制那些关于犯罪行为根源的先入为主的观念。

侦查犯罪学家

亚瑟·柯南·道尔爵士（1859—1930）[②]

罪恶稀松平常。逻辑珍稀罕有。

——夏洛克·福尔摩斯（Sherlock Holmes），

《铜山毛榉案》（*The Adventure of the Copper Beeches*）

---

① 已退休的联邦调查局犯罪心理画像师罗伯特·K. 雷斯勒（Robert K. Ressler）极为赞成在犯罪心理画像中利用克雷斯奇曼尔博士归纳式研究结果，在自己接手的案例中，他直接运用了该人的理论（Ressler and Shatchman，1992，P. 4）。

② 本节部分内容改编自齐泽姆和特维（Chisum and Turvey，2007）。

亚瑟·柯南·道尔（图1.8）于1859年5月22日生于爱丁堡。他受耶稣会教育，后于1877年去爱丁堡大学医学院深造，学习医学，师从约瑟夫·贝尔博士。

图1.8　亚瑟·柯南·道尔爵士。

1886年，柯南·道尔一边进行医疗实践，一边完成了自己的第一个故事——《血字的研究》（*A Study in Scarlet*），该小说于1887年发表（图1.9），其小说人物福尔摩斯的虚构人生也由这个故事开始。人们普遍认为，夏洛克·福尔摩斯是一名源于美国法学家、与柯南·道尔一样同为医学博士的奥利弗·温德尔·福尔摩斯（Oliver Wendell Holmes）以及著名小提琴家阿尔弗雷德·夏洛克（Alfred Sherlock）。

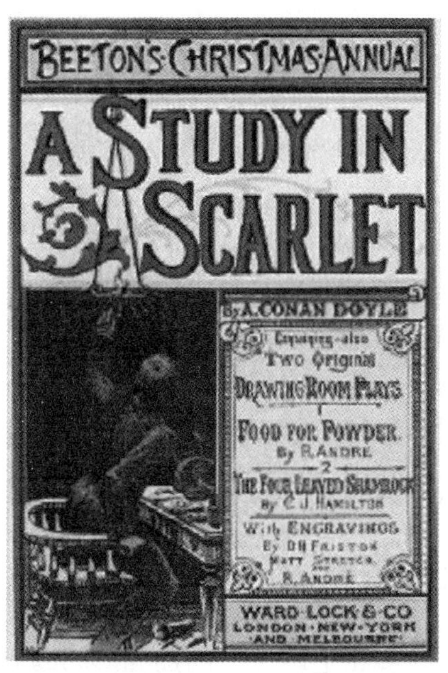

图1.9　《血字的研究》，1887年作为《比顿圣诞年刊》（*Beeton's Christmas Annual*）的主要部分出版

《血字的研究》中，柯南·道尔借约翰·华生（John Watson）医生一角，概述了基于证据的推理和演绎方法，这个方法后来成为福尔摩斯对案件进行重构和心理画像的决定性因素（Conan Doyle，1887）：

> 与其他技艺一样，推断和分析的科学也只能通过经年累月的钻研才能掌握；人们虽然穷其一生，也未必能登峰造极。初学者在着手涉及有关事物的精神和心理方面（这是最困难的部分）之前，不妨先从简单的基本问题开始。
>
> 比如遇到一个人，要一眼就知其过去和职业。这种训练看似无聊幼稚，但它却能提高人们的观察能力，教人知道应该观察哪里、观察什么。一个人的指甲、衣袖、靴子、裤子的膝盖，还有他拇指和食指上的老茧、表情、衬衣袖口，所有这些东西都能清楚地揭示他的职业。如果这些信息联合起来还不能使案件的调查人恍然大悟，那简直难以置信。

柯南·道尔的主人公也坚守了一个原则：消除不必要的偏见，在对事实做出任何解释的时候都要避免先入为主。有些人在没有证据的情况下就急不可耐地想得出结论，借福尔摩斯之口，柯南·道尔对这类人大加斥责："在掌握所有证据之前就进行推理，这是致命的错误。这会使判断有失偏颇"（Conan Doyle，1887）。

为《海滨杂志》（*Lippincott's Magazine*）写的《四签名》（*The Sign of the Four*）是第二个以福尔摩斯为主角的故事，后续其他故事也是为这本杂志创作的。在其精心编织的情节中，柯南·道尔不断引用观察、逻辑和客观等手段，它们对发现科学事实、重建犯罪、为罪犯进行心理画像并确立法律事实来说无比重要。

亚瑟·柯南·道尔爵士在其作品中与虚构的犯罪行为做斗争，这些小说并非只是娱乐和启发了他人——尽管这已经足够对刑事科学（尤其是再现犯罪现场和犯罪心理画像方面）产生深远影响——它们还在其写作和医学专业以外的领域有着实际应用。人们常常忘记，柯南·道尔是 20 世纪初"定罪后案例复审"概念的主要"设计师"，极力主张推翻冤假错案。

其中一例就是乔治·艾达吉（George Edalji）案（图 1.10）。艾达吉是一个曾被误判残杀牛羊与马匹的印度人。1903 年的英国大沃利地区，有人在夜色掩护下持刀虐待动物，在它们身上留下长而浅的伤口，使其血尽而亡。警察收到匿名的辱骂信件，声称凶手为当地的印度裔律师乔治·艾达吉。艾达吉随后被捕并受审。法院判其有罪，需入狱七年。但公众却对此表示强烈抗议，坚信艾达吉是因为种族原因被诬陷的。

图 1.10　1903 年乔治·艾达吉在受审。

1906 年，亚瑟·柯南·道尔爵士得知艾达吉的案例，并开始对此案的定罪情节表示出深刻关切；随后开始独自调查事实（图 1.11）。当法医证据和案发现场都表明艾达吉没有介入时，柯南·道尔就下定决心要教育一下公众。英国政府采取多种方式对此予以注意（“乔治·艾达吉案”，2005）：

> 回顾事实，柯南·道尔发现此案中的证据显而易见。
>
> 艾达吉是无辜的。在他家中找到的血迹斑斑的剃刀，后来被证实只是生了锈而已。而人们随后又发现，那位证明艾达吉的笔迹与警察收到的辱骂信件笔迹一致的鉴定专家曾在另一个案件犯下严重的错误，导致无辜之人被误判定罪。艾达吉靴子上的泥土类型与最后一个案发现场的泥土也不一致。艾达吉被起诉后，残害动物的行为以及辱骂信件也并未停止。
>
> 后来柯南·道尔又找到了最重要的证据。他第一眼看到乔治·艾达吉，就发现了这个证据。柯南·道尔说：“他按照约定来到了我的酒店，但我有事耽搁了，他正看报纸消磨时间。我认出了他那

图 1.11　亚瑟·柯南·道尔爵士在家里的办公室工作。

黝黑的脸，所以我站在那里，观察着他。他把报纸拿得离眼睛很近，而且是斜着拿的，这证明他不仅有高度近视，还有明显的散光。这样的人要在夜间的田野里四处搜索并袭击牲畜，同时还要避免被巡视的警察看到，这简直荒谬至极。……就这样，这个简单的身体缺陷就是他无罪的基础。”

柯南·道尔就此案写了一系列文章并将之发表于《每日电讯报》。这些文章叙述翔实，引起了公众的注意，也引起了英国政府的注意。其时并无复审程序，所以设立了一个秘密委员会进行审议。1907 年春天，委员会判定艾达吉没有残害动物，但仍认为他写了辱骂信，故而判其有罪。

柯南·道尔发现，除了艾达吉是无辜的以外，这个案件的所有判决都是误判。但此案的最终判决对艾达吉影响巨大。律师协会重新接纳了他。艾达吉又能当执业律师了。重要的是，刑事上诉法院于 1907 成立，这个案子也是促使其成立的部分原因。柯南·道尔不仅帮助了乔治·艾达吉，他的努力还帮助形成了一种纠正其他冤假错案的方式。

值得一提的是，当柯南·道尔发现一名极有可能是罪魁祸首的嫌犯（一个学校的学生、屠夫的学徒），并将其公之于众时，他开始收到匿名恐吓信。

此外，最终被指派调查柯南·道尔提出的艾达吉案件新证据的小组

图 1.12 中年的奥斯卡·斯莱特在家拍的照片。

由三个委员组成，其中的一个是原首席调查员的表弟。柯南·道尔对这群人深感厌恶，他们诽谤艾达吉，即便在被迫赦免艾达吉并未犯过的罪行时，他们也互相勾结以保护自己的名声。至少可以说，参与艾达吉的案件让柯南·道尔疲惫不堪。

1909 年，一个名叫奥斯卡·斯莱特（Oscar Slater）（图 1.12）的德国人在爱丁堡受审并被判有罪，他被指控一年前用锤子杀害一名叫玛丽恩·吉尔克里斯特（Marion Gilchrist）的老妇人。吉尔克里斯特受到重击而亡，她的文件被乱翻一通，一枚钻石胸针也被偷走。这个案子也引起了柯南·道尔的注意，不得已，他再次进行调查。他所了解到的事实并不需要太多的推论，他只需要观察和不断宣传就可以了（“奥斯卡·斯莱特案”，2005）：

> 斯莱特确实有一把小锤子，但是锤子太小，并不足以造成吉尔克里斯特小姐身上那种类型的伤口。柯南·道尔说，犯罪现场的一名法医声称，一把沾满血迹的大椅子看上去像是凶器。
>
> 柯南·道尔还认为，吉尔克里斯特自己为凶手打开了大门，因此他推测受害人认识凶手。尽管吉尔克里斯特小姐和奥斯卡·斯莱特的住处离得不远，但他们素未谋面。
>
> 人们要求复审奥斯卡·斯莱特案件。但当局以复审证据不充分为由拒绝重新审判。1914 年，要求复审的呼声不降反高。新的证据也随之出现。有目击者可证明案发时斯莱特在哪里。另外，据了解，海伦·兰碧（Helen Lambie）（吉尔克里斯特唯一的仆人）称斯莱特是案发当日她在走廊看到的人，而在此之前，她曾向警察提起过另一个名字。令人难以置信的是，官员们决定不了了之，就此搁置这个案子。
>
> 柯南·道尔怒不可遏。“怎么能说缺乏新的证据故而不能推翻判决呢？这个裁决简直令人费解。在我看来，整个案件将作为官员无能和固执的最好例子永远位列经典犯罪案件之中。”

这个案子本来可能在 1914 年就结束了；但 1925 年，奥斯卡 · 斯莱特从彼得黑德监狱偷偷传出信件，直接送到柯南 · 道尔手中。信中，斯莱特恳求柯南 · 道尔不要忘记他的冤案，恳请他再做最后一次努力，争取能把他释放出来。柯南 · 道尔再次振作起来，又开始游说，给每一个认识的媒体和政府人员写信。

这个案件再一次激起了人们的兴趣，于是格拉斯哥一个名叫威廉 · 帕克（William Park）的调查记者以此案为线索出版了一本书，这使该案成为全民热议的对象。每份报纸上都有这个故事。人们随后找到了在美国生活的海伦 · 兰比；在某次采访时她承认自己认识凶手，这与多年前柯南 · 道尔曾暗示的一样。她进一步承认，是警方劝说她改变了自己最初的认知，并说服她，让她以为自己认错了。总之，她承认诬告了奥斯卡 · 斯莱特，她知道他没有杀人，她这样做是为了保护一个熟人，不过她不愿意透露那个人的名字。

玛丽 · 巴洛曼（Mary Barrowman）也站了出来，案发那年，年仅 14 岁的玛丽声称，案发当日曾在一个路灯下撞见有人从吉尔克里斯特的公寓跑出来。她承认，在警方的压力下，自己作为目击者对嫌疑人的辨认是为了符合被告形象而量身定做的。

1927 年，柯南 · 道尔之前联系过的苏格兰事务大臣下令释放奥斯卡 · 斯莱特。后来，上诉也得以进行。但是，官员们仍拒不承认有任何不当行为或腐败行为，也不会谴责其他官员的失职和错处。最后，斯莱特的判决以技术问题为由被推翻，这也让当局挽回了一点面子。吉尔达特和豪厄尔（Gildart and Howell，2004，p. 3）写道：

> 斯莱特是清白的——亚瑟 · 柯南 · 道尔对此深信不疑。1914 年对原裁决进行调查之后，他仍坚持自己原来的观点。1927 年，柯南 · 道尔给麦克唐纳德（首相拉姆齐）寄去一本威廉 · 帕克刚出版的《奥斯卡 · 斯莱特案》。这本书指出了案件起诉的弱点，也暗示警方掩盖了一些不容忽视的证据。
>
> 麦克唐纳德和苏格兰事务大臣吉尔摩爵士（Sir John Gilmour）就此案进行了讨论，随后，斯莱特于 1927 年 11 月 15 日被释放。而苏格兰刑事上诉法院一年前才刚成立，不能审理法院建立之前的案

件。但是，在通过了一项单独法案（由亚瑟·柯南·道尔极力倡导）之后，斯莱特仍得以上诉。

1928年7月（克雷格·梅森勋爵）艾奇逊（Craig Mason Aitchison）为斯莱特在高等法院出庭。他做了13个小时的陈述，声称“刑事法庭在这个案子中的行为就是意图阻止而且也确实阻止了公平的审判”（《泰晤士报》，1928年7月10日）。7月20日，法院做出了判决，驳回抗辩请求，即根据初审提出的证据，陪审团的行为不合理。同样的，新的证据也并不足以推翻原判决。然而，斯莱特的上诉仍然得到了批准，其原因是1909年的法官格思里勋爵（Lord Guthrie）误导了陪审团；他强调让检察机关重视斯莱特的坏脾气。还有传言称被告曾涉嫌卖淫。人们认为这影响了其无罪推定［《泰晤士报》，1928年7月21日，10－13页；Marquand，1977，pp. 412－413；审判地有反犹太人的偏见，参见Barber（2003）］。

虽然这不是柯南·道尔努力追求的彻底平反，但不管怎样，无辜的人被释放了，对司法系统的公开辩论也上升了一个层次，新成立的刑事上诉法院也得到了很好的利用。

亚瑟·柯南·道尔爵士不仅仅创造了广受欢迎的虚构人物。他是医生、科学家，也是法医从业人员和法医改革家。他相信逻辑，相信证据的科学检验，并通过故事将自己的信念传递给大众；这些故事至今仍鼓舞着现代物证专家和犯罪心理画像师。1930年，柯南·道尔死于心脏病，彼时他已帮助形成了许多我们如今正在探索的哲学的法医手段。

约翰（汉斯）·巴普蒂斯特·古斯塔夫·格罗斯博士（1847—1925）①

如果人们不借他人之假设做出自己的结论，不将可能之事当作既定事实，不将偶然事件看作常态，那么成千上万的错误便不会发生。

——汉斯·格罗斯（Hans Gross）博士（1906）

1847年12月26日，汉斯·格罗斯（图1.13）出生于奥地利的格

① 本节部分内容改编自齐泽姆和特维（Chisum and Turvey，2007）。

拉茨。他研习犯罪学和法律，后来成为切尔诺维茨刑事法庭的预审法官。其间，他亲眼见证了冷漠而无能的侦查人员的失职，看到缺乏准确性和客观性的目击证人所做的刑事指认。错误的犯罪嫌疑人、目击证人和所谓的受害人证词潮水般涌入他的办公室，对此他逐渐习以为常，但也痛心不已。这些经验使他得出这样的结论：人们本质上是不可靠的，而且调查人员往往是他们自己最大的敌人，于是形成一种能够确定案件事实的系统方法就迫在眉睫。

图 1.13　汉斯·格罗斯博士。

目前尚不清楚柯南·道尔的作品是否直接启发了格罗斯，但两人恰好在同一时间朝着同一个方向进行探究。1893 年，柯南·道尔书中的角色——福尔摩斯最终死亡，而格罗斯也在同一年完成了他的开创性作品：《犯罪侦查：地方法官、警察和律师实务读本》（*Handbuch für Untersuchungsrichter，als System der Kriminalistik*）（Gross，1906）。这本书具有里程碑意义，格罗斯在其中宣称科学比直觉更有价值，犯罪现场再现和犯罪心理画像的系统方法也比蒙昧的经验和过分强调专业化更有价值。

毫不夸张地说，这一开创性著作的成功在刑事科学、犯罪现场再现和犯罪心理画像史上都是空前的。法医群体因柯南·道尔的作品不断扩大，渴望新的知识，他们热忱、贪婪地阅读格罗斯的《犯罪侦查》，这本著作已经再版五次，截至 1907 年，这本书已经被翻译成包括法语、西班牙语、丹麦语、俄语、匈牙利语、塞尔维亚语、英语和日语在内的八国文字出版发行；每一个版本都有当时刑事界的显赫人物所写的前言，这些人都迫切期待着这本书能早日在自己的国家出版，而这些前言也无一例外地表达了对这本书的支持。正如托瓦尔德（Thorwald）所言（1966，pp. 234－235）：

> 只要打开格罗斯的书，你就能看到一个新时代的曙光。……每一章他都呼吁审查官们（他对犯罪学家的称呼）尽其所能利用科学和技术的潜力，要比他们迄今所做的努力更加彻底。

格罗斯随后成为切尔诺维茨（Czernovitz）大学的刑法学教授、布拉格大学（University of Plague）的犯罪学教授，后来又成为格拉茨（Graz）大学的刑法学教授。《犯罪侦查》一书大获成功，以此为平台，他开始探索其他专业领域，进一步为法医科学的发展做出重要贡献。1898 年，格罗斯开始担任《犯罪人类学和犯罪学档案》（*Archiv für Kriminalanthropologie und Kriminalistik*）的编辑，此前他也是这个刊物的积极撰稿人。他创办了法医学杂志《犯罪学》（*Kriminologie*），此刊物至今仍然是介绍先进科学侦查方法的重要媒介。1912 年，他在格拉茨大学创建了犯罪学博物馆。

格罗斯可以说是现代犯罪心理画像之父，他指出了认真研究犯罪人行为的重要性。比如，在《犯罪侦查》一书中，格罗斯提出了许多对杀人犯、纵火犯、盗窃犯、假币制造者、谎报强奸案的女性等不同案犯进行犯罪行为画像的方法（Gross，1924）。格罗斯坚信，认识罪犯的最好方式就是了解其犯罪行为，体现出这一观念的例子贯穿《犯罪侦查》全书，其中就包括这段利用犯罪惯技手法（modus operandi）来进行案件侦查的相关叙述（Gross，1924，p. 478）：

> 几乎在每个案件中，盗窃犯都在犯罪现场留下了最重要的作案痕迹，也就是他们的作案方式。事实上每个盗窃犯都有自己无法摆脱的作案特点或作案手法，他们很少能隐藏这些特征。而且，盗窃犯不能完全隐藏这种特点；有时这些鲜明的特征非常显而易见，就算是侦查新手也能毫不费力地识别出来。但一方面，侦查新手不知道如何归类、区分或利用他所观察到的一切；另一方面，作案过程中的特别之处也并非都那么显而易见。

格罗斯的另一本名著《犯罪心理学》（*Criminal Psychology*）也体现出他支持对作案人进行犯罪心理画像的观点（Gross，1968，pp. 54 –55）：

> 每一个行为难道不都是行动发出者整体特征的产物吗？难道人们不认为行为和品格特征是紧密相连的，不认为能够从行为推断出引发此行为的品格特征吗？……只有将某人的特定品格特征与其行为相联系，此行为才能被理解——某一特定的特征更容易确定相应

的行为，而另一特征则使这些行为难以理解或与动作发出者毫不相关。

格罗斯继续提出一些其他观点。接下来的讨论就是个很好的例子，它主张无论性格特征或生活环境如何，都应将女性（尤其是受害儿童的母亲）列入儿童谋杀案的嫌疑人名单（Gross，1968，pp. 358 –359）：

> 在儿童谋杀案中，不必总考虑犯罪嫌疑人的精神状态。当然，犯罪嫌疑人当时是否处于精神病发作状态是必须要确认的。因此第一步就是必须了解犯罪嫌疑人的行为特征。在法医学、法医精神病学、犯罪心理学的教科书上都能查到相关资料，有很多都是老作家写的。其中引用的大多数案例都说明女性在精神状态很好的情况下过于循规蹈矩，以至于只要其童年穷困悲苦，一旦出现儿童谋杀案，她们就会被指认为凶手。并且，这些案例都说明这些性情最温和、最无害的人在分娩时或是在对孩子和丈夫产生仇恨之后就会变成真正凶残的野兽。一些动物会吃掉自己刚生出来的子女，这一习性可以解释许多孩童谋杀者的行为。对这类案例的类似认识，往往会导致我们在审理每一起孩童谋杀案时都会让精神病医生彻底检查母亲的精神状态，还会让我们像精神病学家和人类学家那样来解释与此案相关的一切。

《犯罪侦查》一书的意义不可低估。这是第一本将科学刑事调查、取证分析、犯罪现场再现和犯罪心理画像的理念和实践全面而系统地囊括其中的教科书。它的基本理念未随着时间的流逝变得暗淡无光，这个学科的所有学生都理应学习其中的理念。

奥康奈尔和索德曼（1935）

1935年，第一版《现代刑事侦查》（*Modern Criminal Investigation*）由约翰·奥康奈尔（John J. O'Connell）（纽约市警察局副局长、警察学院院长）与哈利·索德曼（Harry Soderman）（瑞典斯德哥尔摩大学法学院警察科学研究所所长）合著出版。再版时他们给侦查人员提出了下列建议（O'Connell and Soderman，1936，p. 1）：

> 对犯罪嫌疑人的惯技和作案手段、理解力、技能、耐心、老练程度、从事的行业、细心程度等方面的了解，再加上一位才干突出的优秀侦查人员，二者结合将永远是刑事侦查工作中的一笔珍贵财富。

奥康奈尔和索德曼（1936）针对各种类型的犯罪人提出了详细的画像方法。在入室行窃方面，他们分别描述了阁楼行窃、翻窗行窃、商店行窃、住所行窃、公寓行窃、餐厅行窃、晚间行窃及各种类型的私人住所行窃等不同犯罪人的性格特征（pp. 302 –313）。就盗窃犯罪而言，他们叙述了顺手牵羊、扒手、骗子等各种类型犯罪人的性格特点（pp. 330 –355）。同样，他们还关注各种类型的抢劫犯（pp. 362 –376）和纵火犯（包括纵火狂人）的性格特点（p. 382）。

有趣的是，虽然奥康奈尔和索德曼（1936）在做出上述总结时着重强调了我们今天所说的犯罪心理画像，但他们对凶杀案件调查的概述却更为系统（pp. 251 –296）。他们并没有谈及典型的犯罪人，而是讨论了如何通过物证检验和凶手行为来确认恰当的犯罪嫌疑人。他们强调的重点一直是物证检验和重建。在侦查指导原则中（pp. 254 –260），他们明确表示要通过诸如作案动机、凶器、作案路线、使用的交通工具和作案工具等行为证据的仔细分析来确认犯罪嫌疑人的特征。

就犯罪心理画像而言，刑事犯罪学家和刑事科学家的研究工作已经相互重叠了。这也可能是后来学科发展的必经之路。犯罪侦查越来越多地借助询问和审讯来收集事实真相，法医调查也围绕物证和法医检验科学展开，而犯罪行为的社会心理层面也仍旧属于行为科学的研究范畴。

探寻起源：法医科学家

刑事病理学是医学的一个分支，它将医学原理和知识应用于法律领域以解决相关问题（DiMaio and DiMaio，1993，p. 1）。刑事病理学家负责记录和了解被害人与死亡环境之间相互作用的本质。在刑事死亡案件调查中，他们还应该注意尸体和与被害人尸体有关的所有法医证据（如伤口形态、疾病、环境及受害人病史等）。

白教堂案（1888）

在 1888 年英国的白教堂谋杀案（Whitechapel）（又名开膛手杰克案）期间，时任警察局分区外科医生的乔治 · B. 菲利普博士（Dr. George B. Philips）（相当于法医病理学家）采用了一种更为直接的方式推断案犯特征。与简单对比在案的普通犯罪人的特点不同，他通过仔细检验特定受害者的伤口来进行分析。也就是说，乔治分析了这个凶手对其受害人实施的特殊行为，以此推论犯罪人特征。在这种模式中，犯罪人的行为能通过法医专家对伤口的损伤形态分析得到解释。

例如，菲利普博士指出，他认为白教堂谋杀案中的被害人之一安妮 · 查普曼（Annie Chapman）的伤口说明凶手在实施犯罪过程中具有某种专业技能和知识（图 1. 14）。尤其是安妮死后身上器官的移除，他认为这些切口相当干净利落。正如在第 1 版的《犯罪心理画像》附录（Turvey，1999）中曾讨论过的，关于未知凶手特征的前提假设和其他结论都还有待进一步审视。

无论对于未知凶手技能水平推断的依据为何，这种解释的含义都很明确。正如米德尔塞克斯郡东南地区（South Eastern District of Middlesex）的验尸官威尼 · E. 巴克斯特博士（Dr. Wynne E. Baxter）在调查安妮 · 查普曼的死因时向菲利普博士讲的："通过尸体检验，我们不仅能确认死亡原因，并且还能得知犯罪行为的实施方式。在杀死被害人后实施任何毁尸行为都可能暗示着凶手的某些特征。"他们认为凶手实施的行为是表明其性格特征的一种证据（Sugden，1995，p. 131）。

白教堂谋杀案期间，验尸官们仔细研究伤口的性质、特点及尺寸大小并详细记录下来（虽然不一定要有照片）。这证明如今被称为伤口损伤形态分析的做法即便在当时也有重要价值。① 显然白教堂谋杀案不太可能是刑警和刑事技术人员首次进行这样的伤口形态分析。但是，这种调查方式确实提供了一些从凶残、异常、碎尸犯罪行为得出的有关涉案

① 了解伤口的性质和程度至今仍是犯罪心理画像的重要方面。通过伤口有无特殊形态和其他一些物证得知案发当时到底发生了什么，这是掌握凶手特征的关键步骤。现代心理画像人员已经深刻认识到法医病理学以及其他一些刑事科学技术是如何提供这类信息的了。

凶手情况的最早记录。

图 1.14　1888 年 9 月 22 日《警察新闻》（*Police News*）头版，关于安妮·查普曼遭遇的插图。

保罗·L. 科克博士（1902—1970）①

证据不会遗忘，它们不会因一时的刺激而变得模棱两可。它们不会消失，但人证会。物证是事实证据，永远不会出错，它无法自作伪证，也不会完全消失。会出错的只能是对这些物证的解读。

——保罗·L. 科克博士（1953，p. 4）

保罗·利兰·科克（Paul Leland Kirk）于 1902 年出生在科罗拉多州

① 本节部分内容改编自齐泽姆和特维（2007）。

图1.15　保罗·科克博士。

的科罗拉多泉市。他首先是一位科学家，但同时也重视实际应用，而不是只看重纯粹的理论。他先后于俄亥俄州立大学和匹兹堡大学获得了化学学士和化学硕士学位。后来就读于加利福尼亚大学，并获得生物化学博士学位（图1.15）。

1929年到1945年，科克曾任加州大学伯克利分校生物化学教授。在后来的职业生涯中，他会告诉学生，自己最初踏入法医科学领域的契机发生在他早期执教期间；当时，一个修生物化学的学生走过来问他能否检验一只狗是不是被毒死的。对这个问题的探讨激起了科克对法医的好奇心。不久之后，当局联系他检验一名强奸受害者的衣服，他们想知道是否能在衣服上发现一些极细微的东西，以将受害者与施暴者相联系。科克发现了施暴者的衬衫遗留下的纤维，随后强奸犯被定罪，这完全激发了他的兴趣，这一谨慎检查后得出的结论也确立了他的声誉。随后，在1937年，科克开始担任加州大学伯克利分校犯罪学项目的带头人。在他的领导下，这个项目取得了长足进步，声名鹊起。

第二次世界大战期间，他进行了曼哈顿项目的研究。此项目结束之后的1953年，科克出版了法医学教科书《刑事侦查学》（*Crime Investigation*）的第1版，这本书具有开创性意义，其内容涵盖刑事侦查、犯罪现场再现和法医检验，这些至今仍是业内无人可与之媲美的基本行业标准。（Kirk，1953）。

科克比大多数人更强调犯罪现场再现和行为证据分析的重要性。在先后出版的两版《刑事侦查学》（Kirk，1953，1974）中，他反复讨论了“犯罪心理画像”的主题。他认为犯罪心理画像是物证检验的自然结果（Kirk，1974，pp. 4－5）：

> 物证检验能为警察寻找犯罪嫌疑人提供实质性帮助……
>
> 在刑警已经拘捕某个犯罪嫌疑人或事实上已经开始怀疑某人是作案凶手前，物证常常能起到很重要的作用。比如，如果实验室能明确犯罪嫌疑人当时穿什么样的衣服，确认犯罪嫌疑人的体型、年

龄、头发颜色或相关信息，这将大大缩小刑警对嫌疑人的排查范围。

通常，在对犯罪现场遗留的微小物品进行仔细的检验后，就有可能准确地判断出犯罪嫌疑人可能从事的职业或居住地环境。这些事实并不一定能证明某个人是否有罪，但却可以提供一些有关犯罪嫌疑人的重要背景资料……

下面这个例子说明了实验室推测的真实性及推断过程中存在的缺陷。通过检验盗窃现场遗留的一只手套，就能得出如下结论：

1. 案犯是一名从事建筑相关工作的工人。
2. 他的具体工作是推手推车。
3. 他居住在市区外面的一个小农场或园圃里。
4. 他是南欧人。
5. 他养鸡并饲养了一头牛或一匹马。

正如上文所表述的那样，科克博士在同时代的刑警对心理画像的潜力认识清楚之前，就主张在刑事案件的侦查中利用犯罪心理画像。

在《纵火案件调查》（*Fire Investigation*）第 1 版（1969）中，科克延续了这一倡议。他提出了犯罪现场再现和犯罪心理画像的基本方针，而这些方针在随后的学术研究发展中并没有被淘汰。首先，他定义了三种类型的纵火犯（pp. 159 – 160）：为利益纵火、为泄愤纵火和为“寻刺激、找乐子”纵火。

科克解释，也许对实验室的分析师们而言，他这一分类并不是特别重要，但总体的调查却可以从中受益（p. 160）：

显然，火灾的物证调查人员很少关注究竟是哪种类型的纵火犯放的火。但在调查中，他可能会留意到惯技上的差异，而这些对追踪纵火犯有很大的帮助，也能为审判提供有用的信息。

科克还认为，火灾调查人员应具有足够的消防知识，以了解纵火者的想法（Kirk，1969，p. 161）：

长久以来人们已经意识到，当犯罪侦查人员以案犯的角色思考问题时，他们就能在案件侦破上有所突破；最优秀的侦查人员便能进行这样的换位思考。他们能想案犯之所想，做案犯可能做的动作；通过这样的换位思考，侦查人员就能揣摩出案犯在案发时是如何实施犯罪行为的。

科克博士的著作出版之后，其他一些法医学著作也在一定程度上承认（或用一个章节的笔墨来探讨）物证检验和犯罪现场再现在犯罪心理画像和逮捕嫌疑犯中的重要性（Bevel and Gardner，2002；Lee et al.，1983；DeHaan，1997；DiMaio，1993；Geberth，1996，2006；James and Nordby，2003；Lee，1994）。

探寻起源：行为科学家

精神病学是诊断和治疗精神疾病的医学分支。法医精神病学家或精神病医生是司法领域内的精神病学专家。精神病专家要经过系列培训，他们借助面对面的临床交谈、对个人病史的全面检查及使用验证过的人格测试手段得出与精神错乱有关的一些特殊信息。精神病学专家历来很少在刑事案件的调查中运用其鉴定结果，但这些结果却在法医检验中有所运用。

前文已讨论过孟德尔·贝里斯案：贝里斯于 1911 年被基辅秘密警察逮捕并因出于宗教仪式之目的谋杀一个基督教男孩而受审。此案中，犯罪心理画像以法医精神科医生专家证词的形式得以应用。通过对比类似案件，伊凡·西科斯基（Ivan Sikorsky）博士对案件的动机，尤其是血祭诽谤案件的特点发表了意见。据穆拉夫（Murav，2000）：

> 此次起诉的依据是基辅大学精神病学家、教授伊凡·西科斯基博士的心理学和人类学研究成果。起诉书对伊凡·西科斯基博士的观点进行了解释，他认为从历史和人类学的角度出发，结合此案的谋杀方式——从受害者体内逐渐收集血液，这起犯罪与俄罗斯境内及其他地区的谋杀案相似。根据西科斯基教授的说法（起诉书在这里直接引用了他的话），此犯罪行为的心理基础是："雅各布（Jacob）的后代对其他种族进行的种族复仇和种族仇杀。"

在美国，人们公认纽约州格林尼治镇（Greenwich Village）的精神病学家詹姆斯·A. 布鲁塞尔博士（Dr. James A. Brussel）极大地推动了犯罪心理画像过程中刑事侦查思想的进步。作为一位临床医生，布鲁塞尔通过临床诊断来进行画像。通过案犯在犯罪现场的明显行为，布鲁塞尔对未知案犯作案时的精神状态做出诊断，这便是他的诊断方式。某种程度上，布鲁塞尔会将案犯行为与自己临床经验中遇到的有类似问题的病人进行比较来推断案犯特征。他也认可特定精神疾病与一定的生理结构是相关联的，这种观点与一个世纪前的犯罪学家的理论观点相似（尤其是在“疯狂炸弹客”案中得以运用的克雷奇默的观点）。由此，布鲁塞尔对悬而未决的案件所做的心理画像中也包含了未知案犯可能具有的生理特征（Brussel，1968，pp. 32 – 33）。

图 1.16　乔治·米特斯基（George Metesky），1957 年纽约“疯狂炸弹客”（Mad Bomber）。

20 世纪 40 年代至 50 年代，“疯狂炸弹客”曾威胁着纽约市的安全（图 1.16）。凶手在纽约市境内所有的火车站和电影院内引爆了至少 37 枚炸弹。布鲁塞尔博士受令专门对此案进行分析。他坚信该案犯罪嫌疑人有如下特征（Brussel，1968，pp. 29 – 46）：

1. 男性；
2. 具备金属制造、组装管线和电工知识；
3. 曾在联合爱迪生公司蒙受不白之冤，渐渐积怨成疾；
4. 偏执狂；
5. 受疾病恶化之扰；
6. 患有慢性疾病；
7. 长期出现系统的、逻辑上的错觉；
8. 病态地以自我为中心；
9. 因为他是偏执狂，可推断他具有像运动员一样匀称的体型；
10. 从精神病发作和爆炸行为的持续时间来看，他应该是个中年人；
11. 有良好的教育背景，不是大学毕业的话也极大可能是高中文化水平；

12. 未婚；
13. 可能是处男；
14. 独居或与一位母亲一样的女性亲戚居住；
15. 斯拉夫裔；
16. 罗马天主教徒；
17. 居住在康涅狄格州；
18. 穿双排纽扣西装。

1956 年 12 月 25 日，《纽约时报》刊登了一篇报道，其中包含了布鲁塞尔博士做出的一些推测。但里面并没有“犯罪嫌疑人穿双排纽扣西装”这一预测信息（Brussel，1968，p. 47）。当警方最终证实并逮捕了 1957 年的爆炸案犯罪嫌疑人乔治·米特斯基时，警察发现这位犯罪嫌疑人与布鲁塞尔博士的预测基本上吻合。与流行观点相反的是，被捕时案犯穿的是褪色的睡衣，而不是双排扣西服（Brussel，1968，p. 69）。在被带走收押之前，他获准去换衣服，这时他换上了双排扣西装——当时流行的穿衣风格。

1962 年 6 月到 1964 年 1 月期间，马萨诸塞州波士顿市发生了 13 起致被害人死亡的性犯罪，警方认为这些案件之间有相关性。警方常用的侦查措施未能成功地排查出案件犯罪嫌疑人或确定这位“波士顿绞杀手”。随后便由精神病专家、妇科医生、人类学家和其他一些专业人士组成了一个画像小组，对这种类型的杀人凶手进行“心理画像”。

画像小组得出的结论是，凶杀案是由两个不同的犯罪嫌疑人所为，其理由是：一组被害人都是老年妇女，而另一组被害人却是青年妇女。画像小组还认为这两组被害人所体现的性行为心理也存在着差异。他们相信，杀害老年妇女的案犯是一个在专制的、长相漂亮的母亲抚养下长大的男子。他无法向自己的母亲发泄憎恨，故而将自己的仇恨转向老年妇女。小组得出结论认为这个凶手独居，并且相信如果这个凶手能征服自己专制的母亲，那么他也就能像正常人一样表达出自己的爱意。专家们进一步分析，杀害那些年轻女性的凶手可能是一个同性恋男子，与被害人相识。

但并不是所有人都赞同心理画像小组的观点。警方曾邀请布鲁塞尔博士参与了1964年4月的案件调查，希望他能提供一些像纽约“疯狂炸弹客”案中那样有价值的建议。布鲁塞尔博士却并不认可画像小组的判断，他们的意见相左。布鲁塞尔博士认为，这些案件都是一个人单独作案。但当时类似凶杀案已经停止，画像小组也已经解散。

1964年11月，阿尔伯特·德萨尔沃（Albert DeSalvo）因“初次”性犯罪而被逮捕（图1.17）。德萨尔沃随后向精神病医生承认他就是“波士顿绞杀手”。由于他与布鲁塞尔博士向警方提供的画像存在着惊人的一致，于是警方便认定德萨尔沃就是凶手；后来此案未经诉讼便草草了结。1973年，德萨尔沃在监狱为其初次犯罪服刑时，被同牢房的服刑人员刺死。德萨尔沃从来没有被宣判或认定为是“波士顿绞杀手”，故而任何有关这个案件的画像都没能得到验证。①

图1.17 阿尔伯特·德萨尔沃，1964年11月因为“初次”犯罪被捕。他从未因为“波士顿绞杀手”案受审。

2001年年底（当时本书的第2版已经出版）出现了新的可能性，即德萨尔沃最初的口供很可能是假的。正如在“DNA疑虑”一节中所讨论的（2001）：

> 法医鉴定结果出来之后，人们开始怀疑这个主动坦诚自己是“波士顿绞杀手”的人究竟是不是60年代臭名昭著的连环杀手，甚至怀疑真正的凶手可能仍然在逃。
>
> 法医在11名被害人中的一人身上发现了案犯的DNA，但这与阿尔伯特·德萨尔沃的DNA并不相符，而他又曾经供认自己在1962年到1964年杀害了这些妇女。
>
> 乔治·华盛顿大学法医学教授詹姆斯·斯达尔斯（James

① 根据布鲁塞尔的回忆录，“疯狂炸弹客”一案是警方向他寻求咨询意见的第一个案件（Brussel，1968，p. 12）。有趣的是，他曾经提到（Brussel，1968，p. 12），“我觉得我的职业和我自己都在接受一次审判。而奇怪的是，在这场奇异的智慧审判中，我也是自己的控告者之一。我对罪犯真的有那么了解，足以提出有价值的看法吗？……”

> Starrs）在新闻发布会上指出，这一 DNA 证据不能将阿尔伯特·德萨尔沃与 19 岁的玛丽·萨利文（Mary Sullivan）（据信是波士顿绞杀案的最后一名受害人）谋杀相联系。
>
> 阿尔伯特·德萨尔沃在因某不相关的罪行服役（终身监禁）时宣称自己是波士顿杀手。后来他又试图澄清这一说法，但在此案提出任何诉讼前的 1973 年，他就被人用刀刺死了。
>
> 去年，萨利文的尸体被挖出来以供检验，几周前德萨尔沃的尸体也被挖了出来，两家的家属都想努力找出究竟谁是谋杀犯。
>
> 这些妇女在被人勒死前都遭受过性侵。斯达尔斯教授称，对萨利文身上像精液一样的物质进行检验后发现，德萨尔沃的 DNA 与之并不匹配。“我不是说德萨尔沃无罪，只是 DNA 检验强烈表明他不是奸杀玛丽·萨利文的案犯。”斯达尔斯教授说。

斯达尔斯教授还发现玛丽·萨利文的舌骨并没有骨折，这并不符合窒息死亡的症状，也与德萨尔沃的供词（后来他在狱中又收回了这一供词）互相矛盾。

应该指出，布鲁塞尔博士的画像结论中仅有一个得到了部分证实（因为没有相关正式记录，所以没人能百分之百确定）。另一个只是在没有经过任何形式的调查和证实前被假定有效。有一点值得注意，如果只依赖心理画像——无论何种形式——来认定案件的凶手，将很可能导致司法公正不能完全得到实现。在当代，布鲁塞尔的画像方法一般被称为诊断性评价，我们在后面的章节会讨论。

联邦调查局（FBI）

20 世纪 60 年代，美国警官哈沃德·特登（Howard Teten）在加利福尼亚州圣里安德洛警局（San Leandro Police Department）任职期间，开始改进他的犯罪心理画像方法。特登师从国际知名犯罪学家科克博士、旧金山医学检验专家布瑞富科尔博士（Dr. Breyfocal）及因纽伦堡战争审判而知名的精神病专家道格拉斯·凯利博士（Dr. Douglas Kelly）等人，从他们身上获得了极大的启发。20 世纪 50 年代后期，他们还是特登警官在加州大学伯克利分校犯罪学院的导师。特登潜心钻研犯罪心理画像，其中也受到格罗斯博士研究成果的鼓舞（此人在本书中多有提及）。对法医学、法医死亡调查和精神病学等跨学科知识的了解奠定了特登早期刑事调查能力的基础，并促使他发展犯罪心理画像的方法。他还找到詹姆斯·布鲁塞尔博士，并与他就案例讨论了好几个小时，加深自己对心理健康方面的理解（Hazelwood and Michaud，1998，p. 116）。

联邦调查局特工特登于 1970 年启动了其犯罪心理画像计划。他教授侦查人员把犯罪心理画像当成刑事调查的一种辅助手段，与其他调查手段配合使用。1970 年，他首次在联邦调查局国家教育学院教授犯罪心理画像课程，该课程被命名为“应用犯罪学”。同年晚些时候，特登以 FBI 特工的身份在得克萨斯州的爱莫雷洛（Amarillo）首次做出犯罪心理画像。也是在 1970 年，特登与后来被派到联邦调查局纽约分局的帕特·穆乐尼（Pat Mullany）合作讲解犯罪心理画像中的变态心理学。在穆乐尼任职纽约期间，二人于 1971 年还多次合作在全国多个学校授课。他们共同剖析犯罪行为，穆乐尼讲解系列变态行为，而特登则进一步讲解如何依据犯罪现场的证据确认此类变态行为。

在 1972 年，美国政府设立了新的联邦调查学院，特登申请将穆乐尼调到学院任教。到任不久，特登和穆乐尼便首先将他们的理念应用到联邦调查局的人质谈判行为指南。在 1974 年和 1975 年，穆乐尼曾应用这些新方法成功地处理了几起人质绑架谈判案件。这些谈判技术根据犯罪心理画像改编而来，是教给所有联邦调查局谈判人员的首批技术。后来，联邦调查局特工康·哈塞尔（Con Hassel）和汤姆·斯特伦茨（Tom Strenz）对此进行了适当的修改和拓展。

还是在 1972 年，一位名叫杰克·科斯奇（Jack Kirsch）的特工创立了联邦调查局行为科学部（Behavioral Science Unit，BSU）。科斯奇曾是《伊利派遣先驱报》（*Erie Dispatch Herald*）的记者。他对犯罪心理画像的发展做出了卓越贡献——他富有远见卓识，赋予穆乐尼和特登在其职责范围外进行心理画像研究的自由。在穆乐尼和特登协助侦破一些案件后，犯罪心理画像就声名远扬了。很快，美国各个警局每天都有犯罪心理画像的需求。特殊侦查员哈塞尔和斯特伦茨随后经过培训也开始教授应用犯罪学中的部分课程。

继杰克·科斯奇之后，主管行为科学部的是特工约翰·法夫（John Phaff），然后 1978 年是罗杰·迪普（Roger Depue）。迪普退休后，特工约翰·道格拉斯（John Douglas）又挑起大梁。联邦调查局早期犯罪心理画像技术背后的主要创始人是穆乐尼和特登，但二人均未领导过行为科学部（Teten，May 5，1997，私人通信）。穆乐尼成为洛杉矶办事处的副主管，而特登则成为研究与开发部负责人。

据麦克纳马拉和莫尔顿（McNamara and Morton）的说法（2007），美国联邦调查局国家暴力犯罪分析中心（NCAVC）是继画像部门之后设立的：

> 1985 年联邦调查局行为科学部扩建，国家暴力犯罪分析中心（NCAVC）由此成立。行为科学部是美国联邦调查局培训科下的教学单位。1994 年，联邦调查局创建了危机事件应急组（CIRG），而国家暴力犯罪分析中心的操作行为部就转入危机事件应急组，如今它们已是该组的一部分。
>
> 国家暴力犯罪分析中心下设四个单位，包括三个行为分析科（Behavioral Analysis Unit）（BAU）和基于数据库的暴力犯罪拘捕程序（ViCAP）。行为分析科 1 组（BAU1）负责威胁评估或反恐案件；分析科 2 组（BAU2）负责所有涉及成人受害者的案件，包括连环谋杀、一般谋杀和性侵犯等案件；分析科 3 组（BAU3）负责涉及儿童受害者的案件。
>
> 这些分析科有三重使命。各单位的首要目的是为实际案例调查提供支持。为此，各单位可以与案件调查人员一起进行现场合作，也可以让调查人员前往弗吉尼亚（Virginia）匡堤科（Quantico）的国家暴力犯罪分析中心进行咨询，或者与调查人员远程讨论案例。
>
> 这些分析科为案件调查人员提供广泛的实际帮助：犯罪现场分析、未知罪犯嫌疑人心理画像、调查建议、审查策略、搜查证词援助、诉讼策略、案件关联分析和专家证人证词。
>
> 在与其他执法机构和学术机构的合作中，各分析科还进行暴力犯罪领域的研究，这便是它们的第二个任务。其中包括对已定罪的暴力案犯进行数据统计调查和询问。研究内容则包括诸如犯罪人特

征、被害人特征以及被害人与罪犯之间的关系等多种因素。他们将由此获得的知识运用于实际调查援助中。

分析科的第三个使命是通过各种训练场地将实际操作经验和研究中获得的知识分享给执法机构。

在过去的这个世纪之交，NCAVC 内发生了一个重大的转变，这一转变体现了心理画像文化和议题的派系化。2000 年年初的几个月，在书面文件和法庭证词里，[①] 联邦调查局的心理画像师们不再自称为 NCAVC 的“行为科学部”的特殊附属成员。相反，他们开始自称为 NCAVC 的一般成员。在 2000 年年中，他们则称自己隶属于“行为分析小组（BAU）”。这个变化意义重大，它标志着这个组织机构的彻底重组。

直到 2000 年，BSU 仍保持着所谓的“三足凳”模式：进行研究；为执法部门提供教育和培训；提供案件咨询以协助警方调查（DeNevi and Campbell，2004）。然而，自咨询心理学博士史蒂芬·班德（Stephen Band）于 1998 年接任此部门之后，这个模式就开始改变。在他的管理下，BSU 内部的办案人员和教学科研人员之间原有的文化鸿沟进一步恶化。这两个群体，一个与执法调查人员密切合作，另一个与教育行为科学家紧密相连，二者之间无法互相尊重，也不能实现良好合作。

显然，单独成立一个 BAU 就是为了缓和局势，防止 BSU 所建立的一切走向内部崩塌。

BAU 正式成立于 2000 年，属于 BSU 的一部分，并受班德博士管理。然而，事实却是 BAU 搬离匡堤科，开始在另一个办公地点进行案件咨询。这就导致 BAU 无法真正得到监管，基本具有了自主权。

为了维持其运转，BAU 分离出去之后，NCAVC/BSU 及其各个分支部门以前所未有的势态进军学术界。正如威尔曼（Winerman，2004；p. 66）的解释：

在心理画像领域，执法人员和心理学研究人员之间的紧张关系

---

① 作者是收录最多犯罪心理画像的私人藏家，最近一次统计时其数量已逾 150 份，所藏部分画像来自法律诉讼中的证据公示。

> 在一定程度上仍然存在……
>
> 史蒂芬·班德博士是行为科学部的主管，而临床法医心理学家安东尼·皮尼佐托（Anthony Pinizzotto）博士则是联邦调查局首席科学家之一。
>
> 该部还与纽约的“约翰·杰（John Jay）刑事司法学院”的法医心理学家们进行联合研究。

此外，BSU 甚至还授权出版了具有庆祝性质的自传——《疯子的头脑》（*Into the Minds of Madmen*）（DeNevi and Campbell，2004）。这本书讲到了 BSU 形成时期的一些历史，还有截至该书出版时（2004 年）与 BSU 相关的事件，其中涉及对以往杰出成员的详述。然而，这本书几乎完全忽视了 BAU 的存在，也因此忽略了 FBI 所有进行办案实践的画像人员。这一点也许在该书的最后一章体现得尤为显著，其中感叹道（DeNevi and Campbell，2004；p. 396）：

> 行为科学部目前的举措、员工的专业知识和素质，昭示着行为科学部光辉灿烂的未来。但人们不禁会想，行为科学部和国家暴力犯罪分析中心遗漏了肯·兰尼（Ken Lanning）“三足凳”模式中的一些东西。同劳同乐，同学同研，甚至同哭同笑的需求正是行为科学部在 20 世纪 80 年代大获成功的基石。在做研究、提供咨询服务、进行教育培训这三个方面又重新回归“三足凳”概念之前，组织内仍然有所缺失。

尽管从 2004 年来看，前途似乎一片光明，但史蒂芬博士还是在 2005 年辞去了 BSU 主管一职。随着众多知名人士和主要从业人员退出舞台，美国联邦调查局心理画像的现状尚不明晰。而办案人员与心理学家之间的文化分歧却依然存在。

现代犯罪心理画像协会

当今犯罪心理画像协会的成员来自各种相关或无关专业背景的专业和非专业人士。其中心组织为 1999 年 3 月成立的“行为画像协会”

(Academy of Behavioral Profiling，ABP)[①]（本书作者就是其中的五名创始人之一，也是董事会表决成员之一）。

ABP 是第一个国际性、独立的跨学科专业团体。该协会主要针对进行心理画像工作或正在学习心理画像的人员而设立。行为画像协会由一个学员部、两个对画像感兴趣但不是画像专家人员组成的附属部门、四个成员部门（行为组、刑事组、调查组和法医组）组成。正如《行为画像期刊》(*Journal of Behavioral Profiling*) 创刊号编辑来信所言（Turvey，2000)：

> 行为画像协会（ABP；www. profiling. org）成立的部分原因是因为行为画像领域迅速走向非职业化道路。忧心于此行业的堕落，行为画像协会的参与人员决心在领域内创立一些有意义且合法的东西。它是由法医、行为分析和侦查专家组成的跨学科团体，该协会已经制定了职业道德准则，推出了第一本《犯罪心理画像指南》，而目前正在开发心理画像的一般知识。

行为画像协会不仅是一个培训组织或社会组织，它还制定了完备的实操标准和道德行为准则，协会成员如果违背这些准则将会受到相应的处罚。最近，它还开发、施行了针对想成为正式会员的人进行的心理画像一般知识考试。该团体的目标是为活跃在心理画像工作领域的各类专家提供组织和支持，并允许会员仅依靠其知识和工作质量在机构内不断发展。

无论是谁来开展这项工作，也无论专业前景如何，通常而言，犯罪心理画像本身都不是一种职业（尽管有人已经把它当成职业）。相反，犯罪心理画像是一种跨学科的技能，一旦精通其他必要专业知识便能得

---

① ABP 不隶属于、也不附属于任何大学、组织或机构，不像其他类似机构那样容易受到政治的影响。这是专业领域内建立客观标准和原则的一个主要问题。此外，ABP 中诸如不得谎报自己发现的事实及凭据、不得窃取他人观点、保持公正等大部分道德准则在法医界都无可争议。然而，有一些道德准则更为严格，其中包括要求成员“向相关部门或专业机构检举不道德行为，以此保持专业领域的高质量和高标准”，以及“如果成员合理确信某信息不会在法庭中披露，则应尽力将相关证据的性质和含义告知法庭”。这些准则与其他的道德准则一道，确保 ABP 成员本质上不能容忍任何法医领域的不道德行为。本书其他章节将对伦理问题做进一步探讨。

到进步和发展。故此，目前全职的犯罪心理画像专家少之又少。但是，随着人们对犯罪心理画像所涉内容的不断了解，随着人才培养的普及，随着文献著作的增多以及领域内专业人士交流的增多，这种情形就会发生变化。

小结

行为分析技术可以追溯到公元 38 年罗马发生的针对犹太人的血祭诽谤。在过去的 200 年里，从事犯罪心理画像的专业人士众多，包括调查人员、行为科学家、社会科学家和法医科学家。犯罪心理画像从来不单单是某一个学科或机构的职责。

美国联邦调查局 20 世纪 60 年代开始涉足心理画像工作，它雇佣一些由自己的实践经验和教育背景自学成才的心理画像师讲授课程。20 世纪 80 年代，联邦调查局成立行为科学部（主要进行心理画像相关的研究、培训和案例咨询），正式形成了自己的心理画像体系。2000 年，BSU 内又设立了 BAU，随后，由于办案人员与心理学家之间的文化分歧，后者单独分离出来。尽管内部努力想改革，但这种紧张关系在随后的整整十年中仍然存在。目前来看，联邦调查局心理画像的前景如何尚不明晰。

鉴于复杂的历史情况，现代犯罪心理画像立足于犯罪和犯罪行为研究（犯罪学）、心理健康和疾病研究（心理学和精神病学）和物证检验技术（刑事技术科学）。在众多的形式中，犯罪心理画像总是能为犯罪侦查和审判提供有关犯罪嫌疑人的特征描述。但是，这些特征描述中所包含的推理过程并不总是连贯一致的。其范围涵盖数据分析、犯罪嫌疑人行为判断及基于个人信念和经验的主观判断等方面。

练习

1. 判断正误：联邦调查局（FBI）最先开发并出版犯罪心理画像技术。

2. 《女巫之锤》由牧师协会开发，得到天主教会认可，以促进对

____________进行心理画像及其后的刑事指控。

3. 说出一个最初为了进行数据比较而试图对犯罪人进行分类的犯罪学家的名字。

4. 西班牙异端裁判所由天主教会任命以协助西班牙政府鉴别____________。

5. 犯罪分析是一个多学科的领域。说出三个心理画像师常见或特有的职业（例如，刑事调查员）。

6. 尝试将科学方法应用于刑事调查和犯罪心理画像技术的第一本书是____________。

REFERENCES

Bernard, T. , Void, G. , 1986. Theoretical Criminology, third ed. Oxford University Press, New York, NY.

Bevel, T. , Gardner, R. , 2002. Bloodstain Pattern Analysis, second ed. CRC Press, Boca Raton, FL.

Brussel, J. , 1968. Casebook of a Crime Psychiatrist. Bernard Geis Associates, New York, NY.

Burr, G. (Ed.), 1896. The Witch Persecutions, in Translations and Reprints from the Original Sources of European History, vol. 3, no. 4. University of Pennsylvania History Department, Philadelphia, PA, pp. 1898 – 1912.

Cheney, E. P. , 1988. What Is History. University Archives, University of Pennsylvania, p. 76. Cited in. Novick, P, 1988. That Noble Dream. Cambridge University Press, New York, NY, p. 46.

Chisum, J. , Turvey, B. , 2007. Crime Reconstruction. Elsevier Science, Boston, MA.

Conan Doyle, A. , 1887. A Study in Scarlet. Beeton's Christmas Annual November.

Cooley, C. , Turvey, B. , 2002. Reliability and Validity: Admissibility Standards Relative to Forensic Experts Illustrated by Criminal Profiling Evidence, Testimony, and Judicial Rulings. Journal of Behavioral Profiling 3 (1).

DeHaan, J. , 1997. Kirk's Fire Investigation, fourth ed. Prentice Hall, Upper Saddle River, NJ.

DeNevi, D. , Campbell, J. , 2004. Into the Minds of Madmen: How the FBI's Behavioral

Science Unit Revolutionized Crime Investigation. Prometheus Books, New York, NY.

Depue, R., Douglas, J., Hazelwood, R., Ressler, R., 1995. Criminal Investigative Analysis: An Overview. In: Burgess, A., Hazelwood, R. (Eds.), Practical Aspects of Rape Investigation, second ed. CRC Press, New York, NY.

Dickman, T., Savitz, L., Turner, S., 1977. The Origin of Scientific Criminology: Franz Joseph Gall as the First Criminologist. In: Meier, R. F. (Ed.), Theory in Criminology. Sage, Beverly Hills, CA, pp. 41 – 56.

DiMaio, D., DiMaio, V., 1993. Forensic Pathology. CRC Press, New York, NY.

DNA Doubts over Boston Strangler, 2001. BBC News December 6.

Ellis, J., 1929. Character Analysis, second ed. Jean Morris Ellis, Los Angeles, CA (self – published).

Fosbroke, G., 1938. Character Reading through Analysis of the Features. Doubleday, Garden City, NY.

Geberth, V., 1996. Practical Homicide Investigation, third ed. CRC Press, New York, NY.

Geberth, V., 2006. Practical Homicide Investigation, fourth ed. CRC Press, Boca Raton, FL.

The George Edalji Case, 2005. The Chronicles of Sir Arthur Conan Doyle. Retrieved June 21, 2005, fromwww. siracd. com/life_case1. shtml.

Gildart, K., Howell, D., 2004. Dictionary of Labour Biography, vol. 7. Palgrave Macmillan, Hampshire, UK.

Gross, H., 1906. Criminal Investigation. G. Ramasawmy Chetty, Madras, India.

Gross, H., 1924. Criminal Investigation. Sweet & Maxwell, London, England.

Gross, H., 1968. Criminal Psychology. Patterson Smith, Montclair, NJ.

Hazelwood, R., Michaud, S., 1998. The Evil That Men Do. St. Martin's Paperbacks, New York, NY.

James, S., Nordby, J., 2003. Forensic Science: An Introduction to Scientific and Investigative Techniques. CRC Press, Boca Raton, FL.

Kirk, P, 1953. Crime Investigation. Interscience, New York, NY.

Kirk, P, 1969. Fire Investigation. John Wiley & Sons, New York, NY.

Kirk, P, 1974. Crime Investigation, second ed. John Wiley & Sons, New York, NY.

Kramer, H., Sprenger, J., 1971. The Malleus Maleficarum, reprint, Dover, New

York, NY.

Lee, H., 1994. Crime Scene Investigation. Central Police University Press, Taoyuan, Taiwan.

Lee, H., DeForest, P., Gaensslen, R., 1983. Forensic Science: An Introduction to Criminalistics. McGraw – Hill, New York, NY.

Levinson, H., 2004. A Dark Lie through the Ages. BBC News, January 23.

Longhurst, J., 1962. The Age of Torquemada. Coronado Press, Sandoval, NM.

Mather, C., 1689. Memorable Providences, Relating to Witchcrafts and Possessions Printed at Boston in N. England by R. P.

McNamara, J., Morton, 2007. Cracking the BTK Case. The RCMP Gazette 69 (1).

Moriarty, J., 2001. Wonders of the Invisible World: Prosecutorial Syndrome and Profile Evidence in the Salem Witchcraft Trials. Vermont Law Review 26, pp. 43 – 99.

Murav, H., 2000. The Beilis Ritual Murder Trial and the Culture of Apocalypse. Cardozo Studies in Law and Literature Fall/ Winter.

O'Connell, J., Soderman, H., 1936. Modern Criminal Investigation. edited reprint, Funk & Wagnalls, New York, NY.

The Oscar Slater Case, 2005. The Chronicles of Sir Arthur Conan Doyle. Retrieved June 21, 2005, fromwww. siracd. com/life/life_case2. shtml.

Perkins, W., 1613. A Discourse of the Damned Art of Witchcraft; So Farre. Universitie of Cambridge, Cambridge, MA.

Petherick, W., 2002. The Fallacy of Accuracy in Criminal Profiling. Journal of Behavioral Profiling 3 (1).

Ressler, R., Shachtman, T., 1992. Whoever Fights Monsters. St. Martin's Press, New York, NY.

Sugden, P., 1995. The Complete History of Jack the Ripper. Caroll & Graff, New York, NY.

Thornton, J. I., 1997. The General Assumptions and Rationale of Forensic Identification. In: Faigman, D., Kaye, D., Saks, M., Sanders, J. (Eds.), Modern Scientific Evidence: The Law and Science of Expert Testimony, vol. 2. West, St. Paul, MN.

Thorwald, J., 1966. Crime and Science. Harcourt, Brace, & World, New York, NY.

Turvey, B., 1999. Criminal Profiling: An Introduction to Behavioral Evidence Analysis. Academic Press, London, England.

Turvey，B.，2000. Criminal Profiling and the Problem of Forensic Individuation. Journal of Behavioral Profiling 1（2）.

Turvey，B.，2002. Criminal Profiling：An Introduction to Behavioral Evidence Analysis，second ed. Elsevier Science，Boston，MA.

Winerman，L.，2004. Criminal Profiling—The Reality behind the Myth：Forensic Psychologists Are Working with Law Enforcement Officials to Integrate Psychological Science into Criminal Profiling. TheAPA Monitor 35（7），July.

Wulffen，E.，1935. Woman as a Sexual Criminal. Falstaff Press，New York，NY.

第2章　犯罪心理画像：科学、逻辑与认知

韦恩·A. 佩瑟里克（Wayne A. Petherick）
布伦特·E. 特维（Brent E. Turvey）

犯罪心理画像是对犯罪人特征所作推论的集合。这项工作乍一听十分基础，事实上也的确如此。但相应的定义也还是必要的，其原因在于，这个概念衍生了一些基础而又复杂的问题，可人们似乎有意将这些问题草草掩盖。我们要打破这种倾向。推论（inference）是基于证据和推理的一种特定类型的结论。与猜测（speculation）不同，后者是基于理论或揣摩所得的结论，没有确凿的证据。任何称职的鉴定人员都应该明确，要杜绝猜测，并且要得出以证据为基础的、合乎逻辑的、合理的推论。

从各种方法得出的推论层出不穷，[①] 由是，因为没能准确、应用性地理解“什么是推论”、“如何做出推论而不陷入谬误”，心理画像界及该领域的研究文献深受其扰。

本章介绍了在犯罪心理画像的框架内，如何进行有效的推论。这要使用科学的方法，对逻辑科学做出应用性理解，并知道如何意识到自己在什么时候错了。除此以外，还要对偏见有所认识。

---

① 第3章将讲述此篇未涉及的一些特殊的犯罪心理画像方法，也就是“其他犯罪心理画像方法”，该章还会探讨其优势和劣势。

偏　见

保罗·L. 科克（Paul L. Kirk）（1974，p. 4）写道："物证本身不会出错，也不会作伪证，而且物证还一直存在。纰漏只能出现在对物证的阐释上"。保罗所言激起了司法鉴定人员的兴趣，因为这些话说明了他们在证据方面所扮演的阐释性角色。而大部分司法鉴定人员要面对的是多义刺激——即那些在多种主观因素影响下会有不同阐释方式的证据；这是他们面临的挑战。

谈到偏见时，大多数鉴定人员（包括犯罪心理画像师）都声称自己在进行分析的时候是完全客观的，或者表示自己会力求客观。他们还坚称，自己的雇主/所属机构、情绪和信仰不会影响最终结论。承认自己不客观无疑是在自毁前程，因为在司法鉴定过程中，保持客观性和抽离情绪是最重要的，也就是说，它最终与法庭紧密相连。甚至可以说，客观性是具有必要性和决定性作用的。

如果司法鉴定人员具有专业的、必要的客观性，接受过科学的训练，在这种前提下，为什么他们的结论或推论中还是有可能出现偏见呢？这个问题完全合理。但一些鉴定人员却不置可否，他们认为科学训练与客观性相结合就已经足够解决大部分（如果不是所有的）可能会对鉴定过程和最终结果造成影响的问题。

但这个观点并不正确，因为它忽略了认知心理学的一个基本原则——"观察者效应"（observer effects）的普遍性。

正如认知心理学家多次记载、测试和说明的，"科学家是一台没有被完全校准的仪器"（Rosenthal，1966，p. 3）。他们的缺陷在于，这种微妙的偏见（无论是有意还是无意）能够轻易损害他们看似客观的工作。当司法鉴定结果受到鉴定人个人情况或精神状态的影响，进而将其潜意识下的期望和欲望包含其中时，观察者效应便应运而生。

考虑到司法鉴定与执法部门及检察机关的联系，分辨并减少这种偏见是一项艰巨的任务。具体而言，出于他们之间的紧密联系，鉴定人员中形成了舍弃客观性、转而完全偏袒检察机关目标和任务的风气。更有甚者，他们可能会觉得这种联合是善良、英勇的，并且认为任何其他观念都是道德滑坡的体现。司法证据鉴定与执法部门之间联系的影响力十分巨大，为此一些人甚至故意捏造证据或作伪证，以使检方所诉案件成立，但这都是极端情况下的例子。

司法鉴定领域内的大部分执业者一般都承认有意识偏见的普遍存在，这么说并不会有失公允。也就是说，在受到关注，要面对公众的时候，他们都能意识到并谴责鉴定人员无知、作伪证以及造假证的现象。此外，司法鉴定领域似乎还认识到，为了有效地服务于刑事司法系统，他们必须立即消除使鉴定人员的客观性和中立立场受到质疑的个人、程序或情况（尽管在鉴定机构没能尽到规范其成员的职责，进而维护了没有能力或不道德的鉴定人员时，这种做法会受到质疑）。

虽然司法鉴定领域对明目张胆的欺诈和偏见等极端形式保持警惕，但它还是无法意识到并承认，那些有据可查的潜在偏见甚至足以玷污最公正的科学检查。这一点令人沮丧，很简单，公开抱有偏见、欺诈或作伪证的鉴定人员毕竟在少数，与之相比，隐而不发、潜意识下的偏见带来的威胁更大。

要了解潜意识偏见难以捉摸又十分强大的本质，得粗略了解一下认知心理学。认知心理学是研究认知的心理学，认知被视为行为的基础。认知心理学中一条公认的原理是：个人的欲望和期望可以影响他或她对事件的看法、观察和解释。换言之，观察的结果取决于至少两个因素：（1）观察对象；（2）观察者的精神状态。认知心理学家用几个术语来描述这种现象，其中包括“观察者效应”、“情境效应”（context effects）和“预期效应”（expectancy effects）（Neisser，1976；Risinger et al.，2002；Rosenthal，1966；Saks，2003）。你可以认为这三者本质上可以相互转换。

毫无疑问，观察者效应必定存在并且会在无形中影响鉴定人员。但司法鉴定领域普遍没有正视这一点，也没能制定相应的举措；这充分证明了司法鉴定学教授詹姆斯·达尔斯（James Starrs）（1991）提出的“制度偏见”（p. 24）：

> 刑事科学里的制度偏见在一些机构、组织、团体（无论是公立

还是私立）或其成员实行的政策、程序或采取的做法上有所体现，他们会在法庭纠纷中从一方得利或促使一方得利，并否定或减少另一方利益。

目前，犯罪心理画像与执法部门的调查工作之间的联系无比紧密，这种纠缠在短时间内无法被摆脱。短期内可行的，是意识到这种形式的偏见，并公开采取各种方式方法削弱其影响。

科学和科学方法①

在削弱偏见（哪怕是最为普遍的偏见）带来影响的系列举措中，首当其冲的是严格坚持科学方法。不幸的是，整个司法鉴定领域，包括犯罪心理画像，仍对其定义不明就里，更遑论取而用之了。对此，费格曼等人（Faigman et al.，1997，p. 47）的评述相当尖刻，但却也说出了实情：

> 从小学课本到研究生论文，科学方法这一主题已经是不同著作中老生常谈的话题了。但大多数律师和法官们却仍然对此一无所知。

桑顿（Thornton，1997b，p. 14）进一步指出，大多数法医从业者都属于不了解科学方法为何，或如何正确运用科学方法的那一类人：

> 那些从事“科学工作”的人很少研究科学方法。当然，那些从事科学研究的人边做边学来获取科学方法。大部分情况下，科学家并不研究科学方法的运用。

就这个话题，他还谈道（Thornton，1997a，p. 485）：

> 就科学方法来说，许多（甚至有可能是大部分）刑事科学家不仅对此不以为意，甚至可谓是一无所知。……我并不认为他们不够聪明而不能就运用科学方法这一点为自己辩护，但一般而言，并没

① 本节部分内容改编自齐泽姆（Chisum）和特维（Turvey）（2006）。

有任何人强迫他们，他们没有这样做的必要性。

即便此书能刊印至第四版，上述见解仍像以往一样切中要害。不说别的，它提醒着我们，对这些主题进行基本解释是必不可少的。

科学家、科学方法和科学之间的关系是这样的：科学家们运用科学方法，在某特定领域内进行研究以创建一个科学的知识体系，直到该体系的理论成为原则，整个学科成为一门科学。通过科学知识的积累，该学科才成为一门科学，这是一个过程，而不是结果。

科学知识是任何通过科学方法加以检验得来的知识、启发或认识。在某特定的科目或学科内，科学知识的积累使其发展成一门科学。桑顿（Thornton，1997b，p. 12）对科学的定义堪称经典：科学就是“被清晰阐明原则的有序知识体”，同时它还以现实为导向，且其结论容易得到证实。

这里要特别注意一点。使用统计数据并不会将某些东西变得科学；计算机、化学物质和科技也是同理。穿着实验室工作服也并不意味着其得出的结论就是科学的。科学是实验者在阐释或推论中发现的。问题在于：是否运用了科学的方法对手头的知识进行了综合？后续阐释中有没有审慎、正确地运用这些知识？如果鉴定人员的鉴定方法并不科学，那么无论援引多少书、多少研究成果，寻求多少同事的支持都毫无意义。

科学方法是通过提出假设、借助测试及其他公认手段进行验证和证伪，探究事物的运作方式及其原因，或是探寻出其发展机制的方法。这是一个结构化的过程，旨在借助仔细分析和批判性思维来回答观察到的具体问题，进而建立科学知识。观察的作用在于形成可供检验的假设，而在一定的检测之后，假设就可以成为科学理论。最终，经过长时间的、可证伪的测试，科学理论就演变成科学原理。科学方法是所有科学家用以积累知识和解决问题的具体方法。①

科学方法的第一步是观察。对某些事件、事实或物体进行观察，随

① 值得指出的是，科学家用科学方法构建知识、解决问题，这定义了科学家。如果一个人没有这样做，那么他就并非一个科学家。费格曼等人（Faigman et al.，1997，p. 48）警告说：“有些人通常被视为科学家，但并非他们主张的所有知识都是科学方法的产物。”

后就会产生对该事件、事实或物体的具体疑问，比如这个东西什么时候发源于哪里，或者它是如何具备某种特质的。

第二步是尝试就上述问题的可能答案提出假设或做出有依据的判断，借此解决这些问题。这种可能答案通常不止一个，而对每一个答案都必须提出相应假设并进行验证。

第三步是实验。在所有步骤中，这一步将科学探索与其他步骤分离开来。科学家设计的实验都是为了推翻自己的假设；重申一遍，这些实验的初衷是为了推翻，而非证实这些假设。有些司法鉴定学方面的重要书籍中涉及犯罪现场重建（crime reconstruction）和犯罪心理画像的章节，其中肯定有一些书并未强调实验或“测试”阶段在理论发展中的重要性。相反，这部分书误将犯罪现场重建和犯罪心理画像过于简单地解释为调查人员用以证明其假设的工具（Baker and Napier，2003，p. 538；Miller，2003，pp. 128 – 129）。在它们的共同影响下，证实性偏差的大门洞开。关于犯罪行为或事件的推论并非旨在验证、证实或证明其假设，相反，它的目的在于支持或反驳这些假设。“支持（support）”和“证实（confirm）”这两个词之间有着天差地别。前者意味着“有助于”，后者则意味着“确定性”。有些人可能认为这是语义上的差别，但实际上并非如此。

若犯罪心理画像师的工作只是为了证实执法机构的假设，那么对任何罪行或相关行为进行深入分析也就没有任何意义了。如果证实某个假设是唯一所求，那么这个目的也很容易达到——只要忽视一切与主要假设相悖的因素，相信一切支持它（哪怕只是轻微地支持）的东西就可以了。但这并非科学方法，科学方法的绝对基石是证伪。①

---

① 笔者发现，在与他人一起解决问题、做出决策或对已知事实进行解释时，这是最佳方式。这个做法实际上是在集思广益：大家一起提出各种观点（不论好坏），并将这些想法写下来互相传阅；然后再通过逻辑推理排除站不住脚的观点，一次解决一个。最佳解决方案和假设必定能经受住这种考验。正如李昌钰等人（Lee et al.，1983，p. 2）所说：“进行案件再现的鉴定科学家要遵循科学方法的基本原则……比如说，若想再现犯罪现场发生的情况，首先是仔细观察并收集所有既知事实，然后提出各种假设，并比较这些假设与事实的符合程度。随着调查的深入或实验的揭露，新的事实会浮出水面，这样，才可能得到符合事实真相的结论。”

作为证伪的科学

这些考量让我在1919～1920年冬春之交即思考出结论，现在重新提出以下观点：

1. 若我们一心只想证实某个假设，那么几乎每一个假设都很容易得到证实或验证。
2. 只有当这种“证实”是高风险预测的结果时，它才算数；高风险预测的情况是指，如果在议的假设无法启发我们，那么我们本可以转而提出一个与前者不相容的假设——一个会反驳前者的假设。
3. 每一个“好”的科学理论都是一个禁令：它会禁止某些事情发生。禁止的越多，这个理论就越完善。
4. 不能被任何可能发生的事件所驳倒的理论并不科学。对理论来说，不可辩驳性并不像人们一直以为的那样，是个优点，相反，它是一个缺点。
5. 对理论来说，每一次真正的检验都会试图对其进行证伪或反驳。可检验性就是可证伪性；但可检验性有程度差异：一些理论比其他的更容易检验，更容易遭受反驳；也可以说，它们承担了更高的风险。
6. 确凿的证据不应被算在内，除非它是对理论进行真正的检验得出的结果；而这意味着这一证据可以算作对理论进行的一次正式但并不成功的证伪尝试。[此处我指的是“印证的证据（corroborating evidence）”]
7. 一些真正可检验的理论，即便被证实是错误的，也仍然会有些追随者维护它——例如，他们会引入一些特别的辅助性假设或单独以一种不会被辩驳的方式重新解释该理论。这种做法历来可行，但维护这个理论，以免其被驳倒的代价是其科学性要遭到破坏或至少被降低。[后来我将这种做法称为“因袭曲解”（conventionalist twist）或是“因袭战略”（conventionalist stratagem）。]

可以概括地说，一个理论科学的科学地位取决于其可证伪性，或者说是可反驳性、可检验性。

——卡尔·R. 波普尔爵士（1963，pp. 33 – 39）

若一个假设在一系列检验或实验失败后仍旧成立，那么这个假设就有可能成为一个科学理论，一个能用一定程度的科学确定性加以表述的理论。经得住时间和研究考验的科学理论最终会成为科学原理。尽管在科学理论是否已经跨过界线或何时跨过界线而成为科学原理方面并没有一定之规，但公认的是，比起简单的观察、直觉和猜测，借助科学方法发展得来的科学理论更具可靠性，也更容易得到认可。在心理画像方面，这一点可以应用于判断已确定的犯罪现场行为能够证实哪些特征能而哪些不能，而不是基于研究或是主观经验对这些特征进行推测。要确定某些心理画像特征，就必须确定存在或缺失某行为及其相关行为，而非进行简单的猜测或假设，然后不论是否适用于某特定案件，都随意将该研究结果加以运用。

但是，如果没有批判性思维和逻辑科学来准确地综合、解释和利用这些结果，也不可能正确运用科学方法。

批判性思维

问题并不在于教会推理者思考，问题在于考察他人是如何进行推论的，并思考其推论于己而言有何价值。

——汉斯·格罗斯博士（1924，p. 16）

对批判性思维的定义不一而足。较公认的看法是，批判性思维包括对所有情况下的任何假设都不加区别地进行质疑。这意味着要严格质疑他人以及自己的推理和观点背后的假设。[①] 保罗和思科瑞温（Paul and Scriven）对此做出了如下描述（2004）：

---

① 桑顿（1997，p. 20）提出了一个衡量他人推理过程的基本标准："要衡量刑事科学，不能只看它得出的结论；也应考虑证据检验和阐释过程的合法性。刑事科学家在任何书面或法庭证词中提出的观点必须有事实和理论基础；没有这一基础而得出的结论就失去了有效性，应该受到嘲笑。"

> 作为信念和行为的指导方针，批判性思维是一个智力运作的过程，它会对通过观察、实验、反省、推理或是交流得来的信息进行积极、巧妙的概括、运用、分析、综合和/或评估。

遗憾的是，笔者遇到的大多数学生和专业人士根本不知道什么是批判性思维、它包括什么以及为什么它如此重要。实际上，大多数阅读本文的学生之前可能从未真正接触过批判性思维这个概念。

这可能与大学的教学有关——许多大学中，苏格拉底式的教学方法已经消亡，一些严格照本宣科而不利用自己所学进行教学的不合格的教师数量不断增加。无论原因为何，学生一直受限于，并将继续受限于不对问题进行质疑，不进行批判性思考，只将老师的专业知识当作事实来接受的教育模式。这是一种危险的、自以为是的现象。波普尔（1960，pp. 70－71）曾做出了有力解释："没有哪种权威能借助法令建立真理。"这个解释明确说明，对前提假设进行质疑是所有司法鉴定科学的基本原则。随着文本的深入，我们会发现，缺乏质疑的现象越发显而易见。在大学校园里，学生没有了批判性思维，这是个很讽刺的现象，这种讽刺在于，通识教育能赋予学生的最好的礼物就是强大的推理能力和进行批判性思考的能力。至少理论上来讲是这样的。

从犯罪心理画像来看，这种缺憾会进一步加深，因为良好的批判性思维是造就一名合格的犯罪心理画像人员的关键。因此，在继续本章或本书其他章节对批判性思维的进一步探讨之前，我们要先跳出由身边的同事、朋友、父母、老师及经验造成的局限，不被其左右而进行思考；要对任何假设、前提、观点进行质疑并要求其来源进行论证，无论其来源为何；要从简单的听讲、做笔记、接受信息的旧习中解放出来，养成对自称无所不知者发难的习惯——不断提出"为什么"。

简要概述一下批判性思维很有必要，据保罗和思科瑞温（2004）的描述：

> 可以认为批判性思维有两个组成部分：
>
> 1. 一种技能，即处理和生成信息；
>
> 2. 一种习惯，即运用智慧将上述技能用于指导实践。

与此相反的情形是：

1. 简单地获取和保留信息（因为这涉及搜集和处理信息的特殊方式）；
2. 只掌握一系列技能（因为需要经常使用这些技能）；
3. 在未理解技能的情况下简单地使用这些技能（只作为练习）。

批判性思维按其动机不同也有所差别。若出于自私的目的，批判性思维常常以巧思维护自己的或小群体的利益。因此，无论它在实效方面有多么成功，这种批判性思维都有理智上的瑕疵。若是以思想公正和完整的知识为出发点，尽管此时的批判性思维常被那些自私的人诋毁为“理想主义”，但此时它仍具有更高水平的理智。

从法医检验（也包括犯罪心理画像）的角度来看，在案件当中运用批判性思维就意味着绝不接受缺乏足够证据的证明或是结论。其中包括要仔细、谨慎地决定是否接受、拒绝或是暂缓对某些信息及相关结果做出的判断。这意味着对信息的收集、检验以及结果的阐释都要持怀疑态度。

这就要做到：

1. 评估任何信息及其来源的性质和质量；
2. 识别所有形式的偏见，包括偏见的所有来源；
3. 将事实与观点区分开；
4. 将原始信息来源（未更改的——直接源自信息源）和二手信息来源（修改过的——源自他人的阐释和总结）加以区分；
5. 综合信息。

批判性思维的问题在于，有时候，接受别人告诉我们或展示给我们的东西比自己去调查更容易，甚至可以说极具吸引力。有些信息和结论来自一些自视甚高的人（或是我们的上级），对它们提出质疑可能会产生严重后果。有的人只是不喜欢有人质疑自己的“事实”，在这种情况下，心理画像师可能会采取一个常用策略来使自己免于批评。他们不想显得无礼或惹恼自己的客户。现实中，在各级检验中没有做到批判性就为信息不充分及由此而来的结论提供了保护伞，这也是导致结论不可靠的最佳方式。①

虽然在实践中这种做法很有效，它能让事情更容易，让大家都满意，但对有些信息或者结论的接受并不具有批判性，而上述做法也的确不能让基于此类信息的推论更加可靠。刑事鉴定人员应警惕，以这种信息为基础进行分析具有的局限性及严重后果。②

逻辑科学

从广义上说，逻辑可以被定义为论证的过程，或者如法伯（Farber，1942，p. 41）所言，（它）“是一门研究有序知识的结构和有效性的统一学科。”巴特查理亚（Bhattacharyya）（1958，p. 326）写道：

> 逻辑通常被定义为有效思想的科学。但正如思想可能指的是思维的行为或思维的对象，我们就有两个关于逻辑的定义：逻辑作为：（1）有效思维的活动的科学；或（2）有效思维的对象的科学。

伯奇（Burch）（2003，p. 1）给出了一个应用型定义，也指出了逻辑所起的作用：

> 逻辑是评估论点的、系统化的知识或科学体系。一个论点就是一组陈述，其主旨是，其中一些陈述（前提假设）应该支持、暗示、提供证据，或是使人有理由相信另一个特定陈述（结论）是可信的。

---

① 我们来看看联邦调查心理画像师罗伯特·黑兹尔伍德（Robert Hazelwood）的宣誓证词。这是在参议院军事委员会上做出的，联邦调查局分析爱荷华号上的克莱顿·哈特维（Clayton Hartwig）之死时，部分调查假设没有经过证实，罗伯特则对与此有关的系列问答做出回应（USS *Iowa*，1990，pp. 25 – 26）：“每当我们［美国联邦调查局的画像部门］受命为一个调查机构分析案件，我们都假定自己是在跟专业人士打交道。他们为我们提供要审核的材料，而我们审核的就是这些。”这个假设成功绕开了批判性思维的整个概念，使得画像分析得出的结论远不够可靠。此外，一旦心理画像师出现失误，它还能为画像人员开脱责任，他们可以说：这不是我的错，是因为我拿到手的信息并不可靠。

② 出于并案分析的目的（见第4章，“并案分析”），本书作者之一（特维）受邀调查一系列性杀人案及一宗纵火案。在调查过程中，据了解，对纵火进行初步测定的方法十分粗劣且无视 NFPA 的指南（见第16章）。随后，此案的纵火假设被一位更了解情况的独立消防员的分析所推翻。作者的最终报告写道：“由于纵火的犯罪行为不可以假定，所以这个案件必须被排除在以司法为背景、以与其他案件进行比较为目的而存在的并案分析以外。”报告进一步解释了为什么不这样做是不道德的：“根据犯罪行为画像协会道德准则，成员必须‘严格根据案子的证据提供意见和结论。’可参考网页 http：//profiling. org/abp_conduct. html。”

所有这些说法都是有用的，因为逻辑的最终目的就是要分析在任何科学或话语中获得有效判断所用的方法。这一点通过制定一般的规则，决定判断的有效性得以实现（Farber，1942）。但逻辑的基本原则不仅为“提出论点”提供了一个理论框架，它还要求对任何论点都进行严格的表述和检验，比如在犯罪心理画像中推断出的关于罪犯的特征。

麦金纳尼（McInerney）（2004）将逻辑的基本原则概述如下：

“同一律原则”（The principle of identity）。一个事物就是它本身。现有的现实并不是一个均质体，而是由各种不同的个体组成的。在犯罪心理画像中，这一原则可以用来支持对特定犯罪进行心理画像——也就是独立处理每一个案件，而不是将它们视为“类似”罪行的延伸。①

“排中律原则”（The principle of the excluded middle）。“是”和“不是”之间不存在一个中间状态。在犯罪心理画像领域，这也就是说“一个犯罪（或犯罪行为）要么已经发生，要么没有发生”——或许这么理解是最好的。使这一假设有效成立的关键在于，要进行详细、完整的犯罪再现，以明确到底发生了什么、没发生什么。只有在进行完整、透彻的刑事鉴定之后，才能得知考察对象的本质和数量，然后才能进行评估。

“充足理由原则”（The principle of sufficient reason）。一切都有充分的理由。这一点也可以叫作因果关系的原则。这个原则指出，已知宇宙中的一切都有它存在的理由。这里的隐含意思是，物质宇宙中没有任何东西能进行自我解释或可以作为自身的原因，也许此处最重要的一点是，一件事情的所有实例在公认的知识体中必须有一个现实的解释。法伯（1942）认为，在其基本意义上的知识就是真正的知识，因为它符合既定的现实事实。总之，提出的任何论点，都不能是耸人听闻的，也不能依赖于现象学解释其成因或存在。在犯罪心理画像方面，这一原则就禁止了审查人员为了分析而对事实进行假设，或借助火星人、不明飞行

① 当然，除非重点是要明确某犯罪是否为一系列犯罪的一部分，或是要证明该犯罪是一系列犯罪的一部分。

物或是大脚印来解释任何事件。此原则要求犯罪心理画像师仔细确定他们要进行画像的行为。

归纳

如前所述，进行犯罪心理画像就是进行推论、进行合理论证。跟大部分逻辑推理和论证一样，犯罪心理画像的过程本质上也存在着两种推理方式。其一为“归纳性推理”（inductive reasoning），即通过比较、相关研究和统计分析进行归纳，这一方法通常有赖于与心理综合征发展紧密相连的主观专业。笔者将另一种称作“演绎性推理”（deductive reasoning），它是指基于证据的、强调过程的、对特定案犯的行为模式进行推论的调查推理方法。本书第一版首次正式对上述方式进行了探讨（Turvey，1999），那时，1990 年出版的《爵士和学徒》（Knight and Prentky）（1990，p. 26）一书中的性犯罪模式研究为此带来了启发。

桑顿（Thornton，1997b，p. 13）对归纳性推理和演绎性推理的关系做出了精辟的解释：

> 归纳是由一系列特殊情况得出一个一般性的结论，这个结论叫作前提。这个前提是在一定条件下适用的假设，但它并非适用于所有的情况。相反，演绎是从一般情况推论特殊的个案，在司法实践中演绎过程普遍存在。如果假定这个前提成立，那么演绎的结果也是有效的。但是，要知道这个前提成立与否很关键，人们很容易落入陷阱，将无效前提误视作有效。
>
> 大多数刑事科学家对归纳法和演绎法的区别漠然视之。他们没有认识到与假设检验和理论修正相对应的是归纳法，而非演绎法。他们常将前提假设视为演绎法，但演绎并非如此。因此，当前提假设仍需检验证实时，他们就常常把前提假设视为演绎结果。

那么归纳性的推论很可能就是通过提供支持性的论点使其总结成一个概率问题。这充其量是对“何为正确”的预测。正如伯奇（Burch）

（2003，p. 7）解释的[①]：

> 有几种常见的归纳推理，其中包括对未来的预测、类比论证、归纳概括、（多次）诉诸权威、基于符号的论证和因果推理。

一个好的归纳论证为结论提供了强有力的支持，但这仍不能保证此论证就正确无疑了。犯罪心理画像包含犯罪人的系列特征（结论），这些特征是依据心理画像需要阐明的前提假设得来的。如前所述，演绎推理根据前提假设来进行逻辑推理。如果前提假设成立，那么随后推出的结论必须也成立。归纳推理则包括归纳总结或数据论证，与演绎推理不同，在随后得出的结论不成立时，归纳推理进行推导的前提假设却可能是成立的。

归纳性论证促进了前提假设的发展，并催生了多种前提假设形式（Lee et al.，1983，p. 2）。但在犯罪心理画像实践中有两种归纳论证方式更为常用。其一为归纳总结（inductive generalization），即从特殊到一般（笔者遇到的许多画像人员都认为这是唯一界定归纳推理特点的方式，他们甚至为此查阅了字典）。归纳总结会通过对某个事件、某个人或小数量事件、人物的观察分析而得出有关犯罪嫌疑人特征的结论（Walton，1989，p. 198）。然后会对这样的结论做出草率仓促的概括，暗示以后遇到的类似事件或个人都会具有此次结论中的特征。在《科学发现的逻辑》（*The Logic ofScientific Discovery*）一书中，为了反对运用归纳概括的方法，卡尔·波普尔指出：（Popper，2003，p. 4）：

> 从逻辑的角度来看，我们从单个命题（无论这种单个命题有多少个）中推导出普遍性的做法并不能说是明显合理的。因为以这种方式得出的任何结论最后都有可能不正确：无论我们看到有多少只白天鹅，都不能证明“所有的天鹅都是白色的”这个结论。

其二为在犯罪心理画像当中普遍用到的数据论证（statistical argu-

---

① 在同一页上，伯奇（2003）严正警告了那些由于没能正确认识到归纳和演绎的区别而有意简化这个问题的人。他说，“人们不应该认为，区分演绎论证和归纳论证的标准在于前者是从一般到特殊而后者则是从特殊到一般。”采用这种或这类标准只能说明人们对这些问题的认识过于简单，不够完善。

ment）。数据论证的本质在于它是一种可能性和近似性（Walton，1989，p. 199）。这种方法听起来好像还不错，甚至更具有说服力，而且往往是更符合我们“常识”的论证模式。这也是数据论证吸引人的地方之一。但是数据本质上并不可靠。

还应该记住，归纳推理过程中可能同时包含归纳总结和数据论证两种方式，它们彼此并不相斥。

为了表述得清楚准确，归纳推理中应该有一些必要的限定词，比如“通常”、“可能”、“经常”、“许多”、“很少”、“大多数”、“一些”、“极可能”、“一般”、“总是”、“从不”等。问题在于许多犯罪心理画像人员在自己的报告中已经不再使用这些限定词了。这是因为他们知道，相对于演绎推理而言，归纳推理远不够严谨准确。不能限定结论和前提假设的其他主要原因在于犯罪心理画像人员的自负和无知；许多画像人员并不真的希望画像报告的最终用户知道他们论证的不足，或是暴露不严谨之处供人质疑和指责。此外，可能最危险的一点是许多画像人员根本就不知道这两者的区别。

在犯罪心理画像的归纳论证中有一个常见的例子是关于犯罪人性别的推论①。美国2002年的犯罪数据（FBI，2002）显示那一年犯谋杀罪的人当中有90%都是男性。联邦调查局的心理画像人员（现自称为犯罪调查分析员）至今都还在使用此类数据进行归纳推理。下面这些话直接摘自美国社会安全管理局（SSA）的杰姆斯·麦克纳马拉（James McNamara）（2000）所写的联邦调查局的心理画像（即犯罪调查分析）：

> 这个犯罪现场的迹象表明，罪犯是一个成熟男性。我们认为他二十多岁快三十了，或者最多三十出头。要说明的是，我们指的是罪犯的心理年龄，不一定是生理年龄。从统计数据来看，在没有物证或是人证证明罪犯是女性的情况下，我们会认为罪犯是一个白人男性。大多数的人际暴力都是种族内的。不能仅根据年龄或种族排

① （生理）性别（sex）指的是把物种分为雌性和雄性。（社会）性别（gender）与社会文化有关，意指性别认同。比如，天生有男性生殖器官的人后来可能会在生活中选择向女性的穿着、习惯以及表情转变。这种人的性征（sex）仍然是男性，但在性别认同（gender）上他会被视为女性。在这个问题上，笔者遇到过许多对此不甚了解的人。

除任何嫌疑人。美国联邦调查局 1998 年的《统一犯罪报告》（最新版）显示，若受害人为白人女性，其中 86% 案件中的罪犯都是白人男性。

这个例子中归纳的限定词包括“从统计数据来看”、“大多数”和“86%”。尽管这一具体的统计数据比较引人注目，而且许多推论远没有达到如此精确的程度，但这并不意味着某一年内的所有凶杀案都是由男性犯下的。因此，上述归纳推理的最后结论只是提出了一定程度的确定性，而它在很大程度上取决于从特定情境中抽取的单个变量。这个确定性的程度会发生变化，比如说会根据凶杀案的类型、使用的凶器以及其他复杂变量的变化而改变。而且，即便不借助正式的研究，我们也知道女性也会犯凶手案。因为大多数凶杀案凶手都是男性，故而假定并推断当前这个案子的凶手一定是男性，这种做法是不道德的——没有明确的限定条件，它会给这份报告的读者留下错误的印象。

心理画像人员的最终结论中，描述犯罪人特征的语言能够反映出画像师对其结论的不确定性。但遗憾的是，事实并不总是如此。有的心理画像师也有误入歧途的时候，他们会给出关于犯罪人的（实际上）不确定的特点，但说得就像这些特点已经完全确定了一样。这可以说是以演绎的方式得出了归纳结论，或者是根据推论的不同结构和构造形成了错误演绎。

前文业已提到，归纳式的心理画像师采用的某些前提本身可能就是假设的推论。也就是说，过多的心理画像师懒得检验其前提是否有效，或者只是为了简单地论证一个结论而假定一个前提。对此大多数画像师都不屑于承认，往往是因为他们不具备足够的知识或能力来检验前提的准确性。我们会在整本书里反复谈到这个问题。

虽然可能本章节看似主张舍弃归纳式的方法或论证，但笔者承认，若加以科学引导，归纳性方法也可以得到合理利用。最重要的是，一些假设在发展成为演绎式推理的结论之前需要得到验证，而在为此提出假设方面，归纳式的方法是一个有效开端。

演绎

严格来说，演绎推理是论证过程，在这种论证中如果前提成立，那么结论肯定也是成立的。在一个论证过程当中，结论直接根据假定的前提推导而来（Walton，1989，p. 110）。正如李昌钰等人所说（Lee et al. 1983，p. 2）：

> 在演绎逻辑中，结论必然从一个或多个前提当中推导得出。如果前提正确，那么推导得出的结论也是正确的。

伯奇（Barch，2003，p. 6）提醒我们：

> 若论述者辩称，如果前提为真，则结论不可能为假，那么最好将这个论证视为演绎论证。若他只是声称，在前提为真时，结论不太可能为假，那么最好将这个论证看作归纳论证。

演绎推论的结构将结论隐含于前提假设之中；除非论证过程无效（比如演绎推论有误或不合逻辑），否则演绎得出正确结论是水到渠成的事。这种推理方式从一个事实揭露出另一个事实。也就是说，若符合以下情况，则该演绎论证为有效（Alexandra，Matthews，and Miller，2002，p. 65）：

> 若前提为真，逻辑上来说其结论就不可能为假。
>
> 若前提为真，则其结论就必然为真。
>
> 认可前提假设，但否认其结论——这种做法前后矛盾。

鉴于此，对犯罪心理画像师而言，在得出结论之前确保每一个前提的真实性和有效性是他们义不容辞的责任。否则他们的最终推论就不是由演绎论证得来的。

从演绎推论得出的犯罪心理画像绝不会是静止不变的。跟所有鉴定报告一样，若出现了新的事实和信息，就应重新考量其结论。由此得出的心理画像会随着新信息的出现而变化更新。在这种情况下，包含新出现的物证在内的因素应被纳入决策过程，以此优化其结论。此外，科学技术和认识的进步可能会挑战当前一直成立的前提并质疑当前的假设。

这并非过程的问题，因为演绎只能在既定的原则下运作。法伯（Farber，1942，p. 48）明确了这一推论的原则：

> 每一个“逻辑体系”都受“结构”和“意义”两大原则的管辖。借可能性、或然性等多种定义中的一种来运行——这种以“逻辑”自居的体系要受制于有序思想建构的法则，即逻辑的基本原则。所有逻辑体系都应满足这一要求，但这也并不意味着此要求就是一条普遍法则。其具体应用要视不同体系的要求而定。

进一步的检验或观察可能会带来新的知识，而一个逻辑体系的法则或原则（比如犯罪现场）则会因此而发生改变，在这种情况下，原先做出的演绎推理也要发生根本改变。[①]

逻辑谬误[②]

在犯罪心理画像中，逻辑和科学方法的缺失最明显的体现或许就是逻辑谬误的存在。逻辑谬误是推理错误，本质上是欺骗那些他们试图说服的人。这并不意味着犯了这个错误的心理画像师是有意欺瞒。它是说，一些犯罪心理画像师知识不足，不够灵敏，故而不知道自己的推理是否有缺陷以及什么时候有缺陷。这一点将在下一节的“元认知”中进一步讨论。

所有领域的司法鉴定人员都应更好、更深入地了解逻辑和推理过程中的谬误，以此避免自己工作中发生谬误，并发现他人工作中的失误。犯罪心理画像和刑事学科中常见的逻辑谬误一般包括但不限于以下类型：

隐藏不利证据或洗牌作弊法

只提出有利于某特定结论的证据而忽略不利证据或将之一笔带过——由此得出的推论是片面的。该做法可能导致对事实的扭曲、夸张或虚假

① 第 5 章的“行为证据分析”将详细介绍演绎性犯罪心理画像。

② 本节内容改编自齐泽姆和特维（Chisum and Turvey，2006）。

陈述，更甚者则是彻头彻尾的谎言。对任何鉴定人员来说，这种做法都难以接受。

案例

为了在定罪后进行并案分析，本书作者之一（特维）受邀审查两个独立的性谋杀案（Illinois v. Anthony Mertz，2003）。审查内容包括重新查阅检方的犯罪心理画像专家——前 FBI 画像师、“帕克·迪茨联合公司（Park Dietz and Associates）”的詹姆斯·莱特（James Wright）出具的审判证词。作者在审查报告中写道：

> 关于艾米·华纳（Amy Warner）（1999）和香农·麦克纳马拉（Shannon McNamara）（2001）这两个凶杀案（pp. 1964 – 1965），莱特自己的证词是：“二者的犯罪现场有许多不同，但也不乏相似之处。肯定的一点是受害者喉咙受到攻击且手臂被举过头顶，这一点与目击证人陈述的受害人被犯罪人默茨先生（Mertz）攻击时的证词完全吻合，也就是他们的手臂被举过头顶，然后又放了下来。攻击喉咙和将手臂举过头顶——这两点就是关键。”但莱特先生的证词并没有对其承认的其他诸多分歧进行探讨或解释。
>
> 将两案中的行为证据进行比较，可以发现二者之间有一些至关重要的明显区别，其中包括：
>
> 1. 居所的其他地方都没有发现血迹，这就意味着艾米·华纳（AW）遭受袭击和最终死亡的位置是同一个——也就是她起居室的沙发上。
> 2. 据犯罪现场调查员李察·考德尔（Richard Caudell），香农·麦克纳马拉（SM）显然是在睡着的时候被袭击的。证据显示，她在卧室就开始挣扎了，一直到浴室才最终被制服。在她死后或将死之际，凶手将她移到了公寓的起居室，并将她摆放或“展示”在这儿。
> 3. AW 脖子上有“一个巨大的切割性伤口”；而 SM 脖子上的切割伤口要小一些，但她颈部有勒痕且舌骨骨折。
> 4. SM 嘴里紧紧塞着一张毛巾。

5. AW 被发现的时候，头从起居室的沙发上垂下来，垂在地板上的一个枕头上；而 SM 被发现的时候仰面躺在起居室地板上，打开前门的人一眼就看得到。
6. AW 被发现的时候穿着“一件粉红色的短袖衬衫，没有戴胸罩”，腰部以下一丝不挂；SM 也是赤裸着，但是她的手臂举过了头顶，衬衫越过头顶一直被拉到了手臂上。
7. AW 被发现的时候，整个面部是露出来的；SM 被发现的时候脸被自己的手臂和衬衫遮住了，无法立即辨认死者身份。(Burgess et al.，1992；p. 352)。
8. SM 死后，凶手还在其上腹部割开一道“很深”的口子，使受害者部分肠子外露。
9. SM 外生殖器有伤口。
10. SM 臀部和肛门多处受伤。
11. SM 背上有三个平行的伤口。
12. SM 背上有一道伤口，长度贯穿整个背部。
13. AW 一案中，凶手手段残酷，受害者遭受残忍的杀害，这表明凶手的作案动机为愤怒和报复性杀人，此外没有其他的动机证据。
14. SM 一案凶手的动机是性侵以及杀人后毁尸，这一点从尸体的性部位遭受毁坏及尸体的陈列方式可以看出来。

应当说明的一点是，莱特作证说，他被要求在法庭上就被告人默茨是否是上述两个案子的凶手发表意见。这肯定是一种犯罪心理画像形式；“明确指出罪犯”这一行为所要指出的并不仅是罪犯的某些特征，而是该罪犯的所有特征。此外，判断某个人是否为某案凶手的做法直接逾越了陪审团的职责。比较犯罪行为与从行为或证据角度将犯罪现场或罪行联系起来是一回事。莱特的证词已经越线，他直接指认了凶手。如此做派不仅被业内视作不道德行为，通常也是不被允许的。在这样做的同时采用洗牌作弊的手法，或隐藏明显不利于客户立场的证据——如此一来，所有努力都失去了逻辑性和理性。

诉诸权威的谬误

诉诸权威的谬误通常发生在某人根据自己或他人已阐明的权威观点或专业知识做出结论之时。在以下情况下，这种推理方式可能会落入谬误的境地：推理所借助的权威并不具备其理应具备的专业知识；所诉诸的权威为其他领域的专家，而非此领域之专家；推理对象有争议性，有多种解释方法，并且正反两个角度都有合理论点；所诉诸的权威持有偏见；涉及的专业领域是被捏造的；权威身份不明；将该权威作为证据，替代可辩护的科学事实。

案例

联邦调查局特工撰写犯罪心理画像报告（又名犯罪调查分析报告）的时候，代表联邦调查局的整个国家暴力犯罪中心（NCAVC）或是行为分析小组（BAU）提出集体意见的做法并不少见，就好像每个成员都参阅了该案的所有证据，并且意见一致一样。这种陈述方式往往出现在对某特定问题（或整个画像领域）的知识不足、训练不够或缺乏经验的画像人员身上。一个BAU心理画像人员最近的一个案例报告第一段写道，“这是BAU集体的意见。”其他的报告中也写道：“我们认为”、“我们觉得”或“我们推论”——他是在借助一个永远无法被检测或盘问的机构的权威来让人们认可其观点。

刑事专家会将自己多年的经验作为可靠性和准确性的依据，这种做法司空见惯。然而，经验、可靠性和准确性并不必然具有相关性。虽然随着年龄和经验的增长，技能和能力也会潜移默化地得到提升，但这也并不是说那些有经验的人就一定具有高超技巧和能力，更遑论其检验的可靠性和准确性了。桑顿（Thornton，1997b，p. 17）指出，借助经验而非逻辑和推理得出结论的做法是在承认该结论既缺乏理性，又缺乏逻辑：

> 对真相而言，经验既非累赘，亦非敌人，相反，它像一个有价值的商品。但人们不应该将它当成逃避合理科学审查（这种审查通常针对各类科学证据）的工具。阻挠科学审查的做法缺乏专业性和

合理性，法庭最好对这一类证据不予采纳。经验应该为专家提供案件的时间、方式、原因、人物和事件五大素材，而非减少其责任感，相反，经验是让专家以更负责任的态度、用科学事实为观点辩护。

换言之，具备的优质和实质经验越多，就越不需要向别人解释以获取其信任——推理方法和结论的内在质量足以体现其经验的价值。

此外，发现、提取或收集证据的经验（即犯罪现场处理或犯罪现场调查）与根据情境解释某证据意义的经验（如：犯罪现场重建和犯罪心理画像）并不相干。这就是诉诸错误的权威。正如奥哈拉（O'Hara）（1970，p. 667）解释的，犯罪现场调查人员的作用与证据解释的作用不应该是相互交叉的：

> 在犯罪现场发现的物证方面，调查人员不应同时扮演实验室专家的角色……调查人员只负责调查就够了；精细的科学检验就是他职责范围以外的事了。任何力图超越其职责范围的尝试都会妨碍调查人员的效率。
>
> ……一般来说，调查人员应该知道如何发现、“现场测试”、保存、收集和运输证据，而对证据进行分析和比较则应该是实验室专家的职责。

诉诸传统的谬误

诉诸传统的谬误的逻辑是：一个结论之所以成立是因为它更古老、更符合传统或“历来如此”。它通过诉诸长期存在的、惯例的或是文化上的观点来支撑一个结论，就好像过去本身就是一种权威。这类推论的陈述方式通常会暗示，借助某种传统进行推理就等同于赋予这种推理方式可靠性和有效性。换句话说：如果这个方法没用的话，就没有人会用它了。但事实并非如此。

案例

在“田纳西州诉威廉 · R. 史蒂文斯案”（Tennessee v. William R. Stevens）（McCrary，2001）中，当被问到“犯罪现场分析”和“动

机分析”的可靠性时，前联邦调查局心理画像专家格雷格·O. 麦克拉里（Gregg O. McCrary）说，“人们的接受就证明……这个过程是有效且可靠的。是的，它一直广为使用，且对这种分析过程的需求之大已经远超我们能够提供的资源了。”此外，“（他）解释说，这种类型的分析‘不是硬科学，硬科学可以通过对照实验得出所有的比率，’但是这些服务需求的增加，说明了其有效性。”

这一推理直接诉诸过去的传统和目前对联邦调查局心理画像人员协助的需求，以期证明其分析的有效性。一审法院意识到了这一谬误，并得出结论认为，关于犯罪嫌疑人动机的专家证词不符合田纳西州 702 证据规则（Tennessee Rule of Evidence 702），也就是“由于缺乏可信度和可靠性，无法协助判定事实”。最后，一审法院发表意见：“虽然这类复杂的推测无疑对刑事调查人员大有裨益，但要作为刑事审判中专家意见的基础，它还不够可靠。”田纳西州上诉法院肯定了一审法院的判决，指出，“法院认为这种类型的分析没有经受足够的客观检测，也并非立足于长期的、可靠的、科学的原则。”因此，长期的适用传统和高需求度并不意味着它就具有可靠性或准确性。

人身攻击的谬误

人身攻击的谬误（Ad hominem argument）攻击对手的性格而非其推理。由于其广泛有效性，它可能是最常见的逻辑谬误。要重点注意的是，即便这类推论是正确的，针对性格的推论也并不总是与科学的结论、逻辑或推理相关。

案例

在“美国诉 O·C. 史密斯案”（United States v. O. C. Smith）（McCrary, 2005）中，退休的联邦调查局心理画像专家格雷格·O. 麦克拉里向控方提供了一份犯罪调查分析（CIA），该报告是关于 O·C. 史密斯被绑架和袭击的，在本案中，袭击者在史密斯胸部绑上了一个炸弹并将他挂在围栏上。麦克拉里的报告详细记录了许多认识史密斯的人的描述，其中就包括他们认为史密斯的辩称并不真实。例如，麦克拉里援引史密斯的同事史提芬·赛姆斯博士（Dr. Symes）的话并记录如下：“赛姆斯博士认为 2002 年 6 月对史密斯博士的袭击太不寻常、太详细、太复杂而且听上去让人难以置信（P. 28）。”此外，麦克拉里还援引一个监狱治疗师理查德·沃尔特（Richard Walter）的话，沃尔特已经认识史密斯很久了，他根本不相信对史密斯的攻击是真实的：

> 因为被告身体健康、有男子气概、粗犷、聪明而且不喜欢被触摸。沃尔特提出，史密斯博士喜欢假想自己在进行秘密行动，他根本不相信史密斯博士会轻易让人用绳子把他和炸弹绑在一起。沃尔特……认为，2002 年 6 月的事件太有戏剧性，甚至可以说是过分夸张，它的计划过于复杂以至于令人难以相信。沃尔特认为，这个事件就是史密斯博士故意制造的恶作剧。

可以看出，麦克拉里报告的很大一部分都是对 O·C. 史密斯先生的人身攻击性评论，而不是对犯罪或是相关行为进行的实质性的刑事分析。也就是说，这份报告的大部分读起来都是这样的：“X 不喜欢 O·C. 史密斯，因此认为他的报告是虚假的，故而史密斯的报告很可能是错误的。”就因为具备他人可能喜欢或讨厌的特点，故而这个人也就缺乏可信度——这在逻辑上是说不通的。①

诉诸情感的谬误

诉诸情感的谬误是指试图唤起情感或同情而得以颠覆理性思维。

案例

2001 年，本书作者之一（特维）在一起民事诉讼中担任专家，此案涉及多名下属对一名主管提起的强奸指控。对方律师聘请已退休的联邦调查局心理画像人员格雷戈·M. 库珀（Greg M. Cooper）来审查申诉人的陈述。库珀准备了一份他所谓的“行为调查分析”报告，这份报告以强奸确已发生的假设为前提，这一做法并不恰当。该报告的结论是，受害者具有相似的特征和受侵害的风险，罪犯以相似的手段加以诱骗并

---

①　若某人有“不诚实”的具体特征，那么涉及其陈述的真实性时，当然要考虑到这个特征。但是，“不喜欢某个人”、“认为这个人穿着滑稽或看起来奇怪”以及类似的其他与案件无关的人身攻击则与其陈述的真实性并无逻辑关系。

以相似的方式实施犯罪。

然而，报告本身并没有写成客观的刑事文件。它写得几乎像一个纪实的犯罪小说节选，用煽情的、感性的语言（如“定罪”、“欺骗的外衣”和“邪恶的性爱狂魔”）和不恰当的类比（如“谋杀”、“狩猎”和“披着羊皮的狼”）来激发读者微妙的情感，这与保持客观的司法立场完全相反。有时这份报告又采取了一种可谓是意识流的写作方式，专门假想罪犯的信念和幻想。比如，下文好像是作者想表达罪犯犯罪后的心理状态（Cooper，2001，p. 4）：“征服了他的猎物，满足了自己的幻想之后，‘魅力’好像也消退了。”虽然这种写作风格对于纪实类的犯罪小说或回忆录是可以接受的，但是它不应出现在客观的刑事报告之中。

后此谬误

若有人基于同时发生的两件事或是两类事的相互关系而草草得出二者之间的因果关系结论，那么他就犯了“后此谬误”。

案例

本书作者之一（特维）审查了一起谋杀一名工厂工人的案件（图 2.1）。证据表明，死者在卧床睡觉时，心脏在同一位置被捅了两刀。作案凶器为从他厨房的刀架上拿下来的牛排刀，调查人员在死者床边的地板上发现了这个血淋淋的凶器。随后，死者的床被人为放火烧毁或被现场的香烟意外点着，根据现有的证据尚无法判断起火原因究竟为何。在没有直接事实或纵火证据的前提下，纵火调查员推断，鉴于现场明显的凶杀证据，床铺的火必定是凶手有意为之以掩盖犯罪痕迹。本书作者在报告中写道：“纵火调查员的报告中陈述的观点似乎认为，纵火行为的发生一定是因为发生了凶杀案，然后又从这一假设往回推而不去证明其可信度。这就是基本的逻辑谬误，错误地认为‘发生于其后必然是其结果。’”

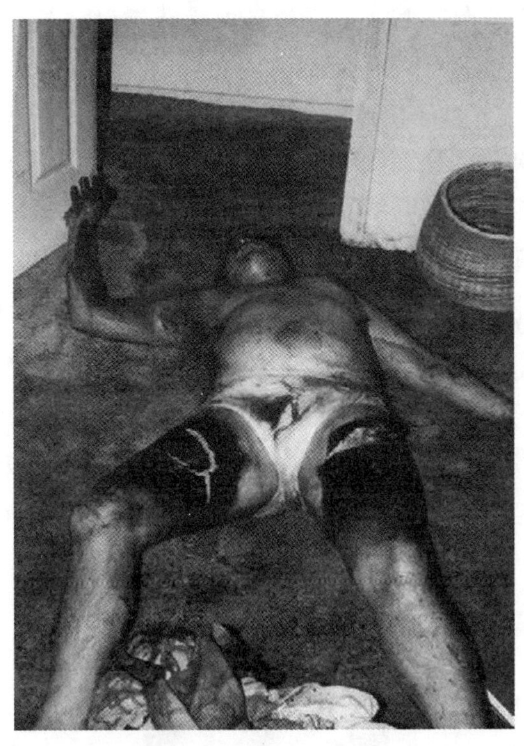

图 2.1　一名 47 岁的男性凶杀案受害者在家里睡觉的时候被人用刀刺死。消防人员冲进房子之后发现了他俯卧在床上的尸体，随后人们将他从床上移到了图上位置。

轻率归纳

轻率归纳是指根据极度不完整的信息得出结论或在只考察了几个不具代表性的特定案例之后就做出结论。

笼统概化

笼统概化是指通过审视许多案例里发生的情况而假定某个具体案例里必定或是将要发生什么而得出结论。这与轻率归纳正好相反。

案例

在“加利福尼亚州诉珍妮弗和马特·弗莱彻案”（California v. Jennifer and Matt Fletcher）（2004）中，检方请 FBI 心理画像人员、

美国社会安全管理局（SSA）的马克·萨弗瑞科（Mark Safarik）分析一个犯罪现场，该案中警官乔尔·山布瑞姆（Joel Shanbrom）于家中被枪杀（图2.2）。此案中，山布瑞姆的妻子珍妮弗告诉警方，凶手闯入他们家的时候，她正在给孩子洗澡。她说，她听到他们开枪射击她的丈夫，而那时她和儿子躲了起来。萨弗瑞科判定该案事实上是家庭凶杀，现场却被布置得像入室抢劫。萨弗瑞科于2002年6月17日出具的犯罪调查分析中进行了系列推理以支持其结论，其中包括（Safarik，2002）：

> “入室盗窃案一般发生在无人居住的住宅里。”（p. 11）
>
> “从实践经验来看，如果罪犯是一个陌生人，从休息室的滑动玻璃门出去之后，他是不会费心关上身后的门的。”（p. 19）

图2.2 乔尔·山布瑞姆，32岁，是洛杉矶联合校区一名有五年警龄的资深警官。他负责在瓦多戈山（Verdugo Hills）的学校巡逻。他结婚七年的妻子珍妮弗在一个牙科诊所工作。夫妻二人都与马特·弗莱彻（Matt Fletcher）合伙，兼职为普瑞玛瑞卡（Primerica）卖人寿保险。1998年3月18日，乔尔·山布瑞姆于家中被一把口径为0.410英寸的霰弹枪枪杀，凶手用混合子弹（鸟弹和弹丸）开了三枪。珍妮弗告诉警方，带着枪的凶手闯入他们家，杀死了她的丈夫，而那时她和三岁的儿子雅各伯（Jacob）藏在楼上一间隐蔽的浴室里。几年后，珍妮弗·山布瑞姆嫁给了马特·弗莱彻。警方以此为依据，认为二人有染，并在乔尔被杀四年后将二人逮捕。FBI心理画像人员马克·萨弗瑞科作证称犯罪现场是人为布置的，而且珍妮弗的证词也不合乎情理。虽然没有物证将他俩与这个案子联系起来，但是他们都因为这份证词被定罪。

这两点分别是笼统概化和轻率归纳。为了窃取财物，无论有没有人居住，窃贼都会闯入，不会只选择无人居住的空房子。然而，基于萨福瑞科对统计数据的认识所得出的情况对具体案例的分析而言没有多大意义。仅仅因为一些情况在他的经验中很常见并不能证明它就一定发生。以这种方式进行推论就是笼统概括。他的推论是归纳式的理论，有待刑事分析和检验，而不是一个演绎式的结论。或许从萨弗瑞科的经验来看，陌生人离开犯罪现场的时候的确不会关上身后的门，但这一点在本案中并不能得到验证。此外，目前并没有关于这个问题的专题论文，萨福瑞科在入室盗窃案方面的经验也无法被量化，我们只知道他的推论只来源于他在北加利福尼亚一个小警察局当了四年调查人员的工作经验。经验基础如此狭隘，又缺乏已发表文献的支持，由此做出的推论就是一种轻率归纳。无论哪种方式，再次可以说明，他的推论是有待刑事分析和测试的归纳式理论而非演绎式结论。

假精确

假精确是指，某结论在处理信息时误将该信息当作比它本身更精确的信息。这种谬误的特征在于，其结论源于不精确的信息——为了支撑其结论，这个不精确的信息必须被当作相应的精确信息。

案例

小罗伯特·李·耶茨（Robert Lee Yates，Jr）是一个连环杀人犯，他在华盛顿的斯波坎地区搭讪一些女性，其中很多都是为了支付吸毒费用而出卖自己身体的妓女（图 2.3）。他对自己经常光顾的妓女很友好，会让她们搭顺风车，帮助她们、送她们礼物；而对其他人，他则直接用枪爆头，然后抛尸野外［梅洛迪·默芬（Melody Murfin）例外，她被埋在凶手家旁边的混凝土地面下］。

在“华盛顿州诉罗伯特·耶茨案”（Washington v. Robert Yates，2003）中，塔科马（Tacoma）警察局联系了心理画像师罗伯特·D. 凯佩尔（Robert D. Keppel）博士及其在皮尔斯县（Pierce County）地方检察官办公室的好友，助理检察官巴巴拉·科里·鲍莱特（Barbara Corey – Boulet）。[①] 警方想让凯佩尔审阅这 12 起杀人案件，以确定它们之间是否存在犯罪行为上的关联。2002 年 3 月 26 日，凯佩尔为警方提供了“惯技和特征分析”的报告（Keppel，2002）。该报告指出，这些案件在行为证据方面是有关联性的，此外，华盛顿州的计算机凶杀案调查跟踪系统（HITS）数据库识别了其中一些罕见的犯罪行为，在这方面，这 12 个案件也具有相关性。当时，凯佩尔还对数据库中包含的自 1981 年至 2002 年妇女被杀害的案件进行了关键词搜索。

图 2.3 小罗伯特·耶茨（Robert Yates），50 岁，是一名获得过军事勋章的飞行员，他承认杀害 13 名女性，其中 10 人为妓女。耶茨是华盛顿州历史上犯罪情节最严重的杀人犯之一。在他向陪审团宣读的证明中，他说道：“我过着双重生活。我不停地否认，否认我的需求，认为没有人，也没有任何一个地方能拯救我。我无法面对事实，所以我不断地进行否认，我以为我能自我纠正，以为只要我保守秘密，总有一天这一切都会消失的。但这是在自欺欺人。我的否认蒙蔽了我的双眼，让我无法意识到，没人会比不信仰上帝的人更孤独。但这就是我，一个不断否认一切的孤独者。”

据凯佩尔和韦斯（Weis）（1993，p. 1）：

> HITS 是一个由计算机运行的谋杀和性侵犯调查程序，该程序收集并分析与特定的严重刑事犯罪相关的信息。该系统依靠华盛顿州

① 本书第 12 章“受害者研究”将对可怜的助理检察官巴巴拉·科里·鲍莱特一案进行讨论。

的执法机构自愿向 HITS 调查人员提交信息。

本书作者之一（特维）作为犯罪心理画像和并案分析的专家对本案进行了审查，其中包括对凯佩尔所提交的报告进行分析。在查阅了与 HITS 系统相关的大量公示材料后，作者发现华盛顿州的大多数机构实际上并没有向 HITS 提交案件信息，这就是为什么这个数据库中的案件寥寥无几。HITS 的预算中包括订阅华盛顿周围的主要报纸，HITS 的分析师将这些报纸上的案件都选出来，然后输入 HITS，以填充数据库。作者在报告中陈述了类似问题，其中部分内容如下（特维，2002）：

6. 不可信的 HITS 数据：

HITS 案例数据库的数据不可信（据该数据得出的结论同样不可信），原因如下：

A. HITS 的数据不加鉴别地接收其所要求的机构提供的信息和观点，而且认为它们都是可信的。[据 HITS 首席刑事调查员约翰·特纳（John Turner）2002 年 4 月 30 日写给玛丽·凯·高（Mary Kay High）的备忘录第 2 页第 11 个问题。]

B. HITS 的许多表格都要求特定刑事调查人员提供可能超出其知识范围以外的犯罪现场再现的意见。

C. HITS 的许多表格还涉及以心理画像为导向的主观分析、法律和精神病学方面的意见，而不是客观事实（动机、精神障碍、受害者风险、朦胧的面目、象征性的物品、案犯的愤怒情绪、罪犯的生活方式）。还应指出，HITS 编码手册用“疯狂的人”来定义精神病人，并错误地将精神病患者界定为犯精神病罪行的人。

D. 很明显 HITS 数据库中的案例信息的可信度和可靠度高低不一。

E. HITS 数据库中包含了许多从媒体/报纸报道中得来的、未经证实的案例，其具体数量不明。[据 HITS 标准操作程序（SOP），1995 年 5 月 9 日的报纸报道以及首席刑事调查员约翰·特纳 2002 年 4 月 30 日写给玛丽·凯·高的备忘录第 2 页第 6 个问题]；

7. 并案分析错误率未知

HITS 进行的并案分析或是使用 HITS 数据的并案分析的错误率是未知的。

A. 根据 HITS 提供的职位描述信息，塔玛拉·马西尼（Tamara Matheny）（HITS 的一个犯罪分析员）每月都要记录所有实证调查分析日志。但在提供的公示材料中我并没有看到这个日志。

B. 在 HITS 首席刑事调查员约翰·特纳 2002 年 4 月 30 日写给玛丽·凯·高的备忘录第 3 页第 17 个问题中，他要求给出 HITS 错误率，这个要求很含糊。针对这个问题的答案也闪烁其词。显然 HITS 并案分析何时正确、何时错误并不明确。若没有错误率的相关信息，HITS 查询结果的可信度就必然遭受质疑。

8. 漏报

HITS 数据库中的并案分析漏报率未知。也就是说，不知道 HITS 的结果或是对 HITS 结果的解释缺失一名已知的罪犯及其罪行的频率为多少。HITS 首席刑事调查员约翰·特纳 2002 年 4 月 30 日写给玛丽·凯·高的备忘录第 3 页第 19 个问题讲到了这一点。若没有漏报率的相关信息，HITS 查询结果的可信度就必然遭受质疑。

9. 误报

HITS 数据库中的并案分析误报率未知。也就是说，HITS 的结果或是对 HITS 结果的解释将一名已知罪犯与另一罪犯的罪行联系起来的概率并不明确。HITS 首席刑事调查员约翰·特纳 2002 年 4 月 30 日写给玛丽·凯. 高的备忘录第 3 页第 20 个问题讲到了这一点。若没有误报率的相关信息，HITS 查询结果的可信度就必然遭受质疑。

本报告提交法院之后，法院认可作者观点，认为 HITS 数据库在鉴定意见方面太不可靠，并驳回凯佩尔的证词和相关结论。

值得一提的是，提出精确的统计数据或数字来支持一个论点让人觉得看上去具有科学的准确性，但可能事实并非如此。数学和统计数据轻而易举地就会让人印象深刻，那些使用数字、表格和图表的结论则令人望而生畏。这一点在 DNA 数据上尤为明显，其天文数字般复杂的数据概率往往是由那些没有任何统计学背景的人提出的，这些人也缺乏对相应数据库的充分了解。

根据不同的 DNA 数据库、被弄得晕头转向的陪审员随后在法庭上看到的令人印象深刻的数据、公然捏造的与毛发比较有关的数据，柯克与金士顿（Kirk and Kingston）（1964，p. 434）提出的警告现在比以往任何时候都更合适："如果没有牢固掌握相关原则，不可靠的证人可能被引导作出自己不能准确支撑的陈述，在号称概率极高的数字上尤其如此。"默森斯（Moenssens）（1993）对司法实践提出了一个更具体的批评：

> 一些专家利用他人得出的统计数据时，对于得出该统计数据的数据库是否符合自己的案件情况，或者这些数据是如何得来的根本就没有进行了解。有时，这些专家受过某一刑事学科的教育和训练，但他们对概率研究几乎一无所知，甚至都没有上过大学水平的统计课程。

要使用统计数据来支撑自己的研究结论，就必须知道该数据从何而来、如何得来、对手头的案子而言有何意义。这个过程必须在利用该数据形成结论之前完成，当然也必须在他或她出庭作证之前完成。同时，数据采纳者还有责任避免在不了解或不解释该数据的局限性的情况下对其加以运用。

元认知

> 无知要比知识更容易带来自信。
>
> ——查尔斯·达尔文（Charles Darwin）（1871，p. 3）

正如本文一直探讨的，不合格的评估和不合逻辑的推理充斥着犯罪心理画像领域。比如，画像人员得出的关于某罪犯的结论跟已有证据不相符、对同一证据进行曲解或是做出自己的知识和技能范围以外的推理等。其中有些例子十分显而易见，甚至可以说是有意为之以提供错误信息或进行误导，另有一些例子则可能源于偏见：一个执法机构的画像人员可能会下意识地做出评估，从而使其特征与在押的犯罪嫌疑人相匹配。

然而，并不是所有的失误和无能都是有意为之或是受潜意识的影响。许多刑事界的从业人员使用的方法不恰当或者逻辑薄弱、有缺陷，只是因为他们不了解其他更好的方法。在最基本的层面上，这些心理画像人员没有意识到他们的做法并不恰当，是因为他们缺乏辨别称职与否的认知能力。这涉及一个被称为“元认知”的认知心理学领域。

元认知（也叫元记忆、元理解和自我监控）是指“一个人判断自己表现如何、何时判断正确、何时判断错误的能力”（Kruger and Dunning，1999，p. 1121）。基本上，元认知可以被看作是关于思考的思考。对于元认知能力，首先必须要有一定的自我认识：要认识到自己是完全独立于他人存在的个体，还要充分认识自己的能力、长处、缺点以及好恶。然后，从业人员必须具备其专业领域必需的知识以胜任其工作，要了解自己应遵循的基本原则和时间标准，还要能够解释其中原因。最后，他们必须具备在执行任务或进行检验的时候停下来反思其工作和结论、运用批判性思维并进行自我评价的认知能力。

现已证明，就专业知识的性质而言，由于缺乏面对自己的错误或解决问题（尤其是自己领域内问题）的经验，新手从业者的元认知能力往往不如专家从业者。此外，克鲁格和邓宁（Kruger and Dunning）（1999，P. 1122）提出，基于这些研究结果，“经验不足的人不具备自我评估所必需的元认知能力，而其更有经验的同行则拥有这种能力。”克鲁格和邓宁（1999，p. 1121）解释道：

> 当人们对自己为了成功和满足而采纳的策略不甚了解时，他们就得承受双重负担：他们不仅会得出错误的结论、做出不幸的选择，而且他们的无能还会让自己无法意识到这个错误。相反……他们还会错误地以为自己做得很好。

正如序言中讨论的，我们将这个独特的现象称为认知失调，也就是无视支撑证据的匮乏和反面观点证据的充足，他们还是误以为自己能够在思考、推理和学习中认识自己的错误。常见例子包括：尽管明显知识不足，但还是自信知识渊博；尽管人类都会出错，却还是相信自己不会出错；尽管自己常常陷入逻辑谬误的泥淖中，也还是相信自己的推理是符合逻辑的；尽管观察者效应如影随形，却仍然坚信自己是完全客观的。米勒（Miller，1993，p. 4）解释说："这种无能的基本特征之一是，深受其苦的人是无法知道自己是无能的。能认识到这一点的人，已经可以在很大程度上补救自己的失误了。"

本章的主要目的在于让犯罪心理画像人员具备必要的知识，以摆脱任何与认知失调相关的困惑。意识到问题是踏进门槛的第一步。下一步则是将已经或即将在实际应用中出现的工具和注意事项谨记在心。这包括对批判性思维、科学方法和逻辑科学的全盘接纳。我们希望，在这个过程中，读者能够认识到并指出自己和他人工作中不合逻辑的推论。这可以而且将会使犯罪心理画像领域作为一个整体变得更有能力、更担得起人们一直以来赋予心理画像的信赖。

小结

犯罪心理画像人员需要知道有效推论是如何得来的。这要用到科学的方法，对逻辑科学的应用性理解，（并知道自己什么时候犯错了）。此外还需要一些对偏见的理解。

出于司法鉴定与执法部门及检察机关之间的紧密联系，司法鉴定人员中形成了舍弃客观性，转而完全偏袒检察机关的目标和任务的风气。

科学观察者本质上也是不完美的。他们的缺陷在于，微妙的偏见（无论是有意还是无意）可以轻易损害他们看似客观的工作。当司法鉴定结果受到鉴定人背景或精神状态的影响，进而将其潜意识下的期望和欲望包含其中时，观察者效应便出现了。削弱最常见的偏见要采取一系列步骤，其中第一步就是严格遵守并充分支持科学方法。

练习

1. 解释推论和猜测的区别。

2. 元认知是当某人____________的时候，了解自己的能力。

3. ____________是科学方法的基石。

4. 判断正误：应用科学方法的目的是要证明假说或假设的有效性。

5. 如果一个鉴定人员采用的方法或得出的结论受到其雇主真实的或可能的期望的影响，那么这就是一个____________的例子。

6. 当鉴定人员质疑其结论所依赖的信息的可靠性时，这就是一个____________的例子。

REFERENCES

Alexandra, A., Matthews, S., Miller, M., 2002. Reasons, Values and Institutions. Tertiary Press, Croyden, Victoria, Australia.

Baker, K., Napier, M., 2003. Criminal Personality Profiling. In: James, S., Nordby, J. (Eds.), Forensic Science: An Introduction to Scientific and Investigative Techniques. CRC Press, Boca Raton, FL.

Bhattacharyya, S., 1958. The Concept of Logic. Philosophy and Phenomenological Research 18 (3), 326 – 340.

Burch, R., 2003. Study Guide for Hurley's a Concise Introduction to Logic, eighth ed. Thompson – Wadsworth, Ontario, Canada.

Burgess, A. N., Burgess, A. W., Douglas, J., Ressler, R. (Eds.), 1992. Crime Classification Manual. Lexington Books, New York, NY.

California v. Jennifer and Matt Fletcher, 2004. Superior Court, Case No. PA 040748 – 01, Los Angeles County, CA.

Chisum, W. J., Turvey, B., 2007. Crime Reconstruction. Elsevier Science, Boston, MA.

Cooper, G., 2001. Behavioral Investigative Analysis Report, undated, Borthick v. Benjaminet al. received August 10; on file with the authors.

Darwin, C., 1871. The Descent of Man. John Murray, London, England.

Faigman, D., Kaye, D., Saks, M., et al. (Eds.), 1997. Modern Scientific Evidence: The Law and Science of Expert Testimony, vol. 1. West, St. Paul, MN.

Farber, M., 1942. Logical Systems and the Principles of Logic. Philosophy of Science 9 (1), 40-54.

Federal Bureau of Investigation (FBI), 2002. Uniform Crime Report. Available fromwww. fbi. gov/ucr/cius_02/html/web/index. html (accessed 23. 09. 04.).

Gross, H., 1924. Criminal Investigation. Sweet & Maxwell, London, England.

Gross, H., 1968. Criminal Psychology. Patterson Smith, Montclair, NJ.

Keppel, R., 2002. Modus Operandi and Signature Analysis, report regarding Washington v. Robert Yates, dated March 26; on file with authors.

Keppel, R. D., Weis, J., 1993. Time and Distance as Solvability Factors in Murder Cases. Journal of Forensic Science 39 (2), 286-401.

Kirk, P., Thornton, J. I., 1974. Crime Investigation. John Wiley & Sons, Inc, New York, NY.

Kirk, P., Kingston, C., 1964. Evidence Evaluation and Problems in General Criminalistics. Journal Forensic Science 9, 434-437.

Knight, R., Prentky, R., 1990. Classifying Sexual Offenders: The Development and Corroboration of Taxonomic Models. In: Marshal, W., Laws, D., Barbaree, H. (Eds.), Handbook of Sexual Assault. Plenum Press, New York, NY.

Krueger, J., Dunning, D., 1999. Unskilled and Unaware of It: How Difficulties in Recognizing One's Own Incompetence Lead to Inflated Self-Assessments. Journal of Personality and Social Psychology 77 (6), 121-134.

Lee, H., DeForest, P., Gaensslen, R., 1983. Forensic Science: An Introduction to Criminalistics. McGraw-Hill, New York, NY.

McInerney, D. Q., 2004. Being Logical: A Guide to Good Thinking. Random House, New York, NY.

McNamara, J., 2000. Criminal Investigative Analysis report, Amy J. Blumberg—Victim, USDOJ: FBI, February 9.

Miller, M., 2003. Crime Scene Investigation. In: James, S., Nordby, J. (Eds.), Forensic Science: An Introduction to Scientific and Investigative Techniques. CRC Press, Boca Raton, FL.

Miller, W. I., 1993. Humiliation. Cornell University Press, Ithaca, NY.

Moenssens, A., 1993. Novel Scientific Evidence in Criminal Cases: Some Words of Caution. Journal of Criminal Law and Criminology 84 (1), 1-21.

Neisser, U. , 1976. Cognition and Reality: Principles and Implications of Cognitive Psychology. W. H. Freeman & Co, New York, NY.

O'Hara, C. , 1970. Fundamentals of Criminal Investigation, second ed. Charles C Thomas, Springfield, IL.

Paul, R. , Scriven, M. , 2004. Defining Critical Thinking, Foundation for Critical Thinking. www. criticalthinking. org/aboutCT/definingCT. shtml.

Popper, K. , 1960. On the Sources of Knowledge and of Ignorance. In: Proceedings of the British Academy of Sciences. pp. 39 – 71.

Popper, K. , 1963. Conjectures and Refutations. Routledge & Keagan Paul, London, England.

Popper, K. , 2003. The Logic of Scientific Discovery. Routledge classics, London, England.

Risinger, D. M. , Saks, M. J. , Thompson, W. C. , Rosenthal, R. , 2002. The Daubert/Kumho Implications of Observer Effects in Forensic Science: Hidden Problems of Expectation and Suggestion. California Law Review 90 (1), 1 – 56.

Rosenthal, R. , 1966. Experimenter Effects in Behavioral Research. Appleton – Century – Crofts, New York, NY.

Safarik, M. , 2002. Criminal Investigative Analysis Report, California v. Jennifer and Matt Fletcher, June 17; on file with the authors.

Saks, M. J. , 2003. Ethics in Forensic Science: Professional Standards for the Practice of Criminalistics. Jurimetrics: Journal of Law, Science and Technology 43, 359 – 363.

Starrs, J. E. , 1991. The Forensic Scientist and the Open Mind. Science and Justice 31, 111 – 134.

Tennessee v. William R. Stevens, 2001. No. M1999 – 02067 – CCA – R3 – DD, May 30.

Thornton, J. I. , 1997a. Courts of Law v. Courts of Science: A Forensic Scientist's Reaction to Daubert. Shepard's Expert Sci. Evid. Q. 1 (3), 475 484 – 485.

Thornton, J. I. , 1997b. The General Assumptions and Rationale of Forensic Identification. In: Faigman, D. , Kaye, D. , Saks, M. , et al. (Eds.), Modern Scientific Evidence: The Law and Science of Expert Testimony, vol. 2. West, St. Paul, MN.

Turvey, B. , 1999. Criminal Profiling: An Introduction to Behavioral Evidence Analysis. Academic Press, London, England.

Turvey, B. , 2002. Report regarding Washington v. Robert Yates, May 28, 2002; on file with the author.

Turvey, B., 2007. Forensic examination report, Illinois v. Anthony Mertz, June 17.

The USS *Iowa*, 1990. The USS *Iowa*: Guilt by Gestalt, Congressional Testimony. Harper's Magazine 25 – 28 March.

Walton, D., 1989. Informal Logic: A Handbook for Critical Argumentation. Cambridge University Press, New York, NY.

第3章　犯罪心理画像的可选方法

韦恩·A. 佩瑟里克（Wayne A. petherick）
布伦特·E. 特维（Brent E. Turvey）

有两种方式可以审视逻辑在科学知识发展中所起的作用（Novick，1988，p. 34）。第一种观点认为，经过恰当组织和塑造，事实即可自然透露他们之间的内在联系。在这个逻辑下，这些事实被视为独立于审查者期望之外的内在真理的证据。此外，这个推理逻辑下“观察”被看作最纯粹、最真实的研究方式。由是，人们认为应该观察事实，而不是提出一些难以被观察的归纳性假说，进而荼毒其真实含义。

第二种观点认为，科学需要我们把假设和假说强加给事实，以赋予它们意义，也就是说，我们的推测使无序变得有序。事实上，达尔文（Charles Darwin）就在1861年写道（p. 34）：

> 约三十年前，有很多人认为，地质学家只要观察就行了，不必提出什么理论和假说。我清楚地记得有人说，若是照这么说，那还不如跳进个砾石坑，去数数里面有多少鹅卵石，然后说说都是些什么颜色呢。如果观察有用的话，那么所有的观察都必须支持或否定某个观点，但是没人认识到这一点，好生奇怪！

在本章中，我们的观点与达尔文高度一致。也就是说，对犯罪行为及其相关模式的研究与探索是一种有针对的研究。人们如何思考、为何思考以及如何行动、为何如此行动——对上述问题的认识是这一研究的指导原则。面对一个犯罪行为，心理画像师的职责就是基于这种认识，利用特定案件中明确的事实和可测要素做出推测和假设。然而，关于犯罪和犯罪行为的知识之所以大有用处，只是因为它能协助我们提出关于某特定案件中可能发生的事的有效假设。按照科学方法，形成这样一个假设并非画像分析的终点，而是其起点。只有经过测试和证伪的尝试，才可以说这些假设能对具体案件的阐释有所帮助。当我们无法反驳某一观点时，我们就离自己发现的特定模式下所隐含的意义更进了一步。遗憾的是，犯罪心理画像领域的许多成员都对这种科学和理性思维的基本建构避之不及。

上一章中，我们谈到了如何得出有效推论以及如何建构科学知识。本章中，我们将继续探讨由此得出的两类不同知识：具体知识和一般知识。此外，本章还将讨论一般心理画像有哪些主要类型，并探讨各类画像的优缺点。

个案式研究与通则式研究

在研究犯罪和犯罪分子或任何与此相关的专业方面，主要有两个进行研究和知识建构的方法。第一种是“通则式”（nomothetic）知识，即抽象研究：对群体和普遍规律的研究。[①] 第二种则是“个案式”（idiographic）知识，即具体研究：对个体和实际特征的研究。具体研究集中关注具体案例及个体特性或作用。

赫尔伯特和纳普（Hurlburt and Knapp，2006，p. 287）指出：“心理学家用‘具体’这个术语来指独特的个人特征，用‘通则’来指普遍特征。”此外，他们还解释，早在 1898 年，这两个术语就已经在美国心理学领域内形成共识。故而，这两个词的运用是有史可鉴的。

再强调一下，通则研究针对的是群体，而具体研究则针对个体。就犯罪心理画像而言，可以说通则研究和具体研究二者皆有。具体犯罪心理画像（如：演绎性的画像）的主要目的是研究并确定某特定案件的特定罪犯所具有的独特特征，这一点将在后续章节继续讨论。而通则式心

① 这一点不言自明，但并非所有由普遍研究得来的知识都会催生普适规律，甚至有可能无法提供一个有用的概论。有时候，我们能够希冀的只是就研究群体提出一个或多个假设，而此假设可能也并不适用于此群体以外的情况。明确其中的差别并大声说出来——这是科学诚信的一个标志。

理画像则致力于收集犯罪群体所具备的一般性的、典型的、共同的或普遍特征。这类特征并不必然出现在每一个具体的案例中，它们代表的是理论上的可能性，或者至多是很可能发生的情况，从这个意义上来说，这些特征具备其抽象特征。不恰当地将通则性方法用来对个别罪犯做出过度自信的推论或总结——也就是用普遍性知识回答具体的特殊问题——会导致一些问题。

要想界定通则式画像和具体画像之间的差异，方法并不少。总的来说，本书作者喜欢用 20 个没有标记的盒子里装着 20 台手机的例子来进行说明。想要知道具体某个盒子（比如 20 号盒子）里装的什么手机，你就可以用通则式研究或具体研究的方法来解决这个问题。

从通则研究的角度来说，你可以从自己以前关于手机的经验出发，推断出 20 号盒子里装的手机跟你之前的手机或之前见过的手机一样。但现实情况是，这些经验特征很大程度上都取决于你自己，取决于你的偏好和可用记忆①。最后它们可能跟 20 号盒子里装的究竟是什么手机没有任何联系。比如说，你喜欢黑色的手机或者更偏爱深色的手机，而盒子里装的是个粉色手机，那么很可能你的经验就无法帮你做出正确的推断。

还是从通则研究的角度出发，你也可以用更有序、更学究派的方式来解决这个问题：打开 1～19 号盒子，观察其中每个手机的特征，随后用一个列表记录这些手机的普遍或反复出现的特征；然后，在这个列表的基础上，归纳推断出 20 号手机可能具有的特征。由此得出的推论可以借助带表格、图表和曲线图的计算机模型进行展示，甚至还可以在研究样本的基础上利用数学得出一个概率。但遗憾的是，尽管这些方法都十分详尽，可是它的结果却不会比你用经验得出的结论更有效。其原因在于，这个方法先查看了其他盒子里装的东西，但任何通过这种检查结果而对另一个盒子里装的东西进行推测所得出的结果都只能是一种预测，而不是最终结论。这种预测可能是有效的，但不管怎么说它都只是预测。但是若从具体研究的角度出发，你就可以无视其他手机的特征，

① 即可得性启发（availability heuristic），本书第三版序言曾讨论过这一点。它是指通过某一事例容易被回想起来的程度来判断该事例发生的可能性。我们能够回想起来的变成了我们坚信的。这是一个常见但严重的元认知错误。

直接打开20号盒子看看里面装的究竟是什么。

最后，通过通则研究，我们会得出关于手机的一般知识，而这一知识并不一定适用于辨别另一个封闭的盒子里装的是什么。有些研究者需要探讨和描述可能发现的群体特征，对他们而言，这类一般性知识确有帮助。然而，在涉及独立于该群体的某具体问题或情景时，这种一般知识就难有大的用处了。通则研究可以被合理用于提出假设，但并不宜用于提出像手机特征那样具体的结论，比如：有没有物理键盘、摄像头；是不是翻盖设计；电池通话时间、充电器、信号范围的差异；不同手机的一切都不尽相同。手机类型过于繁多，其特征也各异，因而用一般知识不能作出最后一个盒子里有一个什么样的手机的准确推论，更遑论有用的推论了（图3.1）。

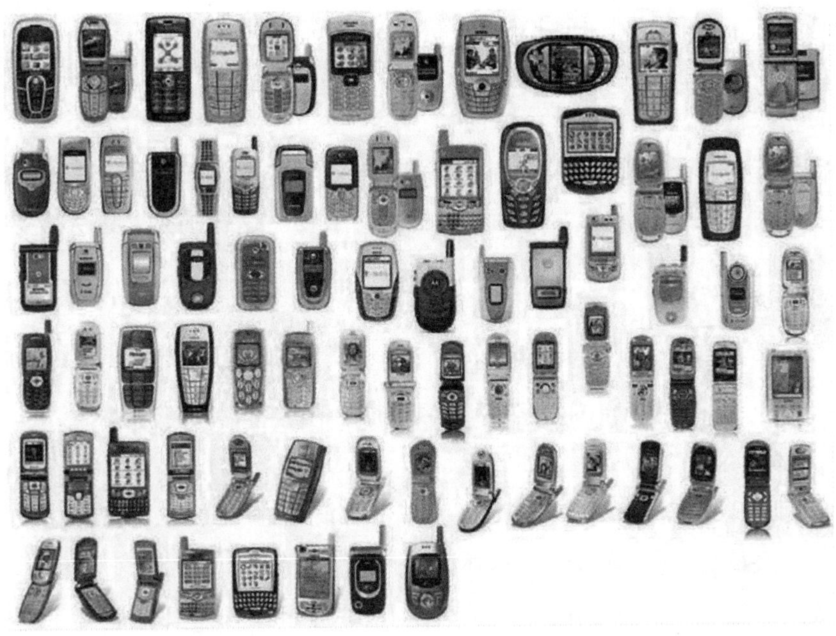

图3.1　现代手机的形状、样式、型号、颜色、大小和配置各种各样，而各种特征的组合也似乎无穷无尽。

实际上，就连“20号盒子里装有一部手机”这一概念都是基于通则研究和一般性知识做出的归纳性假设。人们告诉你盒子里装了一部手机，但在盒子打开之前，这也只是一个假设。盒子里可能是一部手机、一颗石头或者什么也没有装。在打开盒子查看之前，关于其内容物的假设也只能做到如此了。

现在，假设我们面对的不是盒子和手机，而是犯罪现场和罪犯，情况又当如何呢？每一个犯罪现场都包含了一个特定的犯罪行为模式。如果我们把20个犯罪现场（以一般研究的方式）当作一个整体来研究，寻找其中普遍的或反复出现的行为模式，我们就很难知道每个案件的罪犯有什么独特的行为方式。由此得出的是被平均化和弱化后的结果，在某些情况下，它们可能是正确的，但在其他情况下则不尽然。此外，还经常会有一些错误的假设，认为某些罪行和罪犯十分相似，可以放在一起进行综合研究。由此得出的一般性认知就不仅是被弱化后的结果了，它们还是不准确的结果，最后还会有误导性。[①] 但如果我们研究个体犯罪现场——即与其他所有犯罪现场分开做具体研究——并建立其固有的独特行为类型，那么我们不仅能了解犯罪现场的具体情况，还能知道罪犯的相关信息。

从这些例子可以明显看出，若是想认识一件事物的本质，就必须研究它，而不是研究你认为可能与之相似的事物。遗憾的是，绝大多数犯罪心理画像方法主要涉及或主要采用的都是通则研究。因此，现有的大量研究都不适合用于对个案做出结论（conclusions）。[②]

通则式心理画像及通则式心理画像人员

通则式（群体）研究会得出关于群体特征的知识，在试图定义群体、解决群体相关问题或在具体案例中提出初步假设的时候，这些知识就是有用且必不可少的。因此，通则式犯罪人心理画像就是通过研

---

① 一般研究在分析具体案例方面有局限性；而犯罪心理画像相关的文献也曾提及这种局限。一个有启发意义的例子是，梅勒（Meloy，1998，p. 8）就在具体探讨跟踪狂和恐吓的时候写道："若那个跟踪狂的特征与被研究群体高度相符，那么在个案研究和风险评估方面，对恐吓及其与恐吓行为之间关系的一般研究除了能给出一个概率说明之外，并没有什么别的帮助。"

② 此处"结论"（conclusions）一词标出是因为此处所说的并非"假设"（theories）。再强调一下，一般知识对做出假设而言十分重要。只有在不声明一般知识的局限性就将由此作做的假设当作最终结论的做法才是一般心理画像人员的越线行为。

究罪犯群体得出的特征。此外，通则式心理画像是抽象的。也就是说，通则式心理画像代表的不是现实世界里存在的实际罪犯，而是不同程度的假设和可能性。通则式心理画像人员则是使用通则式方法来构建关于不同犯罪类型和犯罪群体的知识的人。再强调一下，此举是必要且有用的。

就我们的目的来说，谈到这里也就差不多了，只是通则式心理画像人员过于频繁地用普遍性知识来解释个案，就好像这些知识有决定性作用并且和个案紧密相关一般，但事实往往相反。

在讨论不同的心理画像方法的时候，威尔逊（Wilson）等人（1997）明确了三种心理画像方法：诊断评估（DE）、犯罪侦查分析（CIA）和侦查心理学（IP）。[①] 这是个不错的开始，但他们所介绍的现代心理画像方法和文献并不完整。[②] 出于本章之目的，我们将探讨犯罪侦查分析、诊断评估、侦查心理学和犯罪地理画像的基本原则并证明上述方法本质上均属于通则式研究。第5章将详细讨论行为证据分析（BEA），并指出它在本质上属于个案式研究。

犯罪侦查分析

联邦调查局开发了最广为人知的犯罪心理画像方法（但如前所述，他们的方法肯定不是犯罪心理画像史上的第一个）。然而，现在FBI的画像人员都自称为犯罪侦查分析人员或犯罪行为分析人员，还将其画像方法称为犯罪侦查分析或犯罪现场分析。曾经有这么一次有意思的公关行动，在这次行动中，即便是在宣誓的情况下，FBI的画像人员也首先

---

① 值得一提的是威尔逊等人（1997）进行了初步的分类尝试，将心理画像方法分为个案式、通则式和启发式方法。然而，他们未能将之加以运用，也没有详细阐释其运用方法。故而也就不知道他们是否真正理解并运用了这些概念。

② 威尔逊等人（1997）的研究文献中没有涉及后文增添的“行为证据分析”（BEA——本书的主要焦点）和“犯罪地理画像”。虽然还有其他广义上的犯罪心理画像方法，比如种族心理画像和陪审团心理画像，但这些画像方法关注的通常都不是刑事犯罪。因此它们就没有被纳入本书的考虑范围。

声明自己并非心理画像师，并称自己所做的也并非心理画像。[①] 鉴于此，出于司法鉴定的理性和诚实之目的，有必要对 CIA 进行一下简要探讨。

犯罪侦查分析和犯罪心理画像有何不同

在已发表的文献中，关于通用术语“犯罪心理画像”的定义或多或少是一致的。此处有必要简单回顾一下这些定义。首先是“犯罪侦查分析”：

> 据联邦调查局的定义，犯罪侦查分析是指根据犯罪人所实施的犯罪行为来鉴别其主要人格特征和行为特征的侦查过程（Burgess et al.，1992，p. 310）。

犯罪心理画像的定义也大致使用了差不多的语言，而对不同类型的犯罪人特征的推论则是犯罪心理画像具有的决定性特征：

> 犯罪人画像（offender profiling）是通过犯罪人实施犯罪时的行为方式来推论其特征的过程（Canter，1995）。
>
> 犯罪人格画像（criminal personality profile）是一种在专业训练基础上为侦查机构提供关于某一特定犯罪类型的作案人员信息的推断（Geberth，1996，p. 710）。
>
> 推断犯罪人所具有的独特个性特征的过程通常被称为犯罪心理画像（criminal profiling）（Turvey，1999，p. 1）。
>
> 犯罪心理画像（criminal profile）是关于某案件罪犯或系列案件罪犯的调查报告或特征描述报告。
>
> 犯罪人的特征（offender characteristics）包括鉴定人员认为实施特定罪行的未知嫌疑人应具备的所有特征，其中包含身体的、心理的、社会的、地理的及其他相关特征（Baeza et al.，2000）。

---

① 美国联邦调查局行为分析小组特工马克·萨弗瑞科（Mark Safarik）在 2005 年洛杉矶县“加利福尼亚州诉马特·弗莱彻案”（案件号 PA 040748－01）和 2007 年 4 月克恩县“加利福尼亚州诉文森特兄弟案”的宣誓证词中称，自己不是犯罪心理画像人员，并说犯罪调查分析不是一种犯罪心理画像。随后他又基于自己对该案的分析，继续对犯罪动机和犯罪人特征作证。这与作者经历过的 FBI 心理画像人员给出宣誓证词的案例经验一致。

根据上述定义，我们可以这样总结：任何对罪犯可能的、可推知的特征做出结论的分析、报告或意见（即：表明罪犯具有一定的特征）都应被视为犯罪心理画像的一种形式或一部分。与此相反，若该分析、报告或意见未能提出符合犯罪人特征的结论，那么它们就不属于犯罪心理画像。

但是，犯罪侦查分析真的是犯罪心理画像的一种吗？事实上，对于这个问题，所有文献都给出了肯定答案。狄普（Depue）等人（1995，P. 115）明确指出，术语“犯罪侦查分析”只是联邦调查局（FBI）对“犯罪心理画像”的另一个说法：①

> 根据客户要求的不同，对违法暴力行为进行的犯罪侦查分析（CIA）会为客户机构提供多种有用的信息。以前使用的术语是“心理画像（psychological profiling）”和“犯罪人格画像（criminal personality profiling）”，而术语“犯罪侦查分析（criminal investigative analysis）”则是为了与心理健康人员使用的鉴定方法相区别而创造的术语。

塔福亚（TaFoya，2002，第一段）也讨论了这个问题：“联邦调查局用犯罪侦查分析来指称心理或犯罪画像——后者更为人所知。”② 盖博斯（Geberth，1996）在其调查术语汇编中也给出了类似的定义（p. 841）：

> 犯罪侦查分析——位于匡提科的美国联邦调查局行为科学部目前用来定义其心理画像和犯罪人格画像的术语。

目前负责管理国际犯罪侦查分析奖学金（ICIAF）及相关培训工作的加拿大皇家骑警（RCMP），提出了以下定义，了解一下也有些益处：③

---

① 该书的作者（罗杰·狄普、约翰·道格拉斯、罗伊·黑兹尔伍德和罗伯特·雷斯勒）（Roger Depue，John Douglas，Roy Hazelwood，and Robert Ressler）都是退休的联邦调查局特工，曾效力于不同的画像小组。他们是联邦调查局犯罪分析方法的创建者。别的不说，至少在解释联邦调查局所使用术语的起源方面，他们可谓是权威。

② 威廉·L. 塔福亚（William L. TaFoya）博士是一位退休的联邦调查局特工，于1980年到1990年被分配至联邦调查局学院，就职于当时的行为科学部。

③ 参见皇家骑警网站 www. rcmp - grc. gc. ca/techops/crim_prof_e. htm。页面更新于2005年4月20日。

犯罪侦查分析（CIA），也被称为犯罪心理画像，是执法部门用以协助侦破暴力犯罪而采用的调查工具。该分析从审查源自犯罪现场、证人和受害者的证据出发，并同时借助侦查和行为分析两个视角；它可以为询问和审判提供关于未知嫌疑人的信息（嫌疑人的特征和特点）以及相应调查建议和对策。

虽然这一点看起来似乎微不足道，但是对特定心理画像专家证词的可接受性而言——后文将谈到这个话题——阐明这一点还是很重要的。就本章节来说，明确犯罪侦查分析是犯罪心理画像中的一种方法就已足矣。任何否定这一点的从业人员要么就是对已有文献一无所知，要么就是知而不言。

但是为什么说犯罪侦查分析是通则式犯罪心理画像呢？其主要原因在于，犯罪侦查分析主要建立在源自群体研究而不是个体研究的知识上，更准确地说是基于对某一群犯罪人的研究。犯罪调查分析主要源于美国联邦调查局的心理画像项目，该项目主要研究发生在 1979 年到 1983 年之间的一些案件，其中涉及 36 名被监禁的罪犯以及相应的 118 名受害者。[①] 该项目的研究重点是查验犯罪人所犯罪行的各种特点，从而对犯罪人进行分类（see Burgess and Ressler，1985）。此项研究的目的是确定各罪行之间是否有相同特征，以便对未来的犯罪人进行分类（Petherick，2005）。得到联邦调查局支持的一些出版物都以此研究项目结果为基础，其中包括伯吉斯（Burgess）、哈特曼（Hartman）、雷斯勒（Ressler）、道格拉斯（Douglas）和麦科马克（McCormack）1986 年的出版物；雷斯勒和伯吉斯 1985 年的出版物；雷斯勒、伯吉斯和道格拉斯（Douglas）1988 年的出版物；雷斯勒、伯吉斯、道格拉斯、哈特曼和达戈斯蒂诺（D'Agostino）1986 年的出版物；以及雷斯勒、伯吉斯、哈特曼、道格拉斯和麦科马克 1986 年的出版物。

在方法论层面上，原先研究 36 名罪犯的这个项目受到了其同行评议人员的严厉批评（Fox，2004）。该研究的样本数量太小（n = 36），而

① 1982 年至 1985 年，此项目受国家司法研究所（National Institute of Justice）资助（Burgess and Ressler，1985）。

且并非所有罪犯在本质上都是连环杀手。在这36名罪犯中，有25名是连环杀手，11名是性杀人犯；这11名性杀人犯中，有的犯下一次凶杀案，有的两次，有的则犯下了更为严重的血腥谋杀。将这些人放在一起进行研究似乎有悖常理。就连该项目的研究人员也认为（p. 7）：

> 这项研究有几个局限值得留意。首先，研究对象只有36名罪犯，118名受害者，由此生成的数据库就相对较小。对一些变量来说，有些数据不完整，有些则缺失了，这就进一步缩小了数据库。不完整的记录、相互矛盾的回答以及犯罪人对某些问题的抗拒，都会导致数据的缺失。
>
> 其结果就是，有些变量缺乏足够的响应变量来完成分析，其中，多变量分析受影响最为严重。为了比较一组犯罪现场变量和一组心理画像变量，我们进行了一次多变量分析。由于心理画像的目的就是从犯罪现场数据出发，得出可能的画像，因此找到综合考虑问题时能预测画像特征的最小变量就十分有用。然而，因为数据库有限，此次多变量分析的结果并无效果，故未将之呈现出来。

该研究的调查人员在很大程度上依赖于受访者的自我报告，这就会不自觉地使信息出现偏差，而这些信息正是研究的基础；但最关键的一点可能是，在判断信息的离散特征时，并没有运用评估者间信度（inter - rater reliability）。有些联邦调查局特工无法确定某些犯罪人属于哪一类，面对这种情况，他们被告知要强行将这些罪犯归入某一类别（Ressler and Burgess，1985）。由于这个项目似乎是根据罪犯和相应犯罪现场进行分类的，故赫曼特和肯尼迪（Homant and Kennedy，1998）从另一个角度提出批评。正如博格斯和雷斯勒（1985）所言，这是一个探索性的项目，其中的相关概念已经使用了一段时间（see Hazelwood and Douglas，1980）。因此，实际上其结果可能只是一个自证预言，从中并不能看出任何在确定犯罪人性格和行为特征方面有所帮助的有效的经验分类系统，而人格和行为特征就是犯罪人心理画像的基石。如果研究人员在进行询问时脑海里已经有一些观点，它可能就已经导致了一定的认知偏差，使其更容易发现自己提前预想的特征。因此，随后的结果——即此种分类会导致一些犯罪现场变量出现显著的差异——将构成一个循环。此外，国际上尚未有人复制过此研究，因此它在美国以外的应用仍旧存疑（Petherick，2003；Woodworth and Porter，1999）。

虽然CIA的这套方法尚未得到广泛验证，但也已经有人尝试将之运用于老年女性连环性谋杀案的研究了（Safarik et al.，2000）。该研究涉及33例性侵犯案件，这些案件均有一名对应的嫌疑人，且其受害女性年龄均超过60岁；每一名罪犯都实施了至少两次性侵。借助于统计学上的罪犯平均特点，其作者声称准确率可达80%～85%［这一数据与皮尼扎托（Pinizzotto）所说的BSU心理画像准确率一致（1984）］。然而，虽然此研究对“老年人受性侵犯的频率相对较低”这一情况进行了探讨（在美国，每年只有2%～3%的性侵犯是针对老年女性的），但研究样本量的不足就意味着难以确定该研究结果能在多大程度上适用于更广泛的案件。而此研究中，样本量不足的问题可能尤其明显，因为其样本包含的老年女性遭受性侵犯的案件数量不到每年总量的10%。更甚的是，它没有探讨、也没有用理论证明为什么将那些案件列入研究，也就是没有解释清楚样本是如何选择的——这也可能会影响研究结果。

犯罪侦查分析（CIA）方法的研究所面临的批评不胜枚举，而比斯利（Beasley，2004）的书中提到的样本量过小的问题似乎只是其中之一。比如，坎特（Canter）等人（2004）对另一项研究的批评就是一例。在坎特等人考察的研究中，CIA的这套方法被用来分析另一群连环杀人犯，也正是这一研究招致了坎特等人对犯罪侦查分析最为严厉的控诉（P. 296）：

> 从一开始，他们就在说明样本中特定的犯罪行为和犯罪人的特性是如何结合起来的。但在这些样本中，有一些并非专门用于说明此二分法，而他们却从未试着验证其二分法能否区分这些样本。

坎特及其同事得出的结果相当广泛且详尽，现将一些主要发现总结如下：

- 跟有组织力的犯罪现场行动比起来，无组织力的犯罪现场行动几乎是前者的两倍多，这说明无组织力的类别更详细。

- 样本中频率会发生变化——有91个案件的受害人在性行为过程中还活着，而有3个案件中的受害人被肢解。这表明——至少在有些情况下——标准几乎不存在。
- 有迹象表明，有组织力案件的某些特性更能起到预示连环谋杀案的作用，这一点强于区分有组织力的和无组织力特征的离散变量。
- 无组织力的各个特点同时出现的频率甚至比有组织力的要少。

有组织力和无组织力

犯罪心理画像项目和上文引述过的后续出版物带来的影响之一，就是促进了联邦调查局有组织力与无组织力的二分法的进一步发展。此二分法指导心理画像人员根据犯罪现场表现出的复杂程度、案犯的计划和能力来对犯罪人进行分类。这种方法易学且好用。

尽管有人提出，有组织力和无组织力这两个术语源于联邦调查局1985年发布的对36名犯罪人进行的研究，但实际上该术语在此之前就已经在用了。这两个术语原本为“有组织的非社会”（organized nonsocial）和“无组织的反社会”（disorganized asocial），首次出现于《欲望杀手》（*The Lust Murderer*）一书（see Hazelwood and Douglas，1980）。因此，最好还是将前文提到的对36名犯罪人的研究视为对现有概念的进一步发展，而非创造了一个新概念。

“二分法”（dichotomy）一般指的是将事物分为极端或相互矛盾的两部分或两种观点，而有组织力的和无组织力的犯罪现场分类理论就代表了这种概念上的分类。美国联邦调查局当时的行为科学部（BSU）于20世纪80年代提出了这种分类方法，并试图通过它实现更加有效的交流并借助它来教授犯罪心理画像。[①] 这一“二分法”是行为科学部的工作人员多年经验的成果（Ressler et al.，1988，p. 121），其目的在于使那

① 这个八人组成的部门现在被称为行为分析小组。在那之前，它被称为“心理画像和行为分析小组、行为科学部”。

些没有受过有素训练的执法人员得以更加简洁地描述犯罪现场。同时，它也成为联邦调查局学员（他们也是为执法部门培养的）学习犯罪心理画像技术时的一种很有效的教学方法。

就像雷斯勒和萨特曼著作中所说的那样（Ressler and Shachtman，1992，pp. 113 –114）：

> 掌握这些知识是一回事，但把它们传达给我们的听众，即那些需要我们的帮助来追查暴力犯罪人的警官们又是另一回事了。为了协助警官和执法人员描述作案人的特征，我们必须使用一些术语，但这些术语不能是精神病学的行话。如果那个警官没有心理学方面的知识，你却告诉他要寻找的是一名有病态人格（psychotic personality）的作案人，这没有任何意义；我们必须以一种警官能够理解的方式跟他们说话，这样才能帮助他们寻找那些杀人犯、强奸犯以及其他暴力犯罪人。面对一个有精神疾病特征的犯罪现场，我们会告诉警官，像这种特定的犯罪现场是“有序的”，那么，犯罪人也是有组织力的；而另一种现场是混乱的，那么，作案人也是“无组织力的人”，而不会跟他们说这个犯罪现场体现出作案人的变态人格。

这个概念非常简单。有组织力的犯罪现场（特征如表 3.1 所示）能体现出计划性的证据，而被害人则是有针对性的陌生人，犯罪现场整体受案犯控制，有拘禁或控制被害人的现象，且侵害行为发生在被害人死亡之前。这表明作案人是有组织力的（特征如表 3.2 所示），而犯罪现场能反映出作案人的人格，这意味着此类作案人智力高于平均水平、擅长社交、更喜欢技能性工作、在家中排行较靠前、实施犯罪行为时能控制情绪、有时是酒后犯罪。

一个无组织力的犯罪现场会暗示案犯实施犯罪时并无预谋（一时冲动型），此类犯罪以熟人或熟悉的地点为目标；犯罪现场是随意而凌乱的；案犯会对被害人突然进行暴力攻击；几乎没有拘禁或控制的手段；案犯还会在被害人死亡后对其进行性侵犯。这也反映了作案人的个性——这是一个无组织力的作案人，智力低于平均水平，社交能力很差、多为家中幼子，在犯罪过程中十分焦虑，不常饮酒。尽管有组织力和无组织力之间存在这些离散性分类特征，但通常还是认为没有犯罪人完全符合两类当中的任何一类，大多数犯罪人都处于二者之间：这些犯罪人被称为“混合型”（mixed）犯罪人。①

表3.1　有组织力的和无组织力的犯罪现场的特征

变态的（有组织力的）犯罪现场特征	病态的（无组织力的）犯罪现场特征
有预谋的犯罪	无预谋（一时冲动型）犯罪
以陌生人为目标	以熟人或熟悉的地点为目标
针对特定被害人	无特定被害人
有控制地谈话	极少谈话
犯罪现场表现出凶手绝对的控制	犯罪现场随机而凌乱
要求被害人顺从	被害人遭受突然的暴力攻击
有拘禁或控制被害人的现象	几乎没有拘禁或控制的手段
侵害行为发生在被害人死亡之前	在被害人死亡后对其进行性侵犯
掩藏尸体	将尸体丢弃在可见之处
现场常常见不到凶器/证据	现场常常能见到凶器/证据
转移尸体或被害人	将被害人尸体弃于现场

来自雷斯勒（Ressler）和伯吉斯（Burgess），1985。

表3.2　有组织力的和无组织力的作案人特征

变态的（有组织力的）作案人的特征	病态的（无组织力的）作案人的特征
智力水平高于平均值	智力水平低于平均值
善于社交	社交能力很差
能胜任技能性工作	一般从事非技能性工作
性行为能力正常	性无能
多为家中长子	多为家中幼子
父亲有稳定的工作	父亲的工作不稳定
童年时父母管教矛盾或冲突	童年时的管教专制且严厉
实施犯罪时能控制情绪	犯罪中表现出焦虑的情绪
有可能酒后犯罪	较少饮酒
有突如其来的情境变化和压力	少有环境压力
与其他人生活在一起	往往独居
开着车况良好的车	居住或工作在犯罪现场附近
犯罪后关注新闻媒体对案件的报道	几乎不关注新闻媒体
可能会变换工作或离开这个城市	作案后有显著的行为变化

来自雷斯勒（Ressler）和伯吉斯（Burgess），1985。

① 正如伯吉斯等人（1992，p. 9）解释道：“必须强调的是，犯罪现场不可能完全是有组织力的或是无组织力的。它们很可能是介于极其整洁、有序的现场和混乱、松散的现场这两种极端中间的某一种情形。”

这种分类体系运用起来非常简单，几乎不用对案例进行深入分析或思考，故而很受那些在心理学方面没有接受过正规教育或是没有什么心理学知识的人员（也就是大多数执法人员）的欢迎。事实上，这种分类方法就是为他们而设计的。有组织力和无组织力的二分法给这类执法人员提供了一些在司法精神病学上具有重要诊断意义且易于接受的术语。但这不见得是好事。

这种二分法是归纳性/通则性心理画像方法的一个缩影。如果一个犯罪现场具备有组织力的特征（由一组审查共同场景特征的研究来确定），我们就可以推测作案人也是有组织力的，而且还与其他有组织力的作案人有相似特征（由一组审查共同犯罪人特征的研究来确定）。如果一个现场是无组织力的，我们就可以反过来推测作案人也是无组织力的。

对心理画像而言，这种分类方式的意义在于，把无组织力的作案人推断为精神错乱的人（psychotic）。也就是说，从异常凌乱的现场来看，作案人肯定患有能使其精神错乱的精神疾病。现场留下的诸多证据表明，他们的理智和社会性功能都已丧失，并且已经部分或完全脱离了现实世界。

相反，有组织力的作案人被推断为变态的人（psychopathic）。这就是说，从一个相对“干净”的现场来看，作案人肯定不是一个因精神疾病而导致精神错乱的人。他们很清楚并且能够理解自己行为的性质和意义。

笔者并不赞成，也不提倡这种有组织力/无组织力的二分法。因为这种分类方法源于对犯罪行为的发展性质和犯罪现场再现作用的错误认知，是一种错误的二分法。笔者这种观点得到了许多人的直接支持。

第一，大多数犯罪现场都是介于有组织力和无组织力两个极端之间的某一种情况，并不是简单的“非此即彼”。FBI《犯罪分类手册》（Crime Classification Manual，CCM）（Burgess et al.，1992，p. 9）也直言不讳地指出了这一问题。但这一事实没能阻止那些无知的、不合格的人对犯罪现场和犯罪人进行如此绝对的划分。很明显，这也是《犯罪分类手册》最大的不足之一。

第二，只有由合格的法庭科学家通过有效的分析才能够洞察犯罪现场是如何形成的，以及为什么会形成这样的现场（确定犯罪现场曾经发生过什么的过程一般被称为犯罪现场再现）。必须以动态的视角来审视现场遗留的或未出现的证据。一个没有受过训练的人是无法只看一眼这些孤立的证据就得出正确结论的。

第三，一般来说，要对导致某一犯罪现场“无组织力”的行为根源进行区分是不太可能的。因此，涉及以下具有“无组织力”特征的犯罪场景可能就很难区分：涉及暴怒情绪的家庭内/亲密关系杀人、吸毒/酒后杀人以及精神病人杀人。考虑到其他可能性，认为精神疾病必定是导致犯罪的原因或因素之一并不恰当。第 10 章“犯罪动机”中将详细讨论这个问题。

第四，一个表现出有组织力特征的现场并不一定说明犯罪人是变态的。正如前面提到过的，精神变态是一种特殊的人格障碍。我们不能因为现场没有精神错乱的行为就简单推断犯罪人是变态的人。

第五，用二分法给犯罪人贴上标签，可能就无法解释犯罪人经过一段时间后发生的变化。有些犯罪人的犯罪能力和技巧会随着时间的推移而提高，他们在现场遗留的证据比以前更少，并且还会采取更有效的预防措施。但是，另一些犯罪人的能力和技巧则可能会相应地有所下降，这主要是由于其精神状况的恶化，或者是在犯罪过程中更多地使用了毒品或药物等控制物品（controlled substances）。

第六（这一点与上述第二点和第五点有关），这种有组织力和无组织力的分类方法不恰当地以犯罪惯技（MO）为依据对犯罪人进行分类。它只考虑到犯罪现场发生了什么行为，却并未考虑到发生这一切的原因。我们必须指出，国家暴力犯罪分析中心（NCAVC）中发明这种分类法的人员都知道犯罪惯技和犯罪标记行为之间的区别，并且也都知道忽视标记特征的危险性；但是，他们还是非常荒唐地创造出并提倡这种似乎完全忽视这些区别的分类法。

第七，有组织力/无组织力的二分法面临的一个伦理方面的危险是，从本质上来说，它使有些人用临床医学的观点来说明一个法庭审理方面的问题，这是不合适的。下文引用的雷斯勒和萨特曼（Ressler and Shachtman）的论文节选就明显体现了这一不足（1992，pp. 3 –4）：

> 看着犯罪现场的照片和警方的记录，我明显感觉到这起案件不是“有组织力的”凶手所为，虽然这个凶手跟踪了被害人，作案时非常有条不紊，还非常谨慎地避免在犯罪现场留下线索。可是，从犯罪现场来看，我很明显地感觉到我们要对付的是一个“无组织力的”凶手，一个彻底的、非常严重的精神疾病的凶手。

这段文字的作者没有对患者进行临床诊断，没有多年的医务经验，也没有根据现场照片对犯罪现场进行准确的再现，却自认为能够诊断精神疾病。在他做出这个重要的、可能影响重大的医学诊断结论之前，他甚至没有亲眼见过犯罪人。这种司法行为并不具有合法性。

第八，跟所有通则式知识一样，很少有只将这种把犯罪现场和作案人分为“有组织力的和无组织力的”的做法当成理论提出的。

当前，在联邦调查局中，这种方法如此盛行的原因可能在于该局本身具有神话般的影响力（see Jenkins，1994）。正如坎特等人（2004，pp. 294－295）所说：

> 必须要注意，通常用于刑事调查分析的报告的来源和状态……这类信息通常散见于畅销书中而不是同行评审的期刊中，显然它们针对的是非专业的、业余的读者。因此，它不太可能受到专业或学术领域内常见的信息审查和批判性检验。然而，即便是有什么影响，那也是这类信息促进了而不是阻碍了没有经过科学训练的执法人员对这些理念的广泛接纳。此外，坎特（Canter）和杨（Young）（2003）提出了一种被他们称为“好莱坞效应”的机制，借助这种机制，松散形成的、未经证实的理论和模式在广受欢迎的电影中被大肆传播，这种传播又进一步赋予其更高的可信度；这意味着陪审团及其他非专业团体将会接受这些看似已广为人知的观点。这也可能会使此类观点被随意运用于实践并以一种比作者预期更缺乏系统性的方式加以使用。有组织力的和无组织力的二分法可能已经遭受这样的命运——很多好莱坞电影中都出现了这一方法，且全世界的警方调查人员都把这种二分法当作有效模式。

联邦调查局方法的普及也可能是因为它便于使用；前文业已提到，

运用这一方法几乎不需要什么专业培训或知识，此外它还能预先提供关于犯罪人特征的模板。尽管此前已经说明这一二分法并不正确，但目前有组织力的和无组织力的分类法仍然被那些对现有文献一无所知的普通心理画像人员广泛使用。①

犯罪侦查分析的步骤

理想情况下，为了获取犯罪信息、判断信息间的关联及意义，犯罪侦查分析（CIA）包括一些步骤或阶段。尽管有一套明确的方法，但仍有一些传闻证据表明，使用联邦调查局方法的从业者并没有严格遵守所有的步骤，也暗示他们可能不具备进行某些分析的资格，而这些分析又正是践行这一方法的一部分。[例如，犯罪现场重建；参见齐泽姆，2000；加利福尼亚高级法院（Superior Court of California），1999]。

雷斯勒等人（1988）认为，犯罪侦查分析有六个步骤，而在实际操作中它只有五个步骤，若确定了犯罪人，那么第六步则是进行逮捕。前五个步骤是心理画像输入、决策过程模型、犯罪评估、犯罪心理画像和调查评估。最后阶段（表面上是第六步）就是逮捕。

在《性凶杀案：模式和动机》（*Sexual Homicides: Patterns and Motives*）（Ressler et al. 1988）出版前的另一篇文章中，道格拉斯和伯吉斯（1986，p. 9）提出了一个包含七个步骤的过程，即“类似于临床医生做出诊断和治疗计划的步骤”。这七个步骤如下：

1. 对刑事犯罪行为本身的评估；
2. 对犯罪现场细节的综合评估；
3. 对被害人的综合分析；
4. 对警方初步报告的评估；
5. 对法医尸检记录的评估；
6. 建立犯罪人关键特征的心理画像；
7. 基于心理画像提出调查性建议。

① 除此之外，驳斥这一分类理论的研究可参见坎特等（Canter et al.，2004）。

犯罪侦查分析：个案中的效果

心理画像界曾对犯罪侦查分析在方法论上的不足及其落伍进行了全面批评，但 CIA 仍被广泛使用。正如本书的第 2 版曾解释的（Turvey，2002，p. 349）：

> 联邦调查局的画像方法所得出的案例分析和出版物经受不住详细的同行评估。这其中包括先前 FBI 进行的涉及 36 名犯罪人及相应 118 名受害人的心理画像项目（Darkes et al.，1993；Turvey，1999）。根据诺柏尔（Nobile，1989）的观点："在外部审稿人抨击该研究的数据和统计方法之后，司法部门拒绝将该研究发表于政府刊物上。"尽管这份研究的方法最终失败，但联邦调查局还是在其他地方将它发布了出来，如伯吉斯等人 1998 年的出版物。这一研究仍是目前联邦调查局研究画像所用的诸多概念、方法和研究模式的基础。

具体而言，那些受过联邦调查局培训的心理画像师也由于下列做法而广受法庭和独立同行评审的非难（Darkes et al.，1993；Homant and Kennedy，1998；*New Jersey v. Fortin*，2000；*Pennsylvania v. Christopher Distefano*，1999；*Tennessee v. William R. Stevens*，2001；Turvey，1999）：

- 缺乏可靠性；
- 没有系统地收集犯罪人的个人材料以供研究；
- 盲目依赖犯罪人询问，并将之作为研究的数据来源；
- 没有使用合适的对照组；
- 盲目依赖执法部门的假设和意见，并将其视为事实；
- 将侦查人员的想法和假设视作事实；
- 没有进一步提出某一意见或结论的不合理之处；
- 在结果证实之后并没有将画像结论与实际犯罪人比较；
- 把可疑的、应当予以验证的数据作为结论的基础；
- 轻信（明显带有倾向性的学会研究和公开发表的研究）。

此外，根据霍华德·德田（Howard Teten）（联邦调查局第一个心理画像人员）的说法，在联邦调查局对涉及心理画像的192个案例的研究中有88个顺利侦破。在这88个案件中，心理画像在识别嫌疑人方面有所帮助的只占17%（15例）。由此，联邦调查局心理画像（犯罪侦查分析）已知的有效比例是192例中15例有效（Teten，1995，p.45）。

当然，联邦调查局也并非对其心理画像方法的局限性毫无察觉。根据黑兹尔伍德（Hazelwood，1995，pp.176－177），犯罪心理画像，即犯罪侦查分析（Depue et al.，1995，P.115），只是一个调查工具而已。因此，联邦调查局行为分析小组成员做出的每一份画像报告前都应有以下免责声明：

> 应当指出，所附报告并不能代替完整、周密的调查，也并未囊括一切。本报告所提供的信息均基于对与目标案件相似的刑事案件进行的审查、分析和研究。报告的最后分析则是基于概率做出的。但是，请注意，没有任何两个犯罪行为或犯罪人的性格是完全一样的，因此，犯罪人可能并不总是符合每一类画像。

狄普（Depue）等人（1995，p.125）对该免责声明中提到的警告做出了如下解释：

> CIA（犯罪调查分析）和心理画像应该被用来进一步佐证已被证实的调查和侦查技术，但不得代替它们，否则将会与确定未知犯罪人的目标背道而驰。

本书的作者们查阅提供给法院的刑事调查分析报告时，读到过联邦调查局心理画像人员的免责声明。然而，他们也留意到，当联邦调查局心理画像人员为了审判而提交刑事侦查报告，或者审判需要专家证词时，免责声明就常常不见了踪迹。可以认为，审判中附上免责声明可能会阻碍报告在法庭的可接受性，因为这一声明指出其可靠性存在问题。但是，去掉免责声明这一举动就显得意义重大了，因为得出该结论的方法与联邦调查局调查过程中使用的方法并无二致。

诊断评估

术语“诊断评估”（diagnostic evaluations，DE）所指的并非一个或一类心理画像方法，相反，它是对医疗和精神卫生专业人员所提供服务的一般性描述，这些专业人士基于临床经验对犯罪人、犯罪现场以及受害者做出分析。诊断评估是按需进行的，通常是众多服务内容中的一部分。正如第 1 章中讨论的，一些最早可查的心理画像案例实际上就是法医精神病学家进行的诊断评估。①

例如，在一项针对警方心理学家提供的服务所做的调查中，巴托尔（Bartol，1996）发现，平均而言，资深心理学家每月总工作量的 2% 是心理画像，兼职顾问每月工作量的 3.4% 是心理画像。除了表明一定比例的心理画像是由心理学家完成外，这些发现也无特别之处。但是，受访心理学家中的 70% 对心理画像方法并不满意，认为这一做法大有可质疑之处——这一点就比较有意思了。另外，巴托尔也提到（Bartol，1996，p. 79）：

> 一位在业内有 20 余年经验的知名警方心理学家认为犯罪心理画像“几乎毫无用处，还可能带来危险”。许多受访者写道，在犯罪心理画像为人所用之前，还需要进行更多的研究。

本书作者们还留意到，很多法医病理学家表示，无论是在法医死亡调查中以书面形式、还是在法庭需要时以出庭作证的形式，他们都乐意为受害人和犯罪人行为提供心理画像上的解释（见图 3.2）。

诊断评估缺乏清晰可辨的过程步骤，由此得出的心理画像十分另类，在很大程度上都依赖临床心理画像人员的个人背景。一个人所受的教育、培训和经验决定了他在特定情况下所采取的方法，而心理画像则代表了临床医生对犯罪人及其行为的理解，还有他对人格以及心理疾病的个人认识（Gudjonsson and Copson，1997）。

---

① 科普森（Copson，1995）提出，英国一半以上的心理画像都是由心理学家和精神病学家以临床的方式进行的。

图3.2　2007年审判唱片制作人菲尔·斯佩克特（Phil Spector）谋杀女演员拉娜·克拉克森（Lana Clarkson）一案时，法医病理学家文森特·迪麦欧（Dr. Vincent DiMaio）（如图）为被告作证。他认为此案的枪击死亡实际上是自杀，为证明这一点，他分析了物证的某些特征、引用了受害者学和受害者心理画像统计数据。在受害者学方面："迪麦欧支持死者是自杀的观点，他把克拉克森描述为沮丧、年老色衰、事业不再的女演员，还有健康和财务问题，已经'穷途末路'了（Ryan, 2007a）"，迪麦欧还称："查阅了克拉克森个人电脑中的电子邮件和其他证据，都显示她是一个郁闷、贫穷的女人，还有吸毒和酗酒的问题，'没有技能'，在好莱坞前景低迷。……她是一个40岁的女演员。我很抱歉这么说是性别歧视，但事实就是这样，"迪麦欧耸耸肩说。关于心理画像，"迪麦欧还列举了一些支持自杀论的统计数据。他说，自杀妇女中的87%都是开枪打死自己的，其中有76%是朝头部开枪。他说，根据他的经验，99%的口内枪击，都是自杀"（Ryan，2007b）。①

特科（Turco，1990）借助心理动力学理论对诊断方法做出了调整。与利伯特（Liebert，1985，p. 151）一样，特科对于没有临床经验的人持批判态度：

> 有经验的门诊心理学家对精神病理学的理解更为深刻，他们具有做出预测的经验，探知行为人想法的能力，还有不带道德判断色彩或偏见的科学方法……最有效的情况是当心理画像师同时具有临床（与学术相对）培训和执法经验的时候。若没有牢固的理论基础或临床经验，就不能指望仅获得研究生学位就能做出准确的预测。

---

① 在质证过程中，公诉人向迪麦欧博士出示了疾病控制中心（CDC）的一张统计数据图表，该图表显示，在2003年，也就是枪击发生的那一年，与受害者同年龄段、同种族群体的妇女中，更倾向于服用过量的药物来自杀，而不是选择用枪自杀。迪麦欧博士解释说，CDC死亡证书的信息往往是不准确的，所以其统计数据也有缺陷。这就告诉我们，如果要引用统计数据，就得确保拿到的数据是准确的，并且还要正确地使用这些数据。

虽然人格和学习理论在评估罪犯的可能特征时有一定作用，但对其过分依赖则可能适得其反，这就跟任何其他的理论一样——它们在某些案件中适用，但另外的案件又不适用。在逮捕某个犯罪人、明确了结一个案子前是没有办法清楚确定其适用性的。

研究法医精神科医生的作用时，麦克格拉斯（McGrath，2000，p. 321）就他们为何尤其适合进行心理画像给出了以下原因：

- 他们具有行为科学方面的背景知识和精神病理学方面的训练，在从犯罪现场信息推断犯罪人特征时，这些背景和经验就使他们具有令人艳羡的优势。
- 法医精神科医生处于有利的位置，可以推断标记行为背后的意义。
- 鉴于他们所受的培训、教育以及对批判性、分析思维的专注，法医精神科医生条件优渥，“可以将他们的训练转入一个新的领域。”

虽然这些领域似乎显然就是法医心理健康专家可以大展身手的地方，但麦克格拉斯也指出，心理画像的过程不应该围绕或重点关注治疗问题。[①] 也就是说，精神病医生不应该混淆他们作为调查研究顾问和心理健康诊断专家的角色：“至关重要的是，精神病学家或心理学家不会混淆自己的角色，作为心理画像人员的时候不会落到给出治疗建议和选择的地步”（Petherick，2006a，p. 45）。除了角色划分可能会给他们参与画像工作带来潜在问题外，那些进行诊断评估的人也少有执法或相关领域的广泛经验，这也是事实（Wilson et al. 1997）。韦斯特（West）（2000，p. 220）也提出了类似的观点：

> 然而必须承认，无论专业背景是什么，许多临床医生在与犯罪人或病人接触的过程中都不会例行查看犯罪现场的数据或是证人的证词。相反，临床的做法往往是只关注某个犯罪人，而不会想到犯

① 迈克尔·麦克格拉斯（Michael McGrath）博士是一位法医精神病学家，是行为画像协会会长。他也是本书的作者之一，是第4章的合著者，标题为“法医心理学、司法精神病学与犯罪心理画像”。

> 罪行为更确切的细节。相信犯罪人比查阅证人证言或观察犯罪现场要来得容易。此类疏忽可能会导致任何诊断评估中的严重错误，这似乎无法避免。

此外，心理健康专家并非规律地、长期地参与心理画像，而是零星参与，所以他们可能会与警方的调查要求脱节，只是提出一些模糊或与案件不相关的建议。安斯沃斯（Ainsworth，2001）声称，由心理健康专业人员给出的心理画像可能包含一些关于犯罪人心理过程内部运作的陈述，直接观察是无法看出这些过程的。他还说，这些专业人士做出的解释对调查人员来说可能不如其他途径下得出的有用。这个问题应该更进一步，心理学家受邀协助警方调查有其政治上的难处。根据坎特的说法（1989，p. 13），其困难在于：

> 警官不太可能接受心理学家参与他们的调查，除非他们能做到相互信任、互惠互利。这是一个微妙的循环，很难打破。因为直到有经验之前，这种合作很难做出什么贡献；但是除非已经做出一些贡献，否则经验又很难获得。

至于他们承担的角色，塔姆林（Tamlyn，1999）声称，英国的法医临床医师有赖于其雇主的善意，在雇主可能付费的情况之下承担心理画像的职责。这意味着许多人将利用个人时间工作，而且很大可能没有报酬。在相比之下，其他国家进行咨询性心理画像的心理健康专家的情况也不大可能有什么不同。事实上，很少有从某一学科来的“全职”心理画像人员，大多数人都只是把提供心理画像服务作为其日常职责的衍生物。

虽然诊断评估并没有形成一个统一的明确理论，但科普森等人（Copson et al.，1997，p. 16）仍旧大概列出了临床心理画像的原则。根据这些作者的观点，每一条建议都应该：

- 量身打造：给出的建议不应基于某种常见的反社会暴力刑事陈规；
- 具有互动性：根据警官对有关心理概念的理解程度提供不同复杂程度的建议；

- 具有反射性：建议应该是动态的，因为每一个因素都对其他因素有影响；也应该是不断变化的，因为新信息的出现就要求在重新思考新信息带来影响的同时，还要重新考虑其整体结构。

他们也指明了一些危险（Copson et al.，1997，p. 16）：

- 一定要意识到“讨好他人”这一陋习的存在并加以克服，否则过度解读的倾向和直截了当的结论会削弱其客观性；
- 与相关人员的密切互动会使心理画像人员很容易受到不当合谋的指控，例如调整某个心理画像，使之与一个已知的嫌疑人相符，或者制定不道德的甚至是非法的审查策略；
- 具有互动性和反射性的过程产生的大量数据意味着记录是非常困难、非常耗时的事情，有时甚至到了书面报告根本无法完成的地步；
- 把大量数据简化为一个归纳性文件——尤其是无法得出一个归纳性文件的时候——容易使心理画像人员被曲解。

但这些问题并非只出现在临床心理画像，即便不是全部，这其中也有部分问题会在不同程度上困扰大多数心理画像方法。

侦查心理学

侦查心理学（investigative psychology，IP）的主要倡导者是英国心理学家戴维·坎特博士（David Canter），他推崇以研究为基础的犯罪行为分析方法。IP是通则式的、归纳式的，它依赖所收集数据的数量和准确性。虽然许多归纳性方法都因样本数量的问题饱受指摘，坎特则进行了旨在改善其分析基础的样本的研究。其结果是归纳式的，但是却来源于经验上更可靠的评估。然而，增强经验上的可靠性不能使研究结果在具体情况下具有决定性（例如，对具体案例中的犯罪行为的解释）。换言之，IP的结果仍然是完全抽象的、理论的。

与联邦调查局的方法一样，IP也把心理画像看作整体方法的一部分。坎特（Canter，2000，p. 1091）对此做了解释：

> 侦查心理学涵盖了与刑事和民事调查行为相关的心理学的各个

方面。它的重点在于对犯罪行为进行审查和分析，以使侦查有效且法律程序恰当。因此，侦查心理学是涉及犯罪管理、调查和起诉等所有问题的心理投入。

而坎特（2004，p.7）又进一步做出了解释：

> 心理学能为警方调查做出的贡献不断扩大和深化，除了连环杀手和人格心理画像以外，还包括借助询问和警方的记录，以及对警方调查和决策支撑系统的研究来有效利用警方信息，这催生了应用心理学领域内的一个新生概念：侦查心理学（IP）。

根据利物浦大学网站上对该项目的介绍，侦查心理学：

> （为）犯罪侦查、调查和起诉等各方面之前的主观方法（提供）科学、系统的基础。可以说这种行为科学意义上的贡献贯穿整个调查的不同阶段：从犯罪本身到信息收集，到警务人员为确定罪犯而采取的行动再到为开庭做准备。

此外，为了区分侦查心理学和那些特殊的心理画像方法，坎特（1998，p.11）还指出：

> 侦查心理学更为乏味普通。它要对犯罪行为模式不断进行审慎仔细的审查，还要从那些模式中测试出可能对警方调查人员有用的趋向……侦查心理学家也承认，有的犯罪行为所涉及的领域可能本质上来说就无法捉摸。

五因素模式

IP方法有五个主要组成部分，通常被称为“五因素模式”（five - factor model），它们反映了一个犯罪人的过去和现在。这五个因素是人际连贯、时间和地点、犯罪特征、犯罪生涯和法医意识。下面我们依次进行讨论。

“人际连贯”（interpersonal coherence）是指一个人在与他人打交道时的互动方式，其中，犯罪就是以特殊方式与他人打交道的人际交往行为（Canter，1995）。坎特认为犯罪人对待其受害者的方式与他们日常的待人方式是类似的，也就是说，犯罪分子的行为，就是他们与其他人打交道时的行为的直接延伸（Wilson and Soothill，1996）。例如，一个在日常生活中对朋友、家人和同事表现得很自私的强奸犯，在对待受害人时也会表现出自私的一面。类似的，犯罪人可能会将自己所重视的人身上的特征作为挑选受害人的依据（Muller，2000）。这种观念并非只是 IP 才有，大多数心理画像方法在分析犯罪人特征时都有赖于人际连贯概念（Petherick，2003）。

正如坎特（1989，p. 14）解释的，“出于时间和地点的不同，人际交往的过程中也会出现许多心理上的细微差别。”五因素模式的第二点认为“时间和地点”（time and place）是犯罪人某些方面的标志。即，犯罪人往往会特意选择时间和地点，根据这一点就能以心理地图的形式进一步探查犯罪人的行为。这也就意味着：“在自己熟悉的地方，犯罪人会觉得更舒适，更能掌控局面”（Ainsworth，2001，p. 199）。其中有两点需要重点考虑：首先是具体的位置，第二则是由该特定犯罪地点决定的一般空间行为（Canter，1989）。坎特（2003）用了一整本书来探讨这些问题，而在很大程度上，环境犯罪学的基础理论就是这些问题的基石。

在犯罪人如何选定地点（see Snook et al.，2005）、不同的群体在确定犯罪人住所时的准确性（Snook et al.，2002；Snook et al. 2004）、以及地理画像模型的有效性（Canter and Larkin，1993；Canter et al.，2000；Godwin and Canter，1997；Kocisis，1997；Kocsis and Irwin，1997；Kocsis et al.，2002；Santilla et al.，2003）等问题上，犯罪人的位置选择历来都是广为研究的主题。斯努克等人（Snook et al.，2005）讨论了影响犯罪地点决策的各种因素（pp. 149 – 152）：

> 时间顺序（series chronology）。连环杀人犯往往会学习以往的经验来增加其空间知识，这会改变他们的空间决策。
>
> 年龄（age）。直到最近，研究表明，年轻的犯罪人倾向于在离家较近的地方犯罪，而年长的人更可能走远一些。
>
> 知识能力（intellectual capability）。尽管连环杀人犯智力水平方面的文献有限，但仍有一些研究表明，认知能力和“犯罪之旅”之

间存在关联——“更聪明”的犯罪人会离家更远。那么，高智商的连环杀人犯可能会走得远些，而他们的智商则直接影响所走的距离。

婚姻状况（marital status）。根据婚姻关系的好坏，已婚犯罪人能离开的距离较短，因为他们对另一个重要的人负有责任，这也影响他们的可用时间，进而影响他们推进犯罪计划时所能移动的距离。

就业状况（employment status）。与婚姻类似，就业可能会限制犯罪人的行动范围，但是研究者也注意到，就业也有可能扩大犯罪人的行动范围（工作可能会带来使用车辆的机会等）。

动机（motive）。参考福尔摩斯和迪伯格尔（Holmes and DeBurger，1988）、斯努克等人（Snook et al.，2005）的研究，可以发现动机在连环杀人犯的空间决策中起着一定的作用。

交通方式（mode of transportation）。显然，交通工具会影响犯罪人找到并处理受害人的能力，尤其是在必须转移受害者的情况下。

随后，斯努克及其同事以 50 名德国连环杀手为样本，分析了他们的犯罪地点与住所的关系。考虑到前文所列出来的因素，47% 的时候第一次犯罪的地点离家最近，34% 的时候第二次犯罪的地点离家最近，36% 的时候第三次犯罪地点离家最近*。然而，如果所有犯罪人平均来算的话，第一次犯罪不如后续两次犯罪离家更近。涉及年龄时，分析表明，与年轻人相比，年长的（德国）连环杀人犯的抛尸地点离家近，而智力水平则增加了住所与犯罪地点的距离。已婚犯罪人所走的距离并没有明显大于那些未婚的犯罪人，就业状况对犯罪地点的影响也没有那么大。具有性动机的犯罪人距离住所的距离中位数是 10 千米，而那些以入室盗窃为目的的犯罪人的中位数则为 8.8 千米（尽管二者之间差异不大）。正如预期的那样，乘车所走的距离是最大的（中位数为 15.5 千米），其次是通过公共交通（中位数为 5.9 千米）和步行（中位数为 2.2 千米）。

---

* 原文如此。——译者注

“犯罪特征”（criminal characteristics）给侦查人员提供了一个他们正在处理什么样的犯罪类型的概念。其目的是明确“是否……可以基于对罪犯的询问和实证研究，对犯罪的性质及其方式进行特征分类”（Canter，1989，p. 14）。这是该方法中有归纳性质的一点，类似于联邦调查局试图借助有组织力的和无组织力的二分法进行分类。

对犯罪人的“犯罪生涯”（criminal career）进行研究可以了解犯罪人可能会根据经验如何调整其行为（Nowikowski，1995）。学习和经验会使犯罪人对受害人、警察或地点变化有所反应，由此，一个罪犯的犯罪生涯可能会有适应和变化的痕迹。例如，由于以前遇到过受害者尖叫、反抗的情况，所以现在这个犯罪人可能会把受害者绑起来并堵住他的嘴（Canter，1989）。学习和经验可能会解释许多犯罪人作案手法的进步，他们会从曾经的犯罪经验中学习，不断改进他们的行为。此外，预防和警戒行为的性质和类型能让我们知道犯罪人是否有过被调查的经验，或者是否接触过调查。

最后，“法医意识”（forensic awareness）适用于（犯罪人）是否具备与刑事司法制度有关的经验所得来的知识。犯罪人可能十分成熟，会采取措施来阻碍警方调查，例如戴着口罩或手套作案，或尝试破坏其他证据（Ainsworth，2000）。强奸犯可能使用避孕套来防止警方提取精液进行 DNA 分析。

对侦查心理学的批判与对其他归纳性方法的批判类似。麦克格拉斯（McGrath，2000）担心，这些方法对犯罪人特点或行为做出了预测，但这些预测可能并不适用于具体的案例（也就是，一般状况并不适用于每一个具体案例）。因此，“一般化”可能会误导结论，它与“具体罪行具体考虑”的要求背道而驰。

地理画像

地理画像（geographic profiling，GP）的重点是确定“在不同犯罪现场的位置和空间关系的背景下，犯罪人可能的空间行为”（Rossmo，1997，p. 161）。它假定可以从犯罪地点来确定犯罪人的住址或犯罪人熟悉的其他地方。与心理画像的其他分支一样，地理画像不是为了成为调查的灵丹妙药；相反，它是一个工具，可协助执法部门按优先次序搜索某些区域（Laverty and McLaren，2002；Ratcliffe，2004；Rossmo，1997）。理想情况下，地理画像应该只是来源于心理画像或成为一个完整的犯罪心理画像的一部分（Rossmo，1997），但现实似乎并非如此，比如罗斯姆（Rossmo，2005）就将地理画像等同于犯罪心理画像的一种形式。

从业者将地理画像描述为一个决策支撑系统，用于确定犯罪人住所可能的地理区域（Rossmo，2000），但它也可以明确该犯罪人的工作地点（Ratcliffe，2004）或犯罪人熟悉的其他地方［称为活动节点（activity nodes)］。从本质上讲，地理画像利用犯罪行为的非随机性，提前假定大多数犯罪都有固定模式（Wilson，2003）：

> 犯罪并非随机发生，其中有模式可循。据说罪犯们在某些方面与购物者差不多，甚至与捕猎中的狮子差不多。犯下许多罪行时，这个犯罪人会留下自己心理地图的痕迹，而对此解码则能获取一些信息。把每一个犯罪地点输入计算机程序，就会得到一幅地图，它会指出警方应该瞄准的可能性最大的地点。

地理画像领域中，除了计算机应用取得了最新发展以外，其理论基础也已经存在了一段时间了。下面就对其理论支撑进行讨论（参见图3.3）。

图3.3 被温哥华警方解除合约后，地理画像人员达比·基姆·罗斯姆博士（Darby Kim Rossmo）就职于华盛顿的警察基金会。撰写本书时，他是得克萨斯州立大学刑事司法系的一位研究教授。最省力原则、距离衰减和圆理论在他的地理画像理论中占有重要地位。

懒惰的罪犯：最省力原则

从最基本的层面来看，最省力原则意味着：两个备选行动方案中，人们会选择最省力的那一个，即人们会采纳最简单的行动方案。根据罗斯姆的观点（2000，pp. 87－88）：

> 在面对多个效果差不多的不同地点时，最省力原则会选择最近的一个地点。然而，对“最近的”的评估却有可能出现问题。在人类经验中，表面上各向同性——即在各个方向上都表现出相同的物理性质的空间——很少出现。

正如这句话所暗示的，由于我们的实际地理环境在很大程度上并不一致，就很难将随便一个“近距离”的概念强加给某犯罪行为。这意味着，影响犯罪人决定的，除了环境布局以外，还有我们在三维空间中所处的物理位置。这一点在诸如纽约和悉尼之类的大城市尤为关键，在这些地方，高密度的住宅已然成为常态。而在农村地区，行走路线通常更直，自然环境也更广阔，在这些地方，最省力原则的运用也可能出现问题。此处的提醒并不是反对最省力原则的一般应用，而是说不应该将城市空间里适用的原则用到开放的环境中。

距离衰减

“距离衰减（distance decay）”是指随着犯罪人离家越远，其犯罪频率也会递减（Rengert et al.，1999；Van Koppen and de Keijser，1997）。它是最省力原则在地理上的一种表现（Harries，1999），意味着犯罪人偏爱离家较近的犯罪现场。

距离衰减并不意味着犯罪地点就聚集在犯罪人的住所附近，因为这显然会给犯罪者带来被发现的风险。因此，罗斯姆（2000）提出，犯罪人住所周围存在一个舒适区或“缓冲区”。犯罪人将舒适区内的目标视为不可取的对象，因为该区域离家太近，有被察觉的风险（Rossmo，2000）。这一观点由范·柯本（Van Koppen）和德·科伊斯尔（de Keijser）所证实（1997，p. 1），他们指出，“犯罪人很少在自己的家门口犯罪，这大概是因为被相识的人认出的可能性更高。”

距离衰减也受机遇的影响，跟最省力原则受影响的方式一样。据瑞晋特等人（Rengert et al.，1999）的观点，无论犯罪人有多迫切地想选择一个犯罪地点，他们都可能因为时机未到以及他人难以预料的行动而难以随心选择，还有可能因为这些而破坏哪怕是最完善的犯罪计划（pp. 428 – 429）。

圆理论

地理画像的另一个基础是圆理论（circle theory），该理论直接发源于环境心理学研究，最初由坎特和拉金（Canter Larkin，1993）探讨。① 由此理论衍生出了两种犯罪行为模型——“掠夺者”（marauder）模型和“通勤者”（commuter）模型。掠夺者模型假定犯罪人以自己的基地为中心实施犯罪，而通勤者模型则假定犯罪人要离开自己的基地实施犯罪。这个“基地”不一定是犯罪人居住的地方，它可能是犯罪人在心理或生理上与之有密切联系的其他地方（Canter et al.，2000，p. 458）：

> 为犯罪活动提供基础的“基地”可能会有不同形式。对调查来说，给某些类型的基地划定区域界线可能会比对其他类型的基地更有用。若这个基地是犯罪人的住所或他与之有密切联系的其他地方（如工作场所或常去的娱乐场所），这种划定界限的做法就尤有价值。但若该基地只是漫长路线中的一个无名的歇脚处，抑或是任何其他无法确认犯罪人身份的地方，这种做法的价值就更低一些。

这两种模型如图 3.4 所示。

在坎特和拉金的研究中，他们对 45 名性侵犯者进行了调查，发现其中并没有满足通勤者模型的案例，但是，这 45 例中却有 41 例犯罪人的住所在这个圈内，他们认为，这是“证明掠夺者假说适用于这一类犯罪人的有力支撑”（Canter and Larkin，1993，p. 67）。

---

① 可希斯和欧文（Kocsis and Irwin，1997）、米尼（Meaney，2004）和斯努克等人（Snook et al.，2002）的文章已经研究并测试过圆理论的使用，也得到了不同的结果。

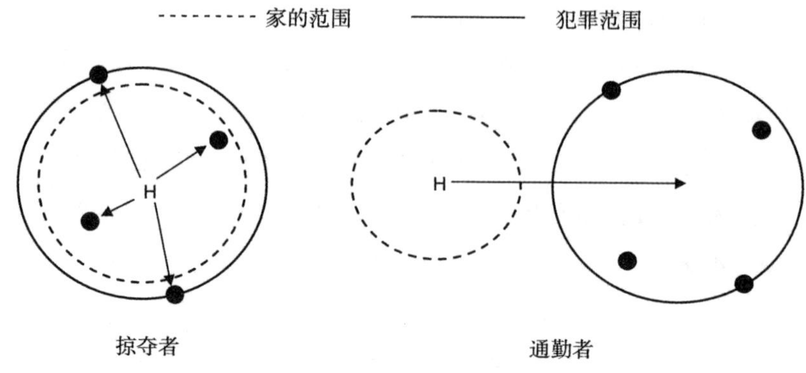

图 3.4　掠夺者与通勤者模型

尽管圆理论看似合理且有吸引力，但它也带来了一些问题。首先，坎特和拉金（1993）认为91%的犯罪人都是掠夺者，但是在不知道犯罪人基地的情况下把他们分为掠夺者或通勤者，也许就只是凭借运气或是有根据的推测而已了。[①] 如果心理画像人员只是靠统计概率就确定犯罪人是通勤者，那么任何归纳式方法所面临的一般警告在此也适用（例如，概率的程度是否有统计学上的异常；在这一特殊的研究中，91%也意味着错误率为9%）。此外，还有以下注意事项（Petherick，2006b）：

- “基地”可能并非犯罪圈的中心，这会影响搜索的区域；人口密集地区的人口数量也很重要。
- 该模型的怪异之处值得关注，因为它可能反映了犯罪人的发展过程，即他或她在犯罪的不同阶段离家越来越远。
- 因此，掠夺者和通勤者之间的差异可以通过犯罪技能或信心的提升来解释。
- 使用圆圈来表示范围过于简单；比如，研究表明，在北美，椭圆形或扇形能更好地表示从市中心出发的城市扩张模式。
- 在建模中使用的信息可能并未准确展示出犯罪人犯下的所有罪行。

① 将相同的理论运用于不同的样本产生的结果可能会远不如91%的结果更令人信服。记住，这只是一组样本的一组结果而已。

地理画像的局限性

在所有通则式、归纳性的心理画像方法中，一旦以过于肯定的方式将广义理论应用于实际案例，问题就会随之而来。在“华盛顿特区狙击手”案中，人们对地理画像的应用有合理担忧。所关注的问题从“锚定点”（当不存在的时候）到低概率的估计，不一而足。格里尔森（Grierson，2003）援引地理画像先驱基思·哈里斯（Keith Harries）的观点说：“在狙击手案中，（罗斯姆的算法）只是无法处理数据的变化尺度”（本节末尾讨论了华盛顿特区狙击手案）。

在本书第 1 版中（Turvey，1999，pp. 262 – 263），我们发现了一些尚待解决的与地理画像相关的问题。这些问题包括：

- 与其他方法一样，该方法打破了行为证据分析的原则……它从犯罪人行为的一个表现形式（犯罪地点选择）出发，试图从其产生的整体行为和情感背景推断出其意义。
- 虽然罗斯姆声称，在实施合格的地理画像时，他需要一个完整的心理画像，但据了解，他也曾在没有心理画像的情况下进行地理画像，或者是自己建构一个心理画像。
- 由于地理画像忽略了整体的行为证据和案例背景，没有利用完整的犯罪画像，所以地理画像不能、也不会区分两个或两个以上在同一地区活动的罪犯。
- 这种方法假定提交的所有案件都经由执法部门确认过。它不检查执法部门提供的这些或任何其他信息的真实性。
- 这种方法假定犯罪人多半居住在其犯罪区域附近或容易到达的地方。
- 罗斯姆的论文非常充分地概述了已发表的关于连环谋杀案的论文所具备的弱点和不足。然而，他的论文却又继续以那些公认有缺陷的研究为基础，提出了关于地理画像的基础理论和 CGT（犯罪地理定位）软件。
- CGT 使用的技术令人印象深刻，不过也只能做到一定程度的科学化而已。关于犯罪人的固定地点和空间行为的推断，仍然必须由分析人员进行。

麦克格拉斯（McGrath，2000）也持类似的保留看法，他认为地理画像可能对少量案例不是那么有效，而当案例没有联系起来的时候则会进一步削弱其有效性（如果案件联系有问题，也会出现阻碍）。此外，地理画像的理论在很大程度上源于对盗窃及其他财产性犯罪的分析，因此它在人与人之间的犯罪中大规模应用也难以为继。同样，由于被打断或其他机遇的缘故而改变犯罪现场，可能无法提供对犯罪人的有效认识，因为这种情况下，作案地点并非完全由犯罪人决定，故而也无法反映出他或她的“心理地图”。此外，犯罪现场还有可能被错误识别或是未被上报（Ainsworth，2001）。

地理画像小组解散

不消说，任何犯罪心理画像方法如果行不通，就必须放弃。当然这就是“罗斯姆诉温哥华（市）公安局”［*Rossmo v. Vancouver* (*City*) *Police Board*］（2001）案中所揭示的决策过程的一部分，当时温哥华警方（VPD）对达比·基姆·罗斯姆（Darby Kim Rossmo）博士及其地理画像技巧进行了如下说明：

> 粗略的分析似乎表明，将合同延期不会是一个聪明的决策。总之，并没有什么明显的证据表明警务成果得到了增强。而且威信的程度和耐久性的建立也问题重重。
>
> 温哥华警局和警察委员会的问题在于，我们希望在多大程度上继续一个本质上是国际警察计划的项目。VPD（温哥华警局）并未明确使用地理画像，且该局面临着严重的预算问题，需要就资金的优先次序做出决定。

这表明，尽管罗斯姆喜欢飞来飞去到处做培训，但他那未经验证的技术在国内对任何案例都没有帮助。因此也就没有成本效益的论点支撑地理画像小组的存续。《温哥华太阳报》在“画像部门价值不高”一文

中写道（June 28，2001）：[①]

副局长加里·格里尔（Gary Greer）星期三证实，负责该市警局地理画像部的一名警探的合同被终止了，因为警局认为它没有得到物有所值的回报。

合同的终止与嫉妒或所谓的“警队的男孩俱乐部”无关，在英属哥伦比亚最高法院，他这样说道。

“这在费用上不划算，”他说。

去年12月31日，有22年警龄的基姆·罗斯姆（Kim Rossmo）因为自己五年期的合约没有续聘，以非法解雇为由提起诉讼。

当格里尔建议将罗斯姆的工作列入要削减的三个部门之一以满足城市预算要求时，他还是一名督察。

罗斯姆诉温哥华警察局非法解雇一案最终被驳回。

华盛顿狙击手案中的地理画像

2002年10月，由于与联邦调查局的联系，罗斯姆被当局指定协助华盛顿狙击手一案（图3.5）。彼时他在华盛顿担任警察基金会（Police Foundation）研究主任，警察基金会是一个私人的非营利机构，为各警察部门提供执法技能培训。罗斯姆画像技术的所有假设在一个悬而未决的案例中得到了公开检验，但其结果却令人沮丧。[②] 对于这一结果，格里尔森（Grierson，2003，pp. 63－68）做出了一个“双面”的讨论：

“地理画像不是预测，”罗斯姆说，“预测作案地点的努力并未引起多大关注。”与预测未来相反，罗斯姆的策略是回到原点，回到策划罪行的时间和地点——一个中心。

“你知道那些小喷头吧？就是那种金属遇到水流，然后水就一

① 人们都承认罗斯姆的国际名气对温哥华警察局（VPD）来说是好事。然而，这番言论却表明，名气和威望很难量化。在现实中，由于地理画像并没有侦破案件，故而它对VPD的真实回报也很难衡量。

② 此前，罗斯姆的模型在已侦破的、已确认作案人的案件中取得了巨大的公开成就，但是考虑到罗斯姆地理画像技术的“巧妙性”，它也可能已经使结果偏离了事实。

圈一圈地喷洒出来的喷头，”罗斯姆问，“你可以看一看，然后说，‘有很大的概率，下一滴水会落在在这个圈内’，但很难知道它落下的确切位置。但如果你把喷头拿开，我看了水流的样式之后却可以告诉你喷头的位置。”

图3.5　42岁的沙漠风暴老兵约翰·艾伦·穆罕默德及其17岁的继子约翰·李·马尔沃因枪击致10人死亡，3人重伤而被捕、审判并定罪，其作案足迹遍布华盛顿特区、巴尔的摩－华盛顿大都会地区和弗吉尼亚州95号州际公路沿线地区。在他们被捕之前，联邦调查局心理画像人员认为作案人是一名居住在该地区的白人男性且经常独来独往，但结果却恰恰相反。

罗斯姆希望借助其规则做到的其实是给历来有些“软”的心理画像科学增添严谨性，一旦犯罪现场确定，就创造一种更多地倾向于演绎分析而不是归纳分析的方法。（这里的区别是：当福尔摩斯注意到你的手指尖是黄色的，就判断你是一个吸烟者，这时他在做归纳式分析；当他推断，如果你是一个吸烟者，你就不可能是凶手，因为已知凶手对吸烟有致命的过敏，这时他在做演绎式分析。）

“归纳是大多数科学的本质。你记录下观察结果，并对它们进行总结概括，”罗斯姆说，“真正的演绎系统其实只有数学。”① 你可以想象罗斯姆在带着他忠实的猎犬瑞格尔（Rigel）出去散步。罗斯姆自己就是“软科学”——一个从犯罪现场采集数据的侦探，而

① 这其实是错误的，我们在这里已经证明了这一点。数学可以是演绎的，但是逻辑和推理也可以是演绎的。归纳本身并不是科学，它是科学方法的前期步骤中的一步。

瑞格尔代表的却是“硬科学”。当证据摆在它鼻子下的时候，它就像开枪一般冲了出去。

表面上看，如果只是默认的话，华盛顿环形公路狙击手案似乎是地理画像分析的完美对象。在这个案件中，为了对付一个连环杀手，包括质谱仪、气相色谱仪以及扫描电子显微镜（它能根据一个不准确的想法得出 DNA 样本）在内的一系列高科技侦查工具轮番上场，但这些似乎都没什么用；不管这个人是谁，他好像就这样不留痕迹地走过了这些地方。在每个郊区加油站或停车场的每个血泊中，狙击手留下的都是数据点。而罗斯姆知道怎么处理这些数据。

然而，在案件早期，瑞格尔猜测狙击手的落脚点在华盛顿特区北郊的某个地方（事实上，最终结果表明凶手可能根本就没有固定落脚点)。罗斯姆指出那些在新闻节目上发表自己半吊子观点的“假画像人员”的做法简直是大错特错，很难说他这样做是有损于还是有助于树立他的威望。但不管怎么说，当一条关于狙击手的匿名线索为警察提供了必要信息时，案件的真相似乎仍然还很遥远，就深埋在这每天一万五千条的线索和一大堆无关的白色小货车中。

“在有些案例中，心理画像很可能会相当有用，但在很多其他情况下，它根本不起作用，”巴尔的摩县马里兰大学的地理学教授、“犯罪地理”研究的先驱基思·哈里斯（Keith Harries）说，“在狙击手案中，（罗斯姆的算法）只是无法处理数据的变化程度。”

奈德·莱文（Ned Levine）是休斯敦的城市规划人员，他个人为国家司法研究所研发了一个叫作“犯罪统计”（crime stat）的地理画像模型，正如他所言，狙击手案中被捕的两个人——约翰·艾伦·穆罕默德（John Allen Muhammad）和约翰·李·马尔沃（John Lee Malvo）——从未在一个落脚点长期居住（他们最近住在华盛顿州)。他们的移动范围过大，以至于这些模型都不精确了。他们并不是在自己熟悉的地区作案，而是在跟这些地区很相似的地方作案。这在日益同质化的美国，可以包含相当多的区域。像安得鲁·库纳南（Andrew Cunanan）和艾琳·乌尔诺斯（Aileen Wuornos）这样的江湖刺客抵挡住了准确的地理画像。（证据显示美国连环杀手的移动性几乎是其他地方连环杀手的两倍。）莱文指出犯罪人的流动性越来越大，出行模式越来越复杂，给地理画像人员带来了更大的问题……

罗斯姆的竞争对手声称瑞格尔尚未自证其说。从长远来看，他们认为，罗斯姆的模型不见得会比他们的更准确——事实上不会比传统的贴图钉法更准确。“商业培训让它看起来非常特别，很不一般；还会暗示其中有各种各样的技能，这就意味着他们能收取高额费用”，戴维·坎特（David Canter）如是说道，戴维·坎特是利物浦大学侦查心理学中心主任，有时他会把自己的程序——Dragnet——当作公开资源软件免费向研究人员开放。尚未有人对目前所有相互竞争的模型进行过一对一的比较，但是莱文说，“早就该这样了。”

罗斯姆说他无法详细讨论华盛顿狙击手案，部分原因在于他没有掌握嫌疑人在整个杀戮过程中行动的所有细节信息。但他很肯定瑞格尔并不是像看起来那样手忙脚乱。“据我所知，从地理上来看，他们的模式与我们的预期相符。这就是我要说的。我没发现什么让人惊讶的东西。”他表示，在任何情况下，任何方法都有假设和局限性。“我想说的是我收到的请求当中，有85%的时候我们都能提供一些帮助。”他说。

目前罗斯姆博士是得克萨斯州立大学刑事司法系的研究教授，也是地理空间情报调查中心主任。他最近的著作主要是将地理画像技术应用于动物觅食和鲨鱼的狩猎行为。①

结 论

显然，本章作者们关心的是目前可用的许多犯罪心理画像方法的可靠性。这也与一般心理画像人员习惯性地将个体行为孤立起来，然后断章取义地进行解释有关。此外，他们往往不会解释——更不用说分析

① 参见拉·孔伯等人（Le Comber et al.，2006）。

——假设和结论之间的差异。这可能反映了执法机构与犯罪心理画像之间的密切关联。应用心理画像技术的执法办案人员要么没有扎实的科学背景，要么就是很晚才开始使用这种方法并对之带有偏见。总之，一般性的心理画像人员往往将他们关于犯罪和犯罪人的独特启发式知识运用于个案解释，就好像他们在某种程度上具有决定性且彼此相关，但通常并非如此。

犯罪侦查分析是未完成的、未经测试的、基于归纳法的、以执法机构为导向的心理画像方法，其基础是对 20 世纪 70 年代以来没有合理分组的罪犯进行的一项小规模研究。该研究重点关注对犯罪人进行的未经验证的询问，其作用在于进一步深化联邦调查局有组织力的和无组织力的二分法，以及当前犯罪侦查分析的化身。这个二分法已经被证实是错误的，也缺乏实际应用；而犯罪侦查分析，尽管整体缺乏可靠性且其最初目的并不是实现定罪，但它却被并不了解其中差异的分析人士用于法庭取证以实现刑事定罪。[①] 犯罪调查分析心理画像的结论往往来源于一般的犯罪统计、不合格的证据重建，以及对证据的启发式“经验”解释，而这些证据又以联邦调查局训练出来的所谓具有权威的心理画像人员为支撑。

诊断评估代表了不同程度教育、培训和经验背景的临床医生（医生和心理健康工作人员）在法医背景下的心理画像工作。个别临床医生在自己治疗模式和经验的局限内，以高度主观的方式进行心理画像。其结果就是缺乏统一的方法和应用，整体上脱离了力图破案这一侦查人员在实际案件中的关注点。评估诊断的结论以诊断为导向，其内容从详尽复杂的心理动力学对某些晦涩难懂的犯罪行为的解释，到直接从一本诊断指南中剪下来的一页诊断书，不一而足。

侦查心理学（IP）试图给心理画像增添科学性，但它失败了，因为数学和统计学本身并不科学。它们只有在其解释和应用中才变得科学。当然，该领域已经发表了一些有趣的、甚至是有用的研究。然而，在实际刑事案件的运用中，IP 画像认为在页面上列出统计数据、引用一个又

① 本文通过案例探讨了这个问题。

一个的研究就足够了，却并没有将研究或其概率与手边的案子结合起来。IP 画像往往是论文式的数据转储，这对警方调查人员而言没有任何价值，因为他们往往在没有强大的研究方法和统计数据的背景下开展工作。IP 模型纯粹是学术性的，缺乏相关性。

从最终委托人的角度来看，地理画像与侦查心理学本质上是一样的，只是地理画像在完成自己工作的同时也能提供犯罪心理画像。它通过数字来进行心理画像并将归纳概率视为科学探究的上限。尽管心理画像人员并没有接受过犯罪心理画像相关的教育或培训（某些情况下也没有学习过科学方法），但这是事实。此外，跟 IP 不同的是，地理画像有一个额外的优点，就是可以在地图上画一个圆圈或楔形，如果侦查人员借此缩小搜索范围，最多有 50% 的机会使调查脱离正轨。

如果这个评论听起来很刺耳，那是因为它有意如此。从调查和法医的角度来说，只有在极其谨慎、对自己的局限性极其谦卑的情况下，才能将一般方法用于个案审查。这意味着只能提出假设。但在他们目前的应用中，情况并非如此。相反，现实情况通常是一般心理画像人员把归纳的方法和发现视为定论，根本就没有考虑其实际局限性。从科学上讲，这种做法顶多就是不诚实。但正如本文通篇所讨论的，它已经带来了一些灾难性的后果。

小结

科学方法的应用创造了两种不同类型的知识：具体的和通则式的。通则（群体）研究会得出关于群体特征的知识，在试图定义群体、解决群体相关问题或在具体案例中提出初步假设的时候，这些知识就是有用且必不可少的。因此，通则式犯罪人心理画像就是通过研究罪犯群体得出的特征。此外，通则式心理画像代表的是平均值，是抽象的。

通则式心理画像有四种主要的类型：犯罪侦查分析（CIA），诊断评估（DE），侦查心理学（IP）和地理画像（GP）。

联邦调查局的心理画像方法——犯罪侦查分析，是最常见的通则式犯罪心理画像方法。其核心是被广为传播的有组织力和无组织力二分法，此二分法源于美国联邦调查局的心理画像项目，该项目主要研究

1979 年到 1983 年发生的案件，其中涉及 36 名被监禁的罪犯以及对应的 118 名受害者。尽管犯罪调查分析及其方法臭名昭著且依旧为执法机构所用，但在已发表的文献中，它被抨击缺乏准确性、有效性和实用性。

诊断评估不是单一的心理画像方法，也不是一个统一方法。它是由医疗和精神卫生专业人员提供的服务，这些专业人士基于临床经验，给出关于犯罪人、犯罪现场以及受害者的心理画像观点。诊断评估通常是主要报告的脚注，例如心理健康评估、人格量表或尸检结果。

侦查心理学试图涵盖所有与刑事和民事调查行为相关的心理学的各个方面。它包括对各种犯罪团体的研究。通常，其结果就是一个心理画像，一种对看似类似的案例的研究所做出的文献综述。

地理画像的重点是确定嫌疑人的住所、工作地点或一些其他固定位置。它假定犯罪人的住所或犯罪人熟悉的其他地方是可以通过案发地点来确定的。对犯罪人进行群体研究而建立起来的理论和假设是地理画像的基础，但这些假设不一定适用于个案。

练习

1. 基于群体研究而得出的知识可以被称为__________。

2. 基于单个案例研究而得出的知识可以被称为__________。

3. 判断正误：通则式犯罪人心理画像代表的是真实世界根本不存在的一种抽象情况。

4. FBI 目前的犯罪心理画像方法是__________。

5. 判断正误：通则式心理画像代表的是对潜在犯罪人特征的预测，并不是实际分析。

6. 据 FBI 首位心理画像人员霍华德·德田（Howard Teten）的研究，联邦调查局的心理画像方法只在____% 的情况下有助于识别犯罪嫌疑人。

7. __________包括考量犯罪人的住所与作案地点之间的空间关系。

REFERENCES

Ainsworth, P. B. , 2000. Psychology and Crime: Myths and Reality. Longman, Harlow, Essex, UK.

Ainsworth, P. B. , 2001. Offender Profiling and Crime Analysis. Willan, Cullompton, Devon, UK.

Baeza, J. , Chisum, W. J. , Chamberlin, T. M. , McGrath, M. , Turvey, B. , 2000. Academy of Behavioral Profiling: Criminal Profiling Guidelines. Journal of Behavioral Profiling 1 (1).

Bartol, C. R. , 1996. Police Psychology: Then, Now and Beyond. Criminal Justice and Behavior 23 (1), 70 – 89.

Beasley, J. O. , 2004. Serial Murder in America: Case Studies of Seven Offenders. Behavioral Science Law 22, 395 – 414.

Burgess, A. N. , Burgess, A. W. , Douglas, J. , et al. (Eds.), 1992. Crime Classification Manual. Lexington Books, New York, NY.

Burgess, A. W. , Ressler, R. K. , 1985. Sexual Homicides: Crime Scene and Pattern of Criminal Behavior. National Institute of Justice Grant 82 – IJ – CX – 0065.

Burgess, A. W. , Hartman, C. R. , Ressler, R. K. , Douglas, J. E. , McCormack, A. , 1986. Sexual Homicide: A Motivational Model. Journal of Interpersonal Violence 1 (3), 251 – 272.

Canter, D. , 1989. Offender Profiles. Psychologist 2 (1), 12 – 16.

Canter, D. , 1995. Psychology of Offender Profiling. In: Bull, R. , Carson, D. (Eds.), Handbook of Psychology in Legal Contexts. John Wiley & Sons, New York, NY.

Canter, D. , 1998. Profiling as Poison. Interalia 2 (1), 10 – 11.

Canter, D. , 2000. Investigative Psychology. In: Siegel, J. , Knupfer, G. , Saukko, P. (Eds.), Encyclopedia of Forensic Science. Academic Press, Boston, MA.

Canter, D. , 2003. Mapping Murder: The Secrets of Geographical Profiling. Virgin Books, London, England.

Canter, D. , 2004. Offender Profiling and Investigative Psychology. Journal of Investigative Psychology and Offender Profiling 1, 1 – 15.

Canter, D. , Larkin, P, 1993. The Environmental Range of Serial Rapists. Journal of Environmental Psychology 13, 93 – 99.

Canter, D. , Young, D. , 2003. Beyond "Offender Profiling": The Need for an Investigative Psychology. In: Carson, D. , Bull, R. (Eds.), Handbook of Psychology in Legal Contexts, second ed. Wiley, New York, NY.

Canter, D. , Coffey, T. , Huntley, M. , Missen, C. , 2000. Predicting Serial Killer's Home Base Using Decision Support System. Journal of Quantitative Criminology 16 (4), 457 -478.

Canter, D. , Alison, L. J. , Alison, E. , Wentink, N. , 2004. The Organized/Disorganized Typology of Serial Murder: Myth or Model? Psychology, Public Policy and Law 10, 293 -320.

Chisum, W. J. , 2000. A Commentary on Bloodstain Analyses in the Sam Sheppard Case, Journal of Behavioral Profiling 1 (3).

Copson, G. , 1995. Coals to Newcastle? Part 1: A Study of Offender Profiling, Police Research Group Special Interest Series Paper 7. Home Office, London, England.

Copson, G. , Badcock, R. , Boon, J. , Britton, P. , 1997. Articulating a Systematic Approach to Clinical Crime Profiling. Criminal Behavior and Mental Health 7, 13 -17.

Darkes, J. , Otto, R. K. , Poythress, N. , Starr, L. , 1993. APA's Expert Panel in the Congressional Review of the USS *Iowa* Incident. American Psychologist 8 -15 January.

Darwin, C. , 1994. Observation, 18 September 1861. In: Burckhart, F. , Browne, J. , Porter, D. , Richmond, M. (Eds.), The Correspondence of Charles Darwin. Cambridge University Press, Cambridge, MA.

Depue, R. , Douglas, J. , Hazelwood, R. , Ressler, R. , 1995. Criminal Investigative Analysis: An Overview. In: Burgess, A. , Hazelwood, R. (Eds.), Practical Aspects of Rape Investigation, second ed. CRC Press, Boca Raton, FL.

Douglas, J. E. , Burgess, A. E. , 1986. Criminal Profiling: A Viable Investigative Tool against Violent Crime. FBI Law Enforcement Bulletin 55 (12), 9 -13.

Fox, J. , 2004. Personal communication with Wayne Petherick, 16 March.

Geberth, V. J. , 1996. Practical Homicide Investigation: Tactics, Procedures and Forensic Techniques, third ed. CRC Press, Boca Raton, FL, pp. 89 -91.

Godwin, G. M. , Canter, D. , 1997. Encounter and Death: The Spatial Behavior of US Serial Killers. Policing 20 (1), 24 -38.

Grierson, B. , 2003. The Hound of the Data Points: Geographic Profiling Pioneer Kim Rossmo Has Been Likened to Sherlock Holmes; His Watson in the Hunt for Serial Killers Is a

Digital Sidekick—An Algorithm He Calls Rigel. Popular Science 262 (4), 62 – 68.

Gudjonsson, G., Copson, G., 1997. The Role of the Expert in Criminal Investigation, In Jackson, J., Bekerian, D. (Eds.), Offender Profiling: Theory, Research and Practice. John Wiley & Sons, Chichester, Sussex, UK.

Harries, K., 1999. Mapping Crime: Principles and Practice, Crime Mapping and Research Centre. U. S. Department of Justice, Washington, DC.

Hazelwood, R., 1995. Analyzing the Rape and Profiling the Offender. In: Burgess, A., Hazelwood, R. (Eds.), Practical Aspects of Rape Investigation, second ed. CRC Press, Boca Raton, FL.

Hazelwood, R. R., Douglas, J. E., 1980. The Lust Murderer. FBI Law Enforcement Bulletin 49 (4), 1 – 5.

Holmes, R., DeBurger, J., 1988. Serial Murder. Sage Publications, Newbury Park, CA.

Homant, R., Kennedy, D., 1998. Psychological Aspects of Crime Scene Profiling: Validity Research. Criminal Justice and Behavior 25 (3), 319 – 344.

Hurlburt, R. T., Knapp, T. J., 2006. Münsterberg in 1898, Not Allport in 1937, Introduced the Terms "Idiographic" and "Nomothetic" to American Psychology. Theory and Psychology 16 (2), 287 – 293.

Jenkins, P, 1994. Using Murder: The Social Construction of Serial Homicide. Aldine de Gruyter, New York, NY.

Kocsis, R. N., 1997. Criminal Profiling the Residence Location of Serial Rape and Arson Offenders. Australian Police Journal 51 (4), 250 – 253.

Kocsis, R. N., Irwin, H., 1997. An Analysis of Spatial Patterns in Serial Rape, Arson and Burglary: The Utility of the Circle Theory of Environmental Range to Psychological Profiling. Psychiatry, Psychology and Law 4 (2), 195 – 206.

Kocsis, R. N., Cooksey, R. W., Irwin, H. J., 2002. Psychological Profiling of Sexual Murders: An Empirical Model. International Journal of Offender Therapy Comp. Criminology 46 (5), 532 – 554.

Laverty, I., MacLaren, P., 2002. Geographic Profiling: A New Tool for Crime Analysis. Crime Mapping News, Summer, pp. 5 – 8.

LeComber, S. C., Nicholls, B., Rossmo, D. K., Racey, P. A., 2006. Geographic Profiling and Animal Foraging. Journal of Theoretical Biology 240 (2), 233 – 240.

Liebert, J. A. , 1985. Contributions of Psychiatric Consultation in the Investigation of Serial Murder. Inernational Journal of Offender Therapy Comp. Criminology 29 (3), 187 – 199.

McGrath, M. G. , 2000. Criminal Profiling: Is There a Role for the Forensic Psychiatrist? Journal of the American Academy of Forensic Psychiatry and the Law 28 (3), 315 – 324.

Meaney, R. , 2004. Commuters and Marauders: An Examination of the Spatial Behavior of Serial Criminals. Journal of Investigative Psychology 1, 121 – 237.

Meloy, J. R. , 1998. The Psychology of Stalking. In: Meloy, J. R. (Ed.), The Psychology of Stalking: Clinical and Forensic Perspectives. Academic Press, London, England.

Muller, D. , 2000. Criminal Profiling: Real Science or Just Wishful Thinking? Homicide Studies 4 (3), 234 – 264.

New Jersey v. Fortin, 2000. No. A – 95/96 – 98, Supreme Court of New Jersey, 2000 (745 A. 2d 509).

Nobile, P. , 1989. The Making of a Monster. Playboy, July.

Novick, P, 1988. That Noble Dream. Cambridge University Press, New York, NY.

Nowikowski, F. , 1995. Psychological Offender Profiling: An Overview. Criminologist 19 (4), 225 – 251.

Pennsylvania v. Distefano, 2001. August 16, 2000 (2001 WL 923333).

Petherick, W. A. , 2003. What's in a Name? Comparing Applied Profiling Methodologies. Journal of Law and Social Challenges June, 173 – 188.

Petherick, W. A. , 2005. Criminal Profile: Into the Mind of the Killer. Hardie Grant Books, Sydney, Australia.

Petherick, W. A. , 2006a. Criminal Profiling Methods. In: Petherick, W. A. (Ed.), Serial Crime: Theoretical and Practical Issues in Behavioral Profiling. Academic Press, Boston, MA.

Petherick, W. A. , 2006b. Geographic Profiling: The Devil Is in the Distance, Journal of Behavioral Profiling 6 (1), June.

Pinizzotto, A. J. , 1984. Forensic Psychology: Criminal Personality Profiling. Journal of Police Science and Administration 12 (1), 32 – 40.

Ratcliffe, J. H. , 2004. Crime Mapping and the Training Needs of Law Enforcement. European Journal on Criminal Policy and Research 10, 65 – 83.

Rengert, G. F. , Piquero, A. R. , Jones, P. R. , 1999. Distance Decay Reexamined.

Criminology 37 (2), 427 – 445.

Ressler, R. K., Burgess, A. W., 1985. Crime Scene and Profile Characteristics of Organized and Disorganized Serial Murderers. FBI Law Enforcement Bulletin 54 (8), 18 – 25.

Ressler, R. K., Shachtman, T., 1992. Whoever Fights Monsters. Pocket Books, New York, NY.

Ressler, R. K., Burgess, A. W., Douglas, J. E., Hartman, C. R., D'Agostino, R. B., 1986. Sexual Killers and Their Victims: Identifying Patterns through Crime Scene Analysis. Journal of Interpersonal Violence 1 (3), 288 – 308.

Ressler, R. K., Burgess, A. W., Hartman, C. R., Douglas, J. E., McCormack, A., 1986. Murderers Who Rape and Mutilate. Journal of Interpersonal Violence 1, 273 – 287.

Ressler, R. K., Burgess, A. W., Douglas, J. E., 1988. Sexual Homicides: Patterns and Motives. Lexington Books, New York, NY.

Rossmo v. Vancouver (City) Police Board, 2001. Available at www. hamiltonhowell. ca/cases/rossmo. htm (accessed 8, 06. 06.).

Rossmo, D. K., 1997. Geographic Profiling. In: Jackson, J., Bekerian, D. (Eds.), Offender Profiling: Theory, Research and Practice. Wiley, Chichester, Sussex, UK.

Rossmo, D. K., 2000. Geographic Profiling. CRC Press, Boca Raton, FL.

Rossmo, D. K., 2005. Geographic Profiling Update. In: Campbell, J. H., DeNevi, D. (Eds.), Profilers: Leading Investigators Take You Inside the Criminal Mind. Prometheus Books, Amherst, NY.

Ryan, H., 2007a. First Defense Witness at Spector Trial Says Actress's Death Was Suicide. CourtTV. com, June 28.

Ryan, H., 2007b. Prosecutor Accuses Expert of Misleading Jurors to Help Phil Spector. CourtTV. com, June 28.

Safarik, M. E., Jarvis, J., Nussbaum, K., 2000. Elderly Female Serial Sexual Homicide: A Limited Empirical Test of Criminal Investigative Analysis. Homicide Studies 4 (3), 294 – 307.

Santilla, P, Zappala, A., Laukannen, M., Picozzi, M., 2003. Testing the Utility of a Geographical Profiling Approach in Three Rape Series of a Single Offender: A Case Study. Forensic Science International 131, 42 – 52.

Snook, B., Canter, D., Bennell, C., 2002. Predicting the Home Location of Serial Offenders: A Preliminary Comparison of the Accuracy of Human Judges with a Geographic

Profiling System. Behavioral Science and Law 20, 109 – 118.

Snook, B., Taylor, P. J., Bennell, C., 2004. Geographic Profiling: The Fast, Frugal, and Accurate Way. Applied Cognitive Psychology 18, 105 – 121.

Snook, B., Cullen, R. M., Mokros, A., Harbort, S., 2005. Serial Murderers' Spatial Decisions: Factors That Influence Crime Location Choice. Journal of Investigative Psychology and Offender Profiling 2, 147 – 164.

Superior Court of California, 1999. The People of the State of California v. Douglas Scott Mouser, Available fromwww. corpus – delicti. com/mouser_101999_prodan_direct. html (accessed 11. 11. 05.).

TaFoya, W. L., 2002. Profiling: A Measure of Last Resort, Police Futurists International. Available fromwww. policefuturists. org/newsletter/webarticles/profiling. htm (accessed 4. 07. 07.).

Tamlyn, D., 1999. Deductive Profiling: A Clinical Perspective from the UK. In: Turvey, B. E. (Ed.), Criminal Profiling: An Introduction to Behavioral Evidence Analysis. Academic Press, London, England.

Tennessee v. Stevens, 2001. No. M1999 – 02067 – CCA – R3 – DD, May 30, 2001 (Tenn. Crim. App. 2001).

Teten, H., 1995. Offender profiling. In: Bailey, W. (Ed.), The Encyclopedia of Police Science. Garland Publishing, New York, NY.

The Vancouver Sun, 2001. Profiling Section Wasn't Good Value, Vancouver Police Deputy Chief Says, June 28.

Turco, R. N., 1990. Psychological Profiling. International Journal of Offender Therapy Comp. Criminology 34, 147 – 154.

Turvey, B., 1999. Criminal Profiling: An Introduction to Behavioral Evidence Analysis, Academic Press, London, England.

Turvey, B., 2002. Criminal Profiling: An Introduction to Behavioral Evidence Analysis, second ed. Elsevier Science, London, England.

van Koppen, PJ., de Keijser, J. W., 1997. Desisting Distance Decay: On the Aggregation of Individual Crime Trips. Criminology 35 (3), 505 – 515.

West, A., 2000. Clinical Assessment of Homicide Offenders: The Significance of Crime Scene in Offense and Offender Analysis. Homicide Studies 4 (3), 219 – 233.

Wilson, C., 2003. Mapping the Criminal Mind. New Science 178 (2392), 46 – 49.

Wilson, P., Soothill, K., 1996. Psychological Profiling: Red, Green or Amber? Police Journal, July, 349 - 357.

Wilson, P., Lincoln, R., Kocsis, R. N., 1997. Validity, Utility and Ethics of Profiling for Serial Violent and Sexual Offenders. Psychiatry, Psychology and Law 4 (1), 1 - 12.

Woodworth, M., Porter, S., 1999. Historical Foundations and Current Applications of Criminal Profiling in Violent Crime Investigations. Expert Evidence 7, 241 - 264.

第4章 法医心理学、法医精神病学与犯罪心理画像

精神健康专业人员于犯罪心理画像之贡献

迈克尔·麦格拉斯（Michael McGrath）

安吉拉·托雷斯（Angela Torres）

法医心理学（forensic psychology）和法医精神病学（foremisc psychiatry）指的是行为科学在法律问题上的应用（Hess，1999）。法医精神健康专业人士回答的常见法律心理问题包括：（1）性犯罪再犯的风险；（2）受审能力；（3）刑事责任/作案时的神智状态。此外，凭借对人类行为的了解，法医心理学家和精神病学家可以以犯罪心理画像的方式为正在进行的调查增加一个独特的视角。人们对心理画像往往了解甚少，即使画像从业者也对此知之甚少。在电影和书籍的推动下，现下的常见观点让很多人都误以为心理画像属于法医心理学的一部分。实际上，很少有心理画像人员具备心理科学方面的背景知识。

心理学和精神病学

心理学和精神病学两个领域密切相关，但二者也有一些重要的区别。它们都有赖于行为科学研究。精神科医生是自医学院毕业后专攻精神病学的医生。他们可以诊断疾病（包括心理和医学的）并开具药方。心理学家通常也是具有博士学位的临床医师。他们研究心理学，并在开展研究方面接受了不同程度的训练。他们也有资格进行心理测量并进行分析，如人格评估、智力测试和神经心理测试。在法医精神病学和心理

学领域，有一些从业人员通过实践经验获得了该领域内的专业知识，但现在人们的预期是：从业人员必须接受相应的高等教育和培训，才有资格成为这些领域的专家（Bersoff et al. ，1997）。

在法医工作中，委托方可以是法院（法院要求的评估），也可以是某位律师（聘请专家对个人进行评估）。虽然并不常见，但法庭中的评估对象（即被告）可能会拒绝合作，这时候法医心理学家或法医精神病学家或许只能根据旁证信息（collateral information）完成评估。可靠的旁证信息在实践和法医评估中意义重大，对法医评估而言是必不可少的。

临床医生容易陷入的窘境是对同一个人既进行治疗又进行法医鉴定。在伦理原则上，一般会避免这种情况（法医心理学家道德准则委员会，1991）。若你与某人有过或有着某种持续性关系，且该人对于你形成的专家观点又有着既定利益，那么要保持客观心态即便不是不可能，也十分困难。例如，在明知自己的病人经济十分拮据的情况下，精神科医生如何在评估此病人的心理损害时保持客观中立呢？在诉讼中，若某病人的一些症状能使之在诉讼中获得经济利益，那么同时作为该病人的专家证人的医生，又如何能持续为表现出症状（自觉或不自觉地）的病人进行治疗呢？我们必须意识到这种伦理冲突并加以解决。

法医精神卫生专业人员可以在民事和刑事案件中进行评估。民事案件涉及财产或侵权行为相关事宜（即，可以通过诉讼解决损害或其他损失）。例如，涉及风险评估和儿童监护权的评估。刑事案件是涉及犯罪行为的案件。常见的刑事评估包括案发时的刑事责任（理智）和受审能力。

精神错乱与受审能力

没有受审能力往往被等同于精神错乱，但事实并非如此。受审能力（competency to stand trial）是指被告具有理解自己当前所处法律困境（如：面临的指控，可能的结果）、并协助律师进行辩护的能力（Roesch et al. ，1999）。精神错乱是指被告人作案时的心理状态（Golding et al. ，

1999）。不同的司法管辖区标准不同，但一般来说，案发时，他应当知道自己的行为是错误的或是违反法律的。许多人认为严重的精神疾病会使一个人丧失能力或精神失常，但事实也并非如此。虽然严重的精神疾病（如精神分裂症或双相情感障碍）或精神障碍（如智力低下或脑外伤）是一个先决条件，但这种障碍必须达到使该患者丧失受审能力或不具备承担刑事责任的法律标准。

人们都以为，因精神错乱而被无罪释放的人在“逍遥法外”（Hans and Slater，1983）。但事实上，精神错乱辩护十分少见，更是鲜有成功的。若确实有无罪释放的情况，当事人也通常会被移交给安全的心理健康机构。法律界众所周知的事实是，成功主张精神错乱的当事人通常被送进医院（或在精神健康机构中接受治疗），往往比他们在法庭上申辩或接受判决本应该监禁的时间还要长（Callahan et al.，1992；Sloat and Frierson，2005）。

案例：安德利亚·耶茨案

安德利亚·耶茨（Andrea Yates）案（图4.1）广为人知，既是因为该案涉及精神方面的问题，也与之后有关精神病学证词的问题相关。这个案子说明了法医精神健康评估方面典型和非典型的特点。耶茨是五个孩子的母亲，这几个孩子的年龄从六个月到七岁不等。她曾患过一段时间的抑郁症（据信是产后抑郁症）和精神病，一直在吃抗精神病药物和抗抑郁药（Parnham et al.，2004）。[①] 1999 年，她过量服用其父亲的药物，试图自杀。2001 年 3 月，她的父亲去世了，自此其病情就开始恶化。耶茨后来进行了住院治疗，在凶杀案发生前不久，她由住院治疗改为门诊治疗。案发前两天，她去看了心理医生，医生减少了抗抑郁药物的服用量，并让她停用抗精神病的药物。2001 年 6 月 20 日，在丈夫去上班后，耶茨有条不紊地溺死了自己的五个孩子。然后打电话给 911 自首，并给上班的丈夫打了电话。她随后被拘留，法官针对此案发布了禁

① 除非另有说明，否则与耶茨案有关的信息均来自得克萨斯州第一区上诉法院填写的上诉人简介。引号表明原文引自该简介，并不一定是实际引用某人所说的话。

言令。

耶茨告诉检察官，她觉得自己不是个好母亲，她的头发下隐藏着魔鬼的印记，她的孩子们会在地狱里受苦。她被捕和监禁的时候，监狱精神病学家报告说，耶茨对自己的心理疾病一无所知，她精神“极度”抑郁且患有精神病（与现实脱节）。例如，她认为她的孩子们看的动画片“正在给他们传送消息”（p. 29）。

图 4.1　2001 年 6 月 20 日，曾经的护士安德利亚·耶茨向休斯敦警方报案自首，称她将自己的四个儿子以及一个尚在襁褓中的女儿淹死在浴缸里，随后耶茨被捕。此为耶茨与她的儿子们和丈夫鲁斯特·耶茨（Rusty Yates）的照片。

安德利亚·耶茨告诉医生，第一个孩子出生后，她就开始听到一些声音了。她还说自己听到咆哮声，“感觉”撒旦就在自己身边。此外，孩子们（精神上）也状况不佳，她觉得这是她的错。“她相信他们注定要遭受痛苦的地狱之火。”在心理医生的印象中，她“在受访过程中时常出现幻觉（幻听）”。耶茨说她相信，“如果她的孩子们没有被杀，他们就会遭受百般折磨，葬身于地狱之火”（p. 30）。耶茨被诊断为重度抑郁症，具有精神病特征，且于产后发病（即产后精神病）。审判时，监狱的精神科医生说安德利亚·耶茨是她遇到的病情最严重的病人。监禁期间，一名心理学家曾对其进行神经心理测试。根据心理学家的意见，耶茨患有精神分裂症及伴发的抑郁障碍。

在这个备受瞩目的案件中，有关受审能力的问题很快就凸现出来，辩方迅速反应，辩称耶茨缺乏受审能力。2001 年 9 月，听取控辩双方的专家证词之后，陪审团耗费了两天时间来确定耶茨是否“对自己目前面临的诉讼程序有理性且实际的理解能力”以及是否具备与律师合作的能力。陪审团裁定耶茨能够继续其法律程序，另一个不同的陪审团稍后会再次听审该案。耶茨患有精神病，这一点不可辩驳。而法院面临的问题则是，她是否符合得克萨斯州法律规定的进行精神错乱辩护的标准。德克萨斯州法规要求该人（受严重精神疾病的影响）在犯案时并不知道自己当时的行为是错误的。

一些辩方专家作证说，在他们看来，耶茨在行凶时已不辨是非，不明对错。一个辩方专家，菲利浦·雷斯尼克（Phillip Resnick）博士在案发后几个星期与耶茨见了面，几个月后又与她见了一次。他指出，随着时间的推移，耶茨对这件事的记忆有了改变。这一点很重要，理由在于，由于病人临床症状的改善（在本案中，这是因为耶茨得到了更为恰当的处方药），新的或改变后的记忆“往往更理性”。雷斯尼克博士作证说：“一个人可能会认为某个行为是非法的，却并不认为它是错误的”（p. 40）。在很大程度上，这个案件的关键在于耶茨是否明白杀死自己孩子的行为是犯罪行为。她确实明白。她也明白社会会认为她的行为是不好的。但是，正如雷斯尼克博士给出的证词，她认为杀人是对的，因为她体内寄居着撒旦，如果她没有杀死孩子们，那他们就会受到永恒的诅咒。然而，她的确能辨对错。因此，即使她坚信自己的行为在道德上是正确的，她也明白这么做在法律上是错误的。

法医精神病学家帕克·迪茨（Park Dietz）博士（图 4.2）是唯一为检方作证的行为科学专家。他于 2001 年 11 月 6 日和 7 日给耶茨做了检查。那时耶茨已经服用了抗抑郁药和抗精神病药物。迪茨博士同意耶茨患有严重的精神障碍和精神分裂症的观点，但他不认为耶茨符合德克萨斯精神障碍辩护的标准。在评估耶茨对自己行为违法性的理解能力时，他将犯罪分为三个阶段：谋杀前、谋杀时和谋杀后。他指出，在谋杀前

图 4.2　法医精神病学家，医学博士帕克·E. 迪茨

阶段耶茨向别人隐瞒了她的计划，并把杀人动机归因于撒旦。这一点就否定了她隐瞒自己计划的事实，因为实施该计划对挽救孩子的灵魂至关重要。而如果她告诉了别人，被制止了，（在她看来）孩子们就会永远被诅咒。他作证称（p. 53），若耶茨认为她的孩子们处于危险之中，或者撒旦寄居在她身体里，她就会寻求咨询或帮助来解决这个问题。这一推理方式为一个非理性的精神病行为过程强加了一个理性的标准。在谋杀阶段，他指出，耶茨承认，她知道自己的行为是非法的，明白自己将被逮捕，社会也会把她的行为看成是“不好的”。迪茨博士认为，如果耶茨真的相信她是在救自己的孩子，“她本应当在溺死他们之前试图安慰他们。”这一点可能准确也可能不准确。此处，理性标准再一次被强加给了非理性的精神病行为之上。

在谋杀后阶段，迪茨博士认为，耶茨遮盖住孩子们遗体的行为表明她对自己的所作所为感到“内疚或羞愧”。这只是一个观点而非事实。它可能是对的，也可能不是。无论如何，杀死自己孩子后的羞愧感和内疚感并不排除她的行为是出于为孩子的最终利益而考虑。① 而且，她也告诉911 接线员，她做了“错事”要受到惩罚，准备好了要去地狱。耶茨曾表示，她相信对她行刑就会杀死撒旦，但迪茨博士说，她在作案的时候没有提到这一点。他给出的专家意见说：“在溺死孩子的时候，耶茨女士知道她的行为在法律上是错误的，在社会眼中以及在上帝的眼中都是错误的”（p. 55）。

迪茨博士在审判时作证称，谋杀前几周，耶茨看过一档名叫《法律和秩序》（*Law & Order*）的电视节目，节目中一个女人把她的孩子淹死，却因为精神错乱被判无罪。耶茨观看该节目的记录是由一名评估耶茨是

---

① 如果上帝允许亚伯拉罕完成以他儿子以撒的性命为代价的献祭，亚伯拉罕会不会对自己的所作所为感到愧疚和羞愧呢？他会遮盖儿子的遗体吗？

否有受审能力的专家提供的。人们后来发现，根本没有播出过这样的情节。

此外，检方在对一名辩方专家进行交叉询问时也利用了这一并不存在的情节（p. 62）。检察官在总结陈述时仍在利用这一根本不存在的情节（p. 63）：“她（耶茨）变得很郁闷，她去找了德弗鲁（Devereux），有时她会说就是在那个月她有了这些想法。这些想法冒了出来，她又看了《法律和秩序》，她会定期看这个节目。有一个出路。她告诉迪茨博士，有一个出路。”

《法律和秩序》的一名制作人联系了辩方，说根本没有制作过这样一集节目。当迪茨博士发现自己关于《法律和秩序》的证词有误时，便于 2002 年 3 月 14 日给地方检察官办公室写了一封信阐明情况。“我还想澄清一下，耶茨太太没有跟我说任何关于那一集或是《法律和秩序》节目的事。”法院对此进行了修正，给陪审团发了一个约定条款，称如果迪茨博士愿意作证，那么其证词则改为他关于《法律和秩序》情节的证词是错误的。这发生在判决之后，宣判之前。

耶茨因杀害自己的三个孩子而被判死刑并处终身监禁。2005 年 1 月 6 日，耶茨提起上诉，得克萨斯州第一上诉法院推翻了一审判决。案件重审后，2006 年 7 月 26 日，法院裁定耶茨因精神失常导致三个孩子诺亚（Noah）、约翰（John）和玛丽（Mary）死亡，耶茨被改判无罪。

案例：杰弗里·达默案

接受过联邦调查局训练的心理画像人员在一些案例中已经涉足法医心理健康评估。杰弗里·达默（Jeffrey Dahmer）一案是最早记录在案的案件之一，当然也是最臭名昭著的案例之一。此案涉及心理健康专业人员，同样也涉及联邦调查局心理画像人员。

1991 年 7 月 22 日，警察逮捕了杰弗里·达默。一个戴着手铐的男子从杰弗里的公寓逃出，两名密尔沃基警察发现了这一情况。经审讯，该男子说他遇到了一个让他感到非常不适的人，并向警方提供了一个公寓地址。杰弗里打开了公寓门。警察在其公寓里发现了许多照片以及不同的尸体和分尸部位（包括头）。随后的调查揭露了这一长达 13 年的杀戮狂欢。

达默在 1978 年到 1991 年杀死了 17 名受害者。其惯常作案手法是邀请男同性恋者到自己的公寓，让他们吸毒。在受害者丧失行动能力后，他便将他们勒死。他表示自己与某些尸体发生了性关系，有时候他也会食用受害者的部分身体。杰弗里承认自己有罪但有精神病（威斯康星州法规适用）并接受审判。他于 1992 年被判有罪，并被连续判处 15 个终身监禁。1994 年 11 月，达默在狱中被另一名犯人杀害。

在此案的审判中，辩方和控方专家都各自就达默的精神状况发表了意见。精神错乱的说法很难说得通，尽管达默的罪行本质上来说十分怪异，但他并没有被诊断出重大的精神疾病（达到精神失常的程度）。虽然达默最初以精神错乱为由提出无罪抗辩，但后来他又将其改为有罪但有精神病的抗辩。因精神错乱而无罪的裁决是无罪判决；有罪但有精神病的裁决是有罪判决。因此，达默还是要在威斯康星惩戒部门管辖的一个精神病院里服刑。一旦被“治愈”（即，不再需要住精神病院），他就会被送到一个正规的监狱。

之前内容提到，一名前联邦调查局心理画像人员对达默进行了评估并为之辩护。这种说法在杰弗里审判之前闻所未闻。已于 1990 年从联邦调查局退役的罗伯特·雷斯勒（Robert Ressler）是联邦调查局行为科学组中较有声望的成员。在一本与别人合著的回忆录《我曾潜入恶魔的脑海》（*I Have Lived in the Monster*）（Ressler and Shachtman，1997，pp. 107 – 160）中，雷斯勒记述了他对杰弗里的询问/评估。雷斯勒说得很清楚（p. 109），他认为自己在评估杰弗里的“精神状况”。对杰弗里心理状态的评价结果与杰弗里的有罪但有精神病的抗辩相关，应该由一名有资格的精神科医生或心理学家进行。就连雷斯勒也承认（p. 108）：“我大概不会在这个案件中作证，因为双方都有专门的精神病专家。”他说：“我的朋友帕克·迪茨（Park Dietz）打算出庭为检方作证，但在这个案件中我们的意见不一致，我愿意为辩方提供咨询帮助”（p. 107）。既然法医精神病专家帕克·迪茨认为杰弗里·达默作案时神志清楚，如果雷斯勒跟迪茨的意见相左，那么就可以推断他的观点就是达默在作案时精神不正常。在另一本平装回忆录（Ressler and Shachtman，1992，p. 280）

里，这位曾经的联邦调查局心理画像人员说：“没有办法认为这个饱受折磨的人在作案时是神志清醒的。”可以说，雷斯勒愿意给出杰弗里精神错乱的专家意见。然而，他并没有出庭作证。引人注目的一点是，雷斯勒既不是心理学家也不是心理医生，但他却似乎愿意就达默在此案中的责任提供他所认为的专家意见（图 4.3）。

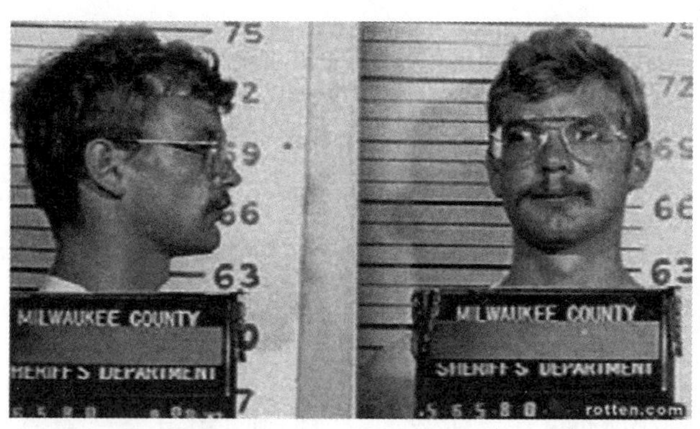

图 4.3　法院驳回了杰弗里·达默精神错乱的抗辩。1992 年 2 月 17 日，他被连续判处 15 个终身监禁。1994 年 11 月 28 日，威斯康星州哥伦比亚教养所的另一名囚犯杀死了达默。

雷斯勒参与达默案件突出了那些有侦查经验的人将自认为的专业领域与其他领域相互混淆或合并的危险倾向。请注意《我曾潜入恶魔的脑海》的这一段话（Ressler and Shachtman，1997，pp. 107 – 108）：

> 在我看来，杰弗里不是典型的“有组织力的”犯罪人，也不属于典型的“无组织力的”犯罪人：一个有组织力的谋杀犯从法律上来说是理智的，而一个无组织力的犯罪人从法律上来说则显然是不理智的，杰弗里同时符合这两种情况，但又哪种都不算，他应该是“混合”的犯罪人，这使得法院有可能认定他在后来的一些谋杀案中处于精神错乱的状态。

雷斯勒所依靠的二分法从未得到验证，是一个不管怎么看——无论是从调查角度还是科学角度来说——都毫无价值的方法，除此以外，他还将明显带有必然性的法律心理含义与调查手段相联系。[①] 这一做法令人难以接受。

案例：O. C. 史密斯案

O. C. 史密斯是当地知名医生，曾经也是田纳西州谢尔比县（Shelby County，Tennessee）的法医。2002 年 6 月 1 日，那是一个星期六的晚上，史密斯医生下班后离开，几个小时后，一名保安发现了他。这位医生被人用铁丝网绑在外面楼梯间的窗格上，脖子上还绑了一个爆炸装置。据说行凶者还朝他脸上扔有腐蚀性的化学物质，灼伤了他的脸。他说袭击者为男性，凶手用铁丝绑了他，就像被钉在十字架上一样。这个人只对他简短地说了一句："推一下，拉一下，扭一下，你就会死。欢迎来到死亡之列。"然后就悄然而去。

一支拆弹小队拆除了这个装置。他们确定这是一个货真价实、会爆炸的装置。当地警察局、烟酒武器管理局和联邦调查局都对案件进行了调查。他们之所以对此案兴致盎然是因为，三个月前，有人曾在史密斯工作的大楼走廊里安放了另一个炸弹装置。此外，一年前，地区检察官办公室还收到了一封威胁史密斯的来信。然而，在对史密斯遭受袭击一案进行调查的初期，联邦调查人员认为史密斯没有说实话。从几个层面上来说，O. C. 史密斯一案都很有意思。首先，它引出了一个调查困境：医生究竟是受害者还是骗子？其次，在没有真正与史密斯面谈的情况下，一个法医精神病学家试图在庭审中提供证词，称此医生患有精神疾病，其诊断依据是史密斯渴望成为一名犯罪受害者。第三，前联邦调查局的心理画像人员给检方提供了一份报告，在报告中，他所提出的几乎是心理学方面的观点。

如前所述，联邦调查人员怀疑史密斯说法的真实性，主要有几个原因。首先，虽然凶手往他脸上扔了些有腐蚀性的化学物质，但却一点也没伤到他的眼睛。还有，虽然他的头部和面部被铁丝网绕了好几圈，但他的伤势却十分有限。此外，他声称自己被凶手制服，但调查人员却对

① 第 3 章已讨论过有组织力的和无组织力的二分法。

此说法心存怀疑，尤其是考虑到史密斯偶尔还会携带枪支的事实。另一方面，绑在他胸部的设备毫无疑问是一枚实弹，本来是可以爆炸的。史密斯因对联邦政府撒谎，以及非法持有爆炸装置被捕。调查人员继续在联邦法院提出指控。最终，地方当局没有接受此指控。

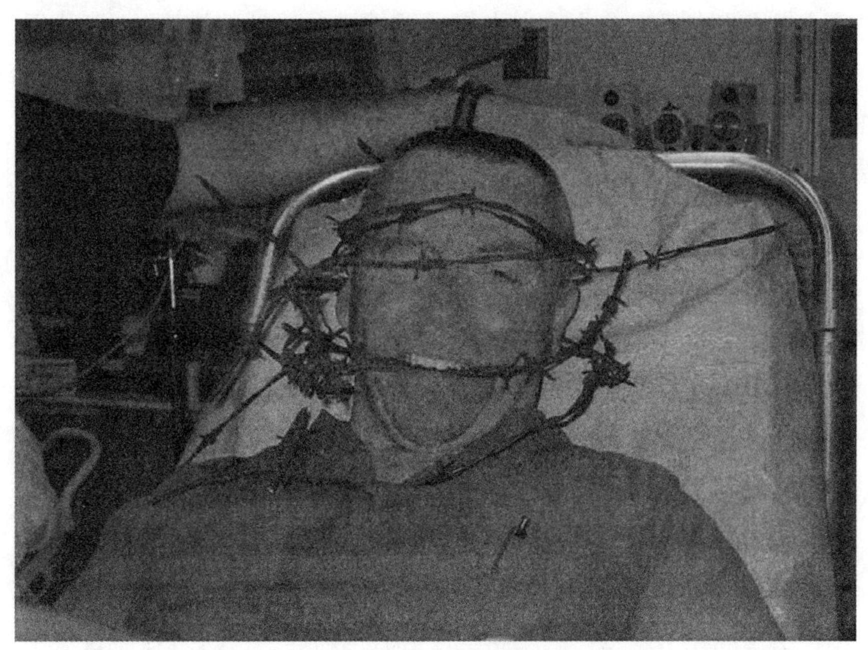

图 4.4　O. C. 史密斯被发现的那天晚上接受治疗时的照片。

帕克·迪茨博士向总检察长办公室提交了一份报告，欲为控方作证，他认为史密斯患有精神疾病，尤其是做作性受害障碍（factitious victimization disorder）。[①] 术语“做作性受害”（factitious victimization）在可诊断的精神疾病方面的用途有限。这一概念被更广泛地用于描述某一行为（即，谎称自己或他人是某罪行的受害者）。迪茨博士提出，这种行为可以诊断为一种独立的精神疾病。迪茨博士首次公开提及“做作性受害”是在 2004 年 4 月《时代》杂志上的一篇文章中（Fonda，2004）。

① 由于被告的拒绝，迪茨博士没能给史密斯做检查。于是迪茨博士这样陈述他的观点：“我以合理的医学知识做出确定性推断，在对被告进行诊断检查时，若医生能得到上述所有数据，就可以得出结论认为，在本案事件发生的时候，被告患有未特定做作性障碍（Factitious Disorder Not Otherwise Specified），具体来说则叫自为受害（Factitious Victimization）”（p. 48）。

这篇文章［关于奥德丽·塞勒（Audrey Seiler）被诱拐的虚假报告］引用了迪茨博士的话，他说，不为金钱或复仇之故而谎称自己是受害者的虚假报道十分罕见。文章提到了臭名昭著的达瓦娜·布罗利（Tawana Brawley）案件，迪茨博士曾在1988年向大陪审团作证。大陪审团不相信这个黑人少女口中的几个白人男子对她进行轮奸的说法。“迪茨创造了‘做作性受害障碍’这个词，用它来描述有人为博得同情和支持而自称是受害者的情况。迪茨说，从逃避考试到吸引男朋友的注意，自称为受害者的动机不一而足。”但这篇文章没有提及迪茨博士将这种行为视为一种精神疾病。

在史密斯报告的“分析、讨论和总结”一节中，迪茨记下了如下内容（p. 43）：

> 对该案件事实的行为分析表明，此次事件是被告人精神障碍的产物。可以解释这种行为的现象在某些心理健康和执法界众所周知，但对大多数外行来说它还是个陌生的东西。

迪茨博士提出论点时指出，精神病学中有一类疾病是《精神障碍诊断与统计手册》第四版［（DSM - IV - TR）］中的做作性障碍（FD）。做作性障碍的病人会表现出一些生理或心理症状，以获得任何只要生病就能获得的心理益处。孟乔森氏综合征（Munchausen's syndrome）可能是一种最常见的做作性障碍形式。这种病的患者会努力表现出身体上的不适，经常接受诊断性检查甚至手术以使自己符合病人的身份。DSM - IV - TR明确排除了这种疾病具有的外部刺激。换言之，这类患者的目标是扮演生病的角色，而不是为了金钱（如在诉讼中），或逃避工作及其他责任。将另一类行为（例如，假装或夸大症状以获得利益）称为诈病（malingering）应该更合适。FD主要包括两种类型：心理症状占主导地位的FD和以生理症状为主的FD。还有一种FD叫作未特定做作性障碍（FD Not Other Specified，FD NOS），它是指在临床诊断中，患者的症状并未达到前述两种标准的做作性障碍。FD NOS最有名的例子是代理型孟乔森氏综合征（Munchausen's syndrome by proxy），即护理者报告或虚构被护理者（通常是儿童）出现患病的特征或症状。请注意，此处的动机仍然是假设“病人角色”。在代理型孟乔森氏综合征中，护理者通常会希望通过照顾生病的孩子来获得被护理者的同情。虽然不是诊断的必要条件，但人们还是认为，一个患有做作性障碍的人会有一个导致他如此作为的内在冲动，进而得出相应诊断；故此，这类患者会在过去有多年的发作/事件历史。而 O. C. 史密斯的案例则不符合做作性障碍的诊断范畴。

迪茨（2004，pp. 43－45）就做作性障碍和性侵犯方面的虚假指控做了一个文献综述（Burgess and Hazelwood，2001；Dohn，1986；Eisendrath，1996；Eke and Elenwo，1999；Feldman et al.，1994；Feldman－Schorrig，1996；Fliege et al.，2002；Ford et al.，1988；Gibbon，1998a，1998b；Goldstein 1998；Gutheil，1989，1992；Kanin，1994；Matas and Marriott，1987；McDowell and Hibler，1987；Pathe et al.，1999；Sederer and Libby，1995），其中强调，要具有做作性特征，被告（根据定义）必然是要撒谎的。他认为史密斯在撒谎，并依据这一他认为的事实总结道[①]（p. 44）：“如果史密斯博士在此案中遭受的化学烧伤或擦伤是他自己造成的，那么从技术层面来讲，将之诊断为做作性障碍就是正确的。”本书作者认为这是一种循环推理。迪茨博士接着（p. 44）指出（假设做作性障碍的诊断是对的）：“将此案视为做作性受害更为准确，也更有见地，因为此案当事人试图扮演的角色是犯罪行为的受害者而不是病人。”

迪茨博士在报告中提供了共计 18 篇相关文章及书本章节（前文已提及）以为自己做出的做作性受害诊断背书。其资料探讨的话题包括一般的做作性障碍、关于性侵害的虚假报告以及作为做作性障碍下一种关于犯罪的虚假报告。（本书作者认为）其中探讨做作性受害的诊断、做作性的性侵害和性骚扰或关于某罪行的做作性报告只占其报告中讨论的

① 显然他并不知道这一点，因为他假定史密斯在说谎，而这一事实并没有被证实（p. 45）：“如果以下任何一个不太可能的事件被证明是假的——如我所预计的［强调］——这个因素［病态地说谎］也就出现了。”要注意的是，此处迪茨博士暗示，只要有一件“不太可能的事”就足以让他将之诊断为幻想性谎言癖（pseudologia fantastica）。这个门槛似乎低得可笑。

12 个案件的一半（Dohn，1986;① Eisendrath，1996;② Patheet al.，1999;③ Feldman et al.，1994;④ Feldman – Schorrig，1996;⑤ Gibbon，1998b⑥）。

迪茨博士假定他已经证明史密斯的情况属于可诊断的做作性障碍（本书作者不接受该观点），接着他又表示，史密斯符合做作性受害这一新的子类别的标准。在其报告的 44 页，迪茨博士特别声明，他将谎报自己是犯罪受害者的情况称为“做作性受害”，还表示，就 DSM – IV 来说，这种情况属于未特定做作性障碍（FD NOS）。他列出了以下各项作为其诊断的（明显）标准（p. 45）：（1）“童年时期的创伤或损失，如虐待或儿童时期的情感剥夺，这是一个影响因素”。（2）“有虚假指控的前科，因为这种行为往往会反复出现。若被告是 JMJ⑦ 的作者，也符合这一因素”。（3）“有自残的历史。如果被告的任何一处伤疤是自残造成的，就符合这一点”。（4）“幻想性谎言癖（Pseudologia fantastica），一种病态的说谎形式”。这四条标准被用于诊断一种目前尚未在业界得到一致认可的疾病，它们迄今还没有已知的有效性或可靠性。标准（1）如果从广义上来解释，就包括一半或更多的人类。标准（2）（在 O. C. 史密斯案中）假定有罪，但这是一个尚未确定的事实。

从表面上看，若一个人在童年时期遭受过创伤或损失、曾经虚假指控、有自残的历史或是一个骗子，那么这个人就可以被诊断为做作性受害。但这里面似乎少了一点：即迪茨博士给出的行为动机是什么（p. 46）：

> 现有记录表明，史密斯在法医办公室逐渐失控；他有着屡次婚

---

① 一个被“误判”为强奸的案例。

② 一名妇女谎称自己受到人身攻击的报告。

③ 一个谎称自己被跟踪的案例。

④ 四个虚假报告被强奸的案例。

⑤ 四个谎称受到性骚扰的案例。

⑥ 一个虚假报告被强奸的案例。

⑦ 2001 年一名辩护律师、一名地区总检察长和一名报社记者收到三封威胁信。信中涉及相关的宗教资料，似乎还提到史密斯参与了沃克曼死刑案（Workman death penalty case）。（译者注：JMJ 信件为献给耶稣（Jesus）、玛利亚（Mary）和约瑟（Joseph）的信件或作品的缩写，虔诚的信徒会在信件或其他文字作品的顶端写上“JMJ”）。

姻不忠的历史；在沃克曼（Workman）一案中参与过多且对一个备受瞩目的案件有所涉足（在这个案件中，一名当事人身上被绑了炸弹）①。这些因素似乎对他后续的决定有所影响，即借助炸弹形式的伪十字架来赎罪、实现某种形式的殉难、博取同事和家人的同情并获得他所背叛的执法界的支持。

要注意到，史密斯的罪责尚未确定，而且迪茨博士的观点所依据的假设（如，史密斯是一个病态的说谎者，有自残历史）有多大的根据也尚不明确。但不管怎样，在动机层面，并没有什么要被诊断为一种叫“做作性受害”的精神病的东西。就算有人谎称自己是犯罪的受害者以期被人同情、缓解压力，也并不意味着就必须要做出与谎称受害有关的精神疾病诊断。迪茨进一步指出（p. 46）：“他策划这些事件的动机是心理上的，并不是为了钱或其他明显的外部利益，”但作者认为，迪茨所说的东西正是外部收益。只是因为获得了某些心理上的“收获”，也并不意味着这就是一种精神疾病。即使史密斯策划这些事件是为了取得同情，这也并不必然要做出精神疾病的诊断来对这些行为加以解释。对行为的诊断（而不是理解）甚至可以到一个荒谬的地步，比如费尔德曼和汉密尔顿（Feldman and Hamilton，2006）就似乎认为，“失业者”也是一种潜在的、可治愈的疾病。显然，人们可以通过识别一个“跳槽者”来做出诊断，这类人看似在找工作，但又以各种方式进行破坏。笔者建议，此类诊断，以及许多其他所谓的做作性障碍，大可以归入不同的疾病类别（如人格障碍或反社会行为）进而得到充分描述或诊断。已退休的联邦调查局心理画像人员格雷格·O. 麦克拉里也就史密斯案提交了一份长达 56 页的报告（McCrary，2005）。在查阅证据后，他认为，2002 年 6 月 1－2 日（案发时间为午夜）的犯罪现场是伪造的。他进一步表示（p. 45）：

谎报犯罪类似于“孟乔森氏综合征”，即一个人伪装或自己制

---

① 笔者发现在当事人身上绑炸弹的唯一知名案件发生在 2003 年 8 月 28 日：一个披萨送货员抢劫了银行，并在身上的炸弹爆炸时死亡。这是在史密斯博士被人用铁丝网在脖子上绑了一个炸弹约莫一年以后的事。

> 造疾病……这种综合征是基于对操纵的执着……与伪装或制造一种看似合理的疾病不同，有些人甚至还会假装或制造看似合理的罪行。其目的是操控刑事司法制度以满足潜在的病理需求。因为这种情况是慢性的，所以大多数有这种情况的人过去都曾进行过其他不那么夸张的尝试。这种较小的努力*可能包括强加于自身的、病态的谎言，其中通常涉及以个人为中心的戏剧性事件。……总体来看，我认为2001年4月的信件、2002年3月13日发现的燃烧和爆炸装置……以及据称2002年6月1日至2日发生的对O. C. 史密斯进行的袭击都是由史密斯出于未知的心理原因而策划的相互关联的事件。

有人可能会认为，麦克拉里这里所说的是心理学上的观点。虽然没有做出明确诊断，但他将史密斯做出的关于袭击和骚扰的报告等同于由某种心理动机引起的慢性（心理）障碍。有必要再说明一下：一行为能够得到心理学上的解释并不意味着此行为就是一种心理疾病。

就像达默案中的雷斯勒一样，对麦克拉里是否有资格做出此种推断的质疑是合理的。麦克拉里在自己的网站上（www. criminalprofiler. com）发布的个人简介中提到，他在弗吉尼亚州阿灵顿市（Arlington）的玛丽蒙特大学（Marymount University）和佛罗里达州劳德戴尔堡（Ft. Lauderdale）的诺瓦东南大学（Nova Southeastern University）任法医心理学兼职教授。他在纽约伊萨卡学院（Ithaca College）获得美术学士学位，后在长岛大学（Long Island University）攻读刑事司法硕士研究生。其中提到了他还在弗吉尼亚大学（University of Virginia）攻读硕士研究生，但是没有说明具体的研究领域。麦克拉里于1992年在弗吉尼亚州阿灵顿市的玛丽蒙特大学（Marymount University of Arlington）获得心理服务硕士学位。但是，这个学位并不是想以心理学家身份进行实践的人想要的，它似乎更适合为进一步的研究做准备或是成为学校的指导顾问。

但是这里还有一个矛盾的地方。麦克拉里于2000年受聘于山姆·谢泼德（Sam Sheppard）民事案［山姆·谢泼德诉俄亥俄州（*The Estate*

---

* 原文如此。——译者注

of Sam Sheppard v. State of Ohio)，案号 312322]，此时他的简历（CV）中注明了他 1992 年的心理服务硕士学位。在 O. C. 史密斯一案中，他的简历上却改成了心理学硕士学位，但 1992 年玛丽蒙特大学根本没有授予该专业的硕士学位。①

在史密斯一案的审判中，麦克拉里并没有作为证人出席。审前听证后，迪茨博士获准证明做作性障碍的存在，其中包括做作性受害。由于没有给史密斯做过检查，他并未获许明确断定史密斯患有上述病症中的哪一个。②陪审团无法达成裁决，宣布审判无效。最终，所有的指控（除了史密斯有罪以外）都被撤销，取而代之的是新一轮的审判。

心灵研究：灵媒

"当其他所有的理由都不中用的时候"，许多执法机构会"使用"灵媒（psychics），所以灵媒这个问题必须得到解决。遗憾的是，这却让人们相信灵媒是真实的。罗伯特·雷斯勒（Robert Ressler）将一个灵媒带到 FBI 学院举行演讲（Ressler and Shachtman，1992）。约翰·道格拉斯（Douglas and Olshaker，1995，p. 148）也认为灵媒"应该是最后的手段。"虽说是要等到所有其他手段都无效的时候再用，但这种心态仍是在支持灵媒在刑事调查中的运用。执法机构曾经使用过灵媒，这对我们的社会而言是一个不幸，但执法人员有时候也会感叹，在一个悬案中，如果他们不求助于灵媒，来自当事人家庭或其他方面的压力也会迫使他们这样做。③

本书作者不清楚应该将南非犯罪心理画像人员米奇·皮斯托瑞斯（Micki Pistorius）列为心理学家还是灵媒。④ 最后，我们借此对披着心理学外衣来为其观点寻求合法性的灵媒做出说明和警示。

皮斯托瑞斯博士是一名"侦查心理学家"，师从戴维·坎特（David

---

① 本书作者和编辑已对所有相关文件进行存档。

② 如前所述，辩方曾拒绝让迪茨博士给史密斯做检查。

③ 对于那些坚信使用灵媒对调查有益的人，笔者推荐参阅尼克尔（Nickel）的书（1994）。

④ 本书第三版序言对皮斯托瑞斯博士的讨论更为详细。

Canter）学习过侦查心理学（IP），曾在南非警察局工作了六年（Pistorius, 2005）。在讨论心理画像是一门艺术还是一门科学的时候，她发表了下列观点（p. 10）：

- “振动”是能量的振动。量子物理学告诉我们，所有的物质都在振动，甚至连思想也要振动，形成一个能量场。
- 每个人都能以这种方式对能量场进行回应，但是有些人更敏感。
- 犯罪现场充满着凶手、受害者和犯罪行为的残余能量场。
- 随着时间的推移，心理画像人员可以发展出第六感来调整这种能量的振动。
- 德尔塔（Delta）脑波负责我们的本能。

记住，皮斯托瑞斯无疑是南非卓越的心理画像人员（至少她声名在外）。她继续发表观点（p. 11）：

- 当我在犯罪现场工作时，我的德尔塔脑波高度活跃，这使我得以感应到凶手的“振动”。
- 我们都有这样的脑电波，但我的德尔塔脑波显然比普通人更活跃。
- 我能“察觉到凶手的振动”，这并不是胡言乱语（为此我一直饱受指责）；而是有科学依据的。
- 我能“感应”到他们杀人时的情景并向侦探描述犯罪现场，仿佛我透过杀人凶手的眼睛看到了一切，尽管杀人时我可能在千里之外。

她的作品很难读懂，也不知道哪个头脑正常的人会让皮斯托瑞斯走入犯罪现场参与调查。但这种情况的确时有发生。上述引文与人们觉得一个自称为灵媒的人会说的话几无差异。

作为心理画像人员的法医心理学家和精神病学家

比起一门科学，实践者众多的犯罪心理画像更像是一种艺术。显然它是精通多种技能的人的集合，少有从业人员是全职的犯罪心理画像人员，最好将之视为一个全才所进行的实践的一个方面。

犯罪心理画像的一个重要方面是对人类行为的认知以及阐释其中的含义，但是大多数心理画像人员都没有行为科学相关的正式教育背景。事实上，执法机构往往对让心理学家或精神病学家参与调查持怀疑态度，他们将之视为倒数第二的手段，而灵媒则排最后。

法医心理学家和精神病学家对心理过程、生理学、思维、人类行为和精神病理学有独特的认知，经受过特有的训练。正因为如此，在获取与侦查和法医科学有关的进一步教育方面，法医心理健康专业人士可谓近水楼台先得月；侦查和法医科学方面的知识让他们能够审查现有的证据，并对可能犯下某种特定罪行的人做出知情评估（即，犯罪心理画像）。他们，以及其他所有的专业人士，都有责任不越俎代庖，不超出证据允许的范围。

受过行为训练的心理画像人员可以提供侦查建议，其中包括积极主动的策略，在犯罪人被捕时偶尔还会提供询问策略，当然这种策略需谨慎制定，否则这种做法便会违反职业道德。在审判时，他们也可以为法律策略提供信息。要能胜任这一工作，法医精神病学家或心理学家需要确保自己积累了充足的评估刑事罪犯的经验，以便获得与反社会个体有关的应用性知识，尤其是那些属于性变态和性犯罪者类别的个体。若心理学家和精神病学家谨慎地将其侦查资源只限制在可支持的意见上，避免纯粹的猜测（此类咨询的最终目标是与侦查相关的见解，而非杜撰在心理学上有趣却毫无用处的猜想），那么他们也许能提供不少东西。司法精神病学和法医心理学与犯罪心理画像有几个共同的特征，后文将对此加以讨论。

实践是一门艺术

可以说法医精神病学、法医心理学和心理画像都基于科学原则，但是将一个人的技能、所受的教育和培训以及经验实际运用到一个具体案例中却是一门艺术。在法医背景下对一个人进行评估的时候，心理学家或精神病学家依赖该领域的科学（诊断标准、行为理论等），对此科学基础的运用则取决于从业人员的能力。相应地，从业人员的能力又取决于他所受的教育、培训和经验。这与犯罪心理画像人员应该没有什么不同。在承认某领域的实践是一门艺术的同时，当科学思维或科学方法不见踪迹的时候，对个人经验知识的依赖就会打开错误之门。例如，不久前我们还被告知说太阳是围着地球转的，又或者说有一种“有组织力的/无组织力的”二分法能够有效帮助确定连环杀手的特征。

要有批判性思维

在这三个领域内，批判性思维的能力都至关重要。必须要乐于对案件的每一个方面进行质疑。心理画像人员不能只是简单地审查自己心理画像中包含的报告或信息，还应该批判性地审查数据，以确保其结论或推论合理且有证据支持。我们不能假定一个案件的事实。[①] 必要时，应乐于质疑被提供的“事实”和证据。如果心理画像人员询问侦查人员，受害者是否还有另一个关系密切的人[②]，而其回答是已经考虑过这一点并且已经排除了这个人的嫌疑，那么这时候心理画像人员就应该问侦查人员得出此结论的基础是什么，并且考虑自己对这一结论是否满意。如果侦查人员觉得这种做法给他们造成了困扰，那么笔者认为他们也没有必要寻求称职的心理画像人员的协助了。令人难以置信的是，在爱荷华号驱逐舰爆炸案（USS *Iowa* explosion）中做可疑死亡分析[③]的联邦调查局心理画像人员，对深入检查该拙劣调查的国会委员会表示，批判性检查别人给他们提供的信息不是他们的一贯做法。

“在为一个调查机构服务时，我们假定面对的都是职业化的信息。他们提供材料让我们调查，我们调查的就是所提供的材料（The USS Iowa；1990，p. 25）

---

① 请参阅汤普林（Thompson，1999）的书。该书说明了制度偏见、缺乏批判性思维以及不愿质疑证据的有效性是如何导致错误结论的。

② （译者注）即 significant other，重要的他人，关系密切的他人，包括但不限于夫妻关系。恋人、朋友、家人等均可包含在内。

③ 即其他人所说的心理验尸法（psychological autopsy）。由于此处进行“验尸”的人并没有心理学背景，所以有必要换个说法。

独立分析

心理画像人员/心理医生/心理学家应该（理想情况下）与雇用他或她的机构合作，但是又要独立工作。要严格抵制为了满足客户需求而产生的微妙压力。否则后果显而易见。内部压力带来悲剧的一个例子就是得克萨斯州韦科的大卫教（the Branch Davidian）僵局。在这个案例中，一个联邦调查局心理画像人员迫于压力改变了他对戴维·考雷什（David Koresh）会如何应对各种围攻的评估。该画像人员建议与考雷什谈判，而上级则倾向于向山庄进行“战术施压”（美国司法部，1993）。有人跟该画像人员说，他警告不要采取激进策略的那些简报让人“束手束脚”，此后，他便改写了另一份支持激进策略的简报。后者是利用毒气对山庄发动袭击的依据之一，此举带来了重大的损失（Freedman，1995）。

审查所有可用数据

显然，获得所有可用数据会使你的观点更有依据。在形成意见之前，法医精神病学家或心理学家会查阅所有可用的记录并与刑事案件中的被告面谈，同样，心理画像人员也要去犯罪现场（如果可能的话），审查所有跟被害人研究和法医证据相关的可用数据。

如果因为某种原因无法做到这一点，则应该在报告中清楚阐明此遗漏以及相应原因。还应明确告知有关各方自己做了什么，没做什么以及相应的理由。

依赖特定案例中的事实

法医心理学家/精神病学家不应该完全仅凭其经验形成意见，同样，心理画像人员在根据手头案件的数据做出推断时也应谨慎。法医心理学家或精神病学家不会只依据一个症状就做出诊断，不管该症状出现的频率有多高。类似地，即便大多数凶杀案都发生在同种族内，这一事实对分析人员来说，在一个特定的案例中说明不了什么，除非该案中有其他与种族相关的指标。

要避免宣传

法医精神病学家、心理学家或心理画像人员可以主张自己的意见，但他们不应该在对抗性（法律）舞台，甚至是调查层面为其中的任何一方辩护。帮助特定一方占上风，或帮助某个特定的实体以证明某些东西并不是心理画像人员的职责。心理画像人员唯一的职责是提供与案件事实一致的观点。要求画像人员承担宣传责任的微妙压力比比皆是，此时最好的防御就是要意识到这一点。

背景差异

在自己的办公室工作时，心理医生或心理学家会对精神疾病做出诊断并开出一个疗程的药物。而在后来，在与治疗或诊断无关的诉讼或刑事诉讼中，医生也可能会被要求出庭并回答其诊断为何。这时候医生应该考虑到背景环境。如果是作为事实证人出庭，那么他或她会给出病历上的诊断。如果是作为专家证人，则应该回答他或她没有司法鉴定性质的意见，因为病人并没有接受过以出庭作证为目的的检查。在治疗与司法鉴定这两种不同情况下，对患者的评价会（也应该）有显著差异。在心理画像方面，心理画像人员要了解有助于侦查的心理画像和满足法院要求的心理画像之间的差别，后者具有证明价值。在法庭上提供一份为协助侦查做出的犯罪心理画像并暗示它符合法庭程序标准的做法是不恰当的，除非这个画像在一开始就是按照法庭标准编写的。

道德实践

心理画像分析、法医精神病或心理实践都要符合道德要求。这些领域的从业者要适当留心，不让他人滥用自己的工作成果或是对其专长进行实质上的歪曲。此外，心理画像人员还应当明确，自己给出的心理画像不能也不应该被用来暗示某个人的罪行。在被问及某人是否“符合”一个心理画像的时候，如果确实符合，说出来也并无不妥。但是应该指出，“符合”一个心理画像并不等同于认定某人的身份。这个标准跟某些刑事专家提出的有两根头发相“匹配”的观点没什么不同。如果不从科学的角度[1]来说明“匹配”的含义是什么，就会误导陪审团。

法医精神病学家或心理学家要具备什么能力才能完成心理画像

法医精神病学家或心理学家若是有意将心理画像作为自己的专业职能之一，那么他们需要具备充足的评估刑事案件犯罪人的经验，借此积累关于反社会人群的应用型知识，尤其是那些属于性变态和性犯罪类别的人。他或她要具备法医学和侦查方面的额外知识，从而了解什么会对该领域内的侦查人员有用，什么没用。获得这种知识的途径多种多样，并没有统一的课程。其中大部分内容可以通过阅读应用文本，参加网上、学院和大学的课程或者借助专业组织获得。要注意的是，从业人员要批判思考，排除可疑的课程或项目。假设你参加了一个为期一天的心理画像课程，而其负责人则宣称你在课上会学到心理画像工作所需的所有知识，那么这种课程多半没什么用处。

作为心理画像人员的法医心理学家或精神病学家的作用

作为心理画像人员的法医心理学家或精神病学家可以向执法机构、检察官或辩护律师就与心理画像或某“悬案”相关的问题提供咨询，也可以作为当前调查中的多学科团队（心理画像人员 + 侦查员 + 法医科学家）的一员参与工作。同时具备精神病学家/心理学家身份的心理画像人员可以提供犯罪现场行为和受害者研究方面的、与侦查相关的解释，此处的关键在于“（与侦查）相关”。切割阴道是凶手想回归子宫的潜意识下的行为——这种观点兴许符合心理画像人员的需求，但对以破案为目标的侦查人员来说则很少有帮助。相比之下，推断（如果有依据的话）在性侵犯中将一个年轻男孩进行阉割的行为是企图把男孩变为女孩而消除其同性恋行为，则可能会节省调查时间，避免调查人员将注意力集中在明显的同性恋者身上，怀疑他们是犯罪嫌疑人。

---

① 即这两根毛发有相似之处，但并不能说明其来源也一样。

作为心理画像人员的法医心理学家或精神病学家也可以是其他心理画像人员的顾问，这些画像人员需要行为科学方面的知识；这就好比一个更精通法医科学的心理画像人员也可能考虑精神病学家提出的其专业领域的问题。法医精神病学家/心理学家还可以教育其他非心理学的心理画像人员，让他们了解心理画像中的精神病学上的陷阱（下文将进行讨论）。最后，法医精神病学家/心理学家也可以充当研究人员，利用自己行为科学方面的知识，将之作为应用型犯罪画像研究的纽带，这是迄今为止所有学科都忽略的一点。

心理陷阱与心理画像人员

无论接受过什么教育和培训，总会有某些问题或难题是画像人员必须意识到并努力避免的。他们还要尽量减少这些问题对其工作成果产生的影响。

偏见

与芸芸众生一样，心理画像人员也难逃有意识或无意识的偏见的影响。无论是厌恶恋童癖者还是讨厌虐待妇女的男性，心理画像人员都必须小心，谨防个人偏见影响心理画像。这并不是说要摆脱所有的负面情绪，而是要有成熟的观念，减少一些先入为主的（考虑不周的）观点给案件带来的影响。你可以在看到一具残缺不全的尸体的照片时大骂犯罪人有病，但这对调查没什么帮助，也无助于心理画像人员从犯罪人的视角看问题。

移情

“移情”（transference）是一个心理分析术语，指的是病人在与治疗师打交道时，将二人之间的关系模拟成自己过去与他人的关系。有一个例子就是，当一个男性患者与一个男性治疗师互动时，就好像治疗师是病人的父亲一样。“反移情”（countertransference）则是此类现象的反转（即治疗师被病人唤起的感受）。在不那么正式的意义上，我们可以在其他情况下谈论移情，虽然精神病学家和心理学家会争辩一些细节。笔者认为，心理画像人员有可能在某些案件中体验到移情（侦查小组或法律小组的任何人都有可能有此经历）。换言之，心理画像人员会根据一些让自己印象深刻的东西，在无意识的情况下对案例做出反应。这种没有根据的强调可能会影响心理画像人员的判断，影响后续心理画像的走向。这种问题可能与以前的案例材料或心理画像人员的个人生活有关。例如，某心理画像人员可能与其父亲关系恶劣，他或她便会不自觉地认为某个案件的犯罪人是男性，但事实上并没有能够表明犯罪人性别的证据。这个画像人员潜意识的需求是惩罚父亲，这会体现在其工作结果上。

投射

“投射”（projection）是指将自己的想法、感受或动机归咎于别人的心理分析术语。例如，一个男人可能会觉得朋友的妻子很性感，被她所吸引。他就会告诫朋友最好看住自己的妻子，理由是她似乎被自己吸引了。（在笔者看来）心理画像人员有可能将自己潜意识下的部分问题投射到犯罪现场或被害者研究的评估当中。例如：一名女性心理画像人员对母亲身份的态度十分矛盾。她有一个十几岁的孩子，很难控制，她讨厌这个孩子，希望自己可以不用对她负责。在一个 12 岁的女孩被诱拐的案例中，她在进行受害者研究时，将注意力集中在一些显示母亲和受害者相处不融洽的信号上，并下意识地寻求一种分析方法意在证明母亲想摆脱被害人。

上述所有问题（偏见、移情和投射）都只能尽量减少，无法完全消除。未来可能会成为心理画像人员的人要认识自己，保持身心健康，在心理画像之外，也要有满意的生活。与同事们进行案例商讨往往有助于限制偏见、移情和其他问题。为了明确起见，我们无法彻底否定这些问题，但通过了解它们及其影响，我们可以将其有害影响降到最低。

法医心理学家或精神病学家可以为发展中的行为画像领域提供很多帮助。他或她可以将行为科学的技术层面引入专业领域。一些——但不是所有——法医精神病学家和心理学家会成为优秀的行为心理画像人员，这跟一些——但不是所有——调查人员和法医科学家可以成为好的画像人员一样。如果愿意付出必要的额外努力，使自己具备基本的法医科学和侦查方面的知识，那么犯罪心理画像领域可以给法医精神病学家或心理学家提供不少帮助，还能反过来从他或她的专长领域获益良多。

小结

法医心理学和法医精神病学是指行为科学在法律问题上的应用。法医精神健康专业人士回答的常见法律心理问题包括：（1）性犯罪再犯的风险；（2）受审能力；（3）刑事责任/作案时的神智状态。此外，凭借对人类行为的了解，法医心理学家和精神病学家可以以犯罪心理画像的方式给正在进行的调查增加一个独特的视角。

法医心理学家和精神病学家是接受过专门训练的心理健康专业人士，他们有一定的教育水平、医患互动经验、执照和证书。在心理画像界，并不是每个自称为心理学家或法医心理学家的人都能达到这些标准。雇佣心理画像人员的雇主要特别警惕那些借用心理外衣给自己的建议寻求合法性的人，其中包括所谓的侦查心理学家和灵媒。

法医心理学家和精神病学家对心理过程、生理学、思维、人类行为和精神病理学有独特的认知，经受过特有的训练。正因为如此，在获取与侦查和法医科学有关的进一步教育方面，法医心理健康专业人士可谓近水楼台先得月；侦查和法医科学方面的知识会让他们能够审查现有的证据，并对可能犯下某种特定罪行的人做出知情评估（即，犯罪心理画像）。但是，他们也必须在既定的道德限制和准则下工作。

练习

1. 法医心理学家与法医精神病学家有什么不同？

2. 判断正误：心理健康专业人员的作用是要让病人承认自己参与了犯罪。

3. 举一个投射的例子。

4. 神志清醒与具有受审能力之间有没有不同，请予以解释。

5. 什么是“旁证信息”（collateral information）？如何运用？

REFERENCES

American Psychiatric Association, 2000. Diagnostic and Statistical Manual of Mental Disorders, fourth ed – Text Revision, American Psychiatric Association, Washington, DC.

Bersoff, D. , Goodman – Delahunty, J. , Grisso, T. , Hans, V. , Poythrees, N. , Roesch, R. , 1997. Training in Law and Psychology: Models from the Villanova Conference. American Psychologist 52 (12), 1301 – 1310.

Burgess, A. W. , Hazelwood, R. R. , 2001. False Rape Allegations. In: Hazelwood, R. R. , Burgess, A. W. (Eds.), Practical Aspects of Rape Investigation: A Multidisciplinary Approach, third ed. CRC Press, New York, NY, pp. 177 – 197.

Callahan, L. A. , McGreery, M. A. , Cirincione, C. , Steadman, H. J. , 1992. Measuring the Effects of the Guilty but Mentally Ill (GBMI) Verdict: Georgia's 1982 GBMI Reform. Law and Human Behavior 16, 447 – 462.

Committee on Ethical Guidelines for Forensic Psychologists, 1991. Specialty Guidelines for Forensic Psychologists. Law and Human Behavior 15 (6), 655 – 665.

Dietz, P. , Ankrom, L. , 2004. Report to Patrick Harris, Esq, Assistant U. S. Attorney General, December 7.

Dohn, H. H. , 1986. Factitious Rape: A Case Report. Hillside Journal of Clinical Psychiatry 8 (2), 224 – 231.

Douglas, J. , Olshaker, M. , 1995. Mindhunter: Inside the FBI's Elite Serial Crime Unit. Pocket Books, New York, NY.

Eisendrath, S. J. , 1996. When Munchausen Becomes Malingering: Factitious Disorders That Penetrate the Legal System. Bulletin of the American Academy of Psychiatry Law 24 (4), 471 – 481.

Eke, N. , Elenwo, S. N. , 1999. Male Genital Mutilation: “Whodunnit?” Journal of Clinical and Forensic Medicine 6, 246 – 248.

Feldman, M. D. , Hamilton, J. C. , 2006. Job – Hopping and Factitious Victimization (letter to the editor). Southern Medical Journal 99 (10), 1142 – 1143.

Feldman, M. D. , Ford, C. V. , Stone, T. , 1994. Deceiving Others/Deceiving Oneself: Four Cases of Factitious Rape. Southern Medical Journal 87 (7), 736 – 738.

Feldman – Schorrig, S. , 1996. Factitious Sexual Harassment. Bulletin of the American Academy of Psychiatry Law 24 (3), 387 – 392.

Fliege, H. , Scholler, G. , Rose, M. , Willenberg, H. , Klapp, B. F. , 2002. Fictitious Disorders and Pathological Self – Harm in a Hospital Population: An Interdisciplinary Challenge. General Hospital Psychiatry 24, 164 – 171.

Fonda, D. , 2004. Abduction Overruled. Time April 4. Available atwww. time. com/time/magazine/article/0, 9171, 607807, 00. html.

Ford, C. V. , King, B. H. , Hollender, M. H. , 1988. Lies and Liars: Psychiatric Aspects of Prevarication. American Journal of Psychiatry 145 (5), 554 – 562.

Freedman, D. , 1995. FBI Analyst Says He Was Ignored on Waco. Washington Times May 1, A1, A20.

Gibbon, K. L. , 1998a. False Allegations of Rape in Adults. Journal of Clinical and Forensic Medicine 5, 195 – 198.

Gibbon, K. L. , 1998b. Munchausen's Syndrome Presenting as an Acute Sexual Assault. Medical Science and Law 38 (3), 202 – 205.

Golding, S. L. , Skeem, J. L. , Roesch, R. , Zapf, P. A. , 1999. The Assessment of Criminal Responsibility. In: Hess, A. K. , Weiner, I. B. (Eds.), The Handbook of Forensic Psychology. second ed. John Wiley & Sons, New York, NY, pp. 379 – 408.

Goldstein, A. B. , 1998. Identification and Classification of Factitious Disorders: An Analysis of Cases Reported during a Ten Year Period. International Journal of Psychiatry and Medicine 28 (2), 221 – 241.

Gutheil, T. G. , 1989. Borderline Personality Disorder, Boundary Violations, and Patient – Therapist Sex: Medicolegal Pitfalls. American Journal of Psychiatry 146 (5), 597 – 602.

Gutheil, T. G. , 1992. Approaches to Forensic Assessment of False Claims of Sexual Misconduct by Therapists. Bulletin of the American Academy of Psychiatry and Law 20 (3), 289 – 296.

Hans, V. P. , Slater, D. , 1983. John Hinckley, Jr. , and the Insanity Defense: The Public's Verdict. Public Opinion Quarterly 47 (2), 202 – 212.

Hess, A. K. , 1999. Defining Forensic Psychology. In: Hess, A. K. , Weiner, I. B. (Eds.), The Handbook of Forensic Psychology, second ed. John Wiley & Sons, New York, NY, pp. 324 – 347.

Kanin, E. J. , 1994. False Rape Allegations. Archives of Sexual Behavior 23 (1), 81 – 89.

Matas, M., Marriott, A., 1987. The Girl Who Cried Wolf: Pseudologia Phantastica and Sexual Abuse. Canadian Journal of Psychiatry 32 (4), 305 – 309.

McCrary, G. O., 2005. Report to Patrick Harris, Esq, Assistant U. S. Attorney General, January 21.

McDowell, C. P., Hibler, N. S., 1987. False Allegations. In: Hazelwood, R. R., Burgess, A. W. (Eds.), Practical Aspects of Rape Investigation: A Multidisciplinary Approach. Elsevier, New York, NY, pp. 275 – 299.

McGrath, M., 2000. Forensic Psychiatry and Criminal Profiling: Forensic Match or Freudian Slipup? Journal of Behavioral Profiling 1 (1).

Nickel, J., 1994. Psychic Sleuths: ESP and Sensational Cases. Prometheus Press, Buffalo, NY.

Parnham, G., Odom, W., Shefman, D., 2004. Appellant brief in *Andrea Yates v. State of Texas*. 01 – 02 – 00462 – CR and 01 – 02 – 00463 – CR, filed in the Texas Court of Appeals, 1st District of Texas, Houston, Texas, April 30.

Pathe, M., Mullen, P. E., Purcell, R., 1999. Stalking: False Claims of Victimization. British Journal of Psychiatry 174, 170 – 172.

Pistorius, M., 2005. Profiling Serial Killers and Other Crimes in South Africa. Penguin Books, London, England.

Ressler, R. K., Shachtman, T., 1992. Whoever Fights Monsters. St. Martin's Press, New York, NY.

Ressler, R. K., Shachtman, T., 1997. I Have Lived in the Monster. St. Martin's Press, New York, NY.

Roesch, R., Zapf, P. A., Golding, S. L., Skeem, J. L., 1999. Defining and Assessing Competency to Stand Trial. In: Hess, A. K., Weiner, I. B. (Eds.), The Handbook of Forensic Psychology, second ed. John Wiley & Sons, New York, NY, pp. 327 – 349.

Sederer, L. I., Libby, M., 1995. False Allegations of Sexual Misconduct: Clinical and Institutional Considerations. Psychiatric Service 46 (2), 160 – 163.

Sloat, S. M., Frierson, R. L., 2005. Juror Knowledge and Attitudes Regarding Mental Illness Verdicts. Journal of the American Academy of Psychiatry Law 33 (2), 208 – 213.

The USS *Iowa*: Guilt by Gestalt, 1990. Congressional Testimony. Harper's Magazine March, 25 – 28.

Thompson II, C. , 1999. A Glimpse of Hell: The Explosion on the USS *Iowa* and Its Cover Up. W. W. Norton & Company, New York, NY.

U. S. Department of Justice, 1993. Report to the Deputy Attorney General on the Events at Waco, Texas. Available online at www. usdoj. gov/05publications/waco/wacofour. html.

第 5 章　行为证据分析入门

布伦特·E. 特维（Brent E. Turvey）[①]

让事实相互关联，使它们的功能性意义见于天日，让本质与偶然性相分离，从一些前提中得出结论——所有这些都是逻辑操作。

西奥多·雷克（Theodore Reik）

《未知杀手》（*The Unknown Murderer*）（1945，p. 26）

具体（个案）研究形成关于特定案件的知识。这种知识在试图了解某犯罪现场、受害者和犯罪人之间独有的特点、动力和关系时十分必要。由此，个案式犯罪心理画像（Idiographic offender profiles）即为通过对某个案例或与某个犯罪人相关的系列案例进行分析得出特征。因此，个案式心理画像是明确具体的，它描述的对象是存在于现实世界的真实犯罪人。

通则式心理画像（nomothetic profile）是一种平均值，或者说是一个预测，它描述的对象并非在真实世界四处走动、呼吸的犯罪人。但是，心理画像人员在画像中做出结论时会同时利用一般和具体的信息。其诀窍在于在提出假设时使用一般的信息，并且不将之表述为一个确切的或演绎性的结论。

本章目的在于探讨行为证据分析（behavioral evianence analysis，BEA）的一般方法、原则和实践标准。迄今为止，本书已经探讨了犯罪心理画像的可选方法，鉴于此，可以预见的是，本章将解释 BEA 相比归

① 本章改编自 Petherick 和 Turvey（2008），并在很大程度上以之为基础。

纳式/通则研究方法具有多大的优越性。或许有人会估计，本章会进一步夸大 BEA 的一贯正确性。但即便是自我（ego）也必须给理性让路。本章避免将 BEA 说成纯粹科学的或无懈可击的，也不会把它说成是纯演绎的。

特质推论

从最基本的角度来说，犯罪心理画像是从物证和/或行为证据推断出独特的犯罪人特征。从犯罪活动留下的物证，例如犯罪人的头发和精液，画像人员能推断出犯罪人是一名有特定发色的男性，甚至能推断出他属于哪个种族。[①] 类似地，从行为证据也能推断出犯罪人的背景、习惯和个性（即犯罪人特征）。正如基德尔（Kidder，2005，p. 390）所解释的：

> 特质（traits）代表着个体特征（individual characteristics），这些特征要么是遗传的，要么是后天获得的，是指以某种方式行动或以某种倾向做出反应（Drever，1964）。此定义的关键在于，具备某种特质并不能确保其行为的可预测性，但拥有某种特质的个人在特定情况下更倾向于以某种特定方式做出反应（McKenna，1994）。特质理论家认为特质是广泛的、通用的，它能使行为具有一致性。

BEA 方法表明，对一段时间内与犯罪相关的行为证据以及之后的犯罪人身体、人格和心理特质进行的检查，可以揭示出个体犯罪人特质的相关性、模式和倾向。在一些罪犯的犯罪生涯中，某些人格和心理特质可能会稳定不变，有些则取决于当时的情景，还有一些则会进化（或者退化）。

BEA 大体上与奥尔波特的《人格特质理论》（*Trait Theory of Personality*）一致（Allport and Odbert，1936）。人格特质会随时间发生变化，而奥尔波特的理论则强调了对此类个人特有的人格特征的考量。个体是

---

① 当然，任何能够阅读和理解特定案例的物证分析结果的人都能做出这种推断，不只限于心理画像人员。鉴于此类推论的可靠性较高，它们应该构成任何犯罪心理画像的核心。

独特的，对个体差异的研究具有启发性——BEA 正是围绕这一理念建立起来的。因此，比之一般研究，它更强调具体研究。

奥尔波特的特质理论也将人格特质和性格分为三大类：首要（cardinal）特质、核心（central）特质和次要（secondary）特质。首要特质是占主导地位的、渗透性强的稳定特征，它将一个人与其他人区别开来，主导着人们大多数的决定（例如，极度虔诚、非常节俭、自恋和利他）；核心特质是核心特征和行为倾向，这些特质能准确地描述个体，但并不会持续主导个体的决策过程或支配其行为（例如，受过教育的、聪明的、害羞的以及诚实的）；次要特质是短暂的喜好和情绪，通常随情景变化，因此不太持久（例如，饥饿、愤怒、烦闷或紧张）。

这一理论为 BEA 解释提供了良好的理论平台，另外，在试图理解和解释犯罪人的持久性特征，或是在多个案件的并案分析中比较诸多显著特征时，此理论的考量也变得尤为重要。

行为证据分析

行为证据是有助于确定某行为是否、何时以及如何发生的任何实物、文件或言词证据。恰当的时候，任何形式的物证也都可能是行为证据。脚印和鞋印能够暗示人在场是站立、行走还是奔跑，还能暗示其行动方向。血迹模式也一样，它表明人受伤、有所接触或移动及其方向。指纹可以表明一个对象的出现、联系和工具的使用。精液和精子则可以暗示人的接触、性行为和射精行为。伤口形态可以表明武器类型、武器的应用、接触、力量大小甚至意图。捆绑方式可表明勒杀、捆绑和反抗。毒理检测可以表明受害人或犯罪人体内有是否毒品、酒精或毒素，这些对认知力、判断力、心理状态和健康水平都有影响，而上述因素又会进一步影响人的行为。媒体、监控摄像头、手机、数码相机和摄像机在事件发生时拍下的照片和录像可以提供有限但具体的行为证据文件。要想发挥行为证据的作用，就必须有针对性地、有目的性地对它们进行整体考察和考量，以取得有意义的结果。不能前后不一，没有重点，也不能只以主观经验得出的见解为基础。这就是需要 BEA 的原因所在。

行为证据分析是关于犯罪现场分析和犯罪心理画像的演绎法。它包括对物证、受害者法医学研究以及犯罪现场特征的审查和诠释。为了完成犯罪心理画像，可以对这些个体审查结果进行分析，找出暗示犯罪人身上具备侦查或法医学相关特征的行为模式或类别。行为证据分析是具体的，因为它的关注点在于从刑事分析的角度对个案和个体犯罪人进行研究，而非对相似案件和大体类似的犯罪人群体进行的研究。它也是演绎性的，因为其推论和结论并没有披上归纳性假设或一般性预测的外衣。它们以批判性思维、科学方法和逻辑分析为基础。

一般来说，用于进行 BEA 心理画像的信息，至少是从以下几个方面的检查中提取的：刑事分析、受害者法医学研究和犯罪现场分析。

刑事分析（即刑事疑点分析）

一般来说，刑事分析（forensic analysis）是 BEA 的第一步，是指对所有可用物证的检查、检验和诠释。在试图做出 BEA 心理画像之前，必须对物证进行彻底的法医分析，以确定相应的行为证据。未经证实的猜想或伪装为事实的臆测不应成为 BEA 画像的基础，而且，在刑事分析结果出来之前（这是画像人员可依靠的唯一可靠信息），也不能进行画像。刑事分析要彻底，以确定现有物证的优势和局限。这个基本需求确保了画像人员将要分析的行为和后续犯罪现场特征具备一定的完整性。

因此，用于创建心理画像的受害者和犯罪人行为必须建立在可靠的来源上。行为证据不能简单地由那些没有接受过充分的法医教育和培训的人，或缺乏经验，或别有用心的人来假定或推断。这意味着要在证据解释方面理解和应用科学方法（第 2 章已讨论过）。也意味着要接受合格的刑事科学家所使用的已确定的现场再现技术。[①] 要实现合格的刑事

① 许多犯罪心理画像人员认可与他们联系的侦探或律师的假设，将这些假设视为适用于画像分析的真实的事实再现。虽说这些假设对画像人员来说是获取信息的捷径，但无论是侦查人员还是律师，他们都不是刑事科学家。所有的法医学鉴定人员（包括心理画像人员）都应该了解这一点并对这些假设适当地保持怀疑态度。

分析，就必须进行充分的犯罪再现（参见第11章）。在这方面存在元认知障碍的执业画像人员不在少数。他们认为，凭借自己的画像人员身份，就有资格进行犯罪现场再现。即便他们的意图是好的，但由此得出的行为证据解释的缺点也层出不穷，从知识上的欠缺到完全无用都有。如果一个犯罪心理画像人员不同时是刑事科学家，没有受过关于犯罪再现方法及其局限的恰当教育和训练，那么，在他或她试图从物证中了解和整合与犯罪有关的行为图景时，就不应该自作主张。[①]

本章“行为证据分析实践标准”一节将进一步探讨这一点。可以说，科学方法要求犯罪心理分析人员保持怀疑态度；他们必须努力推翻假设而不是证明它们；必须舍弃被推翻的假设，接受迄今未被推翻的假设并将之视为最有效。他们还必须有足够的学识，才能在自己出错的时候有所察觉。

受害者法医学研究

正如弗格森和特维（Ferguson and Turvey，2009，p. 1）解释，受害者法医学研究（forensic victimology）是“为解决侦查和刑事问题而对暴力犯罪的受害者进行的科学研究”。它包括准确、批判和客观地概述受害者的生活方式和处境、引发犯罪的事件以及受害人遭受的任何伤害或损伤的确切性质。确定某具体犯罪人的受害者所具备的特点能推断出犯罪人的幻想、犯罪动机、犯罪惯技、具备的知识以及个人技能。

此研究包括受害者的风险和暴露（exposure）评估。心理画像人员不仅会关注受害人的日常生活方式会使他在多大程度上暴露于伤害中，还会关注受害者在受到实际攻击时暴露于伤害中的程度。从这个信息，心理画像人员就可以确定多大程度的暴露可导致犯罪人侵犯受害者。这对于了解犯罪者的其他行为和与犯罪有关的选择本身就很有用。

① 完整内容参见齐泽姆和特维（Chisum and Turvey，2010）。

犯罪现场分析

犯罪现场分析（crime scene analysis）（又叫犯罪分析）是对某个罪行及相关犯罪现场的具体特征进行诠释的分析过程。在众多犯罪现场特征中，必须要确定的，或者说至少应该纳入考虑范围的包括：接近的方式、攻击手段、控制方法、地点类型、性行为的性质和顺序、使用的物品、技能或谋划的证据、任何言语活动、反侦察行为、矛盾的行为、惯技、标记行为以及犯罪所耗费的时间。犯罪现场特征是对既有行为证据和受害者研究的综合审查进行解释。因为它们取决于证据，而完整的证据并不总是唾手可得，所以也不是所有案件的犯罪现场特征都能被确定。这可能会限制后续的研究结果，在某些案例中，甚至有可能阻止心理画像工作的有效开展。

犯罪现场分析的成果可用于案件比较，以便进行并案分析（参见第14章），也可用于形成犯罪心理画像。

行为证据分析：目标和目的

也许关于犯罪心理分析最司空见惯的一个误解是，认为它的主要目的是获取一个静态的、僵化的结果，与一份临床诊断大同小异。随后，这个结果大概会被用于分析某个罪行，或一系列罪行，进而揭示出一个如侦探小说般准确的故事。人们认为存在一个一般的心理或行为模式，抑或是一个画像，能够描绘出典型连环杀手、强奸犯的形象，甚至能描绘出典型的犯罪现场——这种历来有之但又有点模棱两可的观点就佐证了上述看法。

心理画像的这种临床观点把种种罪犯行为和随后的刑罚分类视为潜在的心理障碍，并认为，为了进行治疗、确定病因，可以对这种心理障碍加以诊断。如果是心理健康从业者，那么这个立场则十分可取。但是，犯罪人评估和治疗的目的与犯罪心理画像的目的并不相关。临床医生的目标在于治疗，而心理画像人员的目标则明确指向调查和取证。

人类会学习、改变和成长，人类也受时间、地点和彼此的影响。因此，不能将演绎而得的犯罪心理画像视为静态、固定的、在任何时候都永恒且正确的结果。随着时间的推移，它要与新的证据和相关案例进行核对，它必须不断发展，变得更加完善。也就是说，若出现新的犯罪行为，发生新的攻击或发现新的尸体，收集和分析新的证据时，必须要重新评估犯罪心理画像的完整性。演绎而得的心理画像要不断“学习”。新的信息并不是用来支撑旧的心理画像的，也不是用来将罪犯胡乱归类的，也不是用来使调查假设显得合理的。相反，它应该被用于做出关于当前案件犯罪人的更完整、更准确的心理画像。

因此，人们不应将行为证据分析视为一个旨在得出固定结论的过程，它应该是针对犯罪人随时间变化而变化的行为而进行的一个持续性的、动态的、辩证的分析过程。这是一种犯罪学上的研究，而非临床研究。

相对于以治疗为主的临床医生而言，犯罪心理画像的首要职责，是在刑事侦查中发现事实，进而为司法服务。[①] 心理画像人员是服务于司法系统的。而临床医生则服务于客户/病人。在考虑行为证据分析的潜在目标和目的时，这是二者在道德义务方面的一个重要差异。

考虑到这个责任，任何类型的刑事调查都应该首先假设地球上每一个人都是犯罪嫌疑人。也就是说，犯罪嫌疑人的集合是普遍的。BEA 的目的之一就是要在调查的任何阶段都提供协助，帮助调查工作从普遍的犯罪嫌疑人特征集合转向一个更为分散的嫌疑人特征集合。一般来说，它无法指向一个具体的人，也无法将某一个嫌疑人与其他人区别开来。但是，它却可以洞察肇事者的一般特征。这种洞察力可以协助调查工作，也可以帮助法庭背景（如：刑事诉讼、民事诉讼和公众听证会）下的律师、法官和陪审团。

① 值得注意的是，刑事调查的过程从执法机构对犯罪现场做出反应的那一刻开始，直到该案例完全脱离刑事司法系统才结束。某些案例，特别是涉及凶杀的案件，可能永远都不会脱离司法系统。还必须指出的是，在任何民事或刑事法律诉讼中，都有刑事侦查人员竭力为抗辩双方工作。

行为证据分析：背景

行为证据分析有两个独立但对等的背景，其划分依据并不是根据得出结论使用的不同方法，而是它们之间不同的目标和优先级。行为证据分析的目标和优先级由必要性决定，而这种必要性又取决于在特定案例中，何时要用到心理画像人员。这两类时间段通常包括侦查阶段（investigative phase），即犯罪嫌疑人被逮捕之前（或是被告被起诉到法院之前），和审判阶段（trial phase），即犯罪嫌疑人因为某个罪行而受审（或因为造成损害而受审）的阶段。

刑事案件的侦查阶段广受媒体关注，这也是涉及犯罪心理画像的畅销小说的主要焦点。提到犯罪心理画像人员，我们便习惯性地联想到悬而未破的系列谋杀案，还会想到法医科学家团队在偏远的地方竭力寻找腐烂的人类遗骸。心理画像人员通常被定性为疏离于社会的异类，他们对自己所追捕的未知犯罪人进行深入探查并且深受其扰。小说和媒体所呈现的这种观点不仅完全偏颇，而且也只提到了等式的前半部分。

等式的后半部分是审判阶段，媒体和出版物对这一阶段的关注明显少了很多。虽然具有同等重要性，但它往往缺乏像备受关注的连环案件那样的传奇色彩和戏剧性，这就使其不那么吃香了。

侦查阶段

侦查阶段包括对犯下罪行的未知犯罪人进行行为证据分析。当极端暴力、性和/或掠夺性案件的目击证词、供述和/或物证不足以进一步推动调查时，犯罪心理画像人员便会应邀出场。调用心理画像人员参与调查的决定通常是被动的，由于缺乏心理画像人员，或缺乏对犯罪心理画像是什么以及它如何协助调查的了解，各机构要等待数月甚至数年之久（就算真的有）才能得到画像人员的帮助。

主要目标

- 评定某特定罪行或一系列相关罪行中的法医证据和行为证据的性

质和价值；
- 在犯罪调查中缩小犯罪嫌疑人范围；
- 优先调查哪个嫌疑人；
- 通过识别犯罪现场标志和行为模式（即，惯技和标志行为）将可能相关的犯罪联系起来；
- 评估妨害性犯罪行为（例如，骚扰、跟踪、偷窥）演化为更严重或更暴力的犯罪的可能性
- 通过提供新的、公正的见解来确保整体调查处于正轨，不偏题；
- 制定针对嫌疑人的沟通、询问和审讯策略。

审判阶段

犯罪心理画像的审判阶段包括对已明确的嫌疑人或被告（有时是已经被定罪的被告）的犯罪进行的行为证据分析。这一阶段一般发生于准备听证会、审判和定罪后的诉讼程序的过程中。决定罪行、刑罚和上诉时均需使用心理画像技术，具体何时使用则取决于所涉证据。

主要目标

- 评定某特定罪行或一系列相关罪行中的法医证据和行为证据的性质和价值；
- 协助深入了解犯罪人的幻想和动机；
- 深入了解犯罪人在犯罪前、犯罪期间和犯罪后的动机和意图（即计划的层次、悔恨的证据、反侦察行为等）。
- 通过识别犯罪现场标志和行为模式（即，惯技和标识）将可能相关的犯罪联系起来；

行为证据分析的思维策略

为了最大限度地实现行为证据分析的所有目标，一名犯罪心理画像人员首先必须是具备批判性思维和分析性思维的人。如前所述，心理画

像人员必须有强大的、完善的批判性思维能力，能客观、有条不紊地处理案件。他们必须热衷于细节，乐于质疑所有的假设，并且足够熟悉法医学和刑事侦查，这样才能提出恰当的疑问。

此外，从所讨论的原则和实践标准来看，犯罪心理画像人员还必须了解自己。他们必须知道自己是谁，并且清楚认识自己的个性特征。他们也要能够区分自己的需求、品味、欲望和道德观，以便更清楚地认识某特定犯罪人的需求、品味、欲望和道德观。这意味着心理画像人员必须以一种令自己极端不适的标准来认识自己：他们对受害者生活提出的种种疑问，也必须对自己提出。他们还必须知道自己的长处、恐惧、幻想和弱点是什么。这并不是一个简单的，或者说无足轻重的问题。

若缺乏自我认知和批判性思维，心理画像人员就会有将自己的问题、需求和道德观移情到心理画像当中的风险。值得重申的是，未经训练、不严谨的画像人员所做的画像更多是在讲述自己的需求，而非描述分析对象的行为模式，这种情况不胜枚举。为了规避这一点，必须确保行为证据分析过程具备批判性、分析性和客观性，心理画像人员被告诫要遵循以下关于思维策略的一般准则（部分观点受 Depue 等人的启发，1995，pp. 119 – 123）。

生活经验

人们常说，年龄带来经验，而经验将催生智慧。但事实绝非如此。世界上有不少人根本不会从错误中吸取教训，亦未能从成功中获得经验，这些人到最后也不可能获得任何智慧，或者说应用知识。生活经验并不一定等同于独特的知识或独到的见解。此外，并非所有的调查或执法经验都是平等的。注意下面所列举例子的差异，仅供比较：

- 15 年执法工作经验；
- 做了 15 年凶杀案侦探；
- 在农村小地方做了 15 年的凶杀案侦探；
- 做了 15 年的性犯罪侦探；
- 在大城市的警察局做了 15 年性犯罪侦探；
- 做了 7 年副手，8 年巡警；

- 做了 3 年巡警，另外在监狱当了 12 年警卫。

虽然上述所有例子都包含了 15 年的执法机构工作经验，但是它们的具体性质和质量却迥然不同。柯克（Kirk）和桑顿（Thornton）（1974，p. 16）对此做出了一个绝佳总结："除非从经验中能学到东西，否则经验多少并不重要。"

问题的关键是，在随意套用自己的调查或执法经验，或认可他人经验，将之作为推理的基础之前，我们必须对这种经验的确切性质有所了解。然后，还必须对在该经验中获得的应用性知识加以衡量、权衡，并适当地应用，而非将它们一视同仁地加以应用。尽管这些经验乍一看都大同小异，但不是所有经验的质量和衡量标准都一样。

直觉

不断积累的生活经验总会导致直觉（intuition）。也就是说，不经过推理的过程就知道或相信某些东西。如果我们有一种信念，或者我们"就是知道"一些事，但又无法阐明背后的道理，这种情况下，直觉很可能就是罪魁祸首。

直觉和本能很具诱惑性，但它们可能是成见、偏见、刻板印象和不断积累的无知。它们可能会对调查工作造成极大的破坏，因此，除非有合理、明确的论据表明应将之包含进来，否则它们都应被排除在调查策略、调查建议或最终的画像结果之外。桑顿（1997，p. 17）十分了解以直觉或经验代替基于演绎逻辑的科学事实的情况：

> 对真相而言，经验既非累赘，亦非敌人，相反，它像一个有价值的商品。但人们不应该将它当成逃避合理科学审查（这种审查通常针对各类科学证据）的工具。阻挠科学审查的做法缺乏专业性……经验应该为专家提供事件的时间、方式、原因、人物和事件五大素材，而非减少其责任感，相反，经验可以让专家以更负责任的态度、用科学事实为观点辩护。

避免道德判断

切勿在心理画像中用诸如“变态、疯狂、蠢货、卑鄙小人、一文不值、不道德”等词汇描述犯罪人。这类词是画像人员基于个人感受的道德判断。个人感情在犯罪心理画像中是无法立足的。实现客观性的一个好方法是，在描述犯罪人个性特征时，不使用或尽可能少使用形容词。

常识

常识（common sense）的最佳定义是天生良好的判断力。换一种方式来说，它指的是一个人积累起来的知识，这些知识会有助于他或她在常见情况中做出有用的决定，但这种有用又是特定的。由此，常识也并不“常”。在社会接受和预期范围内的、合理的东西并不能从一国推到另一国、一个州到另一个州、一个城市到另一个城市、一个社区到另一个社区，甚至是一个人到另一个人。因此，用我们自己的常识、我们自己的眼光和信念来洞察他人的行为，可能是在向荒谬迈进。它错误地假定，犯罪人和心理画像人员对常识有相同的认知，仿佛二者来自同一文化背景。

举个例子，在自己的家里，人们通常会将垃圾和食物残渣清理到居住空间以外的区域。从健康和舒适的原因来考虑，这完全说得通。然而，如果是去野营，这种做法就没什么必要，理由在于，根据所处位置的不同，这样做会有引来食肉动物的真实风险，其中一些食肉动物还可能对人的健康和生命构成威胁。

行为证据分析的原则

原则是任何特定的领域研究得以建立的基本前提和立场。本书作者从行为科学和生物科学中总结的 BEA 原则包括但不限于以下方面：

独特性原则（the principle of uniqueness）：随着时间的推移，在生物、环境和心理因素影响下，个人会有独特发展。无论他们的过去和现在如何相似，都没有两个人会以完全相同的方式发展。这是因为每个人出生时都有独特的基因特征和气质，在自己所属的文化中长大，周遭都围绕着其他独特的个体，并发展出一套关于快乐、痛苦、喜好和厌恶的独特联想体系。

分离原则（the principle of separation）：每个人对快乐、痛苦、喜好和厌恶都有自己独特的联想——这独立于心理画像人员。因此，不应该将任何受害者或犯罪人当作一面镜子。这一原则是为了提醒心理画像人员，要竭力避开一些心理缺陷。其中包括自我等同式心理画像（vanity profiling），也就是我们把自己的想法和动机（例如，性幻想、对危险的反应、信仰系统）归因于他人。心理画像人员必须意识到，由于每个人各不相同，被害者和犯罪人可能会采取不同的行为、做出不同的选择。心理画像人员还必须意识到并防范潜在的投射和移情（此二者已在行为科学文献中被确定为心理防御机制）。两者都可能在潜意识的情况下发生，因此发生时心理画像人员并不知情。[①] 当我们把自己不能接受或不想要的想法和/或情绪归因于他人时，就会发生投射。其典型的例子就是不忠：那些有不忠想法的人可能会指责他们的伴侣对自己不忠。在心理画像语境中，心理画像人员可能向自己正在研究的犯罪人和犯罪现场行为灌输所有自己厌恶的感觉——这使得其画像内容更多的是与画像人员相关，而不是关注犯罪人。此类情况比普遍已知的要更为常见。它可能是一个有意识的或潜意识的过程。然而，当我们的大脑将情感重新从一个“危险”的对象转向一个“安全”的对象时，移情就发生了。例如，因为自己在家争吵而对受害者或犯罪人发怒，或是将与性挫败感相关的愤怒情绪从自己的爱人转移到受害者或犯罪人身上。这同样可能会导致画像内容更多地关于心理画像人员生活中的冲突和挫折，而不是犯罪人的。这是一个潜意识的过程，也许能解释许多深入“杀手”丰富的内心世界的心理画像。

---

① 有意识的思想产生在一个人意识到其存在的时候，它是故意的、有目的的。而潜意识的思想则产生在一个人没有意识到的时候，潜意识受到压制、无计划且并非刻意发生。对一些人来说，潜意识思维的存在很难接受，因为它往往会减轻责任——因此，那些试图推卸责任或逃避惩罚的人可能会在自己的个案工作中忽略这种可能性，不承认或意识不到自己的潜意识倾向。

行为动态原则（the principle of behavioral dynamics）：与犯罪相关的行为——包括犯罪惯技——并不是静态的。它可以随着时间的推移和多种犯罪行为的发生而进化或退化。它也属于背景因素，如受害者和犯罪人的经历、精神敏锐程度、心理影响（精神疾病，情绪等）、个人毒理历史（药物，酒精等）以及犯罪地点。因此，并不是同一个犯罪人的每一个犯罪行为都必定相似，也并不是每一个犯罪人都能符合他在犯罪现场留下的明显特点。

行为动机原则（the principle of behavioral motivation）：正如佩特里（Petri）解释的（1981，p. 3），我们用动机这个概念来描述作用于一个人或存在于一个人内部的力量，它会启发和指导其行为。没有人会在没有动机的情况下采取行动。所有的行为都有潜在的原因和根源。但是这种根源可能是有意识的，也可能是潜意识的。它们可能来自精明的推理，也可能源于不合格的推理。与动机有关的决定，无论是提前计划的还是反应性的，都会受到情绪、精神缺陷、精神疾病以及药物和酒精的强烈影响。

多重决定原则（the principle of multidetermination）：正如格罗斯（Groth）所言（1979，p. 13），诸如强奸和袭击的犯罪相关行为是“复杂的、由多重因素决定的”，有多个目的和宗旨。一个单一的行为/选择/行动可能是很多动机的组合导致的。试想，一个强奸犯在犯罪过程中带上沉重的美光（Mag - Lite）手电，那么它可能有很多功能：可以当作光源、控制受害者的武器、惩罚受害者的武器，或者在替代行为中插入受害者的嘴、阴道或直肠。由此来看，带手电筒的这个行为，对罪犯来说具有多种功能。

动态动机原则（the principle of motivational dynamics）：一个犯罪人在多次犯罪甚至单一的犯罪中，可能有多个动机。在一次犯罪过程中，一名连环强奸犯可能会显示出从施虐到愤怒，再到懊悔的一系列行为，还会再抢劫受害者以获利。在多项犯罪中，一名连环谋杀犯可能会强奸一个受害者，然后捅死她，以消除潜在的目击证人，而一个月之后，他可能会出于对同性恋的厌恶，故意枪杀一对泊好车的男性伴侣，然后抢劫他们。这个原则提示，不要因一些已知罪行而把某些犯罪人草草归类。从调查和取证的角度来看，掌握部分情况（已知的罪行）并不等同于掌握全部情况。

行为差异原则（the principle of behavioral variance）：不同的犯罪人可能会因为完全不同的动机而做出相同或类似的行为/选择/行动。比如，一些强奸犯会使用枪支，但原因却不尽相同。有的带枪是出于自卫，但在犯罪过程中并不会把枪拿出来；有的则是为了实现和保持对受害者的控制；还有的则将枪作为自己犯罪幻想的一部分，他们会在强奸过程中用枪抵着受害者的头。一种行为，即带枪的行为，对不同的犯罪人而言有多种作用。心理画像人员有时会假定一个行为总是意味着同样的事情，而这一原则就是要杜绝这种情况。枪并不总是死亡的工具，吻也并不总是亲密的行为。

非预期后果原则（the principle of unintended consequences）：并不是所有行为的结果都是预期范围内的，后果并不总是可预见的。判断力可能会受损，感知可能被改变，意外也的确会发生。例如，炸弹提前爆炸或根本没有爆炸；枪卡住；没有瞄准；火势可能失控或者因为缺乏燃料而熄灭。这个原则提醒心理画像人员，不能假设自己发现的现场总是在犯罪人计划范围内。

记忆破坏原则（the principle of memory corruption）：这是指，由于各种原因，证人的陈述本质上并不可靠。首先，记忆不是对事件的固定记录。它会随着新记忆的形成而改变；也会受“遗忘曲线”①、武器专注（weapon focus）②、跨种族识别、偏见、暗示、期望和人类“填补空白”倾向的影响而被破坏（Gambell，2006）。记忆也可能因使用改变感知的

① 甘贝尔（Gambell，2006）指出：“‘随着时间的推移，记忆会变得不那么准确’，这是 1885 年赫尔曼·艾宾浩斯（Hermann Ebbinghaus）创立‘遗忘曲线（forgetting curve）’的时候就已经确立的观点。通过研究，艾宾浩斯发现，记忆在一个小时之内衰退百分之五十，在前二十四小时内衰退达百分之六十，此后逐渐下降。后来，研究表明，识别率在事件刚发生时非常高，但随后会迅速衰退。”

② 正如在甘贝尔（2006）所解释的：“压力和焦虑可能会使一个人缩小注意范围。尽管这可能是一个自然反应，让人能够面对自己受到的威胁，但这也会导致‘感知范围和敏锐度’的下降。若某罪行中出现了武器，这时目击者往往会把注意力集中在那件武器上。这就分散了证人对其他重要细节的注意力，往往会导致目击者无法实现正确指认。有研究表明，当犯罪过程中有武器出现时，多达百分之五十的指认都不正确。”

物质（如药物和酒精）而受到影响。最后，因为各种原因，比如避免尴尬、隐瞒自己曾经参与犯罪的事实或掩盖自己参与当前案件的事实，证人的陈述可能只涉及部分事实，或者真假参半，又或者全是谎言。所有这些因素都会有意或无意地破坏证人记忆，任何检验人员都应该避免在没有确凿证据的情况下依赖单个证人。

可靠性原则（the principle of reliability）：法医检验的结果，包括犯罪心理画像，只在具备可靠的基本证据和推理的情况下是可靠的。行为必须有效成立。逻辑和推理也必须没有谬误。如果假设的行为不成立，如果逻辑有谬误，那么这个心理画像就是无效的。这一原则会提醒心理画像人员不能为了分析的目的而假定事实，也不可以根据有缺陷的逻辑而推理与分析。

行为证据分析的实践标准

在行为证据分析中，实践标准（practice standards）是规定证据阐释界限的基本规则。① 它们提供了一个标准来评估可接受的工作习惯和方法。与桑顿（1997，P. 18）解释的实践标准一致，这些标准是为所有法医学鉴定人员制定的，其目的是帮助他们减少偏见、运用逻辑分析和科学方法，并形成只与已知证据一致的假设和结论。

毫无疑问，所有的法医从业人员都有义务在工作中做到客观、称职和专业。鉴定人员应该希望自己的研究结果准确无虞、方法可靠。李（Lee，1993）提出："也许法医科学中最重要的问题是建立专业标准。要对收集、检查和分析物证的实践标准进行评估。"很少有从业人员会不认可这一观点。

实践标准界定了能力的最低门槛。它们帮助定义从业者的角色并建立一个机制来证明其能力。它们是勤奋实践者的指南针，也是一道屏障，那些迷路的人可以借此暂缓脚步并接受教育。

由此可知，界定实践标准的目的不仅是为了协助专业人员达到一定

① 本章节改编自齐泽姆和特维（2006，pp. 116 – 124）。

的能力水平，也是为独立评审者提供一个标准，以检验那些工作是不是真正合格。实践标准设定了门槛；它也是一个保障，能够杜绝愚昧、不称职以及披上科学和理性外衣的无知。这个领域最常见的观点往往是，某从业者工作了多少个年头，所以他的结论必定是准确的。在这种环境下，提供实践标准的必要性不言而喻。

可将现有涉及法医检查的主要著作进行汇总，以帮助确定几乎适用于各类法医从业人员的基本但必要的实践标准（Bevel and Gardner，1997，2001；Chisum and Rynearson，1997；DeForest et al.，1983；DeHaan，2002；Gross，1924；Inman and Rudin，2000；Kirk，1953；Kirk and Thornton，1974；Lee，1994；Locard，1934；O'Connell and Soderman，1936；O'Hara，1956，1970；Saferstein，1998；Thornton，1997；Turvey，2002）。这些著作的作者既是从业人员，又是教育者，在这些作品中，他们最重视的是科学方法、分析推理和客观性，对情感、直觉以及其他披着知识外衣的偏见则避之不及。有了这些作品的援助，可以提出以下普遍公认的实践标准：

1. 心理画像人员必须竭尽全力避免偏见。

关于法医检验，保罗·柯克博士写道，“物证本身不会出错，也不会作伪证，而且一直存在。纰漏只能出现在对物证的阐释上。”（Kirk and Thornton，1974，p.4）。柯克这一简洁的观点指出了检验人的无知、不精确和偏见对物证重建及其意义所造成的影响。证据始终存在，等着人们去认识它。法医检验人员就好比不那么精确的透镜，通过它，我们能达成某种形式的认识。

具体而言，在办案过程中，至少有两种偏见是一个客观的法医检验人员要了解并尽量规避以保证其视角专业性的，它们就是观察者偏见（observer bias）和证实性偏见（confirmation bias）。

观察者偏见可以说是一种倾向，有意或无意地看到或发现自己期望看到或发现的东西。在实践层面上来说，这意味着法医检验人员可能会基于自己从大众媒体、证人和他人那里了解到的意见与发现而形成对调查结论的预期。此类影响十分隐蔽，原因在于，与显而易见的谎言不同，这种影响是在潜意识下发生的。除非检验人员特意以某种方式对其进行筛查或意识到此类影响，否则，它们便会将检验人员的结论朝某个特定的结论推进。

证实性偏见可以说成是有意或无意地证实曾经的假设、观点或结论。这是一种特殊的观察者偏见，在这种偏见下，人们对信息和证据进行筛选，将其中能够证实某一立场的东西包含进来，主动忽略、不寻找或者低估与该立场相悖的任何相关信息。这种偏见的通常表现是，只寻找那些支持某一案件假设（即该案犯罪嫌疑人为有罪或无罪）的特定证据，并积极辩解，将不利证据消除。如前所述，这可以是主张某一特定假设的人，或者特别“关注预算”的人有选择地对证据进行检验，并避免对可能让当事人无罪的证据进行分析，因为后者会耗费更多的金钱和时间。

与证实性偏见做斗争非常困难，这往往是因为，它是一种制度性偏见。在法医检查人员的工作体系中，许多人会因为成功拥护了己方观点而受到赞扬，获得升职机会，但真正的科学并不是对任何一方的成功维护。因此，大多数有证实性偏见的法医检查人员根本不知道这种偏见为何物，甚至不知道证实性偏见是个问题。这与一种现实有关，正如伯吉斯（Burgess）等人所说（1988，P. 137），掌握了潜在犯罪嫌疑人的信息，就会自觉或不自觉地对最终心理画像造成影响，使之最终成为一份为该嫌疑人量身定做的画像：

> 心理画像人员不希望案件材料中包含的信息涉及潜在嫌疑人的相关信息。它们可能会潜移默化地给画像人员造成偏见，使其形成一个与嫌疑人匹配的心理画像。

虽然这一指导原则在阻断说教式的嫌疑材料方面有用，但是嫌疑人也可能很自然地出现在犯罪或犯罪现场的目击证人之中。这是心理画像人员必须掌握的一点。在这种情况下，严格遵守实践标准以及批判性思维、分析逻辑和科学方法的原则，将是心理画像人员的最佳保障。

所有法医检查人员必须明白，法医学对司法系统（法医部分）的主要价值在于其对科学方法（科学部分）的坚持，这就要求立场尽可能客观，方法尽可能合理。评判法医学界是否成功，靠的是科学方法和同行审查以尽力消除各种可能性，而不是看其是否成功给人定罪。

2. 犯罪心理画像人员应得到所有相关证据和信息，以便进行充分的被害人研究、犯罪现场分析或形成犯罪心理画像。

犯罪心理画像人员必须确定一个范围，以保证充分的、或至少部分重建犯罪现场，并正式向其委托人、雇主或相应机构提出需求。收到这些信息后，他们必须确定哪些可用，哪些有缺失。这项基本任务是每一名法医检查人员义不容辞的责任。

若一名犯罪心理画像人员不能以自己所界定或理解的完整信息为基础得出结论，那么他也必须在其结论中对此加以说明。对信息的基本要求必须包括：

- 至今为止所有对犯罪现场做出应对和/或协助过调查的机构名单；
- 所有可用的犯罪现场文件，包括收集的安全日志、笔记、草图和照片；
- 应对/协助机构现有的所有法医报告、说明和实验结果；
- 所有可用的医疗报告和说明，包括创伤图和受伤照片；
- 所有可用法医检查报告和说明，包括创伤图和验尸照片；
- 迄今为止全部的法庭诉讼中涉及的所有调查和法医证词；
- 犯罪或犯罪现场的所有证人名单；
- 证人陈述的所有文件，包括录音、笔录和调查摘要；
- 所有可用的受害者资料和历史。

3. 犯罪心理画像人员要确定他们正在检查的证据质量是否过关，是否足以为进行充分的受害者研究、犯罪现场分析或犯罪心理画像提供依据。

严酷的现实是，美国犯罪现场处理和记录工作即便是有，也十分糟糕，亟须重大改革（see DeForest，2005）。美国各地的犯罪现场，通常由警方雇用的技术人员或宣誓人员处理，他们很少或根本没有接受过正式的教育，更别说在法医科学和犯罪现场处理技术方面接受过什么训练。执法部门能够参加的在职法务培训通常以半天的研讨会或短期课程的形式开展，授课的人并不是科学家，他们自己没有办法传授为了实现受害者研究、犯罪现场分析或犯罪心理画像而恰当处理犯罪现场所必需的准则和专业知识。

为了确定证据是否具备为上述工作提供依据的品质，要重点考量的因素如下：

- 能够明确证据项（证据编码、由谁收集、在什么位置、具体描述）的能力。
- 能在概念上（若不是字面意义上）将该证据还原到其被发现且与其他证据相关联的犯罪现场的能力。这一点要通过完整的草图和相关书面和摄影记录来完成。记忆并不是硬性文件的可靠替代品。
- 能确定证据收集后曾接手过此证据的每一个人都是谁的能力。证据链是否安全、完整？
- 能确定在该证据项上进行的每一个测试、测试者是谁以及测试结果为何的能力。

如果犯罪现场的记录和处理工作不足以让犯罪心理画像人员确定上述考虑因素所涉及的问题，那么这些工作充其量也是不充分的。在分析过程中，心理画像人员必须注意到这些不足并将其纳入自己的结论中，他们甚至可能需要解释，正是这些缺陷使他们无法得出某些结论。

至关重要的一点是要认识到，心理画像人员不可能完全了解任何证据的所有情况。没有人可以做到。我们面临的挑战是，在进行犯罪再现时要考虑所有已知的信息，并准备好在新信息出现时将之纳入其中。这意味着对任何证据的新信息或是历史的认识都可能会影响到关于其含义的任何结论。

4. 只要有可能，犯罪心理画像人员都必须去犯罪现场。

我们极力主张犯罪心理画像人员去犯罪现场。以下是在犯罪现场可以了解到的信息：

- 受害者和犯罪人可能经历过的犯罪现场的景象、气味和声音；
- 现场的空间关系；
- 亲眼观察潜在的第一手转移证据。植被、土壤、玻璃、纤维和其他任何可能转移到受害者或犯罪嫌疑人身上的材料都可能更加显而易见，又或者它们会转移到心理画像人员身上，这为应该在犯罪嫌疑人的衣服或车辆上寻找什么提供了例子；

- 细心的心理画像人员可能会在现场发现之前忽略的、随后又因犯罪现场技术人员的疏漏而遗漏的证据。这种情况远比许多人愿意承认的要普遍得多，这也是要去犯罪现场最重要的原因之一。

很多时候，心理画像人员没办法去犯罪现场。这种情况的发生有许多实际原因，其中包括时间限制、预算限制、法律限制、自然力对现场的改变，或者是土地或房地产开发对现场的改变。如果心理画像人员因为某种原因无法到犯罪现场，那么他/她必须在其研究结果中清楚阐明这一点。

毋庸置疑，记录犯罪现场的主要目的是为后来的犯罪再现和行为分析工作提供依据。因此，无法去现场并不妨碍画像人员进行全面的犯罪现场分析和犯罪心理画像工作。法医技术人员提供有力的现场记录资料可能就足以解决相关问题，当然它们也可能无法解决这些问题。每一个案件都互不相同，必须对这个问题进行单独、审慎的思考。

5. 必须以书面形式提供犯罪心理画像、犯罪现场分析、被害人研究的结论及其依据。

汉斯·格罗斯（Hans Gross）指出，准确、慎重、耐心的犯罪再现工作在调查和案件侦破中起着非常重要的作用。他特别指出，仅仅观察犯罪现场远远不够。他认为，为了发现自己理论中的逻辑问题，将自己关于犯罪再现的观点简化为书面报告的形式是有益处的（Gross，1924，p. 439）：

> 只凭个人对现场的观察，无论耗费多少心血、时间和注意力，都无法明察秋毫，尤其无法洞悉其中的矛盾。但只要我们着手把现场图尽可能准确清晰地画在纸上，上述特征与矛盾就会跃然纸上……
>
> 现场出现的“马脚”正是那些矛盾的和不可能的情况，不论作案者如何处心积虑，也不管他事先做了何种有远见的、巧妙的安排，在他想改变事物的本来面目时，必然会出现上述情况。

此外，犯罪心理画像人员要确保画像结论能得到有效传达，而不是报告的接收者需要如此（即调查人员、律师和法院）。这就意味着要把它们写下来。这也意味着，心理画像人员必须能写出通俗易懂的报告，且其报告要能对所进行的检查、调查结果和结论进行全面说明。

口头传达的结论应被视为一种不够合格的工作成果。口头结论容易被转换、更改或误传。它们也可能随着时间流逝而消逝。但书面结论是固定的，不会因为时间流逝而改变；并且易于复制，不容易被偶然或故意转换、更改或误传。有的分析人员喜欢口头沟通的结论而不是书面结论，这揭示了一种对结论流动性的偏好。

除了相对持久性，书面结论也为心理画像人员提供了最佳机会，使其得以记录方法、结论、论据和案件基本事实。其中包括列出所审查的证据、记录何时审查以及在什么情况下进行的审查。一般来说，一份书面报告应该包括但不需要限制于以下信息：

- 初步的背景部分，介绍心理画像人员参与案件的情况；
- 监管链部分，描述并详细说明在心理画像中包括和被审查的证据；
- 描述部分，在这一部分中，心理画像人员在考虑到事实和证据的情况下，描述所进行的检查（例如，法医鉴定、被害人研究、犯罪现场分析）；
- 结果部分，心理画像人员要在其中列出所有结果和结论，包括其意义和局限性；
- 最终结果的预期用户，包括侦探、法官和陪审员。报告应措辞准确，让读者对所描述的内容没有疑问。

若是一个犯罪现场分析或犯罪心理画像不能以符合逻辑的形式被书面表达出来，也难以被预期使用者理解，那么，除了没有价值以外，它也可能存在错误。

6. 犯罪心理画像人员必须具备对行为科学、法医科学和科学方法的理解。

犯罪现场分析、受害者研究和犯罪心理画像是以法医学和行为科学的原理为基础，对行为证据进行的多学科研究。鉴于所需知识水平较高，一名画像人员如若没有接受过基本的正规教育、没有受过该领域内非执法部门的法医和行为科学家提供的持续培训，不知道他要怎样胜任这些检查工作。

内皮尔和贝克尔（Napier and Baker，2003，p. 532）在其著作中强调的内容①，即 FBI 的要求与执法部门的做法形成鲜明对比，作者强烈建议在犯罪心理画像领域自称专家的人至少要满足以下最低标准：

- 至少受过行为科学（心理学、社会学、社会工作、犯罪学等）方面的本科教育。最好是受过此类领域内研究生水平的教育。这一标准使得那些在无关专业——如音乐、公安管理、公众管理和教育——拥有本科学位的人不再具备资格。值得注意的是，有一些在线大学课程会提供行为科学相关领域的研究生学位，此类课程没有本科学位要求，没有论文要求，也没什么实际的课堂教学。应该认为此类课程基本上毫无价值，因为它们的目的是为了促进职业发展和优化自己的履历，并不是为了发现知识或进行实际学习；
- 对行为证据分析、刑事侦查分析和侦查心理学领域发表的犯罪心理画像文献进行深入研究并掌握相关实用知识——包括每种文献的局限性和弱点；
- 对法医科学领域已发表的文献——尤其是与证据分析和犯罪再现有关的文献——进行深入研究并掌握相关实用知识；
- 对刑事侦查的方法、程序以及要求进行深入研究并掌握相关实用知识；

① 内皮尔和贝克尔二人曾经都是联邦调查局的心理画像人员，他们认定的标准是：调查分析人员必须有过当警探或者有犯罪现场技术人员的经历，几乎是一名法医学家；此外，在解决暴力犯罪方面曾在联邦调查局“认证”过的分析人员手下“学习”。遗憾的是，虽然电视剧《犯罪现场调查》（CSI）有这种人，但现实生活中却并没有这类人。这些要求实际上将本书作者所遇到的大部分联邦调查局画像人员排除在外，因为他们在此领域的背景通常来自执法部门开设的短期课程，而非法医或行为科学家进行的培训（根据作者归档的简历来看）。应当指出，迈克尔 · R. 纳皮尔（Michael R. Napier）的最高学位是教育学学士（Bachelor of Science in Education），这是一个旨在为个人从事教学工作做准备的本科学位；而肯尼斯 · P. 贝克尔（Kenneth P. Baker）的最高学位则是 Ed. S——一个专为教育主管、教育总监、校长、课程专家和宗教教育工作者设置的研究生学位，此学位介于硕士和博士之间。二者与犯罪心理画像的相关性为零。

- 依照客观法医检验标准，而不是执法机构的标准办案。

7. 犯罪再现的结论必须以既定事实为基础。不得为分析目的而假定事实。

许多犯罪心理画像人员喜欢根据无名案件的经验对比、事实猜测和假设不存在的物证而对犯罪行为做出一定解释。如果基本事实没有通过调查文件、犯罪现场记录、物证检验或确凿的目击者证词得以确定，那么任何对这些事实进行的重建都不是对事件的可靠或有效推断。这其中也包括假设的情况。

8. 犯罪现场分析和犯罪心理画像结论必须是基于逻辑论证和分析性推理的有效推论。

在确定适合分析的事实的过程中，必须将事实与意见、猜想和假设进行筛选和区分。归纳性假设必须进一步从演绎性结论中加以描述，而结论则必须自然地从所提供的事实中得出。此外，再现必须合理避免逻辑错误和错误的事实陈述。

9. 必须在科学方法的帮助下得出犯罪现场分析和犯罪心理画像的结论。

科学方法要求对证据进行仔细观察，然后生成假设，最终根据所有已知证据和公认的事实对其进行检验。最后，犯罪心理画像人员必须提供的不只是结论，还包括所有其他经过检查、测试和实验而证伪的假设。证伪而非证实，是科学方法的基石。没有经过任何检验的假设，或是在报告或法庭证词中出现的、只以思考和想象（即经验和直觉）为基础的假设，都不应被视为本身就有效或可靠的。

10. 犯罪现场分析和犯罪心理画像结论必须显示出对个性化结果以及其他所有结果的认识，还要能与之明确区分。

人们常常会误解识别（identification）和个性化（individuation）这两个概念。识别或分类（classification）是将任何一个物品归置到具有相似特征的特定物品类别。识别并不要求或暗示独特性。个性化是赋予一个物品独特性。为了使之个性化，必须以一种方式对其加以描述，以将之与宇宙中所有其他东西相区别（Thornton，1997，p. 7）。

在介绍调查结果时，心理画像人员会发现自己使用的陈述显示出不同程度的自信。“可能”“很可能”“确定”“匹配”“符合”“科学确定性的合理程度”等模糊的术语或专业术语都是用来限定调查结果确定性的。不加以检查，这种语言可能会误导那些本打算帮助的对象。语气肯定的陈述必须要经过检验和讨论以达到绝对清晰的程度。若不加以澄清，调查结果可能被误解、误传和误用。

如果犯罪心理画像人员提供了任何种类的个性化结果，则必须说明其独特性的性质以及此种独特性是如何被确定的。一旦心理画像人员给出了结果，就必定不能再有该结果是否是个性化的、它是如何确定之类的问题。提出调查结果的目的是澄清证据，而不是混淆证据。

11. 犯罪心理画像人员必须理解转移条件［罗卡定律（Locard's exchange principle）］与证据动态变化（evidence dynamics）。

识别和个性化只是犯罪现场分析的一部分。确定证据来源及证据被转移到最终被发现的场所同样重要。心理画像人员不能急于将复杂的问题过度简化，比如对物证的检查和阐释，也不能无视那些可能移动、改变或毁灭证据的情况。

12. 必须以描述或引用的方式提供所有作为犯罪现场分析或犯罪心理画像结论基础的证据、数据或调查结果。

犯罪心理画像人员依据来源不明的数据库、数据、研究、证据或不可见的比较提出结论的做法令人难以接受。就像我们在书面工作中引用他人成果一样，数据、研究和证据必须详细到让其他审查人员能轻而易举地找到或识别的程度。不应将法院无法复制或识别的数据、研究和证据包含在法医鉴定结论之中。

为了显示出应履行的职责，应该将这些最低实践标准应用于对任何犯罪现场分析和犯罪心理画像方法的评估，其中包括通则式心理画像，也包括具体心理画像。如果一名心理画像人员能够满足这些标准，那么他就已经达到了专业能力的最低门槛。随后，结论的接受者就可以放心，无论是什么结果，他们都可以对其进行独立调查和审查，以确保其可靠性、准确性和有效性。值得指出，一名心理画像人员，只要未能爬上上述十二个阶梯之一，就无法抵达这个门槛。如果达不到，他们的调查结果就会受到质疑，后续的报告和证词也会被人冷眼相待。这一点与后面的章节相呼应。

需要说明的是，这些实践标准不会漏掉任何人，也的确要求大家将自己的工作成果展示出来。犯罪现场分析和犯罪心理画像并不容易，也并不死板。必须要得出结论，这就意味着其工作必须展现出相应的能力，并且接受同行审查。心理画像人员有责任充分利用法医科学、科学方法和分析逻辑所提供的一切来得出结论。若是没有这些工具，可能就无法识别自己和别人在法医学上的缺陷和科学缺陷。

有些心理画像人员可能多年来一直凭直觉和经验开展工作，除了说明他们所谓丰富的经验以外，他们还不习惯进行自我解释，也不习惯解释自己所用的方法；对他们来说，这些实践标准可能令人火冒三丈。在结论的大门外，若是同行评审和批评并未受到欢迎，而是遭遇了敌意和嘲笑，那就意味着在这扇门后面，除了失职以外，还有些别的什么东西。说得更清楚点就是，任何行为分析都不能以缺乏科学方法和逻辑推理为傲，因为这终究只能证明其愚昧。没有科学方法、分析逻辑和批判性思维的犯罪现场分析和犯罪心理画像被称为猜测（guess）。而司法系统又不是愚昧或猜测能立足的地方。因此，不要期待任何以这种方式阐释行为证据的人能得到认可。

小结

行为证据分析（BEA）是用演绎方法来进行犯罪现场分析和犯罪心理画像。它包括对物证、受害者法医研究以及犯罪现场特征的审查和诠释。为了完成犯罪心理画像，可以对这些个体审查结果进行分析，找出犯罪人身上具备侦查或法医学相关特征的行为模式或类别。行为证据分析是具体的，因为它的关注点在于从刑事分析的角度对个案和个体犯罪人进行研究，而非对相似案件和大体类似的犯罪人群体进行的研究。它也是演绎性的，因为其推论和结论并没有披上归纳性假设或一般性预测的外衣。它以批判性思维、科学方法和逻辑分析为基础。因此，行为证据分析严格遵守既定原则和实践标准。

练习

1. BEA 在侦查阶段的三个主要目标是什么？

2. 奥尔波特将人格特质分为三类。它们是哪三类？各自有什么不同？

3. 判断正误：生活经验产生智慧，因此是进行阐释和得出结论的合理依据。

4. 作为犯罪现场分析的一部分，BEA 包括三种不同的检查。它们是哪三种？

5. 所有行为都有潜在的原因和根源。但是根源可能是有意识的或是潜意识的。这与什么原则有关？

6. 遗忘曲线与 BEA 的什么原则相关？

7. 解释为什么心理画像人员必须提供书面材料？

REFERENCES

Allport, G. W., Odbert, H., 1936. Trait – Names: A Psycho – lexical Study. Psychology Monographs 47 (211).

Bevel, T., Gardner, R. M., 1997. Bloodstain Pattern analysis: With an Introduction to Crime Scene Reconstruction. CRC Press, Boca Raton, FL.

Bevel, T., Gardner, R. M., 2001. Bloodstain Pattern analysis: With an Introduction to Crime Scene Reconstruction, second edition. CRC Press, Boca Raton, FL.

Burgess, A., Douglas, J., Ressler, R., 1988. Sexual Homicide: Patterns and Motives. Lexington Books, New York, NY.

Chisum, J., Turvey, B., 2010. Crime Reconstruction, second edition. Elsevier Science, San Diego, CA.

Chisum, W. J., Rynearson, J. M., 1997. Evidence and Crime Scene Reconstruction, fifth edition. Shingleton Press, Shingleton, CA.

DeForest, P., Gaenssien, R., Lee, B., 1983. Forensic Science: An Introduction to Criminalistics. CRC Press, Boca Raton, FL.

DeForest, P. R., 2005. Crime Scene Investigation. In: Sullivan, L. E., Rosen, M. S. (Eds.), Encyclopedia of Law Enforcement. Sage Publications, New York, NY, pp. 111 – 116.

DeHaan, J., 2002. Kirk's Fire Investigation. Prentice Hall, Upper Saddle River, NJ.

Depue, R., Douglas, J., Hazelwood, R., Ressler, R., 1995. Criminal Investigative Analysis: An Overview. In: Burgess, A., Hazelwood, R. (Eds.), Practical Aspects of Rape Investigation, second edition. CRC Press, New York, NY.

Ferguson, C., Turvey, B., 2009. Victimology: A Brief History with an Introduction to Forensic Victimology. In: Petherick, W., Turvey, B. (Eds.), Forensic Victimology. Elsevier Science, San Diego, CA.

Gambell, S., 2006. The Need to Revisit the Neil v. Biggers Factors: Suppressing Unreliable Eyewitness Identifications. Wyoming Law Review.

Gross, H., 1924. Criminal Investigation. Sweet & Maxwell, London, England.

Groth, A. N., 1979. Men Who Rape: The Psychology of the Offender. Plenum Press, New York, NY.

Inman, K., Rudin, N., 2000. Principles and Practices of Criminalistics: The Profession of Forensic Science. CRC Press, Boca Raton, FL.

Kidder, D., 2005. Is It "Who I Am," "What I Can Get away with," or "What You've Done to Me"? A Multi – Theory Examination of Employee Misconduct. Journal of Business Ethics 57, 389 – 398.

Kirk, P., 1953. Crime Investigation. Interscience Publishers, New York, NY.

Kirk, P., Thornton, J., 1974. Crime Investigation, second edition. John Wiley & Sons, New York, NY.

Lee, H., 1993. Forensic Science and the Law. Connecticut Law Review, 1117 – 1124.

Lee, H., 1994. Crime Scene Investigation. Central Police University, Taoyuam, Taiwan.

Locard, E., 1934. Manuel de Technique Policiere: Les Constats, les Empreintes Digitsles, second edition. Payot, Paris.

Napier, M., Baker, K., 2003. Criminal Personality Profiling. In: James, S., Nordby, J. (Eds.), Forensic Science: An Introduction to Scientific and Investigative Techniques. CRC Press, Baco Raton, FL.

O'Connell. J., Soderman, H., 1936. Modern Criminal Investigation. Funk and Wagnalls, New York, NY.

O'Hara, C., 1956. Fundamentals of Criminal Investigation. Charles C. Thomas, Springfield, IL.

O'Hara, C. , 1970. Fundamentals of Criminal Investigation, second edition. Charles C. Thomas, Springfield, IL.

Petherick, W. , Turvey, B. , 2008. Behavioral Evidence Analysis: An Ideo – Deductive Method of Criminal Profiling. In: Turvey, B. (Ed.), Criminal Profiling: An Introduction to Behavioral Evidence Analysis, third ed. Elsevier Science, San Diego, CA.

Petri, H. , 1981. Motivation: Theory and Research. second edition. Wadsworth Publishing Inc, Belmont, CA.

Reik, T. , 1945. The Unknown Murderer. Prentice Hall, New York, NY.

Saferstein, R. , 1998. Criminalistics: An Introduction to Forensic Science, sixth ed. Prentice Hall, Upper Saddle River, NJ.

Thornton, J. I. , 1997. The General Assumptions and Rationale of Forensic Identification. In: Faigman, D. , Kaye, D. , Saks, M. , Sanders, J. (Eds.), Modern Scientific Evidence: The Law and Science of Expert Testimony, vol. 2. West Publishing Co, St. Paul, MN.

Turvey, B. , 2002. Criminal Profiling: An Introduction to Behavioral Evidence Analysis, second edition. Elsevier Science, Boston, MA.

第6章　犯罪现场分析入门

布伦特·E. 特维（Brent E. Turvey）

与推理能力不足相比，基于错误前提对事实进行错误陈述所带来的危害实际上要大得多。

——西奥多·雷克（Theodore Reik）

《未知杀手》（*The Unknown Murderer*，1945，p. 35）

犯罪现场分析（crime scene analysis，CSA）（犯罪分析）是对犯罪及相关犯罪现场的具体特征进行诠释的分析过程。它包括对法医证据、被害人情况和犯罪现场特征[①]的综合评估。犯罪现场分析的结果可用于确定现有证据的局限性，以及是否需要开展额外的调查和取证工作，比如初始评估（下文将会讨论）。若行为证据充分，这些结果也可用于推断犯罪人的犯罪惯技（modus operandi，MO）和标记行为、犯罪现场的证据、犯罪现场动机以及罪犯特征，或帮助进行并案分析。

不能将犯罪现场分析与犯罪现场处理（crime scene processing）的任务混淆，后者包括在犯罪现场或是从犯罪现场识别、记录、收集、保存和运输物证。通常犯罪现场处理由警察和犯罪现场的技术人员，而非科学家，来代表警察机构履行这一职责。

但是，CSA 也在很大程度上取决于犯罪现场调查（crime scene in-

① 施莱辛格（Schlesinger，2009）对犯罪现场分析有关问题进行了详尽阐述，这些问题的目的在于为联邦调查局的画像方法提供服务。联邦调查局的方法在如何得出结论这一问题上有很大的不同，在提出某些概念（如标记）时也对调查结果的确定性过于自信。但是，对一些人而言，联邦调查局的犯罪现场分析方法与此处所提方法之间的对比可能有点用处。关于犯罪惯技和标记行为的探讨，还请参见本书第 13 章。

vestigation）的整体结果，其中包括犯罪现场检查和记录、对物证的实验分析、对调查结果的科学阐释和合理的犯罪再现。正如德福雷斯特（DeForest）（2005，pp. 111－113）所说：

> 可以毫不夸张地说，犯罪现场调查是人类活动中最具智力挑战性、也最困难的一种。它也承受了最多的误解。在实践中，犯罪现场调查很少能高效地或有效地进行。成功的调查结果——无论在何时何地出现——往往都是偶然得出的，而不是依据理智上可行的计划或安排得出的……
>
> 在美国大多数的执法管辖区，初次犯罪现场调查中缺乏科学的专业知识。这一点在世界上的许多其他地方也别无二致，此状况亟待修正。可以说，犯罪现场调查应该完全由法医科学家进行，或者至少，有经验的法医科学家应该成为犯罪现场调查小组的一部分……
>
> 人们经常将犯罪现场处理这个术语看作犯罪现场调查的同义词。这令人感到遗憾，也表明人们对犯罪现场的性质以及从现场提取相关信息所必要的条件一无所知。不应将犯罪现场调查视为一个机械的、以死板程序运行的过程。但通常情况下，这就是执法机构的决策者、行政人员以及主管人员的看法。令人惊讶的是，那些真正“处理”犯罪现场的人也这么看。改变迫在眉睫……
>
> 犯罪现场调查的各个阶段超越了现场工作。一旦对证据进行了实验分析，对实验结果的科学阐释可能会导致对事件的重建。

现有的再现解释已经确定了一些受害人和犯罪人行为，而CSA旨在提供一种语言，用于对前述行为进行分类、解释和比较。归根结底，这是德福雷斯特（2005）所定义的犯罪现场调查的一个解释阶段，它发生在犯罪现场处理及后期重建工作之后。[①] 物证与犯罪现场分析的关系可以表述为：犯罪现场处理工作是物证的基础；借助实验分析和犯罪再现，物证得到检验和诠释以提供行为证据；行为证据由犯罪现场分析人员或犯罪心理画像人员加以审查和分类，以确定犯罪动机、犯罪阶段、

---

① 犯罪再现是确定与犯罪相关的行为和事件。参见11章。

犯罪惯技和标记行为的证据，并对案件进行比较以实现并案分析。

CSA 包括审查、评估和整合至少以下调查和法医协议（工作程序）的结果（如果没有更多的话）①：

1. 犯罪现场协议（执法机构和/或犯罪实验室）

a）犯罪现场调查报告

b）实验室分析报告

c）证据监管链记录

d）犯罪再现报告

2. 调查协议（执法机构）

a）事件报告

b）调查行动报告

c）证据提交报告

d）证人陈述和询问

e）受害人陈述和询问

f）犯罪嫌疑人供述和否认

g）解除嫌疑协议

3. 法医鉴定协议（医院和/或医学检验人员/验尸）

a）医学/毒理学报告

b）伤口形态分析报告

c）关于性侵的协议/报告

d）尸检协议/报告

4. 法医受害者研究②

a）死亡调查：警察和医学检验人员/验尸官的共同职责

b）性犯罪：警察和性侵害护理检验师（SANE）③ 的共同职责

在定罪后审查（post－conviction review）时，④还应提供以下文件：

---

① 负责上述审查领域的每一个机构都应具备书面协议（简洁度、质量和完整性不一），以规定其行动和职责。此外，这些协议不是私人或保密的，因为必须可供法院调用。如果哪一个机构没有书面协议，则证明该机构整体缺乏能力和专业性，也表明它缺乏良好的科学实践。

② 参见第 7 章。

③ Sexual assault nurse examiner，性侵害护理检验师。

④ 定罪后所做的犯罪现场分析（CSA），是上诉程序的一部分。

1. 可能的原因陈述
2. 嫌疑人逮捕令
3. 搜查令和文件
4. 听证会和审判笔录
5. 法院判决

如前所述，CSA 的结果可用于确定现有证据的局限性，以及是否需要开展额外的调查和取证工作。若行为证据充分，这些结果也可用于推断犯罪人的犯罪惯技（MO）和标记行为、布置犯罪现场的证据、犯罪现场动机以及罪犯特征，或帮助进行并案分析。

在心理画像与预期结果一致的情况下，应尽可能避免提供有关犯罪嫌疑人的信息。正如施莱辛格（Sohlesinger，2009，p. 76）所说，“心理画像人员需要审查调查中的所有信息，但嫌疑人名单除外，因为这可能会在不知不觉中影响他的看法。”这也意味着要避免直接询问犯罪嫌疑人或过早地推论谁应对案件负责。但在实际情况中，这一点很难做到，因为各种假设会从四面八方堆积到画像人员身上。而且，嫌疑很大的人也可能是某种证人，他们掌握着关于犯罪现场或案件事实的相关信息，而这些信息又是画像人员必须考虑的。避开嫌疑人和避免过早假设不仅十分困难，在很多案件中甚至是不可能的。所以心理画像人员必须有意识地记住这一点，必须学会识别先入为主的、不成熟的假设，以便在审查中谨慎地将其搁置。

法医学鉴定/刑事疑点分析

法医学鉴定（forensic assessment）是一个与特定案件调查结果有关的通用术语，它指对证据记录所进行的任何审查、评估或鉴定。其中包括物证（如 DNA、血迹和伤口形态）、陈述和陈词证据（如，书面通信、向当局的陈述、与当局的正式面谈和宣誓证词）、书面证据（例如，财务记录、通话记录、照片、录音、录像、手机日志、互联网浏览器历史/缓存、全球定位系统历史记录）以及行为证据。

任何科学的证据评估都要求审查人员保有客观性和怀疑精神（参见

第2章)。因此任何科学的评估也会考虑有关证据及其意义是否意味着可有其他假设。它会将我们称为疑点(equivocal aspect)的东西呈现出来。此处的“疑点”一词是指任何可以有多种解释的东西或任何令人怀疑的解释。“刑事疑点分析”是指对某一案件的所有物证进行审查,并对所有相关的假设和结论提出质疑。如果物证和随后的任何再现缺乏准确性或价值,那么其所依据的任何报告也须再进行审查。

目的

法医学鉴定,或者说刑事疑点分析,有助于让犯罪心理画像人员保持客观立场,避免其受调查和法医假设以及不成熟推论的影响。许多审查人员认为,他们要审查的案件已经得到了全面且充分的调查。他们假定执法机构和犯罪实验室的工作人员已经通力合作,就关于被害人、犯罪人行为和基本犯罪现场特征已形成一致且有依据的意见(即某现场是主要现场、次要现场还是抛尸地点;某案件的受害人是否彼此认识;是否有性侵犯的证据)。因此,许多法医检验人员都认为没有必要对警方提出的假设或者法医人员得出的结论进行质疑。他们认为此举并不恰当,甚至很不礼貌。就科学要求而言,这种态度令人厌恶。

科学方法所要求的客观性和怀疑态度可以帮助心理画像人员不落入先验性调查偏见(apriori investigative bias)的陷阱。这一术语是指调查人员、侦探、犯罪现场的人员或其他以某种方式参与案件调查的人在不了解案件事实的情况下提出假设的现象。这类假设大多以主观的生活经验、文化偏见及个人偏见为基础,它们会对调查人员能否正常识别和收集犯罪现场的某些物证造成影响。先验性调查偏见还会对是否将案件的某些假设纳入考虑造成影响。

同样,格罗斯在《犯罪侦查》(*Criminal Investigation*)一书中也对“先入为主的假设”(preconceived theories)这一概念做出了阐释。他的阐释意义重大,而原文全本又很难找到,故将这部分内容原文摘抄如下。尽管原文已有一百多年的历史了,但他的论述仍有极强的现实意义(Gross,1924,pp. 10 - 12):

“先入为主的假设”是所有调查的致命敌人，而刚才所提到的方法——即开展平行调查，这在某种程度上能使二者互为控制——也可以说是避免危险的唯一办法。“先入为主的假设”十分危险，因为恰恰是最热心工作的调查人员最容易落入这一陷阱。那些持旁观态度的调查人员把工作当成例行公事，一般也没什么看法，只是顺其自然地办案罢了。一旦侦查人员开始满怀激情地钻研案情，他就很可能会找到某个参考点来思考问题，但他可能会夸大这个参考点的重要性，对其做出错误阐释，随后便形成一个难以摆脱的观点。审视自己的思想（我们几乎无法观察到他人身上的现象或纯粹心理特征），我们很容易就能发现“先入为主的假设”是如何在自己脑中生根发芽的：我们将惊讶地发现，那些毫无意义的、纯属假设性的偶然陈述是怎样催生一个假设。尽管早已认识到其基础是多么荒谬，我们却无法轻易摆脱此类假设。

如果什么都没有发生，我们就什么都无法发现。可是，在寻找罪犯的过程中，抑或是在去勘查现场的路上，我们便会下意识地做出某种推测。毋庸置疑的是，这种推测也并非毫无根据，但它们只是表面上与案件事实相联系：你曾经听说过类似事件；或许你以前见过相似案件；你早就有一种想法，认为事情必将如此这般。这就足够了，你再也无法用完全自由的心态去研究案件详情。但有时候也可能是另一个人偶然提出的看法、一张十分打动人的面孔抑或是千千万万的其他偶然事件，总之人们最终形成了一种先入为主的看法，它既不以法理为基础，亦无法为事实所证明。

但这也并不是全部，这其中经常会有一种明确的方式，比如，人们可以这样假设：“如果M和N都已被证实，那么，必然要以这样或那样的方式来理解这件事。”这一推理或许不错，但由于某种原因，有关M和N的证据可能长期都未得到证实。而前述观念却一直存在，以至于就算在M和N的证明都失败后——即便这个时候足以作为依据的条件也还是没有实现——它也还是经久不衰。

错误的审视角度导致先入为主的观念——这种情况也时有发生。从光学角度来看，物体的外观与实际情况可能大相径庭，这取决于观察角度。而在道德范畴内，这种现象也会发生：观察者在选取了一个错误的视角之后，即便是不惜一切代价也不愿意更改自己的视角，由此就出现了先入为主的观念。在这种情况下，即便是最微不足道的想法，只要它不准确，都会有极高的危险性。假设远处有人报警称发生了一起纵火案，这时候，人们会不由自主地对案发现场进行想象；比如，你未见过这栋房子，但你假设它位于道路左侧。随着相关信息传递到总部，人们对案发现场的观点会更加具体且坚定。整个场景及次要细节都在想象中得到呈现，但这些东西都会被认为位于道路左侧。这种想法最后会在脑海中扎根，人们最终会确信房子就位于道路的左侧，随后提出的所有问题都像是有人曾目睹位于道路左侧的房子一样。但是，假设房子的确切位置是在道路右侧，而这一错误又恰巧没有被及时纠正；或者进一步假设房屋的位置对查明案件事实或形成犯罪假设有一定的重要性，那么，这种先入为主的错误观念即便看似微不足道，也有可能严重影响案件调查。

这一切其实都源自每个人都难以避免的心理缺陷（psychical imperfection）。更要命的是妄图从案件中获取超出其本身所能提供的信息。诚然，没有调查人员会希望借助一个小把戏赋予案件与其本身不同的或更为重要的特征，但就人性而言，人恰恰崇尚猎奇而不屑于日常琐事。我们乐于寻找莫须有的传奇因素，甚至比起日常生活我们更喜欢奇闻逸事和恐怖故事。在这一点上，每个人都难以免俗，尽管在表现程度上有的人会突出些，有的人轻微些。对此我们可以找到成千上万的证据，比如我们最爱读、最爱听的东西以及传播得最快的新闻，它们都足以说明，大多数人在出生时就已经有了夸张的倾向。夸张本身并没有多大的危害性。我们夸张往往是要美化我们周围的事物。若是没有夸张，美感和诗意也将不复存在。但在刑事专家的工作中，对于任何带有哪怕是一丝一毫夸张的观念，他们都必须以最积极、最认真的态度进行抹除，否则，这些刑事专家在其领域内将毫无价值可言，甚至危害人类。我们必须坚持认为刑事专家不应该有夸张行为，他应该坚持用这种态度对自己和他人的工作进行监督；若没有发现任何夸张的痕迹，则应格外仔细进行检查。夸张会不顾我们的阻拦悄然而至，而一旦出现，没人会知道它会发展到多么严重的程度，并在何时结束。唯一的补救措施就是更仔细地进行自我审视，边工作边反思，并消除一切夸张的苗头。正因为侦查人员需要刚毅和果断的反应力，人们才会发现，优秀的侦查人员也稍微会对虚构的东西感兴趣：他们会通过严格的自我观察来感知并发现虚构的东西，然后遵从严格的科学规律将之摆脱。

鉴于先入为主的观念普遍存在，我们必须承认，在犯罪心理画像人员参与案件调查之前，对物证的识别、记录、收集和检验过程可能会出现不完整、信息不充分、有偏见或不合格的情况，甚至还可能产生刑事影响。这并不是在针对执法机构，尽管看起来似乎是这样。侦查人员必须知道，称职的画像人员所希望的是明确调查假设是否真实准确，而不只是凭空臆断。其中缘由十分简单：一份画像的好坏，取决于形成画像所使用的信息。考虑到不准确的法医检验结果可能会对调查以及审判结果造成影响，要求画像人员对其观点所依据的信息来源进行质疑怎么说都不过分。

在司法和执法人员中，刑事科学知识和培训的水平总体来说仍然很低（National Institute of Justice，1997）。在有些案件里，他们几乎没有这方面的知识。[①] 霍瓦斯和密森（Horvath and Meesig，1996）总结道，犯罪调查中物证也很少得到充分利用，[②] 对此笔者也深有其感。根据他们的研究，这并不是因为无有效的证据可用。相反，个别检察官和调查人员只根据自己有限的知识和经验来判定物证的价值，出于这种心态，即便是有物证和法医分析，人们也常常会将之忽略。

---

① 在执法机构的培训方面，笔者经常留意到这样一个具有讽刺意味的事实：在犯罪率较高的司法管辖区，大一点的调查机构被迫将预算用于打击犯罪；而规模较小、犯罪调查较少的机构却能将更多的预算用于培训。其结果往往就是，大机构的调查人员经验丰富，却缺乏正规培训，而小机构的调查人员训练有素，却没有实践经验。出于这个原因，小机构的调查人员不知道何时以及如何将自己耗费时间和金钱所学的东西应用于实践，这种现象也司空见惯。

② 唯一的例外或许是DNA，它业已成为法医的主力军，无论对错，DNA都在陪审团的视线之内。

有些案件充分利用了物证，但这种情况也只是凤毛麟角，并不是常态。甚至有些案件中的物证根本就没有被收集。即便是收集了物证，它们也极少得到分析，反而是被束之高阁。此外，尽管《美国国家科学院报告》得以出版，但至少自 1997 年以来，犯罪实验室丑闻似乎一直在美国阴魂不散，基于此，法医科学提供可信、客观研究结果的声誉已经受到了严重打击。正如奥布赖恩（O'Brien）所说（2010）：

法医证据真的如我们所想那样重要吗？新的研究对此给出了否定的答案。研究认为，在美国的罪犯起诉和逮捕方面，我们高估了法医证据的作用。有研究考察了五个司法管辖区的 400 起谋杀案，发现法医证据对犯罪人是否会被逮捕、是否被起诉或被法院定罪的影响极小。

被考察的谋杀案中，仅有 13.5% 的案件真正有物证将嫌疑人与犯罪现场或受害者联系起来。这些案件的定罪率只是略高于样本中的其他案件。在大多数情况下，犯罪剧中所宣扬的确凿的科学证据都难觅其踪。在这项研究中，调查人员发现提到生物物证的案件只占 38%，隐藏指纹占 28%，DNA 则只占 4.5%。

加州州立大学洛杉矶分校刑事司法教授艾拉·萨默斯（Ira Sommers）说，“取证跟结果根本没什么关系，”他与同事、研究员底波拉·巴斯金（Deborah Baskin）教授共同完成了这项研究。“它并不是地区检察官做出指控的重要因素，与法庭上的实际定罪也没有关系。考虑到所有围绕法医证据进行的炒作，这真是一个非常惊人的发现。”

而根据巴斯金和萨默斯的说法，可以说这一结果不只限于谋杀案。在尚未出版的研究中，加利福尼亚的教授们指出，对于司法证据在解决其他案件中所起的微小作用，他们也得出了类似的结论。研究人员发现，在袭击、抢劫和入室盗窃案件中，只有不到三分之一的时候研究人员会收集到证据，且其中只有很小一部分会被提交给实验室进行研究，这就使这些证据基本上成了“非要素（nonfactor）”——萨默斯所说的，“一个罕见现象”。

此研究不日将发布于《刑事司法杂志》（*Journal of Criminal*

Justice)，正值法医学饱受攻讦之际——不少人怀疑某些司法实践是否那么科学。去年，美国国家科学院（National Academy of Sciences）出具了一份报告，其中对许多司法方法的可靠性提出了质疑，对业内缺乏标准、欠缺认证表示遗憾并呼吁全面改革。该报告说出了许多法医科学家多年来一直在私下谈论的担忧，报告传到了白宫，奥巴马总统遂责令一个法医学小组委员会来研究这个突然显得有些棘手的问题。

该委员会预计将在未来几周内报告其调查结果并提出政策建议。同时，在过去的 18 个月里，参议院司法委员会举行了两次听证会，会上，人们对美国刑事科学的现状感到惋惜——也许这是有理由的吧。

全国有几百家犯罪实验室没有经过认证；大多数州的法律也没做此要求，而且即便是那些经过认证的也存在问题。2008 年，底特律市经审查发现，其犯罪实验室的弹道证据错误率达 10%，随后该市将实验室关闭。去年，纽约州检察长指责该州警察局忽视一犯罪实验室分析员伪造数据的证据。就在去年春天，旧金山药物分析单位被指控有一名分析人员瞒报缉获的毒品以谋私利，随后该药物分析单位被强制关闭。在这方面，马萨诸塞州也没能幸免。2007 年，该州公共安全执行办公室委托撰写了一份报告，其中记录了 16000 个案件中积压的未经检验的 DNA，包括谋杀案和性侵案——报告称这一发现是“一场危机”。

同时，自 2004 年以来，尽管有 3.3 亿美元的投资用以解决堆积如山的未经检验的证据，但在全国范围内，DNA 证据的积压仍在持续发酵，不断增长。根据美国司法研究所 6 月发布的一份特别报告，问题就在于犯罪实验室的工作能力并没有跟上不断增长的测试需求。

换句话说，即使调查人员和检察官了解并重视物证，其可靠性，甚至是可用性也可能不足。此问题削弱了法医证据的作用，也使刑事调查和随后起诉中的重点缺失。

有的案件收集了物证，并对其进行了恰当的分析，但这些分析结果除了帮助形成起诉假设以外，鲜用于实际的法庭实践（Horvath and Meesig，1996）。笔者也有类似的经验：如果人们认为某些物证与案件假设不一致，那么这些物证就会被束之高阁，无人检验，亦无人分析，因为同样的原因而未被收集的物证就更不必细说了。

所有这些情况都可能影响到画像人员所获得的信息和证据阐释的质量，因此，在心理画像开始之前进行刑事疑点分析就变得非常重要。面对错误多发的可能性，画像人员必须能够准确定义物证、明确其局限性，并能大胆地对调查假设或案件结论提出质疑。这并不是说画像人员要假定其所得信息都是不可靠的，而是说在进行画像之前，他们有责任去明确，在被害人与犯罪人行为中，哪些是已知的或哪些是可知的。

信息来源

犯罪心理画像不是某个人独自完成的。每个画像都包含着众人收集的大量信息。这些人对于画像的作用怎么说也与画像者同样重要。有的人不承认别人在自己所做的画像中发挥了重要作用，这类人要么不诚实，要么其画像就没有参考任何客观信息。

出色的犯罪现场勘查可以提供更准确的物证，准确的物证确保了犯罪再现的准确性，而准确的犯罪再现才能让后续的犯罪心理画像更加有力——这是个基本原则。这就意味着做出画像需要人们通力协作，没有人能在与世隔绝的环境下进行心理画像。人们应相互协作并竭力完成自己的工作，否则画像结果会对此有所反映。

虽然每个案件都各有特点，在这些案件中发生了什么，档案是如何记录的等方面都有不同，但在做出合格的心理画像之前，要考虑并审查一些基本的法医信息，或者说信息来源。

下文简要总结了犯罪再现和行为信息的资料来源，但若想更好地理解刑事科学及其在确立行为证据中的作用，更好地认识到，在进行法医评估时理解所提供文件的性质，就应敦促学生参阅下述文献：

- Chisum and Turvey（2010）*Crime Reconstruction*；
- DeHaan（2006）*Kirk's Fire Investigation*；
- DeForest，Gaensslen，and Lee（1983）*Forensic Science：An Intro-*

duction to Criminalistics；

- Dolinak，Matshes，and Lew （2005） *Forensic Pathology*：*Principles and Practice*；
- Faigman，Kaye，Saks，and Sanders （Eds.）（2005） *Modern Scientific Evidence*：*The Law and Science of Expert Testimony*；
- Gross （1924） *Criminal Investigation*；
- Kirk and Thornton （1974） *Crime Investigation*；
- Inman and Rudin （2000） *Principles and Practice of Criminalistics*；
- Petherick and Turvey （2009） *Forensic Victimology*；
- Saferstein （2010） *Criminalistics*：*An Introduction to Forensic Science*；
- Savino and Turvey （2010） *Rape Investigation Handbook*。

上述文献的详细信息请参见本章末尾的“参考文献”部分。

因犯罪类型、现场证据的可得性、所涉法医人员以及侦查人员的技能水平的不同，针对特定案例所做的记录和报告的确切性质也不一样。犯罪心理画像人员有必要得到所有此类资料，尽量避免偏见的影响并学会不厌其烦地对其进行核实。

犯罪现场录像

原始的、没有被破坏的初始犯罪现场应该用照片和录像的方式保存下来。这样做花费小，也相对容易做到，并能保留一个没有人为破坏、内容丰富的犯罪现场记录。在没有亲临现场的情况下，现场录像和静态照片是了解犯罪现场性质和类型的最好方式，因为现场录像与当时的现场情形紧密相关。

但在现实中，现场视频甚少。甚至有时录像只是拍了几分钟某位技术人员的鞋子。事实上，在犯罪现场，摄像机通常会被交给训练很少的、最无关紧要的人，他们所记录下的往往只是一些谈话和别人的错误。因此，就质量来说，这些录像并不总是那么好，更别说其完整性了。

在一些司法管辖区，警方已经停止用视频记录犯罪现场。其原因通常在于，这些视频曾被用来针对检方，指出有重要证据未被收集、记录犯罪现场收集证据时出现纰漏或造成证据污染，或者就是为了阻止检方起诉。在任何案例中，若执法部门的犯罪现场处理工作中未包含录像记录，法医检验人员应该意识到，这并不一定是个意外。相反，它可能是有意减少证据记录内容。

犯罪现场照片

理想情况下，犯罪现场照片能与现场录像相结合，为观察犯罪现场物证全貌和特征提供最佳证据。根据现场的性质，现场照片也有助于在周围环境中寻找一些具有心理学价值的物品（如著作、性用品等），发现死者身上不明伤口的潜在来源。但若用其他手段，这些物品和线索可能就无法得到记录。现场照片还有可能帮助发现以前没有收集或是遗漏的新物证。

但现实是，犯罪现场照片的质量通常都极低。没有证据背景，图片失焦，照片数量也不足。这是执法部门需要花时间进行培训的领域。若所提供或拍摄的犯罪现场照片很少或数量有限，则说明存在以下一种或多种情况：犯罪现场照片所显示的东西是涉案警方不想让别人看到的内容；犯罪现场照片因缺乏整理而被丢失或暂时放错了地方；因为缺乏领导或者犯罪现场首席调查员没有明确每个人的任务，根本没有拍摄犯罪现场照片。在极度混乱的情况下，当案件迅速从调查阶段转到起诉阶段，首席调查人员可能直到很晚才会意识到，他自己是，而且曾经是这个案件的负责人。

调查员报告

任何进入犯罪现场的人员，或名字出现在安全日志（若有的话——这种情况并不常见）上的人员，都可能要写一份关于其活动和观察的报告。这种要求并不普遍，因为各机构报告撰写的标准程序各不相同。这些报告的重要性在于，它们能帮助判断谁看见了什么，谁收集了什么，以及该报告是否和其他报告还有任何再现的物证相一致。心理画像人员应密切关注这些报告，因为它们能展示出一些其他记录方式没能注意到的现场细节问题。

根据笔者的经验，年轻警官写的报告往往最详细，价值也最大。他们没有经过培训，没有判断什么重要，什么不重要的经验，因而他们尽可能记录下现场的所有事物。老练、经验丰富的警察所写的报告往往会漏掉部分内容，只叙述一些他们认为重要的东西。不管是哪种情况，这些报告都反映出撰写人的个性特征和经验，因此没有两份报告是完全相同的。所以心理画像人员应阅读所有可利用的报告，以形成关于犯罪现场活动的最完善的画面，实现更彻底的观察。

犯罪现场草图

在任何犯罪现场公布前，都应先粗略画出犯罪现场草图（手绘，不按比例，但要标明收集到的证据和测量结果）。后期可给出更详细的犯罪现场草图：按一定的比例关系，精心绘制测量尺寸，清楚地标明所有证据收集的地点。画草图的目的在于表明收集到的现场物证与周围环境间的关系。在确定是否有未被收集的物证方面，犯罪现场草图也具有证据价值。

犯罪现场证据记录单和证据提交表

在犯罪现场识别、记录和收集的每一项证据（包括胶卷和录像带等物品）都应在证据记录单上有所登记。它可以记录下在何地由何人发现了何物。这个记录可与文档（现场照片、录像）记录下的物品进行对照。照片、录像所记录下来的物品可能没有被收录，也可能丢失了或仍需要犯罪实验室的分析等。并非收集的所有物件都会得到实验室分析。

证据提交表应与犯罪现场证据记录单进行对照，明确什么东西什么时候被送到哪里进行什么检验。并非所有提交给实验室进行分析的物品都能得到应有的重视，因为决定进行什么检验的是主管案件的调查人员，而不是接收证据的刑事科学家。跟进这些证据，分析并了解它们能提供哪类信息，对潜在行为而言十分重要。

刑事分析结果

通常而言，实验室的犯罪学家会撰写报告，详细说明法医分析结果。他们对侦查人员提交的物证进行检验。向实验室提交哪些证据（若有的话）以及对其进行何种检验都由调查人员决定。

物证类型各异，可对之进行的分析也多种多样。正如本节开篇所说，我们鼓励读者利用本书提供的参考资料并尽可能熟悉其内容。这并不简单，即使是学识渊博的专业人士也得时常更新知识，接受相关培训。

医学检验和验尸官报告

根据管辖权，医学检验人员或验尸官有责任确定死亡的原因、方式和时间。他们也可以就伤口的性质和来源发表意见。他们出具的是法医检验报告，而非医疗检验报告。根据案发地的法律规定及死亡的性质，人们也许已经进行了尸检并做出了尸检报告，也有可能没做。进行尸检的人可能是验尸官或是医学检验人员，可以简称他们为刑事病理学家。

据疾病控制中心（CDC）估计，在美国每年发生的近200万起死亡事件中，由医学检验人员和法医进行检验的占20%。各辖区之间以及辖区内部的调查实践和要求存在很大的差异。目前，美国有22个州实行医学检验制度，11个州实行验尸官制度，还有17个州则二者并用。

医学检验人员（medical examiners）被分为州、区、县等级别并受到任命。他们必须具有医生执照，甚至还是委员会认证的刑事病理学家（Board Certified Forensic Pathologists）（美国只有不到1000名BCFP）。但是，验尸官（coroners）大多是被选举或委派的官员，通常不要求他们有医生执照。有时候他们只要符合年龄要求并居住在案发地区即可。这会对特定案例中的法医死亡调查的性质和质量产生巨大影响，也会使刑事疑点分析在合格心理画像中的必要性地位更为明显。

尸检照片

在死亡调查中，尸检照片是最重要的文件之一。这些照片应包括尸体被清洗后以便进行尸检之前和之后的内伤、外伤的特写以及整体照片。它们也能帮助发现一些被忽略或被误解的伤口形态。这些验尸照片应与验尸报告中的的内容相互参照，并与在验尸现场的医学检验人员或验尸官所做的意见陈述进行比较（他们可能会单独提交自己的调查报告）。

性侵害记录

在一些案件中，性侵害记录由法医护士或性侵害护理检验师通过医疗机构（比如医院或急诊室）处理，在涉及受害人死亡时，则由他们通过当地的医学检验人员/验尸官办公室进行处理。在一些案件中，性侵害记录也可能由那些在识别并收集刑事证据方面根本没有经过培训或毫无经验的人处理。无论是哪种情况，这些专业人士都会给出自己的报告和意见，用图表和照片记录受害人所受侵害并收集证据提交犯罪实验室。也可以说至少他们应该这样做。并不是所有性侵害记录都是完整或充分的。

心理画像人员、侦查人员和犯罪学家应该翻阅所有的这些记录。如果能找到被害人，这一证据（包括任何伤口的形态）都应该与被害人的陈述进行比较，看是否一致。任何不一致的地方都需要进一步查明并阐释。

侦查人员经常表示有些性侵案的犯罪现场难以封锁，因为强奸或性侵行为可能就发生在繁华的大街上，或在一个不知名的角落，抑或是作案人的私车里。于是就会有人指出，由于缺乏犯罪现场，故而难以收集物证。但事实并非如此。

即便是在环境条件不允许或犯罪人的故意行为使侦查人员无法获得一个真实的、未被破坏的现场的情况下，仍有可能在被害人身上收集到转移证据。在任何疑似或明确的性侵案件中，都可以对被害人做出性侵犯记录。物证以各种可被识别和收集的方式（从犯罪人和犯罪现场）转移到被害人衣服或身体上。在能找到被害人的情况下，被害人也是犯罪现场的延伸。

书面或录音记录下的证人和被害人陈述

如果条件允许，应找到任何与证人、受害人询问记录有关的录音带。在审查此文件的事实和不一致的地方时，录音中的陈述内容和陈述语气一样重要，要想清楚了解询问内容，单靠书面报告几乎是不可能的。

在许多情况下，执法机构会避免让其工作人员对询问进行录音，而是只依靠调查人员的记忆进行询问。这比起录音和转录的陈述来说更不可靠，因为记忆是有选择性的，它往往会更关注支持或反驳当时案件假设的重要内容。从司法目的来看，这类文件应被视为不标准且不可靠的。

结论

刑事疑点分析使我们认识到物证的优缺点，这些物证也许可以确定某犯罪调查的证据关系，也可能无法确定。因此，必须把心理画像人员当作刑事专家来培训。他们也必须学会与犯罪学家、刑事病理学家以及其他刑事科学家合作。仅凭一己之力就对案件中的所有证据做出充分的解释是不可能的。

以下清单根据李昌钰等人编著的《刑事科学：犯罪学导论》（*Forensic Science*：*An Introduction to Criminalistics*）（Lee et al.，1983，pp. 29 – 30）改编而来。李昌钰等人认为在案件调查中利用刑事科学的目的在于为案件真相提供有用信息。总而言之，借助充分识别、记录、收集、分析和重建物证均有助于确立行为证据关系。

犯罪事证

“犯罪事证”（corpus delicti）的字面含义是“犯罪主体”（body of the crime），是指表明犯罪已经发生的基本事实。例如，为证实入室盗窃，对犯罪现场证据的刑事分析应包括但不限于以下证物：

- 现场入口处的工具痕迹和指纹；
- 破坏的门窗；
- 在盗窃者鞋里和裤腿里留下的现场玻璃碎片；
- 遭到洗劫的现场；
- 丢失的贵重物品；
- 在屋外入口处地板上的鞋印。

但是，若要证实某案件为强奸或性侵案，对犯罪现场物证的刑事分析应该搜寻的证据则应包括但不限于以下证物：

- 犯罪现场的被害人血迹；
- 被害人阴道和其他部位中遗留的嫌疑人精液；
- 附着有某种转移证据的武器；
- 被害人的伤口形态；
- 被害人破碎的衣服；
- 嫌犯用来捆绑被害人的物品；
- 遗留在嫌疑人车上的被害人毛发或衣物纤维；
- 嫌疑人遗留在被害人身上的阴毛。

惯技

所有的犯罪分子都有其犯罪惯技（或作案方法）（modus operandi，MO），它是犯罪人习惯、技能和特殊行为的反映。有时这些惯技会保持前后一致，但随着时间的推移，随着犯罪人技能水平的不断提高，它们也会发生改变，犯罪分子会继续保留成功的因素，摒弃不成功的（O'Hara，1970，p. 597）。物证有助于确定犯罪分子的惯技。

比如说，要确定入室盗窃案嫌疑人的犯罪惯技，对犯罪现场物证的刑事分析应包括但不限于以下证物：

- 入室工具（如螺丝刀、钢锯、前门钥匙等）；
- 盗走的物品（包括贵重物品和一时冲动带走的东西，如现金、珠宝、信用卡、体育纪念品、衣服等）；
- 入口处没有指纹，说明嫌疑人戴着手套。

若要确定强奸案嫌疑人的犯罪惯技，对犯罪现场物证的刑事分析则应包括但不限于以下证物：

- 从现场遗留的纤维到伤口形态（若有）判断控制被害人的手段；
- 案发现场附近的轮胎痕迹（若有）可暗示嫌疑人所用车辆类型；
- 被害人身上的伤口形态可表明凶手所用的凶器类型（即刀伤或被害人背部的咬痕）；
- 用于遮住被害人眼睛或堵住其嘴巴的胶带。

标记行为

有些犯罪人在犯罪现场实施的某些行为可以视为标记行为（signature behaviors）[①]。正如加利福尼亚州诉欧德尔一案（*California v. Odell Clarence Haston*，1968）中所描述的：

> 麦克科密柯（McCormick）教授说："在此（即用其他案件的犯罪惯技来确定犯罪人身份方面）重要的不是同一类犯罪是否重复出现，比如反复抢劫或偷盗。相较之下，标记行为必须是特殊的、显著的、如同个人签名一般的作案方式。"[McCormick，Evidence（1954）157，p. 328.]。

在加利福尼亚诉伦达一案（*California v. Rhonda Denise Erving*，1998）中，麦克科密柯有关标记行为的叙述被再次引用，其中指出这些行为必须是：

> ……明显地与众不同，由此才能确认两起案件是同一人所为。犯罪模式和特征必须非同寻常、足够特殊才能被视为一种标记，如同罪犯的签名一样独一无二。[McCormick（on Evidence，4th ed. 1992），§ 190，pp. 801 – 803.]

由标记行为可以判断出犯罪主题。作案人实施这种标记行为往往是为了满足心理上或情感上的需要。物证则可帮助我们确定标记行为及产生环境。

例如，要分析入室盗窃案件的标记行为，在对犯罪现场的物证进行刑事分析时应包括但不限于下列的证据：

- 撕烂衣橱里的衣服；
- 在特定地点射精、排尿或排便；
- 偷盗女性的内衣；
- 破坏家具；

---

① 早在联邦调查局涉足犯罪心理画像之前，"标记（signature）"这个术语在法律领域内就已被用于描述独一无二的惯技行为。我们都知道，约翰·道格拉斯（John Douglas）声称自己是（而且大家也这么以为）创造这个术语的始祖，实则不然。

- 破坏车库里停放的汽车。

要分析强奸案的标记行为，在对犯罪现场的物证进行刑事分析时应包括但不限于下列的证据：

- 所用的捆绑物类型；
- 性行为的特殊顺序；
- 被害人的伤害程度（从轻微到残暴的程度）；
- 使用的特殊凶器；
- 拿走与偷窃无关的被害人个人物品，如身份证、衣服或价值不高的珠宝等。

建立犯罪嫌疑人与被害人的联系

血迹、人体组织、毛发、纤维物质和化妆品可能从被害人身上转移到作案人身上，而且，在犯罪嫌疑人身上发现的一些物品也可以与被害人联系起来，比如：

- 黏在作案人衣物或阴茎上已经干燥的被害人的阴道上皮细胞；
- 留在作案人车中绳索上的被害人皮肤细胞和毛发；
- 遗留在作案人刀上的被害人的血迹；
- 在搏斗过程中，被害人的人造指甲掉落并遗留在作案人车上。

一些痕迹证据也可能从作案人身上转移到被害人身上。应彻底检查嫌疑人的物品和衣物以寻找此类痕迹证据。当然，对被害人及其物品也应进行类似检查。

将人和犯罪现场相联系

人与犯罪现场的联系是物证分析能建立的一种常见联系。指纹、手套印、血迹、精液、毛发、纤维组织、土壤、子弹、弹壳、工具痕迹、脚印或鞋印、轮胎印及属于作案人的物品都是案犯遗留下来的证据（Lee，1994，p. 5）。依据犯罪案件类型的不同，犯罪现场的各种证据可能会被犯罪嫌疑人带走。盗走财物就是一个最明显的例子，但是也可以借助痕迹证据的双向转移将犯罪嫌疑人、被害人甚至是证人与犯罪现场联系起来。

反驳或支持证人证言

物证分析可以明确某人关于系列事件的说法是否可信，或这个人是否在撒谎。举个简单的例子，某汽车司机肇事逃逸，检查该汽车便可以发现保险杠下方有血迹和别的生理组织。这个驾驶员可能辩称自己开车撞上了一条狗。对该血迹进行简单的类型检验就能知道那到底是狗的血迹还是人的血迹。

确定犯罪嫌疑人

确定犯罪嫌疑人的最可靠证据包括指纹、咬痕证据和某些 DNA。在案发现场、被害人皮肤或物品上发现了指纹，经过确认，证实这些指纹属于某人——由是可确认嫌疑人的真实身份。

在强奸案和性侵案中，从下列途径得到的 DNA 能用于确定嫌疑人身份（此列表内容并不完全）：

- 遗留在现场或被害人身上的精液；
- 被害人弄伤犯罪人后，后者遗留在现场的血迹；
- 自卫反抗时被害人手指甲内残留的加害人的生理组织；
- 遗留在现场或被害人身上的加害人的阴毛。

在强奸案和性侵案中，从下列途径得到的咬痕证据能用于确定嫌疑人身份（此列表内容并不完全）：

- 在被害人挣扎过程中为制伏被害人而在其身上、背上留下的咬痕；
- 作为性侵的一部分而在被害人生殖器上留下的咬痕；
- 作为惩罚（虐童）而在被害人脸部和四肢留下的咬痕。

提供侦查方向

物证分析能有助于引导调查走向富有成效的道路。例如，在一起交通肇事逃逸案件中，一块汽车油漆碎片就能缩小涉案汽车的数量和种类的范围。而在强奸或性侵犯案件中，DNA 证据能迅速排除一些无关的犯罪嫌疑人。如果咬痕能得到本地牙医组织的鉴定（若可行），就能帮助确定犯罪嫌疑人。

在此，笔者提出初始评估（threshold assessment）的概念，以作为提供此类及其他类型调查线索的工具。

初始评估

初始评估是一种侦查记录，它是对具体案例或系列案件的行为痕迹、被害人分析和犯罪现场特征等原始物证进行的最初评估。其目的在于直接为案件侦查提供指导。一份初始评估并非是在掌握了所有犯罪现场记录、被害人情况或法医科学家对物证所做的全面分析报告之后才形成的。它是对目前已掌握的案件事实进行评估。其中可能包括潜在证据关系和证据分析方面的建议，对询问策略的理解以及对调查思路的初步印象，即画像人员认为需要优先考虑的或直接进行的侦查。

如比兹等人（Baeza et al.，2000）所说：

> 4.0 初始评估
>
> 初始评估就是一种侦查记录报告，是对具体未侦破案例或系列有潜在联系的未侦破案件的行为痕迹、被害人分析和犯罪现场特征等原始物证进行的最初评估。其目的在于直接为案件侦查提供指导。其中初始评估报告应包括就事件而言哪些已经了解，哪些事件还没有掌握，以及为证实这些事件可用哪些方法等。初始评估不应该与心理画像相混淆，更不能称之为心理画像。
>
> 4.1 方针
>
> 初始评估应包括以下因素：
>
> 4.11 对案件相关犯罪行为的既定事实酌情进行概述。
>
> 4.12 对案件相关被害人情况的既定事实酌情进行概述。
>
> 4.13 对案件相关犯罪现场特征的既定事实酌情进行概述并论证。
>
> 4.14 初步对可能的犯罪动机及其他提出合理假设，并提出支持性论证。
>
> 4.15 初步对可能的犯罪人特征提出合理假设，并进行论证。
>
> 4.16 对亟待确认或证实的相关事件提出意见，比如建议对现有

物证作进一步的刑事分析，其目的是解决犯罪行为顺序链中逻辑中断的部分。

4.17 关于进一步收集被害人信息的建议。

4.18 就嫌犯发展的潜在策略和途径提出相关调查建议。

初始评估不应该包含确定的结论或意见。那是心理画像需要得出的东西。初始评估可在案件的任何一个阶段提供侦查指南，或给出一个“待办事项”的清单，它们会对已知案件情况进行概述并表明需要进一步进行调查的东西。初始评估能对案件进行初步观察，提出案件重点和需要优先调查的东西等。初始评估应包括与侦查相关的问题、建议和合理的第一印象。

虽然初始评估的书面结构与犯罪心理画像一致，但初始评估是在不同的情形下为达到不同的目的而得出的。因此，不能将之视为一份犯罪心理画像，二者的目的也不一样。重要的是，在撰写报告或阅读由另一名犯罪心理画像人员（他可能不了解画像与初始评估的差别）做出的画像时，要牢记心理画像和初始评估的区别。

为什么要进行初始评估

对案件进行初始评估，不仅仅是为得到更多的信息或得出一份完整的心理画像报告，其主要原因还有以下两点：

第一，如前所述，初始评估能为侦查活动提供方向。初始评估能以简明有效的方式收集并提供信息和建议。它能在总体上保持调查正常进行，不偏离方向。它还能指导侦查人员收集有助于完成心理画像的相关信息，这些信息还能为画像工作以外的线索、假设以及观点提供依据。归纳初始评估中的信息（旨在为犯罪心理画像提供信息）将会对参与案件侦查的每个人，而不只是对画像人员有所帮助。

第二，在侦查阶段最常遇到的问题就是公众安全问题。在危险迫在眉睫的情况下，我们可能等不及进行完整的心理画像。为了当地社区群众的利益，我们也许会让画像人员依据最初的、哪怕是不全面的信息得出一些看法。为了在有限的时间里组织调查工作，调查人员可能只会得到画像师依据现有材料所做出的第一反应。

在决定是否进行初始评估之前，要先对此进行效益分析，权衡利弊。评估中可能会出现吊人胃口的、有误导性的观点和看法，其影响或许在今后组织实施的侦查过程中很难被消除；但评估也有可能具备一个好处，即及时组织有效的调查策略，应将此益处与上述弊端进行权衡。根据笔者的经验，当初始评估被当作或被视为心理画像时就会出现麻烦。误解和夸张陈述是案件侦查受阻的标志，如果案件工作人员能事先意识到特定初始评估的性质和目的，那么这些问题就很容易避免。这不仅要求画像人员如实介绍画像内容（不夸大或歪曲初始评估中的信息），同时，侦查人员也有责任合理地利用初始评估中的信息。

在法庭审判中，这种观点和解释也有影响，因为不能将初始评估和犯罪心理画像人员就某特定犯罪人的特征做出的明确结论相混淆。首先，初始评估基本上不会给出结论，它只是试图提供初步的调查方向。其次，初始评估所依据的信息不完整（且可能不准确），因此，它只是一种工作报告。

小结

犯罪现场分析（犯罪分析，简称 CSA）是解释犯罪及其相关现场具体特征的分析过程。它包括犯罪现场记录、调查记录、法医鉴定记录和被害人分析以确定犯罪现场特征。CSA 结果可用于确定现有证据的局限性以及是否需要开展额外的调查、取证工作，比如初始评估所做的工作。若行为证据充分，这些结果也可用于推断犯罪人的犯罪惯技和标记行为、布置犯罪现场的证据、犯罪现场动机以及罪犯特征，或帮助进行并案分析。

CSA 不是犯罪心理画像的同义词，它描述的是犯罪现场的状态，但不会进一步阐述犯罪人的特点。因为它是根据留在犯罪现场的物证和行为证据所做的分析，自然有其局限性。这些局限性要求从业人员在行为科学和法医学方面受过充分的教育和培训。如果没有研究和应用科学方法的培训经验，从业人员就有可能假设太多，把假设当作事实，并对现场进行过度解释。

练习

1. 给出术语“犯罪现场分析（CSA）”定义。
2. 进行 CSA 的时候应该依赖于哪四种调查取证记录?
3. CSA 可用于确定犯罪现场动机，此外还可用于什么?
4. 进行 CSA 的时候，疑点分析的目的是什么?
5. 什么是初始评估?

REFERENCES

Baeza, J., Chisum, W. J., Chamberlin, T. M., McGrath, M., Turvey, B., 2000. Academy of Behavioral Profiling: Criminal Profiling Guidelines. Journal of Behavioral Profiling 1 (1).

Claifornia v. Odell Clarence Haston, 1968. No. 11710, Supreme Court of California, En Bank, August 19.

California v. Rhonda Denise Erving, 1998. No. B111324, April 29, 1998 (73 Cal. Rptr. 2d 815).

Chisum, W. J., Turvey, B., 2010. Crime Reconstruction, second edition. Elsevier Science, San Diego, CA.

DeForest, P., 2005. Crime Scene Investigation. In: Rosen, M., Sullivan, L. (Eds.), Encyclopedia of Law Enforcement, vol. 1. State and Local, Sage Publications, Thousand Oaks, CA, pp. 112 – 116.

DeForest, P., Gaensslen, R., Lee, H., 1983. Forensic Science: An Introduction to Criminalistics. McGraw – Hill, New York.

DeHaan, J., 2006. Kirk's Fire Investigation, sixth edition. Prentice Hall, Upper Saddle River, NJ.

Dolinak, D., Matshes, E., Lew, E., 2005. Forensic Pathology: Principles and Practice. Elsevier Science, Boston, MA.

Faigman, D., Kaye, D., Saks, M., Sanders, J. (Eds.), 2005. Modern Scientific Evidence: The Law and Science of Expert Testimony, vol. 2. West Publishing Co, St. Paul, MN.

Gross, H., 1924. Criminal Investigation. Sweet & Maxwell, London, England.

Horvath, F., Meesig, R., 1996. The Criminal Investigation Process and the Role of Forensic Evidence: A Review of Empirical Findings. Journal of Forensic Science 41 (6), 963 – 969.

Inman, K., Rudin, N., 2000. Principles and Practice of Criminalistics. CRC Press, Boca Raton, FL.

Kirk, P., Thornton, J. I., 1974. Crime Investigation, second edition. John Wiley & Sons, New York, NY.

Lee, H. (Ed.), 1994. Crime Scene Investigation. Central Police University Press, Taoyuan, Taiwan.

Lee, H., DeForest, P., Gaensslen, R., 1983. Forensic Science: An Introduction to Criminalistics. McGraw – Hill, New York, NY.

National Institute of Justice, 1997. National Guidelines for Death Investigation. Research Report 167568, National Institute of Justice, Washington, DC.

O'Brien, K., 2010. The Case against Evidence: From Fingerprints to High – Tech CSI, Forensic Science Plays a Much Smaller Role than You Would Think. The Boston Globe November 7. www.boston.com/news/science/articles/2010/11/07/the_case_against_evidence/.

O'Hara, C., 1970. Fundamentals of Criminal Investigation. Charles C Thomas, Springfield, IL.

Petherick, W., Turvey, B., 2009. Forensic Victimology, second edition. Elsevier Science, San Diego, CA.

Reik, T., 1945. The Unknown Murderer. Prentice – Hall, New York, NY.

Saferstein, R., 2010. Criminalistics: An Introduction to Forensic Science, tenth edition. Prentice Hall, Upper Saddle River, NJ.

Savino, J., Turvey, B., 2010. Rape Investigation Handbook, second edition. Elsevier Science, San Diego, CA.

Schlesinger, 2009. Psychological Profiling: Investigative Implications from Crime Scene Analysis. Journal of Psychiatry and Law 37, 73 – 84.

第2编

法医被害人研究

第7章 法医被害人研究[①]

布伦特·E. 特维(Brent E. Turvey) 乔迪·弗里曼(Jodi Freeman)

挑 战

本章强调,被害人研究至关重要,但作为犯罪现场分析的重要组成部分,法医被害人研究基本上被忽视了。导致这一现象的部分原因在于,对被害人进行研究并不容易——这一点毋庸置疑。实际上,在很多时候人们会对画像人员和调查人员加以劝阻。

首先是情绪上的挑战。侦探、侦查人员和司法人员一直不堪重负、收入过低且被轻视,面对被害人,应对机制要求他们只能是以疏离的态度对待被害人极其可怖的遭遇。人们将被害人视为一个"客体"。他们的身体(无论该人是活着的还是已经逝世了的),以及这具躯体所经历的所有可怕的事情,都被视为应该检查和分析的证据。这种感情应付机制的好处就是无须投入情感,不会被一个人类同伴的痛苦和受到的折磨所影响。而其弊端则在于,在我们冷漠地将被害人及其遭遇视为"客体"的时候,我们可能就丢失了人性。

我们有失去人性的风险,因为这种划分和疏离感要求我们不断强化将被害人视为一个客体的意识。如果我们赋予被害人人性,我们就会想到他们与我们自己的子女、父母、姐妹、兄弟、妻子、丈夫或朋友并无

---

① 本章改编自《犯罪心理画像:行为证据分析入门》第三版(Turvey,2008),以及《法医被害人研究:对调查及法律语境下暴力犯罪的被害人之研究》(Turvey and Petherick,2009),本章中的很大一部分内容都以这两本书中所提的概念为基础。

不同。为了保持必要的疏离感，我们会主动避开或压制有关被害人个人的信息。我们不认识被害人，除了他们的遭遇之外，我们对其私人生活也并不知情。我们避开他们的家人，也不会费心把他们看作一个“人”——所有这些都是因为我们的情绪可能会受此影响，进而感到难过。但这些原因还远远不够。

与之相反的是，有的调查人员则越了界，对被害人有着过强的认同感。他们认为自己是保护者，被害人则是自己幻想中的拯救对象。这时，事实调查人员和辩护人之间的界线就不复存在。这样一来，一个不严谨的专业人士就会对显而易见的矛盾之处视而不见；对明显的谎言加以辩解或掩盖；给虚伪的报告人打掩护甚至对他们加以鼓励。

心理画像人员或者调查人员一旦接手一个案子，就必须对整个案件全盘接受——无论好坏——他们有责任尽可能把工作做好，而不是只把最舒适、安全的部分做好。做不到这一点就是对真正受害人的伤害，从更广泛的意义上来说，是对刑事司法系统的伤害。如果一个人不能克服情感障碍，他就无法充分履行其职业责任，甚至还会导致冤假错案。

其次则是政治上的挑战。在有的案件里，调查人员或法医检查人员所处的文化会公开鼓吹对某些被害人群体进行边缘化、丑化或美化。一旦心理画像人员的立场与其所处文化中普遍接受的观点相悖，压力就会接踵而至，进而使得自己的研究退回原点。人们甚至会阻碍其继续工作。有的案件则可能存在直接的政治压力，要将被害人塑造为某类人或者粉饰一名被害人的真实历史，以迎合一个流行的假设或典型形象。死去的孩子应该被描述成无瑕的天使；死在旅馆房间的同性恋者则是个无足轻重的异类；妓女则是一心追逐名利、吸毒成瘾的骗子（尤其当她们属于少数族群时）；而好看的白人女性则从不撒谎，并且就算不用所有男性职员参与办案，也会需要至少两倍于正常数量的侦探来处理她们的案件。类似的情况不胜枚举。

上述事实解释了为什么对很多侦探、侦查人员和司法人员来说，进行彻底的被害人研究并非常规做法。预先不考虑确定结果而仅仅强调收集信息，被害人研究迫使我们对被害人了解的程度远超我们对日常生活中其他人的了解。它将潜在的内化变为可能，这时我们会将被害人的个人感受内化为自己的感受。这也将我们置于潜在移情的影响之下，这时我们会把对他人的想法和感受强加给被害人。它甚至会加深对被害人经历的怀疑，比如情况与初次记录不一致时就会出现这种现象。充分了解一个被害人的经历和人格上的细节从专业或情感上来讲并不安全。此外，了解被害人还可以防止常见的刻板印象对整个调查的左右。从各个层面来说，要了解被害人很不容易，但对一个客观的侦查人员和检查人员来说，这却是必不可少的。

法医被害人研究及科学方法

法医被害人研究是一门应用学科，而非理论学科。被害人研究专家试图以科学的方式调查、衡量并解释特定的证据，以解决调查和取证（即法律）问题。法医被害人研究有一个无可指责的理念：被害事实优于对被害人的想象；与其他形式的证据一样，必须以一致、彻底和客观的方式收集和调查被害人证据；此外，任何对被害人证据的解释都必须与科学方法的原则相符。

在调查和取证中进行被害人研究的指导原则是：全面了解被害人及其处境，这样才能准确解读案件事实，这有助于确定被害人所受伤害或遭受损失的性质，继而了解犯罪人的相关情况。我们对被害人了解越少，对所涉罪行和犯罪人的了解也就越少。因此，我们收集和发展被害人证据的方式和我们做出的最终阐释同样重要：这些证据不能是软弱、狭隘的，其依据也不能是未经证实的假设。

被害人背景/经历

作为彻底调查的一部分，建立清晰且事实完整的被害人生平，被普遍视为是能够提供帮助的，因为它提供了一个可以对当前环境、行为、疾病或伤害程度进行比较的基准。比如说，医疗和心理健康专家都认为，在特定案例中呈现的是过去事件的反映，并有可能受过去事件的影响。他们还注意到，现阶段的任何诊断或治疗都必须将过去的治疗所带来的变化纳入考虑范围。此外，医疗和心理健康专业人员都接受过培训，可以辨别那些虚假的症状行为指标（例如，觅药行为和装病）。因此，医生和心理健康从业者在没有充分了解被害人病史的情况下就进行诊断和治疗的做法通常是不被接受的。

收集被害人背景信息的重要性在法医学领域内也是众所周知的。比如说，医学检验人员、验尸官及相应的死亡调查人员对此都心照不宣，这一点在美国司法学会的手册《死亡调查：现场调查员指南》（*Death Investigation*：*A Guide for the Scene Investigator*，1999，p. 39）中有所反映：

> 一份死者画像中要有对逝者生平的探寻过程及相应环境的记录。这一基本画像将决定后续的侦查水平、司法水平和权威性。而进一步的调查重点（广度/深度）也有赖于这些信息。

正如萨维诺（Savino）和特维（Turvey）所说（2001），性侵案的调查人员对此也一清二楚，在进行正式询问前收集有关原告的刑事、医疗和心理健康背景信息的重要性就体现了这一点。这是因为性侵案的调查人员只负责调查自己接到的案件的真实性。如果不了解被害人经历，就没有调查性侵指控所需的背景信息及相应背景所呈现（或缺乏）的法医证据。

被害人病史也是性侵案调查的必要组成部分，这是医学专家进行双重治疗和收集证据的任务之一。正如贾默森（Jamerson，2009，p. 114）所说：

> 要判断体检的优先顺序，用药史和病史不可或缺……每一个病人都是独一无二的，任何治疗和取证工作都应该根据其特殊情况和经历单独制定。
>
> 在任何涉嫌性侵犯、猥亵儿童或家庭暴力的案件中，病史[①]都是进行评估时不容忽视的组成部分。它为检查人员提供了信息，一个基准，借此可将被害人新近所受伤害及创伤与以前的情况相区

---

① 病史是指医疗卫生人员为进行检查、提供治疗和做出诊断而收集的关于病人的资料。其中通常会涉及向病人询问关于其目前及过往的身心健康问题。若缺乏这些背景信息，那么后续进行的检查、治疗以及诊断往好了说是在不知情的情况下进行的，往坏了说则有致命危险。

分。因此，病史所涵盖的范围应该是整个身体系统。这样一来，检查人员就可以确定任何急性或慢性问题，还有以前受的伤或手术史，它也可以明确法医学检查的性质、范围和顺序。不记录和报告医学背景信息会对充分治疗造成阻碍，还会使法医检验人员缺乏做出准确阐释的恰当背景信息。总之，要在缺乏病人病史的情况下进行准确的法医学检查，根本就是天方夜谭。

其中也包括“近期自愿发生的性行为”“攻击后的活动”“吸毒史”（pp. 117 – 120），心理健康和行为问题史以及所有的性传染病史，这些均有助于确定性行为是否发生、类型为何、涉及的当事人以及现有陈述的可靠性。

国家司法学会指导大纲《性侵案法医检查国家议定书》（*A National Protocol for Sexual Assault Medical Forensic Examinations*）（2004）肯定了广泛的背景信息收集在法医学上的必要性，该议定书规定，若要进行充分且全面的性侵检查，则要了解关于被害人经历的全部信息（p. 81）：

协调法医学病史信息收集和调查询问工作：检查人员一般会在急性病初诊后、进行检查和证据收集前要求患者提供法医学病史。通过询问患者与袭击有关的详细法医学问题获得的病史信息，对调查结果进行检查、收集和犯罪实验室分析。

前述科学方法和专业准则的内在含义是，或许被害人身上或犯罪现场侦查到的证据并非由所报告的犯罪行为所导致。它们实际上可能是一些以前的或者毫不相关的活动和事件的结果。事实上，性犯罪调查人员和法医检查人员在开始工作前也并不一定知道原告或被害人病史中有哪些特征是与法医评估相关的。

因为不可能总是清楚被害人经历的因素中哪些是相关的，所以专业指南和科学方法都会要求在侦查一开始就对每一个案件都广撒网。在一个案件中，关键问题可能是个毒理学问题（例如，有多少酒，报案人有多醉）。而在另一个案件中则可能变成所控谋杀案的案发地在何处（例如，被害人通常住在哪个房间？以发现尸体的位置为参照，这个房间位于何处？还有，他们是否真的占据了那个空间？）。但在别的案件中，这类关键问题又可能与性习惯或性偏好相关（例如，她们是否是处女？是否经常有性虐待行为，进而使身体常有性伤害？在受到性侵害指控时，是否有一个以上的性伴侣?）。所有这些问题和相关细节在刑事案件中都是决定性因素。被害人各有不同，案件也各异，因此，关于被害人经历的信息并不是越少越好。

避免逻辑谬误

人们倾向于认为，在犯罪现场发现的或与某个罪行有关的一切一定以某种方式相互关联，这就是一种常见的逻辑谬误，即“后此谬误（post hoc，ergo propter hoc）”，也可以说是“在此之后，因为这个，所以。”例如，受害人或原告的小腿可能会有大片瘀青，但无法清晰地回忆起瘀青形成的原因。根据所描述的事件，这些伤痕可能与性侵犯有关。或者，在调查受害人经历后，法医可能会得知，在所控袭击发生的前几天，原告参加了足球比赛，而比赛时她的小腿不断地被踢到。与性活动有关的伤害也可能和上述情况如出一辙。

在缺乏适当病史的情况下，法医检查人员若是要对受害人伤势进行分析解释，都有可能假定该伤口与性侵相关。因此，要从原告处以及间接信息来源（例如，朋友、家庭成员、其他证人）收集关于被害人过去经历的信息，这可以确保后续的检查及证据阐释能有最完整和准确的信息。

以此为标准，我们就无法避免这样一个事实——要客观确定案件信息并做出有效阐释，最佳途径是借助科学方法来实现。[①] 这意味着要对被害人的过去有一个清晰且准确的了解，提出与既定事实一致的假设，然后竭力推翻这些假设，避免证实性偏见。

被害人研究之目的

法医被害人研究是犯罪现场分析的一个重要组成部分，因此也是任

① 关于科学方法的探讨见第 2 章。

何犯罪心理画像中不可避免的特征。一份透彻的被害人分析能够提供一些信息，在犯罪心理画像中它们可能会对从犯罪再现到确定犯罪人动机的每一个阶段都有所影响。法医被害人研究的目的包括但不限于以下内容：

协助理解犯罪的各因素。通过研究被害人，检查人员能更好地了解被害人与其生活方式和生活环境之间的关系，随后可知某特定犯罪人与被害人之间的关系。被害人研究为被害人与犯罪现场、犯罪人与犯罪现场以及被害人与犯罪人之间的互动提供了背景信息。

协助确定时间线。追溯被害人已知的最后一次行动并确定一条时间线，对了解被害人本身、理解被害人与环境及其他事件的关系以及犯罪人是如何得手的来说，至关重要（本章后文会讨论时间线）。

界定嫌疑人范围。在案件尚未侦破，犯罪人尚未确定的情况下，完善的被害人研究可以界定嫌疑人范围。必须仔细审查被害人的日常生活方式以及特殊行为活动，以便确定谁能接近他们，他们又能接近谁，他们是什么时候、以什么方式、在何处接近的。如果知道某犯罪嫌疑人为什么以及如何选择这一被害人，我们就可以在被害人和犯罪嫌疑人之间建立某种关系。这种关系也许是地理上的、工作上的或日程上的，也许是同学关系，也许是有共同的兴趣爱好，或者被害人与犯罪嫌疑人之间还有其他的关系。上述关系能够给出一个嫌疑人范围，其中包括了解或接触相关领域的人。

提供调查建议。在侦查阶段，完善且彻底的被害人研究能提供调查建议和调查方向。此类建议可能包括约谈可疑人员；向证人询问陈述中不一致的地方或时间线上的矛盾之处；还可以检查在调查初期可能被忽略的任何物证。

协助犯罪再现。通过了解受害者的行为模式，检查人员能更好地实现犯罪再现。被害人为何会出现在被攻击的地方？被害人在那里做什么？了解这些会为检查人员推断被害人最合理的行为提供必要信息。

协助将被害人的指控具体化。构建一个清晰且事实完整的被害人经历能够为被害人指控提供具体背景。有关被害人的信息能够支撑或反驳被害人的指控。

协助建构犯罪惯技。了解被害人行为模式与被袭击地点之间的关系或许有助于明确犯罪惯技，在选择被害人方面尤其如此。例如，一个犯罪人正在试图确定被害人，他/她可能会在被害人数量更多且防御性更低的地方（比如有醉酒顾客的人声鼎沸的酒吧）挑选一个机会型被害人。这些信息就向我们暗示了犯罪人惯技或是其在犯罪行为中所做出的选择。

协助明确犯罪动机。若不明确被害人经历，检验人员就可能会忽略足以反映犯罪人动机的重要信息。比如说，只有在明确被害人受害时带着什么东西的情况下，检查人员才能给出现场丢失物品的清单。若没有这些信息，就可能会忽视以获取利益为导向的犯罪动机。

帮助确定犯罪人风险水平。犯罪人风险水平是指犯罪人被发现、识别或逮捕的一般风险总量。犯罪人袭击被害人时的环境可协助确定犯罪人风险水平。例如，光天化日之下袭击被害人的罪犯，其被发现和逮捕的风险也会增加，这也可能意味着犯罪技能或自信的提升。

帮助实现并案分析。在判断一系列案件是否存在行为上的关联时，被害人的选择是并案分析中不可忽视的行为因素。研究分析一系列案件中的被害人，就可能发现被害人之间存在独特的联系，或者，检查人员能根据被害人的风险程度肯定或反驳某并案分析。

帮助建立公共安全响应。若我们能够了解犯罪人选定被害人的方式和原因，我们就有机会预测他们今后可能会选择什么样的受害人。这能向公众传递相应的公共安全信息，进而降低可能会受影响的人的风险水平。例如，某犯罪人会从没有上锁的窗户潜入住宅，这一事实就能向相应社区传递公共安全信息，警告他们锁上自家的门窗。

减少对被害人的美化和丑化。对被害人进行客观、科学、全面的审查，有助于减少对被害人的美化和丑化。

美化（deification）指在无视客观事实的情况下，根据被害人的身份或特征将其理想化（这些人或许是学校里的孩子、失踪的青少年，或者是那些已经被媒体或者公众神化过的人物）。受某一区域的政治或公共文化的影响，某些被害群体在政治上或公共范围内更能激起人们的同情心。此类观点使花费时间调查这些被美化的案件变得合理，而其他案件则受到影响；此外，由于美化被害人的做法不会允许调查真实的犯罪背景，这就杜绝了毫无偏见地实现被害人研究的可能。美化可以：

- 从已知嫌疑人范围中排除较优嫌疑人；
- 为作虚假陈述的人提供掩护；
- 为嫌疑人是家属或家庭成员的人提供掩护。

丑化（vilification）指在无视客观事实的前提下，将某些受害人（如：无家可归者、穷人、少数民族和妓女）视为一文不值的人或注定要被抛弃的人。这种观点认为，对属于某一生活方式、某一种族或者信仰某类宗教、某个门派信徒的人实施犯罪是可以接受的或者说是无伤大雅的。归根结底，这往往是由侦查人员个人的主观道德感受——或者说是由志趣相投的群体的道德感——所引导的。它最终使得调查变得毫无人情味。被丑化的群体或者是在侦查时遭遇冷漠对待的群体一般包括以下几个：①

- 无家可归者/精神病患者；
- 同性恋者；
- 特定地区的少数族群，比如移民和美洲原住民；
- 妓女；
- 毒品贩子；
- 瘾君子；
- 成为妓女或瘾君子的离家出走的青少年；
- 某类宗教信徒。

一旦将被害人加以美化或丑化，我们就无法得知他们是怎样的人。借助客观、科学的镜头，被害人分析能减少对被害人的偏见。

帮助确定被害人遭受伤害或损失的风险。审视被害人在其一生以及罪行发生时经历的有害因素，有助于审查人员明确被害人所遭受的伤害或损失的风险程度。下一节将讨论被害人风险。

① 这一列表与冯·亨蒂格（von Hentig，1948）提出的被害人分类很像，这一类似之处也并非毫无意义。冯·亨蒂格根据被害人的受害倾向将其进行分类，毫无疑问，这种所谓“倾向”本身就会引起中伤。

被害风险分析

被害风险（victim exposure）是被害人所接触的有害因素的总量或程度。被害风险并不一定从被害人的角度出发，它是我们作为心理画像人员对特定被害人的认知。

在本书之前的版本中，被害人风险这一术语用的是另一个词（victim risk）。但是，这一词组指的是遭受伤害或损失的可能性，是与潜在伤害的预测——可能发生之事——联系在一起的。借助这一概念，人们可以依据（作为人群的一部分）受到伤害的可能性做出分析推断。然而，这类结论往往没有考虑到被害人的特点和背景，也没有考虑到被害人与加害之间的互动。根据统计数据分析或是风险概率评估，我们可以了解被害人所受伤害的程度，但这种结论并不能准确反映特定被害人的生活方式是如何给他或她带来伤害的，也不一定具备调查相关性。另一方面，风险分析（exposure analysis）的重点是审视切实存在的有害因素。它审视的是环境因素和被害人的个人特征是如何提高其受害程度的。

被害人无须为犯罪人所实施的掠夺性犯罪行为承担责任——这一点必须铭记于心。这似乎是个显而易见的概念，但很遗憾，许多人的确会将部分或全部罪行归咎于被害人。在某案件中，侦查人员或许会认为妓女难辞其咎，认为她使自己成为暴力犯罪的被害人。但同一个侦查人员却会认为处于类似情形下的学生是个不幸的被害人。然而，指责被害人对侦查工作而言毫无裨益。无论生活方式风险和情境风险多高，所有人都有易受攻击的时候。犯罪人并不会仅仅因为人有脆弱的时候就实施犯罪。正如我们讨论的，心理画像人员必须了解生活方式风险（lifestyle exposure）与情境风险（situational exposure）之间的差异。

被害风险分类

犯罪学家汉斯·亨蒂格（Hans von Hentig）对被害人的看法十分先进，他公开表示，有些人的确是因为自身因素而成为被害者的，而这些因素有可能在其控制范围之内，也可能超出其控制。他出版了《犯罪人及其被害人：犯罪的社会生物学研究》(1948)，其中有一章专门讨论这些理论。他承认，一些被害人对自己成为受害者负有责任。根据被害人对犯罪行为应负的责任，他甚至提出了一个被害人分类体系，虽然目前人们认为他所采用的术语具有政治不正确的缺憾（有攻击性）。

亨蒂格最初将被害人分为 13 大类，我们可以轻而易举地将这 13 类被害人改写为具有高被害风险的系列特征（经与作者讨论后改编自 404－438 页）：

> 年幼的人。此处，亨蒂格指的是儿童和婴儿。现代观点认为，儿童身体更弱，智力更低，法律权利较少，经济上更依赖看管人员（父母、监护人、教师，等等）；因此，比起成年人，孩子可能接触到的伤害范围更广阔。此外，他们的自卫能力不足，而且，在儿童寻求帮助的时候，人们也多半不会相信。儿童可能会遭受父母或监护人（往往受毒品和酒精的影响）在心理上、生理上的虐待以及性虐待；他们也会因为外表或性格特征而在学校遭受霸凌；有的还会因为家庭贫困而被逼迫去卖淫或被卖为奴。每个孩子都会遭受程度以及频率不同、类型各异的伤害。
>
> 女性。亨蒂格所说的是所有的女人。现代观点认为，比起男性，大部分女性在生理上都处于弱势地位。受制于文化影响（程度不一），她们接受男性权威，在经济上也依赖身边的男性（父亲、丈夫等等）。雪上加霜的是，许多西方女性都被灌输了这样的观念：自己的价值与她们的身体，特别是性行为相关。这一观念导致的极端情况则是滥交和卖淫，二者都会使女性面临不同程度的伤害风险。
>
> 老人。亨蒂格指的是老年人。现代观点认为，老年人与儿童有许多相同弱点：他们往往身体较弱且精神不济，可能需要别人的照顾。这些弱点会使他们面临从财产被盗到身体遭受虐待等一系列伤害。
>
> 精神上有缺陷和精神错乱的人。亨蒂格所说的是弱智、“疯子”、吸毒者和酗酒者。这类人中的很多人对现实的认知已经出现了偏差。因此，根据他们承受的痛苦程度、他们的个性特征和环

境，这些潜在的被害人可能在不同程度上有伤害自己和他人的风险。与儿童和老人一样，他们也同样承担了许多伤害风险。

移民。亨蒂格指的是不熟悉特定文化的外国人。任何离家到不同文化背景下的人都要面临沟通和理解的鸿沟。根据他们去哪里以及遇到谁，这一鸿沟会使他们面临各种欺诈、盗窃和伤害，毋宁说各类偏见了。

少数族裔。用亨蒂格的话来说，此处指的是“种族弱势群体”。准确来说，他们的弱势之处在于“歧视”。被歧视或遭遇偏见的群体可能会面对不同程度的恶意和暴力风险。

反应迟钝的正常人。用亨蒂格的话来说，他指的是“头脑简单的人”。此外，我们也可以说这些人与患有心理缺陷和精神错乱的人要面对的伤害风险类型别无二致。

抑郁的人。亨蒂格所说的是那些患有各种心理疾病的人。如今我们知道，罹患精神疾病，则有可能面临各种危险，有些危险是别人有意为之，有些则不尽然。此外，这类人可能会服用一些（非治疗性的）精神药物，这些药物会改变其认知，影响判断力并削弱推理能力。

贪婪的人。亨蒂格指的是那些贪得无厌、急功近利的人。为达目的，这类人有可能失去判断力，或者故意把自己置于危险的境况中。

淫乱的人。亨蒂格指的是滥交的人。他们无差别地与不同伴侣性交，使自己面临患病的风险，也会接触有着各种性格特征的人。其中有的人可能人格健全且积极，但有的人却可能是自恋狂，嫉妒心强且有破坏性。

孤独或心碎的人。亨蒂格指的是寡妇、鳏夫和那些为人哀悼的人。当前，由于超过半数的婚姻都以离婚告终，加之20世纪70年代以来自恋文化也逐渐兴起［另参见拉希（Lasch），1979］，还有在所有文化中，亲密关系技能的减弱，孤独已经成一种流行病。因此，孤独感并不只是出现在那些为人哀悼的人身上。这些孤独或心碎的人很容易滥用药物，也容易落入骗子、施虐者和操纵者的圈套。

折磨他人的人。亨蒂格指的是施虐型父母。现在，我们界定了各类有虐待倾向的看护人员、密友和家人。所有施虐者都有遭受自己行为所引起危害的风险，他们还要面临由自己的行为产生的焦虑（除了心理变态者不会感到自责以外），还有可能要面临受害者的反击。比如说，醉酒后殴打孩子的施虐母亲，打孩子时可能会伤到自己的手，还有可能打不中孩子，甚至失去平衡，孩子也有反击的可能。

被束缚的、豁免的或在反抗的人。亨蒂格指的是被敲诈、勒索或陷入阴谋骗局的被害人。他们还面临持续的经济损失或人身伤害，他们或许还不得不承担因寻求警察帮助而带来的后果，比如说执法部门的关注以及相应宣传。

从一般角度来看，这些分类都很有意思，或许还很有用，它们有着重要的理论意义。然而，具体的被害人研究人员必须对每个被害人都加以研究，借此确定某一个分类与实际所受伤害的相关性有多强。有的儿童机敏过人，反应迅速；有的女性强壮健康，从容自信；有的老人足智多谋；移民可以学习当地语言和习俗；有些“被束缚的人”可能会选择去警察局报案，尽管这可能意味着不佳后果。

归根结底，以上分类的目的是根据被害人的生活方式和条件了解被害人的情况，以便对此有充分的认识并能够向他人转述。我们要调查和回答的问题是：这个被害人面临着什么风险？如果有风险的话，就要知道这个被害人的生活方式是如何并在何时将之置于危险境地的。比如说，如果一个男性青少年与酗酒的父亲（或母亲）生活在一起，那么他就面临着家庭暴力的高被害风险。同样地，如果他生活规律、团体活动丰富且有成人监护，那么他在被陌生人绑架、强暴或杀害等其他方面面临的风险就较小。

被害风险能够并且应该进一步被分为生活方式风险（lifestyle exposure）和情境风险（situational exposure）。

生活方式风险

被害人的生活方式风险是指生活中可能经受有害因素，这些因素由其常住环境、性格和过去选择所导致。要评估生活方式风险，就要调查和评估被害人的性格，个人的职业和社会环境。

一般来说，生活方式因素以三种方式影响被害人：

- 与犯罪人产生明显冲突；
- 使受害人出现在犯罪人或是有犯罪倾向的人周围的频率提升；
- 使犯罪人对被害人弱点有更大程度的认知。

众所周知，有些生活方式会增加被害风险和受伤害的可能性。然而，我们发现，在个体评估中，即使经验最丰富的调查人员和检查人员也可能会忽略这些因素，若此举能符合他们的目的，则尤其如此。还应留意的一点是，一般来说，并不是所有的生活方式因素都可能增加对被害人的伤害。因此，如果要说一种生活方式因素影响被害人与犯罪人之间的互动，那么该因素就要有潜在危害性，也就是说，此因素的存在会影响伤害发生的机会，也会决定特定被害人是谁和所发生的犯罪行为是什么。

显著的生活方式因素包括但不限于以下几个方面：

职业

- 律师。律师确实经常与犯罪分子打交道，这增加了他们遭受暴力和报复的生活方式风险。但由此引发的犯罪很少受到律师和媒体的报道，除了法律界之外，其他人对此也就不甚了解。
- 执法人员。执法人员经常要接触各类犯罪分子和管制物品。这将使他们遭受暴力和报复的生活方式风险提升，有可能某天他们只是出现在工作岗位，结果就遭遇危险。与普通公民相比，这些人的离婚率更高，抑郁、酗酒、家庭暴力和自杀的可能性也更大。因此，执法人员要面临的危险可能来自工作、家庭或者二者之间的任何地方，也可能来自他们自身、他们负责的案子，甚至他们所爱之人。

- 妓女。妓女是指任何为了获得报酬而从事性活动的人。因为卖淫一般来说都是非法的，所以往往要逃脱监管。对妓女的定义往往都是按照她们是否愿意与素不相识的男人上车或开房、秘密发生性行为。这增加了她们遭受攻击、强奸、抢劫、绑架、甚至谋杀的风险，吸毒和性病就更别说了，二者都构成犯罪并与卖淫有犯罪关系。
- 毒贩。无论是在什么社会还是什么文化，毒品交易都是最暴力、最危险的犯罪行为之一。毒品交易一般会涉及药物、现金和枪支，其中每一样都可能引起犯罪，并且几乎任何一种暴力的持续都能用到上述任一因素。与卖淫一样，毒品交易催生了罪犯与犯罪行为之间的联系。

苦恼

- 吸毒成瘾。吸毒成瘾指毒品吸食量的稳步发展，其剂量会增加且吸食的间隔时间会缩短。每种毒品对瘾君子所产生的影响各不相同，这取决于其吸食量的大小、个人体质产生的化学反应以及同时服用的其他毒品。吸毒的普遍后果之一就是理性思考能力受阻。毒瘾也与逐步升级的暴力行为和为寻觅毒品采取的犯罪行为相联系。其特征就是为了满足吸毒的需要而不计成本，不计后果。为了获得毒品，这些瘾君子的行为体现出一种连续性，其中包括伪造疾病症状以获取处方药；找借口从邻居处偷药；为了购买毒品，盗窃珍贵财物换取现金；卖淫以支撑吸毒；抢劫药店。吸毒者会为了获取毒品去做任何他们认为能实现这一目的的事情。这基本上就将吸毒和卖淫之间的所有犯罪及犯罪关系联系起来了。
- 酗酒。酒精中毒是一种特殊的药物成瘾，它不一定是非法行为——但因为酗酒必然会使人不知节制，且会妨碍理性思维，它也会引起非法活动。此外，如果具备高素质的、能应对的、合理化的隐瞒技巧，酗酒者则很难得到鉴别。这类人长期以来都缺乏判断力，记忆力和灵活性都欠佳，种种相加就会使其更容易受到他人和自己的伤害。

- 精神障碍/缺陷。器质性精神缺陷或精神障碍是一种会显著影响个人感觉、思维、行为及与其他人互动的健康问题。

个人特质

- 好斗。在行为上好斗、爱与人针锋相对的人，也更容易激起他人的攻击行为（see Singer，1981）。
- 易冲动。冲动行为是在预先没有计划或预料的情况下发生的行为。因此，易冲动的人一般都对即将到来的挑战毫无准备，也毫不考虑自己行为所产生的实质后果。
- 自我毁灭的行为。有些人的行为常常将自己置于险境。此类行为所包含的类型——从鲁莽行事到公然的自我毁灭——不一而足。其中包括超速驾驶、过度饮酒或暴饮暴食、过量用药以及超额消费。
- 消极。消极的人容易接受他人的行为和选择，但不会提出质疑或进行反抗。即便他们被置于险境，这种消极心态依然会持续。如果别人知道他们有这一人格特征，就尤其危险，他们可能会被视为绝佳的目标。
- 自卑。自卑的人更容易抑郁，更容易做出对自己有毁灭性伤害的事，也更容易被利用或伤害。自卑会催生一种强烈的欲望，希望获得并保持他人的认可——这很容易被那些心怀叵测的人利用。自卑也容易让人觉得自己就活该被伤害。
- 有越轨的性行为。滥交会增加感染性传播疾病的风险，遇上嫉妒心重或占有欲强的恋人的概率也会提高。根据所涉及的行为类型，极端的性行为实际上也存在生理上的危险。

应当指出，上述元素的任意组合都能产生协同作用。换言之，其中两个或以上因素（或类似情况）结合，都有可能提高其他因素的风险，增强影响。例如长期滥用药物会使人愈发好斗，更加冲动，而精神障碍则会引起并加剧虐待关系。这些情况通常不会凭空发生，而受之影响的人很少能够自我纠正。

评估生活方式风险

本书作者开发了一种将被害人的生活方式风险水平进行分类的客观方法。该方法采用的类别改编自特维和佩瑟里克（Petherick，2009），并受到了哈兹伍德（Hazelwood，1995）类似分类的影响。

就生活方式风险而言：

极端风险被害人（extreme - exposure victims）指的是那些每天（一周 7 天）都可能遭受伤害或损失的人。下列例子即代表了此类被害人：

- 每天为了挣钱从事性活动的妓女；
- 经常醉酒的酒鬼；
- 经常与犯罪分子相处、生活在封闭环境中的囚犯。

高风险被害人（high - exposure victims）是指那些随时（每周 4—6 天）可能遭受伤害或损失风险的人。这些被害人经常接触有害因素，但这种情况并不一直持续。比如，一个孩子工作日与母亲生活，此时他（她）容易受到虐待，容易被忽视。但是在周末，该儿童与父亲生活，此时其生活环境更为健康。该儿童在工作日有可能会遭受伤害或损失，但在周末却可以摆脱危险环境。

中度风险被害人（medium - exposure victims）指的是不太（每周 1—3 天）有可能遭受伤害或损失的人。每周末都纵情饮酒到酒醉的大学生就是一个很好的例子。

低风险被害人（low - exposure victims）指的是那些很少（少于每周 1 次）可能遭受伤害或损失的人。这些被害人很少做出增加遭受伤害或损失风险的事，也很少将自己置于那样的立场。

鉴于生活方式风险指的是受风险威胁的频率，故而上述类别是按时间框架定义的。检查人员必须承认，并非每一个被害人的特质都能完美归入上述类别之一。例如，每天都可以在无人监管的情况下上网的孩子，其与网络“暴徒”接触的风险就会增加；但是每天无监管地上网或在网上聊天并不一定会将其生活方式风险提高到极端的程度。上述分类只是确定被害人生活方式风险的指南，要确定风险程度，必须根据具体被害人的生活方式、个人特质以及选择进行评估。

情境/意外风险

被害人的情境风险或意外风险是指被害时由环境和被害人个人特质导致的遭受伤害的实际风险和脆弱程度。这与生活方式风险大相径庭，后者一般是指存在于被害人日常生活中的有害因素。以下为二者之间的一些类比：

关于饮酒。若一个人动辄醉酒，那么其生活方式风险必然也就增高。但是，除非被害人在受害时的确喝醉了，否则它并不一定就会增加意外被害风险。也许与酗酒有关的是有很高的生活方式风险，但在被害时并未饮酒或酗酒则意味着其被害风险很低。反之亦然。

枪支使用。一个人若不持有或使用枪支，家中也没有枪支，也不与拥有枪支的人同住或有交集，其生活方式中受枪支影响的有害因素就会减少。但是若被害人是第一次与新结交的朋友或约会对象去射击场并意外中弹，我们则必须认识到，在这种情况下，被害人的情境风险是非常高的。即使被害人没有参与或是持枪，这一点也不会变，因为此时被害人的情境就像是身处由许多技能水平各异的人拿着上了膛的枪堆中一样。

然而，从被害人的角度来看，并非所有有害风险都如上述基本例子一般明显且易被识别。由于对调查漠不关心，或是对犯罪时何人在现场、发生了何事有错误的推断，调查人员甚至都无法察觉风险的存在。必须彻底调查与特定罪行相关的人、环境和情况所产生的情境风险并仔细确定，不能想当然。

值得留意的情境风险包括但不限于以下因素：

- 案发时间。特定时间段的风险比其他时间要高。但是，这个因素很大程度上取决于案发地点及其他综合情况。不能凭空考虑一天的所有时间。一天中时间的因素会受到被害人的经常性活动、与暴徒的接近程度以及后续监督情况的严重影响，而这些因素又往往与年龄有很大的关联。
- 案发地点。地点是情境风险中最重要的因素之一。有些特定环境能为更多的犯罪活动提供容身之处，有些地点则无法及时给被害人提供援助，还有一些地方则完全将被害人与外界隔绝。

- 接近犯罪活动的程度。在空间、时间或关系上与犯罪活动相接近会增加风险。其中包括被害人接近犯罪活动及犯罪人，或是直接参与、卷入犯罪活动之中。与被害人相近的罪行越暴力，被害人随后要面对的伤害风险就更大。
- 潜在被害人数量。一般来说，人多的时候总是安全的。换句话说，结伴而行能让人远离伤害或是促使一个人远离伤害。只要自己的同伴并未面临很高的生活方式风险或是情境风险，这么说就没错。如果同伴喝醉了，这时他就不是什么资产，而是一笔债务。就这一点来说，如果你的朋友脾气暴躁、刚和另一半吵了一架或是他有精神障碍但并未服药的话，那么情况也是一样的。此外，一些能力更强、更有信息的犯罪人乐于成双成对地选择被害人，以便借其中一人控制另一人，比如一对母子或母女。这种情况是上述规则的一个例外。此类例子还包括施虐的父母威胁说，若有人报警，其他成员就有性命之忧；还有就是强奸犯会选择带小孩的母亲，威胁要伤害孩子，以使其完全顺从。
- 武器的可用性。若某特定环境中有任何可用的武器或东西，那么在发生肢体冲突时，使用这些武器的可能性就会增强；另外，某人在出于任何合法或非法之目的使用这些武器时，也会意外伤害到自己或他人。若环境中有可用枪支，那么被害人受枪伤或被枪击毙命的风险就会增加；若有可用刀具，则被害人受利器伤害或被刺死的风险会增加；若出现的是铁丝衣架，那么被害人被勒伤或勒死的风险会增加。但是，武器的存在并不必然导致其使用。
- 关心与监督。在无人监督的时候，人们会更容易卷入犯罪活动。也就是说，随着监督和问责减少，犯罪倾向会增加。
- 被害人心理状态或洞察力。此因素指的是被害人在遭受攻击之前、之时以及之后的情绪状态，这一点可以从其趋同行为模式以及可靠的证人陈述得到证明。例如，情绪激动或内心痛苦不安就可能会增加被害人的意外被害风险。此外，如果被害人在某个特定环境或处境下感到安全，那么其行为会与感到不安的人有所不同。而能够对这一点产生直接影响的变量有很多，其中包括药物、酒精、精神障碍或是高涨的情绪状态。

- 吸毒和酗酒。使用改变精神状态的药物会降低一个人的身体反应能力，损害其判断力，并且还会改变一个人对现实的认知。无论是吸毒还是酗酒，被害人意外风险都会明显增大，即便是对那些风险较低的被害人而言也是如此。在毒品和酒精的影响下，人无法完成的事就是理性思考。

上述任何一种情况的存在都不一定构成足以导致被害人遇害的引爆点，除非被害人受到的直接伤害是内在固有的（如吸毒和酗酒）。家中有枪并不一定会让人用它施暴；家里有毒品也不一定会让人吸毒；让孩子在学校无人监管也不一定会使孩子被强奸。被害人的受害风险之所以会不断增长，其原因正是在于相应因素和环境的协同作用。

评估情境风险

本书作者开发了一种将被害人的情境风险水平进行分类的客观方法。该方法采用的类别改编自特维和佩瑟里克（Petherick，2009）并受到了哈兹伍德（Hazelwood，1995）类似分类的影响。

就情境风险而言：

高风险被害人（high - exposure victims）是指那些在受害之前业已遭受伤害或损失的人。这些被害人在遇害之前就已经遭受了实际的伤害或损失。例如，一个孩子在并不安全的时候独自在家并被绑架，在这种情况下，这个孩子在受害前就已经被监护人伤害、忽视了。

中度风险被害人（medium - exposure victims）指的是那些在遇害前容易遭受伤害或损失的人。遇害前，这些被害人并未遭受实际伤害，但是其所处环境及个人特质使其更容易受到伤害，也使其更加脆弱。被害人的环境或个人特质增加了他们经历伤害的脆弱性或敏感性。例如，一个女性深夜独自行走，鉴于这个时间和环境，她就更加易受伤害，因为这时候的被害人对犯罪人来说更容易遭受袭击，也更脆弱，而黑夜/隔绝的环境又使犯罪人更加不易暴露。

低风险被害人（low - exposure victims）指的是那些在遇害前几乎

不会接触到或很少受到伤害或损失的人。在被害前，他们的环境和个人特质并不会使其接触到有害因素或增加其在面对伤害的脆弱性。值得一提的是，我们大多数人至少会在某些时间点上有遭受某种程度伤害和损失的风险，无论这种风险是源于我们所处的环境还是我们的个人特质。

案例：佩姬·伯格菲尔德

我们来看一下目前尚未侦破的佩姬·伯格菲尔德（Paige Birgfeld）的案子。佩姬是一个34岁的单身母亲，带着3个孩子住在科罗拉多州大章克申（Grand Junction）的上层近郊社区（图7.1）。她于2007年6月28日星期四失踪。几天以后，人们发现她的车在距其住所不到3英里的一个空停车场里被点燃了（图7.2）。粗略了解其生活后，调查人员并未发现任何能将其置于危险境地的因素，现实甚至恰恰相反。她参与家庭和社区活动，名下有几家正在运行的企业，认识她的人对她的评价都很高。

图7.1 截至本书写作之时，佩姬·伯格菲尔德仍处于失踪状态。怀疑是谋杀，但其尸体仍未被发现。

图7.2 佩姬·伯格菲尔德的车，一辆红色的2005款福特福克斯（Ford Focus）。2007年7月1日，人们在其大章克申的家附近的一个工业区停车场内发现了这辆正在燃烧的车。警方认为此举可能是为了隐瞒犯罪的物证。

然而，仔细调查其生活之后，人们有了一些新发现——她曾经接触过坏人、做过一些糟糕的选择和一些坏事，还曾有一个“不是那么隐秘”的职业，这些将完全改变调查。如马丁（Martin，2007a）所说：

> 调查人员动用了猎犬并询问了伯格菲尔德的家人和朋友，试图解开佩姬·伯格菲尔德神秘失踪之谜——这位大章克申地区三个孩子的母亲已经失踪近一周了。“她住在大章克申，没有任何异常，”她的父亲弗兰克·伯格菲尔德（Frank Birgfeld）说，“然而她就这样消失不见了。”
>
> 星期六时，其家人报案称34岁的伯格菲尔德失踪，对她的搜索也就从此时开始。梅萨县（Mesa County）治安官发言人西瑟·格哈特（Heather Gierhart）表示，最后一次见到伯格菲尔德是在星期四的晚上。星期天晚上，她的红色福特福克斯被发现在离她家3英里的空停车场里燃烧。住在森特尼尔（Centennial）的弗兰克·伯格菲尔德说，火似乎是从车里开始烧起来的，像是要毁灭证据。

“我可以告诉你，（警方）并不认为这是一起失踪案，”弗兰克·伯格菲尔德说。“他们把它当作更严重的案子，正在积极调查。”

但警长办公室表示，一切皆有可能。“无论她是自己出走，还是自导自演了这起失踪大戏，或者说她的确是被害人，我们对所有的可能性都持开放态度。”格哈特说。

朋友们说，佩姬·伯格菲尔德提过，说自己害怕前夫，罗布·狄克逊（Rob Dixon）。……“我的孩子会问我，爸爸是不是要杀了我，”她3月曾在chefsuccess. com网站以佩姬·狄克逊之名发帖（chefsuccess. com是和她一样销售Pampered Chef产品的人组成的一个论坛），“孩子们脑海中狄克逊杀了我之后的生活是什么样的？我简直不敢想。……如果能让他离我远点，孩子们的抚养费我宁愿一分都不要！”

根据警方报告和法庭记录，罗布·狄克逊在一次争吵中涉嫌推搡伯格菲尔德，被控家庭暴力而被捕。后来，他对较轻的骚扰指控认罪。警长的调查人员并没有将狄克逊列为失踪案的嫌疑人。

> 狄克逊的律师史葛·罗宾森（Scott Robinson）说，他的客户上

周在费城。他们离婚后，狄克逊搬到费城做了一名医护人员。但是，罗宾森也说，狄克逊曾计划搬回科罗拉多，以便离自己3岁、6岁和8岁的3个孩子更近。罗宾森说狄克逊在得知伯格菲尔德失踪后，于星期天回到了科罗拉多。格哈特则表示，狄克逊已经回答了警方的询问，并与调查人员充分合作。

进一步的调查显示，伯格菲尔德一直过着双重生活，这可能源自她多年前作为一名脱衣舞女的经历。除了其他商业活动（其中有些可能是掩护），她还是一名会在网上给自己的服务打广告的应召女郎。“陪伴（escort）”是妓女在其书面广告中常用的术语。这样她们就能合法地在成人杂志、网上，甚至黄色网站上宣传自己的服务。马丁（2007b）讲道：

在上周的大部分时间里，这位住在大章克申的失踪母亲的朋友和家人——由于得知了她掩盖多年的秘密——几乎每天处在震惊之中。

到了周末，又有一个秘密被发现：伯格菲尔德还有一个名字。警方说，34岁的佩姬·伯格菲尔德有时会自称“卡丽（Carrie）”，警方也首次表示他们怀疑伯格菲尔德被谋杀了。梅萨县治安官发言人西瑟·格哈特说，伯格菲尔德在6月28日失踪前，曾在一个提供应召服务的机构用该化名与客户有来往。格哈特说，调查主要集中在她失踪前后，与“卡丽”和“模特经纪公司（Models Inc.）”这个机构有接触的人。

上周，对其亲友而言，伯格菲尔德提供三陪服务这一点令人惊讶。星期天时，其母亲苏珊娜尔·伯格菲尔德（Suzanne Birgfeld）表示，“我们对此一无所知”。但她也说，这一新的信息能为寻找她女儿提供帮助，现在伯格菲尔德8岁、6岁和3岁的三个孩子已经开始想念他们的母亲了。“我们在派发的传单上添上了‘卡丽’这个名字。”她说。她还补充说，不知道这个名字是怎么来的……

朋友们描绘的伯格菲尔德是一个美丽、尽职的母亲，她一边卖着Pampered Chef的产品，一边教学龄前儿童舞蹈以维持生活。调查人员此前表示一切解释皆有可能，包括伯格菲尔德自导自演了整个事件的假设。即使人们在 7 月 1 日发现她的车在离家 3 英里的一个空停车场被火焰吞没，调查人员仍持开放的心态。

肖克利（Shockley，2007）详细描绘了伯格菲尔德为“陪伴”服务提供的完整广告（图 7.3）：

> 星期六，梅萨县治安官办公室发布的一则新闻稿中说，“模特经纪公司”的一些客户称这位失踪的母亲为卡丽。……

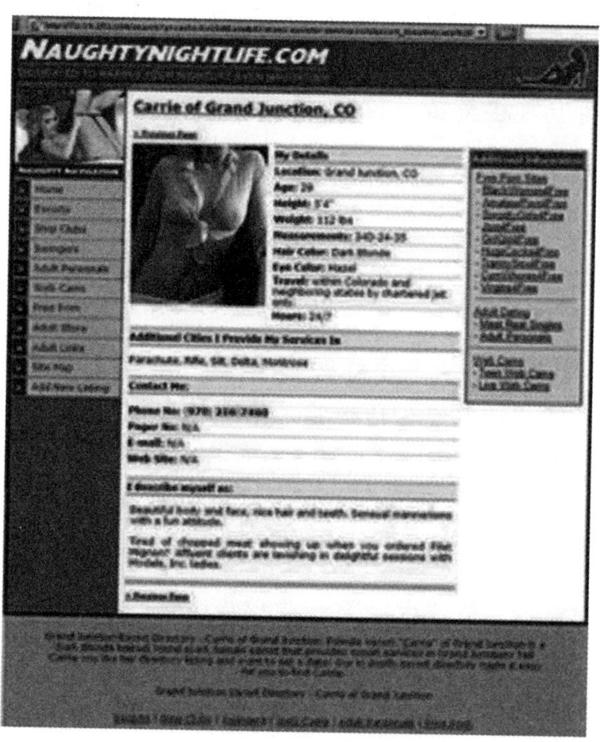

图 7.3　佩姬·伯格菲尔德打广告的网站之一：www. naughtynightlife. com

在 www. naughtynightlife. com 网页，点击“卡丽”，得到的容貌特征描述几乎跟伯格菲尔德一模一样。据该网页介绍，卡丽是一名 29 岁的白人女性，身高 5 英尺 4 英寸，体重 112 磅，淡褐色的眼睛，暗金色头发。警长办公室所描述的伯格菲尔德是 34 岁的白人女性，5 英尺 4 英寸高，110 磅重，淡褐色的眼睛，黄色的头发。

根据网站提供的信息，来自大章克申的“卡丽”，隶属于“模特经纪公司”，提供如陪伴、色情按摩、私人舞者、团体和聚会之类的服务，白天整天都提供“门店 & 上门（incall & outcall）”服务。根据网页信息，她可以“在科罗拉多和周边各州出差，但是只乘坐包机，”她列出的“我去过的城市”包括 Parachute、Rifle、Silt、Delta 和 Montrose。

截至本文写作之时，尚未能有一个可以详细阐明伯格菲尔德生活中可能出现的危险源自哪里的完整背景信息。随着每一个关于被害人的新信息的出现，嫌疑人的范围逐渐扩大，伤害来源也在扩展。蒙特罗（Montero，2007）给出了一个知情草图：

佩姬那时只有 18 岁。这对她来说是一个重要的阶段。她已经开始在科罗拉多跟罗恩·比格勒（Ron Biegler）约会，而后者则决定搬去佛罗里达的盖恩斯维尔（Gainesville），好离她近些。他们住在佛罗里达州立大学足球场对面，比格勒说，在那里住了几个月后，佩姬就认为自己已经嫁给了他。

只有一个问题。“她想在佛罗里达州做一名脱衣舞娘，但我不想让她这么做，”比格勒说，“我们住在那里的时候她也从未做过。”

对佩姬·伯格菲尔德来说，比格勒并不合适。他留着金色的长头发，有文身，是一个摇滚乐队的吉他手，伯格菲尔德一家都不知道该如何看待这个男朋友。即使比格勒自己也承认他们不相配，他说，“我高攀了。”

从相遇到最终结婚的前几年，他们都没有意识到这一点。比格勒在一个停车场看到她，主动帮她发动了汽车，那时他就决定要约她出去。当时他 19 岁，而她只有 16 岁。几天之后，他们就出去吃饭、看电影了。约会后，比格勒太害羞，迈不出第一步。所以，伯格菲尔德身子前倾吻了他，但是比格勒躲开了。“她把这当成了一种拒绝，”比格勒说，“但根本不是这样的。我只是很紧张。”她让他永远没能忘记这件事。

搬回科罗拉多后，他们于 1995 年结婚了，在奥罗拉的一个小房子里生活。佩姬费心费力地给他们的房子装修。即便这是个小房子，但她真的很爱这个家。比格勒把乐器放在地下室，一边打零工一边玩音乐。后来，脱衣舞娘的问题再次出现。比格勒仍然反对，但是不想跟她说要怎么办。所以每周总有几个晚上，她会以麦迪逊（Madison）的艺名去如今已停办的Mile High Saloon脱衣舞俱乐部跳舞。这样的生活持续了3年。比格勒不常去看她表演，他说伯格菲尔德不喜欢他去。

但她有她的理由。“她想为隆胸手术付钱，”比格勒说，“我觉得她并不认为自己很漂亮或很有吸引力，跳脱衣舞会让她更舒服，让她感觉自己更强大。“

1997年他们离婚了，但并不是因为跳脱衣舞。她说她已经准备好想要孩子了。但是比格勒还没有。那时候佩姬24岁。一年后，她在Mile High Saloon脱衣舞俱乐部遇到了罗布·狄克逊。狄克逊出手阔绰，给佩姬送了很多礼物——珠宝、汽车和大量的钱。狄克逊很有钱，而且想要孩子……

但这对夫妇的关系也并不稳定。法庭记录显示，2005年10月，佩姬正抱着他们的孩子，狄克逊（据说）因佩姬提供裸体按摩服务对其严加指责，随后打她的肩膀并用拳头猛击其喉咙。他因涉嫌三度攻击和虐待儿童的轻罪被捕。他对其中较轻的指控供认不讳。其律师表示，在完成了长达一年的缓期刑期后，对他的指控于上月被撤销。

弗兰克·伯格菲尔德说，这对夫妻的财务状况并不稳定。狄克逊的名字经常见诸《哨兵日报》（*Daily Sentinel*）的报端，因为作为大章克申农村消防区的官员，他推荐的一项投资出了问题。佩姬的父亲说，狄克逊申请了破产，而他女儿则开始努力赚钱以保住一套价值90万美元的房子。抵押贷款还款额相当大，维持这栋房子的花费也并不轻松。2006年，这对夫妇离婚了……

28岁的杰米·索非内尔（Jamie Silvernail）是一位母亲，4年前就遇到过佩姬，但直到2006年年底，两人才算真正认识，那会儿她们住在同一个屋檐下。索非内尔说她看得出来佩姬有多忙——

有时她甚至会在半夜做家务，只是为了让生活能够继续。

她也注意到，佩姬会在深夜孩子们睡觉后出门。原因就是三陪服务。“我没问，但其实是知道的，”索非内尔说，“她只不过为了生存，做了不得已的事而已。她一心想要维持这个房子和这个家，为此愿意不惜一切代价。”

索非内尔还说佩姬似乎对每个人都很热情。她在格兰德河游戏组（Grand River Playgroup）中起到了领导作用，是大章克申妈妈俱乐部（Grand Junction MOMS club）中最愿意付出时间的人之一。此外，佩姬还组织 Pampered Chef 的聚会，还会在自己开的名为“聪明舞”（Brain Dance）的商业机构教孩子跳舞，此外，她还会做些诸如贩卖婴儿背带之类的零活。

她生活的重点似乎就是做个好妈妈。在她的住处，唯一的杂志是关于母子问题的。她的卧室里，三个孩子跟她一起睡——8 岁的那个睡在旁边的一张小床里——到处都是玩具，包括一个小艾摩（Elmo）椅子……

6 月 28 日晚，佩姬·伯格菲尔德遇到了一个问题。那个星期四早些时候，她驱车前往 Eagle（伊戈尔）见比格勒——这是一场筹备了好几个月的约会。比格勒说，约会进展顺利，但他不想操之过急。不过，他说他们之间已经重新燃起了火花。

他说，佩姬又跟他开起了玩笑，问他如果她试图吻他，是不是很可能遭到拒绝。比格勒没有拒绝。离开的时候佩姬说，自己会在几个小时后给他打电话，以确保他安全回到丹佛。晚上 9 点左右，她给比格勒打了电话，但那时她还没到家——大章克申修路耽误了时间。他说他们当时的谈话稀松平常，因为知道晚些时候他们会再通电话。但后来并没有。

周五，比格勒给佩姬的手机打了个电话，期待着听到她的声音。但手机里传来咔嗒一声，直接转到了语音信箱。他打给佩姬的另一个电话，情况还是如此。他没有留言，因为觉得后面还可以通话的，他从没想过以后不能跟她通话了。而几个星期之后的现在，他知道这永远不可能了。

截至本文写作之时，当局已经排除了她两任前夫的所有嫌疑，并继续在她的客户名单中寻找如今通常所说的“嫌疑人”。该案目前仍然审理中。

被害人研究：一般指导方针

韦斯顿和韦尔斯（Weston and Wells，1974，p. 97）给出了一个用于了解被害人情况的初步询问问题列表，事实证明，这些问题对于获取调查信息而言益处甚大。这些是应被立即收集的信息，最好在调查人员到达犯罪现场之前就完成收集工作。

1. 被害人是否认识犯罪人？
2. 被害人有没有怀疑对象？为什么怀疑那个人？
3. 被害人有无犯罪史？或者有没有举报犯罪的经历？
4. 被害人是否持有武器？
5. 被害人是否好斗？
6. 被害人是否曾在（警方）档案中出现过？

这些问题的弊端在于，调查开始之前，它就做出了一些有误导性质的假设和解释。比如说，除非犯罪人的身份确凿无疑，否则人们仍然需要借助调查来确定这一点。此外，它还假定确有犯罪行为发生。但并非所有投诉都成立；并非所有死亡都是凶杀案。同样的，这些也是需要调查之后才能知道的情况。上述问题列表给我们的经验是，对专业的调查人员来说，被害人信息、被害人经历历来都是必不可少的，这两个因素是如此重要，以至于人们给出了这样一个问题列表。

特维和佩瑟里克（Turvey and Pethevick，2009）也给出了一些调查被害人信息的基本问题，这些问题在调查实际案件时颇有用处。收集上述信息，再加上对物证的仔细检验——调查就由此开始了。再次强调，没有任何一个询问清单能够满足被害人调查，被害人研究学者须得仔细查验每个被害人的经历信息，并且不能带有任何先入为主的假设。进行被害人分析的时候，一定要参考每条信息所来自的案件材料，确保读者能找到初始文件。

下面将这些被害人指导方针改编为一组相互关系更为紧凑的方案，调查人员和画像人员必须像收集任何其他情报一样，收集和评估这些资料。这项工作的重要性以及它能为调查思路提供的帮助是不容置喙的。相反，若没能收集这些信息，调查工作就会出现漏洞，而一些未经检验的犯罪假设也就由此诞生。

再次强调，收集和评估这些信息为调查工作提供了背景，它们会指向其他信息和证据。这不是调查工作的终点，而是起点。

个人信息

1. 性别；
2. 种族；
3. 身高；
4. 体重；
5. 头发的颜色/长度/是否染发；
6. 眼睛和眼镜：颜色/框架眼镜/隐形眼镜；
7. 着装/珠宝；
8. 个人物品：钱包、皮夹、手提包、双肩包、公文包、手提箱或药盒中装的东西；
9. 仪容/着装方式；
10. 是否吸烟；
11. 爱好/技能；
12. 日常活动和任务；
13. 近期活动安排；
14. 接下来的活动安排。

电子信息

1. 手机：通话记录、聊天信息、地址簿、GPS 定位信息、照片、视频录像；
2. 笔记本电脑/台式电脑：电子邮件、通话记录、聊天信息、文件、地址簿、浏览记录、照片、录像；

3. 个人网络主页：最近浏览记录、社交网络活动（如脸谱网、推特）、博客、约会网站和其他个人订阅的网站；
4. 金融网站/支付记录：股票、共同基金、社保、信用卡和网银；
5. 个人 GPS 定位设备：近期出行、目的地、收藏的感兴趣的地点。

住所信息

1. 家庭地址；
2. 卧室位置/条件；
3. 音乐/文学/个人爱好证据；
4. 个人通讯；
5. 个人性用具/露骨的材料；
6. 遗失物品；
7. 暴力的迹象；
8. 私人车辆的位置/状况；
9. 座机电话（呼入和呼出记录）；
10. 拨打 911 的记录及发生在居住地的犯罪历史记录。

若有可能，调查人员或心理画像人员应在被害人所处的环境（常去的地方、工作的地方、学校、家里/卧室等）审查其个人物品。调查任何可以看到的相册、日记或日志。要留意其音乐和文学偏好。此举目的在于弄清楚被害人眼中的自己是什么样的，他（她）希望别人怎么看待自己以及他们对自己的生活大体持一个什么态度。

人际关系信息

1. 目前及之前的亲密伴侣或婚姻伴侣；
2. 目前及之前的家庭成员；
3. 目前及之前的住户成员；
4. 目前及之前的朋友；
5. 目前及之前的同事/同学；

6. 关系咨询的历史。

工作信息

1. 受教育背景和经历；
2. 当前的职业/职位名称（许多人同时从事多个职业，应全部概括进来）；
3. 工作地点/工作安排/主管；
4. 职业经历；
5. 工作电话：通话记录、聊天记录、地址簿、GPS 定位、照片、视频录像；
6. 笔记本电脑/台式电脑：电子邮件、通话记录、聊天信息、文件、地址簿、浏览记录、照片、视频录像；
7. 商务 GPS 定位设备：近期行程、目的地、收藏的兴趣点；
8. 商务用车：日志、行程（时间/目的地）、GPS 定位设备；
9. 商业保险单。

此列表也可根据学生情况进行调整，以学校为用人单位，以课表为工作安排，以老师为主管等等。

财务信息

1. 钱包/钱夹：内装物、卡、个人物品；
2. 信用卡/信用卡记录；
3. 银行账户/交易记录；
4. 拥有的财产（住房和汽车）；
5. 股票/共同基金/社保/退休福利等；
6. 保险单。

医疗信息

1. 当前吸毒或醉酒的程度；
2. 当前（身心）健康状况（生理和心理）；

3. 严重病史；
4. 现用药（见钱包、桌子抽屉和药品柜）；
5. 当前治疗方案；
6. 当前治疗专家；
7. 近期的医疗预约；
8. 成瘾（药物、酒精、或强迫行为）。

法庭信息

1. 犯罪记录（正在进行的调查、保护令、逮捕、逮捕令、判决）；
2. 在民事法庭的经历（诉讼、判决和角色）；
3. 当目击证人的经历（以往在法律诉讼中做出的口供或证词）；
4. 州内和州外记录；
5. 犯罪行为发生时，被害人进行犯罪活动的记录；
6. 与在查犯罪无关的、被害人正在实施的犯罪行为的证据。

以上信息可用于：

1. 列出被害人的日常生活习惯和活动；
2. 制定被害人家属名单及相应联系方式；
3. 制定被害人朋友名单及相应联系方式；
4. 制定被害人同事/同学名单及相应联系方式；
5. 借助证人陈述、电子证据及物证确定时间线。

知道重要信息的人往往不会主动站出来，所以要对每个人都进行询问。许多好心的证人并不知道调查程序是怎样的，他们会等着人去找。从这一点来说，调查人员必须主动出击。

确定时间线：最后 24 小时

通常这样做的目的是让心理画像专家了解已知的被害人最后的行为，若有可能，再由此确定被害人是如何并在何时到达犯罪人能够接触到他/她的地点的。制定这样一个时间线需要从最基本的地方开始。这是一个不容忽视的、有价值的、有启发意义的过程。

确立这一事件和地点的时间线的方法至少包含以下几步：

- 收集整理所有证人资料。
- 收集整理所有可用的法医证据。
- 收集整理所有警方、媒体的犯罪现场照片及视频。
- 收集整理所有覆盖犯罪现场和任何被害人或犯罪人所走路径的照片和视频。
- 建立一个事件及地点的线性时间轴。
- 制作一张路线图，尽可能详尽地记录被害人遇害前 24 小时的路线。
- 根据上述路线图及法医证据，实地走一遍被害人在遇害前 24 小时走过的路。
- 记录被害人遇害前、遇害时及遇害后这条线路上预计会出现的车辆、人员、活动及职业人士等背景因素。犯罪人完全有可能就潜藏其中。

要尽量确定以下内容：

- 犯罪人在什么地点接触到被害人。
- 犯罪人在什么地方实施了攻击。
- 能否从周围看到攻击行为？能看到多少。
- 若要在某一地点实施犯罪，犯罪人需不需要熟悉这个地方以到达该位置。
- 是否需要提前踩点或蹲点。
- 这条路线是否将被害人置于更高或更低的风险之中。
- 在这一线路上袭击被害人是否会将犯罪人置于更高或更低的风险之中。

小结

被害人研究关注的是对遭受某种具体罪行的特定被害人进行的调查和审查，是构建知识的一种具体手段。其目的是为案件调查和法医分析服务，这二者在范围和调查结果的可靠性上大相径庭。为了减少偏见并达到可靠性的最低限度，被害人研究专家必须要能掌握足够的被害人信息，然后确定这些信息的可靠性，并根据现有实践标准进行审查。这其中的一个重要特征就是对科学方法的应用性理解，以及对证伪的强调。

被害人研究帮助确定被害人遭受伤害或损失的风险的性质。被害人风险可分为生活方式风险和情境风险。被害人的生活方式风险是指其经受有害因素的频率（frequency），这些因素由其常住环境、性格和过去选择所导致。被害人的情境或意外风险是指被害时由环境和被害人个人特质导致的遭受伤害的实际风险和脆弱程度。

为了在调查中有效利用被害人研究，需要对被害人的经历有全面了解。部分或完全忽略被害人经历，则会造成调查和事实记录之间的空白，这会使得关于被害人的解释不完整，甚至不准确。

练习

1. 列出被害人分析的三个目的。
2. ____________是指被害人所接触的有害因素的总量或程度。
3. 判断正误：意外/情境风险关注的是被害人面对潜在有害因素的频率。
4. 列出生活方式因素可以影响被害人受伤害的程度的三种方式。
5. 举一个生活方式风险中的极端风险被害人的例子。

REFERENCES

Hazelwood, R., 1995. Analyzing Rape and Profiling the Offender. In: Hazelwood, R. R., Burgess, A. W. (Eds.), Practical Aspects of Rape Investigation: A Multidisciplinary Approach, second edition. CRC Press, Boca Raton, FL.

Jamerson, C., 2009. Forensic Nursing: Approaching the Victim as a Crime Scene. In: Turvey, B., Petherick, W., (Eds.), Forensic Victimology. Elsevier Science, San Diego, CA.

Lasch, C., 1979. The Culture of Narcissism. W. W. Norton & Co, New York, NY.

Martin, N., 2007a. Woman's Disappearance Baffles Family, Police. Denver Post July 3.

Martin, N., 2007b. Secret Life Surprises Kin, Pals of Missing Woman. Denver Post July 9.

Montero, D., 2007. Paige's Secret Life. Rocky Mountain News July 14.

National Institute of Justice, 1999. Death Investigation: A Guide For The Scene Investigator. NIJ, Research Report NCJ 167568. Washington, DC.

National Institute of Justice, 2004. A National Protocol for Sexual Assault Medical Forensic Examinations. U. S. Department of Justice, Office on Violence Against Women, Washington, DC, NCJ 206554, September.

Savino, J. , Turvey, B. , 2011. Rape Investigation Handbook. Elsevier Science, Boston, MA.

Shockley, P. , 2007. Escort Web Link Missing Woman's? Free Press July 9.

Singer, S. , 1981. Homogenous Victim – Offender Population: A Review and Some Research Implications. Journal of Criminal Law and Criminology 72, 779 – 788.

Turvey, B. , 2008. Criminal Profiling: An Introduction to Behavioral Evidence Analysis, third edition. Elsevier Science, San Diego, CA.

Turvey, B. , Petherick, W. , 2009. Forensic Victimology: Examining Violent Crime Victims in Investigative and Legal Contexts. Elsevier Science, San Diego, CA.

von Hentig, H. , 1948. The Criminal and His Victim: Studies in the Sociology of Crime. Yale University Press, New Haven, CT.

Weston, P. , Wells, K. , 1974. Criminal Investigation: Basic Perspectives, second edition. Prentice – Hall, Englewood Cliffs, NJ.

第 8 章　性变态

布伦特 · E. 特维（Brent E. Turvey）

在戏剧性的、自觉的权力关系中会有一些传统的暴力象征（鞭子，铁链，手铐），而检察官却将它们与真正的控制和剥削混为一谈。我希望能消除这种困惑，并倡导对这种行为进行更有文化内涵的法律处理。

——Pa（2001，p. 53）

犯罪心理画像人员和调查人员应该对人类性行为的普遍性、性质以及多样性有充分认识。这意味着不能将个人的、有限的性经验与“常态（normal）”混为一谈。也意味着不对那些可能会被视为进行不正常性活动的人评判或将之妖魔化。在这个领域，许多心理画像人员和调查人员不仅晕头转向，而且还求助无门。

犯罪心理画像人员必须坦然面对人类的性行为，以便进行彻底、知情的被害人研究，并在适当的情况下不带偏见地巧妙调查有关行为。他们还必须了解性偏好和性欲在非犯罪活动中有何表征。这有助于防止将非犯罪的性活动与性犯罪混淆，也能为涉及性诚实需要的心理画像过程提供信息。

人人都撒谎

由于种种原因，性行为及其不同的潜在动机是最难研究的。然而，在了解关于性的真相时，最大障碍无疑是大多数人在性习惯上都会撒谎，或者说，至少他们都在尽力隐藏真实的性自我，不让公众察觉。在这方面，人们最常谎报第一次发生性关系的年龄；曾有过的性伴侣数量；性能力、阳刚之气以及性经验；他们已经进行过或愿意进行的性行为的性质；更有甚者，他们还会谎报自己的性取向。

编造这些谎言或进行隐瞒的原因不一而足，但其中那些较为明显的动机值得我们留意。

首先是希望保留隐私。性自我也许是个人生活中守卫最“森严”的方面。它也是一个人可以向另一个人表露的最为亲密的一面。在大多数文化中，性都不是能随便或公开分享的东西。事实上，性的隐私性往往被视为其内在价值的一部分。有鉴于此，大部分人不愿意坦诚谈论自己真实的性幻想也就不足为奇了。

其次则是出于尴尬。由于成长经历或一些早期的创伤，许多人会对自己的性行为以及满足性冲动的需求感到尴尬。无论什么原因，他们害怕公众对其部分或所有性行为或感受进行审视和羞辱。这些人不会承认自己的渴望，更别提享受性行为了。

再次，某些性行为涉及社会、文化、宗教甚至法律上的禁忌。这些禁忌及随之而来的后果，让人们有充分的理由撒谎或在涉及某些被禁止的性行为时保持沉默。否则人们就可能会面临来自同事、朋友、家人甚至司法系统的评判、标签和制裁。

最后，许多人对性是反应性的，缺乏对自己性取向性质和程度的反思或洞察。他们往往还没有想过，在性活动中，自己就究竟是怎样一个人，或者说这与他们的性伴侣有什么关系。被问及他们的性习惯和性经历时，他们对自己做了什么，和谁做了什么，甚至为什么做都没有清晰的意识，即使存在，也是极模糊的。

所有这些动机和因素结合起来，造成了人们对性行为的极度无知。根据自我报告进行研究或进行官方调查时，受访者往往会回答自己是为了满足社会、文化或宗教期望：他们否认性幻想，否认手淫，否认进行过口交或肛交，他们否认放纵自己的性冲动，也不承认自己的不忠。

显然，这样就很难界定变态性行为的性质，也很难讨论其程度。这个讨论需要全面考虑影响性发展、性唤起以及性幻想的主要因素，那样才能最终确定各种性变态的背景。这也要求我们诚实对待周围显而易见的性习惯和偏好。

界定变态性行为

本章中，性变态（sexual deviance）或性越轨（sexual aberration）是指任何不同于公认的或典型的性规范的色情活动。这个定义与弗朗克尔（Francoeur，1995，p. 592）给出的定义类似，他认为性变态是：“任何偏离了社会认为正常或典型的性行为，其普遍内涵是：这种异常行为是一种犯罪或至少是反社会行为。”下一章将探讨犯罪性行为，其中涉及罕见和反社会行为（也就是自私和愤世嫉俗的行为）。

性变态的概念既不固定，也不普遍。相反，根据对其进行分类、探讨和研究的人的不同需求和信念，性变态的定义也各有不同。每一种宗教都有自己的性禁忌，它有着广泛的诠释范围，并且会随着时间和地点的变化而变化。每一种文化都有它自己的性观念，这取决于该地区的主流群体。在这个主题上，即便是专业人士，他们的脑海中也怀有自己的目的：医生寻求治疗，犯罪学家试图去理解，法院寻求正义，而律师则寻求辩护。每一个群体都有一套自己所谓的规范以及相应的偏差。

本章从犯罪学的角度看待性变态——我们的目的是了解这一现象，而不是对其加以惩罚或治疗。本章将以科学的方式看待此话题，不会考虑“对”“错”等道德建构，也不会考虑“善”“恶”等宗教建构。这些都是主观的衡量标准，而且其应用往往都是有选择性的，这就使得它们几乎没有任何洞察力。犯罪心理画像人员的目标是客观地理解性变态的主要形式及性质，还有其起源和动机。

当代的性发育

性发育在婴儿期就开始了，孩子们会通过自我触摸的方式研究自己的身体，其中包括性器官。随着成长以及对自己身体的探索，孩子们会根据别人的反应了解什么是恰当的。如艾伦（Allen）等人所言

（2008b，pp. 517 – 518），影响性发育的因素从一开始就是一个复杂的混合体：

> 家庭是性信息首次得以传达的主要场所。孩子们最早就是通过观察并理解父母的行为来学习相关知识的。若父母能提供稳定、安全的家庭环境，那么他们的孩子也更容易发展出更强的性和情感关系能力（DeLamater and Friedrich，2002）。在积极的社会化情境中，孩子们能更多地体验到与身边重要的人的联系和情感纽带，学会通过给自己施加一致的行为限制来规范自己的行为，并形成稳定的自我意识和个人自主性（Barber and Olsen，1997）。
>
> 社会化是个复杂的过程，在儿童转向青春期的过程中，同龄人、学校和社会机构等多种环境相互影响（Peterson and Hann，1999）。虽然家庭为儿童社会化提供了基础，但不是所有的家长都有兴趣或善于为儿童提供积极的性社会化环境。

一旦父母为孩子提供积极的性社会化环境的兴趣和能力降低，那么在孩子早期性认同形成的过程中，其他信息来源就起着更大的作用。而在当代，这些信息来源则是大众传媒和互联网。正如艾伦等人（Allen et al.）的解释（2008b，pp. 518 – 519）：

> 有观点认为，家庭、父母和同龄人是影响青少年性行为社会化的主要因素，与此相对，布朗、哈尔和恩格尔（Brown，Halpern，and L'Engle，2005）声称，在21世纪，私人电子媒体已成为青少年的主要性教育者。德拉梅特和弗里德里希（DeLamater and Friedrich，2002）归纳了恺撒家庭基金会（Kaiser Family Foundation）1997年度报告的数据，他们指出，青少年（10 ~ 15岁）认为，就性以及亲密关系的信息来源而言，大众传媒（例如，电影、电视、杂志、音乐）比父母、同龄人和性教育计划更为重要。大众传媒有助于构建、反映、挑战和利用人类性行为和性别关系。从家用制品到豪华汽车，再到快餐，性被用来兜售几乎所有产品；黄金时段播放含有露骨性行为的电视节目；色情内容在互联网上唾手可得。咄咄逼人的广告、普及的互联网使用以及各种娱乐渠道使得儿

> 童和青少年越来越多地（往往是在较小的年纪）被暴露在色情的或暴力的图像（或二者兼而有之）之下（Greenfield，2004；Valkenburg and Soeters，2001）……
>
> 尽管性充斥着私人以及公共话语体系，被用于进行说服和销售，但无论是在过去还是如今，美国人都抗拒承认儿童和青少年的性欲（Irvine，2004）。若成年人不主动、平和地解决性问题（如性剥削和性压迫之间的紧张关系），那么，年轻人就很容易被负责提供性教育的机构（如家庭、学校、宗教团体和媒体）给出的错误信息误导。年轻人只能自己决定什么是健康的性发展、什么是积极的性生活（Baber，2000；Russell，2005）。
>
> 如果年轻人在开始其性生活时对性缺乏足够的认识，那么他们根本就没有做好承担风险和责任的准备，比如意外怀孕、性行为传播的疾病以及性胁迫等。他们也没有准备好按照自己的性欲望来行事。因为缺乏正规的知识，他们犯错的门槛就降低了。

伴随着这些对其性观念产生的强大影响，孩子们逐渐成长，进入青春期，这时自身的身体发育（如阴毛、乳房、体味、痤疮）也会对其自尊以及未来的社交技能发展产生巨大影响。身体发育所产生的影响不仅取决于他们如何看待自己，还要看他们认为别人是如何看待自己的。

性相关创伤也会对性发育产生显著影响——或使其变淡，或使其停止，或使其增强，或使其扭曲。此类创伤包括成为性谣言的受害者、被同龄人辱骂或欺负、遭受性胁迫，当然还有性虐待。在儿童的行为或发展中，与性有关的创伤并没有单一的表现形式，但一般认为男孩和女孩在青春期前进行不当性行为的原因在于接触或经历过明确的色情内容或活动。这种接触可能来自成年人有意或无意的行为，也可能来自同龄人。

这就出现了一个问题：究竟何为与年龄不相符的行为？换句话说，对如今的青少年而言，哪类性行为是恰当的？可以说，大多数成年人和父母都坚信自己知道孩子的生活中发生着什么。许多权威人物也有自己独到的见解。然而，大多数人都缺乏一手信息——因为许多人有意忽视自其青春期后世界所发生的变化，或者他们过于以自我为中心，于是没能留意到这些变化。

让我们来减轻一些误解。索尔斯（Sauers，2007）对澳大利亚青少年进行了一项更完善的描述性研究，他发现：

- 青少年男女通常记得自己开始手淫的年龄在 9～11 岁；61% 的女生报告称自己一周自慰两次及以上，而男生的比例则为 89%。
- 到 16 岁时，有 51% 的女生和 65% 的男生都报告称，自己曾进行过或接受过口交；值得注意的是，在 13 到 14 岁的男孩和女孩中，分别有 24% 的女生和 19% 的男生称自己参与过此类性行为。
- 15 岁时，有 34% 的女生和 34% 的男生报告称自己进行过性活动；到了 16 岁，这一数值分别增加到 43% 和 52%。
- 目前来说，肛交是最不常见的性活动，只有 12% 的女生和 25% 的男生报告称自己进行过肛交。但这也并不足以罕见到把肛交列入变态性行为的程度。

这些研究结果与美国疾病控制中心在 2005 年（Jayson，2009）发表的结果一致：

> 婴儿潮时期出生的父母与他们十几岁的孩子之间的代沟在性方面越发尖锐。
>
> 其差距所在，即为口交。
>
> 根据疾控中心一项突破性研究，超过一半的 15～19 岁的孩子都在这样做。
>
> 研究人员并没有询问在什么情况下会进行口交，但此报告确实提供了第一份能让人窥探美国青少年性生活的数据。
>
> 对成年人而言，“口交是非常私密的行为，但对一些年轻人来说，似乎并非如此”，全国预防青少年怀孕计划（National Campaign to Prevent Teen Pregnancy）的负责人莎拉·布朗（Sarah Brown）说。
>
> “我们发现，青少年正在重新定义亲密关系。”青少年对待口交十分随意，发生口交甚至并不需要有亲密关系。一些青少年说，他们可能会在派对上发生口交，可能会有好几个人同时参与。但他们也说更常见的是在一段关系中发生口交。
>
> 然而，一些专家还是越来越担心，如此随意对待亲密行为的一

代人，日后可能难以形成健康的亲密关系。

“我父母那一代人把口交看作一种几乎比性更深层次的东西。比如说你们已经发生过性关系了，更亲密的就是口交，”马里兰州科基斯维尔（Cockeysville，MD）的17岁高中生卡莉·唐纳利（Carly Donnelly）说，“现在有些孩子把口交看作更随意的东西，这让他们的（父母）感到震惊。”……

四月发表在《儿科》（*Pediatrics*）杂志上的一项研究表示，青少年认为口交比性交更安全，口交的身体和健康风险较小。

对加州不同种族的高中新生进行调查后发现，几乎20%的学生都有过口交的经历，相比之下只有13.5%的人表示自己有过性交经历。

其中大部分人认为，就他们这个年龄来说，口交比性交更易于让人接受，即使对象并不是正在约会的人。

“调查时面临的问题在于，他们并不会告诉你亲密行为的顺序，”布朗说，“绝大多数有过性行为的人也有口交的经历。但我们不知道哪一个先发生。”

根据2002年收集的数据，一个联邦研究上个月公布了研究结果，发现55%的15到19岁的男孩以及同年龄段53%的女孩报告称自己接受过或进行过口交，相较之下，只有49%的同龄男孩和53%的女孩表示有过性交。

研究人员说，尽管这项研究提供了数据，但却并未能帮助人们理解口交在整体关系中扮演的角色，也没能解释为什么如今的青少年会改变性行为的顺序，将口交置于性交之前。

印第安纳大学金赛性、性别和生殖研究所（The Kinsey Institute for Research in Sex，Gender and Reproduction）——该研究所主要研究性行为和性健康——副所长、斯蒂芬妮·桑德斯（Stephanie Sanders）说：“所有我们这个领域的人仍在设法明白如今的情况发生到了什么地步，也在试图从年轻人的角度去理解这些事实。”

“显然，我们需要更多的信息，了解年轻人认为的适当的行为是什么，在什么样的情况下与谁性交等，”桑德斯说。“现在，我们对他们在做什么有了更多的了解，但并不知道他们在想什么。”

此外还可参考加拿大纪录片《口交——新式晚安吻》（*Oral Ser Is the New Goodnight Kiss*）中提供的逸闻证据，西普曼和柯斯丁（Shipman & Kazdin，2009）对此作了详细解释：

> 他们没有透露自己的名字，但观众可以清楚地看到他们的脸，他们的话让家长们大为震惊。
>
> “那天晚上，我不止和一个人发生性关系，然后第二天早上我又试着服用了紧急避孕药，”其中一个女孩说，“那时我大概14岁。”
>
> 这只是加拿大电影制作人夏林娜·阿扎姆（Sharlene Azam）拍摄的一部新纪录片中几十个少女的故事之一，该纪录片的目的旨在揭示当今青少年私密且极端的性生活。
>
> 阿扎姆为这个纪录片进行了四年的研究，她告诉《早安美国》，对青少年来说，口交跟接吻一样稀松平常，而随意卖淫——在派对上有偿脱衣、提供性服务或发生性关系——要远比人们曾以为的更常见。
>
> “如果你和青少年聊聊（谈论口交），他们会告诉你不必大惊小怪，”阿扎姆说，“事实上，他们并不认为这是性行为。很多东西他们都不觉得是性行为。”
>
> 根据疾病控制中心的国家健康统计中心（Centers for Disease Control's National Center for Health Statistics）2005年的一项综合研究，超过一半的15至19岁的青少年曾进行过口交，青少年们在性方面的随意态度由此可见一斑。
>
> 在纪录片《口交——新式晚安吻》中，年仅11岁的女孩们谈论着性交、参加性派对——在某些极端的情况下——还有卖淫，她们会用提供性服务，以此换取金钱、衣服甚至是家庭作业，然后还能及时赶回家和家人共进晚餐。
>
> “五分钟我就赚了100美元，”一个女孩说，“反正我不管怎样都要和他们睡（因为他们长得好看），我还不如拿钱呢，对吧？”

另一个女孩则谈到有人出20美元让她脱掉衬衫，或者开价100美元让她在一个聚会的桌子上跳脱衣舞。

阿扎姆说，这些女孩的家庭条件都不错，但他们的父母对此却毫不知情。

“那些最为美貌，家庭条件最好的女孩（面临的风险最大）。我们所说的不是那些被边缘化的女孩，”她说，“（父母）不想知道这些，因为真的不知道该怎么处理。我的意思是，对于女儿在12岁发生性关系这个事，你可能已经有了心理准备，但当你得知自己的女儿用处女之身换得1000美元或是一个新包的时候，你该怎么做呢?”

对有的女孩来说，她们提供性服务并不是为了换取衣服或金钱，而是用这种令人心寒的方式来维持一段关系。

“我觉得有很多性行为都是为了维持一段关系，就像是‘要维持这段关系，你就得这么做，’”一个女孩告诉《早安美国》。

“社会压力很大，”另一个说。“特别是我们这个年龄，很多女生都想有恋爱关系，为此她们愿意不惜一切代价。”

女孩们笑着承认自己从来没有和父母谈论过她们的性行为。

“我的意思是，我们并不是在找老公，”一个女孩说，“我们只是在寻觅，就好像……我觉得我们所有人，尤其在我们这个年龄，无论男女，都有很多的冲动，我们要顾及这些冲动。因此，如果我们能诉诸一个偶然的东西，还没有任何附加条件，这是完全可以的。”

我们曾在本章开头提到，关于性行为，每个人都会撒谎，或者试图遮遮掩掩，避人耳目。青少年也不例外。他们欣然承认，自己往往最不愿意向包括父母在内的权威人士坦白自己的性习惯。这意味关于谁与谁什么时候正在做什么的真实数字要远比上述报告所显示的更令人吃惊。

显然，不管怎么看，现代青少年的性发展方式都与过去几代人的观念大相径庭。男孩和女孩自慰的频率很高，性行为也更多，而且发生年龄也越来越小；他们进行口交的次数也大大增加，而且往往是为了以此换取某些东西（包括金钱），而不是出于情感上的亲昵。从统计角度来看，肛交也不是什么稀罕事。我们在进一步探讨什么是性变态、什么不是的时候，必须接受这些事实。虽然这一代青少年代表着对传统性价值观和意识形态的背离，但他们作为一个独立群体，有了自己独特的性规范和频率。

性唤起

性唤起（sexual arousal）是“由生殖器反应、中枢兴奋、性刺激的信息加工和行为之间的相互作用而产生的一种情绪和动机状态”（de Jong，2009，p. 237）。一般来说，性唤起分两种：主观性唤起和生殖器性唤起。主观性唤起与情绪相关，其中包括“对自主神经兴奋的意识、对奖励的期望和冲动的欲望”（de Jong，2009，p. 237）。它涉及一个人对预期或即将发生的性活动的感觉。相反，生殖器性唤起是指“生殖器官血管扩张：就女性而言，这种反应会使生殖器充血和润滑，而男性则会勃起”（de Jong，2009，p. 237）。生殖器性唤起可能与主观性唤起有关，但这种关联并不是必然的。二者都可以单独发生且原因迥异。具体而言，生殖器性唤起并不一定就意味着主观性唤起，因为它可以是对任何数量的内部和外部环境的不可控的身体反应。

性唤起是个体化的生物学、化学和心理学等多重因素共同决定的功能。由于人们的脑化学各不相同，性唤起也会有不同。此外，个体对快乐和痛苦的体验与建构并不一样（它们可以改变脑化学或被改变）。因此，虽然我们根据性别划分有类似的器官，长得也很相像，但实际上并非如此。我们每个人都是独特的，都是由我们的生理、经历，和现阶段的化学、毒理学以及环境所组成的独特且不断变化的混合物。

视觉、听觉和触觉刺激在人类性活动中起着重要的作用。更简单地说，看、听以及触摸都会引起性唤起。然而，男性性唤起的主要指标——勃起，也是神经、激素、血管和心理因素共同作用的结果。同样，这些因素在每个个体中受到的刺激和抑制都是不同的（Turvey，2004）。

鉴于性唤起所具有的高度可变性，人类已经尝试了从普通到怪诞的各种方式的性刺激，人类的性欲和性活动中可以包括一般人闻所未闻的元素（McGrath and Turvey，2008）。似乎任何事物都可以被色情化。

性幻想

性幻想（sexual fantasy）是指刻意想象一种个人认为令人兴奋的行为、事件或一系列事件。斯特尔伯格和洛克德（Strassberg and Lockerd，1998，pp. 403－404）称，

> 研究表明，对男女而言，性幻想可以是正常的、适应性的，有其健康的一面……显然，几乎所有人都会有性幻想（至少偶尔会这样），其目的要么是为了增强其他性行为的快感（如性交或自慰），要么它本身就是一种可以使人感到愉悦的行为。

作为对欲望的叙述，具体幻想是自有其意义的，但它们也可以揭示出隐藏的或潜意识中尚未完全意识到的欲望。据弗赖德曼和唐尼（Freidman and Downey，2000，p. 567）的描述："在一层叙述之下是另一层叙述，在这层叙述之下又有另外一层，就像心灵本身一样，它们层层排列。"值得进一步留意的是，有的性幻想是作为未来性行为的模板，而有的则本来就是为了无法被满足而进行的。

通过性幻想，我们也可以一窥进化的发展进程，正如威尔逊（Wilson，1997，p. 27）所言：

> 性幻想为了解性行为背后的进化本能提供了一个有趣的窗口，因为相较于性行为本身，它们较少受到文明、道德和社会习俗的约束。在幻想中，人们可以相对自由地放纵自己的原始欲望和野蛮冲动，而这些在现实中可能令人难以接受。性幻想也可以是非常自私的，不用考虑伴侣的喜好，因此跟性行为或是公众意见比起来，它们能更好地揭示男性和女性的不同生理本性。

性幻想通常涉及权力、浪漫，还有对不寻常的、甚至禁忌的探索等。例如，一个不太为人所知的现实是，在女性的性幻想中，暴力因素和胁迫十分常见（Strassberg and Lockerd，1998，p. 404）：

研究性幻想时，研究人员发现，在不同的男女样本中，性幻想最常见的一般内容有着显著的相似性。与假想情人发生性关系、重温以前的性经历、与陌生人或名人做爱、在不同的或具有异国情调的地方发生性行为等主题在男女的性幻想中最为常见（see Hariton and Singer，1974；Knafo and Jaffe，1984；Pelletier and Herold，1988）。男性反映的另一个主题是在互动中采用暴力或胁迫手段。而令人讶异的是，很大一部分女性也会反映称，在自己的性幻想中，有针对自己的暴力或胁迫手段（see Price and Miller，1984；Sue，1979）。比如，哈里通（Hariton）和辛格（Singer）发现（1974），在受访女性中，“被制服或被迫投降”是第二常见的性幻想；48%的受访对象表示，在自己的性交过程中，至少有些时候会出现这种幻想。同样，科纳夫（Knafo）和杰夫（Jaffe）发现（1984），在女性性交时的幻想中，“被制服”名列第一；而佩列蒂耶（Pelletier）与哈罗德（Herold）则称（1988），其受访女性中有一半以上的人幻想过强迫性的性行为。其他人的报告中也对这一女性性幻想主题有所涉及，只是比例和普遍性没有这么高而已（Davidson，1985；Davidson and Hoffman，1986；Gold and Clegg，1990）。

不少人指出，女性幻想被迫发生性行为并不意味着她们真的希望被强奸（see Davidson and Hoffman，1986，1986）。这些涉及“暴力”或“胁迫”的幻想往往“被浪漫图景所掩盖——很多时候，它们更像是一种诱惑，而非真的暴力”（Lance，1985，p. 66）。这些女性幻想中的男子往往魅力十足或者十分有吸引力；她们会（在其他情况下）选择这类男子作为性伴侣。所有报告的常见情况是这样的：这个理想的性伴侣对女性的吸引力如此之强，以至于他乐于借助暴力让她臣服。此类幻想中一般不会出现女性受到任何形式的伤害或男性被视为不受欢迎的伴侣。

在对女性性幻想的研究中，斯特尔伯格和洛克德发现（Strassberg and Lockery，1998，pp. 408－409）：“可以看出，几乎所有的受试者都有性幻想，广泛的幻想主题在女性中司空见惯。尤其值得注意的是两个涉及暴力的主题：‘被制服和被迫投降’以及‘被迫将自己的身体暴露在诱惑者面前'，分别有55%和35%的受试者反馈称有这两个主题的性幻想，而有64%的受试者则表示自己至少有其中一个幻想。"

显然，许多人认为性幻想是私人表达一些变态欲望的安全场所。只要具备一定程度的安全条件和可控性，他们甚至可能采取行动。这对男女而言都是正常且健康的。然而，当亲密伴侣被胁迫或强迫参与他们认为不那么愉快的、和性幻想有关的活动，问题就会出现，这一点将在下文讨论。正如关于性犯罪者那一章谈到的，一旦此类活动涉及痛苦的、甚至非法的活动时，问题会更多并更为复杂。

色情制品

几个世纪以来，人们对色情制品（pornography）的定义并不一致，但它总是以这样或那样的形式存在。一般来说，色情制品的种类千差万别，而且并非所有的色情制品都可以同等看待。但是，究竟什么构成了色情也是件见仁见智的事。

正如朗之万（Langevin）等人（1988，p. 337）所说的：

> 色情制品的字面意思是"关于妓女的描写"，但通常它是指任何主要用于引起性兴奋和性快感的东西。所有媒体上都有它的身影：照片、文字、音乐以及20世纪的电影、录像和电视。该定义包括哪些形式的色情并不总是一清二楚，比如裸体本身、束缚或性侵犯等，甚至非性侵犯的东西也可能被贴上"色情"的标签。
>
> 人们试图用"隐晦的（soft core）"和"赤裸裸的（hard core）"两个术语来区分社会、道德或法律可以接受的裸体和性行为描述，但这样的可靠区分还远未确立。
>
> 一些作家依据意图或效果来区分色情作品。若其目的是性唤起，无论观众的观感如何，它都可以被称为色情作品。同样地，我们也可以说，不论作者意图为何，如果某材料主要效果就是性唤起，那么我们也可以称之为色情作品。这两个定义都没有阐明色情作品的性质，严格来说，几乎所有东西都可以被视为色情作品。

最近，金斯顿（Kingston）等人（2009，p. 218）对各种定义进行了深入的讨论：

> 律政司色情委员会（Attorney General's Pornography Committee）（1986）指出，“人们惯于贴上‘色情’标签的东西，实际上是指用这个词的人所反对的对性的讨论或描述”（U. S. Department of Justice，1986，p. 227）。
>
> 一般情况下，人们将色情文学和露骨情色作品这两种说法作为总体概念描述各种媒介材料（如电影、互联网），这些材料中的色情部分（性行为或身体部位）主要是为了达到引起性兴奋的目的……在一次研究中，森和瑞克（Senn and Radtke，1990）对情色、非暴力色情制品和暴力色情制品进行了区分：
>
> 情色被定义为一种“性场景（images），其重点在于对人们之间愉悦的性表达的描述，而这些参与其中的人是有足够的自主权的、能够积极做出选择的……其中没有性别歧视或暴力因素，而是完全建立在个人之间、模特与相机/摄影师之间的动态关系上。”（p. 144）。
>
> 非暴力色情制品被定义为“没有明确的暴力内容，但可能从模特的位置或道具的使用来暗示屈服或暴力行为的性场景。它们还可能通过不同的服装、妆容、位置……或通过将观众设定为偷窥者（模特正独自进行某些活动，似乎完全没有意识到或非常惊讶地发现有人在看着她）等来暗示不平等的权力关系”（p. 144）。
>
> 暴力色情制品被定义为“描绘一个人对另一个人实施不同程度的、明显暴力的性场景”（p. 144）。

笔者整体同意上述区分，另外还增加了“刑事色情制品”，其中涉及真实的性犯罪或未成年儿童，和“兽性色情制品”，其中描述与动物发生的性行为（可能是犯罪，也可能不是，这取决于司法管辖权）。加上最后两个，几乎所有的色情制品都可以被分类了。应该指出的是，前三个定义与裸体无关，而后两个则倾向于暗示裸体场面。

人们在性交或自慰时会使用色情制品以刺激或强化某些性欲望和情

境。他们也可能出于偷窥的目的——在性欲的影响下利用色情制品窥探他人的私生活或性活动，这一点将在后面讨论。

色情史

应该说明，过去几代人（甚至20年前）接触露骨性材料的机会十分有限。在石版画和静态照片出现之前，人们只能通过阅读、看图画或者直接经验来获得性知识。这使得招揽许多年轻人的异国舞女、脱衣舞女、妓女成为一种权利。20世纪上半叶，性行为的静态照片、非法制作的8毫米和16毫米的色情电影在美洲和欧洲流传。然而，这些东西的获取途径十分有限，观看电影也是一个特别烦琐的过程。它需要高度隐私和技术，而这两点不一定都能具备。

后来，“在1960年代到1980年代的色情片黄金时代，由于情侣们开始一起去电影院看电影，许多电影——如《深喉》（*Deep Throat*）、《绿门之后》（*Behind the Green Door*）、《琼斯小姐的恶魔》（*The Devil in Miss Jones*）等——都获得了巨大的利润……。”（Shimizu，2006，pp. 243 – 244）在同一时期，以各种性行为的露骨照片为主题的杂志开始成为主流——它们被陈列在成人书店的柜台，然后又巧妙地进入全美各个便利店。最终，电影让位于录像，录像让位于DVD，DVD让位于硬盘，甚至是互联网现场直播。正如金斯顿等人说（2009，p. 218）：

> 在杂志、录像、有线电视、互联网等各种媒体上销售色情制品，是一个极为庞大的、数十亿美元的产业。近年来，通过网络获取色情制品的情况大幅增长，这在一定程度上是由于互联网能为用户提供易获取性、可负担性和匿名性（Cooper，1998）。的确，近期的报告表明，互联网上用得最多的或被检索最多的主题之一就是易获取的露骨性资料（D. Brown，2003；Lam and Chan，2007）。

所有这一切都意在说明，只有在近些年——也许是过去10年——各种各样的色情制品才以如此容易获得且易于负担的形式出现。过去几代人获取色情制品的途径十分有限，他们对色情制品的看法不同，也许还对现今色情制品的易获取性不甚了解。在深入了解什么是基于色情的、常识上偏离公认性规范的行为方面，他们的洞察力或许也在降低——毕竟目前这一代人不仅会看色情片，许多人还会和自己的伴侣用数码录像机、数码相机和手机拍摄色情片。他们还会在公共和私人网站上分享这些片子，后文将会对此加以探讨。

有害的色情

尽管反复研究，但还是没有可靠证据表明色情会引发暴力或犯罪行为——虽然它会影响人们对性和人际交往的态度。此外，当亲密伴侣认为他们是在与理想化的色情形象竞争时，还可能会导致严重的不足感。

在对性犯罪人进行的研究中，朗之万等人（Langevin et al. , 1988, pp. 358 – 359）发现："在这项研究中，犯罪人传达出的印象是：色情制品的使用与他们实施性犯罪以及当下的法律处境并不相关……目前的研究结果不支持米斯委员会（Meese Commission）的结论，即性暴力与使用暴力色情制品之间有因果关系。安大略的暴力性犯罪人样本与非暴力性犯罪人的差异并不明显。在色情制品的总体使用上，阿尔伯塔（Alberta）和安大略的性犯罪人也几无差别。"他们进一步解释道：

> 据说，接触情色作品会强化性习惯，比如喜欢和儿童发生性关系（Marshall, 1988）。对着儿童的图片手淫可能会形成恋童癖的倾向，进而与儿童发生性关系，引起犯罪。若此话当真，那么这也可能只适用于小部分性犯罪人。在这项研究中，大多数性犯罪人与对照组相似，主要是对着裸露的成年女性手淫。这就给性异常的手淫条件反射理论带来了一些困难……因为它还得解释为何对着成年女性的图片自慰会促使恋童癖者对儿童采取行动，而不是发生传统的性行为。有恋童癖的犯罪人会美化他们对孩子的幻想，而不是对成年女性的幻想。
>
> 类似地，定期接触色情制品的人也并不多，无法支撑关于性异常的手淫条件反射理论。只有10.3%到26.9%的性犯罪人在其生活中的某些时候会经常使用色情媒介。

金斯顿等人（2009, pp. 227 – 228）得出了类似结论，他们表示：

> 虽然已查阅过的现存文献尚不能使我们肯定色情制品的使用和攻击性行为之间有直接的因果关系，但是在一些个人研究（例如，Kingston et al.，2008；Vega and Malamuth，2007）和荟萃分析的评论中……研究人员支持色情可能会对性犯罪人和非性犯的消极态度或信念，以及侵略性行为产生影响（Malamuth et al.，2000；Seto et al.，2001）。然而，为了建立更好的科学因果模型，将一些风险因素和保护因素结合，或许能更好地阐释色情制品与攻击性行为之间的关系。
>
> 有人认为媒体对所有个体的影响都大同小异，这个看法过于简单，因此，人们对个体以及文化的差异越发关注，它们调节着色情制品对性兴奋、态度以及行为的影响。如前所述，一些背景因素，如文化和家庭环境，还有同龄人的环境，都被认为是重要的调节变量。除此以外，在建立因果模型时，可能也要考虑一些稳定的人格特征（例如，性取向，精神变态）。与其把这些因素看作“偶然联系变量（casual－link variables）”（即，如果不存在第三个因素，那么色情消费就是无害的），倒不如将个体差异变量放在前文所述的“累积—条件—概率”概念中考量，即影响特定结果概率的是相关因素的汇合。

另外，长期接触露骨的色情制品可能会强化对男女关系的负面观念，并造成不切实际的理想，但应当指出的是，大众传媒中的“植入式性内容（embedded sexual content）”——包括肥皂剧、音乐视频、魅力杂志和言情小说——也会导致同样的问题。

> 研究还发现，接触肥皂剧和音乐视频更多的人，性观念往往会更刻板；更容易支持不正常的关系模式或忍受性骚扰。同样，更多接触色情媒体与青少年认为“每个人都在这样做”有联系，这不仅指对性的看法，还涉及婚外情、堕胎、离婚以及非婚生子。相关研究的结果在女性中似乎比男性更明显、更一致，应该强调的是，其他媒体并不会带来这样的结果（例如，收看黄金时段的电视节目，Ward，2003）。

与任何恶习一样，如果色情制品成瘾，就会对自我和人际关系造成巨大危害。我们来看看兰尼（Ranney，2005）讲述的下面这些成瘾的极端案例：

> 位于卡索路 1449 号新希望教会的牧师布雷泽尔（Brazell）说：“我觉得，如果对劳伦斯的所有个人电脑做个检查，就会在一些意外的地方发现不少类似收藏。”
>
> 布雷泽尔说自己已经“戒了”五年了，他为沉迷于色情制品的男性提供咨询并组织协调以信仰为基础的互助会……布雷泽尔……曾经沉迷色情制品长达 15 年。
>
> 已被定罪的杀人犯马丁·K. 米勒（Martin K. Miller）说布雷泽尔帮助自己克服了色情瘾。
>
> 在审讯中，米勒认为布雷泽尔帮助他克服了色情瘾，并表示自己已于 9 月 15 日戒掉了色情片，这是他妻子被杀近两个月之后了。
>
> 米勒还表示，在 10 或者 11 岁的时候，他第一次出现了色情制品方面的“问题”。
>
> 米勒说自己的色情瘾不断升级，于是他参与了一个在线成人约会服务，这让他与一个叫尤多拉（Eudora）的女人发生了婚外情，二人的关系中涉及角色扮演、束缚、打屁股和露骨照片。
>
> 检方认为，木匠米勒不想妻子妨碍他，这样他就可以自由地与其他女人发生性关系，而且还可以得到超过 30 万美元的保险金。布雷泽尔表示，米勒的色情瘾显然已经让他失去了理智。
>
> “这是成瘾的基本证据：你做了一些不情愿做的事，”他说。布雷泽尔表示，基督徒尤其容易沉迷于色情，进而自慰。
>
> “作为一个基督徒，你会认为色情和手淫在道德上站不住脚，”他说，“然而，由于成长过程中这样那样的问题，你开始被它吸引，这会引发各种羞愧和内疚——于是你便处于痛苦之中。”
>
> 布雷泽尔表示，随着这种痛苦的加剧，色情的吸引力也在增长。“你会陷入这种恶性循环，过了一段时间，你便再也无法摆脱，”他说，“你内心的瘾君子会做一些理性自我永远不会做的事。”
>
> 布雷泽尔表示，非基督徒可能不太容易色情成瘾，因为他们较

少有这种羞耻感。

米勒作证说，他的色情瘾已经到了失控的地步，以至于在被控谋杀发妻并被保释后，他甚至用孩子们银行账户里的钱买了一台新电脑以替代被警方扣押的那一台。

他说这台电脑本作商用，但很快他就开始登录色情网站，访问成人交友网站。米勒认为他的行为是出于习惯和好奇心。“其中一些是幻想”，他说。

布雷泽尔把色情网站称为“性瘾的强效可卡因”。

这些网站特别容易让人上瘾，他说，进入这些网站简直轻而易举，而且它们相对便宜；另外，只要不涉及儿童，它们就完全合法……

马丁·米勒作证表示自己有色情瘾，周三下午，他因谋杀妻子玛丽·E. 米勒（Mary E. Miller）被判处终身监禁……

［辛西娅］阿卡吉（［Cynthia］Akagi）（堪萨斯大学健康教育助理教授）说，男生告诉她，“伴侣不在身边的时候，登录自己最喜欢的色情网站”是司空见惯的事。

“记住，这是在互联网上长大的一代人，”她说。她觉得让她感到惊讶的是，对于社会的大部分人而言，色情成瘾仍然未引起注意。

她还补充道，“如今很多东西会导致婚姻破裂，这肯定也是其中之一。”

在伯特·纳什（Bert Nash）社区心理卫生中心，戒瘾专家玛西亚娜·克罗瑟斯（Marciana Crothers）说，几乎没有人会因为对色情成瘾而寻求心理辅导。

“通常情况下，我们看到更多的是那些因为别人使用色情制品而大受困扰的人，”克罗瑟斯说，“我只遇到过一对夫妇（来寻求帮助）。”

克罗瑟斯认为出现这一现象的原因在于色情成瘾与酒精成瘾、吸毒成瘾以及赌博成瘾之间的内在差异。色情成瘾更易于维持和隐藏。

“首先，只要不是儿童色情，它就是合法的，而且唾手可得，这一点不像毒品，”她说，“其次，喝酒的时候，朋友和家人会感到不胜其烦，于是大家开始离开你。这是一种抛弃，它可能会促使你寻求治疗。”

“但在网上，你可以进入这些成人聊天室，并且自由接触各种人，”她说，“跟酗酒问题比起来，这要容易隐藏得多。”

她说，那些沉迷于赌博的人经常寻求治疗，这是因为他们已经耗尽了家里所有财产。她还说，可是互联网上充斥着免费或低成本的色情制品。

布雷泽尔表示，沉迷色情制品会给人带来一种羞耻感，而赌博、酗酒和吸毒则不会——这也是事实。

“承认自己有性瘾更可耻，也更难，”布雷泽尔说，“你可以说对自己酒精或毒品上瘾，人们会回答说，‘好吧，没事，我可以帮你’，但只要你说到‘性’这个词，你就成了一个变态或儿童性骚扰者。”

布雷泽尔说，大部分参加他互助会的男性都是从外地开车过来的。

“社会上资源太少了，”他说，“大多数的教堂太害怕处理这个问题。”

麦克唐纳·托布（McDonough Taub，2009）对性或色情成瘾的指标进行了讨论：

性成瘾的指标：

那么，怎么知道工作上接触的人有性或色情瘾呢？虽然是否有性瘾只应由心理健康专业人员做出诊断，但该领域的先驱帕特里克·卡恩斯（Patrick Carnes）总结出以下行为模式能暗示出存在于任何环境下的性瘾。

1. 行动：失控性行为模式；
2. 因性行为产生了严重后果，尽管有这些不良后果，仍无法停止；
3. 执着地追求自我毁灭行为；

4. 一直企图或努力限制性行为；
5. 以性迷恋和性幻想为主要的应对策略；
6. 鉴于现有性活动无法满足需要，定期增加性经验次数；
7. 与性活动相联系的极端情绪变化；
8. 在获取性、保持性感和从性经验中恢复上耗费的时间过多；
9. 为性行为之故忽视重要的社交、职业或娱乐活动。

但是在工作场合，类似迹象有哪些？

以下为一些可能性最大的行为线索：

- 隐瞒互联网的使用或秘密行为；
- 工作业绩下降；
- 不愿与其他人交往；
- 易怒；
- 睡眠不足、健康水平下降；
- 人际交往能力下降；
- 不适当地与他人分享性观念。

作为主流的色情制品

问题是，色情制品是否是主流现象（文化上被接受，并且很常见）。显然有些人希望它不是。然而，事实并非如此。例如在美国，大多数色情制品并不违法，除非它描述的是真实的性犯罪或儿童。因此，从法律的角度来看，它一般并不是变态。

最近，色情行业决定了 DVD 光盘播放器的主流格式。原因在于，从纯粹商业的角度来看，主流电影行业的人清楚，人们会购买支持色情片的 DVD 播放器，正如马里安（Mearian，2006）所说：

> 就像在 20 世纪 80 年代 Betamax 和 VHS 格式争夺霸主地位一样，在确定两种蓝光 DVD 模式——Blu - ray Disc 和 HD - DVD——哪一种能取代 DVD 提供高清视频时，色情产业将扮演至关重要的角色。

据分析人士称，色情产业在世界范围内的年收入估计为 570 亿美元，在新技术的应用方面，该行业一直是一个快速的领导者……

加特纳公司（Gartner Inc）的分析师保罗·多诺万（Paul O'Donovan）表示，色情片对任意一种DVD格式的支持都是一般市场对该技术进行吸收的一个“有力因素”，但更关键的是索尼对该技术采纳……

成人电影制片工作室“生动娱乐集团”（Vivid Entertainment Group）的负责人史蒂夫·赫希（Steve Hirsch）说，他当前用的是HD-DVD格式，因为它最早上市，但在蓝光格式上市后，工作室将立刻用它开始刻录。

赫希说：“在技术方面，成人产业总是走在前面。我们没有任何影院发行问题，也不需要去迎合沃尔玛（Wal-Mart）和百视达（Blockbuster）这样的‘大卖场’零售商。我们不得不竭尽所能寻找分销渠道。”

赫希于1984年创立了“生动娱乐”，他说就像20世纪80年代一样，色情产业将对最新的高清视频格式大战的结果有深远影响。赫希说，在20世纪80年代，VHS格式的录像带一开始卖50美元一张，而Betamax的售价则为55美元。“于是我们力推VHS，从这个意义上说，VHS获胜和我们也有一些关系，”他说。赫希工作室一年的收入约为1亿美元。

“成人电影产业也卷入其中，利用VHS和Beta格式放电影。我们比任何人都更加推动实际技术的发展，”他说，“在技术方面，成人产业一直都遥遥领先。”

2008年，许多色情产业决定采用蓝光光盘（Blue-ray Disc）刻录，此后这种视频格式成为主导。

参考互联网上色情片的相关统计数据，可以发现（Ropelato，2009）：

1. 42.7%的互联网用户上网是为了看色情片（男72%，女28%）；
2. 总计有420万个色情网站（占网站总量的12%）；
3. 每天有6800万次色情搜索（占搜索引擎请求总量的25%）；
4. 每月有15亿次色情点对点下载（占下载总量的35%）；
5. 受访男性中，20%承认在工作时访问色情网站，与之对应的女性数据为 13%；

6. 17% 的受访女性承认自己沉溺于网络色情；

7. 受访的基督徒中，47% 承认自己有与互联网有关的性成瘾；

8. 色情片在全球范围内每年产生 1000 亿美元的收入；美国色情片的年收入超过 ABC、CBS 和 NBC 三家公司收入的总数。

不可否认，各种形式的色情制品业已成为被我们文化所认可的一部分，男性和女性都普遍观看（虽然频率不同），而且它还是一种被高度交易的商品。此外，色情产业的年收入已达 1000 亿美元，这使其成为一个重要雇主。有观点认为色情不是主流，或者说色情是变态的，可能从某些角度来看，这类观点有思想上的准确性，但从经济性、统计量和流行程度上来说，就不是这么回事了。

变态性行为

非犯罪的意义上的变态性行为（deviant sexual behavior）是指那些罕见的、反社会的或是违反某种人际关系契约（例如，一夫一妻制或是婚姻）的行为。以下为笔者工作中遇到的常见事例，但这并不意味着它们完全具有代表性。其重要性不分先后。

露阴癖

露阴癖（exhibitionism）是指通过向他人展示自己的生殖器，或在公众面前进行性行为（如自慰、口交、阴道性行为和肛交）而产生性兴奋的行为。尽管对女性的性幻想研究表明，女性的性幻想中露阴癖的比例很高，但是这一定义往往是指男性为了引起震惊和尴尬而在女性面前暴露自己。莫尼（Money，1988，pp. 78 – 79）解释说，女性也经常会有露阴癖：

> 作为性反常行为之一的露阴癖行为，如果女性不穿内裤，穿着短裙，坐着露出自己的阴部，就可以在公共场合暴露自己的生殖器。另一种则可能是在公园或其他公共场所性交以引人围观，并且

性交时还会采取能让生殖器暴露出来的姿势。

女性向男性暴露阴部的时候，该男性通常是不会动怒也不会报警的，而反过来，如果是男性露阴的话，情况就会恰恰相反。

莫尼继续解释说，露阴癖是一种高度个人的、特殊的仪式行为，并不是强奸的前兆。

露阴癖的动机不一而足，有的是为了寻求性关注；有的是渴望刺激；有的则是为了满足自我羞辱式受虐的欲望；还有的甚至是为了展示性的所有权和服从。在这样的情况下，性兴奋与身体部位暴露紧密相关，而在少数情况下则与当众性交相关。然而，“公开”的露阴行为日益普遍；互联网上充斥着各种网站，有不少人想在网上发布自己在脱衣服以及进行露骨性行为的不同阶段的图片和视频，这些网站就是专为此类人而设。其特殊类别包括在公共场所刻意走光（public flashing），在公共浴室和更衣室进行性行为，以及借助浴室镜子看到反射过来的情形。

露阴癖是不正常的，因为它违背了有关性隐私和自由裁量权的既定社会惯例。然而，只有当它开始影响到生活质量、日常生活或是建立并维持亲密关系的能力时，才可以说是彻底的性反常行为。

恋物癖

恋物癖（fetishism）会将色情或性的意义归结于非性的无生命物体或非性的身体部位（Francoeur，1995）。这是一种罕见的性癖。恋物癖的对象包括：脚、高跟鞋、过膝靴、丝袜、内衣、身体穿刺、枪、物料（例如，丝绸、缎子，皮革或乳胶）、头发、手和制服（例如，护士、警察制服）。恋物癖者对物体和性唤起之间的联想往往十分具体明确，所以他们是一丝不苟的收藏家。他们会对特定类型的鞋子、头发和脚有所偏爱，还会尽可能多地进行收集和分类，在手淫或性交过程中用上这些东西。如果恋物对象不是伴侣的身体部位，那么恋物癖者可能会要求伴侣进行穿戴或以其他方式让这个东西参与他们的性爱游戏。

虽然恋物癖本身并不是犯罪，但是人们往往会将恋物癖者与为满足恋物心理而进行的非法行为联系起来，比如盗窃、非法入侵和性侵犯。

我们来看看康涅狄格州布里奇波特的理发师约书亚·冈萨雷斯（Joshua Gonzalez）的案子，他27岁，有吸毒史（Tepfer，2009）：

> 一名重罪犯被控持枪绑架了两名费尔菲德（Fairfield）女子，他强迫二人穿上舞会礼服和丝袜，然后对她们实施了性侵。这一案件重现了一部恋物电影中的场景。
>
> 东大街（East Main Street）27岁的约书亚·冈萨雷斯，星期一被控两项一级绑架、非法限制人身自由，四级性侵、过失伤害罪、胁迫和一项持有枪支的罪名。
>
> 警方称，案发时间为星期日晚上8：45，当时两名22岁的费尔菲德女子在拜访朋友后正欲离开东大街的一栋公寓楼。冈萨雷斯拿着一把手枪，强迫她们进入他在同一栋楼的公寓。
>
> 警察说，在公寓里，冈萨雷斯让二人交出手机，然后给了她们两套正式的舞会礼服和尼龙丝袜，并命令她们穿上。
>
> 警方称，受害人表示抗议时，冈萨雷斯给了她们一个黑色本子，并让二人将抱怨写在本子上。然后他递给其中一名女子几颗子弹，并告诉她拿好。
>
> 据警方透露，冈萨雷斯告诉两名女子，这个情景是他对一部名叫《丝袜的秘密》的恋足电影中的一幕进行的再现。
>
> 警方说，这两名女子恳求冈萨雷斯放她们走，这时他强迫二人在床上躺在他两侧，并在自己抚摸她们的时候要求二人也抚摸他。
>
> 大约45分钟后，冈萨雷斯拿枪指着她们，强迫她们看他洗澡。
>
> 据报告，冈萨雷斯最终放二人离开，然后她们报了警。

再强调一下，大多数恋物癖者都不是罪犯，也不一定会实施犯罪行为。恋物癖也并不是性犯罪行为的前兆。但是，人们会注意到恋物癖者实施犯罪，这在很多人心中形成了一个错误认知。

性胁迫

性胁迫（sexual coercion）是指亲密伴侣中的一方在心理、情感、甚至是身体上对另一方进行操纵，以对其进行支配和控制。这包括：“持有利益，威胁要解除关系，以及通过提醒伴侣有发生关系的‘义务’来操纵他们（例如，‘如果你爱我，你就会和我做爱’）。”（Goetz and Shackleford，2009）性胁迫往往就是强奸，因为受害者意识到，如果不默许的话，就会承担非常真实的身体、经济或社会后果；但由于它不涉及身体威胁和武力使用，很多人都难以将之视为强奸。

性胁迫常见于亲密关系中，但雇主、监护人、警察和教师也可能实施性胁迫。任何有能力进行制裁或剥夺利益的人都有可能借此实施性胁迫。

一方面，性胁迫是变态行为，因为它利用亲密关系中的契约来谋取明确的个人性利益；另一方面，它是强奸，因此也是违法行为。

“开放”式关系

“开放”式关系（open relationships）中，亲密伴侣可以自由追求与其他人发生性关系。如果是已婚伴侣，那么二人的婚姻就被称为“开放”式婚姻。为了满足不同情感和性需求，开放式关系的类别也五花八门。有些允许在二人的亲密关系之外发生性关系，但不能与性关系对象相爱（例如，换偶和性伴侣“互换”）；另外一些则二者皆可发生，这就是所谓的多偶制（polyamory）。

开放式关系属于不正常关系，因为它们十分罕见且难以执行。也就是说，性嫉妒几乎总是会让其中一个伴侣抓狂，进而引起关系破裂，最终导致分手。这种情况之所以发生，往往是因为一方与关系之外的人建立了更亲密的关系，并提出分手。或者是由于一方嫉妒另一方不断体验到愉悦的性生活，并感到受伤。

在极少数情况下，“开放”式关系能得以维持，那是因为双方都对自己的性生活心满意足，并且对他们自己的核心伴侣关系感到满意，没有人因受到胁迫或认为自己必须这样做来满足另一方而陷入一种杠杆交易。

有少部分人运营了一些网站，通过网站关注换偶或“性品味（the lifestyle）”，以此助长许多人的性幻想；这类网站比比皆是，但由于这种做法常与一些社会污名相联系，故而要对实际参与者进行调查也是件难事。然而，与过去许多性禁忌一样，这种耻辱感或许正在消退，这显然也与“换偶”在互联网上获得日益增多的关注有关。

来看一下组织者口中的“换偶盛会”的相关情况（Layne，2009）：

> 这是同类集会中规模最大型的一个，其创始人居住在宾夕法尼亚中南部。该集会被称为 swingfest。这是一个“交换”伴侣的集会。
>
> 创立者和妻子都是换偶者。在 15 年的婚姻中，他们已经有过 13 次换偶，但他们不喜欢换偶这个标签。
>
> 杰森说：“换偶（swinger）这个词听起来又过时又下流”，“它有种负面含义”，鲁西补充道。
>
> 相反，吉恩（Jean）夫妇把它称为“性品味（lifestyle）”，赫尔希地区（Hershey - area）的这对夫妇正在利用这种生活方式获取换偶商业上的成功。
>
> “性品味在全国范围内还只是一小撮，”杰森解释说，“目前还没有什么全国的或国际性的东西能全部包含这个生活方式。
>
> 为了填补这一空白，吉恩开创了 swingfest——有史以来最大的换偶者集会。去年在迈阿密举行的首次集会有近 12000 人参加。他们希望今年 10 月在南佛罗里达举行时也能有同样的盛况……
>
> 这对夫妇表示，他们听到了各种批评的声音，从安全性行为到滥交，几乎无所不包。
>
> “这是情感上的一夫一妻制，”鲁西解释称，“并不一定要身体上也如此。”
>
> “我们总是奉行安全的性行为，”杰森补充说，“那是必不可少的。”
>
> 两人说，换偶生活改善了他们的婚姻，使他们之间更坦诚，也更真实。
>
> “这一切都关乎诚实，关乎信任和沟通，“杰森说。

在大多数情况下，那些践行开放式关系的人（尤其是参与“换偶”

的人）认为亲密情感和亲密行为是分开的。他们认为性行为是一种娱乐活动，而不仅仅是浪漫的爱的表达。相反，也有人认为可以二者兼有。实践者们热情洋溢地表示，他们总是在寻找和体验一些与他们的性伴侣有关的新鲜的、让人精神焕发和令人兴奋的东西。

践行“性品味”的人认为，所提到的诚实是对某种潜在观念的认可，一辈子只与同一个人做爱是与人类欲望背道而驰的——由此则会产生对性生活的不满，甚至导致出轨。他们认为，一夫一妻制必然会导致出轨，并且会摧毁关系而不是促进关系的发展。正如一个相关深度报道曾说过的（ABC News，2006）：

> 根据金赛研究所和其他研究人员的估计，“换偶者”的人数约为400万。
>
> 换偶者已形成一个价值数百万美元的旅游产业，所以当你要选择一个全家度假胜地的时候一定要当心（注意“服装可选”“成人娱乐”和“只限情侣”等暗号）。数以百计的度假胜地在迎合这种生活方式。也有些换偶者的集会，规模占据整个度假村。在那里，成千上万的情侣在实践自己的性幻想。
>
> 获奖记者特里·古尔德（Terry Gould）说：“这是个世界性的现象。”
>
> 古尔德曾被派去写一篇关于换偶的新闻报道，那时他以为换偶会很肮脏。但是当他到了一家优雅的俱乐部时，他大为震惊。
>
> “我遇到了银行家和律师并开始与之交谈”，他说。
>
> 然后，古尔德花了三年的时间研究了他们的生活方式和那些换偶的人。“他们中的大多数人不喝酒，不吸毒。他们相信应该在整洁体面、稳定的环境中抚养孩子。这些人正是那些阳光明媚的郊区居民的范例。”他说。在他的书《性品味：换偶性爱仪式一览》（*Lifestyle: A Look at the Erotic Rites of Swingers*）中，古尔德总结道：情侣们换偶是为了不背叛伴侣。
>
> “他们认为这是两相情愿的、夫妇间的性行为，他们这样做是为了给彼此的关系加点料，增添情趣。他们去换偶俱乐部的目的并不是为了与其他人发生性关系，而是为了相互为对方变得更有激

情。”古尔德说。

就这种生活方式而言，克里斯（Chris）和拉弗恩（Lavonne）还是新人。二人结婚已有五年，大约一年前他们决定试一试。他们查阅了一些网站，在那里，成千上万的人想和陌生人做爱，而在这些网站上人们可以找到愿意的对象。

布瑞恩（Brian）和妻子经营着这样一个网站，它非常受欢迎。“我们有50万名会员。每天有70000人次的访问量，”他说。

即使有400万名参与者——这只是对全美国践行开放关系人数的一个粗略估计——换偶仍未被接纳为主流生活方式。然而，随着网站、公共活动的激增以及相关旅游住宿的广泛兴起，各种迹象表明，社会价值观非常愿意向这个方向发展。

不忠

不忠（infidelity）是指任何对亲密关系中双方商定的规则和界限的违反或违背。通常情况下，它是指一种性行为上的不忠，但由于每对夫妇之间的约定都不一样，所以可能情况并不总是如此。正如艾伦（Allen）等人所说（2008a，pp. 243 - 244）：

在美国，已婚人士中绝大多数都倾向于一夫一妻制（Wiederman and Allgeier，1996），反对婚外性行为的呼声很高（Johnson et al.，2002），但在老一辈的人中，仍有34%的男性和19%的女性透露，自己一生中某个时候曾有过婚外性行为（Wiederman，1997）。出现不忠的情况时，它一般会被视为对婚姻的背叛，事实上它也是导致婚姻解体的常见原因之一（Amato and Previti，2003）。

安德鲁斯（Andrews）等人的观点也呼应了这一点（2008，p. 348）：

虽然性的独占期望是人类浪漫关系的普遍特征（Buss，1994），但有证据表明，人们其实更倾向于赞同在双方关系之外发生一定次数的性行为（配偶外交配，extrapair copulation，或EPC）。例如，在不同的文化背景下，男性比女性更乐于与多个性伴侣发生关系

(McBurney et al., 2005; Schmitt, 2003), 没有约束或成本的时候尤其如此 (Fenigstein and Preston, 2007)。

对性的独占性期望，或者说对一套既定规则和界限的忠诚，使得不忠在本质上成为一种变态行为。不忠的人打破了自己设定的规则，由于打破了社会或宗教习俗，他们让自己的行为变得离经叛道。

不忠发生的主要预兆就是沟通不畅，如果婚前沟通不畅则尤其如此。正如艾伦等人所说 (2008a, p. 253):

> 总的来说，(它们) 对关系 (压力) 变量的影响最强且最一致，现已研究的各项沟通尤其如此。一般情况下，我们的研究结果表明，后来出现不忠问题的夫妇，婚前就有相对更多的沟通问题，如积极互动水平较低或负面、无效互动更多……即便消除了男性的无效沟通，女性无效沟通仍然是后来男性出轨的一个风险因素。由于伴侣之间的沟通行为有高度重叠的部分，所以最好的办法可能是将沟通的风险在夫妇的层面上进行概念化。例如，与其得出结论说婚前不积极沟通的男人更可能不忠，还不如将注意力放在沟通水平较低的夫妇更有可能出现不忠行为的概念上。同样地，与其说是一方"驱使"另一方不忠，毋宁说是夫妻之间沟通不畅更容易让人接受婚外情。

其他预兆则包括自卑、神经质 (情绪冲动、不可靠性)、宗教的负面影响和怀孕，正如怀斯曼 (Whisman) 等人解释的 (2007, p. 323): "与妻子没有怀孕比起来，有孕妻子的丈夫更可能在那12个月内出轨。" 在怀孕期间，孩子出生之前，对婚姻的不满度往往是最高的。

在人们的亲密关系所能遭受的事件中，不忠的破坏性最强，也最难克服。事实上，如前所述，它是关系破裂的首要原因。可参考奥戈尔曼 (O'Gorman) 所提出的以下事实和情感背景 (2007):

> 一个配偶出轨时，整个家庭都会遭受毁灭性打击。信任不复存在，没有人会再以同样的方式看待出轨的人。他/她会失去家庭、朋友，甚至是同事 (如果他们察觉到的话) 的尊敬。然而，在我们国家，不忠仍然频频出现。经历过不忠婚姻还能存续吗? 如果可以

> 的话，它还会一如往常吗？
>
> 在我过去的婚姻生活中，我的丈夫曾经出轨。多年来，我力图认识和理解不忠现象引发的问题，还接受过个人咨询以处理这些问题。美联社（the Associated Press）的这些统计数据十分令人担忧：
>
> - 22%的已婚男性在他们的婚姻生活中至少有过一次外遇。
> - 14%的已婚女性在她们的婚姻生活中至少有过一次外遇。
> - 年轻人出轨可能性更大；事实上，年轻的女性跟年轻男性出轨的概率是一样的。
> - 70%的已婚妇女和54%的已婚男性对自己配偶的不忠行为一无所知……
>
> 在我十九年的婚姻中，我完全信任他。他是主日学校的教师、一个优秀的父亲，对我来说他还一直是一个非常好的丈夫。要不是他亲口告诉我，没有人能让我相信他出轨了。在那之后，我曾熟悉的世界结束了。

有些夫妇一开始会想渡过这个难关，即便如此，从长远来看，他们的努力往往也会落得个失败的结局，因为双方都会产生难以逾越的怨恨——一方无法放下痛苦，而另一方怨恨其不遵守宽恕的承诺。

施虐受虐狂

部分人会进行各种以性为目的的奴役和支配（BD）、施虐受虐（S/M）活动。施虐受虐关系是关于痛苦、权力和情感羞辱的色情化。施虐受虐狂（sadomasochism）被定义为一种两相情愿的活动，其中涉及两极分化的角色扮演、强烈的感觉和感受、行为，还有专注于扮演或幻想将支配－服从角色作为性活动中一部分的性幻想（Francoeur，1995，p. 556）。施虐狂（sadists）从施加痛苦中获得性快感，受虐狂（masochists）则从接受痛苦中获得性满足。

正如Pa（2001，pp. 53－54）所解释的：

> 媒体将S/M描绘成暴力的性变态，往好了说，这表明他们在社会学和心理学上的无知，往坏了说，他们就是在对法律上的弱势群

体进行抹黑。围绕S/M的法律话语往往反映了媒体传播的刻板印象……

S/M性行为包括一系列广泛的性活动，它“发生在两个自愿的成年人之间，其中包括但不限于借助身体/心理刺激来达到性兴奋、获取性满足。”由于涉及的活动五花八门且对这一问题的研究很少，故而很难给S/M性行为下一个精确的定义。虽然施虐受虐行为多种多样，但总的来说有四大类，它们是：(1) 造成身体上的疼痛（一般是通过鞭打、拍击臀部或施加冷热的手段来达到此目的）；(2) 言语或心理刺激，如威胁和侮辱；(3) 支配与服从，例如，一个人下达命令，另一个人按照吩咐行事；(4) 捆绑与调教，包括用绳索和铁链的束缚和/或对真实的或捏造的过错进行惩罚。其他类型还涉及恋物癖、露阴癖和窥阴癖的成分；强烈和/或受阻挠的生殖器刺激；年纪角色扮演（age - play）（幼稚症、换尿布）、身体自残（穿孔、留下疤痕、束胸、文身）、角色互换（变装）和排泄（排尿、灌肠、黄金play①）。

考虑到其范围广泛，分析人士总结了S/M行为的五个常见特征：

1. 支配与服从——表现为一方对另一方的控制；
2. 角色扮演——参与者扮演他们觉得不存在的角色；
3. 达成共识——自愿同意“玩”SM，并遵守某些“限制”协议；
4. 性的语境——假设行为具有性或情色意义；
5. 共同定义——无论他们是否将自己进行的性活动称为SM，参与者必须就其规范达成一致。

施虐受虐关系本质上就是不正常的，因为一般都很罕见；此外，即便参与者双方都达成共识，但由于它会将痛苦和屈辱色情化，这一癖好也还是在直接鼓励反社会行为。

① 即fecal play，一种以人体排泄物为工具，达到性刺激和性兴奋目的的性行为。（译者注）

性窒息和自淫性窒息

性窒息（sexual asphyxia）是自愿或被迫减少大脑供氧，以增强与性唤起相关的身体或心理上的快感。它可以是一种自体性活动，也可以是两人或多人之间自愿进行的施虐受虐行为。自淫性窒息（autoerotic asphyxia）是故意引发窒息进而实现高度性兴奋的行为。后续章节将对这些问题进行讨论。

小结

人们经常谎报或隐瞒自己的性习惯和性经历。于是，从统计学的角度界定性变态就并非易事，因为尚不明确什么是常见的性行为。此外，由于个人的自我报告和实际性行为之间存在差异，从思想意识的角度定义性变态也十分困难。

在缺乏父母共同教育的情况下，儿童和青少年通过互联网和同龄人接受性教育。其结果就是他们会接触到露骨的色情内容，还有过去几代人都未接触过的色情制品。这反过来可能导致历来宣扬性节制和谨慎价值观的性观念发生转变甚至开始崩盘。

性唤起是个体生物学、化学和心理学等多重因素共同决定的功能。由于人们的脑化学各不相同，故而性唤起也会有不同。此外，个体对快乐和痛苦的体验与建构并不一样。由于性唤起所具有的高度可变性，人类已经尝试了各种方式的性刺激，任何事物都可以被色情化。

性幻想能体现出驱动个体性唤起的关联。这些都是关于欲望的说教式陈述，但它们还是可以揭示出尚未完全实现的隐藏或潜意识的欲望。性幻想通常涉及权力、浪漫，还有对不寻常的、甚至禁忌的探索等。

性幻想体现在个人对色情制品的选择上，如今色情制品已经泛滥成灾，俨然成为一种主流。虽然长期接触露骨的色情制品可能会强化对男女关系的负面观念，造成不切实际的理想，但应当指出的是，大众传媒中的“植入式性内容（embedded sexual content）”——包括肥皂剧、音乐视频、魅力杂志和言情小说——也是如此。但是，色情制品与暴力或犯罪行为之间并无因果联系。可是当人们对这种作为性幻想辅助工具的色情制品上瘾时，问题也就随之而来。

从合法意义上说，变态的性行为是指任何罕见的、反社会的或违反某种人际契约（例如，一夫一妻制或婚姻关系）的性行为。它包括诸如露阴癖、恋物癖、性胁迫、开放式关系、不忠、施虐受虐狂、性窒息和自淫性窒息等。

练习

1. 判断正误：性变态的概念并不普遍。
2. 有两种性唤起，分别是什么？
3. 看过本章之后，你如何界定色情制品？
4. 选择一种性变态行为并给出定义。
5. 为什么开放式关系会有问题？

REFERENCES

ABC News, 2006. The "Lifestyle" —Real – Life Wife Swaps. ABCNews. com. September 6; www. abcnews. go. com/print? id = 2395727.

Allen, E., Rhoades, G., Stanley, S., Markman, H., Williams, T., Melton, J., Clements, M., 2008. Premarital Precursors of Marital Infidelity. Family Process 47 (2), 243 – 259.

Allen, K., Husser, E., Stone, D., Jordal, C., 2008. Agency and Error in Young Adults' Stories of Sexual Decision Making. Family Relations 57 (4), 517 – 529.

Allen, M., Emmers, T., Gebhardt, L., Giery, M. A., 1995. Exposure to Pornography and Acceptance of Rape Myths. Journal of Communications 45, 5 – 26.

Amato, P. R., Previti, D., 2003. People's Reasons for Divorcing: Gender, Social Class, the Life Course, and Adjustment. Journal of Family Issues 24, 602 – 626.

Andrews, P., Gangestad, S., Miller, G., Haselton, M., Thornhill, R., Neale, M., 2008. Sex Differences in Detecting Sexual Infidelity: Results of a Maximum Likelihood Method for Analyzing the Sensitivity of Sex Differences to Underreporting. Human Nature 19, 347 – 373.

Baber, K. M., 2000. Women's Sexualities. In: Biaggio, M., Hersen, M. (Eds.), Issues in the Psychology of Women. Kluwer, New York, NY.

Barber, B. K., Olsen, J. A., 1997. Socialization in Context: Connection, Regulation, and Autonomy in the Family, School, and Neighborhood, and with Peers. Journal of Adolescent Research 12, 287 – 315.

Brown, D., 2003. Pornography and Erotica. In: Bryant, J., Roskos – Ewoldsen, D. (Eds.), Communication and Emotion: Essays in Honor of Dolf Zillmann. Lawrence Erlbaum Associates, Mahwah, NJ.

Brown, J. D., Halpern, C. T., L'Engle, K. L., 2005. Mass Media as a Sexual Super Peer for Early Maturing Girls. Journal of Adolescent Health 36, 420 – 427.

Buss, D. M., 1994. The Evolution of Desire: Strategies of Human Mating. Basic Books, New York, NY.

Cooper, A., 1998. Sexuality and the Internet: Surfing into the New Millennium. Cyberpsychological Behavior 1, 181 – 187.

Davidson, J. K., 1985. The Utilization of Sexual Fantasies by Sexually Experienced University Students. Journal of American College Health 34, 24 – 32.

Davidson, J. K., Hoffman, L. E., 1986. Sexual Fantasies and Sexual Satisfaction: An Empirical Analysis of Erotic Thought. Journal of Sex Research 22, 184 – 205.

deJong, D., 2009. The Role of Attention in Sexual Arousal: Implications for Treatment of Sexual Dysfunction. Journal of Sex Research 46 (2 – 3), 237 – 248.

DeLamater, J. D., Friedrich, W. N., 2002. Human Sexual Development. Journal of Sex Research 39, 10 – 14.

Fenigstein, A., Preston, M., 2007. The Desired Number of Sexual Partners as a Function of Gender, Sexual Risks, and the Meaning of "Ideal". Journal of Sex Research 44, 89 – 95.

Francoeur, R., 1995. The Complete Dictionary of Sexology. Continuum Publishing Co, New York, NY.

Freidman, R., Downey, J., 2000. Psychoanalysis and Sexual Fantasies. Archives of Sexual Behavior 29 (6), 567 – 586.

Goetz, A., Shackleford, T., 2009. Sexual Coercion in Intimate Relationships: A Comparative Analysis of the Effects of Women's Infidelity and Men's Dominance and Control. Archives of Sexual Behavior 38, 226 – 234.

Gold, S. R., Clegg, C. L., 1990. Sexual Fantasies of College Students with Coercive Experiences and Coercive Attitudes. Journal of Interpersonal Violence 5, 464 – 473.

Greenfield, P. M., 2004. Inadvertent Exposure to Pornography on the Internet: Implications of Peer – to – Peer File – Sharing Networks for Child Development and Families. Applied Developmental Psychology 25, 741 – 750.

Hariton, E. B., Singer, J. L., 1974. Women's Fantasies during Sexual Intercourse: Normative and Theoretical Implications. Journal of Consulting and Clinical Psychology 42, 313 – 322.

Irvine, J. M., 2004. Talk About Sex: Battles over Sex Education in the United States. University of California Press, Berkeley, CA.

Jayson, S., 2009. Teens Define Sex in New Ways. USA Today October 19; www. usatoday. com/news/health/2005 – 10 – 18 – teens – sex_x. htm.

Kingston, D. A., Fedoroff, P., Firestone, P., Curry, S., Bradford, J. M., 2008. Pornography Use and Sexual Aggression: The Impact of Frequency and Type of Pornography Use on Recidivism among Sexual Offenders. Aggressive Behavior 34, 341 – 351.

Kingston, D., Fedoroff, P., Marshall, W., 2009. The Importance of Individual Differences in Pornography Use: Theoretical Perspectives and Implications for Treating Sexual Offenders. Journal of Sex Research 46 (2 – 3), 216 – 232.

Knafo, D., Jaffe, D., 1984. Sexual Fantasizing in Males and Females. Journal of Research on Personality 18, 451 – 462.

Lam, C. B., Chan, D. K. – S., 2007. The Use of Cyberpornography by Young Men in Hong Kong: Some Psychosocial Correlates. Archives of Sexual Behavior 36, 588 – 598.

Lance, K., 1985. Your Secret Sex Life. Ladies Home Journal 102, 64 – 68, 140 – 141.

Langevin, R., Lang, R., Wright, P., Handy, L., Frenzel, R. R., Black, E. L., 1988. Pornography and Sexual Offences. Sex Abuse 1 (3), 335 – 362.

Layne, C., 2009. Dauphin County Couple Starts World's Biggest Swingers Party—Swingfest. WPMT – TV, July 26; www. fox43. com/news/newsatten/wpmt – pmnews – swingfest09 – 07 – 26 – 2009, 0, 6812315. story.

Malamuth, N. M., Addison, T., Koss, M., 2000. Pornography and Sexual Aggression: Are There Reliable Effects and Can We Understand Them? Annual Review of Sexual Research 11, 26 – 91.

Marshall, W. L., 1988. The Use of Sexually Explicit Stimuli by Rapists, Child Molesters, and Nonoffenders. Journal of Sex Research 25, 267 – 288.

McBurney, D. H., Zapp, D. J., Streeter, S. A., 2005. Preferred Number of Sexual Partners: Tales of Distributions and Tales of Mating Systems. Evolution of Human Behavior 26, 271 – 278.

McDonough – Taub, G., 2009. Porn at Work: Recognizing a Sex Addict. MSNBC, July 16; www.cnbc.com/id/31922685/.

McGrath, M., Turvey, B., 2008. Sexual Asphyxia. In: Turvey, B. (Ed.), Criminal Profiling: An Introduction to Behavioral Evidence Analysis. third edition. Elsevier Science, London, England.

Mearian, L., 2006. Porn Industry May Decide Battle between Blu – Ray, HD – DVD. Computerworld.com, May 2; www.computerworld.com/s/article/print/111087/Porn_industry_may_decide_battle_between_Blu_ray_HD_DVD_.

Money, J., 1988. Lovemaps: Clinical Concepts of Sexual/Erotic Health and Pathology, Paraphilia, and Gender Transposition In Childhood. Adolescence, and Maturity. Prometheus Books, New York, NY.

O'Gorman, K., 2007. Infidelity: How One Woman Survived Spouse's Cheating. Associated Content, June 8; www.associatedcontent.com/article/267617/infidelity_how_one_woman_survived_spouses.html? cat = 41.

Pa, M., 2001. Beyond the Pleasure Principle: The Criminalization of Consensual Sadomasochistic Sex. Texas Journal of Women and the Law 11, 51 – 92.

Pelletier, L. A., Herold,, E. S., 1988. The Relationship of Age, Sex Guilt, and Sexual Experience with Female Sexual Fantasies. Journal of Sex Research 24, 250 – 256.

Peterson, G. W., Hann, D., 1999. Socializing Children and Parents in Families. In: Sussman, M., Steinmetz, S. K., Peterson, G. W. (Eds.), Handbook of Marriage and the Family, second edition. Plenum Press, New York, NY.

Price, J. H., Miller, P. A., 1984. Sexual Fantasies of Black and White College Students. Psychology Reports 54, 1007 – 1014.

Ranney, D., 2005. Minister Who Was Addicted to Porn Says Case Not Rare. LJWorld.com, July 21; www2.ljworld.com/news/2005/jul/21/minister_Who_Was_Addicted_Porn_Says_Case_Not_Rare/? martin_miller_trial.

Ropelato, J., 2009. Internet Pornography Statistics—2006. Top Ten Reviews. www.internet – filter – review.toptenreviews.com/inter – net – pornography – statistics.html.

Russell, S. T., 2005. Conceptualizing Positive Adolescent Sexuality Development. Sexuality Research and Social Policy: Journal of NSRC 2 (3), 4 – 12.

Sauers, J., 2007. Sex Lives of Australian Teenagers. Random House Australia, Sydney, Australia.

Schmitt, D. P., 2003. Universal Sex Differences in the Desire for Sexual Variety: Tests from 52 Nations, 6 Continents, and 13 Islands. Journal of Personal and Social Psychology 85, 85 – 104.

Senn, C. Y., Radtke, H. L., 1990. Women's Evaluations of and Affective Reactions to Mainstream Violent Pornography, Nonviolent Erotica, and Erotica. Violence Victimology 5, 143 – 155.

Seto, M. C., Maric, A., Barbaree, H. E., 2001. The Role of Pornography in the Etiology of Sexual Aggression. Aggression and Violent Behavior 6, 35 – 53.

Shimizu, C., 2006. Queens of Anal, Double, Triple, and the Gang Bang: Producing Asian/American Feminism in Pornography. Yale Journal of Law and Feminism 18, 235 – 276.

Shipman, C., Kazdin, C. T., 2009. Oral Sex and Casual Prostitution No Biggie. ABCNews. com, May 28; www. abcnews. go. com/GMA/Parenting/Story? id = 7693121& page = 1.

Strassberg, D., Lockerd, M. D., 1998. Force in Women's Sexual Fantasies. Archives of Sexual Behavior 27 (4), 403 – 414.

Sue, D., 1979. Erotic Fantasies of College Students during Coitus. Journal of Sex Research 15, 299 – 305.

Tepfer, D., 2009. Bridgeport Man Reenacts Fetish Movie in Sexual Assault of Two Fairfield Women. The Stamford Advocate, July 29; www. stamfordadvocate. com/ci_12933875.

Turvey, B., 2004. Rape Investigation Handbook. Elsevier Science, Boston, MA.

U. S. Department of Justice, 1986. Attorney General's Commission on Pornography: Final report. U. S. Government Printing Office, Washington, DC.

Valkenburg, P. M., Soeters, K. E., 2001. Children's Positive and Negative Experiences with the Internet. Communication Research 28, 652 – 675.

Vega, V., Malamuth, N. M., 2007. Predicting Sexual Aggression: The Role of Pornography in the Context of General and Specific Risk Factors. Aggressive Behavior 33, 104 – 117.

Ward, L. M., 2003. Understanding the Role of Entertainment in the Sexual Socialization of American Youth: A Review of Empirical Research. Development Review 23, 347 – 388.

Whisman, M., Gordon, K., Chatav, Y., 2007. Predicting Sexual Infidelity in a Population – Based Sample of Married Individuals. Journal of Family Psychology 21 (2), 320 – 324.

Wiederman, M. W., 1997. Extramarital Sex: Prevalence and Correlates in a National Survey. Journal of Sex Research 34, 167 – 174.

Wiederman, M. W., AUgeier, E. R., 1996. Expectations and Attributions Regarding Extramarital Sex among Young Married Individuals. Journal of Psychology and Human Sexuality 8, 21 – 35.

Wilson, G., 1997. Gender Differences In Sexual Fantasy: An Evolutionary Analysis. Personality and Individual Differences 22 (1), 27 – 31.

第9章 性窒息

迈克尔·麦格拉斯（Michael McGrath）
布伦特·E. 特维（Brent E. Turvey）

人类尝试着各种各样的性刺激，从司空见惯的到异常罕见的。在人们的性欲和性活动中，有些东西可能普通人闻所未闻；比如说恋无肢躯干癖（ampotemnophilia），即对截去四肢的躯体产生性欲的怪癖（Money et al. 1977）。大多数的公众对类似做法一无所知。但不幸的是，许多刑事侦查人员对此同样无知，因而在个案工作中遇到罕见的性行为时会束手无策。

人们一般会认为某些性行为于身体有害（例如，施虐受虐行为或者与马进行性交①），但性窒息却明显具有潜在危险，可能会有致命后果。各种自淫行为都可能带来一些内在危险，比如使用电（Brokenshire et al.，1984；Tan and Chao，1983）、真空吸尘器（Imami and Kemal，1988），还有将物体插入直肠（Byard et al. 2000）。可是对体验者而言，自淫性窒息所具备的死亡风险最为明显。虽然可以借助各种机械工具降低脑部血氧浓度来实现窒息的目的（Ikeda et al.，1988；Leadbetter，

① 2005年，一名45岁的男子被自称其“朋友”的人从华盛顿州伊纳姆克洛（Enumclaw）载到一个社区医院。在医生确定此人死亡之前，这位“朋友”已经消失。据金县（the King County）法医办公室称，该男子死于“结肠穿孔引起的急性腹膜炎”所造成的致命内出血。警方通过死者驾驶证找到其家人和朋友，最终在伊纳姆克洛的一个乡村农场发现了一些录像带，其内容则是多名男子与农场的马发生性行为。警方在一片田野中发现了这些录像带，里面是在农场拍摄的数百小时的录像。最终确定，死者是波音公司员工肯尼斯·皮尼安（Kenneth Pinyon），在被农场一匹名叫“靶心”（Bullseye）的阿拉伯种马鸡奸时受到致命伤。由于当时华盛顿州没有针对兽交的法律，检方只能指控住在农场的54岁的詹姆斯·泰特（James Tait）过失致人死亡（Sullivan，2005）。2007年以这一事件为主题的电影《动物园》上映。

1988；McLennan et al.，1998；Minyard，1985；O'Halloran and Dietz，1993），但本章主要探讨通过颈部压缩而导致的窒息。非窒息的自淫性死亡和不是由绳子或咽喉部周围的压缩而导致的性窒息死亡往往不证自明（因为此类窒息会使用怪异而复杂的工具），而且一般不会有什么重大的侦查疑难。

性窒息的问题

性窒息既可以是一种自淫活动，也可以是在两个或多人之间进行的、自愿的施虐受虐行为。① 反过来，非双方同意的性窒息是指为了满足自己的需要（性的或其他的）而限制他人的氧气来源，最好还是将此类行为归为一种故意犯罪行为。正如 Pa（2001，pp. 53－54）指出的：*

> 媒体将 S/M 描绘成暴力的性变态，往好了说，这表明他们在社会学和心理学上的无知，往坏了说，他们就是在对法律上的弱势群体进行抹黑。围绕 S/M 的法律话语往往反映了媒体传播的刻板印象……
>
> S/M 性行为包括一系列广泛的性活动，它“发生在两个自愿的成年人之间，其中包括但不限于借助身体/心理刺激来达到性兴奋、获取性满足。”由于涉及的活动五花八门且对这一问题的研究很少，故而很难给 S/M 性行为下一个精确的定义。虽然施虐受虐行为多种多样，但总的来说有四大类。它们是：（1）造成身体上的疼痛（一般是通过鞭打、拍击臀部或施加冷热的手段来达到此目的）；（2）言语或心理刺激，如威胁和侮辱；（3）支配与服从，例如，一个人下达命令，另一个人按照吩咐行事；（4）捆绑与调教，包括用绳索和铁链的束缚和/或对真实的或捏造的过错进行惩罚。其他类型还涉及恋物癖、露阴癖和窥阴癖的成分；强烈和/

① 施虐受虐狂（sadomasochism）被定义为一种两相情愿的活动，其中涉及两极分化的角色扮演、强烈的感觉和感受、行为，还有专注于扮演或幻想将支配－服从角色作为性活动一部分的性幻想（Francoeur，1995，p. 556）。

* 以下几段内容与上一章重复，原书如此，编辑注。

或受阻挠的生殖器刺激；年纪角色扮演（age－play）（幼稚症、换尿布）、身体自残（穿孔、留下疤痕、束胸、文身）、角色互换（变装）和排泄（排尿、灌肠、黄金play①）。

考虑到其范围广泛，分析人士总结了S/M行为的五个常见特征：

1. 支配与服从——表现为一方对另一方的控制；
2. 角色扮演——参与者扮演不是现实存在的角色；
3. 达成共识——自愿同意“玩”SM，并遵守某些“限制”协议；
4. 性的语境——假设行为具有性或情色意义；
5. 共同定义——无论他们是否将自己进行的性活动称为SM，参与者必须就其规范达成一致。

由此可见，双方自愿的性窒息行为导致死亡属于意外事故，而非谋杀。但这种区分有时候并不容易，因为幸存的性窒息活动参与者可能不信任警方，拒绝帮助警方了解自愿/意外的性窒息和谋杀的区别。此外，吸毒或酗酒也可能为此更添上一层迷雾。结果可能是，一些侦查人员会对此感到厌恶而拒绝继续调查；一些检察官则可能急功近利，迫切希望利用这一证据，却忽略了这样一个证据和背景：即性窒息可能是某些人的常规活动。

正如Pa（2001，p. 52）所解释的，两相情愿的施虐受虐（S/M）可能十分复杂混乱：

> 只有在受害者声称自己在未明确同意S/M性交，或曾经同意，如今又反悔，或对方行为超出二人同意范围的情况下遭受性侵时，才会就S/M性交提起诉讼。除上述情况以外，对任何S/M性行为提起诉讼都是对刑法的误用。因为此类做法只是把S/M性行为误当作暴力。人们借助传统暴力的象征（鞭子、链子、手铐）模拟一种戏剧性的、自知的权力关系，而检察官们则将之与真实存在的剥削

① 即fecal play，一种以人体排泄物为工具，达到性刺激和性兴奋目的的性行为。（译者注）

和控制关系混为一谈。

在自淫性窒息的案例中，出于善意，死者的亲人或朋友会为了遮丑或维护死者尊严而改变案发现场，比如挪动男性受害人身边的色情制品或女性衣物，这会使调查更为复杂。

自淫性窒息是为了获得更大的性快感而故意造成缺氧状态的行为。有时人们可能会将它误断为谋杀或自杀。了解性窒息的特点、死亡现场的行为标志以及如何把它与自杀或谋杀区别开来是侦查人员和犯罪心理画像人员的职责所在。遗憾的是，尽管微妙，有些文献在论述时却带上了主观的道德评价色彩。例如，福尔摩斯（1991）就在自己的书中把性窒息列为“性犯罪”。

一个错误的判断会引起心理的、民事的和刑事上的不同反应。即便无法从亲人逝世的悲痛当中解脱，但得知死亡是意外事故而非自杀，家属也可找到一丝安慰。此外，若死者系自杀，保险公司可能会拒绝支付保险费（取决于保单的具体条款和时间范围），从而增加丧亲家庭的负担。且一些保险公司可能会为意外事故承担更多的费用（Miller and Milbrath，1983）。最后，把一起意外事故当作凶杀案来查，还会浪费执法资源；更糟的是，还有可能使一个无辜之人无端被控有罪。

关于性窒息的讨论一直存在问题，通过媒体广泛传播相关信息至少已经导致了一人死亡（O'Halloran and Lovell，1988）。但是也有例外。例如，著名的HBO系列剧《六尺之下》（*Six Feet Under*）中，有一集的开头就讲述了一个因自淫性窒息意外死亡的事件。[①] 不管怎样，鉴于某些人倾向于模仿媒体报道的内容，凡是涉及这一主题，许多新闻机构和媒体都只是简单提及一下，他们在这方面的犹疑不决也是可以理解的。这使得许多公众对性窒息的各种表现形式——包括所涉危险和它存在的事实——知之甚少。[②]

---

① HBO（2002）：《六尺之下》，第2季，20集，“回到花园”。

② 值得一提的是，通过施虐受虐来刺激性欲的情况在大众中并不少见。正如Pa（2001）所引述的：“研究表明，约5%～10%的美国人尝试过S/M性行为。”1990年，金赛研究所关于性问题的新报告（Kinsey Institute New Report on Sex）表示，美国人“至少偶尔会为了性快感进行S/M，但其中大多数都是温和的或阶段性的行为，不会涉及真正的痛苦和暴力”。

性窒息的本质

性窒息曾有过五花八门的名字，比如“短暂死亡”（le petit mort）、恋晕癖（asphyxiophilia）和考茨瓦氏症（koczwarism）等。《精神障碍诊断统计手册》（DSM－IV－TR）（American Psychiatric Association，2000）中关于“性欲倒错”（paraphilias）的部分曾将之列为性受虐狂的一种，并称之为“恋低血氧癖”（hypoxyphilia）。①

性窒息起源的时间和方式还不甚明了。但千百年来，人们早就知道绞刑时男子的阴茎会勃起（此时可能会出现射精，也可能没有）。绞刑吏把行刑所见讲述出来，而当众行刑也让民众亲眼看见了此现象的发生。关于性窒息的第一次历史记载出现于17世纪，当时人们将其作为一种治疗阳痿的手段（毫无疑问，这利用了死亡前期会出现勃起的现象）；而有关性窒息死亡的历史记录最早可追溯到1791年（Dietz，1979）。

1856年，狄鲍瑟曼（DeBoisemont，1856）在医学文献中首次记载了性窒息。赫尔曼·梅尔维尔（Herman Melville）的《比利·巴德》（*Billy Budd*）（1900）和塞缪尔·贝克特（Samuel Beckett，1954）的《等待戈多》（*Waiting for Godot*）中都出现过绞刑时勃起的描述。在萨德侯爵（Marquis de Sade，1965）撰写的《贾斯廷》（*Justime*）中则出现过辅助性窒息的相关描述。瑞斯尼克（Resnik，1972）的报告称，在爱斯基摩、凯尔特人和Shoshone－Bannock印第安人以及一些南美部落的儿童身上也能发现有目的的性窒息（“可能与性相关”）。关于此种行为的心理动力学或发展起源理论（Friedrich and Gerber，1994；Resnik，1972；Rosenblum and Faber，1979）并没有为侦查提供帮助。哈兹伍德

① “le petit mort”一词意思是“短暂死亡”（the little death）；“asphyxiophilia”一词中的“philia”为希腊短语，意为“癖好”（love of），“a”代表“不”或“缺乏”（“not” or “lack of”），“sphyzein”表示“脉搏”（to throb）。字面上理解，这个词的意思就是“没有脉搏的爱”。“Koczwarism”源自“Koczwara”，Koczwara是18世纪欧洲知名贝斯手，全名弗朗齐歇克·考茨瓦氏（Frantisek Koczwara），同时也是一个性受虐狂。1791年，他和一个妓女尝试了性窒息后死亡。

和戴兹（Hazelwood and Dietz，1983）指出，大多数有性窒息行为的人是偶然习得或从别人那里学来的，他们的说法或许是对的。

此种行为必定会有一些强化作用，否则它就不会反复发生。一般认为，缺氧让人头晕眼花，再配合以性刺激，人们主观上就会感受到更强烈的性快感（Resnik，1972）。在性窒息中，幻想因素十分明显，虽然死亡时有发生，但死亡并不是幻想中会出现的内容（Litman and Swearington，1972）。

此外，从社交俱乐部到色情制品传播，大量互联网网站致力于关注各种双方合意的性窒息相关的活动。受虐似乎是整个幻想中持久、不可分割的一部分。从被窒息的物理行为、这种方式下被贬低和羞辱的心理因素，以及施虐受虐行为中所涉及的真正危险中，那些享受性虐行为的人可以实现性唤起和性满足。

其中有一个幻想型网站，其中部分内容涉及“借助窒息、射击和刀具实现有品位的情色死亡场景”和“以性感的方式勒死、闷死、绞死和淹死美女。它会令你屏住呼吸！”① 虽然该网站只是致力于对色情制品（主要是与前述双方合意的性幻想相关）进行存档和传播，但是至少有人曾经利用这个网站，跨越了双方合意的幻想范畴，在现实生活中实施了犯罪。② 2001 年，该网站的一个注册会员就杀了人。

此人名为帕特里克·拉索（Patrick Russo），是一个教会的主领敬拜者，也曾是 necrobabes. com 网站的会员。他因谋杀 IBM 员工戴安娜·霍利克（Diane Holik）而受审，当时，这一会员身份与其他电子证据一起，构成了针对他的不利证据。以下叙述均摘自法庭记录（Texas v. Patrick Anthony Russo，2007）：

> 2001 年 11 月 15 日下午，奥斯丁（Austin）电闪雷鸣，暴雨倾

① 摘自 www. necrobabes. com/index1. html 网站的主页说明。该网站声称存有超过 3. 5 万商业和业余的性窒息方面的图片和视频；2007 年 7 月，该网站还可供访问。

② 在关于此类网站的探讨中，我们必须记住，大多数成年人之间自愿的性幻想是一种健康的性表达，甚至是性发展形式。像所有性行为一样，它也可以变成有破坏性的东西，就好比生殖行为和亲密行为在涉及强奸的犯罪行为中变成了暴力行为。必须记住，涉及窒息的幻想游戏，即便只是模拟，也是非常危险的行为。

盆。同一时段，独居于奥斯丁大山丘片区探路者路6313号（Pathfinder in the Great Hills subdivision in Austin）的戴安娜·霍利克在自己的住处被勒死。2001年11月15日下午3：30的电话是她最后一通电话，同一天下午3：59，她的电脑也被关了机。

霍利克是IBM的一名管理人员，在家办公。她每周、每天都会跟全国同一工作领域的其他IBM同事联系。他们作为一个团队为IBM管理应届员工。霍利克已经订婚，计划搬到未婚夫生活的休斯敦。她急于出售奥斯丁的房子。房子标价43.5万美元，挂在一个房地产经纪人名下，前庭有“此房出售”的牌子。

伊利诺伊州橡树园（Oak Park）的IBM同事蒂娜·方丹（Teena Fountain）作证说，2001年11月16日上午，她的同事，达拉斯（Dallas）的戴安娜·卡普卡（Diane Kapcar）和加利福尼亚州洛杉矶的辛西娅·巴拉哈斯（Cynthia Barajas）曾与她联系，报告称霍利克没有出席事先约好的“会议”，而且不论用什么手段，她们都无法与之取得联系。

方丹知道奥斯丁的暴风雨引起了一些龙卷风，当天下午她便打电话到奥斯丁警察局，要求查看一下霍利克的情况。2001年11月16日下午约5：30，奥斯丁警方去检查了霍利克的住房。他们发现所有的门窗都上了锁。屋内的狗似乎在地毯上留下了排泄物，这说明它已经被关了一段时间了。霍利克的邻居兼房产经纪人勒吉·布朗（Lakki Brown）看到了警察，为他们打开了前门。

霍利克的尸体被发现时脸朝下躺在楼上客房的地板上。她身上衣服完好，没有遭受性侵的痕迹。霍利克的脖子上有一圈此前并未出现过的勒痕。她手腕处有明显发红的凹痕，这表明在手腕被捆住的时候，她仍有心跳。造成手腕处印记的似乎是塑料扎线带或是警察曾经用来捆绑囚犯手腕的那种收缩手铐。霍利克身上或是房子里都没有找到这种带子。当警察把尸体翻过来时，一个小吊坠从霍利克的头发中掉了出来。庭审表明她的项链上有这样一个吊坠，但却没有找到这样的项链。尸体上也没有发现戒指，价值1.75万美元的订婚戒指也不翼而飞。主卧曾有一个首饰盒，里面放着大量首饰，其中包括一些昂贵珠宝，这个首饰盒也消失不见了。挂在一楼一个门把手上、系有丝带的前门备用钥匙也不见踪迹。

副验尸官伊丽莎白·皮科克（Elizabeth Peacock）进行了尸检，确定霍利克是被勒死的。皮科克博士估计，霍利克死亡时间在2001年11月15日下午3：00点至11月16日凌晨3：00点……

在调查过程中，警方了解到，2001年11月15日，大山丘片区房子前有“出售”标志的一些居民家里都来过一名男子，此人声称有意买房。他告诉其中一些房主，周末他会带着妻子再来看看房子，他还说自己最近卖掉了一个牧场或一些房产，若是买房的话，他会用现金支付。该名男子在不同地方留下的姓名都不一样。至少有两名房主作证表示，该男子2001年11月15日曾两次到过他们位于大山丘片区的房子。（根据一个房主的描述）画师做出了该男子的画像。另一个小区的一位业主在报纸上看到了这幅画像，旋即报警。她表示，2001年5月，自己有意卖房，在丈夫离家上班后，一个大致符合画像描述的男子曾经到访。2001年11月5日，这名男子在她丈夫离家后再次出现。这次她记下了这个人货车上的车牌号码。根据这个号码，警方得以确定这正是他们在寻找的人。

上诉人［帕特里克·拉索］在巴斯特罗普（Bastrop）的新生命基督教堂（New Life In Christ Church）工作。他是主领敬拜者兼音乐导演。2001年11月17日，教会召开了一次职工会议。根据牧师吉姆·福克斯（Jim Fox）的说法，这次会议中，上诉人曾表示11月15日的风暴让他感受到了上帝，这是他生命中的决定性时刻。他愿意服从牧师的权威。原先这两个人曾在教堂里有权力斗争。在做出这些陈述的时候，上诉人显得精神崩溃，情绪低落。

2001年11月21日清晨，警察搜查了上诉人位于巴斯特罗普的住所。上诉人同意和警察去奥斯丁警察局，他告诉妻子，此次调查可能和自己的假释状态有关。在去警局的路上以及到达警局之后，他都接受了询问。上诉人告诉侦查人员，暴风雨的时候他在奥斯丁的一个住宅区迷了路。他说自己没有进过任何一栋屋子，还说他只在一座房子前停下来向一个头发灰白的老人问路……

当天晚些时候，上诉人去了他的牧师家里，两人讨论了他与警察的谈话。福克斯牧师说，上诉人认为他会因为杀害一位女士而被逮捕。

上述人告诉牧师，这个案件中，被害人的一些珠宝被拿走了。但后来得知，警察根本没有跟上诉人提起霍利克家曾丢失过什么东西……

约十二个房地产经纪人证实，2001 年，一名男子（这些证人大多指认上诉人即为该男子）曾联系过他们，表示自己需要立即购置一套或多套房产，他还表示自己是现金买家，能负担 20 万美元到 70 万美元的房子。他坚持只看空置的房子。很多时候，他希望和女性房地产经纪人在空置的房子里单独碰面。许多房地产经纪人在带他看房的时候都感到“不自在”。警方已经确定了上诉人的电话号码。其电话账单上出现了房地产经纪人的电话号码。

上诉人的妻子珍妮特（Janet），是史密斯维尔独立学区（Smithville Independent School District）的教师。上诉人在教堂的工作每周能带来大约 50 美元的收入。同时，他也是一家定制橱柜制造公司的全职非技术性雇员。这份工作每周只需上约三十个小时的班，但他自己辞去了这一工作。

关于上诉人在相关时间段的财务状况，检方提供了相应证据加以说明。地区检察官办公室白领犯罪小组的法医分析师凯西·万斯（Cathy Vance）分析了上诉人的财务记录。她的证词表明，1999 年，上诉人和妻子有超过 4 万美元的可用资金；但在案发时，这一数额变为了 1796.19 美元。有证据表明，上诉人夫妇在巴斯特罗普的房车还有 19.9 万美元的抵押贷款。

在被害人家中，警方进行了深度的犯罪现场调查。尸检时，警方在被害人的左手发现了生物证据。他们还在楼下沙发上找到一条绿色毛巾。布雷迪·米尔斯（Brady Mills）——奥斯丁公共安全（DPS）部实验室的首席犯罪学家——用棉签从被害人的左手提取了 DNA。他把这一样品与被害人、上诉人、被害人的未婚夫及一个男同事的 DNA 样本做了比对。被害人的未婚夫和同事被排除在外，但被害人或上诉人的DNA却无法被排除。在米尔斯考虑的九个基因位点中，有四个位点不能将上诉人的DNA排除。

宾夕法尼亚州立大学线粒打印技术学院（Mitotyping Technologies）的金伯利·纳尔逊（Kimberlyn Nelson）表示自己专门研究线粒体DNA测试。所有人都是从各自的母亲那里继承了线粒体DNA——所以母系亲属有相同的“M－DNA”。纳尔逊检测了从被害人家中发现的七根头发。其中有两根发现于客厅里的绿毛巾，这两根头发无法排除上诉人的嫌疑。

辛辛那提大学医学院（University of Cincinnati College of Medicine）基因组信息中心（Center for Genome Information）主任拉纳齐特·查克拉勃蒂（Ranazit Chakraborty）博士审查了米尔斯和纳尔逊的调查结果。他表示，据他推测，在本案中碰巧得到相同核DNA的概率是一万六千八百一十七分之一。考虑到线粒体DNA，他认为一千二百九十万人中才有可能碰巧出现一个人与本案出现的DNA有相同特征。

2003年6月18日，法院签署搜查令，授权对上诉人的住所进行搜查并没收他的个人电脑“及其内容”。据该搜查令，上诉人的电脑被没收。警探罗伊·雷克特（Roy Rector）是奥斯丁警察局的计算机取证调查人员，警方最初要求他在这台电脑里搜寻关于被害人、被害人住址或其房地产经纪人的信息。但雷克特却无功而返，于是他的搜索范围扩大到互联网浏览历史，搜索与房地产有关的文件，包括网页。经过搜查，警方在互联网临时文件夹和未分配的文件（已删除的文件）中发现了超过136个此类文件。其中几个页面与出庭作证的房地产经纪人有关。

雷克特将从计算机中提取的信息提交检方，检察官注意到其互联网浏览历史（不包含任何网页或图像）中出现了一个叫“necrobabes. com”的网站，经查，这是一个窒息式色情网站。2003年11月18日，法院签发了第二份搜查令，授权对上诉人的电脑硬盘进行搜查，寻找与“窒息死亡”有关以及从“necrobabes. com”网站上获取的其他信息、照片和文字。

约瑟夫·施瓦伯格（Joseph Schwaleberg）是通用系统（Generic Systems）的记录保管员，该公司是控制“necrobabes. com”访问权的计费公司。施瓦伯格证明一个与上诉人有着相同家庭住址和电子信箱的自称为“托尼·拉索”的人在2001年6月21日购买了该网站六个月的会员资格。早在2001年2月28日，来自同一地址的“珍妮特·拉索（Janet Russo）”也曾取得该网站的会员身份。有了会员资格就会有密码，有了密码才能访问这个网站。雷克特恢复了这台电脑在“necrobabes”网站两小时三十六分钟五十五秒的浏览历史。在被害人遇害前一个月，包括2001年11月13日——案件发生前两天，这台电脑都曾访问过该网站。上诉人浏览的网页包括掐死和勒死性对象。其中找到了大约1200张与“necrobabes. com”有关的图片。

理查德·库斯（Richard Coons）博士是一名精神病医生，也是一名律师，他有资格作为专家证人就其关于人类性行为所学出庭作证。他查看了上诉人电脑中从“necrobabes . com”网站获取的照片以及被害人尸体的照片。基于审判中的相关证据（抢劫证据除外），库斯提出了一个假设。他表示，性窒息色情网站的相关材料有可能暗示被害人的犯罪动机，即性虐待。他进一步解释说，性虐待狂因其性幻想而受到性刺激，进而沉迷其中。此类人会“演出”幻想，并寻找潜在的受害者。通过观察和用刀、枪控制他人或用扼杀等其他手段伤害他人，性虐待狂能实现性兴奋。库斯博士解释说，很多时候，这种情况并不会有完整的性行为，其潜在目的可能是杀害、支配或羞辱他人。

库斯作证表示，在他看来，本案的假设场景强烈表明，被告意图通过勒死别人来寻求性满足。

2004年，帕特里克·拉索因谋杀戴安娜·霍利克而被定罪，并被判处终身监禁。2007年，得克萨斯州奥斯丁上诉法院维持原判。

人口统计学

尽管致力于性窒息主题的业余网站遍地开花，但性窒息的普遍程度却尚不明晰。虽然有少数文献谈到了性窒息活动的幸存者（Money et al.，1991；Rosenblum and Faber，1979；Wesselius，1983），但目前大多数案件则是因为参与者身亡而为大众所知。因此，在专业文献中，践行性窒息行为而没有死亡的情况几乎难觅其踪。

美国心理学会2000年出版的《精神障碍诊断统计手册》（*DSM-IV-TR*，American Psychiatric Association，2000，p. 573）对美国、英国、澳大利亚和加拿大的资料进行了概括总结，指出“每年报告的每100万人当中因恋低血氧癖（hypoxophilia）而死亡的大约为1~2人。”关于自淫性窒息死亡的报告各不相同，其数字从每年250人（Wesselius，1983）到“保守”估计500~1000人（Burgess and Hazelwood，1983）等，不一而足。如埃尔曼（Erman，2005，p. 2173）所说：

> 迄今为止，我们已经很难得知自淫性窒息死亡率的确切数字。对每年因此丧命的人数的计算方法千奇百怪，其结果在40~2000。但是由于报告不足，自淫性窒息发生的次数及其参与者数量基本上无人知晓。因此，关于自淫性窒息唯一可以确定的说法是“自淫性窒息导致的死亡从统计数据上来看是罕见的”。然而，专家和法院都倾向于认为，大多数自淫性窒息的实践者都不会死亡，也不会产生严重或永久性的损伤。考虑到以上信息及其模糊性和不确定性，我们不能一提到自淫性窒息就联想到死亡。

最近有文献表示，自淫性窒息是一种青年男性的活动（Adelson，1974；Resnik，1972），而女性则很少或根本没有自淫性窒息的喜好。但是几篇论文让法医界留意到，女性自淫性窒息的情况并不像想象的那么少见（Byard and Bramwell，1988；Byard et al.，1990；Danto，1980），这使得在区别女性的性暴力谋杀和自杀时，可能比男性情况更为困难。

哈兹伍德和戴兹（Hazelwood and Dietz，1983）对157例疑似因自淫

性窒息而逝世的死者进行了研究，给出了下列细目分类：132名（84.1%）为典型的窒息死亡；18名（11.5%）为非典型的；5名（3.2%）为有同伴参与的窒息；2名（1.3%）为自淫性死亡。在对美国的自淫窒息死亡案例进行考察后，乌娃（Uva，1995）表示，性窒息死亡的意外案例在增加；但实际上，可能只是被报告出的/或辨认出这类死亡的数字在增加而已。大多数案例中涉及年轻的男性，但是其年龄范围很大。

布兰查德和哈克（Blanchard and Hucker's，1991）对加拿大117名自淫性死亡的男性的研究表明：死者年龄在10~56岁，平均年龄为26岁，其中有三分之一的人不足19岁。贝赫仁德和莫得温（Behrendt and Modvig，1995）对丹麦46名自淫性死亡男性的研究则表明，死者年龄在10~71岁，平均年龄为31岁，其中64%的死者年龄在29岁以下。还有一项研究（Sheehan and Garfinkel，1987）表明，1975年到1985年在明尼苏达州某地区绞缢而亡的青少年中，有31%死者的真实死因是自淫窒息。

巴拉索内和海托华（Balassone and Hightowe，2007，p. A1）就青少年的此类实践进行了探讨：

> P. K. 的行为、他那光秃秃的卧室墙壁或凌乱衣柜都没能暗示他将如何死去。
>
> 3月31日，他用一条运动裤套住自己的脖子，让自己窒息而死。在这之前，这位18岁男孩的母亲曾和孩子共处几个小时，回想起这段时光，她说："我毫无头绪。"
>
> 验尸官将P. K. 的身亡定为一场事故。这个莫德斯托（Modesto）的人是在"尝试自淫"，通过让大脑缺氧来实现高潮，加剧性幻想和性刺激……
>
> 在北圣华金（Northern San Joaquin）和萨克拉门托山谷（Sacramento valleys）一带，就青少年或十几岁的男孩因自淫性窒息而意外绞缢身亡的案件而言，P. K. 的案子至少是过去两年里的第三起了。
>
> 2005年10月，曼蒂卡（Manteca）一名12岁的男孩去世，其

祖母发现他时，一条空手道腰带缠绕在他脖子上。圣华金县验尸官出具的最终报告确定，其死因是“自淫性活动”而导致的意外绞缢事故。

3月，福尔森（Folsom）的一名16岁男孩被发现死于自淫性窒息。被发现时，他吊在公园的一棵树上，这个公园离家仅几户住宅之隔。

斯塔尼斯劳斯县（Stanislaus County）首席副验尸官克莉丝蒂·赫尔（Kristi Herr）表示，切断大脑供氧可以让人在几秒钟之内就失去意识。如果压力不能迅速得到缓解，大脑就会开始膨胀。只消三四分钟，这种做法就可能致命……

D. K. 说，P. K 当天和妈妈一起购物、吃午餐，后来又去看望了祖母，帮忙把东西搬进屋。他对自己的春假已经做了规划，并期待冬天能够跟家人一起乘船出游。

P. K. 失踪后，父母以为他在朋友家里。父亲四处寻找儿子的下落，两天后才在P. K. 卧室的衣柜里发现了他……

萨克拉门托县（Sacramento County）首席法医病理学家马克·休珀（Mark Super）博士协助调查了三月份福尔森青少年的死亡事件。他表示，依照最准确的估计，美国每年死于自淫性窒息的人数为500到1000人。

休珀说，验尸官可能会将这当中有些案件误裁为自杀而不是意外身亡。休珀已经在该领域工作了25年，他说：“在更多农村地区，人们经验不足，可能根本不知道这些东西的存在。”

休珀说，父母、警方或到现场的急救人员可能会有意改变发现被害人的现场。他说，为了避免家人尴尬，他们可能会清理仪式感更强的场景或给死者穿上衣物。

休珀指出，眩晕感吸引着幼儿玩“窒息游戏”，这也是自淫性窒息的内在驱动力，虽然这两种行为的目的各不相同。

玩窒息游戏的时候，孩子们可能会单独或是与朋友结伴，用手、衣服或绳子切断空气供应。

“这样做是为了获得快感，进入一个生动的梦境，”休珀说，

“这有点让人上瘾。”

休珀说，为了性快感而窒息的做法“以男性居多”，而且这种行为往往是在私下进行的。一些人会在勒脖子的绳子下面放一个垫子，防止出现明显的瘀伤或伤痕……

旧金山的性学家凯瑟琳·安多（Kathryn Ando）说，虽然死于自淫性窒息的以年轻男性最多，但很难说他们在这方面的实践是否就比别的群体更为频繁，因为相关信息太少了。

来自“性与文化中心”（Center for Sex and Culture）（其总部在旧金山）的卡罗尔·葵恩（Carol Queen）表示，对于那些践行自淫性窒息的人来说，减少大脑供氧量会强化性兴奋。“人们认为这与性感受以及性快感有关。”她说。……

“没有蛛丝马迹能表明他之前曾经这样做过，没有任何痕迹。我不知道为什么会有人这样做。只消这么一次，”D. K. 站在那个如今空荡荡的衣橱里——就是在这里她丈夫发现了儿子的尸体——泪流满面地说，“但是我不能生气。我认为他只是很好奇，做出了错误的选择而已。”

斯坦尼斯劳斯县副验尸官米斯蒂·利奇（Misty Leach）说，P. K. 频繁使用家里的电脑，后来父母索性把电脑从起居室搬到了他的卧室。

利奇说，P. K. 死后，萨克拉门托山谷高科技犯罪专案组对其电脑进行了分析，其中发现许多自淫相关的“图像、素描、漫画、照片、视频文件和网页”。专案组警探林岱尔·沃尔（Lydell Wall）说，没有发现相关主题的电子邮件或文本。

利奇说，大多数的图片都是 P. K. 去世前一周看过的。她和 P. K. 的朋友们聊过，但没有人知道他手淫。

“奇怪的是（他）从来没有提起过这个话题，”一位朋友在一封电子邮件中说道，“大部分时候，他都是个安静的家伙。”

他的朋友表示他一直都挺安静，除了“打游戏的时候”。P. K. 喜欢玩类似《龙与地下城》（*Dungeons & Dragons*）的电脑游戏，还有《万智牌》（*Magic: The Gathering*）这类以有巫师、精灵和恶魔的幻想世界为背景的卡牌游戏。

萨克拉门托（Sacramento）病理学家休珀说，父母得知道孩子可能在网上看了些什么，这一点至关重要。

儿童安全专家呼吁家长把电脑放在家里的公共区域，并且要知道孩子在Facebook和MySpace之类的社交网站上都发布了些什么。

休珀说："有的家长没有意识到，（孩子们）对这些东西产生兴趣是自然而然的，但他们不知道的是，孩子们可能正在尝试这种东西。"

"对此，父母得聪明一点，要知道即便自己十几岁的孩子是所谓'正常'的青少年，这类情况还是有可能发生。"

休珀说，他希望性教育课上能有关于自淫性窒息的内容，至少可以概括地提一提。

"这跟毒品、酒精或其他任何东西一样，"他说，"如果他们可以教孩子如何戴上避孕套……他们为什么不可以说一说自慰呢，那是能拯救生命的！"

斯坦尼斯劳斯县教育局预防项目主任（director of prevention programs）维姬·鲍曼（Vicki Bauman）认为，说起来容易做起来难。鲍曼表示，学区要求教授基本的性教育课程，包括禁欲、安全性行为、性传播疾病、酗酒和吸毒等。但因为担心会惹家长不高兴，他们对是否要增添一些有争议的话题犹疑不决。"我们总是在碰壁，所以上这类课的时候，我们很小心翼翼。"鲍曼说。

她没打算把自淫性窒息的内容提上日程，但她希望今年秋天能让专家跟管理人员、校长和教师们谈谈窒息游戏的危险。

"要将这么有致命危险的东西曝光出来，我们顾虑重重，"赫尔说，"我不想让验尸官办公室因为给出什么指示或意见负责。"

死亡现场所见

死亡现场多种多样，但可以预期的是，在现场一定会有所发现。至少，要假定其死因是自淫性窒息的话，侦查人员应当在现场找到一些重复出现并且以性刺激为目的的证据。[①] 要有证据证明，死亡并不是该行为的预期结果。色情制品、镜子以及其他幻想工具可以协助对此做出判断，在颈部和捆绑物之间发现的衬垫物也能提供帮助。必须要有证据表明现场设置了逃脱机制（哪怕是有能力站立以减轻绳子的束缚）。死亡现场发现精液并不能作为死者手淫或曾达到性高潮的证据。地上、死者内裤或腿上发现的精液可能是性活动造成的，但也有可能是死后发生尸僵的结果（Spitz and Fisher，1993）。此外，多数自杀不会像自淫性死亡那样出现死者裸体或部分裸体的情况。另外，非裸体或部分裸露也并不能排除自淫性死亡的可能。

不同学者列出了判定死亡是否为自淫性死亡的标准。哈兹伍德和戴兹（1983）提出了自淫性死亡现场的12条特征，但并非所有现场都具备这些特征。特维（2002）对此进行了详述：

> 地点（location）：在自淫性窒息中，其地点很可能是一个隐蔽的区域，具备合理的隐私性（比如上锁的卧室、浴室、地下室、阁楼、车库、工作间、汽车旅馆房间或树林等）。
>
> 体位（body position）：在绞缢窒息死亡中，死者的身体可能部分撑在地上，或者死者看起来只能简单地站立以避免被勒死。
>
> 高风险因素（high - risk elements）：指在自淫活动中提高生理或心理快感的东西。其中包括任何有害或可能降低判断力的东西，比如毒品、酒精或武器。它们会增强自淫死亡的风险。
>
> 自救装置（self - rescue mechanism）：这是指一些能够让受害者自主停止高风险因素后果的装置（如文献涉及的逃脱装置、死者颈部绳子系的是活结、蒙在受害者面部的塑料袋上能轻易打孔、在受害者触手可及的地方有一个电动液压器的按钮、锁的钥匙，简单站立即可完全避免窒息的能力等）。
>
> 捆绑物（bondage）：即用一些特殊材料或装置对受害人的身体进行束缚（如手铐、皮绳、腕部捆绳和复杂的捆绑结构等）。这些

① 第一次尝试，或者在和平时不同的地方进行自淫（比如酒店房间或朋友家里）则是例外情况。

措施对受害者而言有着心理/幻想意义。上述特征的存在会使侦查员认为一些死亡案件是谋杀，但事实并非如此。在自淫性死亡的案件中，重要的是要确定受害者能否在没有援助的情况下对自己进行捆绑。(现场可能会发现一些有关捆绑的文献，或者在后期调查中可能会发现死者持有这类文献)。

性受虐行为（masochistic behavior）：指给身体的性部位或其他部位施加心理（羞耻）或身体上的痛苦。重要的是，不仅要看到案发当时的行为痕迹，还要酌情寻找能够表明这种行为的、已经愈合的伤痕（比如涉及性虐待的文献、脚踝间的撑竿、生殖器束缚、口塞、乳头夹、异装、悬吊装置等）。

衣着（clothing）：受害者可能会身着恋物装饰或一件甚至多件女性服装。但这类服装并不必然出现。在自淫性死亡案件中，衣着并不总是个有用的指标。自淫性窒息的死者有可能穿戴整齐，也可能裸体，还有可能出现部分裸体的情况。

防御措施（protective measures）：一般来说，受害者不愿意让人看到自己在定期进行的自淫性行为中受到的伤害。所以，他们身上的外伤往往出现在衣服可以遮住的地方，或者为了避免擦伤和瘀伤，他们会在皮肤和束缚装置或捆绑用的绳子之间垫一些柔软的保护性材料（如在受害者颈部的绳子下垫上毛巾、将腕部的约束装置捆在衣袖外面等)。

性随身用品或道具（sexual paraphernalia and props）：这是一些能在受害者身上或附近找到的、有助于性幻想的东西（振动器、假阳具、镜子、色情书籍、日记、照片、电影、女性内衣、记录事件的手段［磁带录音机、摄影机等］)。

手淫行为（masturbatory activity）：现场没有精子或精液并不能排除自淫性死亡的可能性。受害者在死亡发生时可能有、也可能没有手淫。虽然手淫证据的发现强烈支持自淫性死亡的判定，但是，精液、绵纸、毛巾和手部以及性区域的润滑剂也同样能有类似的暗示。在涉及女性的案件中，还可能会出现性工具。

过去自淫行为的证据（evidence of prior autoerotic activity）：其

中一些与出现在死亡前现场的行为证据相似（如永久固定的保护性衬垫、带有修复过的“逃生”孔的塑料袋、不同日期的色情作品、大量色情小说、复杂的高风险因素［非常复杂的绳扣］、复杂的逃生装置、已治愈的外伤、因反复放置绳子而磨损的横梁上的凹槽、自己拍摄的过去自淫的录像带、以前自淫行为的证人证词等。）

没有明显的自杀动机（no apparent suicidal intent）：受害者对自己将来的生活有所规划（比如，曾经计划拜访好友，或者短期内打算出门旅行）。没有遗书不一定必然说明死者曾进行自淫活动。但如果有遗书，则必须确定遗书是在死亡前不久写的，而不是一个道具（受害人受虐幻想的一部分）。其他能表明受害人没有自杀意愿的迹象还包括：受害者没有抑郁史，最近还付过月结账单，曾对朋友说过自己期待某件事等。

笔者建议，要确定死亡原因为自淫性窒息，则死亡现场必须要有下列发现：

1. 死者希望有隐私。
2. 缺乏证明其自杀动机的有力证据。
3. 没有证据表明现场还有其他人。
4. 有导致缺氧的装置。
5. 此装置设有逃生机制，哪怕是能够站立的简单设置也算。
6. 受害者可能自行使用现场发现的任何捆绑装置。

还可以加上第7个标准，即重复活动的证据。此证据固然很有价值，但没有它也无法排除自淫性死亡的可能。原因有二：一是死者可能是第一次（也是致命的一次）尝试此种行为；二是行为人可能并不在他或她经常实践的场所。因此，即使受害人经常实施这一行为，事发地点也不一定能有相关证据。比如说，人们可能会发现受害者在其临时居住的旅馆中绞缢而死。

对死亡现场造成影响的还包括死者的朋友和亲属。当朋友或亲属发现所爱之人死于自淫性窒息，他们的第一反应可能是清洁现场。他们可能移动或掩藏一些令人尴尬的东西（色情文学、女性服装、性用具等），而且一般来说，他们还会在通知警方之前试图维护死者尊严。这不是有犯罪意图的犯罪行为，不应作为犯罪行为处理。但是，侦查人员必须知道，此种干预可能并且确实会发生，对此他们要有思想准备。若怀疑死者系自淫性死亡，但现场却没有相应发现，这时就应该询问发现尸体的人是否改变了现场。

尸检发现

具体的尸检结果会因实际死亡方式和方法而有所不同。即便死亡原因同为自淫性窒息，但由于绳子或一些其他实现缺氧的设施不同，死者的死亡方式也会有所不同。哪怕是在用绳子捆绑窒息而死的情况中，绳子的实际使用方法也会影响尸检发现。在尸检结果中，将自己吊在房梁上窒息而死的情况是一回事，以躺下或者其他姿势被绳子绞缢而死的情况又是另一回事。值得注意的是，结膜和面部瘀斑（通常被认为是缺氧的结果）形成的实际原因是流体静压力的影响而非缺氧本身（Ely and Hirsch，2000）。对颈部的压缩阻止了头部的静脉回流，但由于不够紧，一般也不至于完全阻断大脑的动脉供血。这会导致血管压力增加，毛细血管（最小的血管）血液开始“渗漏”。

用绳子将人整个悬吊起来会使死者面色苍白，而不完全的悬吊则会使脸色发暗、发紫，并且出现肿胀的情况（Spitz and Fisher，1993）。值得留意的是，很低的颈部压力即可使人昏迷（Spitz and Fisher，1993）。斯皮茨和费希尔（Spitz and Fisher，1993）的《死亡的法医调查》（*Medicolegal Investigation of Death*）（第三版）对窒息死亡的相关调查结果进行了很好的描述。

死因心理剖析中的发现

自淫窒息意外身亡的受害者应该不曾涉及过自杀行为。这类自杀相关的迹象包括近期或长期抑郁症，或者同事认为其有自杀危险等。即使性窒息的潜在动力在某种程度上必定是寻求死亡，但这在很多并非以自杀为目的的活动（如跳伞运动）中也是如此。把性窒息归结为自杀行为的一种就全然走偏了。它是多种因素决定的行为，比起其他原因，它更多地与获得性满足相关。

在疑似谋杀或自杀的案件中，对被害人进行评估必不可少。花点时间去了解和认识疑案难案的受害者有助于形成指导意见。在调查这类案件时，心理学方面的信息也能提供不小的帮助（Jobes，Berman，and Josselson，1986），但人们却往往会忽视死因心理剖析。本书第14章将对此进行合理探讨。

在疑难死亡案件侦查中，只依赖一个信息来源的做法并不可取。就死者而言，亲属（如母亲）看到的是一回事，而爱人看到的可能又是另一回事。此外，同事等还可能提供更多信息。从不同渠道收集的信息越多，侦查人员就越可能清楚地了解死者情况。践行性窒息活动的人决定结束自己的生命——这样的事情也并非闻所未闻（Byard and Botterill，1998）。另外，对于明显的性窒息死亡，也要对现场变量和死者的心理健康史加以考量，从而判断死者是否为自杀（Frazer and Rosenberg，1983）。

女性性窒息

虽然性窒息行为以男性居多，但在女性中也时有发生。戈思克和乔姆帕利克（Gosink and Jumbelic，2000）提出（没有引证）相应的男女比例约为50∶1（这一数字很可能是准确的）。伯亚特等人（Byard et al.，1990）也给出过相同的数据。

女性性窒息受害者被发现时通常为裸体，没有多余或精细的设备/道具。死亡现场只简单呈现一具裸体女尸——这一特征足以表明，女性自淫死亡案会极大地被漏报或误判。在死者深受自我捆绑以及其他受虐狂行为的伤害时更是如此。这种场景很容易让侦查人员将之判断为性暴力谋杀，还可能认为这是色情狂所为。

女性自淫死亡现场与男性自淫死亡现场的呈现有所不同。丹统（Danto，1980）报告了一起案件，一名21岁的黑人女性在浴室身亡，其后被男友和另一名男性发现，被发现时她全身赤裸。死者斜倚在浴缸上，头浸在浴缸水中。其头部一侧有擦伤，腕部似乎被绳索捆住，颈部也缠着类似绳索。此外，在受害者的臀部下方还发现了一个粗重的铁栓。对此案的侦查持续了一年多，最终将之判定为自淫死亡。当时，死者用铁栓充当假阳具，又因颈部绳索的束缚而昏迷，头撞在浴缸上，随后溺水而亡。另一起报道（Byard and Bramwell，1988）是：一位 19 岁的白人女性被家人发现死于家中卧室。她躺在床上，颈部和踝部有绳子捆绑，穿着内裤，阴道插有一把梳子的柄。

拜厄德等人（Byard et al.，1990）作了一个男性与女性自淫死亡现场的比较研究。在其研究中，男性的年龄范围为 9～80 岁，女性为 19～68 岁。男性自淫死亡现场可出现色情文学、不寻常的服装、为引起真实或模拟的痛苦而设置的装置、怪异的道具和能说明其恋物癖的证据，但这些在女性自淫死亡的现场却很少出现。不过这种情况也并非绝对，另有两位学者（Gosink and Jumbelic，2000）给出了一个非典型的女性自淫死亡现场，其中就有色情与捆绑杂志、录像带、色情照片、胸部周围的绳子、能让受害者看到自己的镜子，还有颈部的绳子等。但总的来说，大多数女性自淫死亡现场都缺乏男性现场的特征。一项对包括 9 例女性自淫活动在内的研究（其中 8 人死亡）（Byard et al.，1993）显示，大多数女性并不会使用道具或身着怪异的服装（其中 5 名女性全裸）。该研究报告的作者指出，在这 9 个案例中，调查人员在侦察初期就误判了 4 起。

性窒息意外死亡与其他死因的区别

若是知道有哪些可能选项，在评估疑难死亡案件时，侦查人员或心理画像人员就能做出更好的决定。自淫死亡并非司空见惯之事，但它的确时有发生。自淫行为这一概念本身在某些人心目中就属于道德败坏（毋宁说性窒息了），而反感这类行为只会影响对相关死亡场景的判断。要是遇到一个疑似自淫死亡的现场，可以用前面提出的标准来做一个初步评估。

接下来则要对受害者进行心理评估（其深度视需求而定）。尸检结果应与所怀疑的自淫死亡类型一致。将谋杀或自杀伪装成自淫死亡的情况虽然并非比比皆是，但也不是毫无可能，应当将这种可能性纳入考虑范围。以下因素有助于判定死者是否属于自淫窒息死亡：

1. 有无合理的隐私期望？
2. 门窗是否从里面锁上？
3. 受害者能否用捆绑物将自己绑住？
4. 如果受害人实现窒息的方式并没有使用绳索，那么他/她是否能自行操作实现窒息？
5. 捆绑物上是否有衬垫以防留下可见伤痕？
6. 有无幻想或恋物癖的证据？
7. 是否有证据表明该行为曾经发生过？
8. 现场是不是缺乏受害者自杀的证据？
9. 是否有符合死亡现场发现的伤情，且可将之归咎于受害者的行为或受害者失去知觉后无意识的动作？

在家属索要人寿保险和死亡抚恤金的时候，上述问题也就应运而生。比如说，其中可能会有一些意外死亡条款、弃权条款和涉及其他相关利益的条款。根据阿昌庞（Achampong，1987，p. 191）的论述：

> 如果被保险人符合特定保险公司承保范围内的承保要求，意外身故赔偿金就可以加到人寿保险的基本死亡津贴中。意外死亡保险金的金额与保单面额相等，因此在意外死亡得益中可得到“双倍赔偿”。

因此，在索赔遭到拒绝时，自淫死亡的意外死亡者家属可能会出于强烈的财产目的让法庭或保险公司了解情况以获得死亡得益。与此相反，保险公司可能因拒绝死亡赔偿而面临法庭诉讼，所以他们也不规避自主了解案情。因此，人们就经常雇请犯罪心理画像人员参与案件分析，让他们为当事人甚至法院分析受害者究竟属于意外身亡还是故意死亡，心理画像人员应做好这方面的准备。

窒息性杀人：致命的勾搭

本书作者之一（特维）应邀就一起涉及绳索绞缢而死的性谋杀案进行咨询。齐泽姆和威尔逊（chiem and wilson，1998，p. 3）对该案的描述如下：

> 库克县检察官在法庭上表示，周五深夜，（时年34岁的帕特里克·贝利［Patrick Bailey］）在北克拉克街（North Clark Street）5000街区的一家“皮革”（leather）俱乐部遇到了威廉·罗森鲍姆（William Rosenbaum，33岁），该俱乐部的顾客多为男同性恋者。
>
> 警方说，周六凌晨2点左右，贝利和一名20多岁的男子入住北西塞罗大道（N. Cicero Ave）6020号的伊甸园汽车旅馆（Edens Motel），入住时贝利用自己的名字进行了登记。
>
> 做爱时，“贝利用一根皮带勒住受害者的脖子，一直拉紧直到受害者昏迷。”库克县的助理检察官克里斯汀·派珀（Kristen Piper）如是说道。
>
> 派珀说，随后贝利拿出了带到旅馆的一把小猎刀，刺伤受害者的背部、胸部和腹部。当局还指控贝利对受害者尸体进行了肢解。
>
> 派珀说，贝利后来试图将受害者尸体拖到汽车后备厢，但这人太重了。当局表示，贝利又将尸体拖回房间，随后离开旅馆回家。一名旅馆员工在周六中午12：30左右发现了尸体。
>
> 帕特里克·贝利的哥哥说，贝利毕业于缅因州东部高中（Maine East High School）和奥克顿社区学院（Oakton Community College），他看起来很安静、谦逊。曾在帕克里奇（Park Ridge）的一家折扣商店做过售货员……
>
> 大约一年前，贝利搬回了他哥哥和年迈母亲的家，他们一起住在一栋不大的房子里。他哥哥麦克·贝利（Mike Bailey）说，之前他在俄亥俄住了几年。
>
> 据麦克·贝利说，弟弟在寻求治疗霍奇金病的治疗方法，他想离母亲近一些。在被逮捕前，帕特里克·贝利正在接受化疗……“他是个一点都不暴力的人，”麦克·贝利说，“他在这里长大，从没惹过麻烦，也从来不发脾气。”

在该案中，由于受害人遭到了性残害（死后其乳头被割掉），故而无法论证这是一起因双方自愿的性活动而导致的意外死亡案件（图

9.1）。然而，本书作者提交了一份调查报告，详细表明作案人并没有相应规划和预防措施。以下内容摘自特维（Turvey，1999）：

> 作案计划
>
> 我认为，本案总体上明显不存在全面的作案计划。我对这一问题的看法源于对以下事实的考虑：
>
> 1. 被告去芝加哥时背了一个背包。包里装的是音乐CD、药品、香烟、折叠小刀和一些“私人物品”。这些东西就是短期或“一夜”旅行所带的物品。
> 2. 现场可用工具主要与所犯案件有关，其中包括一条皮带和一个衣架。他所用的刀也是从为“过夜”准备的背包里拿出来的。
> 3. 人们都知道被告常在酒吧“游荡”并在这种情况下和其他男性发生两相情愿的性关系。
> 4. 现场并没有性幻想相关的物证，此类证据能证明被告曾经有过涉及性束缚或性窒息的幻想。
> 5. 本案总体而言并没有明显的预防行为。

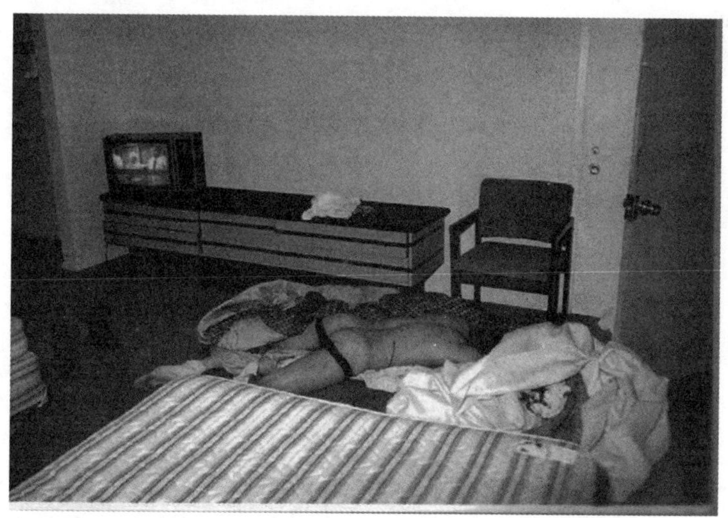

图9.1　帕特里克·贝利和威廉·罗森鲍姆在芝加哥的一家同性恋酒吧勾搭上之后，在一家旅馆自愿发生了性行为。随后，贝利使罗森鲍姆窒息，刺伤了他，并割下了死者的一个乳头。

预防行为

预防行为是指那些旨在阻挠或妨碍侦查或法医工作的行为。我认为本案整体上明显缺乏预防行为，从概念上来讲，这和总体上缺乏规划有关。我的看法源于对以下事实的考虑：

1. 被告在旅馆登记的时候，没有试图隐藏自己的身份。他允许伊甸园旅馆的员工唐·布鲁尔（Don Brewer）看到自己的长相，还提供了驾照复印件。正是该复印件给出了被告的身份和家庭住址。
2. 受害者的尸体被留在了现场，保洁打扫房间时必然会发现。这就为发现罪行提供了条件。
3. 使受害者窒息的皮带还在受害者的脖子上。这就将皮带与所犯的罪行联系了起来。
4. 没有证据表明被告曾试图通过遮蔽或去除可识别身份的身体部位而掩盖受害者的身份。这使得受害者身份轻易就得以确认。
5. 没有证据表明被告曾试图清理案发现场（也就是清理旅馆房间的血液和血迹等物证）。其中包括一摊摊的血、飞溅的血迹和拖痕。还有浴室、床边地毯上和门外水泥地上带血的鞋印。这就使人们很容易能发现罪行。
6. 没有证据表明被告曾试图清理或处理掉作案所用车辆。这进一步使被告与该罪行相联系。
7. 被告人返回了家中。他没有在犯下罪行后逃离住所，或者去“逃亡”。鉴于他向旅馆提供了驾照信息，这进一步使执法人员能够轻易确定被告所处的位置。
8. 被告从现场带了些东西回家，执法人员不费吹灰之力就找到了这些东西。其中包括绑在被害人脖子上的皮带的断块、旅馆 19 号房间的钥匙和一张带血的破布。上述物证进一步将被告与罪行相连。

9. 没有证据表明，被告曾试图清除、永久丢弃或销毁可能与犯罪有关的证据，包括刀子、一双沾满血迹的靴子和属于被告的其他衣物等。这些东西可以进一步将被告与该罪行相连。

起初，鉴于犯罪现场行为的异常性质，警方认为帕特里克·贝利是一个潜在的连环杀手，但经过深入调查，这一可能性被排除。本案的死亡现场情况得以让律师辩称，被告并非有预谋地进行谋杀；事实上，本次罪行可能是由某种形式的精神错乱引起的。帕特里克·贝利最终被判谋杀罪，免于死刑，处有期徒刑60年。

小结

性窒息既可以是一种自淫活动，也可以是在两个或多人之间进行的、自愿的施虐受虐行为。自愿的性窒息导致死亡属于意外事故。但是反过来，非自愿的性窒息是指在限制别人氧气来源的情况下满足自己的需要——最好还是将这种行为定为故意的犯罪行为。这种区分有时候会很困难，因为幸存的性窒息活动参与者可能不信任警方，拒绝帮助警方了解自愿/意外的性窒息和谋杀的区别。此外，吸毒或酗酒也可能为此更添上一层迷雾。

最近有文献表示，自淫性窒息是一种青年男性的活动，而女性则很少或根本没有自淫性窒息的喜好。但是此类误解也慢慢消失。目前，没有任何专门针对性窒息者所做的典型画像。众所周知，无论男女都可能有性窒息的行为，并且这种做法在一些文化中已有几百年的历史。

在执法人员及其他现场侦查人员信息储备不足且缺乏相关培训的情况下，对自淫性窒息死亡现场的阐释尤其成问题。死亡现场和尸检结果各种各样，但可以预期的是，在现场一定会有所发现。至少，要假定其死因是自淫性窒息的话，侦查人员应当在现场找到一些重复出现并且以性刺激为目的的证据。对性窒息相关死亡的正确解释主要有赖于彻底的犯罪现场调查、周密的犯罪现场再现和彻底的被害人研究。

练习

1. 判断正误：性窒息的证据本身就是犯罪的证据。

2. 若怀疑某死亡现场为自淫性窒息死亡，请列出应在该现场发现的三件东西。

3. 解释性窒息行为是如何能唤起受虐狂性欲的。

4. 性窒息和自淫的关系是什么？

5. 为什么有些人即便是参与匿名科学研究也不能或不愿意坦诚自己性行为的性质和程度？

REFERENCES

Achampong, F., 1987. Death from Autoerotic Asphyxiation and the Double Indemnity Clause in Life Insurance Policies: The Latest Round in Accidental Death Litigation. Akron Law Review 21, 191 – 199.

Adelson, L., 1974. The Pathology of Homicide. Charles C Thomas, Springfield, IL.

American Psychiatric Association (APA), 2000. Diagnostic and Statistical Manual of Mental Disorders, fourth ed, American Psychiatric Association, Washington, DC.

Balasonne, M., Hightower, E., 2007. A Deadly Game. The Modesto Bee May 26, p. A1.

Beckett, S., 1954. Waiting for Godot. Grove Press, New York, NY.

Behrendt, N., Modvig, J., 1995. The Legal Paraphiliac Syndrome. Accidental Autoerotic Deaths in Denmark 1933 – 1990. American Journal of Forensic Medical Pathology 16 (3), 232 – 237.

Blanchard, R., Hucker, S., 1991. Age, Transvestism, Bondage and Concurrent Paraphilic Activities in 117 Fatal Cases of Autoerotic Asphyxia. British Journal of Psychiatry 159, 371 357.

Brokenshire, B., Cairns, F., Koelmyer, T., Smeeton, W., 1984. Deaths from Electricity. New Zealand Medical Journal 97, 139 – 142.

Burgess, A., Hazelwood, R., 1983. Autoerotic Asphyxial Deaths and Social Network Response. American Journal of Orthopsychiatry 53 (1), 166 – 170.

Byard, R., Botterill, P., 1998. Autoerotic Asphyxial Death—Accident or Suicide? American Journal of Forensic Medical Pathology 19 (4), 377 – 380.

Byard, R., Bramwell, N., 1988. Autoerotic Death in Females: An Underdiagnosed Syndrome? American Journal of Forensic Medical Pathology 9 (3), 252 – 254.

Byard, R. , Eitzen, D. , James, R. , 2000. Unusual Fatal Mechanisms in Nonasphyxial Autoerotic Death. American Journal of Forensic Medical Pathology 21 (1), 65 – 68.

Byard, R. , Hucker, S. , Hazelwood, R. , 1990. A Comparison of Typical Death Scene Features in Cases of Fatal Male and Female Autoerotic Asphyxia with a Review of the Literature. Forensic Science International 48, 113 – 121.

Byard, R. W. , Hucker, S. J. , Hazelwood, R. R. , 1993. Fatal and Near – Fatal Autoerotic Asphyxia Episodes in Women. American Journal of Forensic Pathology 14 (1), 70 – 73.

Chiem, P. , Wilson, T. , 1998. City Slaying Suspect under New Scrutiny: Police Seek Possible Links to Other Deaths. Chicago Tribune April 28, 3.

Danto, B. , 1980. A Case of Female Autoerotic Death. American Journal of Forensic Medical Pathology 1 (2), 117 – 121.

DeBoisemont, A. , 1856. Du Suicideet de la Folie Suicide. Germer Baillere, Paris as cited in Uva (1995).

De Sade, M. , 1965. Justine, Philosophy in the Bedroom, and Other Writings. Grove Press, New York, NY.

Dietz, P. , 1979. Kotzwarraism: Sexual Induction of Cerebral Hypoxia, paper presented at the American Academy of Psychiatry and the Law, annual meeting, Baltimore Maryland, November, as cited in Hazelwood, R. , Burgess, A. , Groth, A. , 1981. Death during Dangerous Autoerotic Practice. Social Science and Medicine 15, 129 – 133.

Ely, S. , Hirsch, C. , 2000. Asphyxial Deaths and Petechiae: A Review. Journal of Forensic Science 45 (6), 1274 – 1277.

Erman, S. , 2005. Word Games: Raising and Resolving the Shortcomings in Accident Insurance Doctrine That Autoerotic – Asphyxiation Cases Reveal. Michigan Law Review 103 (8), 2172 – 2208.

Francoeur, R. , 1995. The Complete Dictionary of Sexology. Continuum Publishing Co. New York, NY.

Frazer, M. , Rosenberg, S. , 1983. A Case of Suicidal Ligature Strangulation. American Journal of Forensic Medical Pathology 4 (4), 351 – 354.

Friedrich, W. , Gerber, P. , 1994. Autoerotic Asphyxia: The Development of a Paraphilia. American Academy of Child and Adolescent Psychiatry 33 (7), 970 – 974.

Gosink, P. D. , Jumbelic, M. I. , 2000. Autoerotic Asphyxiation in a Female. American

Journal of Forensic Medical Pathology 21 （2），114 –118.

Hazelwood，R.，Dietz，P.，1983. Autoerotic Fatalities. DC Heath （Lexington Books），Lexington，MA.

Holmes，R.，1991. Sex Crimes. Sage Publications，London，England.

Ikeda，N.，Harada，A.，Umetsu，K.，Suzuki，T.，1988. A Case of Fatal Suffocation during Autoerotic Practice. Medicine，Science and Law 28，131 –134.

Imami，R.，Kemal，M.，1988. Vacuum Cleaner Use in Autoerotic Death. American Journal of Forensic Medical Pathology 9 （3），246 –248.

Jobes，D.，Berman，A.，Josselson，A.，1986. The Impact of Psychological Autopsies on Medical Examiner's Determination of Manner of Death. Journal of Forensic Science 31 （1），177 –189.

Leadbetter，S.，1988. Dental Anesthetic Death. American Journal of Forensic Medical Pathology 9 （1），60 –63.

Litman，R.，Swearington，C.，1972. Bondage and Suicide. Archives of General Psychiatry 27，80 –85.

McLennan，B.，Sekula – Perlman，A.，Lippstone，M.，Callery，R.，1998. Propane Associated Autoerotic Fatalities. American Journal of Forensic Medical Pathology 19 （4），381 –386.

Melville，H.，1900. Billy Budd. Northwestern University Press，Evanston，IL.

Miller，E.，Milbrath，S.，1983. Medical – Legal Ramifications of Autoerotic Asphyxial Death. Bulletin of the American Academy of Psychiatry and Law 11 （1），57 –68.

Minyard，F.，1985. Wrapped to Death. American Journal of Forensic Medical Pathology 6 （2），151 –152.

Money，J.，Jobaris，R.，Furth，G.，1977. Amepotemnophilia：Two Cases of Self – Demand Amputation as a Paraphilia. Journal of Sex Research 13 （2），115 –125.

Money，J.，Wainwright，G.，Hingsburger，D.，1991. The Breathless Orgasm：A Lovemap Biography of Asphyxiophilia. Prometheus Books，Buffalo，NY.

O'Halloran，R.，Dietz，P.，1993. Autoerotic Fatalities with Power Hydraulics. Journal of Forensic Science 38 （2），359 –364.

O'Halloran，R.，Lovell，F.，1988. Autoerotic Asphyxial Death following Television Broadcast. Journal of Forensic Science 33 （6），1491 –1492.

Pa，M.，2001. Beyond the Pleasure Principle：The Criminalization of Consensual Sadomasochistic Sex. Texas Journal of Women and the Law 11, 51 –92.

Resnik, H. , 1972. Eroticized Repetitive Hangings: A Form of Self – Destructive Behavior. American Journal of Psychotherapy 26, 4 –21.

Rosenblum, S. , Faber, M. M. , 1979. The Adolescent Sexual Asphyxia Syndrome. Journal of American Academy of Child Psychiatry 17, 546 –558.

Sheehan, W. , Garfinkel, B. , 1987. Case Study: Adolescent Auroerotic Deaths. Journal of the Academy of Child and Adolescent Psychiatry 27 (3), 367 –370.

Spitz, W. , Fisher B. , 1993. Medicolegal Investigation of Death, third edition. Charles C Thomas, Springfield, IL.

Sullivan, J. , 2005. Videotapes Show Bestiality, Enumclaw Police Say. Seattle Times July 16.

Tan, C. , Chao, T. , 1983. A Case of Fatal Electrocution during an Unusual Autoerotic Practice. Medicine, Science and Law 23 (2), 92 –95.

Texas v. Patrick Anthony Russo, 2007. Court of Appeals of Texas, Austin No. 03 – 04 – 00344 – CR, June 7.

Turvey, B. , 1999. Crime Scene Analysis. Illinois v. Patrick G. Bailey, File No. 98 – 1017, December 5.

Turvey, B. , 2000. Autoerotic Death. In: Knupfer, G. , Saukko, P. , Seigal, J. (Eds.), Encyclopedia of Forensic Science. Academic Press, London, England, pp. 290 –295.

Uva, J. , 1995. Review: Autoerotic Asphyxiation in the United States. Journal of Forensic Science 40 (4), 574 –581.

Wesselius, C. , 1983. A Male with Autoerotic Asphyxia Syndrome. American Journal of Forensic Medical Pathology 4 (4), 341 –345.

第10章　虚假报案

布伦特 E. 特维（Brent E. Turvey）
迈克尔·麦格拉斯（Michael McGrath）

不仅要对谎称自己是受害者的人予以揭发，还应当对可能被怀疑的无辜群众予以保护。

——汉斯·葛罗斯（Hans Gross），
《犯罪侦查》（Crminal Investigation，1924，p. 14）

每个人在生活中总会有撒谎的时候，或是为了自保，或是为了保护他人。有时候，这些谎言无伤大雅，甚至还会对周围的人有益处；又或者它们有助于获得更大的利益，这类谎言可以被称为“善意的谎言”。但在其他情况下，谎言可能是对个人或者职业承诺的彻底背叛，此举的目的可能是掩盖权力的滥用、不恰当的关系或企图，或者是隐瞒出轨。撒谎本身并不是犯罪，除非它出现在法律禁止的某些情况下。

几乎无一例外，就参与的或发生的犯罪行为及犯罪活动向警察或任何其他授权报告人[①]撒谎就是犯罪。很多刑事法规都涉及此类谎言，它们可能会被判定为轻罪或者重罪，此类谎言包括：

- 妨碍司法公正（obstruction of justice）：任何人以任何方式（如贿赂，恐吓和虚假陈述）阻碍、延缓或者阻止侦查人员获取任何案件（有违刑法的案件）相关信息的行为。

① 授权报告人（mandated reporter）是受法律规定必须报告犯罪行为、虐待行为以及忽视证据的专业人士。包括警察、医生、护士、教师、社会工作者、心理健康专业人员及其他人员（Turvey，2009）。

- 伪誓（false swearing）：在宣誓或面临伪证罪处罚的情况下做出虚假的口头或书面陈述。
- 伪证罪（perjury）：在宣誓的情况下说出的谎言；或是对刑事案件中的重要事实进行虚假陈述并受伪证罪处罚的谎言。这是一种特殊的伪誓。
- 假案报告（false reporting）：虚假报告，扩散或传播一个所谓的或即将发生的犯罪行为。

从法律术语来看，显而易见的是，在某些司法管辖区，即使通过第三方——如朋友、配偶、雇主、顾问或是医生——间接向当局进行虚假报案，也是一种犯罪。

在本书中，进行虚假报案或者虚假指控指的是，向当局进行任何不真实的陈述、指控或控诉，声称某罪行已经发生或即将发生。虚假报案人指的是做出虚假陈述或者虚假报告的人（Turvey and McGrath，2009）。鉴于有心理画像需求的人不见得了解虚假报案，此外，也因为在任何一个有申诉证人的案件中，都应当考虑虚假报案的可能性，犯罪心理画像人员了解虚假报案现象也就是职责所在了。人是会撒谎的，而且并非所有谎言都会被适时揭露，所以虚假报案可能会带来一次刑事调查，甚至一次错误逮捕。

虚假报案或虚假指控本身就是一种犯罪，而经验不足、缺乏专业培训或良好领导力的公安机关可能对这一点毫无察觉。即使报假案者是在执法部门工作的人员，那也是一种犯罪，执法人员在法律上并没有特殊的豁免权。即使公安机关意识到了虚假报案是一种犯罪，但来自同事、主管、领导，甚至是受害人律师等人的压力可能会成为一种政治阻碍，妨碍对报假案的人进行追究。于是，很多虚假报案者根本没有受到调查，更别说被起诉和逮捕了。有时候，犯罪心理画像人员会遇到这样的案子，同时还可能会有些侦查人员或机构因缺乏专业知识无法察觉虚假报案，或者因为缺乏良好的领导力和正直诚实的品格而无法直面此类案件。

警察有法律义务辨别虚假报案，逮捕其始作俑者，并协助定罪。虚假报案会消耗各部门的宝贵资源，更不用说还可能会导致错误的逮捕和定罪。鉴于许多报假案的人是惯犯，坚定的零容忍政策和审慎执法可以大力预防今后的虚假报案，从而节省时间和金钱成本。当虚假指控的后果被公之于众，适当执法对于那些有意虚假报案的人也可以带来强大的威慑力。报假案者可能会被处以罚款，被罚社区服务，甚至可能入狱。若有必要，他们还会被押回进行心理健康评估和治疗。

历史背景

向当局报假案并不是什么新鲜事儿，早在几千年前的历史档案中，就已经有了相关记载（图 10.1）。

以圣经中约瑟夫（Joseph）和波提乏（Potiphar）之妻的故事为例，1631 年左右，圭多·雷尼（Guido Reni）把这个故事画了下来。根据《创世纪》（39：7－20）记载，犹太奴隶约瑟夫再三拒绝其主人波提乏之妻的性要求。然而她却坚持不懈，不容拒绝。有一次，约瑟夫试图离开房间，这个妇人得以抓着约瑟夫的衣服不松手。结果约瑟夫丢下衣裳跑了出去。她恼羞成怒，就把他的衣服放在自己房中，栽赃约瑟夫强奸了自己。接着，她将约瑟夫的“罪行”告诉了管家，管家转而告诉了她的丈夫波提乏（也是法老的护卫队长）。不消说，约瑟夫含冤入狱，因为波提乏对自己的妻子毫无疑心。

图 10.1　圭多·雷尼的油画“约瑟夫和波提乏的妻子”，1631。

虽然这是个古老且未经证实的例子，但它却代表了在现代社会仍会引起虚假指控的特定来源之一：被抛弃的情人。几千年前的文本中有着这样一个故事——很可能是作为一个警示故事，这值得人们留意。

从中世纪到当代社会，虚假指控往往服务于个人利益、社会利益、政治利益和宗教议程安排。在对犹太人进行迫害的历史中，这类指控的作用不容小觑，它们被称为“血祭诽谤”（blood libel）（Dundes，1991；参见第 1 章）。而对异端邪教和巫术的类似指控则促成了中世纪异端裁判所的诞生（同上，参见第 1 章）。19 世纪，奥地利法学家汉斯·格罗斯博士对虚假指控进行了最早的——也可以说是最有根据的——专业讨论（1924，pp. 13 – 14）。此书面向侦查人员，其主题涉及提交虚假报案的不同动机、自我伤害的发生以及调查人员的相关责任。这些例子表明，虚假报案的问题在当时或是当时的法庭绝非罕见。虚假报案在 20 世纪的“政治迫害（witch hunts）”事件中持续存在，其中会涉及颠三倒四的记忆以及性虐待案，例如韦纳奇（Wenatchee）性犯罪团伙审判（Barber and Lange，2001）和麦克马丁（McMartin）幼儿园侵童案（McHugh，2008）。

著名案例

很多著名的案例都涉及虚假报案，其形式从简单的欺骗到捏造证据，甚至自残，不一而足。其成因在于报案人有意撒谎，即使事实与其描述不符，他们也拒绝让步。媒体和公众都热衷于发掘有恰当“受害者”的案件，这类案件往往会涉及种族观念或者情感问题，这样的热情就促使此类案件不断增加。以下这些具有代表性的例子均来自近年发生的案件。

- 1994 年，苏珊·史密斯（Susan Smith）报案称一名黑人男子武力截车，并绑架了她两个年幼的儿子（Terry，1994）。后来，史密斯承认是自己将两个儿子用安全带绑在车内，把车开进了湖里，将他们淹死。很明显她的动机是要逃避抚养孩子的责任，以追求自己的幸福。她被控多项谋杀罪。
- 2004 年 3 月，20 岁的威斯康星大学大二学生奥得丽·赛勒（Audrey Seiler）从自己的住处失踪。四天后她被发现躺在一片沼泽地里。赛勒声称一名男子持刀绑架了她。之后她被迫承认是自己策划了整件事情，并把此事归咎于由考试分数不佳以及最近与男友分手所引起的抑郁症（Parmar，2004）。她被控妨害调查罪。
- 2005 年 4 月 26 日，32 岁的医务助理珍妮佛·威尔班克斯（Jennifer Wilbanks）（后来被戏称为“落跑新娘”）在外出慢跑时失踪，彼时距离她计划中的有600人参与的盛大婚礼只有4天。她被宣告失踪，这引来了全国媒体的关注。其间，更有一些通灵人士声称她已经死亡，或是处于危险当中。警方调查显示，她只是被即将到来的婚礼弄得不知所措，所以临阵退缩了。她买了一张公交车票，去了拉斯维加斯，后来又去了阿尔伯克基，然后她向警方报案，谎称自己被绑架。之后，经过一番质疑问询，她承认是自己临阵脱逃。威尔班克斯被控虚假报案，被处罚金，并被判进行社区服务。

- 克里斯蒂尔·盖尔·曼格姆（Crystal Gail Mangum）指控杜克大学（Duke University）长曲棍球队的队员在2006年的一次校外聚会上将她拖进浴室强奸，嘴里还高喊着有种族歧视色彩的谩骂。杜克大学长曲棍球队队员里德·塞利格曼（Reade Seligmann）、戴维·埃文斯（David Evans）、科林·芬纳迪（Collin Finnerty）被控一级绑架和一级性犯罪。然而，直到她因涉嫌在公共场合醉酒滋事而被逮捕后，这一切才水落石出。此案最终被判定为虚假报案，过分热心的检察官麦克·尼冯（Mike NiFong）被取消了律师资格并被判藐视法庭罪。此次虚假指控成为美国的全国性新闻，加剧了种族紧张局势。原告的精神状态不稳定，其行为动机则包括避免刑事指控、获得利润以及实施报复。
- 2008年，得克萨斯州大学城的20岁大学生阿什莉·托德（Ashley Todd）是总统候选人约翰·麦凯恩（John McCain）的支持者和志愿者。因为一个报道，她成为美国全国媒体的新闻头条。据她称，一名高大的黑人男子因为政治动机在一个自动取款机旁边持刀袭击了她。托德声称自己被袭击者劫持，被打倒在地，袭击者还在她脸上刻了一个字母“B”——据称这个字母指的是总统候选人——巴拉克·奥巴马（Barack Obama）。后来，她承认整件事都是自己编造的，脸上的字母也是自己刻的。然而，回想起来，她说不清楚自己的动机是什么。她被控报假案，还被押回接受精神健康评估。
- 2010年年末，华盛顿州温哥华市28岁的熟食店店员包芬妮·斯托罗（Bethany Storro）向警方报案，称自己无故被一名黑人女性泼了硫酸（图 10.2）。此事备受全国媒体关注，尽管斯托罗的描述有很多前后矛盾的地方——比如说因为自己戴着太阳镜，眼睛才得以免遭横祸——公众却普遍相信她的说法。波特（Potter）和菲利德曼（Friedman）对此事予以报告（2010）：

斯托罗声称，8 月 30 日，她在一家咖啡店外面遭到了袭击。斯托罗的母亲南希·纽维特（Nancy Neuwelt）那时候是这样告诉记者的："一个女人走近她，说：'你好，美女！'我女儿转过身，她就问包芬妮要不要喝点什么，我女儿说'不需要。'"然后这个女人就朝斯托罗的脸上泼了一杯液体。

头上还缠着纱布的斯托罗出现在了《早安美国》（Good Morning America）节目中。她躺在医院的病床上说，"因为太恐慌了，我几乎没有立即感到疼痛，你知道的，就像刚刚发生什么事儿一样，你的注意力太集中于刚发生的事情上面了，然后一旦开始理解正在发生的事情，我就感到血肉正在燃烧。"她说自己几分钟前刚买了一副太阳镜，正好保护了眼睛，这纯属运气好。

此案受到的关注持续发酵，斯托罗还被邀请成为奥普拉·温弗瑞（Oprah Winfrey）节目的嘉宾，但是此时新闻媒体却开始报道警方怀疑此次袭击是凭空捏造的。原定周二参加奥普拉节目的计划也被取消。

斯托罗随后承认这是一个骗局，她向警方说，自己有意自杀，在脸上抹了下水道清洁剂。她被指控盗窃价值将近 3 万美金的捐款。这些钱财是她出席电视节目后，有意欺骗、博取公众的同情而敛取的。截至本文写作时，她仍在进行精神治疗，等待审判。

- 2010 年，加拿大披露了至少 3 起个人捏造癌症以举办募捐活动，骗取公众善款的案件。① 加拿大媒体对这些案件进行了全方位报道。多伦多 39 岁的克里斯托弗·戈登（Christopher Gordon）向

① 在美国，此类案件屡见不鲜，这也可能正是新闻媒体没有对此大肆报道的原因。

家人和朋友谎称自己得了脑瘤，从而获得了3000多美金的善款。蒂明斯21岁的杰西卡·安·莱德（Jessica Ann Leeder）假装自己得了胃癌和肺癌，从社区募集了5000多美金善款。伯灵顿23岁的艾什莉·安·科洛维（Ashley Anne Kirilow），承认自己假装患有癌症而进行慈善活动，从上千人那里得到了上万美金的捐款（图10.3）。根据肯尼迪（Kennedy，2010）的记录："她剃掉自己的头发和眉毛，拔掉眼睫毛，然后把自己饿得像个化疗病人一样。她跟所有碰到的人都说自己已经跟瘾君子父母断绝了关系，或者说他们已经去世了。"实际上，她的父母还在世，只是离了婚。

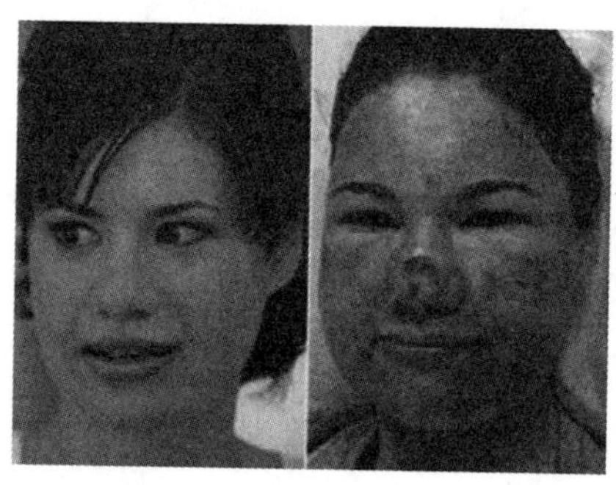

图10.2　包芬妮·斯托罗，遭到"硫酸袭击"前后，最终她承认此次袭击纯属自导自演。

图10.3　加拿大女子艾什莉·安·科洛维谎称自己罹患癌症，欺骗了成百上千个人，借此获得上万美元的捐款。她剃光了头发，拔掉了眉毛，把自己饿得病恹恹的以模仿化疗的效果。她还在自己的手指上纹下了"毫不妥协"字样的文身。

案发频率

虚假报案的准确案件数量无从知晓，因为这个数据并没有得到定期统计，也没有在执法部门以外传播。而且，由于侦查机构无法准确辨别虚假报案（原因依前所述），所以现有的所有统计数据都低得难以置信。

有一些专门针对谎报强奸罪的研究，其最终公布的数据从8% ~

41%不等[1]：

> 麦克唐纳（MacDonald，1973）给出了两个1968年的数据：全国的虚假报案率为18%，科罗拉多州丹佛市为25%。
>
> 格林菲尔德（Greenfeld，1997）引用美国司法统计局的数据，得出1995年和1997年全国的虚假报案率分别是8%和15%。
>
> 为解决女性受害者因遭受性侵犯而导致生殖器受损伤这一问题，布朗（Brown）等人（1997）进行了研究。其研究对象为1985年到1993年送到加利福尼亚州圣·路易·奥比斯堡综合医院（San Louis Obispo General Hospital）急诊室的受害者。他们的研究显示虚假报案率略高于13%，其中还包括最终退出这个研究的女性。
>
> 卡宁（Kanin，1994）对美国中西部某个不知名的城市进行的研究报告显示虚假报案率为41%。
>
> 肯尼迪和维特科夫斯基（Kennedy and Witkowski，2000）试图在底特律郊区复制卡宁的研究，他们发现1988年到1997年，虚假报案率是32%。
>
> 2002年4月，英国皇家检察署督察组和英国皇家警察署督察组发表了《关于指控强奸案件调查和起诉的联合检查报告》。该报告显示在所研究的1379宗案件当中，虚假报案占11.8%。
>
> 利亚（Lea）等人（2003）从1996年到2000年在英格兰西南部的一个警察队搜集数据。他们的数据表明虚假报案率为11%。
>
> 乔丹（Jordan，2004）研究了新西兰警方的强奸和性侵犯档案，该研究显示虚假报案率为41%。

这些数据虽会因地点和时间而异，但它们都表明关于强奸的虚假报案并不罕见，而是司空见惯之事。（当然也可以说，其他犯罪类型的虚

① 邓利维（Dunleavy，1999）在《纽约时报》的一篇社论当中讨论当时臭名昭著的奥利弗·约万诺维奇虚假报案的案件。她援引了当时的性犯罪地方检察官琳达·费尔史坦（Linda Fairstein）在《阁楼》杂志的一篇采访，在采访中她说："曼哈顿每年大约有4000起强奸案，其中有一半根本就没有发生过。"在2000年的一篇文章当中她表示，从1995年到1997年，费城有2000起案件未被立案调查，侦查人员认为其中"有600起虚假报案或是虚假指控，无法构成犯罪"（Fazlollah and McCoy，2000）。

假报案也并不罕有。）虚假报案经常发生，它们会消耗真正犯罪受害人的资源——对于专业的执法机构来说，这谈不上什么新闻。很多人不再容忍任何类型的虚假报案人，并开始对这一现象做出反应。南加利福尼亚大学公共安全部门（The University of Southern California Department of Public Safety）（校园警察）最近警告学生，他们将请洛杉矶警方（LAPD）起诉报假案者（Martinez，2010）。一名校园警察发言人表示，学校出现了一种模式——一旦学生考试成绩不理想，他们就去报假案，比如遇到打劫之类，来博得父母的同情。乔治亚州克拉克县（Clarke County，Georgia）的警察也烦透了这个现象："这已经成了一种流行趋势，我们正在采取行动"（Johnson，2010）。在克拉克县虚假报案的案例中，佐治亚大学（UGA）法律系的一名女学生为了在离婚期间获得同情，谎称遭到抢劫和殴打；而佐治亚大学的一名男生酒后弄伤了自己，却谎报被殴打和抢劫，以获得免费医疗；一名在休假的士兵谎报自己被持刀抢劫，因为他花了太多钱，却不想让妻子知道。雅典—克拉克（Athens - Clarke）警方的一名发言人准确指出，虚假报案不仅会浪费纳税人的钱和警察的时间，还会夸大犯罪率，增加社会的安全压力，从而影响社会安定。

虽然并没有关于可能发生的多种虚假报案的精确统计数据，且其频率也因地区和机构而异，但是我们有理由相信，在许多司法管辖区内，虚假报案现象俯拾即是，业已成为一个非常现实的问题。我们需要对这一现象认真研究，并在执法机关开展相应的教育和培训工作。

就行为证据分析来说，在审查某个特定案件事实时，关于虚假报案犯罪率的精确统计数据并没有什么价值。犯罪心理画像人员必须承认虚假报案可能会发生，在任何一宗案件当中都要考虑其可能性。犯罪心理画像人员面临的问题是手头的这宗案件是否是虚假报案案件，这种可能性能否消除以及如何消除。

动 机

后文将对虚假报案者的常见犯罪动机进行探讨，本书第 13 章将结合类型学进一步对此加以阐释。任何人类行为的潜在动机之间都没有什么明显的界线，报假案也不例外。人类行为由多种因素决定，因此一个报假案者的行为可能受多种动机影响，这对不同类型案件的报假案者都是一样。下文对报假案的动机进行探讨，但此处无意穷尽。

有利可图

利益动机涉及经济或物质利益（参见第 13 章）。在某些案例中，报假案者对公寓或酒店所有人进行起诉，控告其安全疏漏。一些报假案称遭到性侵犯或是入室抢劫，也可能是为了在公寓或住宅区获得更好的住宿条件。根据一些租房/租赁协议，如果受到某种类型的损害，那么这种搬迁条款就自动生效。按照同样的思路，许多报假案的人到医院和诊所声称自己被强奸、受到伤害或是攻击，他们这样做则是为了获得与意外怀孕、艾滋病或性传播感染有关的药物和治疗（通常被称为“觅药行为”）。此动机也适用于保险欺诈案，即财产所有人蓄意伪装或是发起犯罪，然后声称财产在这场犯罪行为中被盗、被损或毁坏。

成为受害人就能获得经济或是物质利益，仅仅因这一原因就会有一定比例的假案。

愤怒与报复

愤怒与报复是对真实的或者想象的错误做出行动上或是表达上的报复行为。这类动机可能反映出报案人与被告曾经的关系。同样地，愤怒和报复可能也会在争辩激烈的离婚案中导致对家庭暴力的指控，或者在争夺孩子抚养权时，对虐童或者性虐待孩童以及疏于照顾的指控。在学校或工作场所中针对不当行为或性虐待进行指控时，同样的动机也会出现。学生或员工会因为受到较差的评价、被排斥或者性骚扰举动被拒绝而报复老师、主管或者同事。

掩盖罪行

一些虚假指控是为了隐瞒实际犯罪行为的证据，或者至少是为了误导执法人员的侦查工作。例如，家庭暴力的受害者因受伤去医院寻求治疗时，为了保护亲密伴侣或是家庭成员，他们会谎称自己是陌生人犯罪的受害者，这种情况并不少见。在一些极端案件中，虚假报案者可能会把亲密伴侣杀人或是弑亲杀人案伪装成出了乱子的陌生人入室盗窃或绑架案。

掩盖罪行的另一种方式是，在刑事调查或者刑事指控似乎迫在眉睫的时候，先发制人指控他人或者反指控。在这样的案件中，报假案者希望，当自己成为受害者的时候，那些悬而未决的刑事调查、指控或者逮捕能够被推迟甚至遗忘。在另外一些案件中，罪犯自己报案的目的是为了将执法机关的资源转移到更严重的问题上去。

掩盖非法行为

一些人会报案谎称自己是受害者，他们的目的是掩盖自己的不当行为，比如不当性行为，或者出现难以解释的缺席、性传播疾病或者身孕的婚外情。这个动机也适用于那些已经戒毒或是戒酒一段时间而又突然再度堕落的人。为了给自己找借口，他们会报假案，声称是有人强迫自己吸毒或者酗酒。他们还可能会说重新吸毒或者酗酒是为了减轻受害的痛苦。

减轻责任

这个动机的出发点是为了对因自己的过失和失职而进行的审查做出解释或使之转移。这也许是最为常见的虚假报案了，其目的在于避免出现很多人觉得无足轻重的后果。在一些极端或是病理性的案件中，这类虚假报案可能也表明报案人有某种心理缺陷。这种动机适用于超出家庭或者法律规定的宵禁时间而不回家的人，还有迟交作业、成绩差、长期迟到或旷课的学生。对于成年人来说，一些迟到、缺勤或未能完成重大项目、无法赶上最后期限或者履行其他义务而面临制裁的人，也可能会有这样的动机报假案。这样的虚假报案通常不会直接向警方提出，而是通过第三方（如父母、顾问、朋友或是亲密伴侣）提出，而且这可能是导致错误逮捕甚至定罪的雪球效应的开始。

心理缺陷

一些虚假报案人因为有个人和情感问题，或者内分泌失调，进而出现心理健康问题。此类人包括那些据称“迫切需要帮助”的人，以及有具体人格障碍或精神疾病的人。正如拉姆所说（Rumney，2006，p. 130），“一些有特殊疾病的人可能会提出无恶意的指控，他们是真的认为自己是强奸或者性侵的受害者，事实上他们错了，其指控并没有恶意。”在与性无关的虚假报案中也同样有这种情况。

也有一些与心理缺陷相关的虚假报案是希望得到来自朋友、家人、亲密伴侣或是媒体的关注。这种在虚假报案中寻求关注的行为，说明这个人情绪非常不稳定，可能有心理障碍。

虚假报案的种类

作者发现许多专业人士和学生不了解虚假报案所涉范围之广、类型之丰富。他们根本不知道虚假报案现象有多普遍，也无法想象其严重程度。可以说，只要有足够的动机，任何犯罪案件都有可能是虚假报案。以下案例是 2010 年 11 月美国所报的上百个虚假指控案中的例子。

虚报谋杀

在印第安纳州里士满（Richmond，Indiana），38 岁的安吉拉 · 博伊德（Angela Boyd）谎称她 15 岁的女儿在爱荷华州（Iowa）被生父强奸并杀害。她在拿撒勒派（Nazarene）的新生命教堂（New Life Church）安排了追悼会，把一个据称装有她女儿骨灰的骨灰盒和一个箱子放在一起，箱子上面写着“为了纪念凯特琳，给孤独症协会的捐款（Donations to the Autistic Society）”，让前来参加追悼会的宾客捐款。在仪式上的悼词中，她还动情地讲述了女儿的生平，让不少与会者潸然泪下。当博伊德的哥哥在追悼会尾声拿过话筒，揭发出“凯特琳”

还活着，住在别处一个残疾儿童中心时，博伊德掩泪逃出了教堂（Mijares，2010）。

虚报绑架

18 岁的凯雷 · L. 萨莫斯（Cailey L. Summers）是爱荷华州锡达拉皮兹市（Cedar Rapids）人士，为了引起男友注意，她谎称自己遭到绑架。格拉韦尔（Gravelle）进行了报道（2010）：

> 萨莫斯给她的男朋友发了几条短信，声称晚上约 11：30，她在西南第 33 大街 338 号凯西的杂货店遭人绑架。其男友旋即报警，警察抵达杂货店时，她坐在一辆车里穿过了停车场。当这辆车返回杂货店时，警察拦下了车并询问了萨莫斯。

萨莫斯承认自己发了那些短信，报假警谎称被绑架。她被控虚假报案。

俄勒冈州比佛顿（Beaverton，Oregon）27 岁的阿曼达 · 冈萨雷斯 - 赫雷拉（Amada Gonzalez - Herrera）向警方报案称自己遭人绑架并被强奸。斯塔夫（Staff）（2010）对此进行了报道：

> 她先前称自己把车停在路旁时，一名男子突然上了她的车，随后强奸并抢劫了她。
>
> 冈萨雷斯 - 赫雷拉报案后，侦查人员一直在竭力调查。
>
> 过去两天，他们一直在搜集证据，而这些证据则慢慢指向冈萨雷斯 - 赫雷拉虚报假案。这个受害者的车被扣押，并被带到警长处进行处理。法医科学部的人员搜查了那辆车，发现证据，证明强奸案并未如受害人所称那样在车内发生。她还称，嫌犯强迫她从自动取款机上取出了 300 美元，（但是）他们却在手套盒子里找到了这 300 美元。
>
> 面对这些相互矛盾的证据，冈萨雷斯 - 赫雷拉承认，可能这只是她想象出来的事件，一切都只存在于她的脑海中。她自愿接受心理评估，目前在一所地区医院里。

尽管法律法规明确规定，虚假报案乃非法行为，但是她并未因虚假报案而被捕，且截至本文写作时也未受到指控。这种现象在俄勒冈州非常普遍。

虚报强奸和性侵

德西蕾·费里曼（Desiree Freeman），女，宾夕法尼亚州伯利恒（Bethlehem）人士，时年22岁，因向警方谎称自己遭人强奸而被指控。实情则是当时她在从事卖淫活动。根据警方的报告（Buck，2010）：

> ……一开始向警方报案说自己于10月17日在东四街800号的洛佩斯海鲜小市场（Lopes Seafood and Mini Market）被两名男子强奸。据诉状记录，10月29日第二次与警方约谈时，费里曼承认自己捏造了事实。起诉书上记录，费里曼因没有得到交易的报酬而感到失望，于是决定报警称这些人强奸了她。费里曼将会因虚假报案被传唤。

警方表示，她已经从事卖淫活动大约一年多，以此养活自己。

关于虐童和疏于照顾儿童的虚报

密歇根州（Michigan）克林顿镇（Clinton Township）22岁的阿曼达·艾琳·摩根（Amanda Irene Morgan）谎称，自己的丈夫将他们一岁多的女儿遗弃在移动房车停车场外自家的小型家用货车里。她声称丈夫先把她送去上班，随后一位在小型货车位置附近的朋友把具体情况告诉了她。接着她还说自己通知了亲戚去调查，并且代她去货车里把孩子带了回来。最初她的丈夫因虐童而面临指控。然而，实际调查显示，她是因婚姻问题而煞费苦心地编造了这个故事。她的孩子与保姆在一起，根本没有被独自留下。摩根太太因虚假报案而被指控，如果罪名成立，她将面临四年的监禁（Ferretti，2010）。

虚报仇恨犯罪

时任科罗拉多州（Colorado）杜兰戈（Durango）的路易斯堡学院

（Lewis College）学生会主席阿尔雷·纳尔逊（Alray Nelson）是印第安人，也是一名公开的同性恋。2010 年 11 月，他因为虚报案而被捕。据梅洛伊（Meloy，2010）的报道：

> 11 月 17 日，当地报纸《杜兰戈先驱报》（Durango Herald）报道称，就在因涉嫌虚假报案而被捕前，阿尔雷·纳尔逊辞去了学生会主席的职务。
>
> 阿尔雷提出了若干主张，比如自己收到过邮件和纸条恐吓，并且还被人下过药。杜兰戈警察局的探员亚历克斯·哈钦森（Alex Hutchison）说："在调查过程中，我们认定这些事件都没有发生，有证据显示阿尔雷曾经向多家执法机构进行虚假报案。"

此类虚假报案在学院和大学校园里，或是在为了自己的问题而寻求个人、社会或者政治关注的少数群体中并不罕见。这并不是说所有此类投诉都是假的，因为仇恨犯罪的确是一个非常现实的问题。但是，不能仅仅因为涉及少数族群，就忽略虚假报案的可能性。

虚报抢劫

在田纳西州的孟菲斯市（Memphis），3 名女同事自导自演了一场对自己比萨店的抢劫。麦肯齐（McKenzie，2010）进行了报道：

> 根据警方和一份法庭宣誓书的记录，星期六的凌晨大约 2 点，一名经理准备去怀特黑文镇（Whitehaven）东布鲁克斯（East Brooks）2015 号的田纳西州第一银行（First Tennessee Bank）去存商店收入被抢劫了。此后，达美乐比萨店（Domino's Pizza outlet）的这名经理和两名员工的一切都发生了改变。
>
> 另一名达乐美员工在看到两名女性（其中一名手持 22 毫米口径的手枪）抢劫经理后报了警。劫匪逃跑了，但警察没追几步就抓到了她们。根据宣誓书的记录，时年 24 岁、来自孟菲斯市（Memphis）的经理戴布雷·努里（Daibrei Nunley）承认这起抢劫案系自导自演，并且虚假报案称自己被抢了。
>
> 她的两名孟菲斯同事，21 岁的玛西亚·米拉姆（Marcia Milam）

和 21 岁的德西蕾·海因斯（Desiree Hines）也承认参与了此事。警方以盗窃罪和虚假报案起诉努里，控告海因斯盗窃、非法持有武器，控告米拉姆盗窃。

在许多企业中，“内部”员工盗窃/诈骗案可谓司空见惯，尽管一般来说这类行为并无暴力倾向；这就是为什么许多保安摄像头不仅对准客户，也会对准员工的原因。

为保险诈骗而虚假报案

向保险公司虚报犯罪的做法十分常见且代价高昂。在英国，一项调查发现，超过一半的失窃案都是虚假报案。库姆斯（Coombs，2010）进行了报道：

> 一名男子声称他在阿克斯布里奇（Uxbridge）的温莎街（Windsor Street）被打劫，案犯抢走了他的护照。他甚至对嫌犯进行了详细的描述。
>
> 但是，就在他刚拿到案件编号的时候，这个谎言开始被拆穿，他承认自己的护照是丢了，但又不愿意再花钱办一个新的。
>
> 另一个荒诞的故事是关于一个在瑞斯里普（Ruislip）榆木大道（Elm Avenue）的女孩，她报警称自己在一个小巷子里被一名男子攻击，这名男子抢了她的苹果手机。
>
> 随着警方的调查，她承认自己只是把手机掉进了厕所，然后编了一个故事，因为她那昂贵的玩意儿没有投保。
>
> 侦缉总督察塔里克·萨瓦尔（Tariq Sarwar）表示：“虚假报案完全令人无法接受，它会浪费警方大量的时间和资源，原本这些资源和时间可以用来帮助真正的受害人，抓到罪犯。”
>
> “他们也人为地增加犯罪案件的数量，危及公众对警方的信心。”
>
> “少数不诚实的人蓄意进行虚假报案，他们此举往往是为了骗保以更换新升级的手机。”
>
> “虚假报案的罪行受到重视，那些虚假报案者是在进行刑事犯

罪。我们警告那些企图虚假报案的人，警方会竭尽全力去确定犯罪行为是否真的发生了。”

在美国，人们把自己的汽车开到沟里去或者烧掉，然后以汽车失窃为由骗取赔偿金的案件并不少见。看看奎利（Queally，2010）记录的案件吧：

> 当局称，一名前东奥兰治（East Orange）警官今天承认，去年在埃塞克斯郡（Essex County）大街上烧掉了自己的汽车，以获得保险赔偿金。
>
> 埃塞克斯郡代理检察官罗伯特·劳里诺（Robert Laurino）说，35 岁的卡里姆·斯宾塞（Kareem Spence）是南普莱恩菲尔德（South Plainfield）人，他于 2009 年 5 月在欧文顿（Irvington）的里奇路（Rich Street）纵火烧掉了自己那辆 2002 年的凯迪拉克帝威轿车（Cadillac Coupe），企图借此骗取保险金，承认犯保险欺诈罪后，他将面临 5 年的监禁。斯宾塞称，他放火是因为那辆车已经开了 12.2 英里，他还欠 8000 美元没付，而且车体反复过热。
>
> 欧文顿消防部门和检察官的调查人员在汽车后备厢里发现了浸泡在汽油里的毛巾，之后他们就怀疑这是有人蓄意放火。

类似的虚假报案在遇到财政困难的房主和企业主中也并不少见。

拨打 911 报假警

在大多数司法管辖区，蓄意拨打 911 报假警是一种犯罪。但是，即使他们被强制处以罚金，罚款金额也并不总是很高。许多州已经意识到这种电话会造成时间和资源浪费，还会给真正的受害人带来危害，因为这些受害人得到的电话回应会被延迟。作为一种威慑，很多州提高了电话报假警的罚款，并将虚假报案定为重罪。

拨打 911 电话报假警的现象包括恶作剧电话，以及有情绪障碍的、或是寻求关注的、渴望有机会成为英雄的人打的 911 电话。以下典型案例造成了大量接线员时间的浪费以及机构资源的流失：

- 威斯康星州多伊尔斯敦（Doylestown）47 岁的吉恩·维克（Jean Vick），承认自己多次拨打 911 电话报假警。艾伯特（Ebert）（2010）对此进行了报道：

  根据刑事起诉书的记载，哥伦比亚县警长办公室因为这些虚假报案电话花费了 100 多个小时的反应时间和调查，维克面临着 19 项“妨碍司法”的指控。这些指控一旦定罪，她将面临为期 14 年的监禁和 19 万美金的罚款。起诉书记载，维克在 2009 年到 2010 年拨打了 19 次 911 恶作剧电话报假警。维克至少有一次在电话中告诉调度员说，有人拿枪指着她女儿的头。其他时候又说有人正在伤害她。

- 维克称自己患有抑郁症，她在儿子因为癌症去世之后，就开始打电话报假警了。她被判缓刑及小额罚款，目前正被羁押做心理咨询。
- 威斯康星州简斯维尔（Janesville）24 岁的达斯汀·R. 本蒂韦尼亚（Dustin R. Bentivegna）曾是富特威尔（Footville）的消防志愿者，他承认了两项虚报紧急情况的轻罪指控。苏利文（Sullivan，2010）的报告直接引用了刑事起诉书原件，现援引如下：

  8 月 30 日到 9 月 3 日，警方接到了 4 个 911 报警电话，称闻到了天然气的味道。富特威尔消防部门回应了其中 3 个电话，另一通电话则由简斯维尔消防部门做出回应。

  然而这 4 个报警电话都没有事实根据，并且还是同一个电话号码打来的。这个号码是本蒂韦尼亚的，但一开始他并不承认自己打过这些电话。后来他承认是自己打了这些电话，而且打电话的时候知道并没有紧急情况。

  本蒂韦尼亚告诉侦查人员，他想穿上消防员制服，驾驶或是乘坐消防车去调查报警电话所说的情况。

  本蒂韦尼亚当时是一名还在试用期的消防志愿者，正在为成为正式消防志愿者进行培训。被逮捕时，他已经在该部门待了 6 周。随后他被解雇。

他还因为在另一个无关案件中冒充警察而被定罪并处以罚金。

- 43 岁的刘易斯·邦内尔（Lewis Bunnell）来自印第安纳州的印第安纳波利斯（Indianapolis），他因在 24 小时内 13 次拨打 911 电话报假警而被捕。其中有一次，他打电话声称看见了一具死尸。面对警方调查时，他告诉警察自己情绪消沉，有酗酒问题（Nichols，2010）。

结 论

如果没有进行彻底的被害人研究和深思熟虑的案情再现，人们很容易忽略虚假报案。因此，对每一项刑事诉讼都应该给予同等程度的调查和法医关注。对于所有遇到过虚假报案的专业群体来说，虚假报案都是一个问题。另外，与那些支持受害者或是出于政治目的想让我们相信案件真实性的人所认为的频率比起来，虚假报案发生得更为频繁。

小结

虚假报案的历史由来已久。与一般人所能理解或是接受的程度比起来，其发生频率要高得多。对虚假指控频率进行的实证研究经常会失败，这不仅仅是因为执法机关无法识别虚假报案者，还与涉及罪案受害人的政治议程有关。各种罪行、各个年龄和各行各业中都有虚假报案人，他们能够筹划并上演受伤的情节，也能捏造证据来支持自己的主张。总之，任何案件中都有可能出现虚假报案，必须消除虚假报案，不能假定其不存在。

练习

1. 列出三个虚假报案的常见动机。
2. 判断正误：虚假报案就是犯罪。
3. 为什么虚假报案频率的数据统计对于行为证据分析并不重要？
4. 举出两个例子说明虚假报案人怎样利用报假案来获利？

5. 判断正误：在任何一个有申诉证人的案件中，都有可能出现虚假报案。

REFERENCES

Barber, M. , Lange, L. , 2001. Jury Finds City, County Negligent in Child Sex Ring Case—Couple Awarded $3 Million. Seattle Post – Intelligencer, Wednesday, August 1.

Brown, C. , Crowley, S. , Peck, R. , Slaughter, L. , 1997. Patterns of Genital Injury in Female Sexual Assault Victims. American Journal of Obstetrics and Gynecology 176 (3), 609 – 616.

Buck, M. , 2010. Bethlehem Woman Charged with Making a False Report after Claiming Rape. Leighvalleylive. com, November 2; www. lehighvalleylive. com/bethlehem/index. ssf/2010/11/bethlehem_woman_charged_with_m_1. html.

Coombs, D. , 2010. Half of Stolen Goods "Crimes" Are Falsified. Uxbridge Gazette, November 17; www. uxbridgegazette. co. uk/west – london – news/local – uxbridge – news/2010/11/17/half – of – stolen – goods – crimes – are – falsified – 113046 – 27669309/.

Dundes, A. , 1991. The Blood Libel Legend: A Casebook in Anti – Semitic Folklore. University of Wisconsin Press, Madison, WI.

Dunleavy, S. , 1999. Cybersex Victim's Kin: She's a Liar. New York Post, July 26; www. cybercase. org/shesliar. html.

Ebert, A. , 2010. Doylestown Woman Gets Probation for Faking 911 Calls. Portage Daily Register, November 19; www. wiscnews. com/portagedailyregister/news/article _ a6ecf18a – f456 – 11df – 8b3a – 001cc4c03286. html.

Fazlollah, M. , McCoy, C. , 2000. Timoney Commends Rape – Squad Reforms. Philadelphia Inquirer, December 13; www. inquirer. philly. com/packages/crime/cofax/00dec13inq. asp.

Ferretti, C. , 2010 Mom Charged with False Report of Abandoned Baby. The Detroit News, November 16; www. detnews. com/article/20101116/METR003/11160394/1412/METR003/Mom – charged – with – false – report – of – abandoned – baby.

Gravelle, S. , 2010. Cedar Rapids Woman Charged with Faking Her Own Kidnapping. The Gazette. com, November 1; www. thegazette. com/2010/11/01/cedar – rapids – woman – charged – with – faking – her – own – kidnapping/.

Greenfeld, L. A. , 1997. Sex offense and Offenders: An Analysis of Data on Rape and Sexual Assault. NO. NCJ – 163392, U. S. Department of Justice, Office of Justice Programs, Bureau of Justice Statistics, Washington, DC.

Gross, H., 1924. Criminal Investigation, third edition. Sweet and Maxwell, London, England.

Her Majesty's Crown Prosecution Service Inspectorate/Her Majesty's Inspectorate of Constabulary, 2002. A Report on the Joint Inspection into the Investigation and Prosecution of Cases Involving Allegations of Rape. Home Office, London. April; www. inspectorates. homeoffice. gov. uk/hmic/inspections/thematic/aor/them02 – aor. pdf.

Johnson, J., 2010. Fake Crime Reports Becoming a Real Pain. Athens Banner – Herald: Online Athens, February 28; www. onlineathens. com/stories/022810/new_568808185. shtml.

Jordan, J., 2004. Beyond Belief? Police, Rape and Women's Credibility. Criminal Justice: International Journal of Policy and Practice 4 (1), 29 – 59.

Kanin, E., 1994. False Rape Allegations. Archives of Sexual Behavior 23 (1), 81 – 92.

Kennedy, B., 2010. Woman Faked Cancer to Raise Money. The Toronto Star, August 6; www. thestar. com/news/gta/article/844614.

Kennedy, D. B., Witkowski, M., 2000. False Allegations of Rape Revisited: A Replication of the Kanin Study. Journal of Security Administration 23, 41 – 46.

Lea, S. J., Lanvers, U., Shaw, S., 2003. Attrition in Rape Cases. British Journal of Criminology 43, 583 – 599.

MacDonald, J., 1973. False Accusations of Rape. Medical Aspects of Human Sexuality May; 170 – 194.

Martinez, N., 2010. DPS Hopes to Crack down on False Crime Reports. Daily Trojan, March 23; www. dailytrojan. com/2010/03/23/dps – hopes – to – crack – down – on – false – crime – reports/.

McHugh, P. R., 2008. Try to Remember: Psychiatry's Clash over Meaning, Memory, and Mind. Dana Press, Washington, DC.

McKenzie, K., 2010. Guns Used to Threaten Store Clerk, Customer at Two Stores. The Memphis Commercial Appeal, November 23; url: http: //www. commercialappeal. com/news/2010/nov/23/crime – report – plan – rob – their – own – pizza – place – goes – a/.

Meloy, K., 2010. Police: Gay Colorado College Student Body President Faked Hate Crimes. Edgeboston. com, November 18.

Mijares, L., 2010. Police Stumped on Charges for Mom Who Faked Daughter's Funeral. Gant Daily, November 17; www. gantdaily. com/2010/11/17/police – stumped – on –

charges – for – mom – who – faked – daughters – funeral/.

Nichols, L., 2010. Man Arrested for Fake 911 Calls. WXIN – FOX59, November 10; www. fox59. com/news/wxin – man – arrested – for – fake – 911 – call – 111010, 0, 973768. story.

Parmar, N., 2004. Crying Wolf: Fabricated Crimes. Psychology Today, July 01; www. psychologytoday. com/articles/200408/crying – wolf – fabricated – crimes.

Potter, N., Friedman, E., 2010. Acid Attack Was Faked: Bethany Storro Admits to Police She Maimed Herself. ABCNews. com, September 16; www. abcnews. go. com/US/acid – attack – victim – bethany – storro – tells – police – faked/.

Queally, J., 2010. East Orange Police Officer Admits to Lighting Car on Fire for Insurance Money. The Star – Ledger, . November 19; www. nj. com/news/index. ssf/2010/11/east_orange_police: officer_adm. html.

Rumney, P. N. S., 2006. False Allegations of Rape. Cambridge Law Journal 65 (1), 128 – 158.

Staff, 2010. Woman Who Claimed to Be Raped and Kidnapped Recants Story. Salem – news. com, November 11; www. salem – news. com/articles/november112010/report – recanted. php.

Sullivan, S., 2010. Former Firefighter Gets Probation for 911 Calls. GazzetteXtra. com, November 26; www. gazettextra. com/news/2010/nov/24/former – firefighter – gets – probation – 911 – calls/.

Terry, D., 1994. A Woman's False Accusation Pains Many Blacks. New York Times, November 6; www. nytimes. com/1994/11/06/us/a – woman – s – false – accusation – pains – many – blacks. html.

Turvey, B., 2009. Victimity: Entering the Criminal Justice System. In: Turvey, B., Petherick, W. (Eds.), Forensic Victimology: Examining Violent Crime Victims in Investigative and Legal Contexts. Elsevier Science, San Diego, CA.

Turvey, B., McGrath, M., 2009. False Allegations of Crime. In: Turvey, B., Petherick, W. (Eds.), Forensic Victimology: Examining Violent Crime Victims in Investigative and Legal Contexts. Elsevier Science, San Diego, CA.

第3编

犯罪现场分析

第 11 章　犯罪再现简介

W. 杰里 · 齐兹厄姆（W. Jerry Chisum）
布伦特 · E. 特维（Brent E. Turvey）

控方给被告定罪时，会让罪行本身看起来更令人发指，而辩方则会努力寻求让被告免罪的方法。双方目的迥异，但都要推定犯罪如何发生。不可能双方都是准确的，如果没有犯罪再现，双方都可能出错。相关理论可以不同，但必须结合证据进行检测。

——W. 杰里 · 齐兹厄姆（W. Jerry Chisum）（in Turvey，2002，p. 93）

犯罪再现（crime reconstruction）是指围绕犯罪事实确定相关的行为和事件（Chisum and Turvey，2007）。犯罪再现可以通过证人证词、嫌疑人供述、幸存受害者的陈述或物证调查和阐释来完成。

有人称此过程为犯罪现场再现。犯罪现场是指犯罪活动发生的任一地点。在大多数再现工作中，犯罪现场事实上并没有按实际情况复原；只是重建（或否定）了一些行为和事件。从证据层面来讲，这在很大程度上取决于人类科学的发展水平和能力。因此，“犯罪现场再现”这一术语，充其量只是一个关于法医学在其实际能力范围内如何为正义事业做贡献的不准确描述。

如之前章节所述，部分侦查人员将犯罪再现与犯罪现场分析这一具体任务以及犯罪现场调查这一总体领域混为一谈。它们不是一回事（参见第 6 章）。可以这么说，刑侦技术人员完成犯罪再现，是基于在犯罪现场完成的证据处理、现场调查的结果以及随后进行的物证分析。

虽然犯罪再现在常规画像方法（如统计或是经验画像）中并非必

要，但是它对于行为证据分析这样的心理推演法却至关重要。为了分析特定犯罪现场发生的行为，我们必须首先恰当地重现相关事件。这看起来是一个显而易见的步骤，但它往往被那些缺乏经验的侦查人员忽略，他们觉得自己只要瞄一眼现场就能看出门道。犯罪现场行为并不是为了分析目的而量身定制，不可能瞄一眼就能看出门道，而且犯罪心理画像专家并非自动就有资格完成犯罪再现工作。犯罪心理画像专家必须在很大程度上依赖各种刑侦技术人员的工作，而且这些刑侦技术人员也必须深谙此道。①

犯罪再现需要一种特定的能力：在没有引导画面的前提下，用未知尺寸的碎片来还原拼图。与心理画像一样，它是建立在司法科学、科学方法、逻辑分析以及批判性思维基础上的一门刑侦学科。那么接下来的问题是：如何进行犯罪再现？

犯罪再现的方法

解决犯罪再现问题有好几种不同的方法。然而，犯罪再现技术人员使用的具体方法并非必须一一考虑。必须考虑的是道德、偏见、实践标准、犯罪现场调查、监管链、证据动态及其他相关的问题，当然还包括分析方法和行为推论带来的影响和结果。本章的目的是向犯罪心理画像人员介绍犯罪再现问题及相关考量，以便进行理智的行为证据分析。没有这些基础，犯罪心理画像人员就只能进行猜测、假设或以其他不恰当的方式重现犯罪相关事件，而不会对其进行仔细分析。

犯罪再现至少在一定程度上必须建立在坚信罗卡交换定律（Locard's

---

① 两名美国联邦调查局退休探员在一本司法科学读物中指出：“犯罪现场再现是刑事侦查分析的一个过程，它让侦查人员得以了解罪犯如何接近和控制受害者，以及两者之间可能的相互作用。”他们随后又写道“犯罪分析的一个特殊部分在于，要有能够真实再现嫌犯与受害人之间互动关系及犯罪行为发生先后顺序的能力”（Baker and Napier，2003，p. 538）。该书给读者留下的印象是：犯罪再现是联邦调查局心理画像人员的特殊领域，他们有能力进行犯罪再现，而这也是侦查人员的作用。这不只是误导，它完全是假话。大多数经过联邦调查局训练的心理画像人员其实没有大学水平的司法科学或行为科学资质。犯罪调查分析是联邦调查局的犯罪心理画像方法，这在本书第 3 章已作讨论。

exchange principle）的基础上。正如刑侦专家，加州大学伯克利分校前司法科学教授约翰·桑顿博士所述（Thornton，1997，p. 29）：

> 司法科技人员几乎全部接受了罗卡交换定律。该定律于 20 世纪早期由法国里昂第一犯罪实验室主任艾德蒙·罗卡（Edmund Locard）创立。罗卡交换定律认为：凡两物接触，微观物质必发生交换。此处的微观物质自然包括纤维，但也延伸到其他微观材料，如头发、花粉、油漆和土壤。

通过在犯罪现场识别、记录和分析证物痕迹及其彼此交换的性质和范围，罗卡博士推定，我们可以追踪到罪犯，并在随后将其与特定的地点、证物和人（即受害人）联系起来。他认为这种推定显而易见，且历史悠久。他把这种对痕迹物证的识别和分析比作和人类一样古老的狩猎行为（Locard，1934，p. 7）。比如猎物在水坑饮水的正常过程中，就会留下足迹、脚印和其他标记，泄露其出现的事实和来去的方向；猎人会有意搜寻这些证据，循迹追踪。每次接触都会留下可供发现和解读的痕迹。对交换材料进行识别与检测意味着两个相关物体已经接触过。这是反向的因果关系：先观察到结果，后推导出原因。理解并接受这种证据性交换原则，才能让我们重建物体和人之间的联系。因此，将这一原则纳入证据解读或许是犯罪再现中最需要考虑的因素之一。

犯罪再现与经验

最常见的犯罪再现办法就是根据经验解读。早在 19 世纪末，汉斯·格罗斯博士（Dr. Hans Gross，1924）就强调了从经验中学习的重要性。他写道，刑侦科技人员必须从自己观察到的一切中学习，在工作和日常生活中都应如此。他们还应该质疑一切，追问某件事为什么会发生，是什么导致其发生的，然后进行调查。

格罗斯指出，犯罪重现人员必须学会从原因中看到结果，然后再反转过程，从结果中找出原因。之后有类似事件发生时，犯罪再现技术人员就能够据其所知，推测出事件背后可能的原因。格罗斯推崇的学习和原则说得很清楚，他并非提倡原初的、未受训练打磨的经验的价值，相反，他提倡的是通过广泛学习获得的经验及其称为“百科知识”的价值。

这暗示经验并不是不重要，但如果只是孤立地应用经验，则可能会导致一些天真、无知抑或无能的犯罪再现技术人员误入歧途。无论我们经验的质量如何，无论我们从经验中学习的能力如何，只有当我们有意识地向日常生活中积累的经验学习的时候，它们才能帮助我们去推断那些可能引发事件的原因。因此，以个人经验为知识基础来重构假设和理论，或通过分析结果来推断原因，是司空见惯的事情。重要的是要谨记，并非所有的经验都同等重要，并非所有的经验都具有足够的启发意义，也并非所有的人都能从自己的经验当中学到知识。

基于相同的原因，以“依我的经验来看”作为唯一前提来解释事件的发生方式和原因也是不可接受的。关于某一事件的任何推论，都必须基于事实细节，且这些事实细节必须经由深思熟虑的分析和严格的逻辑思维考量。考虑周全的犯罪再现人员还须在必要时从公开发表的文献中引述，以支撑自己的分析，因为他或她可能会被要求出庭，为证据解读提供科学依据。纯粹的“基于经验的犯罪再现人员”可能会从结论中找出例证，阐明自己如何进行犯罪重现，但通常无法展示其方法背后的逻辑和科学原则。他也无法引用文献来支撑自己的结论。其工作中缺乏这样“有理有据的步步为营”，实际上就是缺乏科学精神。①

在约翰·桑顿博士（Dr. John Thornton）的论著中，我们找到了对这个问题有价值的讨论（1997，p. 17）：

> 实际上几乎每个人都同意，法庭不应接受专家空洞的、没有事实支撑的观点。然而，每天，在全国各地的法庭上，法官们竟都能

① 必要时引用发表文献的能力，并不是迂腐或书呆子式的自命清高。这实际上是表明一个人的知识超出了自己的经验范围，他在努力学习和借鉴他人的理论和经验。没有这种支撑，无能的或带有偏见的犯罪再现人员可能会随心所欲地选取对自己有利的任何解释。然而，引述文献也可能引火上身。我们选择文献时必须格外小心。一旦你参考了某个“专家意见”（即引用了该观点），反方律师就会盘诘整篇文章或文本中的任何内容。请务必确保你已经准备好了清晰明智的回应。

容忍这种证词。他们认为，获得科学学位人员或科研机构聘用人员的每项陈述都代表“科学的观点”。法院认可具有专业知识的专家所做的证词。然而法院如何评估这种专业知识呢？答案通常取决于未来证人所受的教育程度和经验。有个简便的办法就是找一把尺子来衡量科学教育，通常一个科学学科的大学学位就可以满足这种衡量要求。

满足了教育要求之后，法庭还要看经验，但是经验很难评估。经验越多越好，但很少有人会花精力去区分积累了 10 年的经验和重复了 120 次的 1 个月的经验，抑或是散布在 10 年里加起来总共 1 个月的经验。此外，一些专家会利用经验当幌子表达直觉或怀疑。当他们以“多年经验”为依据作证某种观点时，其实际结果就是使证人免于有效的交叉盘问。当证人作证称“在我 26 年的经历中，我从未见过类似的事情”时，我们便不可能对该观点进行真正的审查。对提问者来说，根本就没有实际的手段可以用来深究这种体验的范围和质量。许多证人已经学会了利用经验作掩护，规避用事实支撑其观点的责任。对于证人来讲，这可以简化交叉盘问，但这也动摇了观点的科学依据。

这种证词拉开了证人和科学以及科学方法之间的距离。如果证人（及其证词）没有科学证据，那么该证人在法庭上就没有合法的地位，也没有存在的必要。没有科学，就没有司法科学。

经验既不是一种责任，也不是真理的敌人，它是一种有价值的商品，但不应被当作转移视线、掩盖合法科学审查的工具，这种审查的对象通常是各式科学证据。这样做不仅会导致专业破产，而且缺乏科学合理性，法庭应努力禁止这样的证词。经验应被专家用来探讨事件发生的时间、地点、方式、原因和参与者等。经验不应降低专家的责任感，而应让他们更负责任地用可靠的科学事实来佐证观点。

未经严密逻辑分析、批判性思维以及科学方法的锤炼，只是空洞的经验，就有许多局限性。没有意识到这些局限性，会导致一些分析人员错误地认为，他们只要简单地站在犯罪现场，环顾四周，就能够通过观察“读懂”犯罪现场曾经发生的事件。这可能还会进一步混淆视听，让一些分析人员相信：科学的分析和探究是一种不切实际的调查负担，而不是必要的理论验证或排除。根据多年执行各种任务积累起来的假定经验进行犯罪再现，这其实就是用空洞的经验替代科学探究。如果法庭允许任何形式的犯罪再现证词沿着这些路线进行，就会极大地阻碍犯罪再现作为一门科学学科的发展。

理由、方法和信心

犯罪再现技术人员必须具备批判性思维。① 也就是说，他们必须具备辨别事实与推测的能力，必须能够对事件的各种备选解决方案进行合理推论或理论化，必须能够联系事实，并且必须进一步做出明智判断，知道针对手头案件的证据能够提出哪些重要的问题。

其过程可能如下所示：

- 观察事件和相关线索；
- 从每一次观察中确定可以了解事件的哪些方面；
- 根据犯罪案件，假定线索或观察意味着什么；
- 提出针对事件的不同解读；
- 通过逻辑分析、批判性思考和实验，排除部分可能原因；
- 列出事件先后顺序，直至整个逻辑拼图完成。

如上列出的步骤，表面看似简单，但其实不是的。

亚瑟·柯南道尔通过其虚构人物夏洛克·福尔摩斯和约翰·华生，向人们展示了如何通过细致观察和关注细节来获取相关事件的信息。他说这是一种演绎逻辑。我们无意冒犯柯南道尔，但是当你可以在虚构的故事中，根据“侦探小说”情节来设计符合它的事实，其实是相对简单的。在现实案例中，可能要用多种理论解读已知事件，这就困难得多。

1983 年，乔·雷纳森（Joe Rynearson）和 W. 杰瑞·齐苏姆

① 批判性思维是一种带有目的性、反思性和目标导向性的活动，旨在根据证据而非臆测做出判断。它基于科学原理和科学方法。

（W. Jerry Chisum）首次出版了《证据和犯罪现场再现》一书，1976 年以来他们一直教授此课程。雷纳森还不断定期更新书本内容。每个版本的主要变化就是如何实际进行犯罪重现。早期工作主要以案例为导向，引出例子，希望学生能够理解该过程。文中还讨论了“福尔摩斯式”的发现和排除可能性的方法。此外，作者还将使用的逻辑放进流程图，对其进行解释，并进一步探讨了证据在犯罪再现中作为分类工具所起的作用。我们稍后将讨论此方案，因为它是理解犯罪再现的基础。20 世纪 70 年代末及 80 年代初，好几次司法科学专业会议也都引介了这一工具。

继齐苏姆和雷纳森（Chisum and Rynearson）之后，其他从业人员也开始撰写他们认为犯罪再现过程应该涵盖的内容。比如，杰瑞·芬德利（Jerry Findley）和克雷格·霍普金斯（Craig Hopkins）在 1984 年就写了一篇关于犯罪再现的概述。他们将犯罪再现描述如下（pp. 3 – 4）：

> 这个过程把逻辑、训练、经验和科学原则应用在：
>
> （1）犯罪现场本身（如：地点、环境、条件等）。
>
> （2）犯罪现场发现的实物证据。
>
> （3）资质合格的专家对实物证据的检查结果。
>
> （4）利用其他渠道获取的信息，形成关于犯罪行为发生前、发生时和发生后的事件顺序意见。
>
> 从本质上讲，犯罪再现就是以可见方式呈现出全部调查过程。

这些作者用 1 到 10 来衡量确定的程度，1 是完全猜测，而 10 则是绝对确定。他们提出，信息基础越大，信息越可靠，犯罪再现技术人员的信度就越接近 10；可惜的是，犯罪再现技术人员常常达不到这个理想的目标。

他们还列举了自己解释的几个概念（Findley and Hopkins，1984，p. 12）：“犯罪再现中有 5 种信息源，要对目击者陈述进行 5 轮测试，有 2 种类型的犯罪再现，每一种有 7 个要求和 3 个目标。”他们进一步强调在犯罪再现时要谨慎，并指出：“侦查人员不得在信息不足或信息不可靠时进行犯罪再现，也不得在获得数据支撑前仓促得出结论。”（p. 15）

对于这个具体的观点，我们抱有极大的热情，因为它与我们之前提出的实践标准一致。但是，我们对把特定数值分配给最终意见可信度的做法仍然持保留意见。数值看起来很像数学，很多人认为数学是硬科学中最难的。这种做法及类似的其他做法可能会带来意想不到的（或者意料之中的）结果：会让观点看起来比实际上更确定或更可靠，且不必展示任何幕后工作。还没有一种确定的方法可以持续地为犯罪再现赋予准确数值——这种数值赋予是犯罪再现专家主观判断和经验的一种功能，而并非某一特定数学分支的功能。给犯罪再现赋予一个确定性数值必将是误导性的，哪怕只是赋予一个概率数字。

事实上，一个案件的已知证据均符合以下情况之一：

- 支持一种再现理论；
- 不支持一种再现理论；
- 驳斥一种再现理论；
- 尚无定论。

因此，犯罪再现专家如果要描述一个理论的特征，他只需要说该理论：

- 受物证和已知情况支持/与其相符。这用于描述符合某些特定理论或事件解释的结果。
- 与物证和已知情况不一致/被其排除/被其反驳。这用于描述不符合某些特定理论或事件解释的结果。
- 物证和已知情况无说服力/未被采信/未被排除。这用于描述未经检验的选项或解释，导致一个尚未得出确切结论的结果。

事件分析

汤姆·贝弗（Tom Bevel）和罗斯·M. 加德纳（Ross M. Gardner）最初各自独立撰写文章，探讨他们在犯罪再现中使用的技术。他们主张以海军研究为基础，用军方支持的方法。此后，他们将这些方法记录在《血迹形态分析——兼论犯罪现场再现》（*Bloodstain Pattern Analysis, with an Introduction to crime scene Reconstruction*）一书中。在这些文章中，他们还描述了所谓的事件分析。书中写道："犯罪再现是分析的最终目的；它不仅要求我们考虑认定的事件，还要求我们考虑这些事件可能发生的先后顺序。”（p. 20）贝弗和加德纳对事件分析的描述如下：

- 收集数据，利用所有证据建立起可能的事件；
- 从数据中还原犯罪行为的特写或事件片段；
- 考虑这些事件片段相互之间的联系，以确定相关的事件片段；
- 为每一个确定的事件进行排序；
- 考虑事件所有可能的先后顺序，前后矛盾时，审核证据以确定哪种顺序更有可能；
- 确定事件本来的最终先后顺序；
- 根据事件整体及事件排序绘制整个事件的流程图。

贝弗和加德纳同时警告称，我们没有办法确定某人关于犯罪再现的结论是否正确。这些分析可能合乎逻辑且基于科学事实，但是正如考古学家的考古结论一样，没有一个标准可以用来评估相关结论（pp. 20 – 21）。

这也许是犯罪再现最大的局限之一。证据总有一些未知之处，无法填补事件序列中的漏洞或时间的空当。实物证据提供了一种记录，但是最终它也受制于自身。例如，我们可以说某人在某个时间出现在某一确定地点，而另一时间则出现在另一不同的地点。然而，我们却无法确定此人从一地到另一地的精确路线，无法确定他花费的时间或使用的交通工具。同时，也没有全部事件的真实记录可供参考，让我们可以确认自己的结论是否有效。我们只有通过科学、逻辑、推理，指导自己通过证据向别人解释其优势和局限。最终，证据无法展示的与它能够展示的同等重要。

除了不完整的证据记录，完整犯罪再现的另一障碍就是证据量的庞杂性：光是证据量和事件排序可能就已经让人望而却步。

在本书中，我们采用了一种不同的方法。我们依据实物证据在犯罪中的作用来审视它们。这种方法允许对每项证据进行评估，看它能为整个事件或犯罪行为再现起到什么作用。我们还会把犯罪案件划分成事件片段，后文会详细解释。

证据的作用：犯罪再现的分类

分析的本质在于，它能将复杂的问题或信息分解为组成部分。在犯罪再现中，信息以物证的形式存在，要解决的复杂问题是，在犯罪过程中发生了什么。

许多司法科学专家未必知道的是，犯罪再现要求根据不同目的，以不同模式分解和审查证据。大多数描述司法证据的分类方案都是根据使用的分析类型、涉及的实验室领域（痕迹物证、生物物证、血清物证、药品、枪支、毒理学等），甚至是产生证据的犯罪类型来划分的。这些分类可能有助于对进入犯罪实验室的证据进行分类，甚至有助于对它们的背景有所了解。然而在犯罪再现中，这些分类并不能提供太多信息。犯罪再现技术人员需要考虑有关证据在犯罪中所起的作用，以及在已经发生的事件中相关证据能够确定哪些事实。

以下的证据分类采用了犯罪再现中的焦点性问题，即人物、事件、时间、地点、方式和原因等基本问题。证据的基本类型有：

- 时序证据
- 方向证据
- 地点证据
- 行为证据
- 接触证据
- 所有权证据
- 关联证据
- 限制性证据
- 推断证据
- 时间证据
- 心理证据

值得注意的是，在任何给定情况下，一个证据可能会（而且多半会）符合以上多种不同类型。

时序证据（图 11.1）是任何可以确定或帮助确定事件发生时间，或两个及多个事件发生顺序的事物。例如：

- 轮胎轨迹上的一个足印表明，一个人曾在车辆经过后来到现场。
- 在入室盗窃/谋杀案件中发现破碎的窗户玻璃下沾有血迹，则表明窗户是在血液掉落之后才打破的。我们可以据此对证人证词提出质疑，甚至开始考虑证人作伪证的可能性。
- 多次枪击造成的平板玻璃径向断裂形态可以用来推断枪支击发顺序。

方向证据（图 11.2）是任何可以表明某物去了哪里或从哪里来的证据。例如：

- 足迹可以用来帮助辨明可能的行进方向。
- 弹道分析可以帮助确定子弹、矛、箭和其他发射性武器的来源和方向。

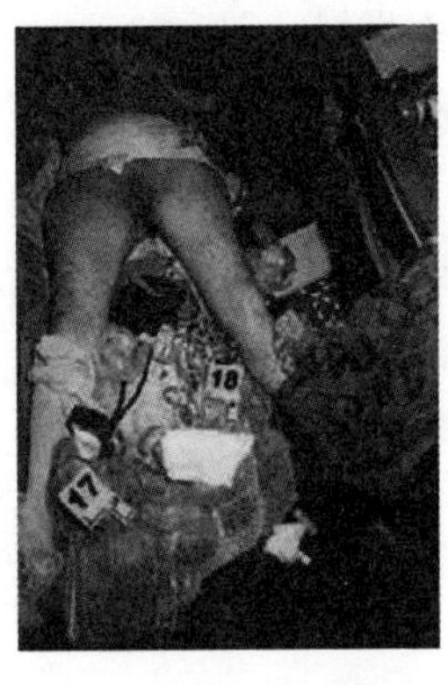

图 11.1　这名性谋杀案中的老年受害者被人勒死在自己卧室的床边。请注意：梳妆台的抽屉被打开了，里面的物品和其他被洗劫的个人财物被倾倒在尸体上。这一现场表明，在寻找贵重物品之前，受害人已经遭受攻击，并被制服。该证据展示了在那个特定房间里所发生事件的特定顺序。

图 11.2　这张照片展示了一个储物间后门走廊里的血迹拖痕。这道拖痕从走廊前半部分开始，到女宾浴室，然后再退回来，沿着走廊，最后进入了男宾浴室。受害者是一名大学生，因为头部中枪死亡。被人发现时，她几乎全身赤裸躺在男宾浴室。血迹拖痕表明了事件的发生顺序（受害人中枪之后被拖到走廊，然后被拖进两个浴室）以及尸体来自的方向。

- 血迹形态分析可以用来确定血液滴落、溅落、涂抹、投射，或者擦拭的方向。
- 伤口形态分析可以通过堆积上皮检查来确定皮肤擦伤或其他皮肤损伤的方向；上皮组织会在引起擦伤物体的行进方向堆积。

地点/位置证据表明某事发生的地点或是某物所处的方位，以及它们相对于其他物品所在的方向。例如：

- 乘客车窗内部的一个指纹可能表明某人在某一时刻就在车内。但是，如果指纹方向朝下，并且在摇下的车窗玻璃顶部，则可能意味着站在车外的人将手指放在玻璃内部。
- 门或窗留下的工具痕迹指示罪犯进入现场的可能点，随后还需在该位置寻找其他是否有可能被转移的证据。
- 血液滴落或溅洒痕迹可以表明受害者在何处受伤，也可表明受害者、犯罪者甚至旁观者可能在何处站立或坐卧。通过空间模型，它们还可以帮助确定中间物品是如何摆放的。
- 尸斑是血液在身体下半部分（支撑部分）沉积的结果，会导致皮肤变成紫红色。心脏不再跳动时，重力会使红细胞沉入肌体组织。这种变色不会出现在尸体与地面或与另一物体接触的部分，因为接触会导致毛细血管收缩。尸斑大约在 10 小时后固化，如果尸斑形态与受害人最后所处的位置不一致，则可用来确定在死亡后尸体是否被移动过。
- 地毯压痕表明有物品（比如椅子）曾放在上面，还可以表明此物品被移动过。
- 某处的一堆烟头可能说明此处有人来过，并长时间等候。

行为证据（图 11.3）是指作案期间发生的任何行为。这看起来是一个无须赘言的基本问题，但是根据法律规定，确立犯罪要件的时候这个问题就显得至关重要了。在犯罪再现的任何时间节点，对行动证据误读，都可能导致对无辜人员提起刑事指控，或未能将本应承担犯罪全部后果的有罪一方绳之以法。例如：

- 血迹及其形态表明罪犯或受害者受伤，以及血源如何快速移动，导致形成这种形态。

- 枪伤、弹孔和弹壳表明曾经击发火器。
- 锐器伤表明使用了锋利的武器（如刀、剑、剃须刀、美工刀等）。
- 窗户破损，门锁旁的地板上还有碎玻璃，这表明有人破窗而入（当然也可能是伪造的现场）。

图 11.3　该男子被发现时横躺在浴室，死于多发锐器损伤。此外，牛仔裤的拉链还未拉上，马桶里的尿液还未冲水，且马桶上还溅有血迹。结合这些证据可以大致得出结论，受害人在小便时候受到了攻击。这些证据至少可被视为行为证据和地点证据。

接触证据可以表明两人、两物或两地在同一点上是否关联，如何关联。例如：

- 痕迹证据（比如头发，纤维，土壤和玻璃）可用于揭示人、物体和位置之间的关联。
- 玻璃杯上的指纹可以用来确定某人曾在某个时刻用手拿着它。
- 嫌疑人的鞋底上有受害人的血，说明嫌疑人与受害人流血的地点有接触。
- 两把牙刷和两条湿毛巾表明某处住了两人（当然，一把牙刷则说明只有一个人住）。

所有权证据有助于高度确定地回答“谁”的问题。它包括任何可能与特定个人或来源形成关系或与之关联的证据。它还包括物证的个性化形式。例如：

- 书面签名

- 驾照
- 信用卡
- 电脑网络地址（IP 地址）
- 个人识别码（PIN 码）
- 邮件
- 电子邮件
- 序列码
- 车辆识别码
- DNA
- 指纹

关联证据通常是痕迹物证的一种，它可以是身份证据或所有权证据。根据罗卡交换定律，如果嫌疑人和受害人之间、嫌疑人和案发现场之间以及案发现场和受害人之间找到共同的物证材料，则证明他们之间存在联系。尽管关联证据表明人与人之间或环境与环境之间存在特定或潜在的接触，但其本身无法证明这种接触是何时发生的。后者还需要其他环境证据的存在。例如：

- 油毡上的血脚印将某人指向现场。
- 一具尸体上发现的纤维与一辆汽车后备厢的纤维匹配。
- 在嫌疑人和受害者身上都找到了双基火药。
- 车辆后备厢中发现的可能用于拖拽尸体的植被与犯罪现场和尸体上发现的植被一致。

当涉及的证据类型不止一种时，关联性证据的重要性就更突出。例如，如果先前所有的例子都出现在一个案件中，那么犯罪再现技术人员会首先倾向于假定该车辆（经由纤维和植被与犯罪相连）被用来运输尸体。如果地板上发现了车主的带血脚印，而且血是受害人的，那么这些环环紧扣的关联就大大增加了这些证据的重要性。

限制证据限定了犯罪现场的性质和边界（图 11.4）。确定犯罪现场的性质和边界可能是犯罪再现中最困难的任务之一。这一任务如此困难，是因为犯罪再现通常是在犯罪现场解禁之后才进行，而到达犯罪现场的第一批快速反应人员往往没有经过任何司法培训，他们通常是将警戒线随意布置在自己认为合适的位置上来确定犯罪现场的边界。然而这不一定反映出犯罪现场和证据的实际边界。当犯罪现场调查人员（crime scene investigators，CSIs）意识到警戒线之外还有证据时，各种不知情的现场围观人员可能已经破坏了这些证据。限制性证据的例子如下：

- 进出犯罪现场的入口和出口；
- 建筑物内的墙壁；
- 建筑物内的门；
- 室外现场的地形和景观；
- 建筑物周围的栅栏；
- 已知现场的地理位置（室内、室外、车辆中等）；
- 交通工具的范围（轿车、卡车、船只、游轮等）；
- 血迹的起点和终点；
- 拖痕的起点和终点；
- 罪犯逃跑时掉落物品的位置。

图 11.4　这处居所与一起儿童性侵杀人案有关。图中这扇门位于居所后部，被钉子封死，门前还堆放了许多箱子，且没有翻动的痕迹。这扇门的现场情况排除了罪犯将其作为进出案发现场入口或出口的可能。

根据已知证据推定，某些本应出现的证据缺失，就明确意味着案件存在第二现场。这包括受害者流了血，现场却没有血迹；某受害人在打斗过程中被打掉了牙齿，而地面上却找不到等等。

限制性证据很重要，因为它有助于确定是否存在第二犯罪现场，以及证据搜索范围是否必须扩大到附近其他区域。

推断证据是指犯罪再现技术人员认为犯罪发生时可能出现在现场，可实际上并未在现场发现的证据。例如：

- 受害人面部中枪，她座位旁的桌子上有大量血迹，在桌面形成了一块轮廓清晰的空白图形。结合目击证人描述，侦查人员推断，一个装有可卡因的袋子与上述轮廓吻合，它可能在受害人遭枪杀之后被移开了。
- 已死亡的被害者被发现时钱包不翼而飞。

- 已死亡的已婚被害者被发现时婚戒不翼而飞。
- 已死亡的女性被害者在户外被发现时内衣缺失。
- 受害人被发现在自己的寓所被刺死，但是匕首没有找到。
- 受害人被发现在自己的寓所被枪杀，但是枪支没有找到。

重要的是，在处理推断证据时，要避免推定罪犯一定从案发现场转移了物品，即使犯罪再现技术人员清楚地知道转移的是什么。比如，目击者甚至是犯罪现场调查人员都可能从受害人身上盗走现金或钱包，而一名女性受害人被发现未穿内衣可能也仅仅是出于个人习惯。在做出关于罪犯可能或者没有从案发现场转移物品的推定之前，一定要多提问题，而且还要找出问题的答案。

时间证据指在案发期间，犯罪现场任何可以标记或表明时间的证据。比如：

- 已知某一住所的电源总开关被切断，受害人在此期间被枪杀，随后电源开关又重新打开。卧室里有一个可以自动复位到午夜的钟。因此，为了确定死亡时间，我们可以用当前时间减去侦查人员看到钟的时间，就得到钟重新复位的时间。
- 一个时钟在打斗中从床头柜滚落，掉到地面时停止走动，这样就固定了事发时间。
- 在案发过程中，一根新蜡烛被点燃。发现的时候，蜡烛还在燃烧，但只剩下了一半。通过相同类型的蜡烛进行实验，就可以确定蜡烛燃烧一半所用的时间。
- 一起谋杀案发生前，一碗冰激凌放在厨房柜台上。警察到达时，它几乎融化殆尽。冰激凌价格越高，在制造过程中注入的空气就越少，融化所需的时间就越长。通过对品牌、风味完全相同的冰淇淋进行实验，就可以确定其融化所需的时间。
- 司法病理学家可以通过体温降低、尸僵、尸斑、眼球玻璃体液分析以及胃容物检查来推定受害者的大致死亡时间。
- 司法昆虫学家利用在尸体上发现的昆虫生命周期来估算受害者尸体被昆虫侵蚀的天数。

心理证据（即动机证据）是犯罪者为满足个人需要或动机而采取的

任何行为（图 11.5）。这类证据多属于犯罪心理画像专家和行为科学家的专业领域。例如：

- 一名男子在卧室谋杀了自己的妻子，然后将现场伪装成了入室盗窃时临时行凶。这样做的目的是为了掩盖自己与罪行以及犯罪现场的明显联系。
- 一名犯罪者性折磨其受害者，以满足自己的施虐动机。
- 一名犯罪者记录下他对受害者的攻击过程，这样做既是为了羞辱受害者，也是为了事后能重温此事而满足幻想。
- 一名犯罪者因愤怒用手枪枪托反复殴打受害者。
- 一名犯罪者在某一私密场所袭击受害人，将其捆绑并堵住嘴，以便没人能听见其呼救声，他这样做是为了满足受害者对其绝对服从的幻想，并防止他人打扰。

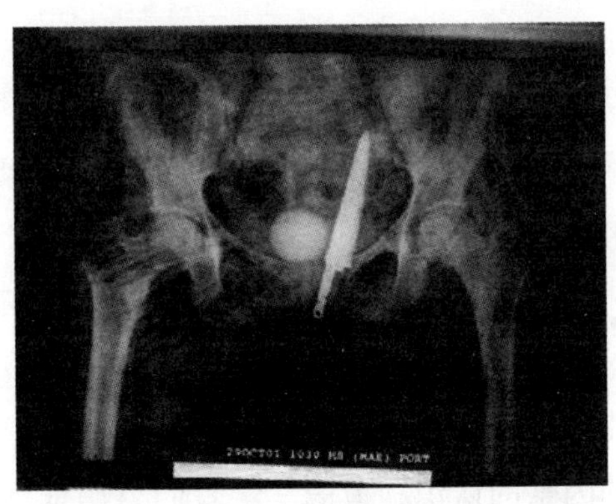

图 11.5　这张图片来自一名性谋杀案成年女性受害者，这是其腹部 X 光片。尸检发现其阴道内有一个高尔夫球，还插入了一把刀。用刀或其他物体插入阴道或直肠是强有力的心理证据。通常，这种行为与性愤怒、嫉妒和/或惩罚有关。

这些证据分类之间没有明显的区别。实际上，对犯罪再现技术人员来说，更有用的是考虑针对这些证据应该提出哪些问题。这能告诉我们事件发生的顺序吗？这能告诉我们它们之间的相互联系吗？这能向我们揭示犯罪行为的哪些特征？这能向我们揭示关于所有权的哪些信息？通过这种方式，证据间的关系就不太可能遗漏，事件的全貌才可能浮现出来。

证据动态变化

犯罪再现是一个要求极其严格的过程，但是往往却会产生不精确的结果，包括证据漏洞、事件顺序空白以及存在其他可能性等。这不一定是因为科学欠发达和刑侦人员无能。相反，坦承并揭示证据的脆弱和不可靠才是诚实的科学态度。司法科技人员必须记住并且提醒他人，证据不支持的内容通常和证据支持的内容同样重要。

我们越了解实物证据，知道它如何受外力作用影响并发生扭曲，我们就越清楚它不一定是对行为和事件持久而精准的记录。即使在最佳条件下，解读实物证据也必然受到必要性的环环相扣及不可控的多重因素影响。因此，尽管常常被视为事件的最客观记录，解读实物证据和进行犯罪再现却很少用绝对确定的语言表达。

本节的目的就是讨论这些必要但不可控的影响因素，我们称之为证据动态变化（evidence dynamics）①。此外，我们还会探讨在证据解读时，犯罪再现技术人员必须以何种方式将其纳入考虑范围。

犯罪再现工作涉及解读犯罪期间相关行为事件影响下的实物证据。然而，在获取及检查实物证据之前，由于实物证据获取及检查活动，实物证据的性状可能已经发生改变，上述分析解读常常缺乏对促使实物证据发生性状改变的因素的认识和考虑。学者们启用证据动态变化这个术语来指称任何增加、改变、重置、掩饰、污染、或消除等各式对物证的影响，无论出于何种动机。大家认为这个术语很合适，因为所有形式的物证都会受环境变化、人类活动和时间的影响。

在犯罪发生之前、以及在物证创立或转移期间，证据动态变化都在持续发生作用。这种影响一直持续，不断影响并塑造证据，直至其被完全销毁。对于熟知这些影响，并在自己的分析中解析这些影响的技术人员，该术语是一个必要且有用的描述符号。正如我们讨论所言，对于实

① 证据动态变化作为正式概念，最早由齐苏姆和特维（Chisum and Turvey）（2000）书中提出。该文章的某些部分已用于撰写本章。

验室物证检查和随后的犯罪事件再现，充分理解证据动态变化都必不可少，且非常关键。

动态影响：物证识别之前

犯罪再现往往建立在完整性假设的基础之上，即犯罪现场留下的证据在警方刑侦人员和其他应急响应者到达之前，一直都受到保护，未被破坏。这种假设涉及一个错误的理念，即用胶带封锁区域、限制进出、然后完成拍照和测量任务，我们就能确保封锁区域内所涉证据的完整性。随后，通过对这些证据进行司法检查得出的任何结论都被错误地当成观察犯罪的可靠透镜。尽管这种假设可以使犯罪再现更加容易，但其实降低了其准确性。

犯罪再现技术人员必须承认并接受：犯罪现场的每一项证据都必须经过以下部分或全部验证才能被正式认可：

1. 犯罪现场发生转移或改变；
2. 随时间发生的变化（血液和精液凝固；尸体分解、僵硬，并与室温接近）；
3. 随环境发生的变化（雨、高温、低温和风）；
4. 履职人员进行的更改/破坏/创立等，这些人员包括先期到达现场的警务人员、医护人员、犯罪现场调查人员、犯罪实验室人员以及不知所措的现场负责人等；
5. 识别或发现证据（有时在踩到它或置身其中时才会发现）。

这些过程中的每一个，无论是合理的还是不可控的，都可能在证据上留下痕迹，它们会以某种不可补救的方式改变证据。

以下是证据动态变化的各种形式。

警戒线的另一边

紧急响应人员在犯罪现场放置安全警戒线，这一行为足以引发一系列期望和事件，重新定义所有证据处理工作的范围。在最佳情况下，紧急响应人员可以充分掌握犯罪现场的复杂性和周围环境的影响；或者他们可能受到环境中自然屏障的限制，例如繁忙的高速公路、悬崖或水域；或者他们可能对犯罪发生的地点判断不准；又或者他们对事件的性质有误判；在最糟糕的情况下，他们可能没有经过正规训练或对实物证据缺乏关注（图 11.6）。

图 11.6　艾迪·乔·德莱瑞（Eddie Joe Delery），时任新奥尔良警署（NOPD）犯罪实验室的犯罪现场调查员，2007 年 6 月，他在枪击案现场拍摄一只用过的 40 口径弹壳。案发当时，一名男子正沿着小路骑自行车，突然有人向他连开 3 枪。骑车人中枪 3 次，并离开了现场。警察到达时，他因被枪击，一时气急，踢掉了鞋子。巧合的是，这些弹壳落在了路边一只死鸽子旁。警方主管坚持要确定鸽子死因，以排除其与犯罪的关联。犯罪现场调查员德莱瑞解剖了鸽子，发现其并无枪伤，但它的骨头撞碎了。由此确定这只鸽子受到过汽车撞击。

艾迪·乔·德莱瑞（Eddie Joe Delery）是新奥尔良警署犯罪实验室的退休司法鉴定员，他用朴实有效的语言对“警戒线另一面”的动态变化进行了解释（2005 年 7 月 23 日与特维的私人交流）：

> 每当我稍晚抵达犯罪现场，看到安全警戒线已经从巡逻警车背后拉出，另一端绑在电线杆之类的物体上，我就禁不住摇头。人人都很害怕去警戒线内搜索，而当他们意识到犯罪发生在警戒线的另一边时，他们已经从证据上面踩过了，每个人都很在意如何在磁带中进行搜索，当他们意识到犯罪发生在磁带的另一面时，他们已经踩踏过所有的证据了。甚至还把车停在了某个证据上面。

犯罪现场警戒线的限制作用巨大。紧急响应人员有责任理解并执行有效的现场隔离任务；现场技术人员有责任理解并实施有效的证据搜寻和收集工作。每个人都必须清楚设立警戒线但只在其中一边展开工作的危险。

在相关情况下，考虑到犯罪性质，建议犯罪再现技术人员考虑警戒线是否准确地界定了犯罪现场的范围，以及随后的证据搜寻和收集工作是否拿到了最有效的证据。例如，如果有证据在警戒线外找到，而搜寻工作却没有相应扩大，这就表明调查和处理工作不完整。

犯罪现场

在犯罪发生之前，犯罪发生地可能已经包含了日常活动的“证据”，比如烟头、啤酒罐或饮料罐、纤维、新近性活动的证据、旧血迹等等，这个单子还可以不断延伸，无穷无尽。犯罪再现技术人员有责任区分先前就存在的物品和真实的犯罪证据。也就是说，每项证据都必须与犯罪建立某种联系，而且其关联性不能仅仅因出现在现场就建立起来。

在犯罪现场“识别”证据的人还必须具有区分能力，否则就会搜集到看似相关、实则无用的东西，反而忽略掉看似无用、实则相关的东西。这方面的工作失误不仅可能导致犯罪再现出错，而且还可能指向错误的行动，甚至是错误的嫌疑人。

案例

本书作者特维最近调查了俄克拉荷马州的一宗已定罪的案件，案件中，一位广受赞誉的血迹鉴定员检查了他认为是高速飞溅到汽车上的血迹，并认为这与枪击致死案有关。在没有 DNA 分析技术的年代，这位血迹鉴定员稍作分析，即在庭审中作证称，车门上的血迹肯定是枪击事件造成的，且极有可能与他杀致死案有关。被告理查德·坦迪·史密斯（Richard Tandy Smith）被判有罪。18 年后，DNA 技术证明该物质确实是血，但与该案被害人的血液并不相符。此血迹与杀人案无关，但因为时过境迁，血迹的来源已无从查起。

罪犯行为

罪犯在作案期间和作案之后的行为直接影响到其遗留证据的性质和

质量。这些行为可能包括干扰性行为、仪式或幻想，以及伪装犯罪现场等（图 11.7）。

- 涉及物证的干扰性行为是指罪犯在犯罪前、犯罪中或犯罪后的一些行为，这些行为意图混淆、阻碍或挫败调查或司法刑侦工作，以达到隐藏凶手身份和/或隐藏自身与犯罪的关系，甚至隐藏犯罪本身的目的。这些行为包括抛尸、剪掉受害人指甲、拔掉受害人牙齿或砍断其手指，防止身份识别。还包括清理现场血迹、收拾子弹壳等任何改变证据可视性、地点或性质的行为。
- 伪装犯罪现场是一种特定类型的干扰性行为，其目的是转移对罪犯的怀疑。伪装犯罪现场通常包括添加、移除和人为移动犯罪现场的物品，以模糊作案者原有的明显“动机”。
- 仪式或幻想也可能影响罪犯犯罪时的行为，这些行为可以包括肢解尸体、奸尸以及在案发现场有目的地摆放尸体或物品。幻想还可能与嫌疑人家庭环境中发现的物品有关，这些物品显示出计划中或案发前/后的幻想。

图 11.7　据布朗（Brown，2006，A1）记载，来自华盛顿州肯纳威克市的 32 岁兽医技术员丽贝卡·休斯顿（Rebeccah Huston）曾在遭遇持枪劫持后被迫躲入垃圾堆，在那里待了整整一个晚上。第二天早上，她在尤凯亚（Ukiah）的固体废物处理站被发现。她并未失去意识、被捆绑或遭受其他形式的人身限制。只是由于夜晚寒冷，她的体温过低。她的头部也有割伤，因为她连同垃圾一起被抬起并倒入垃圾车时，曾遭受挤压，在当地一家医院接受治疗后，她很快就出院了。

伪装犯罪现场

模拟或伪装犯罪现场是指罪犯故意改变物理证据，以误导刑侦部门或诱导其进行方向错误的调查。

将犯罪现场伪装正式认定为文献中一个独立的领域，始于 19 世纪末汉斯·格罗斯博士（Gross，1924）的著作。他一个多世纪以前的远见卓识在此后的文献中产生了一致的共鸣：在每个案件中，都要仔细审视司法证据、缜密进行犯罪再现、证实/比较受害人和证人的证词与证据调查结果、不做任何预先假设。从那时起，除了每年出现在各种杂志中的案例报告外，特维是唯一出版了该主题研究的学者（Turvey，2000）。

当发现一处犯罪现场可能经过伪装时，每一名调查员、犯罪心理画像技术员和司法鉴定员都对现场某些元素有自己强烈的主观感受，至少他们在法庭上这样陈述。这些元素包括：

- 没有强制进入的迹象；
- 强制进入迹象明显；
- 房间里的抽屉被转移，并随意倾倒，造成“洗劫”的假象；
- 房间里的抽屉被转移，并仔细堆放，保护其中的物品；
- 明显没有寻找贵重物品；
- 只有特定物品被盗；
- 没有物品被盗；
- 受害人有人寿保险；
- 除人寿保险外，受害人死亡会以其他方式（如平息愤怒、完成复仇、信托基金、不受限制地访问大额银行账户等）使某个家族成员、家庭成员或密友受益。

以上任何一种或所有情况都可能引起警觉的刑侦人员的怀疑，且怀疑本身并无过错。然而，上述情况也可能出现在没有伪装犯罪现场的案件中。细心的读者会注意到，它们甚至不能被看成危险信号，因为它们涵盖了每种特定情况下几乎所有的可能性（即，是否被迫进入现场，是否有贵重物品被盗，现场是否被洗劫等）。怀疑可以成为进一步调查的合理理由；它告诉调查人员在何处可以寻找更多的证据。然而，可疑情况本身并非证据。它们是必须用证据佐证的假设；它们不是探究终点的信号，而是起点的信号。如果司法刑侦人员步步为营并试图反驳这些理论，他们可能会发现，看似伪装犯罪现场的证据最终可能被证实是其他东西。

我们来考虑一下“洗劫”问题。如果犯罪现场“看起来像被洗劫了”，且这种表象可以用来推定支持现场曾被伪装，那么它至少必须要符合以下情况：

- 被洗劫现场与普通犯罪现场的情况不一样；
- 被洗劫现场是罪犯行为的直接结果，而不是现场勘查人员行为的直接结果；
- 被洗劫现场与罪犯搜寻贵重物品（如现金、支票簿、珠宝、枪支等）无关；
- 被洗劫现场与罪犯搜寻某个特定的、他感兴趣的物品（如车钥匙、违禁药物、处方药、有宗教迷信色彩的个人物品等）无关。

如果司法鉴定人员可以排除这些可能性，那么可以认为洗劫现场可能系人为伪造。我们强调“可能”，因为它仅是一种表象，必须结合其他证据来考虑。

我们还要考虑一下“贵重物品”。在确定相关元素和犯罪动机的时候，贵重物品是否被从犯罪现场转移常常是一个需要考虑的重要问题。不少现场勘查人员轻易假定罪犯拿走了贵重物品，尽管没有任何证据表明此类物品存在，仅仅因为这样有助于他们进行案件推理。对于这些勘查人员和其他所有人来说，为每种贵重物品制定相应的调查起始点很有必要：

- 该物品是什么？其价值如何？
- 该物品在现场的什么位置？
- 谁知道该物品的存在？
- 谁知道该物品存放的具体位置？
- 罪犯放置和转移这个物品需要克服哪些障碍？（它是否被藏匿起来或是放入保险柜？抑或就放在厨房餐桌上显眼的位置？）
- 有何证据显示它确实被从现场带走？
- 有何证据显示它是被罪犯从现场带走？司法鉴定能否清楚地确立

任何形式的联系？

- 该物品是否找到？如果是，在何处被找到？

那些将犯罪现场伪装成入室盗窃临时行凶的罪犯常常忘记带走贵重物品。或者他们只是简单地带走少数贵重物品，造成一种表面的假象。抑或现场根本就没有被伪装。例如，在考虑为何明显贵重的物品遗留在犯罪现场时，以下情况都可能出现：

- 罪犯对私人物品或个人迷恋的特殊意义物品感兴趣，从现场拿走了这些物品，且未被发现；
- 罪犯在实施犯罪时受到管制类药物影响，专注于寻找一些特殊物品；
- 罪犯去到案发现场并非为了实施盗窃，而是为了满足其他欲望，如强奸或满足恋物癖入室盗窃，是否有明确证据佐证这些目的，则要依赖犯罪现场记录的水平和质量。

与犯罪现场的任何环境因素一样，转移贵重物品必须结合场景中的其他证据一同考虑。其中现金特别困难，因为证明其存在并不容易，虽然也不是不可能。力求调查并回答起始点的相关问题可以让犯罪再现技术人员找到正确道路，帮助他们确定现场失窃贵重物品或遗留现场贵重物品与案件的相关性。

伪装犯罪现场在每一宗案件中都可能出现。因此，在每宗案件中，在作为一种合理解释被放弃之前，我们都必须考虑和排除这种可能性。然而，它并不能仅仅依靠观察、直觉和推测来加以证明。必须找到可靠证据，得出经过实证检验和逻辑检测的结论，并排除其他多种可能。只有这样，伪装犯罪现场才能被视为事件最可能的解释。

受害人行为

与受害人在犯罪发生前活动相关的物品，可能被误认为与犯罪有关的证据。受害人在袭击中和袭击后的行为也会影响现场遗留证据的性质和质量。这些行为包括防御性行为，例如挣扎、打斗和逃跑等，它们可能转移证据，导致二次转移。受害人的行为可能还包括在袭击后清理现场或身体。

二次转移

证据转移是人和物体之间的接触造成的（Cwiklik，1999；Lee，1995）。二次转移是指物体或人之间在初次交换之后再次产生的证据交换，与发生初次交换的环境没有联系。在一场关于纤维证据的讨论中，该纤维可以推广到任何形式的证据转移，德维克（Deedrick，2000）解释道：

> 纤维也可能从犯罪现场的织物源上转移，如地毯、床或家具。这些转移可以是直接转移（初次转移），也可以是间接转移（二次转移）。纤维从某种织物直接转移到受害者衣服上就是初次转移，而二次转移是指已经转移到嫌疑人衣物上的纤维再次转移到受害人衣物上。在重建犯罪事件时，了解初次转移和二次转移的机制很重要。

目击者

目击者在案发之后和立案之前的间隔时期的行为也可以影响现场遗留证据的性质和质量。这些行为包括维护受害人尊严的行为，以及在发现受害人无行为能力或死去后故意从现场盗窃物品的行为。也包括其他任何善意但有破坏性的行为。

天气/气候

犯罪现场的气象条件（如温度、降水和风）可以影响现场遗留的所有证据的性质和质量。这包括证据的破坏或毁灭，以及气候对体温和尸体分解的影响。

恶劣或极端天气可以毁灭证据、破坏犯罪现场，在某些情况下，甚至可能阻止响应人员到达现场。如果在这种情况下耽误太多时间，那么就会失去定位、固定和取回证据的机会。尸体在水中会膨胀，最终还会分解，暴雨可能会冲走土地上的脚印。

然而，天气的破坏性也有例外。比如，严寒可能会使受害人尸体在室外抛尸现场结冰，从而保存下来。这可以防止身体受伤部分溃烂分解，为将来的司法鉴定保留 DNA 证据。另一方面，极端炎热和干燥可能使尸体萎缩、风干，形成干尸。

卡特里娜飓风

美国东部时间 2005 年 8 月 29 日上午 7：10，三级风暴卡特里娜飓风（图 11.8）登陆路易斯安那州，最大风速接近 125 英里/小时。它是美国历史上最具破坏力的飓风，所到之处建筑物和房舍被损毁、肢解、淹没，墨西哥湾沿岸的生命无一幸免。正如科鲁兹所述（2007）：

> 卡特丽娜飓风横穿墨西哥湾、贻害沿途民众近两年之后，新奥尔良警署仍深感压力。联邦应急管理局（FEMA）的六辆大型拖车就是他们的总部。交警部门和特警队也只能将几辆房车用作临时办公场所。当年已有 72 名警官离开了警队。在剩下的 1200 名（飓风之前是 1741 名）警官中，只有一名指纹鉴定专家和一名枪械核验专家。今年，这座美国最致命的城市已经发生 90 多起命案，仅在过去的 10 天左右，就有 8 起。2006 年，仅新奥尔良市就发生 161 起谋杀案（其中只有 1 宗被定罪）。
>
> 类似的不幸事件层出不穷。因为缺少存储空间，刑事证据仍然被保存在 18 轮大卡的拖箱里。新奥尔良市犯罪实验室也是在新奥尔良大学中找到一个地方后才最终重新开放。在过去的 22 个月中，绝大多数城市中被认为理所当然的资源，新奥尔良市都没有。根据坎纳特拉（Cannatella）（新奥尔良警署副主管安东尼）称，新奥尔良市不仅基础设施匮乏，还缺人力。警署的几百名警察仍然在临时住房中生活。“他们住在联邦应急管理局的拖车里，在车里工作，在车里巡逻，”坎纳特拉说，“这太令人泄气了。大家以为联邦应急管理局的拖车是专门建造的特殊设备，但实际上并不是。”

图 11.8　卡特里娜飓风，该图为飓风登陆前一天拍摄，该飓风是美国历史上最具破坏力的风暴。

分解

自然发生的分解可能隐藏、抹杀身体的伤痕或制造出与之类似的现象。出于这个原因，加上刑侦技术人员经历的难闻气味和恶心感受，有一种看法认为，很多证据会随腐化分解而消失。因此，腐烂尸体上附着的衣物自然不会引起寻找证据的刑侦技术人员的特别注意。这是一个失误，因为头发、纤维以及其他人工合成材料保存的时间比生物检材更长。

如上所述，分解速度会受到气候的影响。人体体温会在死后变化，最终与房间或环境温度一致。在冷库内，这意味着温度降低；在受热的室内或室外环境中，这意味着温度上升。温度变化会影响尸体分解速度以及尸僵和尸斑形成和持续的时间（Knight，1996）。

昆虫活动

苍蝇、蚂蚁、甲虫和其他昆虫的活动可能抹杀身体伤痕或制造出与之类似的现象（图 11.9，左图、右图均是）。它们也可能移动、转移或毁灭证据。在没有经验的刑侦人员看来，它们活动的证据看起来就像是死者曾遭受酷刑的证据。

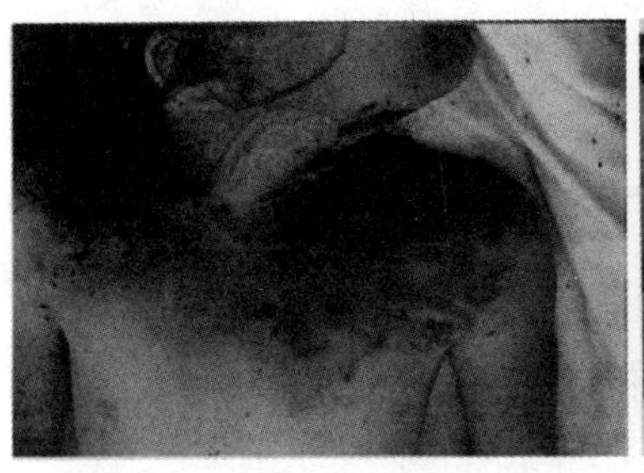
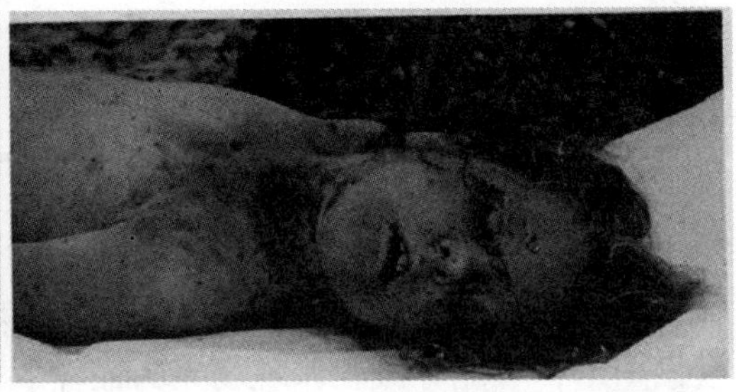

图 11.9　这起性谋杀案的受害儿童在自家后院被发现，发现时全身赤裸，身上盖着一条自己卧室的毯子。她死于人为勒杀。起初，刑侦人员以为她脖子上明显的伤痕符合人为勒颈造成的擦伤和瘀伤。仔细观察照片之后，他们发现这些明显的“擦伤”实际上是受害人死亡后被蚂蚁叮咬所致。蚂蚁在照片上清晰可见，且它们的攻击重点集中在受损的人体组织——包括她的脖子。紫色的“瘀伤”部分实际上是刑侦人员试图提取指纹时留下的指纹粉。

动物活动/捕食

动物的各种摄食活动，从蚂蚁、老鼠、到土狼、棕熊，都可以转移人体部位，破坏、消解各式图案，以及进一步模糊、抹杀人体损伤或造成与之类似的损伤。在每个案发现场，刑侦人员都应确定在那里可能发现哪些动物，它们习性如何，以及它们会以何种方式影响证据。它们的影响可能很小，比如一只猫走过厨房地板上的血迹，留下明显的猫爪印记；它们的影响也可能很大，比如土狼吃掉了留在户外的尸体，并拖走了尸体的四肢。

火灾

当发生火灾，无论是蓄意纵火还是意外失火，其结果可能都是烧毁、破坏甚至完全毁灭与犯罪活动有关的所有实物证据。

在涉及纵火的案件中，如果说罪犯的行为证据没有被完全毁灭，它们至少被模糊、隐藏了（如隐瞒杀人、隐瞒盗窃），但纵火的证据仍然存在。欲知更完整的讨论，请参阅第 16 章。

灭火工作

灭火工作通常涉及高压水枪、沉重的灭火软管以及相关化学物质。消防人员的首要工作是灭火；对这个目标来说，保全证据是次要的。任何灭火行动，无论是单独行动还是集体行动，都可能重置或毁灭证据、模糊图形，可能导致犯罪现场人为证据的误导性转移和/或增加。

现场应急人员/警员

现场应急人员的职责是保护生命，而不是保全证据。应急人员必须首先保护自己的生命安全，然后通过急救保护他人的生命，并确定潜在嫌犯不再威胁个人或公共安全。也就是说，现场应急人员如果自身难保，就无法保护公共安全；因此，警察必须通过在犯罪现场搜寻嫌犯、炸弹或其他危险品来保障自身安全。在搜索的过程中，他们不必担心破坏现场指纹或脚印。之后，警察须对受害人给予帮助，并确认现场没有其他危险。如果无法在现场进行问询，那么至少应该在犯罪现场重现完成之前对应急响应者进行问询。

此外，刑侦人员和其他执法人员应当知道，在现场证据没有正式记录之前，不得触摸。在条件允许的情况下，那些非急救人员或证据搜集和记录人员，以及无关民众必须严格执行“手放口袋”的政策。否则，他们的行为可能导致证据转移、图案损毁，或者导致现场转移、人为改变现场。

当证据相互关联时，犯罪再现技术人员必须充分利用手头所有展现犯罪活动细节的报告和记录，防止误读。如果这样的证据记录不存在，犯罪再现技术人员应当意识到，证据可靠性不足，必须适时证实报告的可信度。此外，有人声称犯罪再现技术人员的职责是记录并报告案发现场重要证据缺失，以及其他现场勘查工作的失误或不足，这种说法还有待商榷。但通过这种方式，或许可以避免过度自信的刑侦人员或法律专业人士对证据的误读。

紧急医疗团队

紧急医疗人员在犯罪现场进行挽救生命活动时可能会移动并毁灭证据、损毁图案、导致证据转移、衣物毁坏以及增加人为物品。此外，他们也许会主动对伤者造成治疗性创伤，如切口或穿刺。这种情形是可以预见的，也是必要的。

如果受害人被送往医院，其接受的治疗也可能改变受伤性质。这将会给后续的伤口检查和解读带来问题（如尸检）。同样，这种情形也可以预料，且不应该被误读。

当证据相互关联，犯罪再现技术人员必须充分利用手头所有展现急救人员活动细节的报告和记录，以防止误读。如果这样的证据记录档案不存在，那么犯罪再现技术人员应当要求找回事实并重建档案。

安全

任何时候都必须保持案发现场安全。这意味着需要安全人员管控现场，只对必要人员开放。安全人员应当通过记录进入现场时间、离开现场时间、进入现场原因，以及每个穿过警戒线人员所履行的职责来实现管控。这是一个基本考量，作者遇到的每一个现场勘查培训课程和项目都包含这一部分内容。然而，它仍然时常被忽视。所以，经常提醒很有必要。

然而，温馨提醒可能还不够。在一起案件中，明尼阿波利斯市的一位警官因为一个双尸命案现场缺乏安全保障感到不安，为此他专门写了一封电子邮件给自己的上司，正式记录下他的担心（Chanen and Collins，2005，p. 1B）：

> 明尼阿波利斯一位警官给自己的上司写了一封电子邮件，质疑为何非警方人员在警戒线封锁的案发现场附近频繁走动。这处案发现场是明尼阿波利斯北部的一家餐馆，大约两周前两名男子在那里被枪杀。警民关系理事会成员（Members of the Police Community Relations Council，PCRC）也收到了这封电子邮件的纸质版。警官罗伯

特·贝里（Robert Berry）将邮件分别发给了警务管理部门和第四警区主管，在邮件里他表达了自己对当时案发现场的忧虑。该案发现场就是3月4日21岁的弗兰克·海恩斯（Frank Haynes）和68岁的罗利·罗宾逊（Raliegh Robinson）被枪击致死的现场，两人均是明尼阿波利斯人。

警民关系理事会成员罗恩·爱德华兹（Ron Edwards）坦陈，这封电子邮件暗示相关案发现场可能已经被未经授权的闲杂人员破坏。

在电子邮件中，贝里说“人们在案发现场自由进出”，可能已经破坏了证据。他提到，一名女性“趾高气扬地穿过犯罪现场的警戒线，走过一名警员，从房屋南边走进一扇通往餐厅的大门。其他人也是一样。”

贝里称，警员们显得很犹豫，并未质疑进入现场的闲杂人员，因为他们担心这样会引发争议。

“现场的警官们不知道谁应该或不应该被允许进入案发现场。当有闲杂人员出现在警戒线内，部分警员上前询问时，他们也完全不予理会。”贝里在电子邮件中说，“不应该出现这种情况。”

宾夕法尼亚大道北段3010号（Penn Av. N.）枪击事件发生后仅一个多小时之后，就有人看到几名社区领导在延绵几个街区的案发现场周围走动。当警察局长在回答记者提问时，他们中有些人就站在警戒线内，与警察局长比尔·麦克马纳斯（Bill McManus）并立。

李·爱德华兹（Lt. Lee Edwards）是侦办这起杀人案的负责人，他在周三的会议上表示，案发现场没有被“污染”，但他引用了其他没有受到妥善保护的案发现场的实例。他告诉与会者，警方已经在内部解决了贝里提出的问题。里奇·斯坦内克（Capt. Rich Stanek）补充说，也有时候允许人们进入警戒线内。

相关管理人员可能认为自己虽然没有直接参与现场勘查工作，但只要有合法理由，就可以不用核查进入警戒线内。这是完全错误的，可能导致物证损毁或人为增加物证。

另一个例子取自作者的案例档案（Chisum）：西海岸一个主要城市

市政部门的三名员工（均为主管）被一名“发疯的”员工开枪射击。枪手在案发现场就被逮捕，所以凶手身份并不存在问题。犯罪实验室与该案的案发现场就在同一栋大楼，所以枪击案发生 10 分钟之内，实验室人员就与命案刑侦人员一同到达了犯罪现场。

实验室工作人员进入现场，只照了几张照片之后就被要求离开，以便警方可以“评估现场”。一个小时以后，他们重新进入现场，但又只照了几张照片。这一次，警方主管（现已卸任）命令他们离开，因为当地电视台正在现场录制“案发现场纪录片”（宣传用）。当实验室工作人员最终允许进入犯罪现场时，他们发现那里已经变成“一团糟”，摄像机凸轮碾压穿过血迹，之前照片中记录的一些弹壳已被移走，或被人踩踏。血迹上留有脚印，却不是嫌疑人的。

处理案发现场的正确方式应当是建立一个指挥中心。警方可以在指挥中心通过摄像机和其他技术设备“评估现场”。唯一允许进入现场的人员应当是训练有素的实验室人员。（上述警方主管原本来自东海岸的一个城市，那里人们十分重视“形象”，所以他希望自己能得到宣传，以彰显自己的工作做得“好”。幸好这段影像未被播出。）

一旦急救完成，危险移除，案发现场可能就安全了。接下来，搜寻证据的工作就可以开始。然而，对物证的动态影响不会随着证据的识别确认而结束。

动态影响：物证识别之后

犯罪再现位于一连串必要的刑侦调查和司法流程的末端，且依赖这些流程。从犯罪现场搜集的每一项物证都会经历以下部分或全部流程：

1. 保护（基于环境及其中物品）；
2. 记录（笔记、示意图、照片、视频等）；
3. 搜集/整理/标注；
4. 在移送实验室之前及之后妥善保存；
5. 运送移交（到司法鉴定实验室）；
6. 识别鉴定（作为基于其性质的一般证据）；

7. 对比（已知的、未知的和已掌握的）；

8. 个性化（作为一个独特证据）；

9. 解读（与案件的其他证据一并考虑）；

10. 处置（存储/销毁/遗失/质变）。

和证物发现前受到的影响类似，上述每一个步骤都可能在证据上留下印记。位于人流量大的公共区域的犯罪现场，如人行道和地铁站，可能会对证据搜寻工作造成严重阻碍，如果经历时间太久，执法部门甚至会拒绝处理。服装的塑料包装可能会引起静电，吸附有用的纤维证据，也可能滋生细菌，导致生物或植物证据降解。运输过程可能会摇晃和震动尸体，导致液体从伤口或口鼻流出。刑侦勘验也可能导致故意分割和毁灭部分证据。犯罪再现技术人员必须考虑这些因素及其相关影响，并试图在证据解读中物尽其用。

请参考下面证据取得之后证据动态变化的具体例子。

未能搜寻或恢复证据

即使刑侦人员对证据取得前的相关因素对物证的影响已经做出解释，甚至避免了这种影响，犯罪现场勘验人员仍有可能没有充分认识到案发现场的实际范围，从而无法进行彻底的证据搜寻工作。导致的结果是，犯罪现场或相关区域搜寻不足、记录不充分，无法支撑犯罪现场再现及解读，且证据可能完全被遗漏。

因此，警方勘验和司法调查无法呈现案发的完整画面。未能识别并确认证据，从始至终未能进行全面、彻底的证据搜寻，以及未能有效记录现场全貌，上述每一项不足都意味着会错失进一步了解犯罪全貌的机会。而要弥补这些错失的机会可能非常耗时，且成本高昂，从某种程度上说，这根本不可能。

证据技术人员

证据技术人员（犯罪现场调查人员）负责证据的识别、保护、记录、收集和转运。他们的任务是发现和保护物证，确保其不被损坏，且不会造成误导性转移，也不会在案发现场人为增加证据。他们还需要尽可能多地记录并保存形态证据。最后，他们还需要用适当的方式收集并包装证据，便于后续的分析和解读。

这个过程中的一个重要步骤是进入现场之前记录现场全貌。通过这种方式，那些后续解读证据的技术人员就可以轻而易举地发现现场发生的任何改变。

验尸人员/法医

验尸人员/法医转移案发现场尸体的行为可能改变证据、模糊现场图案、导致潜在的误导性转移以及人为增加证物。可能产生影响的事件包括将尸体从发现的地方转移，把尸体装进“尸袋”，将尸体从案发现场运走、贮存、后续重新开封以便尸检。这些行为都可能改变尸体上和受害人衣物上的图样证据，而且有可能转移或破坏潜在的、有价值的证据。

过早清理现场

当犯罪发生在公共场所，尤其是曝光率高、人流量大的地方，让人有时抑制不住冲动，想要尽快清理现场留下的极端暴力痕迹，包括大量血迹、人体残肢、脑髓脑浆等。如果清理工作过早完成，将会阻碍犯罪现场调查工作。

包装/运送

如何包装和运送证据也很重要。比如，带有新鲜污渍的衣物不应该折叠，以免污渍沾染到衣物的其他地方。它们必须妥善转移、干燥，最好用牛皮纸包裹以免污渍转移。只要条件允许，应当避免将多项物证放进同一包装、使用同一数字标记。这种证据包装可能导致证物交替污染和证据追踪时含混不清。

斯文森和温德尔（Svensson and Wendel，1974，p. 35）进一步提出了建议：

> 包装物证以便送往实验室实施进一步检查时，需妥善谨慎，以

免证物被损毁、破坏或污染，上述风险可能会破坏证据价值。

充分考虑不同的材料性质，包装容器应当紧实、密封，保证包装足够坚固，以免在运输过程中损坏。

如果所涉证据包含几个物品，应当单独包装存放在不同容器，或每个物品单独用纸包装。每件物品的内容应当标记清楚，然后在运输容器中妥善包装。松散物证应妥善保存，以免污染其他证据。在某些案例中，有必要在容器中将相关物证分列排布，以免互相接触。瓶子和其他装有液体的玻璃容器不应与其他物证一同包装，因为它们可能破损，污染其他材料。

无论采用何种具体的证据搜集方法，都要求在运输中妥善保存证据，防止交叉污染，防止损坏，便于进行后续鉴定。如果证据搜集方法没有遵守以上准则，那么在宏观方面，它无法达到司法科学的要求，在微观方面，无法达到犯罪再现的目标。

储存

证据储存并非一个经常讨论的话题，因为它往往只是警察部门及犯罪实验室极端焦虑的问题。一般来说，他们没有足够的空间来储存搜集的证据，也没有合格的工作人员来妥善保存证据。该领域的缺陷可能是灾难性的，会导致证据遗失或损毁，甚至案件被驳回。

对于证据的包装、存储还有问题的读者，可以联系美国犯罪实验室主管协会（American Society of Crime Lab Directors）（www. ascld. org），该协会已为寻求认证的实验室开发了相关标准和协议。

司法人员鉴定

司法科技人员的目的性行为可能会转移证据、模糊图案、导致潜在的误导性转移，以及增加人为证据。司法勘验包括打开包装完好的证据，将其展现在“实验室”环境中，展现在司法勘验员面前，并提交到相关司法程序，这些程序可能要求对证物进行物理分割甚至销毁。[①] 尽管证据的最后一环（即销毁）往往无法避免，甚至可以预料。但如果缺乏或忽略适当程序，前两个环节可能会带来未知的、无法预料的、令人质疑的结果。

过早处理/破坏现场

在某一时间节点，某项物证可能会被合法处置或销毁。相关案件可能已经裁定，或者限制性法规已经失效，抑或可能存在生物或化学危害，这些都使得上述措施很有必要。尽管如此，物证在未经妥善记录和司法鉴定之前，不得销毁。不幸的是，那些负责证据保管的相关人士在履行这些职责时容易忽略、漠视相关责任，经常犯错。

对犯罪实验室进行不合时宜的“打扫”很大程度上源于沟通失误和无知。然而，专门销毁某些类型的证据，如未经鉴定的强奸证物，被批评为蓄意而为，以防止定罪后复检，因为后者可能推翻原有定罪甚至免罪。

为了解释证据取得后的这些影响，在案发现场识别并确认证据后，须记录证据处理人员、地点和过程。这份记录通常被称为监管链（chain of custody）。即使已经建立了可靠的监管链，物证在搜集和勘验之前，或在搜集和勘验过程中，也可能已经改变了。除非建立可靠的证据完整性，并适当解释证据受到的合法影响，否则建立证据链本身并不能作为司法结论可靠的合理理由。尽管如此，建立监管链是一个好的开端，没有它，证据就不应被视为足够可靠，可以为法庭意见提供支撑。

监管链/证据链

监管链是指从证据发现至今，关于每一个掌控、保管或者接触特定证据的人员的记录。它为科学勘验提供背景和记录，对其有非常重要的意

① 实验室环境实际是指任何打开和勘验证据的地方。它可能是一个安全设施完备的司法实验室，工作人员穿着防护服进行司法鉴定，也可能是犯罪现场调查部门和某个警务部门共用的一个办公室，屋子中间摆着一个可折叠的桌子，上面既可以进行证据勘验，也可以和同事共进午餐，犯罪再现技术人员最好了解清楚具体是哪一种情况。

义。对于明晰法庭出示证据的原始出处及其影响，它也有很大的价值。

对于某些证据来说，其在被识别确认前，监管链可能未知或没有建立。调查人员可能必须努力确定证物如何找到，在哪里找到。对于其他证据来说，在其被识别并确认前，监管链可能显而易见且无可争议。解读犯罪元素时接受某些证据的局限性，并在这些局限性之内工作，是正常刑侦调查和司法过程的一部分。

官方监管链通常始于第一个发现某件证据的人员。这样，潜在的证据转移、证据污染和证据丢失都有迹可循。由于可能对证据产生影响，处理证据的人员越少越好。正如奥哈拉（O'Hara）所述（1970，p. 69）：

> 在犯下罪行和案件最终裁决的这段时间里，处理证据的人数应该保持在最低限度。每一次证据转移都应当签字留底。在归属自己管理期间，证据管理者应当妥善保护证据，并记录自己是从何人手中接收证据，又交给了何人，连同接收、交付的具体日期和时间一并记录。这是每一个证据管理者的责任。

奥哈拉还提出了其他关于创建监管链的具体建议（p. 78）：

> 当证据收集妥当后，应妥善标记或贴上标签，以便识别。这个步骤的重要性显而易见：刑侦调查人员可能要在案发数月之后才会被传唤到法庭证人席，去辨认案发时其搜集的证据中的某个物品。事实上，辩方律师可能要求查看完整的监管链，那么每个接触过该证据的人员都可能会被传唤来辨认该物品。

记录证据在犯罪现场环境和位置的照片和数据也是监管链中的重要组成部分，但这一部分常常被忽视。在某些案件中，质疑方可以据此合理地指出监管链中的薄弱环节。

如前所述，并非人人都会热情参与建立坚实证据链的过程。然而，即使大家都认可其重要性，也无法保证那些负责人清楚地知道自己的职责。因此，在某些案件中，各种监管链不一致、不可靠甚至不存在的现象并不少见。

在以下案例中，从证据到访谈，再到结论，涉及的监管链完全是混乱的。

杰米 · 佩妮奇（Jamie Penich）案

2001 年，匹兹堡大学（University of Pittsburgh）人类学专业的一名大三学生，21 岁的杰米·林恩·佩妮奇（Jamie Lynn Penich）在韩国启明大学（Kiem Yung University）交换学习一个学期（图 11.10）。佩妮奇和其他 7 名同学一起前往首尔观光一周。其中一些人，包括佩妮奇，来到尼克勒比酒吧（Nickleby's）喝酒、跳舞，庆祝圣帕特里克节（St. Patrick's Day）。外籍人士，尤其是驻首尔美军经常光顾尼克勒比酒吧。

图 11.10 杰米·林恩·佩妮奇，21 岁，人类学专业大学生

2001 年 3 月 18 日早上 8 点左右，佩妮奇被发现死在自己的酒店房间。虽然最初的警方报告显示其死于勒颈，但尸检报告最终认定其死于踩踏（图 11.11）。她的胸部有跑鞋的印迹，且头部、颈部和脸颊都有延续性大面积瘀伤。美国陆军刑事调查部门介入此案，因为他们怀疑是某个美国士兵犯下了罪行。他们调查了相关现场、嫌犯和证据。

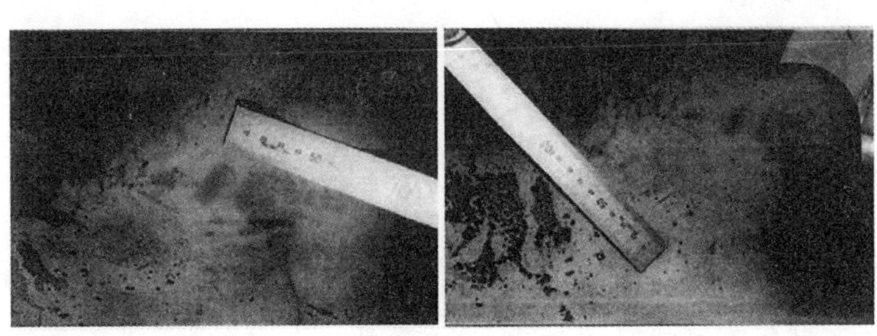

图 11.11 杰米·林恩·佩妮奇尸检照片显示其左肩有鞋类留下的特殊钝力痕迹。该行为证据符合踩踏致死的特征。

《星条杂志》（*Stars & Stripes*）（Kirk，2001）对此进行了报道：

（司法科学家布伦特·特维（Turvey）批评了佩妮奇案中的证据搜集和调查方法。他说将犯罪现场搜集来的衣物置于同一容器是不合常规的。

韩国司法官员称，韩国警方曾把在犯罪现场搜集的两件证据——一件黑色夹克和一件棕色套头衫放进同一个袋子带回实验室。特维坚称证据不应当混放在一起。

“每件衣物，每只鞋，每只袜子，都应当单独封装，”特维说，“永远不要把两件物品放进同一个袋子。”

佩妮奇的酒店室友说，当她发现尸体时，那件夹克完全盖住了佩妮奇的面部。另外两名目击者也说，他们记得佩妮奇脸上盖的就是她自己的黑色夹克。

然而在《星条》杂志分享的多张犯罪现场照片和尸检报告的照片中，我们并没有看到夹克盖住了佩妮奇的头部。在其中一些图片中，这件夹克出现在佩妮奇的尸体旁边。

另一个争议点是佩妮奇是否被性侵，或者说她与施暴者是否有亲密关系。

首尔法医部门主任、首席法医李元泰（Lee Won－tae）称，自己曾经手过超800例谋杀案。他说证据搜集质量主要取决于刑侦人员的水平。“有时候，他们（刑侦人员）水平非常高。”李法医说。他认为龙山（Yongsan）警署的警员们就很擅长搜集证据。他说自己的实验室无法从两条内裤上的精液样本中提取出DNA，这两条内裤分别属于一名荷兰女性和佩妮奇。

在验尸过程中，调查人员从佩妮奇尸体提取了样本，经精液检测呈阳性。

李法医说无法恢复DNA属常见现象。特维同意这种说法，但认为这可能是因为缺乏经验。“我认为如果实验室没有这种检测的经验，就很有可能（得不出DNA结果），”特维称，“另一个更有经验的实验室可能就会发现一些东西。”

特维还质疑美方调查人员在案件中所起的作用。

涉嫌谋杀佩妮奇的一名士兵告诉《星条》杂志，隶属美国陆军犯罪调查司令部（U. S. Army Criminal Investigation Command，CID）的工作人员曾来到营房，检查他的衣物。他说，这些调查人员带着护目镜，关上了房间的灯，然后用特殊的光扫描他的衣物。

“他们告诉我，这样做是为了检查（我的衣服）是否有任何体液和血迹。”他说。

结果调查人员什么都没有找到，就让他自己留着衣服。

“这很荒谬，证明 CID 调查人员司法科学方面的训练有多么糟糕，”特维说。“这些衣物本来应当被留存，然后提交给实验室进行检验。调查人员不应该自行进行检验。”

佛吉尼亚 CID 首席公共事务官马克·A. 雷蒙迪（Marc A. Raimondi）坚称 CID 工作人员都训练有素。

他说，“我们比任何联邦执法机构的人员都训练得好。”

根据雷蒙迪的说法，工作人员依照惯例用第四代多重波长灯寻找生物体液和污渍。这种灯使用可见光谱中的选定波长，发出荧光来识别污渍或潜在指纹，以便进行分析。

特维称这种方法可能无法显示所有液体痕迹的存在。调查人员可以用其他方法来检测血液，并将衣物进行纤维分析。“他们其实可以用证据做很多事。”特维称。那名士兵说，CID 调查人员几周后又重新返回，没收了他的衣物。

特维称，搜集和留存证据不及时也是一个问题。他说，证据搜集推迟会使得检测分析变得困难重重。

后来，联邦调查局重新讯问了 20 岁的肯兹·斯奈德（Kenzi Snider），她是杰米·佩妮奇在启明大学学习期间的同学和旅伴。当时她已返回美国。联邦调查局探员声称斯奈德在讯问中最终坦白了自己的罪行；然而，这次讯问并没有记录下来（Arnold，2002）。

（联邦调查局特工马克·迪维提斯（Mark Divittis）和（美国陆军犯罪调查部门工作人员马克·曼斯菲尔德（Mark Mansfield）与另一名联邦探员一起（对斯奈德）进行了为期两天的讯问。

在其认罪书中，斯奈德向调查人员坦陈，3 月 17 日晚上，她和佩妮奇去了一家酒吧。后来她们去了一家汽车旅馆，随后进了佩妮奇的旅馆房间，联邦调查局特工林伍德·史密斯（Linwood Smith）称。

两人后来走进浴室，开始亲吻、抚摸。短暂亲密接触后斯奈德开始给佩妮奇口交，史密斯陈述称。

当佩妮奇试图解开斯奈德裤子的时候，斯奈德突然击打她的脸颊，将其击倒在浴缸里，史密斯说。

他说，斯奈德随后把她拖到了另一个房间，然后朝她的头部猛踹……

斯奈德辩护团队的一个关键反驳观点是：这次认罪没有书面或影像记录。

唯一的记录就是有斯奈德签名的声明和调查人员的一些笔记。

“联邦调查局没有对讯问或调查录音录像，”迪提维斯说，“没有这个必要，而且受害人家人听到这些也会很难受。普通民众不理解这样的审讯。”

辩护律师不同意上述观点。

“你难道不觉得向法庭展示一个人如何被说服是非常重要的吗？”韦斯（Weis）问。

美国陆军刑事调查司令部也没有对讯问进行录音录像，曼斯菲尔德说。

斯奈德被捕，随后被引渡回韩国，因谋杀杰米·佩妮奇上庭受审。然而，她最终被判无罪。以下是根据公开报道（Jae – Suk，2003）的陈述：

韩国法院无罪释放了一名美国女性，其被控因拒绝进一步性交，涉嫌殴打另一名美国学生致死。

首尔地方法院（Seoul District Court）法官金南泰（Kim Nam – tae）当日提到，没有足够证据判定时年 21 岁的肯兹·斯奈德于 2001 年在首尔的一家汽车旅馆杀死了杰米·林恩·佩妮奇。

金法官表示，法院决定不采信斯奈德对美国联邦调查局和美国军方调查员所做的供述，因为斯奈德声称她是被强迫认罪的。

金法官还说，“没有其他证据显示她有罪。她是无辜的。”

回顾这个案件，事情变得清晰明朗：最初的调查追逐单一理论，破坏了证据搜集和牢固证据链的建立。此外，当证据搜集工作进行时，其经常被延迟，且不充分、不科学。这就使得此案缺乏在审判时必要的司法证据，迫使检察起诉方不得不依赖没有形成可靠证据链的认罪书。

质疑证据动态变化

如前所述，评估在特定案件中可能出现的证据动态变化，一种方法就是对现场和证据链进行仔细研究。犯罪再现技术人员必须先确定那些可能已经处理过或影响到相关证据的已知人员、环境和事件。此外，针对涉及犯罪再现的每一项证据，犯罪再现技术人员都应当询问以下问题，以了解其历史：

- 其监管链由何组成（笔记、草图、照片、日志、签名等）？
- 其监管链是否有连贯性，还是有疏漏？
- 案发时及之后证据发现时现场环境如何（室外/室内、下雨/天晴、潮湿/干燥、大风/闷热等）？
- 是否记录可能影响证据的环境因素？
- 物证在现场是什么样子？
- 物证在什么时候被搜集提取？
- 物证的准确发现地点是否记录？（如可行，可用三维坐标）
- 物证是否正常搜集？
- 物证何时被包装？如何包装？
- 物证搜集是否被记录？如何记录？
- 运输对物证有何影响？
- 每个处理过该物证的工作人员和机构我们是否都知晓？如何知晓？
- 每一次物证的司法鉴定或测试我们是否都知道？如何知道？

- 物证在搜集后和检测前是否储存妥当？
- 司法鉴定对物证有何影响？
- 证据的现状如何？为什么是如此现状？发生了多大的变化？
- 是否询问了最早到达现场的警员，为了确保案发现场安全他们做了哪些工作？
- 是否询问了急救医疗技术人员，他们在进入现场时观察到了什么，他们做了哪些可能影响证据的事情？

无法回答哪怕是以上问题中的任何一个，就说明证据链存在疏漏，并且可能导致对后续解读产生怀疑。这些问题的答案正是着眼于解决证据动态变化问题，后续才能清晰地确定相关影响。据此，犯罪再现技术人员可以了解物证是否存在或何时存在不确定性，或是否应当要求对物证进行复检。

证据动态：未来技术的影响

随着时间推移，物证可能受到破坏。虽然我们主要关注的是证据动态变化的破坏性一面，但其并非总是具有破坏性。随着时间推移，科技也会与时俱进。我们识别、收集、保存证据的能力以及从证据中获取信息的能力也随着科技进步不断提升。

我们先从宏观上审视犯罪现场。按照最初到达犯罪现场时其呈现出来的样子忠实记录犯罪现场是我们面临的困扰之一，有这方面经验的人对此深有体会，因为要记录的实在太多。犯罪现场涉及复杂的、彼此相关的证据系统，不细致的调查人员很容易忽视。可能很快这就不是一个问题了。好几家公司已经推出各种不同的犯罪现场记录工具，可以在几分钟之内记录百万个要点。长远来看，犯罪现场将不需要单独测量，因为电脑会记录各个要点的位置，确定两个点或两个物证之间的距离将变得简单。这种记录是三维立体图像，所以将会呈现一个完整的现场画面。它甚至能够记录血滴的大小和角度，从而确定其来源。

下面来看指纹证据的演变。从粉末到化学物质，再到激光、金属，寻找潜在指纹已经有各种技术解决方案。但是如今，指纹本身已经成为证据。在适当条件下，科技人员可以从现场遗留的细胞检材中提取出 DNA，而且最近这方面的技术又有了新进展。正如蔡（Choi）阐释道（2007）：

> 犯罪现场采集指纹标准方法中涉及的粉末、液体或蒸汽都可能改变指纹本身，还可能消除其他有价值的司法线索，包括指纹中可能含有的化学物质痕迹。
>
> 如今，研究人员发现明胶制成的胶带使得法医团队可以对现场搜集的指纹进行化学分析，得出更多关于歹徒饮食结构的具体信息，甚至还得出关于其性别和种族的信息。

下面来考虑血液和 DNA 证据的演变。这些证据最初用于分析血型，接着用于 DNA 限制性内切酶片段长度多态性测定（RFLP DNA），后来用于 DNA 聚合酶链反应（PCR DNA），现在用于 DNA 短串联重复序列测定（STR DNA），随着技术进步，后来出现方法所需的证据样本越来越小。如今，我们甚至连血液都不需要。你可以从任何活细胞中获取 DNA，包括残留在手机上的唾液或是眼镜鼻托上的汗水。如果证物是头发，你可以从根细胞中获取 DNA，从茎细胞中提取线粒体 DNA，或获取其毒理学记录。现在有从事 DNA 司法鉴定的公司甚至可以预测种族和眼睛颜色。或许在不久的将来，我们就可以通过少量的 DNA 发现任何数量的人类特质。证据动态变化的这一方面表明，需要持续进行证据搜集和悬案人员培训，不仅让他们了解今天的鉴定方法和技术证据可以揭示什么，还要让他们知道未来的技术证据可以揭示什么。

结 论

犯罪再现是一项科学工作，最好由合格的司法科技人员来完成。犯罪心理画像人员必须有相关专业背景或与有此类专业背景的人密切合作。当犯罪心理画像人员并非执业司法技术人员时，其有必要接受额外的司法科学教育和训练，确保其有效地完成行为证据分析式心理画像（BEA - style profiles）。

未将证据动态变化视为犯罪再现过程的一部分，将有可能导致误读实物证据以及对其解读不准确或不完整。如此犯罪再现结论的任何后续使用都会减弱其基础和相关性，使得司法、调查和研究场所中对证物的损害加剧。努力再现某个案件涉及的犯罪环境和行为，注意可能的证据动态变化，使自己的证据解读能科学、准确，这是司法科技人员的责任。考虑证据动态变化并不预示着一定能够达成有意义的犯罪再现，但是当忽略证据动态变化时，犯罪再现及其解读就一定值得怀疑。

由于证据动态变化经常出现，且经常被训练不足的司法工作人员忽视，所以犯罪心理画像技术人员在进行行为证据鉴定时，必须充分考虑证据动态变化带来的影响。

小结

犯罪再现是围绕某个犯罪的行为和事件。犯罪再现可能由目击者证词、嫌疑人供述、幸存受害人声明、物证鉴定及解读来构成。它要求相关人员具备在没有指导图案的情况下，用未知尺寸的碎片，完成拼图的能力。

像犯罪心理画像一样，犯罪再现是基于司法科学、科学方法、分析逻辑和批判性思维的司法学科。它要求我们正确理解罗卡交换定律，有识别和减弱偏见的能力，且一旦某些理论被证伪，愿意本着科学的精神将其抛弃。无论使用何种犯罪再现方法，上述几点都是金科玉律。

犯罪再现是一项科学工作，最好由合格的司法科技人员来完成。犯罪心理画像人员必须有相关专业背景或与有此类专业背景的人密切合作。当犯罪心理画像人员并非执业司法技术人员时，其有必要接受额外的司法科学教育和训练，确保其有效地完成行为证据分析式心理画像（BEA – style profiles）。

未将罪犯人行为、受害人行为以及证据动态变化作为犯罪再现过程中的一部分加以考虑，有可能导致误读实物证据，以及对其解读不准确或不完整。如此犯罪再现结论的任何后续使用都会减弱其基础和相关性，使得司法、调查和研究场所中对证物的损害加剧。努力再现某个案件涉及的犯罪环境和行为，注意可能的证据动态变化，使自己的证据解读科学、准确，这是司法科技人员的责任。

问题

1. 举两个证据动态变化的例子。
2. 解释罗卡交换定律。
3. 监管链存在的意义是什么？
4. 举两个二级转移的例子。
5. 给术语“犯罪再现”下定义。
6. 仅仅依赖经验进行犯罪再现会有什么固有问题？

REFERENCES

Arnold, L. , 2002. Snider Discusses Confession to Killing: Hearing to Decide if Former MU Student Will Be Tried for Murder. The Herald – Dispatch October 3.

Baker, K. , Napier, M. , 2003. Criminal Personality Profiling. In: James, S. , Nordby, J. (Eds.), Forensic Science: An Introduction to Scientific and Investigative Techniques. CRC Press, Boca Raton, FL.

Brown, B. , 2006. Woman Picked up with Trash. Ukiah Daily Journal April 19.

Chanen, D. , Collins, T. , 2005. Sergeant Raises Questions about Site of Slayings. Minneapolis Star Tribune, March 17.

Chisum, W. J. , Turvey, B. , 2000. Evidence Dynamics: Locard's Exchange Principle and Crime Reconstruction. Journal of Behavioral Profiling 1 (1).

Chisum, W. J. , Turvey, B. , 2007. Crime Reconstruction. Elsevier Science, Boston, MA.

Choi, C. , 2007. Fingerprint Technique Could Reveal Sex, Race: Gel Tape Could Enable Forensics Teams to Chemically Analyze Prints. www. msnbc. msn. com/id/19876020/ (accessed 20. 07. 07.).

Cruz, G. , 2007. New Orleans: Police Still Underfunded. Time June 20.

Cwiklik, C. , 1999. An Evaluation of the Significance of Transfers of Debris: Criteria for Association and Exclusion. Journal of Forensic Science 44 (6), 1136 – 1150.

Deedrick, D. , 2000. Hairs, Fibers, Crime, and Evidence. Forensic Science Communications 2 (3).

Findley, J. , Hopkins, C. , 1984. Reconstruction: An Overview. Identification News,

October, 3 – 15.

Gross, H., 1924. Criminal Investigation. Sweet & Maxwell, London (English translation of earlier work).

Jae – Suk, Y., 2003. Kenzi Snider Acquitted in Murder of Jamie Lynn Penich. Associated Press June 19.

Kirk, J., 2001. U. S. Forensic Scientist Says Investigation of Student's Murder Was Flawed. Stars and Stripes May 24.

Knight, B., 1996. Forensic Pathology, second edition. Oxford University Press, Oxford, England.

Lee, H. (Ed.), 1995. Physical Evidence. Magnani & McCormick, Enfield, CT.

Locard, E., 1934. Manuelde Technique Policière: Les Constats, les Empreintes Digitales, second edition. Payot, Paris, France.

O'Hara, C., 1970. Fundamentals of Criminal Investigation, second edition. Charles C Thomas, Springfield, IL.

Svensson, A., Wendel, O., 1974. Techniquesof Crime Scene Investigation, second edition. Elsevier, London, England.

Thornton, J. I., 1997. The General Assumptions and Rationale of Forensic Identification, In: Faigman, D., Kaye, D., Saks, M., Sanders, J. (Eds.), Modern Scientific Evidence: The Law and Science of Expert Testimony, vol. 2. West, St. Paul, MN.

Turvey, B., 2000. Staged Crime Scenes: A Preliminary Study of 25 Cases, Journal of Behavioral Profiling 1 (3).

Turvey, B., 2002. Criminal Profiling: An Introduction to Behavioral Evidence Analysis, second edition. Elsevier Science, London, England.

第12章 犯罪现场特征

布伦特·E. 特维（Brent E. Turvey） 约迪·费里曼（Jodi Freeman）

犯罪现场分析方法和犯罪心理画像方法依赖许多变量，这些变量需要收集、权衡和解读。这些变量中最重要的就是犯罪现场的特征。几乎没有一个关于上述主题的文章或研究报告能够绕开它们，而且大部分都依赖相关因素作为其效用和研究发现的基础。它是犯罪学分析的本质：对犯罪者、受害人及其特征进行分析、解读、分类和比较。

犯罪现场特征是指某个案发现场中的特点，这些特点由犯罪者行为体现，这些行为与针对受害人及犯罪本身的决定有关，也与现场环境相关。犯罪现场特征可以通过翔实的犯罪现场再现、被害人法医研究和犯罪相关行为时间表建立起来。一直以来，在呈现犯罪现场特征或进行任何其他形式的行为证据分析时，我们都提醒行为分析人员务必谨慎，避免依赖单一的信息源，在条件允许的情况下要寻求佐证。若使用单一信息源，如受害人声明或证人证词时，案情分析中必须对此做出明确说明，且必须讨论其局限性。

局限性

本章讨论的犯罪现场特征均是相关作者在自己的个案工作和研究中发现的最有用的特征。然而，每个犯罪现场都有别于其他犯罪现场：独一无二的环境，受害人与侵害人性格迥异，受害人与侵害人之间互动各异，现场遗留的物证不同，证据是否最终被发现并恢复。因此，本章提及的概念旨在用作一个灵活的起点，而并非一成不变的学究式清单。

犯罪现场受到动态影响，这也意味着在某个案件中，并非所有的犯罪现场特征都能被发现；其中一些可能无法从已有的证据中辨认出来。确定并承认每一宗案件中行为证据有其局限性是刑侦技术人员的责任。在缺乏证据时，刑侦技术人员也必须做好准备，将特征归为未知。当行为证据不足或缺失时，只有无知的刑侦技术人员才会将与犯罪相关的行为强行归入特定类别或进行分类。

实用性

如前所述，确立犯罪现场特征是犯罪学关注的首要问题。它提供的描述性行为可以对侵害人进行犯罪相关活动时的行为和选择进行分类，这种分类极具洞察力，可以将侵害人和其他人区分开。这些特征随后还可以作为具体个案/个案研究编订成册，用于犯罪学研究，或者用来帮助解答某个案例中的侦查和司法问题。犯罪现场特征也可以在通则式研究/团体研究中，或者刑侦 - 司法联合分析中用来对多个侵害人进行对比（参见第 14 章）。

地点的类型

地点类型指的是犯罪现场的物理环境。一般来说有四种地点类型，每一种类型的特质决定了在那里可以发现和找到什么样的证据性质和内容，以及可以用什么方法发现和找到证物。这四种地点类型之间并非完全泾渭分明：

- 室内犯罪现场存在于有墙、有各式天花板/屋顶遮盖的房屋结构内，能保护现场不受自然元素的影响。包括房屋、公寓、高层建筑、储物棚、车库、仓库、木屋、帐篷和洞穴等。
- 交通工具犯罪现场可操控，因此可移动。它们也可以视为某种室内犯罪现场，其唯一相关的表面可能就是交通工具外部。例子包括轿车、卡车、木船、轮船、火车、飞机、摩托车、自行车、飞艇、房车和全地形车等。
- 室外犯罪现场暴露于自然元素中。包括田野、森林、沟壑、峡谷、沟渠、道路、沙漠、沙滩和山坡等。

- 水下犯罪现场是任何水体表面或水体表面以下。例子包括湖泊、池塘、溪流、河流、海洋、水库和海湾等。

现场的地点

确定现场的地点是对犯罪现场的描述性说明，包括物理位置及其与周围环境的关系。对城市和郊区来说，犯罪现场地点还包括街道地址或交叉路口位置。对乡村、室外或水下现场来说，可以用装有全球卫星定位系统（GPS）的设备来确定其准确位置。要注意的关键问题包括：

- 谁经常去该地点及其附近的区域？
- 现场有何建筑物？现场本身有什么东西？
- 该地点及其附近区域经常有哪些活动？
- 如果有犯罪活动，该地点及其附近区域发生过哪种类型的犯罪活动？
- 可以如何到达该地点及其附近区域（乘车、步行、越野、乘飞机等）？如果现场在室外，是何种地形？
- 进入现场的出入点有哪些（比如门、大路、或小径），如果有安保，是什么样的安保？

犯罪现场类型

犯罪现场（crime scene）被定义为犯罪行为发生的区域（Lee，1994，p. 1）。犯罪现场调查、再现以及分析中最重要的一个因素就是确定呈现在我们面前的犯罪现场是何种类型。通过这种方式，我们希望侦查人员以犯罪本身为背景，确定犯罪行为与犯罪现场的关系。在确定特定案件的犯罪现场类型时，刑侦人员不得以直觉或经验为指导。让物证说话。要从实物证据出发，完成可靠的犯罪再现，而不是从充满偏见的理论开始，最终进入死胡同。

刑事犯罪可能不只发生在一个地点，而是发生在多个地方。这意味着多个犯罪现场可以依据其在犯罪中所起的作用，与同一起案件联系起来。请参考下列犯罪现场类型，这些类型之间并非泾渭分明。

犯罪现场可分为第一现场、第二现场和第三现场。

第一现场

第一现场（primary crime scene）是指侵害人的大部分或主要犯罪行为发生的地方。（主要犯罪行为由动机和/或刑法决定，包括杀人、性侵或盗窃）。在很多案件中，侵害人为了实施犯罪行为或清理犯罪现场，在第一现场待的时间最长。第一现场可能也是犯罪过程中大多数物证遗留的位置。

在更复杂、涉及人员更多或持续时间更久的刑事犯罪中，上述第一现场的概念仍然适用，但应用时须谨慎。如果同一起案件中的多个受害人在不同的地点受到伤害，那么最好将几个侵害行为分开，为每个受害人确定一个第一现场。同理，如果一个受害人在同一起案件中遭受多种伤害，那么最好将侵害行为分开，为每种侵害行为确定一个第一现场。

例如，在性侵杀人案中，可能就存在性侵第一现场和杀人第一现场。如果涉及多名受害人，那么每一名受害人都有他/她自己的性侵第一现场和杀人第一现场，抑或多名受害人在同一地点被性侵和杀害。上述每一种情况都须由谨慎细致的犯罪再现来确定，然后再进行适当分类。

在特定案件中简单地将侵害开始的地方视为第一现场，就忽视了上述工作的重点，而且阻碍了将该案与其他侵害行为进行犯罪学对比。它也忽视了犯罪行为的复杂性。并非所有的侵害人都只在一个地点对一个受害人进行一种侵害；某些犯罪要复杂得多，我们须在分类中承认这一点。

第二现场

第二现场（the secondary scene）是指侵害人和受害人发生互动的地点，但并非主要犯罪行为发生的地方。此外，第二现场不涉及主要犯罪行为，仅涉及辅助性行为。一起案件可能有多个相关的第二现场。

例如，如果一名受害人在某处被劫持，然后被带到另一个地点强奸或杀害，那么受害人被劫持的地点就是第二现场。

如果在第二现场找到尸体，那么第二现场也是抛尸地点（disposal site）。

中间现场

中间现场（intermediate crime scene）是指任何介于第一现场和抛尸现场之间的犯罪现场，中间现场可能有转移证据。这包括杀人后用于运输尸体到抛尸地点的车辆和尸体被最终处理前存放的地方，也包括有持续拖拽痕迹的地面。中间现场是第二现场的一种。

抛尸地点

抛尸地点（dumpsite，or disposal site）是一个概括性术语，用来描述发现尸体的地点。它可能是第一现场，也可能是第二现场。

人们常常将抛尸地点这个术语默认为受害人在其他地点被侵害，在死后或临死前才被转移到了这个地方。这是一个令人深感不幸且非常危险的侦查假设。抛尸现场可能就是第一现场，必须通过实物证据进行调查和确认。

本书作者遇到过许多犯罪心理画像技术人员和行为分析专家，他们似乎对解读室外犯罪现场和在现场发现的受害人尸体之间的关系并不感兴趣。一般情况下，他们会假设室外犯罪现场既是第一现场也是抛尸现场，而附近可能存在的水下、室内或交通工具等地点则被忽视了。侦查人员也可能忽略受害人住所可能与案件有关，这样在其调查中将会错过找寻相关证据的机会。

这种错误发生的原因可能有四种：

- 侦查人员或技术人员没有去过犯罪现场，因此不了解现场和相关区域的空间关系。
- 侦查人员或技术人员没有质疑执法人员的假设推理，接受了他们关于犯罪现场与犯罪行为之间关系的说法。

- 侦查人员或技术人员没有或几乎没有犯罪现场调查和司法科学方面的知识、培训和经验。
- 侦查人员或技术人员没有根据已有证据来再现犯罪现场。

解决这一问题的方法是避免先入为主。这就是说没有物证就不能下任何结论；无论他人多么相信侦查假设推理，都要质疑其可信度；要接受足够的司法科学教育和培训。

一旦证实手头的犯罪现场就是第二抛尸现场，就必须回答下列问题：

- 尸体如何被运到那里：是否涉及拖拽、搬运以及相关容器、包裹或车辆？
- 运输中选择了何种路线：直接路线还是间接路线、使用公共交通工具还是私人交通工具？
- 为何选择这个抛尸地点：因为方便、可以隐匿犯罪、可以毁灭证据，还是出于特定情感/幻想？
- 为何有必要从第一现场运到这里？

在任何情况下，运输尸体都是繁重、危险的事务。尸体沉重而难以处理，在有些情况下甚至还需要肢解。仅仅是将其运出，或使其远离第一现场就会让侵害人面临各种风险。然而，转移尸体通常事出有因，即侵害人在某些方面与第一现场有关联，如果尸体在那里找到，那么他就会成为合乎逻辑的犯罪嫌疑人。构建侦查理论或侵害人特质理论时，必须考虑这个原因。

第三现场

第三现场（tertiary crime scene）是指有物证出现，但却没有显示侵害人与受害人互动证据的地点。这包括犯罪后存放证物的地点（如使用过的武器，沾有血迹的衣物等）。也可能包括受害人因逃离袭击而导致的转移证据，如遭性侵后清洗阴道，或是在寻求帮助时手上的血迹转移到其他地方和物品上（第一或第二现场以外）。

以下案例阐释了犯罪现场类型之间的区别：

> 受害人和侵害人在一栋高层公寓楼里发生了争执。争执导致受害人从公寓阳台被推下。受害人身体在坠落中撞到了好几个阳台，在此过程中造成了物料检材和生物检材（如纤维、血液、头发和皮肤）转移。侵害人随后重新找回受害人尸体，并用车辆运到乡村偏僻地点，以切断自己和犯罪现场的关系。

在这个案例中，抛尸地点就是尸体被找到的乡村偏僻地点。最初发生争执的公寓楼是第一现场。中间现场是运输受害人尸体的车辆，该车辆也是第二现场。在受害人坠落过程中发生转移证据的每个阳台都是第三现场。

在案件中，通过确定犯罪现场类型，妥善评估现场找到的证据，就会发现其他相关犯罪现场。未能准确判定犯罪现场类型或完全没有考虑相关问题，将导致物证和行为证据缺失。同时，也会阻碍刑侦技术人员和其他相关人士依靠自己的分析去理解真实发生的情况。

受害人位置

受害人位置（victim location）是指受害人在刚刚遇到侵害之前所处的物理位置。确定这一信息对于事件发生顺序至关重要，可以为寻找潜在嫌疑人和目击者提供宝贵信息。它将有助于确定谁可能犯下了这个罪行，他们需要预先知道哪些信息，他们必须具备何种能力，以及谁可能看见了案发经过。

以下是需要解决的关键问题：

- 谁经常出现在这个地点？
- 这个地点通常会有何种活动？
- 这个地点的附近区域有何种犯罪活动？
- 受害人与这个地点有何联系（如通过工作、朋友、家人）？
- 受害人是否会经常出现在这个地点？为什么？
- 受害人当天为何出现会在那里，是预先安排的吗？

受害人位置与之前讨论的犯罪现场位置可能有相同的性质。

受害人选择

受害人选择是指侵害人选择目标受害人的过程。受害人选择可以分为预谋（预先选择）或随机两种。

预谋型受害人

预谋型受害人（targeted victim）是侵害发生的首要目标，侵害人有直接犯罪的动机。预谋型受害人被预先选择，是因为其身份、职业、所知或者所有。预谋型受害人可能与侵害人存在某种关系（配偶、父母、家人、同事、朋友、室友、医生、老师等），或者过去与他们存在某种关系。侵害人有意选定受害人也可能是由于受害人拥有侵害人寻找的信息、器物或贵重物品。涉及预谋型受害人的案例包括：预谋杀害犯罪目击证人；为了获取信息劫持并用肉体酷刑虐待受害人；因报告或惩罚真正的或想象中的仇敌而跟踪、劫持并强奸受害人；杀害自己的亲密伴侣。

随机型受害人

随机型受害人（opportunistic victim）是犯罪的附带牺牲品。在此类案例中，侵害人受犯罪欲望驱使，而受害者其实与此无关。受害者被选中是因为：

- 可得性：这是指侵害人能够接近受害人。它与侵害人暴露风险有关。
- 脆弱性：这是指侵害人认为某一特定受害者容易接近和袭击。它也和侵害人暴露风险有关。
- 位置：这是指受害人与侵害人所在位置之间的关系。它通常与犯罪人和受害人两者的行为活动及时间安排有关，也与侵害人暴露风险有关。

随机型受害人之所以被选中，是因为他们符合侵害人选择的特定标准。这些标准可能包括：

- 幻想标准：幻想标准是指受害人由于拥有侵害人视为可以满足其特殊癖好的理想或必需特征而被选中。这些理想或必需特征的性质在受害人心理学和侵害人标志性行为中显露出来。
- 象征性标准：象征性标准是指受害人由于拥有与侵害人有关联的其他人（配偶、父母、家人、同事、朋友、室友、医生、老师等等）类似的特点而被选中。

需要注意的是，犯罪心理画像技术人员无法确定随机型受害人是否符合特定的侵害人标准，除非有系列案件反复呈现特定的受害人特征，或者已经知道侵害人身份（连同其过往行为）。

接触点

接触点是指侵害人首次接近并接触受害人的准确地点。这是一个中性术语，它包括受害人在侵害人预谋诡计之中相遇的地点，也包括侵害人袭击受害人、随后将其拖至第一或第二现场的地点。比如受害人在一条慢跑的小路被控制，随后被挟持至其他地方强奸，这条慢跑的小路就是接触点。例子还包括汽车劫持案中的汽车，以及入室盗窃案中受害人的卧室等。

确定接触点可以为我们提供一个参考标记，便于在受害人和侵害人的行为时间表上前推或后推。一旦抵达接触点，侵害行为就已经无路可退。接触点是受害人与侵害人互动的开始，也为后续的侵害行为设定了基调。

接近方法

接近方法是指侵害人接近受害人的方法［该部分讨论改编自伯吉斯和黑泽尔伍德（Burgess and Hazelwood），1995，pp. 142 – 143］。它可能被描述为伏击、骗局或者是利用原有的信任。这些接近方法彼此排斥。

伏击

伏击的特点是侵害人通过静候等待，利用受害人脆弱时刻接近受害人。这意味着需要提前选择受害人，然后在受害人日常活动计划内的某个特定地点等待受害人（Burgess and Hazelwood，1995，p. 143）。也可能意味着选择受害人后静候等待，直至其分神、发呆、睡着时再接近。伏击这个术语仅用于描述接近方法，并不暗示特定的袭击方式。

伏击需要等待时机，至少需要一些掩护或受害人分神的机会。然而，它并不要求很有效的事先计划或犯罪技巧。

伏击方式在刑事案件中可能很重要，因为静候等待意味着事先预谋，这属于刑罚加重情节。刑罚加重情节是指将普通谋杀升级为一级谋杀。在某些州，这可能意味着死刑。

骗局

骗局的特点是侵害人通过欺骗或诡计接近受害人［该部分改编自伯吉斯和黑泽尔伍德（Burgess and Hazelwood），1995，p. 142］。骗局可能涉及某种简单计谋，用来暂时转移受害人的注意力，如一个看似随意的提问或寻求帮助的请求，让侵害人得以近距离接触受害人，并将其制服。骗局也可能涉及更为复杂的阴谋，侵害人凭借受害人直接、长期的信任，将受害人诱骗至第二地点，进入某一特殊地点或区域，或者胁迫受害人顺从。骗局一词仅仅用于描述接近方法，而并没有暗示特定的袭击方法。

由于骗局具备较高的复杂程度，这种接近方法需要罪犯有信心、计划和经验，这样才能使计谋顺利实施且不引起受害人的怀疑。初犯通常不会使用这种接近方法。

例如，冒充警察或其他权威人士就是一种常见的诡计，往往可以在受教育程度不高、精力不集中或没有戒心的人身上得逞。它可以用最小的体力使得受害人顺从或限制受害人反抗。

利用原有信任

利用原有信任是指侵害人通过现有或以往与受害人的关系接近受害人。这种方法随侵害人动机而变，可以用作长期计划的一部分，也可以因为恰好出现了机会而加以利用。

利用原有信任要求侵害人愿意出卖他们认识的人，不一定需要有特定的犯罪信心或是技巧，除非骗局属于提前谋划。因此，评估这种方法时有必要考虑受害人是属于预谋型受害人还是属于随机型受害人。

利用原有信任不同于骗局，骗局是袭击前利用欺骗来获取陌生人的信任，在此之前没有关系可以利用。

袭击方法

袭击方法是指侵害人接近受害人之后用来压制受害人的方法。袭击方法有别于接近方式，必须单独分析。袭击方法可以根据所涉及的武器和暴力性质进行描述。例子包括：

- 口头威胁说会使用致命武力。“照我说的做，否则杀了你。”
- 口头命令和致命武力威胁，用枪控制。“照我说的做，否则一枪打死你。”
- 口头命令，用刀控制。“刀抵在你肋骨上。照我说的做。”
- 突然袭击（概述见下文）

突然袭击

根据伯吉斯和黑泽尔伍德的描述（Burgess and Hazelwood）（1995，pp. 142 - 143），突然袭击是指侵害人接近受害人后立即用武力将其制服（换句话说，就是攻击）。突然袭击旨在剥夺受害人的反应时间，使侵害人可以立刻掌控情势。

相关作者认为，突然袭击的概念描述的仅仅是袭击方法，而不是侵害人以何方式接近受害人。相关作者提倡用这个概念来描述侵害人的袭击方式，这种袭击通过直接、残酷的方式对受害人实施控制、性侵、惩罚或致命武力，旨在使受害人失能或将其杀害。突然袭击可能发生在任何接近方式之后。

突然袭击表明侵害人非常愤怒，缺乏犯罪技巧，并且希望给受害人造成严重损害，物证就在此不可预知的交换过程中产生。

例如，利用伏击方式发动突然袭击，侵害人可能已在公园灌木丛中静待了好几个小时，随后突然跳出来，使用刀或石块等残酷武力手段袭击受害人。

在另一个例子中，侵害人可能在同一个公园用相同的诡计接近不同的受害人。侵害人决定行动前可能会和受害者一起待上几分钟。诡计本身并不是袭击，它是一种骗局。突然袭击是指侵害人使用残酷武力制服受害人。

使用暴力

在侵害过程中，侵害人愿意使用什么样及多少数量的暴力可以告诉我们很多关于其技巧、性格和动机的信息。分析暴力使用不仅包括对袭击方法中使用暴力的评估，也包括对这种暴力与其余犯罪行为关系的评估。它应包括关于侵害人何时使用暴力及其相关意图的详细说明。还可以包括对未使用暴力的评估，这些被称为阴性档案：用来记录没有伤情证据的领域，或记录没有伤情证据或物品的相关环境和现场（Jamerson，2009）。没有这些阴性档案对比，暴力背景及其造成的伤害就不完整。

在刑事案件中最为常见的故意暴力类型（以下将讨论）不一定彼此排斥。

致命暴力

致命暴力（lethal force）这一术语用来描述足以致命的身体攻击行为。它包括故意伤害致命区域，如心脏、头部或颈部。它可能涉及武器、化学物品或徒手。其决定性因素是使用的武力足够导致受害人死亡。致命暴力可以是可控暴力或残酷暴力，也可能涉及暴力过度。

致命暴力不一定立刻导致受害人死亡，或者根本不会导致受害人死亡，然而一旦受害人死亡，那么无论出于什么意图，都应被认定为致命暴力。

可控暴力

可控暴力（administrative force）这一术语用来描述的是，为了达到特定目标而有意实施的、目的性强的伤害行为。在相关例子中，侵害人关注的是单一结果，实施过程不掺杂个人利益。侵害人实施暴力行为没有加入情感、激情或其他个人动机。其特点是间隔时间短，伤害或杀害方法单一，集中在特定区域或关键脏器（头、颈、胸等），以及没有时间进行无关活动（如寻找贵重物品、私人物品、清理现场等）。可控暴力的例子包括：

- 狙击手一枪射杀一个目标；
- 用一剂致命毒药毒死一名受害人；
- 因未能偿还债务而打断他人的手或脚。

可控暴力往往由雇用的或训练有素的专业人员代表他人实施。然而，它也可能是冷静的反社会人格人员针对其认识的人或怀有个人感情的人犯下的罪行。

残酷暴力

残酷暴力（brutal force）是指涉及一处或多处身体伤害的攻击行为，可能导致重大伤害，使受害人濒临致死边缘。然而，残酷暴力并非一定致死，甚至不一定属于蓄意谋杀。它通常出于愤怒。残酷暴力的例子包括：

- 使用钝物如锤子多次攻击面部；
- 朝面部开枪；
- 引爆致人伤残的爆炸装置。

暴力过度

暴力过度（overkill）是指暴力造成的身体伤害超过了致死的程度。

它涉及使用致命暴力后仍反复施暴。暴力过度通常是因为积怨已久，愤怒和沮丧随时间积累而不断增长。暴力过度的常见案例包括：

- 重新装弹后多次近距离枪击；
- 受害人尸体同一位置被多次刺伤。

我们需要区分两种伤情：一是证据显示伤情由暴力过度所致；二是受害人忍耐力超强，在遭遇反复攻击后仍不断挣扎与反抗。

以控制为目标的暴力

以控制为目标的暴力（control - oriented force）是意在限制受害人活动的攻击行为。此类暴力的例子包括：

- 人力控制受害人，阻止其活动或逃跑；
- 堵住受害人嘴巴，防止其呼救；
- 限制人身自由，如用手铐和绳索防其活动或逃跑；
- 将受害人锁在房间，防止其逃跑。

纠错型暴力

纠错型暴力（corrective force）是指侵害人在回应或阻止受害人令人不悦或危险的行为时所做出的身体攻击行为。纠错型暴力的例子包括：

- 受害人因尖叫呼救而被掌掴；
- 受害人因拒绝脱衣而被殴打；
- 受害人因拒绝站立而被脚踢。

防卫型暴力

防卫型暴力（defensive force）是指意在保护自身安全，防止攻击、危险或伤害而进行的身体攻击行为。这个术语本身并不意味着这种行为在法律上或道德上是正当的行为。相反，它是用来描述行为的意图。防卫型暴力的例子包括：

- 为了逃离险境，保证自身安全，受害人猛踢抢劫犯的私处；
- 受害人遭受性侵时撕咬侵害人；

- 侵害人用枪对抗持有钝物武器的受害人。

防卫型暴力也可用来描述试图逃避或反抗暴力时自己失手造成的损伤。例如受害人试图移除颈部绳索时造成的擦伤和遗留的指甲印。

预防型暴力

预防型暴力（precautionary force）是指意在阻碍或防止物证识别和搜集而进行的身体攻击行为，这些行为通常会导致特殊的伤口类型。预防型行为留下的伤口类型包括：

- 砍掉受害人的手和头，阻碍调查识别工作；
- 焚烧受害人阴部，销毁性侵证据；
- 将尸体放入强酸中，模糊可辨别特征或将尸体完全熔解。

实验型暴力

实验型暴力（experimental force）是指为了满足心理上的、带有幻想需求的、非激进的暴力行为。它不需要受害人有意识或活着。实验型暴力行为留下的伤口类型包括：

- 受害人死后，其肉被啃咬或去除；
- 受害人死后或死亡过程中，将异物插入其口腔；
- 死后被取出内脏。

这种行为也可能与化学物质诱导产生的错觉或严重心理障碍有关。

身体酷刑

身体酷刑（physical torture）是指对受害人蓄意的、重复的非致命伤害。酷刑要求在最初行刑时，受害人必须活着，且意识清楚，这样他/她才能经历接下来的痛苦。在大多数情况下，酷刑会涉及一个具体目标，比如获取信息、要求对象坦白或告发，以及性满足（意图施虐）或报复。

性暴力

性暴力（sexual force）是指侵犯或胁迫受害人，直接满足侵害人色情欲望的行为。性暴力的例子包括：

- 受害人死后啃咬或割除其乳房；
- 强迫受害人口交；
- 强行插入阴道或肛门。

性暴力可能与性崇拜和恋物癖有关。

控制方法

侵害人在侵害过程中用一些方法来操控、监管、限制和压制受害人的行为。控制方法会使用以下形式的暴力。

控制导向型暴力

- 殴打不顺从的受害人；
- 掐颈不断反抗的受害人；
- 啃咬不断反抗的受害人；
- 用绳索来捆绑或束缚受害人身体；
- 使用手铐；
- 塞住受害人口腔，使其无法进行任何言语活动。

口头威胁将实施控制、惩罚、性暴力或致命暴力

- “不要乱动，否则就把你的手捆在背后。”
- “再这样做，就杀了你。”
- “照我说的做，否则就把这个放进你的屁股。”
- “继续走，否则给你点颜色瞧瞧。”

利用无声肢体语言威胁将实施控制、惩罚、性暴力或致命暴力

- 展示枪支；
- 展示刀具；
- 展示棒球棍（或其他钝物武器）；

- 握紧并举起拳头；
- 凭借身材体型优势进行恐吓；
- 展示手铐（或其他有明显限制性功用的器具）。

在描述侵害人的控制方法时，犯罪心理画像技术人员会被告诫应阐明具体的身体控制方式，准确地呈现侵害人如何操控、监管、限制或压制受害人行为。

武器和伤口

武器是指在现场发现、由受害人或侵害人带入现场、用来造成身体伤害的物品。

并非所有侵害人都会使用武器，有些是因为他们没有携带，有些是因为他们得不到武器，有些是因为他们自己觉得没有必要使用武器，而有些则是因为他们的认知能力不允许自己使用武器（比如某些侵害人有自信导向型幻想，认为攻击需征得受害人同意，因此并不是一种犯罪行为）。

对于犯罪心理画像技术人员来说，需要解决的武器方面的关键问题包括：

- 是何种武器（刀具、枪支、绳索、石头、铁锹）？
- 这个武器属于谁（受害人、侵害人、第三方）？
- 武器如何被带到犯罪现场？
- 武器在哪里发现？（受害人身上/旁边、遗弃在附近或其他相关的犯罪现场）？或者武器没有找到？
- 犯罪期间何时使用了武器（如在侵害人靠近之时、在发生身体攻击时、抑或在性侵时）？
- 这个武器是如何使用的（防卫型、预防型、实验型、纠错型、控制性、惩罚性、性侵或致命暴力）？

需要注意使用武器的类型，还要注意给受害人造成的身体伤情。犯罪中涉及的每一种武器的分析都应该包括它所造成的伤口类型。犯罪中使用的武器不应虚构假设，必须有证据来证明。

下列这些常见伤口类型改编自迪梅约和迪梅约（DiMaio and DiMaio，1993）。

钝物暴力创伤

钝物暴力创伤（blunt－force trauma）是指非穿透性武器或物体与人体进行暴力接触造成的创伤（如粉碎或折断）。阿德尔森（Adelson，1974，p. 378）描述称，钝物致伤的产生机制是武器与受害人身体部位发生暴力接触后造成的影响，同时还包括人体部位与坚硬表面发生暴力接触受到的影响。钝物暴力创伤可分为以下类别：

- 擦伤（abrasions）。皮肤表层严重脱落或皮肤周围组织脱离表明有擦伤。例子包括止血结扎处（活动可导致此处皮肤开裂、泛红），以及身体在粗糙表面（如混凝土）拖拽留下的印痕。
- 挫伤（contusions）是指血管破裂（通常由某种击打造成）而皮肤没有破裂的人体损伤。这种伤情可能有一定模式（有印记，方向不规则），也可能没有模式。挫伤包括瘀伤和皮下出血，其持续时间由表现的颜色决定。在犯罪再现中，区分死后和死前挫伤是非常重要的（Adelson，1974，p. 382）。
- 撕裂伤（lacerations）是裂口状或锯齿状伤口，往往有类似擦伤和挫伤的边缘。可以通过辨识人体组织从一边到另一边的撕裂情况来区分锐器（穿透性）伤和裂伤。

烧烫伤

烧烫伤（burn）是指由高温、明火或化学物质造成的身体损伤。烧伤主要由以下原因导致：

- 直接暴露于明火；
- 与高温物体接触；
- 热辐射波；
- 滚烫的液体/蒸汽；

- 化学物质；
- 微波。

锐力伤

尖锐、有刃或锋利物体/武器会造成锐力（穿透性）伤。它们可以分为以下几种类型：

- 刺伤（stab wounds）是被锋利器具刺穿造成的身体损伤。其造成的伤口深度通常大于宽度。
- 切伤和割伤（incise wounds，cuts）是尖锐器具划过皮肤表面，甚至进入皮肤内部组织造成的，其长度往往大于深度。
- 砍伤（chop wounds）是由边缘锋利的重型工具造成的。砍伤深入组织内部，可能还会造成骨折，同时可能有切割伤和撕裂伤的特征。例子包括由长斧、短斧、砍刀、剑和切肉刀造成的损伤。

枪伤

火器（如步枪、手枪或猎枪）从一段距离以外发射一个或多个射弹，以足够强的力度射中目标，造成贯穿性（仅有入口创伤）或穿透性创伤（入口和出口均有创伤）。入口创伤可分为接触型、接近接触型、中间型和远距离型。枪伤还包括出口创伤、非典型入口和出口创伤（DiMaio and DiMaio，1993）。

治疗型和诊断型伤

治疗型和诊断型伤是指紧急医疗服务（emergency medical services，简称 EMS）人员在治疗过程中造成的身体创伤，包括针孔、切口和穿刺标记，以及伤员处置或运输不当造成的擦伤。分析伤情时，务必要拿到完整的紧急医疗服务人员活动记录，这样才能辨识出哪些伤口与受害人和侵害人的互动无关。

死后伤和死前伤

进行伤口形态分析时，一个重要的但常常被忽略的考量因素就是伤情是在死前、临死时还是死后造成的。这个评估往往涉及多个方面，且不准确，仅仅检查伤情可能远远不够。对某些伤口来说，确定伤情是死前还是死后造成的并不完全可行。因此，就有必要使用死亡过程伤这个不精确的术语。

死前伤（antemortem wounds）发生在死亡之前。死前伤往往与身体损伤造成的大出血有关，要么是内出血，要么是外出血。

死后伤（postmortem wounds）发生在受害人死亡之后。死后伤通常表现为动脉和静脉破裂，出血量少或几乎没有出血。不过这并非绝对定律，因为每一种损伤都有自己的特点。

受害人反应

受害人反应是指受害人针对侵害人的行为做出的反应。受害人反应有两种类型：受害人顺从和受害人反抗。

受害人顺从

受害人顺从（victim compliance）是指受害人顺从并默许侵害人的要求。为了讨好侵害人，某些受害人甚至可能主动询问自己应该怎样配合，以便侵害人行动。但这并不意味着侵害人和受害人之间的互动是两相情愿，或者没有犯罪发生。受害人顺从可能是因为害怕被伤害，或是顺从于即将发生的可怕事件。

受害人反抗

受害人反抗（victim resistance）是指受害人违抗侵害人的行为。

伯吉斯和黑泽尔伍德（Burgess and Hazelwood，1995，p. 143）提出了三种有用的受害人反抗的类型，且中肯地提醒我们，不要把反抗仅仅局限为肢体或口头反抗，还要包括消极反抗。这些反抗类型之间并不互斥，每一种都可能出现在单一罪行中。

作者们提出警示，以下这些描述并非指责受害人或将责任归结于他们。受害人对侵害人的反应受到他/她的生活经历、阅历及其对世界理解方式的影响，而这些都通过其个性表达出来。对一个受害人来说属于极端行为的事情，对于另一个受害人来说可能并不是。这就强调在评估受害人反抗之前要进行完整的受害人心理研究。首先要找出谁是受害人，该信息可以让我们深入了解受害人为何做出这样的反应。

- 消极反抗。在消极反抗中，受害人通过非侵犯性手段违抗侵害人，如拒绝服从侵害人命令或在囚禁期间长时间绝食。在《强奸案件调查实录》（*Practical Aspects of Rape Investigation*）（1995）一书中，伯吉斯和黑泽尔伍德（Burgess and Hazelwood）告诫我们，要知道受害人的不服从就是一种反抗，那可能是某些受害人拥有的全部（生理上或心理上）能力了。
- 口头反抗。口头反抗是指受害人用语言或声音表达对侵害人的违抗。口头反抗包括受害人呼叫求救、被袭击时尖叫、哀声恳求或口头拒绝服从侵害人命令，或试图协商、谈判等。口头反抗的例子包括：
- “别碰我。”
- “我不会跟你去任何地方。”
- “要强奸我，就先杀了我吧。”
- “我不想死。”
- “求求你，不要伤害我。”
- “让我走吧，我不会告诉任何人的。”
- 肢体反抗。肢体反抗是指受害人武力违抗侵害人，包括拳打、掌掴、手抓、口咬、挣扎、踢、跑等。肢体反抗也可能导致受害者无意中自己造成伤害，如试图抗拒勒绳时留下的指甲印。

如果受害人宣称对方使用了武力，那么为了证实这个说法，应当检查受害人的身体，同时检查侵害人的身体如何受到影响或受伤。没有伤情并非表明没有使用武力或者受害人不诚实。

性行为的性质和顺序

性行为是指任何涉及性器官、性器具或具有性特征物品的侵害行为。确定侵害中的性行为性质和顺序可以帮助我们深刻理解侵害人的作案手法和标志性行为。物证只能提供有限确认（如可以确定性质，但不能确定具体顺序），精准确认往往依赖目击者证词或受害人笔录。

性行为是侵害人暴力的延伸，应当进行类似评估，分为防卫型、预防型、实验型、纠错型、控制型、惩罚型、性/幻想或致命型。

在讨论人类性行为、性幻想、恋物癖以及性仪式时，应当鼓励学生寻找尽可能多的资源。侦查人员在对性行为进行分析或者进行有价值的评论之前，应当全面掌握关于人类性行为的知识。有意回避相关材料的任何侦查人员（如因为个人反感），都不应当被派往调查任何涉及实际或潜在性行为的案件，甚至应当建议他们另谋出路。

时　间

案件中的证据使得犯罪心理画像人员可以确定侵害人实施不同犯罪任务所用的时间（或大概时间/时间范围）。时间轴线可以帮助我们洞察侵害人动机、作案手法和标志性行为等。某些犯罪在几分钟之内就能完成，而另一些则需要很多天，不同案件中，所用时间长短就可以说明很多问题。

可用来确定犯罪中时间消耗的证据包括：

- 证词（如受害人和目击者陈述）；
- 司法鉴定报告（如法医报告、昆虫学报告、毒理学报告）；
- 证明文件（如确定侵害前、侵害中和侵害后受害人/侵害人行为和交流时间轴线的电脑、手机或安全设备）。

多名侵害人

案件中的证据使得犯罪心理画像人员可以提出意见，确定一起案件是否有多名侵害人参与。如果涉及不止一名侵害人，那么该事实将对侵害人的作案手法、标志性行为以及所需的策划能力产生深刻的影响。支持这个观点的例子包括：

- 物证（如 DNA、指纹、脚印、伤口类型、使用武器数量）；
- 证词（如目击者陈述和受害人陈述）；
- 证明文件（如手机相机和监控摄像头拍摄的照片）。

预谋和准备

侵害人策划的程度和范围可以通过评估其是否掌握了犯罪方法和手段来确定。对于犯罪心理画像人员，犯罪预谋/准备中需要解决的关键问题如下：

- 侵害人携带了什么？
- 侵害人在现场使用了什么？
- 侵害人拿走了什么？
- 侵害人是如何拿走的？
- 有多少侵害人涉案？
- 受害人属于预谋型目标吗？

正如上述问题所示，确定侵害人的策划程度和范围取决于我们对防御性行为和随机性因素的评估。

预防型行为

预防型行为是指侵害人在侵害前、侵害中或侵害后采取的某些行动，这些行动旨在有意识地迷惑、阻碍或破坏刑事调查或司法工作，以达到隐藏侵害身份、隐藏与犯罪联系，甚至隐藏犯罪行为本身的目的。预防型行为包括（但不限于）以下这些例子：

- 换装/伪装。侵害人可能通过伪装、面具或厚重衣物来改变自身外表。通过伪装，可以让自己在随后的受害人或目击者指认中很难识别或者根本不可能识别。

- 变声。侵害人可能故意压低声音，升级音高或改变口音。这个把戏可能是出于预防/心理/幻想等动机。实际接触和使用的语言可能才能体现出真正的原因。
- 使用眼罩。使用眼罩能阻止受害人看到侵害人的某些特征。这可能是出于防御/心理/幻想等动机。如果没有其他相关证据，眼罩所起的作用（功能或幻想）可能难以说清。
- 时段选择。侵害人可能选择一天中的昏暗时段作案，以便掩盖自己的身体特征，增加受害人的脆弱性。
- 位置选择。某些侵害人喜欢隐蔽、少有行人以及远离当地居民视线的位置作案。
- 受害人选择。侵害人可能选择陌生人作为目标（随机型受害人），以降低日后与案件发生联系的可能性。
- 使用手套。作案时使用手套，可以防止侵害人的指纹和生物液体（如汗液）转移到其触摸过的物体和表面。
- 使用避孕套。避孕套可以防止精液（DNA 证据）转移到受害人身上或犯罪现场。侵害人可能会把避孕套从现场带走，然后在其他地方抛弃。
- 使用火。火可以用来伤害受害人、破坏犯罪现场以及/或者犯罪证据。火也可能用来表达愤怒。
- 处理受害人衣物。侵害人可能会扔掉一些（如衬衫、鞋、袜等）或全部受害人的衣物。其目的可能是为了羞辱受害人，让受害人失去防护，阻碍受害人寻求帮助或报警等。这样做也可能是为了丢弃潜在的物证。
- 寻找或搜集受害人身份信息。侵害人可能会检查、记录或带走受害人的个人身份凭证，知晓其姓名和住址。这些信息可以用于威胁受害人，达到阻止受害人报警或推迟报警的目的。在杀人案中，拿走受害人的身份凭证可以起到阻碍侦查人员识别尸体身份的作用。
- 使用控制导向型暴力：侵害人可能使用控制导向型暴力阻止受害人进行口头或肢体反抗，防止将注意力吸引到犯罪现场和犯罪人身上。如塞住嘴巴阻止口头反抗。

- 抛尸。侵害人可能会将受害人尸体丢弃到远离第一现场的另一个地方。这是一种预防型行为，可以阻止侦查人员在第一现场找到证据或者将侵害人和第一现场分离开来。

遗失物品

遗失物品是指任何原本属于犯罪现场，但在犯罪现场调查中却没有找到的物品。确定遗失物品可能为解读侵害人动机、作案手法和标志性行为提供有用信息。

如有可能，应当将犯罪现场的现状和犯罪发生之前它的样子进行比较。为了进行这种比较，犯罪心理画像人员和司法鉴定人员需要犯罪发生之前相关现场的可靠记录资料。可以利用最近在该地点举办的活动照片、自动取款机摄像头或监控摄像头拍摄的影像等。可以准备一个名单，包括了解该地区的目击者，对他们进行深入、全面走访，原则就是全面和彻底。需要寻找的物品如下：

- 新增物品；
- 遗失物品；
- 未改变物品。

在确定犯罪现场遗失物品时，进行深入的犯罪心理学分析非常有用。考虑受害人的穿着及其拥有的财物可以准确地判定哪些物品可能从现场遗失，这一点也很重要。

现场新增、遗失、未改变的物品都应有合理解释。伯吉斯和黑泽尔伍德（Burgess and Hazelwood，1995，p. 153）将侵害人拿走的物品分成三类：

证据性物品

证据性物品是指侵害人认为可能将其与受害人或犯罪本身联系起来的物品。例子包括但不限于下列物品：

- 沾有血迹、纤维或精液的受害人衣物；

- 侵害人送给受害人的礼物、贵重物品或珠宝；
- 受害人和犯罪人在一起的照片；
- 侵害人写给受害人的信件。

从犯罪现场拿走上述类型的物品应被视为预防型行为。

贵重物品

贵重物品是指侵害人从犯罪现场拿走那些自认为可能有经济价值的物品。侵害人出于经济利益拿走的这类物品，不仅可以显示其技术水平和运输能力，还可以显示其经济状况。例子包括但不限于下列物品：

- 信用卡；
- 珠宝；
- 现金；
- 支票簿；
- 电视机；
- 笔记本电脑；
- DVD 播放器；
- 手机；
- 药品。

私人物品

从受害人身上或犯罪现场拿走的私人物品可能对侵害人有特殊情感价值。这些物品往往没有经济价值，即使有，其经济价值也属附带，微乎其微。私人物品分为两大主观类别，战利品或纪念品。每项物品的准确性质必须一项一项确认，如果不清楚侵害人如何获得该物品（获得背景），以及侵害人或受害人与该物品之间的相关行为，我们就不能完成上述确认。注意：以下列出的任一类别的物品均符合上述两种类别，这两种类别并非互相排斥。

战利品（trophy）是胜利、成就或征服的象征。它与暴力、受害人反抗或征服和羞辱受害人息息相关。战利品的例子如下：

- 受害人所穿的被撕裂的衣服；
- 受害人的一缕头发；
- 受害人的个人身份证明；
- 受害人受攻击时的照片；
- 从现场拿走的、在受害人身上使用过的武器；
- 受害人的身体部位。

纪念品（souvenir）是指可以代表一段愉快经历的提醒物品或回忆象征。它通常与安慰型导向需求有关，但也未必如此。以下是纪念品的例子：

- 从衣物篮中拿走的受害人的内衣；
- 受害人的学校身份证明；
- 从受害人家中墙上取下的照片或从受害人个人相册中拿走的照片；
- 受害人佩戴的戒指、项链或其他价值不高的珠宝；
- 作案前进行受害人选择时所拍的受害人照片。

从犯罪现场拿走这些物品属于标志行为，可以表明侵害人的动机。

随机因素

随机因素是指侵害人作案时未经事先计划的各种因素。它可能是随机的受害人、随机的侵害行为、随机的武器或随机的地点，任何未经事先计划、但在作案时涉及的因素，均属此类。现场遗留的随机因素或行为的证据并不一定意味着相关侵害未经计划或事先毫无准备袭击。

在评估行为或因素（受害人、地点等）是否属于随机因素时，应当寻找能够表明经过计划的相关行为和因素。它们包括但不限于：

- 受害人受监视的证据；
- 带到犯罪现场的独属于某种特定犯罪的物品；
- 受袭前受害人接到的电话；
- 关于受害人住所和个人安排的私密信息。

当受害人看似属于随机型时（受害人研究不足时通常会出现这种错

误），侦查人员往往会错误地推测侵害人行为大多也属于随机行为，这种情况很普遍。他们可能因此而低估了侵害人的危险性或低估了其将来重新作案的可能性。这可能会导致先验式侦查偏差，导致我们无法识别侵害人的计划行为或者其连环犯罪模式。随机型侵害的表现包括但不限于：

- 侵害发生在另一次侵害行为过程中；
- 侵害发生在侵害人的非犯罪活动中；
- 侵害持续时间很短；
- 侵害匆忙进行，现场遗留了大量可轻易发现的证据；
- 侵害人用随手可用的作案工具使受害人失能。

受害人身体

在所有案件中，无论受害人是否存活，受害人身体都是犯罪现场的延伸。迪梅约和迪梅约（DiMaio and DiMaio，1993）对此有很好的解释，可供参考。对犯罪心理画像人员来说，关于受害人身体的关键问题如下：

- 在侵害过程中，受害人尸体何时被放置于犯罪现场？
- 受害人或其尸体如何进入犯罪现场？
- 受害人或其尸体如何来到犯罪现场的最终位置？
- 受害人尸体为何被留在特定位置？
- 受害人身体处于什么状况？
- 受害人身体所处的位置是否符合已确定的犯罪事实？
- 是否有证据表明犯罪人将受害人身体放置在了特定位置？
- 如果受害人尸体被放置在了特定位置，那么这种做法有何特殊含义？
- 这种尸体放置方式对谁来说具有特殊意义（侵害人、找到受害人尸体的人、还是受害人等）？

伪　装

正如第 11 章所述，侵害人通过伪装犯罪现场故意改变物证，误导警方和侦查工作（Turvey，2000）。伪装是预防型行为，发生在侵害行为之后，目的是为了蓄意迷惑、妨碍或挫败司法侦查工作，以隐藏侵害人与犯罪之间的联系。

“貌似伪装”

每一名侦查人员、犯罪心理画像人员和司法鉴定人员在犯罪现场发现伪装现场的相关元素时，都有自己的主观判断。或者说，至少他们在法庭上宣称如此。这些元素可能包括：

- 没有强行进入的痕迹；
- 强行进入的痕迹非常明显；
- 房间内的抽屉被移动过，抽屉内物品被随意倾倒，营造出“洗劫”的假象；
- 房间内的抽屉被移动过，并且被小心叠放起来，以保护抽屉内的物品；
- 没有寻找贵重物品的迹象；
- 只有特定物品被盗；
- 受害人没有人身保险；
- 除人身保险以外，受害人死亡会以某种方式（愤怒、复仇、信托基金等）有利于其他家庭成员、家族成员或亲密关系人。

上述任何一个或全部都会引起警觉的侦查人员的怀疑，而怀疑本身并没有错。然而，在没有伪装的案件中也会出现这些情况。细心的侦查人员会注意到，它们甚至都不是有用的警示信号，因为它们几乎涵盖了每一种特定情况的所有可能性（如进入现场是否属于强行进入、贵重物品是否被盗等）。怀疑是进一步调查的正当理由：它告诉侦查人员去哪里找更多的证据。但疑问本身并非证据，它们是假设，必须有证据加以证明；它们不是调查结束的标志，而是调查开始的标志。

伪装在任何犯罪中都可能存在，因此在案件分析时必须加以考虑和排除。犯罪心理画像人员必须对照物证来应用、测试伪装理论。所有物证都不能随意排除或忽略。最终确定犯罪现场是否伪装依赖于物证的科学重组。在每一起案件中，都要仔细审查司法证据，用证据发现来证实/比较受害人和目击者证词，一丝不苟地再现犯罪现场，不要进行任何假设。

口头行为/语言指令

语言指令是指侵害人在侵害过程中使用的语言，及其向受害人发布命令使用的语言。语言指令用来在口头上或行为上左右受害人。它暗示侵害人的犯罪幻想，会发生什么，自己说什么，受害人如何回复（如果有回复的话）。由此看来，语言就是心理需求和心理力量的延伸（或者说缺乏心理/情感需求和缺乏力量的延伸）。

根据伯格斯和何穆斯特姆（Burgess and Holmstrom，1979）的解释，在强奸犯/性侵人的言语行为中有 11 种主题，我们不仅要从内容上对其进行评估，还要从语调、态度和时间选择上进行评估。由于这 11 种主题仅包含某些自私强奸犯的动机，忽略了其他方面，作者进行了一些补充（虽然它们是用来描述强奸犯的语言，但是这些指令类别并不仅仅局限于强奸犯）。它们包括：

- 犯罪惯技导向型（MO - oriented）命令和要求。“不要看我的脸。”
- 标志导向型（signature - oriented）命令和要求。“抖抖屁股，我想看它抖动。”
- 威胁。“不要看我的脸，否则杀了你。”
- 自信式言语。“我来让你感受什么是一个真正的男人。”
- 询问受害人个人信息。“你叫什么名字？多大了？”
- 侵害人个人感受表达。“我喜欢这种感觉。”
- 猥亵称呼和种族主义绰号。“婊子”“黑鬼”。
- 温柔言语诱导。“我不会伤害你的。”
- 性侮辱。“你都不值得强奸。”

- 占有欲表达。“你是我的。”
- 将财物从他人身上转移。“你觉得没有人可以拥有你么?”
- 故意欺骗。“我叫保罗，就住在附近，我离开的时候不要看。”
- 劝慰导向型语句。“我叫保罗，我不会伤害你的。”
- 道歉。“对不起，这不是我的本意。”
- 讨价还价。“如果你这么做，我就让你走。”
- 个人赞美。“你看起来真漂亮。”
- 性赞美。“你的乳房真好看。”
- 自嘲。“我真是个失败者。”
- 合理化。“不是我干的。我没有强奸你，我不会这么做。”

小结

犯罪现场分析和犯罪心理画像的方法取决于许多不同变量，必须小心加以收集、考量和解读。其中最重要的就是犯罪现场的明显特征。犯罪现场特征由侵害人行为展现，与侵害人做出的有关受害人和侵害行为的决定息息相关。它们可以通过完整的犯罪现场再现、司法受害者研究、运用和已知犯罪行为相关的时间表确立起来。这是犯罪再现工作之后进行的、对犯罪现场调查的解释性分类阶段。其目的是为了提供一种分类、解释和比较受害人与侵害行为的语言，这些行为已经由现成的犯罪再现解读确定下来。

每个犯罪现场都有别于其他犯罪现场，环境影响、受害人与侵害人的性情、受害人与侵害人之间的互动、现场遗留的物证、以及证据是否最终被发现并恢复，凡此种种，均有不同。此外，并非所有的犯罪现场特征都能为人所知；有一些可能无法从现有证据中辨别出来。出于犯罪学研究目的，将其作为特殊个案/理性研究的一部分，我们将犯罪特征编撰成集，它也可以用来帮助解答刑事侦查和司法鉴定问题，包括并案分析相关问题。

问题

1. 解释第一现场和抛尸现场的区别。

2. 犯罪人静候等待，趁受害人脆弱时再接近的方法，被称为____________法。

3. 请列出三种侵害人可能使用的武力形式。

4. 确定侵害人计划的程度和范畴取决于__________和__________。

5. 请举出三个预防型行为的例子。

REFERENCES

Adelson, L., 1974. The Pathology of Homicide. Charles C Thomas, Springfield, IL.

Burgess, A., Hazelwood, R. (Eds.), 1995. Practical Aspects of Rape Investigation: A Multidisciplinary Approach, second edition. CRC Press, New York, NY.

Burgess, A., Holmstrom, L., 1979. Rapist's Talk: Linguistic Strategies to Control the Victim. In: Deviant Behavior, vol. 1.

Hemisphere, Washington, DC, pp. 101 – 125.

DiMaio, D., DiMaio, V., 1993. Forensic Pathology. CRC Press, Boca Raton, FL.

Jamerson, C., 2009. Forensic Nursing: Approaching the Victim as a Crime Scene. In: Turvey, B., Petherick, W. (Eds.), Forensic Victimology: Examining Violent Crime Victims in Investigative and Legal Contexts. Elsevier Science, San Diego, CA.

Lee, H. (Ed.), 1994. Crime Scene Investigation. Central Police University Press, Taoyuan, Taiwan.

Turvey, B., 2000. Staged Crime Scenes: A Preliminary Study of 25 Cases. Journal of Behavioral Profiling 1 (3).

国家出版基金项目 NATIONAL PUBLICATION FOUNDATION 国家出版基金项目　“十三五”国家重点出版物出版规划项目

犯罪心理画像——行为证据分析入门

（原书第四版）

（下）

［美］布伦特·特维　著
王　睿　向　瑶
席小琼　向可钰　译

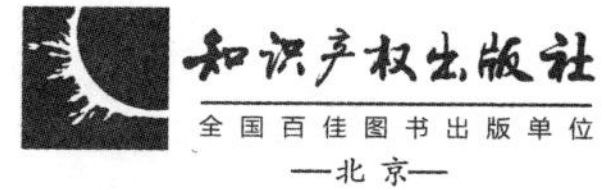

—北京—

第 13 章　犯罪动机解读

约迪·费里曼（Jodi Freeman）　布伦特 E. 特维（Brent E. Turvey）

动机不明，犯罪不清。

——西奥多·雷克（Theodore Reik）

《未知杀手》（*The Unknown Murderer*，1945，p. 40）

动机可定义为驱动行为并由行为获得满足的情感、心理和物质需求。在刑事诉讼中，并不需要确定犯罪动机。然而，虽然这是法律现实，但未能确定犯罪动机却是刑事侦查中的一个重大缺陷，任何未能找到犯罪行为背后动机的调查都不完整。

由于不能轻易读懂罪犯的心思，因此直接确定犯罪动机并不容易。未经证实的动机招供也不可靠。因为动机并非总是深思熟虑的产物，它们可能源于潜意识，有过这种经历的人也无法直接感知和理解。

从刑事侦查中的事实推理得出的犯罪动机最可靠。如奥哈拉（O'Hara，1970，p. 14）解释称：

> （动机）可以从环境中推理出来。……动机或心态的证据通常通过询问目击者获得。研究犯罪现场和再现犯罪事件（包括嫌犯在犯罪前和犯罪后的行为）往往也有帮助。

这与伦纳德（Leonard，2001，p. 447）观点一致，伦纳德进一步解释道：

> 由于动机无法直接证实，所以有必要诉诸其存在的环境证据。……我们须从或多或少可以直接证实的事件中推理出动机，这

> 些事件包括此人的其他罪行、错误或行为。当然，从存在动机到案件中嫌犯的现场行为，还需要进行第二步推理。这一步可以得出以下三种事实之一：(1) 此人正是案件中实施犯罪行为的人（身份）；(2) 案件中相关行为已经发生（犯罪行为）；(3) 行为人实施行为时须有特定精神状态（在刑事案件中被称为犯罪意图）。

在某些案件中，从侵害人行为和选择证据来看，动机非常明显；而在另一些案件中，相关证据却很模糊。只有对受害人、犯罪现场和侵害人已知行为进行彻底调查，才能明确犯罪动机。

主动使用科学方法也很有必要。客观分析犯罪动机都是为了证伪关于动机的各种潜在理论，而不是为了证实它们。还要忠实记录哪些相关证据缺失导致动机未经证实或已被证伪。如果行为分析人员使用了科学方法，那么其对特定情景下某人采取行动的动机会有更清楚的掌握。

基本原理

确定犯罪动机为刑事侦查以及随后起诉、辩护或相关审判工作提供了优势。这些优势包括但不限于：

- 将犯罪嫌疑人的范围缩小至那些确有动机的个体。
- 对于有类似动机的案件，有助于协助犯罪侦查和司法鉴定的并案工作。
- 结合其他类型的证据（如作案方法、机会、关联证据等），动机可以为确定侵害人身份提供间接证据。
- 结合其他环境语境证据，动机可以为确定侵害人心理状态提供间接证据。
- 结合其他间接语境证据，动机可以为确定犯罪是否实际发生提供间接证据。

作为犯罪证据或犯罪元素的行动或是行为被称为犯罪行为。在这个问题上，伦纳德（Leonard，2001，p. 489）有不少深刻见解：

> 在典型的刑事诉讼中，通常有足够证据表明潜在的犯罪行为确

> 实发生了。……但有时，相关行为是否发生会引发争议。比如所谓的谋杀案件的受害人尸体未被找到，从而产生了谋杀是否实际发生的质疑。又比如根据尸体情况根本无法证实死因，无法判断是自然死亡、自我伤害致死抑或是他人行为导致死亡。此外，还有一些类型的案件由于缺乏物证或不存在没有利害关系的目击证人，导致相关犯罪行为引发争议。乱伦或其他类型的性侵指控就经常遇到这种情况，其他案件也可能存在这种情况。在相关案件中，当任何一方的犯罪行为引发争议，那么从理论上讲，如果有证据证明被控人有作案动机，那么法庭即可采纳相关证据，证明该行为确实发生过。

这一现实带来一些令人不安的影响。想想这样一个事实：在某些案件中，根本没有足够物证将嫌犯和犯罪联系起来。证据可能不足：由于执法部门工作不力，无法找到、收集或处理已有证据；当案发时间与发案时间存在间隔，证据就可能永远丢失、分解或消灭（参见第 11 章）；抑或嫌疑人是无辜的。某些案件中仿佛只有动机，侦查人员关注的重点也是动机，导致犯罪现场取证工作不足，结果也往往导致误判。

动机：犯罪现场状态还是侵害人特征

当我们用类型学观点来讨论一般动机时，我们必须随时厘清自己的意图。如果犯罪心理画像人员认为当前犯罪的动机是愤怒，那么这是指犯罪现场显示出了愤怒，还是说最终鉴定表明侵害人有易怒性格？此处读者可以回忆前面章节的内容，侵害人特征有两种形式：一是状态，指的是在某一时间点，由一组行为表现的个人快照式特写；二是特质，指的是相对稳定和静态的个人画像，它可以随时间推移而延续。

或许归纳法（以通则为据）和演绎法（以个体特征为据）最根本的区别就是：归纳法试图猜测罪犯到案时是什么样子。演绎法则旨在帮助我们理解案发时犯罪行为和罪犯本身的情况。归纳法提供了以通则为据的预测，而演绎法则提供了以个体特征为据的分析。

犯罪现场动机

当心理画像人员推断犯罪动机时，他们应当清楚解释自己的目的和推理方式。利用演绎法的心理画像专家专注于以环境为背景来分析和理解行为。他们审视行为证据，用以解读犯罪现场的某一动机或多个动机。它还可以用来对某一时刻或一系列相关时刻进行间接评估。对于某一特定事件，犯罪现场动机在时间上是固定的，也就是说，它们已经存在，并且不会改变。犯罪现场动机也具有一般性和主题性。它们不应用来推测侵害人的具体特征，除非在现场收集到关于侵害人特殊的、明确的行为证据（如侵害人和受害人在一起的录像带，侵害人收藏隐匿的色情资料，侵害人写下的消息、认罪书或侵害人言语行为的记录）。

任何基于行为证据的动机都应固定到该行为发生的那一刻。换句话说，事后直接供述动机也有半衰期。且事后马上供认动机意味着还有另一个动机。现场行为才是推测动机最可靠的指标，最能反映真实的情况。

侵害人动机

侵害人动机是一个独立的抽象概念。侵害人动机与个人及其观念紧密相关，它可能随着时间流逝而改变。事实上，这很有可能。和所有人一样，关于行为意味着什么或者曾经意味着什么，侵害人也可以随时改变想法。他们可能记错，可能虚构，也可能合理化自己的行为。此外，侵害人精神状态和整体情绪的动态性质可以解释，为何在一起侵害案件内犯罪动机不断变化，也可以解释同一侵害人在不同侵害中的动机变化。

对于调查某一特定案件或系列相关案件的犯罪心理画像人员来说，与犯罪现场行为脱节的侵害人动机通常不在其兴趣范围之内。它更多是一种临床术语，最好留给人格特质和特征评估的心理健康专业人士，除非侵害人的相关行为证据确凿无疑且具有压倒性。

动机理论

通过寻找群体共同具有的相似点，我们可以从一般规律研究动机；当然也可以通过独特性研究动机，即确定明显与特定个人或罪行相关的动机。一般规律视角考虑的是侵害人在实施犯罪时属于工具型还是表现型。工具型侵害人的特征是欲望强烈，必须达到某一特定目的，这些目的通常以金钱或物质为导向。他们目的性强、精于算计、事事提前防范，以防止自己被发现、识别和拘捕。表现型侵害人的特征是情绪亢奋；他们的动机是个体性的，带有嫉妒、愤怒、权力欲望甚至是性欲。如肯尼迪（Kennedy）所述（2006，p. 135）：

> 作为一个实际问题，犯罪学家们发现，从本质上看，工具型侵害人比表达型侵害人更具破坏性（或可替换性）（Nettler，1989）。因此，一个精心选择有利可图作案目标的职业罪犯，相比一个病态的醋意大发的男性侵害者（仅因最近听到女友不忠的谣言就冲进其工作地点，在众目睽睽之下将其射杀），前者会对安全措施更为敏感。

关于特征分析，佩特里（Petri，1986，p. 15）解释道：

> 个体层面的动机研究涉及旨在理解动机变化的研究，这些变化是个人内部或外部条件变化的结果。

内部条件是指那些来自个人本身的条件；外部条件是指那些来自外部环境的条件。这种用于理解动机的概念很有效，但是它只让我们一知半解。与之密切相关的考量在于评估那些影响行为的内部和外部条件是属于直接因素（近因的）还是病理因素（长期的）。

雅威斯（Yarvis，1991，p. 5）提供了一个有用的列表，名为“杀人行为研究相关近因因素”，其包含的所有因素都是内部性质，适用于所有类型的暴力犯罪。其中有些因素不言自明，但并非所有因素都可以单从犯罪现场行为中清楚识别：

1. 人际关系状态（将价值置于他人身上的能力）；

2. 冲动型控制状态（查验危险和自我毁灭行为的能力）；
3. 现实验证状态（分辨何为想象、何为现实的能力）；
4. 理性思考状态（不受干扰进行思考和反思的能力）；
5. 认知状态（积累信息及之后进行决策时回顾信息的能力）；
6. 自我形象状态（维护自我价值，避免抑郁和愤怒的能力）；
7. 内化价值状态（避免反社会信念和行动的能力）；
8. 整合/异化和释权/夺权的状态（人们感受到与各自家庭和社区的联系和投入程度，即他们将失去多少朋友、家人和声誉）；
9. 有精神障碍；
10. 有物质滥用问题；
11. 有具体合理或正当动机；
12. 有酗酒问题；
13. 有重大压力。

即使最粗略地看一下这些直接环境，我们也能够理解，侵害人情绪波动及其对现实认识的相关性。当情绪波动保持低位时，对现实的认识不受影响，此时运用期望值理论就是合理的。这是一种理性动机方法，正如佩特里（Petri，1986，pp. 217 –218）所述：

> 期望值理论的基本观点是，动机驱动行为源自个人需求以及环境中的可用目标价值。期望值理论也强调，行为发生的概率不仅取决于目标对于个人的价值，也取决于个人对于实现该目标的期望。

然而，期望值理论并不完全适用于暴力犯罪。当类似的理性模型应用于非理性行为时，动机分析就会发生常见错误。那些试图用自己的主观价值理念和期望来解释那些参与暴力犯罪侵害人的行为、选择和动机的犯罪心理画像人员就是例证。我们还必须记住，暴力犯罪本质上受情绪驱动，经常发生在毒品、酒精和精神疾病作用的环境中。

如果受害人或侵害人受到这些因素影响，这些因素就可以左右暴力犯罪是否发生以及如何发生。它们也使收集受害人和侵害人完整履历的重要性得以清晰凸显。我们必须将犯罪相关行为放到适当的环境中考察，才能理解或排除其动机。

动机与意图

动机不同于意图，动机可定义为指导行为的终极目的。而意图是指具体想要的结果，意图可以通过一组行为清晰呈现，而动机则需要透过行为和欲望表面进行推理。正如伦纳德（Leonard，2001，p. 446）解释称：

> 当某人有某种理由以某种方式采取行动时，我们就说他有“动机”以某种方式采取行动，或者说他有“意图”以那种方式采取行动，或者说他有“计划”要这样做，这些说法均可，且简单而准确。在这三种说法中，推理都源于最初的原因。因此，如果一个人被控纵火烧毁建筑物来骗取保险赔偿金，我们可以说他出于这个原因，有动机烧毁建筑物，也可以说他有计划这样去做。显然，证据也显示，此人纵火是怀有意图，进而采取行动，绝非意外事故。如果被告否认被控罪行或声称火灾源于意外，那么基于上述任意一种说法，该被告烧毁的其他已投保财产的证据就可能被法院采纳。

下面这个例子说明了动机和意图的不同：丈夫与其他女子有染，该女子非常生气。后来她给丈夫购买了大额保单。等到一天夜里丈夫熟睡之后开枪将其射杀。随后她伪装犯罪现场，使之看起来像是陌生人入室盗窃时临时行凶。我们可以认为她是出于复仇、隐匿罪行和获利等多重动机而犯罪。也可以认为她意图谋杀丈夫、隐匿罪行、骗取保险赔偿金。动机（即复仇）是总体需求，而意图（杀死丈夫和骗取保险赔偿金）是具体计划，或者说目标。隐匿犯罪和获利在此案中成为共同作用的动机。这些具体的动机概念将在下一节中讨论。

行为 – 动机类型研究

为了了解暴力、掠夺性侵害人的一般动机主题，美国临床心理学家 A. 尼古拉斯·格罗斯博士（Dr. A. Nicholas Groth）研究了受害人和侵害人，发表了一部针对500多名强奸犯的研究报告（Groth，1979）。他的工作是治疗导向的：他希望将强奸犯按照动机进行分类，以帮助制定有效的治疗计划。在其研究中，格罗斯发现：像其他任何满足情感需求的犯罪一样，强奸具有复杂性和多因性。也就是说，强奸及其相关行为可以满足侵害人的一系列心理需求（动机）（Groth，1979）。格罗斯的工作为此处的行为-动机类型研究奠定了基础。

大多数从事犯罪心理画像的工作人员都会采用格罗特的类型学，并以某种形式进行案件调查。首先，大家修订了格罗斯的类型研究，并将其用作《犯罪分类手册》的部分基础，这是一项旨在针对罪犯创建的DSM类型参考书目（Burgess et al.，1997）。后来，通过格罗斯的研究成果以及与联邦调查局国家暴力犯罪分析中心的合作研究工作（FBI's National Center for the Analysis of Violent Crime，NCAVC），黑泽尔伍德（Hazelwood，1995，pp. 160－170）进一步发展了强奸犯罪动机类型学，将侵害人行为分成了六个类别：

1. 权力保证；
2. 权力宣示；
3. 愤怒报复；
4. 性虐待狂；
5. 任意随机；
6. 轮奸。

这个动机分类系统做了些许修改，它对大多数侵害人行为进行分类是有用的。对所有侵害人来说，推动其行为的需求或动机从本质上说是一样的，尽管可能有各种各样的行为表达，如盗窃、绑架、猥亵儿童、恐怖主义犯罪、性侵、谋杀或纵火等。

下面的类型学将重点从侵害人分类转移到犯罪现场行为分类。这种做法将类型学从寻找一般规律的为侵害人贴标签转变为进行犯罪现场分析的特殊工具。这种类型学可以构建成协助调查人员和犯罪心理画像人员的工具和指南，帮助其对行为，尤其是经证据证明的犯罪现场行为进行分类。这种方法并非用作诊断工具，将侵害人强行塞入某种类型，进行结论式标记。因此，将其视为侵害人类型并不能有效地协助调查，应当将其视为以犯罪现场为导向的行为 – 动机类型学。

权力保证行为（补偿型）

权力保证型犯罪现场行为包括那些旨在通过使用低攻击性方式恢复侵害人自信或自我价值的行为。这些行为意味着侵害人缺乏自信，感到个人能力不足。这也可能体现在某种信念或信念合理化中，即认为侵害属于两相情愿或受害人在某种程度上属于自愿参与或应受惩罚。

以下是权力保证行为的例子。

言语行为

- 侵害人向受害人保证不愿伤害对方："别担心，很快就结束了。我不会伤害/强奸你。我不是那种人。"
- 赞美受害人："你真美，我敢打赌你有不少男朋友/女朋友。你的乳房真漂亮。你的脸蛋真漂亮。"
- 寻求情感反馈："你喜欢我吗？告诉我你不会离开我。告诉我你爱我。"
- 自嘲："你不会爱上我；没有人爱我。我这么丑，你那么漂亮。我什么都不能给别人。"
- 关心受害人福祉："我伤到你没有？需要我移开它吗？我压到你头发了吗？"
- 道歉："我不是故意的。请原谅我。我知道我不应该这么做，希望你没事。"
- 询问受害人的性兴趣点："你是处女吗？你会跟男朋友/女朋友这样做吗？"
- 要求受害人评估其性技巧，借以证明其性能力："你喜欢这样吗？感觉好吗？兴奋起来了吗？"

性行为

- 尝试与受害人进行前戏（接吻、舔乳、舔阴、舔肛等）；
- 让受害人参与性行为；

- 允许受害人协商性行为；
- 不强迫受害人遵从其性要求。

身体行为

- 不伤害受害人身体；
- 用最低武力来恐吓受害人；
- 依靠威胁或亮出武器让受害人服从。

犯罪惯技

- 选择生活在同一区域的受害人，通常选择靠近侵害人居所、工作地或其他让侵害人感觉舒服的地方；
- 提前锁定受害人；
- 监视受害人；
- 受害人独处或和小孩在一起时遭到攻击；
- 若受害人反抗即终止强奸；
- 攻击持续时间短：持续时间随受害者被动性增加而增加；
- 攻击分布范围仍属同一区域。

标志性行为

- 攻击前或攻击后偷窥受害人行为；
- 从受害人身上拿走私人物品，如内衣、戒指或照片；
- 记录袭击细节；
- 给受害人打淫秽电话；
- 攻击后接触受害人（打电话邀请受害人出来约会，送鲜花到受害人住所，在受害人答录机上留言，告诉对方与他/她在一起很开心）。

有这些行为或特征的侵害人可能会尝试在袭击后与受害人再接触。他们可能期待受害人回应他们的色情要求。在侵害人看来，受害人甚至可能爱上自己，并且可能“十分享受”袭击过程。从侵害人角度来看，至少在他/她自己的解读中，这更像是一次约会。

刺激强奸犯的核心幻想是，其认为受害人会享受强奸，会对其产生性欲，最终会爱上自己。这种幻想源于强奸犯自身对个人缺陷的恐惧，针对此类强奸类型，常用的术语就是不健全人格。这种强奸有助于侵害人从自我怀疑中恢复，具有增强性能力和情感能力的双重作用。当其需要再次证明这种能力时，强奸就会再次发生。

权力宣示型行为（权力型）

权力宣示型犯罪现场行为旨在通过使用中度或高度武力来恢复侵害人的自信或自我价值感。这些行为表明侵害人有潜在的缺乏自信和个人缺陷感，它们通过控制、掌握和羞辱受害人表达出来，目的是为了展现侵害人的权威感。

以下是权力宣示型行为的例子。

言语行为

- 不希望受害人以言语或其他方式参与袭击本身；
- 发出性指令/命令："吮吸这个。弯腰。别动。闭嘴。"
- 侵害人乐趣第一；
- "大男子主义"行为；
- 使用大量亵渎性言语；语言有辱骂和攻击性质；
- 贬低和侮辱受害人："你是个妓女。你是个荡妇。你是我的。你现在不那么漂亮了。"
- 口头明确表达性要求；
- 口头威胁："照我说的做，我就不会伤害你。闭嘴，不然我杀了你。我不想教训你。"

性行为

- 侵害人对受害人实施任何想实施的行为，无论是性行为还是其他行为；
- 缺乏爱抚前戏的性行为；
- 对同一受害人反复攻击；
- 侵害人对受害人实施性惩罚或性虐待；

- 侵害人拉、掐或咬受害人；
- 侵害人的目的是俘获、征服和控制；
- 受害人只是一个道具，用于满足侵害人的性幻想。

身体行为

- 侵害人撕开或扯破受害人的衣物；
- 侵害人堵住受害人嘴巴，防止其发声；
- 侵害人实施纠正型性行为；
- 侵害人在实施侵害时使用武力的程度（适度、过度或残忍）随受害者的抵抗或自身性功能障碍程度的增加而增加；
- 侵害人选择便利、安全的袭击地点。

犯罪惯技

- 提前选择受害人或随机选择受害人（完美目标，不能错过）；
- 通过是否可行、是否易接近以及是否柔弱来选择受害人；
- 袭击地点取决于受害人；
- 涉及武器，或有更高层级武力取而代之；
- 侵害初期即进行身体攻击来制服受害人；
- 受害人被强奸时还被以某种方式囚禁。

标志性行为

- 袭击中使用野蛮武力；
- 性行为中可能包括非正常性行为，如肛交；
- 侵害人可能携带性器具到犯罪现场，便于在侵害时使用。

被证实有这种行为的侵害人希望他人对自己的男性能力和男子气概毫无质疑。事实上，他们可能就是用侵害来表达自己的男子气概。在他们的认识中，凭借强壮的体魄，自己就有资格享受侵害的成果。

由于侵害人以自我为中心的心理倾向明显，他们可能随着时间推移而变得更加自信。他们可能开始做一些事情，导致自己身份败露。执法部门可能将其解读为一种信号，认为侵害人想要被抓。然而事实是这些侵害人根本没把执法部门放在眼里，他们认为自己尽管犯下罪行，但不用担心身份败露或被捕，因此他们也不大可能采取反侦查措施，认为这没有必要。

这些侵害人不一定想伤害受害人，而是想在性方面占有他们。向受害人展示力量是他们向自己表达自身掌控、力量、控制权威和身份的方式。因此，袭击是为了进一步加强侵害人膨胀的自信或自我价值感。

愤怒报复行为（愤怒或错置愤怒）

犯罪现场的某些行为表明施暴者对特定个人、团体、机构或其象征怀有极大愤怒，这些行为背后就是愤怒报复动机。这些行为通常发生在陌生人对陌生人的性侵、弑亲杀人、工作相关杀人以及涉及政治或宗教恐怖分子的案件中。

以下是愤怒报复行为的例子：

言语行为

- 语言自私——对受害人言语毫无兴趣；
- 不愿协商；
- 可能将真实事件和想象事件均归咎于受害人：“如果你刚才不挣扎，我不会那样打你。你觉得自己很性感。你觉得你比我好。像你这样的人才是问题。你不明白，我必须让你明白。”
- 其他愤怒、充满敌意的语言。

性行为

- 性自私行为；
- 性暴力行为，这是身体攻击的延伸；
- 没有前戏；
- 试图强制受害人配合其有辱人格或羞辱性的性行为。

身体行为

- 撕扯受害人衣物；

- 为侵害活动装扮（全套军事制服、面部妆容、战斗制服等）；
- 使用过度或残忍武力给受害人造成多处伤害。

犯罪惯技

- 袭击并非事先计划，而是侵害人情绪反应的结果；
- 袭击经过精心策划，主要集中在特定受害人或受害群体；
- 侵害随时间推移零星发生，在任何时间、任何地点均可能发生（只要是侵害人生气时或可以接近特定类型受害人时）；
- 使用机会性武器；如果袭击是计划好的，侵害人准备大量武器弹药；
- 侵害人认识受害人，或者对于侵害人来说受害人象征着某种具体事物。

标志性行为

- 直接向受害人施加武力；侵害人首先进行攻击，然后继续其他行为，作为攻击的延伸；
- 攻击持续时间很短，当侵害人情绪宣泄完毕即宣告结束；
- 侵害人故意放弃生命，并将这种行为作为自己具有的社会、政治或个人信仰的一部分传递给他人；
- 犯罪现场有很多展示愤怒的证据；
- 附带受害人可能因侵害人的愤怒和缺乏计划而承受后果；其他受害人可能在侵害人盛怒时使其受到惊吓，或者被动卷入攻击交火（这往往是无心之举，但如果是故意行为，那么它将由侵害人的计划行为显现出来）。

愤怒报复行为名实相副。侵害人根据自己经验中累积的真实的或想象的“错误行为”采取行动。被袭击的受害人可能是所涉人员中的一个，如亲属、女友或同事。或者受害人在衣着、职业或身体特征上与侵害人想要报复的人类似。

这类侵害行为的主要目的是服务于侵害人日积月累的攻击性。侵害人针对受害人真实的或想象的错误行为进行报复，其攻击性的显现范围很广，从言语辱骂到滥用武力杀死多名附带受害人。

累积的愤怒表现在过度杀戮：即超出死亡所需的多重伤害（如枪杀、刺伤和钝力伤）。在此类案例中，使用的暴力包括直接身体接触（如亲手绞死、利器刺穿至武器手柄、割伤）以及来自作案现场的随机性武器。它也可能涉及使用多种武器。当受害人被肢解或毁容时，其目的往往是为了羞辱、毁坏或攻击令侵害人充满愤恨的特殊位置（如嘴巴、双手、生殖器）。它并非旨在掩盖受害人身份的预防型行为。

要注意，不要混淆愤怒报复行为和性虐行为。虽然它们有一些共同特征，但是其动机却完全不同。同时，非恐怖主义者的愤怒报复行为显示出他们明显缺乏计划和整体性作案准备。

性虐行为（愤怒兴奋型）

性虐犯罪现场行为指那些侵害人从受害人的疼痛和痛苦中获得性满足的行为。性虐行为的主要动机是性；然而，侵害人的表达方式却体现在对受害人的身体攻击或虐待行为。

以下是性虐行为的例子。

言语行为

- 为了博取受害人信任，侵害人会讲一些话，这些话可能降低受害人的警惕：如“你能帮我吗？我迷路了。我好像认识你？你让我想起一个在学校读书时的朋友。”
- 为了引诱受害人离开安全区域，侵害人会讲一些话：如“我有东西想拿给你看。我搭你一程吧。我帮你把这些重物搬到公寓吧？”
- 实施攻击时，侵害人可能要求受害人以特定的叫法称呼他，以显示受害人的顺从（如先生、主人、上帝等）。
- 进行粗暴性行为或造成受害人受伤时，侵害人会问：“疼吗？伤到你了吗？你能感觉到吗？”
- 用侮辱、羞辱性字眼称呼受害人，表明在他眼里受害人毫无价值（如荡妇、妓女、婊子）。

性行为

- 侵害人借由受害人身体和情感上的痛苦反应获得性刺激；
- 侵害人在袭击时使用性束缚装备，并发生相关行为；
- 侵害人对受害人施以性折磨，包括反复啃咬、将异物插入阴道或肛门、对尚有意识的受害人使用性虐装置等；
- 侵害人喜欢在粗野的肛交后再让受害人对其进行多次强迫性口交；
- 侵害人喜欢在受害人身体的特定部位射精；
- 侵害人性自私心态严重，在他们眼中，受害人的主要功能就是实施性虐的对象；
- 侵害人记录袭击过程，以便以后进行性幻想（如视频、照片、日志、音频、地图、日历、日记、媒体剪报等）；
- 收藏纪念品和战利品，并将其放在隐秘但易接触的地方（如居所、办公室、车辆、储藏间等）。

身体行为

- 长期使用残忍或高度暴力对受害人造成伤害；
- 在对其有特殊性含义的受害人特定部位造成伤害（如双脚、乳头、肛门、阴道、嘴巴等）；
- 特定型性伤害的强度随强奸者愤怒的增加而增加（即回应某个极不顺从的受害人或某个过于顺从的受害人），因为强奸者的愤怒随性唤起水平的提高而提高。

犯罪惯技

- 侵害人选择或冒充从事某个职业，以便让自己成为权威人物，便于识别和获取受害人（如执法人员、安保、青年顾问、教练等）；
- 侵害行为经过精心策划：受害人类型、选择受害人的地点、袭击地点、标志性行为以及抛尸地点都已提前确定；
- 侵害行为缜密，有条不紊；

- 侵害人通过情感脆弱性来评估和选择受害人，并通过引诱来获取受害人的信任 ；
- 通过装扮为执法人员来污蔑中伤受害人（性工作者、吸毒者、逃犯等等）；
- 受害人无侵略性，且自尊心低；
- 受害人被引诱至某个隐秘的区域，使得侵害人有很大控制权（如汽车、地下室、车库、酒店房间等）；
- 侵害人若连续袭击，每次都会提高强度；
- 侵害人杀死受害人属预防行为。

标志性行为

- 侵害人将特殊材料带至犯罪现场，包括武器、捆绑物和性用具等；
- 性侵持续时间很长；
- 侵害人擅于伪装出关爱他人和真诚待人的个人形象；
- 受害人和侵害人彼此完全陌生（便于实施犯罪惯技和标志性行为——折磨、羞辱那些与自己没有社会关系的受害人更加容易，而且执法部门也不容易将此类侵害人和受害人联系起来）。

施虐行为可能是最具个性特征的心理情结。它出于强烈的、不同个体各不相同的幻想，驱使侵害人仅仅为了性快感而向受害人施加残忍伤害。这种行为完全就是为了使受害人恐惧、屈服。身体攻击被色情化了。结果就是受害人必须在生理上和心理上受到双重虐待和贬低，以便使侵害人先达到性兴奋，随后达到性满足。

性虐攻击要求受害人意识清醒，能够对侵害人造成的伤害给予回应。受害人经历的痛苦和折磨可以唤起侵害人的性欲。因此，在受害人死后又对其性部位造成损伤从本质上看并非性虐行为。性虐行为也不同于普通酷刑折磨，酷刑折磨受害人旨在为了物质或经济利益。

管理行为（工具型）

管理行为包括那些为经济、物质或个人利益服务的相关行为。管理行为可能出现在各种类型的案件中：杀人、抢劫、盗窃、行凶抢劫、纵火、爆炸、绑架，以及多种形式的白领犯罪案件。管理行为从标记规则的角度来说属例外，它们不一定能够满足其心理或情感需要。管理行为可以进一步被分成利益导向行为和目标导向行为。

利益导向行为

利益导向行为会带来物质或经济利益。这些行为的例子包括为了获取金钱或信息而实施酷刑、窃取贵重物品、以及毒品上瘾者为了获取毒品的行为，如盗窃或唆使儿童卖淫。

以下是利益导向行为的例子。

言语行为

- 为了让受害人交出贵重物品，侵害人会给出简单命令让受害人顺从："把钱给我。打开保险箱。把所有珠宝都给我。现金在哪里？"
- 侵害人对物品价值显示出兴趣："这黄金是真的吗？这些钻石是假的吗？这他妈是便宜货。"

性行为

- 侵害人利用受害人制作色情幻想材料，并将其出售换取物质或经济利益；
- 侵害人售卖受害人的性服务换取个人或物质利益；
- 侵害人将受害人当作"性奴"卖给另一方，以获取个人或物质利益。

身体行为

- 在犯罪期间控制受害人所必需的行为；
- 使用适度、对等的武力.

犯罪惯技

- 攻击时间短；

- 有针对性地在汽车或住所内寻找特定类型的贵重物品；
- 对尽快完成攻击展现出兴趣，对可能延长攻击时间的活动不感兴趣。

标志性行为

- 侵害人将具有个人意义的特殊物品带至犯罪现场来完成罪行，这些物品包括武器、捆绑绳索和其他特殊装备；
- 任何发生在犯罪期间的延长侵害人暴露时间的行为，且这些行为并不能为侵害人带来经济利益（这些行为须从其他动机类型角度加以审视和评估）。

目标导向行为

目标导向行为满足侵害人特定的个人需求。实施这些行为是为了达成特定的功能性目的，如消灭存活的目击证人或消除威胁。

以下是目标导向行为的例子。

言语行为

- 侵害人的言语行为非常有限。

性行为

- 性行为缺失，因为侵害人的行为有功能性。存在性行为即表明该行为并非为了获取个人利益的目标导向行为。

身体行为

- 侵害人实施必要行为，完成特定的、目的性强的目标；
- 侵害人非常专注，没有分心。

犯罪惯技

- 用单一伤害方式进行短暂攻击；
- 受害人因自身身份而被选定；

- 侵害人对尽快完成伤害展现出兴趣，对可能延长伤害时间的活动不感兴趣；
- 侵害人的行为方式缺乏情感、激情或其他动机证据。

标志性行为

- 发生在侵害期间，可能延长侵害人曝光时间，却没有给侵害人带来预期个人利益的任何行为。

犯罪现场管理行为可能是最直截了当的，因为成功地完成犯罪能满足侵害人的需求。纯粹的管理行为不涉及情感或心理需求。任何能满足情感或心理需求，并非纯粹以管理为动机的行为都必须从其他动机的角度加以审视。

例如，如果一个小偷在大街上袭击受害人，偷走她的钱包，然后迅速逃跑，这就是管理行为的证据，具体地说，就是利益导向行为。如果上述小偷在偷钱包之前凶残殴打受害人，而受害人毫无抵抗，这就是愤怒报复行为的证据（这就是行为证据，意味着侵害人希望完成的不仅仅是快速获利，尽管单独从犯罪现场行为来看，细节可能不太清楚）。

犯罪现场心理隔离带

行为－动机类型学并未提出一个动态的、发展的数值量表，用来评估侵害人。它只是一个在特定时间、特定环境、根据特定受害人来评估侵害人行为的工具。行为－动机类型学不应与全面的犯罪心理画像混淆，也不应被视为一个关于犯罪特点和潜在标记的特别清单（行为模式的动机主题）。在单个案例中，后者可用作侵害人心理快照，对其动机做出一些可靠推断。

通常情况下，侦查人员和犯罪心理画像人员会运用动机类型学和其他侵害人类型分类方式，用一次性诊断的方式给强奸犯行为贴标签。侦查人员和没有经验的犯罪心理画像人员经常会发布报告，阐明与任何类型学看起来“匹配”的侵害人特征。他们使用类型学不当，将其作为样板文案替代全面细致的犯罪心理画像。

这种做法会导致误导性侦查，将未知侵害人错误地纳入死板的归纳性分类方式。于是这种类型学成为犯罪现场的心理隔离带——侦查人员往往无法跨越这一障碍去寻找新的证据。

行为－动机类型学的各种分类之间并没有明显界限，这意味着一个侵害人可以呈现出不止一个动机的多个行为。此外，侵害人在一次袭击中也可能展现出反映动机变化的多种行为。例如，权力保证型强奸犯如果遭遇受害人抵抗，就可能出现力量展示行为。

从本质上看，人类行为和人类需求是发展的，不是固定的、静态的。侵害人的标志性行为是多因需求的表达。使用动机类型学来“判定”侵害人可能会限制侦查工作，与不恰当地放置犯罪现场隔离带无异。它可能导致忽视其他侵害人动机模式、错误的侦查假设，以及最终忽略物证和行为证据。所有这些因素一起作用会导致侦查人员无法将调查的相关案件联系起来。为了避免这个问题，动机类型学应当在调查中灵活使用，提出给定犯罪现场行为模式中明显的侵害人动机，不能将其作为严格的判定性分类来使用。

动机支撑因素

动机支撑因素是指任何支持或推动动机发展的环境因素。这些因素并非实施侵害的主要因素，但却有潜力影响或推动侵害人的选择和行为。

只有在全面细致的犯罪现场分析之后，动机支撑因素的存在和性质才会变得明显。了解这些因素会让侦查人员更完整地理解侵害人的处事逻辑及其塑造过程。动机支撑因素的例子包括但不限于：①

- 精神疾病；
- 身体残疾；
- 吸毒和酗酒；

---

① 不少次要动机因素借用自贾维斯（Yavis，1999）发表的“杀人行为研究相关近因因素”中的列表，这并非巧合。贾维斯提出的内部近因因素可以从犯罪现场的行为中识别，也可以从我们对侵害人的了解中推断，上述因素均已被列入我们的次要动机因素清单。

- 重大压力；
- 性满足；
- 恐惧；
- 财务问题；
- 顺从倾向；
- 低自尊；
- 自我保持；
- 热情/偏见。

以上列表并不详尽，犯罪中存在上述任何一个因素并不一定意味着它们就是支撑因素。以下例子旨在说明动机和动机支撑因素之间的区别：

一名受虐女性为了保护自己和孩子，开枪杀死了丈夫。这一行为显示出管理型或目标导向型动机，目的是消除威胁。这名女性的行为完成后威胁消除。在这个案例中，恐惧应被视为一个动机支撑因素。

在另一个案例中，一名男性侵害人使用较低武力性侵了一名女性受害人。他的动机是权力展示或补偿行为，旨在恢复自信或自我价值。他的行为满足了其自我价值感。性行为或性满足是侵害人潜在需求的组成部分，应被视为动机支撑因素。

注意：一个案件中的动机支撑因素可能是另一个案件中的主要动机，这说明案例分析相较广义性概括的重要性。请参考以下案例：一名男子借给同事一小笔钱，该同事没有偿还，甚至对债务置之不理。随着时间的推移，男子对同事的态度非常生气。一天晚上他们外出喝酒，为了这笔未偿还的债务吵了起来。该男子殴打了同事，致其重伤住院。此案的动机应该是愤怒，而经济动机是动机支撑因素。利益需求不能通过争吵和肢体冲突来满足，对特定个体的愤怒才是主要原因。

在一个完全不同的场景中，一个小偷在繁华地段扒窃了受害人。这个小偷表现出纯粹的利益导向型动机。利益是类似侵害中唯一实现的需求，它不仅仅是一个动机支撑因素。

从犯罪现场行为中可以辨别出大致的犯罪动机，而对动机支撑因素的完全理解则要求了解侵害人。某些因素无法单独从犯罪现场行为中确定，它需要关于侵害人的具体背景信息。犯罪心理画像人员必须承认并接受这种局限性。只有确认侵害人身份，才适合讨论侵害人的特定动机因素。

小结

动机可定义为驱动行为并得到行为满足的情感、心理和物质需求。由于我们不可能读懂罪犯的心思，所以也不可能直接确定动机。此外，未经证实的关于动机的供认也不可靠。从犯罪调查的事实中推理得出的犯罪动机最可靠。

审查行为证据是为了解读犯罪现场中明显的某个动机或多个动机。它可以用来对犯罪中的某一时刻或对某些相关时刻进行间接评估。就某一特定事件而言，犯罪现场动机在时间上是固定的，也就是说，它们已经存在，不会改变。犯罪现场动机也有一般性和主题性之分。

动机不同于意图，它可以被定义为指导行为的最终目的。意图是指具体想要的结果，它通过一组行为呈现在我们面前。而动机是指行为和愿望背后的原因。

犯罪心理画像人员根据明显的犯罪现场行为模式来解读犯罪中展现出的动机。他们不会解读特定个体的动机，这最好留给在司法环境中对侵害人进行评估的心理卫生专家。尽管如此，犯罪心理画像人员必须谨慎，不要将自己的主观价值观念和期望强加给犯罪过程中受害人或侵害人的选择，因为这样可能掩盖或扭曲自己的发现。他们还必须接受犯罪现场证据的局限性，并且要避免在行为解读中主观臆测或过度解释。

本章所述的行为 – 动机类型学并未提出一个动态、发展的测量范围，能够随时间推移评估侵害人。它只是一个对特定时刻、特定环境中针对特定受害人侵害行为进行评估的工具。行为 – 动机类型学中的分类并非泾渭分明，这意味着侵害人可能展现出不止一个动机的多个行为。也意味着在一次侵害中，侵害人可能展现出反映动机变化的多种行为。

动机支撑因素是指任何支持或推动动机发展的环境因素。这些因素并非实施侵害的主要因素，但是却潜在地影响了侵害人的选择和行为。

只有在全面细致的犯罪现场分析之后，动机支撑因素的存在和性质才会变得明显。

问题

1. 请列出解读动机的三个目标。

2. 请解释权力保证型和权力展示型行为的区别。

3. 判断正误：所有对死后受害人性器官部位造成的伤害在本质上都是性虐行为。

4. 请解释管理行为的两种类型，并分别举例。

5. 请解释动机和动机支撑因素的区别。

REFERENCES

Burgess，A.，Burgess，A.，Douglas，J.，Ressler，R.，1997. Crime Classification Manual. Jossey – Bass，San Francisco，CA.

Groth，A. N.，1979. Men Who Rape：The Psychology of the Offender. Plenum Press，New York，NY.

Hazelwood，R.，1995. Analyzing the Rape and Profiling the Offender. In：Burgess，A.，Hazelwood，R.（Eds.），Practical Aspects of Rape Investigation：A Multidisciplinary Approach，second edition. CRC Press，New York，NY.

Kennedy，D.，2006. Forensic Security and the Law. In：Gill，M.（Ed.），The Handbook of Security. Palgrave Macmillan，New York，NY.

Leonard，D.，2001. Character and Motive in Evidence Law. Loyola of Los Angeles Law Review 34，439 – 536.

O'Hara，C.，1970. Fundamentals of Criminal Investigation，second edition. Charles C Thomas，Springfield，IL.

Petri，H.，1986. Motivation：Theory and Research，second edition. Wadsworth，Belmont，CA.

Reik，T.，1945. The Unknown Murderer. Prentice – Hall，New York，NY.

Turvey，B.，1996. Behavior Evidence：Understanding Motives and Developing Suspects in Unsolved Serial Rapes through Behavioral Profiling Techniques. Master's Thesis，University of New Haven，www. corpus – delicti. com/rape. html.

Turvey, B., 1999. Motivational Typologies. In: Turvey, B. (Ed.), Criminal Profiling: An Introduction to Behavioral Evidence Analysis. Academic Press, London, England.

Turvey, B., 2002. Criminal Motivations. In: Turvey, B. (Ed.), Criminal Profiling: An Introduction to Behavioral Evidence Analysis, second edition. Academic Press, Boston, MA.

Turvey, B., Petherick, W., 2008. Criminal Motivation. In: Turvey, B. (Ed.), Criminal Profiling: An Introduction to Behavioral Evidence Analysis, third edition. Elsevier Science, San Diego, CA.

Yarvis, R., 1991. Homicide: Causative Factors and Roots. Lexington Books, Lexington, MA.

第 14 章 并案犯罪人的犯罪惯技和标志

布伦特·E. 特维（Brent E. Turvey） 约迪·费里曼（Jodi Freeman）

欲知何为足，必先知何为余。

——威廉·布莱克（William Blake）

《天堂与地狱的婚姻》（*The Marriage of Heaven and Hell*）

并案（case linkage），也称并案分析（linkage analysis），是指通过犯罪现场分析来确认在先前并无关联的两起或多起案件中是否存在离散联系或独特行为因素。它涉及确立和比较在审的每起案件中的物证、被害人心理、犯罪现场特征、动机、犯罪惯技（modus operandi，MO）和标志性行为。[①]它还要求考虑所涉行为的异同。

我们应当在两种不同的情景下审视并案：在侦查工作中和在司法工作中。在侦查工作中，并案可以协助执法部门确定侦查工作的方向和侦查资源的使用（如识别系列案件或模式案件或通过非常规手段结案）。[②]在司法（也称法律）工作中，并案可以用来协助法庭确定是否有足够的独特行为证据将侵害人所犯罪行联系起来。这将有助于解决特定司法问

① 伍德海姆斯（Woodhams）和托伊（Toye）（2007，p. 59）认为："并案通常是由犯罪分析人员实行的，通过对犯罪人现场行为（犯罪惯技）的详细分析来确定行为相似的程度是否足够高，可以将犯罪归咎于同一个犯罪人。"然而，这个定义没有涉及标记行为的问题，也没有要求考虑行为相异性。

② 班尼（Bennell）等（2009，p. 293）解释道："警方调查中非常重要的能力是能够准确地将同一个犯罪人犯下的罪行联系起来。犯罪系列的正确识别使调查人员能够汇集所有关于犯罪现场的信息，从而更有效地使用调查资源。"

题，如类似案件是否可以一同审判，或者以往的类似案件是否可以提交法庭作为证据。

证据临界值

虽然并案方法可以用来协助侦查和司法工作，但是对于侦查人员来说，理解侦查证据和司法证据临界值的深刻差异很重要。侦查分析在案件调查中进行，事实真相有待确定。它旨在推进案件，引导侦查人员寻找补充证据。它存在一定程度的不确定性，很容易快速变化，因为不断有新搜集的证据和信息被纳入。

比起方法，侦查领域更关心的是结果，因为随着新的事实和证据披露，只要没有违反正当程序或法律，方法就变得无关紧要了。调查工具及其结果未必是设计好的，甚至并不是准备给法庭使用的。因此，它们必须带着必要的谦虚和不确定性被召回、提出和评价。如果侦查人员试图在法庭上提供他们自己的调查分析结果，而不考虑后续调查工作中可能会出现新的事实和证据，那么他们就有责任向法院和其他权威机构说明这种局限性，以免其利用基本上还属初步调查结果的这类信息。

司法分析应按照已确立的专业的、法律方面的准则来进行，使得其可以被采纳并作为证据在法庭上呈现。它通常是以事实和证据为基础，提出来是为了提起法律诉讼或做出裁决，因此，它不太容易受到事实和证据迅速变化的影响（尽管无法对其免疫）。对行为证据的司法分析只能在案例侦查阶段完成之后进行，并且在所有可用的物证都被检查和解读之后。科学的司法分析还会考虑无法使用的证据以及该结果中的所有自然条件限制。这表明，在司法侦查人员的教育、培训和技术，以及结果呈现中都必须要有更高的能力标准和专业方法。

不幸的是，许多司法领域的从业人员对其规则的理解都有限，正如特维和彭斯瑞克（Turvey and Petherick）所解释的（2010，p. xxxviii）：

> 学会基本的司法知识并不是一件简单的事情，因为司法领域的任务规定使学生处于科学、公共安全和法律任务的交叉要求之中。他们必须学会区分科学事实和法律真相；了解调查证据的门槛比科

学标准要少得多，与法律的标准有很大的不同；并且理解他们在刑事司法系统中寻求维护的角色——事实的目击者，公正的侦查人员，或者积极的倡导者，同时也要理解每个角色对彼此的重要性。

一旦就业得到保障，法医领域不同的问题、实践和特殊标准对于学生的生存和繁荣至关重要。然而，研究者经常观察到的这些问题，对于在犯罪学和刑事司法课程中任课的人员来说，绝大多数情况下也是陌生的。不是所有的时候都如此，但是大多数时候都是这样的。

本章的目的就是让读者熟悉关于并案的侦查和司法分析，并了解其在每种语境中的局限性。

在行为证据方面，并案工作通常取决于两个概念：犯罪惯技和标志性行为。

犯罪惯技

有关罪犯的作案手法和相应的逮捕技巧、耐心、机智、勤奋和彻底性方面的知识……将是侦缉工作中永恒的主要资产。

——奥康奈尔和索德曼（1936，p. 1）

很多罪犯都有特定的作案手法……由他们特有的犯罪方式组成。物证可以帮助确定犯罪惯技。……例如，进入的方法、使用的工具、所拿物品的类型，以及其他证据的迹象……都很重要。

——德福雷斯特等（1983，p. 29）

犯罪惯技（MO）是拉丁文，意思是操作方法。它是指实施犯罪的方式（Gross，1924，p. 478）。长期以来，执法部门一直认为，理解犯罪分子用来实施犯罪的方法和技术是调查、识别和最终逮捕罪犯的最佳途径。这通常要求最好的侦查员成为“会行走的”关于刑事案件和行为的百科全书，还要求他们学习利用已知罪犯的知识和经验，为其调查战略提供信息。

1809 年，法国警方对于利用犯罪惯技进行犯罪侦查的方法深信不疑，因此十分信任一名有前科的罪犯尤金·维多克（Eugene Vidocq）（图 14.1）。警方让他担任密探，政府还指派他组建一支警队。他组建并领导着一群侦探，其中大部分以前都是罪犯。

图 14.1　尤金·弗朗索瓦·维多克（1775—1857）。

维多克和他的侦探们根据所逮捕的罪犯数量获得报酬。第一年，他们逮捕了超过 750 人。这就使得一些人深信维多克和他的侦探们能完美解决地方刑事问题；他们了解犯罪人如何作案，洞察他们的习惯和作案手法，并且用这些知识给该州带来利益。然而，这也使得有一些人怀疑是维多克和他的侦探们自己犯下了其中的许多罪行，并且陷害出了名的罪犯或是诽谤他人以结案。1832 年，维多克为了破案而教唆犯罪，并且因此被撤职。尽管如此，作为第一位非常成功的法国国家警察局局长，维多克似乎享有良好的历史地位。

无论维多克是一名大侦探，还是仅仅通过警察局继续他的犯罪生涯，一种刑事侦查哲学都应运而生。为了了解罪犯，提出可行的侦查策略，把他们的犯罪行为联系起来，以及成功地逮捕他们，侦探们应该非常了解罪犯实施犯罪的特殊作案手法。这种刑事侦查哲学在国际上通行，以某种形式流传至今。①

犯罪惯技包括帮助罪犯完成犯罪的选择和行为。罪犯的犯罪惯技反映了其是如何实施犯罪的。② 它与侵害人的动机或标志性行为是不同的，

---

① 当美国特勤局于 1865 年在华盛顿特区成立以打击假币的时候，其部分工作人员就是由以前的造假者组成的。该机构还用了有偿使用犯罪举报人的服务。此外，执法机构仍然在使用犯罪线人作为走进犯罪世界和“街头”，了解其知识的必要手段。

② 根据格罗斯（Gross）（1924，p. 478）的观点，小偷之类的惯犯有着特有的风格，或者是犯罪惯技，他们几乎会一直使用。韦斯顿和威尔斯（Weston and Wells）（1974，p. 110）描述得更为准确，不是所有的犯罪人都有特定的犯罪惯技，但是他们当中有一些人有足够独特的方法来证明做调查记录是值得的。他们还认为犯罪惯技就是他们的标记行为，而这一点与他们之前所说的不是所有的犯罪人都有独特的犯罪惯技相矛盾。布莱克的《法律词典》（Black，1990，p. 1004）将犯罪惯技翻译为“做事方法”，描述称它是“警方和犯罪调查人员用来描述犯罪活动的特殊方法。”它继续讨论这个词的使用，反映了执法专家们关于这一话题的证词，他们要么混淆了犯罪惯技和犯罪人的标记行为，要么对自己的调查工作不够热情：“它指犯罪行为的模式与众不同，以至于被认为犯罪或非法行为出自同一个人。”

这些与侵害人犯罪的原因有关。

无论是在逮捕证上还是在计算机数据库中，对罪犯的犯罪惯技进行收集、储存和检查向来都是与调查相关的，原因如下。（这个列表是在韦斯顿和威尔斯［1974，p. 110］，以及德福雷斯特等［1983，p. 29］的帮助下编制的）。

- 利用作案手法分析未破案件之间的联系；
- 通过比较已知的犯罪惯技和未破案件中犯罪惯技的证据来确定嫌疑人身份；
- 将被捕者的犯罪惯技与未破案件中的犯罪惯技证据作常规比较；
- 通过积累犯罪惯技信息来发展未破案件中的调查线索或确定嫌疑人身份；
- 对嫌疑人进行优先排序或消除犯罪嫌疑；
- 解决未破的案件①。

对于犯罪侧写师来说，犯罪惯技也与他们相关，因为它可以提供一系列关于侵害人的信息。这涉及侵害人做出的选择、犯罪程序或犯罪技术，这些选择、程序或技术可以是下列内容的特征或反映：

- 专门的学科、行业、技能、职业或知识领域；
- 关于被害人的特殊知识，表明被害人与罪犯之间是否存在监视、联系或是先前的关系；
- 关于犯罪现场的特殊知识，表明被害人与罪犯之间是否存在监视、联系或是熟悉程度。

---

① 因为盗窃、抢劫或是性犯罪而遭逮捕之后，执法人员经常会因为有实物证据而尝试将嫌疑犯与其他档案中的案件联系起来。其他案件中的相似点可能被揭露出来，然后进行彻底的调查。这是合法的调查行为。然而，从历史上看，华盛顿特区大都会警察局以及美国其他地方的警察局所遵循的这些程序就使得以下情况可能发生（Feeney，2000）：

个别官员在没有任何证据证明罪犯身份可靠的情况下，就能结案。即使在已结案的指控未被立案的情况下，即使犯罪嫌疑人否认其参与，也没有其他证据证明他与犯罪有关的情况下，警官也可以使用犯罪手法的方法来了结这些案件。在一个实例中，有三起盗窃案被一名警察结案，因为他“确信”一个因其他盗窃案被捕的小偷应该为此负责，尽管该嫌疑人并没有承认这几桩盗窃案，也没有其他证据表明他与这几桩盗窃案有关，其作案手法也与他被捕所犯案件中的有所不同。作者认为，这并不是合法的司法鉴定行为，其原因是显然易见的。即使在毫不相关的案例中有着完全一样的犯罪惯技，就犯罪人的绝对身份而言，还是没有达到合理的肯定程度。只有物证才能提供这种程度的确定性。

犯罪惯技的要素

犯罪人的犯罪惯技本质上是功能性的。它包括可以随着时间的推移不断演变和发展的学习行为。随着犯罪人变得更有经验、更为成熟和自信，它更为完善。它也可能随着时间的推移，变得不如以前完善，会因为犯罪人精神状态恶化或是管制物品用量增加而失调（Turvey，2000）。

犯罪惯技通常可用于（或无法用于）三个一般目的中的一个或多个：①

保护犯罪人的身份：例如，白天抢劫银行戴着面具，强奸时遮住被害人的眼睛，入室盗窃时戴上手套，杀死任何上述案件的目击者，以及伪装犯罪现场。

成功完成犯罪：例如，选定和捕获被害人，用东西堵住嘴让被害人沉默，用武器控制被害人，用相关信息列出潜在被害人名单，以及用枪杀死被害人。

协助犯罪人逃脱：例如，作案时用偷来的汽车，犯罪之后处理掉汽车，以及捆绑/或让被害人失去知觉以防止他们逃跑并且阻止他们获得帮助。

犯罪惯技的一般类型包括犯罪现场特征，包括但不限于以下例子。（该列表是在奥康奈尔和索德曼的帮助下编制的［O'Connell and Soderman，1936，pp. 254－260］）。

- 犯罪人数量
- 犯罪前的计划
- 犯罪地点的选择
- 到犯罪地点的路线
- 实施犯罪前对犯罪现场或被害人的监视

① 愚蠢和无知的犯罪人远比聪明的犯罪谋划者要多得多。正如格罗斯所认为的那样（Gross，1924），历史上，调查人员能够结案的案件很大程度上都归功于罪犯的愚蠢。他还说（Gross，1968）：“最聪明的人做着最愚蠢的事情。能记住自己所做的愚蠢事情，并试图从中学习的人才能取得最大的进步。”

- 被害人在犯罪期间的参与（非幻想相关的）
- 犯罪时使用武器
- 犯罪时控制被害人
- 被害人受伤的性质和程度
- 杀死被害人的方法
- 预防抓捕行为的性质和范围
- 被害人衣物所处的地点和位置
- 被害人身体所处的地点和位置
- 为了利益或是掩盖身份而从被害人身上或犯罪现场拿走的物品①
- 出入犯罪现场的方式
- 逃跑的方向/从犯罪地点离开的路线

值得注意的是犯罪人的犯罪惯技可以是采取或者不采取一种行为。常见的例子包括性侵时不用避孕套，抢劫时不用武器，以及入室盗窃不杀死目击者。这些都是犯罪人做出的选择。

此外，读者还应该注意不要混淆犯罪惯技、动机和标记行为：这些是完全不同的概念，尽管在并案分析方面是相互关联的，甚至是相互依存的。

影响犯罪惯技的因素

犯罪人的犯罪惯技是习得的，甚至于是动态和可塑的。这是因为犯罪惯技会受到时间的影响，而且随着犯罪人的学习或退步是可以改变的。因此，一个犯罪人的犯罪惯技既可以作为强化因素，也可以是不稳定因素。

强化因素

犯罪人可能会意识到，他们在作案时的一些选择更熟练、更有效。

① 还有人在犯罪后跟踪或联系受害者。强奸犯会把被害人身上的驾驶执照或其他形式的带有照片的身份证明拿走，如果被害人报案的话，这对他们来说就是一个明显的威胁，这种做法很常见。通常强奸犯这样做是希望能达到恐吓的效果。他们尝试发送这样的消息："我知道你的样子，我知道你住在哪里，如果你去报案，我就会回来，他们没有办法保护你。我会记住你的。"还有一些人在犯罪后会跟踪或联系被害人。

可能他们随后在未来的犯罪中会重复这些选择，从而变得越来越熟练，并增强或强化犯罪惯技。在犯罪生涯中，犯罪人也可能纳入一些犯罪惯技选择，那些选择无意中会揭示他们的身份、性格或经验。犯罪人可能学会如何更熟练地作案，躲避抓捕，隐藏自己身份等常用方法（即强化因素），包括但不限于以下所列方法。

教育和技术材料。直到他们被捕并判有罪，犯罪人都与其他公民享有同样的学习机会。公立图书馆中的专业期刊、大学课程、教科书和其他以教育为目的的材料或互联网上的资源都可以给犯罪嫌疑人提供改善他们独特的犯罪惯技的有用知识。对于犯罪心理画像人员来说很重要的一课是，犯罪人的犯罪惯技可能反映出其对专业知识或技术的熟练度或精通程度，而这可以被纳入到最终的犯罪心理画像中，同时也可以提供相关的调查方向。比如，纵火犯可能会读《Kirk 火灾调查》（DeHaan，1997），强奸犯可能会读《男性强奸犯》（Groth，1979）或《强奸调查的实用角度》（Burgess and Hazelwood，1995），谋杀犯可能会读《真实凶杀案调查》（Gerbeth，1996），而抢劫银行犯可能会订阅安全杂志。[①]

行业或职业经验。犯罪人可能以前是，或者现在是，受雇于使用专业知识或是要求精通专业技术的行业或职业（电工、管道工、电话公司、电脑、军事、执法部门、飞行员等）。这样的专业知识可能会出现在犯罪人的犯罪惯技中，并且在犯罪中反映出来。犯罪也可能根据时间、地点和受害人特征的不同反映出由犯罪人的职业所创造的机会。

犯罪人经验和信心。随着犯罪人犯下同类型案件的次数越来越多，他们的作案手法会变得更娴熟。他们可能会表现得越来越自信，能够更顺利地处理突发事件（甚至会对此有所准备），或者他们会针对自己预期的犯罪活动类型调整相应的预防抓捕措施。在任何案件中，确定犯罪人的计划都是很重要的，这些可以通过他带入犯罪现场的材料和他的行

① 此文的作者经常被问及给大众提供培训和信息的做法可能会帮助犯罪人变得更加娴熟的问题。然而，公众可以获得这些材料并不是问题所在。与其说担心犯罪人可以获得这样的书籍和材料，不如说应该担心那些负责调查犯罪的人不能获得这些材料。在任何案件中，执法部门都拥有当前和未来犯罪人的资料（正如任何职业一样）。主张只向执法部门或是专门指定的群体提供此类材料，就是无视这一现实。

为来确定。犯罪心理画像人员需要问的问题就是带去的这些材料和所实施的行为是否适合该案件。下一个问题是带去的这些材料和所实施的行为是否表明他精通另一种犯罪（暗示除了手头这起案件以外的犯罪历史）。

与刑事司法系统的联系。被捕一次就可能会给犯罪人留下宝贵的教训，学会避免将来执法部门的侦查。此外，具有讽刺意味的是，服刑在美国被一些执法部门的人员和罪犯称为“上大学。”这是因为在监狱里，年轻一些、缺乏经验的犯罪人有机会与年长和更有经验的、已经积累了大量犯罪知识的犯罪人交流。因此，只在几年的刑期内就有可能大大提高犯罪人原来的犯罪惯技。一旦被释放出来，犯罪人就可能用这些“教育”，从事原本远远超出他/她本身能力的犯罪活动。

媒体。一些犯罪人密切关注报纸和电视媒体的报道来监视罪案的调查。调查人员和侧写师在发布任何相关信息给媒体时同样都要注意发布的时间，以及对系列案件中特定犯罪人未来的犯罪可能造成的影响，这很重要。某个案件相关的信息不仅可能会给犯罪人提供对未来预防抓捕行为的洞察力，而且它还可能给其他犯罪人提供足够的信息去“模仿”某个特定的系列案件，以此转移自己身上的调查怀疑。

例如，一名强奸犯可能在同一地区犯下五宗不同的案件。他所犯罪行的系列特征可能一直都没有被发现，直到 DNA 结果证明，这几起强奸案相当可能就是由同一个犯罪人所为。如果媒体发布的标题写着“DNA 验出连环强奸犯与五起强奸案有关!”，那么强奸犯就可能会改变自己的犯罪惯技，以防止执法部门把将来的案件联系起来。例如，他可能在将来强奸的时候用避孕套，或者他可能决定做一个更为永久性的改变，去做输精管切除手术。总之，强奸犯可能有意识地试图根据他从媒体关于他自己的罪行或类似案件的报道中所了解的内容来避免受到侦查。

不稳定因素

犯罪惯技也可能随着时间的推移而恶化，与刚开始实施犯罪行为的时候比起来变得不那么熟练、更为疏忽大意，甚至是更不合理。犯罪人的犯罪惯技随着时间的推移而退化或破坏稳定的最常见方式包括但肯定不限于：

- 恶化的精神状态
- 使用管制物品
- 过度自信，从而导致粗心大意
- 犯罪人的心情（例如激动、兴奋，或者心烦意乱）
- 未经检验或不可靠的工具或车辆（例如，容易受干扰或打不了火的武器，以及陈旧、有故障的车辆）

从 1973 年到 1978 年，在五个州杀死了至少 30 名被害人的美国连环杀人犯泰德·邦迪（Ted Bundy）（图 14.2）以充足的、经过深思熟虑的犯罪惯技开始了他的犯罪生涯。他彬彬有礼，很友好，到处流动，常常以一种使他显得无助或软弱，基本上没有威胁的方式接近他的被害人。他有时伪装成一个需要帮助的驾驶员，车辆不能行驶，手臂上还吊着吊带。有时他也倾向于选择十三至十九岁的女性受害者，会跟踪她们，并且在实际犯罪前选好抛尸地点。但是他的犯罪惯技随着时间的推移，很明显恶化了。

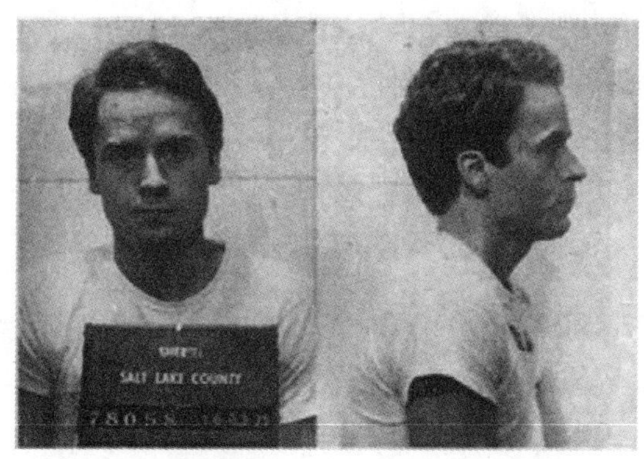

图 14.2　西奥多（泰德）·罗伯特·邦迪（1946—1989）

他在科罗拉多州被监禁后逃跑了两次，然后去了佛罗里达州。他开始酗酒，而且开始与被害人的尸体互动，在被害人死后把尸体保存好多天。有证据显示，对于一些尸体，邦迪会给其洗头发，还在其脸上化妆，而不是马上处理掉。简而言之，他开始留下越来越多的证据，采取的预防措施却越来越少，而且还开始参与更多的仪式行为。

他对被害人的选择也发生了变化；他选择的最后一个被害人是佛罗里达州一名12岁的女学生，完全是因为她容易下手。这明显背离他之前的犯罪惯技，之前他会提前小心跟踪并选择十八九岁到二十岁出头的受害人（Hickey，1991，pp. 157 –162）。

未知因素

未知因素是指作案时任何未知或意外的影响犯罪现场行为的因素。从犯罪人的角度来看，能否成功实施一起犯罪取决于事件是否符合预期。在现实生活条件下，犯罪现场、被害人和其他外在的因素并不总是符合犯罪人的计划。这包括许多可能性：

- 武器故障
- 意外的目击证人
- 被害人的准备/反应（例如狼牙棒、进行过自我防卫训练的被害人）
- 杀害或控制方法无效，导致被害人意外生还或死亡
- 车辆故障（例如引擎故障、汽油耗尽或者轮胎漏气）
- 预先选择的现场增加了安保措施

任何数量未知因素的存在可能都会迫使犯罪人临场发挥或者匆忙撤退，导致犯罪中断/未完成，甚至犯罪出差错。

犯罪中断/未完成是指没有包含足够的犯罪惯技来完成犯罪。未完成的犯罪可能包括以下情况：一名受害人没有轻易被害，反而转身踢了犯罪人的腹股沟。犯罪人可能会被吓得目瞪口呆，就一瘸一拐地离开了，或者受害人可能制造机会逃离现场。或者，在犯罪过程中，一名路人可能无意中看到犯罪人，犯罪人可能就会逃离现场。犯罪人也可能因为任何原因而选择放弃实施犯罪。无论是哪种情况，该事件都不会包含完整的预期内的犯罪惯技行为，因此是未完成的。

犯罪出差错是指包含非故意的、意外的犯罪惯技行为的犯罪，这会增加犯罪人的风险或犯罪情节。事件出差错可能包括以下情况：犯罪人可能会意外地用力过猛，或者被害人的反应可能对于犯罪人来说太激烈，犯罪人为了控制受害人而扼喉却导致其窒息而死。这种事态的转变能够将一个连环强奸案转变为杀人案，增加了犯罪人的犯罪情节。

法庭上的犯罪惯技：案例

“加利福尼亚州诉肯尼斯·赫尔南德斯案”（California v. Kenneth Hernandez）（1997）涉及肯尼斯·赫尔南德斯性侵两名受害人。根据加利福尼亚上诉法院的说法，初审法院犯了一个可挽回的错误。初审法院承认犯罪分析人员的证词可作为证据，而这个证词是包含在性犯罪数据库中的数据，检察官辩称这个数据是有关被告身份和罪行的间接证据。[9]

以下的叙述完全改编自“加利福尼亚州诉肯尼斯·赫尔南德斯案”提供的记录（1997）。1994 年 12 月 7 日，下午 5 点 20 左右，被害人沿着拉荷亚的加利福尼亚大学圣地亚哥分校人行道慢跑，突然受到袭击。这名被害人的身份确定了，叫“莫妮卡”，她在审判的时候指认赫尔南德斯就是袭击者。袭击者“突然”从两个公寓之间的灌木丛里冒出来，用头撞向她的肚子，让她失去了平衡。他们都倒在了地上，袭击者发出了“丧心病狂的笑声。”据说，他把一只手伸进她的运动衫里，越过胸罩去摸她的乳房。据称，他还把另外一只手伸进她的裤子里，抚摸她的私处。然后，莫妮卡挣脱了这个没有使用武器的袭击者，跑向附近的万豪酒店，在那里，她让前台接待员拨打了 911 报警电话。

1995 年 1 月 2 日，中午过后不久，被确认为“简”的受害人在玫瑰峡谷慢跑，停下来休息冥想时遭到袭击。据称，她停下来帮助一名女士和她的女儿，让她们的小狗冷静下来。当她抚摸小狗的时候，一个扎着马尾的长头发男人走了过去，他头戴绿黄橙相间条纹的黑色滑雪帽，穿着黑色滑雪外套和黑色的鞋子。简觉得这个男人有些不对劲儿，他有可能是一个“罪犯、强盗，精神不太正常”，因为他“穿得像是到了威斯康星州冬天最冷的时候。”这个男人跟在她后面走了一会儿，当她找了一个安静的地方坐下来的时候，男人走近了她。她举起了拳头说：“不要伤害我，不要伤害我。”根据记录（加利福尼亚州诉肯尼斯·赫尔南德斯案，1997），袭击者接着做了以下行为：

> 他突然打了她左脸一个耳光，打得她跌倒在路旁。当他走近，开始拽着她的衬衫领子穿过一片空地进入灌木丛时，简尖叫着，心

想“啊，我的天呀，我完了。这就是强奸？这一切结束的时候我就要死了。强奸犯不是都这么干么？”她被拖出大约87英尺远之后，赫尔南德斯将她重重地扔在地上，告诉她闭嘴，说他并不想伤害她，同时又打了她左脸两三个耳光。简开始快要晕过去了，她感到很恐怖，也很震惊，想着她必须要跟这个男人做朋友，让他停止正在做的事情。她告诉赫尔南德斯，他让自己想起了前男友，他们刚刚分手，她非常想念他，所以当赫尔南德斯朝她跑过来的时候，她非常开心。当赫尔南德斯骑到她身上，屁股放到她的肚子上，双手放到她肩膀上时，简尖叫着说自己无法呼吸了，因为她的运动衫套在了头上，她还说自己想要吻赫尔南德斯，这样就可以看到他的脸了。赫尔南德斯只是“笑了笑”，说“好吧，女士，我现在给你翻个身。”

赫尔南德斯把她翻身朝下，把她的运动裤一直脱到了脚踝，扯下了一只裤腿，然后扯下了她的内裤。简说，“他开始抚摸我屁股上的皱纹，开始从上到下地舔，一直舔到私处，我觉得自己都要吐了。”那时赫尔南德斯没有脱衣服，然后整个身子压在简的身上，把头放在简的右肩上，用下半身上下摩擦着她。他突然停住了，说：“好吧，女士，我要走了，不要喊，不要叫。”然后，他就向南边跑去。

简站起来开始尖叫。她告诉前来救她的人自己被强奸了。简由于此次袭击遭受了严重的头痛、颈部挫伤、面部浮肿、划伤、刮伤和瘀伤。

在审判的时候，加利福尼亚州试图引入治安部门的犯罪分析人员凯伦·古德曼（Karen Goodman）的证词帮助证明此案中犯罪人的身份。下面的陈述尽可能地描述了多处必要的细节，以说明使用数据的性质和有关犯罪分析人员证词背后的推理。此选段完全是从加利福尼亚州上诉法院提供的“加利福尼亚州诉肯尼斯·赫尔南德斯案”卷宗（1997）中摘抄下来的：

法院举行了举证听证会，会上犯罪分析员古德曼（Goodman）

说，她已经在圣地亚哥警察局（SDPD）工作了五年，访问“执法部门的各种计算机系统来确定犯罪嫌疑人身份、进行犯罪侧写和分析犯罪趋势。“她有理学学士学位，并且在工作单位接受了在职培训，还向开发各种计算机系统的专业人士、其他犯罪分析员，以及其他侦查部门学习相关的知识。她解释说，这些计算机系统包含“捕获的犯罪案件、逮捕过程、现场询问和传讯”的执法信息，而她在搜寻此案信息时所用的实际计算机系统被称为“侦探系统”（Sherlock）。古德曼介绍了这个系统：“这是由犯罪分析发展而成的内部数据库。它是由性犯罪部门将其捕获记录作为变量而建立的。性犯罪档案中的信息源于性犯罪日志，性犯罪侦探所接手的每个案件都有非常具体的信息，都会记录在性犯罪日志当中。反过来，这个日志又会交回我们，我们记录下来把它交给犯罪分析部门的书记员，然后书记员把每一条信息录入侦探系统，构成侦探系统的性犯罪档案。”每个录入侦探系统的词条通常是在性犯罪事件报案之后的三到四天内完成的。圣地亚哥警察局的日常业务中经常用到侦探系统，其性犯罪数据库包括分派给性犯罪侦探的所有报案的性犯罪案件。古德曼并不知道如果有一些性犯罪案件没有分派给侦探，是否也就可能没有录入侦探系统，她也不确定一些发生在圣地亚哥警局管辖区、直接向圣地亚哥治安部门报案的性犯罪案件是否必然包含在内。侦探系统只包含发生在圣地亚哥警察局管辖区内的犯罪案件。而圣地亚哥警察局经常依赖侦探系统，它被相关的性犯罪部门频繁使用，而且它还包括单独的杀人案数据库文件，还有一个“捕捉犯罪嫌疑人的独特描述符”数据库。古德曼认为，若谋杀案当中也发生了强奸行为，就应该在凶杀案档案和性犯罪档案中交叉查询。

古德曼进一步解释道，一名犯罪分析人员可以在侦探系统的性犯罪文档中选取某些变量，在特定搜索中界定所需要的标准，然后从系统中选择信息。侦探系统中所包含的变量例子可以是被害人和犯罪嫌疑人的外形描述，比如身高、种族、性别；也可以是犯罪相关的变量，例如日期、时间、地点、武器；还可以是像“捆绑或胶带束缚或具有明显可搜索特征的物品”之类的各种犯罪惯技。关于本案，她在侦探系统的性犯罪档案中进行了搜索，但没有在任何其他数据库档案中搜索过。

搜索时，古德曼准备了一张示意图，在上面标出了警察的两条巡逻路线：路线 125 和路线 114，此案就发生在这两条路线上。她在侦探系统中用特定标准搜索了这两个地区的性犯罪记录，即“犯罪嫌疑人不是黑人”“陌生人作案”即被害人和犯罪嫌疑人之间没有关联，并且案发时间在 1994 年 1 月至 1995 年 6 月。她最初搜索到了八个独立的事件。分析了每一起案件之后，根据案发地点、犯罪嫌疑人外形描述和犯罪惯技，她把调查范围缩小到了两起案件，且这两起案件的犯罪惯技都与她被告知的犯罪惯技相符。而这两起案件就是此处赫尔南德斯被指控的案件。古德曼解释说之所以排除其他 6 起案件是因为这些案件与具体的搜索标准不匹配，且其中的被害人并不是在慢跑锻炼时遭到袭击的。例如，她排除了发生在除峡谷外的其他地点的那些案件，即排除了发生在汽车或住所内的案件，排除了多个犯罪嫌疑人的案件，排除了被害人是男性的案件，也排除了报案的被害人没有起诉的案件。古德曼最先接触这个案子是在 1995 年 2 月 6 日之后的某个时候，是受格雷戈（Gregg）探长的委托。当时格雷戈探长正在调查一起发生在峡谷中的案子，因此古德曼才会为格雷戈探长想到此案中的另一个事件。古德曼认为从侦探系统得出的信息是靠得住的，这表明还有另一起与之相关的案件。

在交叉询问中古德曼证实，这两起性犯罪案件日志里的初始信息都源于负责初步现场勘察的侦查人员的报告，他们会把报告移交给性犯罪部门，以便于录入性犯罪日志。她解释说，最初的数据“是由书记员或性犯罪侦探从案件转换成日志，确认具体事件、地点、时间以及案件摘要的关键概要。其中包含关键信息，如犯罪嫌疑人的行为或被害人的行为或陈述。”袭击者的描述和任何变更也将记入日志。犯罪日志编制好之后，其副本就呈送给古德曼所在的部门，以便进行犯罪分析，并录入侦探系统。古德曼认为，法律没有规定一个人有义务举报性犯罪，法庭也承认“或许有些人不会报案”。

古德曼承认，录入侦探系统的信息事实上并非“与告知原始报告警官的信息完全一致。录入的信息可能是……911 报警电话录音中的信息，或者……是告知报告警官的情况，或者……是告知性犯罪侦探后修改过的版本。”

古德曼说，侦探系统中的性犯罪档案与任何其他执法机构的计算机系统都没有联系。她不知道有谁定期进行检查，以确保在圣地亚哥警局管辖范围内某些巡逻线路发生的所有性犯罪案件都被录入了侦探系统。她知道有时候有人举报发生在过去的案件，例如发生在 3 年前的案件。而这一案件只有在被警方写入警方报告之后才会被录入性犯罪日志。她也不确定本案中发生在 12 月 7 日的侵害莫妮卡一案的犯罪信息是何时录入日志的。

关于这一系统的可靠性，古德曼认为，她的主管确保“办公室内的操作都是符合程序的”。只有负责某特定案件的侦探才能拥有性犯罪记录的编辑权限。古德曼进一步说道：“我在这里唯一能证明可靠的是，所有性犯罪日志中的记录都是按时间顺序排列的……如果顺序乱了或不在顺序之列，我们的书记员就会与性犯罪侦查部门联系以确认可能存在的问题……也就是说，所有指派给性犯罪侦探的案子……都会收录在这里。”

古德曼也承认，发生在这两条巡逻路线之外的案件不会被包含在侦探系统的数据中，因为她的研究限制在这两条巡逻路线上，即使是一个街区以外的案件也不会包含进来。她进一步说，自己并不是完全依赖这一计算机数据库就断定本案中的这两起案件具有相似性；她还浏览过有关性犯罪的档案和警察的手写记录，就是为了核实她在侦探系统中未能检索到的其他变量。

再直诘时，古德曼证实，每天通过性犯罪日志录入侦探系统的数据并不是为了诉讼，而是为协助她和其他圣地亚哥警局的犯罪分析人员以及侦探的工作服务。再次交叉询问时，古德曼承认，目前还没有其他警察机构使用侦探系统。法院驳回了辩方要求驳回古德曼的证词的请求。

根据被害人的指认和犯罪分析人员的专家证词，赫尔南德斯随后被判定犯下6起暴力性犯罪，其中涉及上述两个被害人。但是，上诉法院重审此案并撤销了原判。上诉法院认为，这些分析的方法虽然是一种很有价值的侦查工具，但是在刑事审判的犯罪阶段却不符合可采纳的标准（California v. Kenneth Hernandez，1997）。

重要的是，要注意现代执法案例数据库与给定案例中揭露出来的数据库受到相同限制。这些数据库只包含录入系统的准确信息。若这些数据库是基于不完整、未经核对，或完全不准确的数据，且由非科学家建立（这种做法在执法侦查阶段很常见），即使不是经常存在错误，错误发生的可能性也会增加。

侵害人的标志

这些念头在别人心里可能是不经意的、模糊的，只有心不在焉和孤独的时候才会出现，只要情境改变就很容易消失，在他的头脑中却会根深蒂固。

——查尔斯·布罗克登·布朗，1962

标志性行为（signature）一直以来在法律术语中是指一种特殊的、明显的犯罪惯技。[10]一个早期的法庭判决认为辩护人不当使用犯罪惯技证据来认定侵害人的身份（被法院当作无害错误而驳回）。该判决引用了1954年出版的《麦考密克证据》（*McCormick on Evidence*）中的说法（加利福尼亚州诉哈斯顿，1968年）：

> 麦考密克说："这种推断（即用其他案件的犯罪惯技证据来认定侵害人的身份）要求的证据更多，而不仅仅取决于某一同类犯罪是否重复出现，例如：反复破门入室或盗窃罪。所用的手段必须是特殊的、显著的，如同一个人自己的签名一样。"（《麦考密克证据》［1954］157，p. 328.）

然而，犯罪惯技行为经常发生变化，而且并不总是那么显著。为了满足法庭要求的特殊性和显著性，必须要考虑更稳定、更持久的因素。这就要求理解并考虑侵害人心理动力学。

侵害人心理动力学

心理动力学是指如何将有意识的和潜意识的动机、情感和欲望结合起来以确定个体的性格和动机。为了理解犯罪人心理动力学，犯罪侧写师必须接受，并不是所有的侵害人都是相同的。他们有不同的经历、不同的品味和不同的需求。因此，不同的侵害人在相似的环境下所实施的类似行为，未必会有同样的甚至是相似的动机。

根据美国心理学家约翰．曼尼博士（Dr. John Money）的观点，有关行为动机独特性的解释是在侵害人的心中发现的：每个人内心都有一种特殊的行为模式且随后会产生与此相应的感觉，他把这称为“爱情地图”（lovemap）（曼尼，1988）。曼尼博士用“爱情地图”一词来描述一种理想的情景、对象或活动计划，对于侵害人来说，它们能够满足侵害人特殊的情感和心理需要。

所有人（不仅是犯罪人）的爱情地图、需求或幻想是人类自然发展过程的一部分，它们随后也要受生物学和环境因素的影响。侵害人标志性行为的发展必然遵循性和情感发展的平行路径。随着爱情地图的发展，相关的性格逐渐形成，实现个人需求所必需的行为被识别、合并以及发展起来。对某些人来说，其结果或许表现为培养和探寻亲密关系中的健康表达方式。对于另外一些人来说，他们会走向另一个遥远的极端，结果可能是反社会、甚至是犯罪行为的整合与发展。

曼尼博士的理论认为，当个人的心理发展进程偏离正常轨迹，当个人感到可以因暴力行为或其他犯罪活动产生愉快的联想，那就必然会导致犯罪行为的实施。这些联想随着时间的推移而改变和发展，相当于行为上的独特性，即个体侵害人在实施诸如强奸、杀人、纵火等其他类似的或系列的罪行时试图满足的情感或心理需求。

侵害人的幻想会随着时间推移而发展，而实施这些幻想的需求也会随着时间而发展。当暴力或掠夺性幻想随后实施的时候，这一行动本身又会使侵害人在意识中强化这一幻想，并且会促使幻想逐步发展。幻想的实施是一个互补的过程，这一过程可以促使幻想、标志性行为和侵害人总体特征都随着时间的推移而逐步发展。

标志性行为

标志性行为是指侵害人所实施的行为，但其并不是实施犯罪的必要条件，而是反映侵害人心理或情感需求的行为。侵害人的标志性行为本质上并不实用。如前所述，随着时间的推移，它们反映的心理动力关系和倾向，一般都比犯罪惯技中那些很明显的心理动力关系和倾向更稳定和持久。

重复

由于一些分析人员和律师对此有疑惑，因此有必要解释一下，某个特定的行为在不同的犯罪中重复出现，仅凭这一点不足以认为它是标志性行为。它可能仅仅只是侵害人犯罪惯技的一部分。通常下面列举的这些才是真正的标志性行为：

1. 需要额外花时间来完成，甚至花费的时间比实用的犯罪惯技还要长
2. 不是犯罪完成的必要条件
3. 涉及某种需求或情感的表达
4. 可能涉及某种幻想的表达

如果某个行为符合这些标准，那么它就是标志性行为，也就是说它与侵害人的心理和情感需求（幻想和动机）有关，而与犯罪相关的功能需求无关。

主动和被动的标志性行为

标志性行为有两种类型：主动型和被动型。

主动型标志性行为是侵害人有意或故意实施的行为。侵害人掌控着局面，而且想要留下特定的心理印象或满足特定的情感需求。举例如下（包括但不限于）：

- 特定的、重复的受害者类型

- 特定的、重复形状的尸体伤口
- 犯罪现场留下字条
- 特定的、重复出现的多功能武器
- 特定的、重复出现的绷带/捆绑类型或形态

主动型标志性行为清晰地表达了侵害人想要传达的信息；侵害人明白信息已传达，而且会被识别和理解。

被动型标志性行为本质上是偶然发生的。犯罪人无法掌控局面，无意中留下了特定的心理印象。举例如下（包括但不限于）：

- 过度使用武力或过分残暴
- 痴迷的/难控制的行为（例如跟踪、骚扰）
- 嫉妒或自我贬低的语言

被动型标志性行为是侵害人无法控制其情绪时做出的行为，侵害人并未意识到其心理需求可能通过正在实施的行为揭示出来。

局限性

重要的是，标志性行为并不总是能够把案件联系起来或解除案件之间的联系，原因有以下几点：

- 侵害人并不是总会留下有关标志性行为的证据
- 侵害人可能会为了隐藏有关标志性行为的证据，以此实施预防行为（烧毁证据、清除犯罪现场的不明幻想物品、伪装犯罪现场，等等）
- 侵害人的行为证据可能被司法人员或刑事侦查人员弄丢、忽略或是毁坏

标志性行为模式

侵害人的标志性行为是指侵害人实施的具体行为，而总体上的侵害人标志则是指在犯罪中发现的犯罪惯技、标志性行为和动机的模式或总和。这种行为模式可能对特定的侵害人来说是独一无二的，因此可能用来区分不同的犯罪现场以及辨别潜在的侵害人，在某一特定类型的犯罪

中，它可能是罕见的，但也可能是常见的。

识别侵害人标志

侵害人的标志常常被错误地视为其“名片”（calling card）或“商标”（trademark）（Keppel，1995）。这些称谓使人认为侵害人在犯罪现场的行为是稳定的、不变的，进而对此留下深刻的心理印象。正如读者现在应该清楚的那样，这是一种非常容易误导人的描述。

侵害人标志的概念有一些重要的限制，必须加以理解。许多系列性或掠夺性犯罪侵害人不需要表达出与其个人的个性不同的情感。此外，尽管侵害人标志的显著性是影响个体发展过程的多个变量导致的结果，但是因为两个犯罪现场具有相似的标志，就据此认为其侵害人心理也必然相同是不恰当的。“相同”（identical）和“匹配”（match）这两个术语很容易误导那些未能完全理解侵害人标志概念的人。

“匹配”一词有时候可以用来表示“相同”，指两个事物具有共同的特征。但是，就其本质来讲，即使是同一个侵害人所为，不同犯罪当中的犯罪现场和在犯罪现场实施的行为也不可能完全相同。不仅地点很可能不同，而且受害人无疑也是不同的，他们对侵害行为做出的反应也是不同的，这反过来会影响侵害人的行为表现，无论是犯罪惯技还是标志性行为都会受到影响。对特定的侵害人来说，标志性行为是独一无二的，基于解释本身的主观性，对这种标志性行为的解释缺乏绝对的确定性。即使侵害人有明显的心理特征，犯罪侧写师也不能透过侵害人的眼睛做出完美、客观的阐述。通过论证物证和行为证据的高度一致性，他们可以展示出侵害人最有可能的想法和需求，但是这远不及“心理指纹”（psychological fingerprint）的精确程度。

在根据侵害人的标志性行为进行推论的时候，犯罪侧写师可能并没有掌握全部案件事实，或者他们的侦查假设可能是有瑕疵的。因此，思维周密的犯罪侧写师会考虑以下因素：

- 行为证据的数量是否足以解释侵害人的标志（例如，现场再现是否合格？重建所依据的法庭协议是否充分？伤口形状证据是否由于身体腐烂而丢失？）

- 行为证据的数量是否能充分反映侵害人的需求（例如，犯罪活动有中断的证据吗？侵害人有时间做所有他或她觉得很重要的事情吗?）
- 行为证据是否表明该标志性行为是侵害人持续性幻想升级或变化的一部分，或者说侵害人的标志性行为是否随着时间的推移相对固定。

并案：法庭上的侵害人标志

有一些研究人员提出假设（Alison et al.，2002；Canter，1995；Woodhams and Toye，2007），既存在“侵害人行为一致性（offender behavioral consistency）”，也有“侵害人行为独特性（offender behavioral distinctiveness）”，它们可以用在并案分析中来确认“以行为相似为依据，涉嫌为同一犯罪人实施的犯罪”。这些研究人员甚至认为，法庭接受并案分析证词，就能证明这是具有有效性和准确性的科学证据，因此，也就证明这些证据适用于法院。而这最多不过是循环推理。法庭接受该证词意味着在某个特定的日子，在某个法庭上，某位法官采纳或拒绝采纳某个特定的证据，且采纳证据的原因可以变化。不了解司法领域这方面的动态和不可预见性，对任何科学司法鉴定人员来说都是一大罪过。

此外，这些研究人员的假设忽略了两个更重要的有关犯罪侧写和行为证据分析的原理。

1. 不同的侵害人会由于不同的原因做出类似的行为（这被称为行为变异原则[principle of behavioral variance]）。
2. 每个侵害人的行为是由多个因素决定的；它们可能是侵害人多个动机和多重外部影响的结果（这被称为多因原则[principle of multi determination]）。

研究者并不是说，基于人类行为的复杂性和动态性，并案的努力就是徒劳的。相反，他们想说的是并案并不总是可能的，而且也很少是确定的。在理解忽略行为证据分析原则而作出的假设时，过于简化问题并不能使我们更准确地进行并案分析，相反，这样会让我们与之背道而驰。

这一立场直接与坎特（Canter，1995）最初提出的侵害人（行为）一致性假说相矛盾，这个假说是侦查心理学家在其研究中所采用的一种犯罪侧写方法的基本假设。坎特的假说预测侵害人在系列案件中的犯罪行为具有一致性（或相似性）。遗憾的是，不仅系列案件中的犯罪惯技和标志性行为不同，而且所审查的系列案件可能在多种类型的犯罪当中只有一种是一个侵害人所犯的罪行。系列强奸案的侵害人也可能参与系列破门入室案。系列谋杀案的侵害人也可能参与抢劫或盗窃案。犯下不同类型罪行的侵害人绝不占少数，然而学者们却把侵害人分成固定的群体来研究，好像根本不会出现犯罪多样化一样。

侵害人行为一致性的假设最终是一种有限的研究普遍性规律的思考方式，在实际的个案工作中得到统一。它不恰当地将侵害人归于不同的类别，这些类别对于研究是有用的，但是也会人为地把他们作为特定的类别隔离开来（强奸犯、谋杀犯、纵火犯、盗窃犯、跟踪狂等）。这会导致将侵害人当作单维的抽象的存在形式，与现实存在的多维犯罪人相悖。同样地，这会使得侵害人研究更加容易，但是并不会更准确。

区分犯罪惯技和标志性行为

侵害人的犯罪惯技是侵害人运用到犯罪中的方法，它与侵害人的动机是不同的，侵害人的动机是其犯罪的原因。它与侵害人的标志性行为也是不同的，侵害人的标志性行为是为了满足犯罪人情感和心理的需求，而且通常对于完成犯罪活动来说并不是必要的。

犯罪侧写师要解决的问题就是区分犯罪惯技和标志性行为。一个相关的问题则是标志需求和犯罪惯技需求可能会由相同的行为来满足。以下案例阐明了这一点：

- 在一个案件中，侵害人在强奸过程中用被害人的T恤盖住了她的脸，这个行为可能是出于心理欲望的一部分，便于自己幻想被害人是另外一个人。这也可能是标志性行为。而另一个案件中，侵害人在强奸过程中用被害人的T恤盖住她的脸这一行为，可能是出于功能需求的一部分，以防被害人看到他的脸并在以后的某个时候认出他。这种行为会被视为侵害人犯罪惯技的一部分。

另外，同样的行为也可能是为了同时满足犯罪惯技和标志的需求。因此，也可能既是侵害人犯罪惯技的一部分，也是标志性行为的一部分。以下案例阐明了此观点：

- 例如，一名男性侵害人肛门强奸了一名女性受害人。性侵犯是犯罪惯技行为，反映了侵害人是如何实施犯罪的。而此案的性侵类型为肛门强奸，反映出了侵害人的标志性行为。性侵犯可以以多种方式实施；肛门强奸这一具体行为对于完成这一罪行来说并不是必要的，因此反映出了侵害人的心理或情感上的需求。
- 杀人方法可能同时满足犯罪惯技和标志的需求。例如，侵害人徒手勒死受害人。勒死或使人窒息是一种旨在成功完成犯罪的犯罪惯技行为。然而，侵害人徒手杀死受害人而不是采取其他方法杀人，这满足了侵害人的某种情感或心理需求。此外，徒手勒死受害人这一过程需要更长的时间，且会增加与受害人的身体接触，这从另一方面也反映了侵害人的情感或心理需求。
- 涉及性凶杀案的侵害人数量也可以说明侵害人行为如何既能满足犯罪惯技需求，又能满足标志需求。参与犯罪活动的侵害人数量是协助犯罪顺利完成的一种犯罪惯技行为。但是，在性凶杀案中，多名侵害人代表了一个共同的性幻想，反映了他们的情感或心理需求。在这起案件中，多名侵害人的出现也是标志性行为。

为了弄清楚一个行为属于犯罪惯技的一部分，还是属于标志性行为的一部分，或者同时属于犯罪惯技和标志性行为的一部分，犯罪侧写师必须寻找行为模式和相交点。他们一定不能陷入某种陷阱，即根据毫不相关的犯罪的常见意义来解释行为。此外，他们也不能在特定案件的事实背景之外，抛开犯罪中的其他行为，解释单独的一种行为，这也是需要注意的陷阱。侵害人的某个行为的意义，必须放在整个背景中去理解。

理解行为并案

行为证据复杂且由多重因素决定，众所周知，证词是不可靠的。因此，人们公认，物证是将两个或多个案件联系起来的最可靠的手段。当特定案件中的物证不够充足，或者如果法律允许，行为证据可能会作为第二种手段来解决并案问题。然而，并没有证据或研究表明单一的行为证据可以像指纹或是 DNA 一样，可以用来确定同一个人要对两起或两起以上的犯罪负责。另外，虽然在某些案件中可能会有大体上或主题上的相似之处，但是对于得出最终的并案结论，它们之间的差异却更有分量，更为重要。不考虑差异，而只侧重于相似性的并案分析，就算不是片面的，也是不充分的。

为了能够让并案分析结果的表述对侦查人员和法院都有用，而对确定性不会产生误导，本文的作者制定了一系列的标准来作为信任声明。并案侦查或并案分析的结果可能会用下面的语言表述：

- 行为差异
- 并案侦查
- 行为共性
- 并案鉴定

行为差异

行为差异是指：对行为因素进行比较，发现它们是不同的。以两起凶杀案为例，其中一起涉嫌用手枪一击命中被害人头部而使其丧命。另一起涉嫌徒手勒死被害人。这两起案件在使用武器方面有行为差异证据。

需要注意的是，行为差异必须在整个犯罪的背景下和相关的所有侵害人行为中进行分析。案件中不同行为因素的存在并不能推翻并案。例如，一名侵害人在不同暴露水平的多名被害人身上留下了独特的标志性行为。这起案件中被害人的暴露水平就是行为差异，但是不同的暴露水平可能反映的是侵害人的犯罪惯技行为随着时间的推移和因罪行不同而发生的变化。所以，行为差异可能存在于证明有并案鉴定的案件中。

并案侦查

并案侦查（investigative linkage）指的是一起或多起案件之间的通用联系，以告知侦查资源的分配（例如，根据犯罪行为，一般的犯罪环境或机会主义犯罪环境；犯罪惯技的一般相似之处；也许不同的标志性行为中显示的相似标志方面）。正如其名字一样，这样的并案本身就意味案件需要进一步的侦查。这并不具有决定性。并案侦查的一个案例就是发现两名女性在家中遇害，在一年的时间里以大致相同的方式在同一个社区被杀。通常的描述很有趣，资源应该被应用到进一步侦查可能存在的联系当中，这些联系可能会在被害人心理学、犯罪惯技、标志性行为和物证当中被发现。在任一侦查过程中，可以建立或驳斥更确切的联系。如果不能发现更多的信息，那么该并案侦查必定不足以暗示行为共性，更不用说并案鉴定了。

行为共性

行为因素经比较发现是相似的而不是唯一的，这时就存在行为共性。[12]例如，有两家便利店在光天化日之下被抢劫，并且侵害人都使用了 0.357 的大口径手枪，且都戴着面具。这两起抢劫案在案发时间、预防行为、地点类型、武器使用，甚至动机上都呈现出行为共性。但是，这种抢劫模式却并不独特，特别是在大城市。

并案鉴定

并案鉴定是指在两起或多起案件中，独特的侵害人行为或是独特的侵害人标志性行为显示出有限的行为差异。这种联系足够显著，可以据此判断是由同一侵害人所为。物证，例如某种 DNA 也可能会提供并案鉴定，所以一定不能忽略，除非是为了法院审判而蓄意撤销。

当确定某个独特的侵害人标志性行为是否存在于两起或多起案件时，行为差异也很重要。如果在案件中存在重要的行为差异，并且无法用犯罪惯技行为的发展或衰落来解释，那么最终的并案分析就不能引用并案鉴定。

新泽西州诉史蒂文·福蒂案

关于并案分析证据和证词的可采性，某些案件对此有最全面的裁决，其中一起就是“新泽西州诉史蒂文·福蒂案”（1999－2007）。

1995 年 4 月 3 日，34 岁的缅因州警察维基·加德纳（Vicki Gardner）遭到性侵，脸部遭到毒打，并被勒死。史蒂文·福蒂（Steven Fortin）（图 14.3）承认了这次罪行，被判处 20 年监禁。

图 14.3　1994 年 8 月 11 日，史蒂文·福蒂在法庭上被判谋杀梅利莎·帕迪拉的时候坐在执法人员中间，背景中梅利莎·帕迪拉和她四个孩子的照片被投射在屏幕上。

1994 年 8 月，25 岁的梅利莎·帕迪拉（Melissa Padilla）在新泽西阿凡纳地区（Avenel）一家快客便利店购物之后，在回家的路上遭到性侵、毒打、抢劫，并被勒死。该州聘请已退休的联邦调查局侧写师罗伊·哈兹伍德（Roy Hazelwood），来分析有关帕迪拉谋杀案和攻击加德纳事件的材料，目的在于通过两起案件的“并案分析”来确定这两起罪行是否为同一侵害人所为。这样的分析就包括对两起案件的犯罪惯技和标志性行为的评估（新泽西州诉史蒂文·福蒂案，1999）。

据哈兹伍德分析（新泽西州诉史蒂文·福蒂案，1999），这两起案件中有 15 处相似的犯罪惯技行为。具体包括以下事实：犯罪风险高；罪行都是一时冲动犯下的；被害人都是女性；被害人的年龄相仿；被害人都从侵害人身边走过；被害人独自一人；犯罪地点都选在邻近或就在状况良好的高速公路边道上；犯罪都发生在黑暗中；袭击都没有使用武器；用重拳伤害被害人（鼻子被打破）；有面部外伤（主要打在面部上方，牙齿未受损伤）；下身的衣服全部被扒下；在被害人的短裤或长裤里发现了紧身短裤；衬衫还留在被害人身上，胸罩被解开；被害人体内和身上没有发现精液。

此外，哈兹伍德还指出，犯罪行为中有 5 个发泄愤怒的相似标志性行为，具体包括：咬下巴，咬左侧乳房，损伤性肛门穿透，残忍的面部殴打，以及从正面将被害人用手勒死。哈兹伍德的报告得出结论：

> 35 年来，我有着处理发生在美国、欧洲、加拿大和加勒比海地区的各种暴力犯罪的大量经验，但是我还从来没有见过一起暴力犯罪当中竟然包含如此多的行为组合。不同的侵害人实施这样两起如此独特的案件几乎是不可能的。
>
> 根据这两起案件的犯罪惯技和仪式性行为的比较结果，我认为是同一个人先杀害了梅利莎·帕迪拉，之后企图谋杀维基·加德纳小姐未遂。

作为关于这个问题的学术论文，哈兹伍德提供了他撰写的真实犯罪回忆录《人类的罪恶》（Hazelword anichaud，1998），其中他提出侵害人的标志性行为如同指纹或是 DNA 证据一样都是独特的。在这起案件中，法庭用了“新泽西州诉格拉迪斯·凯利案”（New Jersey v. Gladys Kelly）（1984）的可采性标准，它包括“一般接受”和“充分超出普通事实裁定者的一般知识范围”。初审法院法官驳回了辩方排除哈兹伍德证词的动议。随后，福蒂被判定谋杀梅利莎·帕迪拉。

1999 年，上诉分庭推翻了下级法院关于哈兹伍德证词可采性的裁决。他们发现，并案分析（考虑并比较侵害人的犯罪惯技和标志性行为模式）并不是依靠证词就足够可信。他们还认为并案分析涉及行为科学的应用，因此也应该在采纳科学证据的试验条件下进行评估。他们进一步提出，鉴于哈兹伍德证词的确凿性，陪审团可能没有得到适当的限制性指示，以消除专家表达的意见所带来的损害，专家认为被告犯有被控的罪行（新泽西州诉史蒂文·福蒂案，1999）。

2000 年，新泽西州最高法院做出裁决，支持上诉法院于 1999 年所做的判决。这里涉及两个问题：第一，控方是否可以在身份问题上提出类似罪行的证据；第二，该州提议的证人是否有资格成为犯罪仪式性和标志性行为方面的专家，并且通过并案分析来证明，在缅因州犯下罪行的同一人又在新泽西州犯了谋杀案。新泽西州最高法院做出裁决，所提出的关于并案分析的专家证词缺乏足够的科学可靠性，因而不能采用，但是，缅因州犯罪的证据在身份问题上是可采的，并且还有适当的限制性指示（New Jersey v. Steven Fortin，1999）。

该州最高法院记录了这样一个事实，哈兹伍德用尚未证实的案件经验来代替有辩护力的科学事实和研究。桑顿（Thornton）（1997，pp. 15 – 17）明确警告这是一种不合规的法庭实践（New Jersey v. Steven Fortin，2000）：

> ……哈兹伍德在审查 4000 起案件的时候，并没有看到这种咬痕、肛门撕裂和残酷的面部殴打都一同出现在一个被害人身上。假设有这样一个案例数据库，那么，证人的主张就很容易被检验，而且使用这些证词就不会引起前述对不当使用专家证词的担忧。

法院还注意到，在并案分析的问题上存在任人唯亲的现象，以及这一现象对规章制度科学可靠性存在一些影响。根据布斯（Booth）的描述（2000）：

> 为了被接受为有效的分析，欧赫恩（O'Hern）法官写道，分析必须以科学和法律著作以及法官意见为依据。他说哈兹伍德的报告没有通过检验，尤其是因为并案这个领域，只有哈兹伍德和他的几个亲密合作者才有涉猎。
>
> 欧赫恩解释说："关于科学界接受'并案'的共识，哈兹伍德

在证词中提到的其他专家不是他现在的同事，就是他以前的同事。这样的话，就没有水平相当的人来检验他的理论，也没有办法重复他的结果。”

在此还记录了朗（Long）法官的部分反对意见。她同意其他法官的意见，哈兹伍德没有资格作为一名并案分析领域的专家，他的证词并不可靠。无论如何她都认为，即使有限制性指令，缅因州犯罪的证据也不应该被采用。她写道（New Jersey v. Steven Fortin，2000）：

> 我个人认为，根据上诉分庭和多数人的意见，可靠性的缺陷使得哈兹伍德无法作为并案问题的科学专家作证，他提供的独一无二的证词也同样有这个缺陷。并案分析是犯罪惯技和仪式性特征高度集中的时候，犯罪侦查人员使用的一种程序，侦查人员可以得出结论认为犯罪人是同一人。而唯一性证词是另一种形式的并案分析。当哈兹伍德作为一名犯罪侦查人员作证的时候，并不比他作为一名仪式性行为分析“专家”作证的时候更可靠。总之，在没有专家的情况下我不会允许缅因州犯罪的证据被采纳，我仍然同意上述分庭的观点，认为哈兹伍德并不具备作证资格。

笔者也极不赞同“新泽西州诉史蒂文·福蒂案（2000）”中的专家证言，对于将标志性行为分析和法庭 DNA 分析的自然科学进行比较感到困惑。它们完全不是一回事。一种是动态行为，而另一种则是固定不变的分子化学。将这两者进行比较无论如何都是不恰当的，甚至可能是误导性的。对于此案，笔者非常同意朗法官的意见，十分认同其观点中所表述的理由。

但是福蒂一案至此并没有结束，后来进行了重审，再一次处理了同样的问题。控方这一次没有用已经被法庭质疑的联邦调查局训练有素的专家作证，而是试图将联邦调查局暴力犯罪逮捕计划（Violent Criminal Apprehension Program，简称 ViCAP）关于这两起案件的数据库搜索结果作为证据（搜索工作由一名新的联邦调查局侧写师来完成），来展示这两起案件独特的标志性性质。然而，这名新的联邦调查局侧写师在案发多年后，应米德尔塞克斯县检察官办公室的要求填写 ViCAP 的表格，此时他已知道了此前对于被告的审判。这些信息没有经过编辑，直接输入作为原始侦查的一部分了。在这种情况之下，法庭已经知道会有潜在的偏见。正如“新泽西州诉史蒂文·福蒂案（2007）”所解释的：

> 被告人（福蒂）随后被米德尔塞克斯县法律司高等法院判定为谋杀犯、严重的性侵犯、一级抢劫犯、谋杀重罪犯，并判处死刑。被告不服上诉，最高法院撤销原判并进行重审（178 N. J. 540，843 A. 2d 974）。在重审时，最高法院就几个审前证据动议进行裁决，有条件地引入缅因州袭击案和非致命勒杀案的专家证词，裁定缅因州袭击案和非致命勒杀案中被害人身上的受伤证据不同于咬痕，是可以采纳作为证据的，还裁定联邦调查局暴力犯罪逮捕计划的搜索结果不可采。
>
> 裁决：高等法院准许了该州申请上诉许可的动议，阿尔宾（Albin）法官认为：（1）动议法官采纳缅因州袭击案作为证据要以专家证词为条件，没有滥用自由裁量权；（2）动议法官要求该州向被告提供一个案件数据库，以支持专家的证词，没有滥用自由裁量权。专家认为被告在对被害人和缅因州警官的性侵犯中造成的咬痕是不寻常的，形成了标志性犯罪；（3）州政府可以说明缅因州女警官的咬痕是在一次暴力性侵犯过程中造成的；（4）州政府不能使用暴力犯罪逮捕计划（ViCAP）的数据库来表明，一项犯罪比较搜索结果显示被害人的谋杀与缅因州的袭击事件有相似之处。据称这两起袭击非常罕见，构成了标志性行为。……
>
> 被告史蒂文·福蒂因梅丽莎·帕迪拉谋杀案而重审时，新泽西州意图证明被告有罪，表明他以这种独特的方式犯下了罪行，可以据此说他带有自己的“标志”。新泽西州试图根据法条（N. J. R. E. 404b）引入“其他犯罪”的证据，即被告对缅因州警察维基·加德纳的性侵犯，从被害人的阴道穿透至肛门，勒死并咬了她的左胸和下巴。新泽西州认为帕迪拉被折磨的身体上，左侧乳房和下巴有独特的咬痕，加上肛门穿透和徒手勒杀的伤口，类似于一个标志性行为，确定被告为杀害帕迪拉的凶手。州政府主张，陪审员根据他们的普遍经验和常识，不需要专家证词即可得出结论，加

德纳案和帕迪拉案中的标记性咬伤都出自同一人，即被告。

为了支持这一结论，新泽西州提供了联邦调查局暴力犯罪逮捕计划（ViCAP）电脑搜索的结果，这是全国上报的暴力犯罪数据库，其中包括三起有显著相似特征的暴力案件记录——加德纳和帕迪拉的性侵犯案以及华盛顿州发生的性侵案。

在就审前动议进行裁决的时候，动议法官认为决定加德纳和帕迪拉性侵犯案件是否是标志性犯罪超出了一个普通陪审员的普遍经验和常识，因此需要专家证词来解释能将两起犯罪联系起来的那些特征。该法官裁定新泽西州可以通过法医和法庭牙医的证词来确认两名受害者身上咬痕的独特性，只要专家们能提供一个可靠的数据库来支持他们的观点。关于袭击加德纳警察一案，动议法官将新泽西州限定在标志性犯罪证据即咬痕上，发现袭击的其他细节是不相关的，使人激愤。最后，法官得出的结论是，因为执法当局将缅因州犯罪案的细节插入到 ViCAP 数据库中，仅仅是为了制造出加德纳和帕迪拉两起案件之间的必然联系，ViCAP 中的搜索结果是不可采纳的。动议法官允许使用不含缅因州犯罪案件的 ViCAP 数据库，用以对专家证词可靠性提供支持或提出质疑。

我们批准了新泽西州的上诉许可动议，现在维持动议法官的裁决，但是要做出以下修改。新泽西州可以在案件中出示咬痕证据，从而使得加德纳性侵犯案的重要细节不会被删掉。然而，根据 N. J. R. E. 404（b）的规定，描述这次袭击的证词须遵守陪审团的具体指示，解释为何有限地使用“其他罪行”证据。最后，由于新泽西州专家没有依靠 ViCAP 数据库来形成自己的观点，该数据库就不可采纳来支撑他们的观点。

联邦调查局特工督察马克·萨法日科（Mark Safarik）在他的证词中描述了暴力犯罪逮捕计划，俗称 ViCAP。ViCAP 是 1984 年创建的一个国家级数据库，大约包含有 167000 份报了案的暴力犯罪记录（杀人案、杀人未遂案和绑架案），该数据库由联邦调查局保存在弗吉尼亚州的匡提科。自从该数据库建立以来，收录了大概 3% 到 7% 的暴力犯罪。全国范围内纳入 ViCAP 都是自愿的。要纳入国家数据库，执法部门需要填写 ViCAP 表格，回答很多关于犯罪的问题。

ViCAP 的一般用途是用来通过电脑搜索区分独特的犯罪特征，从而“确定案件之间的相似点”。一些执法机构可以通过这种电脑搜索关注独特的犯罪标准，与另一个正在侦破“有着相似特征的类似案件”的执法机构取得联系并进行合作。根据探员萨法日科的解释，“ViCAP 系统正在寻找……已经侦破或者尚未侦破的杀人案或杀人未遂案、失踪人口案、绑架案，这些案件中很可能有不法行为，或有身份不明的尸体，且死亡方式怀疑是他杀。”在相关时期之内，似乎与绑架、杀人或杀人未遂无关的性侵犯行为并不是 ViCAP 系统的目标对象。

执法部门当局及时完成了 ViCAP 表格，将帕迪拉谋杀案录入了国家数据库。然而，缅因州警方并没有完成 1995 年加德纳性侵案的 ViCAP 表格。2004 年，在为被告的审判做准备的时候，缅因州要求探员萨法日科提交关于加德纳一案的 ViCAP 表格。在一名 ViCAP 分析人员和缅因州警方的帮助下，他按要求完成了。然后萨法日科探员在 ViCAP 系统上做了一系列的搜索来寻找帕迪拉案和加德纳案具体的共同特征，例如人为勒杀、性侵以及脸部和胸部的咬痕。搜索结果显示了三起案件——帕迪拉谋杀案、加德纳性侵案和 1988 年华盛顿州的一起案件。缅因州认为这些搜索显示出帕迪拉案和加德纳案之间的相似处非常独特，以至于形成了一种标志性行为。值得注意的是，探员萨法日科表示因为涉及隐私问题，ViCAP 数据库中关于这两个案件的信息都不应该对辩护律师开放，且拥有《信息自由法案》的豁免权。

动议法官裁定，通过比较分析两起性侵案以鉴别其为标志性犯罪超出了一个普通陪审员的知识范围，且 ViCAP 数据库并没有为两起案件“提供其独特性理论的独立支撑”。因此，她仅接受专家的证词来证明这两起案件之间有联系，只有这样她才会接受这个证言……

动议法官驳回了缅因州的主张，缅因州认为 ViCAP 匹配可以用来支撑加德纳案和帕迪拉案的独特性理论。她推断说目前 ViCAP 数据库还没有单一的标准模式。比如，她指出 ViCAP 数据表格无法检查下巴上的咬痕。因此，她推断 ViCAP 数据库中过于宽泛的因素无法做出可靠的独特性分析。她还发现，因为加德纳 ViCAP 表格“是因诉讼目的而创建的，并不属于警方的日常工作范围，”两起案件的匹配并不来自于“公正的数据生成”，因此是不可采的。最后她裁定，不含加德纳案信息的 ViCAP 数据库“将是一个缅因州可以用来检验专家意见的可靠数据库。”

如前所述，ViCAP 是一个国家级数据库，包含了大约 167000 宗杀人案、杀人未遂案和绑架案。执法机关出于自愿完成 ViCAP 表格。1994 年帕迪拉案件的侦查监督员劳伦斯·纳格尔（Lawrence Nagle）证实在帕迪拉案调查期间，米德尔塞克斯县检察官办公室的惯例是，只为未侦破的案件填写 ViCAP 表格。

探员萨法日科（Safarik）作证说，不同执法机关在确定完成 ViCAP 表格的时间上做法不同。数据库中的 167000 起案件显示了自 1984 年以来大约有 3% 到 7% 的杀人案、杀人未遂案和绑架案。该记录并没有显示出这 3% 到 7% 的案件当中有多少性侵案。此外，至少根据 ViCAP 表格的一般说明可以得知 ViCAP 并没有纳入超出杀人案、杀人未遂案或绑架案范围以外的性侵案。因此，没有归入杀人案、杀人未遂案或绑架案的性侵案可能并没有包含在 ViCAP 数据库中。透过这种棱镜来看，ViCAP 数据库可能只包含了自 1984 年以来暴力性侵案中的很小一部分案件。

重要的是，虽然缅因州让探员萨法日科来解释 ViCAP 的作用，但是无论是他还是任何其他专家证人都没有确定地说，即使是 ViCAP 匹配的犯罪，例如这起案件，都不能构成可靠的标志性犯罪证据。只有一起案件引起了我们的注意，该案件从 ViCAP 数据库中搜索出来与标志性犯罪相匹配，而且被认为是可以采纳的，此时 ViCAP 搜索结果就被用来支撑专家的结论，即在谋划的地点摆上被害人的尸体这个犯罪行为是极不寻常的。……

值得注意的是，米德尔塞克斯县检察官办公室在准备被告的谋杀判决时一再要求，探员萨法日科才将9年前的加德纳性侵案输入ViCAP表格中。因此，加德纳案的ViCAP表格并没有按照缅因州警方日常普通的侦查程序提交，而是为了诉讼目的，为了寻找与帕迪拉谋杀案相匹配的案件。虽然缅因州主张ViCAP表格中对加德纳犯罪的描述是不容置疑的，但是事后根本无法知道这些信息是如何进入系统进行正常记录和调查的。这就是为什么动议法官得出结论说缅因州不能说明探员萨法日科的搜索是基于"公正的数据生成。"

最终，法院发现ViCAP是一个很有用的侦查工具，但是对于手头的案件，它已经超出了侦查工作的范围。此外，ViCAP的科学性和随后的法庭鉴定的可靠性并没有建立起来，肯定的是，它只不过是足以用在法庭上。无法知晓数据库的可靠性，更别提拿出来供辩方查阅，这就最终排除了它作为法庭鉴定的工具。

案例：马萨诸塞联邦诉蒂莫西·英布格里

以下内容摘自"马萨诸塞联邦诉蒂莫西·英布格里案"（案件编号9773CR0017）中特维（Turvey），（2009）为来自波士顿的辩方律师马修·A. 卡姆霍兹准备的并案分析报告。它是由作者之一（特维）从经过宣誓的专家证词中提出来的：

> 该案例涉及以并案分析为目的，对两起独立谋杀案的审查：
>
> - 1992年2月18日，发现一名39岁的白人男性杰拉尔德·罗斯（Gerald Rose），被裸体勒死在位于马萨诸塞州陶顿家中的卧室里（警方的报告表明他实际死于1992年2月14日）。
> - 1996年11月15日，发现一名82岁的白人男性亨利·科恩（Henry Cohen），被和衣勒死在马萨诸塞州弗里敦长池路北边的森林里（从1996年11月5日起他就已经被留在那里了）。

亨利·科恩

应该注意的是，1999年3月3日，英布格里先生认罪，承认自己偷盗了 250 多美元，因过失杀死了科恩先生。

在科恩一案中，英布格里先生明确认罪，承认在 140 号公路南行休息区遇见了科恩先生；他同意各自开车到另一个地点（唐恩都乐停车场）对英布格里先生进行口交，以金钱为报酬；英布格里先生带着科恩先生进入森林，与其搏斗并抢了他的钱；他离开科恩先生的时候，就让他一直那样绑着，最终导致其死亡。

还应该注意，认罪协议上承认的事实特别提出并没有关于性活动的判定或证据，而且在英布格里先生离开现场的时候被害人实际上还活着。

该案值得注意的显著特征如下：

1. 根据年龄、行为习惯（例如记下车辆号），被害人过去似乎频繁出现在休息区招揽男性伴侣进行口交并乐在其中。
2. 尸体发现于室外的犯罪现场。
3. 罪犯使用计谋增强被害人的信任和服从。
4. 被害人的腿被自己的鞋带绑住；这是使用可用的材料在无性活动中进行功能性束缚。
5. 被害人的脖子被自己的鞋带绑住，死因是窒息。
6. 没有进行性交。
7. 被害人被找到的时候穿着衣服。
8. 根据警方的报告，被害人的车里发现了他的钱包，但是里面没有钱。
9. 被害人的车被搜寻过，至少从副驾驶座的照片上可以看出来。
10. 陌生人对陌生人的犯罪活动，出于利益动机。

杰拉尔德·罗斯

该案以下值得注意的显著特征如下：

1. 根据目击者的陈述，被害人曾频繁出入休息区招揽男性伴侣进行性行为。
2. 尸体发现于室内的犯罪现场。
3. 犯罪现场没有发现强行进入的痕迹。

4. 时间线有力地表明被害人死于情人节。
5. 被害人死于自己家的卧室。
6. 被害人被发现的时候是裸体。
7. 近期有性行为的证据非常明显，因为被害人腿部有明显的精液，现场有排泄物。
8. 被害人被多条领带捆绑勒死（侵害人使用了可用的材料）。
9. 除了被勒死的痕迹，被害人身上并没有发现其他的伤口，结合被害人裸体的状况、其生活方式，以及犯罪地点可以表明被害人可能是自愿被捆绑起来的。
10. 被害人的颈部被发现有多条领带；被害人似乎屈从于被绑住，在这种情况下，暗示此行为具有恋物/受虐的因素。因此，死亡可能是因为意外的性窒息。而这种可能性没有被排除。
11. 被害人家里的电视、录像机和答录机丢失；然而，他的钱包没有被盗，也没有珠宝丢失的证据。
12. 根据侦查人员的说法，犯罪现场看起来像是被伪装成了抢劫。该侦查人员认为很有可能是伪装现场。而伪装犯罪现场是为了使侦查排除朋友、家人和已知嫌疑人的，并不是为了排除陌生人（Turvey，2000）。
13. 这起案件的动机似乎看起来是进行性交和隐瞒犯罪。

结论

这两个案例证明，一些有着许多重大差异的案件却有着侦查联系。因此，认为这两起案件有着明显的共同特征，足以暗示侵害人是同一人，这是非常不恰当的，甚至是误导性的。

需要特别注意的是，休息区并不是这两起案件的突出特点。更确切地说，它只是一个侦查联系。休息区作为犯罪/性行为的关联区域表明，罗斯凶杀案的嫌疑人有很多。多年来，来自周边地区的同性恋者经常到该休息区寻找和拉拢性伴侣，并与之发生性行为。在这样的历史背景下，被告能以某种方式与两位被害人联系在一起并不奇怪。尤其是，罗斯先生还有着在这个休息区大量寻找男性性伴侣的历史。

侦查联系

如前所述，侦查联系是一个或多个案件中的表面关联，目的是传达侦查资源的分配情况（例如相似的被害人类型、犯罪类型、地区和动机）。

这起案件的侦查联系如下：

1. 两个被害人都是男同性恋者。
2. 两个被害人都住在同一地区。
3. 两个被害人似乎都有频繁在休息区寻找男性性伴侣的历史。
4. 两个被害人都被捆绑勒死，死于窒息。

虽然这些相似点都是有趣的，但是它们绝不是独一无二的。它们还需要进一步侦查，以了解具体情况。

当然该地区有很大比例的男同性恋者，而且他们当中有大批足够数量的人形成了一种在当地休息区聚集的机制。此外，该地区的男同性恋者中，只有一定比例的人被捆绑勒死。这形成了一个必须调查的侦查联系。

然而，一旦考虑了这些表面的相似之处，差异就会变得明显：（被害人）都是男性，但是其中一个是 39 岁，另一个是 82 岁。都生活在同一地区，但是其中一个是当地知名的政治人物，另一个则是退休人员。此外，两名男性都诱使他人进行性行为，并且是在同一休息区，这实际上增加了而不是减少了犯罪嫌疑人的数量，因为这将他们两人都与一种非常特殊、隐蔽的同性恋亚文化联系了起来。最后，虽然两者都是被捆绑勒死的，但是其中一个是在进行性行为时用多根领带以受虐的方式被害的，而另外一个则是在被抢劫的时候，用鞋带捆住的。这些“相似点”并不能证明具有独特的联系。

行为差异

如前所述，行为差异是指经过比较并不相同的行为证据成分（例如犯罪惯技、被害人心理学，和犯罪标志）。

这起案件的行为差异如下：

1. 被害人心理学：科恩是一名82岁的男性退休人员；罗斯是一名39岁的城市规划师，有男友。
2. 犯罪现场类型：科恩是在森林里的一个室外犯罪现场被发现的；罗斯则是在自己家的卧室里被发现的。
3. 日期/季节：科恩被杀于11月初；而罗斯则被杀于2月份的一个假日周末（情人节）。
4. 被害人的穿着：科恩穿着衣服；罗斯则是裸体。
5. 性行为：科恩案中没有证据表明存在性行为或是性接触行为；而罗斯案中近期有性行为的证据则非常明显，因为现场有明显的精液和排泄物。
6. 使用绳索：科恩案中使用的绳索是功能性的、基本的；而罗斯案中使用的绳索则比较复杂，在性环境中具有特殊作用。
7. 受伤的证据：科恩的尸体显示眼睛、嘴唇和下巴有撞伤，说明有控制导向的挣扎行为；而罗斯的尸体除了勒痕并没有其他的伤痕，这证明被害人可能是顺从的。结合恋物癖表明罗斯凶杀案具有受虐狂的倾向。
8. 偷盗的证据：科恩的钱包和手表都在他的车里找到了，但是（钱包里）却没有钱，而且他的车辆看似被搜寻过，这就表明被偷过。在罗斯案发现场，有价值的物品被留了下来，比如他的钱包和珠宝，而电视、录像机和答录机则被偷走了。
9. 伪装现场的证据：罗斯凶杀案的侦查人员认为现场被伪装成了入室盗窃；科恩凶杀案则没有明显的伪装证据。
10. 犯罪类型：科恩（谋杀案）是一起已招供的、以利益为动机的陌生人犯罪，并没有发生性行为；罗斯（案）则表明是一起伪装过的性凶杀案，试图隐藏被害人和侵害人之间的关系，且发生了性行为。

这些差异结合在一起就表明科恩案和罗斯案在动机、环境和被害人－侵害人之间的关系中呈现完全不同的情形。这排除了用犯罪行为来证明是同一人对这两起案件负责的可能性。

小结

并案或并案分析是指通过犯罪现场分析来确定在原本并无关联的两起或多起案件中，是否存在着离散联系的过程。它包括确定和比较在审的每起案例中的物证、被害人心理、犯罪现场特征、动机、犯罪惯技和标志性行为。并案存在于两种不同的情景中：侦查工作和法庭工作中。在侦查工作中，它用来帮助执法部门确定侦查工作的方向和侦查资源的使用。在法庭工作中，它用来帮助法庭确定是否有足够多的独特行为证据把他们犯下的罪行联系起来。

犯罪惯技（简称 MO）是指犯罪人作案的方法。它包括随着时间的推移可以不断演变和发展的学习行为。随着侵害人变得更有经验、更为老练和自信，它也可以更为完善。随着时间的推移，它也可以变得不如以前完善，会因为侵害人精神状态恶化或是管制物品的使用增加而失调。

标志性行为是指侵害人所实施的，但是并不是实施犯罪的必要条件，而只是能够反映侵害人心理或情感需求的行为。标志性行为是指侵害人实施的具体行为，而总体上的侵害人标志则是指在犯罪中发现的犯罪惯技行为、标志性行为和动机的模式或总和。这种行为模式可能对特定的侵害人来说是独一无二的，也可能用来区分不同的犯罪现场和潜在的侵害人，在某一特定类型的犯罪中，它可能是罕见的，也可能是常见的。

当特定案件中的物证不够充足，或者当法律允许的时候，行为证据可能会作为第二种手段来解决并案问题。然而，并没有证据或研究表明单一的行为证据可以像指纹或是 DNA 一样，可以用来有把握地确定同一个人要对两起或两起以上的罪行负责。另外，虽然在某些案件中可能会有一般的或主题上的相似之处，但是对于得出最终的并案结论，它们之间的差异却更有分量、更为重要。不考虑差异，而只侧重于相似性的并案分析，一定是不充分的，甚至可能是不公正的。

问题

1. ____________分析是指在侦查过程中，当犯罪事实有待确定时，为了推进案件发展，引导侦查人员找到更多证据时，进行的一种分析。

2. 侵害人的犯罪惯技行为通常是为了实现（或避免）三大目的中的一个或多个。请列出这些目的。

3. 请解释主动型标志性行为和被动型标志性行为的区别。

4. 判断正误：标志性需求和犯罪惯技需求可能被同一行为所满足。

5. ____________是指足够独特，可以据此推断系列案件是由同一人所为的联系。

REFERENCES

Alison, L., Bennell, C., Mokros, A., Ormerod, D., 2002. The Personality Paradox in Offender Profiling: A Theoretical Review of the Processes Involved in Deriving Background Characteristics from Crime Scene Actions. Psychology, Public Policy, and Law 8, 115 - 135.

Bennell, C., Jones, N., lnyk, T., 2009. Addressing Problems with Traditional Crime Linking Methods Using Receiver Operating Characteristic Analysis. Legal and Criminological Psychology, 293 - 310.

Black, H. C. (Ed.), 1990. Black's Law Dictionary. West, St. Paul, MN.

Booth, M., 2000. "Linkage Analysis" of Crime Profile Called Junk Science by N. J. Court. New Jersey Law Journal February 29. Burgess, A. W., Hazelwood, R. R., 1995. Practical Aspects of Rape Investigation: A Multidisciplinary Approach, second edition. CRC Press, Boca Raton, FL.

California v. Haston, 1968. Crim. No. 11710, August 19 (70 Cal. Rptr. 419).

California v. Kenneth Hernandez, 1997. No. D024403, May 23 (63 Cal. Rptr. 2d 769).

Canter, D., 1995. Psychology of Offender Profiling. In: Bull, R., Carson, D. (Eds.), Handbook of Psychology in Legal Contexts. Wiley, Chichester, England, pp. 343 - 355.

DeForest, P., Gaensslen, R. E., Lee, H., 1983. Forensic Science: An Introduction to Criminalistics. McGraw - Hill, New York, NY. DeHaan, J., 1997. Kirk's Fire Investigation, fourth edition. Prentice Hall, Upper Saddle River, NJ.

Douglas, J., Olshaker, M., 1995. Mindhunter: Inside the FBI's Elite Serial Crime Unit. Scribner's, New York, NY.

Douglass, E., 1998. A Byte out of Crime: Mapping Software Helps Officers Put Pieces Together. Los Angeles Times February 16.

Feeney, E., 2000. Police Clearances: A Poor Way to Measure the Impact of Miranda on the Police. Rutgers Law Journal (Fall), 1 – 14.

Gerbeth, V., 1996. Practical Homicide Investigation, third edition. CRC Press, Boca Raton, FL.

Gross, H., 1924. Criminal Investigation. Sweet & Maxwell, London, England.

Gross, H., 1968. Criminal Psychology. Patterson Smith, Montclair, NJ.

Groth, A. N., 1979. Men Who Rape. Plenum Press, New York, NY.

Hazelwood, R., Michaud, S., 1998. The Evil That Men Do. St. Martin's Press, New York, NY.

Keppel, R., 1995. Signature Murders: A Report of Several Related Cases. Journal of Forensic Science. 40, 70 – 674.

McCormick, C., 1954. Handbook of the Law of Evidence. West Publishing Company, St. Paul, MN.

Money, J., 1988. Lovemaps: Clinical Concepts of Sexual/Erotic Health and Pathology, Paraphilia, and Gender Transposition in Childhood, Adolescence, and Maturity. Prometheus Books, New York, NY.

New Jersey v. Steven Fortin, 1999. 318 N. J. Super. 557.

New Jersey v. Steven Fortin, 2000. No. A – 95/96 – 98, Supreme Court of New Jersey, 2000 (745 A. 2d 509).

New Jersey v. Steven Fortin, 2007. 189 N. J. 579, 917 A. 2d 746, decided March 28.

New Jersey v. Gladys Kelly, 1984. A. 2d 364, July 24.

O'Connell, J., Soderman, H., 1936. Modern Criminal Investigation. Funk & Wagnalls, New York, NY.

Thornton, J. I., 1997. The General Assumptions and Rationale of Forensic Identification. In: Faigman, D., Kaye, D., Saks, M., Sanders, J. (Eds.), Modern Scientific Evidence: The Law and Science of Expert Testimony, vol. 2. West, St. Paul, MN.

Turvey, B., 2000. Modus Operandi, Encyclopedia of Forensic Science. Academic Press, London, England.

Turvey，B.，2009. Linkage analysis report，in re Commonwealth of Massachusetts v. Timothy Imbriglio，Case No. 9773CR0017；presented via expert testimony given March 9，2010.

Turvey，B.，Petherick，W.，2010. Forensic Criminology. Elsevier Science，San Diego，CA.

Weston，P.，Wells，K.，1974. Criminal Investigation：Basic Perspectives，second edition. Prentice－Hall，Englewood Cliffs，NJ.

Woodhams，J.，Toye，K.，2007. An Empirical Test of the Assumptions of Case Linkage and Offender Profiling with Serial Commercial Robberies. Psychology，Public Policy，and Law February，44－46.

第 15 章　网络模式：互联网上的犯罪行为

奥恩·凯西（Eoghan Casey）

每一种新技术都能充当犯罪行为的工具，这是再普通不过的事实。互联网也不例外。然而，互联网这种新技术的特殊性在于，它可以迅速发展，并拥有无限能力使交流具有普遍性和瞬时性。从某种意义上说，地球已经成为人类大脑皮层的复制品：数十亿个神经元随机地或协调地进行突触发射，不受干扰地进行多任务处理——额叶就是网络系统的网站，大脑两个半球类似聊天室，颞叶成为网络论坛，而枕叶则忙于发送电子邮件。

——梅洛伊（Meloy）《跟踪心理：临床与法医学视角》

（*The Psychology of stalking*：*Clinical and Forensic Perspectives*，1998，p. 10）

像国际商业机器公司（IBM）这样的企业将更多的精力放在“第二人生虚拟世界”和“远程控制智慧家居”这样的项目上，物质世界和虚拟世界之间的交错结合会持续增加，从而衍生出新型犯罪活动的机会。虽然虚拟谋杀犯的出现可能尚需时日，但犯罪人现在已经开始利用互联网来寻找受害者、收集信息、编造不在场的证据、保护或是改变他们自己的身份、并与其他侵害人进行网上交流。恐怖分子广泛使用电脑和互联网来策划袭击、免遭逮捕以及与公众沟通。比如，计算机网络在策划世界贸易中心爆炸案及其随后的调查中都起了重要的作用。拉姆齐·约瑟夫（Ramsey Yousef）的手提电脑里有第一次爆炸的策划方案，在调查扎卡里亚斯·穆萨维（Zacarias Moussaoui）在第二次攻击中扮演的角色时，警方查验了100多个硬盘驱动器（“美国诉穆萨维案”；“美国诉萨拉马等案”；“美国诉拉姆齐诉拉姆齐·约瑟夫案”）（United States v. Moussaoui; United States v. Salameh et al; United States v. Ramsey Yousef）。甚至在关键的司法证据通常为物证的传统暴力犯罪中，如谋杀案和性侵案，也可能直接或偶然涉及数字证据（Reust，2006a）。

案例：有预谋的一级谋杀

检察官在40岁的罗伯特·杜拉勒（Robert Durall）的办公室电脑里找到了他们描述为“预谋证据”的东西，并根据这一证据把对杜拉勒的指控提升到一级谋杀。杜拉勒曾被控二级谋杀，但是根据法庭文件记录，一名工作人员告诉警方，他发现杜拉勒的办公室电脑里有一些临时文件，这些文件证明杜拉勒曾用互联网搜索过相关关键词：包括“谋杀+配偶”“意外+死亡”“窒息”“毒药”“杀人”“谋杀”等。加号表示搜索引擎只打开同时满足这两个关键词的网站。（“华盛顿诉罗伯特·A. 杜拉勒案”，Washington v. Robert A. Durall，2003）

幸运的是，对侦查人员来说，电脑记录下了侵害人和受害人的行动和语言，创建了行为档案，使我们得以了解他们的想法、选择、动机、兴趣和欲望。鉴于这类证据无处不在且对侦查非常有用，侦查人员必须学会识别数字证据，并学会从行为角度解读这些证据。计算机和网络往往握有关键证据，这个事情可能不是很明显，特别是在调查开始的时候，所以我们建议在所有案件中都要寻找潜在的数字证据。本章将讨论数字证据在各种类型的刑事侦查中的效用，并为数字证据纳入演绎型犯罪心理画像过程提供实践指导。本章的关注焦点是如何在暴力犯罪侦查中使用数字证据，但其中一部分将讨论如何利用犯罪心理画像来侦查计算机侵入和欺诈。

犯罪与计算机

随着计算机和网络的使用变得越来越普遍，侦查人员正面临日益增长的有关证人、受害人和犯罪活动的数字证据，这不足为奇（Casey，2004）。一个对受害人实施捆绑加酷刑的连环杀手把电脑软盘送至电视台，对软盘的司法审查后，侦查人员前往丹尼斯·雷德尔（Dennis Rader）担任理事会主席的教堂。在另一起连环杀人案中，侦查人员成功追踪到了莫里·崔维斯（Maury Travis），他们借助的是莫里从智游网网站（Expedia Website）打印的地图，莫里曾把地图发送给圣路易斯的记者，告诉其另一具尸体的位置。

罪犯可以利用互联网主动加强作案手法（MO），也可以反其道而行之，用来规避被警方发现和抓捕（Turvey，2000）。例如，自称“奴隶主”的约翰·E. 罗宾逊（John E. Robinson）用互联网欺骗受害人，引诱其与他会面，并在见面时性侵或杀害部分受害人（Rizzo，2001）。罗宾逊起初用报纸上的个人广告来引诱受害人，后来又利用互联网逐渐扩大范围（McClintock，2001）。罗宾逊还通过互联网隐藏自己的真实身份，他经常使用“奴隶主”这个网名。搜查罗宾逊家时，警方查封了五台电脑。

互联网使侵害人更容易接触到受害人，侵害人的魔爪得以从有限的地理区域延伸到世界各地。此外，互联网包含大量个人信息，可供侵害人搜索特定类型的潜在受害人。“某个侵害人可能在网上搜索参与教会团体或参加在线《圣经》讨论的潜在受害人。另一个侵害人可能通过筛选个人信息页面或美国在线（AOL）的用户自我描述来搜索特定年龄的潜在受害人。性侵害者可能潜伏在一个专门为性虐受害人（如 alt. abuse. Recovery）设置的用户新闻组（Usenet newsgroup）中，他们也可能选择一个特定的在线场所，因为这样更容易吸引附近的潜在受害人（McGrath and Casey，2001）”。此外，通过让侵害人与受害人在较长时间内接触（而不仅仅是短暂相遇），互联网使侵害人得以控制受害人或者取得受害人信任，并很可能安排双方在现实世界会面。

2000 年，劳伦斯·斯塔克豪斯（Lawrence Stackhouse）无意中发现了 15 岁的戴安娜·斯特里克兰（Diana Strickland）的线上档案，前者通过互联网与她取得联系，然后花言巧语诱骗，直到戴安娜和一个女性朋友同意去前者位于宾夕法尼亚的家。在那里，劳伦斯对她们进行了四天的性侵，直到戴安娜的女性朋友报警（《父母告诉国会，保护孩童免受网络犯罪侵害》，2000）。同样是在2000年，相关电子邮件和美国在线（AOL）即时讯息为检方提供了强有力的证据，宣告谢瑞·米勒（Sharee Miller）有罪，指控她共谋杀害自己丈夫，并且教唆已经认罪的杀人凶手自杀（这名杀人凶手是其之前通过互联网勾引来的）。米勒小心翼翼地操控着凶手对其丈夫的看法，甚至伪装成自己的丈夫，向凶手发出颇具攻击性的信息（"性、谎言和谋杀：密歇根诉米勒案"，Sex，Lies and Murder：Michigan v. Miller，2001）。2004年12月，丽莎·蒙哥马利（Lisa Montgomery）利用互联网聊天室与23岁的博比·乔·史丁尼特（Bobbie Jo Stinnett）取得联系，称希望实地验看史丁尼特在网上出售的捕鼠梗犬（rat terriers）。后来，蒙哥马利承认勒死了史丁尼特，并将其开膛破肚，还绑架了她的孩子。

2005年12月底，有报道称27岁的乔西·菲利斯·布朗（Josie Phyllis Brown）在巴尔的摩（Baltimore）失踪。数字证据将侦查人员引向22岁的大学生约翰·高默（John Gaumer）。布朗和高默在互联网网站MySpace.com相识，并随后安排会面（Associated Press，2006）。失踪的当晚，布朗的手机通话记录表明她在与高默会面之前通过电话，警方追踪到高默的电话位置与其声称的两人分开的地点相隔数英里。2006年2月，当证据网络全都指向高默后，他将警方带至埋尸位置，并承认在约会之后将布朗殴打致死。高默经常利用互联网与潜在的约会对象交流并计划会面。对高默不利的部分证据是一段数字录音，其中记录到"一个女性明显被压抑的短促呼救、叫喊和模糊的重击声"，显然这是高默的手机无意中拨通布朗的电话时录下来的（McMenamin，2007）。在高默写给警方的认罪书中，他坦陈自己割掉了布朗的鼻子、下巴，拔掉了她的牙齿和大部分指甲，试图阻碍警方辨认尸体身份，随后高默还向布朗的账号发送了电子邮件，制造出自己不知其已经死亡的假象。

网络痕迹

日常活动在我们周围留下了大量的数字信息和数据。移动通信提供商、银行、信用卡公司、高速公路电子收费系统（ETC）等第三方平台可以透露重要的关于个人位置和活动的信息，对刑事侦查人员来说，这些都是证据的重要来源。

即使侵害人和受害人并非有意使用网络，只要他们在世界活动，就会留下数字足迹。通过这些数字和网络痕迹，侦查人员可以据此重现某个特定时间侵害人所处位置及其当时正在做的事情。比如，一个失踪人员的移动通讯供应商提供的记录或者他的汽车导航系统记录都可以表明此人何时去了何地。同理，人们在家里和工作中使用的电脑和其他电子设备，如手机和掌上电脑（PDAs）都有残余的文档、照片、网络通信痕迹和其他细节，这些东西可以透露出很多关于他们日常生活、内心想法和动机的信息。例如，电脑的互联网浏览器通常有一个浏览过的所有网页的列表，可以将新近查看的内容临时存储在缓存中来提高性能。这些缓存数据可能包括基于互联网的电子邮件和其他活动信息，这些数据对侦查人员来说可能非常有用。已被“删除”的数据通常会无限期地留存在计算机里，可以用数字取证技术和工具来恢复。已在互联网上公布，但随后被个人修改或删除的信息也可以通过像时光倒流机器（Way Back Machine）（www. archive. org）这样的软件来恢复。

手持设备可能捕捉到一些简短的影像或照片，显示正在进行的犯罪活动，或者表明受害人的位置，抑或受害人在特定的时间与谁会面之类的事情。在一个被控强奸的案例中，司法审查人员恢复了当事人的手机视频，视频显示多米尼克·琼斯（Dominic Jones）与一名明显是酒后失去知觉的女性发生了性行为（Chanen and Xiong，2007）。

服务器上的各种日志文件可能为某个涉及互联网的案件提供有用证据。例如，发送电子邮件时系统通常会在特定时间生成发件方位置记录，并在发件方使用的设备、电子邮件中转服务器和收件方的计算机里留下痕迹。因此，除了查找电子邮件本身的内容外，侦查人员还可以确定通过电邮系统传递的消息。如果为了掩盖犯罪而删除信息，且该信息无法恢复，那么服务器的日志文件中可能仍然存有其存在的证据。此外，许多电子邮件服务器日志都包含个人何时查阅电子邮件的信息，有可能在特定时刻记录他们的行踪。①

泰勒·贝尔（Taylor Behl）和本·佛利（Ben Fawley）的在线陈述和网上互动表明，在互联网上可以找到信息的细节和个人特征（Bardsley and Huff，2007）。2007 年 9 月 5 日，贝尔失踪，一个月后，在佛利非常熟悉的一个偏远乡村找到了她的尸体。佛利随后承认杀害了贝尔，并于 2006 年 8 月被判有罪。贝尔在网站 LiveJournal. com 上用昵称“tiablij”写的帖子类似在线日记，描述自己的想法和个人生活，其中包括她与佛利的互动。佛利保存了一些网页，其中包含了自己的各种信息（图 15. 1）。图 15. 1 中的信息就来自佛利保存的一个网页，其中包括名为“skulz”的各种互联网网站账户、计算机零件的照片，表明佛利在同时使用 Windows 和 Macintosh 两种操作系统。佛利用昵称“line – nowhere”保存的另一个网页表明他拥有多台电脑：“我在五台个人电脑上使用微软浏览器。我在苹果电脑上使用 Safari 浏览器，但刚刚在三台个人电脑上安装了火狐浏览器，因为我发现微软浏览器其实并不好用。”当警方搜查佛利家时，他们缴获了大量的计算机设备和存储介质，还有数码相机和手机。

正如以下案例显示，性侵者利用互联网来识别和引诱受害者，并协助自己的犯罪行为；刑侦人员则利用侵害者相关的网络行踪来追踪凶手下落并记录其活动：

- 性侵者可能频繁光顾美国在线（AOL）的聊天室，因为这个网站有很高比例的互联网新用户，他们并不清楚这种新媒介的风险。对侵害人的美国在线账户进行定位和审查可能有助于找到有价值的数字证据。记录侵害人所有的聊天记录可以找到大量的行为证据。
- 性侵者可能频繁光顾本地聊天室，便于寻找当地受害者。确定侵害人身处某一特定区域可以大大缩小嫌疑人范围。相关区域监控吸引当地人群的聊天室可以帮助警方找到侵害人或其他受害者。

① 可以设置电子邮件程序自动定期下载电子邮件，而不需要用户使用键盘。这就强调，解释数字证据和将在线活动归咎于个人的时候必须要小心。

- 性侵者可能频繁光顾特定网络使用者网站（如 alt. abuse – recovery，alt. teen – advise，alt. torture），寻找表现出特殊弱点的特定受害者。搜索这些特定网络使用者网站的档案资料可能会找到关于侵害人的有用信息。
- 性侵者可能会在网上发布个人广告或利用网上相亲平台来搜寻特定受害者。个人广告或相亲平台可能存有包含嫌疑人发布信息的 IP 地址的网络日志文件，或者其他可以找到受害者的记录。

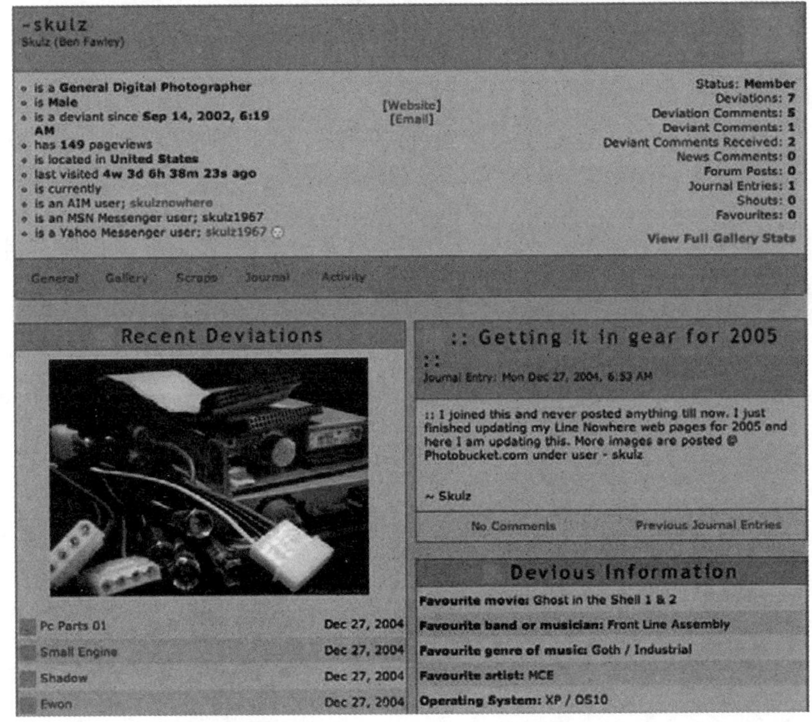

图 15.1　本·佛利在网站 deviantart. com 上的个人网页显示了他的兴趣爱好及其与计算机有关的信息

即便数字证据不包含“确凿物证”，它仍然透露出相关信息，可以用于重建与犯罪有关的行为、位置、起源、联系、活动和时间顺序等（Casey，2006）。因此，无论计算机和网络是否直接或间接涉入犯罪，侦查人员都应将网络痕迹视为物理世界的延伸，而不是一个完全不相关的独立空间，这对他们非常有用。采纳这种观点可以让侦查人员将网络痕迹和相关数字证据都纳入本书详述的犯罪心理重现过程。

演绎型犯罪心理画像的主要假设是：受害者选择、犯罪现场选择，以及侵害人在犯罪过程中的行为都可以提供关于侵害人的准确信息。这一假设可以应用于网络痕迹审查，因为：（1）计算机和网络是物理世界的延伸，也是与物理世界斡旋调解的另一种手段；（2）计算机技术无法从根本上改变人类行为，它仅仅是一个工具，有助于捕捉人类活动的虚拟实例。一个人可能会在网络上做一些自己在现实世界中不会做的事情，但是这些网上行为仍然可以视为（或反映出）个人行为。

正如以下案例所示，追踪侵害人留下的网络痕迹可以提高心理画像的准确度，而画像过程则可以引导侦查人员找到更多的数字证据来源。

案例：死亡威胁

一个人收到匿名电子邮件，该邮件对其发出死亡威胁。这封邮件通过匿名电子邮件服务发送，侦查人员很难识别发送者或信息来源。然而，邮件中包含的信息显示，邮件发送者和受害人属于同一个组织。侦查人员相信，发送方起初向他自己发送过测试信息，以确保电子邮件标题中没有泄露能识别其身份的信息。电子邮件服务器日志文件显示，该组织的另一个人也收到过同一个匿名电子邮件服务器发来的信息。检查此人的个人电脑时，警方发现了大量数字证据，表明他就是发出那封含有威胁意味的电子邮件的人。

案例：敲诈勒索

在一起敲诈勒索案中，侵害人通过网络电子邮件账户向受害人发送信息。该电子邮件标题中包含的互联网协议地址（即 IP 地址）显示，这封邮件从当地的一个网吧发出，但侦查人员无法确定当时是谁在使用涉案电脑。侦查人员推测侵害人可能查看过相关网络电子邮件账户，测试该账户对自己所发信息的回应，侦查人员随后从网络服务提供商那里获取了与该账户相关的所有记录。这些记录显示侵害人其实是从自己家的个人电脑连接到涉案电邮账户的。

案例：性侵儿童

在针对某性侵者进行行为分析时，卧底侦查人员曾进入特定网络聊天室。侵害人经常在这个聊天室里搜寻受害人，侦查人员希望伪装成能够吸引侵害人的受害者。

数字证据可能散布在不同媒体来源和多个网址网页，对侵害人的心理画像可以帮助侦查人员确认其他侦查步骤，便于找到额外的证据来源。比如，如果心理画像显示目前的受害人可能不是侵害人的第一个目标，那么侦查人员可能会积极寻找与其他受害人相关的证据。心理画像还可以暗示侦查人员应该去寻找哪种类型的受害人，以及侵害人可能与他们在哪些地点有过接触。

随着侵害人越来越熟知数字司法技术，他们也开始利用隐蔽工具和技术，如加密、误导性的文件名或磁盘内容清除等。因此，对于一名犯罪心理画像人员来说，需要注意数字证据应该出现却没有出现的情形。考虑到这一方向，训练有素的司法审核员应当能够恢复和利用这些数据，展示侵害人希望隐藏的证据，并搜集大量关于个人活动的碎片化信息。

为计算机犯罪画像

迄今为止，大多数对计算机相关犯罪进行的心理画像，其重点是目标直接针对计算机的犯罪分子。在一项研究中，计算机犯罪分子被分为以下几种类型（Icove，Seger，and VonStorch，1995）：

- 电脑解密高手：团体及个人
- 电脑犯罪分子：从事间谍和欺诈/职权滥用
- 恶意破坏分子：陌生人及网络使用者

在另一项研究中，典型的黑客被描述为年龄介于 12 岁到 28 岁的白人男性，他们属于中产阶级，具有强迫型反社会人格，有自卑情节，而且可能有过遭受体罚和性虐的经历（Rogers，1999）。心理画像人员还尝试利用媒体报道、侵害人访谈和轶事回顾等多种信息来源，还原创建计算机罪犯的心理状况。

虽然这些创建归纳型心理画像的努力对以往的犯罪人做了总体概述，有助于诊断和治疗相关心理障碍，但它们在侦查中的作用还很有限。事实上，对侵害人的这种概述可能有误导性，容易使侦查人员对侵害人做出错误假设。由于侦查人员通常需要特征细节而并非总览概述，犯罪心理画像应当包含由证据佐证的具体结论。如果有必要进行概述，那么其结论必须经过广泛和仔细的研究，否则相关结论很可能对侦查无益。

研究过往犯罪可以帮助侦查人员评估侵害人及其动机，便于在未来侦查中做出明智决策。关注计算机犯罪的研究人员将重点放在危险的关键信息技术内行人士（简称 CITI）身上，即相关组织内部威胁关键基础设施的人士（Shaw，Ruby，and Post，1998）。该研究着重于威胁风险评估，力图预测高危人群的未来行为，以减轻他们可能造成的损害。根据该研究，所有关键信息技术内行人士都有一个共同特质：内向，这使得他们“不太可能用公开的、建设性的方式处理压力，也不太可能寻求直接帮助”（Shaw，Post，and Ruby，1999）。此外，关键信息技术内行人士也更倾向于通过电子邮件而不是亲自表述自己的问题。相关研究确定了六种高风险特质：个人生活和社会交往存在受挫经历、计算机依赖性高、道德灵活性差、职业忠诚度低、荣誉意识强和同情心缺乏。这些研究还提出了几种动机类型，以帮助识别和评估与问题个体相关的风险（表 15.1）。这些动机类型与 13 章中提到的相关类型相互重叠：有权力保证型（又称补偿型）、权力展示型（又称权利型）、愤怒报复型、以及利益导向型。

新近的实证主义研究提供了更多关于个人在组织内实施计算机犯罪的深刻见解。由特勤局/卡内基·梅隆大学软件工程研究院（Secret Service/Carnegie Mellon University Software Engineering Institute）（Keeney et al.，2005；Randazzo et al.，2004）和国防人员安全研究中心（the Defense Personnel Security Research Center）（Shaw and Fischer，2005）组织的研究显示，其调查的大多数犯罪行为具有盈利动机，还存在一定程度的愤怒报复缘由。虽然犯罪活动是利用计算机进行的，但是其攻击手段往往是非技术性的，比如利用商业手段挪用资金。在相关侦查中，数字证据的重要性可能低于人们的预期，这就强调需要把数字取证和传统侦查技术如犯罪心理画像结合起来。在所有的调查案件中警方借助系统日志从 74% 的案件中识别出了内行人士；另外有 30% 的案件，通过对目标网络、系统或数据进行司法审查，帮助警方确定了调查对象。

表 15.1　关键信息技术内行人士的动机类型

动机类型	动机描述和示例说明
探索型	由好奇心驱使，很少造成故意伤害。例如：手头无事的闲散员工访问未被官方授权访问的、保护不力的网络资源。
乐善好施型	由“拯救世界”或炫耀自身能力的欲望驱使。例如：一个系统的系统管理员发现了另一个系统的漏洞，而这个漏洞并非这名管理员的责任，他没有通知对此负有责任的相关系统管理员，而是越权侵入了上述系统，试图修复那个漏洞。
电脑黑客型	通过违反访问边界来增强自尊。例如：某人违反政策规定，将其雇主的个人安全网络连接到互联网，让自己的朋友们得以访问这个安全网络及其包含的敏感信息。
不择手段型	以个人利益为动机，损害他人及计算机系统以达成个人目标。例如：某个喜欢旅行的雇员故意给雇主销售至海外的设备引入技术故障，以便被派往相关国家去维修系统。
自感特殊型	认为自己很特别，有资格享受特殊待遇。例如：某个系统管理员对组织内部的计算机系统了如指掌且见解独到，据此他觉得自己应该比其他员工得到更好的报酬、福利和待遇。
复仇型	由具体可感知的不公正待遇或冤情驱动。例如：某个系统管理员获悉其将被解雇，因此对病人档案进行加密，并据此作为要挟，希望得到更多遣散费。
职业窃贼型	由利益驱动。例如：某人利用单位计算机系统挪用资金。
间谍型	由个人利益驱动，通过间谍活动间接实现。例如：某人怀着特殊目的加入相关组织，希望获取有价值的专利资料和信息，转卖给竞争对手。

数字通信的心理语言学分析

肖（Shaw）最近的工作已经从过去的内部人员威胁管控扩展到现在涉及未知侵害人的主动侦查中使用演绎型犯罪心理画像（Shaw，2006，p. 26）。肖使用了一个称为远程评估的方法，通过内容分析从书面和口头交流中提取信息：

> 远程评估是指一种方法组合，当直接接触法（如访谈、调查问卷等）不可行或不可取时，可用其来评估个人和团体。这些技术有时也被称为非介入法。部分研究人员已经使用过这种方法，因为他们担心其他方法会干扰其研究对象生活的自然环境。

如果侦查人员有电子邮件、网络聊天记录或录音音频捕捉到了侵害人的话语，那么肖的方法会很有用。电子邮件信息、新闻组帖子和其他在线声明可能包含不寻常的或重复的言语行为，抑或表现出与犯罪行为相关的一定水平的计划和预谋。现在已经开发出一种实现心理语言分析的软件，该软件用于处理电子通信，它可以突出值得注意的相关特征，便于分析人员跟进评估（Shaw and Stroz，2004）。

除了对内容进行心理语言分析，肖的远程评估法还会考虑交流背景。目标、交付方法、时间、相关组织活动和其他背景可以让心理画像人员更好地了解侵害人，且有可能揭示出有用的行为模式。例如，侵害人在公司即将上市前发动攻击，其真实目的可能是企图损害公司的经济利益。在另一个例子中，侵害人在交流时使用身份隐藏技术，这意味着他精通网络技术，且可能认识受害人。这种类型的评估可以洞察侵害人的动机、心理状态、心理障碍和独特的言语行为，如不同寻常的用词或拼写错误或许可以帮助警方缩小嫌疑人范围。在应对内部人士（如公司前雇员）时，警方可以比较潜在嫌疑人的笔迹。

案例：愤怒的内部人士

每个董事会成员都收到一封匿名信，信里恶意贬低公司的首席执行官和公司的业务运作，并提到了一些内部人士才知道的细节。因为害怕公众知晓这封信的内容，害怕相关信息传到供应商和客户那里，公司发起了调查，希望找到邮件发送者。经过对写信人进行心理画像，他们在内部人士中划定了嫌疑人范围，随后将这些人的电子邮件和其他书面文字与匿名信件进行对比，最后不仅确定了发信人身份，还制定了管控他与公司关系的方法，以减轻造成进一步伤害的风险。

未知侵害人的数字行为

当我们对侵害人知之甚少时，犯罪心理画像可能最有用。尤其是当侵害人利用互联网来隐瞒自己的身份和活动时，它就显得尤为重要。犯罪心理画像可以从以下方面来帮助侦查人员：

- 区分是一名侵害人犯下多重罪行还是一起罪行涉及多名侵害人
- 提供可能的侵害人特征，协助技术侦查
- 根据侵害人的技术技能水平、接触受害人/目标便利程度、和其他技术性特征，从既定的嫌疑人范围中识别可能的嫌疑人
- 揭示作案手法和标志性行为，帮助侦查人员搜索相关行为，评估侵害人动机
- 洞察侵害人动机及其一般心理状态
- 评估侵害人的危险性
- 揭示额外的证据来源

在一个案例中，一家公司及其客户屡屡被令人尴尬的电子邮件骚扰，这些邮件中含有贬低这家公司的信息，附件里还有令人不安的露骨的色情材料，并且谎称公司高层是邮件发送人。骚扰邮件攻击经历两年，反复不断，仍然不清楚作案人究竟是个人还是团体，是内部人士还是外部人员，甚至都不知道侵害人究竟想要什么，如何才会停止骚扰。

上述骚扰通讯的行为分析表明，所有相关行动都由一个拥有高超技术水平的专业人士实施，行为分析显示此人应该是一名 30 多岁的高智商男性，对目标公司非常不满。这些信息引发了对其他匿名联系人的进一步调查，侦查方此前并没有将这些人与骚扰电子邮件的始作俑者联系起来。警方随后与嫌疑人建立了电子邮件通信，并在行为心理学家的协助下得出了更多关于这名犯罪人动机的信息，最终确定其目的是网络敲诈。在针对嫌疑人具体要求的谈判中，警方还随时评测其心理状态，以评估他对其他人构成的危险。

在此次调查中，对该公司计算机系统的数字取证分析没有发现相关证据，显示肇事者是一名心怀恶意的内部人员。但调查确认，该公司计

算机系统与附近一所大学的计算机存在可疑连接，这为侦查人员提供了可靠线索，确定肇事者是外部黑客。正如心理画像所显示的一样，嫌疑人有足够技巧来隐藏自己的身份，他利用的是对公众开放的大学计算机实验室的电脑和无线网络接入点。随后，通过监视嫌疑人发送骚扰电子邮件的地点，侦查人员找到了一名重要嫌疑人，他与心理画像中详细描述的许多特征都匹配。由于心理画像显示这名侵害人可能非常危险且精神状况不稳定，所以当侦查人员最终逮捕他时，他们非常谨慎。这起案件向我们展示了对数字证据进行行为分析如何给侦查人员提供相关信息，如参与犯罪活动的人数、嫌疑人的技术水平、其他表面上看似不相干实则有关联的证据以及侵害人对他人构成的人身安全风险等。

侵害人的网络活动也可能表明他正在采取预防措施以避免身份暴露和被捕。例如，某些侵害人使用逃避计算机检测的昵称保护自己，比如使用“En0ch | an”，而不是“Enochian”。因为搜索引擎无法识别出“0”代表“o”，而“ | ”代表“i”，搜索“En0ch | an”就不会找到标注为“Enochian”的信息。此外，侵害人可能会使用匿名或伪造的电子邮件信息来隐藏其身份。侦查人员应当确定需要多少技术知识来完成这样的任务，应当确定是否每一处修改对隐藏个人身份来说都有必要，抑或这些修改只是为了满足侵害人的心理需求。解释侵害人如何要隐藏身份，可以帮助侦查人员确定侵害人未能隐藏的信息，或帮助侦查人员缩小嫌疑人范围（例如，与受害人有亲密关系的熟人，为了避免被受害人认出而隐藏其身份）。

案例：内部袭击

某大公司收到一封匿名信，里面是公司一名高层管理人员的电脑文件。除了文件内容本身引发的担忧之外，有人能在管理人员不知情的情况下拿到这些敏感材料，这一事实还引发了安全方面的担忧。如果这名匿名举报者未经授权就能进入管理人员的计算机系统或电子邮件，公司就必须考虑这类问题。行为评估帮助警方将调查重点放在一个曾被公司管理人员冒犯的员工身上，该冒犯行为正是邮件文件的主题，也是违反公司政策的行为。对匿名举报者在公司电脑系统里的活动进行的行为分析也支持了这种评估结论：即侵入公司安全系统是专门针对相关高管及其活动的，影响范围并不大。

只要感觉有某种程度的匿名性保护，人们通常就会在网络上做出一些他们在现实世界中只能想象的事情，说出一些他们在现实世界中只能保守在内心的想法。电子证据中还可能包含一些信息，可以用于确定侵害人的性别、年龄、职业、兴趣、情感状态和其他潜在的有用信息。侵害人留存的网上信息可以给调查者留下侵害人的自我形象、心态、兴趣、以及其他方面的信息。网络昵称的选择（例如 Slavemaster，Zest，Dr. Evil）可能很说明问题，而侵害人的个人网页上可能有一些故事，能让我们窥见其动机和幻想，网页上也可能有一些他喜欢的网络链接，能引出其他的受害人和证据。最后一点也适用于现实世界，即侵害人的个人网页可能包含有价值的参考资料、照片以及侵害人喜欢去的地点等，这些都有助于我们寻找其他潜在的受害人或实物证据。

案例：性侵儿童

侵害人对自身心理状态、性幻想或个人冲突/性冲突的相关供述，可以提供洞察其行为和动机的素材。例如，在一个涉及旅行者①的案件中，一名犯罪心理画像人员在审查了侵害人的网络活动后，得出结论称：侵害人认为自己与受害的孩子们之间是真诚的两相情愿的关系。“他没有将自己的行为视为犯罪或是侵犯。他认为自己只不过是抓住了机会，而且自己的所作所为对孩子们也有好处。其动机并不是去伤害受害人，而是想得到他们的爱慕和钦佩。从某种程度上讲，他混淆了自己和受害人之间的身份差别，并向受害人投射了孩童般的情感。如果能和这些因素产生共情，并利用这些因素形成侵害人访谈策略，我们将能从这名嫌疑人那里获取最多的信息。”

① 旅行者，通常指那些在网上获得受害者信息，然后旅行去见他们的性侵者。

管理侵害人行为

有效的犯罪心理画像可以帮助侦查人员确定，与犯罪嫌疑人接触和沟通是否有用，以及如何接触犯罪嫌疑人最好。以某种特定方式对待某些性侵害人会让他们坦承自己的罪行，然而同样的方式可能会让其他侵害人更竭力地否认自己的罪行，了解这一点对我们很有帮助。

在前面提到的涉及欺诈电子邮件的案例中，侦查人员决定发送一封带有陷阱的电子邮件，以了解更多关于这个未知侵害人的信息。然而，负责本案的犯罪心理画像人员确信，涉案的侵害人网络技术精湛，极有可能发现并躲开嵌入电子邮件中的跟踪程序。心理画像还显示嫌疑人表现出心理不稳定的迹象，有潜在的危险。当执法人员在嫌疑人家中进行搜查时，他们不仅发现了与犯罪有关的数字证据，而且还发现了枪支和蓖麻毒素的配方和原料。①

受害人研究

由于越来越多的人在互联网上进行接触和交流，我们有必要考虑侵害人通过互联网与受害人接触的可能性。例如，在调查罗宾逊（Robinson）案期间，执法机构之间的通力合作，克服了潜在的物理并案盲点，受害人尸体在两个相邻州被发现（McClintock，2001）。对侵害人活动的后续调查辅以对相关在线目击者的访谈，我们可能会发现：这个侵害人还曾在互联网上与其他受害者交流，而这些受害者我们尚未确认。与此相反，在受害人失踪的案例中，全面分析相关计算机证据可能会发现这些案件均系同一侵害人所为。因此，一般来说，受害人研究应该包括对互联网、相关计算机和手持电子设备的全面搜查。

例如，假设一起谋杀案件的受害人通过威瑞森（Verizon）无线通信系统连接网络，并用自己的威瑞森（Verizon）电子邮件账户与家人和朋

① 有关此案例的进一步描述，请参阅 Howell（2006）及 Shaw（2006）。

友联系，但却使用谷歌（Google）邮箱来联系陌生人。她的电脑里可能有来自朋友和家人的邮件，但可能没有一丝一毫来自网上陌生人的信息。当然，尽职的侦查人员会检查受害人的网页浏览记录，留意到很多与 gmail. com 的联系记录，进而从谷歌获取受害人的讯息。

除了探寻受害人和侵害人之间网络联系的可能性以外，还要试图从受害人的网络活动中获得对其个人的了解。受害人生活和行为的每一个细节都有助于理解为什么特定个体成了某起案件的受害人。可以通过下列问题来确定受害人进行网络活动的内容（what）、原因（why）、地点（where）、方式（how）以及时间（when）：

- 受害人有个人网页吗？会定期通过网络发帖吗？会使用网络聊天工具吗？会用手机发送/接收电子邮件或短信吗？上述这些网络活动的内容和背景都有助于心理画像人员了解受害人。
- 受害人用的是父母的账户、个人账户还是匿名账户？如果受害人使用的是匿名账户，那么他/她是否是为了躲避某人（如曾经对其实施家暴的前男友）？
- 受害人从互联网上得到了什么从其他渠道得不到的东西（如友谊、毒品、幻想实现）？
- 受害人从何处访问互联网（如家中、上班的地方、网吧或酒吧）？受害人为何要选择那个地方上网（如为了隐私、经营生意，或者为了当面见到某人）？
- 受害人是否表现出可以揭示其精神状态、性取向、生活方式、智力水平或自我形象的相关行为？例如，受害人是否参与了网上的捆绑性虐（BDSM）组织？
- 受害人的网上活动中是否存在可以辨识的模式，能够展示其习惯或计划？在案发前后这些模式是否有变化？

在互联网上寻找信息时，侦查人员不应当把自己局限在对计算机本身的调查中。通过对与受害人曾有过网上互动的人访谈，可以发现受害人在网上使用过的化名昵称及其感兴趣的网络领域。从受害人研究的角度来看，个人的网上私人活动轨迹可能最具启示性，也可能从中发现侵害人与受害人之间网络痕迹的彼此交叉。

案例：骚扰

一名女性在互联网上受到骚扰和威胁，对方主要通过一个 Hotmail 账户发送骚扰信息。受害人曾把自己的大量个人信息发布到互联网上，比如年龄、家庭电话和地址、学历背景、照片和个人兴趣等。侵害人使用假名或匿名电子邮件账户来隐藏自己的身份，可惜他并没有足够的互联网知识，不知道电子邮件账户无法完全隐匿（Hotmail 的抬头标题包含了发送者的计算机 IP 地址）。虽然侵害人声称是通过受害人的个人网页找到她的，但是他表现出对受害人周围环境（如所在城镇、住宅）的高度熟悉，这证明他曾在该地区长时间停留。此外，受害人并未提出见面，且尽管受害人的个人网页上有电话号码，但侵害人也没有拨打，这可能是因为他担心见面或交谈会让受害人认出他或对他产生反感。也许侵害人认识受害人，或者他对面对面交流感到信心不足或不自在。电子邮件讯息包含了侵害人对自身幻想的一些描述，并且表现出了一定程度的精神失常。

评估受害人风险时将数字证据纳入考量也很重要。互联网的风险评估方式与现实世界的风险评估方式大同小异，表 15.2 对此进行了比较。

表 15.2　现实世界和虚拟世界的风险类比

风险	现实世界	互联网
高风险受害人	无人照看的小孩在从家到学校的路上和陌生人交谈	无人照看的小孩在网络聊天室和陌生人交谈
高风险侵害人	在有安全摄像头监控的地方接触受害人	在有监控或记录的网络区域接触受害人
低风险受害人	避免独自进入特定地区，不会向陌生人提供个人信息	避免接触网络中的特定领域，且不会向陌生人提供个人信息
低风险侵害人	戴面具，且有掩饰行为，以躲避侦查	利用网络的隐匿性，且有掩饰行为以躲避侦查

互联网可能影响受害人面临的风险，比如将一个原本处于低风险的受害人置于成为某些犯罪侵害对象的高风险中。例如，如果一名女性将大量私人信息公布在网上，而且她参与的在线活动暴露了自己的弱点，

那么就有可能增加她被跟踪的风险。如果一名女性在现实世界中保守、谨慎，但却在网络上寻找捆绑和受虐幻想，并且计划与网上结识的熟人见面来实现这些幻想，那么这些在线活动就可能增加她被抢劫或杀害的风险。

案例：谋杀

莎伦·洛帕特卡（Sharon Lopatka）从马里兰州（Maryland）到北卡罗来纳州（North Carolina）去和杀手见面。朋友们说洛帕特卡是一个正常的女人，她喜欢孩子和动物。然而，洛帕特卡的网上活动给人的印象却大不相同，她显然对包含疼痛和酷刑的性行为非常感兴趣。因此，不包含其网上活动的受害人研究是不完整的，其性格中的关键方面由此缺失，我们很可能把她评估为一个低风险的受害人，而实际上，她的受侵害风险很高。例如，在莎伦·洛帕特卡谋杀案中，受害人家中的电脑里有几百封电子邮件，佐证了受害人和谋杀犯罗伯特·格拉斯（Robert Glass）之间的关键联系。在发现这些电子邮件之前，侦查人员认为他们面对的是一个低风险受害人，如果没有这些电子邮件，侦查人员就不大可能找到侵害人。

单独的数字证据可能本身并没有用，但是当各种数字证据的片段组合在一起时，相关的行为模式就会显现。比如，某个受害人可能总是在特定时间查看电子邮件，或者可能总是频繁出现在某个互联网区域。行为模式突然中断可能意味着有不同寻常的事情发生，而确定发生的是什么事情可能会引出关键线索。如果受害人的生活习惯没有中断，那么这种前后一致可以帮助侦查人员假定：侵害人知晓受害人的生活习惯，并且会根据这些习惯来计划犯罪，或者侵害人只是偶然碰到了受害人，利用了那次机会。当涉及数字证据时，辨别这些模式可能极具挑战性，因为其中经常涉及大量信息。因此，我们应当进行全面、彻底的司法分析，以掌握完整的证据链条，并且有机会在受困于某一细节或理论之前充分考虑所有的可能性。

计算机侵入者的演绎型心理画像

本章中讨论过的技术不仅对使用计算机进行的犯罪有用，对于针对计算机本身实施的犯罪同样有用，如数据泄露和网络入侵。当侵害人利用互联网实施犯罪时，我们很难在海量数据中找到相关证据。在网上搜寻某个案件的相关信息时，了解侵害人的作案手法和标志性行为非常有用，因为这能让侦查人员更清楚地知道应该寻找什么以及在何处寻找。然而，互联网有很多私密区域可能永远不会在常规搜查中显现。有时，侵害人的作案手法或标志性行为会暗示他可能使用了某个类似这样的网络隐秘区域。学会理解侵害人的作案手法可以引导侦查人员寻找数字行为的特定痕迹，或者监控侵入者最有可能出现的特定网络区域。

案例：当场抓获电脑侵入者

在电脑侵入/信息盗窃案中，侦查人员通过仔细检查被侵入电脑来确定侵害人如何作案以及侵害人想要寻找的信息。侦查人员利用这些信息来识别和监控网络上可能会吸引侵入者的其他计算机。几个小时之后，处于监控中的一个系统随即发现了侵入者，这给侦查人员留下了最生动的证据，他们对正在实施的犯罪进行了完整的现场记录。在监控侵入者时，侦查人员确定此人是一名新近被解雇的员工，从家里拨号上网，实施犯罪。侦查人员很快拿到了搜查令，检查了他的个人电脑，在硬盘里找到了被盗信息的副本。

至于计算机犯罪背景下作案手法和标志性行为的典型案例，请考虑著名的凯文·米特尼克（Kevin Mitnick）案。米特尼克作案手法老道，很难追踪。他会侵入电话网络系统，创建一个高明的拨号回路来隐藏自己的行踪，还用手机拨号接入大型互联网服务提供商。他会用先进高超的技术侵入电脑，盗取软件、信用卡信息和数据。由计算机专家村山富市（Tsutomu Shimomura）和联邦调查局探员组成的团队最终使用蜂窝频率测向天线技术（cellular - frequency direction - finding antennae）追踪到了米特尼克。尽管米特尼克的主要动机似乎是为了利益，但是他还表现出了其他一些显然不是犯罪所需的行为（即标志性行为）。例如，米特尼克除了侵入村山的电脑，窃取其高精尖电脑软件之外，据说还在村山的语音信箱里留下了嘲弄的语音信息，这可能是为了展现一种自信（www. takedown. com/evidence/voicemail）。

当犯罪分子在犯罪过程中利用计算机自动化优势时，计算机环境中作案手法的一个重要方面就出现了：即自动化行为和侵害人行为很难区分。当几个侵害人使用相同的自动化工具时，自动化问题就显得特别棘手。例如，现有程序可以自动以某些方式侵入计算机系统并隐藏犯罪证据，这种自动化作案手法使得我们几乎无法区分多名侵害人。当每一个犯罪现场都看似一模一样时，我们就很难将同一个侵害人所犯的案件串并起来，也很难看清不同侵害人各自的独特作案动机。

熟练使用互联网的侵害人可以较为轻松地改变作案手法，这会让并案变得更加困难。随着侵害人越来越熟悉互联网，他们常常会找到新的办法，利用网络更有效地实现自己的目标。能够创造性使用互联网的侵害人可以更频繁、彻底地改变自己的作案手法，以至于最好将其作案手法视为动态的。例如，如果侵害人计划侵入安全状况良好的计算机系统，那么他可能需要针对每一个特定目标制订全新的侵入计划。当侵害人有意识地试图对抗侦查人员时，动态作案手法就应运而生了。比如，当实施跟踪纠缠的嫌疑人意识到侦查人员试图阻止其恐吓受害人时（如通过电子邮件），他可能就会换一种方法（例如通过 ICQ）。

侦查人员如果能够从现有数字证据中提取关键行为信息，并能够根据这些行为证据做出合理推断，他们将在涉互联网案件的调查中发挥不可估量的作用。当现有证据无法展现侵害人行为的全貌时，确定其动机和意图就变得至关重要。例如，在数据泄露案件中，出现的主要问题之一就是侵入者是否能够访问存储在被侵入计算机上的机密数据。当无法证明侵入者没有获得有关数据时，对其活动的评估可以表明，他们的意图不是在机密数据上，而是将计算机系统用于其他目的，如用来储存违禁品或者在互联网上对其他系统发动攻击（Casey，2003）。比如在一个案例中，对目标系统的司法核验发现嫌疑人侵入电脑的动机并不是为了盗取敏感数据，而是为了给盗版电影找存储空间（Reust，2006b）。此外，能够识别数字环境中标志性行为的侦查人员在应对自动化或动态作案手法的挑战方面处于有利地位，他们可以利用标志性行为进行并案，并对侵害人进行推演。

如同尸检一样，对目标计算机系统进行司法核验可以揭示大量与攻击相关的信息（Casey，2004）。然而，侦查人员应当意识到：可能还有其他计算机也包含相同数量的相关数字证据，这一点相当重要。正如现实世界的犯罪可能有多个犯罪现场一样，电脑侵入可能也有主要犯罪现场和次要犯罪现场，每一个现场都包含潜在的有用信息。电脑侵入者通常是从一个位置监视目标计算机，随后（以虚拟方式）转移到网络上的另一个位置，侵入目标系统（可能要通过几个中间系统），实现对目标系统未经授权的访问并窃取资金或信息，摧毁目标系统及其包含的所有证据，并且删除犯罪期间使用过的其他系统上的证据。计算机侵入者使用过的中转区域可能含有与犯罪相关的证据、侵害人留下的工具、其与同伙的交流等，可以展现个人与主要犯罪现场的联系。

在电脑侵入案中，对目标电脑进行相关的“受害人研究”也非常有价值。在以计算机为目标的犯罪中，背后的问题都一样：为什么侵害人会选择这台目标电脑？侵害人愿意承担的风险是什么？比如，以一台保护良好的电脑为例，如果一个侵害人克服了重重障碍，冒着暴露自己的风险侵入了目标电脑，那么，具备这种能力可能表明侵害人熟悉目标系统、对目标系统中的某样东西有强烈的渴望，并且有足够的技巧克服种种障碍和风险。

当作案目标是电脑时，评估受害人风险需要收集关于电脑的信息，包括电脑样式和型号、操作系统、放置的地方、里面的内容、谁可以使用、经常与其连接的其他电脑、以及侵入它有多大难度等。还要确定以往是否曾有非法访问计算机的失败尝试。如果侵害人需要大量关于目标电脑系统的相关知识才能实施犯罪，那么侦查人员应当尝试去确定对方是如何获得这些知识的。这类知识是否只有某个组织的内部雇员才能获得？侵害人是否通过监控来获取信息，如果的确如此，需要何种技术水平和设备才能进行监控？

在计算机侵入或其他暴力犯罪的侦查中，计算机和互联网上可能包含涉案人员的关键信息。犯罪心理画像可以充分利用数字化的人类行为这个丰富的资源库来协助犯罪侦查，并引导侦查人员寻找以往可能忽视的其他潜在的数字证据。

小结

随着计算机和网络越来越普及，侦查人员会面对越来越多与证人、受害人和犯罪活动相关的数字证据。犯罪分子可以主动利用互联网变换作案手法，也可以利用它来规避警方侦查和逮捕。此外，互联网使侵害人更容易接触到受害人，使他们的犯罪触角从有限的地理区域延伸到世界各地。

人类日常活动在我们周围留下了大量数字信息，尤其是来自第三方的信息，如移动电话供应商、银行、信用卡公司和高速公路电子收费系统（ETC）等。因此，即使侵害人和受害人并非有意使用网络，但他们在现实世界活动时还是会留下数字足迹，形成“网络痕迹”，侦查人员可以据此重建在某个特定时间这些电脑使用者们所在的地点以及正在做的事情。

迄今为止，大多数涉计算机犯罪的心理画像，都关注以电脑为目标的侵害人。虽然这些归纳式犯罪心理画像对过往的侵害人做了总体概述，可能有助于诊断和治疗相关心理障碍，但它们在侦查中的作用有限。有时甚至可能起到误导作用。

对侵害人知之甚少时，犯罪心理画像可能最有用，尤其是当侵害人利用互联网来隐瞒其身份和活动时。感觉受到了某种程度匿名性的保护，人们通常会在网络上做一些现实世界中只能想象的事情，表达一些在现实世界中只能深藏于心的想法。电子证据中也可能包含一些信息，可以用于确定侵害人的性别、年龄、职业、兴趣、情感状态和其他潜在的有用个人信息。

当侵害人利用互联网实施犯罪时，我们可能很难在互联网的海量数据中定位相关证据。然而，互联网有很多私密区域，可能永远不会出现在我们的常规搜索中。有时，侵害人的作案手法或标志性行为可以表明他利用了某个这样的隐秘网络。了解侵害人的作案手法可以引导侦查人员找出数字行为的特殊痕迹，或者监控侵入者可能出现的特定虚拟空间。

问题

1. 判断正误：黑客大多是青少年，他们玩电子游戏，手头时间很多。

2. 请解释自动化作案手法如何成为可能。

3. 网络痕迹通常并非主动形成，请举三个例子说明这种情况是如何发生的。

4. 动态作案手法的目的是什么？

5. 为什么一个具有攻击性的性侵者会在美国在线网站（AOL）上搜寻受害人，而不是其他地方？

致谢

作者感谢布伦特·特维（Brent Turvey），他在完善司法科学和犯罪重建的知识体系方面颇有建树。作者还要感谢其在斯托茨·弗里德伯格有限责任公司（Stroz Friedberg，LLC）的同事们，特别是贝丽尔·豪威尔（Beryl Howell）和埃里克·肖（Eric Shaw）的持续支持。

REFERENCES

Associated Press，2006. Police Charge Md. Student in Murder：UMBC Student Met Woman on MySpace. com，February 9.

Bardsley，M.，Huff，S.，2007. Disappeared：Taylor Behl，Crime Library. Court TV . Available at www. crimelibrary. com/criminal_mind/forensics/taylor_behl.

Casey，E.，2003. Determining Intent：Opportunistic vs. Targeted Attacks. Computer Fraud & Security（4），8 – 11.

Casey，E.，2004. Digital Evidence and Computer Crime：Forensic Science and the Internet，second edition. Academic Press，London，England.

Casey，E.，2006. Reconstructing Digital Evidence. In：Chisum，J.，Turvey，B.（Eds.），Crime Reconstruction. Academic Press，London，England.

Chanen, D., Xiong, C., 2007. To a New Kind of Sleuth, Phones Leave a Rich Trail. Minneapolis *Star Tribune* (July 22).

Gudaitis, T., 1998. The Missing Link in Information Security: Three Dimensional Profiling. Cyberpsychological Behavior 1 (4), 321 - 340.

Howell, B., 2006. Real World Problems of Virtual Crime. In: Balkin, J. (Ed.), Cybercrime: Digital Cops in a Networked Environment. New York University Press, New York, NY, pp. 95 - 98.

Icove, D., Seger, K., VonStorch, W., 1995. Computer Crime: A Crimefighter's Handbook. O'Reilly & Associates, Sabastapol, CA.

Johnson, S., 1997. Psychological Force in Sexual Abuse: Implications for Recovery. In: Schwartz, B. K., Cellini, H. R., Kingston, N. J. (Eds.), The Sex Offender: New Insights, Innovations and Legal Developments, vol. 2. Civic Research Institute, Kingston, NJ, pp. 17 - 1 - 17 - 11.

Keeney, J., Kowalski, E., Cappelli, D., Moore, A., Shimeall, T., Rogers, S., 2005. Insider Threat Study: Computer System Sabotage in Critical Infrastructure Sectors. National Threat Center, U. S. Secret Service, CERT Coordination Center, Software Engineering Institute, Carnegie Mellon University, Washington, DC; Pittsburgh, PA.

McClintock, D., 2001. Fatal Bondage. Vanity Fair June.

McGrath, M., Casey, E., 2002. Forensic Psychiatry and the Internet: Practical Perspectives on Sexual Predators and Obsessional Harassers in Cyberspace, Journal of the American Academy of Psychiatry and Law 30 (1), 81 - 94.

McMenamin, J., 2007. Gaumer Convicted of Rape, Murder: Prosecutors Seeking Death Penalty for UMBC Student, Who Met Victim Online, Baltimore *Sun* (May 11).

Meloy, J. R. (Ed.), 1998. The Psychology of Stalking: Clinical and Forensic Perspectives. Academic Press, London, England.

Protect Children from Predators on Internet, Parents Tell Congress. 2000. Psychiatr. News May 5. Available at www. psych. org/pnews/00 - 05 - 05/protect. html.

Randazzo, M., Keeney, M., Kowalski, E., Cappelli, D., Moore, A., 2004. Insider Threat Study: Illicit Cyber Activity in the Banking and Finance Sector. National Threat Center, U. S. Secret Service, CERT Coordination Center, Software Engineering Institute, Carnegie Mellon University, Washington, DC; Pittsburgh, PA.

Reust, J., 2006a. Case Study: AOL Instant Messenger Trace Evidence. Digital Investigation 3 （4），238 –243.

Reust，J.，2006b. Network Intrusion Investigation：Preparation and Challenges. Digital Investigation 3 （3），118 –126.

Rizzo，T.，2001. Judge Says Robinson Must Stand Trial in Three Deaths. Kansas City Star，March 2. Available at www. kcstar. com/standing/robinson/case. html.

Rogers，M.，1999. The Psychology of Hackers：A New Taxonomy，paper presented at the RSA World Security Conference < San Jose，CA.

Sex，Lies and Murder：*Michigan v. Miller*，2001. Court TV February 26. Available at www. courttv. com/trials/taped/miller. html.

Shaw，E. D.，2006. The Role of Behavioral Research and Profiling in Malicious Insider Investigations. Digital Investigation 3 （1），20 –31.

Shaw，E. D.，Fischer，L.，2005. Ten Tales of Betrayal：An Analysis of Attacks on Corporate Infrastructure by Information Technology Insiders，vol. 1. Defense Personnel Security Research and Education Center，Monterrey，CA.

Shaw，E. D.，Post，J. M.，Ruby，K. G.，1999. Inside the Mind of the Insider，Business Continuity. Available at www. securitymanage – ment. com/library/000762. htm.

Shaw，E. D.，Ruby，K. G.，Post，J. M.，1998. Insider Threats to Critical Information Systems. Technical Report #2；Characteristics of the Vulnerable Critical Information Technology Insider（CITI） Political Psychology Associates. www. pol – psych. com.

Shaw，E. D.，Stroz，E.，2004. Warmtouch Software：The IDS of Psychology. In：Parker，T.（Ed.），Adversary Characterization：Auditing the Hacker Mind. Syngress，Rockland，MA，pp. 145 –170.

Turvey，B.，2000. Modus Operandi，Motive and Technology. In：Casey，E.（Ed.），Digital Evidence and Computer Crime：Forensic Science Computers and the Internet，second edition. Academic Press，London，England，pp. 147 –167.

Washington v. Robert A. Durall，2003. State of Washington Appellant File Date：05/05/2003 47928 –8 –1.

第16章　火和爆炸物——行为面面观

布伦特·E. 特维（Brent E. Turvey）

残忍有颗人心，
嫉妒有张人脸：
恐惧乃神之人形，
隐秘乃人之衣裳……

——威廉·布莱克（William Blake，ca. 1790），
《神像》（*A Pivine Image*）

我们需要理解的一个最重要的行为证据的概念，就是一个人的行为与其动机或需求之间的关系。人类行为是内心需求的体现。它们是欲望的表达，是窥视人们意图的窗口。

本章我们来看看纵火和引爆行为。像其他任何犯罪行为一样，我们必须对这两者多加防备，进行审查。这些行为可能发生在各式场景中，它们可以满足侵害人的多种需求，抑或受到侵害人各种动机的驱使。这些行为并非局限于某种特定的刑事犯罪，也并非针对某个特定类型的受害人。这些行为在某种特定犯罪中的使用仅受到侵害人动机、意图、技能水平及其可获得材料的限制。

定　义

纵火（arson）这个术语属于刑事犯罪的分类范畴。就像强奸和谋杀这类术语一样，纵火用来指某种犯罪行为。“纵火”这一术语通常描述的

是故意放火的行为，其意图是破坏或者欺骗（DeHaan，1997，p. 482）。没有这些意图，纵火犯罪就不成立。当然，也有一些非刑事犯罪动机的纵火行为。为了避免形成有罪推定的主观犯罪分类，作者将在本章使用中立的行为描述词“放火”（fire setting）。

炸弹（bomb）这一术语是指通过撞击、接近、定时或其他预先确定方式引爆的爆炸物。爆炸物（explosive）是指任何一种能够突然转变为气态的物质，这个转变过程往往伴随着能量释放。爆炸物可以用来制造爆炸，爆炸通常被定义为势能（化学能或机械能）突然转变为动能，同时产生大量的热、气体和机械压力的过程（DeHaan，1997，p. 482）。为了实施犯罪活动而把爆炸物制成炸弹，也是一种犯罪行为。

当犯罪策划和实施涉及放火和引燃爆炸物时，对于不熟悉这个领域的人来说，重现和解读相关行为可能看起来很困难或者根本不可能。这是因为大火、爆炸和/或相关的灭火和救援工作可能会毁灭部分或大部分可立即识别的实物证据。行为分析人员应当清楚，这并不意味着没有证据，也不意味着涉及纵火或爆炸物的案件就很难侦破。请看克瑞（Corry）和沃特柔（Vottero）的建议（1997）：

> 每当一连串纵火案件引发当地舆论关注时，总有一名身着制服的警官在新闻摄像机的聚光灯下，列举一长串侦破纵火案件为何如此困难的借口。……
>
> 真正的问题恰恰是，目前或未来的火灾/纵火调查人员接受了这一套前景黯淡的说辞，仿佛这就是事实一样。……然而我们的经验表明：纵火案件不仅可以侦破，而且在许多情况下，普通的纵火案件很容易侦破。

当调查涉及有意识的、非政治性地搜集技能和资源时，情况确实如此。纵火调查员、实验犯罪学家和犯罪心理画像人员之间的合作，对于成功重现纵火现场和随后解读与犯罪相关的行为和动机至关重要。

本章讨论的重点是犯罪升级活动中使用火和/或爆炸物的问题。对于部分或全书专门讨论放火调查和爆炸物使用相关概念和步骤的具体资料，作者特别推荐下列书目：

- Chisum，W. J.，and Turvey，B.（2010）*Crime Reconstruction*，2nd Edition
- DeHaan，J.（1997）*Kirk's Fire Investigation*，4th Edition
- Kirk，P.（1969）*Fire Investigation*
- National Fire Protection Association（1998）NFPA 921：Guide for Fire and Explosion Investigations，1998 Edition

本章末的“参考文献”部分会给出这些出版物的完整引用目录。

局限性

每一个纵火现场都对科学调查所要揭示的东西有自己的天然限制。不带偏见地理解和表述每个案件中的这些限制是我们工作的必要组成部分。因此，正确解读火情模式属于受过专业教育和训练的火情调查员的领域，他们必须具备科学教育的背景。正如柯克（Kirk，1969，p. 2）所述：

> 要成为一名合格的火情调查员，必须掌握和理解火情、燃料、人员和调查程序的方方面面。侦查人员必须真正了解火如何燃烧，还要理解并非所有的火都以同样的方式燃烧。这些差异肯定都与火情的形成原因、涉及的燃料性质或者火情的物理环境和周围情况相互关联。

这些知识技能并非所有寻求或宣称寻求这些知识技能的人都能获得，也并非通过系列短期课程或工作坊就能得到适当传授。此外，火情调查人员群体中长期充满了由“经验丰富”的前辈制造与传播的“荒诞传言”，而且这些“荒诞传言”常常被认为是科学证据，其实没有什么比这事更离谱的了。正如罗素（Russell，2006，pp. 42 – 43）所述：

> 这是一个长期存在的问题。美国每年约有 50 万起建筑物失火，其中 10% ~ 15% 的火情有疑点。约翰·伦蒂尼（John Lentini）曾是犯罪实验室分析员，在位于佐治亚州玛丽埃塔的应用技术服务中心（Applied Technical Services in Marietta，Goergia）负责火情调查工

作，他开玩笑说："也就是说，我们每年有大约 7 万次机会搞砸。"目前美国有 5000 多人因纵火入狱，但直到最近，被告才有希望看到自己的案情被严格的科学实验验证。……

一直以来，火情调查更多是一门艺术，而非科学。尤其在美国，火情调查结果主要基于前辈消防战士和调查人员的观察和经验得出。他们认为纵火的痕迹特点包括极端高温、窗户上残留的复杂裂痕、以及墙壁和地板上不规则的灼烧痕迹，后者表明嫌疑人使用了汽油等促燃剂或者有多个起火点。然而直到几十年前，对意外火灾的研究都是空白，所以我们也无法将其与涉嫌纵火的案件进行对比。这样一来，证明纵火就完全依靠长期任职的火情调查员的经验。他们经常会按部就班地告诉陪审团，现场的火温度太高、火势太大、蔓延太快，不是偶然发生的。

伦蒂尼（Lentini）说："纵火谋杀是唯一一种可以根据一名可能连大学都没上过的'专家证人'的证词就可以判你死刑的罪名。"多年来，似乎没有人质疑他们的这些推测。每个人都相信，使用助燃剂故意引起的火灾比意外失火的温度更高，木材烧焦的深度显示了火势的速度等等，根本不管有没有科学研究结论来支撑这些假设。

这一切在 20 世纪 70 年代中期开始得以改观，当时有少数消防专家开始转向科学研究。《柯克火情调查》（*Kirk's Fire Investigation*）是一本使用广泛的教材，该书的作者约翰·哈恩（John DeHaan）说："我们很快意识到，书上讲的一些东西，以及调查人员学习和使用的一些知识其实站不住脚。火灾科学家知道很多关于火的知识，消防工程师知道很多预防火灾的技巧，而火灾调查员则知道很多关于火灾后果的事情，可惜这三个群体从未真正地交流过。"

到了 20 世纪 90 年代初，诸如伦蒂尼（Lentini）和哈恩（DeHaan）这样的专家开始频繁通过实验来推翻荒诞传言。1991 年 10 月，加利福尼亚州奥克兰市发生了大规模丛林火灾，造成 25 人死亡，3000 多座房屋被毁。这些烧毁的建筑物正好给伦蒂尼及其同事呈现出许多意外火灾的现场。他们研究了 50 座房屋的残骸，始终无法找到传统上所谓"纵火标志物"的科学依据。

以一种叫作“裂纹玻璃”的现象为例，它是指窗户上有很多间隔紧密、随机分布的细小网状裂纹。这种效应曾一度被认为是由加速燃烧的火焰剧烈迅速、集中发热引起的。然而，在奥克兰市 50 座房屋残骸中，伦蒂尼团队发现 12 座都有这种情况。这种情况最常出现在火场边缘，表明这可能是由于接触消防水管道里的水造成的，而不是快速受热造成的。

伦蒂尼随后进行了实验室测试，让玻璃接近缓慢和快速的热源，包括 800℃的丙烷火焰。他发现，在加热到 500 摄氏度以上的玻璃上喷洒冷水，确实会产生细小裂纹，而快速加热则不会产生。实验结果表明，这种效应是由热冲击造成的：玻璃遇水冷却时收缩太快，无法平稳地进行调整。早在 1992 年伦蒂尼就发表了自己的研究成果，但是直到今天仍然有一些固执的调查人员不愿意接受这个事实。德克萨斯州奥斯丁市的化工专家兼消防顾问杰拉尔德·胡思特（Gerald Hurst）说：“我现在还时常遇到这样的情况，他们仍然把裂纹玻璃作为纵火标志物。”

同时，理解一种叫作“闪燃”的现象也可以帮助我们了解火情的真实行为。……当火势变得非常猛烈，现场温度接近 600 摄氏度，火场所有的可燃材料都被同时点燃时，闪燃就发生了。炽热、致命的烟雾滚滚涌出，窗户被气浪炸飞，火焰从门窗喷射而出……闪燃发生需要良好的通风，但它也可能发生得非常快。一把燃烧的扶手椅不到 5 分钟就可能让整个房间发生闪燃。它会不可逆转地改变火灾留下的证据，让我们很难区分究竟是故意纵火还是意外失火。

鉴于这些局限性和现实考量，犯罪心理画像人员在其分析中，应当只寻找和（或）采纳那些受过专业教育、训练有素、经验丰富的火场调查人员的调查报告。也就是说，不能假定任何司法核查人员有胜任这份工作的能力，存在合理怀疑时，可以不使用其调查结果。在火灾现场调查中尤其如此，许多提供调查结果的人都没有受过专业的教育和训练，无法用严肃的科学理念解释其任务范围内看到的东西，更不用说有些人还在坚持那些在文献中已经被揭穿、推翻的荒诞传言，因为他们根本就不读文献。

作为武力使用的火和爆炸物

蓄意使用火和爆炸物是侵害人使用武力意愿的延伸。火和爆炸物是为了杀死、伤害、消灭或模糊他们的预定目标。然而，这种做法也留下了可见、可辨识的痕迹模式，我们可以根据这种痕迹对人、建筑物和环境损害的性质和程度来对其进行解读。

作为侵害人使用武力意愿的延伸，不论是用来自卫还是杀人，火和爆炸物和其他类型的武力一样，其使用可以出于多种动机。像解读其他任何行为动机一样，为了解读使用火或爆炸物进行犯罪的动机根源，我们需要特别注意从受害人和犯罪现场特点的角度来进行研究。正如德哈恩（DeHaan）（1997，pp. 395 – 396）所述："在某种程度上，纵火案的动机、手段、意图和目标都是相互关联的……发现其中一个可以就用来解读或推断另一个。"

受害人研究

关于蓄意纵火和爆炸，首先需要确定的是，何人或者何物是预定目标：侵害人打算让何人或者何物来接受自己释放的打击，何人或者何物会因此遭受痛苦。此外，调查人员还可确定哪些人或物不是袭击目标。

纵火和爆炸的目标不仅仅个人，还包括群体、物品、财产或其他象征物。在这种背景下，从侵害人的角度来看，目标（target）可以被定义为袭击对象，它与受害人的概念不同。预期中的受害人是指侵害人打算使其遭受损失、危害、伤害或死亡的个人、群体或机构。预期中的受害人和目标可能是同一个人，也可能有不止一个预期受害人。

由于火和爆炸物的使用不可预测、不可控制，且往往不精准，因此此类案件也可能有连带受害人（collateral victims）。这个术语是指侵害人在侵害主要受害人时，对其他受害人造成的损失、危害、伤害或死亡（通常是因为他们身处主要受害人附近），这些其他的受害人就被称为

“连带受害人”。“一旦点燃，火就不再响应纵火者的意愿和要求了”（Geller，1992）。

个体

个体受害人是指侵害人出于情绪、心理方面的原因，或为了掩盖罪行而圈定的袭击目标，也包括那些连带受害人。受害人也可能是因为有某种象征意义（symbolic）而被侵害人锁定为袭击目标。在这种背景下，具有象征意义的可能是任何代表一个想法、一种信仰、一个群体或者仅是另一个人的个体。

群体

群体是指由共同特征，如性别、种族、肤色、宗教、信仰、活动或成就，统一到一起的任何人群的集合。它还包括具有象征意义的群体。在这种背景下，具有象征意义的群体可能是代表某一事物的任何群体，这一事物可能是一个想法或一种信仰。

财物：物品和象征

财物这个术语是指建筑物、车辆或者其他物品。它包括那些有物质价值或者证据价值的物品。比如，它可能包括车主为了骗保而故意烧毁的一辆汽车，或者陌生人为了掩盖与盗窃车辆有关的证据而以完全相同的方式烧毁的另一辆汽车。

它也包括具有象征意义的物品和附带物品（由于在现场附近而被无意损坏或毁坏的物品）。在这种背景下，具有象征意义的物品是指代表“他物”的任何物品或财产，“他物”可能是一个想法、一种信仰、一个组织或一个人。从在教堂和堕胎诊所引爆炸弹的仇恨犯罪，到某个女孩焚烧前男友的衣物，都属于这样的案例（图 16.1 和图 16.2）。

图 16.1 和图 16.2　2009 年 3 月 9 日，47 岁的马克·奈勒（Mark Naylor）帮 23 岁的金·埃克特（Kim Eccott）（见图 16.1）从自己位于英国萨福克斯托马基特（Stowmarket，Suffolk，UK）的公寓（见图 16.2）搬出去。金用打火机点燃了马克的衣服。原因是他们最近刚刚分手，金对此非常生气，她希望马克能再给她一次机会但马克却不愿意，于是她纵火烧掉了马克昂贵的设计师定制套装作为报复。这场大火最终烧毁了两间卧室和一间浴室，造成了价值两万五千英镑的损失。金当天就被逮捕，随后被判纵火罪入狱 52 周，缓刑两年，并处两年监管令。法院认为，比起惩罚，她更需要的是帮助（Daily Mail Reporter，2009）。

犯罪现场特征

准备工作的范围和性质……都是纵火者整体特征中的标志。这些特征……可以用来查找侵害人的可能动机，甚至可以形成纵火者的人格画像以用于侦查。

——哈恩（1997，p. 405）

本书第 12 章中详细讨论过的犯罪现场特征，稍作调整，即可适用于分析涉及纵火和爆炸物使用的案件。为此，必须确定是什么类型的涉入造成了犯罪现场的损害，是火还是爆炸物？或者二者兼有？此外，还应确定以下附加特性，因为它们涉及燃烧材料或爆炸材料及其装置的制造和/或安放。

助燃物和/或爆炸材料

助燃物（accelevant）是指用来点火或者增强火势或者加快火势蔓延速度的任何燃料（含固体、液体或气体）。一旦确定使用了助燃物，必须进一步确认这种材料是现场本来就有的还是从其他地方带来的。侵害人使用什么样的助燃材料由侵害人的经验、材料的可得性以及侵害人的动机和意图决定（DeHaan，1997，p. 415）。

一些普通的助燃物包括：

- 汽油
- 煤油
- 打火机油
- 可饮用的酒类
- 报纸
- 堆积的杂物
- 破布
- 衣物

举例来说，哈恩（1997，p. 407）曾经指出，侵害人在使用材料方面通常会遵循两条原则：

> （1）越简单越好；（2）就地取材。这两条原则可以尽量减少纵火者必须带到现场的材料，纵火者在相关区域被看到的次数越少（尤其是携带容器或形状奇怪的包裹），被证人发现的概率就越小。简单的装置虽然不如精密装置那样容易点火，但它能最大限度地增加整个装置被大火本身或正常的灭火活动摧毁的可能性。

侵害中所涉爆炸材料可能包含从手工粗制、家庭自制、临时混合的爆炸物到市面可购买的商业或非商业爆炸物等各种类型。与助燃物类似，爆炸物类型由侵害人经验、材料的可得性、侵害人的动机和意图决定。

起火/引爆点

起火点是指具体的点火地点（DeHaan，1997，p. 486），或者是指安放装置并随后引爆的具体地点。在所有涉案事实没有完全弄清楚之前，不能排除多个起火点的可能性。

起火点很大程度上暗示了侵害人的袭击目标和预期受害人。

点火/起爆方法

侵害人选择启动或延迟助燃物的燃烧或装置的引爆，取决于其使用的燃料或爆炸物的种类、所需延迟时间的长短以及目标的移动性。点火方法（改编自哈恩，1997）有且不仅限于以下几种：

- 明火（火柴、打火机等）
- 引信（任何长度的易燃物）
- 易燃材料
- 香烟
- 电弧
- 发热丝
- 化学反应（商业购买或临时制造）
- 黑火药和闪锌粉

爆炸装置起爆方法有但不限于以下几种（改编自美国国家消防协会921号手册，NFPA，1998）：

- 雷管
- 灼热表面
- 电弧
- 静电
- 明火
- 火花
- 化学反应（商业购买或临时制造）

性质和意图

侵害人的行为可以用来推断其意图。根据欧·哈雷的观点（O'Hara，1970，p. 214）：

> 犯罪嫌疑人的行为往往能为犯罪意图提供证据。例如，移走贵重物品或用次品将其替换，可能就是纵火的预告。当然也可能表现为被告与烧毁建筑物的使用者之间关系不好或感情欠佳。此外，没

有进行任何灭火工作或者在有机会的情况下却没有按铃报警也很说明问题。最后，若犯罪嫌疑人潜逃也可以对其进行有罪推定。

当我们分析侵害人纵火或使用爆炸物的性质和意图时，确定预期损害和实际损害很有帮助。这要求我们尽可能多地了解起火点周围的环境结构和燃料方面的信息。而且这还应该和助燃物或炸药的使用量以及对目标造成的损害程度进行比较。侵害人使用的燃料或爆炸物越多，他们企图让袭击目标遭受的损失也就越大。

在考虑侵害人纵火或使用爆炸物的性质和意图时，要注意的另一个重要因素是如何确定目标。关于这一点，我们指的是应核查装置、起爆或点火方式，以及起火点，用以证明纵火或爆炸物的破坏目标。这些行为是否旨在伤害、破坏、杀死或摧毁某个精确选择目标？或者旨在伤害、破坏、杀死或摧毁某个广泛选择目标？精确选择目标是指旨在针对特定目标、可造成具体的、集中的、计量准确的损害的任何火情或爆炸。广泛选择目标是指旨在以宽泛方式造成损害的任何火情或爆炸。在某些涉及广泛目标的案件中，预期目标可能就在起火点附近，但侵害人也可能意图超越主要目标，祸及周围的其他受害人。

侵害人技能

在评估侵害人技能水平时，应当考虑火情或爆炸物的制造、起火点、点火/起爆方法，以及性质等。关键的问题包括：

- 预期计划和/或制造的火情或爆炸在达成侵害人的目标方面效果如何？
- 起火点引燃或引爆的效率如何？
- 纵火或爆炸达成了侵害人的目标吗？

动机

正如科里（Corry）和维托（Vottero）（1997）所述，纵火和爆炸的犯罪动机一般来说都不复杂，理解起来并不困难：

> 大多数成年人会出于复仇、怨恨、隐匿犯罪或者欺诈而纵火。

> 许多青少年会在故意破坏财物期间纵火，这是为了报复或达成其他“合乎逻辑的”的犯罪目的。在很多案例中，纵火犯及其放火焚烧的建筑物（或物品、受害人）之间都有某种直接联系。

因此，研究纵火犯和炸弹袭击者的专家倾向于对侵害人形成简单的归纳性分类，侵害人一旦被分类，就可以对其特征进行预估。例如，联邦调查局国家暴力犯罪分析中心（FBI's National Center for Analysis of Violent Crime）提出，纵火犯罪主要有六种动机，分析人员可用来预测侵害人的可能特征。这六种动机是（Burgess et al.，1997，pp. 165–166）：

1. 复仇；
2. 追求兴奋；
3. 故意破坏；
4. 利益；
5. 掩盖罪行；
6. 极端主义。

实际上，这只是对“格罗茨强奸犯罪分类”的补充修订（Groth，1979），他们在“格罗茨强奸犯罪分类”的基础上加上了与性无关的动机（第4点和第5点）和非动机内容（第3点）。联邦调查局国家暴力犯罪分析中心（NCAVC）以上提到的“复仇”和“极端主义”动机可与格罗茨分类中的愤怒型动机侵害人对应（根据定义，极端主义动机可与权利保证型或权利自信型动机对应）。而国家暴力犯罪分析中心提到的“追求兴奋”动机则与格罗茨分类中的权力型动机侵害人对应（或者与权利保证型、权利自信型或性虐动机对应，正如定义所言，这并非排他性的分类，因为侵害人有许多不同类型的“兴奋”）。

此外，“故意破坏”不是一种侵害人动机。如前所述，它是刑事犯罪分类的一种，是一系列行为的总和。虽然反映了动机，但诸如自信导向型需求、保证导向型需求、兴奋需求或者复仇导向型需求等，它们本身并不是动机。我们需要进一步的行为分析才能开始了解侵害人为何要实施犯罪。

正如本书所述，无论如何，预测都并不是行为证据分析的目的。

运用行为－动机类型学

现在，读者应当理解：作者并不赞同归纳式使用动机类型，作者赞同的是动机类型的演绎用法。本书 13 章详述过的动机类型学足以对实际行为进行分类，这些行为与特定的纵火和爆炸物使用情况相关。它是用于犯罪评估的一种有用工具，应当用于在特定环境中理解侵害人动机背后的意图。

值得一提的是，除了犯罪动机以外，火和爆炸物的使用也可能涉及非犯罪的欲望。英雄式或虚荣心作祟的纵火者就属于这种情况。正如怀特（White，1996）所言：

> 英雄式或“虚荣心作祟”类型的纵火犯最令人感到不安，因为多年来有相当数量的消防队员被归为这个群体。这些消防员纵火的原因可能是无聊、空虚……或者希望被接受成为某一群体的成员。他们“常常受自我意识驱动”“多数渴望名利地位”、“最先到达现场，扑灭烈焰……”这种“英雄式”纵火犯也可能是一名保安、警察，或是最近被这些部门拒绝又急于证明自己能力的求职者。这些纵火犯无意伤害任何人，他们寻求的是公众的认可和赞誉。

消防队员和火情调查员实施纵火的动机也可能是为了寻求刺激、隐匿犯罪和追求利益等。他们也是人，并非所有的人都想成为英雄。来看看萨波托斯基（Zapotosky）和莫尔斯（Morse）（2009）讨论的两个消防员的案件：

> 星期四，乔治王子县（Prince George’s County）新近招募的两名志愿消防队员被控纵火，公诉方指控他们在值勤时溜进一座空房子，用信号弹点燃了一个沙发，几分钟后又返回帮助扑灭大火。
>
> 相关部门官员表示，这可能引发更多消防员受到指控。这些指控凸显出世界各地的调查人员和心理学家多年来一直在研究的一种现象：消防队员纵火是因为扑灭大火可为其带来的兴奋。
>
> 前联邦调查局犯罪心理画像人员蒂莫西·G. 赫夫（Timothy

G. Huff）曾就这一话题进行了广泛咨询，并撰写了书面研究报告，他说："兴奋是对火灾的反应，消防车一路疾驰，警笛呼啸，灭火时旁观者象征性地鼓掌，诸如此类，都可以让他们兴奋。英勇事迹就是兴奋的一部分。"

当然，蒂莫西和其他相关人员很快澄清，这些人只占所有消防人员的很小一部分。这个问题的波及范围尚不清楚，因为无人知晓全国范围内关于纵火者职业或志愿关系的相关数据。而且很难对纵火犯的动机一概而论。

46岁的罗姆·恩格尔（Jerome Engle）长期担任志愿消防员，在乔治王子县的几个消防站都工作过。24岁的詹姆斯·R. 马丁内斯（James R. Martinez）是乔治王子县的志愿者，也是蒙哥马利县（Mongomery County）的一名带薪消防员，他们都在这起案件中被起诉。两人被控二级纵火、入室行窃和恶意焚烧等罪名……

里弗代尔（Riverdale）的一名部门官员称，恩格尔一年半以前离开消防部去了另一个志愿部门，而马丁内斯因为个人原因三月份就辞职了。

实施纵火的消防队员一般在他们自己的辖区范围内放火，赫夫（Huff）说，"你细细想来，这也是常识。否则，他们就无法对火灾做出反应了。"赫夫列举了消防员纵火者的三个普遍动机—追求兴奋、利益和复仇，其中追求兴奋和刺激位列第一……

帕梅拉·卡巴施（Pamela Kulbarsh）是一名精神科护士，曾任职于圣地亚哥县精神卫生应急小组（San Diego County Psychiatric Emergency Team），她指出消防员纵火者通常是在自己的岗位上感到无聊的志愿者。

她说："很多人热切渴望那种兴奋和关注。"卡巴施还提到，一些消防员纵火者有心理健康问题，比如反社会行为或表演型人格障碍。

2010年年底，恩格尔和马丁内斯均承认了他们各自与纵火有关的指控。

预防导向型纵火和/或爆炸物使用

这一动机维度比联邦调查局之前提出的隐匿犯罪动机更具包容性。回顾一下，预防行为是指侵害人在侵害之前、侵害期间或侵害之后，为了隐藏其身份、其与犯罪的联系或犯罪行为本身，故意扰乱、阻碍或破坏调查或司法工作的任何行为。预防导向型纵火和/或爆炸物使用是指使用火情或爆炸物作为预防行为。也就是用纵火或爆炸来隐藏、损坏或消灭任何具有证据价值的物品。这包括部分或完全焚毁犯罪现场和（或）受害人的行为。

应当指出，这类预防性行为并非总是非常彻底的。计划销毁的物品往往都会被司法科学工作者彻底检查，充分挖掘其证据潜力，不论残存的碎片多小。下面就是一些例子，但不限于此：

隐藏、损毁或破坏犯罪现场

- 抢劫公寓后放火
- 在绑架杀人后焚烧棚屋，销毁屋里留下的血液证据
- 利用煤气总管炸毁受害人住宅，以隐匿杀人

隐匿、损毁或消灭受害人

- 强奸杀人后在树林里焚烧受害人尸体
- 用炸药炸毁受害人尸体，并将碎片隐藏在不同地点以隐瞒杀人
- 将受害人尸体放进汽车后备厢内，后焚烧汽车以隐瞒杀人

隐藏、损坏或销毁能将侵害人与受害人联系起来的证据材料

- 放火焚烧受害人阴部以掩盖性侵或强奸的证据
- 焚烧受害人的血衣
- 焚烧侵害人的血衣
- 焚烧记录、契约、产权证书和保险单等

隐藏、损坏或销毁能将侵害人与受害人联系起来的个人物品

- 焚烧图片、录像带、计算机硬盘或者其他类型的能证明受害人和侵害人在一起的信息实物或存放场所
- 焚烧侵害人送给受害人的礼物
- 焚烧受害人送给侵害人的礼物

连环纵火犯心理画像？艾伦·韦恩·潘森（Allen Wayne Penson）案

艾伦·韦恩·潘森是佐治亚州沃克（Walker）县的一个失业居民。他被判犯有盗窃罪和纵火罪，据称其进入并纵火焚烧了沃克县救援大楼及停放在里面的一部车辆。在审判中，公诉员试图证明潘森是一名连环纵火犯，这倒不是因为有任何物证，而是因为他符合联邦调查局对连环纵火犯的心理画像。

背景

根据“佐治亚州诉艾伦·韦恩·潘森案”的记载（1996）：

> 火灾发生前，有人看到一个人带着一只沙土色的狗出现在救援大楼附近，这个人的特征正好符合对潘森的描述。潘森就住在离救援大楼约500英尺的地方，而且养了一只沙土色的狗。调查人员在现场发现了血迹，表明可能有人打破窗户进入了现场。潘森的手臂有割破和划伤，他自称是被荆棘所伤。经本人同意，警察搜查了潘森的住所，结果发现了一张带有血迹的普通笔记本用纸。救援队的一名志愿者确认，那张纸是“涂鸦纸”，他曾在上面涂写过，然后纸张被扔进了垃圾箱，或留在了休息室的桌子上。

行为问题

在审判中，公诉方不顾辩护人反对，聘请了一名纵火研究专家解读联邦调查局发布的关于连环纵火犯心理画像的文件，该文件题为“连环纵火研究的基本发现”。审判法庭允许专家勾勒出连环纵火犯的心理画像轮廓，但是指示公诉方不要将该画像套用到潘森先生身上。法庭同时禁止专家提出潘森就是连环纵火犯的观点。根据国内专家的观点，联邦调查局关于连环纵火犯的心理画像如下（“佐治亚州诉艾伦·韦恩·潘森案”，1996）：

- 18~27岁，白人男性
- 独来独往

- 文化水平低
- 同性恋者或双性恋者
- 有犯罪记录
- 存在健康或精神问题
- 就业记录糟糕
- 酗酒和吸毒
- 不正常的家庭背景
- 步行者，可以在离家 2 英里范围内纵火
- 一时冲动采取行动，通常是为了复仇

在专家作证之前，佐治亚州通过其他目击者展示了如下信息（“佐治亚州诉艾伦・韦恩・潘森案”，1996）：

> 潘森现年 26 岁，独居，10 年级文化水平，失业，没有汽车，他曾走到沃尔克县救援大楼的火灾现场，那里距其住所约 500 英尺。当然，陪审团自己就很清楚，潘森是一名白人男性。

此外，公诉方还获准将同一地区一幢空置房屋内发生的火情作为证据，这一案件至今未被侦破。潘森因为上述罪行被指控，随即被保释，而这幢房屋就是在潘森获释之后被烧的。公诉方没有对潘森提出任何指控，但在审判中暗示他就是嫌犯。

辩方对定罪提出上诉，称在审判中采纳联邦调查局的连环纵火犯心理画像和未经证实的火灾作为证据，都是应予驳回的错误，原因如下（“佐治亚州诉艾伦・韦恩・潘森案”，1996）：

> - 心理画像并不能驳倒被告不在场的证据。
> - 鉴于公诉方对被告的个人经历和性格特征进行了全面的梳理，并且显而易见努力将这些信息与心理画像关联起来，那么审判法庭关于不要将画像用于被告的指令就显得毫无意义。
> - 潘森与沃克县救援大楼火灾有关的定罪证据，除了联邦调查局的犯罪心理画像之外，并没有其他令人信服的证据。
> - 没有任何直接证据证明潘森与空置房屋失火有关。

法庭裁决

佐治亚州上诉法院（The Court of Appeals of Georgia）裁定，由于案件缺乏足够的证据，且公诉方用于确认潘森特征的时间太少，通过专家证词来采信联邦调查局的连环纵火犯心理画像就是一个应当驳回的错误。根据“佐治亚州诉艾伦·韦恩·潘森案”（1996）的记载：

> 我们不能接受公诉方的意见，他们认为即使缺乏连环纵火犯的心理画像证据，该案也存在“强有力的”环境证据。在重新审阅了笔录并通盘考虑了公诉方证据之后，我们不认为这些证据具有充分的说服力。而且我们也无法得出结论，证明画像证据没有影响最后的裁决。

佐治亚州上诉法院进一步裁定：将未被侦破的火情作为本案诉讼的证据是错误的，如下所述（“佐治亚州诉艾伦·韦恩·潘森案”，1996）：

> 公诉方接受煽动性的旁敲侧击，含沙射影地将潘森说成连环纵火犯，没能将纵火案的三个要件令人满意地展现出来，这种做法令人震惊。

潘森的有罪裁定随后被驳回、推翻。

讨论

在此案中，作者对佐治亚州上诉法院的一些发现尤其感兴趣。即使是在最佳情况下，涉及普通侵害人类型的归纳型统计资料也只应当用于调查目的。当它们被用来代替罪行的真实证据时，就可能造成误判，而且非常可能。

梅娜妮·瑞奇（Melanie Richey）谋杀案：管道炸弹

16 岁的约瑟夫·凯西（Joseph Kelsey）和他的两个朋友被判有罪，法庭指控他们在 1994 年 7 月 12 日奸杀了 15 岁少女梅娜妮·瑞奇。

背景

梅娜妮·瑞奇是佐治亚州麦考密克县湖畔高中（Lakeside High School in McCormick County）的一名学生。在校期间她就认识了杀害自己的凶手约瑟夫·凯西等人。8 月底，也就是她失踪 6 周之后，一位奶农发现了她的尸体。根据“南卡罗来纳州诉约瑟夫·凯西案”（South Carolina v. Joseph Kelsey，1998）的记载：

> 1994 年 7 月初，16 岁的凯西和其朋友 17 岁的迈克·柯克纳（Mike Kirchne），住在佐治亚州（Georgia）的马丁内斯（Martinez）。1994 年 7 月 11 日，星期一，柯克纳离开家去上班，只留下凯西、17 岁的格弗瑞·佩纳（Geoffrey Payne）和 17 岁的杰米·里尼·李（Jamie Lynn Lee）（均为被告）三人在家。三名被告决定在家里自制管道炸弹。他们最初用铜管和从爆竹中分离的火药制造了一枚炸弹，随后在柯克纳家中后院的一棵树旁边引爆了这枚炸弹。
>
> 三名被告随后决定制造更为复杂的管道炸弹。为了实现这一目标，他们从附近的一家五金店和沃尔玛超市盗取了管道材料和散弹枪弹药。在凯西的指挥下，他们制造了三枚镀锌钢管炸弹，其中一枚在柯克纳家的后院引爆了。爆炸产生了一个约 4 英寸深、1 英尺宽的土坑，还在柯克纳家的房子旁边和附近的栅栏里留下了炸弹碎片。凯西把另外两枚没有引爆的炸弹放进了自己的旅行袋里，而旅行袋就放在柯克纳家中。
>
> 那天晚些时候，三名被告聚集在柯克纳家中参加聚会。除了三名被告以外，还有以下人员出现在现场参加聚会：汤姆·伍兹格尔（Tom Wurtzinger）、爱普瑞·瑞兹（April Reese）、特尼·斯佩格（TommySpeigel）、以及乔伊·英格拉姆（JoeyIngram）。每个人都喝了啤酒。午夜时分，李和佩纳离开聚会现场去了附近的德士古车站（Texaco Station），这是当地青少年喜欢去“闲逛约会”的地方。当李和佩纳到达德士古车站时，他们发现梅娜妮·瑞奇站在一个电话亭附近。他们注意到瑞奇的脚好像受伤了。她偷偷地从家里溜出来和一个朋友会面，途中不小心割伤了自己的脚，伤势严重。李和佩

纳主动提出把瑞奇带到柯克纳家中为她清洗、包扎伤口，瑞奇同意了。

李、佩纳和瑞奇大约在凌晨1点30分回到柯克纳家。李和佩纳帮瑞奇包扎好脚，然后他们三人都重新加入聚会。此后不久，佩纳和瑞奇来到柯克纳家的后门廊，在那里佩纳竭尽甜言蜜语，试图劝说瑞奇与其发生性关系，但是遭到了拒绝。那天夜里，佩纳好几次向李谈到自己因瑞奇的断然拒绝而心生沮丧。凯西的证言显示，他曾无意间听到佩纳告诉李，自己气得想杀了瑞奇。

佩纳让李碾碎了一片“意乱情迷药”，这是一种轻度致幻剂。为了掩盖药片的味道，佩纳把药粉兑进了茶水。佩纳随后把茶水递给了瑞奇，告诉她这有助于缓解胃痛，因为瑞奇当天晚上早些时候一直在抱怨自己胃疼。佩纳并未告诉她那杯茶兑有致幻剂。凯西的证言显示，当上述这些事情发生时，他一直坐在音响旁边的地板上，偶尔换换音乐。

大约凌晨3点30分左右，三名被告决定送瑞奇回家。当瑞奇在柯克纳家室外等候他们时，佩纳让李找点东西，把瑞奇打晕。李从柯克纳的车库找来一把扳手，佩纳建议凯西把没有引爆的炸弹拿出来。凯西照办，从自己的旅行袋里取出了炸弹。凯西作证称，当时自己并不知道佩纳打算用炸弹和扳手来干什么。

三名被告和瑞奇上了李的车，假装送瑞奇回家。李开车，凯西坐在前排副驾位置，佩纳和瑞奇坐在后排。虽然瑞奇告诉了他们自己家的方向，但是李却故意驶往相反的方向。瑞奇问他们要去哪里，佩纳回答称开车逛一会儿。李最后驶出了佐治亚州，将车开到了南卡罗来纳州。李作证称当时车里的音乐声特别大，他驾车的速度大约是每小时90英里。

进入南卡罗来纳州不久，李注意到汽车转速表从每秒4200转猛然提升到每秒6000转。他低头看了一下档杆，发现瑞奇用脚把汽车档位踢到了空档。李转过头，看到佩纳用手勒住瑞奇，并一直保持这个动作。李继续开车。几分钟之后，他“听到两声急促的、类似空管撞击的声音”。他又转过头，发现佩纳还勒着瑞奇。李进一步证实，佩纳当时手里还拿着扳手。凯西证实称，他也回头看到瑞奇浑身瘫软、面容惨白、嘴唇发紫。

过了一会儿，佩纳身体前倾，告诉李把音乐关小一点。根据李的证词，佩纳说："兄弟们，我敢肯定她晕过去了。"佩纳随后让李把车开到位于埃及菲尔德（Edgefield）与麦考密克（McCormick）两县交界处，横跨斯蒂文河（Stevens Creek）的"恐惧大桥"（Scary Bridge）上。李照办，把车开到大桥上，并停了下来。

三名被告下了车，把瑞奇留在了后座上。佩纳告诉李和凯西自己要和瑞奇性交。佩纳随即脱下了自己的衣服和瑞奇的内裤。过了一会儿，李警告佩纳说有一辆车开过来了。三名被告很快回到了李的车上，并启动汽车开走。等那辆车经过之后，李马上掉转车头又重新回到大桥上。李证实说，瑞奇在整个过程中都没有知觉，但是"她绝对还活着"。然而凯西却作证说自己检查过瑞奇的脉搏，确信她已经死亡。李再次开车驶离大桥。当他刚刚开出大约 100 英尺时，佩纳让他停车。三名被告随即把瑞奇从车里拖了出来，先是拖进树林，然后拖上河堤，最后把她放到地上。李回到车上，佩纳和凯西则留在瑞奇的尸体旁。

凯西作证称当他站在瑞奇的尸体旁时，佩纳指挥他把一枚管道炸弹放到瑞奇的嘴里。凯西照办，佩纳随后点燃了引线，两个人迅速跑开。几秒钟之后，炸弹爆炸。三名被告随后就回柯克纳家睡觉了。

事后，李承认参与了谋杀，并且同意作证指控杰弗里·佩纳和乔治·凯西。他最终被判处 10 年监禁。2000 年 2 月，他因服刑期间表现良好，提前 4 年获准假释。佩纳和凯西则被判处终身监禁，直到 2015 年 9 月才被获准假释。

爆炸物的使用

在本案中，证据显示管道炸弹是在受害人死后使用的。本案的侵害人为了实施故意破坏，专门制造了几枚管道炸弹。现没有证据显示制造这些管道炸弹是为了以上述方式专门用于人类目标的。

话虽如此，但也有证据表明，当管道炸弹被放进嘴里并引爆时，受害人仍然活着。用来制造管道炸弹的材料随时可得，就像用来打晕受害人的扳手一样。受害人选择也是随机的，因为与其相遇并非事先谋划好的。

如上所述，我们可以说诱拐和袭击的原始动机是性。然而这个图谋没有得逞，强奸的图谋也没有得逞，于是就产生了双重动机：一是报复，二是杀死目击证人。于是仍然活着的受害人被带到偏远、隐蔽的第二现场（越过州境线），抬进树林，放在地上，用管道炸弹处决。之所以选择管道炸弹，是因为它可以用来杀人（作案手法），也是因为凭借这种方式能向受害人和尸体发现者宣泄愤恨（标志性/动机行为）。因此，虽然诱拐和性侵并未经过充分计划，但是将受害人作为目击证人杀害抛尸，以及侵害人试图摆脱与此罪行的联系是进行了缜密思考和策划的。

强奸－杀人：因隐匿罪行纵火

2010 年 4 月底，小罗伯特·德朗（Robert Drown，Jr.）承认了其所受到的在 2007 年肯塔基州希钦斯（Hitchins Kentucky）谋杀 31 岁的珍妮弗·艾森（Jennifer Ison）及其两个女儿的指控（图 16.3 和图 16.4）。认罪避免了审判和可能面临的死刑定罪。伍德（Wood）详述如下：

> 2007 年 5 月，艾森和她的两个女儿——10 岁的莎娜（Shannah）和 3 岁的玛丽莎（Marissa）被发现死在自家被烧毁的房子里。
>
> 珍妮弗被勒死，玛丽莎因吸入浓烟死亡，而莎娜则死于头部钝器损伤。
>
> 德朗还对强奸、纵火和盗窃的指控供认不讳。
>
> 作为已经定罪的性侵害人，德朗承认自己强奸了莎娜，然后将她打死并烧毁了房屋。

图 16.3 和图 16.4 2010 年 4 月底，小罗伯特·德朗（图 16.4）承认了其所受到的在 2007 年肯塔基州希钦斯谋杀 31 岁的珍妮弗·艾森及其两个女儿的指控

然而根据约埃（Yohe）的描述，一年前德朗在一次监狱采访中否认自己参与了这些罪行。

> 德朗说自己目前是已婚状态，有两个继女，分别是 12 岁和 16 岁。他说自己从 20 岁起就患有双相障碍（一种心理疾病），一直在与之抗争。
>
> 他谈了很多自己在狱中所受待遇的问题，至于公众认为他是一个无情、邪恶的怪物，他予以坚决否认。
>
> 这名已被定罪的性侵者被控去年 5 月杀害了珍妮弗·艾森和她的两个女儿，然后放火焚烧了她们的房屋以掩盖罪行。
>
> 德朗说警方抓错了人，但是他确实解释过自己如何在这个接生护士死前几天遇到她的。
>
> 德朗说："我在一个叫作愤怒公牛的酒吧遇到了她，大约 10 分钟后，我和她就准备在她朋友位于肯诺瓦（Kenova）的房子里过夜。"
>
> 罗伯特·德朗说自己希望尽快进行审判。

德朗在俄亥俄州（Ohio）和西弗吉尼亚州（West Virginia）都有性侵记录，在对艾森实施犯罪之前，他们曾有过一段关系。艾森是西弗吉尼亚州卡贝尔·亨廷顿医院（Cabell Huntington Hospital，West Virginia）产科的一名注册护士。

保险欺诈：为利益纵火

在美国经济困难时期，与纵火相关的保险欺诈明显增加，这种现象不仅很普遍，而且也符合美国保险业的预期（Jay，2009）。类似情形对美国的家庭险和汽车险来说都是如此。正如杰（Jay）（2009，p. 24）解释称：

> 公诉员称，加州尤巴县（Yuba County，Calif）的居民海伦·玛丽（Helen Marier）烧掉了自己的吉普自由人（Jeep Liberty）汽车，试图逃脱每月600美元的月供，而她的丈夫为了骗取29000美元的保单赔款，将自己的日产泰坦（Nissan Titan）皮卡车沉到了河里。随着美国经济进一步陷入低谷，越来越多焦虑的车主非法丢弃车辆，希望保险赔偿帮助其缓解经济上的压力和痛苦……
>
> 所谓丢弃汽车，长期以来一直都是一种常见的保险犯罪。当车主感觉车辆持有成本太高或自己负担过重时，就可能把它烧掉，沉进湖里或河里，或者就是简单地把它丢弃在某个偏僻的地方。随后车主会告诉保险公司，有人偷了自己的车，要求保险赔偿。

杰（2009）还提出了一个可能要成为“丢弃”车辆的危险信号清单。不过，从作者的经验来看，这个清单（部分）也适用于运用到火灾现场调查中。这个清单中的危险信号包括：

1. 点火装置或转向锁并没有损坏
2. 已经超出了租赁协议时限和约定里程
3. 缺乏证据表明车辆被非法闯入或没有其他强行进入车辆的痕迹
4. 车主付款延迟
5. 车主失业或陷入其他经济困难

正如上述这些危险信号清楚表明的那样，任何火灾现场调查都必须超越简单的例行公事的原因查找和根源确定这些信号本身绝不是欺诈的证据。它应该包括完整的司法受害人调查，提供侦查所需的背景和方向。

吸毒、家庭暴力和纵火

陪审团认定帕梅拉·纽曼（Pamela Newman）犯有一级纵火罪。她被判 25 年监禁。在审判期间的盘诘过程中，当地消防队队长被问及关于纵火犯心理画像的意见。法庭裁定，这超出其业务专长范围，不予接受。因为这实际上是一种证词画像。

背景

2002 年 1 月 12 日，滑铁卢（爱荷华州）（the Waterloo，Iowa）消防救援和警察部门出火警来到帕梅拉·纽曼家。强烈的汽油味道和火情蔓延模式让他们得出结论：这是蓄意纵火。正如“爱荷华州诉帕梅拉·纽曼案”（Iowa v. Pamela Newman，2005）的记载，纽曼的叙述不合情理：

> 在调查火灾原因的过程中，对于究竟发生了什么，纽曼给出了几种不同的说法。在火灾现场，纽曼告诉消防队员她一直在客厅里缝纫，后来起身去上卫生间。她陈述称当自己走出卫生间时，厨房已经着火了，但是她并不知道火是怎么燃起来的。
>
> 她解释说，当她穿过厨房，跑出房间时，身上穿的雪地运动服着了火，她逃出房子后马上在地上打滚想扑灭身上的火苗。她说自己可能在逃出房子时无意间踢翻了机修工前一天留在厨房里的汽油罐。纽曼还陈述称她当时一直在做饭，记不清是否把炉子开着。她还告诉现场的一名警官，她当时正在做饭，要么是炉子旁边的汽油罐着火了，要么是炉子本身着火了。她说当时就自己一个人在家。在警察局，纽曼称在与达瑞尔·斯佩来（Darryl Speller）发生争执时，对方把自己逼到了厨房的墙角，还把汽油泼到了自己身上。纽曼称自己逃进了卫生间，但是当自己出来时，厨房已经着火了。
>
> 达瑞尔·斯佩来自 2001 年 6 月起就一直与纽曼生活在一起，他告诉现场警官，火灾发生时，自己就在房子里。纽曼和达瑞尔·斯佩来在火灾当天所穿衣服汽油检测均呈阳性。大火过后，纽曼手持房屋所有人保险就火灾损失向保险公司提出索赔。但是其索赔遭到

了拒绝……

在法庭审判时，纽曼作证称2001年8月她发现斯佩来在吸食强效可卡因。斯佩来当时没有工作，开始对她有口头辱骂和身体虐待的倾向。因此到了2001年9月，纽曼让斯佩莱收拾东西搬出去居住。2001年9月到2002年1月期间，纽曼曾两次让斯佩来把东西搬出自己的房子，让他把卡车、轮胎和拖车也移出去。

关于火灾那天究竟发生了什么，纽曼和罗纳德·斯佩来（Ronald Speller）（达瑞尔的兄弟）给出了不同的证词。纽曼作证称达瑞尔大发脾气，把她逼到了卫生间门前厨房里的一个角落，就这样僵持了约2个小时。他还抓着自己的头往墙上撞。到了某一时刻，他突然拿起一个汽油罐，开始往自己身上倒汽油。

当达瑞尔和纽曼发生争执时，罗纳德·斯佩来敲了前门和后门，告诉达瑞尔放开纽曼。纽曼作证称罗纳德没有进过屋子。纽曼还央求达瑞尔让她去一下卫生间。

当她出来时，厨房已经变成一堵火墙。纽曼跑过厨房的火海，摔倒在餐厅里。身上穿的雪地服裤腿也着了火；她跑过马路，躺倒在地上打滚来灭火。纽曼证言称自己在火灾现场对警方撒了谎，因为她害怕达瑞尔，而当时达瑞尔就在现场。

罗纳德·斯佩来作证称，他当时接到电话，告诉他达瑞尔和纽曼正在争吵，随后他就去了纽曼家。根据罗纳德的证词，纽曼邀请他进入屋内。当时达瑞尔和纽曼就在车库位置，就其关系争论不休。在争论中的某个时刻，达瑞尔对纽曼说他们的关系到此为止。纽曼把手上点燃的香烟扔在厨房地板上，提起汽油罐，走进卫生间，然后开始拼命摇晃。突然她脚下一滑，跌倒在汽油罐上，随后又站了起来，继续在厨房摇晃汽油罐，把汽油洒在地板上。厨房地板上的汽油随后被点燃，罗纳德和达瑞尔从后门跑了出来。

专家解释称，由于纽曼对发生的事件给出了多种说法，而且如果在火灾开始时她真的身处卫生间的话，她可能已经被烧死了。最终陪审团没有采信纽曼的证词，她被判一级纵火罪。

受理问题

纽曼申请上诉的部分原因是法院没有采信消防队队长的证词，这对辩方是有利的。正如“爱德华州诉帕梅拉·纽曼案”（Iowa v. Pamela Newman，2005）所述：

> 戴夫·博森（Dave Boesen）是滑铁卢消防队队长（the Waterloo fire marshal），他在审判中作证称，根据遗留在卫生间里的火灾证据，如果像纽曼自己说的那样，发生火灾时她正好在卫生间里，那么她会被烧得很严重或者根本逃不出来。
>
> 在交互盘诘过程中，纽曼的代理律师问博森，像本案这种火势凶猛的火灾是否一般都是人为纵火，博森对此予以否认。随后，公诉员质问博森，是否和其他罪行一样，可以对纵火犯进行犯罪心理画像。博森回答称，没有可靠证据支持可以对纵火犯进行犯罪心理画像。纽曼还试图引介一名火灾调查员约翰·伍德兰（John Woodland）的专家证词，证明这场火灾更有可能由男性引发而不是女性。伍德兰在一份报告中称：
>
> 我认为“火灾现场心理画像”表明该行为是男性行为，而并非典型的女性行为。该行为展现出的暴力程度，以及我们观察到的现场损害程度所需的燃料种类和用量暗示嫌疑人对燃料使用有高度信心和理解力，这些通常不是由女性展现出来的。
>
> 伍德兰的报告是其证词的佐证之一。地方法院裁定，伍德兰可以证明火灾的原因，火情的蔓延情况以及衣物上的灼烧类型。

审判法院裁定，心理画像证言超出了伍德兰的专长范围，而且还会侵犯陪审团的职权范围。“爱德华州诉帕梅拉·纽曼案”（Iowa v. Pamela Newman，2005）对此进行了讨论：

> 纽曼向地方法院提出争辩，认为法庭排除伍德兰提出的关于纵火案件的心理画像和性别统计的证词是滥用自由裁量权。她指出，法庭允许博森出庭作证，他就可以说大火是男人放的或女人放的。她认为，伍德兰作证称大火更有可能是男性施放，这一证词虽与其

先前的陈述相悖，但应被法庭允许……

是否接受专家意见证词受“爱荷华州证据规则 5.702”（Iowa Rule of Evidence 5.702）的约束。该规则规定：如果科学、技术或其他专业知识有助于事实调查人员理解证据或确定有争议的事实，那么具备相关专业知识、技能、经验、培训或教育经历，并取得专家资格的证人就可以出具专业意见或以其他形式出庭作证。

在 5.702 规则框架内，爱荷华州在接受专家意见证据方面有自由的传统，“爱荷华州诉布勒案”（State v. Buller，517 N. W. 2d 711，713，Iowa 1994）对此有详细记载。在“爱荷华州诉赫尔伯特案”（State v. halbert，481 N. W. 2d 329，331，Iowa 1992）中，被告声称地方法院滥用自由裁量权，拒绝采纳关于其是否符合猥亵儿童犯心理画像的专家证词。最高法院裁定地方法院并没有滥用自由裁量权。在赫尔伯特案中，法院评注称：“专家的心理证据不能仅仅用来提升目击证人的可信度”，因为“讨论中的‘真相’会受到专家意见的影响，并不是客观事实。”……（援引自“爱荷华州诉迈尔斯案”，State v Myers，382 N. W. 2d 91，97，Iowa 1986）

法院还裁定，专家证词表明被告符合或不符合某种心理画像“显然超出了普通性质证据的范畴。它貌似带有一种科学的可靠的光环，认定某些个体可能犯下案件涉及的这类罪行。”……因此，这种类型的证据，不恰当地就被告是否有罪进行了评判……

最高法院认为，在赫尔伯特案中，犯罪心理画像证据的专家证词被排除并没有滥用自由裁量权。出于同样的原因，我们认定，地方法院在此案中排除了伍德兰关于纽曼是否符合纵火犯心理画像方面提出的证词，这一行为并未滥用自由裁量权。提出该证据可能仅仅是为了增加纽曼证词的可信度……同时，该证据对于纽曼是否有罪是一种不恰当的评判……

此外，伍德兰提出的犯罪心理画像证词，并没有呈现关于某个具体的女性被告人（如纽曼）是否有罪的证据。陈述大多数破坏力巨大的大火由男性施放，并不能排除部分破坏力巨大的大火由女性施放这一事实。伍德兰证词的基本前提是不可靠的，因此“不可靠的证据对事实调查员并没有帮助。”（引用自“爱荷华州诉墨菲案”，451 N. W. 2d 154，156，Iowa 1990）。

基于以上考虑，上诉法院维持了审判法院关于排除这类证词的决定。

火的使用

在本案中，有证据表明使用火的第一个意图是宣泄家庭争执的愤怒，第二个目的是牟利。

小结

当出现在犯罪现场时，放火和爆炸物使用必须和其他犯罪行为一并侦查。这两种行为可能发生在不同场景，受多种侵害者动机的驱使。它们并非局限于特定的刑事犯罪或针对特定类型的受害人。它们在特定犯罪中的使用受侵害人动机、意图、技能水平和材料可得性的限制。

在科学调查所能揭示的信息方面，每一个火灾现场都有其自然界限。在每一个案件中不带偏见地理解和表达这些界限，是侦查工作的必要组成部分。因此，对火灾模式的恰当解读是受过专业教育和训练的火情调查员的核心素养。

蓄意使用火和爆炸物是侵害人使用武力意愿的延伸。犯罪心理画像人员关心的首要问题是确定侵害人蓄意使用暴力的预期目标，它究竟是一个人、一个群体、一件物品、一件财产还是一个具有象征意义的物件。然后，犯罪心理画像人员需要评估犯罪现场的特征，包括使用的助燃物/爆炸物类型、起火点、起爆方法以及动机/意图。通过这些信息并将其进行有效利用，可以推断出侵害人的知识、技巧和能力。

问题

1. 判断正误：火灾摧毁了所有犯罪行为的物证。
2. 请列出三种在犯罪现场使用火的动机。
3. 请列出纵火犯常用的三种点火方式。

4. 请举出将纵火作为预防型行为的例子。

5. 判断正误：根据接受过美国联邦调查局训练的“佐治亚州诉艾伦·潘森案”中的纵火案专家的说法，连环纵火犯往往是同性恋者或双性恋者。

REFERENCES

Burgess, A., Burgess, A., Douglas, J., Ressler, R., 1997. Crime Classification Manual. Jossey – Bass, San Francisco, CA.

Chisum, W. J., Turvey, B., 2010. Crime Reconstruction, second edition. Elsevier Science, San Diego, CA.

Corry, R., Vottero, B., 1997. A New Approach to Fire and Arson Investigation. In: Fire Investigation Guideline. Massachusetts State Fire Marshal, Boston, MA.

Daily Mail Reporter, 2009. Jilted Girlfriend Sets Fire to Ex – Partner's Designer Suits After He Dumped Her. The Daily Mail Reporter, London, UK. August 28. www. dailymail. co. uk/news/article – 1209634/Jilted – girl – burns – boyffiends – flat – setting – designer – suits. html.

DeHaan, J., 1997. Kirk's Fire Investigation, fourth edition. Prentice Hall, Upper Saddle River, NJ.

Geller, J., 1992. Arson in Review: From Profit to Pathology. Psychiatric Clin. North America 15 (3, September), 623 – 645.

Georgia v. Allen Penson, 1996. No. A96A1248, July 11, 1996 (222 Ga. App. 253).

Groth, A. N., 1979. Men Who Rape: The Psychology of the Offender. Plenum Press, New York, NY.

Iowa v. Pamela Newman, 2005. No. 04 – 0690, Oct. 12 (Iowa App., 2005).

Jay, D., 2009. Driven to Desparation – Auto Dumping Surges as Economy Sours. Claims Magazine (February), 24, 26, 28, and 37.

Kirk, P., 1969. Fire Investigation. John Wiley and Sons, New York, NY.

National Fire Protection Association, 1998. NFPA 921: Guide for Fire and Explosion Investigations, 1998 Edition. In: Technical Committee on Fire Investigations. National Fire Protection Association, Quincy, MA.

O'Hara, C., 1970. Fundamentals of Criminal Investigation. Charles C Thomas, Springfield, IL.

Russell, S. , 2006. Down in Flames. New Science (November 4), 192 (2576), 42 –45.

South Carolina v. Joseph Kelsey, 1998. No. 24801, July 20 (502 S. E. 2d 63).

White, E. , 1996. Profiling Arsonists and Their Motives: An Update. Fire Engineering March, 149 (3), 80 –85.

Wood, M. , 2010. Robert Drown Pleads Guilty to Killing Mother and Daughters. WCHS – TV, April 28. www. wchstv. com/newsroom/eyewitness/100427_1591. shtml.

Yohe, R. , 2008. Robert Drown Jailhouse Interview. WSAZ – TV, January 24. www. wsaz. com/news/headlines/14298477. html.

Zapotosky, M. , Morse, D. , 2009. Two Firefighters in Pr. George's Charged with Arson. Washington Post Friday, November 6. www. washingtonpost. com/wp – dyn/content/article/2009/11/05/AR2009110504793_pf. html.

第4编

侵害人特征

第 17 章　推断侵害人特征

布伦特 · E. 特维（Brent E. Turvey）

人们仍然没有充分认识到，罪犯在实施犯罪行为时和犯罪之后是不同的。这种差异如此显著，以至于人们有时会认为侵害人在犯罪前后判若两人。

——西奥多 · 雷克（Theodore Reik）

《未知杀手》（*The Unknown Murderer*，p42）

犯罪心理画像是指对侵害人的特征进行推断。如前所述，进行推论的方法有很多种，每一种都各不相同。分析人员可以根据统计模型、先前研究或经验来预测侵害人特征（即通则式归纳推理）；可以利用确凿物证来推断体貌特征（DNA 可以推断出性别和种族，毛发可以推断出头发颜色，鞋印推断出鞋码大小，等等）；还可以基于犯罪现场行为分析（如行为证据分析），用分析逻辑、批判性思维和科学方法来推断侵害人的社会关系与心理特征。

在本书中，我们已经解释过不同的侵害人特征推断方法如何得出不同的质量结果。基于统计数据和经验做出的推断可能包含着对侵害人可能特征的不合格、甚至不恰当的猜测，因为统计数据和经验依赖典型情况或抽象思维。另一方面，行为证据分析（BEA）力图考察特定犯罪中的行为和模式，随后再对由犯罪相关行为中清楚得出的侵害人特征进行具体推论。归纳式心理画像预测的基础是过往类似案件的积累；演绎式心理画像则根据手头的案件进行核查和解读。

本章介绍侦查和司法工作中以行为证据分析为导向的心理画像推断

的一般目的、机制和局限性。其他章节介绍具体侵害人特征的解读问题，包括与精神病、性虐待、性窒息、杀人、连环犯罪和网络犯罪相关的侵害人特征。

同源失败①

正如侦查心理学家所述，使用犯罪心理画像预测方法的人员接受两种理论：行为一致和同源假设。犯罪侦查分析（简称 CIA）和侦查心理学（简称 IP，参见第三章《犯罪心理画像的可选方法》）完全接受这些方法，并且在很大程度上依赖这些方法的可靠性。行为证据分析却不一样。如伍德汗（Woodhams）和托伊（Toye）（2007）解释称：②

> 侵害人心理画像建立在几种假设或假说之上（对这个话题的全面讨论，请参看 Alison 等人 2002 年的研究）。第一种是同源假设（Mokros and Alison，2002），即假设侵害人特征与犯罪现场行为之间存在一定联系。这一假设暗示，具有相似特征的侵害人会表现出类似的犯罪现场行为（Mokros and Alison，2002）。据此继续推论，可以得出：具有不同特征的侵害人应当会做出不同的犯罪现场行为。

从本质上讲，行为一致理论认为同一罪犯在不同罪行中的行为方式相对一致，而同源假设则认为犯下相似罪行的不同罪犯会有类似的特质或特征。这两种理论都认为，行为特征反映了侵害人的总体特征和性格特点。

这些理论的问题在于，它们得出的概括论断在真实案例中不起作用。仅仅因为某人作案时很愤怒，肯定无法保证他/她在日常生活中也

---

① Debacle 是指突如其来的可耻的失败。本节部分内容改编自彭特瑞克（Petherick，2007）。

② 伍德汗（Woodhams）和托伊（Toye）（2007）在这里特别提到了调查心理学家使用预测、归纳心理画像方法的假定。他们并不代表思维演绎（EBA）群体。此外，他们的研究中经常遗漏对思维演绎文本和论文的引用，这种做法说明了其意图。它给读者留下了错误的印象，认为除了犯罪侦查分析和侦查心理学以外，就没有其他方法存在了。

很容易生气，也不能保证他在自己所犯的其他犯行中都很愤怒。其他性格特征或人格特质也是如此——尤其是考虑到性质划分（参见第 22 章“连环案件”中的相关讨论）。随着时间的推移，经验的增加，情绪的变化，个人生理和心理会发生变化，技能也会演变。这些理论忽略的一个变量就是时间。

某些特征可能具有一致性或同源性，而且在某些案件中确实也存在这种情况。然而对所有的案件或者大多数案件来说，这不是一个合理的假设。正如前文所述，一致性和同源性研究都无法支撑这些理论。

行为证据分析并没有假定犯罪相关行为一定能反映出侵害人稳定的核心或首要特质。相反，它力图确定每个案件中明显的特征。因此，行为证据分析式犯罪心理画像不能表明侵害人是谁，可能是谁，或者想要变成谁——它只是希望通过侵害人行为来说明他们想要向世界展示的自我形象。

目　的

犯罪心理画像的目的是协助警方确定侵害人的核心和基本特征，最终将侵害人和一般人群区分开来。犯罪心理画像可以用来在刑事侦查中界定或缩小嫌疑人范围。从本质上讲，它是一个用来协助确定侵害人身份的工具。然而，与许多司法途径一样，它并不适合单独使用，作为确认侵害人身份的工具。

人们普遍的看法是：执法人员知道如何侦查所有类型的犯罪，而且有能力从证据中找出犯罪嫌疑人。但情况并非总是如此。执法部门曾在一份结案率复议文件中进行过解释（Turvey，2006）①：

> 2004 年，美国共发生 13662 起谋杀案和非过失杀人案，命案的总侦破案率是 62.6%。这意味着还有 37.4% 的命案还没有侦破。如果只核查人口超过 50 万的大城市的数据，我们发现破案率进一步下降到 55% 到 60%。换句话说，几乎有四成杀人案未能结案——而

① 数据来源于美国司法部《美国的犯罪》（2004）。

大城市则不止四成。非都市区域和小城市拉高了结案率的平均水平，因为这些地方陌生人作案的可能性较低。

至于受害人和侵害人之间的关系，有42.9%的受害人认识自己的侵害人；有12.9%的受害人死于陌生人之手。此外，还有44.1%的案件，受害人和侵害人的关系尚不清楚。

所有已经结案的杀人案都查明了受害人与侵害人之间的关系。在二者的关系中，侵害人与受害人相识的可能性是不相识的3.5倍。早在1993年，《联邦调查局统一犯罪报告》（*FBI's Uniform Crime Report*）就指出，美国全国破案率下降的主要原因“可能是现今谋杀案件中的受害人/侵害人关系更多属于未知。”根据已有的经验证据以及之前讨论过的其他因素，这名审核员被迫认同了这个原因。换句话说，需要刑侦人员涉及掌握与陌生人犯罪相关的侦查技能（如开发和使用物证，跟踪所有线索直至得出结论，长时间工作，解决复杂问题等。）此类谋杀案的侦破率始终偏低。

在强奸案件侦查中，相关数据和问题非常类似。2004年，美国发生了80939起暴力强奸案件。暴力强奸案的总侦破率下降至41.8%，而2003年这一数值是44.5%。这也是从1996开始的侦破率持续下降的最低点，1996年强奸案件的侦破率是52%。

上述对强奸和谋杀案件侦破率的初步回顾，连同侦查实际情况，均有力地表明，在大多数同类案件中，侦查和司法技能、能力和注意力都没有发挥其应有的支撑性作用。大多数案件之所以被侦破，是因为侵害人和受害人之间关系清楚，而侦查重点可能是进一步确定这种已知关联。也就是说，从这一点来看，刑事侦查稍显被动。

因此，当犯罪侦查和执法工作由于各种原因陷入僵局时，犯罪心理画像就可以起作用，客观的外部视角就可以起作用。提供这种帮助的人员没有必要回避侦查和司法的基础知识。如果这些基础知识广为人知并且得到积极实践，那么心理画像人员和其他相关人员的必要性可能就会相应降低。

犯罪心理画像和罪犯身份的确定

司法鉴定（Forensic identification）是一个通用术语，指的是出于法庭审判（即司法）的目的，对证物进行分类或单独处理的方法。根据艾门和汝丁（Inman and Rudin）（1997）的观点，当某个证据可以被放置到具有类似（又称类）特征的一类证据中时，这一证据就可以得到认定。然而，只有当某个证据拥有某些区别于其他所有物品的独特的性质或属性时，它才能被个性化、被识别出。(Kirk and Thornton，1974，p. 10)。

个人识别（Personal identification）这一术语是指确定个人的确切身份，通常涵盖证人、受害人和侵害人。然而相对来说，可以用来具体识别特定个体的可靠司法途径并不多，其中包括指纹分析（fingerprint analysis），限制片段长度多态性分析（restriction fragment length polymorphism，简称 RFLP），短串联重复序列 DNA 分析（short tandem repeat，简称 STR），某些类型的口腔证据，以及目击者做出的虽不太可靠但普遍接受的身份证明。

已故犯罪学家保罗·科克（Paul L. Kirk）博士在其开创性论著《犯罪侦查》（*Cirme Investigation*）（Kirk，1953；Kirk and Thornton，1974）的两个版本中，均深入讨论了所谓的“身份问题”（the problem of identity）。他针对这个问题中的专家证词，包括与偏见、无能和无知有关的证词，都提出了合理的关注，时至今日这些关注仍然有积极意义。在柯克和桑顿（Kirk and Thornton，1974，p15）看来：

> 在物证审查和解读中，必须始终明确区分身份识别和身份个性化，以帮助犯罪学家实现其真正目的：确定物证来源的身份属性。也就是说，有两个证据，一个已知，一个未知，我们必须确认其有共同来源。在证人席上，犯罪学家必须愿意承认：识别出明确的身份无法实现；但在另一方面，消息来源的身份属性往往可以毫无争议地确定，任何已经建立起证据来源的证人在面对盘诘时，都无须退却。

正是在这一点上，我们必须时刻保持谨慎。无能或有偏见的证人随时都会证明一种身份，或一种实际上并不存在的身份。这可能是因为他对身份的性质感到疑惑，无法评价自己的观察结果，或者由于其技术缺陷妨碍了他得出有意义的结果。

> 总而言之，准确识别证据必须建立在培训、经验、技术知识、技能，以及正确理解身份本身的根本性质的基础之上。无论是警察还是外行，如果没有相关背景，就不应该尝试去做证据鉴定。经验丰富的职业鉴定人员也会犯错误，或者忽视许多重要问题。如果每个警察或外行仅仅因为有兴趣并且有机会放纵欲望就尝试去做同样的鉴定工作，那么可想而知情况会有多么糟糕！

桑顿（1997，p. 5）同意这种观点，并且做出了进一步阐述：

> 在进行物证比较时，使用类别特征（class characteristics）和个体特征（individual characteristics）这两个概念通常很有帮助。类别特征是指能够将一组物体从各种物体组成的总和中分离出来的一般特征。在比较过程中，类别特征非常有用，可用于筛选大量个体，排除那些不具有成员共同特征的个体。类别特征不会也不能确定独特性。另一方面，个体特征是指那些特殊的、可以确定个体对象独特性的特征。应当认识到，如果孤立地看待某个个体特征，其本身可能并非独一无二。一个物体的独特性可以通过其个体特征的集合来确定。例如，子弹表面的划痕并不是一个独特事件，但子弹上划痕的排列分布可能就是其独特性的标志。

虽然司法个性化是一个基本的法律概念，但是笔者却经常遇到一些法律从业人员，他们没有听过、并不了解、自然也不会在案件侦查工作中对自己的调查发现施加必要的限制。

在犯罪心理画像的潜力尚未被他人广泛认同之前，柯克（Kirk）就积极主张将其应用于刑事侦查中，同时他也深知犯罪心理画像用于身份问题时的局限性（Kirk and Thornton，1974，p. 4）：

> 对物证的研究可以为查明犯罪行为人提供实质性帮助……通常

> 情况下，通过仔细研究犯罪现场发现的一些看起来微不足道的物品，我们可以推测侵害人可能从事的职业，或者可以准确地描述侵害人的生活环境。虽然这些事实不一定构成针对任何特定个体的有罪证据，但是它们可能会得出一个很有价值的背景信息。

此前，格罗斯（Gross1924，pp. 478 – 482）就持有类似的观点，他认为，侵害人特殊的作案手法使我们有理由对特定犯罪嫌疑人进行调查，而不应该简单提出建议，认为无须相关证据佐证就可以用遵循特殊作案手法的老办法来认定犯罪嫌疑人。

此外，文献中也有一种共识，认为仅凭行为证据和犯罪心理画像并不能认定某人与一起特定案件或系列案件有关（Burgess et al.，1992；Burgess and Hazelwood，1995；Holmes and Holmes，1996；Ingram，1998）。犯罪心理画像的方法可以用来暗示哪种类型的人最有可能实施某项犯罪，但不能用来指控某个具体的人。造成这种局限性的原因是：人类行为非常复杂，由多种因素决定。必须防止把人类复杂行为背后的意义过于简单化。

雷克（Reik，1945，pp. 44 – 45）为犯罪心理画像人员和刑事侦查人员提出了有益的警示，我们以此来结束此处的讨论：

> 中产阶级喜欢把自己和违法者之间的差距描绘成一道不可逾越的鸿沟。然而他们惊恐地发现，即使是大屠杀凶手也和我们普通人别无二致，他们在生活中表现得就跟我们其他人一样——或许你的邻居就是一个谋杀犯。在刑事侦查中，主流心理学的自满得意和心理观察的浅薄鄙陋在对待某人是否有能力犯罪的问题上，表现得淋漓尽致。

这指向一个事实：尽管强有力的证据表明，来自各种背景、各行各业的人都有能力从事犯罪行为，但关于犯罪分子看起来应该是何模样，总有一些先入为主的观念。而根据这些观念解除怀疑对象的嫌疑其实非常不妥，甚至有罪。对此，许多侦查人员也感到惊讶和诧异。

推断侵害人特征[①]

推断侵害人特征就是要针对犯罪相关行为提出恰当的问题。首先，要界定相关特征，使其具有可操作性（如施虐狂犯罪动机）。其次，要确定哪种类型的侵害行为，在何种情况下提供了支撑这种特征的证据（如侵害人从受害人的痛苦中获得性满足的证据）。如果犯罪现场再现涵盖了这些行为和情况，那么犯罪心理画像人员就可以强有力地证明相关特征。

推断侵害人特征不仅仅是一项简单的学术训练。它可以避免含混不清，并且能将具体的专业术语及其概念告知那些不具备相关知识的人。它详尽阐述了侵害人特征如何在犯罪相关行为中体现出来。它提供了一种方法，用来区分富有逻辑的结论和那些模糊的、可能与案件无关的、以及经不起审查的结论。麦金纳尼（McInerney）对此进行了讨论（2004，p. 37）：

> 在逻辑话语中避免模糊或歧义的最有效的方法就是定义术语。我们说的是定义术语，但实际上我们定义的是术语（词语）指称的对象。定义的过程，或者说其工作机制，就是把一个特定对象（即需要定义的对象）与其他事物联系起来，赋予它一个精准的“位置”。在定义某个术语或词语时，我们会尽可能严格地将其与所指的对象联系起来。精准定义术语有两个直接的实际好处，一是我们自身的想法更加清楚，二是据此我们可以更有效地与他人沟通。

我们来分析一下这样的犯罪现场行为：在一起肛交性侵案中，侵害人在受害人脖子上缠上了皮带，并将其衬衣拉起来盖住头，露出双乳。侵害人毫不在意受害人的感受，受害人一点哭喊就会遭受毒打。侵害人随后对受害人施行了鸡奸，并用衬衣盖住了受害人的脸，最后就这样离开了犯罪现场。

① 本节部分内容节选自彭特瑞克（Petherick）（2006）。

一些犯罪心理画像人员认为，当侵害人表现出对肛交的偏好，并且使用皮带作为捆绑物时，可能意味着侵害人曾在监狱中生活过。此外，相关犯罪数据表明，大多数犯罪发生在种族内部（即侵害人自己的种族/民族群体内），且侵害人通常与受害人年龄相仿。另外，如果侵害人将受害人的衬衫拉起来罩在后者头上，那么根据心理画像人员的经验，这样做可能是为了防止受害人认出自己。最后，大多数犯罪都发生在距离侵害人住所约半英里以内的范围（通常称为“半英里原则”）。

由于这些普遍性的观念，心理画像人员可能推断侵害人曾经在监狱服过刑，并且可能据此知会刑侦人员如何划定可能的嫌疑人范围。此外，犯罪心理画像人员可能会推断侵害人是白人（因为受害人是白人），而且侵害人与受害人年龄相仿。他们可能建议警方寻找符合上述条件，且住在附近地区的人。

实际上，这就是许多犯罪心理画像人员处理案件的方式。过于简单且逻辑脆弱的概括性观点决定着他们做出的推断和提出的建议。这种类型的心理画像最明显的问题就是，这些概括性观点很有可能是错误的。

如果从演绎和更科学的角度来调查处理案件，我们就可以提出一些假设，并用证据来佐证这些假设。在这一点上，我们感兴趣的不一定是提出心理画像，而是提出并测试我们的理论。① 这一旦得到全面实施，我们就可以尝试推断侵害人个性和行为特征。一些初级假设包括：

- 侵害人是男性
- 使用皮带是因为对侵害人来说皮带容易得到
- 使用皮带是因为个人喜好
- 侵害人发现皮带就在现场附近
- 侵害人把衬衣罩在受害人头上，以增加其恐惧
- 侵害人把衬衣罩在受害人头上，以防自己被认出
- 侵害人掀开受害人的衬衣，是为了摸到受害人的乳房
- 侵害人掀开受害人的衬衣，是为了麻醉自己，让自己把受害人当

① 然而，应该指出的是，可以从下面的例子中看出，一些结论直接由前提条件的集合中得出。虽然“事实自证”（“这件事本身就说明了问题”）是一个法律术语，用来承担罪责，但这一概念也可以用在这里。

作其他人

在这一点上，在这些难分高下的假说中，没有一种假说必然比其他假说更可靠。它们都是有待检验的假设，都可能被进一步的检验证实或证伪。现在让我们依次来检验一下上述假设：

- 侵害人是一名男性：这一点已经确定，因为受害人报告称自己在遭受侵害的全过程都听到了一名男性的声音。此外，受害人还报告自己看到了阴茎，同时在受害人的肛门内部和周围均检测发现了精液。
- 使用皮带是因为对侵害人来说它方便易得：没有证据可以证明皮带的来源。（有可能是因为侵害人自己出于个人偏好而把皮带带到了现场。）与受害人的进一步交流显示侵害人当时身着运动裤。这说明皮带并非侵害人衣着的一部分，因此必须寻求另一种解释。进一步的调查表明，以下两种理论中的一种可能是正确的。
- 侵害人出于个人喜好购买并使用了这条皮带。
- 侵害人在现场附近找到了这条皮带。
- 侵害人将衬衣罩在受害人头上，以增加其恐惧感：找到另一个更合理的理由可能有助于确定这是否属实。例如，侵害人有没有用其他名字来呼叫受害人（暗示这有助于其幻想）？或者他在实施性侵时有没有玩弄受害人的乳房（暗示下一种解释更接近实际情况）？
- 侵害人将衬衣掀起以便能摸到受害人的乳房（就像进行前戏一样）。
- 侵害人将衬衣罩在受害人头上，以防自己被认出：确定在袭击期间衬衣何时被拉起将有助于澄清这是否是真实原因。如果在侵害初期衬衣就被拉起，那很有可能就是上述原因；如果这个行为发生在侵害过程行将结束时，那就证明受害人已经看到了侵害人，上述解释就不合理了。
- 侵害人将受害人的衬衣掀起是为了帮助自己把受害人当作其他人。侵害人与受害人可能进行过某些类型的交流，抑或侵害人用别的名字来呼叫过受害人，这些行为都可以表明可能是这个原因。

一旦对事实进行了全面的审查，并且科学地排除了相互竞争的理论，我们就可以通过定义特征和提供相关支撑证据来得出我们的结论。采用演绎观点的共同结构，又称“演绎推理”（modus ponens），通常是最有用的。[①]针对上述例子，一个假言推理论证如下：

- 如果（P）受害人已经见过侵害人多次
- 如果（P）受害人在重新见到侵害人后能认出他
- 如果（P）侵害人没有做出掩盖身份的其他企图
- 那么（Q）受害人的衬衣被拉起并罩住其头部，并不是为了防止侵害人的身份暴露。

在这个案例中，如果这些前提（P）为真，那么结论（Q）就一定为真。在《科学发现的逻辑》（*The Logic of Scientific Discovery*）一书中，卡尔·波普尔（Karl Popper）（2003，p. 9）进一步解释了验证理论以及如何通过演绎得出结论：

> 根据此处即将提出的观点，批判性验证理论的方法，以及根据检测结果进行选择，总是沿着以下几条主线进行。开始是一个新的想法，小心翼翼地提出，暂时还没有任何方式可以证明，然后是预期，假设，生成理论体系，或者提出任何你想提出的观点，最后都需要通过逻辑推理得出结论。这些结论随后会互相比较，还会与其他相关论点比较，以便找出它们之间存在的逻辑关系（如对等性、可推导性、兼容性、或不兼容性等）。
>
> 如果愿意，我们可以区分验证理论的四种不同路线。首先，对不同结论本身进行逻辑比较，检验系统的内部一致性。其次，对理论的逻辑形式进行研究，目的是确定其是否具有实证或科学理论的性质，或者它是否是一种循环论证，诸如此类。再次，我们要将它与其他理论进行比较，主要是为了确定如果该理论能够经受住我们对它的各种检验，它是否能够推动科学进步。最后，通过对由理论

① 假言推理遵循以下格式：如果 P 成立，那么 Q 成立；因为 P 成立，所以 Q 成立。也就是说，如果前提（P）是真的，那么 Q（结论）就成立。

得出的结论进行实证应用，来验证该理论的有效性。

很明显，推演过程在获取案件相关信息方面非常有用。它不仅有助于得出什么是事实，什么不是，而且还可以凸显目前信息中的空白（要反驳一种理论，我们可能需要寻找更多信息）。能够确定，而非假设，某事发生是整个推演过程的基石，正如格罗斯（Gross，1924）所言，如果什么也没有发生，那么我们什么也不会知道。

尽管如此，仅仅定义特征并努力寻找它们存在的证据是不够的。推断侵害人特征可以回答侦查或司法相关问题，能够推动案件向前发展，而不是使案件陷入停滞甚至倒退。至于刑事侦查方面，该作者提出的调查相关的特征包括以下几点。

犯罪技能的证据

不止一次犯下某种罪行的侵害人，在下次犯罪时可能变得更加熟练，随着时间的推移，他们的作案手法可能更加老练。其技能可能会被认为是其犯罪计划和预防行为的一部分。

案例

一名侵害人进入一幢二层楼的公寓，他戴着手套和口罩，还拎着一个袋子。他发现一名女性在卧室里熟睡，于是叫醒她，把她绑起来，对其进行了强奸（他在性侵期间取下了手套，结束时又重新戴上了）。他用了一个随身带来的避孕套。性侵后他没有给受害人松绑，然后迅速翻找了受害人的居所。最后他劫走了受害人的珠宝、壁橱里的一把手枪以及钱包里所有的现金。

首先，在这种既发生了抢劫又发生了性侵的案件中，负责抢劫案和负责性侵案两个部门的侦查人员都应该参与犯罪侦查。如果案件还涉及杀人，那么负责命案调查的侦查人员也应该参与。强奸案件中的侵害人技能证据包括，针对证据转移而采取的预防措施。认定强奸犯有两种证据：一是目击证人对侵害人身体特征的描述；二是侵害人射出精液中的DNA。然而本案中的侵害人戴着口罩和避孕套，巧妙地避免了这两种情况的发生。

入室行窃案件中的侵害人技能证据同样包括针对证据转移而采取的预防措施。认定盗窃犯有两种证据：一是目击证人对侵害人身体特征的描述（实际看到或通过监控摄像头记录）；二是其遗留在现场的指纹。然而本案中的侵害人在进入、翻找和离开现场时都戴着口罩和手套，巧妙地避免了这两种情况的发生。如果侵害人只是在行窃时采取了措施防止留下物证，而没有在强奸时采取措施防止留下证据，那么这也为犯罪心理画像人员提供了有用的信息。

侦查人员在调查谋杀案时习惯只盯着谋杀犯，在调查强奸案时喜欢只盯着强奸犯，这样的情况并不少见。特定犯罪技能的证据可以用于扩大嫌疑人范围，将那些与手头案件犯罪行为不同的前科人员也纳入侦查范围。这些信息能够帮助侦查人员决定，如何对已知的描述侵害人作案手法的数据库进行优先程度排序。它还可以用来推断侵害人可能受到的其他类型作案手法的影响，例如：

- 教育和技术资料
- 行业或专业经验
- 与刑事司法系统的接触和联系
- 媒体
- 侵害人心情
- 各种未知因素

受害人信息

在犯罪过程中，侵害人的选择可以让我们洞察到侵害人与受害人的关系。侵害人与受害人的关系通常可以从许多方面来总结，包括但不局限于以下几种：

- 陌生人
- 亲属
- 特殊关系人
- 曾经的特殊关系人
- 情人

- 旧情人
- 朋友
- 以前的朋友
- 熟人
- 雇员
- 曾经的雇员
- 同事
- 曾经的同事

第一个需要回答的问题是侵害人是否是陌生人。也就是说，侵害人实施犯罪行为是否必须知晓受害人的一些特殊信息，如受害人的时间安排、习惯、爱好、信仰等；抑或是否能够进入受害人的住所或工作地。如果答案为否，那么嫌疑范围中就必须纳入陌生人。如果答案为是，那么问题就变成侵害人需要对受害人的哪些特殊信息有了解，以及谁会知道这些信息。这就已经开始暗示受害人与侵害人之间可能存在关系了。

下列情况可以证明受害人与侵害人之间先前存在某种关系（这些情况也可能暗示侵害人事先有严密的预先监视、计划和/或幻想——背景、背景、还是背景!）：

- 在犯罪期间使用受害人的姓名
- 未使用强力进入上锁的受害人居住地或安保严密的工作区域
- 袭击受害人时使用过度武力的证据（使用超过必要限度的武力来制服或消灭可能成为证人的受害人）
- 受害人在没有打斗的情况下自愿搭乘侵害人的车辆

上述这些情况是根据受害人研究中得来的信息总结出的，主要是根据受害人生活方式暴露和生活环境暴露得来的信息，或是由此得出的信息。

侵害人需要了解受害人信息才能有效实施犯罪，有必要扩大嫌疑人范围，将案件发生前与受害人有某种特殊关系的人列入其中。这类信息可以协助侦查人员确定嫌疑人的优先次序并制定侦查策略。

犯罪现场的信息

在犯罪过程中，侵害人的选择可以使我们洞察到侵害人与所涉犯罪现场之间的关系。这可能涵盖特定的地理区域、社区、住宅、建筑物和工作场所等。包括但不局限于以下内容：

- 安全巡查时间表
- 安全设施
- 员工交接班时刻表
- 贵重物品/保险柜/物品/器具的存放地点
- 犯罪现场可利用的材料
- 夜间行走所经过的复杂和/或没有照明的路线

我们应当清楚，如果犯罪现场与受害人有非常紧密的联系（比如犯罪现场就是受害人的住所、工作地点或车辆），那么了解犯罪现场的信息就意味着了解受害人的信息。

如果有证据证明侵害人需要了解犯罪现场才能有效实施犯罪，那么我们可以据此将嫌疑人范围扩大到那些能够进入犯罪现场的人。这类信息可以帮助确定嫌疑人的优先次序并制定侦查策略。

案例：恋物癖入室行窃

应警方要求，笔者重现和审查了一起入室盗窃案：一位单身母亲和自己十来岁的女儿住在一起，侵入者进入的时候，女儿正独自在家里洗澡。根据物证、受害人调查和犯罪现场特征，确定侵入者以前曾经来过这个房子。以下是笔者报告中关于该案的摘录：

> 在这起案件中，受害人的选择并非随机。侵入者特意选择了这个房子和这个特定的受害人。为了完成侵害，侵入者必须知道哪个房间属于［母亲］，需要知道她有个人性用品以及［隐藏］性用品的准确位置。在这种情况下，上述情况是很难［被一个陌生人］随机发现的。
>
> 侵入者还必须知道，透过受害人卧室门底部的裂缝，可以观察

> 到卧室内的活动。[用衣物堵住卧室门底部]对于任何侵入者来说都是不同寻常的行为，表明其想要遮挡气味、视线或声音。家里和房间里都没有异味的迹象，房间墙壁也很薄。据此可以合理地推断，侵入者是想防止人在卧室内移动时影子被看到，因为一旦打开黑色的遮光布，人影就会从卧室门的另一边透过裂缝被人发现。然而，要知道这是必须采取的预防措施，侵入者必须提前知道有这个问题，[当有人在卧室内部走动时，他曾在那扇门门外有过亲身体验]。换句话说，这一行为表明其对这个房子颇为了解。
>
> 这些因素结合起来，表明侵入者针对这处住所内部做了事先计划和提前监视。尽管如此，这些行为都不是近期所为，因为[房间门口的]儿童安全门被侵入者意外破坏。

根据这一点和其他证明侵害人对受害人和现场非常熟悉的行为证据，可以确定本案中的侵入者很可能是女孩母亲曾经的性伴侣。

犯罪手段和犯罪工具

像所有人一样，罪犯喜欢使用自己熟悉的工具。由此可知，罪犯对犯罪手段和犯罪工具的选择往往反映出他们对相关手段和工具的熟悉程度，证明他们拥有或缺乏相关的技巧和技能。对许多人来说，这种技能很常见，比如驾驶一辆手动挡汽车。也可能是一些特殊的技能，比如驾驶直升机。或者也可能是熟悉侦查和司法途径。发现这些特征需要对侵害人的作案手法和标志性行为进行广泛调查。这类信息同样可以帮助确定嫌疑人和制定侦查策略。

这个清单并未列举出侵害人潜在的所有特征，它仅列举了在笔者工作实践中已被证明与侦查工作密切相关的侵害人特征。要记住：仅凭某一已知犯罪行为的现有证据，许多侵害人特征可能并不明显或者无法推断。同样，还要记住：脱离由其他明显行为构成的语境，单个行为便没有那么意义重大，且关于侵害人现场行为和选择的信息并非越少越好。个人的侵害行为只能通过侵害人与他人的关系来理解。

疑难特征

有三个侵害人特征经常成为犯罪心理画像人员的挑战：侵害人的年龄、性别和智力水平。笔者特别建议，前两个特征，也就是年龄和性别，如果没有确凿的物证就不要轻易进行推断。而第三个特征，即智力水平，则应当完全排除在侦查评估之外，而应该用技能因素来取而代之。

年龄

如果犯罪心理画像人员在分析过程中出错，那么最有可能的失误之一或许就是侵害人的年龄。对侵害人年龄的预估通常是根据目击证人的描述，或者根据有精神疾病的行为而进行的推断。例如，如果犯罪心理画像人员有行为证据表明侵害人处于精神异常状态，那么他们可能推断侵害人年龄超过 18 岁（因为一般认为精神疾患在这个年龄之后才会显现）。年龄预估也可能依据犯罪心理画像人员从经验中得出的看法，如不同年龄组的典型行为可能是什么。

鉴于推断侵害人这一特定特征的追踪记录，以及暴力和反常犯罪年轻化的趋势越来越明显，笔者建议，除非有确凿的物证，否则侵害人年龄应当排除在犯罪心理画像之外。我们来看看下面这个案例，当时美国部分犯罪心理画像人员自信地宣称，这个特殊的侵害人年龄很可能超过 30 岁，并且至少来过一次美国。然而事实证明，侵害人只是一名年仅 14 岁的男孩。

案例（来自菅原案，1997）

神户市（Kobe）的一所初级中学门口发现了一颗被砍下的人头，11 岁的男性受害人嘴里还含着一张令人不寒而栗的冷血纸条，上面写着“游戏刚刚开始……杀人让我非常快乐，我特别想看到人们死去。”当警方宣布他们已经抓获了一名谋杀嫌疑人时，这个长期治安良好的国家先是松了一口气，人们的恐惧心态暂时得到缓解，但随后恐惧感再一次来袭，因为据警方透露，嫌疑人是一名年仅 14 岁的男孩。

首席侦查员山下胜时（Seishi Yamashita）表示，警方对涉案男孩进行了讯问，在其承认了所犯罪行之后拘捕了他。根据警方提供的资料，涉案男孩承认自己用刀和锯割下了受害人长谷（Jun Hase）的脑袋。山下胜时说，警方随后搜查了嫌疑人的住所，找到了涉案刀具和其他一些武器。男孩告诉警方，他认识死者长谷。

警方婉拒了公布嫌疑人身份的请求，称他们正在努力确认侵害人犯罪的动机。神户市（Kobe）位于东京（Tokyo）以西 300 英里，人口约 150 万。5 月 27 日，神户供古贺中学（Tomogaoka Middle School）的安保人员在学校门口发现了长谷被割下的头。同一天，受害人尸体在他所在小学附近的树林里被发现。残忍的斩首行为和威胁要杀更多人的冷血挑衅字条引发了为期四周的大规模搜捕行动，警方出动了 500 多名侦查人员。

在发现长谷头颅的前几天，学校附近出现了两只死猫——其中一只被割掉了腿。日本放送协会电视台（NHK Television）当天报道称，警方在调查完死猫事件之后，顺藤摸瓜追踪到了犯罪嫌疑人。在发现长谷头颅几天后，侵害人曾给《神户新闻报》（*Kobe Shimbu*）寄出一封信。信中他声称“义务教育制度和创造这一制度的社会让自己变成透明个体，默默无闻，我要进行报复。”

侵害人声称他可能一周要杀三个人，并且强调：“如果你们认为我是一个只能杀小孩的幼稚罪犯，你们就大错特错了。”

根据案发时段相关区域可疑人员的描述，侦查人员最初以为犯罪嫌疑人的年龄界于 20 岁到 40 岁。根据现有文献，精神病理专家同样也认为侵害人很可能就在这个年龄范围之内。在长谷被害案发生前两个月，该地区曾有两个女生遇袭。许多居民怀疑这些案件都是由同一人所为，但尚无证据可以证明。（Sugawara，1997）

性别

和预估年龄类似，犯罪心理画像人员对于侵害人性别（男性还是女性）的看法往往也是根据自己的经验进行推断：不同的性别可能有不同的行为。女性往往被错误地认为是一种较弱、不具攻击性的性别，没有复杂的幻想动机。这是一种过时的看法，可能造成侦查偏见，导致警方未能调查潜在的犯罪嫌疑人。因为依据性别偏见，她们已经被排除在外。

鉴于上述假设可能误导调查方向，笔者建议，除非有确凿清晰的物证（如 DNA 证据、阴茎性交的证据，或者充分的目击证人/受害人描述），否则，侵害人性别也应当排除在犯罪心理画像之外。

智力水平

智力水平（intelligence）通常是指一个人获取知识并将其有效运用的能力。然而，它是一个非常模糊、主观的术语，且没有实际的侦查价值。犯罪心理画像人员经常考虑的是侵害人的技能水平。一个智力水平很高的侵害人也可能实施非常愚蠢或者缺乏周密计划的犯罪行为。因此，侵害人技能水平低下的证据只能说明其缺乏犯罪经验和周密计划，并不能说明他智力水平不高。与此相反，一个人智力水平不高，但如果其不断积累犯罪经验，也能掌握许多犯罪技能。因此，侵害人犯罪技能高超的证据只能说明他犯罪经验丰富，并不能据此认定他的智力水平很高。

笔者特别强调，犯罪心理画像人员要把主要精力集中在与侦查相关的侵害人技能水平特征上，要把对侵害人智力水平的主观解释留给司法心理学家和精神病学家（他们更有资格首先做出这类评估）。

书面犯罪心理画像报告

犯罪心理画像报告应当是一份有法庭价值的书面文件，它不应当是在酒桌上或电话里完成的。之所以这么说，有几个重要原因。

首先，书面的犯罪心理画像报告不大可能被误读。如果一份非书面的心理画像结论，在送达需要使用这份资料的人之前必须经手其他人，那么这份报告可能已被改得面目全非。无论何种情况，犯罪心理画像人员知道，书面的心理画像报告能够确保专业结论完整地送达相关人士，且没有任何改动和歪曲。

其次，需要相关信息的人能够更方便地参考书面的心理画像报告。书面的心理画像报告可以更便利地影印、传真、扫描、用电邮发送或以其他方式分发，极大地减少了信息传递所需要的时间。一份书面的心理画像报告能够提供相关案件调查的记录。无论出于什么原因，如果某些案件几周、几个月、甚至几年都没有任何进展，那么口头传达的心理画像报告不仅很快会被需要相关信息的人遗忘，就连犯罪心理画像人员自己也会遗忘。此外，如果案件侦办负责人或管辖区出现变化，书面的心理画像报告也可以随之移交。

再次，将个人的理性推理简化为书面形式，对于建立逻辑关系、最终形成特定结论非常有用。犯罪心理画像人员的思路越清晰，就越容易形成书面结论。在通过写作阐明论点的过程中，个人的观点可以变得更加专注、包容，或者可能完全改变。

最后，书面的心理画像报告再现了犯罪心理画像人员在特定案件中使用的方法和得出的结论。这些信息能够用来验证犯罪心理画像报告。它还可以用作心理画像人员的一种反馈机制，当心理画像由于某种原因出错时，可以用来改善他们的技术。书面的犯罪心理画像报告也要接受同行审查。同行审查是犯罪心理画像人员获得对自己画像方法准确性反馈的另一种机制。同行审查能够独立地对心理画像所涉方法、技术和结论进行证实或证伪，如果没有同行审查，相关服务群体就无法信任犯罪心理画像人员所用的特定方法。犯罪心理画像人员要乐意将自己的工作报告交给同行审查。书面的心理画像报告可以独立地进行同行评审，并将这一过程视为一种抗辩程序，或者可以公布完整的犯罪心理画像报告，以便接受所有心理画像同行的批评。但是，同行审查并不涵盖那些提交给私人或执法团体、仅在内部流通的书面心理画像报告，或者那些提交给相关利益团体、用于促进其自身能力的书面心理画像报告。同行审查必须公开、独立。

犯罪心理画像人员如果不愿将自己的结论写成书面报告，要么说明他们没有注意上述问题，要么说明他们特别留意上述问题，不愿留下书面证据。

犯罪心理画像和德伯特案

评估犯罪心理画像在法庭上的司法价值，其中一种方法就是采用德伯特标准（Daubert Standard）（Daubert v. Merrell Dow Pharmaceu，cals Inc.，1993）。第一个问题是，德伯特标准是否应当应用于这一特殊的司法领域。由于它并非一门传统意义上的科学，因此我们可以合理地将其视为一个专业的知识领域。因此，当侦查对象对事实调查者来说无法理解时，犯罪心理画像人员的意见和证词就变得有帮助、有证明力（Lilly，1987；Thornton，1994）。

尽管如此，一些法律评论者认为，道伯特标准适用于所有证词，而不仅仅局限于那些贴上科学标签的证词（Jonakait，1994；Saks，1994）。美国最高法院在“昆波轮胎公司案”（Kumbo Tire Co. v. Carmichael，1999）的判决中也表达了这一观点：

> 德伯特标准的“守门员”职责不仅适用于“科学”证词，也适用于所有的专家证词。“702 法则”并不区分“科学”知识和“技术”或“其他专业性”知识。

因此，即使认可犯罪心理画像的证词（与侵害人特征有关的观点）可以协助事实调查人员处理实质性问题，下列德伯特标准仍然值得关注：可测试性、同行审查、错误率和普遍接受度。笔者认为，德伯特标准是否适用于犯罪心理画像的问题专属于司法领域。在很大程度上，这是因为，在美国各州和世界各地，关于专家证词可采纳性标准这一问题的判例和司法裁决均不一致。

无论何种情况，德伯特标准（Dautert v. Mereel Doo Pharmacenticals，Inc.，1993）确实提出了一些足以引发我们的兴趣、值得我们考虑的问题。

证实和证伪

根据桑顿的观点（1997）：“科学方法的基础，即科学方法最重要的方面，就是提出和验证假设”。他进一步指出（p. 13）：

> 在多数情况下，司法科学工作者对归纳和演绎两种科学方法处理得相当随意。他们没有认识到，归纳，而非演绎，才是检验假说和修正理论的对应步骤。他们往往把假说等同于演绎，但演绎实际上并非假说。结果，假说往往被视为演绎性结论，但实际上它是一种有待通过测试进行验证的陈述。

犯罪心理画像人员的行为也没有什么不同。根据笔者的经验，许多犯罪心理画像报告都是部分或全部建立在推测、假设或先入为主的理论基础之上（参见 Gross，1924，pp. 10 – 15；以及本书第 7 章），这些理论被认为绝对正确，心理画像人员根本不会去证实或证伪。联邦调查局的心理画像人员曾经在美国参议院军事委员会面前作证称，对于提请调查机构提供的材料，他们没有习惯去调查相关假设、前提或意见的可靠性和正确性。联邦调查局特工罗伯特·哈兹伍德（Robert Hazelwood）说，“每当我们受邀为调查机构办案时，我们都默认自己是在和专业人员打交道。他们给我们提供什么材料，我们就审核什么材料。”（The USS Iowa，1990，pp. 25 – 26）。联邦调查局的心理画像人员曾因为在案件实务和研究工作中存在各种不可接受的做法而招致法院和独立审查行业人士的批评（参见本书第 3 章）。

从对命名归纳法的批评中可以得出的结论是：关于侵害人特征的相关推论和理论，除非我们有科学标准说明它们如何创建成形，并将其与案件事实或其他理论进行比对验证（通过证伪程序），否则这些推论和理论就只能沦为笑柄。

同行审查和发表

鉴于在命名归纳式犯罪心理画像领域出版的许多材料未经检验、质量参差不齐，因此我们无法断定同行审查和发表在确定相关材料时使用的方法中是否准确和有效，是否始终发挥着重要作用。

笔者在过去十年中曾多次亲历同行审查过程，有时身份是编辑，有时身份是审查人员，有时身份是被审查人员。在此期间，笔者发现了许多问题出版物，里面包含各种错误、虚假陈述、甚至欺诈。在直面这些问题时，期刊编辑人员往往无视针对他们已发表文章的问询，那些资历造假或伪造数据的作者则忙于做出不值一驳的抵赖，而那些支持他们的专业组织就只能把头埋在沙子里，希望一切都早点过去。因此，笔者认为犯罪心理画像领域的同行审查并没有较高的可信程度，在当前的政治环境下它也不可能发生。

这种同行审查的缺席并非犯罪心理画像领域独有的情况。桑顿（1994，p. 480）对此中肯地评论道："我们不能认为仅凭出版物就足以证明某一特定方法的有效性。"麦库克（McCook，2006）在回应韩国首尔国立大学研究员黄禹锡（Woo – Suk Hwang）干细胞研究造假问题时，进一步阐释了这些问题：

> 尽管没有证据证明同行评审确实有效，但大多数科学家（从本质上说都是持怀疑态度者）似乎都相信同行评审。在一个大家很少接受"盲目信仰"的领域里，这是一种近乎"绝对神圣"的东西。英国医学杂志《内科医学年鉴》（*Annals of Internal Medicine*，*British Medical Journal*）前任编辑、现任欧洲联合卫生组织首席执行官（CEO of United Health Europe）、公共科学图书馆（Public Library of Science）董事会成员理查德·史密斯（Richard Smith）坦陈："这非常不科学，真的。"
>
> 事实上，来自不同期刊的大量数据表明：同行评审对论文的改进作用并不大。1998 年，在一项旨在检测同行评审的实验中，研究人员有意在一篇研究论文中放入了 8 个错误。结果，200 多名审稿人平均只发现了两个错误。同年，发表在《急诊医学年鉴》（*Annals of Emergency Medicine*）的一篇文章表明，审稿人无法找出伪造手稿中三分之二的主要错误。2005 年 7 月，《美国医学协会杂志》（JAMA）上的一篇文章显示，最近发表在主流期刊上的临床研究文章中，16% 的报告显示干预是有效的，但后来的发现却与此不符，这表明审稿人可能忽视了文章主要的缺陷。
>
> 一些评论者认为，同行评审本身就带有偏见，因为审稿人更喜

> 欢有统计学意义的研究结果。研究还表明，很多已经在顶级期刊上发表的论文，其包含的统计结果其实也有误，这再次凸显了审稿人经常忽略的问题。“有很多证据表明其（即同行评审）具有缺点，”史密斯说，“即使是最顶尖的期刊也发表过垃圾文章，即使他们希望自己从未这样做过。同行评审也无法阻止这一点。”此外，同行评审也可能在另一个方向出错，把有希望的文章拒之门外：一些被引用最多的论文就曾被首次投稿的期刊无情拒绝。
>
> 这些文献中还有大量报道，凸显出评审人员潜在的局限性和偏见。2005 年 9 月在美国芝加哥举行的同行审查大会上，一篇呈递给大会的论文摘要显示，如果某篇论文引用了审稿人本人的研究成果，那么它被拒的可能性就较小，尽管这种趋势在统计数据上并不明显。呈递会议的另一篇论文显示，许多期刊缺乏针对审稿人利益冲突的规则：在 91 种生物医学杂志中，只有不到一半的杂志说他们有自己的规则，其中只有 3% 的杂志称他们会公开同行审查人员之间出现的意见冲突。还有另一项研究表明：仅有 37% 的审稿人同意公开出版手稿。史密斯说，同行审查“在某种程度上就像中彩票。”

换句话说，同行评审是科学家行为不科学的领域之一。他们相互妨碍，编造数据，歪曲发现结果，而评审人员也并非总能找出这些问题。事实上，同行审查远不是一劳永逸的灵丹妙药，甚至根本算不上是一种解决方案。实际上，它带来的恰好是它力图纠正的偏见和无能。

事实上，只有一种方法能真正用来衡量和评估发表作品的质量和水平，那就是评估科学方法的使用程度。当我们进行了语义和法理研究并完成出版时，无论在研究途径还是在研究阐释上，科学方法都必须清楚易见。此外，任何意见、假说和理论都应当具备这样的资格和条件。只有这样，才能避免将理论或假说不恰当地表述为科学事实。

总之，稿件发表并不意味着高水平、高质量。

出错率

对于不熟悉相关领域的人来说，所有的司法鉴定方法都应当进行测试，并根据误差率确定其可靠性。这听起来像是一种直截了当的、合理的期望。然而，根据萨克斯（Saks，1994，p. 429）的观点：

> 鉴定科学大致由推测、印象和直觉组成。它自称是一个科学领域，然而具有讽刺意味的是，它本身并不能提供充足的研究数据，因为其基本理论和概念几乎都没有经过实证性检验。

萨克斯（Saks，1994，p. 432）进一步解释道：

> 司法鉴定人员常常宣称自己没有错误，其实这很不科学，毫无疑问，这在很大程度上源于他们的工具性作用和功能。此外，他们还有夸大自身工作重要性的习惯。在这种背景下，具有讽刺意味的是，对于自称科学的司法鉴定来说，实证研究常常被视为一种威胁，而不是一种辅助力量或决定自身优势的关键。

桑顿（1994，pp. 480 – 483)）也有类似的论述：

> 作为一名执业司法鉴定人员，我认为这条标准（德伯特标准）是德伯特所有阐述中最薄弱的。
>
> 问题在于，我们现在没有可靠的犯罪实验室错误率统计数据，我们以后是否能得出这些数据也值得怀疑。在多数情况下，我们甚至连不可靠的统计数据都拿不到。如果有人怀疑这一点，那就请他们拨通联邦调查局犯罪实验室或者其他主流司法实验室的电话，问问他们的结论有多少次正确，多少次错误。

即使属于硬科学的司法科学，其错误率也不为人所知。因此，似乎不宜将犯罪心理画像等专门知识领域的标准拔高到犯罪实验室里犯罪学专家目前达到的水平。

如前文所述，我们必须承认犯罪心理画像的错误率无从知晓。正如赫曼特和肯尼迪（Homant & Kennedy）（1998，pp. 323 – 324）所言：

> 就我们所能确定的情况而言，没有人试图在现实生活场景中评估犯罪现场画像的有效性。这种研究将会带来一些特殊的问题。其中主要的问题就是缺乏针对真实画像样本进行测试的客观标准。……即使在侵害人的身份已经毫无争议地确定的情况下，在决定此人与画像的匹配程度时，仍然有很强的主观因素的影响。

笔者同意本段论述中的担忧。虽然制定了统一的标准，我们现在可以用新近出版的《犯罪心理画像规范》（Baeza et al.，2000）中提及的形式来衡量画像的内部一致性，但是这些规范仅仅只被准则制定的对象成员所采纳。此外，在阐释个人是否符合可能出现在犯罪心理画像报告中的软特征时，的确存在着非常现实的主观性问题。

英格拉姆（Ingram，1998，p. 264）还提出了更复杂的问题：

> 从本质上讲，只有抓获犯罪嫌疑人并且等到他坦白之后，才能验证和证明画像人员的结论是否准确。

正如定罪不能从事实上证明是不是有罪一样（不论是否认罪），无罪裁定也不能从事实上证明嫌疑人是无罪的。代表美国法院执行公务的法官和陪审团经常将无辜的人定罪，而对有罪的人宣判无罪。正因如此，对特定案件中侵害人的确切身份做出准确、可靠的认定在多数情况下也不可能。如果不了解这一点，那么对于犯罪心理画像和其他司法鉴定方法的可靠性和准确性研究就不可能有完整意义。

普遍接受度

可以这样说，执法部门和其他刑侦团体普遍接受犯罪心理画像作为合法的侦查工具，对此各方均没有太大异议。尽管如此，对这种侦查手段的认同并不意味着犯罪心理画像就一定有效。毕竟，这并非一个奖励可靠、惩罚无能的职业团体。我们可以想一想，许多刑事侦查人员其实也普遍接受并使用不准确、不可靠的侦查工具，如目击证人识别、测谎、语音压力分析和心理直觉等。我们还要想一想，这种接受可能与下列情况有关：主流侦查机构的犯罪心理画像人员常常过分夸大其结论的可信度和确定性；资历、经验尚浅的侦查人员可能会被一个个貌似权威的机构名称迷惑，直至深信不疑。

建　议

犯罪心理画像及其相关技术是一种用于侦查过程、辅助侦查人员认定犯罪嫌疑人的工具。犯罪心理画像及其相关技术还可以服务于其他一些司法目的，这些目的不一定与确定嫌疑人身份有关，它们主要包括：确定嫌疑人范围、解读行为证据、并案、以及协助制定侦查策略等。

这里还需要深入讨论一下犯罪心理画像的潜在用途：它可以指导事实调查人员判断某种类型的侵害人是否可能实施某种特殊类型的犯罪。如果注意到两个重要问题，犯罪心理画像或许可以成为调查人员的有效助手：第一，法庭必须知晓，并且在呈递给陪审团的说明中清楚地阐明行为证据的局限性，如本书论述的一样。第二，犯罪心理画像人员不得无视这些限制，不得就被告是否符合某一特定心理画像向法庭发表意见，干涉嫌疑人的定罪问题。犯罪心理画像人员应当进一步清晰地阐明他们对案件的看法，同时列举出他们推论出的侵害人特征以及进行推论的方法。随后，陪审团有机会结合物证再次审视行为证据，无须犯罪心理画像人员告诉他们应当如何决定。如果没有充分应用这些预防措施，陪审员就会“依据被告性格对其定罪，而不是出于证据的力量使自己确信被告犯有被指控的行为。”这是尹韦克瑞德（Imwinkelried）和曼德兹（Mendez）向我们提出的警告（1992）。

这种对事实调查的合理帮助措施，就像法医证明嫌疑人车里发现的头发与受害者的头发相似，或是认定受害人尸体上发现的黑色棉花纤维与嫌疑人衬衫的纤维同源一样。就其性质而言，这些类型的证据无法提供个体化测试或措施的确定性。可以说，这种证词与犯罪心理画像证据一样，均有其可靠性和局限性。同样，如果与其他间接证据相结合，它可能具有更显著的意义。当然，不同之处在于，犯罪心理画像报告可能并非总是与确凿物证一样，具有排除性质，这取决于侵害人特征的证据基础。

虽然犯罪心理画像并不是一门科学，但是就其运用的方法而言，它可以是科学的，而且可能仍然受制于德伯特标准。至于这是否可以成为衡量犯罪心理画像的适当标准，应该由法院自主决定。然而，我们有充分的理由相信，除了与假说证实和证伪有关的标准之外，德伯特标准缺乏全面的可用性。

毫无疑问，犯罪心理画像是不可靠的，它也不能用来认定某个特定侵害人是否实施了某起具体犯罪。如前所述，这一观点在已经发表的文献和一些新近的美国法庭判决中都有共识。作为一名执业的司法科学工作者和犯罪心理画像人员，笔者也同意这种观点。只有等到更多可靠的研究结论公开发表，犯罪心理画像人员团体把同行审查和批判性意见视为有益行为而不是当作不利条件避之不及时，犯罪心理画像人员运用自己的技术却还被法庭嘲讽的经历才会成为历史。

法庭上的犯罪心理画像

当个人的自由可能部分地由物证来决定时，我们有理由要求作证的专家证人认识到自己工作的意义，无论其为控方作证还是为辩方作证。

——约翰·桑顿博士，《柯克刑事侦查》(1974)

本节讨论将犯罪心理画像（侵害人特征推断）作为法庭证据的利弊，回顾几个涉及犯罪心理画像证词及随后法庭裁决的案件，确认法理归纳和思维演绎过程，并探讨每一个案件中的相关问题。

本节的第二个目的是：结合心理症状证据，阐明演绎式犯罪心理画像技法和归纳式犯罪心理画像技法之间的区别。

法庭上的犯罪心理画像人员

或许是不满足于刑事侦查有限的领域空间，或许是因为自己已经深度参与刑事侦查，犯罪心理画像人员在新千年开始了一种新的实践，即法庭证言。正如特维（Turvey，2000）指出的：

尽管犯罪心理画像主要用于刑侦目的，但越来越普遍的是，犯罪心理画像人员发现自己不断受邀到法庭就刑事和民事案件发表司法专家意见。犯罪心理画像证词涉及专门的知识领域（如受害人研究、犯罪策划、作案手法、动机、可预见性等）以及与侵害人身份有关的问题。这些身份问题包括诸如侵害人特征、所谓的独特行为模式、侵害人的预谋或计划、以及其他与特定个体相关的犯罪行为特征。在某些案件中，在各种环境因素的作用下，法庭认定犯罪心理画像证词可作为认定嫌疑人身份的证据之一。

犯罪心理画像人员的这个新角色就是法庭专家，进而也就是司法核验人员。

司法核验不同于其他形式的核验工作，因为它的终极目的是司法审判。也就是说，对于司法核验期间形成的意见和结论来说，其区别在于，它们是否可以成为法庭证词或证据，供事实调查人员使用。正因如此，相关核验的结论可能会成为剥夺某些人自由（把他们送进监狱），或者剥夺其生命（被判死刑）的依据。

因此，司法核验人员对自己意见和结论的可靠性和完整性负有重大责任，达成相关意见和结论的标准必须很高。

问题

有两个相关问题使得在庭审期间运用犯罪心理画像变得复杂。第一个问题是，许多犯罪心理画像人员全然不知犯罪心理画像和犯罪再现的性质；第二个问题是，许多犯罪心理画像人员发表意见热情过度（缺乏适当约束）。[①] 如果在某个案件中这两个问题交织在一起，那么犯罪心理画像人员就可能针对环境和行为发表确定性程度很高的意见，然而实际上这些情况并不存在。

错觉

正如本书详述的，物证及其解读是行为证据分析和犯罪心理画像的

① 虽然我们相信没有任何司法科学工作者/核验人员会发表没有证据支撑的意见、歪曲证据解读或公然向法院撒谎，但是最近世界各地出现的各种司法科学工作者长期行为不当的例子提醒我们，这也并非没有可能。有关这一主题的以往研究请参见特维（2003）。

核心。然而，并非所有的犯罪心理画像人员都有资格解读物证。不幸的是，由于无知或傲慢，很多人错误地认为他们自己有这种资格。

缺乏限制

当犯罪心理画像人员在案件庭审阶段核验相关材料时，无论他们是否愿意，他们都属于司法核验人员。也就是说，他们的观点可能最终都会整合并提交法庭，呈递给法官或陪审团。尽管如此，司法核验人员往往可以体会到自己的工作与犯罪现场的实际事件有一定程度的差别。犯罪再现可以帮助弥补这一差别，但它也只能提供现场遗留的和随后重建的信息。即使是在一个理想的司法情景中，仍然存在以下程度的差别：

1. 侵害人把犯罪证据遗留在犯罪现场（无论是否企图掩盖证据）；

2. 犯罪现场技术人员识别、记录并提取上述部分证据（尽管可能会错过很多或很少证据）；

3. 犯罪实验室的犯罪学家检查并测试技术人员提取的部分证据，并撰写报告，提出意见和结论（犯罪学家可能只对特定证物进行测试，也可能对大量证物都要进行测试）。

这一证物检验过程不包括那些在现场未被识别的、未被检测的、丢失的、无意中丢弃的、遗忘的或者在检测过程中被破坏的证据。因此，即使是在近乎完美的场景中，犯罪现场实际发生的情况和由证据推定的事实之间已经也存在至少三个层次的差别。

关键问题在于，司法核验人员只能对他们已经掌握的证据进行重建和再现，不能推测无法确定的事实。考虑到上述三个层次的差别，在对发生的事情形成意见和结论时，我们需要符合一定的资格和秉持必要的保守态度。

不幸的是，许多司法核验人员在进行犯罪再现时，往往在细节上都显得非常确定，就好像他们曾在案发现场用摄像机记录了整个事件一样。这是一种不负责任的做法，但只要通过调整语气、降低个人观点的确定性，就可以对其加以纠正。我们应当告诫司法核验人员：只对自己面前的证据做出结论和评论，而不要夸大证据的确定性。

请看看过去 10 年来下列案件的证词和裁决意见。[1]

弗吉尼亚州诉谢尔曼·阿里·约翰逊案（1998）（Virginia v. Shermaine Ali Johnson）

16 岁的谢尔曼·阿里·约翰逊（Shermaine Ali Johnson）作为成人受审，被定罪并判处死刑，因为其涉嫌于 1998 年 7 月 24 日谋杀了霍普·丹尼斯·霍尔（Hope Denise Hall）。

背景

霍普·丹尼斯·霍尔是一名年仅 22 岁的年轻母亲，她也是全球广播电视台 12 频道（WWBT - Channel 12）的一位兼职助理制片人。1994 年 7 月 11 日，在自家已经上锁的哈尔岑·马诺（Halcun Manor）公寓，她的尸体被人发现，全身赤裸。受害人身上有 15 处刺伤，喉咙也被割开。她当时与 3 岁的儿子一起住在这个公寓。

1997 年 1 月，南安普顿惩戒中心（Southampton Correctional Center）的警察以涉嫌强奸和谋杀霍尔女士的罪名逮捕了约翰逊，因为计算机数据库检索发现，他的 DNA 与在受害人公寓中发现的精液和血迹中的 DNA 一致。他的 DNA 与现场凶器（一把刀）、破碎玻璃上发现的血迹 DNA，以及霍尔女士公寓里床单上发现的精液 DNA 也匹配。而且在霍尔女士尸体体内还发现了他的精液（Blackwell，1998）。

被捕时，16 岁的约翰逊已经因为强奸两名妇女而被判刑 100 年，正在服刑。

专家及其证言

本案聘请的专家名叫马克·沙法瑞克（Mark Safarik），曾任联邦调查局犯罪心理画像专家。沙法瑞克先生曾获人类生理学学士学位，在联邦调查局工作以前曾有过 3 年刑警工作经历。根据其职业履历来看，他在参与本案之前没有在犯罪心理画像领域提供过专家证言。

控方聘请马克·沙法瑞克提供专家证词，企图证明约翰逊符合系列

① 当然，这些案例并非记录在案的所有例子。尽管如此，他们非常具有代表性，因其指导价值而被选中。其他涉及类似、但更专业问题和证词的案件将在其他章节讨论。

强奸犯的心理画像特征。沙法瑞克在听证会上面对法官陈述道（Blackwell，1998）：

> （我）曾把霍尔女士案件中的行为证据与另外两起约翰逊已被定罪的强奸案证据进行比较，发现了许多相似之处，因此得出结论称上述性侵与谋杀之间存在联系。

根据控方的总结陈述，那两起强奸案和这起强奸凶杀案有许多相似之处，包括（Blackwell，1998）：

> （侵害人）都强奸了女性，在攻击中都使用了切牛排用的小刀。侵害人与受害人熟识，在实施犯罪前都要了一杯水，都是从女性身后发起攻击，并且在强奸前都要求她们脱掉衣物。

争议

在决定是否采用沙法瑞克证词的听证会上，辩方认为，没有证据支持沙法瑞克的观点，他的证词只是毫无根据的推测（Blackwell，1998）。

法庭判决

初审法院的法官同意辩方的意见。沙法瑞克的专家证词未被采纳，其理由是陪审团能够就案件的相似之处得出自己的结论。也就是说，法庭裁定：沙法瑞克的意见侵犯了陪审团的职权范围。

讨论

笔者对初审法院的结论抱有复杂的心态。笔者支持本案排除专家证言这一做法，同时赞成法庭不采纳相关结论：即专家认定约翰逊与强奸犯罪嫌疑人的心理画像匹配。而且我们认为：这项裁决可能还是过于包容。应当承认，某些专业领域的知识超出了普通大众的理解。这其中包括作案手法分析，至少这在本案中还有部分争议。正因如此，这种证言可能有助于我们理解两起或两起以上犯罪之间行为联系的性质。

最后一点，考虑到这个案件其实证据确凿，还要试图引入犯罪心理画像人员显得很奇怪。人们隐隐觉得检方一直试图在本案中纳入此类证词，可能是为了确立先例，便于在今后的案件中使用。

“田纳西州诉威廉·R. 史蒂文斯案”（Tennessee v. William R. Stevens）（2001）

威廉·R. 史蒂文斯被诉涉嫌两起一级谋杀和一起有加重情节的抢劫，其罪行导致他的妻子桑迪·史蒂文斯（Sandi Stevens）和岳母默特尔·威尔森（Myrtle Wilson）死亡。

背景

史蒂文斯和妻子结婚大约 3 年，其岳母威尔森女士在被害前 6 个月一直和他们住在一起。1997 年 12 月 22 日，警方在其住所发现了桑迪·史蒂文斯和默特尔·威尔森的尸体，她们分别死在自己的房间里。根据“田纳西州诉威廉·R. 史蒂文案”的记载（2001）：

> 人们发现桑迪·史蒂文斯赤身裸体躺在自己床上，头部附近散落着几本色情杂志，床上还有一个相册，里面都是她的裸照。默特尔·威尔森也被发现躺在自己床上，她的睡衣被拉了起来，内衣裤扔在地板上。经法医检查，确定默特尔·威尔森死于刺伤和人为扼颈窒息，而桑迪·史蒂文斯则是死于绑扎窒息。桑迪·史蒂文斯的几件私人物品也被从拖车里拿走，因此还引发了抢劫罪的指控。被告因涉及第三人犯罪而被定罪。田纳西州检方在庭审中的证据证明，被告雇用了其 18 岁的邻居科瑞·米里肯（corey milliken）杀死了自己的妻子和岳母，并将案发现场伪装成抢劫案现场。

史蒂文斯否认参与了此次犯罪。他认为科瑞·米里肯编造了“雇佣谋杀”的谎言，并认定是后者在性侵过程中杀死了桑迪·史蒂文斯和默特尔·威尔森（Tennessee v. William R. Stevens，2001）。

专家及其意见

该案辩方聘请的专家是格雷戈·麦克格拉雷（Gregg McCrary），他曾在联邦调查局行为科学小组任职。这是麦克格拉雷第二次为辩方提供证言。他拥有音乐学学士学位和职业心理学硕士学位。在确定自己有资格担任专家证人时，麦克格拉雷先生谈及自己对犯罪无组织性质的看法（Tennessee v. William R. Stevens，2001）：

在陪审团审核证据的过程中，麦克格拉雷作证称，辩方要求他进行犯罪现场分析，他计划首先在分析中审查犯罪现场证据，以确定嫌疑人的可能动机。他还说，自己特别要求不要事先得到任何有关嫌疑人的信息，也不参与嫌疑人犯罪心理画像，试图准确还原一个未知嫌疑人的心理画像。麦克格拉雷把相关犯罪现场描述为“无组织的性侵谋杀”。他认定桑迪·史蒂文斯是嫌疑人的主要目标，也是性侵的焦点。他认为默特尔·威尔森只不过是随机型受害人，她在错误的时间出现在了错误的地点。麦克格拉雷解释称，在无组织的杀人案件中，侵害人知晓受害人及其所在位置，且侵害人与受害人之间只有极少的接触。这类犯罪通常采取“闪电式袭击”或者出其不意的暴力袭击方式。犯罪现场凌乱无序，限制措施很少。性行为可能发生在死后，因为受害人身上有死后伤害和死后性活动的迹象。他陈述道，受害人尸体被遗留在现场，目之所及，还有大量的物证也留在现场。杀人凶器通常是侵害人在现场随手获得的随机型武器。一般来说，无组织杀人案中通常由某种突发刺激引发暴力事件，而相关犯罪通常会将对压力事件刺激源的报复转移给受害人。

麦克格拉雷对无组织犯罪现场和有组织犯罪现场进行了比较分析，有组织犯罪如典型的“雇凶杀人”，这类案件中的侵害人与受害人通常是陌生人。在犯罪发生之前可能会有一些人际接触，如利用欺骗或诡计把受害人引诱出来。有组织犯罪的现场能反映出嫌疑人具有全面的控制意识，经常可以发现用以控制受害人的捆绑物；在受害人死亡之前还有暴力伤害行为；受害人尸体常常被藏匿起来，侵害人有时也会故意将尸体支撑起来或展示出来，起到震慑、恐吓的作用；嫌疑人使用的凶器一般是经过选择的，由嫌疑人带到犯罪现场，在案发之后又带走；侵害人具备更强的“证据意识”，通常会转移受害人尸体。

在麦克格拉雷先生确定为专家证人时，他还阐述了自己对分析中错误率的看法以及联邦调查局心理画像人员的相关分析。他从本质上证明，真实的错误率是未知的，但由于越来越多的人需要心理画像服务，其准确性证明变得显而易见（Tennessee v. William R. Stevens，2001）：

> 麦克格拉雷被问及，是否事先就确定了潜在准确率。他回答称，联邦调查局曾进行过一次调查，确定其特工人员在犯罪现场分析和心理画像方面的准确率达到75%至80%。他解释道，这类分析“并非一门硬科学，你可以做控制性实验，并通过实验得出精准比率，”但是对这类服务的需求一直在增加，这一点正好就体现了其有效性。麦克格拉雷证实，当他最初进入联邦调查局行为科学小组时，那里只有7名工作人员，当他离任时，已经增长到12名，到现在大约有40名。他说：“至于证据……在此过程中，其有效性和可靠性表现在它正在逐渐被接受。——这种方法得到了广泛采用，而其需求正在超出我们的提供能力。”

在听取了麦克格拉雷在这一领域的证词之后，审判法院驳回了相关证词。法庭认为，其证词涉及的是“侵害人的行为而非犯罪现场”。也就是说，他在试图证明可能的侵害人行为（犯罪重现乃是根据他的经验而不是根据犯罪现场的物证）。审判法院还进一步裁定：他在这一领域的证词对事实调查人员毫无帮助，“因为其证词不具备可信度或可靠性”。最后，麦克格拉雷只被允许就犯罪现场、现场伪装、有两名嫌疑人的可能性、以及本就该由警方进行的工作，做出一般性证言。此外，他不被允许就其认为的动机作证。

麦克格拉雷被确认具备刑事调查分析（即犯罪心理画像）领域专家资格。①根据“田纳西州诉威廉·R. 史蒂文案”的记载（2001）：

> 麦克格拉雷作证称，辩方要求他对本案中的犯罪现场进行刑事

---

① 正如本书之前所述，德普等人（1995，p. 115）明确指出，术语“刑事侦查刑事侦查分析”（Criminal Investigative Analysis）只不过是联邦调查局替代“犯罪心理画像”（Criminal Profile）的术语。

“针对非法和暴力行为的刑事侦查分析（CIA），可能会根据客户要求的服务向指定机构提供各种有用信息。以前称为“心理画像”和“罪犯人格特征画像”，现在改称“刑事侦查刑事侦查分析”，是为了将其适用程序与心理健康专业人士使用的程序区分开来。

这将是一个重要区别，因为联邦调查局的画像人员发现当他们试图将证词提交给法庭时，犯罪心理画像和心理特征画像一般都不被采纳。因此，改名是为了便于法庭接受，给心理画像换个马甲而已。

侦查分析，包括分析犯罪现场、研究受害人，确定是哪些因素可能增加他们成为受害人的风险；还包括查看可能的司法报告、以及推断犯罪如何发生等。在本案中，麦克格拉雷得到了犯罪现场的照片和录影带，以及法医的检验报告。他作证称，犯罪现场杂乱无章，显示出缺乏控制力。整个现场凌乱不堪——衣服被扔到地上，钱包和药丸被随手丢弃，物品散落一地，圣诞树也被撞倒——如果单纯实施谋杀，这些行为都没有必要。

麦克格拉雷说，“性犯罪”是一种暴力犯罪。在性犯罪中，性被用作惩罚、贬低和羞辱受害人的武器或工具。他进一步解释称，“伪造现场”是侵害人对犯罪现场的故意改变，旨在将侦查重点从侵害人身上移开。在伪造过程中，侵害人试图掩盖犯罪的真实动机和真实情况，努力使犯罪现场看起来像与实际情况不符的另一种类型的犯罪。他还解释称，“血迹转移”（transfer blood）是一种血迹污点或血印，当侵害人身上有血时，他/她接触另一个物体就会发生血迹转移。血迹转移可能很重要，因为转移中图形模式可能非常明显，可以和具体的衣服或物品联系起来。麦克格拉雷证实，犯罪现场的指纹、足迹，以及头发都可能成为重要物证。此外，麦克格拉雷还说，用犯罪现场的证据来佐证侵害人的供词也很重要。

麦克格拉雷证实，根据犯罪现场的情况，该案很可能不止一名侵害人。首先，受害人分别被不同的凶器杀死：威尔森女士被匕首刺死，而史蒂文斯女士则是被绳索勒死。其次，在史蒂文斯的房间里，并没有许多转移血迹，而原本我们以为那里应该有很多血迹，比如在药瓶上或是在床上的色情杂志上。这些物品肯定是侵害人接触过并放到床上的，但是却没有丝毫的转移血迹。此外，在没有将任何血迹转移到扔在拖车物品上的情况下，侵害人就顺利完成了犯罪现场“伪造”。因此，麦克格拉雷认为，侵害人愚蠢地试图“伪造”犯罪现场，使其看起来像一起盗窃案。他解释称，窃贼不一定非要把衣服和其他物品扔在案发现场周围。

辩护律师曾经问麦克格拉雷，色情杂志是否与“性犯罪”有关。他回答称，我们应当记住性犯罪的动机是对受害人进行惩罚、贬低和羞辱，“在本案中，色情杂志被放在受害人身边……——我个人的看法是，[或许] 最好被解读为是对受害人的进一步贬低和羞辱。而且，它也是一种性犯罪的动机。”

争议

辩方声称，审判法庭限制麦克格拉雷的证词，这是一个错误。他们认为，审判法院采用了不恰当的法律标准，不合理地解读了麦克格拉雷提出的证词，并且认定证据不可采信。他们认为，麦克格拉雷对证明犯罪现场特征及这些特征表明的信息是有准备的，这超出了陪审团的正常接受范围。他们还认为，限制麦克格拉雷先生证词的裁决事实上阻碍了他们的辩护工作（Tennessee v. William R. Stevens，2001）。

法庭裁决

田纳西州上诉法院（The Tennessee Court of Appeals）认为，审判法庭认定麦克格拉雷的证言不可靠并进行限制是正确之举。他们也清楚地指出，他们不予采纳麦克格拉雷的部分证词，这部分证词最终只能被视为犯罪心理画像（Tennessee v. William R. Stevens，2001）：

> 麦克格拉雷承认，据他所知，美国法院从未采纳过以犯罪心理画像为依据的专家证词。一般情况下，犯罪心理画像是应权威部门请求，向他们提供关于身份不明侵害人的种族、性别、就业状况等方面的信息。尽管这种复杂的推理活动对犯罪侦查人员有很大帮助，但是它还没有可靠到足以在刑事审判中可以作为专家证言采信。同样，虽然从技术角度来看算不上“犯罪心理画像”，但麦克格拉雷“基于现有司法证据而对侵害人进行的行为分析“仍然无法符合要求。尽管麦克格拉雷认可人类行为非常复杂，杀人行为背后可能有多种动机因素，但麦克格拉雷仍然准备发表专家意见，认为在本案中凶手并不属于雇凶杀人，而是由于一起令人不安的偶发事件引发了性犯罪。
>
> 法庭并不怀疑麦克格拉雷的说辞：即自己的证言是建立在多年的研究和经验基础之上。出于这个原因，法庭认为他的证言并非完

全基于推测。尽管如此，法庭也并不确信这类分析经过了适当的客观检验，或者它是基于长期、可靠的科学原则而得出的。

田纳西州上诉法院强烈地意识到，麦克格拉雷试图解释的不仅仅是犯罪现场的特征。他在试图证实自己可以通过对比此案中的犯罪现场和“典型”的由突发压力引发性侵的犯罪现场，来确定侵害人的具体动机。他力图说明，被告描述的犯罪行为是否发生，取决于个人的行为方式（Tennessee v. William R. Stevens，2001）。

要想在田纳西州得到接纳认可，专家证词必须能对事实调查人员提供实质性帮助。田纳西州上诉法院得出结论称，审判法院认定拟议的专家证词不够可靠，不足以从实质上协助事实调查人员，这说明审判法院没有滥用其自由裁量权，具体原因如下：

- 类似案件的先例已对这种证词设限
- 准确率仅为 75% ~80%
- 专家证言的“特殊光环”

讨论

笔者认同本案的判决裁定。审判法庭正确地认定，麦克格拉雷先生提出的多数意见证词是一种不可靠的归纳式犯罪心理画像，因此不予采纳。如前所述，如果要求俄克拉荷马州上诉法院（Oklahoma Court of Appeals）以相同方式处理“俄克拉荷马州诉吉米·瑞·施耐特案”（Oklahoma vs. Jimmy Ray Slaughter）（1997）中的类似问题，那么哈泽尔伍德先生（Mr. Hazelwood）在该案中所作证词可能全部被驳回。与那起案件一样，在处理归纳型心理画像报告时，讨论一般性问题并没有什么大错。但是，画像背后的科学/研究应当接受全面彻底的审查，而且专家不应以确信无疑的态度为陪审团准备画像报告，将画像内容与案件实际情况一一匹配。

“美利坚合众国诉戈登·E. 托马斯三世”案（United States vs. Gordon E. Thomas Ⅲ）（2006）

戈登·E. 托马斯（Gordon E. Thomas）被控三项罪名：性侵儿童；持有经州际和国际贸易运输的露骨描述未成年人性行为的物品；企图接

收未成年人进行露骨性行为的图像照片。控方提出，为了社区安全有必要在审前羁押嫌疑人，遭到辩方拒绝。2003 年 4 月 28 日，法院裁定反对审前羁押，赞成有条件释放，控方对此提出上诉。上诉法院仍维持原判，而且对释放托马斯提出了附加条件。

最终，上诉法院这份 2006 年的意见为来自联邦调查局犯罪心理画像人员的专家证词设定了一个重要的评价标准，我们有必要注意这一点。

背景

以下全部摘自“美利坚合众国诉戈登 · E. 托马斯三世案”（2006）的记载：

> 针对被告的指控是一项调查的结果，在此调查中，联邦调查局探员在网络上盯上了一个海外人士，发现其曾在互联网上发布含有儿童性行为的色情广告视频。互联网广告商被捕之后，探员们继续和他的客户保持联系，其中就包括托马斯。控方称，被告看了其中一个网络广告后，支付了 200 美元购买儿童色情视频。此次交易之后，邮政监察局（Postal Inspection Service）对被告实施了“控制投递”，禁止向被告住所投递儿童色情制品。2003 年 1 月 3 日，警方执行搜查令，对被告住所进行搜查，查获了电脑、摄像机、光盘、软盘和一些录影带。警方随后对这些物品进行分析，发现其中包含大约 1 万 6 千张儿童色情图片。这些图片成为被告接收并持有儿童色情制品两项指控的基础。
>
> 除刚刚提及的图片，在被告住所查获的一个录影带中，警方还发现了这样的画面：一只成年人的手正在缓缓暴露一个似乎睡着了的年轻女孩的外阴。警方认为这个场景是托马斯一手创造并制作的，当时他正帮忙照看朋友 9 岁的女儿。托马斯后来签署了一份书面声明，承认已被告知相关法律权利，他坦承自己制造了上述场景和影像，但坚称该事件只是一次性的，而且声称自己从来没有触碰过视频里的女孩，也没有触碰过其他任何儿童。这幅图片及其相关制作行为随即成为指控被告进行儿童性侵的依据。

在查获的录影带中，也有非色情镜头，这些镜头显示一些年轻女孩在楼梯井或公寓楼栋的底层交谈。然而，她们的胯部在镜头中被放大，警方称这部分视频是透过公寓门的猫眼或隐藏在公寓阳台偷偷进行录制的。警方据此将这部分录影带定性为“儿童色情”和“盯梢”视频，声称这些证据进一步证明了被告对本地年轻女性构成威胁。

专家及其证言

控方在一定程度上依赖行为分析小组（前犯罪心理画像部门）专家级特工詹姆斯·克莱门特（James Clemente）的证言。他作证证明被告如何符合性侵偏好嫌疑人的特征，尤其涉及其今后是否可能再次犯罪的危险程度。“美利坚合众国诉戈登·E·托马斯三世案”（2006）（此处添加了原脚注，并用方括号和斜体字表示）对此有详细的描述：

控方出示了詹姆斯·克莱门特的证言。克莱门特是美国联邦调查局国家暴力犯罪分析中心（简称“NCAVC”）行为分析小组（简称“BAU”）的专家级特工（简称“SSA”）。[专家级特工克莱门特的履历（CV）显示，国家暴力犯罪分析中心的任务是向世界各地的执法机构提供暴力犯罪、性犯罪和连环犯罪的刑事调查分析。国家暴力犯罪分析中心由三个部门组成：行为分析小组，儿童诱拐/连环谋杀调查资源中心，以及暴力嫌疑人拘捕计划。这三个部门“代表了近三十年来联邦调查局刑事侦查分析的巅峰。”]

专家级特工克莱门特的简历还提及：“行为分析小组由平均拥有18年执法经验的专家级特工组成，其工作重点是暴力犯罪和性犯罪侦查。许多行为分析小组成员拥有包括法律、心理学、昆虫学和犯罪学等领域的高等学位。每一名成员都完成了国家暴力犯罪分析中心要求的560小时综合训练计划，以及其他高级和专业课程。每一位行为分析小组成员都需要进行案例分析，科学研究以及为他人提供培训。他们每年要分析1500多起案件，开展多个正在进行的研究项目，并培训来自全球各国的1万多名执法人员、公诉人员和专业卫生保健人员。行为分析小组成员还要提供在场的犯罪现场分析和专家证词。专家级特工克莱门特在儿童性侵犯罪侦查方面接受过专门训练，并在临床司法心理学、犯罪学和研究方法论方面接受过研究生水平的教育。此外，专家级特工克莱门特还就 1000 多起儿童性侵和受害案件进行过分析和咨询，并对性侵嫌疑人进行过访谈和相关研究。鉴于其在儿童性侵嫌疑人调查方面的训练和经验，法院毫无异议地提议并接受将专家级特工克莱门特聘任为“刑事侦查分析”专家。

[专家级特工克莱门特解释了术语“儿童性侵嫌疑人”：这是一个执法术语，适用于那些对 18 岁以下儿童实施（性实质）犯罪的人。他进一步指出，虽然“恋童癖”这一精神病学术语适用于部分儿童性侵嫌疑人，但并不适用于所有儿童性侵嫌疑人，因为恋童癖一词只适用于那些被青春期前儿童性吸引的人，(Tr. 23，Apr. 28)]，他还详细介绍了儿童性侵的特点和方法。在其书面声明中，专家级特工克莱门特将“刑事侦查分析”一词定义为“一种执法部门的工具，它利用调查结果、司法鉴定发现，以及受害人和侵害人行为来评估案件。它被进一步用于儿童性受害案件，用于消除人们对儿童性侵者或性骚扰者的迷雾和误解。”[联邦调查局国家暴力犯罪分析中心网站陈述称（节选）：行为分析小组的任务是通过将案例经验、研究发现和训练成果应用于复杂的、时间敏感性强的、通常涉及暴力行为或暴力威胁的犯罪，来提供基于行为分析的侦查和操作支持。……（包括）针对儿童的犯罪……行为分析小组通过“刑事侦查分析”过程向执法机构提供辅助。刑事侦查分析是从行为和侦查的角度来审查犯罪的过程。它包括审查和评估犯罪行为事实、解读侵害人行为、以及模仿案发期间或根据犯罪现场线索还原与受害人之间的互动。行为分析小组成员进行详细的犯罪分析，目的是为了提供以下一种或多种服务：犯罪分析、侦查建议、未知侵害人心理画像、威胁分析、危机事件分析、面谈策略、重大案件管理、搜查令协助、起诉及审判策略以及专家证词等。联邦调查局危机事件应急小组、联邦调查局国家暴力犯罪分析中心及其《任务说明》(2003) 的相关信息可以在以下网址查询：www. fbi. gov/hq/isd/

cirg/ncavc. htm（最近访问日期是2006年1月4日）］（Declaration，5）。

专家级特工克莱门特进一步解释称，偏好儿童性侵嫌疑人会表现出：（1）长期和持久的行为模式；（2）将儿童视为优先选择的性对象；（3）获取儿童色情制品和/或儿童受害人的高超技巧；以及（4）幻想驱动的行为。（Declaration，7－11）（Tr. 23－24，Apr. 28）他将儿童色情制品收集视为偏好儿童性侵嫌疑人最明显的标志。（Declaration，14）专家级特工克莱门特陈述称，由于这类侵害人往往对某一年龄阶段的儿童产生性冲动，他们必须定期寻找和培养新的儿童，使其成为受害者，因为他们感“性趣”的儿童一旦长大，就已经超出了他们想要的年龄范围。专家级特工克莱门特表示，这样的分类非常重要，因为偏好型侵害人比情境型侵害人“更有可能”再次犯罪，因为偏好型侵害人的行为在本质上具有强迫性，因此更不容易受到控制。（Tr. 34－35，Apr. 28）专家级特工克莱门特的声明进一步解释称：有偏好型儿童性侵嫌疑人和情境型儿童性侵嫌疑人之分：对情境型儿童性侵嫌疑人来说，儿童对他们并没有绝对的性吸引力。因此，他们与儿童的性行为往往是意外或无意间接近儿童所致，并非有计划地接近儿童。

从本质上看，他们实施的侵害可以分为机会型和冲动型。另一方面，偏好型儿童性侵嫌疑人则发现他们自己常常对特定年龄阶段，或者具有其他具体特征的儿童产生性冲动……这些侵害人必须定期寻找新的（儿童受害人）因为他们感“性趣”的孩子总是会长大，从而“超出”他们想要的年龄阶段。因此，他们和儿童的性行为本质上具有重复性和掠夺性……［而且他们］往往倾向于进行高度可预测的行为模式。（Declaration，6－7）

在审查了采访记录、证据总结陈词以及托马斯本人陈述，同时核查了之前提及的被查获的照片和视频之后，专家级特工克莱门特对这起案件的嫌疑人托马斯形成了自己的看法。他还就此咨询协商了参与本案起诉的首席侦查员和联邦助理检察官。但他并没有亲自询问被告。

克莱门特认为，托马斯呈现出偏好儿童性侵嫌疑人的所有四个典型标志或称行为特征。第一，被告收集儿童色情制品达六年之久，克莱门特认为这个行为属于长期和持续的行为模式。第二，克莱门特发现托马斯收集的色情制品对象几乎都是集中在年龄 5 到 13 岁的前青春期女童，这充分说明他有偏好把儿童作为首选的性行为对象。第三，在查获的影像中，被告与孩子母亲展现出真挚友谊，克莱门特将其视为试图接近和控制受害儿童及其妹妹的掩护。他进一步评定，托马斯与两名女孩的关系是此类侵害人典型的"诱拐"行为。克莱门特据此得出结论：托马斯利用了两个成熟精妙的办法，即他与女孩母亲建立友谊和随后的诱拐行为，来接近儿童受害人。第四，克莱门特发现：无论是托马斯收集的儿童色情制品，还是他对自己朋友的女儿进行摄录，都属于幻想驱动型行为，他注意到托马斯的物品收集非常有针对性和目标导向，被告再次制作儿童色情录影带的风险极高。

此外，克莱门特还发现，托马斯在制作色情影像时，有意把监视录像中的年轻女孩的非色情图片和成人色情图片，以及自己朋友女儿的外阴图片拼接在一起，以满足自己的欲望，这一点很重要，能够为我们提供更多的洞察力去了解他的嗜好。因此，克莱门特总结称，被告人的行为结合他针对前青春期女孩为主角的儿童色情制品收集，表明他是一个偏好儿童性侵嫌疑人。

克莱门特证实，尽管不能绝对准确地预测出未来的犯罪行为，但是未来行为的最佳判断指标就是过往的行为模式。他陈述称，此案中被告再次犯罪的风险很高，因为托马斯对他朋友女儿的行为越过了幻想与主动骚扰的界限。（Declaration，20）（Tr. 39 – 40，Apr. 28）他进一步评估了托马斯的总体行为：从个人幻想开始，到收集儿童色情制品，再到制作儿童色情制品，最后到暴露和触摸儿童外阴区域，对其进行实际的性骚扰，表现出清晰的行为升级。（Tr. 40，Apr. 28）

专家级特工克莱门特认为托马斯在其书面声明中的部分陈述并未承认年轻女孩对自己有性吸引力，或者愿意对自己的行为承担责任，而是试图将自己的行为合理化。(Tr. 38，Apr. 28) 他还陈述称，由于托马斯伤害的是一个与其没有关系的孩子，也就是说，是一个与其非亲非故的外家庭子女，因此他更有可能再次犯罪，而且相关文献显然也支持这一说法。(Tr. 40 –41，Apr. 28) 具体说来，克莱门特证实称，他认为，如果托马斯获释，即使是有条件的取保候审，他也有“很高”的风险再次犯罪，即“很有可能”。(Tr. 75 –77，Apr. 28) 尽管如此，克莱门特也证实称，如果托马斯被取保候审，他并不认为其再次犯罪的概率会达到“最高级”。(Tr. 75，Apr. 28)

当法庭问及克莱门特其意见的依据时，克莱门特称自己是一名经验丰富的刑事侦查员，拥有联邦调查局探员[①]的系统性知识，还在北卡罗来纳州巴特纳联邦监狱（Federal Correctional Institution in Butner，North Carolina）从事过性侵犯罪嫌疑人矫正研究。参见心理学博士安德烈斯·E. 埃尔南德（Andres E. Hernandez，Psy. D.）所著《美国联邦监狱局性侵犯罪嫌疑人矫正计划参与者自述接触性性侵：来自互联网性侵嫌疑人的启示》(2000)（*Self – Reported Contact Sexual Offenses by Participants in the Federal Bureau of Prisons' Sex Offender Treatment Program：Implications for Internet Sex Offenders*，2000，Hernandez Study）。

该研究的主要目的是“审查项目参与者涉接触型性犯罪（如儿童性虐、强奸等）的发生率，包括那些已被判定非接触型性犯罪的囚犯（如持有儿童色情制品）。”这项研究的结果是：90 名已被判刑的被试涉及制作、散布、接收和持有儿童色情制品，或者曾引诱儿童及跨州性虐儿童，此外，他们还涉嫌另外 1622 起性犯罪，而这部分罪行是刑事司法系统以前没有发现的。尽管如此，当法庭就被告风险评估依据询问克莱门特时，他却无法解释自己的方法或技巧是如何进行错误检查或同行审查以确保其准确性和可靠性的。

---

① 这基本上证明了克莱门特具有一些联邦调查局工作人员所特有的知识。但不幸的是，他无法量化，甚至无法说出这些知识。我们可以推断，这些属于机密信息，但根据美国的调查规则，专家们不能基于机密信息来发表他们的意见和证词。

法庭裁决

法庭最终发现联邦调查局行为分析小组特工们的专家意见是可靠的，而克莱门特的意见却并不可靠。此外，法庭还发现行为分析小组的方法同样缺乏同行审查，而克莱门特引用的研究则属于应用不当。当被要求对自己的观点进行辩护时，他却仍例行公事地引用了自己丰富的执法经验和联邦调查局探员的身份，这其实就是陷入了循环论证：

> 鉴于专家证词的作用不断扩大，以及相关专家由于长期在联邦调查局任职而建立起来的权威甚至神秘感，我们很有必要确定这些专家证词的可靠性。参见科克伦的相关叙述（See Cochran at 89）（请注意“由于联邦调查局下设的心理画像和行为评估小组是世界上唯一专门调查离奇和残忍犯罪的组织，该组织成员的证言往往被视为强有力的证据”）（着重强调）。同时请参见 D. 迈克尔·李辛格与杰弗里·L. 卢普所著的《三张牌蒙特》、《蒙蒂·霍尔》、《作案手法与“罪犯心理画像”：现代认知科学对证据法的几点启示》，24 Cardozo L. Rev. 193，251（2002）（相关意见认为，文章中有争议的心理画像数据本来可以很容易地证实或证伪，原因很简单：因为联邦调查局可以获得解决原始准确性问题的数据，并且联邦调查局不应当受益于“自己的失误，即未能协助生成可靠数据”）；亨利·F. 弗雷德拉，亚当·福加蒂及劳伦·奥尼尔，《德伯特对行为科学证词可接受性的影响》，30 Pepp. L. Rev. 403，444（2003）（请注意“似乎只有一个领域中德伯特没有被严格应用于行为科学证词……即执法人员根据自己多年的实际工作经验就作案手法或犯罪心理等方面提出的专家意见，对其理论知识基础的探究，以及他们方法论及其结论的有效性和可靠性，这些领域似乎逃过了德伯特的审查”）。……
>
> 法庭承认克莱门特在对儿童性侵嫌疑人特征和行为模式进行刑事侦查分析方面具备一定的专业知识素养，并认为这主要是通过经验和逸闻信息获得的。［然而，根据现有证据，在儿童性侵犯罪刑事侦查分析方面的专业知识素养并不一定等同于风险评估方面的专

业知识素养。“施里夫诉西尔斯及罗巴克有限公司案”（Shreve v. Sears, Roebuck & Co., 166 F. Supp. 2d 378, 391), 166 F. Supp. 2d 378, 391 发现“法庭提议的证人是某一领域的专家，这个事实本身并不能自动赋予其作为相关领域专家出庭作证的资格”)。可参考“格罗斯诉金·大卫·比斯特罗案”（Gross v. King David Bistro), 83 F. Supp. 2d 597, 600 - 01（D. Md. 2000）（确定由于拟议的证词不可靠，因此法庭提议专家的经验和培训也就“无关紧要”)。]

克莱门特的证词清楚地表明：德伯特因素（Daubert factors）并不令人满意，执法机构对其的普遍接受可以说是唯一的例外。然而，最高法院明确拒绝了弗莱（Frye）关于科学证据“普遍接受”之标准，并代之以德伯特提出的双管齐下的守门式测试（509 U. S. at 597, 113 S. Ct. 2786, 125 L. Ed. 2d 469）锦湖轮胎有限公司（Kumho Tire Co）后来把德伯特标准扩展到了所有的专家证据领域。（509 U. S. at 584 - 89, 113 S. Ct. 2786, 125 L. Ed. 2d 469）

首先，克莱门特无法证明自己的风险评估方法已经（或可以）接受检测。当法庭询问其方法是否已经经过检测或验证时，克莱门特的一系列答复对相关询问几乎没有正面回应，他声称自己的方法“不属于科学分析的范畴”，也无法确定任何可以测试或验证的东西。（Tr. 75 - 78, Apr. 28)。[克莱门特将自己的意见描述为一种风险评估，申明自己“不是在预测行为”而是“根据……刑事侦查分析来评估风险……并且提供关于相关人员再次犯罪以及社区面临风险水平的意见。”（Tr. 53, Apr. 28)]

此外，偏好型性侵嫌疑人的类型学［类型学的词典定义是：“对类型的研究，如系统分类。”]［详情参见“肯尼斯诉蓝宁案，儿童性骚扰：行为分析视角”（Kenneth v. Lanning, Child Molesters: A Behavioral Analysis)（美国失踪儿童和性侵儿童研究中心，2001)（National Center for Missing & Exploited Children, 2001)（描述偏好型性侵嫌疑人的类型)。该类型学由蓝宁先生首先提出并逐步发展起来，它有四个显著特征，与上文讨论过的克莱门特声明和证词中的描述极为相似。] 克莱门特也曾反复提及，并作为其分析基础，很显然这是完全基于坊间案例研究和采访。[克莱门特证实称，自己的风险评估方法只是“刑事侦查分析的一个方面”，大体是依据“坊间案例分析，因为这个领域很难进行实证研究。”（Tr. 77，Apr. 28）他后来重申，这是“基于多年的访谈”（Tr. 77，Apr. 28）。最后，在回答一系列关于其风险评估基础的问题时，克莱门特回应称：“现在，我们是否已经发表了证明 [符合偏好型性侵嫌疑人四个特征的侵害人就一定会再次犯罪] 的研究？不，我们并没有。我们可能正在这一领域进行第一次长期的实证研究。”（承认偏好型性侵嫌疑人类型学是根据轶闻信息，“全部依赖于作者的现有知识和经验”。）克莱门特甚至无法提供任何回顾性研究来证实这种类型学的有效性。[法庭：然而，即使一个回顾性研究可以审视侵害人，然后回顾他们的特点，你们是否撰写过任何审视（比如说 100 名）……侵害人的文章，随后确认他们的特点，并且以回顾的方式审视相关内容，并最终促成其发表？

目击者：是的，我没有。当我加入部门的时候，我做的其中一件事情就是推动实证研究……我是一名律师，我知道相较于轶事与实证的权重比例。我们有大量的轶闻信息，却没有什么实证数据（Tr. 82 - 83，Apr. 28）]（Tr. 82 - 83，Apr. 28）。

克莱门特承认：偏好型性侵嫌疑人的类型在其风险评估方法和相关侵害人再犯罪风险评估中是必不可少的重要一环，需要进一步研究来验证。[克莱门特证实称，行为分析小组与正在进行的一项纵向研究相关，这项研究的被试超过 1000 人（Tr. 80，Apr. 28）。但是，这项研究的结果尚未公布，因此不能在这个问题上协助法庭。此外，克莱门特证实称，由行为分析小组公布的偏好型性侵嫌疑人的相关结果、分析和类型已经发表在《美国医学协会杂志》（简称“JAMA”）上（Tr. 83，Apr. 28）。然而，法庭研究显示，唯一一篇发表在《美国医学协会杂志》的相关文章只简单陈述称“华盛顿州西雅图市的一个儿童性侵嫌疑人研究项目的科研人员针对性虐儿童的男性的心理和作案手法进行了定性研究。”（彼得 · J. 费根博士，托马斯·N. 怀斯医学博士，切斯特·小施密特医学博士和弗雷德·S. 柏林医学博士，恋童癖，288 J. Am. Med. Assoc. 2458，2460）（2002）（Peter J. Fagan，Ph. D.，Tomas N. Wise，M. D.，Chester W. Schmidt，Jr.，M. D. & Fred.，S. Berlin，M. D.，Ph. D.，Pedophilia，288 J. Am. Med. Assoc. 2458，2460（2002））（引用自孔特·JR，沃夫·S.，史密斯·T.，《性侵害人告诉我们的预防策略》13名被虐儿童启示录，Negl. 293 - 301）。法庭无法获得《美国医学协会杂志》引用文章中的相关研究，克莱门特没有提出来，甚至也没有专门确认。然而，虽然引用的参考资料表明，该研究主要关注某些虐童者的“心理和作案手法”，但是其并未揭示该研究实际上是否证实了行为分析小组对偏好型性侵嫌疑人的分类。］（Tr. 80，Apr. 28）因此克莱门特也承认：他的意见多是根据坊间案例研究和访谈，虽然“数量众多”，但是缺乏实证基础（Tr. 83，Apr. 28）。

法庭认识到，亦正如克莱门特所证实的那样，在这方面收集实证数据非常困难，但是困难本身并不能使风险评估方法更加可靠，或者使其免除各类测试或验证。因此，它并不满足第一条德伯特因素。

第二，没有具体文献可以证明他的方法接受了有实质意义的同行审查。虽然克莱门特证实称偏好型性侵嫌疑人类型学曾被刑事侦查分析以外领域的出版物引用，但是我们无法找出任何研究或出版物可以证明他的同行们，即其他刑事侦查分析人员，曾经分析或验证过这种类型学。［克莱门特证实称，相关类型学已被国际刑事侦查分析协会（International Fellowship Of Criminal Investigative Analysis）接受，并称其为“儿童性侵嫌疑人行为犯罪目的分析的有效模式”（Tr. 84，Apr. 28）。然而，除了克莱门特本人的声明以外，并没有其他的证据可以证明上述言论，这并没有构成有实质意义的同行审查。详情参见“美利坚合众国诉霍恩案”（United States v. Horn，185 F. Supp. 2d 530，555，D. Md. 2002）］（Tr. 84，Apr. 28）。

此外，虽然克莱门特描述了一个监督过程，咨询研究委员会可以对行为分析小组的工作人员进行监督，但是在目前的法律背景下，这似乎并不构成有实质意义的同行审查（Tr. 60, Apr. 28）。详情参见“美利坚合众国诉霍恩案”, 185 F. Supp. 2d 530, 555, D. Md. 2002）（释义：“德伯特和锦湖轮胎公司设想的同行审查必须涉及批判性分析，用来揭示审查结论依据方法或原则上的弱点”）。

第三，克莱门特同样无法解释其风险评估技术中的错误率（如果存在的话），他一再强调这是刑事侦查分析的一个重要方面。在交叉问询中，出现了下面的对话：

问：你们办公室是否有已经就位的程序或机制可以用来评估过往案件，确定你们的分析错误率？

答：当然。我们办公室就是一个智库。我们基本上会以委员会的形式进行磋商，当你作为专家向法庭作证时，你必须同时向这个委员会提供一份证词，委员会成员会根据我们多年来的追踪记录和经验来批准或驳回相关证词……

问：你们指的追踪记录是什么？是什么的追踪记录呢？

答：记录的咨询案件、接受的专家证词、以及证词的准确性之类的东西。

问：好的，打个比方，追踪记录是不是说比如 1990 年你指出某个人是偏好型性侵嫌疑人，他一直在持续进行骚扰活动，几年来你一直持续追踪，就是为了证明这一点是否属实，对吗？

答：嗯，是的。比如说，你把整个案子都梳理了一遍。这个案子并没有结案。

问：你从来没有犯过错吗？

答：刚才的第一个就是。

问：除了你刚才给我讲过的那个例子以外呢？

答：你说嫌疑人是偏好型侵害人那个例子吗？

问：是的，就是这类事情。比如某个侵害人是活跃的性骚扰者，而多年后却发现他并非如此，针对这类观点你们是否有错误控制机制？有什么办法建立这种机制？

答：好吧，唯一能让我下定决心的就是考虑是否有证据能够匹配我的决心。我从来没有遇到这种情况。我来讲一个案子吧（Tr. 58 –60，Apr. 28）。

显然，相关风险评估方法，即确定被告是否为偏好型性侵嫌疑人这一方面，没有已知的错误率。因此，第三条德伯特因素也无法满足。

最后，正如上述讨论所示，可以用来证明有标准控制克莱门特应用方法的证据少之又少（如果存在的话）。显然，委员会以前进行过一些监督，但是克莱门特没能确定在这种情况下哪些措施可以适当地称为“标准”。因此，第四条德伯特因素也无法满足。

当然，德伯特阐述的各种精确因素不一定适用于每一起案例中的每一位专家证人。参见“锦湖轮胎有限公司案”（Kumho Tire Co.，119 S. Ct. at 150）。然而，德伯特和锦湖轮胎有限公司的案件，连同 Fed. R. Evid. 702 号案件一起，要求法庭必须通过审查可以公正评估可靠性的各种因素来履行法庭守门的职责。克莱门特称，自己的专业知识素养和方法并不“科学”，虽然可以和科学方法进行类比，但不应严格适用于自己的证词（Tr. 77，Apr. 28）。

许多社会科学家，像克莱门特做的一样，主要依靠真实世界的经验得出自己的结论。就像一个法庭的发现：在锦湖轮胎公司案之前，当专家证词以科学假设为依据，且可以被对照实验反驳推翻时，就必须应用德伯特因素……但是当涉及非牛顿科学或其他专业化知识时，其应用程度可能会不同。”“美利坚合众国诉霍尔案”（United States v. Hall，974 F. Supp. 1198，1202）（C. D. Ill. 1997）（内部引号省略）。尽管如此，法庭还是强调：“专家及其得出结论的方法必须有一定程度的可靠性。”（同上）法院同时解释称，专家提供的社会科学证言若是依据“现实世界经验而非实验”，则必须符合一定的定性和定量要求：包括经验阈值，相关经验的充分相似性“本质上可以形成对比的有效基础”，发表在学术期刊，以及有实质意义的同行审查中。（同上，at 1202 –03.）

尽管如此，如前所述，除了少量经验以外，克莱门特的评估甚至没有满足那些不怎么严格的因素，这些因素有时会应用于“软”

社会科学来确定其可靠性。……

在其证词中，克莱门特参考并依据了赫尔南德斯（Hernandez）研究，他认为托马斯一定会再次犯罪。克莱门特注意到：上述研究发现，在 62 名被判持有儿童色情制品并因此收监的犯人中，有 54 名承认自己进行过约 30 例未被发现的性骚扰。因此，克莱门特依据赫尔南德斯的研究来论证称，仅仅根据托马斯持有各种儿童色情制品这一事实，就可以推断他再次犯罪的风险很高，而且一旦他被取保候审的话，其再次犯罪的风险甚至比惯犯统计数字预估的还要高。赫尔南德斯研究与即时事实非常不同，以至于它并不符合克莱门特使用它的目的。参见“美利坚合众国诉霍尔案”（United States v. Horn，185 F. Supp. 2d 530，553，D. Md. 2002）（释义：确定可靠性和相关性的各种因素必须“契合”审议案件，细致检查可以“暴露出证据缺陷和不足，否则就会被忽略”）。虽然克莱门特证实称，性侵害人累犯的统计数字并不准确，因为许多这类罪行至今仍然没有被发现，但我们推测得出的结论是：在拟议的严格条件下，托马斯很可能在取保候审的约六周时间里去性骚扰某个儿童。[被告定于在拘留审讯结束后约六个星期后受审，相关法院也对这一问题做出了法庭裁决。] [详情参见乔治 · B. 巴勒莫医学博士和玛丽 · 安 · 法卡斯博士（George B. Palermo，M. D.，& Mary Ann Farkas，Ph. D）所著《性侵害人的困境》（*The Dilemma of the Sexual Offender*）（172 – 172，2001）。两位作者陈述称：“性侵害人被描述成比其他类型的侵害人更有可能再次犯罪。这类侵害人的特征是重复其性行为或很有可能重复其性行为……尽管使用精算方法使得研究科学性有所改进，但是与其他侵害人类型相比，关于性侵害人累犯率的研究尚未得出最终结论。没有明确证据表明性侵害人比其他类型的侵害人更可能再次犯罪，也没有实证基础来评估哪些性侵害人最有可能再次犯罪。”（同上，内部引文省略）。……]

克莱门特借助赫尔南德斯研究，指出累犯统计数字实际被低估了，因为许多骚扰事件从未向司法系统报告或者没有被司法系统发现。虽然事实可能的确如此，但问题在于现有累犯统计数据的低估程度究竟有多大，以及这种低估如何影响在候审时间内（通常是几个月，不到一年）的再犯风险评估。

克莱门特的方法根本没有解释，甚至没有承认，此案拟议的释放条件可以如何减轻这种风险。

值得注意的是，赫尔南德斯研究对象报告称，他们是在较为宽松的环境中实施了性骚扰，当时的监督条件并没有像本案建议的那般严苛。尽管如此，克莱门特还是坚持认为，由于托马斯在取保候审期间具有“很高的”再次犯罪风险，所以应该拘捕他，但他没有解释为何拟议的条件能或不能减轻累犯风险。由此，法庭发现赫尔南德斯研究根本不契合此案的相关事实，只会对克莱门特的风险评估可靠性产生不利影响。参见“格罗斯诉金·大卫·比斯特罗案”（Gross v. King David Bistro，83 F. Supp. 2d 597，600 –01）（D. Md. 2000）（发现专家证词不可靠，因为相关专家引用的实证数据“太粗浅，不严谨，无法支持其得出的结论”）。

克莱门特的观点是依据其称为过往行为的“模式”。然而，法庭并不相信此案中收集儿童色情制品和单独的猥亵骚扰事件就等同于克莱门特宣称的模式。如前所述，法庭绝不会人为降低性骚扰指控所依据行为的严重性。然而，没有任何证据表明有其他骚扰行为，因此，从托马斯一方看来，这种行为可能只是一种反常行为。

值得注意的是，在穷尽式地审查了用于确定性侵害人的危险性、反社会性和累犯风险的各种实证议题之后，最近一份出版物的作者们得出结论：“所有接触、观看和下载儿童色情制品的人是否最终都会升级成身体接触和性骚扰儿童，这仍然是一个经验性问题。”参见医学博士乔治·B. 巴勒莫和玛丽·安·法卡斯博士合著著作《性侵害人的困境》（66 –67，2001）［其中曾引用他们与联邦调查局培训学院博士安东尼·J·皮尼佐托（Anthony J. Pinizzotto，Ph. D.，of the FBI Academy）的通信内容来证实上述说法］。

此外，虽然法庭充分理解系列儿童猥亵案中侵害人为接触儿童使用的复杂技术和诱拐行为很重要，但是警方的论点是，由于托马斯骚扰了视频中的女孩，他与女孩母亲的友谊以及他偶尔照顾受害人及其两个兄弟姐妹的做法，实际上就是上面讲的复杂技术和诱拐行为。因此，即使采用了克莱门特提出的偏好型性侵嫌疑人类型学，法庭也无法确信托马斯先生的行为实际上包括这些诱拐行为和复杂技术，或者根据迄今为止已有的证据，其行为整体可被准确地评估为偏好型性侵嫌疑人的一类……

4. 法庭针对克莱门特意见的决定

在德伯特案中，最高法院（the Supreme Court）裁定：联邦 702 规则要求科学证据“不仅要相关，而且要可靠。”（509 U. S. 579，113 S. Ct. 2786，2795，125 L. Ed. 2d 469，481，1993.）为了确保可靠性，最高法院提供了可供使用的四个因素，同时还指出分析时应该灵活处理。（德伯特，509 U. S. at 594，113 S. Ct. 2786，125 L. Ed. 2d 469.）（“锦湖轮胎有限公司诉卡米高案”）（Kumho Tire Co. Ltd. v. Carmichael，526 U. S. 137，119 S. Ct. 1167，143 L. Ed. 2d 238，1999）。法院认为：德伯特案中阐明的准则适用于所有的专家证词，而不仅限于科学证据。尽管具备专业知识的专家可能会根据已有数据进行推断，但“无论是德伯特法则还是联邦证据规则均没有要求地区法院采纳那些未经证实，仅通过专家指称而与现有数据相连的意见证据。”“锦湖轮胎案”（Kumho Tire，526 U. S. at 157）（在拒绝专家意见时，没有发现滥用自由裁量权）（省略内部引文和引号）（着重强调）。显然，德伯特和锦湖轮胎有限公司案，以及 702 规则均要求专家证言与现有数据切实关联，而不能仅仅通过一系列可疑的推论与之关联，专家不能这样说：“它就是这样，因为我认为它就是这样。“［布莱克法律词典 743，第五版，1979）（将仅指称但未证实的事件（*ipse dixit*）定义为“据自己所言之事；以个人权威为唯一依据的言论”）。］

五个德伯特因素中有四个无法满足，大多数不那么严格的标准有时也应用于社会科学，再加上缺乏其他令人信服的可靠性指标，迫使法庭得出结论，克莱门特意见背后的原则和方法不够可靠。此外，即使假设克莱门特的方法是可靠的，也就是说，不经审查的刑事侦查分析人员应用偏好型性侵嫌疑人分类，再加上精算数据，其方法在本案中其实也没有得到很好的使用。

总之，虽然克莱门特一再表示他无法预测这名被告获释后会做什么，但是他还是暗示，应当承认：有非常有力的证据表明被告如果有了一次猥亵行为，就很可能也犯下其他罪行，而且无疑还会犯下更多罪行。其实这充其量只能算循环推理，如果没有更多证据，就不能构成拘捕决定中表明嫌疑人累犯风险的明确且令人信服的证据。

虽然克莱门特在执法和刑事侦查方面资历深厚，但它们不能替代经过证明的、可靠的方法或技术，这些方法或技术在进行风险评估时可以独立进行证实。正如德伯特及其后辈阐明的那样：虽然不能要求专家总是正确，但是其证言必须基于有可靠基础的方法和技术。

讨论

这或许是法庭第一次准确地发现联邦调查局心理画像人员证词的一系列缺陷：从最初联邦调查局专业知识素养的“光环”，到未经验证的方法，到错误的应用研究，到逻辑谬误，再到缺乏同行审查。最后，这些考虑因素叠加起来，就是专家可靠性不足。考虑到联邦调查局心理画像的方法在不同案件中差别不大，这一判断还为法庭今后的立场观点提供了一个很好的参考模板。这也表明法庭对于这类高度投机性证词的细节教育应予以关注。

这项裁决唯一没有充分涉及的问题就是专家的资格问题。人们不禁想知道，为什么联邦调查局会派一名律师就行为科学问题作证，而不是派一名真正的行为科学家。此外，案件工作和相关培训的说法与联邦调查局其他心理画像人员的证词不符。如果辩方对这一问题持反对态度，那么法庭在给托马斯定罪的意见上原本可以更加详尽。

犯罪心理画像在法庭上的未来

下面的这个案例向我们展示了法庭可以如何负责任地使用犯罪心理画像证词。这是已知的第一个犯罪心理画像人员作为相关领域专家作证的案件，在刑事审判的定罪阶段，法庭允许他们发表明确的专家画像意见，而不必担心会被推翻。下面呈现给读者的是本案的背景，相关司法问题的综述，以及作者的结论。请注意，此处虽然提到了犯罪嫌疑人普遍的特征，但作者并没有对特定嫌疑人是有罪还是无辜的问题发表自己的看法（法庭通常称之为“终极问题”）。

“威斯康星州诉彼得·库帕扎案”（Wisconsin v. Peter Kupaza，2000）

1999 年 7 月底，在绿泉（Spring Green）附近的威斯康星州河上漂着几个帆布旅行袋，旅行袋里装着一些用塑料袋包起来的肢解了的尸块，受害人是 25 岁的韦沃诺·库帕扎（Mwivano Kupaza）。她的胳膊、大腿、脚和头在关节处被锋利的工具切断，可能是手术刀。侵害人还用类似的工具剥掉了受害人面部、头部和颈部的皮肤（图 17.1a、b 和 c）。肢解的尸体严重阻碍了侦查工作。对修复的尸体部分进行尸检也未能查明死因。

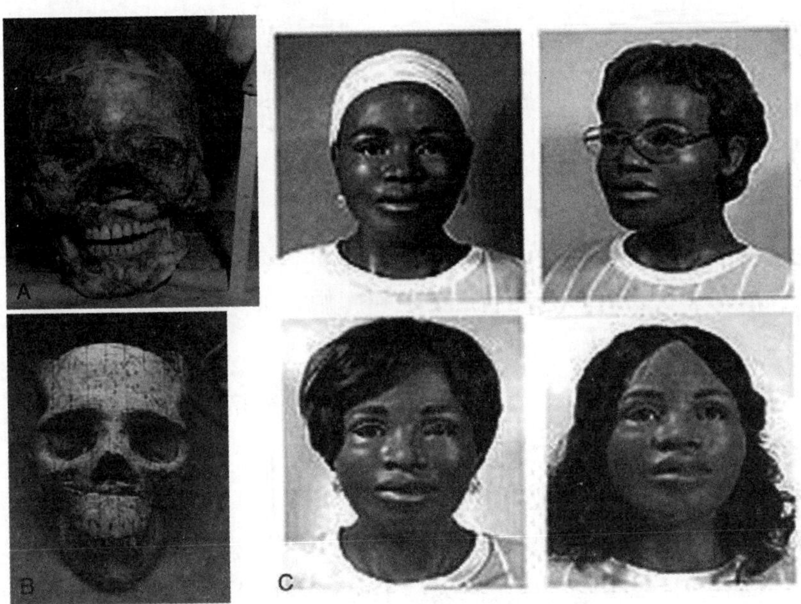

图 17.1

(a) 韦沃诺·库帕扎的头骨。受害人面部、头部和颈部的皮肤被侵害人剥离。这种行为大大超出了简单掩盖受害人特征以防止警方确认其身份的需要。

(b) 为颅面重建做好准备的韦沃诺·库帕扎的头骨。

(c) 颅面重建完成后韦沃诺·库帕扎的头骨。这些不同的头像被印在同一张传单上，在发现尸体的区域分发，以帮助识别受害人身份。

由于过度的肢解和残害，直到2000年2月初受害人身份才最终确认。当时彼得·库帕扎（Peter Kupaza）的前妻莎丽·高斯（Shari Goss）称自己好像见过这张脸，她觉得那是韦沃诺（Mwivano）的脸，因为这张脸曾被印在传单上，张贴在威斯康星州韦斯特比（Westby，Wisconsin）的一家商店橱窗上。根据这条线索，执法部门向威斯康星州犯罪实验室（Wisconsin State Crime Laboratory）的一名指纹鉴定专家求助，后者将尸体上的指纹与1997年10月韦沃诺留在麦迪逊（Madison）一家堕胎诊所表格里的指纹进行了比对。

同月，另一名坦桑尼亚移民，40岁的彼得·库帕扎（Peter Kupaza），即受害人的堂兄被控谋杀罪。库帕扎离异，独自一人居住在一处单卧室公寓里，他曾受雇于威斯康星州，担任过各种职务。他曾在威斯康星州金融管理委员会担任服务支持助理，在州自然资源部门的区域娱乐展览中心为州属公园展演提供客户服务，还曾在州劳动力发展部门担任临时雇员，负责处理失业保险申请。韦沃诺·库帕扎（Mwivano Kupaza）曾与其堂兄彼得住在麦迪逊（Madison）附近。

审判于2000年6月开始。控方的陈述集中在以下几个方面：一是库帕扎就韦沃诺的下落向警方所作的陈述相互矛盾；二是从韦沃诺的一封信上提取到一枚指纹，这封信是在她和库帕扎共用的邮箱里发现的（警方原本以为这封信是她已经返回坦桑尼亚之后留下的）；三是警犬在彼得·库帕扎的公寓（韦沃诺曾与其堂兄一起住在这里一段时间）和汽车里嗅到了人体体液的气味。①

彼得·库帕扎的前妻莎丽·高斯（Shari Goss）作证称，彼得精通刀具的使用，而且掌握屠宰动物的有关知识。据她说，这是因为彼得在坦桑尼亚长大，在那里人们喂养牲畜，并且自己屠宰。她还证实，盛装尸

① 值得注意的事实是，人们认为在任何一个住所都会存在人类生物液体。汽车里的发现也有很多。随后，车上喷洒了鲁米诺（Luminol）（一种血液增强酶），检验结果为阴性。控方和警犬训练员认为，警犬的嗅觉远比鲁米诺测试更灵敏。然而事实并非如此，因为狗的嗅觉依赖空气中的气味粒子，而鲁米诺试剂则不需要。鲁米诺试验的阴性结果证明警犬的嗅觉不准确。还应当指出，威斯康星州没有传唤任何自己的司法科学家来作证，因为其调查结果与警犬的发现和随后证明被告有罪的理论相冲突。威斯康星州实验室的司法科学家随后被传唤为辩方的证人。

块的那个帆布旅行袋和自己给前夫的一个旅行袋非常相似。

威斯康星州司法病理学家罗伯特·亨廷顿三世（Robert Huntington Ⅲ）作证称，受害人身体部位被仔细地分割开。亨廷顿称这种肢解方法为“关节断离法”（disarticulation），因为尸体是在关节处被割离（图 17.2a、b 和 c）。他作证称这说明侵害人掌握了很好的解剖学知识。

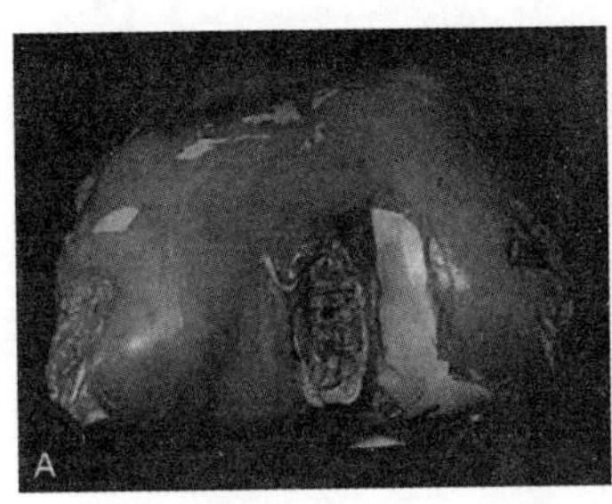

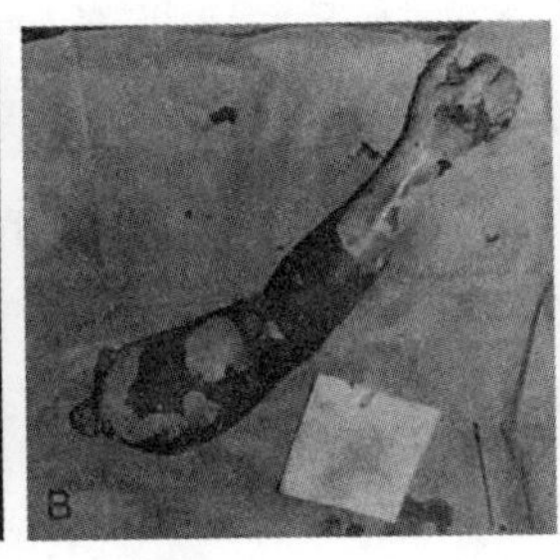

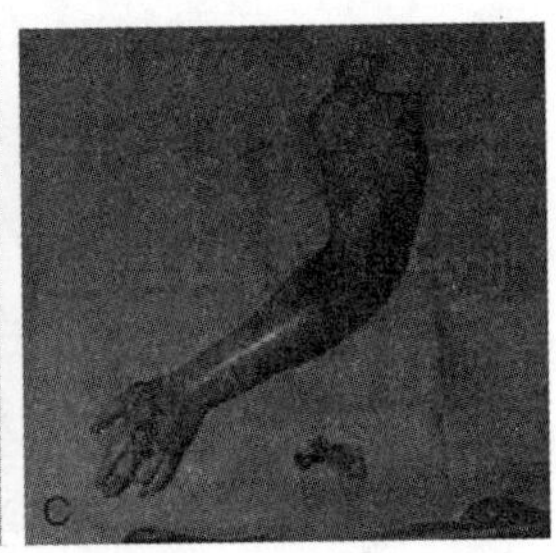

图 17.2

2000 年 6 月，威斯康星州允许在“威斯康星州诉彼得·库帕扎案”（2000）的定罪阶段采纳作者提供的涉及犯罪再现和犯罪心理画像的专家证词。[①] 这项证词被允许使用，要归功于上诉法院在“威斯康星州诉理查德案”（Wisconsin v. Richard A. P.）（1998）中的公开观点。在理查德案中，威斯康星州上诉法院最终裁定（州最高法院拒绝复审）：心理学家查理斯·罗德（Dr. Charles Loddl）博士在定罪阶段代表辩方所做的心理画像专家证词被排除，该画像将理查德与儿童猥亵犯的画像进行比较，法庭认为这是一个可撤销的错误。法庭还认为，心理画像证据超出了陪审团成员的一般知识范畴，必须有专家证词佐证，无论是理论本身，还是被告是否表现出符合相关心理画像的特征，两者都需要佐证。

以下是作者向辩方提供的画像结论，日期是 2000 年 5 月 30 日。这些结论是最终提供给法庭和陪审团的专家证词的基础：

侦查检验人员认为，彼得·库帕扎位于威斯康星州麦迪逊 107

① 如本书和特维（2000）著作中所述，犯罪心理画像人员其实已经经常在美国法院就各种问题作证，但在定罪阶段这种情况并不经常出现，也不公开（即公开召集心理画像人员提供心理画像意见）。例如，在威斯康星州诉库帕扎案中，法医证实了一些与作者相同的意见，但是只能在医学专家的头衔下提供证词。

区好景公寓1118号（1118 Pleasant View，Apt. 107，Madison，WI）的住所并不是肢解受害人的地点。我对这个问题的看法主要是基于以下几点考虑：

1. 房间里没有明显的血迹和/或血迹分布，但在本案中人力肢解受害人尸体和剥离皮肤非常明显，血迹会不可避免地出现（如地毯下、瓷砖下、墙根踢脚板处等）。值得注意的是，警方在浴室离地面瓷砖只有几英寸的踢脚板边缘，发现了一个微小的血迹。这很可能是从脚/踝处意外刮伤的创口或其他无意间造成的伤口处溅落的。
2. 案发现场并没有发现受害人尸体关节被肢解时遗留的人体组织或体液证据（如脂肪组织、皮肤和滑膜体液等）。而就本案明显的人力肢解和皮肤剥离的性质和程度而言，上述情况都应当出现（如地毯下、瓷砖下、踢脚板处等）。
3. 在彼得·库帕扎那辆1997年灰色的日产阿蒂玛轿车里，也没有发现任何上述两项详细描述的证据。
4. 在上述住所和汽车里也没有发现与处理受害人尸体时使用的帆布旅行袋相关的纤维证据。这使人联想到受害人赤裸的尸体可能是在另外的地点被肢解。

侦查检验人员认为，这起犯罪案件包含很多因素，这些因素如果综合考虑的话，可以用来支持对性犯罪动机的解读。应该指出：就其本身而言，这些因素中没有任何一个非常具有说服力。但是如果把它们结合起来考虑，那么就暗示这起案件很有可能有性犯罪意图。我对这个问题的看法主要是基于以下几点考虑：

1. 受害人尸体被发现时赤身裸体，脱掉受害人衣物可以解释为一种反侦查预防性行为，但也并不完全是。
2. 受害人尸体上没有任何证据表明其在死前遭受过暴力伤害，此外也明显缺乏通常所说的“过度伤害”（如多次击打面部、头骨有粉碎伤、身体多处刺伤等），过度伤害暗示侵害人非常愤怒或遭遇暴力反抗。
3. 受害人死亡之后，侵害人还与其尸体在一起度过了相当长一段时间。具体来讲，有明显的证据表明，侵害人用锋利的刀具巧妙地从关节处将受害人的尸体肢解，又用锋利的刀具仔细地剥离了受害人面部和大腿的皮肤。值得注意的是，仔细地肢解受害人尸体可能是一种反侦查预防性行为，防止受害人身份被警方识别，但这并不能完全解释肢解行为。因为肢解尸体耗时很长，会增加侵害人被发现的风险，且侵害人对肢解和毁坏受害人的手掌、指头和牙齿并不感兴趣。

4. 案发现场没有找到受害人的双脚。脚通常容易成为侵害人恋物癖的对象。受害人大部分被肢解的尸块都在进行定向搜索后在同一地区找到了。考虑到这一点，再联想本案侵害人处理尸体的情况，我认为受害人脚的失踪非常明显。

这里要注意一点：尽管在性活动（包括强奸）后阴道和肛门内会有典型、持久的精子和毛发证据，且死亡时间段也有估计，但本案并没有进行性侵检查。还必须指出：尽管在尸检时进行了广泛的毒物药理学检查，且受害人血液中含有酒精（不知道受害人喝了酒），但警方似乎没有进行毒物筛检。笔者不知道为什么在尸检时这些事情都没有做，因为这似乎是重建受害人死亡真相的重要步骤。

笔者认为，案件证据显示侵害人具备医学知识。我对这个问题的看法主要基于以下几点考虑：

1. 受害人并没有被常用的刀具肢解，如斧头、砍刀、或屠夫使用的剔骨刀。
2. 没有证据显示侵害人使用了锯类工具，如钢锯、带锯、转向锯等。
3. 证据显示：侵害人使出浑身解数，仔细、准确地在受害人头部、胳膊、大腿和双脚关节处下手，用一种类似手术刀的锋利工具，将相关身体部位切割下来。

基于以上事实，考虑到作案所需时间以及犯罪心理状态，笔者进一步指出，这起案件的犯罪嫌疑人以前有过相关尸体肢解经验，而且很可能肢解过另一名人类受害者。

2000 年 6 月，尽管严重缺乏直接物证证明侵害人有罪，但索克县陪审团（Sauk County jury）经过 9 个小时的商议，最终认定彼得·库帕扎在 1999 年 7 月下旬的某个时间杀害并肢解了韦沃诺·库帕扎。彼得·库帕扎（图 17.3）随后被认定犯有一级谋杀罪，被判处终身监禁。

图 17.3　彼得·库帕扎出庭，回答关于其堂妹韦沃诺·库帕扎被谋杀的相关问题。

犯罪心理画像证言在本案中的公开使用非常重要，因为它在威斯康星州开创了先例，很可能被全美的法庭借鉴。毋庸置疑的是，在任何案件中，犯罪心理画像人员都有责任知晓在法庭上提出犯罪心理画像意见意味着什么，以及这些证言可能带来的潜在后果。我们期望的结果是帮助他们以谨慎、认真和负责任的态度对待他们的司法意见。无论好坏，犯罪心理画像人员无疑都已经从侦查幕后走出，走上法庭。

小结

行为证据分析（BEA）是一种思维演绎型犯罪心理画像方法，旨在考察特定犯罪中的行为和模式，然后针对明显的直接与犯罪相关的行为来推断相关的侵害人的具体特征。行为证据分析的目的是为了洞察犯罪行为，并且在刑事侦查中界定或细化嫌疑人范围。尽管如此，它本身并不适合寻找侵害人个性化特征这个任务。

推断侵害人特征要求针对犯罪相关行为提出恰当的问题。问题的第一部分是界定特征，第二部分是确认何种类型的行为可凸显相关特征。

如果案发现场相关行为非常明显，也处在适当的背景中，那么其行为特征也很明显。具备侦查意义和司法价值的侵害人特征包含犯罪技巧以及对受害人、犯罪现场和相关方法材料的了解。犯罪心理画像人员经常出错的问题特征方面包括年龄、性别和智力水平等。为了尽可能准确地确定和记录哪些特征是明显特征，犯罪心理画像报告必须出具书面文件，而且要避免抽象概念。

犯罪心理画像人员经常被要求出庭作证以帮助解决司法问题。德伯特的可采纳标准可以帮助确定某一具体的心理画像方法证词是否应被接受。虽然犯罪心理画像不是一门科学，但是其方法可以具有科学性，而且它也可能仍然符合德伯特标准。这是否能成为衡量犯罪心理画像的一个合适标准，应当由每个法庭自己来决定。然而，一个很好的论点是，除了与检验假说和伪造有关的标准之外，德伯特标准仍然缺乏总体效用。

问题

1. 判断正误：行为证据分析应用了科学的方法。

2. 请解释身份识别和身份个性化的区别，并分别举例说明。

3. 与口头的犯罪心理画像报告相比，书面的犯罪心理画像报告有哪两种优势？

4. 犯罪技巧是哪两种因素的功用？

5. 如果侵害人表现出了解犯罪现场的具体细节，表明他或她曾经到过那里，这将如何影响嫌疑人范围的划定？

REFERENCES

Baeza，J.，Chisum，W. J.，Chamberlin，T. M.，McGrath，M.，Turvey，B.，2000. Academy of Behavioral Profiling：Criminal Profiling Guidelines. Journal of Behavioral Profiling 1（1）.

Blackwell，L.，1998. Murder Trial Verdict May Come Soon. Richmond Times Dispatch（July 24）.

Bureau of Justice Statistics，2006a. Criminal Victimization in the United States，2005. NCJ

215244, U. S. Department of Justice (December).

Bureau of Justice Statistics, 2006b. Drug Use and Dependence, State and Federal Prisoners, 2004. NCJ 213530, U. S. Department of Justice (October).

Burgess, A. G., Burgess, A. W., Douglas, J., Ressler, R., 1992. Crime Classification Manual. Lexington Books, New York, NY.

Burgess, A., Hazelwood, R. (Eds.), 1995. Practical Aspects of Rape Investigation. second edition. CRC Press, Boca Raton, FL.

Cronin, J., Wellford, C., 2000. Clearing up Homicide Clearance Rates. National Institute of Justice Journal (April).

Daubert v. Merrell Dow Pharmaceuticals, Inc, 1993. 113 S. Ct. 2786.

Depue, R., Douglas, J., Hazelwood, R., Ressler, R., 1995. Criminal Investigative Analysis: An Overview. In: Burgess, A., Hazelwood, R. (Eds.), Practical Aspects of Rape Investigation, second edition. CRC Press, Boca Raton, FL.

Feeny, F., 2000. Police Clearance: A Poor Way to Measure the Impact of Miranda on the Police. Rutgers Law Journal (Fall), 1-114.

Gross, H., 1924. Criminal Investigation. Sweet & Maxwell, London, England.

Holmes, R., Holmes, S., 1996. Profiling Violent Crimes: An Investigative Tool, second edition. Sage, Thousand Oaks, CA.

Homant, R. J., Kennedy, D. B., 1998. Psychological Aspects of Crime Scene Profiling: Validity Research. Criminal Justice and Behavior 25 (3), 319-343.

Ingram, S., 1998. If the Profile Fits: Criminal Psychological Profiles into Evidence in Criminal Trials. Journal of Urban and Contemporary Law 54, 239-266.

Inman, K., Rudin, N., 1997. An Introduction to Forensic DNA Analysis. CRC Press, Boca Raton, FL.

Inwinkelried, E. J., Mendez, M., 1992. Resurrecting California's Old Law on Character Evidence. Pacific Law Journal 23, 1005-1041.

Jonakait, R. N., 1994. Real Science and Forensic Science. Shepard's Expert and Scientific Evidence Quarterly 1 (3), 435-455.

Kirk, P., 1953. Crime Investigation. Interscience Publishers, New York, NY.

Kirk, P., Thornton, J. I., 1974. Crime Investigation, second edition. John Wiley & Sons, New York, NY.

Kumho Tire Co. v. Carmichael, 1999. 526 U. S. 137.

Lilly, G. , 1987. An Introduction to the Law of Evidence, second edition. West, St. Paul, MN.

McCook, A. , 2006. Is Peer Review Broken? The Scientist 20 (2), 26.

McInerney, D. Q. , 2004. Being Logical: A Guide to Good Thinking. Random House, Westminster, UK.

Mokros, A. , Alison, L. J. , 2002. Is Offender Profiling Possible? Testing the Predicted Homology of Crime Scene Actions and Background Characteristics in a Sample of Rapists. Legal and Criminological Psychology 7, 25 – 43.

New Jersey v. Steven Fortin, 1999. 318 N. J. Super. 557.

Oklahoma v. Jimmy Ray Slaughter, 1997. 450 P. 2d 839.

Petherick, W. A. , 2006. Developing the Criminal Profile: On the Nature of Induction and Deduction. Journal of Behavioral Profiling 6 (1), 2 – 12.

Petherick, W. A. , 2007. Criminal Profiling: A Qualitative and Quantitative Analysis of Methods and Content. Doctoral dissertation, Bond University.

Popper, K. , 2003. The Logic of Scientific Discovery. Routledge Classics, London, England.

Reik, T. , 1945. The Unknown Murderer. Prentice – Hall, New York, NY.

Saks, M. J. , 1994. Implications of the Daubert Test for Forensic Identification Science. Shepard's Expert and Scientific Evidence Quarterly 1 (3), 427 – 434.

Sugawara, S. , 1997. Japanese Arrest 14 – Year – Old in Decapitation of 11 – Year – Old. Washington Post Foreign Service June 29, A26.

Thornton, J. I. , 1994. Courts of Law v. Courts of Science: A Forensic Scientist's Reaction to Daubert. Shepard's Expert and Scientific Evidence Quarterly 1 (3), 475 – 485.

Thornton, J. I. , 1997. The General Assumptions and Rationale of Forensic Identification. In: Faigman, D. , Kaye, D. , Saks, M. , Sanders, J. (Eds.), Modern Scientific Evidence: The Law and Science of Expert Testimony, vol. 2. West, St. Paul, MN.

Turvey, B. , 2000. Criminal Profiling and the Problem of Forensic Individuation. Journal of Behavioral Profiling 1 (2).

Turvey, B. , 2003. Forensic Frauds: A Study of 42 Cases. Journal of Behavioral Profiling 4 (1).

Turvey, B. , 2006. Beneath the Numbers: Rape and Homicide Clearance Rates in the United States. Journal of Behavioral Profiling 6 (1), 36 – 47.

United States v. Gordon E. Thomas III, 2006. No. CRIM. CCB – 03 – 0150, WL 140558, January 13.

The USS Iowa: Guilt by Gestalt, 1990. Congressional testimony, Harper's Magazine (March), 25 – 26.

Wisconsin v. Peter Kupaza, 2000. Case No. 00 – CF – 26.

Wisconsin v. Richard A. P. , 1998. No. 97 – 2737 – CR.

Woodhams, J. , Toye, K. , 2007. An Empirical Test of the Assumptions of Case Linkage and Offender Profiling with Serial Commercial Robberies. Psychology, Public Policy, and Law 13, 59 – 85.

第18章 心理变态和虐待狂

布伦特·E. 特维（Brent E. Turvey）

我没有兄弟，也不是别人的兄弟；
“爱”这个词，老人们视为神圣，
它驻留在人们心里，但唯独不在我心，我只有我自己。

——莎士比亚（Shakespeare），
《亨利六世》（*King Henry VI*，Part 3，Act 5，Scene 6）

他不像多数人那样惧怕痛苦。他不会克制，一旦冲动起来，这家伙什么事都干得出来。

——哈灵顿（Harrington），
《精神病患者》（*Psychopaths*，1972，p. 171）

许多犯罪心理画像人员其实并不关注，往往也没有资格对犯罪嫌疑人进行评估、诊断和治疗。那么他们为何会关注心理变态或虐待狂的各式诊断性概念呢？答案是：这两种特定的侵害人是根据行为来分类的。也就是说，心理变态或虐待狂的诊断主要依靠行为证据。在某些情况下，犯罪心理画像人员会讨论行为方式和犯罪现场特征，这些可能恰好是某个特定临床诊断的一部分。打个比方，尽管可能不允许犯罪心理画像人员越俎代庖，代替司法心理学家去“烘烤蛋糕”，但前者还是可以在厨房出现，并带上调料，供司法心理学家选用（后者至少不应该忽略这点）。

本章的目的不是讨论侵害者极端行为如心理变态或虐待狂的根本原因。这些原因随个体变化，最好留给案件侦查人员去评估，而不是让心理画像人员单纯通过案发现场来推断。对于犯罪心理画像人员来说，心理变态者和施虐者客观存在，并实施了需要侦查的暴力犯罪，这已足够。本章的目的是将心理变态和虐待狂视为行为结构体进行分析讨论，将其分解成明显呈现在犯罪现场的各种组件。

作者的观点是：大多数罪犯不是天生的，而是外界环境造就的。当然，这并不意味着侵害人一定来自不健康的家庭。

其实即便是充满爱与机会的环境也可能造就精神变态者、施虐者或其他暴力罪犯。这是许多学者不愿接受的事实，也促使人们不断探索遗传因素的影响，但这些因素也未能准确解释所有原因，最多只能说相关而已。

心理变态

200 多年前，法国一位名叫菲利普·派诺（Philippe Pinel）的内科医生开始使用“无法言说的怪癖”（*manie sans delire*）这一短语来描述那些既不符合普通精神障碍，但又精神不正常的人。派诺将这些人的特点描述为冷酷无情且缺乏克制。译成英文，他用来描述病人状况短语的意思是“理智清醒的疯狂”。或者用罗伯特·黑尔（Robert Hare）博士的话来说是：“没有精神错乱的心理异常”（Hare，1993，p. 25）。这是人类首次对我们今天所称的“心理变态者”的描述：这种人能够从那些普通大众认为可怕、恶毒的行为中获得满足感，他们能意识到这些行为会给别人造成不好的后果，但他们并不因此感到懊悔、自责，而且不愿停止伤害。

派诺并不认为这些人不道德（某些人的观念与公认的道德观念相反），他们只是没有道德观念（他们根本不在意世俗传统眼中的对错与正误，在做决定时完全不考虑这些问题）。当然，也有人觉得他们是病人，不道德，且非常邪恶。关于这个问题的争论今天仍在持续。

1835 年，英国精神病学家普利特查德（J. C. Pritchard）提出一个术语：“道德型疯狂”（moral insanity），用于描述变态或“疯子”用一种特定的道德准则来表达自己。随后在 1888 年，托赤（Toch）开始用术语“次级精神病态”（psychopathic inferiority）来替代普利特查德的术语。不过托赤的术语暗指这种精神紊乱有生理性倾向，而非完全由环境因素造成（Toch，1979）。

1952 年，在司法精神病术语修订中，据克拉克利（Cleckley，1976，pp. 10 – 11）的注释，术语“心理变态人格”（psychopathic personality）被“反社会变态人格”（sociopathic personality）正式代替。至此，“反社会人”（sociopath）在文献中正式出现。然而在 1968 年，它又被术语“反社会型人格障碍”所取代。

如你所见，关于心理变态的诊断、行为表现及背后隐含的意义、以及导致错乱的原因都非常混乱，且经过多次修正。在精神病学和犯罪学领域，这都属于主流传统；遇到这些术语及相关术语的每个人都会用自己的主观尺度，以自己独特的方式去解读这些术语。但是直到今天，即使是具备资格的临床医生以及普通大众仍然会把心理变态和反社会人格障碍（Antisocial Personality Disorder，简称 ASPD）混淆起来。如黑尔（Hare）（1996）解释道：

> 区分心理变态和反社会人格障碍对于心理健康研究和刑事司法活动非常重要。遗憾的是，它们之间的区别不仅在许多临床医生眼里是模糊的，甚至在最近版本的《精神障碍诊断统计手册》（DSM – IV）中也是如此。
>
> 多数心理变态者（除了那些勇于直面惨淡人生、正常生活没有与刑事司法系统有正式或长期接触的心理变态者）都符合反社会人格障碍标准。但是多数具有反社会人格特征的人却并非心理变态者。此外，反社会人格障碍在犯罪群体中相当普遍，而且有这种人格障碍的人在与犯罪行为相关的性格、态度和动机等方面其实并不相同。

在本书中，为了防止混淆，可以使用以下定义：

- 心理变态（psychopathy）：一种人格障碍，可根据修订版的《黑尔心理变态检测表》（PCL – R，Hare，1991）中描述的系列行为及推断的人格特征进行判断。

- 心理变态者（Psychopath）：社会秩序破坏者（被诊断为心理变态），他们经常操控并沉溺于自己的生存方式。心理变态者对他人缺乏共情和同情心。他们想当然并随心所欲地行事活动，没有丝毫的内疚或懊悔（Hare，1993）。当病征发展归因于心理、生理和遗传因素，同时与社会力量及早年生活经历相关时，我们就会用到这个术语。[①]
- 反社会者（Sociopath）：这个术语用于描述与心理变态者身上明显表现出的同样的行为表现及由此推出的性格特征。不同的是，反社会变态者的综合征表现完全是由社会力量和早年的经历造成的（Hare，1993）。

心理变态者特征

正如沃尔什和科森（Walsh and Kosson，2007，p. 31）解释的那样：

> 心理变态是最重要，也是研究得最广泛的个体差异之一，它与暴力犯罪有关（Hare，2003）。心理变态人格有各种特征，包括冲动、冷漠和不负责任。

黑尔指出的“一系列明显的行为和可推断的人格倾向性”可参见黑尔的《心理变态检测表》（修订版），改编自黑尔（1991），内容如下：

- 残酷的移情缺失；
- 喜欺骗/爱控制；
- 犯罪的多样性；
- 对自身行为不负责任；
- 油腔滑调/流于表面的魅力；
- 强烈的自负感；
- 冲动；
- 缺乏懊悔和负罪感；

① 作者意识到，这个诊断结构已经更新，并将继续定期更新。然而，我们关注的是个体特征的行为表现，而不是对特定疾病进行诊断。想要了解最新信息，可参考黑尔博士的网站。

- 行为控制能力不强；
- 早期行为不轨；
- 不负责任；
- 青少年犯罪；
- 缺乏现实的长期目标；
- 多段短期的婚姻关系
- 需要刺激/容易厌倦
- 病态的谎言；
- 寄生虫式的生活方式；
- 滥交；
- 假释撤销；
- 感情淡薄。

要使用这些标准，黑尔（1991）给出了如下说明：

> 《心理变态检测表》（修订版）中列出的 20 项行为标准和推断特征对心理变态临床组成部分都很重要。大部分特征被视为公开概念。也就是说，会给评估人提供特征描述和部分行为样本，让评估人对某人具有这种特征的程度进行判断……临床判断和推论是必需的，但记分标准也相当确切，经过一些培训，这些记分项目就不难掌握。

这给我们提供了一条重要信息：这些特性都存在，只是程度各异，因此，各个心理变态者会不同程度地展现出这些特性。所有心理变态的变态程度并不相同，所有心理变态的行为程度也不尽相同。心理变态的行为都处于一个连续统一体中。

如前所述，犯罪心理画像人员对案件中侵害人的所作所为很感兴趣，而对侵害人陈述自我罪行没那么感兴趣——除非是要与侵害人的真实行为进行比较。关于侵害人人格特征的信息必须直接源于经物证确定的犯罪行为，而不是源于案件发生若干天、若干月，甚至是若干年后要求侵害人给出的猜想。从侵害人问询中收集到的信息可能最多不过是个合理的借口，或者压根就是个谎言。

记住，存在某一种特征，本身不能证明是心理变态。只有多个特性聚集，并且很持久很强烈，才有可能是心理变态。但是，也有一些特质倾向于界定心理变态，如懊悔缺失和欺骗。如波特和伍德沃思（Porter and Woodworth）（2007，p. 93）解释的那样：

> 长期以来，人们都认为心理变态者就是惯骗，以至于将欺骗视为心理变态的决定性特征。例如，克拉克利（1976）认为不真实和伪善是这种障碍的重要特征。《心理变态检测表》（修订版）（Hare，1991，2003）包含两项内容与欺骗有关：“病态的谎言”和“喜欺骗/爱控制”（Hare，2003）。此外，库克和米基（Cooke and Michie，2001）的心理变态模式中，三个主要因素之一就是傲慢和欺骗性的人际风格。人们提出了几种理论框架，来解释心理变态的欺骗。情感因素有牵连；焦虑和内疚可能会抑制或干扰大多数人进行欺骗，而大多数心理变态者缺少这两种情感（Ekman，2002；Lykken，1995）。莱肯（Lykken，1995）提出，心理变态者比非心理变态者感受的焦虑更少，因此他们能够比其他人更巧妙地进行欺骗。事实上，有人指出心理变态者可能会从成功欺骗他人中体验“欺骗的快感”（Ekman，1991；Porter，Birt，&Boer，2001；Raskin & Hare，1978）。此外，还涉及进化因素；心理变态者表现出的繁殖策略旨在与最多的生殖伙伴合作，却只投入极少的资源来养育后代（MacMillan & Kofoed，1984；Mealey，1995；Wiebe，2004）。为了让这样的策略奏效，就可能需要很多欺骗（即，不忠、拒绝、虚假承诺），米利（Mealey，1995）称之为“骗子战略。”

心理变态具备哪些特征，下面是一些典型解释，这些解释经物证推断而来，但并不是唯一的可能。另外，和所有的行为证据一样，其意义只能从其他犯罪行为背景中加以推断，而且只能在有充分记录时才能做出这一推断。

移情缺失

移情缺失就是不能理解别人的境遇、感情或动机。移情是一种复杂的情绪，必须首先明白，人们会做可怕的事，会与受害人产生共鸣，能学会忍受累积的焦虑。因此，不能仅仅因为侵害人犯下了令受害人不适、疼痛和痛苦的罪行，就简单地推断为移情缺失。出现了明确的移情证据时，就不能推断为移情缺失。移情的例子包括：

- 在户外的犯罪现场，强奸犯给受害人盖上外套或毯子；
- 受害人哭了以后，绑架者就决定不骚扰受害人了，相反，让受害人离开，也许甚至还会开车将受害人载回绑架发生地；
- 侵害人与受害人协商，并妥协同意使用安全套、放松捆绑物，或顾及受害人的要求。

然而，在犯罪过程中，若侵害人对受害人遭受的不适、疼痛和痛苦完全缺乏兴趣，或侵害人嘲笑受害人因不适、疼痛和痛苦做出的反应，就可以推断为移情缺失。

喜欺骗/爱控制

这一特征指的是侵害人为了个人利益故意做出欺骗行为，可以从侵害人使用骗局或用“欺骗”的方法接近受害人等过程推断出来。侵害人利用被害人的情绪或对他们不利的想法得到自己想要的东西，也可以推断为喜欺骗/爱控制。

犯罪的多样性

侵害人表现出惯技行为，这也就意味着侵害人已具备犯罪能力，而不仅仅针对某单一类犯罪，这就可以推断为犯罪的多样性。例如，强奸犯也能表现出盗窃技能，如戴手套、毁坏报警器、偷窃易于销赃且难以追踪的贵重物品等。用物证把侵害人同其他犯罪行为联系起来，就有可能推断出这种特征。

对自身行为不负责任

这一特征指的是，对于自身境遇，侵害人只责备别人，不责怪自己，或者认为自己没有义务解决自身行为产生的后果。侵害过程中，侵害人责备受害人或有关当局的话，就有可能推断出这种特征。犯罪过程中使用的语言、现场留下的笔记或是发送给他人的犯罪相关信息中，都可能发现这一特征。

油腔滑调和浅薄无知

油腔滑调和浅薄无知是指缺乏关切，缺少思想，故意推脱，转移情绪，隐藏感情深度缺失。部分心理变态者的这些行为会显得矫揉造作，空洞无物，而另外一些心理变态者的行为却可以显得相当真挚。行为效果与心理变态者的技能有关，也与他能否意识到欺骗或再度获益的行为能力有关。当一个能说会道的侵害人表现出虚假和流于表面的魅力，并将其作为欺骗的一部分，用以获得受害人的信任，那就可以推断出这种特征。侵害人在犯罪过程中讲笑话，也可以推断出这种特征。

强烈的自负感

若侵害人对自己及自身能力表现出夸大炫耀，就能推断出这一特征。例如，他们可能用一种极不现实、自以为是的方式说话，似乎对当前或以后执法部门缉拿自己的侦查工作毫不在乎（缺乏预防行为）。他们也可能夸大过去的成就或当前的声誉及前景。

冲动

冲动是指未经深思熟虑、不考虑后果就做出行为的倾向。侵害人毫无计划，以冲动的方式不断实施犯罪时，就可能推断出这种特征。冲动可能归因于吸毒、心理缺陷或自尊极低（也就是说，人们一直想要转移注意力，不关注自己的情感痛苦，想要向别人证明自己的价值时）。

缺乏懊悔和负罪感

懊悔和负罪感的特点就是对行为感到道德上的痛苦，感到后悔。与移情一样，懊悔也是一种复杂的情绪。首先要明白，人们会做可怕的事情，会感到强烈的悔恨，能学会忍受累积的焦虑。因此，不能仅仅因为侵害人犯下了让受害人不适、疼痛和痛苦的罪行，就简单推断为懊悔缺失。出现明确的懊悔证据，也可能无法推断为懊悔缺失。懊悔的例子包括：

- 侵害人在犯罪时或犯罪后立即表现出强烈的情绪；
- 侵害人在犯罪时或犯罪后立即向受害人道歉或在受害人面前哭泣；
- 销毁证据：在现场想要去除或扭转犯罪后果，例如清理凶杀案受害人的伤口，让受害人看起来并未受到伤害，只是睡着了；
- 侵害人在犯罪时或犯罪后立即吸毒、酗酒。

面对受害人的痛苦，侵害人没有表现出任何情感，或表现出生气、高兴的话，可能推断出懊悔缺失；侵害人能够进行极端暴力犯罪，然后又立即进行非暴力的正常活动，没有表现出明显的痛苦或情绪发泄的话，也能够推断出这种特征。一个例子就是侵害人朝一名妓女的头部开枪，然后藏好尸体，马上回家与家人共进晚餐。

行为控制能力不强

这一特征是指无法控制暴力行为、破坏行为或反动行为，即便行为后果可能会伤害到侵害人自己。侵害人极易生气、极易灰心，并因此用语言攻击或人身攻击予以回应的话，就有可能推断出这种特征。

动机

要理解心理变态犯罪者的动机，最重要的事情就是，这些动机与非心理变态犯罪者的动机其实没什么不同。和别的犯罪者一样，他们都容易受相同的需求和动机影响。

心理变态者和其他侵害人的不同之处可能在于，他们用以满足自身需求的方式不同。心理变态者的方法极为残暴，缺乏同情心，利用他人的脆弱性，而且像前面讨论过的那样，无论做什么都不会懊悔。心理变态者不会因痛苦或道德焦虑而受到妨碍。他们认为自己以外的世界只是自己的快乐之源，除此以外毫无价值，他们将社会化的处世规则和交流视为繁重的负担。智者曾言，每个人的内心都有一场善恶之战，而且邪恶永远无法战胜善良。但是，为达目的伤害他人的心理变态者从不会自责，他们也不会被内心世界的冲突妨碍。有人认为，总体而言，大多数心理变态者缺乏为别人考虑的能力，因此他们做决定时也无从获得这种信息（Cleckley，1976，p. 343）。

人们认为，这种缺乏懊悔、缺乏消极感情后果是让心理变态者做出暴力破坏行为的一个促进因素。这就给各种心理变态者提供了心理便利和感情便利，让他们去做我们认为恐怖、残酷且道德错误的事情。他们对别人的痛苦没有同情心，对自己造成的伤害并无懊悔之情，而且经常容易冲动。因此，通常的人对于心理变态者来说，不过是下列两种情况之一，或两种情况兼而有之：即快乐和满意的源泉或挡道的障碍。

到目前为止，我们讨论心理变态的犯罪行为，很大程度上忽略了一个重要事实：那就是，对许多人来说，理解犯罪动机并不会感到欣慰。并非所有的心理变态者都是侵害人（也不是所有的侵害人都是心理变态者）。心理变态者存在于不同的文化，并经常得到纵容。哈灵顿（1972，p. 23）摘录了威廉姆·克拉那（William Krasner）写于 20 世纪 50 年代的文章称：

> 这并不是偶然事件……我们的文化方式中，肯定有些方面对他们（心理变态者）有所鼓励。在美国，我们注重获取物质利益、威望、权力和个人升迁，以及竞争式财富积累。

黑尔（1996）也写过一篇同样严厉的评述：

> 我们生活在一个“虚伪的社会”，一个带有心理变态特征的社会——自私自利、缺乏对他人的关心、浅薄无知、形式重于实质、冷漠、控制欲强等——这些日益得到容忍，甚至受到赞誉。就本文的主题而言，很容易看出，心理变态者和带有反社会人格障碍特征的人是如何混在具有反社会价值观或犯罪价值观的群体中的。更加困难的是，如何识别那些藏匿于忠于社会道德规范的人群中的、具有反社会人格障碍特征的人。然而，心理变态者能够毫不费力地渗透到经济、政治、执法部门、政府、学术界和其他社会领域。

案例分析

下面的案例是为了让读者对涉及心理变态的各种犯罪行为以及可能

的动机有更好的理解。再次提醒读者，这些都是行为，不是动机，是侵害人需求的表现。从这种角度了解心理变态行为，能够对具体案例中的侵害人有更深刻的理解。

一名心理变态者的画像："美国诉阿奎莉亚·巴尔奈特案"（2000）

阿奎莉亚·巴尔奈特（Aquilia Barnette）因参与谋杀唐纳德·李·艾伦（Donald Lee Allen）和罗宾·威廉姆斯（Robin Williams），被联邦法院判决数项罪名。罪行包括抢劫汽车时使用枪支，导致受害人死亡，犯有汽车抢劫致人死亡罪；使用枪支，且违反《洲际家庭暴力法案》致人死亡。侵害人被判处死刑（United States v. Aquilia Barnette，2000）。

背景材料

1994 年，阿奎莉亚·巴尔奈特和罗宾·威廉姆斯小姐开始约会。1995 年 3 月，他们搬到弗吉尼亚罗阿诺克的一间公寓同居。1996 年 4 月，威廉姆斯小姐同巴尔奈特分手。巴尔奈特离开公寓，回到了北卡罗来纳州的夏洛特，和母亲住在一起。

对于分手，巴尔奈特并不快乐，他继续追求威廉姆斯小姐。根据"美国诉阿奎莉亚·巴尔奈特案"的记载（2000）：

> 威廉姆斯小姐继续住在她和巴尔奈特一起住过的公寓里，但是她害怕单独待在那儿，所以有位名叫本杰明·格林尼（Benjamin Greene）的朋友和她住在一起。1996 年 4 月 30 日，威廉姆斯小姐叫醒格林尼，告诉他"他在这儿！""他"指的就是巴尔奈特。格林尼向窗外望去，只见巴尔奈特正用一支棒球棒猛击格林尼的车窗。格林尼想打电话报警，但电话线已被切断。巴尔奈特看见威廉姆斯小姐在公寓里，就开始用球棒敲击窗户，随后又用脚把前门踢开一个洞，朝里面扔燃烧弹，公寓着火了。格林尼朝他开枪后，巴尔奈特逃离了现场，威廉姆斯小姐和格林尼从后窗跳出后逃离了失火的公寓。威廉姆斯小姐因双手和胳膊二级和三级烧伤入院治疗。威廉姆斯小姐向罗阿诺克警方确认来犯人是巴尔奈特后，警方发出逮捕令，并通知了夏洛特警察局。但夏洛特警方并未逮捕巴尔奈特。

1996 年 5 月 20 日，在夏洛特，巴尔奈特用他弟弟马里奥·维基思·巴尔奈特（Mario Vonkeith Barnette）的弗吉尼亚出租车司机驾驶证购买了一支 12 型猎枪。第二天他去把枪换成了半自动猎枪。巴尔奈特把新枪的枪柄和枪管锯短，用胶条将手电筒捆在枪筒上。1996 年 6 月 21 日，巴尔奈特带着枪，从母亲的房子走到附近比利葛培理公路与莫里斯菲尔德路的交叉路口。午夜过后，唐纳德·艾伦刚把他的蓝色本田车停在了这个交叉路口。巴尔奈特拿着枪走近艾伦的车，命令艾伦下车。艾伦照做了，巴尔奈特又让他扔下钱包，艾伦也照做了。然后，巴尔奈特用枪逼着艾伦走到马路对面的排水沟。到了排水沟后，巴尔奈特朝艾伦的后背开了 3 枪，尸体扔进了排水沟。巴尔奈特拿着艾伦的钱包，开着艾伦的车，前往弗吉尼亚罗阿诺克威廉姆斯小姐的母亲家中。自从燃烧弹事件发生后，威廉姆斯小姐就和她妈妈一块儿住了。

巴尔奈特到了威廉姆斯夫人的房子后，潜入后院，切断了家中的电话线。他曾想从旁边厨房的门进入屋里，但发现门锁着，然后就朝门开枪，踢开门进去了。巴尔奈特进入屋里时，威廉姆斯夫人正在屋里抱着 8 个月大的外孙女。威廉姆斯夫人叫威廉姆斯小姐赶快跑，威廉姆斯小姐就从前门跑了出去。巴尔奈特进屋后，正遇上威廉姆斯夫人，然后追着威廉姆斯小姐从前门出去，一直追过马路对面。巴尔奈特从旁边跑过时，邻居桑吉·希尔（Sonji Hill）小姐正站在家门口，于是打电话报了警。巴尔奈特看见她打电话了，从约 50 英尺远开外用枪指着她，叫她挂断电话，不然就开枪。希尔小姐挂断电话，回到自己公寓，再次给警察打了电话。

威廉姆斯小姐逃跑时摔倒了，巴尔奈特抓住她，拽着她的头发拖向她妈妈屋里。他告诉威廉姆斯小姐，自己早就计划要杀掉她然后自杀。他们返回时，威廉姆斯夫人正从屋里出来，威廉姆斯小姐挣脱巴尔奈特，和妈妈一起往屋子跑去。巴尔奈特就朝威廉姆斯小姐开了两枪，他开第一枪时，距离威廉姆斯小姐 10 到 12 英尺远，子弹击中她的腰部。第二枪距离约 4 到 5 英尺远，击中她的后背。巴尔奈特开这两枪时，威廉姆斯夫人离自己女儿的距离很近，近到都可以摸到她，但是威廉姆斯小姐还是因为枪伤死了。

巴尔奈特开着艾伦的车离开了谋杀现场，驶向田纳西州的诺克斯维尔，在那里，他给汽车换了新牌照，然后开往北卡罗来纳州的夏洛特，1996 年 6 月 24 日，巴尔奈特将汽车遗弃在那里的一家购物中心露天停车场。当天晚上，警察发现了汽车，并在附近的垃圾堆里找到了巴尔奈特杀人用的猎枪。

1996 年 6 月 25 日，巴尔奈特在母亲家中向当局自首。随后，他把警察带到了杀害艾伦的现场，给他们指认弃尸地点。最终，他承认了两起谋杀以及抢劫汽车的事实（United States v. Aquilia Barnette，2000）。

行为判断

在本案的审理阶段，政府传唤了许多证人，包括斯科特·邓肯（Scott Duncan）博士。邓肯博士给出的结论是：基于以下三种因素，巴尔奈特在狱中会成为潜在的危险（United States v. Aquilia Barnette，2000）：

> ……根据《心理变态检测表》（修订版），预测其未来的危险度，并将巴尔奈特与具有相似特征的人进行了仔细的分析比较。邓肯博士认为，未来，巴尔奈特仍可能具有暴力性。据邓肯博士的看法，巴尔奈特是心理变态者。

邓肯博士就以下情况进行了进一步说明（United States v. Aquilia Barnette，2000）：

> 问：你告诉我们你如何得出这个结论之前，能向陪审团描述一下，什么是心理变态者吗？
>
> 答：当然可以。总体说来，与非心理变态相比，心理变态者无法进行同等感受，也没有强烈的感情感受。通常而言，他们冷酷无情、善于操控别人、工于心计、经常剥削他人。研究发现，从生物学角度而言，他们对心理正常者感到害怕和恐惧的事物没有反应，这两种情感恰好构成我们所说

的懊悔和自责。心理变态者对于自己的行为几乎不会感到自责和懊悔……

问：为什么确定侵害人是否是心理变态者那么重要？

答：哦，心理变态者——心理变态犯罪人未来犯罪的可能性是非心理变态犯罪人的两倍，未来从事暴力犯罪的可能性则是非心理变态犯罪人的三倍。通常，服刑员中仅有20%的人是心理变态者，但他们却对50%以上的暴力犯罪负有责任。而且，认定某人是心理变态者，可以帮助有关部门依据测试评分，决定安置他们的监狱安全级别最高还是级别稍低……

问：那么，心理变态者看上去会和其他人不同吗？

答：不，先生。心理变态者，大概他们最大的优点，也是非心理变态者最害怕的一点，就是，他们有能力看起来正常。我们都希望，能够在人群中把心理变态者和非心理变态者区分开来，但没人能做到这一点……心理变态者，正如我说的，有看起来非常正常的能力。但是，如果你知道你正在寻找什么，就像看见了一盘水果，你会对自己说，天哪，盘里的水果看起来真好！但你靠近果盘，挑出一个，你会发现是假水果。心理变态者就是这种情况，他们看起来非常非常正常，但你知道自己要寻找什么的话，就不一定要根据外在表现，而且从他们的行为就能认定他们是心理变态者。

为了反驳邓肯博士关于巴尔奈特是心理变态者的证词（以及基于《心理变态检测表（修订版）》得出的证词），辩方要求重新召回他们自己聘请的危险评估专家。联邦地方法院驳回了这一动议。初审巴尔奈特被判处死刑，辩方提起了上诉。

美国第四巡回上诉法院裁定，此项驳回系可修正错误。初审法院应该同意，让辩方将自己的专家带到证人席，解决这一争论。根据米利的《多伯特报告》（Daubert Reports，2000）：

法官表示：“虽然巴尔奈特提出，联邦法院最初判决《心理变态检测表》(修订版) 系可靠的科学依据，这一判决并不合理，但他并未对其相关性提出质疑”判决是否承认依据《心理变态检测表》(修订版) 所做的证词时，法院考虑了巴尔奈特反对测试的理由：对于黑人（巴尔奈特是黑人）或中年人而言，这一检测表并不符合标准。

“巴尔纳特提供了己方专家坎宁安（Cunningham）博士写的两篇文章，来支持自己的观点，但没有其他的证据。此案裁决记录表明，认可该证据的判决并非明显的判断错误。考虑到区法院判决的自由裁量权，我们的观点是，事实讯问充分，本案裁决记录并不认为，判决认可证据是滥用自由裁量权。”

随后，美国第四巡回上诉法院撤销了死刑判决，押回巴尔奈特重新量刑审讯。

讨论

作者认为，合格的心理学家或精神病学家给心理变态者提供了诊断证明，在处罚阶段（被告已经被判有罪，且罪行无可争议），这种证词即为恰当。作者认为，基于可观察的事实，例如，行为导向的《心理变态检测表》(修订版)，在判决侵害人服刑时间时，这种证词可能会对审理者有所帮助。若法庭经常这样做，也许能避免只能依靠公民自我认罪这一问题，下面的案例会对此进行讨论。

如果能找到充分的反驳证人，作者绝对支持这个观点。初审法院未允许辩方专家回到证人席，至少谈论一下《变态心理检测表》(修订版) 的缺点，几乎可认为就是挑衅。不让证人站在证人席上，就不是一个好的判决。

克劳福德·威尔逊：心理变态的强奸犯

可以这样形容克劳福德·威尔逊（Crawford Wilson），只需要他一个人，就能形成犯罪浪潮。他的少年犯罪记录就包括偷车、小偷小摸和打架。他的成年犯罪记录包括重罪、因盗窃汽车入狱、重大盗窃、两次未经许可使用武器、两次入室盗窃、持械抢劫和持有盗窃工具（Minnesota v. Crawford Wilson，2000）。

威尔逊的性犯罪生涯始于 1962 年，当时的罪行是强奸未遂。在 2000 年“明尼苏达州诉威尔逊案”（Minnesota v. Crawford Wilson）中有详细描述：

> 他的部分犯罪史包括：17 岁或 18 岁时，性骚扰 8 岁的继妹。1981 年搬到明尼苏达州，在此之前威尔逊住在伊利诺伊州。他承认自己曾在伊利诺伊州犯了 5 次或 6 次强奸罪。1981 年 10 月 2 日，威尔逊从伊利诺伊州监狱保释出来。1982 年 1 月他还处于缓刑期内，又在明尼苏达州开始强奸妇女。
>
> 1982 年半年内，威尔逊强奸了 11 名妇女，这才有了他的此次监禁。他不认识自己侵犯的女性，她们年龄各异。每次犯罪时，他都用一把小刀控制并胁迫受害人，这些受害人要么在自己的公寓或在公寓楼被威尔逊搭话。总体说来，威尔逊犯罪时都喝醉了。强奸被害人之前，威尔逊都会先把她们的眼睛蒙上、嘴塞上，然后绑起来。部分性侵包括多种形式的插入行为。有些案子中，威尔逊把受害人捆起来，然后用小刀割断衣服，他还曾击打过至少两个受害人。强奸后，他通常在受害人的公寓里逗留一段时间，搜查受害人的财物，偷走现金和私人物品。
>
> 1982 年，在第一阶段审理中，威尔逊对 5 起性犯罪案表示服罪，判处监禁 25 年。服刑期间，威尔逊又收到了 4 份关于自己性行为的惩罚报告。1983 年 12 月，他向女性来访者暴露自己的阴茎；1986 年 10 月，发现他与监狱室友发生鸡奸行为；1991 年 8 月，威尔逊试图拥抱亲吻一位女教官，还告诉她，自己一直幻想和女教官发生性关系。最后，1997 年 6 月，发现威尔逊赤身裸体站在窗户前，让女教官看见他手淫。

按照记录，在监禁期间，威尔逊和以前一样继续从事不法行为，包括口头辱骂、不服从直接管教、行为不检、拥有走私物品、随身携带毒品和酒精、使用麻醉剂、未经批准拥有财物、合谋走私及走私（Minnesota v. Crawford Wilson，2000）。

1999 年 8 月，克劳福德 · 威尔逊以性心理变态人格（sexual psychopathic personality，简称 SPP）和性欲危险人物（sexually dangerous person，简称 SDP），列入明尼苏达州性犯罪者项目。

1939 年，明尼苏达州颁布了一部“变态人格法”，规定可以对危险的性犯罪者进行无限期民事拘留，由人类服务部加以治疗。县检察官和总检察长办公室可利用该法律，把高风险性犯罪者从监狱释放出来，安置到圣彼得的明尼苏达公安医院（Minnesota，1994）。在明尼苏达州，监禁性心理变态人格的人需要以下证据：某人在性方面有一系列习惯性不法行为，完全没有能力控制其性冲动，因此对他人而言是危险的。在明尼苏达州，监禁性欲危险人物则需要有以下证据：某人进行一系列有害的性行为，表现出性障碍、人格障碍或其他的精神障碍，因此很可能做出有害的性行为（Minnesota v. Crawford Wilson，2000）。

行为判断

对于将自己确定为性心理变态人格和性欲危险人物的判决，克劳福德 · 威尔逊提起了上诉。然而，法院指定的询问人罗杰 · C. 斯威特（Roger C. Sweet）博士表示（Minnesota v. Crawford Wilson，2000）：威尔逊是：

> 性欲危险人物，符合明尼苏达州相关规定中描述的三个要素，主要基于以下几点：（1）威尔逊是个有着暴力性犯罪和非性犯罪行为历史的职业犯罪人；（2）在《心理变态检测表》（修订版）检测中，他的心理变态程度已达到了心理变态指标的临界点；（3）对他进行的明尼苏达多相人格调查表 –2（MMPI –2）和米隆临床多轴调查表 –III（MCMI – III）检测也表明他有暴力倾向；（4）有化学依赖性，使用改变情绪的药物有助于其改变冲动、鲁莽的行为；（5）他既没有成功完成化学依赖治疗，也没有完成性犯罪人治疗计划；（6）心理变态和异常的性激发方式两相结合，让威尔逊性犯罪率更高。

斯威特博士解释说，威尔逊使用黑尔的《心理变态检测表》（修订版）检测，得了 27 分，明显高于 25 分，后者是众多研究者认定心理变态者的临界分值。博士进一步提出了以下观点（Minnesota v. Crawford Wilson，2000）：

> （威尔逊）表现出中等程度的变态模式，更多表现为“力量自信”的强奸犯，认为强奸能展现自己男子气概，和/或表现为“恼怒报复”的强奸犯，认为强奸能展示自己的敌意和愤怒。

明尼苏达州上诉法院认为，威尔逊确实有性心理变态人格，是性危险人物。判决中法庭解释道，“《性危险人物法》允许对性危险人物进行民事拘禁”，这些人“曾参与过有害性行为，且目前的失调或障碍让他们无法充分控制自身的性冲动，极有可能在未来从事有害的性行为”（Minnesota v. Crawford Wilson，2000）。

讨论

这一案例中，毋庸置疑，侵害人会继续对社会造成危害。无论他是否有脑部缺陷，其行为清楚表明，不管是监禁或是保释，他都将进行性犯罪。作者的观点是，应当给克劳福德·威尔逊制作海报，并张贴在民事拘禁处前面的大厅内。

利昂·詹姆士·普雷斯顿：青少年性犯罪人

最近，明尼苏达州上诉法院支持对 25 岁的利昂·詹姆士·普雷斯顿实行民事拘禁令，这与克劳福德·威尔逊案子的判决有相似之处。二者最大的不同在于，普雷斯顿是一名青少年性犯罪人，14 岁到 17 岁期间，他至少对 8 名女少年进行过性侵，由此被判罪。按照以下顺序，受害人包括（Minnesota v. Leon James Preston，2001）：

- 普林斯顿 8 岁的堂妹。他在女孩家里对她进行了性侵。
- 和普林斯顿同乘一辆校车的 9 岁女孩。他对女孩进行过 30 到 45 次性侵。
- 公园里一位 4 岁的小女孩。同一天他对女孩进行过两次侵害。
- 公园里一位 8 岁的女孩。他至少在 15 个不同场合对女孩进行过性侵。

- 普林斯顿 5 岁同父异母（或同母异父）的妹妹。在自己坚振礼派对期间，他对女孩进行了性侵。
- 普雷斯顿临时替人照看的 9 岁邻居女孩。他在公园里、校车上以及女孩家里都对她进行过性侵。
- 家里朋友 12 岁的女儿。他在女孩卧室骚扰她。

在霍夫曼（Hoffman）中心住院治疗期间，普林斯顿最后一次进行性侵。普林斯顿因为与 14 岁的男病人有性接触，两度被移出该项目；他还劝说比他小的男病人为他口交（Minnesota v. Leon James Preston, 2001）。

行为判断

法院指定的心理学家们认为，普雷斯顿冲动、以自我为中心，并且反社会，他们感受到的一切都证明，普林斯顿是心理变态者。他们还认为，普林斯顿似乎并未意识到自己有问题，也不相信必须治疗、治疗有益。普雷斯顿确实告诉心理学家们：他自认为能够设计出一种方法，来解决自己的性瘾问题。心理学家觉得，这个计划含混不清、不恰当、不够充分、不现实，而且“十分肤浅”（Minnesota v. Leon James Preston, 2001）。

因此，普雷斯顿被视为性危险人物和性心理变态人格，送进了位于圣彼得（St. Peter）和穆斯湖（Moose Lake）地区的明尼苏达州性犯罪治疗中心。普雷斯顿对这一判决提起上诉，理由是他能够控制自己的冲动（他能够计划侵害、挑选受害人并等待适宜的时间进行攻击），因此不符合“无法控制个人性冲动”这一要求（Minnesota v. Leon James Preston, 2001）。

这个论点实在滑稽，明尼苏达州上诉法院驳回了普雷斯顿的上诉，同时还给出了同样有趣的回答。根据“明尼苏达诉利昂 · 詹姆士 · 普雷斯顿案”的诉讼记录（2001）：

> 虽然挑选受害人和做出犯罪计划行为能够显示其控制性冲动的能力，因而否定了性心理变态人格条例规定的责任要求：即侵害人应极度缺乏控制性冲动的能力。但其挑选行为本身是不受控制的，

这个冲动也同样不受控制。

讨论

本案论点以合法立场为框架，根据法律条例要求，考虑到侵害人是一名性危险人物和性心理变态人格，肯定极度缺乏控制自身性冲动的能力。这些都是事实。但作者的观点是，明尼苏达州上诉法院对这个案子的论证似是而非。也就是说，犯罪计划并不是冲动的证据。此案的犯侵害罪人不仅在各种环境下物色受害人，而且几个月内，在各种场合侵害好几个受害人。犯罪中有犯罪想法和故意心态。考虑到许多性犯罪人都有复杂的选择计划行为，作者难以理解，这个规定这么无知，怎么会制定成文，而且还在继续使用。

施虐狂行为[①]

按照一般说法，以及在大众媒体中，人们普遍使用“虐待狂”（sadistic）一词来描述各种各样的犯罪行为。大多数情况下，它也用来描述那些没有特定动机和因果关系就发生的残酷行为。除了这一模糊界定外，专家还未取得更深入的研究成果。在侦查领域，它可以用来描述系列强奸案的动机。在犯罪学领域，它可以界定某个正在用以研究共性的犯罪群体。在临床医学领域，它可能用于描述病人的幻想等。某些情况下，应用这一术语可能很适当，也准确传达了其引用含义。然而，在其他情况下，这一应用可能并不确切，很容易受关于虐待狂问题那些哗众取宠、前后矛盾的文献误导。这一术语的专业用法往往很宽泛，将享受残忍行为等同于虐待狂，经常被道德怀疑玷污，反而缺少了科学客观性。

背景

“虐待狂”（sadism）这一术语源于法国作家萨德·多纳迪恩·阿

① 这一部分最初发表在《犯罪心理画像——行为证据分析入门》“施虐狂行为”一章，作者巴埃萨，J. 和特维 B.（2002）

方斯·弗朗科斯·德（Donatien - Alphonse - François de Sade）的名字，他生于 1740 年，1814 年逝世，更多人知道他叫萨德侯爵（Marquis de Sade）。许多人把他现存的作品看作很重要的色情文学，因为他在作品中巧妙地描述了因身体痛苦而激发出的性觉醒，令人印象深刻且难以忘记。

随后，克拉夫·埃宾在《1898》中（Krafft - Ebing，1997，p. 20）将“虐待狂”一词最初用于专业领域，将其归类到性变态（paraesthesia）的一种（性本能倒错），其根据如下：

> 它将性欲和残酷在生理层面结合起来，在身体受限的基础上变成强烈的痕迹，这种性欲冲动加上残酷的表现形式，一起让强烈的感情又上升了一个高度……
>
> 虐待狂行为的本质由受害人的相关能力决定。如果有性交能力，虐待狂的冲动直接指向性交，随之而来的是有备而来、伴随性或持续性的虐待伴侣，甚至是谋杀伴侣（“淫乐杀人”），发生谋杀主要因为感官性欲未能得到满足。

可以说，这一定义可以简要概括为，施虐狂是指虐待性伴侣（如配偶、性伙伴或受害人），从性伴侣遭受的痛苦中获得自身的性满足。为了佐证这一定义，埃宾（1997）还引证了 15 个虐待狂案例。除一个案例有争议外，其余每个案例都包含这一论据：侵害人折磨有感知的受害人，以此获得性满足。只有 25 号案件是个例外：一位病人看见女性手指流血，这唤起他的青春期联想，这一画面让他陷入了性幻想，而并未实施在真正的受害人身上。

虐待狂并不一定和犯罪、谋杀相连。在埃宾（1997）看来，虐待行为确实导致蓄意杀人时，才能称之为“淫乐杀人”。将杀人归类为淫乐杀人时，需要确定，这些虐待行为包括但不限于“绳勒、刀刺、鞭打等”（Krafft - Ebing，1997，p. 34），都只是为了侵害人获得性满足。换句话说，使用“淫乐杀人”这一术语意味着侵害人的行为首先服务于性欲望。此外，尽管所有的虐待狂杀人都可能认定为性虐杀，但也并非所有的性虐杀都有虐待狂。埃宾（1997）引证的 13 个性虐杀案例中，只有一个侵害人是虐待狂。事实上，引证案件中大多数受害人都很快死亡了，并且在受害人死后还发生了其他行为，例如：奸尸、吸血、切除内脏、取出器官或是毁尸。由此，我们有理由推断，埃宾提出的“性虐杀”的杀人分类，确实想用作非特定且有意包容的术语，以描述几乎所有以性为动机的杀人犯罪，而不仅仅指性虐待。可以说，这与伯吉斯等人（1988，P. 1）给出的广义包容性的术语在应用上没什么不同，都指“在权利、性和暴力背景下杀人”。

施虐狂：应用标准

就本篇而言，从前文提供的背景以及《精神障碍诊断统计手册》（第四版）（American Psychiatric Association，1994），可以推断出，确定虐待狂证据的行为要求：

> 性虐待狂的性欲倒错焦点主要包括真实而非模拟的行为，个人从受害人的身心痛苦（包括凌辱）中获得性兴奋。有些性欲倒错的人会受自己的虐待幻想所困扰，这种幻想可能会在性交时唤起，其他时间则不会出现。在此类案例中，虐待幻想通常包括完全控制受害人，受害人会因预期即将发生的虐待行为而感到恐惧。有些人则会与愿意的伴侣（可能是性受虐狂）一起实施虐待狂性冲动，后者往往自愿承受痛苦或羞辱。

还有一些患有性施虐狂的人会对不愿意受虐的受害人实施虐待行动。在所有这类案例中，正是受害人的痛苦激发了侵害人性欲。虐待幻想或行为可能包括那些能展现控制的行为（如强迫受害人爬行，或将受害人关在笼子里）。还可能包括捆绑、蒙眼、拍打、打屁股、鞭打、拧掐、殴打、火烧、电击、强奸、刀割、刺伤、绳勒、折磨、断肢或杀害。

从上述定义可以确定性虐待的基本行为标准，我们建议，在描述侵害人行为时，应符合虐待狂这一概念：

1. 故意对有意识、能感受到痛苦与凌辱的受害人施加身心上的痛苦。

2. 一段时间内造成这种痛苦，借此判断痛苦是侵害人故意为之，且侵害人由此激起性欲。

3. 故意造成的痛苦与侵害人的性冲动或性满足相关联。

有些学者认为，恋尸癖和其他死后虐待行为本质上也都是虐待狂。拟议的标准与戴兹等人（Dietz, et al., 1995, p. 362）的观点一致，这里重申，受害人失去知觉或死亡后发生的行为，均不符合使用虐待狂描述词的要求：

> 关键问题在于受害人是否遭受了痛苦，所受痛苦是否是故意为之，以及所遭受的痛苦是否激起了侵害人的性欲。这就是为什么对无意识受害人或死亡受害人实施的性行为或残忍行为不一定是虐待狂的证据，因为受害人无法体验到痛苦。

此外，一些学者对虐待狂与性虐待这两个术语进行了区分，可以说这是为了适应一般话语中已经形成的扩展用法。拟议的标准重申，性满足是虐待行为所固有的，这可与其他形式的残忍行为区分开来。与这一术语的起源一致，这在萨德侯爵的行为及生活方式（Seaver and Wainhouse, 1990）中得到证实，且在埃宾的《性心理疾病》（*Psychopathia Sexualis*）（Krafft-Ebing, 1997）中也有描述。因此，“性虐待”一词是多余的。

在运用这一标准时，人们认为，许多侵害人可能有，也可能没有虐待幻想，就调查或审判而言，问题在于实际行为的性质及程度。运用这一具有专业基础和历史基础的标准，作者才能评价现有文献中描述为虐待狂的侵害人行为。

虐待狂与性虐杀之辩

这一分析需要对事实进行系统思考以得出结论。假定与推断是建立在某种形式分析基础上的猜测。另一方面，假设则是那些虽然未经论证，但已经被人们普遍作为真理或事实所接受的概念。

正如我们所讨论过的那样，性虐杀已被界定为以性为动机的杀人行为（Holmes，1991；Krafft - Ebing，1997），而不考虑是否存在虐待行为。这是得到广泛认可的概念，可用于描述所有与性有关的杀人行为，包括虐待杀人，同样也包括非虐待的其他形式杀人行为。

许多专业文献作者认为虐待狂与性虐杀（或其相近词）是同义词，或者当侵害人在受害人死后对其尸体仍实施性虐待才将其视为虐待狂（Bain et al.，1988；Birnes and Keppel，1997；De Burger and Holmes，1988；Geberth，1996；Geberth and Turco，1997；Holmes，1991；Langevin，1990；Simon，1996）。伯尼斯和凯珀尔（Birnes and Keppel，1997）对虐待狂的判断基于这样一种假设，即在受害人死后仍存在虐待行为。在其著作中提到："若从犯罪现场可以看出，侵害人在受害人死后仍对其尸体实施了性行为，那么侵害人可能是兴奋（虐待狂型）杀人者。"

格伯和特瑞考（Geberth and Turco，1997，p. 53）的著作中提到了另一种判断方式。作者认为，性虐杀是不顾受害人所遭受的痛苦的虐待行为。侵害人可能会幻想受害人在犯罪现场或被施暴后的一段时间里遭受的痛苦。

狄·瑞沃（De River）认为，即使侵害人没有目睹受害人被害后所遭受的痛苦，他也可以"借由犯罪（唤起）想象，并借助必要的记忆痕迹来满足其邪恶欲望。"这种犯罪的侵害人与性虐杀者并无不同，他们在杀人之前长时间折磨受害人，为的是"通过肉体折磨、使其肢体残缺留下一种以后用以回忆的、超越时空局限的感觉余象（记忆痕迹）"。因此，每一个虐待场景都可由想象展现，都是用实际犯罪现场或幻想产品作为消遣。在每一起案件中，性虐杀都被视为心理变态者的性虐待行为。

推断与假设都不是事实，幻想也不是行为。这些区别在受害人遭遇的情景下可能并不重要。然而，即将要讨论的、且在侦查和法庭工作中至关重要的是，在缺乏证据的情况下任何分析和意见都不能用于假定任何行为。在本章剩余部分，作者将对此进行阐述，并在结论中讨论这一区别造成的影响。

专业文献中的定义

多年以来，许多著名的研究人员都试图描述或阐明虐待狂侵害人的状态，但结果十分混乱。在本节，我们将回顾一些关于著名或者常见虐待狂的描述，然后根据我们所提出的标准来讨论这些描述的准确性。

伯吉斯等人（Burgess et al.，1978，p. 15）这样描述虐待狂：

> 虐待狂以伤害孩子为乐。……性欲成为控制与发怒的表达方式。在某种程度上，孩子象征着侵害人所憎恨的任何事物，因而成为受惩罚的对象。对有虐待狂倾向的恋童癖者来说，受害人所遭受的恐惧、折磨、不幸和痛苦非常重要，而且令人兴奋，仅仅在这种情况下他才能获得性满足感。其目的是伤害、贬低、玷污或者毁掉这个孩子。性欲和力量都在愤怒中得以发泄。

这一概念本身似乎自相矛盾。他所提出的侵害人通过受害人的痛苦而获得性满足的观点是正确的；然而，这一观点却混入了性欲和力量在攻击和愤怒中得以发泄的概念。当性欲与力量在愤怒和攻击中发泄时，其行为最好被描述为愤怒报复（见本章“一般行为界定”小节），而不是虐待狂行为。虐待狂的行为确实是借由愤怒与攻击而获得性满足。参阅此定义的分析员可能会在分析案件时把愤怒报复行为混淆为虐待狂行为。

格罗茨（Groth，1979，pp. 44 – 45）在其著作中这样描述虐待狂：

> 一种愤怒与力量向性欲转移的现象，这使攻击本身可以引起人的性欲。侵害人发现对受害人蓄意的虐待行为可以极大地满足自己，并且从受害人的折磨、苦恼、不幸、无助与痛苦中可以得到乐趣。…… 通常其受害人都是陌生人，且在年龄、外表或职业等方面有某些共同特点，他们往往是侵害人想要惩罚或者摧毁的事物的象征。……侵害人的兴奋与受害人所遭受的痛苦相联系。……憎恨与控制引起其欲望，因此他在虐待、贬低、羞辱受害人的过程中获得满足感，甚至有时会毁掉其俘虏。

同样，这一论述内部似乎仍存在矛盾，它明确指出侵害人在攻击时性欲的增加需要伴随受害人痛苦的增加，然而，它又继续强调，没有性欲的愤怒报复动机只涉及憎恶、惩罚和杀害受害人。同样，赞成此定义的分析员在分析案件时也可能会将愤怒报复行为与虐待狂行为相混淆。

另一方面，克拉克利（Cleckley，1988，pp. 290－291）扩大了包含虐待狂的心理变态者的描述：

> 从更广的意义上讲，明显蓄意且持续地向爱他们的人施以羞辱和感情上的痛苦，同样也使自己陷入失败和不愉快的境地，这意味着所有心理变态者既是虐待狂也是受虐狂。然而，仅从这个意义上来说，这些刺激是相同的或者一致的，满足感并非直接来源于性反常者所享受的、字面意义上的用鞭子抽打别人或让别人抽打自己所带来的情爱享受。

克拉克利对虐待狂这一术语的理解忽略了两个要求。一是从应用的角度来讲，他要么假设侵害人的意图是造成痛苦，要么完全忽略了侵害人的意图。进一步说，这一概念有意消除了虐待狂概念中侵害人通过受害人的痛苦获得性满足这一条件。二是他基本上将一般残忍行为与虐待行为视为事实上相同的行为，而忽略了两者不同的意图或背景。同时，在克拉克利的著作中对虐待狂的论述很滑稽，读者可能无法从全文中找出确切的描述。因此，赞成此一般性描述的分析员在分析案件时也许会推断出，所有心理变态者都是虐待狂，虐待狂行为可能只是假设而无法确定。

朗之万（Langerin，1990，p. 106）对虐待狂的描述似乎与定义更广泛的性虐杀的特点联系起来了：

> 虐待狂是一种性反常行为，是指个体对受害人施加力量和控制，从受害人所遭受的害怕、恐惧、羞辱、贬低、伤害，甚至死亡中获得性满足……
>
> 虐待狂通常都是男性，他们通过强迫和力量可以同性行为激起一样多的性欲。他们会有怪诞、固守仪式的行为，除同受害人进行性交外，他们还可能会对昏迷的受害人或其尸体产生性欲。

从某种程度来讲，这个定义相对准确，并且大体上符合所提出的虐待狂的确定标准。然而，它也可能有混淆之处，因为它提到了对尸体实施性行为或激发性欲的可能性，却没有做出进一步的限定。虽然昏迷的受害人或其尸体可能激发虐待狂的性欲，但是这种性兴奋却不是因虐待狂行为产生的，应该分别进行讨论与描述。在界定虐待狂行为特点时，对与之相联系的非虐待狂行为应做出恰当限定，避免产生潜在的概念混淆。

福尔摩斯等人的一系列论文（De Buryer and Holmes，1988；Holmes，1991；Holmes and Holmes，1996）提出了连环杀人犯的分类，其中包括幻想型、任务导向型、享乐型及力量/控制型，又特别将享乐型划分为两类：一类是欲望导向型杀人犯，另一类是刺激导向型杀人犯。狄·伯格和福尔摩斯（1988，p. 77）这样描述这两类杀人犯的区别：

> 欲望导向型杀人犯和刺激导向型杀人犯都对受害人实施了虐待狂行为，然而与欲望导向型杀人犯不同的是，刺激导向型杀人犯并没有性的动机，主要是因为渴望获得兴奋感或怪诞的经历。简言之，对这类连环杀人犯来说，杀人的行为或过程令人享受。
>
> 以上描述容易让人们误认为，不以性为动机的刺激导向型杀人犯也是虐待狂。若刺激导向型杀人犯的动机不在于性，他们就不能被认定为虐待狂，虐待狂要有获得性满足的欲望。

福尔摩斯（1991，p. 67）对欲望导向型杀人犯做出了进一步的解释：

> 这类连环杀人犯以渴望获得性满足为动机。不幸的是，许多此类案件的杀人犯同时是虐待狂，他们的性快感主要取决于他们对所控制的受害人实施折磨、使其肢体残缺，乃至最终将其杀死。

这一描述将虐待狂与受害人的肢体残缺与杀害直接联系在一起。在此描述之后，福尔摩斯接着提供了一个案例，其中，受害人在死后被肢解。值得注意的是，只有行为对象是活着且有意识的受害人时，使其肢体残缺才能被称为虐待狂行为。做出这种认定必须通过法庭重现犯罪过程予以确认，而不能依据假设作出推论。更应该注意的是，从本质上来说，杀人行为并一定是虐待狂行为（即便以性为动机），且通常是发生虐待狂行为时附带发生的。

福尔摩斯（1991，p. 126）将虐待狂定义为“从惩罚他人中获取性满足感”。更进一步表明虐待狂强奸犯“使用暴力和残忍手段对他人进行报复与惩罚。受害人只是其愤怒源泉的典型象征”。

正如其他学者给出的定义一样，这个界定也是矛盾的。虽然这一界定认为攻击行为会激起性欲，但忽视了受害人所遭受的痛苦，且进一步强调非性欲的愤怒报复动机也会出现惩罚和替代暴怒的现象。如同戴兹等人（1995，pp. 364 – 367）所警示的那样，赞成此定义的分析员在分析案件时可能将愤怒报复行为与虐待狂行为混淆。

戴兹等人（Dietzetali，1990，p. 165）曾指出：“性虐待狂是指在虐待狂意象中持续性兴奋的个体。”这一解释含混不清，未对“虐待狂意象”进行定义。虐待狂意象既可以指想象行为，也可以指实际行为，或两者兼指。无论如何，用术语本身来定义术语并不是公认有益的方法，模糊概念会延续至其他著作中（Burgess et al.，1992；Dietz et al. 1996）。

幸好伯吉斯等人（1992，p. 136）向读者补充说明了更有用且更准确的解释：“侵害人从受害人对折磨的反应中获得了最大满足”，并且又进一步解释说：“侵害人的性兴奋是受害人的痛苦、恐惧和不适在起作用”（p. 227）。

或许在戴兹等人的著作中（1995，pp. 361 – 362）可以找到对虐待狂最有用且有根据的定义：

> 性虐待狂是从他人所遭受的痛苦中产生持续性兴奋状态的模式……施加疼痛是创造痛苦并从顺从、屈服、羞耻、恐惧和惊骇中获取预期反应的方式。

这个定义不容易曲解，很容易符合虐待狂的标准。目前，研究人员也在尽力向读者说明，虐待狂行为与犯罪并非必然相同，包括因愤怒或报复动机残忍杀人后又使其肢体残缺等暴行在内的许多犯罪行为，常常与虐待狂行为相混淆。

案例分析

纵览文献资料，某些著名案件被视为虐待狂行为的典型案例加以引用，这些案件大多涉及“连环杀人犯”，其犯罪行为被耸人听闻地改编成纯属虚构的“真实犯罪”小说，在媒体中也被大肆渲染。在这部分，我们将回顾最著名的一些案件，讨论被错误地认定为虐待狂的侵害人和那些确实做出虐待狂行为的侵害人。

非虐待狂行为案例

杰罗姆·布鲁道斯（Jerome Brudos）案件

30 岁的杰瑞·布鲁道斯是两个孩子的父亲，在被逮捕的几个月前失业了，之前是电工。当局宣称他应对其勒杀下述妇女负责（Turvey，1994）：

- 琳达·K. 斯劳森（Linda K. Slawson），19 岁，在位于俄勒冈州波特兰的布鲁道斯家附近销售百科全书时失踪。
- 珍妮特·S. 惠特尼（Janet S. Whitney），23 岁，1968 年 11 月 26 日汽车在俄勒冈州阿尔马尼北部 5 号州际公路圣地亚姆车站附近抛锚后失踪。
- 凯伦·A. 斯普林克（Karen A. Sprinker），19 岁，1969 年 3 月 27 日在俄勒冈州迈耶和弗兰克（Meier and Frank）购物中心停车场失踪。
- 珍妮特·夏那汉（Janet Shanahan），23 岁，1969 年 4 月 23 日在俄勒冈州尤金克罗斯路与马普勒路的交叉路口，被发现塞在自己汽车的后备厢中。
- 琳达·道恩·维耶尔萨莱（Linda Dawn Salee），22 岁，1969 年 4 月 23 日在俄勒冈州波特兰的劳埃德（Lloyd）购物商城失踪。

布鲁道斯被捕后，以自己“精神错乱应判无罪”为由抗辩，供认了全部罪行，声称需要进行精神检查。当法庭宣告其“精神正常”时，他又撤回了先前的供述。后来他被判犯下三起杀人案件，但并未因谋杀琳达·K. 斯劳森和珍妮特·夏那汉受审和定罪。

根据福尔摩斯的观点（1991，p. 67），布鲁道斯最好被描述为欲望型杀人犯：

> 精心策划尾随跟踪，认真制订谋杀计划，对尸体实施性行为（恋尸癖）是欲望型杀人的常见要素，使受害人肢体残缺在欲望型

杀人中也十分常见。来自俄勒冈州的连环杀人犯杰瑞·布鲁道斯，就是这样的杀人犯。

然而，在吉伯斯和塔克（1997，p. 55）的著作中，作者以布鲁道斯的犯罪情节为模本构造真实犯罪小说：

> 杰瑞·布鲁道斯被称为“欲望型杀人犯”，在1968年至1969年发生的欲望型连环杀人案中杀害了4名年轻女性，被推断为虐待狂。他用荒诞的计划绑架、谋杀女性，并强迫她们穿上不同衣服摆出各种性挑逗姿势。…… 这些行为……应当被定义为心理变态的性虐待狂行为。

吉伯斯（1996，pp. 437 – 438）的著作提供了得出上述结论的更多具体信息。吉伯斯认为布鲁道斯对受害人实施的犯罪行为大多具有恋物癖及恋尸癖的特点：“在每一起案件中，受害人都被带往车库或车间，这个车间根据其目的进行了改造，以便实施其虐待狂般的性幻想。”吉伯斯仅仅提到了两起恋尸癖案例（未涉及侵害人如何猎获受害人），但很有意义。吉伯斯在著作（1996，p. 437）中谈到布鲁道斯对凯伦·斯普林克实施的犯罪行为时写道：

> 受害人……被活着带到他的车库车间。他与受害人进行性交，然后命令其穿上他偷来的各种内衣，拍照，然后勒死受害人。但是他的暴行并没有结束，他又进行了奸尸，最后割下受害人的乳房做塑料模具。

吉伯斯（1996，p. 437）又进一步描述了布鲁道斯对琳达·维耶尔萨莱实施的行为：

> 他把她带回车库，在实施强暴时将其勒死。他将其尸体吊在天花板的钩子上，并扒光其衣服，然后通上电，看这样是否可以让尸体跳舞。

不过，福尔摩斯（1991）、吉伯斯（1996）、吉伯斯和塔克（1997）叙述的这些行为都不满足虐待狂行为的标准。虽然这无疑可以归于模糊的性虐杀类别，但是，布鲁道斯的性欲来自不能互动的、甚至已死亡的受害人。在杀死受害人之前，他无意折磨她们，受害人的痛苦并未明显促进其性兴奋。这证明他有着与恋物癖相联系的强烈恋尸癖欲望。

纳撒尼尔·考德（Nathaniel Code）案件

在伯吉斯等人（1992，pp. 265 – 267）的著作中，纳撒尼尔·考德被描述为愤怒报复型侵害人，有证据显示其犯罪行为中存在暴怒和过度杀害：

> 纳撒尼尔·考德……在 3 个不同场合实施了 8 次杀人行为。1984 年 8 月 8 日，在第一起案件中，他杀死了一位 25 岁的黑人女性，向其胸部刺了 9 刀，且割破了其喉咙。
>
> 大约一年后，1985 年 7 月 19 日，考德再一次作案，杀害了四个受害人：一个 15 岁的女孩、女孩母亲，以及其两个男性朋友。考德几乎砍掉了女孩的头。其母亲死于窒息，尸体被挂在浴缸旁。考德用枪击中了其中一位男性的头部，将其尸体扔在卧室中间。在前面的卧室里发现了另一位男性的尸体，胸部中了两枪，喉咙被割破。
>
> 最后一起案件发生在 1987 年 8 月 5 日。受害人是考德的祖父和两个侄子，一个 8 岁，一个 12 岁。两个男孩因为被绳索勒死，考德在其祖父胸部刺了 5 刀，后背刺了 7 刀……
>
> 考德作案时有特别明显的在场证据。从受害人的伤口可以看出其作案特点。他实施血腥的攻击和过度杀害行为。他对几乎所有受害人的伤害远远超过足以将其杀死的程度（过度杀害）。……
>
> 考德强迫女孩母亲亲眼看着自己女儿死亡，将此作为其控制仪式的一部分，这一仪式由其暴怒构成。若受害人的反应威胁到他的支配感，他会再次发怒，施加极端暴力，过度杀害受害人……
>
> 在 3 起案件中，受害人都被现场可以找到的电器或电话线捆绑。考德用类似于手铐的捆绑方式，在每只手腕处绑成一个圈，用同样的方式绑住受害人的脚踝，然后用绳子将受害人的手和脚绑在一起。

正如这一描述中所说，考德的犯罪行为的核心是支配与控制，是由暴怒驱动而不是性满足。比尼斯和吉宝（1997）在著作中说：

> 在主要的性满足的刻度上，从根本不满意的攻击行为——凶手在第一次杀人时仅射精——转变为第二次性过程中主要获得病态的权力感；攻击行为的焦点是凶手的愤怒，而非性满足。

他们还认为：

> 纳撒尼尔·考德的性满足……是间接发生的，且得到了缓和。他的注意力主要集中于通过固守仪式的捆绑、伤害受害人展现出来的权力表达来代替性欲的释放。换言之，通过折磨受害人而强迫其屈服来实施愤怒的过程已经代替了性满足。

上述观点似乎与伯吉斯等人（1992）的论述一致。然而，比尼斯和吉宝（1997）把考德案件作为在犯罪现场实施虐待狂行为的主要例子，且又一次指出，侵害人的犯罪行为服务于愤怒与暴怒。如此看来，这种分类似乎自相矛盾。赞成此观点的分析人员在分析案件时容易将虐待狂行为与愤怒报复行为混淆。

特德·邦迪案件

或许在文献中我们最常看到的连环杀人犯就是特德·邦迪（Theodore Robert Bundy，简称 Ted）。1989 年，他 43 岁时因其罪行被判处死刑。1974 年 1 月至 1978 年 2 月，他杀死了至少 20 个受害人，据其供认受害人不止 20 个。已知受害人都是 12 岁到 26 岁的女性，案发地点涉及美国的华盛顿州、俄勒冈州、犹他州、科罗拉多州和佛罗里达州。特德被广泛认为是心理变态的性虐待狂。

- “特德·邦迪，不仅是连环杀人犯，而且还是连环虐待狂强奸犯”（Holmes，1991，p. 81）。
- “远不同于连环杀人犯世界中的鲁道夫·瓦伦蒂诺（Rudolph Valentino），特德·邦迪残忍成性，是虐待狂、变态”（Ressler and Schactman，1992，p. 63）。
- “从临床病理学角度而言，特德·邦迪是性心理变态者，享受通过谋杀女性来表达其虐待狂性幻想”（Geberth，1996，p. 748）。

西蒙（simon，1996）概括了邦迪的犯罪行为：

> 他手里提着一个编织袋，将受害人带进车中，或者带到偏僻的地方，然后用藏在手提编织袋中的短撬棍重击受害人。当受害人处于昏迷或半昏迷状态时，他就实施残酷的强奸行为，包括肛交。邦迪用牙齿咬受害人身体各处，有时咬下其乳头，或者在其臀部留下咬痕。他将受害人勒死后，肢解尸体，割下头颅，锯下双手。他将尸体藏在比较隐蔽的地方，几天后又回来实施恋尸癖行为，如向割下的头颅口中射精。

比尼斯和吉宝（1997）对邦迪的幻想和动机做出了以下评论：

> 他仅仅想攻击那些不认识他的女性，并且希望与她们相遇后就让其昏迷或死亡。他是恋尸癖患者，幻想将受害人弄得半死不活，这样就可以完全控制其尸体。他的幻想只有这一种形式。
>
> 邦迪意图在受害人尸体上花费时间，而不是活人，因为受害人活着会让他处于危险境地。这就是他立刻将受害人击昏，运往抛尸地点，将其杀死以便通过奸尸体验性满足感的原因。

文献中有对于邦迪的恋尸癖行为和其他受害人死后的幻想导向型行为的大量描述。但是，其中没有任何相关行为能够说明他是虐待狂。然而，以下行为表现值得探讨。

首先，在与联邦调查局的特工比尔·哈格迈尔（Bill Hagmaier）交谈时，邦迪说 1974 年 7 月 14 日他在沙漫湖（Lake Sammamish）绑架了贾妮丝·奥特（Janice Ott）和德尼丝·纳史路特（Denise Naslund），强迫她们其中一个亲眼看见另一个人被杀死（Geberth，1996，p. 751）。将这一犯罪行为和随后受害人死后发生的行为联系起来，不能充分证明存在虐待狂意图。邦迪偏好与昏迷或者死亡的受害人进行互动；因此，一个受害人看着另一个被杀死的事实是附属于其最主要的动机而存在的。自然，我们可以据此推断邦迪的叙述是真实可信的。

其次，1978 年 1 月 15 日邦迪在佛罗里达州塔拉哈西举行的希欧米茄女生联谊会（Chi Omega sorority house）上杀死了两名受害人，其中一名受害人尸体上有咬痕（Geberth，1996，p. 753）。一些人认为杀人过程中存在虐待狂行为。然而，文献中未提及受害人身上的咬痕是在其清醒、昏迷还是死后留下的，这需要在进行详细行为分析之前加以确定。进一步来说，咬的行为可能发生在暴怒之下。所以，即使咬伤是受害人死亡前造成的，也不可能是施虐意图造成的。

最后，正如格伯斯（Geberth，1996，p. 752）所提到的，邦迪做出了以下陈述，从字面上看，这可能被一些人解读为虐待狂幻想的证明：

> 你可以感受到留在她们体内的最后一丝呼吸。你看着她们的眼睛。处于这种地位的人就是上帝！然后你占有她们，她们将成为你生命的一部分，你杀死她们或抛尸的场所对你来说是神圣的，你总是忍不住回到她们身边。

如果仔细分析就会发现，上述内容没有提及性兴奋和性满足，也没有说要延长受害人的苦恼或痛苦。可以认为这段陈述仅仅包含力量和控制，没有提及实现虐待狂的需求。

“开膛手杰克”案件

或许任何时候我们提起最臭名昭著且令人毛骨悚然的连环杀人犯时都会想起自称“开膛手杰克”的人。1988 年 8 月 31 日至 11 月 9 日他在伦敦东区白教堂地区杀死了至少 5 名女性受害人。据埃克特（Eckert，1981）所说：

> 每个受害人都是妓女，且被杀害时都喝了大量的酒、明显烂醉如泥。除一人外其他受害人都是被勒死的，都被割断喉咙，死后被肢解。未被肢解的受害人也是被勒死的，但没有遭到侮辱，因为凶手在实施死后肢解之前受到惊吓而中断了这一行为。最后一个受害人死在室内。几乎所有作案时间都是深夜或者凌晨。凶手的身份一直未确认，也就未能将其逮捕归案。

不止一本极具参考价值的书将这些犯罪行为定义为虐待狂行为：“他的两次攻击行为都是仪式性的、强迫性的、极度虐待狂性的，大多数行为与开膛手杰克的典型案例相仿”（Burgess et al.，1992，p. 230）。

然而，埃克特（Eckert，1989）和特维（Turvey，1999）都认为该

侵害人的行为明显是非虐待狂行为，侵害人只是要展现愤怒报复和安慰导向型行为。据特维（1999，p. 330）所说："在这类犯罪中有许多消极愤怒的证据，还有其他行为证明，不能充分地判断侵害人是虐待狂。"这些关键行为主要包括：

- 对受害人未实施性侵犯。
- 受害人在很短的时间内在街上被制服、杀害、肢解，除了最后一位受害人被发现于室内。没有证据显示侵害人折磨过活着的、意识清醒的受害人。
- 通过死后使受害人肢体残缺、展示其尸体来羞辱女性以显示其力量。这种行为在本质上是试验性的，而非仪式性的（他对死者身体的各个器官做不同的事情——而不是每次都施加相同的行为）。
- 给公众和执法机关灌输害怕、恐惧或惊慌，据此展示其力量和对执法机关的优越感。让其他人看见或听说其罪行，让受害人被发现并展示其"成果"。

虐待狂案例

内文斯 · G. C. 希思案件

克拉克利（Clercleley，1988，pp. 291 – 293）举了心理变态虐待狂内文斯 · G. C. 希思（Neville G. C. Heath）的例子。希思于 1946 年被捕时年仅 29 岁，是前英国皇家空军（Royal Air Force）军官，曾于 1941 年在军事法庭上被指控诈骗，因其已出逃而缺庭审判。他曾被描述为颇具人格魅力、十分真诚、讨女性喜欢的人，极易给人留下多金又聪慧的印象。

1946 年 6 月 21 日，星期五，32 岁的临时演员马杰里 · 加德纳（Margery Gardner）的尸体被发现于伦敦诺丁山贝姆桥庭旅馆（Pembridge Court Hotel）4 号房里。受害人的脚踝被手帕绑了起来。此外，她的乳头被咬掉了，背部、胸部、腹部和面部有许多抽打后的痕迹。法庭病理学家基思 · 辛普森（Keith Simpson）博士认为，受害人是窒息而死的，可能是口被物品塞住，或者脸被压在枕头下面。发现尸体的房间登记人为希思夫妇（Heath）。

1946 年 7 月 6 日，21 岁的英国皇家海军妇女勤务队（Women's Royal Naval Service）女兵多琳·马歇尔（Doreen Marshall）被发现死于布兰克森峡谷（Branksome Chine）。她死在杜鹃花丛中，除左脚穿了鞋外，全身赤裸，衣服放在身上。死前，她的双手被绑起来，手上有防御性的刀痕，这表明她生前曾试图抵抗侵害人持刀攻击。她的喉咙被割破，失血过多而死。希思仅因谋杀马杰里·加德纳被起诉，但多琳·马歇尔遇害的细节也被采纳为证据。尽管他的律师试图以其精神错乱作为抗辩理由，但陪审团仍于 1946 年 9 月 24 日裁定其有罪。一个月后，他被执行绞刑。据克拉克利（1988，p. 292）所说：

> 3 周内，每个受害女性都被折磨，被希思残忍杀害。在两起案件中，从尸体被肢解的程度我们可以清楚地看出希思的行为属性虐待狂性质。一个女孩的乳头从胸部被完全咬掉。……另一个女孩几乎也是如此。从两具尸体的解剖情况来看，某种工具（或许是拨火棍）被暴力插入受害人阴道，使其破裂，造成腹部脏器损坏。其中一位受害人尸体解剖显示，侵害人显然是将拨火棍插入阴道后极其暴力地向上插入了腹腔，还进行搅拌。一具尸体曾被沉重的金属尖端的鞭子狠狠抽打过……一位女性的腹部被撕得很开，肠子令人作呕地散在其体外。一个很深的伤口从生殖器一直延伸到其乳房……
>
> 受害人被绑得很紧并被堵住嘴。尸体解剖显示，希思想让受害女性尽量活得长一些，以体验其恶毒折磨带来的巨大痛苦。他似乎十分享受屠杀，特别是当受害人还有意识、能够感受到的时候。显然，他在受害人死后还继续实施恐怖且长时间的毁尸过程，并从中寻找荒谬的性满足。

在这一案例中，希思的许多犯罪行为都可认为是虐待狂行为。其中包括鞭打受害人、捆绑其肢体、将其嘴堵住、死前将物品插入其阴道（并暴力搅动）、死前用刀使其肢体残缺，以及死前撕咬受害人乳房。然而，虐待狂做的所有事情并非都属虐待狂性质。侵害人在受害人死后实施的某些行为（如切割或毁尸）虽然可能是出于性的动机，但不能导致受害人痛苦，因此也就不能称为虐待狂行为。

保罗（Paul）案件

在伯吉斯等人（1978，p. 16）的著作中曾列举了名叫“保罗”的虐待狂侵害人案例。保罗，19 岁的白人单身男性，被控犯有 4 起强奸罪，但后来他承认有 20 多起。根据其供述，他通常选择看起来天真的女孩，年龄在 12 岁左右，用刀将她们胁迫至树林里。其供述如下：

> 我让她选择：要么强奸她，要么剪掉她的头发。我用皮带将她的双手捆到背后，把刀尖放在她眼睛之间，威胁说要杀了她。然后我脱掉衣服让她舔我的身体并给我口交，因为我知道她不愿意这样做。我兴奋得颤抖，我要让她害怕——她的惊吓和痛苦让我快乐。有时，当女孩给我口交的时候，我就用烟烫她的肩膀和屁股，并且射精到她嘴里，有时我痛打她并穿着工作靴踩她的手。……甚至直到现在，当我想到女孩被痛打或在电视上看到这样的场面就会勃起。

上述犯罪行为可以认为是虐待狂行为。攻击和暴力是为了增加性满足感。然而，要注意侵害人并没有杀人。正如讨论的那样，虐待狂行为并非必然造成杀人行为。

一般行为界定

回顾各种文献，我们可以明显发现，许多学者认定某些行为无一例外是虐待狂行为而无视其背景。这些学者根据自己分析案例时的经验，或更多的是根据某些行为假定受害人痛苦延长，假定侵害人的动机和意图是使受害人痛苦并以此获得性满足感。

这些学者对侵害人行为模式进行动机分析时，采纳的一般行为界定可能并不准确。如同已经讨论的那样，除非某个行为是故意施加于活着的、清醒的受害人以获得性满足感，否则不能认定为虐待狂行为。对多个侵害人的某个行为的动机进行广泛归纳，是基于其他侵害人的动机，而剥夺了个体行为的背景和意义（Turvey，1999，p. 171）。

对于侦查或审判而言，不论涉及的专业，从行为的物证推断犯罪动机、犯罪行为模式必然涉及司法鉴定领域。司法鉴定是对上述可能性的探索。只有进行正确的司法检验和分析，通过犯罪重现缩小犯罪行为的背景，那些可能性才能得出可靠推断。

更确切地说，司法鉴定人员可以基于物证和行为证据形成有关犯罪的行为要素的观点。文献中提供了下列案例。

强奸

一般来说“强奸”这个词并不指某种特定行为，而是涵盖多种潜在侵害人行为的刑事分类。这些行为取决于该地区的法律，可以包括用外物强行插入受害人阴道、强行将阴茎插入受害人嘴中或强行将手指插入受害人肛门等。于是，仅仅用来描述侵害人的作为时，这个词就具有限定的行为意义。

基于格罗茨 1979 年进行的初始研究和后续深入的研究，奈特等人（knight et al. , 1988），哈兹伍德等人（Hazelwood，et al. , 1991）和特维（1999）认为，强奸犯行为所要满足的心理需求可以分为四种类型：

- 力量恢复（补偿性）：使侵害人的攻击正常化的非攻击性行为，为了使攻击者打消其对自身需求的怀疑。
- 力量确认（开发性）：具有攻击性但不致死的行为，未表现男性的外在疑惑，旨在修复侵害人的内在疑惑和恐惧。
- 愤怒报复（替代性）：高强度身体攻击和性攻击行为，旨在发泄累积的愤怒。
- 愤怒兴奋（虐待狂性）：侵害人的攻击行为旨在给受害人施加疼痛和痛苦从而获得性满足感。

然而，戴兹等人（dietz et al. , 1995，p. 362）关于一般强奸行为中的虐待狂行为方面看法如下：

> 强奸犯会给受害人造成痛苦，但只有性虐待狂会故意造成这种痛苦，无论是生理上还是心理上，目的是强化自己的性兴奋。

如果某种特殊强奸中的行为（例如某种强行插入）旨在不断折磨和羞辱受害人，特别是给受害人造成痛苦以使侵害人性兴奋，那么将其归为虐待狂行为就合情合理了。若没有这种类型的行为，就可能存在其他心理需求。因此，司法鉴定人员就要分析某一具体案件中的既有行为模式，并根据这些模式的背景形成对于个体行为性质的观点。

鸡奸

“鸡奸”一词通常是指对肛门的生理攻击。一些鉴定人员认为，在任何情况下这种行为都属虐待狂行为，因为这在性行为中给受害人造成了痛苦。这种解释假定侵害人有故意给受害人造成痛苦的意图。

确实有一些侵害人将物品插入受害人的直肠以目睹其随后的痛苦是为了获得性满足感，这可以被准确地界定为虐待狂行为。然而，一些侵害人强行将物品插入受害人身上包括肛门在内的孔口是为了满足对其生前的愤怒报复动机或死后基于幻想的安慰导向型动机。

例如，克拉夫 - 埃宾（kralft - Ebing，1997，pp. 230 - 231）引用了 216 号性虐杀案件，在该案中称为“K”的 19 岁男性劳工杀害了名叫安娜的 10 岁女孩：

> 她的尸体被发现在离主干道大约 50 步远的杂树林里，脸朝地面，嘴被苔藓堵住，肛门（有）被强奸的迹象。……
>
> K 被捕了，起初他否认其行为，但后来全部招供了。他勒死了那个孩子，当她停止踢打、不再抵抗后，便对她实施了鸡奸。

在这起鸡奸案中，也可用另一个通用术语，即反自然性行为。本案中鸡奸发生在安娜丧失知觉以后，甚至是她死亡之后。在这两种情况下，本案都不符合虐待狂的标准，这起案件中的鸡奸行为可以认为是安慰导向型行为。

勒杀

用手和绳子勒杀都是通过压迫颈部动脉以限制受害人脑血氧供应。确实，一些侵害人这样做是为了使受害人间断地丧失和恢复知觉以从受害人间歇的痛苦反应中获得性满足感。这可以准确地界定为虐待狂行为。然而，一些侵害人在犯罪行为中采用勒杀并不是为了满足幻想，而是为了实施犯罪。用手和绳子勒杀可能分别用于虐待狂动机中征服、控制、惩罚或杀害受害人的过程。

例如，克拉夫－埃宾（1997）引用了 18 号性虐杀案件：名叫韦彻（Vacher）的 26 岁流浪汉被判“犯有 11 起谋杀案，都是虐待狂、性虐杀案件。其中包括勒杀、割喉、剖腹和毁尸，特别是攻击生殖器，最后在尸体上发泄性欲”。

在这个案例中，作者将犯罪的所有方面都归因于虐待狂。矛盾的是，这些行为大多是在受害人死后实施的。勒杀是韦彻的杀人方法，但是，正如所述，没有证据表明杀害受害人有功能性以外的目的。也就是说，侵害人不能对活着的、有知觉的受害人实施其首选行为（死后毁尸），其性满足与任何死前活动无关。这起案件中的行为正如克拉夫－埃宾认为的那样，不符合虐待狂的界定标准。

撕咬

布列坦（Brittain，1970）在文献中被广泛引用，但他并未就虐待狂行为给出专门的操作性界定。他对撕咬的界定如下：

> 咬痕可能被发现、最常见于受害人的胸部和颈部，但并不局限于这些部位，且轻重可能不同。既可以发生在同性恋也可以发生在异性恋虐待狂杀人案中。

应当注意的是，这个模糊的行为论述代表了布列坦对虐待狂话题的整体态度。他最先列举了可能是虐待狂行为的例子，但并未界定必然是虐待狂行为的特定情景。

一些侵害人撕咬其受害人，在皮肤表面和皮下组织留下可见的和可识别的咬痕。格伯斯（1996，pp. 636－639）论述了造成咬痕的三种可能动机：

- 虐待狂性的快乐，通常与瘀斑或“吮痕”相联系；
- 惩罚或愤怒，通常与虐待儿童相联系；
- 防御行为，可以认为与受害人和侵害人进行身体搏斗相联系；

因此，即使撕咬有可能是虐待狂行为，但并非必然如此。任何与撕咬行为相联系的虐待狂动机必须被证实，而不能只是假设。

杀害受害人

一些侵害人会杀害受害人。然而，杀人行为本身并不是虐待狂的证据。首先，受害人必须遭受痛苦，即使如此，受害人的痛苦也有可能是侵害人目的的附属结果。其次，还必须有侵害人从受害人痛苦上得到性满足感的证据。可以认为，虐待狂希望其受害人尽可能长时间地活着并保持清醒，以便继续从其痛苦中获得性满足感。受害人越早被杀害，虐待狂行为发生的机会就越小。

在受害人面前杀害另一受害人

上述案例中曾提到，一些侵害人会杀害其受害人，然而，杀人行为本身并不是虐待狂的证据。在受害人面前杀害另一受害人，这种行为也不是本质就属虐待狂行为。一种可能性是，杀人可能是出于预防性目的，为了灭口。在这种案件中，让第二个活着、清醒的受害人遭受痛苦或创伤是侵害人动机的附属结果。另一种可能性是，杀人可能是出于报复性目的，而目睹这一行为的活着的受害人并不一定是侵害人发泄暴怒的目标。

死后碎尸

死后肢解受害人尸体大概最常被错误地认定为虐待狂行为。正如已经讨论的那样，这在很大程度上可能是因为文献中将性虐杀和虐待狂相混淆了。例如，临床医生西蒙（1996）将虐待狂行为描述如下：

> 连环性杀人犯无一例外是虐待狂，有时还具有恋尸癖，通常二者兼有。他们给受害人施加伤害和恐惧，在活着或死去的受害人身上投入其全部力量从而获得性兴奋感。

这一描述只是宽泛的概括，不适用于已知的连环杀人案。这个论述认为虐待狂行为包括对死去的、没有反应的受害人施加力量的情况。正如已讨论的那样，根据定义，无知觉或已死亡的受害人并不能给虐待狂带来其性兴奋所要求的那类反馈（如哭泣、尖叫、求饶、呜咽、挣扎等）。因此，死后行为（如奸尸）或对无知觉的受害人实施的行为并不能准确描述为虐待狂行为。例如，贝恩等人（Bain et al.，1988）的著作中引用了所谓的虐待狂 A 先生的案例。他杀害了一位女性，并与其尸体性交。然后，他割下其生殖器准备吃掉，但被第三者打断，逃离了犯罪现场。贝恩等人认为此案中的行为不符合虐待狂要求的标准。

另一个例子是，福尔摩斯（1991，p. 124）将毁尸虐待狂定义为“对与尸体性交感兴趣；毁尸虐待狂杀人犯杀人是为了与尸体性交”。这个词是矛盾用语，没有更好的词了。死者不会痛苦，而虐待狂要求受害人遭受痛苦。因此，这个词不仅不恰当，而且还具有误导性。

侵害后访谈中的“虐待”倾向表达

许多学者对虐待狂的犯罪行为做出的解释是基于侵害后对侵害人的访谈。除采访性侵害人的临床训练和实验之外，还有一些实际原因可以解释为什么不能轻信侵害后的侵害人访谈结果。亚伯和鲁洛（Abel and Rouleau，1990，p. 10）曾提及一起案例，此案侵害人有可能获得假释：

> 他对实施性犯罪的次数以及他在强奸过程中采取强制与暴力的程度进行坦白、诚实相告，若在询问中发现其犯有新的罪行，可能会严重影响侵害人离开监狱的机会，并可能延长对其监禁。

然而，即使在不可能假释的案件中，侵害人同样有令人信服的原因要在其犯罪行为的性质与程度方面欺骗采访者。原因包括以下方面：

- 侵害人意识到有机会获得申述与受理，为符合这些特别需求可能会改变犯罪活动细节；
- 侵害人可能对其对受害人实施的行为中的某些方面感到尴尬（例如，他们可能不愿意承认更喜欢同尸体性交，可能会说这些活动是受害人死前发生的）；
- 侵害人可能希望被认为比实际犯罪活动显示的更加聪明、更有能力（例如，听说虐待狂是最聪明的侵害人后，侵害人可能承认是虐待狂，或提供其犯罪或幻想中的自认为是虐待狂行为的细节）；

- 侵害人可能希望被认为比实际犯罪活动显示的更强悍、更危险或更熟练，以满足其自尊心或维护其犯罪声誉（例如，侵害人可能承认其未犯下的罪行，或提供其犯罪中自认为是虐待狂幻想或细节的情况，以此使自己在监狱中或在公众眼中被认为比实际情况显示的更危险）。

结　论

在对文献综述中提到的出版物进行了深入调查研究之后，笔者得出了关于法庭案例工作的几个结论：

首先，大概是最重要的一点，“虐待狂”一词并非侦查人员、犯罪学家或医学界在文献中一贯采用的说法。此外，这个词经常被含糊界定且广泛使用。

其次，在文献中有两种对虐待狂的常见误解：

1. 将以惩罚和泄愤为动机的行为曲解成虐待狂行为。
2. 将死后奸尸或毁尸的行为曲解成虐待狂行为。

第二种误解可能是基于鉴定人员的假设，假定毁尸总是发生在受害人死前。这种假设在文献中大量出现，可能表明鉴定人员形成法庭意见时对适当、客观地再现侵害人行为缺乏信心。也就是说，鉴定人员为形成侵害人是虐待狂的意见，可能在缺乏物证予以证实的情况下做出假设，这一做法是站不住脚的。

第三，许多学者（De Burger and Holmes，1988；Geberth，1996；Geberth and Turco，1997；Holmes，1991；Holmes and Holmes，1996）一直把虚构的、耸人听闻的“真实犯罪”小说作为研究特定侵害人行为的主要资料来源。这种做法破坏了合法研究叙述的可信性，存在可靠性和客观性的问题。最令人不安的是，在专业领域内某些人认可把“真实犯罪”小说家笔下耸人听闻的、虚构的犯罪重现作为研究的恰当资料这一做法。

最后，笔者发现，参考文献中对于那些被描述为虐待狂或性虐杀的犯罪有大量的道德相关描述。确切地说，正如本章摘录中所示，一些作者在专业著作中讨论特定侵害人类型的道德倾向，以下就是频繁使用的带有主观性的相关词语：

坏的/冷血的/疯狂的/邪恶的/凶暴的/变态的

这些主观词汇和道德定位形成了情感争论的基础，并非逻辑论据。这些词的意义从文化角度也十分主观。因此，如果这些词使得读者接受了作者的个人立场，则会给研究人员和其对个体侵害人动机的理解造成有形的障碍。使用这些词汇不能促进客观研究事业的发展。

小结

心理变态和虐待狂是由行为决定的侵害人分类。也就是说，心理变态和虐待狂的诊断很大程度上依赖于行为证据。犯罪心理画像人员可能会遇到且需要分析相关行为模式和犯罪现场的特点，他们必须理解两者的历史来源和解释。

心理变态具有一系列的特质，包括冲动、冷漠和不负责任，在《黑尔心理变态检测表》（修订版）（*Hare Psychopathy Checklist—Revised*）中有详细描述。

所有心理变态者的变态程度不同，引申开来，所有心理变态行为也不同。心理变态行为依靠一个连续统一体。

虽然动机与其他侵害人相同，但心理变态者可以使用残酷、剥削性的方法，而不会有丝毫自责。心理变态者不受痛苦、同情或者悔恨情绪的困扰。

虐待狂是临床医学术语，现用于非临床使用。通常这个词被错误地用来描述任何感知到的残酷行为，不顾特定动机或背景。对这个词起源的历史回顾表明，虐待狂指故意让有意识的、能感受到疼痛或羞辱的受害者遭受心理或生理上的痛苦，以使侵害人获得性满足感。

对术语起源的误解，也导致其混乱地作为伪专业文献中性虐杀通用概念的同义词。这反过来又使得许多知名侵害人被误归入虐待狂的分类，以及某些不正确的假设认为某些行为固然是虐待狂行为。虽然这些做法有益于图书销售，有利于刑事诉讼，但这是不准确的。考虑到需要在犯罪现场解释虐待狂行为的法庭意义，画像人员有责任以明智、谦逊的态度来理解这种解释。

问题

1. 列举三个心理变态行为的例子。
2. 解释心理变态与反社会人格障碍之间的区别。
3. 判断正误：对尸体实施虐待狂行为是可能的。
4. 虐待狂行为的主要动机是什么？
5. 列举三个虐待狂行为的例子。

REFERENCES

Abel, G., Rouleau, J., 1990. The Nature and Extent of Sexual Assault. In: Marshall, W. L., Laws, D., Barbaree, H. (Eds.), Handbook of Sexual Assault: Issues, Theories, and Treatment of the Offender. Plenum Press, New York, NY.

American Psychiatric Association, 1994. Diagnostic and Statistical Manual of Mental Disorders, fourth edition. American Psychiatric Association, Washington, DC.

Bain, J., Dickey, R., Hucker, S., Langevin, R., Wortzman, S., Wright, P., 1988. Sexual Sadism: Brain, Blood, and Behavior. Annals of the New York Academy of Science 528, 163 – 171.

Birnes, W., Keppel, R., 1997. Signature Killers: Interpreting the Calling Cards of the Serial Murderer. Pocket Books, New York, NY.

Brittain, R., 1970. The Sadistic Murderer. Medicine, Science and Law 10, 198 – 207.

Burgess, A. W., Burgess, A. G., Douglas, J., Ressler, R., 1992. Crime Classification Manual. Lexington Books, New York, NY.

Burgess, A., Douglas, J., Ressler, R., 1988. Sexual Homicide: Patterns and Motives. Lexington Books, New York, NY.

Burgess, A., Groth, A. N., Holmstrom, L., Sgroi, S., 1978. Sexual Assault of Children and Adolescents. Lexington Books, New York, NY.

Cleckley, H., 1976. Mask of Sanity, fifth edition. Mosby, St. Louis, MO.

Cleckley, H., 1988. The Mask of Sanity, fifth edition. Mosby, Augusta, GA.

DeBurger, J., Holmes, R., 1988. Serial Murder. Sage, Newbury Park, CA.

De Sade, M., 1990. Justine. In: Seaver, R., Wainhouse, A. (Eds.), The Marquis de

Sade: Justine, Philosophy in the Bedroom, and Other Writings. Grove Press, New York, NY, pp. 447 – 743.

Dietz, P., Hazelwood, R., Warren, J., 1990. The Sexually Sadistic Criminal and His Offenses. Bulletin of the American Academy of Psychiatry and the Law 18, 163 – 178.

Dietz, P., Hazelwood, R., Warren, J., 1995. The Criminal Sexual Sadist. In: Burgess, A. W., Hazelwood, R. (Eds.), Practical Aspects of Rape Investigation: A Multidisciplinary Approach. second edition. CRC Press, Boca Raton, FL.

Dietz, P., Hazelwood, R., Warren, J., 1996. The Sexually Sadistic Serial Killer. Journal of Forensic Science 41 (6), 970 – 974.

Eckert, W. G., 1981. The Whitechapel Murders: The Case of Jack the Ripper. American Journal of Forensic Medicine and Pathology 2 (1), 53 – 60.

Eckert, W. G., 1989. The Ripper Project: Modern Science Solving Mysteries of History. American Journal of Forensic Medicine and Pathology 10 (2), 164 – 171.

Geberth, V., 1996. Practical Homicide Investigation, third edition. CRC Press, Boca Raton, FL.

Geberth, V., Turco, R., 1997. Antisocial Personality Disorder, Sexual Sadism, Malignant Narcissism, and Serial Murder. Journal of Forensic Science 42 (1), 49 – 60.

Groth, A. N., 1979. Men Who Rape: The Psychology of the Offender. Plenum Press, New York, NY.

Hare, R., 1991. Psychopathy and the DSM – IV Criteria for Antisocial Personality Disorder. Journal of Abnormal Psychology 100 (3), 391 – 398.

Hare, R., 1993. Without Conscience. Pocket Books, New York, NY.

Hare, R., 1996. Psychopathy and Antisocial Personality Disorder: A Case of Diagnostic Confusion. Psychiatric Times 13 (2).

Harrington, A., 1972. Psychopaths. Simon & Schuster, New York, NY.

Hazelwood, R., Reboussin, R., Warren, J., Wright, J., 1991. Prediction of Rapist Type and Violence from Verbal, Physical, and Sexual Scales. Journal of Interpersonal Violence 6 (1), 55 – 67.

Holmes, R., 1991. Sex Crimes. Sage, Newbury Park, CA.

Holmes, R., Holmes, S., 1996. Profiling Violent Crimes: An Investigative Tool, second edition. Sage, Thousand Oaks, CA.

Knight, R. A., Lee, A., Prentky, R. A., Rosenburg, R., 1988. Validating the Components of a Taxonomic System for Rapists: A Path Analytic Approach. Bulletin of the American Academy of Psychiatry and Law 16 (2), 169 – 185.

Krafft – Ebing, R., 1997. Psychopathia Sexualis. Velvet, London, England.

Langevin, R., 1990. Sexual Anomalies and the Brain. In: Marshall, W. L., Laws, D., Barbaree, H. (Eds.), Handbook of Sexual Assault: Issues, Theories, and Treatment of the Offender. Plenum Press, New York, NY.

Mealey's *Daubert* Reports, 2000. 4th Circuit Finds No Error in Admission of Psychopathy Opinion, Mealey's *Daubert* Report (May 2000), Mealey. Cited in United States v. Aquilia Barnette (2000) Nos. 98 – 05, 98 – 11.

Minnesota, 1994. Psychopathic Personality Commitment Law. State of Minnesota, Office of the Legislative Auditor Executive Summary, February 25.

Minnesota v. Leon James Preston, 2001. No. C5 – 00 – 1715, June 12 (629 N. W. 2d 104).

Minnesota v. Crawford Wilson, 2000. No. C3 – 00 – 434, August 22 (2000 WL 1182807).

Porter, S., Woodworth, M., 2007. I'm Sorry I Did It . . . But He Started It: A Comparison of the Official and Self – Reported Homicide Descriptions of Psychopaths and Non – Psychopaths. Law and Human Behavior 31, 91 – 107.

Ressler, R., Schactman, T., 1992. Whoever Fights Monsters. St. Martin's Press, New York, NY.

Seaver, R., Wainhouse, A. (Eds.), 1990. The Marquisde Sade: Justine, Philosophy in the Bedroom, and Other Writings. Grove Press, New York, NY.

Simon, R., 1996. Bad Men Do What Good Men Dream: A Forensic Psychiatrist Illuminates the Darker Side of Human Behavior American Psychiatric Press, Washington, DC.

Toch, H. (Ed.), 1979. Psychology of Crime and Criminal Justice. Holt, Rinehart, and Winston, New York, NY, Chapter 14.

Turvey, B., 1994. [Interview with Jerome H. Brudos] Author's notes, unpublished, Oregon State Penitentiary, June 7, 1994.

Turvey, B., 1999. Criminal Profiling: An Introduction to Behavioral Evidence Analysis. Academic Press, London, England.

United States v. Aquilia Barnette, 2000. Nos. 98 – 5, 98 – 11, May 2, 2000 (C. A. 4) (N. C.).

Walsh, Z., Kosson, D., 2007. Psychopathy and Violent Crime: A Prospective Study of the Influence of Socioeconomic Status and Ethnicity. Law and Human Behavior 31, 209 – 229.

第19章　性犯罪

布伦特·E. 特维（Brent E. Turvey）

犯罪心理画像人员有责任充分了解在研究和个案工作中可能出现的性犯罪，了解其普遍性、性质和种类。对此一无所知的人进入这个行业，是对这个行业的不负责任，而那些对这个主题避之不及的人，最好还是离开这一行。就人类性行为及其犯罪表现来说，一个人若是不经常接触或者没能对此形成健康的认识，那么他就无法成为一名合格的刑事调查人员或犯罪心理画像人员。

性犯罪（sex crime）这个术语一般是指犯罪和性行为相结合的行为。有些情况下，性活动本身即为犯罪，例如在未取得性交对象同意的情况下发生性行为。在其他时候，即便双方同意发生性行为，但仍会涉及犯罪，例如在某些司法管辖区卖淫。正如托雷斯和范·德·沃尔特（Torres and van der Walt，2009，p. 450）在其著作中所解释的：“法律不仅界定了谁可以是性侵害的‘受害者’，还界定了哪些特定的性行为（即便是发生在互相同意的成年人之间）可以入罪。”格里芬和韦斯特（Griffin and West，2006，pp. 143－144）的书中有如下表述：

> “性犯罪”这一术语指的是针对个人或社区的多种可能的、直接或间接与性有关的犯罪。一些最常见的性犯罪包括猥亵儿童、露阴癖、乱伦、强奸和窥阴癖。每种犯罪都有多种表现形式。例如，强奸通常分为两种方式：熟人强奸和陌生人强奸。……但应该注意，性犯罪与性障碍并不相同。

人们将犯下性罪行的人称为性犯罪者。但性犯罪者并非全部一个样子。他们各不相同，在性犯罪的广度和程度上来说，每个犯罪者都有自己一系列的行为、动机和能力。

遗憾的是，长期以来的无知使公众和专业人士都倾向于认为，所有性犯罪者本质上都是一样的。伊斯特（East，1946，p. 529）提出了一个至今仍然正确的观点：

> 与大多数犯罪人比起来，性犯罪者也许更容易因人们的偏见和无知而被误判。如果只依据狭隘的个人经验和好恶来评判他们的行为，那么他们几乎无法避免受到偏见。尽管现代人越发能以极大的自由度来谈论性问题，但许多男女总体上对此仍然十分无知。有些丈夫实际上是在强奸他们的妻子，因为他们不了解婚姻生活的艺术，并没有意识到除非在每次身体接触之前有心灵上的接近，否则女性都是处于劣势的。这样在性关系上缺乏美感的男女，显然无力对两性关系做出评判，但正是这些人，却有可能成为陪审团的一员，对性犯罪者有罪与否做出评估。

目前，造成这种普遍缺乏准确认知的主要原因是不加批判地接受电影、电视和媒体对犯罪的描述——虚构和纪实的都包含在内。尤其让作者感到惊讶的是，电影和电视在很大程度上都被视为可靠的信息来源，甚至那些对真实情况更为了解的人也是如此。这就导致了无知的教育，无知的立法，不明就里的调查和审判工作，甚至是不知所云的应对措施。

历史回顾

纵观历史，每种文化都试图以最能反映主流观念和信仰的方式来定义不可接受的（例如，犯罪的）性行为。这些判定和相关的惩罚绝不是固定的或一成不变的，在不同的文化和时代下，它们各不相同且不断演变。正如伊斯特（1946，p. 528）所说：

> 观念随着时代而变化。摩西律法规定已婚妇女通奸，则通奸双方都要接受死亡的惩罚。古罗马法只惩罚涉及通奸罪的女性，却不

惩罚通奸罪的男子。虽然罗马法规定，如果已婚的女儿在她父亲或丈夫的房子里通奸，父亲有权杀死她和共犯，但丈夫在任何情况下都不能这样做，除非共犯臭名昭著或是自家奴隶。克努特（Cnut 或 Canute）国王的法典规定，女人通奸要割掉鼻子和耳朵；17 世纪，教会法律对通奸的双方都定下了极端严厉的惩罚。

托雷斯和范·德·沃尔特（Torres and van der wast，2009）直接将所有权和性侵犯的概念联系起来，认为当下的性犯罪法律起源于与财产犯罪有关的法律（p. 445）：

有趣的是，正是财产法形成并界定了谁将成为性犯罪的受害者。历史上，儿童、奴隶、动物和其他类似群体都被认为是有土地的白人的财产。而女性，不很久以前，她们都被视为其父亲的财产，婚后则是丈夫的财产。这类信仰是现代婚姻传统的基础，比如父亲在婚礼上将新娘“交给”其丈夫。从法律意义上说，这往往就豁免了丈夫强奸自己妻子的任何行为（无论她是否同意）。

婚内强奸直到 1993 年才在美国所有 50 个州成为非法行为（Woolley，2007）。

最近，美国最高法使鸡奸（sodomy）合法化，托雷斯和范·德·沃尔特（2009，P. 450）的书中提到：

鸡奸可以定义为任何不涉及阴茎插入阴道的性行为。它可以包括手动刺激性伴侣（例如，相互手淫）、口交、肛交和使用性器具（例如，振动器、假阳具）等。反鸡奸法最初只是为了惩罚那些只为享乐而发生性行为——即不可能导致怀孕——的人。近来，人们却利用此法将自愿发生性行为的同性恋者入罪。

在“劳伦斯诉得克萨斯州案”（Lawrence v. Texas，2003）中，美国最高法院认为：

在任何审查标准下，仅基于国家对某群体及该群体的相关行为在道德上的不认可，就将该群体视为犯罪人的法律，都与宪法及平等保护条款（Equal Protection Clause）的价值观相违背。因此我赞同法院判决，即得克萨斯的鸡奸法禁止同性成年人之间自愿的“越轨性行为”，却不禁止异性成年人之间的类似做法是违宪的。

霍夫（Hough，2004）提供了劳伦斯案的历史背景（pp. 105 – 106）：

对鸡奸的论述可以追溯到圣经时代。鸡奸的定义历来令人迷惑，但法院几乎总是界定此行为由男性所为。实际上，20 世纪末，法院和理论家发现从法律上来说女性之间的鸡奸是不可能的……

殖民时期，反对鸡奸的法律往往不是针对同性恋行为，而是关注男性与儿童之间的性行为、男性强奸女性以及男性与动物的性交。

鸡奸是非道德行为，有违基督教教义——此乃上述法律创建的基础。直到近代历史，人们才将鸡奸与某种类型的人联系起来，而不是只针对一种特定的性行为。在当今社会，鸡奸法界定了同性恋在美国社会的地位。即使在谈到鸡奸时并未言及性别，但人们的预设仍然认为它指的是同性恋的行为，而非其他情况下的鸡奸。不管鸡奸法有没有实施，其存在已经将同性恋者限制在了社会的次等地位上。这类次等地位在鸡奸的同义词所具备的贬义性上有所体现，如：兽奸、违背自然的可憎可恶的犯罪。

在最高法院对“劳伦斯诉得克萨斯州”一案做出具有里程碑意义的裁决以前，对自愿发生性行为的同性恋夫妇提起诉讼等做法在各州范围内都是可能的。

显然，性犯罪的概念是动态的，它源于特定时代的文化道德观念，与主流的普世价值观相对应。历史清楚地阐明了这一点：国家立法先禁止成年人之间自愿的性活动，后来被迫承认其偏见，然后又反悔。随着人们对其他犯罪行为及其文化例外进行探讨，这一点也变得更加清晰。

同　意

辨别性犯罪是否发生的一个主要因素就是性行为有没有得到同意。同意（consent）是指在充分认识到后果的情况下给予许可。某些时候，受害者能够，但不愿意对发生性接触表示同意，几乎所有的陌生人犯罪都是如此（涉及性工作者的犯罪除外，同意与陌生人发生性接触是其工作的一部分）。然而，性犯罪中占多数的并非陌生人犯罪，大多数性犯罪都是熟人、朋友、亲戚，甚至是亲密伴侣所为。在其他情况下，受害者愿意但是却无法给予同意，受害者太年轻或因毒品、酒精或一些精神缺陷而受损时就会出现这种情况。

年龄

法律认为受害人年龄太小而无法给予同意时，年龄就是一个重要因素。也就是说，许多社会都认为其公民必须达到一个年龄限制才足够成熟、有足够的知识，或至少有充分的意识来自行签订合同、为自己做医疗决定或同意发生性行为。这些东西（以及许多其他东西）需要有不同程度的知情同意，据托雷斯和范·德·沃尔特（2009，p. 448）：

> 许多人被卷入“法定强奸罪”的指控。此类指控一般是指未满法定年龄、无法给出同意的人（多为女性）与已满法定年龄、有做出同意的能力的人（多为男性）之间自愿发生的性行为。

鉴于不同司法管辖区之间关于同意发生性关系的年龄规定各不相同，一个人受性犯罪指控或被贴上“变态”标签也可能只是因为生活在了错误的地区，激起了地方检察官怒火。这是因为在一个司法管辖区内被判定为性犯罪者的，在另一个司法管辖区却往往是合法的亲密伴侣；此外，还因为，即使有犯罪行为出现，检察官在此类涉及“同意”的案件中也有极大的自由裁量权。

药物和酒精

酒精也是一种药物；它是进入人体后会引起生理变化的物质。这里我们把药物和酒精放在一起讨论，因为若我们只用“药物”这个词，学生和许多专业人士就不会把酒精包含在内。这种不恰当的误差之所以存在，是因为对“药物”这一术语的理解在专业上和口语上存在很大的不平衡。

有时候，为便于实施强奸，犯罪人会故意暗中给受害者下药。其实“约会强奸”药物种类繁多，包括镇静剂、安眠药，更具体点来说就是罗眠乐（Rohypnol）[①]。它们都可以使受害者失去活动能力，根据类型和剂量可以让服用者陷入睡眠，并造成记忆丧失。

但在这些药物中，酒精当属头号：除了其他广为人知的副作用以外，它还会降低自制力、影响判断力，最终会妨碍知情同意（Bates，2007）。且酒精一般不需要悄悄给受害者，人们通常会出于自己的意愿过量饮酒。事实上，酒精之所以经常被用于娱乐，正是因为其麻醉效果，这是它不容忽视的特点。然而，无论在哪种场所，类似活动都存在一种更高的风险，陌生人聚集时更是如此（例如，酒吧和某些聚会）。

酒精也是与强奸有关的头号药物，正如《美国医学协会杂志》（*Journal of the American Medical Association*）所刊（Cole，2006，p. 504）：

> 根据2003年美国司法部（Department of Justice，DOJ）的报告，强奸是美国大学中常见的暴力犯罪。据估计，在美国，每年每1000名女大学生中就有35名遭到强奸，虽然其中只有不到5%的人选择报警。女性不报案的原因多种多样，包括羞愧、害怕被行凶者的朋友孤立以及因遭受强奸前与案犯一起喝酒而感到自责等。
>
> 据美国司法部的报告，被强奸的大学女生中90%都与强奸者认识。
>
> 根据国家酗酒和酒精中毒研究所（National Institute on Alcohol Abuse and Alcoholism，NIAAA）最近关于酒和性侵犯的研究综述，强奸大多发生在社交场合，如聚会或在宿舍一起学习，大约有一半的施暴者和强奸幸存者在案发时曾饮酒。波士顿哈佛大学公共卫生学院（School of Public Health）的亨利·韦克斯勒（Henry Wechsler）博士曾对大学生喝酒的情况进行研究，他说大多数未经同意的性行为都是由酒精助长的。“酒精是头号强奸药物”，韦克斯勒说。

---

① 亦称氟硝西泮或氟硝安定。镇静催眠类药物，镇静催眠效果强。除了镇静作用外，还有抗惊厥、抗焦虑、松弛肌肉等多种药理作用，也会对人的记忆产生一定干扰。（译者注）

考恩（Cowan，2008，pp. 904 – 905）的研究结果进一步支撑了这一观点：

> 有研究表明，在性侵害案件中，酒精的使用率高得惊人。2004年，安德利亚·芬尼（Andrea Finney）对这一领域内的各种研究进行了总结，发现约 60% 的犯罪者在犯案前喝过酒。然而，关于案发前饮酒的受害者的统计数据则差异很大，部分受到统计样本的影响。比如，学生群体中，受害者事前饮酒的比例高达 81%。就受害者约会醉酒这一话题，英国一直没有实质性的研究，芬尼所引数据来自美国。但是，英国最近的研究（旨在分析强奸案件中酒精的消耗，而非饮酒本身）发现，8 个警区的 676 个案件样本中，16 岁以上的受害者中，36% 在遇害前曾饮酒（虽然不一定喝醉）。

如前所述，足量的药物和酒精会妨碍理性思考，从而无法理性地得出任何意图（受害者和犯罪人都一样）。这与涉及药物和酒精使用的强奸案有直接关联，考恩（2008，pp. 900 – 901）谈道：

> 就强奸案的审判来说，原告的醉酒状态会以两种方式影响其在案发时的“同意”因素。首先，该原告和被告会对醉酒的事实或程度——即能力——产生分歧，因此被告要么声称原告根本没有喝醉，要么认为其没有醉到无力给予“同意”的程度，只是有点兴奋，因此她是能够也的确同意发生性关系的。第二，对于是否达成同意会有分歧，即被告声称虽然原告喝醉了，但对彼此发生性行为表示同意，表示即便原告醉酒，但仍有能力也的确表示了同意；而原告则称自己醉得太厉害，不记得发生了什么，但她很明确自己不想与被告发生性关系（她还可能声称自己喝得太多以至于无力抵抗）。这样的说法要么是她没有喝醉（醉的程度不够深），尚且能够表示同意；要么是她虽然醉了，但确实表示同意发生性行为。

虽然这里说的是醉酒，但考恩（2008）在著作中讨论的问题与其他导致类似精神缺陷的药物也是一样的。这种暂时无法理性评价自己行为性质的状态被称为精神上的无行为能力。

生理或心理缺陷

在许多司法管辖区，与因生理或心理缺陷而无法给予同意的人发生性关系是一种犯罪行为。生理或心理缺陷是指任何身体上或精神上的疾病或缺陷，它们会使人永远无法理性地判断自己行为的性质。生理缺陷致使无法给予同意的例子之一就是“昏迷状态”。许多案件中，不少医护人员因对处于昏迷状态的病人实施强奸而面临指控并被定罪。精神缺陷的例子则是智力缺陷（或发育障碍），这类人通常还会有智商和认知功能低下的情况。

性犯罪的类型

本章开头谈到，性犯罪者各不相同，在性犯罪的广度和程度上来说，每个犯罪者都有自己一系列的行为、动机和能力，各有其强度和严重性。对有的犯罪人而言，某些异常的性行为一直都有着病态的吸引力，他们钟爱此类性行为或对此有所偏爱，这种心态可以追溯到其青少年时期。另一些则可以被称为一种退化，这类人的异常行为是其成人关系中的焦虑、冲突、压力或危机引发的短暂或实验性的反应（可参考 Burgess et al. ，1978）。这些都必然在其犯罪史和犯罪性质中有所反映。

看看以下类型的性犯罪（不按特定顺序讨论），请注意，以下列表并未涵盖所有性犯罪类型。

强奸/性侵犯

依据司法管理规定，“强奸”和“性侵犯”这两个词几乎可以互换使用，但从犯罪学的角度来讲并不恰当。正如萨维诺（Savino）和特维（Turvey）（2004）在书中解释的，强奸就是非自愿的性交。这是性侵犯的一种，此术语一般指双方非自愿的任何性接触。因此，一个受害者有可能只是受到了性侵犯，但没有被强奸（性器官插入）。此二者皆不需要武力或武力的证据，只要犯罪人有犯罪意图，并且没有得到受害人的许可，就可以被定为性侵犯。

和谋杀罪一样，强奸或性侵犯也有不同的程度，相应的也有不同程度的刑罚，这在刑事法规中有明确规定。此处涉及的变化差异太多，可具体参考当地刑法。

麦吉宾等人（McKibbin et al，2008，p. 86）谈道：

> 强奸是跨越文化的一个无可争辩的事实（Rozee，1993；Sanday，1981）。在美国的数据样本中，对强奸普遍性的估计因研究的人口而异，但女性被强奸的比例估计高达 13%（Kilpatrick，Edmunds and Seymour，1992）。然而，强奸很可能比这还要常见，因为被强奸的人往往不会报案（Greenfield，1997；Kilpatrick et al.，1992）。研究人员估计，67% ~84% 的强奸案没有报案。

在此背景下，美国司法部司法统计局接收、统计的数据显示（Rand，2008）：2005 年至 2007 年间，美国的强奸和性侵犯的报案率上升了 25%（从 190600 宗增加到 248300 宗）。报案的被害人主要是女性（236980 宗，占总报案数的 95%），被控犯罪人大多并不是陌生人，而是如朋友、熟人，有亲密关系的人（占 58%）。有趣的是，所报案件的 91%（226410 宗）没有涉及任何种类的武器，在 3%（6280 宗）的案件中，首选武器为刀，只有不到 1% 的案件涉及枪支，这是强奸案中最少见的武器。

如特维（2004）所说，动机来自一种情感、心理和物质需求，它推动着行为并通过行为得到满足。意图是引导行为的目的。动机是一般的需求，而意图则是具体的计划。许多案件都是为了满足强奸犯表达权力、愤怒或残暴欲望的情感或心理需要（强奸犯类型可参见 Groth，1979；McKibbin et al.，2008；and Turvey，2008）。利益也可能是一种附带的目的，例如借此抢劫受害者，这也可能是个动机。在这些情况下，权力、愤怒、施虐和利益是可能的动机（它们之间没有明确的界限），强奸则是意图。

猥亵儿童

猥亵儿童是性侵犯下的一个特殊子类，指的是“与未达到可自主表达同意的年龄的孩子或青少年发生任何性接触”（Torres and van der Walt，2009；p. 433）。从乱伦到恋童癖，它涉及的刑事性犯罪范围十分广泛，在所有被定罪的性犯罪者中占比最高（Limdsay et al. ，2004）。

尽管社会对来自“陌生人的危险”保持关注，但对儿童来说最大的威胁仍然源自他们认识的、理应信任的人。托雷斯和范德沃尔特（2009，pp. 453 –454）在其书中指出：

> 通常，对儿童的性虐待都发生在家中（Marshall，Serran，and Cortoni，2000）。这些儿童往往受其直系亲属或家族中的某个成员虐待。其形式可以是乱伦：血亲与孩子，继父母与子女、继兄弟姐妹或冒充父母的人与孩子发生性关系。这些孩子之所以成为犯罪目标往往是因为犯罪人有机会与他们独处。这些受害者十分脆弱，对外联络途径有限，难以报案。由于犯罪人可以接触到受害者，这种虐待往往是长期的，而且越来越具有侵入性。此类犯罪行为会对受害者产生巨大影响——被一个本该关心和照顾自己的人伤害，这种落差和混乱是难以理解和克服的。

人们多次尝试按类型将猥亵儿童者分类，但因为它们之间有相似性，且研究人员也无法确定群体之间的离散差异，这些尝试大多都以失败告终。究其原因，可能是因为迄今为止对此主题的研究还很匮乏，也没有一个人们一致认可的定义。延森等人（Jensen et al. ，2002，p. 40）表示：

> 尽管人们长期致力于对儿童猥亵者进行分类，但研究人员不断发现，这些群体之间的相似性远大于差异性。掠夺性的恋童癖者经常靠就业或志愿实习的手段获得接近儿童的机会，而其他的恋童癖者更倾向于猥亵那些闯入其领地的儿童。但与他们相比，机会主义的或“情境型”犯罪人的受害者在数量上可能更多，他们也更容易被儿童唤起性欲。这两个群体猥亵的儿童数量都比最初被发现的要多，此外，他们还会采取系列措施以确保自己能持续接近被害人。
>
> 对儿童的性侵害绝不是偶然的、无计划的或无害的，这与犯罪人第一次被发现时跟人们说的话截然相反。一旦加以治疗，儿童性

骚扰者会道出具体的认知和行为步骤，它们在犯罪之前就已经存在，并会贯穿整个犯罪行为。

这些步骤包括：

- 让自己处于便于发起攻击的情景或环境中。
- 提高自己对某特定孩童的吸引力并以其为对象实施猥亵。
- 与该儿童和/或家庭建立起关系。
- 让该儿童及其家人放松警惕、放下戒备。
- 将此种关系与性联系起来并猥亵儿童。
- 让儿童保持配合和沉默。
- 避免被发现和/或起诉。

儿童性侵害不应该被看作一种行为，而应该被看作一个过程……

这一点值得注意，因为在被抓住时候，儿童猥亵犯总能给出各种具备一定可信度的理由。事实上，他们诱导一个孩子的平均时间是九个月。也就是说，犯罪人不进行性行为，也不建立亲密关系，平均要花九个月时间以赢得一个孩子的信任，而且一个犯罪人可能在同一时间有多个处于不同阶段的诱骗对象。虽然很容易将猥亵儿童和相关犯罪行为归为统计上或是意识形态上的“变态”，但还是存在一些显而易见的例外。

例如，某些文化认为乱伦是父亲的权利。艾滋病病毒高发的地区，如巴巴多斯（Barbados），也可能赞成这种行为，因为跟婚外情比起来它要安全得多。

此外，还有一些父母，包括许多单身女性，会为了金钱或毒品，或是为了不失去对儿童性行为及其经济利益有癖好的亲密伴侣而出卖自己的孩子，允许有人跟自己的孩子进行性行为。

拉金（Larkin，2008）的书中提到这样一个案例：

> 一名生活在伯灵顿（Burlington）和佛蒙特州东蒙彼利埃（East Montpelier）的女人面临着一项肮脏的指控并因此入狱，此案的部分依据来自她孩子的日记，据日记记载，她允许他人强奸和猥亵自己的小女儿。
>
> 佛蒙特州警方的调查人员星期五在巴里（Barre）的佛蒙特州地

区法院逮捕了东蒙彼利埃40岁的斯泰西·帕尔尼茨凯（Stacey Parnitzke），当时她因9月的一次酒后驾车案来法院登记。

谢恩·E. 凯西（Shane E. Casey），38岁，从法庭文件来看，属于流动人员，也于星期五在巴里被逮捕。

这两个人面临的指控是，该女子的女儿控告其母亲对她进行性虐待并多次强迫她与凯西发生性关系。

凯西和帕尔尼茨凯被带到佛蒙特州伯灵顿地方法院，他们都被控对儿童进行严重的性侵犯，并以25000美元的保释金被监禁。

这项指控最高可被判终身监禁或50000美元的罚金。

案件发生在2007年10月。过去的一年半里，帕尔尼茨凯11岁的女儿与父亲居住在加利福尼亚，其间她向父亲透露，自己和母亲在英国生活时，母亲会将自己在戒酒会（AA meetings）上认识的男人带回家，并且从五岁开始就强迫她，让她被那些男人强奸。

法院文件显示，加利福尼亚当局联系了伯灵顿警方，因为帕尔尼茨凯和她的女儿于2004年搬到了那里；此外，孩子也表示母亲的男友凯西曾在伯灵顿北区的一个公寓里多次对其进行强奸。

根据法院文件，帕尔尼茨凯于2006年在佛蒙特州遇见了凯西。

10月，女孩在加州圣何塞（San Jose）的一个儿童权益保护中心接受了访谈，佛蒙特州的调查人员则在为此案奔波。

根据法院文件，帕尔尼茨凯强迫她的女儿看色情电影，告诉她那是“迪士尼”电影，然后强迫她模仿在电影里看到的行为。

女孩告诉调查人员，她记得这些人曾对母亲进行皮下注射；在自己被强奸的时候，有时也会被他们进行注射。

孩子一直在写日记，其中记录了被凯西强奸的次数。孩子告诉调查人员，她最后记下的被强奸的次数是15次，她认为自己住在英国时大概被强奸10次。调查人员从帕尔尼茨凯那里取回日记，发现了孩子所列的清单证据；她被强奸的日子就标记上了代表谢恩·凯西（Shane）的“S”。

孩子还告诉调查人员，她认为自己在英国和佛蒙特被强奸的时候可能有人拍了照片，因为她好几次都看见了闪光灯。

法院的文件显示，孩子曾告诉调查者，母亲也多次对自己实施性虐待。

孩子的父亲告诉警方，帕尔尼茨凯曾在 2006 年 3 月要求他把女儿带走，因为自己无法再照顾她了。

2007 年 9 月 2 日，警方对发生于东蒙彼利埃 2 号公路上“乡村露营者”（Country Campers）附近的一起车辆事故做出响应。在现场，警方发现帕尼茨克在驾驶 1995 年的道奇大篷车（1995 Dodge-Caravan）时失去了控制，其血液的酒精含量为 0.274%，钱包里还有半品脱的百加得朗姆酒。

帕尔尼茨凯随后被控酒后驾车，周五她在巴里法院进行案件登记；这时奇顿特别调查组（Chittenden Unit for Special Investigations）的调查人员以对女儿进行严重性侵犯的罪名逮捕了她。帕尔尼茨凯还被控于 2006 年 11 月在伯灵顿对自己的母亲实施家暴。

根据法院文件，帕尔尼茨凯和凯西没有同居，但是他们俩刚诞下一个儿子。

必须指出的是，人们通常认为这类事情极为罕见，甚至不存在。但实际上确有其事且一直存在，但发生到什么程度倒是尚属未知。

兽奸

兽奸（Bestiality），也称为“人兽性交”（zooerasty），指的是任何一种与动物进行的性行为，而恋兽癖（zoophilia），或称“偏好兽奸”（preferential bestiality），是指“明显偏好与动物性交”（Earls and Lalumiere，2009，p. 605）。在某些司法管辖区，兽奸，或对动物的性骚扰和虐待本身就是犯罪。在其他司法管辖区，兽奸也许会被视为一种财产犯罪，犯罪人只被控非法入侵。

下面的例子发生在美国，摘自沙利文（Sullivan，2005）：

伊纳姆克洛（Enumclaw）的警方表示，某西雅图男子因与马性交而死，此后他们开始调查 54 岁的詹姆斯·泰特（James Tait）以及另一名住在国王郡东南部某农场的男子。

文件显示，本案的非法入侵指控源于7月2日发生的兽奸行为，其中涉及泰特、那名45岁的西雅图男子以及邻居谷仓里的一匹马。据国王郡验尸官办公室的消息，这名西雅图男子死于结肠穿孔引起的急性腹膜炎……

该郡检察官表示，非法入侵是他们能提出的最严重的指控了；美国有十几个州未禁止兽交，华盛顿即为其中之一。

“没有证据表明动物受到伤害，故而无法支持虐待动物的指控，”检察官办公室主任丹萨特·伯格（Dan Satterberg）说，“非法入侵是我们唯一可以指控的罪行。”

7月15日，在接受西雅图时报的采访时，马的主人称，他们与邻居已经认识很多年了。这对夫妇要求隐去姓名以保护隐私。他们说，当警方展示调查人员从邻居家中检获的7月2日事件的家庭录像时，他们感到极为震惊。这对夫妇确定视频里出现的是自家谷仓和马。

据国王郡治安官办公室的调查，在互联网聊天室中，该农场对那些想跟牲畜发生性关系的人而言是个知名的所在。7月2日，一名男子驾车到伊纳姆克洛社区医院，为同伴寻求治疗，直到此时，当局才知道了这个农场。医护人员将这名西雅图男子推进检查室，这才发现他已经死亡。伊纳姆克洛警方说，当医院的工作人员寻找那个把他带到医院来的人时，那个人已经离开了。

顺着死者的驾驶执照，调查人员查到了他的亲戚和熟人，随后找到了伊纳姆克洛农场。

萨特伯格说，该男子死亡当晚，与之同住于该农场的另一人并不在场，故而没有面临非法入侵的指控。而泰特则将于10月27日被传讯；若罪名成立，他将面临最高一年的牢狱之灾及5000美元的罚款……

此人去世后，州参议员帕姆·罗奇（Pam Roach）说她计划起草法案，以规定兽奸在华盛顿非法。

应当指出，从历史上看，人兽性交一直被视为极其罕见的现象，有此类癖好者并不多。很多是对那些受好奇心驱使又欠缺经验的农村青少年的案例研究。但互联网为研究人员提供了一个宝贵的工具，让他们得以更准确、深入地研究这个主题。诚如厄尔斯和拉鲁米尔（Earls and Lalumiere）（2009，p. 607）所解释的：

> 近来，对恋兽癖的调查已经超越了个案研究的方法。已有几个社区样本的定量小组研究。这些研究之所以能实现，在很大程度上得益于互联网上出现的讨论兽奸及恋兽癖的网站。虽然有时候人们必须对那些无法核实的信息保持警惕，但就一般社区中潜在恋兽癖来说，互联网仍旧是一个无可比拟的信息来源。……迄今为止的小组研究表明，一些承认曾与动物发生性关系的人对此类活动有明确的偏好。此外，网络调查的数据显示，与动物性交很少能够取代与人类进行的性行为，许多受访者仍然过着快乐而丰富的生活。

近年来，互联网为了解人类性行为和偏好提供了一个窗口，人们对兽奸——类型众多的性犯罪的一种——的研究正步入一个更为准确的时代。至少我们已经知道，它比过去人们以为的更为普遍和受欢迎。

窥阴癖

窥阴癖是无接触的性侵犯的一种，如在公共场所自慰以及性骚扰。它指的是对他人亲密或私人行为有窥探的兴趣或实践，例如脱衣、性行为、小便或大便。此类行为包括“犯罪人希望通过窗户看到人们不同的裸体状态；在浴室偷怕他人沐浴时的照片；在更衣室偷窥他人”（Torres and van der Walt，2009，p. 459）。

鉴于以性为主题的电视真人秀已俯拾即是，而且人们轻易就可以在互联网上（甚至是在无意中）看到以窥阴癖为导向的情色内容，临床意义上窥阴癖的定义已经跟不上文化和技术的发展了。梅茨勒（2004，p. 127）解释道：

> 在《精神障碍诊断统计手册》（DSM - IV）（1994）中，窥阴癖被定义为专门观察“毫无戒心的人——通常是陌生人——的行为，这些人要么赤身裸体，要么正在脱衣服，或是正在进行性活动”。精神病学教科书则采用了一些术语，对根据具体的偷窥行为

做出的诊断进行了进一步修改，比如“嗜画性窥阴癖（pictophilic voyeurism）”和对“观看淫秽或色情图片或录像带”的依赖。但是证据也表明，在这个世界上，很难将那些需要精神治疗的、顽固不化的变态狂与众多只是简单看看VTV节目的爱好者相区别，窥阴癖这一概念与当今世界的关联性还十分有限。

在这一点上，明确提供涉罪及非涉罪偷窥的网站不断激增，这表明，观看这类材料对很多人来说颇具吸引力，这就使此类现象在统计上和文化上都比以前人们认为的要普遍（或更正常）。

和本章讨论的大多数性犯罪一样，高质量的参考材料与研究相当匮乏，现有立法和治疗模式都只是基于单薄的案例来制定的。希望随着互联网和相关通信技术的发展，能有更好的研究和更深刻的认知。

恋物癖盗窃

如前所述，性恋物癖将色情的或性的意义赋予非性的无生命体或与性无关的身体部位。正如洛温斯坦（Lowenstein，2002，p. 136）在其书中所说：“性恋物癖中最常见的物件有鞋子、胸罩和内裤等。有时为了找到某个物件，会发生破门而入以获取女性穿过的胸罩或内裤的情况。”当入室盗窃的全部或部分目的是为性需求而收集此类物品时，可以适当将其称为恋物癖盗窃。格哈特（Gebhard）等人（1965，p. 413）则更笼统地将之称为“恋物偷窃。”

莫里斯（Morris，2006）在书中提到了蒂雷尔·皮特卡（Tyrel Pitka）一案：

一名男子被指控在河谷地区入室盗窃27所住宅，并单独在屋内进行了奇怪的性行为；周二，该男子被判处入狱服刑七年。

20岁的蒂雷尔·皮特卡被控犯有两项一级入室盗窃罪和一项二级盗窃罪。高等法院法官拉里·瑞克斯（Larry Weeks）判处皮特卡12年有期徒刑，缓期5年执行。他让皮特卡缓刑5年，并责令其接受性罪犯治疗。

根据法庭证词和文件，皮特卡供认自己至少盗窃了27户人家。

> 调查人员认为皮特卡还与其他几起入室盗窃案有关，但是他并没有面临那几起案件的指控。据办案人员介绍，皮特卡于 2005 年 11 月 22 日开始向门登霍尔河谷（Mendenhall Valley）地区的人家下手，在环线地区纵横交错的小径上搜寻无人在家的住宅。同年 12 月至次年 1 月，皮特卡去了锡特卡（Sitka）。
>
> 有关官员透露，皮特卡在锡特卡犯下三起入室盗窃案。2 月，皮特卡回到了朱诺（Juneau），这时他又开始入室行窃，直到 4 月 7 日被捕。根据法庭记录，皮特卡在安贡（Angoon）也犯过一起盗窃案。
>
> 法庭上，朱诺地区检察官道格·加德纳（Doug Gardner）说，皮特卡用盗窃来的钱买毒品和酒。此外，其罪行还有强烈的性暗示。
>
> 加德纳在量刑备忘录中表示，皮特卡“在多次作案的过程中，搜寻了许多住宅，寻找色情制品、性玩具或其他私人的、私密的照片……此外，被告还用受害人的摄像机录下了自己在两个不同位置手淫的视频……还在两个毛绒玩具中留下了自己的精液。”
>
> 在法庭上，加德纳还称，皮特卡也会用受害者的电脑看色情片。在某次拍摄中，他将一个女人产子的视频内容也录了进去。还有一次，皮特卡将性玩具又送回其原主人家，还在上面贴了十分粗俗的暗示性纸条。

值得注意的是，性恋物癖盗贼更喜欢的是使用过的物件和服装。也就是说，简单地去店里购买香水、衣服或其他物品难以满足他们的私密愿望。物品必须为他人（一般是某个特定的人）所有，或是被他人用过或触摸过，如此一来，获取这类物品就更有意义。但他们拿的东西也不一定要是脏的或是刚用过的，例如，许多恋物癖小偷会直接从晾衣绳上或是公共烘干机里偷走衣物（Gebhard et al.，1965）。

由于执法机构并未保存相应的统计数据，故而恋物癖盗窃的真实发生率不详，但恋物癖本身“往往从青春期（甚至更早）就开始了。它在个人生命的大部分时间都持续存在。此类人通常都羞怯且不善交际。他们也可能会为自己特有的恋物癖感到羞耻，因此试图对自己的秘密三缄其口”（Lowenstein，2002，p. 136）。与兽奸一样，近年来互联网为了解人类性行为和偏好提供了窗口，这将人们对各种形式的性恋物癖的研究带入了一个更为准确的时代。

恋尸癖

恋尸癖是指一种与死尸有关的持续性的性兴奋，或者是与死者进行性活动。对这个词进行文献综述可以发现，它并没有一个统一的定义，相应的有效研究也处于完全匮乏的状态。相反，合法的专业人士似乎很少涉及恋尸癖这个话题，即便偶尔提到了，也谈得十分粗浅，而且还有极强的误导性。只能说，可核实的案例相当罕见。

恋尸癖进入大众视野的方式通常有两种。第一，它常常以性谋杀案的衍生行为而为人所知，凶犯会对被害人的尸体进行性侵。有时，凶犯此举纯粹是为了获得性满足，有时则是出于愤怒，想对认识的人的尸体进行羞辱报复。此外，在某些司法管辖区，恋尸癖被看作谋杀罪中加重刑事指控的一个因素。第二，人们了解恋尸癖的另一方式则是其作为殡仪馆丑闻的一部分，在这些丑闻中，殡仪馆现有或曾经的雇员被发现性侵其负责的尸体。当然还有其他的情况，但这些最为常见。

以下案例可参见康奈尔（Cornell，2009，p. 5）的书：

> 一名曾任职于停尸房的工作人员因性侵一具待尸检的尸体而入狱，周四，他又面临两起性虐待尸体的指控。
>
> 对辛辛那提（Cincinnati）55 岁的肯尼斯·道格拉斯（Kenneth Douglas）的最新指控是，他于 1991 年在哈密尔顿县（Hamilton County）的停尸房性侵了两名女性的尸体。
>
> 1976 年至 1992 年，道格拉斯一直是停尸房的工作人员，去年，他因 1982 年对一个 19 岁的谋杀案受害者的尸体实施性侵而被定罪。目前他正在服刑，刑期为 3 年，其中因虐待尸体获刑 18 个月，又因在一个与此无关的毒品案中违反假释而获刑 18 个月。
>
> 检察官乔·戴特斯（Joe Deters）说，该案令人“难以置信”，新的指控依据源于 DNA 检测。他说，目前没有足够的证据来确定

是否存在更多尸体被奸污的情况，因为很多案件的 DNA 证据都没有被保存。

戴特斯说，他怀疑道格拉斯在县停尸房工作的 16 年间，还有更多受害者。“我确定有更多的受害者，”戴特斯说，“我坚信这一点，但我们永远都无法证明了。”

戴特斯说，在审讯中，道格拉斯给调查人员提供的数字从 1 到 100 个以上受害人不等。

道格拉斯的律师诺曼·奥宾（Norman Aubin）说，他还没有看到新证据，他将在对指控进行研究后与道格拉斯进行商议。

大陪审团以两项严重虐待尸体的罪名起诉道格拉斯，因为他涉嫌对23 岁的沙琳·爱德华（Charlene Edwards）和24 岁的安吉尔·希克斯（Angel Hicks）的尸体进行性侵（这两名死者都属辛辛那提人）。

爱德华于 1991 年 10 月被勒死。在此案中，马克·钱伯斯（Mark Chambers）被判故意杀人罪，于2000 年假释出狱。

希克斯死于头部受到的重击。她的死亡被裁定为谋杀，但是此案被告在审判中被判无罪。

第一起针对道格拉斯的性虐尸案涉及 19 岁的凯伦·兰奇（Karen Range），她在自己辛辛那提的家中遇害。在兰奇的死亡案中，上门推销员戴维·斯特芬（David Steffen）于 1983 年被判强奸罪和严重谋杀罪。

斯特芬承认自己刺伤了兰奇，但始终否认强奸。他说自己试图强奸，但身体不允许。2007 年进行的 DNA 测试（他受审时还没有 DNA 检测技术）证实他的确未曾强奸兰奇。

同时，道格拉斯去年因走私毒品被定罪，根据俄亥俄州法律规定，他必须提供 DNA 样本。检察官说，该样本与 1982 年兰奇身上检测出的样本匹配。

如果新罪名成立，道格拉斯最多每个指控会被判 18 个月监禁。

从法律的角度来看，虽然目前恋尸癖被视为“虐待尸体”法令下的一部分，但是有些人对相应判决过于宽松仍旧感到不满。例如，在威斯康星，最高法院对该法令做出了具有重要意义的新解读，如今检方以强奸罪对猥亵尸体者进行起诉。正如《哈佛法律评论》（*Harvard Law Review*）（Criminal Law，2009，pp. 1780 – 1781）所言：

> 2002 年 9 月 2 日，尼古拉斯·格鲁克（Nicholas Grunke）、亚历山大·格鲁克（Alexander Grunke）及其朋友达斯廷·拉德克（Dustin Radke）意图在当地的墓地里挖掘一具女尸，以便尼古拉斯能与之性交。格鲁克兄弟和拉德克带了挖掘工具，防水布和避孕套到墓地，并着手在尸体的墓地上挖了一个洞。三人设法挖开墓穴上方的泥土，露出墓穴，但是因为无法打开墓穴，又听到另一辆汽车开进墓地，于是逃之夭夭。随后，有人报警称墓地有可疑车辆，警察闻讯赶来。该警察遇到了亚历山大·格鲁克，留意到他的工具，于是将其拘留。
>
> 格鲁克兄弟和拉德克在威斯康星州法院被控破坏墓园财产罪、企图刑事损坏财产罪和企图三级性侵犯罪。性侵害法令规定禁止“未经当事人同意与其发生性行为”。该法令的相关条款规定，“‘同意’……即指有能力给予知情同意的人以言语或明显的行为表明自愿同意进行性交或性接触”，该法令还推定，患有精神病的人或“无意识或因为任何其他原因……而身体无法表达不愿意参与某个行为”的人不能给予同意。最后，第 940. 225（7）条规定，“无论受害者是死是活，都适用该法令”。

初审法院判定格鲁克兄弟和拉德克为性侵犯。上诉法院推翻了初审法院判决，此案后被提交至威斯康星最高法院，后者反过来又推翻了上诉法院判决。威斯康星最高法院认为，死者无法自主表示同意，这就使得恋尸成了强奸的一种形式，死亡这一状况决定了受害者无法表达同意。

卖淫/拉皮条/性交易

在许多司法管辖区，为性付出金钱、为性收取金钱、为卖淫目的而跨境运送人员（又名性交易），或靠妓女卖淫的收入为生都是犯罪。换言之，做妓女、召妓、贩运妓女，或“拉皮条”通常都属于犯罪。但这都是司空见惯之事，因为许多国家都有合法的卖淫形式，不过通常仅限于某特定的地区。

霍塔林（Hotaling）等人在书中（2006，pp. 185 - 186）提出了一个关于女孩和年轻女性是如何“受雇于”卖淫的观点，他们指出，受雇者的平均年龄为 13 岁：

> 这些皮条客和人贩子系统地、有条不紊地瓦解他们的“猎物”，把她们从家人和朋友的社会关系中隔离。受害者被禁锢在一个社会系统中，这种系统的典型特征就是住在靠近“红灯区”的临时旅馆里，辗转于城市之间，只和其他同样参与卖淫活动的人有短暂接触。这些皮条客会直接采用严酷的暴力手段迫使受害者参与性服务。SAGE 客户报告中游击式拉皮条有一个共同特点是：将妇女或女孩抓起来，关在箱子里，然后运到美国各个城市。SAGE 曾救过一些人，她们根本不知道自己身处何地，甚至不知道自己在被迫进行性交易的时候曾被运到过哪些城市，这些性交易涉及卖淫、脱衣舞俱乐部、三陪服务和诸如克雷格列表（Craigslist）之类的网站以及皮条客自己创建的网站。她们的信息还印在另类报纸的背面和性交易杂志上以供出卖。她们被装在后备厢里运输，隔离在偏远的汽车旅馆和单身俱乐部酒店，其范围遍布全国，同时她们还被摧残、强奸、折磨，并被反复出售给那些有需求的人。SAGE 的客户报告中提到了更为残酷的手段，包括殴打、强奸、鸡奸、下药，让被害人挨饿，直到她愿意到街上或其他性产业中“出台”。
>
> 皮条客往往会给受害者创建一个新的身份并伪造身份证件，如身份证、驾驶证、社会保障卡和出生证等证书，以此制造一种所有权感。随着一个年轻女人或女孩曾经的身份消失，她就归皮条客所有了。

布朗（Brown，2008，pp. 489 - 490）总结了卖淫在数据上的普遍性和社会后果，为“性工作者在许多情况下是被奴役的”这一观点提供了支持：

> 贩运妇女和儿童卖淫在国际犯罪活动中迅速增长，这引起了国

际社会的担忧。每年全世界被贩卖的人口超过70万，其中约5万被卖到美国。被贩卖者大多是妇女和儿童。至少有10万非法移民妓女在美国工作。被拐卖的妇女大多面临贫困、文盲、内乱局面，社会和政治地位低下。人贩子便可以借此为自己创造财务收益。妇女们被所谓的高薪工作和良好的工作环境所引诱，去到陌生地方。实际上与此相反，她们面对的是奴隶般的工资，不人道的工作条件，还要承担欠人贩子的巨额债务。与其他受害者相比，被贩卖去从事性行业的女性由于面临暴力威胁，其处境更为糟糕。从亚洲移民到美国的妓女售价通常为每人2万美金。但是走私费让她们被人贩子套牢，又由于害怕遭到报复，她们也不敢寻求帮助。此外，若是向执法机构寻求帮助，她们可能会受到惩罚并被驱逐出境，于是她们也不愿向执法机构寻求帮助。这些妇女如果回家也会面临被排挤，甚至死亡的命运。

还应注意，美国军方的存在也对国内外军事基地周围的卖淫活动产生了影响，正如章（Chang）（2001，pp. 627 –628）所说：

为给驻军提供性服务，性行业得以发展，其服务对象包括上岸休假和放松娱乐（R&R）的军人。休息和娱乐（Rest & Recreation）（大兵们有时称之为醉酒和交际）是士兵们的一种假期。他们可以有短暂的休息时间，而且经常有专门为此而设立和开发的指定R&R地点。对于当地来说，如果有机会发展吸引美国军事人员的娱乐经济、被指定作为一个R&R场所是相当有利可图的。1967年，泰国与美国达成一项协议，为美国军事人员提供R&R服务。该条约确保了经济发展的好处。为建设容纳军事旅游的基础设施（包括酒店、餐馆、酒吧和夜总会），一个由国际投资者组成的工业金融公司（Industrial Finance Corporation）提供了四百万美元的贷款。

但这种产业会有一个萧条或繁荣周期。军队在的时候，经济就会受到刺激。军队不在的时候，就没有足够的地方或性旅游业务来维持数千名妓女和其相应的机构（酒吧、酒店等），经济就进入萧条期。

索托（Soto，2007，pp. 561 –562）也提出了类似的观点，他说：

> 需求是推动人口贩运的重要形式，而美国军队的海外行动数十年来一直推动着这一需求。从历史上看，美国军方一直接受、鼓励甚至资助严重的人口贩运。目前，几乎每个美国军事基地附近都有妓院，而且有大量证据表明，其中很多妓女都是人口贩卖的受害者。此外，有证据表明，美国军人知道这些妓女是受害者，却仍然继续光顾妓院。

这并不是说所有的军事人员都同意卖淫或受过妓女服务，而是说这一现象显然为许多军人接受和鼓励。有时，这甚至是军队招募时的噱头。这一点无可否认，因为证据已经存在，而且已经持续了几代人了。唯一的问题是这一现象究竟意味着什么。

虽然从法律层面上将一系列与卖淫相关的性犯罪归类为“越轨行为”非常公正，但从思想角度来说这样做却并不容易。内中缘由颇多。首先，此现象广为流行，也就是说社会各界对此广泛接受。其次，卖淫相关行为对所涉人员及整个社会的严重负面后果普遍被忽视，公众对此几乎没有强烈抗议。再次，许多执法者有选择地执行卖淫法令。执法部门一般都知道哪里有卖淫活动，也了解参与者都有谁，但由于资源不足、公众积极性欠缺，他们也不乐意实施逮捕。最后一点，许多政府和军事人员默许与卖淫相关的系列犯罪，他们支持、鼓励并最终对妓女的服务产生依赖。

成长问题

根据博勒加德（Beauregard，2004）等人进行的研究和文献回顾，强奸犯的性偏好与三个因素密切相关。它们是（p. 158）：“性行为不当的家庭环境；在童年和青春期接受色情材料；儿童期和青春期有不正常的性幻想。”性行为不当的家庭环境包括以下情况（p. 155）：“（1）亲眼看见家庭中的乱伦行为；（2）是乱伦行为的受害人；和（3）目睹家族内的人滥交。”通过示范和各种学习途径，变态的性偏好就得以形成，而前述情况结合起来则为此创建了完美的基础。然后，通过性幻想、色情材料、性“道具”的使用以及借助手淫获得的生理满足和释放，此偏好进一步被加强。

值得注意的是，这种循环也概述了非犯罪行为是如何发展和培育的。

女性性犯罪者

目前为止，男性性犯罪者数量高于女性，且攻击性更强。然而，必须承认是，在这一点上，文化价值观影响很大。女性传统上被视为受害者，而男性则是侵略者。这种宏观情况使性犯罪的方方面面都受到影响。这一点在格布哈特（Gebhard）等人的文章中得到了证实（1965，p. 10）：

> 如果一个男人走过一个公寓，驻足观看窗边的女人脱衣服，那么他会被当作偷窥者而被捕。如果一个女人走过一个公寓，驻足观看一个男人在窗前脱衣服，这个男人则会被当作露阴癖而被捕。事情的本质十分简单，跟男人比起来，女人不容易有冒犯社会的行为，社会也不会将女性的行为当作攻击，但若是男性有这些行为，他们则会被捕或定罪。

有些情形下这么说自然是正确的，但女性性犯罪者也并非铁树开花般罕见（p. 10）。至于这一现实为何一直未被揭露，思特里克兰德（Strickland，2008，p. 474）的见解是：

> 性虐待历来被视为针对成年女性和儿童的男性犯罪，在美国，男性性犯罪的占比近 95%（Finkelhor，Hotalling，Lewis & Smith，1990；Knopp & Lackey，1987）。文化影响阻碍了人们对女性性犯罪的辨别。虽然女性对儿童性虐待的案件自 20 世纪 30 年代以来就有记录（Bender & Blau，1937；Chideckel，1935），但是女性性犯罪者一直隐藏得很好。
>
> 在女性性虐待的案例中，要么是虐待行为多年都没有被发现，

要么就是即便被发现了，也被驳回或无人相信。直到20世纪80年代中期，科学文献中才有对一小部分女性性犯罪者的记录，而自20世纪90年代以来，对这一群体的系统研究才开展起来（Hislop，2001）。从历史上看，此类罪行经常不被报道或未被发现，而且很容易为成年人所忽视（Allen，1991；Hislop，1999）。女性性虐待行为往往被淡化，并被辩解成女性养育角色的延伸，而不是有害的或构成攻击的（Denov，2001）。

基于美国堪萨斯《星报》对12名女性性犯罪者的访谈，里佐（Rizzo，2007）提供了一些额外信息：

一个是白发苍苍的老奶奶，她会做些针线活，会弹钢琴。另一个在念大学的同时还抚养着两个孩子。第三个则经营着一家企业，但会避免亲密关系。

这些人都是性犯罪者——她们也许是最不为人所知、最不为人理解的犯罪者。

女性有能力犯下此类罪行——社会在认识到这一点方面一直进展缓慢；而在女性犯罪之后的处理方式上，社会的认识又更为缓慢。

专家称，虽然在被定罪的性犯罪者中，她们仍旧只占很小一部分，但是每年被捕人数都在增加，其原因可能是愿意报案的受害人增加了。

与大部分男性犯罪人不同，女性犯罪人中，许多是因为孤独和需要情感依恋而被受害者吸引。另有一些则是和丈夫或男友一起被卷入犯罪……

“目前，关于性犯罪人群中这一特殊群体的研究和文献仍处于起步阶段，”性犯罪者管理中心（Center for Sex Offender Management）最近表示，“关于处理这一问题的最有效手段，也并没有以证据为基础的指导或其他共识。”

女性性犯罪的程度尚不明确。在全国范围内，女性占因性犯罪（强奸除外）被捕的人数的百分之六左右。

但专家称，各种资料显示，女性犯罪者实际上要更为普遍。

性犯罪者管理中心的报告显示，在性犯罪者心理咨询项目中，女性的比例比两年前几乎翻了一番。

而对受害者的调查则揭示了一些更令人咋舌的信息：多达63%的女性和27%的男性表示，自己曾被女性侵害。

关于为何此类犯罪会被漏报的假设不一而足。

女性作为养育子女的照顾者，不会有暴力或有害行为——人们对女性的这一刻板印象可能是因素之一。人们误认为女性从体力上来说无法对不情愿的男性实施侵害则是因素之二。

因素之三则是执法人员和治疗人员的心态，由于社会上广泛存在的陈规，他们会淡化所报案件的严重性或对此视而不见。

堪萨斯《星报》采访过的一名犯罪人说，虽然她都是独自行动，但她不得不说服调查人员相信自己的丈夫没有参与犯罪。

朱莉娅·希斯洛普（Julia Hislop）曾撰写过一本关于女性性犯罪者的专著，据她表示，一项针对自称在儿童或青少年时期被其他女性性虐待的人所做的研究显示，其中70%称自己并未向任何人透露被侵犯的事实。

她还说，21%向他人透露实情的人表示，其他人并不相信他们的话。

希斯洛普说："这是一种非常隐蔽的体验，人们不会主动说出来。"

专家说，在涉及女性的性犯罪中，男性和女性受害者都可能不愿意报案，因为他们担心别人对自己的看法。

希斯洛普说，社会观念认为男孩子不会是受害者。他们可能担心别人质疑自己的男子气概，而且别人还会说他们"运气真好"，女孩可能会害怕其他人因此质疑她们的性别认同。

"这总是会让她们困惑不已，"她说。

专家说，称男性受害者为"幸运儿"的回应往往会让受害者意识不到自己受到了伤害。

在其对女性性犯罪者的研究中，思特里克兰德（Strickland，2008）

发现，女性性犯罪的普遍程度未知，根据不同的资料来源，其差异也很大，还有强有力的证据表明存在大量隐而未报的案件。她说（p. 475）：

> 在向当局报告的性侵犯案件中，女性犯罪者约占 4%（Finkel & Russell，1984）。通过儿童保护机构得以查明的女性犯罪者比例从 1.5% 到 12.5% 不等（Kercher & McShane，1985；Margolin & Craft，1989；Rowan，Langelier & Rowan，1988）。在接受治疗的受害者中，指认女性施害者的比例从 2% 到 39% 不等（Cupoli & Sewell，1988；Kasl，1990；Kendall – Tackett & Simon，1987；Mendel，1995）。法乐（Faller，1989）的研究表明，男孩受害者当中的 8% 被女性施暴者骚扰，而 29% 则同时被女性和男性犯罪人骚扰……匿名调查报告显示，17% 至 75% 的受访者曾受女性的性侵害（Crewdson，1998；Etherington，1997；Weber，Gearing，Davis & Conlon，1992）。在对大学生的调查中，1% 至 15% 的受访学生报告称童年时与女性有过性接触（Condy，Templer，Brown & Veaco，1987；Haugaard & Emery，1989）。童年性侵所占的比例，女大学生似乎比男大学生的报告还要高（43% 至 60%；Burgess，Groth. Holmstrom & Sgroi，1987；Risin & Koss，1987）。

在研究的末尾，思特里克兰德对女性性犯罪者做了如下概述（p. 486）：

> 由于童年时期遭受严重的创伤和压迫（包括严重的性虐待），女性性犯罪者在协调其社会交往和性接触方面求告无门。扭曲的性价值观、信仰和知识，再加上情感上的需求和依赖性问题，增加了她们卷入不正常关系的风险。她们缺乏必要的技能，无法从合适的伴侣（即健康、自愿的成年人）身上获得情感和性需求。这种无能增加了她们通过儿童来满足自己性需求的风险。

因为男性和女性历来都扮演着不同的性别角色（例如，受害者、陪审团成员或是性学研究人员等）使得女性犯罪者历来都被误解并低估了，大量案件被漏报；而随着社会认识的提高，女性犯罪者在刑事司法中变得越来越常见。

性犯罪与通信技术

技术并不会导致性犯罪，但它却可以起助长作用。也就是说，技术在道德上是中立的。一把手枪、胡椒喷雾和固定在腰带上的手铐在执法人员身上是一回事，但同样的工具在强奸犯的工具箱里就是另一回事了。一个包含名称、地址和电子邮件的可查数据库对大学老友来说是一回事，对推销员来说是另一回事，而对性犯罪者来说则又是另一回事了。计算机技术、互联网和虚拟世界与任何其他工具或环境一样：对那些有犯罪意图的人来说，它们都是工具。其他观点则倾向于摆脱个人的责任，将犯罪归咎于外部因素。

虚拟世界及剥削

正如休斯（Hughes，2002，p. 127）所言，社会中不乏乐于利用互联网和相关通信技术对各受害者群体进行性剥削的人：

> 新的通信和信息技术在通信、信息获取和媒体传播等方面引发了全球性的变革。这些新的通信和信息技术正在为地方、全国以及全球范围内对女性及女童的性剥削提供便利。对妇女和儿童的性剥削是一个全球性的人权危机，这一危机因新技术的使用而不断升级。
>
> 借助新技术，性侵犯者和皮条客可以跟踪妇女和儿童。新的技术创新为侵害人对他们实施性剥削大开方便之门，因为这些技术使得购买、出售和交换数以百万计的对妇女和儿童进行性剥削的图像和视频更为便捷。新技术使得性侵犯者能以更高效且匿名的方式伤害或剥削妇女和儿童。
>
> 人们都能够负担、也可以使用全球通信技术，这就使用户可以私下在自己家中进行这些活动。
>
> 媒体类型、媒体格式和应用程序的增加，使得性侵犯者能够以更多样化的手段接近受害者。

过去几年里，各类性犯罪者都借助电子邮件讨论列表以及由CompuServe和America Online等服务商主办的不同主题的聊天群组寻找下手目标。他们又通过MySpace和Facebook等社交网站进行网络聊天。实际上，2008年5月1日至2009年1月31日之间，Facebook注销了活跃会员中超过5500名登记在册的性犯罪者。这样做是由于担心其他用户被犯罪人利用。单从责任角度来说，很难对这一广泛的政策提出什么异议，但是这也绝对解决不了问题。

在一个相关举措中，颇为流行的网上分类广告网站Craigslist采取了一项政策，删除其涉及性服务的广告，以杜绝为特定类型的性犯罪提供便利。科皮托夫（Kopytoff，2009）称：

> 迫于执法部门的压力，Craigslist在5月承诺审查成人广告，以打击卖淫活动。消除公开的有偿性服务的同时，网站的新举措却使大量诸如“美好时光”、“感官按摩”、“一夜之伴”等措辞含糊的服务项目激增。
>
> 种种迹象表明，Craigslist上的卖淫现象并未被消除，只是更谨慎了。
>
> 康涅狄格总检察长理察·布卢门撒尔（Richard Blumenthal）说：“尽管披上了一层伪装，但性交易的意图却是显而易见的。”他要求Craigslist网站尽快采取更为积极的行动。
>
> 以布卢门撒尔为首的各州总检察长指责Craigslist在经营网上妓院，他们警告说，要么清理广告，要么就面对诉讼；就是在这些批评声中，Craigslist采取了新政策。
>
> 在新政策下，该网站的员工或承包商——目前还不清楚是哪个——会监测成人广告，屏蔽那些招揽卖淫或包含色情图片的广告。新的成人广告账号注册费用为10美元，转贴则要5美元，只能用信用卡支付。
>
> Craigslist的首席执行官吉姆·巴克马斯特（Jim Buckmaster）说，新的成人类服务项目只包含按摩、异国情调的舞蹈和陪同服务等合法内容——非法服务是不会被接受的。
>
> 此外，他说，严格的标准确保这些广告比周报、电话黄页和其

他网站上常见的广告更为温和。

> 至于妓女们以模糊的语言发布广告，巴克马斯特说：“我们读懂人心的能力也并不比报纸和黄页的分类编辑更强。”

2010年9月中旬，Craigslist网站完全删除了其网页上的成人服务板块；然而，在其他分类板块中，仍然可以发现提供类似服务的个人广告。

值得注意的是，那些像“陪同服务”提供的在线成人服务类广告，经常就是平面媒体（例如，杂志和电话簿）上所刊广告的翻版。内容都大同小异，只是发布信息的技术改变了而已。

近来，由于其他线上聊天形式的安全意识提升，性罪犯者正在利用其他新的或尚不成熟的技术提供连接。诚如考克斯（Cox，2009）所言，

> 如今，互联网上的凶犯们借助游戏机和可上网的移动电话诱拐儿童进行性交易。
>
> 西澳大利亚（Western Australia，简称WA）警方昨日对此种新现象发出警告，告诫称犯罪分子正通过他们对互动网络游戏的了解与年轻人建立起关系和信任，以此引诱他们。
>
> 西澳警方至今还没有逮捕或指控任何直接通过X－Box 360、PlayStation 3和Wii游戏机引诱孩子的人，但是警方表示，他们的情报显示，这已成为一个发展趋势。“如今成年儿童性犯罪者借助这些手段引诱孩子们，一开始跟他们聊如何玩游戏，一般聊聊游戏的玩法，”探长达伦·赛夫莱特（Darren Seivwright）告诉《星期日泰晤士报》（The Sunday Times），“获得孩子的信任并进行洗脑后，他们就会更明确地指向性行为。……因为游戏机的受众大多为年轻人，这就创造了另一个环境，使成年犯罪人可以接触并获得儿童的信任……联网手机的问题很大。……年轻人之间发简讯颇为流行。只要有一部可以联网的手机，他们就可以在网上聊天，这时大人要监督就更难了。”
>
> 2006年6月，8岁的女学生索菲亚·罗德里格兹·乌鲁蒂亚·舒（Sofia Rodriguez－Urrutia Shu）惨遭强奸和谋杀，这一案件令人

震惊；此案再加上网络犯罪的激增促使警方扩大了性犯罪部门的规模，其中包括给性侵犯调查组分派更多资源，并打击网络暴力性犯罪。

在警方发出警告的这一周，在线儿童性侵小组的警探将珀斯（Perth）南部郊区的一名男子抓捕归案，据称他在与假扮 14 岁女孩的警察聊天时言语露骨，给她发送了自己的生殖器照片，还引诱对方自慰，安排她与自己见面以发生性关系。

该男子（出于法律原因不能透露其姓名）面临着 12 项指控，其中包括 7 项借助电子通信手段意图引诱儿童发生性行为的指控，还有 5 项借助电子通信试图给儿童发送不雅图像的指控。

他于周五在珀斯地方法院（Perth Magistrates Court）出庭，当时该案被延期。他被保释，下次出庭时间为 9 月。

探长赛夫莱特表示，每个月在线调查小组大约会锁定 25 个新的“目标”——或嫌疑人，这表明通过互联网“捕食”年轻人的犯罪人在激增。

他说，父母要提高警惕，要监督孩子使用手机和游戏机的情况，其中也包括网络上的交流对象。

上个财政年度，该小组在网上花费了 1038 个小时，调查了 214 个网上目标，逮捕了 57 人，提出了 220 项指控。为了进一步调查，有 31 项审查被移交给州际或海外警察。

探长说：“世界各地的执法机构正竭尽全力，跟上新技术的发展。”

探长认为，父母应该经常向孩子提些问题，包括他们在跟谁打交道，谈话的性质为何。他说，一些危险预兆包括行为上的变化，如儿童变得内向，长时间待在卧室或是沉迷上网。

就性犯罪而言，虚拟世界在很多方面与其模仿的真实世界并无不同：露骨的性材料俯拾即是、日新月异的通信技术为明目张胆的色情活动提供便利，而且，性犯罪者可以在人们聚集的任何地方接触到受害者。互联网和其他有相应通信技术的特定虚拟世界的优势在于，性犯罪者可以利用它们来搜索、确定目标，甚至追踪、洗脑或远距离监视他们的受害者，而且还能在不同程度上匿名。就像开放任何公共公园、杂货店、夜总会或购物中心一样，在不考虑保护措施的情况下就开放一个虚拟世界会招致悲剧。

作为犯罪的“色情简讯”

围绕当前的“色情简讯”实践——通过文本信息进行的、明确与性有关的手机对话，信息中包含同样明确的图像（甚至视频）以增强语言吸引力——我们来看看其中的法律和社会问题。有时这是一种受欢迎的求爱方式和亲热方式，有时是受人憎恶的对隐私的侵犯；但有时候，无论意图为何，它都是一种犯罪。Celiuzic（2009）书中提到：

> 宾夕法尼亚一名15岁的女孩因向其他孩子发送自己的裸体照片而面临儿童色情制品指控。佛罗里达州一名19岁的男子因将女友的裸照发给其他青少年而被大学开除并被登记为性犯罪者，登记时间持续25年。
>
> 孩子们用手机和电脑分享色情照片和视频的现象日益增多，这种行为被称为“色情简讯”。检察官拉里·沃尔特斯（Larry Walters）星期二在纽约向《今日报》（Today）的马特·劳厄尔（Matt Lauer）表示，这是一个社会难题，而且处罚与所认罪行并不相称。……
>
> 互联网安全顾问帕里·阿夫塔卜（Parry Aftab）与沃尔特斯站在了同一战线阵营，他反对现代通信技术给青少年带来的危险。沃尔特斯谈到将青少年和成人的恋童癖者一样对待很不合适，阿夫塔卜则谈到了色情简讯可引发的实际危险。
>
> 沃尔特斯主张法律没有跟上技术的发展，阿夫塔卜没有反驳这一观点。但她说：“我们真的没有选择。我们没有别的东西可用，我们依赖于检方的裁量权，这意味着检察官不会提起这些案件。但是当孩子们不再受控的时候，检方则会说适可而止。”
>
> 孩子们可能觉得向男女朋友发送露骨照片无伤大雅，但是阿夫塔卜援引了杰西·洛根（Jesse Logan）的案例：杰西是辛辛那提一

> 名 18 岁的高中生，在前男友将她的裸照发给学校其他女孩之后，她自杀了。杰西的母亲，辛西娅·洛根（Cynthia Logan）和阿夫塔卜一起于上周拜访了《今日报》，他们谈论了这个悲惨的案例。
>
> 他们说，一些收到杰西·洛根照片的女孩持续骚扰和霸凌她几个月。辛西娅·洛根声称，学校管理人员没有采取任何措施加以阻止。杰西把自己的故事讲给了当地的电视台，但骚扰仍未停止，于是她于去年七月在自己的卧室上吊自杀。

值得注意的是，在使用手机发送色情简讯之前，曾经（且目前仍然）有在线直播聊天，其中可能包括视频（如摄像头）、电子邮件、有宝丽来照片的打印和手写的笔记和信件，所有这些方式的目的都一样。所以，并不是技术带来了欲望和病态，公平地说，技术只是通过创造机会而使之得以暴露。

小结

在研究和个案工作中，犯罪心理画像人员有责任充分了解可能出现的性犯罪的普遍性、性质和种类。从法律角度来看，性犯罪的定义是越轨行为。然而，特定的性犯罪在文化和意识形态上的偏差可以有很大的不同。雪上加霜的是，大多数性犯罪尚未得到研究，甚至都没有充分和一致的定义。这使得关于许多性犯罪性质和频率的推论缺乏合法的科学基础，受制于信仰的偏见和狭隘的感知经验。性犯罪本身也不是一成不变或千篇一律的；相反，他们会随着文化发展和对刑事法规的重新解释或是废除而发展变化。

性犯罪法令告诉我们，一个特定的社会中，什么曾是或目前仍是思想上的越轨行为。然而，个人性犯罪的盛行，以及它们被容忍甚至被鼓励的程度，使人们深入了解到即将到来的变化，了解到一个文化因惧怕承担后果而无法承认的问题。显然，性侵犯者及其罪行还需要更多的、科学的研究。

练习

1. 给术语“性犯罪（sex crime）”下定义。

2. “同意（consent）”指什么？

3. 强奸（rape）和性侵犯（sexual assault）之间有什么不同？

4. 判断正误：女性性犯罪者远多于男性性犯罪者。

5. Facebook 从活跃会员中注销了多少名登记在册的性犯罪者？

a. 1,750

b. 2,250

c. 2,500

d. 5,500

e. 7,000

REFERENCES

Bates, J., 2007. Alcohol is the True Date Rape Drug. Nursing Standards 21 (29), 26-27.

Beauregard, E., Lussier, P., Proulx, J., 2004. An Exploration of Developmental Factors Related to Deviant Sexual Preferences Among Adult Rapists. Sex Abuse 16 (2), 151-161.

Brown, G., 2008. Little Girl Lost: Las Vegas Metro Police Vice Division and the Use of Material Witness Holds against Teenaged Prostitutes. Catholic University Law Review 57 (Winter), 471-509.

Burgess, A., Groth, A. N., Holmstrom, L., Sgroi, S., 1978. Sexual Assault of Children and Adolescents. Lexington Books, New York, NY.

Celiuzic, M., 2009. Teen “Sexting”: Youthful Prank or Sex Crime? TODAYShow. com Available from: www. commonsensemedia. org/about - us/press - room/daily - digest/sexting - porn - or - prank (accessed 10. 03. 09.).

Chang, E., 2001. Engagement Abroad: Enlisted Men, U. S. Military Policy and the Sex Industry. Notre Dame Journal of Law, Ethics and Public Policy 15, 621-652.

Cole, T., 2006. Rape at US Colleges Often Fueled by Alcohol. Journal of the American Medical Association 296 (5), 504-505.

Cornell, S., 2009. Corpse Abuser Faces New Counts. Fort Wayne *Journal - Gazette*, Indiana, February 27.

Cowan, S., 2008. The Trouble with Drink: Intoxication, (In) Capacity, and the Evaporation of Consent to Sex. Akron Law Review 899-922.

Cox, N., 2009. Police Warning to Parents about Online Sex Predators. Perth Now. Available from: www.news.com.au/perthnow/story/0, 27574, 25933849 - 2761, 00.html (accessed 15.08.09.).

Criminal Law, 2009. Statutory Interpretation—Wisconsin Supreme Court Applies Sexual Assault Statute to Attempted Sexual Intercourse With a Corpse. —*State v. Grunke*, 752 N.W.2D 769 (WIS. 2008). Harvard Law Review 122 (April), 1780 - 1787.

Earls, C., Lalumiere, M., 2009. A Case Study of Preferential Bestiality. Archives of Sexual Behavior 38, 605 - 609.

East, W.N., 1946. Sexual Offenders—A British View. Yale Law Journal 55 (April), 527 - 557.

Gebhard, P., Gagnon, J., Pomeroy, W., Christenson, C., 1965. Sex Offenders: An Analysis of Types. Harper & Row Publishers, New York, NY.

Griffin, M., West, D., 2006. The Lowest of the Low? Addressing the Disparity between Community View, Public Policy, and Treatment Effectiveness for Sex Offenders. Law and Psychology Review 30 (Spring), 143 - 169.

Groth, A.N., 1979. Men Who Rape: The Psychology of the Offender. Plenum Press, New York, NY.

Hotaling, N., Miller, K., Trudeau, E., 2006. The Commercial Sexual Exploitation of Women and Girls: A Survivor Service Provider's Perspective. Yale Journal of Law and Feminism 18, 181 - 190.

Hough, N., 2004. Sodomy and Prostitution: Laws Protecting the "Fabric of Society". Pierce Law Review 3 (December), 101 - 124.

Hughes, D., 2002. The Use of New Communications and Information Technologies for Sexual Exploitation of Women and Children. Hastings Women's Law Journal 13 (Winter), 127 - 146.

Jensen, C., Bailey, P., Jensen, S., 2002. Selection, Engagement and Seduction of Children and Adults by Child Molesters. Prosecutor (November/December) 40 - 47.

Kopytoff, V., 2009. Mixed Views on Craigslist Crackdown on Hookers. *San Francisco Chronicle* (August 9).

Larkin, D., 2008. Vermont Couple Face Child Sexual Abuse Charges. Rutland *Times - Argus*, Vermont, January 8.

Lawrence v. Texas, 2003. 539 U.S. 558.

Lindsay, W. R. , Murphy, L. , Smith, G. , Murphy, D. , Edwards, Z. , Chittock, C. , et al. , 2004. The Dynamic Risk Assessment and Management System: An Assessment of Immediate Risk of Violence for Individuals with Offending and Challenging Behavior. Journal of Applied Research in Intellect. Disabilities 17, 267 – 274.

Lowenstein, L. F. , 2002. Fetishes and Their Associated Behavior. Sexual Disabilities 20 (2), Summer.

McKibbin, W. , Shackelford, T. , Goetz, A. , Starratt, V. , 2008. Why Do Men Rape? An Evolutionary Psychological Perspective. Review of General Psychology 12 (1), 86 – 97.

Metzle, J. , 2004. Voyeur Nation? Changing Definitions of Voyeurism, 1950 – 2004. Harvard Review of Psychiatry 12 (March/April), 127 – 131.

Morris, W. , 2006. Sex Burglar Gets Seven Years. Juneau *Empire* Available from: www. juneauempire. com/stories/110106/loc_20061101015. shtml (accessed 01. 11. 08.).

Rand, M. , 2008. Criminal Victimization, 2007. In: Bureau of Justice Statistics Bulletin. December, NCJ 224390. U. S. Department of Justice, Washington DC.

Rizzo, T. , 2007. Female Sex Offenders: Underreported and Little Understood. Kansas City *Star* Missouri, June 02.

Savino, J. , Turvey, B. , 2004. Rape Investigation Handbook. Elsevier Science, Boston, MA.

Soto, J. , 2007. We're Here to Protect Democracy. We're Not Here to Practice It: The U. S. Military's Involvement in Trafficking in Persons and Suggestions for the Future. Cardozo Journal of Law and Gender 13 (Summer), 561 – 577.

Strickland, S. , 2008. Female Sex Offenders: Exploring Issues of Personality, Trauma, and Cognitive Distortions. Journal of Interpersonal Violence 23 (4), 474 – 489.

Sullivan, J. , 2005. Trespassing Charged in Horse – Sex case. Seattle *Times*. Available from: www. seattletimes. nwsource. com/html/localnews/2002569751 _horsesex19m. html (accessed 01. 12. 08.).

Torres, A. , van der Walt, A. , 2009. Sexual Offenders and Their Victims. In: Petherick, W. , Turvey, B. (Eds.), Forensic Victimology: Examining Violent Crime Victims in Investigative and Legal Contexts. Elsevier Science, San Diego, CA.

Turvey, B. , 2004. Rapist Modus Operandi and Motive. In: Savino, J. , Turvey, B. (Eds.), Rape Investigation Handbook. Elsevier Science, Boston, MA.

Turvey, B. , 2008. Criminal Profiling: An Introduction to Behavioral Evidence Analysis, third edition. Elsevier Science, London, England.

Woolley, M. , 2007. Marital Rape: A Unique Blend of Domestic Violence andNon - Marital Rape Issues. Hastings Women's Law Journal 18 (Summer), 269 - 293.

第20章 弑亲案件

布伦特·E. 特维（Brent E. Turvey）

我巴望着他们犯错，这样一来，我就可以抽他们鞭子了……每次动手，我就想：现在你知道我的厉害了吧！

——威廉姆·福克纳（William Faulkner），

《在我弥留之际》（*As I Lay Dying*）

弑亲案件（domestic homicide）是指在家庭成员、有亲属关系或亲密关系的人之间发生的凶杀案。这类案件通常是由日积月累的怨愤而非突然爆发的不满所致，故而常与长期争吵、虐待或背叛有关。吸毒和酗酒通常也是两大重要关联因素。因此，它涉及一些更暴力和异常的行为，需要犯罪心理画像人员查验。

众所周知，弑亲案件在美国常有发生，世界上其他国家更是如此。仅在美国，每天就有超过3名女性死于亲密伴侣之手（Bureau of Justice Statistics［BJS］，2003）。联邦调查局的统计数据显示，弑亲案件中，女性被害的概率是男性的两倍以上（BJS，1996），并且通常还会导致多人死亡，包括行凶者本人。①

在家庭暴力中，酒精和毒品也不容忽视——这一点也已广为人知。有研究表明，多达92%的施虐者在家暴前曾喝酒或吸毒（Brookoff et al.，1997）；研究还显示，使用酒精或毒品是家庭暴力最重要的危险因

① 据佛罗里达1994年的一项研究，38%的弑亲案件造成多人丧生，通常包括杀害配偶、自杀或谋杀子女。据旧金山1995年至1996年的一项研究，实施弑亲案件的男性中，43%的人在杀害了妻子后自杀（Hallinan，1997）。

素之一（Bennett et al.，1994）。且不管读者目前看到的数据如何，只要明白滥用药物和家庭暴力之间的联系在实际案件中十分明显，甚至让人感到沮丧和精疲力竭，这就足够了。然而，认为二者之间必然是因果关系的假设却是错误的。在某些情况下，滥用药物可能是其他问题的症状（如自我疗伤/应对机制），但不是暴力行为的明确理由。

然而，鲜为人知的是，弑亲案件的统计数据中并未包含许多由家庭虐待或疏于照管造成的死亡。父母之间长期存在家庭暴力，其暴力行为波及子女或其他家庭成员——前述死亡就经常发生在这种情境之下。出于各种原因，执法部门通常都没能成功处理此类弑亲案件和其他类似的犯罪（Johnson et al. 2000）。因此，发生在亲人、子女及父母之间的凶杀案的确严重且残酷，而且实际情况比已知的更糟糕。[①]

危险度

约翰逊等人（Johnson，2000）的研究表明，有些情况下，遭受弑亲案件的风险会增加。主要高危因素（从女性被害者的角度来看）如下（pp. 283－284）：

1. 家庭暴力的历史先兆
   - 暴力升级
   - 曾有过谋杀尝试（如扼喉）
   - 强奸及性暴力
   - 对宠物的暴力
   - 孕期暴力
2. 逃避暴力关系
   - 婚姻关系的疏远

① 约翰逊等人（2000）的研究表明，1994 年，佛罗里达州执法部门（简称 FDLE）登记在案的弑亲案为 230 例，后来证实，其真实数据为 319 例，比官方统计数据多三分之一。1995 年 FDLE 统计的弑亲案件是 195 例，后证实实际案件为 295 例。此类纰漏出现的另一种解释是，执法部门没有把发生在同居的未婚男女之间的杀害计算在内。这种统计方式使得真实数据扑朔迷离。

3. 过度占有欲
    - 极度嫉妒
    - 暗中监视
    - 对关系的执着
    - 企图自杀或自杀威胁
4. 曾有警方介入的前科
5. 犯罪史
6. 曾扬言要杀人
7. 酗酒、吸毒
8. 一方曾要求给予保护
9. 对外遇（背叛）的过激反应
10. 子女监护争议
    - 曾企图杀害或绑架孩子
    - 残酷虐待子女
    - 性虐待孩童
11. 精神疾病（偏执狂、精神分裂、抑郁症）
    - 儿童时代严重受虐
12. 劫持人质
13. 孩子为女方与他人所生
14. 境况变化
    - 失业
15. 女方的恐惧

就法院来说，基于事实及具体案例中被害人的感受，这些研究能够使法院在面对以上各种因素时提高警惕，这远比研究哪一种危险率或死亡率更高重要得多。

应该指出，上述危险因素实际并无性别之分，他们同时适用于男性和女性。

在准备对被害人进行研究的过程中，犯罪心理画像人员必须认识、调查、研究、理解和阐释这些因素。以上任何一项或多项因素的出现（第 13 项和第 14 项除外）都足以将弑亲案的受害人风险提高到中等或较高水平。直接影响这些因素的信息来源包括医疗记录、法庭记录、心理健康记录、通话记录、电子邮件记录、现有处方、个人用药情况和日记。若未能收集到此类信息，分析人员对特定被害人所面临的风险就毫不知情。在弑亲案件中，影响因素对建立犯罪背景十分必要。

鉴于遭受家庭暴力和虐待会使得成为弑亲案受害者的风险加大，因此也应将家庭暴力这一危险因素纳入考虑范围。威尔逊（Wilson，2005）发现，这些因素涉及女性年龄（育龄期女性风险最大）、子女与男方无关、女性威胁要离开家或是已经离开了男方等方面。就弑亲案件，威尔逊指出（p. 306）："男性似乎更倾向于在女性育龄期杀害自己的女性亲密伴侣。"她继续讨论了以威胁离开或真的离开为诱发事件的情况，其中引用了一些相当惊人的研究结果（Wilson，2005，pp. 307 – 309）：

> 对男性来说，也许触发其暴力行为的最大原因就是女性伴侣威胁或试图离开自己。讽刺的是，在家庭暴力已经发生的时候，为了保证生存而采取的行动往往最终会激发致命暴力。
>
> 大量证据表明，女性准备结束或刚结束一段关系时，遭受暴力或谋杀的风险特别高。四分之三的弑亲案受害者和 85% 的严重（但非致命）虐待行为受害者都曾试图在过去一年中结束这段关系。虐待行为正在发生时，离开可以逃脱暴力，若非如此，虐待行为往往会变得更加极端。
>
> 据某报告，在 45% 的女性谋杀案中，"试图离开"是诱发因素。另一个由布鲁尔（Brewer）和保尔森（Paulsen）开展的研究表明，56% 的杀妻案中，女性发起的分手都是刺激因素，但这种趋势并未出现在男性提出分手的情况中。在对北卡罗来纳州 1991 年至 1993 年间丧命于亲密伴侣之手的 293 名妇女进行的研究中，贝丝·莫雷克（Beth Moracco）和在北卡罗来纳大学公共卫生学院（University of North Carolina School for Public Health）的同事发现，其中 42% 的死者都曾威胁要分手、试图分手或是刚分手。
>
> 女性在分手后的两个月中面临的风险尤其高。分手时间和遭到致命攻击的时间会比较近，这并非巧合。在丈夫的虐待越发致命的情况下，显然，她的离开就诱发了致命袭击。杀妻事件发生后，丈

夫所做的恰恰就是他们曾威胁要做的，通常他们也承认，引发这一致命暴力事件的是另一半对自己的遗弃。因此，就这些案例的动机来说，基本没有什么悬念——这些案件中，死去的女性都曾试图离开这些凶手。

妻子威胁要离开的时候，致命攻击会增加，但非致命性攻击也同样会增加。威尔逊和戴利指出，“有信服力的死亡威胁能有效控制他人……证据表明，疏远丈夫的妻子会面临风险，丈夫的这种威胁往往不是说说而已。”该评论强调了这类暴力的专有性。事实上，性嫉妒和对被抛弃的恐惧都会引起类似的攻击性反应。显然，如果目的是确保未来的生育，那么杀死妻子就没什么用。具有讽刺意味的是，这种类型的弑亲案件的动机明显不是为了摆脱女人。否则的话，男人大可让她离开。相反，威尔逊、约翰逊和戴利提出，在男性控制欲达到极端的时候，杀妻案也就随之而来。很多时候，男性或许曾成功利用一种反作用较小的方式进行死亡威胁，阻止妻子离开。为了恐吓妻子留下，男方可能会施加超出预期的暴力，这时特有的杀妻案就会发生。然而，同样可能的是，该男子不过是在兑现自己在女方离开前许下的承诺，其态度就是：“如果我得不到她，那么谁都别想得到她。”

但是，这并不能回答怀孕本身是否增加了家庭暴力或弑亲案件风险的问题。

怀孕作为一个危险因素

近年来，关于涉及孕妇的亲密关系中杀人案的媒体报道已经颇多。头条新闻、文章和专家们一再错误地认为，弑亲案件是孕妇死亡的主要原因或主要原因之一。在相关报告中，许多都有偏见，具有煽动性，或者就是单纯的未知全貌——往往是受害者的维权人士和受害者群体在推波助澜，虽然他们的出发点是好的，但很容易情绪化，进而冲动做事，不仔细了解事实。为了支撑自己的社会或政治观点，记者和一些不太知情的犯罪心理画像人员会引用一些不正确的或根本不存在的数据和研究，这更是雪上加霜。

有关这些数据的实际研究发表在《美国公众健康杂志》（*American Journal of Public Health*）（Chang et al.，2005）上；研究称，1991年至1999年间，所有与孕妇有关的死亡病例中，弑亲案占31%。具体来说，他们发现，与媒体一直热衷于报道的不同，弑亲案并非孕妇死亡的主要原因：

> 1991年到1999年间，妊娠死亡率监测系统（Pregnancy Mortality Surveillance System，PMSS）收到死亡报告共计7342起。其中大多数（n=4200［57.2%］）与怀孕相关（例如，它们发生在妊娠期或妊娠1年内，这与怀孕成因果关系）（参见Chang et al. 2003）。其中有1993例死亡（27.1%）与怀孕以及受伤有关。其余的1149例（15.7%）中，有与怀孕相关但并非由怀孕或其并发症引起的死亡，也有与妊娠无关的死亡（例如，妊娠期结束至母亲死亡之间的时间间隔超过1年）。
>
> 在所有怀孕相关的死亡当中（n=1993），617名（31%）妇女死于弑亲案件，弑杀是报告中所有孕妇和产后妇女受伤死亡事件的第二大原因，仅次于机动车事故造成的死亡（44.1%）。其余死亡原因则是意外伤害（12.7%）、自杀（10.3%）及其他（2%）。
>
> 本报告发现，弑亲乃导致孕妇和产后妇女受伤殒命的第二大原因；在对此进行阐释时，必须注意到，我们对涉及孕妇和产后妇女的弑亲案的调查结果与涉及全国所有育龄妇女（无论是否怀孕）的弑亲案的统计数据相似。

根据这项研究，1991年到1999年间，有4200起与怀孕相关的死亡（怀孕相关的死亡是指怀孕过程中发生的，或者在怀孕1年内发生的、与怀孕存在因果关系的死亡）。值得注意的是，这些怀孕相关的死亡中，有1993起（47.5%）也与受伤有关；613起（14.6%）怀孕相关死亡是弑亲案件的结果。这表明，弑亲案实际上并不是孕妇死亡的主要原因，甚至也不是引发怀孕相关伤害而致死的主要原因。事实是，泰勒和纳伯斯（Taylor and Nabors，2009）的最新研究发现，家庭暴力实际上可能在妊娠期减少。

此项研究十分重要，因为某些“专家”可以很轻易地就在电视上发表与此相反的言论，而这些言论很快又会被媒体照搬，接着公众也迅速跟进热炒。

当然，对任何受害者而言，怀孕都可能是遭受暴力的潜在动因。在准备受害者研究时，必须考虑到这一点。然而，跟所有的因素一样，要将这一因素置于特定背景之下，其价值不应被夸大。在这一领域，专家可以做到最好的事情就是自我充电，在需要的时候能够反过来，以一种诚实和明智的方式教育公众。当任何专家越过界限，无限制地宣传，发表不合事实的意见，那么他或她的公共服务就是政治性的，而非科学性的，都是利用专业对公众信任的侵犯。

虐待关系的动态变化

对于犯罪心理画像人员而言，重要的是要知道如何识别、感知和沟通虐待关系的动态变化，掌握其确切动机，并评估所涉风险和实际风险。

亲密暴力的动态变化——其开始、表达和发展的方式——是复杂的。然而，其驱动因素却是施暴者体验到的整体无力感。这种无力感借由对受害者主张权力和施加控制得到表达。伯克（Burke）（2007，p. 555）说：“在刑法领域外，社会科学家几乎普遍将家庭暴力描述为一种持续的行为模式，其动机则是施暴者对受害者的权力和控制欲望。”随后，伯克更准确地从定性和定量两方面解释为什么家庭暴力与其他形式的人际暴力不同（pp. 567 – 569）：

> A：定量因素：频率和持续时间
>
> 比之于陌生人或无亲密关系的熟人之间的暴力行为，有亲密关系的人之间发生的攻击行为可能会在一段时间内反复出现，而非一次即止。家庭暴力的一个量化依据即为其频率。有专家估计，对妻子拳脚相向的男人中，有63%会重复这种行为。这一数据与全国针对妇女暴力调查（National Violence Against Women Survey）的结果

一致，该调查发现，65%以上被亲密伴侣殴打过的女性都表示自己曾多次受同一个人伤害。近20%受侵犯的女性能记起的被殴打的次数多达十次甚至以上，其中同一人的平均攻击次数接近七次。家庭暴力与非亲密伴侣之间的暴力行为在数据表现上的不同不仅在于其发生频率，还在于其持续时间。同一调查发现，近70%被亲密伴侣攻击的女性报告说，她们的受害持续时间超过了一年。其中四分之一以上的女性受害超过五年，暴力行为的平均持续时间为四年半。事实上，从描述家庭暴力的语言，也可以看出其频繁和长期的特征。我们说，一个被丈夫殴打的女人是被“折磨①”或“殴打”，或遭受“家庭暴力”，意味着这是一个普遍状态或持续性现象。相比之下，当一个人被一个陌生人或偶然相识的人攻击，我们说他受到“攻击”或“袭击”，或卷入了一场“争斗”，暗示这是一次偶发的暴力行为，而不是更常见的暴力事件。

B：定性因素：权利和控制

频率和持续时间可以从定量上将家庭暴力与其他犯罪暴力区分开来，但是两种暴力也有定性的区别。社会科学家认为，家庭暴力时普遍超越了个别攻击事件造成的身体伤害。相反，他们把家庭暴力说成是一种行为模式，在这种模式下，施暴者把身体上的殴打当作解决情感创伤的一种方法。

虽然社会科学家提醒称，并没有关于家庭暴力施虐者的单一心理状况画像，但他们却常用权力和控制欲的框架来解释家庭暴力的胁迫性，强调家暴造成的伤害不仅限于身体上。经验证据支持“家庭暴力往往是由控制欲驱动的”这一假设。例如，据数据统计，那些嫉妒心强、控制欲强或有言语虐待行为的男性攻击、强奸或跟踪其伴侣的可能性更高。许多家庭暴力的施暴者都缺乏自尊心和自制力，而且可能对其亲密伴侣的独立行为进行人身报复。

有研究者（Ver Steegh，2005，pp. 1382 – 1384）在讨论家庭暴力研

① 据英文释义，batter有用力反复殴打之意，即hit sb many times，using fists or a heavy object。（译者注）

究中发现的矛盾——尤其是关于男性与女性受害者的问题时，提出了一个家庭暴力的类型研究，或许能有点帮助：

> 家庭暴力的研究中一些令人不安的矛盾以及主要冲突，要么被忽视，要么就成为激烈的跨专业辩论的主题。例如，过去25年里，研究人员就暴力事件的发生频率以及男女是否具有同等的暴力倾向展开了激烈的辩论。这一争论源于各种研究中一些互相冲突的发现。“家庭冲突”的流调研究显示，家暴行为的总体攻击率较高且男女攻击率几乎相等。相比之下，所谓的“犯罪”研究和报警数据显示，家暴行为的年度整体攻击率较低且男性攻击率远高于女性。
>
> “家庭冲突”研究受到服务提供者和一些女性主义学者的批评，他们质疑其研究方法，尤其是此研究对“冲突策略量表（Conflict Tactics Scale）”的依赖。这些批评者认为，此类研究过于关注具体的攻击行为，但它们对造成的伤害和行为背景则少有留意。“但他们都认为，女性因家庭暴力受伤害的可能性是男性的十倍。”对家暴的定义不同也是产生差异的原因之一。家庭冲突研究者狭隘地将家庭暴力定义为人身攻击，而服务人员和临床研究人员的定义则广泛地包含所有类型的虐待行为。
>
> 归根结底，尽管争论声很大，但这些研究其实彼此并不矛盾。正如默里·斯特劳斯（Murray Straus）所解释的，实际上他们可能是在观察和评估不同的现象。他认为这两组研究者都是正确的。他们只是在研究不同的人群所经历的不同类型的暴力罢了。他推测，“这两类暴力可能成因不同，需要不同类型的干预。”
>
> 研究人员迈克尔·P. 约翰逊（Michael P. Johnson）开发了一个全面的类型学，借此将长期以来彼此竞争的研究整合起来，此类型学对这些研究进行了解释，并将不同的观点联系了起来。基于对前述“家庭冲突”和“女性主义”研究的分析，他得出结论认为，女权主义者和服务提供者观察的主要是一种家庭暴力——“亲密的恐怖行为（intimate terrorism）”，而家庭冲突的研究人员面对的则是另一种暴力——“情境夫妻暴力（situational couple violence）”。

约翰逊的亲密个人暴力（intimate personal violence，IPV）类型下设四个独立的类别，旨在将施暴者对威胁、经济控制、特权与惩罚、儿童、孤立、情感虐待和性控制等手段的使用考虑在内。这四个类别是亲密的恐怖行为（intimate terrorism，IT）、暴力抵抗（violent resistance，VR）、情境夫妻暴力（situational couple violence，SCV）和相互暴力控制（mutual violent control，MVC）。上述类型依犯罪人动机及犯罪行为的整体模式而定。据约翰逊（2006，pp. 1009 – 1010）：

> “亲密的恐怖行为”是指配偶双方中只有一方有暴力倾向和控制欲的情况。另一方要么没有暴力倾向，要么使用过暴力，但没有控制欲。……［而在有］的案件中，有问题的配偶一方有暴力倾向但无控制欲，另一方则二者兼有。这种我就称之为“暴力抵抗”，在异性恋关系样本中，它几乎完全是一种女性的暴力类型。当然，这是因为，在此类婚姻关系中，几乎所有亲密的暴力行为都是由男性犯下的，有时候妻子确实会以暴力回应，但很少会有控制欲。……“情境夫妻暴力”［是］指在配偶双方都没有暴力倾向和控制欲的情况下发生的个体的非控制性暴力……“相互暴力控制”是指存在于双方都有暴力倾向和控制欲的关系中的控制型暴力。

据米尔斯（Mills，1999），下述分类方式能对亲密关系中的情感虐待动机加以阐述。要注意，和其他行为动机类型学一样，以下任何一种类别都不具排他性。下列内容改编自米尔斯（1999），其中以通用术语“被害人”取代了有性别限定的“女性”一词：①

1. 排斥（*rejection*），包括找茬、惩罚或评判被害人，拒绝提供帮助，经常忽视他们的意见。
2. 凌辱（*degradation*），包括对被害人进行口头辱骂和身体上的凌辱。

---

① 以家庭暴力中女性被害者为主题的文献多如牛毛。笔者也认可女性更常成为家暴受害人的观点。据伦尼森（Rennison，2003），事实上，在亲密关系的暴力行为中，85% 的被害人是女性。但是，男性也可能成为家庭暴力的被害人。考虑到这一点，“被害人（*victim*）”一词在客观的行为证据分析中更为恰当。

3. 恐吓（*terrorization*），包括威胁要伤害被害人及其亲近之人，并利用被害人的恐惧惩罚他们。这种情况还包括给被害人设定一个不切实际的期待，并威胁若未达到期待，被害人就要遭到伤害。
4. 社会孤立（*social isolation*），包括阻止被害人参加正常的社交活动；妨碍其与他人社交。
5. 负向社会化（*mis-socialization*），包括鼓动被害人从事犯罪或违法活动，进而将其摧毁。
6. 操纵（*exploitation*），包括利用被害人来支撑自己的施虐行为及相应生活方式。
7. 情感怠慢（*emotional unresponsiveness*），包括对被害人态度冷漠、毫不关心，只有在万不得已的时候才与被害人有所交流，这种情况还包括不向被害人表示好感、关怀和爱。
8. 严密禁锢（*close confinement*），包括限制被害人的行动，更有甚者甚至是监禁。

意　图

在许多案件中，法院意识到大量的证据表明弑亲案件往往是一时冲动的结果。例如，恋人之间的谋杀可能发生在其中一方坦承自己另有恋情之后。此种作案原因被辨明后，案件将由谋杀降级为过失杀人（Smith，2000）。因此，面对此类案件，犯罪心理画像人员或许还要考虑作案人的意图。检查犯罪现场及相关犯罪行为有助于了解这一问题。如史密斯（Smith，2000）所言：

> 任何案例中，谋杀的程度取决于被告的意图、目的或计划，而正是借助一些恶意因素，谋杀与过失杀人才能互相区别。因此，虽然谋杀一般是指一方以明显或潜藏的恶意杀害另一方；但是，若杀人行为是受充分、合理的原因导致的一时激动的影响，并发生在激情冷却和理智恢复之前，且不是因心地残忍、恶毒或性格鲁莽所致，那么这种行为——即便是故意杀人——也被视为较轻的杀人罪。

然而，并非所有的弑亲案都是由突然爆发的、不受控制的愤怒所致。比如说，许多长期虐待配偶的人就会谨慎计划和选择自己的行动：

- 他们会选择时间和地点实施肢体暴力行为。相较于公共场合，他们更可能在家中对亲密伴侣或孩子实施暴力。
- 他们会选择施虐对象。他们只对伴侣和（或）子女实施暴力行为，但不会对自己的老板或同事实施暴力。
- 他们会特别注意伤害被害人身体的哪个部位。通常他们针对的是那些衣物会遮蔽住的部位。或者，如果不想让被害人离家外出，他们就会选择人们肉眼可见的部位进行伤害，这样，如果被害人外出，就会面临向别人解释这些伤痕的尴尬。
- 他们会考虑对被害人施虐的时间长短及严重程度。因为他们要注意这种伤害不至于影响日常琐事或从事其他工作。

这类有谋划的行为模式证明犯罪时并未失控。虽然看似被愤怒冲昏了头，但其行为却重点突出，思路清晰。甚至那些包含愤怒或以发泄愤怒为目的的行为都可能是精心策划或仔细思考过的。

要区分这些案件，犯罪心理画像人员就必须进行彻底分析，明确案件是堆积的愤怒所致还是一时激情所致，是蓄意谋害，抑或是几者的混合。

伴侣间的谋杀

伴侣间的谋杀是指当前或曾经的亲密关系中的一方杀害另一方。此为弑亲案下的一个分支。此类案件中，被害人与凶犯不一定同居，但二人必须有或曾经有某种很深刻的人际关系。通常是性关系或情感关系，其动机要么出自愤怒或复仇要么出自利益，或二者之结合。

家庭子女被杀

家庭子女被杀是指父母或看护人杀害孩子的情况。在一些案件中（有些是笔者受邀参与调查的案件），笔者经常发现，警方会重点关注陌生的犯罪嫌疑人，但不会调查家中或家庭内部的嫌疑人。子女被杀案中有一条非常简单的原则：首先要调查和排除家庭成员作案的可能，包括孩子的看护人，然后是朋友、邻居，基本上首先应排查那些能够接近孩子、与孩子相处的人的嫌疑。若人手充足，其余的侦查人员应该同时调查陌生人犯罪的可能（首先应留意当地有前科的性骚扰者、近期假释的儿童骚扰者等）。无论是出于什么原因没能这样做，都会导致调查不均衡，使任何指控都缺乏肯定性。

根据加拿大矫正服务中心（Correctional Service of Canada，1995）的研究，那些在一周岁之前被杀害的孩子（杀婴罪）绝大多数都命丧家庭成员之手，通常凶手为其父母（约占3/4），其中父亲和母亲犯罪的可能性各占百分之五十。这些被害孩子中，只有极少数被熟人杀害（如保姆或朋友），更少的一部分则被陌生人所害。

这些信息对于犯罪心理画像人员而言颇有用处，因为这表明了子女被杀害案的调查重点。但这也不是绝对的。数据不等于证据，它只能指出一个调查的方向，而顺着这一路径开展工作也不一定就会有成果。统计数据无法代替调查，后者必不可少。

“荣誉谋杀”

“荣誉谋杀”是指由家庭成员奉家族之命或代表家庭对某个人（被杀的几乎都是女孩或妇女）进行杀害，这是我们这个时代最大的矛盾之一。荣誉谋杀之所以发生，是因为人们相信某女性的行为给家庭或社区带来了耻辱。梅耶尔（Mayell，2002）在其著作中解释道：

> 每年都有数以百计，甚至数以千计的女性被其家人以“家庭荣誉”的名义杀害。关于此类谋杀的准确数据很难统计；因为这类谋杀通常不会有人报案，肇事者逍遥法外；而在一些社会中，家族荣誉的概念则使这种行为正当化。
>
> 明尼苏达大学（University of Minnesota）休伯特·汉弗莱公共事务研究所（Hubert Humphrey Institute of Public Affairs）的国际妇女权利行动观察会（International Women’s Rights ActionWatch）主任

> 玛莎·弗里曼（Marsha Freemen）表示，大多数荣誉谋杀发生在以女性为家族声誉载体的国家。
>
> 联合国人权委员会（United Nations Commission on Human Rights）收到的报告显示，孟加拉、不列颠、巴西、厄瓜多尔、埃及、印度、以色列、意大利、约旦、巴基斯坦、摩洛哥、瑞典、土耳其和乌干达都发生过荣誉杀人事件……在阿富汗原教旨主义的塔利班政府统治下，这种行为也受到纵容，伊拉克和伊朗也都有过类似报道。
>
> 尽管荣誉谋杀已经引起广泛关注和愤怒，但人权活动人士认为，应将这一现象视为一个更严肃的问题——即针对女性使用暴力——的一部分。
>
> 例如，根据联合国儿童基金会（简称 UNICEF）的数据，印度每年有超过 5000 名新娘因嫁妆不够丰厚而被害。激情犯罪在拉丁美洲则会受到非常宽大的处理，一些权利人士称，这其实跟荣誉谋杀是一回事，只是换了个名字。
>
> 人权观察（Human Rights Watch）的宣传总监威德尼·布朗（Widney Brown）说："在信奉伊斯兰教的国家，这种行为被称为荣誉谋杀，但因嫁妆不足而丧命以及所谓的激情犯罪其实有着类似的犯罪动因，即女性被男性家庭成员杀害，且该罪行被认为是可以原谅和理解的。"
>
> 她说，这种做法是"跨文化、跨宗教的。"
>
> 家庭和社会中其他女性的共谋强化了将女性作为财产的观念，也强化了另一个观念，即对家庭成员的暴力属于家庭问题而非司法问题。

荣誉谋杀还有一个令人尤为痛心疾首的特点：人们普遍认为死亡越残忍，越有辱人格，受害者遭受的苦痛越多，家族荣誉就能得到越多的挽回。在这种情况下，社区往往扮演了共谋的角色，还有一些执法机构也会扮演类似角色。那些荣誉谋杀的案犯往往对自己的行为毫不遮掩，他们还会被誉为英雄，而受害者则受到诋毁或被认为活该如此，或者从某种程度上说，这就是她们的命运。

家庭老人被杀

老人被杀是说看护人（通常是家庭成员、私人护理人员等）杀害其所应护理的老人的案件。这里说的老人是指年满65周岁及以上，由于体力和脑力所限不能正常进行日常活动的人。看护人是指对老人进行照顾、监护、控制或受其信任的人（改编自Powers，2001）。

犯罪心理画像人员应该牢记，在此类案件中，被害人研究的准备工作要尤其彻底，因为老人很少对自己曾受过的虐待进行报告。这也许是由于他们认为被虐待是正常的，认为法律无能为力，也许是由于他们身体状况太差，远离人群，故而没有机会求助。然而，疏于报告的最常见原因也许是，90%的施虐者实际上是被害人的家属（Korpus，2001）。正如莫斯科维茨（Moskowitz，1998，p. 100）所述：

> 出于尴尬、羞耻、缺乏第三方的情绪支持，还由于刑事司法系统无法满足被害人需求等原因，被害人往往特别不愿意向自己的家庭成员提起诉讼。

据鲍尔斯（2001），老人被害案中最常见的动机有五个——这里面没有一个只针对老人，其中一些动机与杀害孩童的动机一致（负担、利益、性侵犯）。这五个动机包括：

- 为了甩掉包袱而杀人
- 谋财害命
- 出于对年老者的憎恨而杀人
- 仇杀
- 因性侵犯杀人

根据鲍尔斯（2001）所述，关于老人被杀案，可作为前兆并应引起警觉的包括但不限于以下情况：

- 意外死亡，且照顾被害人的人有着明显的情感压力
- 一个年轻得多，或以前完全不认识的人对老人有着不一般的兴趣，尤其是在较短时间内出现这种浓厚兴趣

- 被害人远离家庭、朋友、社交活动、宗教活动
- 看护中异常的高死亡率
- 健康状况意外变化，并伴有从未出现过的症状
- 被害人遗嘱、委托书、信托及其他委托材料的更改，在与被害人曾表示的愿望相反时尤其应当注意
- 被害人资产上出现大宗的或不同寻常的开支

讨　论

弑亲谋杀案在每一个种族、文化、信仰和宗教中都存在，其身影遍布每一个城市、每一个州和国家。每个人——无论其年龄几何，身份多高——都有可能成为被害人。调查者必须准备好面对浩如烟海的各类案件。他们必须进一步防范这种信念：即这些犯罪有典型特征可循，或者可以因地位或性格而排除一些人的嫌疑。

部分人因自己的生活方式、习惯、亲密关系和经历更有可能成为弑亲案件的受害者。大多数高危个体是女性，但男性也有风险。无论如何，家庭暴力的残忍和普遍程度使得彻底的被害人研究变得至关重要，但要做到客观也十分困难。除非有直接证据和供词（这种情况可能发生，也确实发生过），否则只有彻底的被害人研究才有可能让我们明确被害人是如何死亡的，以及是否必须将弑亲案纳入考虑范围。

小结

家庭暴力不仅仅是个人攻击导致的身体伤害。它是一种行为模式，是一种将身体上的殴打作为造成情感创伤的方法。本章讨论了约翰逊的亲密个人暴力类型学。该类型学下有四个分类，其中将施暴者对威胁、经济控制、特权与惩罚、儿童、孤立、情感虐待和性控制等手段的使用考虑在内。本章还讨论了米尔斯的行为动机类型学，其中有八种情感虐待动机，包括排斥、凌辱、恐吓、社会孤立、负向社会化、操纵、情感怠慢、严密禁锢，这八类往往发生在亲密暴力情境中。

本章还探讨了弑亲案件的危险因素，包括怀孕、试图结束一段关系

等。此外，还比较详细地讨论了弑亲案件和暴力行为统计数据的报告和表述问题，重点是媒体对孕妇成为受害者的风险研究的错误表述。

现在应该明确，亲密关系暴力的开始、表现和演变方式相当复杂。它们往往由施暴者的整体无力感驱动，并可能以各种方式表现出来，这取决于当时的情境、所涉及的人和诱发因素。

练习

1. 判断正误：相对于只发生一次的暴力事件，有亲密关系的人之间发生的暴力行为不太可能在一段时间内反复出现。

2. 列出米尔斯（1999）著作中讨论的三种不同类型的虐待动机，并加以阐释。

3. 判断正误：美国怀孕妇女死亡的主要原因是弑亲案。

4. 家庭暴力的危险因素中，最重要的是哪个？

5. 弑亲案件最重要的一些危险因素是什么？

6. 判断正误：男性不会成为家庭暴力的受害者。

REFERENCES

Bennett, L. W., Tolman, R. M., Rogalski, C. J., Srinivasaraghavan, J., 1994. Domestic Abuse by Male Alcohol and Drug Addicts. Violence Victimology 9, 59 – 368.

Brookoff, D., O'Brien, K., Cook, C. S., Thompson, T. D., Williams, C., 1997. Characteristics of Participants in Domestic Violence. Journal of the American Medical Association 277, 1369 – 1373.

Bureau of Justice Statistics, 1996. Female Victims of Violent Crime. No. NCJ – 162602, U. S. Department of Justice, Washington, DC, December.

Bureau of Justice Statistics Crime Data Brief, 2003. Intimate Partner Violence, 1993 – 2001. U. S. Department of Justice, Washington, DC, February.

Burke, A., 2007. Domestic Violence as a Crime of Pattern and Intent: An Alternative Reconceptualization. George Washington Law Review 75 (April), 552 – 612.

Chang, J., Elam – Evans, L. D., Berg, C. J., et al., 2003. Pregnancy Related Mortality Surveillance: United States, 1991 – 1999. MMWR Surveillance 52 (Summer), 1 – 8.

Chang, J., Berg, C., Saltzman, L., Herndon, J., 2005. Homicide: A Leading Cause of Injury Deaths among Pregnant and Postpartum Women in the United States, 1991 – 1999. American Journal of Public Health 95 (3), 471 – 477.

Correctional Service of Canada, 1995. A Profile of Homicide Offenders in Canada, Number B – 12, Research Division, Correctional Research and Development, Correctional Service of Canada.

Hallinan, T., 1997. Domestic Terror: Family and Domestic Violence Homicide Cases in San Francisco 1993 – 1994. San Francisco Family Violence Project, San Francisco District Attorney's Office, March 31.

Johnson, J., Lutz, V., Websdale, N. (panelists), 2000. Death by Intimacy: Risk Factors for Domestic Violence, Symposium Speech. Pace Law Review 20 (Spring), 263 – 296.

Johnson, M., 2006. Conflict and Control: Gender Symmetry and Asymmetry in Domestic Violence. Violence against Women 12 (11), 1003 – 1018.

Korpus, K., 2001. Extinguishing Inheritance Rights: California Breaks New Ground in the Fight against Elder Abuse but Fails to Build an Effective Foundation. Hastings Law Journal 52 (January), 537 – 554.

Mayell, H., 2002. Thousands of Women Killed for Family "Honor". National Geographic News February 12.

Mills, L., 1999. Killing Her Softly: Intimate Abuse and the Violence of State Intervention. Harvard Law Review 113 (December), 550 – 558.

Moskowitz, S., 1998. Saving Granny from the Wolf: Elder Abuse and Neglect—The Legal Framework. Connecticut Law Review 31, 77 – 204.

Powers, S., 2001. Elder and Dependent Adult Homicide: Prevention, Investigation and Prosecution. Los Angeles County District Attorney's Office, April.

Rennison, C., 2003. Intimate Partner Violence, 1993 – 2001. Bureau of Justice Statistics, U. S. Department of Justice, Washington, DC. Publication No. NCJ197838.

Smith, J., 2000. Spouse's Confession of Adultery as Affecting Degree of Homicide Involved in Killing Spouse or His or Her Paramour. American Law Reports June 2000 (93 A. L. R. 3d 925).

Task Force, 1997. Florida Governor's Task Force on Domestic and Sexual Violence. Florida Mortality Review Project 45, table 12.

Taylor, R., Nabors, E., 2009, . Pink and Blue... or Black and Blue? Examining Pregnancy as a Predictor of Intimate Partner Violence and Femicide. Violence against Women 15 (11), 1273 - 1293.

VerSteegh, N., 2005. Differentiating Types of Domestic Violence: Implications for Child Custody. Louisiana Law Review 65 (Summer), 1379 - 1429.

Wilson, M. J., 2005. An Evolutionary Perspective on Male Domestic Violence: Practical and Policy Implications. American Journal of Criminal Law (Summer), 291 - 323.

第 21 章　大屠杀

布伦特 · E. 特维（Brent E. Turvey）

本章所涉主题为大屠杀（mass murder，或称为 mass killing），此为笔者案例工作中的常见焦点。“大屠杀”这个说法通常是指在一个或多个相关的地点、涉及同一个事件对多名受害者进行谋杀。这一概念不同于连环犯罪，如 22 章将探讨的“疯狂杀戮（killing sprees）”和“连环谋杀（series murder）”。①

大屠杀的定义似乎直白明确，也的确应当如此。一个事件要符合这一定义，必然要有多个受害者，且无一例外是刑事凶杀案的受害者。这也意味着他们均被杀害。如果对所指受害者是否身亡存有疑虑或不能确定其身亡是否由谋杀所致，那么就不能说该案例属于大屠杀或其他相关子类型。

例如，若多名家庭成员失踪，从司法实践的层面来讲，假设他们已经身亡或一定已被杀害的做法并不合法。他们可能遇上事故了，也可能只是悄无声息地搬走了。在对每个人的死亡都进行调查、通过恰当的法庭证据进行犯罪再现进而明确是凶杀案之前，不能确定他们是否身亡，对此妄加揣测也是不负责任的。要确定某事件是大屠杀，就要有多具尸

---

① 莱文（Levin）和马达菲斯（Madfis）（2009）补充说，大屠杀乃反社会行为，国家不鼓励。笔者认为此“反社会告诫”实乃多余；因为从本质上来说，谋杀本身即为反社会行为。此外，关于国家不鼓励之警告也有问题。当然，政府有时也会支持蓄意或过失的大屠杀行为。在极端情况下，其中一些事件可能会演变成种族灭绝（稍后将讨论）。但是，也有国家对非法屠杀小群体进行支持的例子，例如对持不同政见者、目击证人或未经正当程序执法而对平民进行的杀戮。虽然上述例子并非本文主题，但我们也没有理由假装这种杀害不曾发生，在某些情况下，这是一种刑事犯罪。

体的存在及相应检查。死亡是不可能被假定的，没有适当的物证，也不能推断死亡的方式。

此外，如果某特定地点出现多人死亡，据此假设他们一定死于谋杀的做法也并不是合理的司法实践。这些人可能死于环境中的某种物质，也可能是集体自杀。同样，在对他们每个人的死亡都进行调查、通过恰当的法庭证据进行犯罪再现进而明确是凶杀案之前，不能确定他们是否身亡，对此妄加揣测也是不负责任的。在尸体明显腐烂的案例中，这个问题尤为明显。

为个人分析之故做出此类假设的从业者，要么是无知，要么就是有偏见。

大屠杀和种族灭绝

种族灭绝（genocide）是蓄意且有组织地对以个人、政治、宗教信仰、国籍和/或种族为特征的群体进行的大规模杀戮。它是大屠杀下的一个子类型。最常见的种族灭绝是由一个政府对另一个国家或少数族群进行的杀害，或者由一群人杀害与之竞争的，或处于冲突中的另一群人。还应留意到，种族灭绝不仅仅涉及杀戮，还可能伴有大规模强奸、酷刑和其他虐待行为。不幸的是，从古至今这类例子层出不穷。

本书目的在于探讨行为证据的阐释，以期对个人所犯罪行进行调查，由政府授权或者代表政府或国家而犯的罪行不在本书讨论范围之列。对后者进行研究需付出巨大努力，也应有其专门的、公平而准确的教科书。故此，本书不再进一步谈及种族灭绝这一主题。

大屠杀与媒体

鉴于手机和互联网技术的发达，再加上媒体出于竞争，用 24 小时循环播放新闻，暴力犯罪与媒体之间的关系密切异常。在犯罪前、犯罪过程中以及犯罪后，受害者和犯罪人都可能直接与新闻媒体进行沟通。这是一个自恋和供求关系的问题。有的犯罪人希望自己走入大众视野并被记住，而媒体方面则希望增加观众人数和市场销售份额。公众希望看到故事，而当局的应对措施要么在增强，要么在减弱。高无疑问，美国媒体对此尤为热心，他们已经从简单报道事件发展为提供戏剧性的实时播报，而在长期事件中，受害者及其亲人也会看到这些报道。[①] 经常有电视直播人质事件及大屠杀事件，其画面往往包括手机拍摄的现场视频和静态图像、惊惧的9·11电话音频，以及对受害者、家庭成员和隔离带外的第一批急救人员进行的采访。

2007年4月，弗吉尼亚理工大学（Virginia Tech）英语专业的23岁学生赵承辉（Cho Seung Hui）犯下了美国学校枪击案史上死亡人数最多的大屠杀罪行。夏皮拉（Shapira）和杰克曼（Jackman）（2007）对此进行了描述：

> 昨天，弗吉尼亚理工大学的宿舍传来枪声，随后的两个小时，一栋教学楼里又发生了一系列无情的攻击，造成32名学生、教师和工作人员死亡，约30人受伤——这是美国历史上最严重的枪击案。
>
> 目击者称，凶手［赵承辉］身着蓝色牛仔裤、蓝色夹克和一件装有弹药的背心。联邦执法官员说，案犯持有一把9毫米半自动手枪和一把22口径的手枪，两把枪的序列号都被抹掉了。目击者称凶手是个亚裔年轻人——杀手一言不发，他在追击并射杀受害人时很平静，面无表情。警察逼近时，他自杀了。
>
> 宿舍有两人身亡，在科学和工程学院教学楼里，凶手走进教室，用链条把门关上，然后就开始朝上课的老师和学生开枪，此举造成30余人死亡。他还朝一个正在帮助受害者的管理人员开枪。目击者描述了混乱的现场和悲伤的场面，当时学生们从二楼窗户跳

---

① 媒体扮演这一新角色的第一个例子是对1999年科罗拉多州（Colorado）利特尔顿（Littleton）科伦拜恩高中（Columbine High School）的枪击事件进行的报道，在此次事件中，两名学生在自杀前杀死了13个人。袭击期间，躲在学校各处的学生可以通过教室里连接的有线电视观看该事件的现场报道。最近的一个例子则是2007年4月弗吉尼亚理工大学发生的枪击事件，此次事件中有33人丧命（包括凶手本人），成为美国历史上最严重的枪击事件。在校学生用手机拍下了袭击视频，并将其上传到互联网，然后媒体又几乎以实时的方式将这些视频传播出去。

下来躲避枪击，其他人则挡住教室门阻止枪手入内。

为了在媒体上公布该案背后的自恋心态，赵承辉给 NBC 新闻邮寄了照片、视频及文字，详细记录了他的动机及精神状态。网络如实播出了这些材料，而公众也毫不犹豫地加以消费。如赵承辉所愿，国际媒体的报道和恶名也随之而来。这给受害者、他们的家人和弗吉尼亚理工大学社区都造成了巨大的痛苦。

错误观点

有许多关于大屠杀现象的错误观点必须要消除。

首先，这个问题并非美国独有。在世界各地、各个国家和各种文化中，它都会发生。

其次，杀人凶手并不总是孤独的、失业的、患有精神病的持枪人员。许多成年凶犯都有工作，而且他们要么已婚，要么处于恋爱关系中。许多人也有坚定的个人信仰，或心怀强烈的不满，而不是痛苦地被隔离在现实之外。换句话说，他们往往十分清楚自己在做什么，还会详细计划罪行——无论是要携带的弹药数量，还是在人群密集地区为了达到爆炸物的最大效果而选择位置。他们是否还患有精神疾病则完全是另一个问题，而且并不是所有的精神疾病都会导致此种疯狂。

再次，大屠杀并不是只发生在一种地方。任何有人聚集的地方都有可能发生大屠杀——学校、工厂、教堂、办公室、警察局、军事基地、医院、地铁，或是家里。事实证明，无论存在安全检查站和安检人员，还是圣地或现场有儿童，都无法有效阻止一个狠下心的大屠杀凶手。

最后，研究发现，大屠杀案件无法得出一个一般的“心理画像”。大屠杀犯罪人的个体特征、方法和动机都各不相同。他们来自不同的国家、有不同的文化和经济背景；他们使用的武器各不相同且技能水平各异；他们想要的东西也不一样。大屠杀是个人动机的行为表达，它无法用一个典型的犯罪类型来代表。

举个例子，来看看查尔斯·卡尔·罗伯茨四世（Charles Carl Roberts IV）的案例。2006 年 10 月 2 日，他推翻了迄今为止所有关于校园枪手的各类原型（Holusha，2006）：

宾夕法尼亚州东南部有一个主要以阿米什（Amish）教徒为主的社区，该社区有一个单间校舍。据州警察局的说法，今天一个枪手只身一人走进这间教室，向多达10个女孩开枪射击，当场导致三人死亡，随后他将枪口对准自己，自杀身亡。

该校就在镍矿山（Nickel Mines）外，这是费城西部55英里外的一个小村庄（图21.1）。

图21.1 图为2006年10月2日，在宾夕法尼亚镍矿山，州警察局用以保护现场而设的隔离带外站立的阿米什教徒。

州警察局特派员杰夫瑞·米勒（Jeffrey Miller）说，经查，行凶男子名为查尔斯·卡尔·罗伯茨四世，时年32岁，为当地居民，从留给妻子和孩子的纸条来看，此举显然由长期以来的不满情绪所导致。米勒说，枪手让女孩们在黑板前排队站好，绑住她们的脚，用执行死刑的方式朝她们的头部开枪。

“他将人们按男女分开，”专员米勒说，“他让男性出去，让一些大人离开。他把女性绑在黑板前，显然是要把她们处决。”

宾夕法尼亚州镍矿山的现场有三个女孩死亡，其他七人被送往附近的医院，其中一些人受伤严重。此前美联社曾援引当地验尸官的说法，称有六个人死亡，随后美联社表示，验尸官后来说他也不确定……

特派员·米勒说“过去发生了些事”，让凶手产生了杀害女学生的想法。他说，这是一场有预谋的谋杀，持枪者给妻子打了个电话，但没有告诉她自己在学校里挟持着人质，只是说自己不回家。

米勒表示，罗伯茨用手机给他的妻子打了电话，说他正在“为发生在20年前的事情报仇。”

根据美联社的报道，米勒称“凶手似乎是想攻击年轻的女性受害者。”

米勒说，枪击发生前，凶手释放了班上大约16个男孩，一个怀孕的教师助理和三个带小孩的妇女。校长在那时逃了出来，跑到附近的一个物业拨打了911。

米勒表示，该凶手并非阿米什教徒，他选择这个小小的私立阿米什宗派学校（该校位于宾夕法尼亚州东南部55英里的兰开斯特县），显然是因为此处安保松懈。当警方试图用扬声器与其对话进行谈判时，罗伯茨从学校打了个电话，威胁称除非警察退后，否则他就会开始射击。

他持有一把自动手枪和一把猎枪，用木材构件堵住学校大门以减缓警察进入的速度（原本在枪击开始时警察就试图冲进去）。

警方说，枪手是一名卡车司机，他从附近的农场收集牛奶进行加工和销售。他步行着把自己的孩子送到附近的一个公共汽车站，然后从亲戚那里借了一辆卡车前往教会学校。

州警察局的特派员米勒说，该案犯并未因任何罪行而被通缉，显然也没有犯罪记录。

此次校舍占领事件似乎是一场以自杀为结局的权力型性犯罪，远非一些人认为的报复性犯罪。有关这一点，奈特（Knight，2006）进行了详细的说明：

在详细描述查尔斯·卡尔·罗伯茨四世的最后时刻时，宾夕法尼亚州警察局特派员杰夫瑞·米勒说：“他（指凶手）没有激动，也没有尖叫，只是控制了局面”。查尔斯·卡尔·罗伯茨四世是一个送牛奶的卡车司机，他昨天早上近距离朝十个阿米什宗派的女学生开枪。

罗伯茨是三个孩子的父亲，他受人尊敬且备受喜爱；在初步了解罗伯茨可能的动机时，米勒先生说，案犯在挟持女学生后不久就用手机给他的妻子玛丽（Marie）打了一通电话，说自己在 12 岁时曾经袭击过两个年幼的亲戚。

据报道，他告诉妻子："我不回家了，警察来了。"随后让妻子查看自己的自杀笔记，在笔记中罗伯茨说他一直深受梦境困扰，在梦里他再次袭击年轻人。

警方今天表示，当十名州警察包围了宾夕法尼亚镍矿山这个小村庄里只有一间教室的乔治敦（Georgetown）阿米什宗派学校时，罗伯茨已经感到恐慌了，他开始向这些女学生"行刑"，而不是按照原计划"以多种方式让她们遇害"。

罗伯茨朝这些女孩的后脑勺开枪，其中三人当场死亡，另有两人一夜之后因伤重而死亡。

另外五人头部和背部中弹，现仍在医院接受治疗。所有的受害者都是学生。死者身份今日被确定。

在警察冲破学校窗户时，罗伯茨自杀了。警官不得不解开绑在死去的和受伤的孩子们脚踝上的电线。

罗伯茨用钉子钉住了学校的侧门，用一块木料和桌子堵住了大门入口。除了 600 发子弹和一身替换的衣服，他还带了塑料手铐、装有十对挂钩的木板（显然是为了束缚受害者），还有 KY 胶（一种性润滑剂）。

在今天下午的新闻发布会上，米勒先生说，罗伯茨给妻子玛丽和他的三个孩子留下了一些散乱的遗书，从中可知他是一个在家里接受教育的基督徒，他此次暴行是为了哀悼九年前去世的女儿，也是对 12 岁时他曾袭击过的两名年仅 3 岁的亲属的愤怒反应。

米勒说，罗伯茨的坦白完全出乎妻子的意料，对其家人的采访虽然还在进行，但是还没有证实有任何不当行为。"目前尚未发现他曾对家庭成员或其他任何人有过性骚扰，"米勒表示。

虽然目前还不清楚罗伯茨年轻时犯了什么罪（如果有的话），但他此次袭击——上周内美国发生的第三起严重校园枪击事件——

是经过精心策划的。米勒今天表示，每次下班后罗伯茨都会把他的送奶货车停在镍矿山拍卖行（Nickel Mines Auction House）外，那个地方离学校只有几码远，而这栋不受保护的建筑就意味着一个“可能目标。”

根据他打的电话和遗书，调查人员认为他针对的是某个年龄段的女孩，而非阿米什宗派社区的成员。

警方发现了一个清单和收据，显示罗伯茨至少在六天前就在购买相关设备。一个笔记本上有一份手写清单：“磁带、吊环、工具、钉子、锄头、KY胶、子弹、枪、双筒望远镜、耳塞、电池、手电筒、蜡烛、木材。”

此案强调了大屠杀犯罪人在背景、动机、作案手法和被害人研究方面可以有很大的不同——这显示出与一般的犯罪人原型明显的区别。

大屠杀者的一般心理画像

查阅所有大屠杀的案例，也不可能得出一般的犯罪人心理画像。然而，文献综述显示，目前已有对这个现象进行的四个实质性的研究（Fox and Levin，1998；Hempel et al.，1999；Mooney and Orav，2000；Gray et al.，2001）。[①] 福克斯（Fox）和莱文（Levin）（1998）研究了涉及697个大屠杀凶手的483个案例，他们查验了犯罪人、被害人和犯罪特征。他们还将得出的数据与其他类型的谋杀进行了比较。根据对40个案件的研究，亨佩尔（Hempel）等（1999）做出了一个大屠杀凶手的心理画像。穆尼（Mooney）和奥拉瓦（Orav）（2000）研究了440个案例，但是只研究了其中的时间模式和问题，其目的在于制订保护计

① 林奎斯特和利德博格（Lindquist and Lidberg，1998）将1960年到1995年间瑞典发生的14起大规模枪击案的细节公之于众。其研究中最有趣的部分是深度介绍和分析14名犯罪人时提供的细节。尽管有不足之处，但这项工作具有相当高的传闻价值。然而，该研究并未给出关于瑞典的大屠杀枪手的典型/一般性心理画像结论。

划，以减少公共场所面临的压力和暴力。[1] 格雷（Gray）等人对34个由青少年（19岁及以下）犯下的大屠杀的案例进行了研究（2001），由此提出了一个心理画像和动机类型学。然而，所有这些一般性犯罪人研究得出的原型，在被用于真实案件的分析时就会分崩离析。

一般数据：数字和平均值

创建一个平均的或是归纳性的一般心理画像似乎具有双重目的。首先，研究人员想看看他们能否在已知案件中发现一些模式，最常见的是查明犯罪原因。推而广之，可以针对各种情况进行想象、设计和实施各种预防措施。其次，研究者可能希望在法医层面运用这种画像，以协助刑事调查或为专家的法庭证词提供依据。关于归纳性/一般心理画像在第二个层面上是否有用的论述如下。

根据希基（Hickey）（1991，p.3）的说法，大屠杀凶手是那些在几分钟或几小时之内杀害多人的犯罪人。他认为，大屠杀凶手一般有以下特点：[2]

- 对必然被捕或死亡的事实不加考虑或毫不关心
- 在公共场所犯罪

---

① 穆尼和奥拉瓦（2000）研究了1920年到1996年间关于440例“大规模杀戮/事件”的报纸报道并将之作为其数据来源。在笔者看来，新闻报道并不是科学研究的合法数据源。虽说新闻报道有助于说明可能且确实发生的犯罪，但其可靠性不够，无法满足科学研究所要求的严谨性。我们这些常在不同领域进行个案工作的人都知道，媒体报道的细节会有很大的缺陷和不准确性。研究人员在获取科学数据时用新闻报道代替真实的案例材料，这只能表明他们在整体上难以接触并了解真实的案例材料。此外，使用新闻报道作为数据源会造成样本偏差。正如在福克斯和莱文（1998）所讨论的，最常见的并不是最公开的：

一个形单影只的凶手在公共场所不分青红皂白地射杀陌生人——这是最广为人知的大屠杀类型，但实际上其他类型的大规模屠杀更为常见。例如，被解雇后心怀不满的员工杀害自己的老板和同事；被疏远的丈夫或父亲杀死一家人后自杀；一伙武装劫匪杀死目击其罪行的证人；还有一个种族主义的仇恨者用枪扫射移民儿童学校。如果一个研究人员无法接触到真实的案例材料，那么接踵而至的问题可能就是，这类研究人员是否有足够的准备和经验在该特定领域进行有意义的研究。

② 希基（1991，pp.242－255）采取了与穆尼和奥拉瓦（2000）类似的方法，引用了70多篇报纸文章和根据真实事件改编的犯罪小说，将之作为罪犯行为信息的参考。此外，希基并没有进行犯罪人询问。

- 动机是报复性的：多涉及拒绝、失败以及自主权的丢失
- 进行袭击为了在某种程度上重新获得对自己生活的掌控

福克斯（Fox）和莱文（Levin）（1998）提出的定义有点与之类似：①

大屠杀是指在一次事件中由一名或多名袭击者在几分钟至几小时之间杀害四个及以上被害人。

据其研究，大屠杀凶手通常有以下特点：

- 男性（占94.4%）
- 20~29岁之间（占43.3%）
- 白人（占62.9%）
- 与被害人有这样或那样的关系（家人占39.4%；其他关系占38.2%）

亨佩尔等人（1999）研究了美国和加拿大过去50年间的30个大屠杀凶手。根据他们的研究，大屠杀凶手一般有以下特点：

- 男性
- 单身或离异
- 40~50岁之间
- 偏执或处于抑郁状态
- 最近在就业或亲密关系上遭受了重大挫折
- 酒精起着很小的作用
- 自杀死亡或命丧他人之手

格雷（Gray）等人（2001）认为，大屠杀凶手是指那些在一次事件中蓄意杀害一个或多个受害者的人。他们研究了34名从1958年到1999年单独或协同作案的青少年犯罪人。根据他们的研究，青少年大屠杀凶手一般具有以下特点：

- 男性
- 17岁

① 请注意，该研究是基于“四个或更多的”受害者的定义，而非最近修订的“多个受害者”的定义。

- 别人认为他们“不合群”
- 吸毒或酗酒
- 过去曾遭受霸凌
- 有抑郁症状，过去曾有反社会行为
- 最近在爱情或学业上受挫

大规模杀手的类型

建立类型学的目的是提供一种通用语言来对犯罪人进行系统归类。根据犯罪动机、犯罪现场的类型、受害者的选择等相关变量，可将犯罪人分为各种类型。类型学的建立也是为了找到一种模式，其目的与前文所述的归纳式心理画像一样。正如前面所讨论的，类型学的大问题在于，他们已成为，而且往往成为无可争议的犯罪刻板印象。

福克斯和莱文（1998）认为，他们的研究表明，借助五类动机（这五类动机既适用于系列谋杀案也适用于大规模谋杀案）可以建构一个统一的多重谋杀类型学，此五大动机包括：权力（power）、复仇（revenge）、忠诚（loyalty）、恐怖（terror）和利益（profit）。

关于权力型的大规模谋杀案凶手，福克斯和莱文（1998）表示：

> 对权力和掌控力的渴求也驱动了许多大屠杀凶手——尤其是所谓的伪突击队杀手（pseudocommando killers），这些人经常身着迷彩服，对象征权力的东西（包括攻击性武器）非常热衷。

关于报复型的大规模杀手，福克斯和莱文（1998）则表示：

> 许多多重谋杀，尤其是大规模谋杀案的杀手，其动机大多都是为了报复，要么是针对具体的个人，某个特定类别或群体的个人，要么是针对整个社会。最常见的是凶手试图报复自己认识的人——和自己疏远的妻子及孩子，或者是老板及所有员工。

关于忠诚导向型的大规模谋杀案杀手，福克斯和莱文（1998）说：

> 有的凶手会因扭曲的爱和忠诚感的启发而杀人——试图救所爱

之人于水火……一般来说，一位丈夫/父亲对整个家庭的命运感到灰心丧气，这时他不仅会自杀，还会杀害自己的孩子，有时还会杀死发妻，其目的则是保护家人免受生活的痛苦和折磨……

邪教信徒也会犯下多人谋杀案，其行为至少部分反映了他们渴望让人们认为自己服从教内的魅力领袖。

关于利益导向型的大规模谋杀案杀手，福克斯和莱文（1998）指出：

一些系列谋杀案和大屠杀案是为了牟利。具体来说，他们的目的是为了消灭因自己罪行——通常是抢劫——而导致的受害者和目击证人。

关于恐怖导向型的大规模谋杀案杀手，福克斯和莱文（1998）称：

事实上，一些大规模凶案都是恐怖主义行为，这些施暴者希望通过谋杀“传达”某信息……

一起多人谋杀案的动机并不总是能确凿无疑地得到确定，明确其究竟是由利益、复仇或其他一些目标而引发的。

这是迄今为止最全面，也最不具煽动性的类型学，此类型学所依据的也许是截至目前对大屠杀最具包容性的、最可靠的研究。①

然而，特维著作中（2001）发表的初步研究和一些后续研究表明，现有文献中充斥着通用的犯罪人心理画像，这些画像只在特定类型的案例中有用（在这类案件中，会首先对犯罪人的年龄、犯罪动机等做出假设），又或者由于普遍不太准确而对调查过程鲜有裨益。而另一方面，福克斯和莱文（1998）提出的动机类型又似乎在其研究案例面前经受住了考验。显然，我们需要对这些归纳性的心理画像和类型学在具体案例中的应用作进一步探究。

笔者认为，在开始此类研究之前，犯罪学家应该摒弃只作死亡人数

① 有的心理画像会使用充满感情色彩的词语，比如“狂暴（rampage）”和“歼灭者（annihiloctor）”，但此类煽动性描述并不能加深我们对大规模杀人现象的理解。然而，在道德判断、报纸的销售以及后续对涉嫌大规模杀人者起诉等方面，它们的确表现出了偏见。这种类型学不是一名客观法医可用的工具。

计数的做法。在尝试进行有意义的研究前，必须进一步将犯罪人群体细分为更具体的大屠杀亚群体。这需要按犯罪人的年龄、地点类型和动机进行区分。大屠杀亚群体将包括：

- 小学里的青少年杀人犯
- 小学里的成年杀人犯
- 高校里的青少年杀人犯
- 在本国或友国军事基地犯下大屠杀罪行的军事人员
- 堕胎诊所的杀人犯
- 极端主义的恐怖分子

鉴于每种情况中出现的技巧、动机、政策和预防性的安全措施各不相同，按照凶手们偏爱的杀人方式来研究大屠杀凶手的亚群体也是有益的。有的凶手远距离使用狩猎步枪，有的用自动武器，有的用手枪，还有一些用炸药、火或者生化制剂。实际上，还有一些人会同时使用多种手段。所有这些方法都需要犯罪人有不同程度的知识、技能、途径和能力，而且它们受政策影响或安全措施的影响程度并不一致。

通过莱文和马达菲斯（madfis，2009）的著作，我们可以窥见一个令人鼓舞的研究方向。他们探讨由学生在各自学校所犯下的大屠杀的起源。借助现有的犯罪学理论，莱文和马达菲斯（2009）解释了大屠杀是如何由各种因素（这些因素会引起以权力为导向的幻想，并最终将幻想进行实践）累积导致的（p. 1227）：

> 为了阐明学生在自己的学校进行大屠杀的成因，笔者提出了一个五阶段序列模型，为了证明其累积效应，该模型中综合运用了几种犯罪学理论（应变理论、控制理论和日常活动理论）。这五个阶段如下：慢性应变（chronic strain）、失控的应变（uncontrolled strain）、急性应变（acute strain）、规划阶段和大屠杀。人生早期或青春期经历的长期挫折（慢性应变）会导致社会孤立，由此产生社会支持系统缺乏（不受控制的应变），反过来又引发短期的负面事件（急性应变），无论这一短期事件是真实发生的还是想象的，它都具有毁灭性。因此，急性应变之后就进入了规划阶段，在这个阶段中，大规模的屠杀就被幻想成一个颇具男子气概的解决方案，以

重获失去的控制力，并且还会有确保幻想实现的具体行动。整个规划过程以一场大屠杀告终，教室和校园里学生密集，武器的使用又使得大规模杀伤成为可能。

尽管莱文和马达菲斯（2009）只就其提出的阶段理论作理论性述评，并且也没有给出任何具体的结论，但他们实现了一个很好的概念转变，摆脱了一些毫无用处的东西。除非犯罪学家在其研究中不再错误地将所有大屠杀凶手归为同一类，否则各亚群体之间的差异仍将不为人知。

大屠杀相关报告

虽然案例千奇百怪，但在建构犯罪嫌疑人心理画像时，行为分析人员仍要面临一些一般性问题。在涉及已知犯罪人的案件中，这些信息对法院诉讼程序也可能很有用：

1. 分析大屠杀中所用的武器类型、该武器的杀伤力、所用弹药数量和武器功能。
2. 确定在犯罪现场获取和有效使用这些特定武器所需的知识、技能、能力、计划和途径。
3. 确定实际的（一个或多个）目标和/或受害者；对目标受害者和其他附带的受害者进行区分。除非犯罪人在行动中遇到一个或多个阻碍，否则主要和次要目标很可能就是犯罪人最初的谋杀对象。
4. 对主要受害者和次要受害者进行彻底的被害人研究。
5. 进行损害评估：根据犯罪人及其犯案手段，确定实际及预期伤害，及所使用的犯罪技能。
6. 查找罪犯在犯罪之前 24 小时内通过电话、电子邮件、社交网络、视频日记、书信或其他任何方式发出或留下的信息。这些信息可能会发送给朋友、家人、生疏但可能成为知己的人、敌人、同事、同学、老师、上司，甚至是媒体。这些信息被留下来为犯罪人的行为提供一个解释或道歉，在犯罪人不计划活下来时，这类信息更为常见。

7. 分析犯罪现场特征及可能的犯罪动机。

从这些条目开始，再结合本章所提的具体犯罪现场分析建议，调查人员和行为分析人员应该能够利用现有的证据对案件形成完整的理解。

小结

通过研究大屠杀案件无法得出一个一般的“心理画像”。大屠杀犯罪人的个体特征、方法和动机都各异。他们有着不同的国家、文化和经济背景；他们使用的武器各不相同且技能水平各异；他们想要的东西也不一样。大屠杀是个人动机的行为表达，它无法用一个典型的犯罪类型来代表。

运用本文提供的 BEA 犯罪现场分析报告对犯罪行为进行评估，才能在最大程度上实现对大屠杀案件或任何其他案件的完整理解。

练习

1. 给出术语“大屠杀”的定义。
2. 判断正误：报纸是可靠的数据来源，适合用于实证研究。
3. 列出三个大屠杀潜在的动机，并举例。
4. 列出大屠杀凶手最常用的三种武器。
5. 判断正误：大屠杀是一种国际现象，在所有国家和文化中都存在。

REFERENCES

Fox, J. A., Levin, J., 1998. Multiple Homicide: Patterns of Serial and Mass Murder. Crime and Justice 23, 407 – 455.

Gray, B. T., Hempel, A. G., Meloy, J. R., Mohandie, K., Shiva, A. A., 2001. Offender and Offense Characteristics of a Nonrandom Sample of Adolescent Mass Murderers. Journal of the American Academy of Child and Adolescent Psychiatry 40 (6), 719 – 728.

Hempel, A. G., Meloy, J. R., Richards, T. C., 1999. Offender and Offense Characteristics of a Nonrandom Sample of Mass Murderers. Journal of the American Academy of Psychiatry and Law 27（2），213 – 225.

Hickey，E.，1991. Serial Murderers and Their Victims. Brooks/Cole，Pacific Grove，CA.

Holusha，J.，2006. Students Killed by Gunman at Amish Schoolhouse. New York Times October 2.

Jones，A.，2010. Genocide：A Comprehensive Introduction，second edition. Routledge Press，New York，NY.

Kiernan，B.，2009. Blood and Soil：A World History of Genocide and Extermination from Sparta to Darfur. Yale University Press，New Haven，CT.

Knight，S.，2006. Amish School Shooter's Sex Crime Secret. The Age October 4.

Levin，J.，Madfis，E.，2009. Mass Murder at School and Cumulative Strain：A Sequential Model. American Behavioral Science 52（9），1227 – 1245.

Lindquist，O.，Lidberg，L.，1998. Violent Mass Shootings in Sweden from 1960 to 1995. American Journal of Forensic Medicine and Pathology 19（1），34 – 45.

Mooney，J. J.，Orav，E. J.，2000. Time Trends in a Study of 440 Mass Slayings/Rampages Occurring in Public Places. Journal of Forensic Science 4（5），1028 – 1030.

Shapira，I.，Jackman，T.，2007. Gunman Kills 32 at Virginia Tech in Deadliest Shooting in U. S. History. Washington Post April 17，A01.

Turvey，B.，2001. Mass Killings：A Study of Five Cases. Journal of Behavioral Profiling 2（1）.

Weitz，E.，2005. A Century of Genocide：Utopias of Race and Nation. Princeton University Press，Princeton，NJ.

第22章 系列案件：调查模式犯罪

布伦特·E. 特维（Brent E. Turvey）

这是什么？这是什么莫名其妙、难以名状的神秘事件？是什么狡黠的、隐匿的主宰和残酷无情的君王在控制我，才弄得我违反一切常情的爱慕和渴望，让我不停地往前冲……

它是否凭着自身的捉摸不定来遮掩宇宙深不见底的空虚和浩渺，然后又暗地里怀着毁灭我们的恶意将我们中伤呢？……你们对这种激烈的狩猎感到惊讶么？

——赫尔曼·梅尔维尔（Herman Melville），《白鲸》（*Moby Dick*）

系列犯罪是指两个或以上相关联的犯罪（Petherick，2005，pp. 143 - 149）。尽管一般的传统推理设定了限制，但这并不一定意味着系列犯罪是两个或以上同一类型的犯罪（例如，强奸、杀人、盗窃、跟踪等）。不幸的是，许多调查人员和研究人员陷入了一般模式当中——其功能在于明确研究犯罪的方法（将犯罪分为类似群体），而非实际的犯罪行为实际上如何发生以及为何必须如此调查犯罪。从现实的角度来看，界定系列案件的并非犯罪类型，而是推定犯罪者为同一人。一般的研究和探讨都致力于蒙蔽我们的双眼，让我们无法意识到，很多犯罪人不仅仅只是强奸犯、杀人犯、纵火犯、骚扰者，只是盗贼或者只是银行劫匪。事实上，许多连续作案的犯罪人在一段犯罪时间内或在其犯罪生涯中都会犯下多种类型的罪行。牢记这种犯罪行为具有多样性是成功发现和逮捕犯罪人的步骤之一。

案例：布伦特·J. 布莱特（BRENT J. BRENTS）

还是个十几岁的青少年时，布伦特·J. 布莱特（图 22.1）就因猥亵儿童等多个罪名被判入狱。多年牢狱生活后刑满释放，此时他已成年，刚刚出狱，他又染上了旧习。2005 年，他最终被捕。当时调查人员未能签署逮捕令，督察人员也未能跟进并进行监督，这使得多个悲剧发生。对他的逮捕是彼时全国最激烈的搜捕行动。根据潘克拉茨和麦克菲（Pankratz and McPhee，2005）的描述：

> 现年 35 岁的布莱特因涉嫌在丹佛性侵三名妇女和两个女孩而被警方通缉，他曾因猥亵儿童入狱。
>
> 已退休的丹佛警察局警探卡罗琳·普里斯特（Carrolyn Priest）说："男孩也好，女孩也罢，这对他来讲根本没什么不同。说句不好听的，这家伙就是个渣滓。"
>
> 1988 年时布莱特 18 岁，因其在丹佛强奸儿童，普林斯特曾对他穷追不舍。"当时，他会用个借口让孩子们跟他去找个宠物，比如一条狗或一只猫，"普林斯特说，"他［说他］只是想让孩子们帮忙找到宠物，但随后他就会试图把他们哄到小巷子里去。"
>
> 根据法庭记录，1988 年 2 月，他在南林肯（South Lincoln）和南谢尔曼（South Sherman）大街的 2200 号街区之间的一个垃圾桶里强奸了一个 6 岁的男孩。几天后，他持刀胁迫一个 9 岁的小女孩进入车库，随后强奸了她。记录显示，他曾威胁称，如果她尖叫，就会杀了她。
>
> 记录显示，青少年时期的布莱特曾因在亚当斯县（Adams County）殴打儿童而被送到一个男子收容学校（Lookout Mountain School for Boys）。
>
> 普林斯特一直在跟进最新调查。她的丈夫乔恩·普林斯特（Jon Priest）是丹佛警方谋杀案调查小组的指挥官，他们已工作数夜。周一晚上，凡恩街（Vine Street）800 街区曾有两个女孩及其祖母被袭；周五，东第六大道（East Sixth Avenue）和克拉克森街

（Clarkson Street）附近的一名店主以及亚当斯街 1100 街区一名正在家中的妇女也遭受袭击，乔恩·普林斯特的小组积极参与了这些案件的调查。

图 22.1 A 和 B　布伦特·J. 布莱特一个人掀起了犯罪浪潮，他还是青少年时就开始了一系列犯罪行为。图为他 2005 年 2 月被逮捕以及 2005 年 7 月被判刑时的照片。在审讯过程中，他在给媒体写的信中提到了自己的罪行："性本身几乎与此无关。……（有关系的）是控制、操纵、恐惧、伤害、权力。这是可耻、恶心、变态、残忍、可恶且愚蠢的，但这就是我的本质。……我是我自己的父亲、我自己的母亲，我是个病态、邪恶、扭曲、困惑、愤怒、悲伤、孤独的人。"

布莱特的一个前女友说，布莱特曾告诉她，自己还是一个孩子时曾遭到性侵，而且，他的父亲在他很小的时候就被人枪杀。这位前女友不愿透露姓名，因为她说布莱特性侵过她的孩子。

这名 32 岁的女人有三个儿子，她说她在［2004 年］8 月和 9 月曾与布莱特约会，直到得知布莱特曾因性侵儿童而被判罪。"他之前告诉我说自己因为殴打一个女人而入狱，但实际上是因为性侵一个孩子而被判罪，"她说，"于是我当即结束了我们的关系。"

她说，在［知道］他的罪行之前，他们曾一起去教堂。尽管布莱特打零工，也没什么钱，但她说，他对她的家人很无私。

本案最大的悲剧之一是整个系统的失误，这让布莱特即便在承认了另一起猥亵罪行后的 2004 年年底仍得以逍遥法外。艾博特和兰贝因（Abbott and Langbein）（2005，p. A5）对此有详细描述：

星期四，奥罗拉（Aurora）和阿拉帕霍（Arapahoe County）县官员承认，奥罗拉发出的逮捕丹佛性犯罪嫌疑人布伦特·J. 布莱特的逮捕令，等待调查官员的批准逾一个月。……

布莱特涉嫌在为期4天的恐吓和暴力事件中强奸5个人，其中包括两名小学年龄的女孩和她们的祖母。几个月前，一位母亲向奥罗拉警方报案，称布莱特性侵了她8岁的儿子，他本应在那时就被逮捕。

局长瑞奇·班尼特（Ricky Bennett）星期四表示，奥罗拉警方决定收集更多证据。班尼特说，11月23日，警察就这位母亲的指控询问了布莱特，后者也作了“陈述（statements），”但是班尼特并未将其陈述定义为“供词（confession）”。“这些案子很难办，”班尼特说，“你面对的受害者是个孩子。我们不是在谈论成年人，成年人可以给出具体、直接的信息。我们对待他们会有点不同。”

布莱特在奥罗拉有性犯罪的前科记录，他有很长的性犯罪史，去年夏天刚从监狱释放出来。怀特曼（Whitman）说，警方认为他之前在快餐店工作，并与毒品交易有瓜葛。局长在接受福克斯新闻（Fox News）采访时说：“他是个职业罪犯，是个假释犯，是个前科累累的性犯罪者，是个恋童癖，他是你能想到的最邪恶的人。”

局长说，星期三，通过联邦调查局的国家DNA数据库，布莱特被确定为丹佛三个袭击案的嫌疑人……

但文件还是没有签署。

与此同时，上周五最新的袭击案在东丹佛发生时，布莱特仍逍遥法外，这引起了人们的震惊和愤慨。

“这是我见过的最令人不安的案件，”驻阿拉斯加的犯罪心理画像人员布伦特·E. 特维（Brent E. Turvey）说，“这里出现了一桩巨大的过失诉讼，十分严重。只要他有一点招供的蛛丝马迹，你就应将其拘留……我无法想象当时竟没有达到拘留的程度。”

班尼特和阿拉帕霍（Arapahoe）县地方检察官卡罗尔·钱伯斯（Carol Chambers）说，警察遵循“首选方法”，他们等着法官来决定是否有充分的证据逮捕布莱特。钱伯斯说，即使警方早在12月初就将布莱特一案交给阿拉帕霍县检察官，逮捕布莱特的文书仍然超过一个多月都没有签署，地方检察官工作人员给签字的官员留了言，但后者没有回应。

班尼特说，尽管布莱特没有被捕，但那个据称曾被布莱特性侵的8岁男孩仍是安全的。“孩子的母亲察觉到了这个问题，”班尼特说，“这位母亲把问题告诉了我们。我希望并相信，那个母亲能让孩子安全远离这个禽兽。”

但是钱伯斯对这一连串事件表示谴责，他说：“我不接受这种做法。我们应该更积极地签署文件，让这类人被拘留。”

男孩的妈妈曾和布莱特约会

男孩的母亲在得知布莱特对自己孩子的所作所为之前曾和布莱特交往，据她描述，逮捕令尚未签署，而布莱特仍在附近来来往往，可儿子在自己家里却像个囚犯一样。“我们看到他进进出出，”这位母亲已经出离愤怒了，“他就在这里。我的儿子一直都能看见他。”

这个女人10月开始与布莱特约会，那时她不知道自己正和一个猥亵儿童的罪犯谈恋爱，直到她继母的本能反应促使她们去做了一个小调查。她在一天晚餐时把布莱特介绍给父母，这时她的继母说，她觉得孩子与布莱特的相处不正常。

她家里在博尔德县司法中心（Boulder County Justice Center）工作的一名家庭成员后来对布伦特进行了背景调查，他过去的秘密由此被揭露。她八岁的儿子后来也告诉她发生了不恰当的性接触。这个孩子忍受着警方和法医的反复询问，人们要求他在一张小男孩的人体结构图上指明，以最清楚的方式说明究竟发生了什么。

根据逮捕令誓言书的记录，孩子告诉当局，他所说的不恰当触摸发生的时候，他的母亲睡在床的对面。如誓言书所说，他告诉法医官布莱特再也不过来了，“因为他摸我的私处”。男孩的母亲回头一想，也告诉警方，她的儿子某一天晚上一直坚持要穿着自己的牛仔裤睡觉。

法庭记录显示，警方估计布莱特在9月1日至11月11日之间曾多次猥亵该男孩。“我感到很内疚，我本应照顾好我的孩子。”这位母亲说，她补充称，一位家庭心理医生正试图让布莱特被捕。……

班尼特说，本应签署逮捕令的工作人员早已被调离儿童犯罪小组，后来又改值晚班。……

从释放到追捕：接触犯罪人后的延迟逮捕纪事

- 2004 年 7 月 12 日：布伦特·布莱特被释放出狱。
- 7 月 13 日：布莱特在奥罗拉警方登记为性犯罪者。
- 11 月 9 日：奥罗拉巡警接到一位母亲报案，称布莱特性侵她 8 岁的儿子。
- 11 月 10 日：三个警察着手调查此案。
- 11 月 23 日：侦探询问布莱特，但并没有拘留他。他声称与男孩的性接触是无意的，当时他与男孩及男孩母亲睡在一张床上。布莱特没有被逮捕。
- 12 月上旬：警察将起诉布莱特的案件递交给阿拉帕霍县检察官，寻求逮捕令。
- 12 月 14 日：地方检察官工作人员打电话告诉警方说，逮捕令誓言书已经准备好可以签字了。
- 12 月 21 日：工作人员再次打电话要求警方来签署逮捕令宣誓书。
- 2005 年 1 月 11 日：负责签名的工作人员从儿童犯罪小组调到了另一个小组，而且在这个小组中他又值晚班。星期四，警察局长瑞奇·班尼特说他无法解释为什么警方没有尽快签署逮捕令誓言书。
- 1 月 19 日：奥罗拉的受害者代言人向检方询问该案情况。地方检察院的工作人员那时才把逮捕令拿到奥罗拉警察局总部，警方才签了逮捕令。
- 2 月 11 日：奥罗拉警方告知丹佛警方，因布莱特涉嫌性侵一个孩子，他们正在对其进行追踪。而在丹佛，两名妇女在不同袭击中被强奸，丹佛警方后来才将之与布莱特联系起来。

- 2 月 14 日：两名学龄女童及其祖母在奇斯曼公园（Cheesman Park）地区的家里遭到性侵。丹佛警方后来将袭击与布莱特联系起来。

信息来源：奥罗拉警察局和阿拉帕霍县地方检察官办公室。

2005 年 2 月 18 日布莱特被捕后，负责此案的警察接受了媒体采访，布莱特犯罪的具体细节也被公之于众（Lindsay，2005，p. A5）：

> 2004 年 10 月至次年 2 月期间，丹佛的三个社区有共计六名妇女和两个女孩在持刀攻击事件中受害。调查人员说，据 DNA 证据、目击证人的描述和布莱特在警方的口供，这几起案子都与布莱特相关。
>
> 布莱特声称自己已犯下数十起其他性侵案件。星期一，这个去年夏天刚被释放的猥亵儿童的罪犯，因发生在 1 月的另外两起涉及性攻击的案件而被正式指控。……
>
> 被捕那天，布莱特说自己已经一个星期没有睡觉了，在回答丹佛谋杀案调查人员乔恩·普林斯特对他的询问中时，他称自己是一个“反社会的人”，“我厌倦了脑海里想的那些东西，”他告诉普林斯特。
>
> 布莱特描述他当时“简直要发疯了。这事就在我脑子里，愚蠢至极。我脑子里就有这么一个奇怪的念头。它甚至不是性，更像是一种兽性的……”。
>
> 丹佛警方证实，在所有的攻击中，布莱特都威胁称，如果她们尖叫或抵抗，就拿刀杀死她们。
>
> 2 月 18 日，在经过丹佛历史上最密集的搜捕行动之后，布莱特在格伦伍德斯普林斯（Glenwood Springs）被捕。
>
> 布莱特开着一辆偷来的车，带着一个 27 岁的女人一起逃走，他被控在丹佛东十大街和马里恩街（Marion Street）附近的一个空置公寓里多次强奸了这名女子，当时他就藏身于此。这个女人叫阿依达·伯格菲尔德（Aida Bergfeld），后来死于吸毒过量。警察马丁·维吉尔（Martin Vigil）说，她曾告诉警方，在 2 月 18 日的

12 个半小时期间，布莱特强奸她的“次数多得数不清”。

普林斯特说，布莱特告诉警方，他给伯格菲尔德注射了海洛因，让她更听话。据普林斯特的证词，后来布莱特把她绑起来，他离开公寓去买香烟的时候，就把她关在壁橱里。

普林斯特说，公寓管理人员蒂法尼·恩格尔（Tiffany Engle）回去检查公寓时，惊讶地看到布莱特正赤身裸体进行性侵，随后她被案犯掐住脖子，还被他用木板殴打。

普林斯特说，布莱特供称由于恩格尔不停地尖叫，自己就掐住恩格尔的脖子并打她的头。“他说她踢了他一脚，他就失控了，”普林斯特说，“他说他觉得自己已经足够掐死她了，她可能在几秒钟内就要死亡，”普林斯特说，“他自称研习过武术，知道如何阻断血流以加快窒息反应。他说自己掐过一些人，看着他们脸色发青然后晕过去。他说自己将此作为一种控制手段。”

恩格尔被布莱特捆了起来，凶犯开着她的车逃跑之后，恩格尔才得以爬出公寓求救。警察维吉尔说，恩格尔差点丧命，不得不接受脑额叶切除术来缓解脑水肿。

警方表示，四天前——也就是 2 月 14 日，布莱特在凡恩街 800 街区性侵了两个女孩及她们 67 岁的祖母。据称，布莱特迫使这位祖母进到地下室，随即实施了强奸并将其绑在床垫上。

其中一个女孩告诉警方，她抱着自己的毛绒河马玩具在自己的床上被布莱特强奸，警探拉里·布莱克（Larry Black）说：“女孩说，在布莱特带走妹妹并进行性侵的时候，她不得不站在一旁，”布莱克说，“她告诉我们，性侵发生的时候她闭上了眼睛。”

女孩们遭受攻击的时候，祖母得以逃脱并跑出去求救。普林斯特透露，布莱特告诉警方，2 月 11 日他本来只打算持刀抢劫东第六大道（East Sixth Avenue）上一家宠物店 44 岁的老板，过程中，受害人的手指被布莱特的刀划伤，血流到她从收银机里取出的钱上，在此之后布莱特决定强奸她。

警探塔玛拉·莫莉诺（Tamara Molyneaux）说，该妇女告诉警方，布莱特把她带到宠物店后面的浴室，把她的头按在马桶上；被强奸的时候她就看着自己拇指上的血滴到水里。

在2月11日的另一起案件中，一名29岁的女性表示，在她下班回家的时候，布莱特在她位于亚当斯街（Adams Street）1100号的公寓里袭击了她。警探吉尔伯特·卢西奥（Gilbert Lucio）透露，这位女性说，在强奸过程中，布莱特用一把刀抵住她的喉咙，掐住她，几乎使她失去意识，还威胁称要让她怀孕。

布莱特还被控在科尔法克斯大道（Colfax Avenue）附近的一个垃圾箱后面持刀威胁强奸了一名25岁的女子。侦探迈勒斯·伊玲（Mylous Yearling）说，在10月20日的这起案件中，受害女子表示曾听到过警笛声，布莱特见状还说，"是不是很疯狂？我就在科尔法克斯附近强奸你。"

在审讯中，布莱特给媒体写信详细讲述他所犯的罪行，他的动机以及各种心理状态，这进一步刺激了新闻媒体。正如海尔迪（Herdy）（2005，p. A4）的记述：

布伦特·J. 布莱特在科尔法克斯大街将一名15岁的妓女接上车后，把车停到一个废弃的车库，随即开始攻击。"我打开她那侧的车门，揪着她的头发把她拉出来，用一把军用刀抵着她的喉咙，"他写道，"她跟我说我快要杀死她了。我告诉她没关系，然后我开始掐她脖子，她昏了过去。过了一段时间，当我回来的时候，那个女孩脸色发紫，奄奄一息，流着眼泪，试图把注意力集中在我身上。"

这一关于此前未曾报过案的罪行的记录只是布伦特日志的冰山一角，他用几个星期写完了这份长达49页的日志，并将之寄给《丹佛邮报》的一名记者。

布莱特在其日志中详细讲述了自己如何绑架、强奸以及差点杀害这个被他囚禁了24小时的女孩。他还记述了另一起对一个物业经理近乎致命的袭击。

布莱特也讲述了他童年的恐怖经历，讲述了自己如何成为一个不得不给别人造成痛苦的男人。

布莱特说，有时他为自己的行为感到恶心，他意识到自己应该永远都不被允许离开监狱和牢房。“我在各方面都是一个恶棍，”他写道，“我并不以此为荣，我不喜欢这样，我为此感到羞耻。”

丹佛地区检察官发言人琳恩·金布罗（Lynn Kimbrough）说，对这名青少年进行袭击的细节与警方认为布莱特所犯下的其他罪行相吻合。“我们怀疑像这样从未报案的受害者可能还有几十名”，金布罗说。

那是一月的一个清晨，布莱特写道，他载上这个（据他描述为）西班牙裔的女孩，并出价 40 美元与她发生性关系。布莱特开车把她带到一个被部分烧毁的废弃房屋后，便把车开进车库，并关上了车门。布莱特写道，他把这个女孩掐晕，又等她苏醒，然后多次实施强奸。后来，他让这个女孩窒息，使其失去意识，随后把她绑起来，塞住她的嘴，之后就离开现场去找朋友了。

他说，几个小时后他又回来继续强奸女孩。第二天早上放她离开之前，他给这个女孩注射了海洛因。

“这只是众多案例中的一个，但是它表明我变得有多暴力（残酷成性）。很多时候，我在做这些事情的时候，都会想起我和父母之间发生的事。”

布莱特说，从 4 岁起，他的父亲就开始强奸他，还说自己从 6 岁起便遭受母亲的性虐待。他说自己经常会在攻击受害者的时候看到母亲的模样。“性本身几乎与此无关，”他写道，“(有关系的）是控制、操纵、恐惧、伤害、权力。这是可耻、恶心、变态、残忍、可恶且愚蠢的，但这就是我的本质。”

布莱特说，最让他心神不宁的是蒂法尼·恩格尔一案，这名公寓管理人员发现布莱特躲在国会山（Capitol Hill）的一间公寓里。“一分钟前她还充满了活力，”布莱特写道，“我突然来了劲，就好像刚醒来一样。她快死了，我知道，她也知道。她不知怎么伸出手摸到我的脸颊，说‘求你了’。她嘴里没有发出声音，但我读懂了她的眼神。我不再掐她脖子。她的头下有一摊血。我不确定自己什么时候用木板打了她。但我现在正骑在她身上；她的头发乱了，我试图帮她把头发理顺；她的内裤露出来了，我把她的裙子拉下来，好让她看着体面些。”

“后来在常青树旅馆（Evergreen）的浴室里，我看着自己手上的血，看着镜子里的自己，我不认识自己了。我成了自己痛恨一切。我成了跟我父亲、母亲一样的人，一样的病态、邪恶、扭曲、迷茫、愤怒、悲伤且孤独。”

最终，布莱特同意全面认罪。2005 年 7 月，他被判处超过 1500 年监禁（Langbein，2005，p. A6）：

以下为布伦特 · J. 布莱特在阿拉帕霍县的判决明细：

- 90 年至终身监禁：因 2 月 4 日在奥罗拉的公寓里袭击、试图强奸和抢劫一名 49 岁女子而受到严重指控。
- 100 年至终身监禁：被控在 2004 年 9 月 1 日至 11 月 10 日之间多次对一名儿童进行性侵犯，情节严重。在与一名 8 岁男孩的母亲约会期间，布莱特猥亵了这个与他同住在奥罗拉家中的男孩。

2006 年 1 月，布伦特 · J. 布莱特案件的四名女性受害者与奥罗拉市达成 24 万美元的和解。朗宾（Langbein，2006，p. A7）对此有相关说明：

四名受害者情况如下：

- 2 月 4 日，一名 49 岁的奥罗拉女性，在公共汽车站被布莱特一路跟踪回家。布莱特闯进其公寓，殴打她，试图实施性侵，随后抢劫了她。
- 2 月 11 日，一名 29 岁的女性在其位于第十二大道和亚当斯街拐角处的公寓里被强奸。布莱特从一扇未上锁的门溜进了屋，用刀指着她。她的手、胳膊、肩膀和腹部均被划伤。布莱特威胁称，若受害者尖叫就要了她的命。
- 就在同一天的几个小时后，布莱特持刀威胁了一个 44 岁的宠物店老板。他把东第六大道 800 号街区这家宠物店橱窗的牌子从“营业开放”换成了“关门歇业”，随后在后面的一个房间里强奸了她。

- 2月18日，一名33岁的公寓管理人员在检查位于凡恩街1000街区的一处房产时，在一套本该空着的公寓里撞见了布莱特和一个27岁的受害者。这名管理人员遭到了野蛮殴打，并被绑了起来。后来，她因伤接受了几次脑部和头部手术。

去年，此四人已在180天最后期限内提交了起诉通知意向，此便能够在州法院提起诉讼。

这些受害者提交了起诉意向书，控告市政府及其他人在前文所提到的逮捕令签署工作中出现的疏忽；正是因为这一疏忽，布莱特才未被及时拘禁，进而导致另有十余人遭受袭击。

布莱特案不仅表明与系列犯罪调查相关的系统性失误，还说明，单个犯罪人可能犯下各种罪行。我们可以将布莱特归类为猥亵儿童犯，也可以将其归类为连环强奸犯、绑匪。即使在这些分类之后，我们也不会开始了解是什么“造就”了他，什么驱使着他，或者具体的某一天他究竟想做什么。布莱特的案例是行为动力学和动机动力学的一个证明（参见第5章）。

从任何一个分类角度来看，都能准确但不全面地了解布莱特的犯罪生涯——因为每次看时，他都不一样。这是通则研究的遗产。研究者试图将犯罪人分类——将其分为一个特定的群体，比较他们然后找到相似之处。随后，心理画像人员和其他人把那些发现推广到他们用同样狭窄的视角归为一类的相似犯罪人身上，然后对所谓类似的犯罪人进行预测。

调查人员试图借助自己的力量学会了解和调查连环犯罪分子，而通则研究则给他们留下了一个使用错误理论进行归纳的败笔。连环强奸犯被贴上标签并被当成一个理论化的强奸犯对待。儿童猥亵犯也同理。但是问题在于，前述章节也提过，理论化的犯罪人在现实生活中根本不存在。因此，了解布伦特·J. 布莱特的唯一方式就是对其所犯罪行中的行为证据进行仔细的意识形态分析。把布莱特归类作为一种特定类型的犯罪人会更容易进行一般性预测，也更易于研究，同时也会成为一个不错的头条新闻；但这种做法并不准确，也无法告诉我们他究竟都做了些什么。

本章的目的是在讨论系列强奸和系列谋杀行为的背景下，帮助人们消除系列犯罪调查中那种陈旧的一般性思考方式。若有兴趣探索更广泛的主题，可参考教材《系列犯罪》（*Serial Crime*，Petherick，2005）。

术语及定义

由于犯罪人行为的法律后果，又或许是由于独立的执法单位都倾向于有一个单独的调查重点，连续强奸和连续杀人已经变得完全独立。性犯罪警探负责性犯罪；谋杀案、青少年犯罪、重罪等相关警探也只负责自己领域内的犯罪行为。[①] 除非各个小组的办案人员互相交流（很少见），否则任何一个人都不太可能了解犯罪行为全貌。本书作者在三年前第一版中就曾指出，将两者完全割裂大错特错。

杀人、强奸以及性侵犯的相关行为动机都如出一辙。唯一值得注意的例外当属强奸行为。纵火、爆炸物的使用以及杀人行为都可以出于反侦查的需要。但是笔者目前尚未发现任何以强奸或性侵犯作为反侦察的手段。

侦查人员和心理画像人员都应牢记以下两点，将系列强奸和系列杀人放在同一优先级上：

> 1. 杀人行为本身不是动机，它是犯罪人表达其需求的一种行为。相关的系列杀人案件中很容易会涉及性以及性动机，性行为就是其表现形式，而杀人则是一种反侦查的行为。在系列杀人案中也可能会有幸存者，他们也有可能成功躲过犯罪人的追捕、监禁或被犯罪人释放。
>
> 2. 强奸行为本身也不一定是目的，它可能是犯罪人在单纯的性需求之外的其他需求的表达。任何系列强奸案中都可能会有被犯罪

---

① 当然，在规模较小的部门，由两到五名警探组成的小组可能会管理整个小组，并接手所有案件。

人所杀（无论有意还是无意）的被害人。在一定情况下，涉及暴力行为的强奸和性侵犯行为很容易演变为凶杀案。

系列犯罪的本质

究竟什么使犯罪具有连环或系列的本质？根据罗伯特·K. 雷斯勒（Robert K. Ressler，1992，p. 29）的解释，“系列杀手（*serial killer*）”这个说法最初正是由在联邦调查局担任心理画像人员的人创造的，这一术语是指那些被自己未实现的幻想所迷惑，在一次犯罪未尽兴的情况下连续犯罪的犯罪人。这一短语成了一种标志。这是因为执法部门的经济状况需要执法人员每天都做出决定，确定如何根据目前的案件量分配十分有限的资源。“系列杀手”一词将相关案件列于资源分配的首位。但媒体及大众对其兴致盎然则是因为这类案件骇人听闻。它看起来、听起来都十分恐怖，因而也就十分“畅销”。

笔者更喜欢用“系列他杀”（serial homicide）和“系列谋杀”（serial murder）两个术语，因为它们对法律所约束的行为表述得最为准确，而且主观情感因素最少。出于这个原因，我们将使用上述两个术语，这在调查上可以为资源分配提供帮助；但由于它们的定义过于笼统，因而对学术研究而言无甚用处。

- 系列他杀/谋杀（serial homicide/murder）：两起及以上涉及杀人行为的相关案件。
- 系列纵火（serial arson）：两起及以上涉及纵火行为的相关案件。
- 系列爆炸（serial bombing）：两起及以上涉及使用爆炸物的相关案件。
- 系列强奸（serial rape）：两起及以上涉及强奸或性攻击行为的相关案件。

上述分类并非排他性描述，其目的在于明确所面对案件的类型，而非描述某特定类型的犯罪人。即是说，不能仅仅因为确定了一系列强奸案或谋杀案，就将该犯罪人归类为一个连环强奸犯或连环杀人犯。当然，我们可以这样称呼他们，如此称呼也是准确的；但前提是我们得记住，他们也可以同时是其他类型的犯罪人。这是从布莱特及许多其他案例中吸取的教训。

系列他杀

一种权力感。我不知道。很脆弱。我很害怕，只是……我有一种非常……一种冲动，一种兴奋。随你怎么说。除了我喜欢做这件事之外，我找不到其他更恰当的借口。(停顿) 我不知道该怎么形容。

——被定罪的系列谋杀犯 乔·罗伊·梅斯尼 (Joe Roy Metheny)，

"马里兰州诉梅斯尼案" (Maryland v. Metheny, 2000)

为了方便调查，系列他杀可以定义为两个及以上涉及谋杀行为且中间有冷却期 (cooling - off period) 的案件 (Egger, 1984; Petherick, 2005)。现有文献对究竟何为冷却期尚不明确。这种情况现在结束了。冷却期，或冷却间隔，指的是一种让系列谋杀者变得异乎常人地恐怖的心理因素；犯罪人会在心理上暂时与导致其最终杀人事实的行为和动机脱节、分离或隔离，重新回到他们非刑事犯罪的生活和活动中，冷却期指的就是这样一段时间。正如在福克斯和莱文 (Fox and Levin, 1998) 的著作中所讨论的：

> 这种间隔能让人毫无罪恶感地实施杀戮；一个普通人会扮演许多不同角色——这是日常生活中的一个普遍现象，而系列杀人犯的间隔划分实际上就是这一普遍现象的延伸。一个高管可能在工作中对员工无情无义，要求苛刻；但在家里却可能充满了爱和奉献精神。同样，许多系列杀人犯都有自己的工作和家庭，会做志愿者工作，有多种选择来消磨时间。一个最为残酷的性虐待狂会对一个搭便车的人或在酒吧遇到的陌生人极度残暴无情，但即便是这样一个人，他可能也从未考虑过伤害家庭成员、朋友或邻居。

对于有的人来说，冷却间隔就在一瞬间——就像按下开关一样。而对于其他人，冷却间隔可却可以长达几个小时甚至几天。这与大屠杀和疯狂犯罪 (crime sprees) 形成鲜明的对比，大屠杀和疯狂犯罪的犯罪人进入了犯罪行为的心理状态，任其摆布，并且直到“设定”的任务完成或是被终止才会走出那个状态。

还应该注意的是，冷却间隔并不是指各个罪行之间所间隔的整个时间段，它所指的只是心理上跳脱出（犯罪行为状态），然后重新进入（日常生活）所花的时间。一旦重返社会，系列犯罪人可能会进入一个漫长的休眠期，或者他们也可能在第二天就出去物色下一个受害人——所有这些都取决于他们的感受。我们无法预测哪种情况会发生。

这一切都特别令人不安，因为它意味着那些能够犯下系列谋杀的人并不能完全用情感状态来界定。这意味着他们可以有独立于其杀人嗜好的情感和信念，这些情感和信念甚至还会掩盖其杀人嗜好。这也意味着可能在银行里我们就站在这样的人旁边，可能和他们一起工作、约会、结婚，却不一定对他们有所了解。或者我们知道了一些线索，却不明白它意味着什么。

媒体与系列谋杀犯原型

如今，流行媒体精心制作、包装出系列杀手的原型并将之兜售给大众，若说世界文化没有为此类原型所着迷，那简直是荒谬至极。此原型是一个聪明的、擅于操纵他人的精神病患者，他（她）陶醉于因受害者的各种痛苦和屈辱而产生的快乐，他（她）故意为之且十分熟练，难以被发现。这是一个强大的、有控制力且不受法律及后果影响的自由形象。其本质是一个由纯粹本我支配的形象。①

正如埃布里特（Ebrite，2005，p. 691）所讨论的，媒体原型对我们如何看待真实生活中的系列谋杀犯是有影响的：

> 系列杀人犯使美国社会着迷。社会在音乐、电影、文学方面表现出这种迷恋。……
>
> 大众艺术和媒体对系列杀人犯有着可怕的迷恋，这种迷恋充斥

① 根据弗洛伊德的理论，人类的心理由三部分组成：自我（ego）、超我（superego）和本我（id）。本我是心理组成中完全无意识的那一部分，是非理性、情绪化以及本能冲动的来源，它要求立即满足原始的心理需求。

于整个社会，引起对系列杀人犯的去人性化。这种去人性化程度可以发展到很高的水平，以至于社会对那些后来成为系列杀人犯的人所遭受的虐待或其他促使其成为连环杀人犯的因素缺乏同理心和同情心。

同理心和人性的缺失会在社会集体意识中有所反应，更进一步来说则会在陪审员的意识中有所反应，这种意识即为：唯一能够应付这些生物的方式就是消灭他们，因为——正如一位陪审员所说——一提到“系列杀人犯”，就让人觉得“无可救药（beyond hopes situation）”。

在一项关于犯罪和法律书籍的调查中，肯尼迪（Kennedy，2006）讨论了公众对系列谋杀的迷恋。与埃布里特（Ebrite）不同，肯尼迪认为，由于公众对这些人的变态、无法无天和个人自由的怪异表现形式一直都兴致盎然，系列谋杀犯作为一种反英雄享有某种形式的名气（2006，p. 1288）：

> 人们可能会认为，对系列杀手的兴趣只是一种对怪诞事物的病态痴迷。这种兴趣的形式多种多样，从一些人对连环杀手纪念品的重度痴迷——这类人在网站上竞拍臭名昭著的系列杀手的头发和其他物件，到对电影和书籍中关于系列杀手的虚构和非虚构描述……
>
> 长期以来，对于为什么我们会普遍着迷于某些类型的罪犯，一直有一个标准的解释。我们对犯罪分子的迷恋反映了相互矛盾的冲动。我们对他们的变态行为感到厌恶，但同时也对他们所经历的摆脱社会约束的自由感到一种间接的兴奋。

人们关注系列杀人犯并以其为名人，并不是出于对现实生活中这些人的特征的钦佩，而是因为人们需要维持一种具体且多样的幻想，很多普罗大众都认为这种幻想令人欣慰且趣味十足。关于系列谋杀犯的媒体产品用其销售收入证明，有些人乐于相信系列谋杀犯既邪恶又浪漫，通过完全掌控并处置受害者的生命，这些谋杀犯体验到了一种终极权力以及行使这种权力的终极快感；此外，人们还相信，这些谋杀犯知道一些我们——我们这些不会毫无分寸地掌控和摧毁他人的人——永远无法了解的东西。

有些行业靠虚构系列谋杀犯的业务牟利，这些形象当然就是由此类行业制造。[①] 它们就是我们相信的神话。若是对这一点有所怀疑，只需花点时间到当地书店的真实犯罪和推理小说区域看看有什么书出版，在电视上看一集任何与犯罪相关的电视剧，或者干脆点，去看个电影就一目了然了。这种“经验”直接影响我们对系列谋杀犯的认知，是一种可得性启发——这种认知比任何其他东西都要虚假。

系列杀手神话

尽管有各种媒体和炒作，但现实是，系列谋杀犯与报纸、书籍、电视以及电影推销给我们的普遍原型都不一样。他们往往性格傲慢，没什么特殊才能；他们可能幼稚且易怒；他们常常无法控制自己的冲动和自我（ego）；许多人吸毒或酗酒，因此能力不足或不够谨慎；此外，由于不得不经常撒谎，他们往往也缺乏必要的深度自我反思，更不用说亲密关系了。换言之，他们通常是抑郁、沮丧、愤怒且无力的——不像我们追捧的小说里被浪漫化的人物，也不像我们虚构的会存在于现实生活中的角色那样邪恶而聪明（这样的人让我们觉得战胜他们看起来会是一种成就）。正如肯尼迪（2006，p. 1293）所言：

> 也许系列杀人案的案犯并不是一个强大的人，而是一个无能的人，一个缺乏大多数人所享受的基本能力的人，这些能力包括：与他人共情的能力、和他人建立情感关系以及性关系的能力。无法体验这种关系可能会导致不满，而这种不满则可能会被白人男性特权所创造的一种特权意识强化或塑造，但它又不会是这种特权意识的直接延伸……
>
> 这种能力的欠缺（无论是先天即有的还是后天形成的），在流行的系列杀人犯故事中很少、甚至几乎没有出现，这是有原因的。……

---

① 该行业包括流行媒体，他们与一些不那么了解事实的非虚构犯罪作品的作者、一些扮演“怪物斗士”形象的办案人员以及一些只想在听起来危机重重的事情上有所作为的学者串通一气，给我们兜售系列杀手神话。它不过就相当于拿受害者的痛苦来做交易，没有任何教育价值，只为追名逐利而已。

这样一个关于系列杀手的另类故事对于其在社会中的道德教化目的而言毫无裨益。为使国家道德一直发挥惩罚的作用，我们需要的是强大的而非可悲的怪物。

埃布里特（2005，p. 691）对关于系列杀人犯的神话进行了更具体的分类，他熟练地推翻了许多长期存在但并不准确的假设：

不存在一个可以衡量系列杀人犯地位的通用公式。……

尽管在人们印象中，系列杀人犯的固有形象就是一个聪明的白人男性，年龄二、三十岁，行凶目标主要是年轻女性或二十岁前后的男子；但是在现实中，其形象要更为丰富。事实上，系列谋杀犯遍布全球，不同种族和性别中都有代表性人物，而且并不是所有人都像流行电影和小说所描绘的那样聪明。

虽然男性系列谋杀犯主要集中于仪式性残害（ritual mutilation）、恋尸癖（necrophilia）以及食人癖（cannibalism）等性虐待谋杀案，但是系列杀人现象并不只局限于男性。社会的普遍误解是只有男性会进行系列谋杀。这样的一个误解是因为他们的罪行具有具体且粗俗的特质，通常会显示出强烈的性虐待倾向；一般来说，女性系列杀手的行为通常不那么具有爆炸性，相较之下，前者就更能吸引媒体眼球。

公众关于系列杀人犯的另一个误解则与犯罪人的智力水平有关。人们普遍认为，系列谋杀犯格外狡猾和聪明，这种看法不一定准确。虽然最臭名昭著的系列谋杀犯——那些杀害人数最多的人——往往拥有高于平均水平的智力，但也存在一些智力水平不那么高的系列杀人犯。而后者之所以没那么“声名远扬”，则是因为他们无法长期进行犯罪活动而不被执法部门抓获。

欣奇和赫本（Hinch and Hepburn）（1998）研究得更深入；他们认为不存在系列谋杀犯的典型心理画像，而且现有的类型学都无法对实际存在于个案工作中的连环杀手进行分类。值得注意的是，自从欣奇和赫本（1998）的著作出版之后，其中引用的关于系列谋杀犯的分类再也没

有发生实质性的变化：①

> 据希基（Hickey，1991），关于系列杀人犯核心特征的三个假设影响了类型学的发展：系列杀人是心理性的，核心动机是内在的，杀人带来的奖励也是心理上的。正如我们提到的关于系列谋杀的定义，这些假设排除了那些外部动机激发的系列杀人者（例如，职业杀手、恐怖主义者、具有政治或宗教动机的杀手以及黑寡妇）。许多案例不太容易归入现有的类别，或是跨越几个类型（Gresswell and Hollin，1994；O'Reilly - Fleming，1996）。而且各个类型之间会重叠，会彼此冲突。有些是基于动机进行分类，而其他的则是基于精神疾病的诊断。还有一些人以刑事犯罪、犯罪现场或犯罪人地理上的流动为分类的依据（Gresswell and Hollin，1994；Hickey，1997；Holmes，1989）。我们由此得出的必然结论是，不存在可以称为典型的系列杀人犯。因此，尝试分类是一种具有误导性的行为，还可能会强化刻板印象。

笔者认可这一评价，但同时也认为，自 1998 年欣奇和赫本的著作发表以来，对犯罪现场的调查和法医分析而言，第 11 章形成并提出的行为动机类型学（behavior - motivational typology）已绰绰有余，其原因有三：第一，它以犯罪现场行为的证据为基础（这比犯罪后进行的当面质询更为客观）；第二，它无意成为一个具有排他性的分类系统，而是明确表示大多数犯罪人的行为都有多种动机（没有对比分类）；第三，它旨在探索一般动机，而非具体动机。因为从历史的角度来看，犯罪行为的一般动机基本上保持不变（详细讨论参见特维，2004）。

在本文作者看来，迄今为止对系列谋杀案的研究既带有种族主义色彩，又带有民族中心主义色彩，其原因则在于媒体资料很少涉及非白人的系列杀人和系列强奸案件，而这些新闻报道往往又是大多数系列谋杀和大屠杀研究的主要材料（例如，ox and Levin，1998；Hickey，1991）。除了种族因素，案件的选择也受到新闻轰动性的影响。根据福克斯和莱

① 近期有对这些类型学所做的简单回顾，但并未得出关于其效力或效用的结论，详见霍曼特和肯尼迪的著作（Homant and Kennedy，2005）。

文（1998）的论述：

> 一个渴望权力的虐待狂为满足自己的性幻想而杀害陌生人——这是最广为人知也最突出的系列杀人形式，尽管如此，系列谋杀的动机和模式却是相当多样的。例如，在我们对系列杀人案的定义中就包括：一名为了“扮演上帝的角色”而毒死自己病人的护士；一个为了惩罚妓女而杀害她们的精神错乱的人；一群从收银机里拿走钱又杀害商店店员的武装分子；还有为入教仪式举行系列活人祭祀的邪教组织成员等。

以下案例（以及本书中其他地方所引的系列谋杀案）就系列谋杀案及其可能动机给读者提供了一个应用型视角。再强调一遍，强奸和杀人是一种行为，而非动机，它表达了犯罪人的需求。此外，仅仅因为一个系列犯罪人可以被贴上系列谋杀犯的标签，并不意味着我们对其罪行已经有了充分的认识。从这个角度来处理案件，我们就能更深入地认识系列杀人犯的能力。

加里·L. 里奇韦：绿河杀人魔

> 我觉得他不是在因为别的事蹲监狱，就是已经死了，因为我看不出他怎么能说停手就停手。
>
> ——警探丹·里士满（Dan Richmond）（已退休），
>
> 国王郡治安官办公室主任（King County Sheriff's Office）
>
> （Cabrera，2001，p. 2）

2001 年 8 月，随着 DNA 技术的进步以及一些悬案的成功侦破，华盛顿州的警察决定重新调查并全面重启绿河杀人案（Green River Killings case）——此案尚未被侦破，是该地区历史上独一无二的系列杀人案。相关工作可参见卡布雷拉（Cabrera，2001，p. 2）的著作：

> 自 1982 年在太平洋西北地区（Pacific Northwest）发现绿河杀人案 49 名被害人中的第一个开始，国王郡治安官办公室就一直在寻找此案凶手。

而今，DNA技术进一步发展，即便是皮肤碎屑也能检测，受此鼓舞，调查人员正从联邦调查局及其他机构请来实验室技术人员，帮助确定可能的证据。……

绿河杀人案的凶手在西雅图南部的一个红灯区诱拐了大部分的受害者——一些年轻的妓女和离家出走的女性。人们在绿河及附近区域、俄勒冈州的西雅图和波特兰附近的密林中发现这些受害者的尸体。尸体被发现时只剩下骨骼遗骸了，可能已经腐烂了几个月。

[国王郡的警长汤姆]·延森（Tom Jensen）着手调查此案时，由十几个调查人员组成的特别小组追踪了成千上万条线索，采访受害者的朋友、证人和可能嫌疑人。但到最后，整个小组所能得出结论只是：凶手可能驾驶着一辆底漆斑斑、带有顶棚的皮卡车，可能长得像几张合成图中的一张。一个联邦调查局的心理画像人员只能得出结论称凶手可能是一个白人男子，30或40多岁，和女性有矛盾，经常待在树林中。

在新的DNA项目开始几个月后，警方拘留了加里·L. 里奇韦（Gary L. Ridgway）（图22.2）——在20世纪80年代中期，此人曾被认为是嫌疑人，警方从他身上提取了DNA样本，但从未进行过测试。正如伊斯（Ith）等人的报告所述：

即使警察昨天携警犬仔细搜查了加里·L. 里奇韦——他们认为此人即是绿河杀人案的凶犯——现在和以前的住所，但国王郡治安官仍然坚定表示：尚不能宣布已经将绿河杀人案的凶犯抓捕归案。

但由于另有45名女性受害者也命丧此臭名昭著的凶犯之手，且其他几十个死亡、失踪的女性可能也与此相关，治安官的警探们正在努力找到这个52岁的卡车油漆工与这些凶杀案之间的联系。……

警方表示他们有DNA证据证明里奇韦与奥珀尔·米尔斯（Opal Mills）以及玛西亚·查普曼（Marcia Chapman）的死有关。1982年8月15日，米尔斯的尸体于肯特（Kent）附近的绿河河岸被发现，同一天，查普曼和辛西娅·海因兹（Cynthia Hinds）的尸体在水中被发现，发现时，尸体被绑上岩石沉入水中……

警方称，他们也有 DNA 证据可表明里奇韦与卡罗尔·克里斯滕森（Carol Christensen）的死有关；1983 年 5 月，人们在枫树谷（Maple Valley）外的树林里发现了她的尸体。在绿河传说中，她的死可能最为特别，因为其现场有刻意陈设摆放的痕迹，而类似工具在其他案件中并未出现。调查人员也从未言明他们认为该做法有什么含义。

记录显示，克里斯滕森被人用鱼线勒死，头部被纸袋套住。脖子上横放着一条洗干净的鳟鱼，肩膀上则放着另一条。现场四处散落着香肠。腹部放着一个奇怪的大酒瓶，双手则搭在瓶子上。

图 22.2　与辩护律师一起站在法庭上的绿河杀人案凶手加里·L. 里奇韦。里奇韦最终承认自己在 20 世纪 80 年代初的几年时间中谋杀了至少 48 名女性，其中许多是妓女。警探们相信里奇韦还没有告诉他们全部真相，而且真实的数字远高于此。

情况很快就明朗了，加里·里奇韦成为警方的嫌疑人已经有很长一段时间了。警方掌握里奇韦的涉案证据也已有几十年，媒体采访了调查人员，想知道为什么花了这么长的时间才把真相拼凑出来。麦卡锡（McCarthy，2002）详细介绍了警方将里奇韦锁定为嫌疑人的整个过程：

> 1984 年 2 月，里奇韦再次引起警方注意；当时里奇韦在太平洋公路上为了性交易而接近一名叫道恩·怀特（Dawn White）的妓女，后者随后向警方报案，称自己对里奇韦接近自己的方式感到不安。里奇韦接受了警方问话，但他通过了测谎仪的检测，自证清

白。同年晚些时候，另一个名叫丽贝卡·盖伊（Rebecca Guay）的妓女站了出来，讲述了1982年里奇韦在将她带入树林并脱去部分衣服后，差点勒死她的故事。里奇韦承认自己的确曾跟盖伊在一起，但他称是盖伊咬他，而且否认自己有勒盖伊的行为。

这些疑点足以让警察进一步调查里奇韦的背景信息。警方发现，有记录表明，在1982年，他因拉拢警方线人而被捕；还有1983年在学校棒球场附近发生的一个事件的记录。从他的两任前妻和一个前女友那里，警察了解到他对户外性爱的偏好，还发现他在抛尸地点安排了多达七次的幽会、露营或采摘黑莓。……

调查人员查明案件细节，发现在所有27个可以确定受害者失踪的日期和时间里，里奇韦——用他们的话说——“都可作为犯罪嫌疑人。”

虽然都是些间接证据，但对地方法官来说，这些已经足够了。1987年4月，警方拿到了搜查令，他们翻遍里奇韦的房子，试图寻找任何能将他与谋杀案联系起来的东西。带着搜查令，警察剪了一点里奇韦的毛发，让里奇韦咀爵一块纱布以提取他的唾液样本。那时警方及他们的犯罪嫌疑人都没有意识到这在14年后有多重要。

阻碍调查的问题之一是，所有相关各方都有自己的假设；此外，每有一个新的嫌疑人出现，就会引起一轮新的追查，进而耗费时间，浪费资源。正如贡贝尔（Gumbel，2001）所写：

1984年，在一次内部调查中，警方当时的调查工作受到了严厉批评；此后，当局便采取了完全不同的调查方式，成立了一个专门的“绿河工作组（Green River Task Force）”，派遣警员出去卧底，以期更好地了解他们正在调查的环境，还将案件侦查执行地点从西雅图市中心的治安官部门搬到离河流一带只有一英里的一个地区办公室。问题是，到那个时候，大多数妓女都因为恐惧离开了，实际上，杀戮似乎也已经停止。尸体的残骸被不断被挖掘出来，但是除了在浩如烟海的档案中翻来翻去，希望找到一些模式或线索之外，人们几乎束手无策。

在压力的侵袭下，调查人员开始崩溃。一个名叫约翰·道格拉斯（John Douglas）的联邦调查局心理画像人员身患病毒性脑炎，几近丧命。国王郡调查人员约翰·布莱克（John Blake）认为凶手是一名律师，执念过深，最后不得不因精神障碍被解雇。1986 年接管工作小组的警察队长吉姆·庞培（Jim Pompey）工作不到一年即死于潜水事故。1987 年，国王郡治安官弗农·托马斯（Vernon Thomas），因绿河案调查工作的失败辞职。此后不久，工作小组的预算就被大幅削减，这让警方几乎无法取得进一步的工作进展。通过系列工作，各犯罪嫌疑人被认定并被审核，但都没有什么用处。各种各样可怕的强奸犯和绑匪层出不穷——显然是受到该系列杀人案的启发，在其中一个案例中，凶手则是受《圣经》中以西谴责妓女的一段话的启发——但没有一个人符合绿河案的凶犯画像。

一位最早站出来向警方提供信息的司机多年来被认为是犯罪嫌疑人，因为他似乎知道很多关于死者的信息。但是从来没有任何确凿的证据指向这个叫梅尔文·福斯特（Melvyn Foster）的司机，警方反而浪费了大量的时间去跟踪他，或是回应福斯特对自己公民权利被侵犯的愤怒投诉。

还有一些其他重大错误：1986 年，媒体大肆报道一名犯罪嫌疑人被逮捕，结果此人根本不是犯罪嫌疑人；西雅图机场的一名清洁工发现了一名被害女性的驾驶执照，但警方却并未对此进行追查（六个月后，该执照被机场警察销毁，同样被销毁的还有所有相关航班的旅客名单）；此外，警方多年来一直执着于在许多犯罪现场都发现的一种粉红色玻璃状物质，最后却发现该物质是 1980 年圣海伦斯火山爆发时撒落在太平洋西北部的石榴石碎片。

然后就是里奇韦。警察本来可以早在 1983 年的时候就锁定他，当时受害者玛丽·马尔瓦尔（Marie Malvar）——时年 17 岁——的父亲和男朋友已经追踪到把她载走的皮卡车，并且发现它就停在里奇韦家的车道上。但当时的调查人员对此并不感兴趣。警方确实在 1987 年追踪到了里奇韦，当时几个目光敏锐的调查人员发现了一系列犯罪证据，但都是间接证据。

他和其中三名被害女性有联系，有频繁嫖娼的历史，其中一名妓女还指控里奇韦试图勒死她；他还喜欢在绿河附近搜寻废旧汽车零件。就业记录显示，任何一起谋杀案发生的时候，他要么处于失业状态，要么不当值，要么则是电话请了病假；此外，他家就在一个十字路口，那附近正是四名受害者最后被看到的地点。

对绿河杀人案凶手的真实本质提出假设的人之一就是当时联邦调查局的心理画像人员约翰·道格拉斯（John Douglas）。他是工作小组会咨询的几个专家之一，工作小组希望他能在嫌疑人筛查方面提供帮助。但不止一个调查人员发现，他提出的心理画像根本没有什么帮助，森德（Sunde，2002，p. A1）对此有所记录：

在 20 世纪 80 年代，国王郡警方求助于一名联邦调查局心理画像人员约翰·道格拉斯，他提供了一份报告，其中描述了杀害越来越多女性的凶手可能具备的特征。

法庭文件对这份画像及道格拉斯的后续工作进行了保密，但嫌疑人可能具备的细节特征已经出来了：一个 20 多岁或 30 多岁的离异白人男子，经常嫖娼。

不少于一名主要调查人员表示，问题在于道格拉斯的画像太笼统，几乎能包括所有在太平洋公路附近嫖娼的人。

加里·L. 里奇韦最终认下了 48 起谋杀案，作为认罪协议的一部分，他被判终身监禁，避免了死刑（图 22.3）。警察向媒体透露了此协议的一些奇怪细节，还透露了此协议是如何达成的，CBS 新闻也对此进行了讨论（2004）：

里奇韦认罪前几天，[他的律师之一马克]·普罗瑟罗（Mark Prothero）留意到那时执法人员和凶手进行了秘密会面。赖克特身着完整的治安官制服会见了里奇韦，虽然这次见面并没有得出什么实质性的结果。“这似乎是赖克特为下一次政治竞选进行了一次拍摄活动。”普罗瑟罗说，他注意到从警方录像中截取的照片后来出现在报刊上……

1982 年，当三名妇女的尸体在华盛顿州的绿河或附近被发现时，人们请来了凶杀案警探戴夫·赖克特。现在，他是郡治安官。

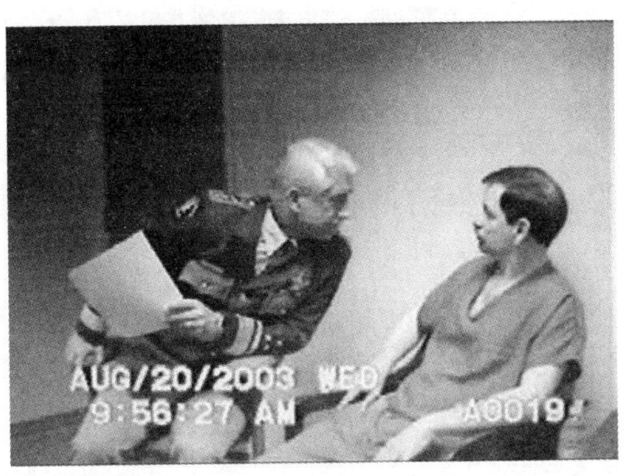

图 22.3　2003 年 8 月 20 日，前警探戴夫·赖克特（Dave Reichert）以国王郡治安官的身份对加里·里奇韦进行了询问。他采取的方法是盯着里奇韦看一段时间，同时慢慢地把他的脸移得越来越近（Kamb2006 年的书中对此有探讨）。

“我知道我要和一个纯粹的恶魔交谈，这是个可怕的杀人凶手。但我有工作要做，每个踏入那个房间的警探可能都想掐死他，”赖克特说。“但他们都有自己的职责，而且他们也做到了。”

为了得到其他那些案件的答案，警方和检方与里奇韦达成了一个协议。若他讲出所有杀人案的真相，就可以免于死刑。……

“对我来说，女人就是与之进行性交的东西——我把她们杀了，然后把钱拿回来，”录音中里奇韦如是说道。

面对这样一个连自己的受害者都不记得的杀人凶手，警察们决定采取一些独特的手段以获得真相。他们秘密地把里奇韦从监狱转移到他们的总部，在那里，里奇韦在房间中央的一个小办公室住了近六个月——他睡在一个光秃秃的床垫上……

每天，里奇韦都被带到一个房间，坐在相机前，然后开始回答问题……

有时，必须要刨根问底。但最终，里奇韦承认自己十几岁的时候刺伤了一个小男孩，并且承认在和女人相处方面有问题——从他的母亲开始就是这样。“我讨厌女人，”他在录音中说。

里奇韦也坦诚自己曾在 1984 年向媒体写了一封匿名信，承认自己的罪行。这封信的存在并没有被公之于众。时任联邦调查局心理画像人员的道格拉斯劝告国王郡的警探，指出匿名信是假的，应该忽略。警探们则感到困惑，因为这封信中包含了未公开的犯罪信息。道格拉斯则认为这是因为写信的人接触过工作小组的文件。不管怎样，警方显然遵循了道格拉斯的建议，因为他们并未将这封信视为重要线索并去追踪。

2003 年，面对自己这一错误，道格拉斯否认自己曾经写过这样的意见，他说那不是他会做的事。但随后有人给了一份他自己写给警探的书面意见的复印件，上面有他的签名（Wilson，2003，p. B1）：

> 在美国最严重的系列杀人案中，联邦调查局犯罪心理画像人员约翰·E. 道格拉斯（John E. Douglas）错认了绿河杀人案凶手加里·L. 里奇韦的一封匿名信。
>
> 道格拉斯写道，这封信的作者“与绿河杀人案毫无干系”，这只是一次“软弱的业余尝试。”
>
> 但他错了。
>
> 里奇韦在今年早些时候对警方的供词中承认，这封信就是他写的。警方表示，如果他们知道这一点，就可以更早地抓住他。
>
> 根据该州的公开记录法，绿河特别工作组昨日公布了里奇韦的信件和道格拉斯的相关分析。
>
> 关于绿河杀人魔在杀戮狂潮中的唯一已知公报：加里·里奇韦称自己在 1984 年 2 月 20 日将这封信寄给了一家报纸。……
>
> 联邦调查局心理画像人员约翰·E. 道格拉斯回应称，这封信的作者“与绿河杀人案毫无干系”，这只是一次“软弱的业余尝试”。昨天，道格拉斯得知他错了。……
>
> 国王郡将这封信送交联邦调查局进行分析，因为信里面包含了一些尚未公布的信息。
>
> 起初道格拉斯否认自己给出过那样的意见；然后，看到这封信的时候，他勉强承认那上面是自己的签名，但他说自己丝毫不记得有这回事了。
>
> 他说，“这件事太神奇了，我一点也记不得了，但是我仍然坚持这个观点，因为我的确会用其中一些术语，这也正是我的签名。”

自 1983 年 12 月到 1984 年 5 月，道格拉斯一直患有与压力有关的病毒性脑炎，病情严重。审查里奇韦的信则是在 1984 年 8 月。“也许回到工作岗位后，我的精神状态还没有准备好，”道格拉斯说。

根据里奇韦的供词，截至这封匿名信寄出时，他至少已经杀害了 40 个女性，到寄出信和道格拉斯分析这封信之间，又杀害了两个人，在此之后又杀害了至少 6 个人。

里奇韦，54 岁，奥本（Auburn）人氏，对 48 项严重谋杀罪指控表示认罪，以此换取终身监禁而非死刑。……

里奇韦告诉警方，他在 1984 年 2 月 20 日打印了这封信，并将之寄给《西雅图邮讯报》[*Seattle Post – Intelligencer*，简称 P – I]。

打印的信中，单词与单词之间没有空格，还加了标题“whatyouneedtonoaboutthegreenriverman”（你想了解的绿河杀人案凶手）。落款是“callmefred”（请叫我弗瑞德）。这封信还写了“dontthrowaway”（不要扔掉），而且信封上还注明“非常重要”。

《西雅图邮讯报》将这封信复印了一份交给了绿河案的警探。

他们注意到，这封信中包含了一些未公开的犯罪细节，其中尤其值得注意的是，一些受害者的指甲被切断，以消除痕迹证据；凶手曾经在一些被害人死后与她们发生性行为；以及一个受害者与一个葡萄酒瓶和鱼一起被摆出某种姿势。

“信中所包含的一些信息尚未被公开，这使我们相信写信的人可能以某种方式与案件有关，”国王郡公共安全部唐亚·札奎尔（Tonya Yzaguirre）1984 年 7 月将信寄给联邦调查局的时候写道。

一个月后，道格拉斯的意见以挂号信的形式寄给了工作小组的警探布鲁斯·卡林（Bruce Kalin）。“我的观点是，这封信的作者与绿河杀人案没有联系，”道格拉斯写道，“从这份报告来看，此人智力平平，他此次软弱、业余的尝试不过是想通过操纵调查，让自己显得重要。如果这个人给出了一些尚未向媒体公布且与调查有关的陈述，那么他应该是接触过这些信息（工作小组）”。

昨天，道格拉斯说他不知道自己为什么会怀疑写这封信的人可能从工作小组获得内部信息。

道格拉斯觉得奇怪，这封信在报纸和警方那里都“被搁置了”，里奇韦却没有后续跟进。他说，警方表示，从1984年2月收到这封信到他给出分析结果这六个月的时间里，“callmefred（请叫我弗瑞德）”都没有来信，当时这一事实可能让他相信那封信是假的。“通常，一旦他们开始打电话或写信，就会持续这样做，”道格拉斯说。

他还说，他当时应该与工作小组谈谈，而不是只单独评估这封信。国王郡昨天公布的记录显示，道格拉斯和工作小组之间并没有就那封信进行其他沟通。

最后，道格拉斯表示，即便他指出这封信确实或可能是真正的凶手写的，他也怀疑这对调查不会有什么帮助。“假设我说了这就是他写的。然后我们会做什么呢？这信是打印的。如果这是手写信件，我们还可以公布信息。……我真的耽误调查了吗？这封信之后再也没有新的东西。此后，除了继续杀人，他再也没有别的行动。”

显然，道格拉斯不知道，即便是打印的信件和相应的信封，人们也能收集到多种法医证据（除了发现嫌疑犯的时候可以将一个特定的打字机和这封信联系起来之外）——包括指纹、头发、纤维和其他形式的痕迹转移证据。此外，如果一个人舔过邮票或信封，当今的法医技术还能够从其残留的唾液中提取DNA。

总的来说，里奇韦案件的调查是件荒唐事，具有警示意味。他们做出了错误的假设；工作小组的调查对象从一个犯罪嫌疑人跳到另一个犯罪嫌疑人，从未集中侦察；他们忽视证据和证人，将心理画像人员视为可靠的信息和专业知识来源——尽管这些人观点模糊且欠缺洞察力。

若没有DNA采集和保存的努力，和几位调查人员的高度关注，此案很可能至今无法侦破。就像许多人在里奇韦被捕之前所认为的，每个人都会以为系列谋杀犯在被逮捕入狱或命丧黄泉之前不会停止杀人；若是杀戮行为中止了很长一段时间，则没有必要再继续追踪该案犯。不出意外的话，我们已经知道这种假设并不正确。

系列强奸

强奸包含着许多内容。它本身就是一种目的；是一种用于折磨人的手段；是证明施暴者男性气概的一种方式；还是一种获得性满足的方法。有许多男人实施过强奸，他们犯了很大的错误，但是，他们当中的绝大多数并没有做过特别离谱的事。

——贝克·凯瑟琳（Katherine Baker，1997，p. 563）

系列强奸犯是指那些有两次及以上涉及强奸或性侵犯行为的人。根据定义，系列强奸犯往往是成功的犯罪人，因为执法机构未能及时地将他们的案件联系起来，未能在他们多次犯罪前将其绳之以法。然而，与系列谋杀犯一样，他们的犯罪行为并不局限于强奸或一般意义上的性犯罪。

在急于调查的过程中，人们很容易认为强奸犯只是强奸犯，从而忽视他们有可能，甚至已经参与了其他犯罪。西蒙（simon，1997，P. 378）的著作中曾提到一起案例，说明了因忽视这方面的问题而引起的危害：

> 20世纪80年代末，一个被称为“黄金时段强奸犯”（the prime time rapist）的系列强奸犯将整个亚利桑那州的图森（Tucson）笼罩在恐怖气氛中。有此诨名皆因他会在晚间新闻的时段闯入人们家中，对整个家庭实施强奸、抢劫以及恐吓。这个强奸犯多年来一直逍遥法外，直到一名线人告发了他。
>
> 遗憾的是，执法机构只在关注那些有性侵犯前科的人。这名强奸犯被捕后，人们发现他并没有性侵犯前科，却曾有过其他几种严重犯罪行为，并多次受到相关的指控，其中包括毒品犯罪、盗窃及抢劫。由此可见，如果聚焦于案犯最严重的罪行，他或她可能犯下其他较轻罪行的事实就可能会被忽略，这同样会妨碍警方为逮捕一个最危险的犯罪嫌疑人所做的努力。

为了在某种意义上消除，或至少减轻此类犯罪的伤害，有必要对强奸犯为何强奸这一问题进行探讨。

强奸犯的动机

强奸不可能自然而然地凭空发生。它是一种极端的行为表现形式：在实施犯罪之前，犯罪人就已经把它想象出来并在某种程度上考虑好了。任何性犯罪发生之前，犯罪人必然具备以下四个先决条件（Hamill，2001）：

1. 他们一定有实施犯罪的动机。

2. 他们必然有一些策略来克服自己内在的抑制力（即允许自己实施犯罪）。

3. 他们必须能克服外部环境的限制并可以接近被害人。

4. 他们必须能够对付受害人的反抗以迫使其参与性行为。

若性犯罪发生，就证明上述条件已经被满足。此外，犯罪动机必须足够强烈，足以促使犯罪人满足后续几个条件。各强奸犯的动机各不相同，但如同本书所言，也可以用一些概括性术语对它们加以讨论（参见第 13 章）。

在关于强奸犯行为和动机的研究中，芝加哥－肯特法学院（Chicago - Kent College of Law）法学助理教授、法学博士凯瑟琳·K. 贝克（Katharine K. Baker）的观点与用来解释犯罪行为的主流看法和陈词滥调有些不同。她的强奸动机类型学结合了格罗斯（Groth）的类型说，在对此类型学进行阐释时，她明智地表示（Baker，1997，pp. 575 - 576）：

> “为什么强奸”这一问题的答案事实上是随不同的情况而定的，强奸犯并非都是出于同一理由进行强奸。通过深入研究“为什么强奸”这一问题，我们了解到了什么是强奸——以及陪审团为何会做此反应。

哈米尔（Hamill，2001 对此观点表示）赞同，他在讨论强奸行为及其动机时表示：

> 自己对生活有充分掌控力——这是一种我们时常会感受到的需要。使用诱惑或引诱策略的儿童骚扰者，在能够说服儿童发生性行为时感到自己更有力量。所谓的“权力型强奸犯”利用暴力性行为

来增强对被害人的控制感，从更广泛的层面来说则是对自己生活的控制感。其他性侵犯者的主要动机则是想在感情上和他人建立更深层的亲密关系。有一些骚扰儿童者，甚至一些跟踪狂，他们的主要动机就是出自对这种亲密关系的渴望。还有一类性侵犯者，其目的则是为了发泄愤怒。一些强奸犯把性攻击作为他们倾泻愤怒和挫败感的一种方式。某些露阴癖也有这种动机，通过让陌生人感到震惊，以求发泄不满。还有一类强奸动机是希望感到自己有能力。一些性侵犯者——不论成年与否——感到自己在性知识或性体验上与同龄人相比有点"力不从心"，这时他们就会选择"降低标准"，与年纪较小的孩子发生关系。另外还有一类性侵犯者则是为了满足性方面的好奇心，这种情况常见于未成年人。

当然，有些犯罪者进行性侵犯主要是为了获得性满足。对他们中的许多人来说，强奸或对儿童性虐待这样的罪行，则是其性取向的体现。

本文作者对贝克的强奸动机类型说极有兴趣。与其说是对精确的分类感兴趣，不如说是对其中所描述的潜在的强奸犯与受害者的关系感兴趣。过去，强奸行为的动机一直被视为很难说清楚的问题。贝克的类型说则分出了七种强奸动机，解释如下（Baker，1997）。[①]

性与做爱

对强奸犯而言，强奸行为意味着一种复杂的尝试，即体验性行为以及寻求亲密关系。这种体验可能具有胁迫性，因为许多男性受到的教育是，力量、占有和暴力会引起女性的兴趣，如贝克（1997，p. 576）所述：

在强奸案发生的那些夜晚，这些人或许也在试图寻觅交流式的

① 虽则贝克（1997）的观点是从女性被物化、被边缘化、被视为男性的财产的角度出发，此外并未再做其他探讨，但笔者认为，不论受害人性别为何，贝克的类型说可以适用于任何性犯罪。任何人都可能被物化、被性边缘化，任何人都可能被视为一种财产。不过笔者也认为，女性在这些方面的受害率远远高于男性。

性体验。他们可能在寻找一种共同的性快感和亲密行为，此即为其动机，也是其所求。这也是性应该代表的东西，是性应该帮助人们达到的东西。但在现实中，他们往往不知道自己寻求的是什么。其抽象目的可能是做爱，但要理解交流式性爱、性快感和亲密行为则十分困难，特别是当一个人还很年轻且没有经验的时候。

性与“顺手牵羊”

我们所生活的文化（甚至是世界）将性视为可以买卖的商品，或是认为可以利用性来销售其他产品，于是一些侵犯者就以类似的方式对待女性。一旦某事物被如此贬值或物化，人们就很容易将其视为一种商品——你可以购买它，当然也可能偷取它。如贝克（1997，p. 577）所述：

> 大多数男人都受此教育：性欲如同食欲，饿了就吃饱。女人则是糖果。当然，没有免费的食物，性也如此。但正是因为男性可以且的确会付费获取性爱，未经对方同意的性行为在道德上受到的谴责要比其他犯罪少得多。故此，当研究发现，39%被定罪的强奸犯的被捕均发生在抢劫过程中时，也就不足为奇了。很多男人承认，他们强奸是因为看见受害者正好就在那儿，反正都已经犯了非法侵入罪和非法占有罪——为什么不再多拿一样东西呢？

结伙

这种动机主要是指某些与群体或团体相关的强奸行为。此动机涉及的强奸行为主要是为了向某群体证明某些东西或在某群体内形成一种归属感。如贝克（1997，p. 578）所述：

> 男人们经常通过强奸女人来向别的男人展示自己的力量、阳刚之气和男子气概。对他们来说，观众至关重要，而性交只是一种展示力量的工具。

分歧

在这种动机下，男性会认为女性是其他男性的所有物，那么，强奸该女性便可以证明他有力量战胜别的男人，如贝克（1997，p. 579）所述：

> 这种利用强奸去侮辱和贬低其他男人的做法在种族背景下影响颇深。也许埃尔德里奇·克利弗（Eldridge Cleaver）的描述最为贴切："强奸是一种造反行为。我感到高兴的是，我在藐视和践踏白人的法律，藐视其价值体系，玷污白人女人。我觉得我在报仇。"克利弗自己承认，他一开始强奸黑人女性是为了练习，但真正促使他不断强奸白人女性的是，他希望借此向白人男性发出讯息。

权力

这种强奸动机所指的强奸行为是为了显示自己有凌驾于某特定被害人之上的权力。它可以解释许多狱中强奸和婚内强奸的来龙去脉。贝克（1997，p. 580）表示：

> 这种动机可以解释许多类型的强奸。例如，监狱里的强奸犯或许会用强奸行为建立一种凌驾于他人之上的狱中霸主地位；通过支配被害人，他可以提升自己的地位。他还可以因此在监狱里的小群体内树立权威，因为，像那些与别人分享或向别人展示强奸行为的人一样，他发出的信息是："因为我强奸了别人，我就有资格得到你（你们）的尊重。"
>
> 但是，与前述的多种强奸动机不同，因权力而强奸的强奸犯也是为了借助强奸而实现对特定被害人的控制。目标/被害人的身份至关重要。这类强奸犯想控制他们选择的特定被害人，强奸的目的就在于此……
>
> 丈夫强奸妻子是为了对以某种方式违抗自己命令的妻子进行控制。他的妻子也许不想做爱，或者她也许只是惹恼了他。他强奸则是为了掌控妻子，使后者从属于他。通常，丈夫也会以非性攻击的方式攻击妻子：他可能用拳头打她，把她扔到楼下；向她开枪；掐住她的喉咙；有时他也会直接强奸。与监狱里的男人不同，他的武器库里有很多武器，阴茎只是其中之一。但和监狱里的男人一样的

是，他也利用自己的阴茎确立凌驾于被害人之上的权力。

愤怒

愤怒型强奸犯会攻击被害人全身所有部位，会强迫受害者反复进行与性行为无关的、有辱人格的行为；还会使出比让受害者屈服所需的更多暴力。

性虐待狂

贝克（1997）犯了与格罗斯（1979）一样的错误，她也认为性虐待是愤怒的产物，虐待狂的行为是天长日久后由愤怒演变而来的色情化的攻击（关于性虐待的解释参见第 18 章）。

在类型学讨论的结尾，贝克（1997，p. 581）提出了以下警告：

> 70% 的强奸被害人报告称未遭受身体上的伤害，另有 24% 的被害人则表示只有轻微的身体伤害。绝大多数的强奸被害人并未遭受愤怒型强奸犯、性虐待狂的性侵犯。但这并不意味着绝大多数被害人没有遭受强奸，也并不意味着被害人在无中生有，同样也不意味着她们身上发生的事无所谓。这确实推翻了人们的普遍看法，即强奸犯是疯狂的男人，他们对性的虐待狂式的渴望或对妇女的仇恨迫使他们进行强奸。

这一洞见十分有用且广为大众所接受。①

案　例

提供以下案例（以及本文所举的其他连环强奸案例）是为了让读者了解实际系列强奸犯罪的多样性以及动机的多样性。再次提醒读者，强奸和杀人是行为而非动机，它表达了犯罪人的需求。从这个视角来看待

① 本段引文的确让人以为强奸案的虚假报案率很低。关于这一问题，详见第 10 章，“虚假指控”。

案例，应该可以更深入地了解相关案件中的犯罪人。

特伦斯·波兹：系列强奸及入室盗窃

特伦斯·波兹（Terrance Bolds）经过法庭审判并最终被判犯有入室盗窃、鸡奸和暴力强奸罪。其罪行涉及 4 个不同的被害人，其中包括一名怀孕的母亲。所有这一切都发生在 1997 年的夏天。

关于对 P. M. 的强奸案，见“密苏里州诉特伦斯·波兹案”（Missouri v. Terrance Bolds，2000）的记载：

> 1997 年 8 月 21 日，大约早上 6 点 20 分，波兹持一把左轮手枪闯入 P. M. 家，彼时 P. M. 已有两个月身孕，与她 3 岁的儿子住在一起。被告让她不要喊叫，并将其逼到起居室。被告强迫被害人脱掉衣服并为他口交，同时用枪指着她。离开之前他警告称：“你最好不要报警，否则我会回来杀掉你们母子。”然后，被告拿走了她的电视机、汽车钥匙、一张印有她儿子照片的唱片、名片盒、ATM 卡、信用卡和一张看病的收据。

关于 1997 年 8 月 23 日对 J. J 的强奸案，见“密苏里州诉特伦斯·波兹案”的记载：

> 凌晨 4 点左右，波兹从 J. J. 家 4 岁儿子卧室的窗户溜进了 J. J. 的家。被告用枪强迫被害人脱掉衣服，并放上唱片为他跳舞。过了一会儿，被告强迫她给他口交，并实施了强奸，包括阴部性交和肛交。然后他又让她进行口交，随后实施第二次强奸，同样包括阴部性交和肛交。后来，被告将她脸朝下绑在浴缸里，并将其脚踝和手腕绑在一起。接着，被告在她嘴里放了一个鸡蛋，用她的骑行裤塞住她的嘴，然后离开了。被告还拿走了她的伊利诺伊州身份证、一个维多利亚秘密的包、一个阿迪达斯包和一个杜尼－伯克的包。

关于 1997 年 8 月 26 日对 W. T. 的强奸案，见“密苏里州诉特伦斯·波兹案”的记载：

> 波兹在房间里袭击了 W. T.，用枪指着她，强行摘下她手指上

的两枚戒指，然后对她进行了数次强奸，包括阴部性交和肛交，他还强迫她为他进行口交，在整个攻击过程中，被告一直用枪指着被害人的头。

关于1997年8月29日对R. F. 的强奸案，见“密苏里州诉特伦斯·波兹案”的记载：

凌晨5点左右，被告袭击了R. F.。被告右手持枪进入R. F. 的卧室，要求其为他口交。被害人不配合时，被告强行将自己的阴茎塞入被害人嘴里。被告将枪从右手换到左手，此时R. F. 试图从被告手里夺过枪，接着二人开始争执，被告对她说：“贱货，你就要死了。”然后波兹不断殴打被害人并咬她，后者摘掉了被告的滑雪面罩并夺过了他的手枪。她试着向被告开枪，但是无法开火。被告夺过手枪，告诉R. F转过身去，说自己要开枪打她。但又没能开火，然后被告就逃走了。

二人扭打之时，R. F. 听见自己10岁的儿子在周围走动，她喊叫着对他说有个陌生人闯了进来并让他报警。可惜她儿子的电话坏了。被告跑走后，她报了警。她正打电话报警时，被告又折返回来并试图打开她卧室的门。但门没能打开，于是他朝门内放了两枪，子弹的碎片打中了R. T. 的大腿。她脸上和手上还有抓痕，身上5个不同的部位有咬痕。她的汽车钥匙、水壶和CD都不见了，孩子们卧室的窗户也被打碎了。

在审判中，波兹的前女友在陈述离开他的原因时说道（Missouri v. Terrance Bolds，2000）：

他以前经常打我，这样做基本上是吓唬我。他会威胁我。我离开他时已经怀孕了。我当时大约有孕一个月，他的行为越来越粗暴，我不得不离开，因为他总是想做爱。并且他还会在夜里离开，你们懂的，夜里很晚的时候出去，然后早上该上班的时候才回来。有时，他会在半夜过来，想和我发生性关系，之后他又出去，早上再回来。他还开我的车，你们懂的，他会开着我的车夜里出去。

此案属于权力型动机和利益型动机驱使的犯罪行为。这些行为的目的在于满足波兹的需要，通过身体上和口头上的凌辱及恐吓来对被害人实现性控制和性占有的需要。

犯罪惯技表明，他有多种反侦查的行为计划及丰富的入室盗窃经验。但上述强奸行为并不具有性虐待性质。

史蒂文·塞拉：系列强奸及药物使用

得克萨斯州达拉斯市钱德勒木材公司（Chandler Lumber Company）39 岁的老板史蒂文·塞拉（Steven Sera）因在阿肯色州对两名受害者进行性攻击而被控多项强奸和绑架罪。此案的特别之处在于，塞拉用药物罗眠乐（Rohypnol）① 使受害者失去知觉，这样他就可以在被害人浑然不知的情况下实施性攻击并录像。

塞拉声称，这些事情实际上都是双方自愿的，自己只是为一时判断失误拍下了这些视频感到愧疚；其视频涉及的对象包括：得克萨斯州科利维尔（Colleyville）32 岁的梅拉妮·哈特威（Melanie Hataway）、阿肯色州 26 岁的杰姬·海格德（Jackie Haygood）、他自己 18 岁的小姨子帕蒂·科尔曼（Patty Coleman），当时科尔曼还只是大学一年级的学生。他声称，录像一事取得了当事人的同意。这些被害人先后承认自己曾与塞拉有着这样那样的关系，其中一些是性关系，但对于这些在她们毫不知情的时候拍下的录像，她们则表示自己并未同意与塞拉发生视频中的性行为。她们都声称，自己一定是被塞拉下了药，然后被强奸了。审判期间，另有两名新增被害人也做出了类似证词。

塞拉的妻子南希·塞拉（Nancy Sera）在家中发现了这些录像带，由此，该案才得以被公之于众。而这些录像带里的内容正是他与丧失意识的、赤身裸体的女人们发生性行为。警方表示，录像显示塞拉曾与几个不同州的女性发生性关系，包括得克萨斯州和阿肯色州。南希·塞拉表示，自己和丈夫结婚已八年半。丈夫被捕时，她正怀着他们的第二个孩子。

① 亦称氟硝西泮或氟硝安定。镇静催眠类药物，镇静催眠效果强。除了镇静作用外，还有抗惊厥、抗焦虑、松弛肌肉等多种药理作用，也会对人的记忆产生一定干扰。——译者注

据“阿肯色州诉史蒂文·安东尼·塞拉案”（Arkansas v. Steven Anthony Sera，2000）记载：

> 南希作证表示，直到1996年年中，她都相信自己和塞拉的婚姻关系十分稳固。1996年7月她怀上了他们的第二个孩子。她说，塞拉知道这个消息后非常激动。但是，1997年年初，她怀疑塞拉有了婚外情，这在哈特威女士的事件中得到证实。据南希说，1996年12月，有个男人找上门来，交谈时塞拉谎称此人是他的兄弟托尼（Tony）。南希认出这个男人是弗莱德·多尔蒂（Fred Daugherty），此人后来成了南希离婚律师的私人调查员。南希称，她是在与塞拉分居后的1997年6月中旬发现了这些录像。塞拉的供词则与之矛盾，他争辩称，南希实际发现录像的时间要远早于此。南希解释说，她是想拿摄像机才回到他们家的（那时她住在一间公寓里），那台摄像机是塞拉为录制家里即将来临的纪念活动而买的。南希还有家里的钥匙，所以她能进入住宅。她回到公寓检查摄像机里的录像时，发现了其中保存的塞拉与三个女人（其中包括她的妹妹帕蒂·科尔曼）的性爱录像。南希打电话将此事告知离婚律师，后者让她把录像带交给多尔蒂，多尔蒂复制了录像后将之交给了警方。多尔蒂在一家音像店把它复制到一些家用录像带（VHS）上，他的很多工作都是在这个音像店进行的。
>
> 南希还说，有一次旅行后，她在清理塞拉行李箱时发现了一个写有“Rohypnol”（罗眠乐）的瓶子。她将这个还装有几粒药丸的瓶子藏了起来。南希说，塞拉找不到这个瓶子时非常心烦意乱。在调查塞拉的过程中，南希最终将这个瓶子交给了多尔蒂。
>
> 南希就录像一事与塞拉对质，并表示自己已经把录像交给了警方。塞拉则说，如果她不把录像拿回来，他就得坐牢。然后，他带着他们的女儿钱德勒（Chandler）离开了小镇一些日子。过了一段时间，南希和多尔蒂回到家里，多尔蒂对整个房子进行了搜查并从塞拉的剃须包里拿走了几包药。

在审讯中，史蒂文·塞拉承认自己确实与帕蒂·科尔曼发生过若干次性关系，且彼此都同意将这些情节进行录像。他还声称，他们互相为对方拍了一些照片，被南希·塞拉发现后烧掉了。他肯定地说，他的妻子南希是知道他和她妹妹之间的关系的。

至于他的性格，从塞拉对被害人的操纵及掩饰，到为了隐瞒自己与其他女人之间的关系而他在妻子面前所编织的种种谎言来看，都可以看出他有一种精神病态的行为模式。正如沃尔斯塔（Wrolstad，1997）所讨论的：

> 众多询问和法庭记录表明，他是一个时而有魅力、时而傲慢的销售员，他的成功掩盖了一连串的导火索（犯罪现象）；他对体重和年龄十分在意，这促使他在强奸和被捕期间进行了第二轮的吸脂及外科整形手术；他行事鲁莽大胆，据说，当他正把第四个被害人带进一家小旅馆时，毫无防备地遭到一个前女友的阻挠。

霍夫曼－拉罗曼（Hoffman－LaRoche）医药公司的一名专家在审判中就该药物（即罗眠乐 Rohypnol）的药理作用作证。他表示，罗眠乐属于苯二氮草类的药物，这类药含安定，对人体产生的药效包括催眠、熟睡、全身肌肉放松及丧失记忆。他还阐释了自己所做的实验，即检查在尿样中罗眠乐代谢物的含量，从而确定某人是否以及何时摄取了该药物。他在受害人之一杰姬·海格德女士的尿样中发现了那些代谢物。他进一步作证说，在观看了塞拉与几名昏迷的受害者发生性关系的录像带后，他认为受害人有可能是受到了罗眠乐的影响；但他不能排除存在其他药物影响的可能性。

最终，陪审团不相信塞拉的说法，他被判犯下多项强奸和绑架罪，罪行涉及对阿肯色州两名受害者的性侵犯。塞拉提起的上诉也被驳回。

评估系列行为

为了协助侦查人员制定合格的侦查策略，顺利识别并逮捕系列犯罪嫌疑人，同时培养对罪犯动机和意图的有效洞察力，作者建议可考虑以下的行为评估策略。

犯罪目标的选择

如果能了解系列犯罪嫌疑人选定被害人（或目标）的方式和原因，我们就能够找到被害人与该犯罪嫌疑人之间的联系。进一步地说，如果能够明白犯罪嫌疑人挑选被害人的总体策略，我们就有很好的机会预测犯罪嫌疑人下一步将会选择什么样的被害人。

在了解犯罪嫌疑人如何选择被害人时，为了排除其他可能性，画像人员必须就行为证据提出一些特定问题：

1. 嫌疑人选择这个被害人是偶然选定的还是有预谋的？
2. 如果是有预谋的，犯罪嫌疑人选择的标准为何？
    - 地点类型（户内、户外、公寓楼、停车场、小树林、超级市场或者其他地方）
    - 职业（妓女、无家可归者、色情舞女、学生、银行家、教师等）
    - 弱点（如酒醉、疲劳、心情欠佳等）
    - 外形特征（如身高、体重、发型/发色、衣着等）
    - 活动（如慢跑、远足、开车、逛街、睡觉、上网等）
3. 如果嫌疑人是有预谋地选定被害人，那么该嫌疑人会怎样对被害人的行踪预先进行监视？调查人员和巡逻人员需要采取哪些手段才能发现那些在进行预先监视的系列犯罪嫌疑人呢？
4. 如果无法提前选定或观察被害人，那么嫌疑人是否要在自己的日常生活范围之外才能找到被害对象？或者他们是否在有意寻觅潜在被害人呢？
5. 如果犯罪嫌疑人没有主动出去寻找目标，也无法提前选定或观察被害人，那么犯罪嫌疑人可能在自己的日常活动范围内选择被害对象。这意味着再现被害人的生活方式、习惯和日常生活或许可以直接了解嫌疑人的生活方式、习惯和日常生活等特征。

犯罪嫌疑人离开时的策略

实施侵害之后，犯罪嫌疑人以何种方式离开活着的被害人，可以帮助我们了解犯罪动机和意图（以及他们的技能水平）。从中我们可以知道：犯罪嫌疑人在犯罪之后想逃往何处、其个人日程安排、需要多长时间逃离以及是否担心被害人未来某天会认出他们等问题。当然，这些举例只是其中一部分，它们将因为犯罪嫌疑人以及犯罪环境的不同而不同。例如犯罪嫌疑人可能会：

- 离开时，被害人仍旧清醒；
- 离开时，被害人已经昏迷（所涉暴力的特点为何?）；
- 离开时，被害人衣着完好；
- 离开时，被害人半裸或全裸（把衣服扔在现场、现场附近或带走?）；
- 对被害人不实施捆绑；
- 捆绑被害人（使用何种类型的暴力控制?）；
- 离开时，被害人可以自由活动；
- 使被害人失去活动能力、不能行动或者需要治疗（所涉暴力的性质为何?）；
- 将被害人留在双方接触时的地点；
- 将被害人带到远离双方接触时的地点；
- 攻击之后，将被害人丢弃在偏远的地方；
- 将被害人带到犯罪嫌疑人自己想去的地方（办公室、家里或朋友的房子里等）；
- 对被害人进行身体恐吓，例如，“别跟着我，否则杀了你!”或者“不许报警，否则我会把你喉咙割断!”；
- 进行恐吓暗示，例如，“别跟着我，否则……!”或者“别告诉任何人，否则一定让你后悔!”；
- 命令被害人，例如，“别跟着我!”或者“从‘1’数到‘500’!然后离开这里。”
- 给出“合理”建议，例如，“你不该自己一个人来这儿”“我本来可以对你做很多更坏的事”或者“你活该”；
- 道歉，例如“很抱歉”“这不是我的真实意愿”“我真的没想要伤害你。”

犯罪现场处理

犯罪嫌疑人如何处理被害人的尸体也同样反映了他们的犯罪动机和犯罪意图（以及他们的技能水平）。犯罪心理画像人员必须尽力确定被害人尸体、现场证据和现场的联系。现场的处置情况对于解决以下问题很有帮助：

1. 犯罪嫌疑人是否有意让别人发现被害人的尸体？
2. 犯罪嫌疑人希望被害人的尸体在何处被发现？
3. 犯罪嫌疑人希望被害人的尸体何时被发现？
4. 犯罪嫌疑人希望被害人的尸体被谁发现？

方便性

这是指犯罪嫌疑人会选择对他自己来说更容易到达并且更方便的地点作为弃尸地点。在犯罪嫌疑人时间紧迫、其自身的能力和体力无法将被害人的尸体运送到很远的距离，或者无法不露痕迹地将尸体运走的时候，就能体现出犯罪现场方便性的意义。

自责

即犯罪现场的一些证据表明犯罪嫌疑人对被害人的死亡感到内疚。这一点体现在一些犯罪嫌疑人试图掩饰自己的凶杀行为，例如，清洗被害人身上的血迹，给被害人换上干净的衣服；将被害人摆成一个自然的姿势，例如睡觉的姿势，或是坐在椅子上或坐在车里。

预先选择

这是指犯罪嫌疑人预先选择最终实施犯罪的地点，因为他们认为那个地方适合对被害人下手。在户外，它可能是一块他人视力和听力所不及、远离行人的空地，在室内则可能是犯罪嫌疑人必然有能力将被害人移送到的地点。

反侦查表现

这是指犯罪嫌疑人在现场不遗余力地破坏证据或用其他方法干扰侦查。其形式可以是将尸体肢解，使其难以辨别；在水中处理尸体进而用水将证据冲走；在偏远、不易到达的地方处理尸体；或者将其深深埋起来以阻止人们发现尸体。

制造假象

这是指犯罪嫌疑人故意改变现场以期误导调查，例如，犯罪嫌疑人可能把手枪放在被害人手里，或者制造绳子勒死的现场假象使其看起来像是上吊自杀。

现场摆放

这是指犯罪嫌疑人为了进行某种仪式或实现某种幻想而将尸体和一些现场物品进行摆放。例如：犯罪嫌疑人会把尸体展示在公共场所，或把被害人死后摆成有羞辱性的性姿势，或出于特定的犯罪仪式而将死者尸体放在某一位置。在这类对尸体做出摆放的案件中，一个重要问题在于：嫌疑人希望谁看到如此安排——犯罪嫌疑人、执法人员还是其他到现场的人？

破　案

在大多数关于系列杀人案和强奸案调查的文本中，几乎没有讲到案件是如何侦破的。凯佩尔（Keppel，1989，p. 4）对案件侦破原因的分析最为贴切，现陈述如下：

> 对系列杀人案的成功侦破取决于所谓的可破案因素的组合。其中包括：
>
> 1. 警方对目击证人所作询问的质量。
> 2. 致使嫌疑人迈出第一步的最初作案环境。
> 3. 使人有理由搜查和扣押嫌疑人身上及/或其住宅中的物证的

环境（具体来说就是每个案件中利于侦察的因素）。

4. 犯罪现场勘查的质量。

5. 对从凶手和其所属的物品中获取的物证所作分析的质量以及将之与被害人和凶手现场获取的物证进行的比较分析。

此清单并不是说要如何破案，其中包含的其实是成功拘捕和起诉系列杀人凶手所依赖的要素。当然，它要求高质量和彻底性，因此对案件侦破不无帮助。但是它并没有给出所需要的全部。我们需要的是一个侦破系列杀人案的一般机制。也就是说，需要一个能使执法人员初步确定犯罪嫌疑人的常用方法。

前文业已谈到，犯罪心理画像人员和犯罪心理画像技术本身并不能破案。在侦查阶段，它为确定侦查方向和判定犯罪嫌疑人提供信息。在系列杀人案件侦查中，人们通常会借助下列机制锁定犯罪嫌疑人：

1. 犯罪人本人供述；
2. 另一案犯对系列杀人犯的告发；
3. 犯罪嫌疑人的配偶、家人、朋友、同事或邻居主动提供的犯罪嫌疑人异常、可疑或进行犯罪活动的证据；
4. 目击证人对犯罪嫌疑人的指认；
5. 躲过或逃脱犯罪攻击的被害人对犯罪嫌疑人的指认；
6. 曾遭受攻击但随后被嫌疑人放走的被害人对犯罪嫌疑人的指认；
7. 曾遭受攻击但随后逃脱的被害人对嫌疑人的指认；
8. 因轻微违规的常规检查而被发现的犯罪嫌疑人（过期的车牌照、交通违规、停车违规等）；
9. 犯罪嫌疑人因其他一般的、非暴力的犯罪而被逮捕（如盗窃、扒窃、暴露癖、伤害等），然后将其个人的身体特征与那些未侦破的案件材料进行比对分析而侦破，如指纹、身份证照片或DNA等；
10. 利用数据库信息（如枪支登记、驾驶证、指纹或DNA等）将某已知犯罪嫌疑人与系列杀人案联系进而破案；
11. 出色的侦查工作，即对所有线索穷追不舍；对所有问题进行调查以得出结论；与其他的执法机关分享信息并合作；对所有物证进行分析，直到穷尽一切可能。

若要使这些机制发挥最大作用以侦破案件，就需要一个高度警觉的、受过良好教育且反应迅速的执法群体。将行为证据的演绎型犯罪心理画像过程作为一种侦查哲学来应用，才能使警探们成竹在胸。

借助媒体

前面已经指出，未侦破的系列案件中的某些信息具有可甄别性，将此类信息公之于众，可以促使证人、家庭成员和以前的被害人提供识别犯罪嫌疑人的关键信息。这使得媒体成为社会侦查的“生命线”。如果希望社会与我们一起合作侦破案件，那么我们就必须提供充足的信息。

在这方面，犯罪心理画像可以发挥建设性作用。但我们都明白，媒体是把“双刃剑”。侦查人员有义务即给公众足够的信息以使他们成为侦查工作的有效延伸，但他们也同样有义务对相关的资料细节进行保密：

- 防止犯罪嫌疑人了解侦查工作的全部，进而在获知破案信息后改变自己的犯罪惯技，使侦查人员无法进行并案分析。
- 甄别那些盲目模仿他人以及做出虚假陈述的人。

侦查人员还应该密切关注系列杀人案件的媒体传播，了解媒体公布了哪些案件细节以及公布时间。然后，根据这些已经公布的犯罪嫌疑人信息来监控犯罪嫌疑人犯罪惯技的变化——不管这种变化有多细微或多离谱。只要嫌疑人注意到新闻动向，并在获悉后做出反应，那么侦查人员就应该首先知情。

工作小组实践

理论上，工作小组是进行系列犯罪调查的最好方法（参见 Baeza，1999）。一般来说，其工作模式如下：相应司法管辖区和机构的代表一起组成一个团队；定期开会；建立信息网；分配工作内容；人人参与；将所有相关信息（不论新旧）进行汇编和分析，并将其分发给所有相关的人；确保人人都得其所需；并且要有人负责统筹管理，以保证不受其他机构的阻碍。同样的，假定每个人都正朝着锁定并逮捕犯罪嫌疑人这一共同目标前进是个很好的假设。但问题是人首先顾及的是自我，特别是人们需要公众认可，专业上出名，职场上进步。这些个人利益会导致工作组成员和其他人阻碍工作小组的进步。而这正是第一次会议之前就存在的错误。

问题

在过去的 12 年中，笔者有机会作为美国和其他国家的十多个执法工作队的成员或顾问，参与系列杀人案、强奸案和盗窃案的调查工作。有些工作卓有成效——逮捕了犯罪人，还澄清了其他事实。还有一些则不然。但每一次经历都具有教育意义，都有值得吸取的教训和总结的经验。其中常见的问题包括：

缺乏合格的领导。有时候负责管理工作小组的人根本不知道犯罪调查实际需要什么，不了解所需的资源以及特定任务所需要的时间。这些人在头脑风暴的时候会不断引用电视和电影，而不是之前成功的案例。

缺乏实际领导。即使工作小组的负责人具备领导能力，但有时候他们也对领导工作心猿意马。这些人不愿费事去阅读备忘录、调查报告或收集到的其他情报。他们经常缺席工作小组会议——他们可能派助手来或是打个电话来，这些都表明他们对此没有兴趣。在极端情况下，他们还会完全终止工作小组的会议。

工作小组旁观者式的冷漠态度。重要的工作及一些普通的任务可能会被忽略或是在优先顺序中排在后面，因为分配到这些任务的人认为别人会去做这些事。工作小组越大，人们就越有可能丢失、错过或被忽略一些重要情报，因为很多人都会假定别人会处理这些情报。

人员冗余。一个工作小组人员太多以至没有真正完成什么事，这样的情况并不罕见。人们会花太多时间在聚集人员、传递情报以及讨论行动的优先级等方面达成共识上。如果经常需要用超过 30 分钟的时间来弄明白每个人午饭吃什么，那就有问题了。

蓄意阻碍。在许多情况下，机构之间和部门之间的不当竞争会导致工作小组成员之间相互抵制。在极端情况下，一些工作组成员可能真的会阻碍别人的努力，他们不分享情报、隐藏或“丢失”证据，或者为了得到表扬而在时机还没有成熟的时候就逮捕犯罪嫌疑人。这种行为在任何层面的任何工作小组内都能被容忍——实在令人费解。这也是组建工作小组最大的问题之一：其他机构会为了自己的利益（不管是什么利益）损害或是严重阻碍调查，而你给了他们这样的机会。

重要人员流失。小组中总会有一些重要的人员，他们把控或掌握着对工作小组来说十分必要的资源（例如有特定技能、资源或情报来源）。因培训、休假、甚至退休而导致的人员损失是一个现实情况。然而，当此类关键人员仅仅为了满足官僚机构或内部政治的需要而被重新分配时，这就是一种荒谬的浪费。

干扰。工作组的成员和领导可能会从不同的主管和部门领导那里收到相互矛盾的指令、指示或建议，政治人物的干扰则更是毋庸赘言。这实际上是一个领导问题，而非其他问题，其原因在于工作小组成员缺乏明确的指挥系统。工作小组成员越是不清楚自己的主管是谁，就越要容忍更多的干扰。

上述问题并不局限于某一大陆或某一文化。

解决办法

基于对贝扎（Baeza，1999）和布勒（Buhler，1999）所列举的这些和其他工作小组管理问题的考量，笔者对工作小组的组建提出以下新看法：

1. 较小的工作小组意味着更多的责任、更快的决策和更高的流动性。工作小组规模应尽可能小——两到四名调查人员、两个数据分析人员、一间办公室和两部座机。每个人都配备一台专门的电脑（或笔记本电脑），一部专用手机。如果其他机构想自己努力调查并进行协调，那没问题。如果其他机构想分享已经收集到的情报，这也没问题。
2. 工作小组不应该也不需要跨部门。即便没有特别告知，大多数机构也与外部机构合作得很好。创建一个工作小组并不会减少不合作的机构或不专业的调查人员。如果信息或资源被扣留了，那就绕开它往前走。

3. 每一条新收入的信息都应由两位分析人员中的一位录入单独的数据库，并每天对所有调查人员的信息进行更新。数据分析人员应该成为每一个案件的人工信息库。任何缺乏这些技能或能力的人都不应该担任分析员的职位。这样一来，现场的侦查人员只需要一通电话就能得到需要的情报。
4. 调查人员应该认为，如果他们不做，那么事情就无法完成——主要是因为如果他们不做，就没人做了。
5. 调查人员应该向工作小组内一名积极的高级调查员负责，这名高级调查人员直接向该机构的最高级领导负责。其间不应该有中级主管。
6. 与工作小组的合作必须是强制性的。一旦发现机构内的任何人拒不与工作小组合作或者隐瞒信息，都应以书面形式进行制裁。这是让每个人都合作的关键。
7. 所有新的信息——即便看起来只是稍有关联——都应抄送工作小组。个别调查人员应保留自己对案件的立场，但他们必须与工作小组协调活动，并直接向工作小组提供最新情报。
8. 必须根据调查人员的能力和成绩将其分配到工作小组。调查人员的个人破案率低于 80% 就不应该考虑了。与政治有联系的或者是有裙带关系的调查人员也不应予以考虑。
9. 工作小组必须每个星期直接向指挥人员报告调查结果。这强化了直接问责机制。
10. 不应该有新闻发布会。所有人都不应向媒体谈论谁是工作小组的成员或者工作小组正在做什么。成立工作小组并不是为了维护公共关系，而是为了完成特定任务。即便有需要发布的信息，也应该以书面形式通过主管办公室发布给媒体。

工作小组是一个很好的概念，但目前的工作小组往往成员冗余、工作无能，服务于政治和公共关系。为了有效地完成案件侦破，工作小组必须规模更小、责任更重，且应该更少地为政治、个人日程、信息匮乏和官僚作风所累。小组还必须能够迅速和有效地对良好的情报做出反应，而不应该让信息在成员之间四下分散，导致没人知道什么是已知的或已经做了哪些工作，或者是该谁负责。

讽刺的是，随着分歧出现、联盟形成，以及优秀的侦查人员开始着手解决或绕过内部问题，系列犯罪的调查往往会出现上面所提到的问题。尽可能地清除小组中的政治因素，以确保侦查人员拥有推动案件进展所需的一切——这必须是一个优先事项。给予调查人员时间、资源、权限和支持来追踪线索则是另一方面。若无法自然而然地保证这些事项，那就必须采取措施，否则它就永远无法实现。

结　论

迄今为止，人们倾向于将系列犯罪归入不同类别。因此，对系列犯罪人性质的设想很可能是以他们与某固定群体的错误关系为基础的，其依据很可能只是他们在几个时间点上的犯罪行为。这种狭隘的、分类式的归纳和预测令人担忧。

武断地给犯罪行为贴上标签，或者只根据已经发现和了解到的情况来贴标签，都会产生相应后果。并案分析可能无法被实现，心理画像可能不全面，调查会受到影响，受害者可能遭受不必要的痛苦，正义——哪怕没有完全消失——也可能会迟到，更别提会误导我们对系列犯罪是什么、其动机为何及其能力高低的犯罪学认知了。

确定了某犯罪人是系列谋杀犯，我们也不能因此认为此人过去或未来都将如此。调整我们的看法是理解和调查系列犯罪及相关一切的必要步骤。目前，一般研究已经构建的图景过于简化，在大众范围内作用颇大且大行其道，但细看的话，此类研究下的理解就算不是完全错误，至少也是不清楚的。需要当前和未来的学生对系列犯罪进行进一步的意识形态研究，以减轻我们对“系列案件”理解的局限性。

小结

许多连续作案的犯罪人在一段犯罪时间内或是犯罪生涯中都会犯下多种类型的罪行。不幸的是，由于报案、研究、调查和起诉的方式，许多人认为事实恰恰相反。这导致了刻板印象、轻率分类以及对某些系列案件的忽视。

系列杀人犯这一术语最初由联邦调查局心理画像人员给出，以协助配置侦查资源。媒体和大众文化对这一术语的使用导致了神话般的系列杀人犯原型，其特点是不受社会规则约束、具有深刻反思意识、聪明或浪漫的犯罪人。人们关注系列杀人犯并以其为名人并不是出于对现实生活中这些人的特征的钦佩，而是因为人们需要维持一种具体且多样的幻想，很多普罗大众都认为这种幻想令人欣慰且趣味十足。有些行业靠系列谋杀犯的虚构业务来牟利，以上形象就是由此类行业制造。

根据定义，系列强奸犯往往是成功的犯罪人，因为执法机构未能及时将他们的案件联系起来，未能在他们多次犯罪前将其绳之以法。然而，与系列谋杀犯一样，他们的犯罪行为并不局限于强奸或一般意义上的性犯罪。与很多形式的谋杀案不一样，系列强奸是一种极端的行为表现形式：在实施犯罪之前，犯罪人就已经把它想象出来并在某种程度上考虑好了。强奸犯的动机各不相同，但如同本书所言，也可以用一些概括性术语对其加以讨论。

为了协助侦查人员制定合格的侦查策略，顺利识别并逮捕系列犯罪嫌疑人，同时培养对罪犯动机和意图的有效洞察力，作者建议对每个案件中的以下方面进行考察：系列犯罪嫌疑人选定被害人的方式和原因；犯罪嫌疑人在实施攻击后以何种方式留下活着的被害人以及这么做的原因；犯罪嫌疑人选择将尸体抛弃在抛尸地点的方式及原因。建议谨慎借助媒体工具，在系列案件中，只在必要的时候才借助这一手段。此外，还建议系列案件工作小组有更小的规模、更高的权威和更丰富的资源，以及更少的政治和官僚负担。

练习

1. 判断正误：系列犯罪人在犯罪生涯中倾向于不断去犯同一种类型的罪行——也就是说，强奸犯只犯强奸罪，谋杀犯只犯谋杀罪，以此类推。

2. 本章讨论了几种关于系列杀人犯的神话，请列举两种。

3. 解释电影、真实犯罪小说和系列杀人犯原型的关系。

4. 关于强奸犯的动机，有人认为强奸行为可以使某一群体团结。请举一个例子。

5. 犯罪人在心理上暂时与导致或最终造成杀人事实的行为和动机脱节、分离或隔离，重新回到他们非刑事犯罪的生活和活动中的间隔期被称为______。

REFERENCES

Abbott, K., Langbein, S., 2005. Cops Balked on Arrest: Brents Warrant Prepared Late Last Year, Sat Unsigned for More than a Month. *Rocky Mountain News* (February 18), A5.

Arkansas v. Steven Anthony Sera, 2000. No. CR 98 – 1222, May 25, 2000 (2000 WL 675546 (Ark.)).

Baeza, J., 1999. Task Force Management. In: Turvey, B. (Ed.), Criminal Profiling: An Introduction to Behavioral Evidence Analysis. Academic Press, London, England, pp. 415 – 428.

Baker, K., 1997. Once a Rapist? Motivational Evidence and Relevancy in Rape Law. Harvard Law Review 110 (3), 563 – 624.

Buhler, M., 1999. The Fugitive Task Force: An Alternative Organizational Model. FBI Law Enforcement Bulletin 68 (4), 1 – 5.

Cabrera, L., 2001. New Tool Faces Old Mystery: DNA Tests May Help Solve the Case of the Green River Killer. *The Columbian* (August 27), 2.

CBS News, 2004. The Mind of a Serial Killer. 60 Minutes II July 7.

Ebrite, T., 2005. Toward a Balanced Equation: Advocating Consistency in the Sentencing of Serial Killers. Oklahoma Law Review 58, 685 – 722.

Egger, S., 1984. A Working Definition of Serial Murder and the Reduction of Linkage Blindness. Journal of Police Science and Administration 12, 348 – 357.

Fox, J. A., Levin, J., 1998. Multiple Homicide: Patterns of Serial and Mass Murder. Crime and Justice 23, 407.

Groth, A. N., 1979. Men Who Rape: The Psychology of the Offender. Plenum Press, New York, NY.

Gumbel, A., 2001. The Mystery of the Green River Killer. *Independent*, UK (December 19).

Hamill, R., 2001. Recidivism of Sex Offenders: What You Need to Know. Criminal Justice 15 (4), 24 - 34.

Herdy, A., 2005. Brents Details Crimes, Alleges Abuse at Parents' Hands. Denver *Post* (July 7), A4.

Hickey, E., 1991. Serial Murderers and Their Victims. Brooks/Cole, Belmont, CA.

Hinch, R., Hepburn, C., 1998. Researching Serial Murder: Methodological and Definitional Problems. Electronic Journal of Sociology 3, 2.

Homant, R., Kennedy, D., 2005. Serial Murder: A Biopsychosocial Approach. In: Petherick, W. (Ed.), Serial Crime. Elsevier Science, Boston, MA.

Ith, I., Smith, C., Guillen, T., 2001. Ridgeway Awaits Charges. Seattle *Times* (December 2), A1.

Kamb, L., 2006. Reichert Touts Law Record, but Critics Don't See It His Way. *Seattle Post - Intelligencer* (October 6).

Kennedy, J., 2006. Facing Evil. Michigan Law Review (May), 1287 - 1304.

Keppel, R., 1989. Serial Murder: Future Implications for Police Investigators. Anderson, Cincinnati, OH, pp. 1287 - 1300.

Langbein, S., 2005. 190 More Years for Brents Assault Victims: Mom Says Family's Kindness Paid Back with "Evil". *Rocky Mountain News* (July 9), A6.

Langbein, S., 2006. Victims of Brents to Split Settlement. *Rocky Mountain News* (January 31), A7.

Lindsay, S., 2005. Chilling Details in Brents Case: Suspected Sexual Predator to Stand Trial on 72 Counts of Rape, Attempted Murder. *Rocky Mountain News* (May 3), A5.

Maryland v. Metheny, 2000. July 24 (755 A. 2d 1088).

McCarthy, T., 2002. River of Death. Time (June 3), 59 - 67.

Missouri v. Terrance Bolds, 2000. No. ED 75483, February 7 (11 S. W. 3d 633).

Pankratz, H., McPhee, M., 2005. Suspect's Sex Crimes Began in Early Teens. Denver *Post* (February 17), A1.

Petherick, W., 2005. Serial Crime. Elsevier Science, Boston, MA.

Ressler, R., 1992. Whoever Fights Monsters. St. Martin's Press, New York, NY.

Simon, L., 1997. The Myth of Sex Offender Specialization: An Empirical Analysis, Symposium: The Treatment of Sex Offenders. New England Journal on Criminal and Civil Confinement 23 (2), 387 – 403.

Sunde, S., 2002. Searching for an "Invisible" Menace in Our Midst. *Seattle Post – Intelligencer* (January 18), A1.

Turvey, B., 2004. Modus Operandi, Motive, and Technology. In: Casey, E. (Ed.), Digital Evidence and Computer Crime: Forensic Science, Computers and the Internet, second edition. Academic Press, Boston, MA.

Wilson, D., 2003. Profiler Can't Recall Why He Said Letter Wasn't from Green River Killer. Seattle *Times* (November 26), B1.

Wrolstad, M., 1997. Wife's Discovery of Sex Tapes Leads to Serial Rape Case. *Dallas Morning News* (November 16), A – 29.

第 23 章　恐怖主义简介

——了解并与恐怖主义分子对话

布伦特 E. 特维（Brent E. Turvey），
马吉德·卡迪尔（Majeed Khader），詹森·昂（Jansen Ang），
尤妮斯·谭（Eunice Tan）和杰弗里·钦（Jeffery Chin）

犯罪心理画像通常是实现拘留、起诉和/或驱逐出境的手段。

——乔杜里（Choudhury）

2001 年 9 月 11 日，恐怖分子袭击了美国东海岸的平民和政府机构。策划此次袭击的恐怖分子由隶属基地组织（Al Qaeda）的 19 人组成。①他们劫持了四架商用客机，其中两架撞向了世界贸易中心，一架撞向了五角大楼。另一架客机最初也被劫持了，但是，得知恐怖分子意图撞往白宫时，机上乘客和机组人员试图夺回飞机控制权。最终，这架航班在宾夕法尼亚州萨默塞特郡的农村附近坠毁。虽然许多人仍在争论这一事件造成的全部损失有多少，但众所周知，参与劫持的恐怖分子全部丧生，连同所有的航班乘客和地面上成千上万的受害者都当场死亡。

自那时起，笔者就不停地收到各种请求，要求协助全球机构和政府进行恐怖分子的犯罪心理画像。其中最常见的问题是：我们可以根据种

① Al Qaeda 在阿拉伯语中的意思是“基地”。这是一个国际恐怖组织，最初于 1988 年由奥萨马·本·拉登（Osama bin Laden）及其同伙阿提夫（Mohammed Atef）成立，主要是召集并协助在阿富汗抗击苏联入侵的阿拉伯人。自成立以来，基地组织与其他跟自己目标相似的许多宗教激进主义组织结成联盟，他们的目标是推翻异端政权，通过武力恢复原教旨主义的统治。基地组织对西方持强烈的敌对态度，并将美国及其外交政策视为腐蚀和影响基地组织、意图推翻然后重建各伊斯兰国家的主要力量。

族来进行恐怖分子犯罪心里画像吗？而一般紧接着的问题就是：一个恐怖分子的犯罪心理画像是什么样子？本章内容便源于上述请求。

本章的目的是，探讨在全球对抗极端恐怖组织的背景下，刻画恐怖分子犯罪心理画像的可行性；讨论目前常见方法中的本质问题；最后给出基于和谐关系的对个别恐怖分子的询问策略。

本章第二部分介绍询问技巧，其原因有二。首先，大多数关于恐怖网络的情报都不可靠，甚至荒谬至极。执法部门和军方往往都不知道谁是恐怖分子、他们所想为何、他们所求为何，或者为所求之目标愿意做什么。他们对恐怖分子长相的印象源于观看的电影或电视，源于并不全面的媒体原型（Choudhury，2006）。[①] 其次，许多所谓的恐怖主义专家开设了相关讲座、培训，提供建议，但他们在职业生涯中却并没有与恐怖分子实际接触的经验，除了在新闻上看到的情况以外，他们并没有关于恐怖分子本质和活动的实际知识。为了解决现有培训和文献中存在的上述局限，笔者寻求了行为科学部（Behavioral Science Unit）和新加坡内政群英学院（Home Team Academy）的帮助。他们不仅有协助调查恐怖分子（包括与基地组织有关的恐怖分子）网络的经验，也有对恐怖分子进行询问的经验。

就这种专业知识而言，在不知情的人眼中，新加坡似乎是个偏远之地，但事实并非如此。作为国家和文化之间的贸易和商业中心，新加坡的局势历来紧张。即便其影响力不能覆盖世界上的大部分地区，新加坡也是其所在地区的调解人，有时还是该地区的各种博弈的庄家。实际上，这就意味着若要使新加坡的一切有效运转，该地区的每个人就都要和睦相处。来自不同宗教和文化的人在一起，比如穆斯林和基督教徒，可以为了一个共同的目标（例如贸易）聚在一起，他们不会因为不同的信仰互相残杀，像这样的地区世间少有，而新加坡正是这样一个地方。[②]

---

① 也可以参考本书第三版探讨24小时效应的“媒体的力量”部分。

② 2007年年初，笔者受新加坡警察部队的行为科学分部邀请赴新加坡对其进行培训。此次出行最终成为一次重要的文化和教育交流。笔者在那里学到的最重要的文化课之一就是，新加坡是一个多样性极为丰富的国家，其领土内的人民，无论来自哪个国家，哪个种族，抑或具有什么样的宗教背景，他们都能友好相处。

和平的文化氛围在新加坡必不可少，这使它成为伊斯兰极端分子（比如与基地组织有关的极端分子）的理想目标，他们决心通过暴力推翻“异端”政权。于那些意图对美国造成伤害的组织而言，新加坡是一个完美的间接目标，这一点毋庸置疑。因为约有1万7千名美国人住在这个城市国家，此外，新加坡境内还有6000家跨国公司，而其中有几家就是当地公司，是美国最大的雇主。埃勒根特（Elegant，2002）解释道：

> 去年年底基地组织意图在大使馆和其他重要地点引爆7枚大型卡车炸弹，这一阴谋最终被揭露，而新加坡备受吹嘘的国内安全机构，尚未完全从这一事件的冲击中恢复过来。一位与新加坡政府在恐怖主义问题上合作密切的消息人士称：“这个阴谋几乎马上就要执行了，他们完全被吓坏了。”这一阴谋败露之后，当局并非没有采取行动。目前已有近40名激进分子被捕入狱，新加坡官员坚称，在这个岛屿共和国境内，伊斯兰祈祷团的组织不再存在“任何可信的威胁”。但是恐怖主义专家扎卡里·阿布扎（Zachary Abuza）指出，哪怕要耗费数年时间，在新加坡成功发动攻击仍然是伊斯兰祈祷团的首要目标。阿布扎说：“作为该地区的资本主义中心，新加坡具有重大的象征意义。”
>
> 今年早些时候，新加坡总理吴作栋（Goh Chok Tong）透露，新加坡伊斯兰祈祷团中逃脱逮捕并逃离该国的12名成员中“最危险的”马斯拉迈特·卡斯塔里（Mas Selamat Kastari），曾策划劫持一架飞机去撞新加坡樟宜机场，这一事件更是加重了担忧。据报道，该机场现在受到防空导弹的保护，岛上位于朱龙（Jurong）西南部的大型炼油厂也是如此，壳牌（Shell）和埃克森美孚（Exxon Mobil）等跨国公司在那里拥有大型设施。10月中旬，新加坡在该地区部署了装甲师部队作为进一步的保障措施。

这意味着新加坡内政部积累了大量对付恐怖主义组织的经验，取得了不小的成功。恐怖分子一再威胁，但是却未能成功地袭击新加坡内的目标；新加坡内政部在恐怖分子阴谋行动之前将之成功揭露，并继续发掘新的阴谋——由此可知，新加坡在这方面经验丰富。因此，新加坡的专业经验将是本章第二部分的内容。

恐怖分子的一般心理画像：过于简化、不全面及不实用

西方学者在开发伊斯兰极端分子的一般画像，用电影《侏罗纪公园》（1993）中虚构的伊恩·马尔科姆博士的话来说，这个主意“是所有糟糕的思想出现以来最差的主意”。

首先，一般恐怖分子犯罪心理画像模式的依据通常是过于简化、并不全面的偏见，而不是对犯罪行为本身所进行的实际研究。事实上，我们对这个问题心知肚明，这就是为什么种族主义式犯罪心理画像十年前才在美国根除的原因。也就是直到 2001 年“9·11 事件”发生之前（Reynolds，2007，p. 667）：

> 除了最近涉及安然公司（Enron）和玛莎·斯图尔特（Martha Stewart）丑闻的首席执行官的“知识分子”犯罪以外，大多数犯罪行为都是由美国社会中典型的最穷、最黑暗和新来的成员所犯下的，这一点已然成为一个共识。
>
> 到 20 世纪 90 年代中期，执法部门的种族主义式犯罪心理画像业已成为社会的一大禁忌。2000 年，在盖洛普民意（Gallup poll）调查中，80% 的美国人表示他们不仅听说过心理画像的做法，还认为这种做法应该停止。从 1999 年 1 月到 2001 年 9 月，已有 13 个州通过立法禁止种族主义式犯罪心理画像，或者要求警察部门收集此类行为的数据。然而，在 9 月 11 日的恐怖袭击事件之后，全国对心理画像的共识发生了变化。所有 19 名劫机者均为阿拉伯人。“袭击之后不到一个月，调查显示大多数美国人都倾向于加强对阿拉伯人和中东人的安全检查。”但是，这种心理画像显然与性别和种族有关。性别是新恐怖分子心理画像的关键基础，因为所有的劫持者都是男性；历史上……这样的宗教激进主义组织的成员都是男性。

“9·11 事件”后，由于对未来恐怖袭击的紧迫感增强，公众对给

恐怖分子进行种族心理画像的态度有所缓和。全国各地的机场、边境和恐怖分子的其他可能目标都部署了新的安全措施，此后，这种态势就形成了。但在紧迫和恐惧的环境中，这些改进措施并没有使得对恐怖分子进行种族心理画像的理由变得更加有说服力。正如塔斯兹（Taslitz，2005，p. 1186）所解释的：

> 感到紧迫是一件危险的事。强大的时间压力会使思维僵化，不灵活。与其仔细比较各种措施的备选方案，决策者们更容易抛弃那些明显不会被需要的选项。换句话说，他们太容易缩小自己的选择范围和注意的领域，忽略了许多可能有助于做出更好、更明智选择的信息。也许更糟糕的是，他们越来越依赖于习惯和成见。时间压力也会造成一种威胁感，影响人们清晰推理的能力。认知功能也会在时间压力面前下降。
>
> 对潜意识中刻板印象越来越强的依赖、威胁感，以及在时间紧迫的环境中收集和有效评估准确信息的能力受限，这些至少增加了产生潜意识种族刻板印象的可能性……

事实上，公众甚至是执法部门对种族心理画像的持续关注表明，我们还没有从国内处理恐怖主义的经验中学到任何东西。正如戴维斯（Davies，2003，p. 78）所言：

> 面对发生在美国境内的恐怖主义行为，任何思维严谨的人在得出中东血统的人比其他人更可能是恐怖分子的结论前都应该三思。几名“土生土长的”恐怖分子就与这种说法不符。蒂莫西·麦克维（Timothy McVeigh）是来自纽约州北部的白人男子，他所实施的恐怖活动造成了至少168条无辜的生命死亡，超过500人受伤。如果他的计划完全实施，死亡人数可能不止于此。他在穆拉联邦大厦外引爆炸弹时没有更多的伤亡，这纯粹是一种巧合，并不值得庆幸。当被问到是否有任何遗憾的时候，麦克维回答说，他唯一的遗憾是这栋建筑没有完全倒塌。在“9·11事件”之前，麦克维恶毒且有预谋的犯罪经常被称为“在美国发生的最严重的恐怖主义行为。”
>
> 俄克拉荷马市阿尔弗雷德·P. 穆拉联邦大厦（Alfred P. Murrah

Federal Building）爆炸案发生后，有 168 位无辜人员丧命，警方努力将造成此次悲剧的案犯绳之以法；但是，也没有人认为警方可以适当借助心理画像来办案，即仅仅因为与麦克维有着相同的体貌特征就对年轻、有着细密短发的白人男子进行额外审查。为什么不行呢？我想这是因为，当我们面对一名可能有同谋的白人嫌犯时，我们并没有像面对少数族裔嫌疑犯那样，认为其同伙与该嫌疑人来自同一个种族，而这种思维在面对少数族裔案犯时十分常见。在这种情况下，我们似乎本能地知道，怀疑所有白人男性并不能够帮助我们抓获共犯，而在这个过程中，我们给无辜白人男性造成的压力又非常大，故而这种调查行为毫无逻辑意义。

另有一些案例为质疑上述推论的第一个前提——中东人比非中东人更有可能犯下恐怖行为——提供了更深层次的理由。与蒂姆·麦克维（Tim McVeigh）一样，特德·卡钦斯基（Ted Kaczynski）也不符合当前流行的阿拉伯或穆斯林恐怖分子刻板印象。他是一位本土的纽约州北部白人，是过去 17 年间系列爆炸案的案犯，这些爆炸案导致 3 人死亡，23 人受伤。然而，与 9·11 之后的反应不同的是，在卡钦斯基的恐怖行为之后，并没有发现人们呼吁加强对邋遢白人男性隐居者的监视。好像这也理当如此。

如果种族犯罪心理画像不可行，那么一般的恐怖分子画像又该当如何呢？例如，福尔摩斯等（Holmes and Holmes）（2001）提出了三种类型的大规模杀手分类方法，可用于帮助对个人恐怖分子进行分类：信徒式大规模杀手（disciple mass killer）、意识形态类大规模杀手（idiological mass killer），以及游击式大规模杀手（set - and - run mass killer）。虽然这种分类方法的确能够有效描述一些国内恐怖分子，但它们必定无法洞悉那些成长在境外的恐怖分子。原因相当简单。因为我们这些在美国的人通常对伊斯兰信仰、文化和习俗不甚了解。我们不理解不同伊斯兰社区内部的复杂性和多样性，甚至不知道其中存在复杂性和多样性。因此，我们基本上是地球上最不应该试图将任何研究模式、类型学或分类结构强加给非美国恐怖分子的人之一。正如乔杜里（Choudury，2006，p. 8）所言：

尽管对伊斯兰相关事物的各种报道都在增加，但是作家、分析人员和政策制定者最终还是会落入对伊斯兰的单一刻板印象，并对此提出意见，进行谴责。为了让穆斯林能够为人所知，他们似乎将所有穆斯林折叠成一个可以被替代的民族，而其所生活的广袤地域则成为了一种平坦、没有变化的地方。这种化繁为简的倾向并不仅仅出现在媒体领域。实际上，美国和西方穆斯林群体也已经察觉到将不同种族的穆斯林简化成一个可知群体的愿望。建构元身份是将原本无序的多元性有序化的手段之一，这也是对穆斯林的期待。

以目前西方关于非美国本土恐怖主义的犯罪心理画像文献的无知和混乱，我们能做的，至多是在未来十年里向那些经验丰富的人学习相关知识，下一节将对此详加描述。

恐怖分子询问：调查询问的建议

本节主要包含三方面的内容：恐怖主义研究概要、恐怖分子的犯罪心理画像，以及如何对恐怖分子进行询问。本节内容不一定详尽无遗或面面俱到，旨在根据我们对恐怖分子进行询问的经验给从业者提出一些建议。

对更多恐怖主义相关问题感兴趣的读者可参阅此领域内主要研究人员，包括兰迪·布拉姆（Randy Borum，2004）、玛莎·克伦肖（Martha Crenshaw，1994）、古纳拉特纳（Gunaratna，2003）、法阿丽·M. 穆加达姆（Moghaddam and Marsella，2004）、新加坡内政团队（新加坡，2003）和杰夫·维克托若夫（Victoroff，2005）等的成果。另一个要提请读者注意的问题是，虽然本节使用的许多例子涉及伊斯兰极端分子，特别是活动于东南亚的伊斯兰祈祷团（因为作者最熟悉这一群体），但此处所提的建议具有普遍性，也适用于其他团体的极端分子询问。

恐怖主义研究：背景概述

恐怖主义问题的主要研究人员安德鲁·西尔克（Andrew Silke）博

士对研究现状提出了尖锐的评论。他说："目前，针对恐怖主义的研究态势并不健康。它依赖于快餐式研究：快速、廉价、随时可用且营养不良。……据发现，早在 1988 年就指出的问题到了今日仍然像以往一样严重"（Silke，2001）。事实上，有几个问题一直困扰着这个领域。

第一，专家们似乎没有就恐怖主义的定义达成共识。有人指出，专业文献中出现了超过 100 种关于恐怖主义的定义（Borum，2004）。如果没有一个明确的定义，还能发展一个丰富的知识库或进行一致的研究吗？似乎可能性不大。

第二，西尔克回顾了从 1995 年到 1999 年五年间发表在恐怖主义研究领域主要期刊上的研究报告，他注意到绝大多数的文章主要是根据开放式文件构成的"时事短评"。仅有 20% 的文章提出了实质上的新知识和理解。

第三，很多恐怖主义"专家"从未真正与恐怖分子对过话，或是不愿意透露出他们的研究来源，或者至少在谈及其研究来源时含混不清。[①]说句公道话，要理解和分析恐怖主义现象，并不总是需要有与恐怖分子直接交谈的经验。然而，若一个人要给他人提出与恐怖分子沟通的行为能力方面的建议，例如如何交往、建立融洽关系，或是进行询问，那么这种直接经验似乎就是一个基本的先决条件。本书作者们在这方面有一些优势，因为他们在工作中有直接与各种各样的恐怖分子进行访谈接触的经验。他们也与对恐怖分子进行过访谈的官员一起工作和沟通过。

对恐怖分子进行画像：不可能完成的任务？

早期的行为研究将恐怖主义定义为心理和行为上的偏差。据信，恐怖主义的精神病理学是由无意识的动机和冲动驱使的，这些动机和冲动的根源在于童年。例如，精神病学家弗雷德里克·黑客（Frederick Hacker）（1976）最早提出了恐怖分子心理分类，他称之为十字军、罪犯、疯子。

① 讽刺的是，"基地"组织和大多数其他恐怖组织的成员往往会对那些大肆吹嘘自己所做的事情、去过的地方和看到的任何恐怖网络的人保持高度警惕，因为这些人对该组织构成安全威胁。

随着理解的加深，现代专家的普遍共识是，并没有令人信服的理由认为恐怖分子在心理上是不正常的、疯狂的，或者是具有独特的心理特征。例如，笔者们的经验表明，总的来说，恐怖分子可以像任何其他人一样表现得“正常”，也许除了虔诚的宗教信仰之外，他们普遍都和蔼可亲、有着很好的人缘。人们还发现他们非常理性，好相处，思想保守，行为举止也令人舒服，并没有心理病态。①

我们来看一下自杀式炸弹袭击背后的冷酷逻辑，正如麦德森（Madsen，2004）所描述的：

> 自杀式恐怖袭击是最大胆的不对等作战方式，它意味着“物有所值”。这种方式低廉、残酷而有效，并且很难被阻止；因此，与更传统的恐怖手段（例如汽车爆炸、暗杀等）相比，这种形式更具吸引力。实际上，是否采取自杀式恐怖袭击的决定源于粗略的成本效益分析。恐怖组织会将自杀性恐怖主义对其形象的影响纳入考虑。它是否会给敌方带来更大的伤亡？与传统袭击相比，自杀式袭击的整体利益（或成本）会不会更高？此次行动能否调动公众支持组织的活动？因此，这不是单独或疯狂的个人行为，我们看到的自杀式恐怖主义是多方共同合作的结果，其中涉及招募、训练炸弹袭击者，搜集攻击目标的情报，最终将自杀式炸弹袭击者送到目的地等步骤。这些令人毛骨悚然的优势构成了恐怖组织使用这种战术的核心理由。

恐怖分子十分理智、与正常人无异且类型各异，因此很难确定任何恐怖分子类型的准确身体或种族特征。比如，古纳拉特纳博士（Dr. Rohan Gunaratna）就曾记录，基地组织招募了来自 74 个不同国家和至少 40 个不同国籍的成员。这就使人们很难确定任何特定的族裔群体或国籍与该群体的事业有着独特的联系。争论恐怖分子可能存在明显的身体、种族或人格特征没有什么意义，上述事例只是表明这一点的众多例子之一。

但这也并不是说各种关于恐怖分子的组织和运行模式的心理画像都

① 这些特征并不总是存在或保持一致，故而也就难以区分。

不可行。许多恐怖组织是有组织结构的，在运作上倾向于分级或联网。因此，他们倾向于坚持特定的习惯性信念、原因和行动目标。例如，很多恐怖分子组织起来进行特别行动，比如侦察、绑架、暗杀或爆炸。可以预见他们的相关行为和思维方式，这就使恐怖组织的某些要素和机制具有高度的可预测性。因此，如果人们知道要找什么的话，就可以刻画出恐怖组织的激进行为在意识形态、运行方式和不同发展阶段的心理画像。出于安全考虑，且此话题已离题，这些都不在这里详述了。

但意识形态的问题很有趣，值得详细阐述。意识形态可以提供“激发暴力行为的道德和政治愿景，塑造他们看待世界的方式，并指导他们判断人和机构的行为”（Drake，1998）。例如，泰勒（1988）解释道“意识借助一系列可能事件将直接行为（比如暴力行为）与远程结果（如建立新的伊斯兰国家、来世的奖励）相连接来控制行为。因此，意识形态中，特别是宗教，可能会有一些暗示其信徒采取行动的指令。”

又如，锡特卡和马伦（Skitka and Mullen，2002）界定了两种类型的意识形态指令：道德指令和神圣指令。道德指令是人们出于道德信念而形成的特定立场，即认为某件事情正确与否或道德与否。据他们解释，道德指令有着态度强硬的特点，即此类指令十分极端、非常重要且十分明确，但同时又因为它们充满了道德信念，因此又具有其他的动机和成分。另一方面，神圣是受宗教信仰驱使的极端分子具有的特点。这类指令据信是符合上帝的意志或其他神圣权威的信念。因此，关于恐怖分子，建议访谈人员设法了解他们个人信仰的性质和起源，原因就在于它们会直接涉及其行为动机，了解这些有助于与他们建立良好的关系。

基于和谐关系的询问策略建议

以下是以和谐关系为基础的询问策略。

调查询问开始前采用良好的准则

给所有询问人员的第一条建议是，仔细的查找、研究和搜寻调查询问技巧方面的培训。在世界范围内，人们已经开发了几种模式，它们在对恐怖分子进行询问方面也有用武之地。笔者建议感兴趣的读者可以参考贝基·米尔恩（Becky Milne）的《调查式询问：心理学及实践》（Milne and Bull，1999）、费舍尔和吉塞曼的《强化调查性询问的记忆技巧：认知询问》（Fisher and Geiselman，1992），以及汤姆·威廉姆森（Tom Williamson）最近编辑的《调查询问：权利研究与监管》（Williamson，2005）。如果尚未形成调查性询问的理论框架，在询问开始前应该建立一个此类框架。询问必须依靠一个框架，询问过程中出现的问题也有赖于其指导。当然，此类框架也应该具有法律和道德基础。

酷刑于良好询问无益

尽管是老生常谈了，但仍要强调的一点是：询问并非严刑拷打，另外，严刑拷打也于成功询问并无裨益。首先要提的就是效率问题。几乎没有任何经验丰富的专业人士认为严刑拷打能提供有效的信息，阿普勒鲍姆（Applebaum，2005）的研究中有这样的轶事一则：

> 举个例子，我们来见见已经退休的空军上校约翰·罗斯洛克（John Rothrock），年轻时，他在越南领导作战审讯小组。他不止一次面临着像定时炸弹嘀嗒作响一样紧急的情景：一个知晓杀害美国人计划的越共游击队员被捕了。（我们）在这件事上做得“不太好”，他说：“但是我们没有对他们进行身体上的虐待。”罗斯洛克应用了心理学、被俘和意外的打击来使之就范。有一次，他让一个囚犯看着其受伤的同志死去。然而，他记得自己对那些希望他动作更快的“迫切的、尊敬的军官”说过——“如果我把一盏煤气灯放在那个家伙的生殖器上，他会告诉你任何事情，”但这毫无意义。罗斯洛克并不是一个软弱的自由主义者，他说他不知道“我们这一代的专业情报人员中，有谁会认为这是个好主意。”
>
> 或者听听陆军上校斯图尔特·赫林顿（Stuart Herrington）的故事，沙漠风暴期间，他在越南、巴拿马和伊拉克作为军事情报专家进行审讯工作，并且在2003年——早在阿布格莱布监狱事件（Abu Ghraib）前——就被五角大楼派往伊拉克评估审讯工作。赫尔顿说，除了不道德和违法以外，酷刑只是“不是获取信息的好方法”。根据他的经验，即便是不采用“施加压力的方法”，10人中也有9个

完全可以被说服，残酷和不正常的方式就更没必要了。在被问到对于宗教狂热者来说是否也是如此时，他说“平均准确率”可能会更低：“可能10个中有6个吧。”那么你会殴打剩下的4人吗？“为了让你停下来，他们会告诉你一切。”……

最近公布的联邦调查局在古巴关塔那摩湾海军基地的文件中对上校的观点作了最新的说明。除其他以外，这些文件还表明，一些军事情报官员意图使用比联邦调查局更为严苛的审讯方法。因此，一名检查人员抱怨道：“每当联邦调查局与一名囚犯建立了融洽的关系，军方就会介入，囚犯就不会再合作。”这就是酷刑的效用。

考虑到大量的负面证据，真正有趣的问题不是酷刑是否有效，而是为什么我们的社会中有这么多人愿意相信酷刑是有效的。此时，有这样一个神话在流传，这个寓言故事是这样的：激进的恐怖分子会利用我们烦琐的合法性，所以我们可能不得不暂停殴打他们。他们会嘲笑我们窝囊的监狱，所以我们必须对他们更加严格。这些恐怖分子难以对付，所以为了打败他们，我们必须更加恶毒。

使用酷刑也会产生意想不到的后果。借助隔离、剥夺睡眠、减少食物或其他更极端的方法来减少对审讯的抵抗可能类似于打赢了仗却输掉了战争。恐怖主义漫长的历史表明，获释的囚犯所讲述的酷刑故事，往往是带着伤疤记录下来的，这只会让未来几代恐怖分子更加怒火中烧，他们必然会寻求报复。这是阿普勒鲍姆（Applebaum）中所说的“相互作用”——“酷刑的副作用”之一（Applebaum，2005）：

更糟糕的是，酷刑还会有其他副作用。“它会通过反作用危及我们战场上的战士。”它的确“会损坏我们国家的形象”，破坏我们在伊拉克的信誉。从长远来看，这超过了任何理论上可能的好处。赫林顿（Herrington）不愿意讨论自己的五角大楼机密报告，但是在一个月前这份报告被泄露给了《邮报》，这个文件说得更深入。在那份文件中，他警告说，精英部队和中央情报局特别工作组成员在伊拉克虐待囚犯，他们的行为会“制造出无端的敌人”，而“虐待囚犯”与联盟争取伊拉克公民合作的努力适得其反。换句话说，使用“特殊方法”非但不能拯救美国人，反而可能有助于解释为什么这场战争如此糟糕。

例如，记录美国士兵在伊拉克阿布格莱布虐待囚犯的照片是证明监狱人员未经训练且失去控制的有力证据。在早期的调查中，军方竭力阻止这些照片的公开发表（Preston，2005）：

> 纽约联邦法院公开的文件显示，五角大楼高级官员反对公布伊拉克阿布格莱布监狱虐待被拘留者的照片和录像带，他们认为这会煽动穆斯林世界的舆论，并且会使美国士兵和官员的生命受到威胁。
>
> 参谋长联席会议主席理查德·迈尔斯（Richard Myers）将军在一份支持五角大楼的声明中说，如果这些图像被公布，“会招致叛乱分子的骚乱、暴力和袭击”。
>
> 美国公民自由联盟（American Civil Liberties Union）根据《信息自由法》（*Free Of Information Act*）的规定提起诉讼，向曼哈顿的美国地区法院提交了文件，要求公布在阿布格莱布拍摄的87张照片和4盘录像带。这些照片是去年被派驻阿布格莱布的预备役军人约瑟夫·达比（Joseph Darby）交给军队调查人员的照片中的一部分。
>
> 这些文件显示出五角大楼高级官员力图阻挠影像资料公开的决心，也表明他们对这些照片可能会公之于众的前景感到惊慌。

在这个案例中，军方明白负面舆论可能造成的伤害，但是如果从一开始就禁止这种方法，遵守合法且道德的调查访谈框架，整个事件就可以避免。

以建立融洽关系为导向的合法且道德的访谈框架是良好的调查访谈技术的基础。一个好的框架会明确支持以下观点：任何酷刑（无论是身体还是心理的）都不利于良好调查。酷刑会削弱信任，带来不可靠的信息，引起恐怖组织的报复行为，甚至会转而促进恐怖主义的人员招募。

恐怖分子与其他犯罪人的诉求可能有异

一个恐怖组织可能会从事犯罪行为，但是驱使其他犯罪人犯罪行为的需求（即他或她犯罪的需求）可能与个人恐怖分子或其他恐怖组织不同。其间可能存在相似之处（例如加入组织都是为了与朋友和家人一起寻求庇护，或者找到一种集体归属感；可能都是被报复所推动；可能都使用了相同类型的方法和武器）；然而，他们的意识形态需求和个人动机/合理性可能会大不相同。例如，虽然许多犯罪人的行为可能是为了金钱利益或是满足自己吸毒的嗜好，也有许多恐怖分子的个人行为是出于一种意识，即他们在为更崇高的事业或正义服务。可以说，瘾君子犯罪并非因为他感知到召唤，要维护他们所认为的神圣意志，而且也没有任何书面理论来支持窃贼或为他们的行为辩护。鉴于此，虽然有一些旨在确定犯罪人的犯罪需求的工具（例如 LSI－R 量表①），但它们并不一定适用于评估恐怖分子的需求。

因此，好的询问人员应尝试在案件的基础上了解其特定被询问人的社会心理和个人需求，而不是妄图以不适当的方法将所有被询问对象归为一组。了解被询问人的过程可以提供参与度，并且有助于建立融洽的关系。例如，有强烈社会需求的被询问人可能会享受与询问人的频繁会面或随意讨论；有强烈的认知或脑力需求的人可能会喜欢与询问人员就意识形态或哲学进行更多的智力探讨。询问人员的责任在于提出问题，注意被询问人的回答并了解情况。

尊重产生尊重

尊重产生尊重——这可以说是陈词滥调了，但怎么强调这一点也不为过：在对有宗教倾向的恐怖分子进行询问的时候尤为明显，这类恐怖分子认为自己比访谈人员的道德水平更高，因此有时会桀骜不驯或沉默寡言。在这种情况下（还有其他大多数情况下），采取以下任何一项做法都是无效且轻率的：

- 用居高临下的口吻与被询问人说话
- 对被询问人颐指气使

① 分类监管量表（修订版）（LSI－R）审查了包括犯罪史、教育/就业、财务、家庭关系、住所、休闲和娱乐、伴侣、药物使用、情绪健康和态度/取向在内的 10 个致罪领域。LSI－R 被用于确定高风险罪犯，并明确会有哪些因素使一个人处于高风险状态。

- 羞辱被询问人
- 对被询问人大喊大叫
- 辱骂被询问人或与其激烈争论

这些策略也许能让被询问人在短时间内给出不同质量的信息，但是从长远来看，它们也会破坏询问双方的信任。由于恐怖主义调查往往是针对个人行动的长期调查，也是针对团体调查的长期调查，所以最好不要杀死俗话所说的“下金蛋的鹅”。因此应该坚持良好的访谈信条——尊重和真诚是建立融洽关系的有效方法。不要人身攻击。①

有一点要注意：一些厉害的恐怖分子可能魅力四射、能言善辩，但也善于蛊惑人心。询问人员应该经常进行自我检查或互相检查（以团队合作的方式开展工作）来看看自己是否被对方操控而对其过度同情。

询问人与被询问人匹配

如果被询问人是恐怖组织内的一名高层人物或是受人尊敬的人物，那么询问人若是拥有与之相匹配的背景、年龄和资历会更好。这种匹配或镜像策略有助于建立融洽的关系，并且已经被证明可以在其他的工作环境（例如咨询）中发挥作用。但这也不是说背景不同的人就处于劣势地位。询问人也可以解释说，他们并不完全了解被访谈人的背景或行话，可以以此为前提来澄清、建立关系，并且多加了解。理想情况下，一个询问组可以由匹配的和不匹配的成员组成。

尝试了解被询问人的文化背景

询问人必须竭力了解被询问人的背景。这意味着要了解对被询问人来说具有文化意义的事物。这也有助于避免任何文化上的失礼。例如，用狗或猪来吓唬穆斯林被询问人就于建立融洽关系无益。还应该注意的是，在中东、亚洲和其他集体主义文化盛行的地方（与强调个人主义的文化相对），人们高度尊重家庭和社区等集体主义观念。家庭和社区福祉被视为比个人利益更为重要的东西。因此，将威胁个人自由作为一种

---

① 人身攻击的策略或许会让人本能地感到满足，但它是人们经验不足、技巧不足的标志。

询问策略可能行不通。另一方面，询问时，向正在接受询问的人解释，与当局合作意味着提前完成询问，以便他或她能够回家，这种做法可能会有效果（这种策略不应被当作威胁，但可以是被询问人合作的动机）。这种想法本身并不新鲜；一段时间以来，人们都认为多元文化治疗和咨询理论是欣赏对方文化环境并激励其努力建立和谐融洽关系的重要因素。

了解被询问人使用的行话或语言

虽说让询问人员理解恐怖分子使用的所有语言并不现实，但掌握一些必要的知识却很有用，尤其是要实现基本对话的时候。

不了解常用术语和基本概念可能会使沟通不畅，还会增加不必要的工作。例如，在对穆斯林恐怖分子进行询问的时候，了解圣战、宣誓效忠、穆罕默德言行录、穆斯林团体、清真食品、伊斯兰法律所禁之事和异教徒等关键概念就至关重要。在一个案例中，一位询问人员被告知在"圣训"（先知穆罕默德的行为语录编译）中可以找到他想要的消息。而这名询问人员却误以为"Hadith"是"硬盘"。这导致很多与硬盘相关的搜索工作，结果却毫无所获。

不了解相关术语还会让恐怖分子认为询问人员无知并且容易欺骗。不管怎么说，这并不是询问人员想要给他们留下的印象。理解关键术语和概念，并对其加以正确使用——这会使询问人员获得被询问人的信任并建立融洽的关系。

同样，也许并不一定要完全懂得或流利使用恐怖分子的语言（虽然在许多情况下这确实有帮助），但是对所使用的术语有一些基本的理解却是很重要的。

与个人对话，但是不要忘记他背后的群体

恐怖主义是一种群体现象。这种群体可能是一个有形团体，但在今天的虚拟世界中，它也可以是一个虚拟社区。若某个体被一个有形团体激进化，那么这个个体就会被其他团体成员社会化，会参加培训、小型行动任务和宗教教育集会。

自我激进主义是最近的趋势之一，这是指那些在互联网上浏览圣战网站，或是与志同道合的激进分子一起讨论圣战和其他相关问题的新闻讨论的人。因此，了解群体心理的运作十分必要。执法人员有时候会忽略这一点，他们更习惯于处理作为个人的犯罪人（对付有组织的犯罪集团的人除外）。

一个恐怖分子涉及的不仅仅是其个人。他在组织内部也具有独特的身份，很多时候，这种身份具有深远意义。例如，他们可能是该组织的首席培训师、炸弹制造专家，或者是负责筹措资金的副领导。个人在组织内承担的角色值得探索，因为该角色可能会有情绪奖励或强化情绪的作用。这其中包括社交伙伴关系（通过聚会中的社交接触）、使命感和事业心、个人在群体中的重要性，或者个人在组织内部（通过血缘或婚姻）与其他成员的亲属关系。

询问过程中，就其在组织中的角色提问可能有助于创建融洽关系并促进相互理解。这种做法展示出询问人对被询问人感兴趣，并给被询问人谈论对他们来说意义非凡的事物的机会。当然，这也是一个进一步挖掘关于其团体、组织、活动以及潜力等情报的绝佳话题。

尝试了解被询问人的意识形态信仰

对一般警察或监狱官员来说，意识形态宛如“天书”。但是无论是什么性质的意识形态（不管是宗教的、政治的、种族的或是社会的），理解被询问人的意识形态信仰都很有必要。在当前涉及宗教政治的恐怖主义问题上，这种“天书”已在两个层面上发挥作用。其一是了解总体的政治基调，其二是认识和理解这种有潜在危险的广泛意识形态背后的二次思考和信息传递。关于第一点的例子是东南亚的伊斯兰祈祷团意图根据伊斯兰教法建立一个由东南亚几个国家组成的名为“伊斯兰解放组织（Daulah Islamiyah）”的政治集团。这一概念及其强烈的政治含义很难被人接受，执法人员往往对此感到陌生，因为他们历来接触的都是出于贪婪、贪欲或其他动机而犯罪的故事。他们很难理解为什么有人或团体会对建立一个伊斯兰哈里发国（Islamic Caliphate）有兴趣，也不明白这样一个组织会有什么好处！为了理解意识形态信仰的第二种类型，不妨读一读埃德尔森和埃德尔森关于“五种危险思想”的论述（Eidelson and Eidelson，2003），这些思想影响着个人和群体的生活，加深人与人、群体与群体之间的冲突。这篇文章的作者们认为，这些信仰脆弱、不公平、充满质疑、具有优越感和无助感。了解被询问人的意识形态和苦衷是有用的，这会使询问人理解被询问人的挫折感。此外，如果被询问人对某特定问题有特别强烈的情绪，例如，对自己所在群体在世界范围内受到的待遇感到不公正，这一话题会有助于促成良好的交谈，进而建立融洽关系。

对谎言做出预测，学会成为更好的“测谎仪”

最后，询问人员应该预料到对话内容会存在高度的欺骗性——若那个恐怖分子魅力四射、善于取悦他人且非常友好，则尤其具有挑战性（事实上，这类恐怖分子也被注意到具有这种人格类型）。许多恐怖组织训练他们的基层成员在被俘时逃避提问，并且在从 A 话题转移到 B 话题的时候不露痕迹。因此，询问人员应尽量让自己具备分析谎言并发现谎言的能力。然而，在全世界范围内的研究中，世界各地的人们，包括执法官员在内，都不擅于发现欺骗行为，而且就算是进行训练，这一现象也可能难有改观——这似乎已经成为一个共识（see Bond and Atoum，2000）。但是，朴次茅斯大学（英国）的教授阿尔德特·佛吉（Aldert Vrij）认为，可能有一些办法能够提高人们发现欺骗行为的概率，其中包括将欺骗行为的语言指标与非语言指标结合起来（Vrij，2000，2004）。此外，检测欺骗行为的新科技也不断增多，尽管有一些还处于试验阶段。它们包括红外热成像摄像机、大脑指纹识别和功能性磁共振成像，虽然这些技术的研究也还处于初步阶段。还要记住的是，个人总是在群体中起作用的，将一人提供的所有信息与其他人提供的信息或所取得的物证以及法证证据互相核对，以确保迅速发现任何欺骗行为，这种做法可能也有用。

结 论

本章的目的并不是要放弃对恐怖分子犯罪心理画像的一般研究。相反，它意在给西方世界的调查人员、检验人员和研究人员敲响警钟，这些专业人员认为，尽管自己不讲或不读阿拉伯语，但是自己也能借着对伊斯兰恐怖组织的粗略的理解开展工作，就更别提他们与恐怖分子及其所处文化的整体缺乏联系，对相关历史也一无所知了。若没有基本背景知识，我们似乎不太可能进行充分知情的研究和个案工作。未来正确的做法应该是从对立的、以刑讯逼供为主的审讯模式转变为以和谐关系为导向的面谈模式，这种模式可以获得实际的情报。这样，我们就可以推翻迄今为止都还在误导我们的那些陈规陋习。

总结

一般恐怖分子犯罪心理画像模式的依据通常是过于简单化和并不全面的偏见，而不是对犯罪行为本身所进行的实际研究。事实上，我们对这个问题了如指掌，这就是为什么种族犯罪心理画像十年前才在美国根除的原因。然而，随着恐怖分子有组织地在 2001 月 9 月 11 日对美国进行袭击，种族犯罪心理画像再次卷土重来。随后，由于对未来恐怖袭击的紧迫感增强，公众对给恐怖分子进行种族心理画像的态度有所缓和。

不幸的是，美国的犯罪心理画像专家通常对伊斯兰信仰、文化和习俗一无所知。我们不理解不同伊斯兰社区内部的复杂性和多样性，甚至不知道其中复杂性和多样性的存在。因此，我们基本上是地球上最不应该试图将任何研究模式、类型学或分类结构强加给非美国恐怖分子的人。

在世界范围内，真正的恐怖主义问题专家寥寥无几。专家们似乎也没有就恐怖主义的定义达成共识。对这一主题的研究大多是根据开放式文件构成的“时事短评”。很多恐怖主义“专家”从未真正与恐怖分子对过话，或是不愿意透露出他们的研究来源，或者至少在谈及其研究来源时含混不清。

恐怖分子十分理智、与正常人无异且类型各异，因此很难确定任何恐怖分子类型的准确身体或种族特征。但是可以概括地说，对个别恐怖分子使用酷刑不仅无法获取有效信息，而且还会让未来几代恐怖分子更加怒火中烧，他们必然会寻求报复。建立融洽的关系是对恐怖分子进行询问的最佳技巧之一，其中包括采用符合道德的询问方法，了解被询问人的文化和语言，提倡互相尊重，并且预计到欺骗行为发生的可能。

练习

1. 判断正误：在美国，根据种族或衣着打扮，很容易识别恐怖分子。
2. 请举例说明道德指令。
3. 新加坡、恐怖主义和美国之间是什么关系？
4. 请列举当前恐怖主义研究的三个问题。
5. 如果酷刑不起作用，为什么它仍然被认为是收集情报的可行方式？

REFERENCES

Applebaum，A.，2005. The Torture Myth. The Washington Post，January 12，p. A21.

Bond，C. F.，Jr.，Atoum，A. O.，2000. International Deception. Personal and Social Psychology Bulletin 26，385 – 395.

Borum，R.，2004. Psychology of Terrorism. University of South Florida，Tampa，FL.

Choudhury，C. A.，2006. Terrorists and Muslims：The Construction，Performance，and Regulation of Muslim Identities in the Post 9/11 United States. Rutgers Journal of Law and Religion 7，8 – 48.

Crenshaw，M.（Ed.），1994. Terrorism in Context. Pennsylvania State University Press，University Park，PA.

Davies，S.，2003. Profiling Terror. Ohio State Journal of Criminal Law 1，45 – 101.

Drake，C. J. M.，1998. The Role of Ideology in Terrorists' Target Selection. Terrorism and Political Violence 10（2），53 – 85.

Eidelson，R. J.，Eidelson，J. I.，2003. Dangerous Ideas：Five Beliefs That Propel

Groups toward Conflict. American Psychology 58, 182 - 192.

Elegant, S., 2002. SINGAPORE: Strict Measures. Time (November 25).

Fisher, R., Geiselman, R. E., 1992. Memory - Enhancing Techniques for Investigative Interviewing: The Cognitive Interview. Charles C Thomas, Springfield, IL.

Gunaratna, R., 2003. Inside Al Qaeda: Global Network of Terror. Columbia University Press, New York, NY.

Hacker, F., 1976. Crusaders, Criminals, Crazies: Terror and Terrorism in Our Time. W. W. Norton, New York, NY.

Holmes, R., Holmes, S., 2001. Mass Murder in the United States. Prentice Hall, Upper Saddle River, NJ.

Madsen, J., 2004. The Rationale of Suicide Terrorism. Review of International Social Questions (September 8).

Milne, R., Bull, R., 1999. Investigative Interviewing: Psychology and Practice. Wiley, Chichester, England.

Ministry of Home Affairs (Singapore), 2003. The Jemaah Islamiyah Arrests and the Threat of Terrorism. Ministry of Home Affairs, Singapore.

Moghaddam, F. M., Marsella, A. J. (Eds.), 2004. Understanding Terrorism: Psychosocial Roots, Consequences, and Interventions. American Psychological Association, Washington, DC.

Preston, J., 2005. Pentagon Fights Release of Abu Ghraib Images. International Herald Tribune August 13.

Reynolds, A., 2007. So You Think a Woman Can't Carry out a Suicide Bombing? Terrorism, Homeland Security, and Gender Profiling: Legal Discrimination for National Security. William and Mary Journal of Women and the Law 13 (24), 667 - 699.

Silke, A., 2001. Devil You Know: Continuing Problems with Terrorism Research. Terrorism and Political Violence 13 (4), 1 - 14.

Skitka, L. J., Mullen, E., 2002. The "Dark Side" of Moral Conviction. Analyses of Social Issues and Public Policy 2, 35 - 41.

Taslitz, A., 2005. Racial Profiling, Terrorism, and Time. Pennsylvania State Law Review 109, 1181 - 1204.

Taylor, M., 1988. The Terrorist. Brassey's, London, England.

Victoroff, J., 2005. The Mind of the Terrorist: A Review and Critique of Psychological

Approaches. Journal of Conflict Resolution 49, 3 – 42.

Vrij, A., 2000. Detecting Lies and Deceit: The Psychology of Lying and the Implications for Professional Practice. Wiley, Chichester, England.

Vrij, A., 2004. Invited Article: Why Professionals Fail to Catch Liars and How They Can Improve. Legal and Criminological Psychology 9, 159 – 181.

Williamson, T., 2005. Investigative Interviewing: Rights, Research and Regulation. Willan, Cullompton, Devon, England.

第 4 编附录　初始评估

阿尔米德·沃尔西（Armida Wiltsey）谋杀案

发现尸体：东湾玛德管理员（East Bay MUD Ranger）罗伊·英格丽（Roy English）于 1978 年 11 月 14 日，星期二，晚上约 10：15 发现尸体

调查机构：康特拉科斯塔县（Contra Costa County）警察局

记录人：乔迪·弗里曼（Jodi Freeman），麦科姆（MCrim）

日期：2010 年 9 月 20 日

jodi. freeman@ rogers. com

报送：布伦特·特维（Brent Turvey）

法医解决方案有限公司（Forensic Solutions LLC）

bturvey@ corpus – delicti. com

目　的

审查案件材料之后，检察人员认为，本案的调查和法医分析做得不够充分，无法做出犯罪心理画像。本报告的目的在于，借助初始评估提供调查建议。初始评估（threshold assessment）是一种调查报告，它对特定悬案或者一系列潜在悬案的犯罪现场相关行为、受害者研究和犯罪现场特征的初步物证进行审查，以期提供直接的调查方向（Turvey，2008）。初始评估需要借助科学原理和知识，其中包括罗卡定律（Locard's exchange principle）、批判性思维、逻辑分析和证据动态学（Turvey，2008）。

罗卡定律是刑事科学的基石，该定律指出，一旦一名犯罪人与

一个地点或另一个人发生接触，就必定会产生证据交换（Saferstein，1998）。

批判性思维可以被描述为积极而巧妙地将通过观察、经历、反思、推理或交流收集得来或生成的信息加以概念化、应用、分析、整合或评估的过程，它是人们信念和行动的指南（Turvey，2008）。

逻辑分析是指对犯罪现场和任何后续文件进行研究，并得出符合逻辑的、理由充分的结论。理想情况下，逻辑分析会引出相应假设，而这些假设又可以根据案件的既定事实得到检验。其最终结果是，借助逻辑分析，人们可以自然而然地从现有证据中得出结论。这些结论可以被称为推论（Thornton，1997）。

证据动态是指不论意图为何，对物证加以改变、重置、模糊或抹杀的所有影响。它甚至可以在犯罪发生之前就产生作用，也可以在转移或创造物证的间隔期间发挥效力。（Chisum and Turvey，2007）。

本次初始评估仅限于假定审查时的证据和调查报告准确无疑。随着证据的变化，本报告得出的结论也会变化。若有任何新信息，那么对本初始评估的结论也必须要重新加以考虑。

案件材料

审查人员在仔细考察案件证据的基础上得出了这一初始评估。这些证据包括但不限于以下内容：

- 康特拉科斯塔县警察的访谈
- 康特拉科斯塔县警察的报告和证据审查报告
- 康特拉科斯塔县目击证人及其陈述
- 康特拉科斯塔县犯罪现场照片
- 康特拉科斯塔县犯罪现场草图
- 康特拉科斯塔县的猎犬追踪报告
- 验尸报告和阿尔米德·沃尔西的照片
- 拉斐特水库（Lafayette Reservoir）的地图和手册

- 媒体报告“一名慢跑者在水库被勒死并惨遭强奸”

背景资料

根据康特拉科斯塔县警方报告，1978 年 11 月 14 日周二晚上大约 10 点 15 分，东湾玛德管理员罗伊·英格丽在拉斐特水库的东南角落发现了阿尔米德·沃尔西的尸体（40 岁，WF）。

被害人尸体躺在离主要慢跑小径 40 码的灌木丛里。

犯罪现场照片显示，被害人被发现时身体半裸，向左蜷缩侧躺。被害人身穿蓝色慢跑衫和慢跑鞋。其蓝色慢跑裤和白色内衣一部分在身上，一部分在尸体旁边，慢跑衫被拉起，露出胸部。犯罪现场和尸检照片显示，死者的臀部和衣服上有粪便。被害人脸上有明显擦伤，颈部和手腕也有压痕。根据阿尔米德·沃尔西的验尸报告，其死因是颈部外伤引发的窒息。

根据警方的询问和被害人调查，阿尔米德·沃尔西是一位尽职的母亲，她大部分时间都与家人在一起，关注儿子学校方面的事务。案发当天，被害人大约在早上 9 点前离开了住所，约晚上 7 点，被害人仍未从学校接孩子回家，其邻居拉里·巴斯布姆（Larry Busboom）就报案称阿尔米德·沃尔西失踪了。人们随后在拉斐特水库正门对面的街道发现了被害人的车辆，警方随后对该地区展开了搜索。在三只警犬的协助下，在大约晚上 10 点 15 分，阿尔米德·沃尔西的尸体被发现。

时间线

以下时间线信息来自康特拉科斯塔县警察的询问和报告。

1978 年 11 月 14 日　星期二

上午 9 点前，阿尔米德·沃尔西给丈夫博伊德·沃尔西（Boyd Wiltsey）整理了出差的行李。当天早晨，她告诉丈夫自己要送儿子去学校。阿尔米德·沃尔西随后离开住所，开车送儿子去了学校，然后驾车去拉斐特水库慢跑。

约早上 9 点，盖尔·欧佛拉（Gail Overra）在拉斐特水库对面的路上看到过阿尔米德·沃尔西的车，这是一辆 1975 年产的德森汽车，那辆车最后也是在那里找到的。从警察与该地区证人的访谈可以推断，被害人是在 9 点 30 至 9 点 45 被“拖进灌木丛的”。

中午 12 点，阿尔米德·沃尔西没有去学校接儿子，接孩子是她每天必做的事。晚上 7 点，她的邻居拉里·巴斯布姆报案称阿尔米德失踪。晚上 7 点到 9 点 50，警方在拉斐特水库对面的街上发现了被害人的车。晚上 9 点 50，搜索开始，警方采取了人工搜索、车辆、直升机和警犬搜索等搜索手段。大约晚上 10 点 15，阿尔米德·沃尔西的尸体被东湾玛德管理员罗伊·英格丽发现。

1978 年 11 月 15 日 星期三

大约中午 12 点 30，警方在机场见到了被害人丈夫博伊德·沃尔西，告诉他妻子已经遇害。

被害人研究

被害人研究（vic timology）指的是调查、确定和分析被害人特征和经历的过程：要了解关于被害人的一切，他们是谁，他们在哪里并如何度过自己的时间，还有他们的生活方式（Petherick and Turvey，2009）。被害人研究要求对被害人的生活方式和处境风险进行全面分析，并且了解导致这些风险的基本社会学理论。

姓名：阿尔米德·沃尔西

种族：白种人

民族：西班牙裔

性别：女

出生日期：1938 年 10 月 29 日

年龄：40

身高：62 英寸

体重：105 磅

眼睛颜色：褐色

头发颜色：黑色

家庭成员：

阿尔米德·沃尔西：被害人（40 岁）

博伊德·沃尔西：被害人的丈夫

无名氏：被害人的亲生儿子（10 岁）

丹尼尔·博伊德·沃尔西（Daniel Boyd Wiltsey）：被害人的继子（19 岁）

迈克尔·沃尔西（Michael Wiltsey）：被害人的继子（23 岁）

居住地点：美国加利福尼亚州康特拉科斯塔县，拉斐特（Lafayette）科拉李（Cora Lee）巷 4169 号。

住宅类型和说明：阿尔米德·沃尔西和丈夫博伊德·沃尔西，还有他们 10 岁的儿子居住在美国加利福尼亚州拉斐特科拉李巷 4169 号。住宅类型未知，但警方调查显示沃尔西夫妇的住宅属于中上层阶级。很明显他们还雇用了住家保姆朱莉·多尔蒂（Julie Doherty）（18 岁，WF），朱莉与他们一起居住，做一些简单的家务，照看他们 10 岁的儿子。住户和周围邻居的犯罪经历尚不明确。

家庭经历：阿尔米德·沃尔西和博伊德·沃尔西是夫妻，结婚时间未知。根据警方对博伊德·沃尔西的询问，他与妻子之间没有问题，也没有过大的争执或分歧。他最后一次看到阿尔米德·沃尔西是案发当天早上，他去出差之前。博伊德·沃尔西经常出差。

夫妇二人有一个 10 岁的儿子。博伊德·沃尔西在前一段婚姻中还有两个儿子，丹尼尔·博伊德·沃尔西和迈克尔·沃尔西。迈克尔·沃尔西在案发时住在俄勒冈州。丹尼尔·博伊德·沃尔西的住处尚不明确。据警方对朱莉·多尔蒂的询问，丹尼尔·沃尔西有吸毒问题。吸毒的严重程度也不明确。

社会经历：阿尔米德·沃尔西是一名家庭主妇。她没有外出工作，根据朱莉·多尔蒂的说法，她的时间都献给了家人，还有些时光是在这个地区与朋友们共同度过的。她的活动包括参加儿子学校的家长教师联合会（P. T. A），还有就是在学校图书馆做志愿工作。

阿尔米德·沃尔西一周会有 3 ~ 5 个早晨去拉斐特水库慢跑。在案发前，她大概已经跑了 3 ~4 个月，并逐渐开始自己的慢跑计划。

根据警方从朱莉·多尔蒂、苏珊·托德（Susan Todd）、盖尔·欧福拉（Gail Overra）、桑迪·巴斯布姆（Sandy Busboom）和金·德斯帕（Kim DeStPaer）那里了解到的，阿尔米德·沃尔西除了自己的丈夫以外，并没有什么男性朋友，她与博伊德·沃尔西的婚姻也没出什么问题。然而，奥克兰警察局收到了一名匿名信，信上说盖伊·艾拉勒（Guy Icalaolle）与阿尔米德·沃尔西有染，并称他应该对这起谋杀案负责。

犯罪史：阿尔米德·沃尔西的犯罪史尚不明确。

吸毒和酗酒史：并没有已知证据显示被害人会吸毒或酗酒。根据阿尔米德·沃尔西的尸检报告，案发时，被害人体内没有毒品。而据朱莉·多尔蒂的说法，丹尼尔·沃尔吸毒，但其吸毒程度未知。

医疗和心理健康史：阿尔米德·沃尔西的验尸报告表明，总体上看，她的健康状况良好，身体发育良好，营养均衡。根据被害人的邻居拉里·巴斯布姆的说法，她因为“女性问题”在看医生。据被害人的医疗记录，她最后一次见医生是在凶杀案发生前两周，因为阴道感染去看过医生。阿尔米德·沃尔西没有已知的心理健康问题。

被害人风险

被害人生活方式风险（Victim lifestyle exposure）：生活方式风险是指被害人日常生活中由于生物和环境因素以及过去的选择而存在的潜在有害因素出现的概率（改编自 Petherick and Turvey，2009）。

阿尔米德·沃尔西是低风险（low - exposure）的被害人，她遭受伤害或损失的可能性很低（改编自 Petherick and Turvey，2009）。其原因主要在于：

1. 被害人的日常生活都围绕着她的家庭，尤其是她的儿子。除了例行慢跑以外，没有证据表明她还有家庭以外的活动。
2. 被害人的家人和朋友都知道她日常慢跑的习惯，她对自己的丈夫、儿子、朋友和住家保姆都很负责。这些人都可以被视为有能力的监护人，一旦被害人失踪，他们就会发现（Petherick and Turvey，2009）。

3. 被害人的验尸报告显示，她身体健康，营养均衡，也没有任何潜在的健康问题。
4. 被害人与周围的人没有任何纠纷。有证据暗示她可能有婚外情，但是这一信息的有效性尚未确定。
5. 被害人的继子丹尼尔·博伊德·沃尔西在案发期间有吸毒问题。然而，目前还不清楚被害人是否经常受到这种行为的影响。这个因素会增加被害人生活方式的风险。

被害人情境风险（Victim situational exposure）：情境风险是指被害人在受害时因环境和个人特征而实际面临的风险和可能面临的风险（Petherick and Turvey，2009）。

阿尔米德·沃尔西是一名中低暴露程度的被害人，在伤害发生前她很容易受到伤害或遭受损失（改编自 Petherick and Turvey，2009），其原因在于：

1. 谋杀发生在白天，当时水库有很多慢跑的人。
2. 被害人的听觉未曾受到干扰，对自己周遭的环境很警觉。
3. 验尸报告显示，被害人酒精和毒品检验都呈阴性。这表明被害人在被谋杀时并没有受到药物的影响。
4. 这座水库位于茂密的灌木区域。这种环境增加了被害人的情境风险，但这也并没有彻底消除其他慢跑的人在该地区所具备的监护能力（Petherick and Turvey，2009）。这一点从警方的询问就可以看出，其中就有其他慢跑的人在案发当天看到有人在灌木丛里。
5. 被害人在案发的时候是独自一个人在慢跑。这个因素增加了她的情境风险。
6. 公园没有安保设施，入口大门是敞开的。这些因素也增加了被害人的情境风险。

犯罪再现

犯罪再现（crime reconstruction）是指确定围绕犯罪行为所采取的行动和发生的事件。再现可以通过目击者的陈述、犯罪嫌疑人的供词、幸存被害人的声明，或检验和解释物证来完成（Chisum and Turvey, 2007）。

调查结果

现有物证表明，1978 年 11 月 14 日星期二发生了以下系列事件。若有任何新的信息，则必须重新考虑这些事件发生的先后顺序及随后的调查结果。

1. 上午 9 点前，阿尔米德・沃尔西离开住所，驾车前往拉斐特水库。
2. 攻击发生前，证据显示阿尔米德・沃尔西路过了拉斐特水库的移动厕所。
3. 上午 9 点后，犯罪人抓住了被害人，并立刻用手捂住了她的嘴。
4. 在被抓住后，被害人进行了身体抵抗。
5. 遭到反抗之后，犯罪人用手勒住了被害人，使其丧失知觉，最终死亡。尚不清楚被害人是否在被勒之后立即死亡。证据表明，此次攻击行为发生在慢跑小径和抛尸地点之间的区域。
6. 被害人昏迷之后，犯罪人将其双手捆绑起来。
7. 被害人失去意识后，其肛门被异物插入。证据表明，犯罪人脱掉了被害人的裤子和内裤，掀起其衬衣，在其靠左侧躺时用异物插入了被害人肛门。
8. 实施上述性侵行为后，犯罪人擦拭了插入被害人肛门的物体。
9. 实施攻击后，犯罪人解下了捆绑用的绳索。
10. 证据显示，犯罪人解下绳索之后将之带离了犯罪现场。
11. 实施攻击之后，犯罪人将被害人的尸体搬到抛尸点并弃尸。

讨论

1. 上午9点前，阿尔米德·沃尔西离开住所，驱车前往拉斐特水库。下述事实可证实这一点：

   a）据警方对博伊德·沃尔西的询问，阿尔米德·沃尔西当天早晨在家。

   b）据警方对盖尔·欧弗拉（Gail Overra）的询问，约早上9点，他在拉斐特水库对面看到了阿尔米德·沃尔西的车。

2. 证据显示，在遭受攻击前，阿尔米德·沃尔西路过了拉斐特水库的移动厕所。下述事实可证实这一点：

   a）侦察猎犬从被害人的车开始搜寻，一路追踪到了移动厕所，后来才找到被害人尸体。

   b）从犯罪现场照片来看，被害人的鞋底有沙，水库移动厕所附近的沙地上也有脚印，而这些脚印又与被害人鞋子的图案吻合。这表明被害人曾经到过这片区域，但这些脚印也无法单独识别（Chisum and Turvey，2007）。无法确定这些脚印是否是案发当天留下的。

3. 上午9点后，犯罪人抓住了被害人，并立刻用手捂住了她的嘴。下述事实可证实这一点：

   a）据警方的询问，拉斐特水库附近的目击者都没有表示自己曾听到过任何尖叫或是异常响动。这表明犯罪人立刻捂住了被害人的嘴巴，阻止她尖叫。

   b）尸检照片显示，被害人的嘴部有伤，其伤痕与控制型暴力引起的伤痕一致。照片还显示被害人下唇有手指形状的挫伤，这表明，在犯罪人最初使用武力的时候，被害人进行了反抗。

4. 犯罪人抓住被害人后，后者进行了身体抵抗。下述事实可证实这一点：

   a）犯罪学报告报告和尸检照片显示，被害人的指甲中有一些碎片，其中包括纤维、组织和血迹。该证据显示，被害人抓伤了犯罪人。

5. 遭到反抗后，犯罪人用手勒住了被害人，使其丧失知觉，最终死亡。尚不清楚被害人是否在被勒之后立即死亡。证据表明，此次攻击行为发生在慢跑小径和抛尸地点之间的区域。下述事实可证实这一点：
   a）犯罪人用手勒住被害人，使其丧失知觉，最终死亡。
      i. 尸检照片显示，被害人的死因为颈部外伤窒息。
      ii. 尸检照片显示，被害人的颈部有手印。
      iii. 尸检照片显示，被害人被勒后血液不流通，这表明她并没有恢复意识。
   b）证据表明，此次攻击行为发生在慢跑小径和抛尸地点之间的区域。
      i. 案发当天，水库周围有很多慢跑者，但是并没有人目击犯罪过程。这表明此次攻击的发生地并不是在慢跑小径上。
      ii. 被攻击之后，被害人被搬到了抛尸地点（参见本报告第 11 条，“犯罪再现”部分）。
6. 被害人昏迷之后，犯罪人将其双手捆绑起来。下述事实可证实这一点：
   a）尸检照片显示，被害人手腕上有被捆绑过的痕迹。
   b）尸检照片显示，手腕捆绑处并没有皮肤撕裂的迹象。这说明被害人在被绑的时候是无意识的（或者已经死亡）。
7. 被害人失去意识后，其肛门被异物插入。有证据表明，犯罪人脱掉了被害人的裤子和内裤，掀起其衬衣，在其靠左侧躺时用异物插入了被害人肛门。下述事实可证实这一点：
   a）犯罪人脱掉了被害人的裤子和内裤。
      i. 犯罪现场照片显示，被害人腰部以下是裸露的，部分地方盖着她的慢跑裤和内衣。
   b）被害人肛门被插入。
      i. 被害人被发现的时候腰部以下是裸露的。这暗示有性行为发生。
      ii. 警方报告和犯罪现场的照片都显示，在犯罪现场、被害人的臀部和衣服上有粪便物。这些粪便物的存在和位置表明了此性侵行为的发生。

c）证据显示，被害人遭受性侵时是靠左侧躺着的。

i. 尸检报告显示，被害人的左侧身体有划痕和擦伤，但她身上的其他部位没有类似的伤痕。

8. 实施上述性侵行为后，犯罪人擦拭了刺入被害人肛门的物体。下述事实可证实这一点：

a）犯罪现场的照片显示，被害人的衣物上有粪便物。这表明犯罪人擦掉了用来刺入被害人肛门的物品上面的这些物质。

9. 实施攻击后，犯罪人解下了捆绑用的绳索。下述事实可证实这一点：

a）犯罪现场和尸检照片中的被害人并没有被捆绑。

10. 证据显示，犯罪人解下绳索之后将之带离了犯罪现场。但是，这一点要在进一步检查犯罪现场发现的绳索后才能得出结论。

11. 实施攻击之后，犯罪人将被害人的尸体搬到抛尸点并弃尸。下述事实可证实这一点：

a）犯罪现场的照片显示，被害人躺在一片茂密的灌木丛中，这一环境极大地降低了犯罪人在这个地方性侵她的能力。被害人的尸检报告也表明，被害人身上的伤痕与在抛尸现场环境下实施性侵可能产生的伤痕不一致。如果在抛尸现场进行性侵，那么被害人的身体两侧可能都会出现伤痕。

b）被害人的伤痕，包括多处不同类型的皮肤擦伤，都符合犯罪人将尸体穿过灌木丛搬到抛尸地点的情况。

c）犯罪现场的照片显示，被害人的衣服、头发和身体上都没有被拖拽痕迹或转移物的存在，这就排除了她被拖拽到抛尸地点的可能性。

犯罪现场特征

位置类型（location type）：犯罪现场位于户外。被害人的尸体发现于一个灌木丛生的地方，暴露在大自然中。这些在犯罪现场的照片、警方的草图和调查报告里面都是显而易见的。

现场位置（location of the scene）：本案犯罪现场位于加利福尼亚州科斯塔县阿迪亚布罗山路（Mount Diablo）3949号的拉斐特水库东南角。根据警方的报告，尸体发现于距离山坡上的慢跑道40码的地方，被灌木植被包围。这条小径经常会有慢跑的人，而且有多个入口，包括连接停车场的步行道和连接住宅区的吉普车车道。案发当天傍晚的温度是40到50华氏度，从警方报告和犯罪现场的照片可以看出地面上有霜。该地点的犯罪历史尚不明确。

犯罪现场类型（crime scene type）：本案已知的犯罪现场是抛尸地点（disposal site）①。犯罪现场和尸检照片都明显表明被害人是被转移到这个地方（参见本报告的“犯罪再现”部分）。主要犯罪现场（primary crime scene）② 的位置不详。要确定主要犯罪现场则需要进一步搜寻证据。此时应重点关注对犯罪现场照片的审查，尝试在抛尸地点附近找到转移尸体的证据痕迹或排泄物，以及表明被害人在某一特定地点出现过的衣物或其他证据。此外，还应关注被害人的衣物，尝试在其衣物上找到可能表明她在另一个地点遭到袭击的转移证据。

被害人选择（victim selection）：被害人选择是指犯罪人有意选择或专门针对某被害人的过程（Turvey，2008）。本案犯罪地点和证据表明，被害人与犯罪人之间的事先关系对于实施此次罪行并非必不可少（参见本报告中“被害人的相关信息”部分）。本案被害人是机会主义的受害者（opportunistic victim），是根据可得性和时机被选中的。

被害人位置（victim location）：被害人位置是指被害人在接触地点之前的位置特征。在本案中，被害人位置与现场位置有相同的特征（参见本报告的“现场位置”部分）。

接触地点（point of contact）：接触地点是指犯罪人首次接近或抓到被害人的准确位置（Turvey，2008）。本案的接触地点不详。对主要犯罪

① 抛尸地点是指发现尸体的地方（Turvey，2008）。

② 主要犯罪现场是指犯罪人对被害人集中进行攻击/袭击的地方（Turvey，2008）。

现场位置的进一步调查可能会帮助调查人员了解被害人首次被接触到的地点。（参见本报告的“犯罪现场类型”部分）。

接近方式（method of approach）：接近方式是指犯罪人接近被害人所使用的方法（Turvey，2008）。在本案中，犯罪人是以突然袭击的方式还是欺骗的方式接近被害人尚不明确。犯罪现场照片显示，慢跑小径周围浓密的灌木丛可能为犯罪人提供了机会，使其得以趁被害人不备突然袭击。但是，犯罪人也可能以欺骗的手段获取被害人的信任。从现有证据尚无法推断本案犯罪人采取的接近方式。

攻击方式（method of attack）：攻击方式是指犯罪人在接近被害人之后，初步制服被害人的方法。可以用犯罪人的武器和所涉武力的性质来描述攻击方式（Turvey，2008）。本案中，犯罪人最开始捂住了被害人的嘴，以此压制被害人（参见本报告的“暴力使用”部分）。阿尔米德·沃尔西的尸检照片显示她的嘴部有伤痕，且其痕迹与为阻止被害人尖叫所使用的暴力一致。沃尔西嘴唇附近有明显的挫伤，这说明在犯罪人施力的最初阶段，她一直在挣扎。

暴力使用（use of force）：暴力使用是指犯罪人攻击时所用暴力的量的多少（Turvey，2008）。在本案中，对被害人使用的暴力可以被定性为致命暴力（lethal－force）。[①] 勒杀被害人的行为涉及足以导致被害人死亡的身体攻击行为。这种勒杀也可以被称为是控制型暴力（control－oriented force）[②]，其目的是通过让被害人失去意识而限制其行为。犯罪人所使用的控制型暴力还包括捆绑被害人的双手以阻止其行动，并延缓其逃走；堵住被害人的嘴以阻止其尖叫；还有借助暴力将被害人从最初的接触地点转移到攻击发生的地点。审查人员认为，犯罪人的这些控制型行为具有功能性。

控制方法（methods of control）：控制方法是指犯罪人在整个犯罪过程中用来操纵、调节、约束和压制被害人任何行为的方法（Turvey，2008）。犯罪人在实施犯罪的过程中使用了多种不同层次的控制型暴力

---

① 致命暴力指足以致人死亡的人身攻击行为。它包括故意伤害重要部位，例如头部、心脏或颈部。它也可能涉及对武器、化学制品的使用或者就是徒手实施暴力（Turvey，2008）。

② 控制型暴力是指旨在限制被害人行动的身体攻击性行为。

（参见本报告的“暴力使用”部分）。

武器使用（use of weapons）：根据阿尔米德·沃尔西的尸检报告，被害人死于颈部创伤导致的窒息。被害人身上没有枪伤或其他锐器伤，这表明本案中并没有使用武器。

被害人反应（victim response）：被害人反应是指被害人对犯罪人行为做出的反应（改编自 Turvey，2008）。刑事专家的报告表明，被害人抓伤了犯罪人，以此进行身体反抗。报告中指出，在被害人指甲里发现了血迹和皮肤碎片，在尸检照片中也可以看到被害人指甲里的物质。被害人嘴下的挫伤还表明，她在被捂住嘴的时候进行了反抗。

言语行为（verbal behavior）：被害人嘴部的伤痕表明，犯罪人曾借助控制型暴力阻止被害人尖叫。这表明被害人的言语行为受到了限制。犯罪人的言语行为程度尚不可知，但是警方的报告称，目击者并没有在该区域听到什么响动或异常声音。

性行为（sexual acts）：性行为是指任何涉及性器官、性器具或性交对象（sexualized objects）的行为（Turvey，2008）。犯罪现场照片显示，发现被害人尸体腰部以下一丝不挂，这表明罪犯在犯罪过程中实施了性行为。被害人衣物和臀部发现的粪便物表明，被害人是被人从肛门插入（参见本报告“犯罪再现”部分）。

时间（time）：犯罪人与被害人相处的具体时间不详。

多名犯罪人（multiple offenders）：本案没有证据表明有多名犯罪人参与犯罪。

策划证据（evidence of planning）：通过评估犯罪人是否具有实施犯罪的手段，可以判断罪犯对实施犯罪进行策划的程度（Turvey，2008）。在本案中，审查人员认为此次犯罪是有计划的。能够证明这一点的是：犯罪人选择了一个自己知道会有潜在被害人出现的地点，犯罪人选择的地点使其得以隐秘地实施犯罪，犯罪人把绳索带到了犯罪现场，而该地区本身就很隐蔽，这都需要犯罪人对该地区非常了解（参见本报告“犯罪现场知识”部分）。

机会型因素（opportunistic elements）：机会型因素是指犯罪人在实施犯罪时把握住并纳入犯罪过程的任何计划外的因素（Turvey，2008）。

在本案中，除了被害人以外，审查人员并没有发现利用机会型因素实施犯罪的证据（参见本报告“对被害人的认识”部分）。

预防行为（precautionary acts）：预防行为是指犯罪人在犯罪前、犯罪期间或犯罪后有意识地迷惑、阻碍或妨碍调查或法医工作，以掩盖犯罪人的身份、与该罪行的联系，或者掩盖罪行本身的行为（Turvey, 2008）。审查人员认为，本案犯罪人在犯罪过程中采取了预防行为。下列事实可以证明这一点：

1. 在实施攻击之后，犯罪人将被害人搬离攻击现场（见本报告“犯罪再现”部分）。这表明犯罪人想拖延侦察人员发现尸体的调查工作，并将调查工作从主要犯罪现场引开。
2. 犯罪人带走了捆绑被害人双手的绳索（参见本报告“犯罪再现”部分）。这表明犯罪人带走了可将其与犯罪现场联系起来的证据。
3. 犯罪人带走了用于对被害人实施性侵的工具（参见本报告“犯罪再现”部分）。
4. 犯罪人使用了控制型武力，以防止被害人反抗。这些行为意在防止该地区的人目击犯罪行为，从而隐瞒犯罪人的身份。其措施包括用手勒住被害人脖子使其失去意识；借助暴力堵住被害人的嘴巴以阻止其尖叫；用绳索绑住被害人的双手以阻止其逃跑。

失踪物品（missing items）：唯一已知的从犯罪现场被拿走的物品是用来捆绑犯罪人双手的绳索，还有犯罪人用以对被害人实施性侵的物品（除非犯罪人是用阴茎实施性侵）。审查人员认为，作为预防行为而被带离现场的绳索和（用以实施性侵的）可能物品是证据物品。

尸体（the body）：攻击发生后，犯罪人将被害人运往抛尸地点（参见本报告“犯罪再现”部分）。

伪装证据（evidence of staging）：伪装（staging）是指在犯罪现场当中，犯罪人蓄意改变证据以误导当局或改变调查方向（Turvey, 2008）。审查人员认为，本案中，没有证据表明犯罪人试图伪装犯罪现场。

动　机

审查人员认为，本案犯罪现场的行为既能支持权力确认型（power - reassurance）动机，也支持权力自信型（power - assertive）动机。此观点的主要依据在于：

1. 权力确认型动机表现为，犯罪人使用低攻击性的手段来恢复自信或自我价值的现场行为（Turvey，2008）。
   a. 被害人没有受伤，这符合权力确认型动机。
   b. 将被害人带到抛尸地点进行抛尸，这一行为符合权力确认型动机。
2. 权力自信型动机表现为，犯罪人借助中到高攻击性的手段来恢复自信或自我价值的现场行为（Turvey，2008）。
   a. 犯罪人对被害人的性侵反映出这一动机。
   b. 被害人失去意识，所以无法参与性交。犯罪人强迫被害人顺从其性行为。这一行为符合权力自信型动机（Turvey，2008）。
3. 审查人员可以排除愤怒报复型（anger retaliatory）动机①的可能。犯罪现场呈现的行为和被害人的伤痕不符合此类动机。在这类动机下，被害人身上的伤痕会体现犯罪人实施的高度暴力和过度杀伤（overkill）②，且犯罪现场的行为也会证明犯罪人的愤怒情绪。
4. 审查人员可以排除性虐待动机（sadistic motivation）③ 的可能。被害人没有遭受虐待，这可以证明上述观点。尸检照片显示，受害人身上没有与性虐待相符的伤害，且被害人在遭受性侵时已失去意识，这也就消除了性虐待行为的必要因素（Turvey，2008）。本案罪行也缺乏控制犯罪人的环境。水库附近有很多慢跑者，他

① 愤怒报复型动机表现为犯罪现场的一些行为，这些行为会表明犯罪人对某个特定的人、团体或机构，或其象征有着极大的愤怒（Turvey，2008）。

② 过度杀伤是指超越致死所需的伤害。其中涉及在施加致命武力之后反复施加伤害。

③ 性虐待犯罪现场行为是指从被害人所遭受的痛苦中获得性满足的行为（Turvey，2008）。

们有可能会发现性虐待相关因素，也包括被害人的口头反抗。此外，若符合此动机，那么犯罪人在该地点进行性虐待的行为将不得不控制在最短的时间内。

5. 审查人员可以排除利益型动机（profit motivation）① 的可能。犯罪人并没有从被害人身上拿走任何贵重物品，这可以证明这一点。警方报告显示，发现被害人被时，她还戴着自己的戒指、耳环，车钥匙也还在。

犯罪人特征

了解犯罪现场

审查人员认为，犯罪人在实施犯罪前就已经对犯罪现场有所了解。虽然并不需要对犯罪现场了如指掌，但证据表明，犯罪人至少知道该地点的存在。这么说的原因在于，拉斐特水库并不是一个可以从开阔的道路上就能看到的地方，这意味着犯罪人知道这个地点，并且预先对该地进行了监测。此案的计划程度表明，这不太可能是一起机会型或偶然性犯罪（见本报告“策划证据”部分）。

本案中还有系列相互矛盾的行为，它们增加了犯罪人引起当局注意并在犯罪期间及之后被认出的可能性（Turvey，2008）。本案存在以下矛盾行为：

1. 犯罪发生在白天，这增加了被害人或是其他该地区目击者指认犯罪人的可能。
2. 犯罪人在受害人外出例行慢跑时将其抓获。被害人对其有能力的监护人负责，一旦她长时间不在，监护人便会发现。

对犯罪现场的熟悉程度增加了犯罪人的自信，以至于犯罪人自如地提高了犯罪风险，他矛盾的行为就说明了这一点。

---

① 利益型行为包括那些为了获得物质或个人利益而采取的行为（Turvey，2008）。

对被害人的了解

审查人员认为，犯罪人和被害人之间事先的关系并非实施本案罪行的必要条件。本案发生在一个经常有人出入的地区，这增加了可能被害人的数量。也并没有进一步的证据表明被害人曾在案发前受到过监视。

对方法和材料的了解

审查人员认为，犯罪人对犯罪时所使用的方法和材料都有所了解。对材料的了解表现在，犯罪人将绳索带到犯罪现场，并有能力和自信来对其加以利用。但是，此项犯罪并不需要特殊技能或能力（参见本报告“犯罪技能证据”部分）。对犯罪方法的了解表现在犯罪人人知道如何控制被害人、如何实施犯罪。

犯罪技能证据

犯罪技能可以说是犯罪人计划及其预防性行为的功能（Turvey，2008）。审查人员认为本案犯罪人具有中等水平的犯罪技能。具体表现在：犯罪人为抓住被害人所采取的行动很熟练，几乎没有对被害人造成伤害，这表明犯罪人以前也有过此类行为。犯罪人还掌握了将尸体移动到隐藏位置并除去被害人手腕上捆绑的绳索所需的技能。

由于没有证据表明犯罪现场发现的绳索是犯罪人留下的，故而审查人员无法得出犯罪人缺乏法医意识的结论。如果现场发现的绳索是用于作案的绳索，那么可以说犯罪人缺乏法医意识。如若不然，则可能说明犯罪人具有法医意识，因为犯罪人从犯罪现场拿走绳索，借此消除可能将自己与该罪行联系起来的证据。尚无其他证据可以证明犯罪人的法医意识问题。

生理特征

审查人员认为，犯罪人具备搬动被害人尸体所需要的体力。证据表明被害人的尸体是在其遭受攻击之后被搬运到了抛尸点（参见本报告

“犯罪再现”部分）。

调查建议

为了进一步调查和确定本案的事实，现提出下列建议：

1. 应彻底检查案发现场及周边地区的照片以找出主要案发现场。调查人员应重点关注照片，试图找到可能的排泄物、转移证据或其他证据，这些证据可能表明被害人与犯罪人之间发生了互动。其中应该包括：
   a. 发现被害人耳环的地点的照片。
   b. 移动厕所周围地区的照片。据警方的报告，在找到被害人尸体之前，警犬从被害人汽车所在的位置追踪到了水库旁边的移动厕所。这一证据及该地区附近的脚印表明，被害人在袭击之前到过这个地方。这可能会为确定主要犯罪现场或接触点的位置提供证据。
   c. 应将在被害人车里发现的纸巾与在水库发现的纸巾进行对比。
2. 应该检查被害人的衣物，尝试发现可能表明犯罪人抓住或袭击被害人的地点的转移证据。
3. 应该对被害人的家人和朋友展开彻底询问，以实现更为全面的被害人调查。对被害人的调查应该包括以下几点：
   a. 被害人与其他男性关系的性质。
   b. 丹尼尔·沃尔西吸毒问题的性质。
   c. 案发当天，被害人对送 10 岁的儿子上学感到担心的原因。
   d. 阿尔米德·沃尔西的犯罪和精神病史。
4. 应该对被害人的指甲进行 DNA 检测。约翰·帕蒂（John Patty）从被害人的手指甲中发现了一些碎片，其中包括纤维和组织。在被害人右手的两个指甲上，他还发现了微弱的血迹。
5. 应该对被害人衣物上发现的毛发进行 DNA 检测。
6. 应对被害人的阴道和肛门进行上皮细胞检测，以确定犯罪人是否用阴茎实施了性侵。
7. 应该对被害人衣物上的粪便进行测试，以寻找转移证据和 DNA。

8. 应该对犯罪现场发现的绳索进行检测，以确定犯罪人在作案时是否使用了这些绳索。这包括检测绳索上是否有被害人的DNA，确定绳索是否与尸检照片显示的被害人伤口吻合。
9. 应审查拉斐特水库和该区域其他公园的犯罪数据。
10. 应该审查有相似犯罪惯技①的犯罪人。这些犯罪包括，但不仅限于绑架、性侵和抢劫。

审查人员可就上述建议进行讨论。

乔迪·弗里曼，麦科姆（Jodi Freeman，MCrim）

REFERENCES

Chisum，J.，Turvey，B.，2007. Crime Reconstruction. Elsevier，San Diego，CA.

Petherick，W.，Turvey，B.，2009. Forensic Victimology. Elsevier，San Diego，CA.

Saferstein，R.，1998. Criminalistics：An Introduction to Forensic Science，sixth edition. Prentice－Hall，New York，NY.

Thornton，J. I.，1997. The General Assumptions and Rationale of Forensic Identification. In：Faigman，D. L.，Kaye，D. H.，Saks，M. J.，Sanders，J.（Eds.），Modern Scientific Evidence：The Law and Science of Expert Testimony，vol. 2. West，St. Paul，MN.

Turvey，B.，2008. Criminal Profiling：An Introduction to Behavioral Evidence Analysis，third edition. Academic Press，London，England.

① 犯罪惯技是指犯罪人的作案方法，包括他们的习惯，技巧和行为特征（Turvey，2008）。

第5编

职业化议题

第24章　道德规范与犯罪心理画像人员

布伦特·E. 特维（Brent E. Turvey）

我们应当公开谴责"一部分人可以惩治另一部分人"这一思想本身。漠视罪恶并将之深埋，使其无迹可寻，便是在播种邪恶，有朝一日它将千倍增长。坚持真理要无所畏惧，为匡扶正义宁可身陷囹圄。

——亚历山大·索尔仁尼琴（Alexsandr Solzhenisgn），

《古拉格群岛》（*The Gulag Archipelago*）

我们一般用"道德"（ethics）一词来指约束某一职业人员行为的规则或标准。现在的问题是，只有为数不多的犯罪心理画像人员开始实现专业化。① 大多数的犯罪心理画像专家的行事都没有特定或书面的职业道德守则来约束。因此，我们大可认为，当今许多犯罪心理画像人员仍可以在不必担责的情况下完全自由地发表专家意见。

在犯罪心理画像领域，不计后果、缺乏道德规范的行为屡见不鲜，对此笔者感到非常震惊。甚至其中许多人似乎并不了解也并不在意自己行为的现实后果。实际上，许多人似乎迫切希望得到承认，希望提高自己的地位（即媒体的关注），这是个十分危险的现象。

① 1999年3月16日，作者与其他5名来自侦查学、行为学和法学的专家共同创建了行为画像协会（简称ABP），它是第一个致力于从事犯罪心理画像的无党派、独立的专业组织。正如该协会的主席麦克尔·麦克格拉斯（Michael McGrath）硕士所说："为了开始专业化的任务，具有不同的、特定背景的个人联合起来，多学科共同为此付出努力。作为各自学科领域的专家，我们在与过去所做的事、现在正在做的事情、我们如何做到这一点以及为什么要做到这一点进行斗争。"该协会的网址是www. profiling. org。

责任心是关键。要知道，进行画像时的方法可能不恰当，心理画像的结果也可能不正确，但是不道德的只有可能是犯罪心理画像人员的行为（例如，一名心理画像人员继续采用自己明知不准确的方法）。如果犯罪心理画像人员认为自己没有义务为调查提供有效协助，只是把自己看作是具有更高科学或学术目标的学者，那么这就免除了他们对案件的任何道德责任。这意味着无论他们意见有效与否，都无须承担道德责任。

我们怎能如此行事？

本章讨论了各种类型的不道德行为和欺诈行为，并为读者提供了具体案例以从中学习。除此以外，还提出了作为预防性教育措施的道德行为守则。

犯罪心理画像造成损害的情况

澳大利亚黄金海岸市邦德大学（Bond University in the Gold Coast）的教授兼犯罪学家威尔逊·保罗博士（Dr. Paul Wilson）很好地阐述了与犯罪心理画像相关的一些道德问题。根据凯克西斯等人（kocsis et al.，1998，pp. 8－9）的论著：

> 应该说明心理画像的局限性……心理画像并不比任何其他调查技术都更不道德。重要的是，如何在具体的案例中使用心理画像（或任何其他技术）。

根本上来说，心理画像造成损害的方式很多，包括但不限于以下几种：

1. 提供了虚假的线索而延误了拘捕犯罪人。
2. 把目标指向了错误的嫌疑人而延误了拘捕犯罪人。
3. 排除了可能的嫌疑人而延误了拘捕犯罪人。
4. 仅仅根据心理画像报告里面的个人特征的暗示而对公民的个人生活造成了伤害。

前三项代表了不准确的心理画像方法带来的后果。只有第四项是由于滥用心理画像而违背了道德。但是，如果犯罪心理画像人员继续倡导和使用那些已知会导致前三种后果的方法，却不向最终用户做出适当提醒，那么我们便有充足的理由针对这种不道德行为提出异议。

违背道德规范运用犯罪心理画像的实例数不胜数。我们要记住什么是不道德运用。另外，我们也应谨记，不道德的不一定就是犯罪。来看看下面这些案例。

科林·斯塔格（Colin Stagg）案

1992 年 7 月，23 岁的蕾切尔·尼凯尔（Rachel Nickell）和她两岁的儿子亚力克斯（Alex）带着自家的狗在伦敦温布尔登公共球场散步。尼凯尔被人当着孩子的面刺了 49 刀。这是当年英国最受关注的案件。执法部门接受了一位心理学家的帮助，该心理学家准备了一份心理画像报告，非常准确地指向了一个名叫科林·斯塔格（Colin Stagg）的人。然而，执法部门没有任何证据证明该男子实施了这项犯罪。他们决定在心理学家的帮助下，让一名女警官与斯塔格建立秘密联系（Kocsis，1998）。根据爱德华兹（Edwards，1998，p. 149）的资料：

> 心理学家让一名秘密的美丽金发女警官与 31 岁的斯塔格进行了长达 8 个月的联系。在这个过程中，她与斯塔格一起分享了很多充满暴力的性幻想，坦承杀死一个小孩和一个年轻妇人，她想让斯塔格来配合自己的故事，甚至告诉他，自己非常希望他就是杀死尼凯尔的杀手，因为“我就是喜欢那样的男人”。
>
> 斯塔格从来没有声称自己杀过人，但是从 700 页的信件、转录的电话谈话记录以及他们的约会见面中，心理学家保罗·布里顿 [Paul Britton] 推断出斯塔格的幻想来源于那些熟悉犯罪细节的人向他提供的信息，这些幻想揭示了只有凶手才可能知道的一些犯罪现场的情况。斯塔格在老贝利法庭公开受审，辩护方很快指出斯塔格连猜测都不准确——他不知道案发地点，还错误地声称被害人被强奸过……
>
> 法官澄清了被告的罪名，并且表示可以理解警察的压力，但法

官最后还是总结道，这一做法不仅显示出（警方）“操之过急，而且采用了一种企图公然用正面的欺骗性手段将嫌疑人定罪的粗俗做法”。

这起案件涉及的心理学家越过自己的专长领域，对犯罪现场的行为进行了解释。这位心理学家忽略了嫌疑犯表述中的不一致现象；此外，尽管有既定事实，他最终还是企图证明警方对此案的做法没错。

最后，科林·斯塔格并不是这出犯罪心理画像闹剧的唯一受害人。1998 年 6 月 12 日，英国广播公司（BBC）报道了这样一条消息：

参与蕾切尔·尼凯尔案件秘密侦察行动的女警官提前退休了。

这名 33 岁的警官（人们只知道她的化名叫莉齐·詹姆斯）在调查尼凯尔小姐的死亡案件中扮演了“创伤性”的角色，之后因为身体原因，她离开了伦敦市警察局。

在老贝利受审的时候，莉齐和斯塔格先生的谈话和通信构成了检方陈述的基础。……

莉齐已经在伦敦市警察局工作了 13 年，其中有一段时间是在苏格兰场的 SO10 秘密行动小组，尼凯尔案件后她仍在继续工作。

一些同事声称，她在尼克尔案的惨痛工作中所受的创伤一直没有恢复，最终该案的侦查还是失败了。

理查德·朱厄尔（Richard Jewell）案

1996 年 7 月 27 日，一个装有炸弹的背包被放到了佐治亚州亚特兰大百年纪念公园的 AT&T 环球电讯村展台附近。这是个公共公园，当时园内人头攒动，还搭建了 1996 年夏季奥运会赞助商的帐篷。这个爆炸装置在凌晨 1 时 20 分爆炸，当场炸死了乔治亚州奥尔巴尼市的爱丽丝·霍素恩（Alice Hawthorne），还炸伤了另外 111 人。一名土耳其摄影师也死于爆炸引发的心脏病。

理查德·朱厄尔（Richard Jewell）是公园的一名安保人员，他在爆炸即将发生之前提醒警方注意这个可疑的背包，并帮助疏散人员（CNN，1996）。

这名 34 岁、健壮的安保人员说话带着轻微的南方口音，非常热心于警务工作。由于他最先在公园里的长凳下发现了炸弹，人们都为他的勇敢和专业精神向他致敬。

1996 年 7 月 27 日，在炸弹爆炸之前他帮忙从现场疏散了人群，这一快速行动可能挽救众多生命。但是不管他做了什么，朱厄尔从来没有以英雄自居，他认为这只是自己分内的工作。

可几天之后，奥林匹克公园爆炸案出现了令人难以置信的、戏剧化的转折：联邦调查局怀疑将炸弹安放在那里的是朱厄尔本人。7 月 30 日下午，针对朱厄尔的舆论便一发不可收拾，当时《亚特兰大章程》引用来自执法部门未经证实的信息，推出了一份特刊，声称联邦调查局怀疑朱厄尔可能就是犯罪嫌疑人（CNN，1997b）。

一名 FBI 特工向媒体泄露了消息，称有一份心理画像报告认为当时的私人保安朱厄尔可能就是肇事者。据上述杂志报道，理查德·朱厄尔确实已经成为联邦调查局的头号犯罪嫌疑人，他符合联邦调查局做出的嫌疑人心理画像，画像认为作案人曾经是一名渴望成为英雄的警察。

在寻找其他潜在线索的过程中，联邦探员搜查了朱厄尔和他 60 岁的母亲芭芭拉共同居住的公寓，把里面从枪支到烘干机的所有东西都翻了个遍。在最开始申请搜查令的时候，联邦调查局引用了一些证据，如朱厄尔“没有女朋友……非常喜欢有关警察的故事”，以及“曾经两次参加了有关爆炸和炸弹的讲座”。简而言之，这位曾经的警官和校园保安人员符合调查人员的一些看法：一个想要先安放炸弹，然后再靠“发现”了这枚炸弹来赢得赞誉的执法人员（Hewitt，1996）。

这个猜想与搜查期间从朱厄尔家中带走的其他物品结合在了一起，例如一组描述朱厄尔为英雄的剪报。这些东西无异于给媒体火上浇油。当朱厄尔到联邦调查局接受询问的时候，有人欺骗了他，调查局告诉他这是一次非正式询问，并且也没有把他当作真正的犯罪嫌疑人。侦查人员希望他相信，他们只是想要借助他拍一部培训联邦特工的录像带。因为他们预料，这种做法对渴望成名的他具有吸引力。然而，事情终于真相大白，即便进行搜查也没有查到任何物证，联邦调查局只得认输。他们给朱厄尔发了一份通知书声称他被解除嫌疑。根据柯林斯（Collins，

1996）的记载：

> 终于收到了这封来自调查亚特兰大爆炸案的检察官肯特·B. 亚历山大（Kent B. Alexander）的信，虽然这封信没有表达哪怕一丝的歉意，但是却让朱厄尔不再担心自己随时会被逮捕。信中说道，朱厄尔“不会被视为侦查对象了”，并接着表示“除非又找到新的证据，否则这种状态是不会改变的”。
>
> 这种语气没有排除将来还会对朱厄尔进行侦查的可能，而且一些联邦调查局特工仍然怀疑他参与其中。但是事实上他们没有找到任何证明他与这起爆炸案有关的证据。对他母亲住所的搜查也一无所获。犯罪人制造奥林匹克公园那种粗糙的炸弹必然要对炸弹进行处理，但是，在朱厄尔的身上、卡车里、家里都没有爆炸物的痕迹。侦查人员甚至运用了号称灵敏度达万亿分之一的检测器，但也没有任何收获。“通过对他家连日的检查，他们知道了这起案件不是他干的，但他们还是继续指控他。”朱厄尔的律师之一沃森·布莱恩特（G. Watson Bryant Jr）说道：“这种行为非常卑劣。”

而那名将心理画像的信息泄露给媒体的联邦调查职员则遭到了投诉：

> 周四，亚特兰大的联邦调查局特工聚集在一起，声援他们的一位同事。此前，这名同事因为谈论奥运爆炸案嫌疑人理查德·朱厄尔而被停职五天，并扣发工资。
>
> 唐·约翰逊（Don Johnson）进入亚特兰大市联邦调查局总部的时候有十几个人热烈鼓掌欢迎他。
>
> 当被问到约翰逊是否是政治替罪羊时，探员哈里·格罗根（Harry Grogan）说：“是的，我确实这样认为。”联邦调查局在上周对约翰逊进行了停职处理，同时还批评了亚特兰大的特别代理主管伍迪·约翰逊（Woody Johnson）和堪萨斯城特工大卫·塔布斯（David Tubbs）在朱厄尔案件侦查中的表现。

朱厄尔从未因1996年奥林匹克百年纪念公园爆炸案而受到指控，联邦调查局最终排除了他的嫌疑（CNN，1997a）。

犯罪心理画像人员的道德规范准则

行为心理画像协会（Academy of Beravioral Profining，ABP）是第一个专门针对犯罪心理画像人员潜在的不当行为颁布一套道德准则的专业组织，旨在教育和限制其成员。它还完成了将犯罪心理画像作为一种正式学科而专业化的任务。1999 年 3 月，行为心理画像协会第一次出版了《职业行为道德准则》。这些准则的目的是防止、检查和控制从事研究或个案工作的犯罪心理画像人员可能存在的滥用犯罪心理画像技术的行为。2010 年，画像协会做出了调整，更名为“国际法医学家协会”（简称 IAFC），这反映出组织的成长以及专业所面临的挑战。另外，道德准则也已经更新。国际法医学家协会所提出的准则（参见 www. profiling. org/abp_conduct. html）包括：

1. 成员应该以专业的方式行事。
2. 成员不得被判重罪，也不得因重罪指控而被定罪。如果某成员因刑事指控而被捕，将暂停其成员资格，直至指控得到解决。如果被判有罪，成员资格将被终止。
3. 成员不得作伪证或提供虚假证供。如果成员因此而被逮捕，其成员资格将被暂停直至指控解除。如被判有罪，其成员资格将会被终止。
4. 成员应以普遍接受的科学方式进行所有的检测和研究。
5. 成员应该对他人的工作和想法给予适当的赞扬。
6. 成员应该保持独立和公正的态度，以确保不带偏见的分析和解释。[①]
7. 成员应该严格按照案件的事实和证据提出意见和结论。

---

① 作者非常欣赏桑顿（Thornton，1997，p. 21）关于客观性的论述：个人偏见可能会被减少到一个非常小的程度，但是任何一个严谨的科学家都不会声称自己完全摆脱了个人偏见。在实践中，个人偏见可以被抑制，但是这需要非常细心，非常努力才行。显然，那些会让法医科学家对相关被告持有罪或无罪立场的偏见不甚恰当。而人们很容易将这种偏见视为邪恶本身，但为了维护自己的结论，分析人员往往会陷入一种弊端更大而且不易察觉的偏见。

8. 成员不应谎报自己的资格条件。
9. 成员不得出于欺诈目的滥用其专家职位，或借职位之便为任何个人、团体、组织或政府收集信息。
10. 成员不得在其职权范围之外从事活动。
11. 成员应该履行学习义务，了解其实践领域相关方法和研究，包括所有专业意见和证词的科学局限性。还应当尽力让他人明确这些局限性，并避免让人误解其调查结果或确定性。[注：部分成员给出的专家意见和证词会对案件的“关键问题”产生影响，故而上述道德准则对他们而言至关重要。在这种情况下，成员们被告诫要避免在自己的调查结果中插入有罪或无罪的意见，因为这些都是由法院来决定的法律问题。他们还被进一步告诫，除非得到确认，否则在他们的分析中不得假定有罪或无罪。]
12. 成员不得滥用职权以剥削或胁迫学生或下属。
13. 成员应该认识到有义务维持专业团体的道德标准，并且仔细权衡是否需要在可行的时候向有关当局报告观察到的不道德行为。[注：这条道德准则旨在肯定国际法医学家协会的成员有义务在自己的能力范围之内减少不道德的行为。然而，并不是所有的不道德行为都必须以同样的方式对待，遇到相关情况需三思而后行。国际法医学家协会也承认，一些伦理问题涉及主观性；对不道德行为的认识和辨别不失为一次锻炼的机会；另外，报告不道德行为最后也可能弊大于利。国际法医学家协会还承认有些当局无视这类报告，或者惩罚做出此类报告的人，而不是处理违规者。这些以及其他相关因素可能会影响国际法医学家协会成员是否会报告不道德行为的决定。]

这些道德准则并不意味着它与别的成熟的专业和鉴定机构准则背道而驰，例如美国犯罪学家协会（American Society of Criminologists，简称ASC）、美国犯罪学家委员会（American Board of Criminalists，简称ABC）和加州犯罪学家协会（California Association of Criminalists，简称CAC）。然而，在实际运用之前，这些准则可能都会显得过于抽象、过于明显，甚至可以说无关紧要。事实真相也变得遥不可及。这些考量不仅在专业性质层面上至关重要，而且它们也被心理画像领域内的许多人忽视了。其原因可能在于人们不知道哪种做法更为适宜，而这种现象在业内受教育程度较低的人群中屡见不鲜；还有一个原因可能是出于对名望和认同感的渴求，例如，自称为永久媒体专家的心理画像人员就是如此。

媒体和娱乐产业：利益冲突

由于犯罪心理画像过程涉及大量关于情感和性隐秘的内容，它也就具有同样高的娱乐价值。这不仅使得与心理画像相关的媒体吸引了大量消费者，而且可以说，它也吸引了大量学生参与有关这一主题的大学课程。总之，犯罪心理画像专家频繁受邀对媒体上真实或虚拟的犯罪人和犯罪过程进行分析和咨询。

犯罪心理画像人员和媒体之间的关系应该和任何其他人一样，心理画像人员在媒体方面应该是进行教育，而不是警告、不是耸人听闻、不是评判，也不是谴责。他们不得假设事实或猜测失踪儿童是否死亡或某嫌疑人是否有罪。一名犯罪心理画像人员在面对媒体时，要么应该根据客观法医检验提供有效信息，要么就不应抱有任何有效的专业目的。

书籍、电影和电视

在技术问题或者在对节目效果至关重要的现实因素方面，电影和电视制片厂通常会向那些有专业知识的人咨询。

例如，为了角色和情节的发展，畅销书《红龙》（*Red Dragon*）及其续集《沉默的羔羊》（*The Silence of the Lambs*）的作者托马斯·哈里斯（Thomas Harris）就曾经被特许与美国联邦调查局当时的行为科学部（Behavioral Sciences Unit，简称 BSU）进行协商，于他而言，这的确是一种令人难以置信并且前所未有的特权。1986 年，由《红龙》改编的故事片《欲孽杀人夜》（*Manhunter*）经德劳伦蒂斯娱乐集团（De Laurentis Entertainment Group）推出。1991 年，猎户座影业公司发行了奥斯卡获奖影片《沉默的羔羊》。

由于这些书被改编成电影，联邦调查局当时的行为科学部的研究人员也一举成名。但是，就树立行为科学部的形象而言，此次名声大噪更多是对其形象的损害。

《沉默的羔羊》和其他电影大获成功，随后出版的几部前联邦调查局心理画像人员的回忆录也十分畅销，这些都开创了先例，首次将大门洞开。在此后的几年里，娱乐业开始邀请犯罪心理画像人员担任有关这一主题的电影和电视项目的创意顾问。这些项目当中有许多都夸大了犯罪心理画像涉及的心理分析或超自然能力。从该领域发表的大量作品来看，显然许多犯罪心理画像人员应该是同意这种做法的。因此，犯罪心理画像人员面临的伦理困境就是，是否要以创造性顾问的身份参与一些认可超自然现象在犯罪心理画像中起辅助作用的虚构项目。这种参与最终意味着公开认可该领域内的一些错误认知。在本书第三版序言当中曾经讨论到，有相当多的犯罪心理画像人员并不怀疑此种关联，他们甚至会根据个人信仰而非根据可证实的证据将之夸大。

真实罪行

真正的犯罪市场在于将犯罪做戏剧性的改编、夸大性的演绎或包装、将暴力行为进行兜售、将血腥的罪犯推到公众面前。这种情况已经持续了几十年。正如沃尔莫所言（Vollmer，1949，p. 1）：

> 诚然，美化犯罪理应受到谴责，将精神变态的罪犯塑造成英雄也令人憎恶，但是公众似乎对此无能为力。

如前所述，犯罪心理画像人员通过出版回忆录成功地进入了真实犯罪的领域。但随之而来的是一个职业道德问题，因为赞助他们的出版商旨在赚钱而不是破案。正应了一句老话：“一仆不事二主。”一个人在有效地为客观的事实调查服务的同时，又想要为了满足公众口味、赢得一定的商业利益而去编造事实，这二者是不可能兼顾的。

新闻机构

新闻机构经常会与犯罪心理画像人员联系，并要求他们对一个因某种原因引起公众注意的案件发表意见。犯罪心理画像人员应该做的第一个判断就是自己是否有资格披露相关案件的细节。第二个考虑是，是否有足够的已披露信息可以组合得出一定的结论。第三个考虑是，如果公布心理画像人员的这些意见，对案件的侦破过程是有利还是有弊。笔者的原则是，在没有掌握有关案件的充分事实之前不妄加评论，何况通常媒体对这些事实并不知情。大多数情况下，作者都只是探讨犯罪心理画像的一般技巧，以及它在某一类实际案件调查过程中的具体应用。但有时画像人员也可以获取案件材料和法院文件，将之作为得出具体评判的依据。

一旦犯罪心理画像人员开始将媒体关注视为一种专业性鉴定形式，一种非常可怕的危险也就随之而来。心理画像人员逐渐自我膨胀，他们可能会太过习惯于看到自己的名字印刷出来，以致若自己的名字没有见诸报端就会觉得孤独难耐。心理画像人员可能会着手做一些特定的事情来吸引媒体的注意，或者开始吸引媒体的眼球。无论是哪种行为，都无疑会损害他本人的公众形象和职业信誉。

案例：谋杀案娱乐化

在2002年10月发生的所谓“环城狙击手”枪击案中，来自全球各地的犯罪心理画像人员参与了对调查工作进行的铺天盖地的报道，很多人提供了对未知嫌疑人的具体犯罪心理画像。[①] 其中一名评论员是东北大学的杰克·莱文（Jack Levin）博士。麦格拉思和特维（McGrath and Turvey，2003，p. 133）解释道：

> 杰克·莱文（Jack Levin）教授是东北大学布迪尼克暴力和冲突中心的主任，他出版了几本关于犯罪心理画像的著作。这位教授提出了一个犯罪心理画像，此画像与（前联邦调查局犯罪心理画像

① 应当指出，由于缺乏资料而拒绝提供具体心理画像的人当中，有三人是本文的作者和迈克尔·麦格拉思（Michael McGrath）博士以及约翰·巴埃萨侦探（John Baeza）（纽约警察局、已退休）。面对巨大的压力，克制自己去娱乐的冲动并且不要给出某些答案并不容易，但这是负责任的做法。

人员克林特）凡·曾特（Van Zandt）提出的颇为相似。

“事实上，这个嫌疑人在生活中还肩负着别的责任，”犯罪学家杰克·莱文上周在 CNN 拉里·金（Larry King）的节目里面谈道：“他可能已经结婚了。他可能在和孩子们一起玩，周日看足球，或者还可能有一份兼职工作”（Farhi and Weeks，2002）。

当狙击手被逮捕的时候，人们发现这个犯罪心理画像并不准确。莱文认为，即使这个心理画像不准确，他的意见也只是出于安抚公众的目的。

“我的预测没有那么接近。但是美国大众迫切需要信息，”他说，“人们想知道这个人是谁。而我们提出心理画像，安抚了他们”（Gettlemen，2002）。

在此案例中，依据现有的常规文件做出的猜测并不准确。按照这个预测，此案中有两个狙击手，其中一个离异而且失业；二人都不是本地人；且两人都是黑人。为了维护这些不准确的观点，有人认为，让心理专家出镜是为了在危机时期安抚公众，他们给出的所有信息，即使是虚假的也能有所帮助。笔者完全不同意这一观点，并且认为，心理画像人员有道德义务不参与所谓的安抚性娱乐，为谋杀案娱乐化服务，类似行业是为了满足 24 小时新闻周期的胃口出现的。[①] 具有讽刺意味的是，这位犯罪学家一年之后在《今日美国》上发表了一篇专栏文章，回顾了这起狙击手案件，其中提出了一个问题：“那么，我们是如何从这条道路走上对连环狙击手的夸张看法的呢？”（Fox and Levin，2003）

高位：滥用职权

无论是受雇于调查机构、大学还是私人执业，犯罪心理画像人员都有可能在面对学生或其他下属时处于权威地位。对于有道德的犯罪心理画像

---

① 作者将安抚娱乐化定义为通过媒体节目向公众提供令人放心的意见和评论，而不是旨在提供准确信息。作者将谋杀案娱乐化定义为通过媒体节目提供耸人听闻的涉及死亡和暴力的报道，旨在娱乐性，而不是为了提供准确的信息。

人员来说，这是一个指导新人并对他们有所影响的机会。这也是一次让其建立必要信心和自尊的机遇，还是一次有助于塑造未来同事的机会。而对于不道德的犯罪心理画像人员来说，这些关系则是利用学生和下属谋取个人利益的机会，其中涉及从不计工时的工作到性交易的各个方面。

掌权之人对下属滥用职权的现象俯拾皆是，这绝不仅仅是犯罪心理画像领域独有的问题。这可能是因为那些居于高位的人对下级有意或无意地施加了影响，或者是因为那些位于低位的人想在一个竞争已经颇为激烈的领域中寻找更高的职位或机会。

剥削性关系有很强的诱惑性。这取决于个体从业人员如何认识和评估每一种从属关系的价值，也取决于他如何解决随后出现的问题。虽然不恰当的关系和解决办法多种多样，但是最好的解决办法是预防；要不惜一切代价避免这种关系，意识到问题的存在并从任何可能出现的问题中吸取教训。

这种不恰当关系的存在是一个真正值得考虑的问题，但同样的，滥用权力的严重程度也是不同的。例如，犯罪心理画像人员发现自己身处有损道德和正直的处境是一回事，但他们在知情的情况下故意反复将自己置身于这样的环境中，甚至计划和期待如此，则是另一回事。另一种则是不断压榨下属，例如牵涉研究利益，或者指示下属以主管的名义制造产品，也就是说，为了个人利益而利用学生，同时使学生从始至终都相信自己最终也会从中有所收获。

为了维护这种关系，人们常常辩称，下属根本不是受害者，而是自愿安排下的一个成熟志愿者。然而，权力的差异否定了这种看似合乎逻辑的看法。另外，在关系没有恶化之前，任何类似状态可能都不会有什么问题。但如果发生这种情况，那么学生将永远是交易的损失方。

需要说明的是，有些学生或工作人员可能曾经在某一时段为相关专业人员工作过，上述批评并不是针对那些与这些学生或同事建立起深厚友谊或意义非凡的关系的少数人。相反，它针对的是那些习惯于通过滥用权威地位而压榨其下属（无论是学生还是同事）的专业人员。很多机构已经预料到了这个问题，并借助相关规定反对类似做法，某些机构可能不再雇用习惯性滥用职权的个人，而另一些机构则可能为了避免出现不当解雇的诉讼而完全无视这一点。有道德的犯罪心理画像人员将会尽力避免这样的不平衡关系，还会进一步为自己的学生和下属谋求发展而不是利用他们。

发表方面的伦理

犯罪心理画像人员有责任确保自己发表的任何研究具有相关性且真实无欺。这意味着研究的数据必须与提出的问题以及随后将要解决的问题有关。这也意味着出版物不得为了方便而假定事实，必须力求不歪曲现有文献。

案例：为研究目的假定或推断合法犯罪

最近由桑提拉（Santilla et al.，2003）等发表的一篇文章引起了一些担忧，这篇题目为《从犯罪现场行为推断纵火犯的性格：犯罪人心理画像个案研究》的文章发表在一本警察杂志上。文章的目的是通过一个案例表明侦查心理学（IP）可以作为一种有效的心理画像技术。在犯罪调查中，画像人员做出了心理画像报告，随后将该结果与案件的主要嫌疑人进行了比较。正如桑提拉等人的解释（2003，pp. 5 and 12）：

> 这些预测的准确性是根据案件嫌疑人的信息来评估的……根据坎特和费里松（Canter and Fritzon，1998）的调查结果预测的特征与案件中嫌疑人的真实特征非常符合。此外，还可以根据犯罪地点对嫌疑人的住所位置做出恰当估计。与根据“常识”的预测相比，空间预测更为准确，而这种严格根据坎特和费里松模型预测的特征与空间预测之间则存在差异。

要明确的是，此文章的目的不仅是要提供案例，展示侦查心理学的方法，也是为了证明侦查心理学的准确性，确定预测结果是否“与嫌疑人的实际特征完全一致”。从表面上看，以及对于主要的执法观众而言，这种做法似乎可以接受。

然而，该案唯一能够衡量侦查心理学预测准确性的方法是通过与真实犯罪人的特征进行对比。但是本案中的嫌疑人没有被控任何罪行，毋宁说被定罪了。文章提出了一个嫌疑人，并恳请读者像作者那样因其嫌疑人身份而假定其有罪。在该文章的目的和方法上，嫌疑人和案犯之间的区别并不明确。通过犯罪心理画像和嫌疑人的对比，这篇文章要么假定其有罪，要么提议其有罪。否则，任何对可能特征做出的比较都没有什么价值。

笔者给这个案例研究的合著者之一写了信，要求澄清这些伦理问题。她在回应中表示，在发表之前，各合作者就已经察觉到了实际有罪的问题，但是文章的目的不是解决方法准确性的问题，所以这一点毫无意义。这一答复与出版物中的措辞正好相反。她接着解释说，从执法的角度来看，嫌疑人基本上是有罪的，这就是这个案例研究的价值所在（Fritzon，K. 私人通信，2007 年 7 月 30 日）：

> 事实上，案件结果是州立检察官（一个芬兰的独立的非警察机构）裁定，直接物证不够有力，不足以进行调查。你也知道，这完全不同于被判无罪。实际上，有很多间接证据（例如，有人看到他离开了几个纵火现场）……
>
> 我认为在某种程度上，犯罪心理画像的有效性和实用性取决于你的视角。从警方的角度来看，他们认为这方面的投入对调查有益并且新奇。实际上，尽管你可能不会觉得它有什么“科学性”，但由于可能某个时候会收集到更多证据，所以这个假设仍然具有开放性。
>
> 我最后补充一点，这篇文章经由同行评审，并由编辑评论，而似乎没有一个人对这个（伦理）问题有意见。

的确，在调查中，调查心理画像报告可能对警察有帮助。然而，这与发表心理画像报告从而与嫌疑人的特征做对比以验证心理画像方法是两个不同的问题。除非读者假设其有罪，否则这种做法就无法达到该文章所述的目的。本案中的嫌疑人有罪是一个假说，认为嫌疑人无罪也是一个假说。这些问题都是超出科学研究和服务范围而应由法律来裁决的。

要说明一点，将一个心理画像报告与嫌疑人的特征进行比较，对于检验某一特定方法的准确性来说是徒劳的。唯一的例外则是该嫌疑人在法庭上被判有罪。即便如此，有罪也是一种法律的分类——那些实际上无辜的人可能被判有罪，反过来也如此。为了科学的诚实起见，必须将这些不足与任何类似的研究结论一起大胆地表达出来。

犯罪心理画像与法医学欺诈

为了获取不公平的或非法的收益，犯罪心理画像人员故意将有欺骗性或误导性的调查结果、意见或结论的证词、观点或报告提交给法庭，此举便是犯罪心理画像参与的法医学欺诈。如特维（Turvey，2003）所指出的，法医学欺诈通常被分为三大类：篡改者、伪装者，以及冒充专家。

篡改者

篡改者是最常见的法医学欺诈，如特维所述（Turvey，2003）：

> 篡改者是指实际篡改物证或相关法医学测试的人。这意味着他们捏造证据或为了特殊利益而破坏证据。笨拙的篡改者试图掩盖自己缺乏技能、能力或熟练程度不足的缺点，就像是一个交了不是自己写的学期论文的抄袭者。他们意识到了自己的缺点或错误，并且为了保密而伪造或破坏证据。冷漠的篡改者则十分懒惰，他们要么时间紧迫，要么资源不足。在任何情况下，他们都不担心伪造的后果，甚至可能觉得自己有权这么做。对他们而言，做得越少，就越容易。自负的篡改者专门为了个人利益和/或经济利益而捏造结果。他们以成绩著称，并且不惜一切代价维护这种名声。这样一来，他们希望确保自己在未来的案件中能起到作用，在某些极端的案件中，能保持他们在同事中的“名人”地位。无私的篡改者伪造或破坏证据，以协助那些他们认为没有被公平对待的人，比如一名刑事被告或同事。他们认为伪造或破坏证据有时候在道义上是正确的，

因此是有必要的。

在犯罪心理画像学界，篡改者并非无迹可寻。请参考下面的案例。

案例：乔贝尼特·拉姆齐（JonBenet Ramsey）案

1996 年 12 月 26 日，在失踪并报警 8 小时后，6 岁的乔贝尼特·拉姆齐（JonBenet Ramsey）被发现死于其父母位于科罗拉多州博尔德科家中的地下室里。警方立刻开始怀疑她的父母。这对父母聘请了一名律师、一名公关人员和一名已退休的联邦调查局犯罪心理画像人员来公开捍卫自己的利益。

1997 年 1 月，该名已退休的联邦调查局犯罪心理画像人员参与了 NBC《日界线》的节目录制。他说，根据他对约翰和帕西·拉姆齐（John and Patsy Ramsey）（一起）的访谈，以及对案件事实的检查，他真心认为这对父母不可能杀害了自己的女儿。为了支撑自己的意见，他声称参与此案的官员向他简要介绍了尸检报告。

跟踪报道的记者试图核实这位犯罪心理画像人员的说法，但是他们找不到任何承认向他简要介绍过尸检报告的官员。他的说法无法得到验证，于是这名犯罪心理画像人员被迫改变了自己的说法。两天之后，在《拉里·金现场秀》中，他说自己收到的关于乔贝尼特·拉姆齐验尸报告的简要介绍来自拉姆齐的家庭律师；他手中关于验尸报告的信息是三手的。布伦南（Brennan，1997）解释说：

> 前联邦调查局犯罪心理画像人员约翰·道格拉斯（John Douglas）承认，他唯一收到的关于乔贝尼特·拉姆齐的验尸报告来自拉姆齐家族的律师。
>
> 在周四《拉里·金现场秀》节目一个小时的采访中，约翰和帕西·拉姆齐雇来协助侦破自己 6 岁女儿被谋杀案的犯罪心理画像人员承认，有关她未完成的尸检报告是三手信息。
>
> “我听了代表拉姆齐家律师的简要介绍。”道格拉斯说。他说自己并没有看到最终的报告。
>
> 这与美国广播公司《日界线》周二晚上关于道格拉斯听取了尸

> 检报告简报的说法相矛盾。第二天，没有任何与谋杀案调查有关的官员承认透露过相关简报。
>
> 博尔德县验尸官约翰·梅耶（John Meyer）将于2月12日在博尔德地区法院举行的听证会上要求将报告封存。而在此之前，预计尸检报告不会完成。
>
> 洛杉矶刑事辩护律师莱斯利·艾布拉姆森（Leslie Abramsson）也是《拉里·金现场秀》节目的嘉宾，她曾为埃里克（Erik）和莱尔·梅内德斯（Lyle Menendez）的父母谋杀案辩护。
>
> “辩护律师没有报告怎么能向道格拉斯先生简要汇报尸检情况呢?”她问道。
>
> 当金（King）重复这个问题的时候，道格拉斯回答，“那你得请他们来做嘉宾了”……
>
> 道格拉斯为自己关于乔贝尼特谋杀案的分析辩护称，乔贝尼特于12月26日在自己家地下室一个偏远的房间里被发现时，距离她妈妈发现勒索信有8个小时了，信里勒索11万8千美金来确保女孩安全归来。……
>
> 道格拉斯告诉金，由于受到限制，关于谋杀案只能说这么多，因为拉姆齐家族的律师告诉他，自己可能要被大陪审团传唤。

在本案中，已退休的联邦调查局犯罪心理画像人员捏造了证据（一份尸检报告）和人物（未透露姓名的官员和律师），他声称自己听取了尸检结果的简报。随后，在解释此案罪行的性质以及做出拉姆齐一家无罪的判断意见时，这些不存在的简报和信息就成了他的判断基础，借此以加强自己在审查证据方面的可信度。不幸的是，他的说法前后矛盾，也无从证实。

伪装者

伪装者是指那些夸大、美化、撒谎或歪曲实际调查结果的法医学鉴定人员。这是法医学欺诈中第二常见的形式。据特维（Turvey，2003）所述：

伪装者一直存在，其涵盖范围广泛，从谎称自己结论很重要，到仅提出有偏见或不完整的观点，都属于这一类。正如萨克斯所言：(Saks，2001)：

> 这类［法医学欺诈］中更模棱两可的一种是，提出意见的专家具有准确知识并能够进行合理的工作，但是对于在审案例，专家未能按照预期的标准行事（就像一些法院和评论员所口中的“以同样的理性和严谨”），而且这种不严谨导致了不太可靠的结果（这可能会得出一些使证词进一步向支持者的首选立场倾斜的结论）。

来看看下面这个案例，其中涉及画像伪装者的自白。

案例：韦科（Waco）案

1993年4月，美国联邦调查局和烟酒火器管理局（the FBI and the ATF）在德克萨斯州韦科对大卫教派（Branch Davidian）的庄园（位于卡梅尔山）进行围攻，在持续了51天之后，以魅力领袖大卫·考雷什（David Koresh）及其85名追随者的死亡告终。[①] 逝者中有男人，还有女人和小孩，在联邦调查局特工开始喷洒催泪瓦斯并且用坦克对大楼发动进攻大约六个小时之后，现场燃起了熊熊大火，这些人都在大火中死去（Hancock，2000）。

联邦调查局一名犯罪心理画像专家曾警告联邦调查局的人员不要攻破堡垒，但他却被告知必须改变自己的观点，否则将会受到处罚。根据《纽约时报》报道（题为“韦科庄园案的联邦调查局特工称调查局就考雷什报道向其施压”，1995），

> 皮特·斯梅瑞克（Peter Smerick）是联邦调查局首席犯罪心理画像人员，也是考雷什的心理画像人员，他打破了沉默，控诉某些联邦调查局的官员向他施压，迫使他改变了自己关于如何和平解决该事件的建议。

---

① 韦科遇害的实际人数历来争议不断。一些可靠的新闻机构和联邦调查局对这个数字的报道也不同。联邦调查局声称大卫·考雷什是造成这些差异的罪魁祸首，因为他给出的关于居住在卡梅尔山人口数的信息并不准确。

> 斯梅瑞克现在已经从联邦调查局退休，在华盛顿特区担任顾问。他说，在1993年3月3日至3月8日，自己在韦科为联邦调查局高级官员撰写的四份备忘录中，建议对科雷什采取谨慎、非对抗性的态度。
>
> 但是斯梅瑞克说，就在他写第五份备忘录的时候，受到了来自上述那些人的压力。结果，那份备忘录在语气和着重点上出现了一些微妙的变化，相当于赞同对大卫教徒采取更强势的方法。
>
> 次月，联邦调查局得到了司法部长珍妮特·雷诺（Janet Reno）的支持，他们计划向大楼喷射催泪瓦斯。根据司法部对围困事件的回顾，考雷什和他的追随者们随后便点燃了这栋建筑。

此外，根据汉考克（Hancock，2000）的资料：

> 斯梅瑞克在1995年说，虽然没有人明确表示他会受到审查，但是他感到了明显的压力，这促使他更改了自己的建议。他还在一次秘密采访时说："联邦调查局传统的独立犯罪分析过程……在韦科案中并不存在。"
>
> 斯梅瑞克告诉记者，在提交了一份"被默许"的备忘录之后，他就不再写这方面的报告了，这份备忘录去掉了前几份备忘录中出现过的不要逼迫这些教徒的警告，并且加入了一些来自华盛顿上级的战术压力下的意见。他说自己于3月17日"沮丧地"离开了韦科，不过仍与一些谈判人员保持着联系。

斯梅瑞克承认，在国会作证之前自己因受到压力而改变了观点，如泽利夫（Zeliff，1995）所记述的：

> 1995年8月1日，星期二，国会议员小威廉·H. 泽利夫（William H. Zeliff，Jr.）致开幕词，
>
> ……罗杰·阿特曼（Roger Altman）在4月15日给本特森（Bentsen）秘书的令人惊奇的备忘录中的内容是多么显而易见。罗杰·阿特曼在他于4月15日做出的备忘录中写得很明白。阿特曼没有参与决策过程，但是他看到了悲剧的可预见性，他说："其中有发生悲剧的风险"。

同时，联邦调查局的斯梅瑞克写下了 4 份备忘录来阻止从谈判转向战术行动。他一直写，直到觉得自己必须改变自己的建议，因为，用他的话说，他必须取悦他的上级，包括联邦调查局局长。

皮特·斯梅瑞克当时的上级约翰·道格拉斯（John Douglas）证实了这一说法。根据沃顿（Worden，1999）的资料：

在参与那起案件的谈判人员中，有一个人感觉到了压力，要求他对谈判人员提供的信息保持沉默，这个人就是约翰·道格拉斯。这名工作了 25 年的特工是联邦调查局的老手了，他当时是联邦调查局调查支援小组的负责人，为此次行动提供谈判人员……

“我觉得我除了保持沉默之外没有别的选择，否则别人会叫我‘多嘴驴’。”他说道。

道格拉斯是行为科学部的一名成员，这个部由犯罪心理画像人员、分析人员和心理学家组成。道格拉斯说，这个部与人质解救小组发生了好几次冲突，人质解救小组是强硬的主战派，它拒绝了行为科学家的意见，主张采取行动获得战果……

道格拉斯回忆道，在这次不幸的攻击行动开始前一周，在华盛顿联邦调查局指挥中心的一次会议上，他曾被要求提交一份报告。据他所说，当时房间里有联邦调查局副局长弗洛伊德·克拉克（Floyd Clarke）、刑事调查助理主任拉里·波茨（Larry Potts）、副助理局长丹尼·考尔森（Danny Coulson）和犯罪侦查部门的负责人麦克尔·科霍（Michael Kahoe）。

道格拉斯简要汇报了他的谈判人员对考雷什及其追随者所做出的心理画像。

“我告诉他们，[考雷什] 有可能会变得狂暴……尽管我认为他目前还没有被逼到那种地步，”道格拉斯说道。“我告诉他们，只要考雷什还同我们保持对话，就不会有伤害任何人的危险。”

道格拉斯说，他陈述了 20 分钟之后，波茨、科尔森和科霍离开了房间，并且让一名职位比较低的职员把道格拉斯也叫了出去。他说：“在和局长开会的时候被叫出来了，我觉得很奇怪。”在房间外面，科霍转身对他说："我们不希望你向局长汇报情况。有一些事情我们不想让局长知道。我们自己会去向他汇报的。"

道格拉斯表示，在他有机会讨论战术战略人员和谈判人员间日益扩大的分歧之前，会议突然就这样结束了。

参与行动的特工表示，司法部长珍妮特·雷诺（Janet Reno）是根据其中一人提供的虚假信息而采取行动的，此人同意在另一人（其上司）的压力下，修改上一份报告，而另一个人（该上司）又受到其上级的压力，要求他支持在韦科动武。

根据他们自己的说法，这两名特工因为害怕失去工作或者面临其他制裁，都同意以韦科犯罪心理画像人员的身份改变自己的专家意见，从而迎合其上级领导。双方都明白这一决定可能会导致伤亡。①

若现在任何一名前联邦调查局特工在陪审团面前提供专家证词，对方律师可能会这样发问："当你知道人们可能会因此而丧命时，你有没有为了金钱而改变你的专家意见呢?"对于这两个人来说，从他们的供词和国会证词来看，这个问题的答案只能是肯定的。

冒充专家

有时候专家可能会歪曲或夸大其文凭和资质的性质或数量。他们这样做的原因可能是为了让法庭相信自己的资格明显高于实际资格，或者允许他们在其不具备实际资格的领域提供证据。无论是哪种方式，这都是一种欺诈行为。冒充专家是指那些伪造或歪曲专家证书，如大学文凭、专家认证、专业背景或夸大案件相关经验的人（Turvey，2003）。毫无疑问，这种欺诈行为是最容易被调查和筛选的。然而不幸的是，它仍然以微妙或明目张胆的形式普遍存在于法医群体中。请参考以下案例。

案例：伪造文凭和经验

在 1982 年的一起案件中，辩方以及联邦上诉法院发现，一名现已

① 出于钱财之故而更改、修改或做出专家意见可以说是专家们所做出的最不道德的行为之一。此外，在作者看来，如果更改或修改自己的专家意见有可能导致有人死亡，那么这就是所有不道德行为当中最恶劣的行为。

退休的监狱治疗师和犯罪心理画像人员在一起双重凶杀案的宣誓专家证词中，对自己的专家资格作了伪证。根据“德雷克诉博图昂多案”的记录（Drake v. Portuondo，2003）：

> 控方周四晚上告知辩护律师，控方打算让心理学家理查德 · D. 沃尔特（Richard D. Walter）就心理画像作证。周五，控方成功地将沃尔特加到了证人名单中，沃尔特将出庭作证。根据公布的时间表，若必要，辩护律师只有周末的时间去找到一名可胜任的专家，或者就此准备盘问。
>
> 控方承认，沃尔特的证词意在强化与控方立场一致的证据中的弱点。控方还承认沃尔特是由法医学牙医莱文博士（Dr. Levine）介绍的，他们没有单独调查沃尔特的资格。
>
> 沃尔特一开始就承认，他没有审查德雷克和他的医疗记录，而是只依赖大陪审团证词、医学证据和警方记录。据此沃尔特认为，史密斯和罗森塔尔（Smith and Rosenthal）是一种特殊类型的“淫欲谋杀”的受害者，这种“淫欲谋杀”被称为“皮克主义”（法语动词“piquer”的派生错误拼写，意为“刺或戳”）。参见审讯记录794 页。根据沃尔特的说法，皮克主义者通过咬、射击、刺伤和鸡奸被害人来获得性满足（尽管并不是所有的皮克主义者都会有此类行为）。这种所谓的临床症状在本案的医学意义物证中数量不少，而这些证据又与控方的意图相吻合。
>
> 很明显，沃尔特关于自己专家资格的证词是伪证。他声称自己在心理画像领域有丰富的经验，其中包括：几年来在洛杉矶县法医办公室处理过5000 ~7500 例案件；是北密歇根大学的兼职教授；在密歇根管教部担任监狱心理学家 4 年之久；在洛杉矶和密歇根州数百次刑事审判中提供过专家证词。
>
> 在沃尔特作证之后的周一，辩方律师告诉法官迪佛里奥（DiFlorio），辩方整个周末都在寻找能够反驳控方的心理专家，但没有发现任何听说过“皮克主义”的专家。故辩方要求延期两周，以寻找具有所需专业知识的心理学家。而控方则成功地反对了诉讼延期。

> 在耗尽其直接上诉的机会数年后，德雷克发现了证据。通过自己在监狱里的研究，他发现沃尔特在自己的文凭方面撒了谎。虽然沃尔特确实是密歇根管教部的一名监狱心理学家，但是德雷克还是发现了一些启发性的证据，证明沃尔特在其他资历上撒了谎。正如控方现在承认的那样，沃尔特并未在洛杉矶县法医办公室做过犯罪心理画像。据沃尔特的当地主管称，他受雇为实验室助理，负责清理和维护法医实验室。沃尔特自称是北密歇根大学的一名兼职教授，但似乎也没有任何记录表明沃尔特曾经领过该大学的工资。洛杉矶县地方检察官办公室也没有沃尔特于1975年10月到1978年5月作为刑事诉讼专家出庭作证的记录。
>
> 1995年，按照纽约州的规定（N. Y. C. P. L. 440. 10），根据新发现的有关沃尔特伪证的证据，德雷克被成功撤销其定罪和判决。……
>
> 基于上述原因，我们撤销了地区法院驳回德雷克要求人身保护请求的判决，并将其发回地区法院进行取证，并就控方是否知道（或者本应知道）其专家理查德·D. 沃尔特在作伪证一事进行听证（如果地区法院根据自由裁量权认为需要听证的话）。

2003年这一决定做出之后，新的法院文件解决了这一问题。根据“德雷克诉博图昂多案”的文件（Drake v. Portuondo，2006）：

> 德雷克声称，沃尔特在审判中关于他作为专家的资格和以前的工作经验做了伪证。具体来说，德雷克对沃尔特在洛杉矶县法医办公室的工作经历、作为心理学家的执照，以前的学术著作、教学经验以及之前作为专家证人作证的陈述都提出了质疑。在2003年1月31日的判决中，第二巡回法院得出结论认为沃尔特作了伪证。法院认为：
>
> “沃尔特声称在犯罪心理画像领域有丰富的经验，其中包括：几年来在洛杉矶县法医办公室处理过5000～7500例案件；是北密歇根大学的兼职教授；在密歇根管教部担任监狱心理学家4年之久；在洛杉矶和密歇根州数百次刑事审判中提供过专家证词。”（Drake，

321 F. 3d at 342）。

通常，鉴于第二巡回法院的这种说法，一般会推定沃尔特作了伪证。然而，被告敦促法院审查沃尔特的审判证词，因为被告声称沃尔特的很多证词都是真实的，而且即使他的部分证词本质上有误，沃尔特也没有故意做出虚假证词，故而不正确的证言并不构成法律上的伪证罪。但被告的论述忽略了这样一点，即已知依据虚假证据做出的定罪，即使不真实的证词没有达到伪证罪的程度，此定罪也会被推翻。参见“托马斯诉库尔曼案”（Thomas v. Kuhlman，255 F. Supp. 2d 99，108，E. D. N. Y. 2003）（节选自“美国诉博伊德案”［United States v. Boyd，55 F. 3d 239，243（7th Cir. 1995）］）。另一方面，伪证罪的定义是“故意就案件重大事项提供虚假证词，而不是由于混淆、错误或记忆错误而做出的关于重大事项的虚假证词”（“美国诉邓尼根案”，United States v. Dunnigan，507 U. S. 87，94，1993）。由于被告辩称沃尔特的审判证词在某种程度上并不是伪证，法院将依次审查沃尔特审判证词中每一个被质疑的方面。

1. 颁发的许可证

沃尔特在审判时把他的职业描述为密歇根管教部的“监狱心理学家”，德雷克对此持异议。他说，沃尔特的这种说法是错误的，因为根据密歇根法律，心理学家必须拥有博士学位，德雷克认为，由于沃尔特只获得了硕士学位，他的执照只是“有限心理学家”的执照。

沃尔特在审判时作证说他只拥有硕士学位，是一名“监狱心理学家”（Trans. at 783. 3. ）。接受盘问时，他承认自己没有博士学位（Trans. At 805. ）。在本案证词中，沃尔特为自己使用“监狱心理学家”的头衔进行了辩护：他说在密歇根，拥有硕士学位的人可以获得有限的心理学执照（Walter Dep. at 80. ）。通常，持有限执照的人必须在持完全许可证的心理学家指导下工作（Id. at 80 - 81. ）；但是，密歇根州总检察长在 1979 年的一份意见书中说，当有限心理学家为政府实体或非营利组织工作时，不需要这种监督（出处同上）。同样依据这份意见书，沃尔特作证说，在这种情况下，有限心理学家是允许使用“心理学家”头衔的（Walter Dep. at 80－81.）。法院不能断定沃尔特在审判的时候歪曲了自己的资格，因为他作证时说自己只拥有硕士学位，并且清楚地说明了没有博士学位；法院也不能断定沃尔特在把自己当时的职业描述为“监狱心理学家”时作了伪证。①

2. 出版物

德雷克接着说，沃尔特对自己以前的著作作了伪证。审判时，沃尔特被问到有没有写过论文。他的回答是“写过”（Trans. at 784.）。尽管对相关的日期有些混淆，但是沃尔特在证词中重申，自己在德雷克审判之前写了一篇论文，但是那篇论文其实是在审判之后提交和发表的。他说：

问：好吧。1982 年 10 月 19 日之前，你有没有在《美国法医科学院》杂志上发表过文章？

答：没有（Walter Dep. at 34）。

问：你说你发表了关于该主题的演讲，但是实际上还没有写出论文吗？

答：我还没有发表那篇论文。我写了论文，没有发表。

问：好的。你说是在 1 月的一次会议上宣读了这份论文，是吗？

答：不是的，是 2 月。

问：2 月的一次会议上？

答：是的。

问：是在什么时候，哪一年，如果你在审判中提供的证词——？

答：1981 年。

问：——是 1982 年 10 月？

① 密歇根管教部最近列出了一个“心理学家”的空缺职位。与这个职位有关的是一份公务员职务说明的副本。该说明规定，申请“心理学家”职位的人必须具有心理学硕士学位。请参见网址 www. michigan. gov/documents/Psychologist_ 12904_ 7. pdf。这份职务说明指出，“这项工作的雇员完成或监督各种专业任务，为国家设施和社区的居民提供心理治疗。这类职位设立在精神疗养院、监狱、青年住宿设施和退伍军人医院里面。”

答：哦，那就是 1982 年（Walter Dep. at 42 – 43.）。

法院的结论是，沃尔特没有在审判时作伪证，只是证明他在作证之前已经写了一篇论文。因为沃尔特从未在审判中作证说论文已经发表，他的证词中关于提交和发表论文日期的任何不一致都是无关紧要的。①

3. 教学经验

德雷克还称沃尔特作伪证说自己是北密歇根大学的“兼职讲师”。德雷克认为“兼职讲师”一词是德雷克无权使用的职称，这一称谓给陪审团留下了错误的印象。

在审讯中，沃尔特被问到：“你到底教没教书?”（Trans. at 784.）他回答说“我现在是北密歇根大学的兼职讲师。”（出处同上）

然而，在他的证词中，他详细阐述了他与该机构关系的性质，即：他是作为北密歇根大学一位教授的嘉宾发表演讲的（Walter Dep. At68 – 71.）。

沃尔特为自己使用“adjunct（兼职）”一词进行了辩护，认为就这个词的普遍意义来说，他的用法实际上并无不妥，因为他所说的 adjunct 的首字母是小写字母 a，而不是大写字母 A（Walter Dep. at 68，72.）。虽然他希望自己当时使用的是“客座（guest）”这个词，但是沃尔特否认陪审团可能被他在审判中的证词误导。

他说：“由于这是英语词汇的一部分［原文如此］，我不会为了在恰当的情景中使用了这个词而道歉。无论［陪审团］选择［原文如此］理解还是不理解，这都是他们的问题，不是我的。我更希望自己用的是“客座”，而不是“兼职”一词。”（WalterDep. at 75.）

虽然法院对沃尔特表现出来的轻率态度感到失望，但是也不能判定沃尔特使用“adjunct（兼职）”一词就是做伪证。兼职一词的定义是指“在某种职责或服务中与他人有关联或协助他人的人。”（第三版《韦氏新国际词典》，Webster's Third New International Dic-

---

① 在德雷克反对这项议案的备忘录中，第 3 部分是 1985 年 9 月发表于《美国法医学和病理学杂志》（*American Journal of Forensic Medicine and Pathology*）上的一篇题为“愤怒咬人”的文章的副本。文章里面有一条注释，说明该论文在 1983 年 2 月首次提交给美国法医科学院口腔部。

tionary 27，1965）在这个问题下，沃尔特的回答充其量只是具有误导性。[①]

4. 作为专家证人的经验

德雷克进一步辩称，沃尔特曾提出自己之前作为专家证人作证的经验，而这部分证词也是假的。第二巡回法院同意此观点，法院留意到沃尔特声称在洛杉矶和密歇根州数以百计的刑事审判中作证（Drake，321 F. 3d at 342.）。

首先，法院必须明确，第二巡回法院对沃尔特审判证词的描述并不正确。沃尔特从来没有声称自己曾为数以百计的刑事审判作证。相反，他只称自己在一两个司法管辖区有作证资格。人们也从来没有问及沃尔特有效作证的次数。

问：你是否有在任何刑事法庭作为专家证人作证的资格？

答：是的，有资格。

问：如果你愿意回答的话，请问你是在哪个州和管辖区作证呢？

答：在加利福尼亚、洛杉矶和帕萨迪纳市。

（Trans. at 785）事实上，沃尔特并没有声称已经作证上百次，但即便如此，毫无疑问的一点在于，就算是从实际审判证词（内容更为有限）来看，他的证词也是不正确的，因此也就是假的。在证词中，沃尔特重申了自己以前作为专家证人的经验。他记得只在以前两起案件中作过证，即一起谋杀案和一起“马自达”案。然而，在被问到先前专家证词的实质内容时，沃尔特透露，他在谋杀案中是以证据保管人的身份作证的，而不是作为心理专家（Walter Dep. at 87 –88.）。关于把自己的证词定性为“专家”证词这一点，他说是因为他自认为这样的证词实际上就是专家证词（出处同上）。沃尔特可以回忆起在德雷克审判之前作证过的第二个案件是“马自达”案，这是一起民事案件，而不是刑事案件。因此，他在该案件中的证词与检察官此次在审的问题无关，因为此次审判中所说的资

① 双方都没有提到沃尔特使用现在时的意义。沃尔特说：“我现在是兼职讲师。”……没有证据证明，在审判的时候，沃尔特是否还继续作为嘉宾在那所学校讲课。然而，他的回应给人留下的印象是，他与该机构的联系仍然在继续。

格是指在任何刑事法院担任专家的特定资格。

虽然德雷克已经证明沃尔特在审判中的证词实际上是错误的，也就是虚假证词，但是他并没有表明沃尔特是故意给出了这样的虚假证词。而正如前文所述，此处的问题是沃尔特关于自己专家资格的审判证词是否虚假。据此，法院得出结论认为，沃尔特关于过去作为专家证人资格的部分证词是假的。

5. 洛杉矶县法医办公室

最后，沃尔特审判证词中最受关注的是他在洛杉矶县法医办公室的相关工作经历。在直接审查此案的证词开始时，沃尔特作证说自己彼时“是一名学生专业工作者，当时正在修刑事司法的一门学术课程。在那里，我会咨询检察官、警察机构和各种调查机构。我和病理学家都研究死亡原因，做心理画像，寻找可能的线索。”

(Trans. at 788 – 89) 沃尔特作证说，在这个职位上，他个人参与了 5000 到 7500 起案件。(Trans. at 789 – 790.) 他证实说，在一些案例中，他会查看死者的尸体，与病理学家和其他人交换意见，与警察和调查人员讨论案件，并且形成“犯罪心理画像”。(Trans. At 791.) 他还作证称犯罪心理画像的目的“不仅仅是帮助病理学家和调查机构弄清楚发生了什么，还可以找出引导线索（不论是弄清楚一个完整的案例还是理清案件背后的动机）来破案。而有时候找出线索是非常复杂的，因此他们需要犯罪心理画像的帮助”(Trans. at 791.)。

沃尔特证词中的问题在于，虽然他可能对审判时所描述的任务有所涉足，但是他并非是受雇去做这些任务的。事实上，他的工作是在毒理学实验室工作并进行维护。没有证据表明沃尔特应法医办公室的要求参与过犯罪心理画像活动。相反，记录中有证据表明，法医办公室要求进行犯罪心理画像的时候，是由验尸官本人进行的。①

部分声明包含了以下问题和答案。

---

① 治安法官施罗德（Schroeder）签发的针对德雷克第七条反对意见的证物是罗纳德·泰勒博士（Dr. Ronald Taylor）的宣誓证词，泰勒博士于 1973—1981 年担任洛杉矶县法医办公室的法医科学实验室主任。他的证言采取了对书面问询做出回复的方式。

问：你在法医办公室工作的时候，你和/或（法医科学实验室）是否曾经准备过犯罪心理画像，或者使用过心理学模式或是行为科学来创建刑事案件的嫌疑人画像？

答：没有，但是验尸官自己这样做了的。

问：如果上述答案是肯定的，请解释一下。

答：在某些广为人知的案件中，法医，也就是野口博士（Noguchi [原文如此]）将会对一个尚未被确认的杀人犯进行心理画像。据我所知，他从不让自己的员工来做这种事。

德雷克针对《报告和建议》的反对意见中附有罗纳德·泰勒（Ronald Taylor）博士的声明。与沃尔特一起在法医办公室工作的欧内斯特·格瑞史莫（Ernest Griesemer）博士提交的宣誓证词表明，沃尔特的主要职责是维护法医办公室的实验室。参见“德雷克反对意见”（Drake's Opp'n Mem. at Ex. 6）。

为了证明沃尔特不仅仅是一名学生助理，被告提出了另一封格瑞史莫博士1995年10月写给美国法医科学院伦理委员会的信。

参见Resp't's Summ. J. Mot. at Ex. A。格瑞史莫的信里面有一部分是：“理查德·沃尔特在加利福尼亚州洛杉矶县验尸部门的法医实验室工作了两年半，从1976年1月到1978年8月。他受雇作为学生专业工作人员，在法医科学、毒理学和组织病理学实验室及其仓库工作……

“沃尔特先生在这里工作时，我发现他会尽可能多地阅读报告和审查项目，并不断与验尸官的工作人员、侦探和保险调查人员讨论案件。我总觉得他是在努力寻找事实，更全面地了解具体案件的潜在情况和个别死亡原因。

“沃尔特也定期参加了案例审查和科学讨论，其中包括由验尸官组织的心理画像。他还参加了验尸官部毒理学科和法医调查组会议的科学部门讨论。他会寻求并被邀请与病理学家就具体的案例和一些会议上介绍的材料进行一对一的讨论。他还与该部门的毒理学家和法医科学调查人员讨论证据和案件细节。”

(出处同上)[①] 虽然这封信揭示了沃尔特在法医办公室工作期间的一些活动，但是它也证实，诸如找病理学家进行一对一的咨询，以及与侦探和其他调查人员讨论案件等活动，并不是沃尔特受雇进行的活动。的确，根据格瑞史莫的声明，他“总觉得（沃尔特）是在努力寻找事实，更全面地了解具体案件的潜在情况和个别死亡原因。……”但这与沃尔特自己的宣誓证词形成了鲜明反差，沃尔特认为他形成犯罪心理画像报告的目的“不仅仅是帮助病理学家和调查机构弄清楚发生了什么，还可以找出引导线索来破案……”(Trans. at 791)。

格瑞史莫的信件表明沃尔特参与了犯罪心理画像，但得出最终画像的并不是他，或者说在沃尔特的义务范畴内，人们并不指望他得出此类画像。很清楚的是，沃尔特只是非正式地、主动地参与了他在审判中所描述的任务，他并非受雇于法医办公室而采取此类行动。因此，他的审判证词是假的。

此外，法院无法判定沃尔特在审判时是否被检察官的问题所迷惑或误导。因为检察官只是简单地问道：“你为法医办公室做了些什么?”

对此问题的自然回应是描述其受雇所从事的工作。从所有迹象来看，如果沃尔特只是完成了他在德雷克审判时描述的那些任务，他就无法完成自己受雇应完成的工作。尽管所有证据，包括沃尔特自己的证词都表明他的主要职责之一是在实验室工作并维护实验室，但在德雷克审判中，沃尔特甚至都没有提到实验室的任何工作。由此，法院无法断定沃尔特在这方面的虚假证词是否是由于混淆或错误造成的。因此，考虑到此次动议的目的，法院将假定沃尔特就其在法医办公室的工作经验作证时作了伪证。[②]

截至本文撰写之时，这位专家尚未因其虚假证词而承担任何正式的后果。

---

① 虽然信中的陈述不是在宣誓后做出的，但法院也应当将该信件的内容纳入考虑范围，因为信中附有格瑞史莫的宣誓书，确认这些 1995 年 10 月写的陈述是真实的。并且一直到现在都是真实的。

② 显然证词是假的，但法院却拒绝判定沃尔特作了伪证。

案例：歪曲多个专业证书和附属单位

在澳大利亚，一位研究人员的专业资格失实影响了整个画像界，因为他可能是迄今为止最多产的归纳画像相关材料和研究的作者。也许相关事件的时间表能更好地厘清这些错误陈述。

1998 年，这名研究人员向查尔斯·斯托大学申请了“讲师”的职位。根据“柯奇士诉查尔斯·斯托大学案”（Kocsis v. Charles Sturt University，2001）的记载：

> 柯奇士先生在申请查尔斯·斯托大学讲师职位的简历中说，他预计完成哲学博士学位的日期是 1998 年 12 月。他还没有读完这个学位。

这些法庭文件证明，这位研究人员在 1998 年并未取得博士学位，而且直到 2001 年 5 月 30 日都未取得。

1998 年 4 月，这名研究人员与哈维·J. 欧文（Harvey J. Irwin）合著，发表了一篇题为“强奸、纵火、入室盗窃中的空间形态分析：环境范围圆理论在心理画像中的应用”的论文（*Psychiatry*，*Psychology and-Law*，5（1），April 1998，195 – 206）。在这份由同行评议的文章中，这位研究人员的职业信息如下：“理查德·N. 柯奇士，国家情报组，新南威尔士州警察局。”文章是这样向读者介绍的，但是新南威尔士（简称 NSW）州警察局并没有雇用这个人。

也是在 1998 年 4 月，这名研究人员还与哈维·J. 欧文（hourvey J. Irwin）和安德鲁·海耶斯（Andrew F. Hayes）合著，发表了一篇文章，题为“纵火犯有组织和无组织的犯罪行为综合特征：心理画像概念的验证研究”（*Psychiatry*，*Psychology and Law*，5（1），April 1998，117 – 131）。在这篇由同行评议的文章中，这位研究人员的职业信息如下：“理查德·N. 柯奇士，新英格兰大学心理学系，新南威尔士州警察局。”同样，新南威尔士（简称 NSW）州警察局从来没有雇用过这个人。

1998 年 11 月，这名研究人员又与哈维·J. 欧文合著，发表了一篇题为“系列犯罪人的心理画像及系列犯罪用词不当的重新界定”（*Psy-*

chiatry，*Psychology and Law*，5（2），November 1998，197－213）在这篇文章中，这位研究人员的职业信息也写着："理查德·N. 柯奇士，新英格兰大学，新南威尔士州警察局。"同样，这篇文章如此向读者介绍这位研究人员，但是新南威尔士（简称NSW）州警察局从来没有雇用过这个人。

1999年1月，这名研究人员被查尔斯·斯托大学聘为讲师。根据"柯奇士诉查尔斯·斯托大学案"（Kocsis v. Charles Sturt University，U no. 21249 of 2000）的记载，"柯奇士先生从1999年1月25日开始被聘为查尔斯·斯托大学的讲师。"

1999年7月22日，这位研究人员在澳大利亚犯罪学研究所举办了"心理画像简介及其对协助暴力犯罪调查准确性的实证评估"研讨会。他的职业信息是"理查德·N. 柯奇士，查尔斯·斯托大学犯罪心理画像研究组主任。"而查尔斯·斯托大学从来没有授权设立一个"犯罪心理画像研究组"，更不要说任命该研究员为"主任"了。

2000年3月，柯奇士与澳大利亚新英格兰大学的哈维·J. 欧文、达特茅斯学院的安德鲁·海耶斯和澳大利亚新南威尔士州警察局的罗纳德·纳恩（Ronald Nunn）合著，发表了一篇文章，名为"心理画像的专业知识：比较评估"（*Journal of Interpersonal Violence* Vol. 15，No. 3，March 2000，311－331）在这篇经由同行评审的文章中，这名研究人员的文凭和就业信息如下：

> 理查德·N. 柯奇士博士是查尔斯·斯托大学新南威尔士警察学院暴力犯罪调查讲师。他还是犯罪心理画像研究组（Criminal Profiling Research，简称C. P. R.）的主任。

同样的，查尔斯·斯托大学从来没有授权设立一个"犯罪心理画像研究组"，更别说任命该研究员为"主任"了。此外，这个人也从来没有被新南威尔士警察学院聘为讲师。而且他也没有获得博士学位。

2000年11月17日，根据2001年"柯奇士诉查尔斯·斯托大学案"的记载（U no. 21249 of 2000，2001），这名研究人员被查尔斯·斯托大学解雇了/取消了职务。

2001 年 5 月，这名研究人员正式获得新英格兰大学心理学博士学位。

这名研究人员目前仍是新南威尔士州心理学家注册委员会的注册心理学家，也是一位在犯罪心理画像方面多产的作家。

第四章“法医心理学、法医精神病学与犯罪心理画像”讨论了犯罪心理画像当中其他不道德行为的例子。

解决方案

与不道德行为相关的问题并不是只出现在犯罪心理画像领域，而相关的必要保障也并非遥不可及。必须有明确的道德准则，必须有实践标准，而且这些准则和标准必须得到理解和执行。各个有道德的法医都有义务执行既定的惯例标准，并且在行为守则严厉的专业组织中获得成员资格。他们也有义务避开从属关系。专业组织有相应的职责来提供合格的实践标准，执行其道德准则，教育或开除那些在任何方面不合格的成员。最后，专业人员个人同样肩负重要的责任，要留意自己发现的不合格或不道德的行为。类似的不道德行为并非只存在于黑暗中，默许此类行为也是问题的一部分。

在这个层面上，要能够辨别自己和他人能力不足时的实践和行为，这种认知能力很有必要。有时情况并不总是清晰明了，而检查人员在为雇主的利益服务时，通常会因为一些不称职和缺乏专业精神的行为而获得利益。个人从业者有责任学习并举例说明职业行为的不同原则，一个人的首要责任是他的职业，而不是其雇主。

罗马皇帝马可·奥里利乌斯·安东尼（Marcus Aurelius Antoninus，公元 169—180 年在任）说过：“不对的，不要做；不对的，不要说。”（出自公元 167 年的《沉思录》）这一点必须是绝对的，即使受到威胁、惩罚或奖励也应如是。否则，我们就不值得刑事司法系统的信任。

小结

大多数犯罪心理画像人员都在特定或书面的职业道德准则之外运作。因此，很多犯罪心理画像人员提供专家建议或意见却并不担心要对此负责。事实表明，在很多著名案例中，心理画像人员不道德的行为对公民的个人生活造成了伤害。最常见的就是，仅仅根据公众的推断，即某无辜公民符合心理画像结果的个人特征，就暗示其有罪。

犯罪心理画像人员频繁受邀协助或参与媒体方面的真实或虚构犯罪人和罪行的项目。当一个虚构项目的创造性顾问为了戏剧性而促进超自然现象的使用，对方法论的确定性做出错误陈述，或者歪曲案件事实时，道德困境也就随之而生。犯罪心理画像人员参与任何项目都可能是对该领域内相关错误信息的公开认可。在这种情况下，心理画像人员必须大声说出来，或者完全退出该项目，因为他或她要么是提供基于客观法医检查的有效且真实的信息，要么则不应抱有任何有效的专业目的。

专业人员也不能滥用权力，损害或剥削下属，发表误导性证据或研究，或者进行虚假陈述或欺诈。

与不道德行为相关的问题并非只出现在犯罪心理画像领域，而相关的必要保障也并非遥不可及。必须有明确的道德准则，必须有实践标准，而且这些准则和标准必须得到理解和执行。各个有道德的法医都有义务执行既定的惯例标准，并且在行为守则严厉的专业组织中获得成员资格。他们也有责任将不道德行为告知整个画像界，对那些有意无视道德专业精神的人进行打压。

问题

1. 判断正误：宣誓后说谎不一定是做伪证。
2. 请举出两个冒充专家欺诈行为的例子。
3. 请举出两个伪装者欺诈行为的例子。
4. 请举出两个篡改者欺诈行为的例子。
5. 请解释，为什么安抚娱乐化是不道德的。

REFERENCES

BBC News, 1998. RachelNickell Detective Quits at 33. June 12, www. news. bbc. co. uk/1/hi/uk/111406. stm.

Brennan, C. , 1997. Profiler Admits His Autopsy Briefing Came from Ramsey Lawyers. Rocky Mountain News February 1.

CNN, 1996. Olympic Bomb Chronology, October 26.

CNN, 1997a. FBI Peers Applaud Suspended Agent in Jewell Case, May 29.

CNN, 1997b. Richard Jewell Faces Cloudy Future, July 7.

Collins, J. , 1996. The Strange Saga of Richard Jewell. Time November 11.

Drake v. Portuondo, 2003 Docket No. 01 – 2217, January 31 (321 F. 3d 338); argued: September 9, 2002, decided: January 31, 2003.

Drake v. Portuondo, 2006 United States District Court, Western District of New York, 99 – CV – 0681E (Sr), Memorandum and Order, March 16.

Edwards, C. , 1998. Behavior and the Law Reconsidered: Psychological Syndromes and Profiles. Journal of Forensic Science 43 (1), 141 – 150.

Farhi, P. , Weeks, L. , 2002. With the Sniper, TV Profilers Missed Their Mark. Washington Post October 25, p. C1.

FBI Agent at Waco Says Bureau Pressured Him on Koresh Reports, 1995. New York Times May 2.

Fox, J. , Levin, J. , 2003. Media Exaggerate Sniper Threat. USA Today December 8.

Gettlemen, J. , 2002. The Hunt for a Sniper: The Profiling: A Frenzy of Speculation Was Wide of the Mark. New York Times October 25.

Hancock, L. , 2000. FBI Misled Reno to Get Tear – Gas OK, Ex – Agent Alleged. Dallas Morning News March 6.

Hewitt, B. , 1996. Justice Delayed. People November 11.

Kocsis, R. , Lincoln, R. , Wilson, P. , 1998. Validity, Utility and Ethics of Profiling for Serial Violent and Sexual Offenders. Psychiatry, Psychology and Law 6, 1 – 11.

Kocsis v. Charles Sturt University, 2001. (U no. 21249 of 2000) Australian Industrial Relations Commission, Application for relief re: termination of employment. Sydney, May 30.

McGrath, M. , Turvey, B. , 2003. Criminal Profilers and the Media: Profiling the Beltway

Snipers. In：Petherick，W.（Ed.），Serial Crime. Elsevier Science，Boston，MA.

Saks，M.，2001. Scientific Evidence and the Ethical Obligations of Attorneys. Cleveland State Law Review 49（3），421 – 438.

Santilla，P.，Hakkanen，H.，Fritzon，K.，2003. Inferring the Characteristics of an Arsonist from Crime Scene Actions：A Case Study in Offender Profiling. International Journal of Police Science and Management 5（1），1 – 15.

Thornton，J. I.，1997. The General Assumptions and Rationale of Forensic Identification. In：Faigman，D.，Kaye，D.，Saks，M.，Sanders，J.（Eds.），Modern Scientific Evidence：The Law and Science of Expert Testimony，vol. 2. West，St. Paul，MN.

Turvey，B.，2003. Forensic Frauds：A Study of 42 Cases. Journal of Behavioral Profiling 4（1）.

Vollmer，A.，1949. The Criminal. Foundation Press，New York，NY.

Worden，A.，1999. Did FBI Staff Feuds Lead to Waco Disaster? APB News September 3.

Zeliff，W.，1995. Testimony to the House of Representatives，Judiciary，Crime Federal Actions at Waco，Texas on August 1，1995.

第 25 章　法庭上的犯罪心理画像：犯罪心理画像证据的可信度

克雷格·M. 库利（Craig M. Cooley），M. S.，J. D.

犯罪心理画像技术本身矛盾重重。相关人员声称它能了解陌生人——通常是非理性杀手——的想法。它所处的领域对细节要求苛刻，但它本身却并不是一门精确的科学。[1]

笔迹是一门不精确的科学，然而犯罪心理画像的不精确程度似乎更甚；……犯罪心理画像仍然主要是缩小嫌疑人范围的一种执法手段，鲜为法庭所接受。[2]

在我 16 年的警务生涯中，我发现［画像］确实是一门科学。[3]

犯罪心理画像是一个调查工具。它不是一门科学，不是 DNA，也不是潜指纹……。它只是为调查人员所有的又一个工具。但这个工具却不能揭露罪行是谁所为。[4]

引　言

犯罪心理画像吸引了美国公众的想象力。在诸如《沉默的羔羊》、《桃色追捕令》、《汉尼拔》和《赤龙》电影以及《犯罪心理》、《犯罪现场调查》的电视剧中，这项技术已经与专家预测和针对犯罪心理的预测紧密相连。法医专家解释并分析实际痕迹证据，由此将罪犯与犯罪现场联系起来。同样的，借助行为和心理痕迹证据，犯罪心理画像人员得以推论出罪犯的可能特征，甚至将该人与系列犯罪相联系。[5]

有时，一些棘手案件令执法机构一筹莫展，在这种情况下，画像人员的参与度便节节攀升。[6]而检察官对画像人员也日渐依赖。[7]自 20 世纪 80 年代以来，检察官们就开始求助于这些胸有成竹的心理猎人，希望他们能帮助解释犯罪现场揭示的细微心理动态以及精神病或精神病犯的本质。在证据匮乏或过于间接的案件中，执法机构的心理画像人员是近乎完美的专家证人：他们无须证据却能再现犯罪，无须依据却能提供心理证词，或是对执法机构的观点表示支持/赞同；而这一切所需费用很少，或者无须额外费用（执法机构的犯罪心理画像人员要么是警察机构的员工，要么为联邦调查局工作，他们不会向当地执法机构收取与画像相关的费用）。

许多犯罪心理画像人员已经有法子进入国家法庭，人们应对此给予充分关注。首先，由于联邦调查局的初衷是将心理画像作为一个调查工具，因此很少有研究证实画像人员提出的许多影响深远的主张。除此以外，一些有限的研究既没有确立画像人员的准确性，也没有确定其基本假设的有效性。[8]其次，最近许多引人注目的调查业已证实，在获得与 DNA、甚至是指纹技术在法医领域的同等关注度之前，心理画像技术仍需进一步的证明。[9]

心理画像技术的实践基础令人疑窦丛生，人们便免不了对 20 世纪 80 年代以来法院如何处理心理画像证词感到好奇。自 20 世纪 90 年代初伊始，美国最高法院的专家证言“三部曲”迫使联邦法官通过识别和排除不可靠的专家证词来充当“把关人”，鉴于此，法院是否准确区分可靠和不可靠的专家心理画像证词成为人们关注的重点。[10]虽然一些法院在心理画像方面对科学有效性和调查可靠性进行了区分，但部分法院仍未采取此类做法。一些法院会接受心理画像证词，但它们通常都只是对证词进行表面上的有效性和可靠性评估。

由此，本章开篇简要探讨了画像人员在法庭上做出的各类分析和证词，即不明犯罪嫌疑人（不明主体）的心理画像、动机分析和并案分析；接着便讨论了不同的证词可采标准；随后按时间顺序记录了心理画像的实践历史；最后则是关于心理画像案例法的综述。

犯罪心理画像：从分类到犯罪人个性化

在美国公众看来，心理画像的预期目的是预测未知犯罪嫌疑人的性格和特点。但是，自20世纪90年代初开始，犯罪心理画像人员又开发了动机分析和并案分析这两个新的画像技巧，以期探查犯罪人的动机和身份。

传统或不明犯罪嫌疑人的心理画像

历史上，执法部门将心理画像视为一种旨在得出不明犯罪嫌疑人的人格特征（即不明犯罪嫌疑人画像）的调查过滤技术。[11]犯罪心理画像人员公开宣称，通过关注犯罪现场的特征，他们能够缩小相关犯罪人的特征，从而提高执法效率，缩小潜在的嫌疑人范围。[12]最初，犯罪心理画像人员的目标是为协助侦查人员进行调查提供信息。[13]不明犯罪嫌疑人心理画像的基本前提是犯罪人的思考方式决定了其犯罪行为模式。[14]

不明犯罪嫌疑人的心理画像与传统的法医学大相径庭，二者的区别主要有两个。首先，法医科学家处理犯罪现场的物证，而心理画像人员的关注点则是现场的心理证据。其次，不明犯罪嫌疑人的心理画像并不致力于将现场的心理痕迹具体对应到个人；相反，其目的是对证据进行分类以便提高调查效率。[15]

一开始，法医科学家检测物质以对其进行鉴定（或分类）和量化；例如，血液中有无酒精，如果有，有多少?[16]然而，对一个物质、物体或标记进行分类或鉴定，并不是他们的最终目标，相反，将这些东西具体对应到个人才是他们的目的。将物体、物质或标记个人化也只是说有可能将该物体、物质或标记与某个独特的物体（例如工具、枪炮）或者人（例如DNA、指纹、咬痕）相联系，从而排除其他物体或人。

参考联邦调查局的“有组织力—无组织力”的二分法（参见第三章），犯罪心理画像人员将犯罪人的行为也分为有组织力或无组织力的。[17]联邦调查局称，犯罪现场有组织力或无组织力的行为数量与犯罪行为的复杂程度之间应该存在关联。[18]最粗暴的犯罪现场“混乱不堪，有大量的物证，可以归为‘无组织力’一类”，而“证据很少，看起来不那么混乱的犯罪现场，则可以归为‘有组织力’一类。”[19]在推断了犯罪现场的组织结构之后，犯罪心理画像人员便归纳预测出不明犯罪嫌疑人的可能特征。[20]

当代心理画像：动机分析和并案分析

不明犯罪嫌疑人的心理画像可以是一个很有价值的调查工具；但由于它对被告不利，故而在法庭上几乎没有什么影响。一些证据试图将连环凶手、强奸犯或儿童猥亵犯具有的一般特征与被告的具体特征相联系，这类证据毫无价值且偏见极深，因为以此做出指控的证人根本不在案发现场。[21]因此，不明犯罪嫌疑人心理画像通常难以作为证据被采用。[22]

20 世纪 80 年代，心理画像的识别能力逐渐增强，[23]画像人员便认为，他们的方法也应被引入法庭。[24]意识到不明犯罪嫌疑人心理画像肯定会被法院排除，画像人员被迫重新调整关注重点，以便其捕捉心理的能力能在法庭上大展拳脚。出于这样的目的，犯罪心理画像协会创立了动机分析和并案分析。动机分析和并案分析没有缩小犯罪嫌疑人的范围，而是确定了刑事审判中经常仰仗的两个特征：（1）动机和（2）身份。简而言之，犯罪心理画像协会把重点从刑事调查转到了刑法和证据法上。

在刑法方面，犯罪心理画像人员瞄准袭击者的动机。虽然动机并非审判中的绝对必要条件，但一个不知道犯罪动机的检察官实际上就是个没有船的船长——到最后他们哪儿也去不了。[25]因此，在 20 世纪 80 年代末到 90 年代初期间，心理画像协会将动机分析公之于众。在证据法方面，人格证据的争论经久不息，画像人员也开始注意到这个话题。犯罪心理画像人员要么自己意识到，要么了解到，被告以前所犯罪行与被指控的罪行之间有相似之处，检察官可以提供这种相似信息以确定案犯身份。[26]实际上，犯罪心理画像人员在做并案分析的时候，将个性前提与犯案手法和标记行为等法律概念交织在了一起。

动机分析

动机分析是指通过评估犯罪现场的特征和物证来发现犯罪的可能动

机。[27]刑法迫切希望得到动机证据，而动机分析则紧紧抓住这一点。[28]虽然“动机”可能是个“模棱两可”的词语，[29]但是法律从业人员已经开始把动机理解为“一些因素……导致一个人采取行动。”[30]

如果动机在指控中的地位并非如此重要，那么犯罪心理画像界为什么、又如何会在刑法这一领域找到一个合适的定位呢？答案在于，在证据完全间接，丝毫没有直接证据的情况下，动机证据有助于确保定罪。[31]在典型的起诉中，证明罪行发生的证据往往十分充足。例如，在一起谋杀起诉中，谋杀行为的发生常常无可辩驳。但针对某行为是否实际发生，偶尔也会有合理的争议。例如，若未找到受害者尸体，仍然有正当理由怀疑谋杀是否实际发生。或者说，尸体的状况可能不会揭示具体死亡方式或原因。此外，某些案件缺乏物证或合格证人，这也可能引起与之相关的合法争议。[32]因此，当当事人对犯罪行为的发生提出异议时，证明被起诉人有实施罪行的合理动机的证据就可以被采纳，以证明该行为确实发生了。[33]

动机的建立可以通过引入能明确该动机的证据来完成。然后，这些证据再加上间接证据便能一起证实被告罪名。然而，假设在某案件中动机并不明确；相反，只有间接证据表明可能有一个动机（如性动机）存在；更重要的是，陪审团普遍不了解某些罪行的性心理动态，于是他们只能通过专家证词来推断类似动机。届时，犯罪心理画像专家才能够在法庭上发挥自己心理捕手的技巧。此时，检察官通常会聘请联邦调查局的画像人员来分析现场并证明被告是否具备特定的动机。[34]

并案分析

并案分析利用了证据法中关于“其他罪行”证据的不一致或“有害原则”[35]。“其他罪行”原则，在《联邦证据规则》（简称 FRE）404 及其对应的规则 405、607、608、609（也许还有 406 的“习惯”规则）中是根基牢固的。

> “其他罪行”原则源于几乎完全在刑事审判中形成的接纳和排除规则，其原因在于，一些证据与判断被告是什么样的人有关，法

庭则试图得出与这些证据的相关性、重要性以及潜在不利影响的认识，尤其是在借助被告先前的犯罪行为而非其在在审案件中的表现来做出此类判断的时候。[36]

根据规则［FRE 404（a）］，一个人的性格，或者说以特定方式行事的一般倾向，不得作为推断其在某特定场合做出符合其倾向或特征的行为的基础。[37]但这项禁令也有例外。根据规则 FRE 404（b），之前的行为可以“用于其他目的，例如证明动机、机会、意图、准备、计划、知识、身份，或者没有过错或意外”。[38]

身份例外时，可以利用外部证据证明被告以明显的作案手法实施了类似的罪行来证实被告的罪犯身份。[39]正是被控罪行和未被控罪行（即非本案罪行）之间具有相似之处，而不仅仅是案犯的某种倾向，才使得合理推断犯下非本案罪行的案犯也一定犯了被控罪行成为可能。[40]这种相似性模式经常被称为犯罪人的标记或印章行为。[41]然而，如果控方希望援引 FRE 404（b）的身份例外，则必须在被控罪行和未被指控的罪行之间建立高度的相似性。[42]

传统而言，检察官和辩护律师法庭上讨论身份例外是没有专家协助的。这种做法是合理的，其原因在于许多律师都善于模糊证据之间的相似性所具有的普遍性。此外，“只要这只是一种律师所说的对基本概率的猜测以及律师借助巧妙的辞藻掩盖异同的游戏”，那么这种做法则完全可以接受。[43]根据律师的推断，被告不仅有可能犯下非本案指控的罪行，而且也有可能犯下本案被控的罪行；故而法律制度认为，在听取了律师观点之后，事实裁定人能够对犯罪人的身份做出合理准确的判断。[44]

然而，这一身份游戏最近有所变化；有一种“全新的专家意见声称能够确定一组此类案件中相似性的变量（暗示性的），至少给出关于个人基本概率和合适的组合的一般的证词，甚至比陪审团做出的关于两起案件是否由同一个人所为的结论更加可靠。”[45]根据犯罪心理画像人员所称，这种新技术为并案分析。[46]

不明犯罪嫌疑人的心理画像是一个排除性的工具；其主要目的是缩小嫌疑人的范围。动机分析也不涉及将某犯罪行为具体到特定犯罪人身上。然而，自从 20 世纪 90 年代起，犯罪心理画像人员就无视他们最初的声明，即犯罪心理画像不能将某行为具体到特定犯罪人。[47]

犯罪心理画像人员在与法医科学家融合方面已经迈出了一大步，因为他们当中的一些人声称，正如犯罪人的指纹或DNA可以具体到个人一样，他或她的心理追踪证据也能做到这一点。[48]

并案分析包括评估两起或多起犯罪，其中至少有一个罪行可能与特定的个人有联系。进行分析的时候，犯罪心理画像人员关注两种类型的行为：犯罪惯技（modus operandi，简称MO）和仪式行为（或标记行为）。犯罪惯技只包括那些实施犯罪所必需的行动。[49]仪式或标记行为是指超越了完成犯罪所必需的行动，据称，这类行为满足了犯罪人的心理需求。[50]通过评估已知的和未侦破的罪行的犯罪惯技和标记行为，画像人员表示他们可以确定犯下已知罪行的犯罪人是否也犯下了未侦破的罪行。[51]

因此，像法医科学家一样，犯罪心理画像人员会评估已经结案和未结案样本之间的异同。因此，作为个体物证语境基础的三个前提同样适用于心理痕迹证据：第一，犯罪人的行为或心理倾向是独一无二的；第二，这些倾向在每一个案发现场都留下了相同特质的痕迹；第三，犯罪心理画像人员所使用的观察、测量和推理的方法足以将这些痕迹链接到唯一一个留下这些痕迹的人身上。[52]但我们在本章后文将会阐明，经验证据尚未证实这些前提。[53]

针对个人的心理画像或并案分析并非是出于调查方面的考虑，因为它并没有缩小嫌疑人范围。相反，建立并案分析是出于法律动机；它是合法获取其他罪行证据的手段，不借助这种方式，可能就无法得到获取此类证据的许可；或是为了让事实裁定人相信其他罪行所提供的证据有意料之外的重要性；有时是两者皆有。简而言之，并案分析“并不是一种识别不明犯罪人的方法，而是一种工具，帮助对已经被认为有罪的被告提起诉讼”。[54]

采用标准：从普遍接受到法官把控

专家证人是英美司法程序的基础。至少从13世纪起，他们就影响了法律体系，那个时候法官们要求他们协助决策。[55]然而，法院和法律评论员历来对专家证人感到不胜其烦。[56]同样，司法机构也在努力制定专家证词的采用标准，[57]尤其是科学证词的标准。[58]法律和科学有不同的原则和目标，由此，制定科学证据的受理标准并不容易。[59]法律青睐迅速解决问题和结案，而科学则主要关注精确性。令人疑窦丛生的科学和草率的科学家只会使采用标准的问题更复杂。[60]

20 世纪末和 21 世纪初，合格专家可以作证，而他们的证词会超出普通陪审员的知识范围。若某专家从事的职业与案件所涉事项相关且其职业生涯十分成功，那么这就意味着他具有合格的专业知识。[61]然而，在 1923 年的“弗莱伊诉美国”案中，[62]哥伦比亚特区上诉法院驳回了心理学家的发现，即基于血压测量数据，这项发现认为被告对自己谋杀罪行的否认是可信的。在这项裁决中，上诉法院要求证明，专家新颖、科学的谎言测试在科学界是普遍接受的。[63]虽然许多法院认可弗莱伊案中的普遍接受标准，[64]但这也有不足。[65]

1975 年，美国国会将 FRE 签署为法律。[66] FRE 的 702 规则采用了“有益”标准，这与普通法中“超出事实裁定人认知范围”的标准大不相同，相较之下，后者更为严格。[67]法律学者将这一规则定性为“相关性检验”。[68]在实践中，这种检验通常意味着一旦成为法庭合格的证人，那么他或她所使用的技术或方法也自然是合格的。[69]讽刺的是，无论是在咨询委员会的评论中，还是在 702 规则中，都难觅弗莱伊案的踪迹。因此，“根据联邦规则，普通证据法原则上并不存在”。[70] 702 规则是否取代了弗莱伊案，这一问题并未得到廓清，这导致了 20 世纪 70 年代和 80 年代期间联邦法院和州法院之间的混乱。

美国最高法院在“德伯特诉梅丽尔·道制药有限公司案”[71]中部分回答了这一问题，法院“认为弗莱伊案已经被 FRE 取代。如果地区法院认为专家证词相关且可信，那么该证词就可以被采用。”[72]根据德伯特案，在考察证词以确认其相关且可信时，法官要扮演好“把关人”的角色。[73]此案指示法官评估一项技术或理论时，不仅要考虑其是否被普遍接受，还应考虑其能否经受检验或有无被篡改或伪造的可能、是否具有可辨别的错误率，以及是否受到了同行评估。[74]德伯特未能解决 702 规则中“技术”和“专业”是否也应经受类似评估审查的问题，这二者是 702 规则认可的其他两种形式的专家证词。

这一问题在“锦湖轮胎有限公司诉卡迈克尔案”[75]中得到了回答。最高法院认为德伯特案“不仅适用于以‘科学’知识为基础的证词，也适用于以‘技术’和‘其他专业知识’为基础的证词。”[76]最高法院认为，如果针对一些“领域之间缺乏明确的界线”的知识范畴，审判法官不得不采取不同的规则，那么这对法官们而言将十分艰难。[77]虽然不是那么显而易见，但是锦湖轮胎案提出了另一个重要的原则：“把关人”的决策必须关注“手头上的案件”，而不是一般和广义的专业知识领域的标准可靠性。[78]

2002 年国会将德伯特案、锦湖轮胎案和“通用电气诉乔伊纳案”编入了 702 规则。[79]现在的 702 规则如下：

> 如果科学、技术或其他专业知识会帮助调查人员理解证据或确定有争议的问题，那么有知识、技能、经验，经过培训或教育而取得专家资格的证人，在以下条件下可以以意见或其他形式作证：(1) 证词来源于充分的事实或数据；(2) 证词是根据可靠的原则和方法得到的；(3) 针对案件事实，证人真实可靠地采用了前项所述原则和方法。

与德伯特案及其后续成果一样，702 规则也迫使法院质疑所有专家证词背后的经验基础，并排除那些“仅凭专家片面之词就称其与现有数据相关”的看法。[80]

犯罪心理画像的实证检验、相关性和预见性

犯罪心理画像的实证记录几乎难觅其踪；而基于现存记录的少量研究也无法证明其继续存在的假设。[81]这并不意外，因为：

> 心理画像人员往往具有强烈的职业竞争意识和嫉妒心，因此，他们并不愿暴露自己专业知识中的任何缺陷，因为这样做对他们而言并没有什么好处。

实证记录的匮乏导致人们开始质疑心理画像的相关性及其预测的准确性。如果证据既不相关也不可靠，它就不应该被接受。最后，若专家自称具有一定的专门知识，但在相关任务方面并不能适度地优于一般外行，那么他们的证词对事实裁定人而言并无裨益，这类证词就是不相关、无法被接受的。[83]诚如伊利诺伊州最高法院所言：

> 事实上，似乎一些专业人士已经达成共识，即有必要开发系统的、严格的案例研究辅助数据库，以此提高心理画像作为法律界一门学科的可信度，并且优化其可以作为可接受证据的前景。[84]

动机分析

动机分析类似于不明犯罪嫌疑人的心理画像，它寄希望于犯罪心理画像人员能够将犯罪现场的性和非性因素区分开来。这意味着，除了有组织力和无组织力的二分法以外，似乎也存在着性和非性的二分法。要强调“似乎”这个词，因为这种二分法并没有像有组织力和无组织力的二分法[85]那样在画像文献中得到明确的阐述。这种二分法只能通过阅读为数不多的案例法和画像回忆录来拼凑。但是，此举仍未能清楚描述哪些是性谋杀的特征。[86]更重要的是，就算列出一系列案件特征或犯罪现场的特征，人们仍然可以质疑它们在确定谋杀或犯罪是否出于性动机方面是否相关或有无证明意义。

规则 401 将“相关证据”界定为有“可能使任何对案件裁决有影响的已知事实比以前更具有或丧失倾向性”的证据。[87]在谋杀案中，若现场特征增加了凶杀行为实际上是出于某种性倾向的可能性，那么其表现出特定犯罪现场特征（简称 CSC）的证据就与证明凶杀案是出于性动机相关。人们可以通过考虑两种比例来确定某种犯罪现场特征是否增加了谋杀的性动机的可能性：具有此类现场特征的情况下，发生性谋杀案件的比例和非性谋杀案件发生的比例。如果具有该犯罪现场特征的案件属于性谋杀的比例比非性谋杀案的比例大得多，那么这些犯罪现场特征就是证明谋杀案具有性动机的相关证据。[88]学者们将这一比例称为相关比率，并认为这一比率是衡量专家证言相关性的恰当标准。[89]

犯罪心理画像人员经常证明，某些犯罪现场特征与性谋杀案“一致”。然而，有了相关比率的方法，当某类犯罪现场特征在性谋杀案件中比非性谋杀案件中发生的频率更高时，这类“符合”性谋杀的犯罪现场特征在证明谋杀案具有性动机的时候才具有相关性。“符合”一词在画像界被普遍使用，这个词的使用无须考虑犯罪现场特征在非性动机谋杀案中发生的频率。因此，“符合”这个词仅仅意味着一种观察，表明至少某些性谋杀案中有此种犯罪现场特征。因此，当画像人员作证说某犯罪现场的特征“与”出于性动机的谋杀行为“一致”时，这一证词就会被传达给事实裁定人，告诉他们相关比率的分子不是零，但是却没有告知他们有关分母的情况。然而，裁定人必须根据分母的数值来判断分子的数目，才能了解犯罪现场特征的相关性。[90]除了不清楚分子的实际数字，犯罪心理画像人员没有进行任何研究来确定相关比率的分母或对其认为具有明显性动机特征的犯罪因素的基本比率进行确认。[91]简单地说，当“符合”一词出现时，它不会，也不能等同于“证明”。[92]

此外，向法院提供的任何专业知识在受理之前，都必须比普通陪审员更具边际性能优势。考虑到这一点，人们肯定会有疑惑，如果陪审员也能了解到那些据说是性谋杀案的犯罪现场特征，与他们相比画像人员是否真的具有明显的优势。这些犯罪现场特征似乎并不需要专家证词来解释它们的性特征。比如，色情制品的出现、刺伤主要性器官、半裸的尸体被绑、异物插入肛门或阴道以及脱去女性受害人的衣服，对此的专家解释即便是有，也没什么必要；这些证据本身就说明了问题。尚无研究可以证明陪审员会无知到对性知识一无所知，以至于无法理解这些行为的性特征。鉴于这些犯罪现场特征的明显性质，我们毫不意外地发现，迄今为止所进行的仅有的两项“比较能力研究”并不能支持这种说法，即画像人员在区分性犯罪和非性动机犯罪（或有组织和无组织犯罪现场）方面比外行和非心理画像的专业人员（例如侦探、临床心理学家、通灵者）更有优势。[93]

不明犯罪嫌疑人的心理画像

不明犯罪嫌疑人的心理画像是以纯粹的人格特质理论为前提的，在这种理论中，对人格特质的预测依赖于一种普遍性、确定性和非情境论的范式。不明犯罪嫌疑人心理画像具有普遍性，因为它致力于构建关于攻击者的一般预测；它具有确定性，因为它假设案犯的行为受可预见的行为方式之影响；它也具有非情境主义的信念，认为行为在不同的环境中具有稳定性。简而言之，不明犯罪嫌疑人的犯罪心理画像以两个基本假设为前提：（1）不同罪行中的行为具有一致性；（2）犯罪行为结构与背景特征之间有稳定关联。[95]

即使特质理论的研究揭露了不明犯罪嫌疑人犯罪心理画像的理论基础及其宣称的有效性，人们仍然会指望画像人员做出可靠的结论。因此，由于不明犯罪嫌疑人犯罪心理画像的一个基本分类是有组织力的案犯和无组织力的案犯、以及反映此种分类的犯罪现场之间的区别，在评估谋杀现场并确定其是否出于性动机以及是否有组织，或是二者兼有的时候，人们仍然会希望画像人员得出同样的结论。[96]不幸的是，诚如赖辛格（Risinger）教授的解释，联邦调查局的“可靠数据并不能给那些声称联邦调查局的画像方法具有极高准确性的人带来安慰”。[97]

并案分析

在进行并案分析时，无论对画像人员自恃所具有的能力如何强调都不为过。他们声称自己能够分析两个或更多的罪行，并根据各案之间的共有特征确定案犯是否为同一人。有一些研究可以支撑不明犯罪嫌疑人心理画像和动机分析，但这些研究也有不少问题，不同的是，没有并案分析方面的研究证实相关画像人员的说法。多数情况下，动机分析中普遍存在的基本比率问题在并案分析中也有同样的疑问。要推断出一种情况或犯罪现场特征的真正意义，首先就必须意识到此犯罪现场特征在所有犯罪现场的普遍性有多高；然而，这种研究并不存在。[98]

此外，并案分析中所谓的重要犯罪现场特征的确定只是听任犯罪心理画像人员心血来潮的看法。这使得“数据挖掘”或“数据捕获”的问题变得更加复杂。[99]比如，在潜在数据变量充足，信息丰富的情况下，各种事后关系都可以得到识别和甄选。而且这种关系不一定是由于发生概率过高而容易被忽视的无关紧要的那一类（诸如罪犯和嫌疑人都有两只手，或罪犯和嫌疑人都有五根手指等）。与此相反的情况也很有可能发生，因为只要犯罪心理画像人员在审查前不拘泥于任何特定变量，获取充足的低基础概率的事后关联就并不需要太多的变量。因此，任何情境下都有可能出现关于某现场特征的重要性的错误印象，尤其是粗略地对已有信息进行再评估的时候。这种复审即为“数据挖掘”或“数据捕获”。

数据挖掘问题在法律上并不罕见，在如今依赖法医的刑事司法体系下尤其如此。在并案分析之前，DNA 数据库搜索就是最有趣的和新兴的搜索问题。[100]与并案分析中挖掘数据的复杂性相比，DNA 数据库的两难处境本身显得微不足道。DNA 分析人员事先就知道自己要探测的变量，他们无法根据对应关系选择变量。另一方面，一些变量会暗示某关联或匹配在何时是有意义的，而犯罪心理画像人员则不受这类变量预检查列表的限制。只要画像人员认为其有意义，那么此种关联就有意义（尽管该关联的基准比率在所有谋杀现场中都比较高）。此外，他们“意义识别”的自由裁量权可塑且所受限制极少，这就导致犯罪心理画像人员基本上可以在没有限制的情况下对明确的不相关性宣称为相关性。接着，他们还能进一步使合理变得不合理，或者认为过去宣称的关联性也过于普遍，从而导致这种关联性所具有的排他性也不复存在（比如第一个案件中的罪犯使用了武器，本案中的罪犯使用了武器）。简而言之，通过扩大对应准则，即使是没有任何相似性，犯罪心理画像人员也可以制造出相似的假象。[101]

最后，判断犯罪心理画像人员是否可以准确地将两个或更多的犯罪联系起来进行并案分析的能力测验尚未得以进行。这样的测试似乎并非毫无可能；有许多已经结案的系列案可以用来当作样本案例。比如，可以给犯罪心理画像人员三起模拟案件，由同一个犯罪人（犯罪人 A）犯下两起罪行，而另一起案件则由另一个犯罪人（犯罪人 B）犯下。如果犯罪心理画像人员可以把犯罪人 A 与两起与之相关的罪行联系起来，这种测试结果可能会使并案分析合法化。尽管如此，在进行类似的研究或其他研究之前，所谓并案分析的专业知识基本上是以实践心理画像人员的片面之词为前提的。而根据最高法院的解释，这并不足以使其被接受。[102]

值得注意的是，在爱荷华州号爆炸事件的国会听证会上，画像界以傲慢的态度承认缺乏关于犯罪心理画像可靠性和准确性的相关研究。一名政府委员就联邦调查局心理画像技术的有效性和可靠性询问了联邦调查局的心理画像人员迪克·奥特（Dick Ault），迪克是这样回答的：

> 用巧妙的学术方法解决一个实际问题的做法当然值得欣赏。我们发现积极执行调查的人并没有调查犯罪现场、被害人、犯罪人等方面的经验，这是再典型不过的情况。在心理学和精神病学领域，关于现有技术有效性的激烈争论仍然广泛存在。这个问题是不可能得到解决的。所以，要求我们提供有效性（和可靠性）是徒劳无功之举。[103]

虽然犯罪心理画像人员的各项工作对侦探来说可能是宝贵的调查资源，但相关研究也无法确定这些工作是否具有足够的可靠性或准确性以保证其被接受。因此，在刑事调查上应谨慎使用犯罪心理画像技术，在研究显示其预测有效，并且确定某些犯罪现场特征的基本发生率之前，它根本不应作为法庭上的确切证据。[104]

法庭上的犯罪心理画像

“在刑事案件中，犯罪心理画像专家证词的接受度一直存在争议。”[105]大多数情况下，法院处理犯罪心理画像证词的方法并不一致。虽然典型做法是仅将不明犯罪嫌疑人的犯罪心理画像排除在外，动机分析和并案分析并非如此，但：“州最高法院最近的裁决似乎也表现出排除此类证词的立场，至少在没有证据表明其评估证词来源于可靠的数据库或方法论时是这样的。”[106]从积极层面来说，如果法院排除了动机分析或并案分析，他们的裁决一般都是基于这样的事实：这种形式的专家证词只在调查方面具有可靠性，而在法律（或科学）意义上并不可靠或相关。[107]

传统的不明犯罪嫌疑人的心理画像

排除此类证词的法院

在“州政府诉帕金森案”中，[108]爱达荷华州上诉法院肯定了一项审判法院的判决，排除被告提供的联邦调查局的犯罪心理画像，被告试图借此证明自己并不符合性犯罪人的心理画像。为此，法院提出了三点意见：第一，“联邦调查局的性犯罪人心理画像……是供执法人员使用的……它的应用更像是一种艺术，而非科学。”[109]第二，犯罪心理画像人员“没有明确此报告的组成部分，除了指出这份报告涉及对被定罪的性犯罪人的访谈以外，它并没有解释其形成脉络”。[110]第三，犯罪心理画像人员“没有说明是否或如何测试其准确性，也没有明确此技术的错误率”。[111]简而言之，审判法院没有滥用自由裁量权，因为“证词缺乏有效信息以合理地推定此犯罪心理画像技巧值得信赖，没有证据证明它是基于有效的科学原则的，也没有证据证明它可以正确地适用于帕金森的诉求”。[112]

在“彭森诉州政府案”[113]中，乔治亚州上诉法院认为，初审法官认可联邦调查局系列纵火犯的犯罪心理画像报告，此举属于可撤销的错误。佐治亚州陪审团判定彭森犯有盗窃和两项纵火罪。作为控方主要案情陈述的一部分，州政府消防局长办公室的一名调查人员以纵火案专家的身份作证。通过这名专家，控方引入了联邦调查局系列纵火案犯罪心理画像的证据。[114]在这名专家能够避免评判彭森是否符合犯罪心理画像的前提下，审判法官允许他就此报告进行讨论。这名专家证实系列纵火犯有这些共同特征：

> 白人男性，年龄介于18到27岁，孤独，教育失败，同性恋或双性恋，有犯罪活动的历史经历，有医学或心理问题，糟糕的就业记录，酗酒和吸毒，不正常的家庭背景……主要在步行离家两公里的范围内纵火，一时冲动采取行动，通常是为了报复。[115]

撤销对彭森（Pension）的定罪时，法院指出：

> 除非被告在案件审判中涉及了本人的品格特征，或做出了一些与心理画像相关的反驳辩护，否则州政府就不得将这份画像报告作为证据，也不得引入能显示被告人格特质和个人经历的品格证据，以此作为证明被告具某有典型心理画像者特征的基础。[116]

彭森从来没有将自己的品格特征纳入案件讨论范围。更重要的是，初审法官要求公诉人不得将这份心理画像报告应用到彭森身上，但鉴于公诉人广泛审查彭森的个人经历和人格特征，并竭力将此与这份心理画像报告联系起来，这一要求显得毫无价值。法院从未考虑过这份犯罪心理画像的结论及其采用的方法是否可靠或准确。

在“州政府诉费恩案”[117]中，爱达荷州陪审团判定费恩犯有一级谋杀罪。与“州政府诉帕金森案”[118]中的被告人类似，费恩（Focin）也希望引入联邦调查局的一份“犯罪心理画像报告”来证明自己并不符合儿童杀人犯的犯罪心理画像。审判法官排除了犯罪心理画像。在上诉中，爱达荷州最高法院认可了一审判决，因为犯罪画像报告只不过代表了“关于不明嫌疑人的人格特征……是联邦调查局的猜测”。[119]法院说“犯罪心理画像……不是对真实证据使用完善的科学原则进行的物理科学测试”。[120]

动机分析

承认此类证词的法院

在“西蒙斯诉州政府案”中，[121]亚拉巴马州刑事上诉法院肯定了初审法官的判决，认可联邦调查局心理画像人员的动机分析证词。要判处被告死刑，检察官就必须列出至少一项亚拉巴马州死刑法规中的恶性因素以加重处罚。而其中一项就是西蒙斯（simmons）在犯有一级性虐待期间犯下了杀人罪。据此，检察官必须证明西蒙斯强迫被害人进行性接触以满足自己的性欲。[122]为了证明此谋杀案具有性动机，检察官叫来了一名联邦调查局的犯罪心理画像人员。这名犯罪心理画像人员作证说

"该罪行的实施是出于性动机，而案犯的行为正是出于性满足的目的"。[123]陪审团最终将西蒙斯定罪，并判处死刑。上诉时，西蒙斯认为审判法官接受犯罪心理画像人员证词的做法是错误的，因为它无法满足弗莱伊案的普遍被接受标准。[124]

亚拉巴马州刑事上诉法院不同意上述观点；它认为动机分析"并不像弗莱伊案估计的那样依赖于科学的原则"。[125]相反，犯罪心理画像证词代表了"专业知识"，因此它应该不属于弗莱伊案的范围。[126]法院根据亚拉巴马州 702 证据规则评估了证词。[127]在 702 规则之下，如果一名专家的"专业知识"有助于"事实裁定人理解证据或确定争论中的事实"，那么该专家就可以作证。[128]法院引用了德伯特案和锦湖轮胎案，并且认为犯罪心理画像证词被接受以前，审判法官必须确定它是否足够可靠。[129]

上诉法院认为动机分析足够可靠。首先法院援引犯罪心理画像人员的证词，称该画像人员"在其领域内发表过研究，并且接受了同行审查"。[130]第二，画像人员"确定［动机分析］是被普遍接受的，他作证说，许多执法机构在进行调查的时候依赖［动机分析］[131]"。第三，画像人员"详细说明了支持（动机分析）的理论，还说明了那些拥有相同'专业知识'的人是如何运用这些理论的，以及在这个特定案例中专业知识的应用方式"[132]。

在"美国诉米克斯案"[133]中，检方指控米克斯两项一级谋杀罪。审判时，检察官援引了一名联邦调查局犯罪心理画像人员，其证词"仅限于分析犯罪现场的物理方面"[134]。这名心理画像人员证实，这个凶杀案罪犯"脑海中充斥着性和死亡"，带着这种想法，案犯到了凶杀现场。[135]军事陪审团最终将其定罪，并判处米克斯终身监禁。

上诉时，米克斯认为联邦调查局犯罪心理画像人员的证词"只不过是……猜测"，应该被排除。[136]军事上诉法庭不同意，认为审判法官没有滥用自由裁量权。据上诉法庭，根据军事规则 702 的规定，如果专家"可以在科学上，技术上，或其他专业知识上"帮助陪审团"理解证据，或确定争论中的事实"，那么他们是可以作证的。[137]上诉法院强调一名专家"不需要成为'一名优秀的从业人员'，他们只需对［陪审团］有所帮助"[138]。

上诉法院认为很难认为动机分析“是猜测”。首先，它“被普遍认为是专业知识”。[139] 其次，“此类证据已经在几个州的法院得到了采纳”[140]。最后，“接受这类证据符合联邦民事法院的做法，即接受合格警官关于犯罪行为所用技术和方法的证据”。[141] 上诉法院从未表明或考虑画像人员的证词是否可靠或准确。相反，由于证词并不被认为是一种猜测，法院便视其为有益，故而可以接受。

排除的法院

在一级谋杀案“州政府诉史蒂文斯案”中[142]，田纳西州最高法院认可了一名初审法官和上诉法院的裁决，即排除一名联邦调查局心理画像人员关于两起谋杀是出于性动机的证词。[143] 上诉法院的裁决依据是锦湖轮胎案，认为尽管犯罪心理画像人员的证词缺乏科学性，但是审判法官并没有滥用自由裁量权，而是用类似德伯特案的标准来评估犯罪心理画像人员的证词。[144] 在肯定上诉法院的裁决时，田纳西州最高法院认为犯罪心理画像人员的证词“并没有以科学的理论和方法为基础，而是以不科学的专业知识，也就是专家的经验为基础”。[145] 田纳西州最高法院表示，犯罪心理画像人员的证词必须满足军事证据规则 702 可靠性的要求，而它们却无法满足这一要求。

首先，犯罪心理画像人员认为谋杀具有性动机，他的这个观点“仅仅是通过（犯罪心理画像人员的）武断言词与现有案件的数据联系起来的”。[146] 法院引用援引了“通用电气诉乔伊娜案”，其裁决如下：[147]

> 德伯特或联邦证据规则都不要求地方法院承认仅通过专家的武断证词与现有数据联系起来的意见性证词。法院可以裁定，案件信息和所提意见之间有着巨大的分析间隙。[148]

法院进一步补充说，“虽然我们并不怀疑行为分析对协助执法人员的刑事调查所具有的益处，但是我们不能允许一个人有罪与否是由专家的“武断言词”来裁定的。”[149] 同样的，法院认为犯罪心理画像证词过于投机，不可靠。[150] 根据法院的说法，“联邦调查局的研究显示，犯罪现场分析的准确率为 75% 到 80%，没有足够的可信度来证明这种技术的可靠性。”[151]法院还补充道：

> 在这个案子中，并没有证词表明联邦调查局确定这个分析准确率所采用的方法。例如，准确率是取决于供词还是定罪，还是二者兼有呢？即便如此，缺乏供词并不能表明犯罪人无罪，由此可见此技术不准确。显然，研究中没有对采用的方法论进行解释，单凭准确率本身并不足以作为其证词成立的基础。[152]

在“州政府诉洛克福案”中，[153]俄亥俄州上诉法院表示，初审法官在一起强奸和过失杀人案中，接受了犯罪心理画像证词，这是个可撤销的错误。[154]面对强奸是否发生的问题，这名画像人员给出了自己肯定的回答。[155]画像人员进一步作证说，这个强奸案表现出“愤怒报复的心理动机”。[156]控方声称，犯罪心理画像人员的证词反驳了被告没有强奸被害人的说法。

从法院的角度来看，即使证词具有相关性，它也不够可靠，它不符合俄亥俄州的要求而对陪审团没有任何帮助。[157]尽管犯罪心理画像人员作证说他的结论具有很高的可能性：

> 但他没有保存所审核案件的相关文件（只保存了25%），也没有统计所涉数据。他说他用到来自其他来源的统计数据，包括来自FBI的，但并没有证据说明他是如何得出这一结论的。

但法院认为，事实裁定人在“没有意见证词”的情况下“完全有能力分析事实”以判定强奸是否发生。[159]

在“州政府诉劳氏案”中[160]，俄亥俄州上诉法院肯定了初审法官排除一名联邦调查局犯罪心理画像人员动机分析证词的裁决。这名犯罪心理画像人员旨在证明：“根据他对犯罪现场材料的审查，他相信（导致被害人死亡的行为）具有性动机。”[161]上诉法院在裁定的时候说，虽然犯罪心理画像人员的证词“可能被用来协助调查……但是作为证据却不具有可靠性”。[162]第一，这名犯罪心理画像人员多次说到“他的证词……不能用合理的科学确定性来陈述”。[163]第二，这名犯罪心理画像人员缺乏相关的培训和教育，这破坏了他证词的可靠性，他根据“临床心理学的行为科学”得出结论，“而在这一领域他并没有接受正式的教育、培训或获得许可”。[164]第三，这名犯罪心理画像人员不是以“科学的分析过程”为基础，相反，他是根据“自己在凶杀案调查领域的丰富经验磨炼出的直觉”而得出证词。[165]法院由此判定：

> 虽然我们绝不轻视［画像人员］在犯罪侦查和刑事逮捕领域工作的重要性，但是我们并不认为此证据足够可靠（以使其符合俄亥俄州证据规则）。[166]

并案分析

接受此类证词的法院

在一级谋杀案“彭内尔诉州政府案”中，[167]初审法院认可了联邦调查局犯罪心理画像人员给出的关于同一名犯罪人是否犯了三起谋杀案的意见，特拉华州最高法院肯定了初审法院的做法。被告在上诉时认为，这名犯罪心理画像人员的证词不符合弗莱伊案标准。特拉华州最高法院称被告依赖于弗莱伊案的做法是“错误的”，因为弗莱伊案仅仅关注“某些科学检测的可靠性、准确性和可接受性”。[168]根据法院意见，并案分析并不涉及科学或科学检测，因为犯罪心理画像人员是以“自己在犯罪分析领域的知识和经验”为基础得出自己意见的。[169]由于犯罪心理画像人员的意见依赖于“知识和经验”，法院认为必须根据特拉华州证据702 规则评估该意见的可接受性。[170]根据 702 规则，由于“普通的事实裁定人并未掌握此事实”，而且它“对于理解公众的未知行为也大有裨益，”故而这名犯罪心理画像人员的证词可以被接受。[171]法院并不会考虑犯罪心理画像人员的证词是否有效和可靠。

在另一起一级谋杀案，“州政府诉柯德案”中，[172]路易斯安那州最高法院肯定了初审法官的裁决，这位初审法官允许联邦调查局犯罪心理画像人员约翰·道格拉斯（与彭内尔案中的犯罪心理画像人员是同一人）和一名法医给出他们的证词，二人认为此六起谋杀案的案犯为同一人。[173]这名法医作证说“所有这三个犯罪现场都属于同一个人的标记犯罪”因为“这些伤害行为都是按顺序进行的，在处理和杀害被害人方面也有相似之处”。[174]道格拉斯作证说，每个犯罪现场都有“几个相同的仪式特征，最重要的是独特的绳索标记。”[175]道格拉斯补充道，他“以前从来没有见过这样的绳索标记，任何他咨询过的其他犯罪执法人员也没有见过”。[176]另外，他还说，“所系的绳索”非常特别，如果“把所有的案件放在一起，你会说，‘这是在同一个案件中出现的。而这个案子只是其中一个例子。’”[177]他说，其相似度非常普遍和明显，“对于我们（联邦调查局）来说……显示出标记行为实际上并非难事。每一个去过这三个犯罪现场的执法人员都确信，这几起谋杀案出自同一人之手。”[178]

在上诉的时候，路易斯安那州最高法院并没有问道格拉斯和法医的证词是否有效和可靠。相反，法院只是简单地表示：

> 州政府以明确和令人信服的证据表明被告与其他罪行之间的联系。专家证词证实，这些是标记犯罪。钱尼凶杀案（Chaney homicides）、福特谋杀案（Ford homicide）和威廉·柯德谋杀案（William Code homicides）中的仪式特征是如此独特，以至于可以得出结论认为它们出自同一人之手。在本案中，一致性问题确实引起了争议。而其他案件中对一致性问题的验证超过了对被告的偏见。[179]

排除此类证词的法院

在一起一级谋杀案，“州政府诉福廷案”中，[180]新泽西州最高法院推翻了原有的定罪和死刑判决，因为一名审判法官不恰当地接受前联邦调查局犯罪心理画像人员乔伊·哈泽尔伍德关于并案分析的证词。哈泽尔伍德认为是同一名犯罪人犯了两起不同的罪行（一起谋杀案和一起企图谋杀/性侵案），他声称：

> 在我35年的经验中……我从来没有观察到在任何一起暴力罪行中有这种行为的组合……［因此］，我认为是同一个人应该对梅丽莎·帕迪拉（Melissa Padilla）女士被谋杀以及随后维姬·加德纳（Vicki Gardner）女士被谋杀未遂负有责任。[181]

在第二次上诉的时候，福廷辩称哈泽尔伍德从未按照新泽西州最高法院的初步裁决和还押令的要求，提供得出其意见判断的数据库。[182]新泽西州最高法院下令哈泽尔伍德制作数据库，以“确保他的犯罪现场比较技术能够得到验证，给辩方一个在盘问中对其方法和可信度进行公平检测的机会”。[183]当被告要求给出数据库时，哈泽尔伍德说：

> 他既没有自己在执法部门进行调查期间所调查过的案件文件清单，也没有查阅这些清单，而且“他没有查询任何数据库、证据或进行科学研究来得出自己的观点”。他声称自己的观点“依赖于自己的经验、接受的教育和培训”。[184]

新泽西州最高法院否定州政府的观点，即哈泽尔伍德有责任“通过研究他的出版物并追踪他在执法生涯中调查过的全部 7000 起相关案件或其中的一部分”来收集数据库。[185]法院认为，很难相信一名撰写过“五本书和多篇文章”的联邦调查局犯罪心理画像人员，甚至连一个必要的小的案件数据库都没有。法院指出：

> 哈泽尔伍德……自称是这一领域的专家，想必会为了进行研究、出版文章和书籍以及讲课而保存记录。我们相信，如果他愿意的话，他可以给初审法院提供一些可靠的数据。[186]

由于哈泽尔伍德无法提供数据库，法院认为他的证词应该被排除，因为哈泽尔伍德的经验、出版物和简历不足以用来评估他并案分析证词的准确度和可靠性。[187]

无害过错的法院

在伊利诺伊州一级谋杀案，“人民诉默茨案”中，[188]检察官让前联邦调查局犯罪心理画像人员詹姆斯·莱特（James Wright）作证，判断同一名犯罪人是否犯了纵火案和两起谋杀案。[189]检察官还让莱特“对这些罪行以及被告做出评估，并且就被告是否应该对案件负责发表自己的看法。”[190]在直接审查中，莱特说犯罪心理画像并不是“一门科学。相反，它仅仅依赖于数年来的培训和经验而进行的评估和分析”。[191]尽管莱特认为是同一名犯罪人犯下了这三起罪行，他却“无法……证明华纳谋杀案（Warner murder）或烧毁公寓楼案的案犯为被告”。[192]

在向伊利诺伊州最高法院上诉的时候，默茨声称莱特的证词是不可靠的、无关的，而且不应该被接受。伊利诺伊州最高法院同意默茨的说法，即犯罪心理画像是不可靠的。例如，法院表示“在一些专业领域，似乎隐含着这样一种共识，即有必要发展系统和严格的案例研究辅助数据库，以便‘提高犯罪心理画像作为法律界一门学科的可信度，并且改善其被接受为证据的前景。’”[193]法院还补充道，“几年以前，联邦调查局自己承认，几乎没有系统的措施来验证其犯罪心理画像派生的分类。”[194]它还表示“在今后的案件中提供犯罪心理画像证词时，最好能有支持性的统计数据”。[195]

虽然法院发现莱特的犯罪心理画像证词有些可疑，但是法院还是认为无须裁定其证词是否由于缺乏“支撑数据”而不应被接受，因为即便接受他的证词是错误的做法，这种错误也无伤大雅。之所以说此举无伤大雅，是因为莱特的很多证词“在大多数情况下，积累了其他证人的证词，而且他得出的任何结论都是常识性的推论，无疑陪审员们自己已经得出了同样的推论。”[196]法院补充说，“我们认为，在关于被告犯下了华纳谋杀案和纵火案的问题上，莱特的证词是积累而成的，基本上是多余的。其他证据足以证明被告的罪行。”[197]法院还说，“至于莱特关于‘精神上和心理上’的声明，我们认为它们并没有冒犯的意思，任何人面对同样证据的时候都会将其作为观察证据。”[198]最后，法院说，“莱特得出的任何推论都是常识性的推论，陪审员们自己已经得出了这些推论。”[199]

结　论

坦率地说，批判性地评估犯罪心理画像的可靠性和准确性的法院数量令人意外。相比之下，为什么这么多法院长期拒绝对其他法医鉴定技术进行类似的重要评估，这一点还尚不明确。[200]原因可能在于，物证提供了一种具体的识别形式，法院可以在发表判决意见之前进行直观的视觉评估。另一方面，心理痕迹证据是一种抽象的鉴定方法，在对其准确性和有效性进行评价之前，不可能直观地评价其优点。法律学者们将对专家证据具体形式和抽象形式的不同处理称为“展示和讲述”效应。[201]

根据这一理论，如果事实裁定人能够自行评估出检察官意见的核心事实，法院通常会接受这些证据。这是基于这样一种假设，即如果提供了基本信息，那么事实裁定人可以在某种程度上验证检察官的结论。[202]

> 因此，如果证据的主题在外观上似乎能直观地为陪审团所理解——例如涉及脚印、咬伤痕迹或声音，而不是统计数据、流行病学或微观粒子的证据——而且作为证据基础的基本事实以一种易理解的、易“展示和讲述”的方式呈现给陪审团，那么法院似乎就会认为接受这些证据也并非那么危险了。[203]

虽然指纹[204]、可疑文件[205]、毛发识别[206]和脚印鉴定[207]最近受到了更严格的审查，但是法院需要继续审慎地评估所有试图伪装成科学或专门知识而进入法庭的调查技术。如果法院进行全面的评估，他们往往会发现这种技术或被吹嘘的科学只有很少或根本没有经验数据的支持；相反，这些意见通常只有专家的武断言词加以支撑。[208]若是这样，就像犯罪心理画像一样，这类证词就不应该被接受，即使世界上每一个执法机构都使用了这些技巧，它们也不应该被接受。

表 25. 1 到表 25. 3 列举了法院将犯罪心理画像和相关问题纳入考虑范围的主要案件。值得注意的是，作者留意到在很多案件中，类似证词都得到了毫无质疑的认可。换句话说，这些案例引用具有代表性而非全面性。

小结

心理画像技术的实践基础令人疑窦丛生，人们便免不了对 20 世纪 80 年代以来法院如何处理心理画像证词感到好奇。自 20 世纪 90 年代初伊始，美国最高法院的专家证言“三部曲”迫使联邦法官通过识别和排除不可靠的专家证词来充当“把关人”，鉴于此，法院是否准确区分可靠和不可靠的专家心理画像证词成为人们关注的重点。虽然一些法院在心理画像方面对科学有效性和调查可靠性进行了区分，但部分法院仍未采取此类做法。接受心理画像证词的法院通常是在进行表面可靠性和有效性评估之后才接受的。

表 25.1 不明犯罪嫌疑人犯罪心理画像/犯罪侦查分析（CIA）

排除该类证词的案件

“美国诉托马斯 D. Md 案”（U. S. v. Thomas），2006（没有在 F. Supp. 2d 里报告）（犯罪侦查分析并不可靠；不可信；犯罪心理画像人员使用循环论证，而且自相矛盾）

“人民诉施密特案”（People v. Schmidt，2002 WL 31270258，Cal. App.）（无害过错）

“人民诉罗比案”（People v. Robbie，Cal. App. 1 Dist.，2001）（犯罪心理画像人员侵犯陪审团权力；案件被推翻）

“人民诉阿韦亚内案”（People v. Avellanet，662 N. Y. S. 2d 345，1997）（没有被普遍接受）

“彭森诉州政府案”（Pension v. State，474 S. E. 2d 104，Ga. App. 1996）（不恰当的品格证据；没有对可靠性或可信度做出裁决）

“州政府诉帕金森案”（State v. Parkinson，909 P. 2d 647，Idaho App. 1996）（不可信）

德伯特标准之前的案件

“州政府诉费恩案”（State v. Fain，774 P. 2d 252，Idaho 1989）（缺乏可靠性）

接受该类证词的案件

“人民诉图特案”（People v. Tuite，2006）（没有在 Cal. Rptr. 3d 里报告）（有组织力/无组织力类型学；没有调查准确度和可靠性）

“人民诉杜范多案”（People v. Duvardo，Cal. App. 1 Dist.，2004）（没有在 Cal. Rptr. 3d 里报告）（犯罪现场分析和被害人研究证词并没有进行犯罪心理画像）

表 25.2 动机分析

接受该类证词的案件

“人民诉胡尔特案”（People v. Hurth，2002 WL 1172930，Cal. App.）（没有调查准确度和可靠性）

“马斯特斯诉人民案”（Masters v. People，58 P. 3d 979，Colo. 2002）（没有调查准确度和可靠性）

“人民诉马斯特斯案”（People v. Masters，33 P. 3d 1191，Colo. App. 2001）

“西蒙斯诉州政府案”（Simmons v. State，797 So. 2d 1134，Ala. Crim. App. 1999）（没有关于动机分析可靠性或准确度的讨论）

“托尼诉州政府案”（Toney v. State，1996 WL 183411，Tex. App.）

德伯特标准之前的案件

“美国诉米克斯案”（United States v. Meeks，35 M. J. 64，CMA 1992）

排除该类证词的案件

“州政府诉加西亚案”（State v. Garcia，2002 WL 1874535，Ohio App.）（侵犯了陪审团的权力）

“州政府诉史蒂文斯案”（State v. Stevens，78 S. W. 817，Tenn. 2002）（缺乏可靠性）

“州政府诉史蒂文斯案”（State v. Stevens，2001WL 579054，Tenn. Crim. App.）（缺乏可靠性）

德伯特标准之前的案件

“州政府诉洛克莫案”（State v. Roquemore，620 N. E. 2d 110，Ohio App. 1993）（缺乏可靠性）

“劳氏诉州政府案”（Lowe v. State，599 N. E. 2d 783，Ohio App. 1991）（缺乏可靠性）

“州政府诉海恩斯案”（State v. Haynes，1988 WL 99189，Ohio App.）（缺乏可靠性）

表 25.3 并案分析

接受该类证词的案件
“肯尼斯·伯加德案”（Kenneth Bogard，Ca. 1995）（没有发表意见）
“州政府诉罗素案”（State v. Russell，882 P. 2d 747，Wash. 1994）
德伯特标准之前的案件
“州政府诉柯德案”（State v. Code，627 So. 2d 1373，La. 1993）（没有考虑可靠性和准确性）
“策尔普斯王子案”（Cleophus Prince，Ca. 1993）（没有发表意见）
“彭内尔诉州政府案”（Pennell v. State，602 A. 2d 48，Del. 1991）（没有考虑可靠性和准确性）
排除该类证词的案件
“州政府诉福廷案”（State v. Fortin，189 N. J. 579，917 A. 2d 746，N. J. 2007）（暴力犯罪人逮捕项目数据库不可靠/不能接受）
“州政府诉福廷案”（State v. Fortin，2004 WL 190051，N. J. ）（不确定是否可靠）
“州政府诉福廷案”（State v. Fortin，745 A. 2d 509，N. J. 2000）（犯罪心理画像人员可能作为海因斯证人作证）
“州政府诉邓恩案”（State v. Dunn，981 P. 2d 809，Or. App. 1999）（相似度不够高）
“州政府诉福廷案”（State v. Fortin，724 A. 2d 818，N. J. Super. 1999）（缺乏可靠性）
“英联邦诉迪斯泰法诺案”（Commonwealth v. Distefano，PICS Case No. 99 - 0640，Lackawanna Common Pleas Court，Pa. ，April 1999）（缺乏可靠性）（没有发表意见）

长久以来，执法部门将犯罪心理画像视为一种调查过滤技术，旨在推断身份不明犯罪人的人格特征（即不明犯罪嫌疑人心理画像）。通过关注犯罪现场的特征，画像人员声称他们可以缩小相关的犯罪人特征范围，从而通过缩小潜在的犯罪嫌疑人范围来提高执法效率。

意识到不明犯罪嫌疑人心理画像肯定会被法院排除，画像人员被迫重新调整关注重点，以便其捕捉心理思维的能力能在法庭上大展拳脚。出于这样的目的，犯罪心理画像协会创立了动机分析和并案分析。动机分析和并案分析没有缩小犯罪嫌疑人的范围，而是确定了刑事审判中经常仰仗的两个特征：（1）动机和（2）身份。

动机分析是指通过评估犯罪现场的特征和物证来发现犯罪的可能动机。为证明动机而提出的证据一般是可以接受的。然而，犯罪心理画像人员经常越界作证，导致不利的法庭裁决。

并案分析借鉴了证据法关于其他犯罪证据的学说。身份例外时，可以利用外部证据证明被告以明显的作案手法实施了类似的罪行来证实被告的罪犯身份。并案分析包括评估两起或两起以上罪行的行为，其中至少一起罪行可以关联到一个特定的个人。如同动机分析一样，犯罪心理画像人员经常越界作证，导致不利的法庭裁决。

犯罪心理画像没有经验记录，这令人怀疑它是否具有相关性，也不确定画像人员能否提供准确的预测。如果证据并不相关也不可靠，它就不应该被接受。最后，各法院对犯罪心理画像证词的处理方法不一致。然而，虽然不明犯罪嫌疑人犯罪心理画像被排除在外，但动机分析和并案分析却并非如此。

致谢

感谢西北大学法学院教授莎丽·戴蒙德（Shari Diamond），本章大部分内容是为她2004年春季举办的“科学证据”研讨会所写。戴蒙德教授是西北大学法学院的霍华德·J. 却里斯（Howard J. Trienens）法学教授。

练习

1. 判断正误：联邦调查局犯罪心理画像人员凭经验确定了他们自己画像方法的可靠性。

2. 在“州政府诉福廷案”中，法院＿＿＿＿＿＿被告的判决和死刑判决，因为一名审判法官不恰当地接受了前联邦调查局犯罪心理画像人员罗伊·黑泽尔伍德的＿＿＿＿＿＿证词。

3. 为什么犯罪心理画像证词往往不被接受？

4. 判断正误：锦湖轮胎案的决定声称，德伯特标准适用于非科学证据，例如犯罪心理画像人员提供的证词。

5. Ipse dixit（武断的言辞）是拉丁文，意为“他自己说的。”它指的是不＿＿＿＿＿＿。

REFERENCES

* 感谢西北大学法学院（Northwestern University School of Law）的莎莉·戴蒙德（Shari Diamond）教授，本章大部分内容是为她2004春季举办的“科学证据”研讨

会所写。戴蒙德教授是西北大学法学院的霍华德 · J. 却里斯（Howard J. Trienens）法学教授。

1. Scott Gold and Greg Krikorian, "Profiling Not Always Model of Accuracy Forensics," L. A. Times, July 18, 2002, A. 26.
2. 参见 Valente v. Wallace, 332 F. 3d 30, 34 (1st Cir. 2003)。
3. 参见 Toney v. State, 1996 WL 183411 *2 (Tex. App.)（侦探朱莉 · 哈丁（Julie Hardin）的证词）。
4. "Hunting the Hunter: Profiling the Sniper," CNN. com, Oct. 9, 2002. [援引前 FBI 心理画像人员克林特 · 范 · 赞特（Clint Van Zandt）的观点]。
5. 参见 David Canter, *Criminal Shadows* (5th ed. 1995)。
6. 参见 See Laura Parker, "Profiling: Art of the Educated Hunch; TV Experts Draw Picture Quite Close to Suspect," USA Today, Nov. 1, 2002, A. 3.（曾经，人们将对犯罪分子特征进行画像视为一种臆测，而今它却在协助侦查人员侦破棘手案件方面被广泛运用。）
7. 参见下文，附录 A – C（心理画像判例法清单）。
8. 显然，本章主要涉及联邦调查局式的犯罪心理画像方法（又名刑事侦查分析）。参见 D. Michael Risinger and Jeffery L. Loop, "Three Card Monte, Monty Hall, Modus Operandi and 'Offender Profiling': Some Lessons of Modern Cognitive Science for the Law of Evidence," 24 Cardozo L. Rev. 193, 243 – 253 (2002)（文中讨论该领域研究不足以及该研究的结论存疑的问题）。
9. 在哥伦比亚特区狙击手案（the D. C. sniper case）、2002 年 5 月管道炸弹案（the May 2002 pipe bombing case）、德里克 · 托德 · 李连环杀手案（the Derrick Todd Lee serial killer investigation）、奥林匹克公园爆炸案（the Olympic Park bombing case）、大学炸弹客案（the UNI – Bomber case）和绿河杀人案（the Green River killings investigation）的调查中，犯罪心理画像人员都提供了不准确的信息和画像报告。参见 Glenn Garvin, "Profile of a Losing Strategy: The Networks Got It Wrong," Sun Herald (Biloxi, MS); Henry K. Lee, "Pitfalls of Profiling Conjuring Up Psyche of Suspects More Gamble Than Science; Profiles Can Help, But They Often Are Proved Wrong," S. F. Chron., May 12, 2002, A. 4。
10. 美国最高法院"三部曲"包括多伯特诉麦若 · 大沃医药品公司案（Daubert v. Merrell Dow Pharmaceuticals, Inc., 509 U. S. 579 (1993)）；通用电气公司诉焦依诺案（General Electric Co. v. Joiner, 522 U. S. 136 (1997)）以及库赫 · 泰尔公

司诉卡麦克海尔案（Kumho Tire Co.，Ltd. v. Carmichael，526 U. S. 137（1999））。有关“多伯特三部曲”（Daubert trilogy）的探讨，参见 Michael J. Saks，“The Aftermath of Daubert：An Evolving Jurisprudence of Expert Evidence，” 40 Jurimetrics J. 229（2000）。下文第三节将对上述案例进行讨论。

11. UNSUB ＝ 未知主题。

12. 参见 Robert J. Homant and Daniel B. Kennedy，“Psychological Aspects of Crime Scene Profiling—Validity Research，” 25 Crim. Just. & Behave.，319，322（1998）。

13. 参见 Richard Ault and James Reese，“A Psychological Assessment of Crime：Profiling，” 49 FBI Law Enforcement Bulletin 3，Mar. 1980，22，23。

14. 参见 Robert R. Ressler et al.，“Criminal Profiling from Crime Scene Analysis，” 4 Behav. Sci. & L.，401，405（1986）。

15. Bob Baker，“Psychological Profile：Probing Killer’s Mind，” L. A. Times，Aug. 29，1985，1［最好的（心理画像能）将蜂拥而至的 2000 多条线索进行筛选，为侦探们节省宝贵的时间］。

16. 大致可参考 Michael J. Saks，“Implications of the Daubert Test for Forensic Identification Science，” 1 Shepard’s Expert & Sci. Evid. Q. 427（1997）（文中讨论鉴别和分类），Craig M. Cooley，“Forensic Individualization Science and the Capital Jury：Are Witherspoon Jurors More Deferential to Suspect Science Than Non－Witherspoon Jurors?” 28 S. Ill. U. L. J. 273，303－05（2004）（文中讨论类别和个体特征）。

17. 参见 Robert R. Hazelwood and John E. Douglas，“The Lust Murderer，” 49 FBI Law Enforcement Bulletin 18，Apr. 1980，18（首次引入无组织力——有组织力的分析框架）。

18. 参见 John E. Douglas et al.，*Crime Classification Manual*，9（1992）。

19. Brent Turvey，*Criminal Profiling：An Introduction to Behavioral Evidence Analysis*，219－220（2nd ed. 2002）.

20. 参见 Anthony J. Pinizzotto，“Forensic Psychology：Criminal Personality Profiling，” 12 J. Police Sci. & Admin.，32，33（1984）。

21. 参见 Simmons v. State，797 So. 2d 1134，1150（Ala. Crim. App. 1999）。

22. 参考 United States v. Pierre，812 F. 2d 417（8th Cir. 1987）；State v. Person，564 A. 2d 626（Conn. App. Ct. 1989），aff’d，568 A. 2d796（Conn. 1990）；Gilstrap v. State，450 S. E. 2d 436（Ga. Ct. App. 1994）；People v. Edwards，586 N. E. 2d 1326（Ill. App. Ct. 1992）；State v. Armstrong，587 So. 2d 168（La. Ct. App. 1991）

等案件。

23. 参见 Stephen G. Michaud，“The FBI’s New Psyche Squad，” N. Y. Times，Oct. 26，1986，40（文中提到联邦调查局的行为科学部越发臭名昭著）。

24. 例如，许多人将针对韦恩·威廉姆斯（Wayne Williams）提起的诉讼（亚特兰大儿童杀手案）归功于心理画像的合法化。联邦调查局当时的首席画像人员约翰·道格拉斯（John Douglas）的大部分工作都是在威廉姆斯的审判期间进行的。参见 Ed Foster – Simeon，“Manhunter：The FBI’s John Douglas，Tracking Serial Killers，” Wash. Times，Aug. 2，1989，1。

25. 参见 John F. Decker，“Illinois Criminal Law：Student Edition，” 114（2nd ed. 2000）。[“虽然动机并不是证明犯下谋杀罪行（或任何其他罪行）的必要因素，但若证据全部都是间接证据（circumstantial），动机就成了确定被告是否有罪的重要因素。这时，如果州政府认为有必要表明被告动机以确定有罪，则应让州政府加以表明”]。

26. 参见《联邦证据法规》（Fed. R. Evid）第 404 条（B）款；Edward J. Imwinkelried et al.，“Courtroom Criminal Evidence，” § 907，at 319（3d 1998）[文中讨论了 404 条（b）款]。

27. 参见 State v. Stevens，78 S. W. 3d 817，830（Tenn. 2002）（探讨动机分析）。

28. 许多法律术语难以被加以定义，“动机（motive）” 也不例外。法律学者们一直没能给出一个准确可行的定义。参见 David P. Leonard，“Character and Motive in Evidence Law，” 34 Loy. L. A. L. Rev. 439，445（2001）（评价关于动机的各种定义）。

29. John H. Wigmore，*A Students’ Textbook of the Law of Evidence*，76（1935）.

30. *Black's Law Dictionary*，1034（7th ed.，Bryan A. Garner ed.，1999）.

31. Decker，同前注 25，114 页。

32. 例如：John Lentini，“The Scientific Basis of Expert Testimony on Fires，Arsons，and Explosion，” in *Science in the Law：Forensic Science Issues*，376（David L. Faigman et al.，eds.，2002）（“几乎所有的火灾案件都是通过间接证据来推断火灾原因的。同样，几乎所有纵火案的犯罪事实都是由间接证据证明的，且陪审团会被宣读标准的间接证据指控。”）

33. 同上。亦可参考 Huey L. Golden，“Knowledge，Intent，System，and Motive：A Much Needed Return to the Requirement of Independent Relevance，” 55 La. L. Rev. 179，206（1994）（通过引入动机证据，“控方能确定，相比没有此类

动机的人，被告更有可能实施犯罪”）。

34. 见下文附录 A—C（案件列表）。动机分析主要被用于证明某犯罪行为是出于性动机。参见 Masters v. People，58 P. 3d 979，986（Colo. 2002）[一些凶杀案的动机特别明显，与其他类凶杀案不同，性凶杀案的动机通常都是‘内发的，内在的，（而且）对个人而言是深埋心底的’”，援引自里德·梅洛（Reid Meloy）博士]
35. D. Michael Risinger，“John Henry Wigmore，Johnny Lynn Old Chief，and ‘Legitimate Moral Force’：Keeping the Courtroom Safe for Heartstrings and Gore，” 49 Hastings L. J. 403，428（1998）.
36. Risinger 和 Loop，参见注释 8，204 - 205。
37. 《联邦证据法规》（Fed. R. Evid）第 404 条（a）款。
38. 《联邦证据法规》（Fed. R. Evid）第 404 条（b）款（着重号为后来所加）。
39. 例如：United States v. Feinman，930 F. 2d 495（6th Cir. 1991）；United States v. Khan，993 F. 2d 1368（9th Cir. 1993）。
40. 参见 Imwinkelreid 等，同上注 26。
41. 如：United States v. McQuiston，998 F. 2d 627（8th Cir. 1993）；United States v. Sanchez，988 F. 2d 1384（5th Cir. 1993）。
42. 如：Commonwealth v. Hawkins，626 A. 2d 550，552 - 553（Pa. 1993）（在身份例外原则下，18 个相似点还不足以验证）；亦可参考 State v. Dunn，981 P. 2d 809，811，814（Or. App. 1999）；State v. Fortin，745 A. 2d 509，517（N. J. 2000）。
43. Risinger 和 Loop，同前注 8，第 209 页。
44. 同上。
45. 同上。
46. 参见 Stephen G. Michaud and Roy Hazelwood，*The Evil That Men Do*，Ch. 17（1998）（探讨并案分析）。
47. 此处的例外是“行为特征分析学会”（Academy of Behavioral Profiling）中的心理画像人员，该学会是由本书几位作者共同创立的独立的专业组织。此学会的道德准则将出于个人目的而进行犯罪心理画像或并案分析的做法排除在外。
48. 最明显的一个例子来自联邦调查局前画像人员罗伊·海兹伍德（Roy Hazelwood）。他说：“一个不正常犯罪人的行为就像他的指纹，像他的 DNA——像雪花那样独特。” Michaud and Hazelwood，supra note 49，at 177。
49. 参见 Robert D. Keppel，“Signature Murder：A Report of the 1984 Cranbrook，British Columbia Cases，” 45 J. Forensic Sci.，500，501（2000）。

50. 参见 Turvey，同前注19，第279页。

51. State v. Fortin，745 A. 2d 509，512（N. J. 2000）（本案详细说明了区别的过程）。

52. 见 Craig M. Cooley，"Forensic Science and Capital Punishment Reform：An 'Intellectually Honest' Assessment，" 16 Geo. Mason U. Civ. Rts. L. J.（于2007年出版）（其中探讨个性化的三个前提）。

53. 参见 Risinger 和 Loop，同前注8，第243页（认为"画像人员所掌握的数据，无论是来自己的研究，还是他人的研究，都没有具体验证这一过程的假设，也没有提供最终画像所需要的信息"）。

54. 参见 Risinger 和 Loop，同前注8，第254页。

55. 参见 Stephen Landsman，"Of Witches，Madmen，and Product Liability：An Historical Survey of the Use of Expert Testimony，" 13 Behav. Sci. & L.，131（1995）。

56. 参见 John Pitt Taylor，"Treatise on the Law of Evidence，" §50，at 69（第三版，1858）。

57. 参见 Samuel R. Gross，"Expert Evidence，" 1991 Wis. L. Rev.，1113，1116。

58. 参见 David L. Faigman et al.，"Check Your Crystal Ball at the Courthouse Door，Please：Exploring the Past，Understanding the Present，and Worrying about the Future of Scientific Evidence，" 15 Cardozo L. Rev.，1799，1801（1994）。

59. 参见 Edward K. Cheng，"Changing Scientific Evidence，" 88 Minn. L. Rev.，315，329－335（2003）（文中探讨了这些差异）。

60. 比如：Peter W. Huber，Galileo' s Revenge：Junk Science in the Courtroom（1991）（讨论上个世纪以来的众多实例）。

61. 见 David L. Faigman et al.（eds.），1 "Modern Scientific Evidence：The Law and Science of Expert Testimony，" §1－2.1，at 4（第二版，2002）。

62. 293 F. 1013（D. C. Cir. 1923）.

63. 在证据法被引频率最高的一段话中，法官范·奥斯德（Van Orsdel）阐释了"普遍接受（general acceptance）"标准：

一项科学原则或某发现跨过实验阶段和可证明阶段之间的界限的时间很难界定。在这个过渡地带，该原则的证据效力必须得到承认；虽然在接受从公认的科学原则或发现中推导出来的专家证词方面，法院仍然前路漫漫，但进行推导所依据的基础必须得到中分确认，以便能为其所属领域接受。

同上，第1013页。

64. 比如：United States v. Addison，498 F. 2d 741（D. C. Cir. 1974）；Reed v. State，

391 A. 2d 364（Md. 1978）; People v. Kelly，549 P. 2d1240（Cal. 1976）。

65. 参见 Paul C. Giannelli，"The Admissibility of Novel Scientific Evidence：Frye v. United States，a Half – Century Later，" 80 Colum. L. Rev. 1197，1208 – 1228（1980）（详述适用模棱两可的"普遍接受"原则所面临的种种困难）。

66. 参见 Act of January 2，1975，Pub. L. No. 93 – 595，88 Stat. 1926。

67. 联邦 702 规则规定如下：

若科学、技术或其他专门知识有助于事实审判人员理解证据或确定争论中的事实，则因知识、技能、经验、所受培训或教育而具备专家资格的证人可以以意见或其他形式作证。

68. 参见 Paul C. Gianelli，"Daubert：Interpreting the Federal Rules of Evidence，" 15 CardozoL. Rev. 1999（1994）（探讨相关性方法的起源）; C. McCormick，Evidence 363 – 364（1954）。

69. 参见 Paul C. Giannelli and Edward J. Imwinkelried，*Scientific Evidence*，§1 – 6，at 30（3rd ed. 1999）。

70. Edward W. Cleary，"Preliminary Notes on Reading the Rules of Evidence，" 57 Neb. L. Rev. 908，915（1978）.

71. 509 U. S. 579（1993）.

72. United States v. Scheffer，523 U. S. 303，311 n. 7（1998）。审判法官有权决定是否接受，这不是什么新鲜事。《联邦证据法规》第 104 条（a）款和第 702 条就支持这一点，而且早在 Daubert 案之前，初审法官就禁止了专家证词。而多数人的裁决不仅确定了这一权力，并且还强调，审判法官在面对科学专家证词时有义务使用这一权力。

73. 509 U. S，589 页。

74. 同上，589 – 593 页。

75. 526 U. S. 137（1999）.

76. 同上，141 页。

77. 同上，148 页。

78. 参考 D. Michael Risinger，"Defining the 'Task at Hand'：Non – Science Forensic Science after Kumho Tire Co. v. Carmichael，" 57 Wash. and Lee. L. Rev 767（2000）[探讨并描述锦湖轮胎（Kumho Tire）案中的这一微妙原则]。

79. 522 U. S. 136（1997）（认为滥用自由裁量权是地区法院证据裁决的适当审查标准）。

80. General Elec. Co. v. Joiner，522 U. S. 136，146（1997），正如地区法院在“美国诉海恩斯（United States v. Hines）案”中所说，多伯特（Daubert）案及其后继者“需要对那些哪怕是‘普遍接受’的老牌技术领域进行复审”，55 F. Supp. 2d 62，67（D. Mass. 1999）。

81. 比如：Richard N. Kocsis et al.，“Expertise in Psychological Profiling：A Comparative Assessment，” 15 J. Interpersonal Violence 311（2000）（“尽管画像人员的工作可能会具有实用价值，但对称职的画像人员的标志的研究却很少见”），Risinger 和 Loop，同前注 8；Andreas Mokros and Laurence Alison，“Is Offender Profiling Possible? Testing the Predicted Homology of Crime Scene Actions and Background Characteristics in a Sample of Rapists，” 7 Legal &Criminological Psychol. 25（2002）（同）；Laurence Alison et al.，“The Personality Paradox in Offender Profiling，” Psychol. Pub. Pol’y & L.，Mar. 2002，at 115（同）。

82. Kocsis 等，同前注 81。

83. Risinger 和 Loop，同前注 8，243 页。

84. People v. Metz，842 N. E. 2d 618，657（Ill. 2005）（引文省略）。

85. 尽管联邦调查局编写了《性凶杀案：模式和动机》（*Sexual Homicide*：*Patterns and Motives*）一书，但其中并没有给出能帮助区分性凶杀案和非性凶杀案的具体的犯罪现场特征列表。参考 Robert K. Ressler et al.，*Sexual Homicides*：*Patterns and Motives*（1995）。

86. 比如：State v. Lowe，599 N. E. 2d 783，784（Ohio App. 1991）（预谋是性凶杀案的一个标志）；State v. Stevens，2001 WL 579054 at ＊13－14（Tenn. Crim. App）（表明性杀人的惩罚、侮辱、羞辱以及色情材料）；Simmons v. State，797 So. 2d 1134（Ala. Crim. App. 1999）［在死前和死后，受害人重要的性部位（臀部、生殖器、乳房）遭受了刺伤，抑或是有证据表明犯罪人在离开前清理了犯罪现场，这些都暗示该案件为性凶杀案］。根据专攻性谋杀案的法医心理学家里德·梅洛伊（Reid Meloy）博士的观点：

区分性谋杀案的特征包括：（1）涉及精液或射精的主要性行为；（2）以受害人为性对象实施的次要性行为，其中包括：（a）脱掉女性受害人的衣物并暴露其乳房或生殖器；（b）残害受害者乳房或生殖器部位的身体；（c）将异物插入受害人口中、肛门或阴道；（d）在显眼的地方将尸体摆好姿势或进行展示。

Masters v. People，58 P. 3d 979，986（Colo. 2002）。

87. 见《联邦证据法规》第 401 条。

88. 参见 Richard O. Lempert，“Modeling Relevance，” 75 Mich. L. Rev. 1021，1026（1977）（“在某案件假设的真假不同时，发现相同证据的概率也不一样——只有在这种情况下，才能说该证据具有逻辑上的相关性”）。

89. 见 Thomas D. Lyon and Jonathan J. Koehler，“The Relevance Ratio：Evaluating the Probative Value of Expert Testimony in Child Sexual Abuse Cases，” 82 Cornell L. Rev. 43，46－50（1996）（其中讨论并倡导在评估专家证词相关性的时候采用“相关比率”）。

90. 同上，第 51 页。亦可参考 Jeffery J. Rachlinski，“Heuristics and Biases in the Courts：Ignorance or Adaptation，” 79 Or. L. Rev. 61，89－90（2000）（探讨与证明性和相关性有关的“一致”谬误）。

91. 同前注 83，（探讨此类研究及该研究的匮乏）。

92. 参见 Rachlinski，同前注 83，第 90 页。

93. 参见 Anthony J. Pinizzotto and Norman J. Finkel，“Criminal Personality Profiling：An Outcome and Process Study，” 14 Law & Hum. Behav. 215（1990）（文章发现，在更广泛的细节层面，心理画像小组保持了 75% 到 80% 的准确率，这是其他非画像小组的典型特征）；见 Kocsis 等，同前注 83（其中能指出，画像人员并没有明显优于非画像人员测试组）。

94. Homant 和 Kennedy，同前注 13，328 页。（“犯罪心理画像的假设基础是，至少部分犯罪人有一致的行为特征。人们认为，这种一致性会从一次犯罪延续到另一次犯罪，还会影响其人格和生活方式的方方面面，这也就在一定程度上使这些犯罪人能被识别出来。”）。

95. 参考 Alison 等，见前注 83，115 页。

96. 参见“Classifying Sexual Homicide Crime Scenes：Inter rater Reliability，” 54 FBI Law Enforcement Bulletin 8，Aug. 1985，13，16。

97. Risinge 和 Loop，同前注 8，247 页。

98. 在其开创性文章中，莱辛格（Risinger）教授全面且详细地阐述了在判定某些犯罪现场变量是否足以暗示某两起（或更多）罪行为同一犯罪人所为时，并案分析的画像人员所利用的众多伎俩和统计上的错觉。Risinger 和 Loop，同前注 8。

99. 参见 Mark Klock，“Finding Random Coincidences While Searching for the Holy Writ of Truth：Specification Searches in Lawand Public Policy or Cum Hoc Ergo Propter Hoc？” 2001 Wis. L. Rev. 1007。

100. 参见 David J. Balding，“Errors and Misunderstanding in the Second NRC Report，”

37 Jurimetrics J. 469 (1997); Peter Donnelly and Richard D. Friedman, "DNA Database Searches and the Legal Consumption of Scientific Evidence," 97 Mich. L. Rev. 931 (1999)。

101. 参见 Risinger and Loop，同前注 7（深入探讨这个问题）。

102. "'多伯特案'和《联邦证据法规》都没有要求地区法院接受被专家武断地与现有数据相联系的意见证据。" Kumho Tire Co., Ltd. v. Carmichael, 526 U. S. 137, 157 (1999)［引自 General Electric Co. v. Joiner, 522 U. S. 136, 146 (1997)］。

103. Norman Poythress et al., "APA's Expert Panel in the Congressional Review of the *USS Iowa* Incident," 48 AM. Psychologist, 8, 9 (1993)［引自奥尔特（Ault）探员在国会的证词］。

104. 见 Kocsis 等，同前注 83。

105. People v. Mertz, 842 N. E. 2d 618, 657 - 658 (Ill. 2005).

106. 同上，657 页［引自 State v. Fortin, 843 A. 2d 974, 1000 - 02 (N. J. 2004); State v. Stevens, 78 S. W. 3d 817, 836 (Tenn. 2002)］。

107. 调查可靠性基于这样一种假设：即由于许多执法机构和法医机构都在使用某种技术手段，于是这个手段就必定是可靠且有效的。尽管这种说法看似合理，但其实它是有误导性的。虽然在确定某手段的有效性时，使用情况是一个影响因素，但仅靠它还是远远不够的。如果前述假设是正确的，那么一些灵媒所提供的信息也会被认为是可靠的，因为在一些司法管辖区，人们会经常借助灵媒的帮助。参见 Martin Reiser et al., "An Evaluation of the Use of Psychics in the Investigation of Major Crimes," 7 J. Police Sci. & Admin., 18 (1979)。一致性和准确性只能通过公正的从业者和科学家进行的实证测试来确定，而且只有在结果一致正确或准确的情况下才能确定。

108. 909 P. 2d 647 (Idaho App. 1996).

109. 同上，653 页（着重号为后来所加）。

110. 同上。

111. 同上。

112. 同上。

113. 474 S. E. 2d 104 (Ga. App. 1996).

114. 同上，254 页。

115. 同上。在初审法院接受画像证据之前，检方已明确以下几点：

彭森（Pension），26 岁，独居，受过 10 年教育，没有工作，无车，并步行到了离他家500英尺的沃克县救援大楼（Walker County Rescue Building）的火灾现场。陪审团还可以看到，彭森是一名白人男子。

116. 同上，255页。

117. 774 P. 2d 252（Idaho 1989）.

118. 909 P. 2d 647（Idaho App. 1996）.

119. Fain，774 P. 2d at 257.

120. 同上。

121. 797 So. 2d 1134（Ala. Crim. App. 1999）.

122. 参见 Ala. Code § 13A－5－40（a）。

123. Simmons，797 So. 2d 1150.

124. 在Ex parte Perry一案（Ex parte Perry，586 So. 2d 242，247，Ala. 1991）中，阿拉巴马州最高法院采取了最新科学证据的“弗莱依标准（Frye standards）”。

125. Simmons，797 So. 2d 1150.

126. 同上。

127. 据《阿拉巴马州证据法规》第702条：

若科学、技术或其他专门知识有助于事实审判人员理解证据或确定争论中的事实，则因知识、技能、经验、所受培训或教育而具备专家资格的证人可以以意见或其他形式作证。

128. 同上，1154页，（引自《阿拉巴马州证据法规》第702条）。

129. 同上。

130. 同上，1155。

131. 同上。这是个典型的调查可靠性论述，如前所述，参见注释106，使用情况并不等同于可靠性或准确性。否则的话，天体学家就可以合法地宣称自己的专业意见是可靠且有效的了。

132. 同上。

133. 35 M. J. 64（CMA 1992）.

134. 同上，66页。

135. 同上（着重号为后来所加）。

136. 同上，67页。

137. 《密尔沃基证据法规》（Mil. R. Evid.）第702条（Rule 702）。

138. Meeks，35 M. J. at 67（引文省略）。

139. 同上，68页。

140. 同上。为了支撑这一主张，法院引用了“戴利诉州政府案”（Dailey v. State, 594 So. 2d 254，258，Fla. 1991）（性暴力）；“州政府诉阿舍曼案”（State v. Asherman，478 A. 2d 227，235，Conn. 1984）（咬痕、头发和血液）；“人民诉诺兰案”（People v. Nolan，504 N. E. 2d 205，207，Ill. App. 1987）（犯罪现场分析）；“希尔诉州政府案”（Hill v. State，647 S. W. 2d 306，309，Tex. App. 1982）（伤口的防御性质）。上述案件都没有涉及推断犯罪人动机或犯罪人的人格特征。

141. 同上，United States v. Pearce，912 F. 2d 159，163（6th Cir. 1990）（缉毒方法和手段）；United States v. Torres，901 F. 2d 205，236 – 237（2d Cir. 1990）（贩毒）；United States v. Dunn，846 F. 2d at 762 – 763（贩毒）；United States v. Espinosa，827 F. 2d 604，611 – 613（9th Cir. 1987）（贩毒），cert. denied，485 U. S. 968，108 S. Ct. 1243，99 L. Ed. 2d 441（1988）；United States v. Anderson，813 F. 2d 1450，1458（9th Cir. 1987）（贩毒）。

142. 78 S. W. 3d 817（Tenn. 2002）.

143. 可在“州政府诉史蒂文案”（State v. Steven，2001WL 579054，Tenn. Crim. App.）中找到田纳西州上诉法院的判决（画像人员的证词不够可靠）。

144. 同上，832 页。

145. 78 S. W. 3d at 832.

146. 同上，835 页。例如，画像人员作证说，心理画像“不是一门硬科学，无法进行可控的实验或者在心理画像中得出比率”，但对心理画像服务日益增长的需求说明了其效力。State v. Stevens，2001 WL579054 *16（Tenn. Crim. App.）。

147. 522 U. S. 136（1997）.

148. 同上，146 页。

149. 同上，835 页。

150. 据法庭意见，该心理画像人员“承认自己在分析时涉及某种程度的推测，而且，在他承认每个案件都有其‘独特性’且犯罪分子往往都会受多种动机驱使的时候，他就进一步否定了自己动机的充分性。”同上，836 页。

151. 同上。

152. 同上。

153. 620 N. E. 2d 110（Ohio App. 1993）.

154. 同上，112 页。

155. 同上。

156. 同上，114 页。

157. 《俄亥俄州证据法规》第 702 条规定如下：

    若科学、技术或其他专门知识有助于事实审判人员理解证据或确定争论中的事实，则因知识、技能、经验、所受培训或教育而具备专家资格的证人可以以意见或其他形式作证。

158. 同上，第 114 页（着重号为后来所加）。

159. 同上。

160. 599 N. E. 2d 783（Ohio App. 1991）.

161. 同上，第 784 页。

162. 同上（着重号为后来所加）。

163. 同上，第 785 页。

164. 同上。

165. 同上。简而言之，此观点以其片面之词为前提。

166. 同上。

167. Pennell v. State，602 A. 2d 48（Del. 1991）.

168. 同上，第 55 页（着重号为后来所加）。

169. 同上。

170. 《特拉华州证据法规》第 702 条规定如下：

    若科学、技术或其他专门知识有助于事实审判人员理解证据或确定争论中的事实，则因知识、技能、经验、所受培训或教育而具备专家资格的证人可以以意见或其他形式作证。

171. 同上，第 55 页。

172. State v. Code，627 So. 2d 1373（La. 1993）.

173. 该画像人员只在 404 条（b）款规定下的证据采纳听证会上作证，并未在审判中作证。

174. 同上，第 1282 页。

175. 同上。

176. 同上。

177. 同上。

178. 同上，第 1283 页。

179. 同上。

180. 2004 WL 190051（N. J.）.

181. State v. Fortin，724 A. 2d 818，826 ，N. J. Super. Ct. App. Div. 1999.

182. 参见 State v. Fortin，745 A. 2d 509（N. J. 2000）一案。在 State v. Fortin，724 A. 2d 818，826（N. J. Super. Ct. App. Div. 1999）案中，新泽西州上诉法院认为，虽然按《新泽西州证据法规》第 404 条（b）款之规定，可以借谋杀未遂/强奸案确定身份，但哈泽尔伍德并无提供并案分析专家证词的资格。在 In State v. Fortin，745 A. 2d 509，509（N. J. 2000）[Fortin I] 中，新泽西最高法院维持了原判；法院认为，哈泽尔伍德的并案分析证据不够科学可靠，无法证明实施谋杀、谋杀未遂及强奸的为同一人。此外，法院认为，基于哈泽尔伍德的经验，在不对被告做出有罪或无罪的结论的前提下，他可以作为刑事调查技术专家作证，故此也可以讨论两起罪行之间的相似之处。

183. 2004 WL 190051 at *17（N. J. ）.

184. 同上。

185. 同上。

186. 同上，参见 *20。

187. 同上，参见 *18。

188. 842 N. E. 2d 618（Ill. 2005）。

189. 最初，检方让莱特对这些罪行进行比较，并尽可能阐明“他对这三起案件的罪犯所了解的一切以及它们之间是否由联系。”同上，634 页；同上，655 页（检察官要求莱特对麦克纳马拉谋杀案、华纳谋杀案和纵火案进行比较，并就“犯下这三起罪行的个人或它们是否可能有联系做出全面说明”）

190. 同上，634 页；同上，656 页。（莱特受任参与“画像——被告对应分析过程（P－DC）”（profile－defendant correspondence），在此过程中，画像人员可借助犯罪心理画像设定的标准，提供被告有罪或无罪的证据）。

191. 同上，633 页。

192. 同上，656 页（着重号为原本所有）。

193. 同上，657 页（引文省略）。

194. 同上，657 页。

195. 同上，657－658 页。

196. 同上。

197. 同上。

198. 同上。

199. 同上，660 页。

200. 详见 See Margaret A. Berger，“Procedural Paradigms for Applying the Daubert Test,” 78 Minn. L. Rev. 1345，1353（1994）。（“大量法医证据在没有对基础理论和/或其具体应用进行实地验证的情况下涌入法庭；”）Michael J. Saks，“Merlin and Solomon：Lessons from the Law’s Formative Encounters with Forensic Identification Science,” 49 Hastings L. J. 1069，1082－1090（1998）（认为法院通常没有对法医科学证据进行充分的审查）。

201. 详见“Developments in the Law—Confront the New Challenges of Scientific Evidence,” 108 Harv. L. Rev.，1481，1502（1995）.

202. 同上。

203. 同上。为了更好地说明“展示和讲述”的效果，详见 State v. Bullard，322 S. E. 2d 370（N. C. 1984）（足迹鉴定得到了认可）；People v. Marx，126 Cal. Rptr. 350，356（Cal. Ct. App. 1975）（采纳咬痕证据，将之与测谎仪、统计数据以及其他证据相区分，指出本案证据的明显不同之处在于：“事实审判人员看到了受害人伤口和被告牙齿的模型、照片、X 光片和几十张幻灯片……因此，专家们的结论所依据的基本数据是可以由法院核实的”）；State v. Temple，273 S. E. 2d 273，280（N. C. 1981）（采纳咬痕证据，“因为专家得出结论所依据的伤口照片和模型已在审判中作为证据提出，并可由法院核实”）。

204. 见 United State v. Llera Plaza，179 F. Supp. 2d 492（E. D. Pa. 2002）［指纹鉴定技术不符合多伯特（Daubert）规则关于专家证人意见可采性的要求，即某一指纹必定属某特定人员所有］，vacated and with’d United States v. Llera Plaza，188 F. Supp. 2d 549（E. D. Pa. 2002）。

205. United States v. Starzecpyzel，880 F. Supp. 1027（S. D. N. Y. 1995）（认为文件审查无法通过多伯特规则的可靠性测试）。

206. Williamson v. Reynolds，904 F. Supp. 1529，1558（E. D. Okla. 1995），aff’d on other grounds，110 F. 3d 1508，1523（10th Cir. 1997），在人身保护程序中，某联邦地区法院发现毛发识别非常不可靠（或未有证据证明其可靠，因此认为毛发证据不应被接纳）。

207. State v. Berry，546 S. E. 2d 145（N. C. App. 2001）（排除足迹证词）；State v. Jones，541 S. E. 2d 813（S. C. 2001）（排除足迹证词）；Hurrel brink v. State，46 S. W. 3d 350（Tex. App. 2001）（认为接纳足迹证据，即便证据有误，也无伤大雅）。

208. General Electric Co. v. Joiner，522 U. S. 136，146（1997）.